国家哲学社会科学成果文库

NATIONAL ACHIEVEMENTS LIBRARY
OF PHILOSOPHY AND SOCIAL SCIENCES

中国古代乡里制度研究

鲁西奇 著

鲁西奇 男，1965年生，江苏东海人。毕业于武汉大学历史系，获博士学位，现任武汉大学历史学院教授，主要从事中国古代史与历史地理研究。著有《区域历史地理：对象与方法——汉水流域的个案考察》《城墙内外：古代汉水流域城市的形态与空间结构》《人群·聚落·地域社会：中古南方史地初探》《中国古代买地券研究》《中国历史的空间结构》等。发表学术论文近百篇。

目 录

绪 论 中国古代乡里制度及其研究理路 ················ 1
  一、王朝国家控制乡村的基本方式 ················ 1
  二、所谓"乡里制度" ················ 6
  三、古代乡里制度研究的理路与我们关注的问题 ········ 14

第一章 《周礼》乡里制度的源流与实质 ················ 23
 第一节 《周礼》所记乡里制度 ················ 23
 第二节 《周礼》乡里制考原 ················ 31
  一、国中之闾与野中之里 ················ 31
  二、五邑、十邑与族 ················ 41
  三、西周时期乡里控制制度的基本特征 ············ 49
 第三节 "周制"的流变 ················ 52
  一、鲁、郑二国的乡里控制 ················ 52
  二、春秋战国时期齐国的乡里控制体系及其变化 ········ 61
  三、葛陵与包山楚简所见楚国的"里""州""邑" ······ 85
 第四节 周代乡里控制及其演变的实相与《周礼》
    乡里制的实质 ················ 106

第二章 秦汉乡里制度及其实行 ················ 114
 第一节 秦乡里制度考析 ················ 114
  一、《墨子》城守诸篇所见部-里-闾 ················ 116

二、睡虎地秦墓竹简与岳麓书院藏秦简所见秦的
　　　　乡里制度 ………………………………………… 121
　　三、秦地陶文所见秦的亭、乡、里 ………………… 136
　　四、里耶秦简所见秦迁陵县的乡、里、亭 ………… 141
　　五、对于秦乡里制度的再认识 ……………………… 159
第二节　秦乡里制度在六国故地的实行 ………………… 162
　　一、秦式乡里制度在故楚国腹心地带的实行 ……… 163
　　二、秦式乡里制度在楚东国故地的实行 …………… 172
第三节　汉代乡里制度的几个问题 ……………………… 177
　　一、汉代的乡廷 ……………………………………… 178
　　二、乡司、游徼、亭长间的关系 …………………… 181
　　三、里父老与里治中 ………………………………… 189
　　四、再谈乡、里与亭、丘的关系 …………………… 194
　　五、关于汉代乡里制的几点新认识 ………………… 200
第四节　汉代乡里制实行的区域差异 …………………… 201
　　一、关中与西北屯垦区的里最为规整 ……………… 204
　　二、长江中游地区的里多由若干村组成 …………… 208
　　三、乡里制度在初郡县的实行 ……………………… 213

第三章　魏晋南北朝时期乡里控制制度的变化 …………… **218**
第一节　汉末西晋间乡里制度的变化 …………………… **218**
　　一、亭的功能转变 …………………………………… 221
　　二、乡治书史（乡史、书佐）、乡正 ……………… 227
　　三、丘、村与里的关系 ……………………………… 232
第二节　东晋南朝乡里控制制度的变化 ………………… 234
　　一、东晋南朝乡里控制制度盖杂用汉晋制度 ……… 234
　　二、南方地区的侨郡县多未编制乡里 ……………… 243
　　三、蛮左郡县并无乡里之制 ………………………… 254

第三节　汉隋间汉水上游地区的乡里控制 ………………… 261
　　一、"不置长吏，皆以祭酒为治"疏证 ………………… 262
　　二、蜀汉时期汉中地区以屯戍为中心的控制体系 ………………… 268
　　三、汉末魏晋之际豪酋控制下的"东三郡" ………………… 273
　　四、西晋统一时期汉水上游地区的乡里系统与户口 ………………… 277
　　五、两晋之际汉中荒残与成汉控制汉中 ………………… 280
　　六、晋宋时期汉水上游地区的侨郡县之设置及其土断 ………………… 286
　　七、齐梁之世汉中地区方隅豪族之崛起及其对乡里社会的控制 ………………… 293
　　八、六朝时期南方地区乡里控制体系变化的总趋势 ………………… 299

第四节　十六国北朝时期北方地区的人群与控制 ………………… 301
　　一、十六国北朝时期北方地区的社会控制之总概 ………………… 301
　　二、《邓太尉祠碑》《广武将军□产碑》再考 ………………… 311
　　三、胡族政权下的"国族"、六夷与汉户 ………………… 333
　　四、十六国北朝时期社会控制的军事化 ………………… 345

第四章　隋唐乡里制度及其实行、演变与区域差异 ………………… 355

第一节　隋代乡里制度及其实行 ………………… 355
　　一、开皇三年的"新令" ………………… 356
　　二、"五百家置乡正" ………………… 362
　　三、开皇九年"制" ………………… 369
　　四、大业五年的"貌阅" ………………… 374
　　五、"乡正"与"乡长" ………………… 378
　　六、制度的地方差异性与统一性 ………………… 384

第二节　唐代乡里制度再认识 ………………… 387
　　一、里与村 ………………… 390
　　二、乡长、乡板头 ………………… 398
　　三、作为地域单元的乡、里 ………………… 405
　　四、从"里"到"村"？ ………………… 410

第三节　唐代乡里制度实行的区域差异 …………………… 423
　　一、"有版"羁縻州县的户数、赋役与乡里 ……………… 427
　　二、正州县中蕃胡夷蛮户的乡里编排 ……………………… 440
　　三、"开山洞"所置新县的乡里 …………………………… 449
　　四、唐代乡里控制方式的区域差异 ………………………… 455
第四节　唐中后期至五代时期乡里控制体系的变化 ………… 457
　　一、军镇与乡里 …………………………………………… 457
　　二、冶场领有乡里民户 …………………………………… 471
　　三、输场、征科院与乡里 ………………………………… 475
　　四、中晚唐五代时期乡里控制体系变化的区域差异 …… 481

第五章　宋辽金元时期乡里制度的演变 ……………………… **487**

第一节　宋代乡里制度及其演变 ……………………………… 487
　　一、问题之提出 …………………………………………… 487
　　二、开宝七年"废乡"置管 ……………………………… 492
　　三、至和二年"罢里正衙前" …………………………… 499
　　四、保甲法下大保、都保的编排 ………………………… 505
　　五、南宋时期的都与保（图）…………………………… 517
　　六、宋代乡里制度演变之总概及其基本特征 …………… 521
第二节　宋代蕲州的乡里区划与组织 ………………………… 526
　　一、问题之提出与本节依据之资料 ……………………… 526
　　二、宋代蕲州属县乡里区划考 …………………………… 535
　　三、关于宋代蕲州乡里区划与组织的几点认识 ………… 545
　　四、乡里区划与组织的地域控制功能与延续性 ………… 550
第三节　辽金时期北方地区乡里控制及其演变 ……………… 552
　　一、辽代燕云汉地的乡里制度及其根源 ………………… 552
　　二、辽中京、上京、东京道所属州县的乡、
　　　　里与寨、庄 …………………………………………… 573
　　三、金代华北地区的"寨"制与乡-村社制度 ………… 586

　　　　四、辽金时期北方地区乡里制度的多样性与统一性 …… 600
　第四节　元代乡里制度及其实行的北南方差异 …………… 603
　　　　一、乡（都）里正–村主首、社长制 ………………… 603
　　　　二、元代北方地区的乡里控制体系 ………………… 609
　　　　三、元代南方地区的里正、主首与社长 …………… 617
　　　　四、元代乡里制度的来源与实质 …………………… 622

第六章　明清时期乡里制度及其实行的区域考察 …………… **626**
　第一节　明代里甲制的形成及其在南北方地区的实行 …… 626
　　　　一、从"小黄册"之法到"黄册里甲" ……………… 626
　　　　二、里甲制在南方地区的实行 ……………………… 634
　　　　三、里甲制在北方地区的实行 ……………………… 640
　　　　四、关于明代里甲制的几点新认识 ………………… 647
　第二节　明清时期江汉平原里甲制度的实行及其变革 …… 649
　　　　一、明初江汉平原聚落分布与里甲编排 …………… 652
　　　　二、河泊所"甲册"的攒造与渔户"业甲"的编排 … 657
　　　　三、明代江汉平原大部分新垦垸田及垸民未入或
　　　　　　未完全纳入版籍 ………………………………… 669
　　　　四、明后期的清田与垸田征科 ……………………… 679
　　　　五、"按田归垸"与里甲制的变质 …………………… 682
　　　　六、制度实行与变革过程中的"共性"与"个性" … 690
　第三节　湖北省潜江市档案馆藏《太和乡实征底册》的初步研究　695
　　　　一、"实征册"与"实征底册" ……………………… 697
　　　　二、潜江县征粮"按田归垸"与实征册之使用 …… 708
　　　　三、关于是否严格开展"推收"的问题 …………… 713
　　　　四、新立户柱与无产户名之剔除 …………………… 732
　　　　五、进一步研究工作的理路 ………………………… 744

结　语　掌邦之野：中国古代的乡里制度 …………………………… 746
　　一、乡里制度的基本结构 ……………………………………… 746
　　二、乡里制度的演变轨迹 ……………………………………… 758
　　三、乡里制度的差异性与统一性 ……………………………… 764
　　四、乡里制度："下县的皇权" ………………………………… 767

主要征引文献 ………………………………………………………… 771

Contents

Introduction   The Rural Control System in Imperial China and Research Ideas on this Issue ·· 1

    1. The Basic Ways of Controlling the Rural Areas in Imperial China ·· 1

    2. Defining the Rural Control System ································· 6

    3. Research Ideas on Rural Control System in Imperial China and Our Concerns ·· 14

Chapter 1   Sources, Flows, and Essence of the Rural Control System Described in *Zhou Li* ·· 23

  1.1 The Rural Control System in *Zhou Li* ································ 23

  1.2 Sources and Truth of the Rural Control System in *Zhou Li* ········· 31

    1.2.1 *Lyu* in the City-state, and *Li* in the Countryside ··············· 31

    1.2.2 *Wuyi* (Five Towns), *Shiyi* (Ten Towns), and *Zu* (Clan) ········ 41

    1.2.3 Characteristics of the Rural Control System in West *Zhou* Period ·· 49

  1.3 Variants of the Rural Control System of *Zhou* during Spring and Autumn and Warring States Period ·· 52

    1.3.1 Rural Control System in the *Lu* State and *Zheng* State ··· 52

    1.3.2 Rural Control System and Its Variations in the *Qi* State during Spring and Autumn and Warring States Period ··· 61

    1.3.3 *Li*, *Zhou*, and *Yi* of *Chu* State Recorded by *Chu* Bamboos Unearthed in *Geling* Tomb and *Baoshan* Tomb ············ 85

1.4. Reality, Variants of the Rural Control System in the *Zhou* Dynasty, and Essence of Rural Control System in *Zhou Li* ·············· 106

Chapter 2 The Rural Control System and Its Implementation in *Qin* and *Han* Dynasties ·············· 114

2.1. Examination and Analysis of the Rural Control System of *Qin* State and *Qin* Empire ·············· 114

2.1.1 The *Bu-Li-Lyu* in Various Articles about City-guarding in *Mozi* ·············· 116

2.1.2 The Rural Control System Recorded in *Shuihudi Qin* Bamboo Texts and Bamboo Texts Collected by *Yuelu* Academy ·············· 121

2.1.3 *Ting, Xiang*, and *Li* Seen on *Qin* Pottery Signs ·············· 136

2.1.4 *Xiang, Li*, and *Ting* in *Qianling* County, *Qin* Empire, Recorded in *Liye Qin* Slips ·············· 141

2.1.5 Re-understanding *Qin* Rural Control System ·············· 159

2.2 The *Qin*-style Rural Control System Implemented in Regions of Former Six States ·············· 162

2.2.1 The *Qin*-style Rural Control System Implemented in the Core Area of Former *Chu* State ·············· 163

2.2.2 The *Qin*-style Rural Control System Implemented in Eastern Part of Former *Chu* State ·············· 172

2.3 Several Questions about Rural Control System in *Han* Dynasty ······ 177

2.3.1 Government of *Xiang* in *Han* Dynasty ·············· 178

2.3.2 Relationships among *Xiangsi* (Government of *Xiang*), *Yujiao* (Patrol), and *Tingzhang* (Police Station) ·············· 181

2.3.3 Elders of Prestige in *Li* and Meeting Place in *Li* ·············· 189

2.3.4 Reanalyzing the Relationship between *Xiang-Li* and *Ting-Qiu* System ·············· 194

2.3.5 Several New Understandings about Rural Control System in *Han* Dynasty ·············· 200

2.4 Regional Differences in Implementation of Rural Control System in
  Han Dynasty ·· 201
  2.4.1 The Form and Scale in *Guanzhong* and Reclamation Areas in
    Northwest China Were the Most Normative ······················ 204
  2.4.2 *Li* Was Usually Made up of Several Villages in the Middle
    Reaches of *Yangtze* River ·· 208
  2.4.3 The Rural Control System Implemented to Newly-established
    Commanderies and Counties ································· 213

**Chapter 3 Evolution of Rural Control Syetem during the *Wei*, *Jin*,
     and Northern-Southern Dynasties Period** ······················ 218

3.1 Changes of Rural Control System during Late *Han* Dynasty and
  West *Jin* Dynasty ·· 218
  3.1.1 Transformation of *Ting*'s Functions ······························ 221
  3.1.2 *Zhishushi* (Secretary) and *Zheng* (Judge) of *Xiang* ··············· 227
  3.1.3 Relationships between *Qiu*, Village, and *Li* ······················ 232
3.2 Transformation of Rural Control System during the East *Jin* and
  Southern Dynasties Period ·· 234
  3.2.1 Rural Control System in East *Jin* and Southern Dynasties
    Mixed *Han*-dynasty System and West *Jin* System ················ 234
  3.2.2 Southern Migrated Commanderies and Counties Rarely Carried
    out the Rural Control System ··································· 243
  3.2.3 Commanderies and Counties Established to Control the
    Barbarian Tribes Didn't Carry out the Rural Control System ··· 254
3.3 Rural Control System in the Upper Reaches of *Han* River from Late
  Han to *Sui* Dynasty ·· 261
  3.3.1 Explaining, and Proving that "No Administrative Officer Was Set
    up and the Priest Exercised Administrative Power" ··············· 262
  3.3.2 Regional Control System in *Hanzhong* Area under *Shu-Han* Was
    Centered on Military Castles ····································· 268

3.3.3 "East Three Commanderies" in Late *Han* to West *Jin* Controlled
by the Chiefs ·· 273
3.3.4 Rural Control System and Household Registration System in the
Upper Reaches of *Han* River in West *Jin* Dynsty ················ 277
3.3.5 *Hanzhong* Area: Desolation in Turn between Two *Jins* & the
Control by *Cheng-Han* Regime ································ 280
3.3.6 Migrated Commanderies and Counties in the Upper Reaches of
Han River: Establishment and *Tuduan* ························ 286
3.3.7 The Control of Rural Societies in *Hanzhong* Area by the Rising
Local Forces during the *Qi-Liang* Period ······················ 293
3.3.8 General Trend of Rural Control System Evolution during Six
Dynasties ·· 299
3.4 Crowds and Ways to Control Different Groups in the Northern China
during Sixteen Kingdoms and Northern Dynasties ···················· 301
3.4.1 Surveying on the Social Control System in the Northern China
during Sixteen Kingdoms and Northern Dynasties ················ 301
3.4.2 Re-examining on "Inscription from Ancestral Hall of Grand
Commandant *Deng*" and "Inscription that Recorded the Exploits
of *Guangwu* General *Chan*" ···································· 311
3.4.3 The "Nationals", Six Barbarians, and *Han* Households under
the Barbarian Regimes ······································ 333
3.4.4 Militarization of the Social Control System in the Northern
China during Sixteen Kingdoms and Northern Dynasties ······ 345

**Chapter 4 Rural Control System, Its Implementation, Evolution, and
Regional Differences in the *Sui-Tang* Period** ···················· 355
4.1 Rural Control System in *Sui* Dynasty ································ 355
4.1.1 The "New Decree", Promulgated in 583 Chiefly Targeted the
Old Northern *Qi* Region ······································ 356

4.1.2 500 Households Were to Be Headed by a *Xiangzheng* (Judge of *Xiang*) ·· 362
4.1.3 The Decree Issued in 589 Targeted the Territory of the Former *Chen* ··· 369
4.1.4 Population Census in 609 ·· 374
4.1.5 *Xiangzheng* (Judge of *Xiang*) and *Xiangzhang* (Head of *Xiang*) ·· 378
4.1.6 Uniformity and Regional Variation in the Rural Control System ·· 384
4.2 Recognition of Rural Control System in *Tang* Dynasty ················ 387
4.2.1 *Li* and Village ··· 390
4.2.2 *Xiangzhang* (Head of *Xiang*) and *Xiangbantou* (Secretary of *Xiang*) ··· 398
4.2.3 *Xiang* and *Li* as Regional Units ···································· 405
4.2.4 From "*Li*" to "Village"? ··· 410
4.3 Regional Differences of the Social Control System's Implementation in *Tang* Dynasty ··· 423
4.3.1 Demographic Statistics, Taxes, Corvee, and Social Control System in the Delegate-Governed Commanderies and Counties that Declared Their Population ····································· 427
4.3.2 Rural Control for Barbarians Lived in Formal Commanderies and Counties ·· 440
4.3.3 Rural Control System in Newly Established Counties by Exploiting the Deep Mountain Valleys ···························· 449
4.3.4 Regional Differences of the Rural Control Ways in *Tang* Dynasty ··· 455
4.4 Evolution of the Rural Control System in Middle-to-late *Tang* Dynasty and Five Dynasties ··· 457
4.4.1 Military Administration and Rural Control System ············· 457

4.4.2 Mining Authorities Controlled Villages and Households ········· 471
4.4.3 The Tax Authorities and Rural Control System ················· 475
4.4.4 Regional Differences of Evolution of the Rural Control
System in Middle-to-late *Tang* and Five Dynasties ··············· 481

Chapter 5   Evolution of the Rural Control System during the *Song, Liao, Jin*, and *Yuan* Period ·· 487

5.1 Rural Control System and Its Changes in *Song* Dynasty ·············· 487
    5.1.1 Historical Materials and Research Basis on this Issue ············ 487
    5.1.2 Abolished the *Xiang*, Set up *Guan* in 974 ························ 492
    5.1.3 Stop Asking "*Lizheng*" to Serve in the County Government in
1055 ·· 499
    5.1.4 The Organization of *Dabao, Dubao* under "*Bao-Jia* Law" ······ 505
    5.1.5 The *Du* and *Bao* in Southern *Song* Dynasty ······················ 517
    5.1.6 Surveying on the Evolution of the Rural Control System and Its
Basic Features in *Song* Dynasty ······································ 521
5.2 Regional Division and Organizations of *Xiang* and *Li* in *Qizhou*
(*Qi* Prefecture), *Song* Dynasty ·· 526
    5.1.1 Research Basis and Historical Materials on this Issue ············ 526
    5.2.2 *Xiang-Li* Division of Counties of *Qizhou, Song* Dynasty ········· 535
    5.2.3 Some Understandings about the Division and Organizations of
Xiang and *Li* in *Qizhou, Song* Dynasty ···························· 545
    5.2.4 Regional Control Function and Continuity of Rural Division
and Organizations ·· 550
5.3 Rural Control System and Its Evolution in Northern China during the
Liao-Jin Period ··· 552
    5.3.1 Rural Control System and Its Roots in the *Yan-Yun* Area under
Khitan's Rule ·· 552
    5.3.2 The *Xiang-Li*, and *Zhai* (Castle)-*Zhuang* (Manor) in the
Commanderies and Counties in *Liao*'s *Zhongjing, Shangjing*,
and *Dongjing Dao* ·· 573

5.3.3 The *Zhai* (Castle) System and *Xiang-Cunshe* System in
Northern China under Jurchen's Rule ·················· 586
5.3.4 Uniformity and Regional Variation of the Rural Control
System in Northern China during the *Liao-Jin* Period ············ 600
5.4 Rural Control System and Regional Differences in Its Implementation
in Northern and Southern China under Mongolian Rule ··············· 603
5.4.1 The System of *Lizheng* in *Xiang* (or *Du*), and *Zhushou*
(Main Head) and *Shezhang* (Head of Agriculture and Social Ethics)
in Villages ·················· 603
5.4.2 Rural Control System in Northern China under Mongol Rule ··· 609
5.4.3 *Lizheng*, *Zhushou*, and *Shezhang* in Southern China under
Mongol Rule ·················· 617
5.4.4 Historical Roots and Substance in *Yuan* Dynsaty ················ 622

**Chapter 6 Regional Investigating on the Rural Control System and Its
Implementation in the *Ming* and *Qing* Period** ·············· 626
6.1 Formation of the *Li-Jia* System and Its Implementation in Northern
and Southern China in *Ming* Dynasty ·················· 626
6.1.1 From the Law of "Primordial Yellow Books" to the "System
of *Li-Jia* with Yellow Books" ·················· 626
6.1.2 Implementation of *Li-Jia* System in Southern China ············ 634
6.1.3 Implementation of *Li-Jia* System in Northern China ············ 640
6.1.4 Some New Understandings about the *Li-Jia* System in
Ming Dynasty ·················· 647
6.2 The Operation of *Li-Jia* System in *Jiang-Han* Plain and Its Reforms
during the *Ming* and *Qing* Period ·················· 649
6.2.1 Distribution of the Settlements and Implementing Process of
Li-Jia System in the *Jiang-Han* Plain in the Early Ming
Dynasty ·················· 652
6.2.2 *Heposuo* (Fishing Tax Office) Compiled "*Jiace*", and
Fishermen Were Incorporated into the "*Yejia*" System ············ 657

6.2.3 Most Immigrants and Fishermen Were not Brought into the Census Register and Levied Taxes System, or only Required to Pay a Small Amount of Fishing Tax in Early-to-mid *Ming* ······ 669

6.2.4 Enclosed Field Was Checked up and Levied Taxes in the Late *Ming* Dynasty ··· 679

6.2.5 "Collection of Land Taxes Based on Enclosed Field" and the Qualitative Change of *Li-Jia* System ···························· 682

6.2.6 Commonality and Individuality in the Process of Implementation and Change of Rural Control System ············ 690

6.3 A Preliminary Study on the "Original Actually-used Tax Register in *Taihe Xiang*" from Archives of *Qianjiang* County, *Hubei* Province ··· 695

6.3.1 "Actually-used Tax Register" and "Original Actually-used Tax Register" ··· 697

6.3.2 "Collection of Food as Land Taxes Based on Enclosed Field" and Use with "Actually-used Tax Register" ······················ 708

6.3.3 The Question: Was "Push-and-Collect" Strictly Carried out? ··· 713

6.3.4 Establishment of New Household Names and Elimination of Landless Household Names ································ 732

6.3.5 Ideas for Further Research ································ 744

Conclusion Basic Structure, Evolution Paths, Regional Differences, and Essence of the Rural Control System in the Imperial China ··· 746

1. Basic Structure of Rural Control System ························ 746
2. Evolution Paths of Rural Control System ······················ 758
3. Regional Variation and Uniformity of the Rural Control System ··· 764
4. Rural Control System: The Imperial Power Permeating down into the Countryside ··· 767

References ··· 771

绪　论

中国古代乡里制度及其研究理路

一、王朝国家控制乡村的基本方式

萧公权先生曾论及帝制国家控制其臣民的方式，主要有三：

> 一是通过照顾臣民基本的物质需求，避免臣民因难以忍受艰困的生活"铤而走险"；二则通过向臣民反复灌输精心筛选的道德教条（大部分是从儒家学说中筛选出来的），使臣民接受或认同现存的统治秩序；三则通过不断监视臣民，从而查出"奸民"并及时加以处理。①

萧先生所说的第一个方面，主要包括历代王朝在特定时期（特别是王朝兴起阶段），会通过授田、减免赋役、赈贷等手段，给臣民提供部分生产条件，减少对臣民的剥夺与压榨，其中的核心是土地与赋役制度。第二个方面，主要包括王朝国家的教化制度，即从思想文化上控制臣民。第三个方面，主要指各种形式的治安制度，包括伍保制、保甲制等。而无论是授田、减免赋役，还是推行教化、维护治安，又必然以户籍登记、乡里编排为前提。因此，王朝国家控制乡村民众的方式，主要表现为如下三种：

（1）将民众安置、稳定在土地上，使之劳作不息，生产自存并供应王

---

① 萧公权：《中国乡村——论19世纪的帝国控制》，张皓、张升译，台北：联经出版事业股份有限公司，2014年，第3页。

朝国家。《汉书》卷二四《食货志》云：

> 理民之道，地著为本。故必建步立亩，正其经界。六尺为步，步百为亩，亩百为夫，夫三为屋，屋三为井，井方一里，是为九夫。八家共之，各受私田百亩，公田十亩，是为八百八十亩，余二十亩以为庐舍。出入相友，守望相助，疾病相救，民是以和睦，而教化齐同，力役生产可得而平也。①

"著"，置也，定也，居也。颜师古注曰："地著，谓安土也。""地著"又作"土著"，即安住于土地之上。《通典》卷一《食货》一"田制"序云：

> 谷者，人之司命也；地者，谷之所生也；人者，君之所治也。有其谷则国用备，辨其地则人食足，察其人则徭役均。知此三者，谓之治政。夫地载而不弃也，一著而不迁也，安固而不动，则莫不生殖。圣人因之设井邑，列比闾，使察黎民之数，赋役之制，昭然可见也。②

因此之故，历代王朝，于田制均甚为关注，盖田地不仅为赋税所出、国用之所赖，更是人民生计之依，无田则离土，离土则成为游民，人民游离则逸出于王朝国家控制体系之外。晁错说：

> 民贫，则奸邪生。贫生于不足，不足生于不农，不农则不地著，不地著则离乡轻家。民如鸟兽，虽有高城深池，严法重刑，犹不能禁也。③

而欲使民不流离，就需要保障大部分民众有田可耕，有地可种。北魏太和中，李安世上书说：

> 臣闻量地画野，经国大式；邑地相参，致治之本。井税之兴，其来日久；田莱之数，制之以限。盖欲使土不旷功，民罔游力。雄擅之家，

---

① 《汉书》卷二四上《食货志》上，北京：中华书局，1962年，第1119页。
② 《通典》卷一《食货》一，"田制"，北京：中华书局，1988年，第3页。
③ 《汉书》卷二四上《食货志》上，第1131页。引文句读与原文有所不同。

不独膏腴之美；单陋之夫，亦有顷亩之分。所以恤彼贫微，抑兹贪欲，同富约之不均，一齐民于编户。①

这是历代王朝田制的基本原则。第一，国家需要尽可能地掌握全国土地的支配权，唯有如此，才能"量地画野"，也才能在需要时使用国家权力，分配土地，或调整对土地的使用与占有，使乡村民户"著于"土地之上。第二，限制臣民占有田地的数量，即"限田"。限田的目的，不仅在于"使土不旷功，民罔游力"，更在于使"雄擅之家，不独膏腴之美；单陋之夫，亦有顷亩之分"。第三，要尽可能"恤彼贫微，抑兹贪欲"，即照顾、救济贫穷卑微之人，抑制豪强无穷的欲望。从国家的立场上，对贫、富要一视同仁，至少在法律层面上，要把各种民户作为"编户齐民"一同对待。对于李安世之议，本传称："高祖深纳之，后均田之制起于此矣。"汉唐时期，王朝国家以不同形式实行名田制、占田制、均田制、限田制，出发点也就在这里。

（2）编排户籍，将民众纳入王朝国家的户口控制系统，控制其人身。国家大规模地编排民户，列入籍帐，给予并确定民众的身份，应当始于战国时期。②户籍的编排、登记与管理，是与正在形成的集权制国家的军事、治安、赋役制度联系在一起的，反映出国家对民众的控制得到了全面的加强，从而为专制主义集权奠定了基础。池田温说：

> 通过郡县乡里掌握其户口，这是帝国存立的绝对必要的基础，所以造籍制度是国家体制最紧要的一环；同时，对于被统治的人民说来，户籍登录不外是使他们惨遭租税和徭役种种压榨的第一步。③

严格的户籍制度，是专制主义集权制国家最重要的标志之一，也是其得以建立、维系的基础。正是通过户籍制度，专制国家才得以控制民众的居住、移

---

① 《魏书》卷五三《李安世传》，北京：中华书局，1974年，第1176页。
② 池田温：《中国古代籍帐研究》，龚泽铣译，北京：中华书局，2007年，第22—41页；杜正胜：《编户齐民：传统政治社会结构之形成》，台北：联经出版事业股份有限公司，2014年，第二版，第1—48页；刘敏：《秦汉编户民问题研究——以与吏民、爵制、皇权关系为重点》，北京：中华书局，2014年，第33—50页。
③ 池田温：《中国古代籍帐研究》，第1页。

动、财产乃至婚姻与家庭，在不同程度上掌握土地、山林等基本经济资源，从民众手中掠夺各种各样的经济利益，征发民众的劳动力资源作为保障国家安全、进行扩张的军事力量，以及维系专制主义国家普遍都有的大规模国家公共工程的建设和维护，甚至通过户籍制度，推行教化，宣扬专制国家最为需要的、以忠孝为核心的社会伦理观念，从而达到对民众在政治身份、经济地位、社会角色、文化认同等各方面的全方位控制。因此，战国以降，历代王朝都非常重视户籍制度的建立和实施，将之视为关乎王朝国家命运的重要方面：王朝国家掌握的户口繁盛，则王朝兴盛、繁荣，臻于"盛世"；王朝国家掌握的户口减耗，则意味着王朝走向衰退，乃至于衰亡。《通典》卷七《食货》七于"历代盛衰户口"下论曰：

> 古之为理也，在于周知人数，乃均其事役，则庶功以兴，国富家足，教从化被，风齐俗和。夫然，故灾诊不生，悖乱不起。……及理道乖方，版图脱漏，人如鸟兽，飞走莫制。家以之乏，国以之贫，奸[宄]（冗）渐兴，倾覆不悟。①

正是在这个意义上，我们说，户籍制度是专制主义集权制国家的基石，它比任何官僚制度、军事制度和经济、文化制度，都具有更重要的基础性作用。

（3）编排层级制的乡里组织，建立合行政管理、治安与教化于一体的"乡里共同体"。《汉书·食货志》描述理想状态下的乡里组织，说：

> 在壄曰庐，在邑曰里。五家为邻，五邻为里，四里为族，五族为党，五党为州，五州为乡。乡，万二千五百户也。邻长位下士，自此以上，稍登一级，至乡而为卿也。于是里有序而乡有庠。序以明教，庠则行礼而视化焉。②

在这样的乡里中，乡民"出入相友，守望相助，疾病相救，民是以和睦，而教化齐同，力役生产可得而平也"。这是汉代儒家设想的乡里生活蓝图。无论这一蓝图是否在历史上存在过，它都反映了古代中国编组乡里的基本要求

---

① 《通典》卷七《食货》七，第158页。
② 《汉书》卷二四上《食货志》上，第1121页。

与目标。《通典》卷三《食货》"乡党"谓：

> 昔黄帝始经土设井以塞诤端，立步制亩以防不足，使八家为井，井开四道而分八宅，凿井于中。一则不泄地气，二则无费一家，三则同风俗，四则齐巧拙，五则通财货，六则存亡更守，七则出入相司，八则嫁娶相媒，九则无有相贷，十则疾病相救。是以情性可得而亲，生产可得而均，均则欺陵之路塞，亲则斗讼之心弭。既牧之于邑，故井一为邻，邻三为朋，朋三为里，里五为邑，邑十为都，都十为师，师十为州。夫始分之于井则地著，计之于州则数详。迄乎夏殷，不易其制。①

这里所说的"黄帝之制"不足为据，然其所说乡里编组的十个功能（不泄地气、无费一家、同风俗、齐巧拙、通财货、存亡更守、出入相司、嫁娶相媒、无有相贷、疾病相救），却确然是乡里制度设计的出发点。统治者所希望构建的，就是这样一种既便于行政管理、治安控制，也便于推行教化，实现思想统一的乡里共同体。历代王朝虽然做法不一，制度各异，但推行乡里制度的主旨却并无不同。《日知录》卷八"里甲"条引常熟陈梅之言曰：

> 《周礼》"五家为比，比有长。五比为闾，闾有胥。四闾为族，族有师。五族为党，党有正。五党为州，州有长。五州为乡，乡有大夫。"其间大小相维，轻重相制，纲举目张，周详细密，无以加矣。而要之，自上而下，所治皆不过五人，盖于详密之中而得易简之意，此周家一代良法美意也。②

无论此法是否"周家"之法，从王朝国家控制乡村的角度言之，确实是"良法"。在这个意义上，乡里制度乃是王朝国家统治的基础。白钢先生说：

> 乡村社会实行乡里制行政管理，这是古代中国不同于中世纪西欧的地方。乡里制度的宗法性与行政性的高度整合，集中反映了中国古代社会结构的一些特殊性。历代乡里制度都是以对全体乡村居民进行什伍编

---

① 《通典》卷三《食货》三，第54页。
② 顾炎武著，黄汝成集释：《日知录集释》卷八"里甲"，上海：上海古籍出版社，2006年，第477页。

制为起点，以"什伍相保"、"什伍连坐"为基本组织原则的。它是君主专制主义国家政权结构中最基层的行政单位，拥有按比户口、宣布教化、督催赋税、摊派力役、维持治安、兼理司法的职权，被称为"治民之基"（《周书·苏绰传》）。[①]

换言之，乡里制度的实质，乃是王朝国家对乡村民众与乡村社会的控制，其手段主要是通过对乡村民众人身的控制，将之纳入到王朝国家的政治、经济、社会与文化体系中，使之成为王朝国家的"臣民"，安分守己，纳税服役。

因此，田制、户籍、乡里制度三端，紧密地联系在一起，构成专制主义王朝国家控制乡村的三个支柱。这三个支柱是相互配合的：王朝国家通过掌握土地支配权，在不同程度上"授田"给乡村民户，从而获得了控制并剥夺农民的权力与"合法性"，并进而将农民尽可能固定在给定的土地上，使之"土著"，并"安土重迁"；通过户口登记，掌握乡村民户的基本情况，将之编组进层级制的乡里制度中；又通过乡里制度，控制、调整乡村民户的土地占有和使用，检括户口，强化对乡村民户的人身与经济控制，强制性地征发赋役，从而最大程度地满足王朝国家的各种需要。其中，户籍与乡里制度更为紧密地联系在一起，乃是王朝国家实现其乡村控制的根本性制度保障。

二、所谓"乡里制度"

所谓"乡里制度"，简言之，就是由"乡""里"构成的乡村控制制度，是王朝国家立足于统治的需要而建立的、县级政权以下的、直接或间接地控制乡村民户与地域，以最大程度地获取人力与物力资源，建立并维护乡村社会秩序的控制制度。这一界定包括如下三方面内涵：

（1）乡里制度是王朝国家为主导建立的、自上而下地控制乡村资源的、社会与文化的制度，其目标在于控制民众的人身与物质财富、建立并保持王朝国家的统治秩序。在这个意义上，乡里制度乃是王朝国家诸种统治制

---

① 白钢：《〈中国乡里制度〉序》，见赵秀玲：《中国乡里制度》，北京：社会科学文献出版社，1998年，第1页。

度的组成部分。因此，无论乡里制度采用怎样的方式，是官府设官置吏，采用层级制的行政管理方式（所谓"乡官制"），还是征发或召募职役、各任以职事，即主要采用征役以任事的管理方式（所谓"职役制"），①它都是国家基层控制制度的一部分，是王朝国家（"官"）的制度，而不是民间社会（"民"）的制度。因此，以各种乡村社会的力量（包括不同类型的乡村豪强、乡绅以及"边缘群体力量"）为主导的乡村社会的"自治"制度（包括血缘的、地缘的、业缘的以及以信仰或仪式相联系的诸种社会组织及其制度性安排）不包括在内。

研究中国乡村的学者，往往立足于不同的学科（主要是人类学、社会学、政治学及历史学）背景，在不同的学术体系与语境中，使用乡村制度、乡村控制制度、乡里制度等概念，而一般未予以清晰的界定。所以，这里需要对这三个概念略作辨析。

一般说来，乡村制度（或农村制度）乃是相对于城市制度而言的，是指在乡村（农村）区域建立并运行的诸种制度，包括乡村（农村）的经济制度（包括土地制度、赋税制度等）、社会制度（包括社会组织、社会控制特别是行政管理与治安制度）、教育与文化制度（包括社会伦理与礼仪制度、教育文化体制）等。乡村制度的研究者主要立足于城市社会与乡村社会的二元分划，将城市及其制度性安排作为乡村、乡村制度的参照系，展开对于乡村及其制度的探讨。因此，研究者虽然也把国家（其不同层级的统治中心，主要在城市里）在乡村地区建立并实行的诸种制度包括在乡村制度中，但往往更倾向于强调对乡村、乡村制度与乡村社会"特性"的"发掘"与揭示，所以特别着意于乡村"自生的"或"内在的"、具有"自治性"的诸种制度，如村庄组织、宗族组织等。这种研究的出发点，一般是将帝制时代的中国界定为农业国家，认为乡村经济、社会与文化乃是传统中国经济、社会与文化体系的主体，故而研究乡村制度乃是深入探究中国经济、社会与文化制度的

---

① 关于中国古代乡里制度可分为"乡官制"与"职役制"两种类型，以及由乡官制向职役制的演变，请参阅白钢《略论乡里制度》，《光明日报》1984年12月5日，后收入氏著《制度物议》，北京：中国社会科学出版社，2013年，第203—207页；赵秀玲：《中国乡里制度》，第1—72页。

入手点。①

乡村控制制度研究的出发点则是国家政权（在中国古代史的背景下，则主要是王朝国家）及其在乡村的代理人，是站在国家、政府以及乡村权力的掌握者的立场上，探究国家权力和权力集团通过怎样的制度性安排，控制乡村地区与乡村民众，建立并维护乡村社会的秩序。因此，乡村控制制度，既包括国家权力控制乡村民众与乡村地区的各种制度性安排，如乡村行政管理组织、治安监控体系、赋役征发系统、文化与思想控制体系以及救荒等社会救济系统等；也包括乡村权力的掌握者，如何通过国家"授予"或"委托"的权力，并利用其自身的经济社会地位及其拥有或掌握的武力、财力与文化权力，在诸种形式的"乡村自治制度"及其传统的基础上，构建并维护乡村社会及其秩序。萧公权先生正是在这个意义上讨论19世纪中华帝国对于乡村的控制的。在其名著《中国乡村——论19世纪的帝国控制》第二编"乡村控制"中，萧先生用"治安监控：保甲体系""乡村税收：里甲体系""饥荒控制：社仓及其他粮仓""思想控制：乡约及其他制度"等四章的篇幅，主要讨论王朝国家的乡村控制制度；而在第三编"控制的效果"中，则着意分析村庄领袖、宗族等乡村组织在乡村秩序的建立与维护中的作用。②

乡里制度或乡里控制制度则是乡村控制制度的组成部分，它主要指以赋

---

① 费孝通先生在其名著《乡土中国》中，将（传统的）中国社会界定为"乡土社会"，或者说："中国社会的基层是乡土性的。"以此为基础，费先生全面深入地分析了中国社会基层的乡土性，以及从这一基层上长出的比较上"和乡土基层不完全相同的社会"（费孝通：《乡土中国 生育制度》，北京：北京大学出版社，1998年，第6页）。费先生所揭示的中国社会基层的"乡土性"，实际上是制度性的。不仅如此，费先生在另一部名著《江村经济》中所探究的中国农民在生活中形成的"文化"，也就是中国农村的"制度"（费孝通：《江村经济——中国农民的生活》，北京：商务印书馆，2002年）。在这个意义上，人类学者、社会学者关于传统中国乡村社会经济与文化的探讨，所揭示的诸多内容，均可归入于中国"乡村制度"的范畴。

② 萧公权：《中国乡村——论19世纪的帝国控制》，第55—434页。萧先生所说中华帝国对于乡村的控制，乃是全面的控制，既包括国家权力对于乡村社会的控制，也包括对于乡村经济的控制和文化的控制，虽然他的讨论主要集中在社会控制的方面。萧先生的研究启发我们：王朝国家的乡村控制并不等同于国家权力对于乡村社会的控制，乡村控制的重要或根本目标乃是对于乡村资源（经济资源与人力资源）的控制、占有和利用，而并不仅仅是建立并维护乡村社会的秩序。同时，乡村社会的控制，也确是社会控制的一部分，社会控制的诸种手段或方式，也往往适用于乡村社会的控制。

役征发和治安监控为目的的乡村行政管理制度,是国家权力通过不同的行政方式,控制、管理乡村民众与乡村地区的制度性安排。①征发赋役和监控治安虽然都是乡里制度的主要功能,但二者的制度性规定(如赋役的种类、税则,邻保连坐的法律规定等)并不包括在乡村行政管理制度之内。同样,户籍制度虽然在很多时候表现为乡里制度的前提,甚至包含在乡里制度之内,但户籍制度本质上是一种人身控制制度,而乡里制度却属于行政管理制度。实际上,历史学者更倾向于以特定时段具体的乡村基层管理组织的名称,指称特定时段乡村行政管理的制度性安排,如秦汉乡里制、北魏三长制、隋唐乡里制、宋代都保(图)制、金元社制或村社制、明清里甲制与保甲制等,只是在综论历代王朝的乡村行政管理制度时,才概括性地将之总称为"乡里制度"。本书正是在这个意义上使用"乡里制度"这一概念的。

(2)乡里制度由乡、里、邻等县级政权以下、不同层级的地域性管理单元组成。其中,乡包括若干村落,是县以下、里以上的地域性行政管理单元,或户口赋役籍帐汇总的单元,或人文地理单位;里以村落和居住地域为基础,是基本的基层行政管理和赋役征发单元;邻以五家互保连坐为原则,是最基层的治安监控单元。

在王朝国家理想的设计中,比邻而居的五家民户"出入相友,守望相助,疾病相救",又相互伺察,互相监督,荣辱与共,赏罚相延及,故上级管理者于各户之出入、存亡、臧否、逆顺皆可得到了解与把握。清人陆世仪说:"治天下,必自治一国始;治一国,必自治一乡始;治一乡,必自五家为比、十家为联始。"②在这个意义上,以五家(或十家)民户为基本编组

---

① 白钢先生较早地使用"乡里制度"这一概念,并将之界定为古代县以下各级基层行政管理制度,认为它是君主专制主义国家政权结构中最基层的行政单位(白钢:《略论乡里制度》,《光明日报》1984年12月5日,收入氏著《制度物议》,北京:中国社会科学出版社,2013年,第203—207页)。赵秀玲著《中国乡里制度》(北京:社会科学文献出版社,1998年)沿用了白钢先生关于乡里制度的界定及其关于中国古代乡里制度演变的两阶段论(秦汉至隋唐的乡官制与宋元明清的乡里职役制),而在具体的研究中,则将乡里组织的领袖作为重点。仝晰纲著《中国古代乡里制度研究》(济南:山东人民出版社,1999年)则较为含混地使用"乡里制度"这一概念,而未加明确界定。

② 徐栋编:《保甲书辑要》卷三《广存》,陆世仪:《论治邑》,南京:江苏书局,同治七年(1868),刻本,第1页上。

单位的邻、比（伍、什、保、甲）等，乃是王朝国家控制乡村的最基层的单位。"比邻而居"是邻比编排的原则，换言之，邻比是以民户的居住状态为根据编排的管理单位，在本质上是地缘性的组织单元。

里、闾之制，也起源于居住单位。《说文》释"闾"，谓："闾，侣也，二十五家相群闾也。"①则闾之本义，即指群侣而居，亦即整齐的聚落内部分划为若干规整的居住区。《说文》释"里"，谓："居也，从田从土。"②故里乃是指带有田地的居住区。里大抵有土垣围绕，内部分划也较为规整。故无论制度规定以二十五家、五十家，还是以百家、百一十家为里（闾），而在实际的编排中，里必然以村落为基础，或以一村为一里，或合数村为一里，或将一大村（包括城邑）编排为若干里。里编定之后，则当相对保持稳定，不必因户口增加而频繁地重新编排。质言之，百家之里是以村落为基础编排的。

乡在起源上就是一种地域单元，指包括若干村落的乡村区域。秦汉时期的乡是县级政权之下的行政区域，所统户口一般在千余户至数千户，规模较大；在乡部的中心聚落设有乡廷，以啬夫或有秩主管乡政。魏晋南北朝时期，乡的户口规模逐渐减小，至隋唐时定制为五百户，远较汉代的乡为小。唐代的乡政由所属五里的里正主持，诸乡里正到县衙当值，处理本乡事务，故诸乡不再有乡司驻地。因此，中唐以迄北宋前期，乡遂逐渐向以赋役征纳为核心的籍帐汇总单元和人文地理单元演变。在乡逐步退出乡村事务的具体运作之后，管、都保等相继成为县与里（耆、大保）之间的、统领数村的地域行政单元，其所领户数在250户至千余户不等。明代里甲制下，县直辖各里，没有严格意义上的"乡级"行政管理层级。到了清代，随着保甲制的全面推行，以千家为基本编制原则的"保"在乡集的基础上发展起来，成为以百家为原则、以村落为基础编排的"甲"（百家）或"里"之上的地域性行政管理单元，并为近代以乡镇为核心的乡村控制体系奠定了基础。

因此，虽然历代乡里制度历有变化，但其基本结构，却一直由乡、里、邻（无论其具体名称若何）三个层级构成，而乡、里、邻又分别对应县域

---

① 许慎：《说文解字》，北京：中华书局，1963年，第248页。
② 许慎：《说文解字》，第290页。

范围内的地域分划单元、村落以及邻保三个地域与居住层级。地域分划、村落、邻保的地域与居住结构的相对稳定性，决定了乡里制度在结构上的稳定性。

（3）乡里制度是"皇权"（君主制专制主义国家权力）渗透乡村区域、直接间接控制乡村区域及其民众的制度性安排，是王朝国家推行其土地制度、赋役制度及教育文化制度的基础。没有相对健全有效的乡里制度，王朝国家就不能有效地控制乡村民户、征发赋役，亦难以建立并维护相对稳定的乡村社会秩序。因此，历代王朝均不遗余力地制定适应其统治需要的乡里制度，并努力将其推行到其统治下的各地去。乡里制度的全面建立和实行，说明"皇权"（王朝国家权力）程度不同地渗透到乡村区域，基本实现了对乡村区域与民众的控制。在这个意义上，中国历史上的"皇权"是"下县"的。古代乡里制度研究，就是要揭示王朝国家的权力是如何通过乡里制度，渗透到各地的乡村区域并实现对乡村区域与民众的控制的。

如所周知，中国乡村社会确实存在着诸种形式与功能各异的"乡村自治组织"（包括以"社"为代表的地缘性组织，以村落互助共存为基础的、不同意义上的"村落共同体"，以血缘和拟制血缘关系为纽带的宗族组织，以信仰、祭祀仪式为纽带的宗教或祭祀组织，以水利协作关系联合形成的水利组织等），从而形成了不同意义上的"乡村自治"传统。所谓"乡村自治"，乃是指乡村社会自身的各种力量，采用各种方式与手段，处理其所面对的生计、安全、交往与合作等问题，其目标在于最大程度地获取生存与发展的资源，建立并维护乡村自身的秩序（包括资源分配机制等）。因此，"乡村自治"在本质上乃是乡村的各种力量以不同方式实现对乡村社会的控制。无论是在汉唐时期，还是在宋元明清时期，真正在乡村社会中操持"乡村自治"的，大抵都是以各种形式出现的豪强势力（无论其力量主要表现为财力、武力，还是"文化权力"，或者兼而有之）。而乡村豪强要实现并掌握乡村自治，就必须以不同方式控制乡村农户与田地。王朝国家要通过乡里制度控制乡村，也就是要控制乡村民户与土地资源。因此，王朝国家的乡里控制与乡村豪强主导的"乡村自治"之间的矛盾，就表现为对民户与田地的争夺。《通典·食货·乡党》引北齐时宋孝王所撰《关东风俗传》曰：

  昔六国之亡，豪族处处而有，秦氏失驭，竞起为乱。及汉高徙诸大姓齐田、楚景之辈以实关中，盖所以强本弱末之计也。文宣之代，政令严猛，羊、毕诸豪，颇被徙逐。至若瀛、冀诸刘，清河张、宋，并州王氏，濮阳侯族，诸如此辈，一宗近将万室，烟火连接，比屋而居。献武初在冀郡，大族蝟起应之。侯景之反，河南侯氏几为大患，有同刘元海、石勒之众也。凡种类不同，心意亦异，若遇间隙，先为乱阶。①

这些"一宗近将万室，烟火连接，比屋而居"的大族，若瀛、冀诸刘，清河张、宋，并州王氏，濮阳侯族之辈，确然是"乡村自治"的主导力量。他们广占良田，荫附户口。"强弱相凌，恃势侵夺，富有连畛亘陌，贫无立锥之地"，②却极大地削弱了王朝国家对于乡村户口、土地资源的控制。更为重要的是，他们站在自身利益的立场上，对于王朝国家并非"彻底忠诚"，甚至"心意亦异，若遇间隙，先为乱阶"，对于王朝国家的统治秩序而言，乃是潜在的威胁。因此，王朝国家自上而下建立起来的乡里制度，在相当大的程度上，就是要控制这些乡村豪强势力，削弱或消解其主导"乡村自治"的能力，并最终将"乡村自治"传统，纳入王朝国家的乡村控制体系中。在这个意义上，王朝国家主导的乡里制度，乃是乡村社会力量主导的"乡村自治"传统的对立面。

  因此，所谓的"乡村自治"，实际上主要存在于王朝国家的乡里控制制度所不能及的领域。萧公权先生说："尽管皇帝们想要把控制延伸到帝国的每一个角落，但乡村地区却这样存在着局部的行政真空。这个真空是行政体系不完整的结果，却给人一种乡村'自主'的错觉。"③很清楚，中国历史上的"乡村自治"，就是在这种王朝国家行政管理的"局部真空"里存在的，而这种"局部真空"，就是王朝国家权力所不及的领域——既包括王朝国家权力所不能及的地域，也包括其所不能及的经济与社会领域。从王朝国家统治的理念与目标来说，此种行政管理的"局部真空"自然越小越好。换言之，王朝国家在统治理念与目标上，对"乡村自治"是压制的。因此，虽

---

① 《通典》卷三《食货》三"乡党"，第62页。引文句读与原文有所不同。
② 《通典》卷二《食货》二"田制"下，引《关东风俗传》，第27页。
③ 萧公权：《中国乡村——论19世纪的帝国控制》，第595—596页。

然中国历史上存在着诸种形式的"乡村自治",但"乡村自治"却并非王朝国家的一种统治政策,至多表现为某种"统治策略"。

当然,历代王朝的乡里制度,无论在其基本原则的确定过程中,还是在其具体的实行过程中,都不得不充分地考虑"乡村自治"的传统,并尽可能地依靠或利用乡村社会的诸种力量,特别是不同形式的乡村豪强。萧公权先生曾经谈道:

> 由于意识到要把普通的行政组织延伸到知县及其属员以下是不切实际的,清朝统治者跟前朝一样,从地方居民中找人来帮助控制乡村。因此,保甲(治安)和里甲(税收)组织的头人和乡村谷仓的管理者,就从这些机制将要运作的村落或邻里的居民中挑选出来。黄河以南各省尤为盛行的宗族(以血缘关系而结合的团体),有时也被用来作为监督居民、倡导教条的辅助工具。①

萧先生没有明言,被选作官府在乡村代理人的各种各样的头人,以及南方各省的宗族,都与乡村的"自治"组织与"自治"传统有着程度不同的关系。正如杜赞奇(Prasenjit Duara)所揭示的那样,在华北,官府的乡村代理人往往就是"青苗会"之类自治组织的领导者;②而南方许多地区的宗族,本身就是一种"乡村自治组织"。王朝国家借用这些乡村自治组织以控制乡村的益处是显而易见的。"一方面,由于当地居民对自己家乡的环境与人口情况,比起政府官员要熟悉得多,因此,他们有更好的条件去处理、对付当地可能发生的问题,或者至少能向官府提供官府所想了解的讯息。另一方面,利用当地居民的帮助来控制——赋予其中某些人向官府汇报不法行为和不法分子的职责——村民们即使不直接处在官员的眼皮底下,也可能受到威慑而不敢犯法。"③可是,在很多情况下,官府所委任的乡村代理人,与其说是作为官府控制乡村的工具在发挥作用,毋宁说官府被他们借用来在乡村谋取自己的私利。显然,无论官府所依赖的是士大夫,还是乡村里的土豪,其利

---

① 萧公权:《中国乡村——论19世纪的帝国控制》,第6页。
② 杜赞奇:《文化、权力与国家:1900—1942年的华北农村》,王福明译,南京:江苏人民出版社,2010年。
③ 萧公权:《中国乡村——论19世纪的帝国控制》,第6页。

益要求与官府并不完全一致。他们更关心个人和家庭的利益，而不是帮助国家控制乡村区域与乡村民众。萧公权先生说：

> 帝国统治者正是从这个菁英群体中，挑选帮助他们统治的臣仆。不过，他们在家乡的领导地位以及在统治体系中服务，并没有使绅士成为统治阶级中的一部分，也没有使他们的利益与统治者变得一致。无论在事实上或是理论上，士大夫仍然是天子的臣民，与普通百姓一样，都是帝国控制的对象。①

因此，乡里制度的控制对象，并不仅仅是普通的编户齐民，也包括各种形式的乡村豪强或"地方精英"。实际上，历代王朝乡里制度的实行及其有效性的大小，在很大程度上就取决于对这些乡村豪强或"地方精英"的控制程度——无论控制的方式是强力的压制，还是笼络、利用或其他方式。

正是在这个意义上，我们将"乡村自治制度"与"乡里控制制度"（乡里制度）分离开来，强调前者是在诸种形式的乡村豪强力量的主导下，建立并维护乡村社会的秩序，其目标在于最大可能地占有乡村经济与社会资源；而后者则是王朝国家权力自上而下地控制乡村社会，建立并维护国家统治的秩序。立足于乡村自身需求及其文化传统的"乡村自治"，与根源于王朝国家权力的"乡里控制"，实际上是中国古代乡村社会建构的两个方向；而两者的对立、结合或统一及其变化，则贯穿了乡村社会形成、发展与演变的历史过程。

三、古代乡里制度研究的理路与我们关注的问题

概括言之，学术界关于中国古代乡里制度的研究，主要有三种路径：②

---

① 萧公权：《中国乡村——论19世纪的帝国控制》，第596页。
② 关于中国古代乡里制度研究的学术史，请参阅赵秀玲：《乡里制度研究及展望》，《历史研究》1998年第4期（又见氏著《中国乡里制度》，"绪论"，第1—23页）；郑卫东：《"国家与社会"框架下的中国乡村研究综述》，《中国农村观察》2005年第2期；申立增：《清代乡里制度研究综述》，《首都师范大学学报（社会科学版）》2004年增刊；贾连港：《宋代乡村行政制度及相关问题研究的回顾与展望》，《中国史研究动态》2014年第1期。

一是立足于政治学立场，从政治控制、行政管理的角度，考察王朝国家对于乡村地区的控制手段、管理方式及其具体运行，控制与管理的效果，以及乡里制度在统治制度中的地位与作用。20世纪三四十年代关于中国乡里制度特别是保甲制度、乡约制度等方面的研究，均有其明确的现实政治目标，主要是为国民党政权重建农村秩序提供历史经验与借鉴，而其基本分析框架，则程度不同地受到当时的政治学研究的影响。[①]萧公权先生是政治学家，尤长于政治思想史研究，故所撰《中国乡村——论19世纪的帝国控制》的基本框架是政治学的研究理路——他从探察19世纪中国乡村的形态和情况（控制的背景）开始，然后考察帝国如何控制和管理乡村（控制的方式），最后检讨清政府的管制对乡村的影响，以及村民对管制的反应（控制的效果）。白钢先生关于乡里制度研究的设想，也基本上是从政治制度史的角度出发的，故他强调乡里制度在封建专制统治中的地位和作用，"注重乡里制度的运行机制和演变规律，也注重分析乡里制度与人的复杂关系"，"注重从政治学的角度审视乡里制度的特殊性质"。[②]控制与管理方式及其效果、控制过程中制度与人的关系、乡里控制体系在国家统治体系中的地位与作用，乃是此种研究理路最为关注的三个核心内容。

二是站在社会学的立场上，从社会组织、社会秩序、社会性质的角度出发，考察王朝国家的乡里制度在乡村地区的实行，及其与乡村社会组织、社会秩序以及乡村社会性质之间的关系。这种研究理路，可以追溯至20世纪二三十年代关于中国社会性质的论战，特别是日本学者关于所谓"村落共同体"的讨论——讨论各方均程度不同地涉及王朝国家的乡里制度与"乡村自治"之间的关系，并将前者与所谓"行政村"相联系，而将后者与"自然

[①] 闻钧天：《中国保甲制度》，汉口：直学轩，1933年；叶木青：《中国保甲制度之发展与运用》，上海：世界书局，1936年；杨开道：《中国乡约制度》，济南：山东省乡村服务人员训练处，1937年；江士杰：《里甲制度考略》，重庆：商务印书馆，1942年；周中一：《保甲研究》，南京：独立出版社，1947年。

[②] 白钢先生主编《中国政治制度通史》（十卷本，北京：人民出版社，1996年）每卷都设有专门讨论乡里制度的章节，其论述理路基本贯彻了白钢先生在《略论乡里制度》一文中的设想。正文所引评论，见赵秀玲《中国乡里制度》，"绪论"，第14页。赵秀玲著《中国乡里制度》也基本上是沿着这一理路展开对乡里制度的考察的。

村"相联系。①清水盛光《"支那"社會の研究——社會學的考察》、旗田巍《中國村落と共同体理論》、和田清《"支那"地方自治發達史》、松本善海《中國村落制度の史的研究》等，都是围绕中国历史上的"地方自治"和"村落共同体"及其与王朝国家的乡里控制制度间的关系而展开讨论的，而中国古代乡村社会的组织与管理究竟以"行政村"（王朝国家的乡里控制系统）为主，还是以"自然村"（村庄自治系统）为主，则构成了这些讨论的重要内容与论者各自观点的分野。②戴炎辉著《清代台湾之乡治》主要使用淡新档案等文献资料，考察清代台湾乡村社会的组织与管理方式及其差异，虽然也强调清朝制度在台湾地区的实行，但归结点主要指向"乡庄"的自治传统。③受到此种研究理路的影响，历史学领域从事社会史研究的学者，在开展不同时代地方社会史或乡村社会史研究时，也一般将乡村社会组织、社会秩序的建立与维护作为论述重点，而将王朝国家的乡里制度作为建立并维护乡村社会秩序的一个方面加以考察。④

三是立足于历史学研究的基本路径，考察历代乡里制度的制定及其相关规定，如秦汉乡里亭制、北魏三长制、隋唐乡里与邻保制、宋元乡里都保制、明清里甲制与保甲制等，一般是就律令规章、文书档案及碑传等相关材料，考述乡里制度及其实行情况。严耕望先生《中国地方行政制度史》（秦汉地方行政制度、魏晋南北朝地方行政制度）乃是此种研究理路的典范。⑤

---

① 参阅李国庆：《关于中国村落共同体的论战——以"戒能—平野论战"为核心》，《社会学研究》2005年第6期；黄忠怀：《20世纪中国村落研究综述》，《华东师范大学学报（哲学社会科学版）》2005年第2期；李善峰：《20世纪的中国村落研究——一个以著作为线索的讨论》，《民俗研究》2004年第3期；丹乔二：《试论中国历史上的村落共同体》，虞云国译，《史林》2005年第4期。

② 清水盛光：《"支那"社會の研究——社會學的考察》，东京：岩波书店，1939年；旗田巍：《中國村落と共同体理論》，东京：岩波书店，1973年；和田清：《"支那"地方自治發達史》，东京：汲古书院，1975年；松本善海：《中國村落制度の史的研究》，东京：岩波书店，1977年。

③ 戴炎辉：《清代台湾之乡治》，台北：联经出版事业公司，1979年。

④ 如马新：《两汉乡村社会史》，济南：齐鲁书社，1997年；高贤栋：《南北朝乡村社会组织研究》，济南：山东大学出版社，2008年；谭景玉：《宋代乡村组织研究》，济南：山东大学出版社，2010年等。

⑤ 严耕望：《中国地方行政制度史·秦汉地方行政制度》，上海：上海古籍出版社，2007年，第57—67、237—251页；严耕望：《中国地方行政制度史·魏晋南北朝地方行政制度》，上海：上海古籍出版社，2007年，第344—349、681—689页。

这种研究理路将历代乡里制度视作为历代王朝典章制度的组成部分，在尽可能全面地占有资料的基础上，细致考证辨析乡里制度的相关规定、实行情况，分析其与户籍制度、赋役制度以及土地制度间的关系，以期得出最大程度地切近于历史真实的认识。

显然，立足于历史学的实证研究，乃是政治学、社会学（或社会史）视野下的乡里制度研究的基础。因此，我们的研究首先并主要是从历史学立场出发的。同时，我们也试图学习并吸纳政治学与社会学的一些研究理路，努力将乡里制度置入于王朝国家的统治理念、制度体系以及特定的乃至区域性的政治经济与社会文化背景中加以考察。具体地说，我们在研究过程中，将注意并突出如下几个方面：

（1）乡里制度的思想或理论基础。作为王朝国家统治制度的组成部分，乡里制度的思想或理论基础乃是王朝国家的统治理念。如上所述，设计并制定乡里制度的基础乃是王朝国家对土地等生计资源的占有或控制，以及对于乡村民户的人身控制，其目标则是征发赋役和维护统治秩序。历代王朝的乡里制度都是在这一总体原则和目标上设计并制定出来的。不同王朝、不同时段及其在不同地区实行的乡里制度，必然是由具体的人或群体提出、设计出来的，而他们既有自身的政治理念，对于其所处的政治经济与社会文化环境又有其特定的认识，其所设计制定的乡里制度亦有其预设的实行区域，而这些政治理念、认识与对实行区域的预设，又必然会影响乃至决定着乡里制度的具体内涵。因此，与诸种统治制度一样，乡里制度乃是一种"有思想（理论）的制度"，是统治理念、现实认知以及理想预设在制度层面上的体现。在研究过程中，我们将着意于对于此种"制度背后的思想（或理论、认知）"的探究与揭示。

总的说来，王朝国家设计、制定乡里制度，在思想或理论上的关注的核心问题，主要有两个方面：一是主要依靠或使用什么人、以何种方式使用这些人，来实现对乡村民众与乡村地域的控制。二是采用怎样的原则和方式，编排乡村民户，使之纳入王朝国家乡里控制体系中。在第一个方面，汉唐时期，王朝国家主要依靠乡村中较为富裕的民户，任用他们担任乡里正长，从而形成所谓"乡官制"；宋元明清时，官府则主要采用雇募、轮差等方式，使用不同层级的乡村民户，通过"差役"征发赋役，维护治安，从而形成所谓"职役制"。从乡官制到职役制的演变，是王朝国家在乡村控制中主要使用什么人、怎样使用这些人的变化，也是王朝国家乡村统治方式的重要变化，其背后则蕴含着王朝国家统治理念的变化。在第二个方面，历代王朝编排乡村民户所依据的原则与方式，主要有两种：一是户口原则，即按户口编排乡里；二是地域原则，即按居住地域和耕作地域（即村落和田亩）编排乡里。最理想的状态是户口与村落、田亩相对应，户口居于村中、田亩处于村落周围而系于户口之下，官府只要进入村庄、检括户口，就可以控制田亩，征发赋役。但这种理想状态，即使在一个王朝建立之初，也并不普遍存在；而在逐步的变化过程中，实际人口与其户籍属地、著籍户口与其耕作田亩相分离，遂越来越普遍。因此，王朝国家的乡村控制原则，往往是从户口原则出发，逐步向居住地与田亩原则演变。这种演变的背后，乃是统治者对于乡村实际情形及其变化的认识，是"务实主义"的统治理念在乡里制度的实行与调整中的运用。

（2）乡里制度及其实行的区域差异。站在王朝国家的立场上，自然希望能将一种统一的乡里制度推行到全国，在全国建立起一个整齐划一的乡里控制体系，从而实现对乡村社会最大程度的控制。但事实上，由于其所要推行的乡里制度，一般是以某一特定区域的社会经济情况为基础的（大部分王朝的乡里制度主要是立足于北方地区乡村的经济与社会文化情况的），往往并未能充分考虑到幅员辽阔的中国各地区乡村在经济社会乃至历史文化方面的巨大差异，所以，在将这种制度推行到全国各地区的过程中，往往会主动、被动地进行诸多调整，以使其适应不同地区具体的政治经济与社会文化环境，即"因地制宜"。也就是说，王朝国家乡村控制的总体目标，要求它在推行实施乡里制度时，自觉地调整其刚性的规定，加以变通。这种变通主要表现在两个方面：一是根据不同地区乡村经济社会的实际情况，补充原先制度设计中未能予以充分考虑的部分内容；二是在尽可能保证目标实现的前提下，对制度规定的部分形式加以变通，甚至忽略。乡里制度的目标主要是保障治安与征发赋役，这也是王朝国家赋予乡里控制体系的主要功能。在保证这两方面主要功能的前提下，王朝国家特别是地方官府往往默认甚至提倡根据地方实际情形，调整乡里制度的具体形式。这样，乡里制度就表现出多种多样的地方差异性。

在王朝国家的诸种基本统治制度中，乡里制度（以及与之密切联系的田制和赋役制度）的地方差异性表现得最为突出。乡里制度的地方差异性不仅表现在其实行过程中，甚至在制度设计过程中，就尽可能充分地考虑到诸种地方特性或人群特性，并做出了相应的具体规定。然而，各种各样的地方差异并未从根本上影响乡里制度的统一性——虽然不同州县之间的乡里制度可能存在较大差异，但其基本结构与运行原则却表现出高度的一致性。乡里制度在形式与运行过程中的差异性，与其基本结构和运行原则上的一致性，在中国古代王朝国家的统治制度体系中，显得特别突出。由此入手，讨论中国古代制度的统一性与差异性，应是一个有意义的研究路径。

（3）乡里制度及其实行的社会意义。乡里制度的实行，对于不同的乡村民户，可能有着完全不同的意义：部分乡村豪强或上等户充任乡里正长等不同名目的"乡官"，或控制乡村"职役"的差充轮当，或以不同方式干预、控制乡里治安、赋役征发等事务，从而得以利用王朝国家的乡里控制体系，扩展自身的经济与政治势力，提升其社会威望和文化影响力，进而主导诸种形式的乡村社会组织，确立、维护、提升其在乡村社会中的地位；大部分普通民户（"良民"）接受或支持现存统治体系，作为编户齐民，安分守己，纳赋应役，乃是乡里制度控制的主要对象；另一部分民户则游离在乡里控制体系的边缘，或逃亡脱籍，或漏税拒役，或聚众抗争，成为官府眼中的"莠民"乃至"匪"。①乡里制度的实行，在很大程度上"规范"或"强化"了乡村社会的阶层结构：乡村民户与王朝国家体制间的亲疏程度，影响乃至决定着其经济社会地位，以及其在政治与文化体系中的地位——主动接受并支持王朝国家的乡里制度并在其中发挥主导作用的人户，得以分享尽可能多的土地等经济资源，控制赋役征发过程并尽可能在其中获取利益，占据较好的政治地位，从而拥有更多的晋升机会与发展空间；忽视乃至抗拒王朝国家的乡里制度，自居于乡里控制体系的边缘，则意味着受到王朝国家主导的政治经济与社会文化体制的"排斥"与"压制"，从而失去在体制内发展的可能，甚至成为现行统治制度镇压的对象。在这个意义上，乡里制度不仅

---

① 关于"良民"与"莠民"的划分及其具体内涵，请参阅萧公权：《中国乡村——论19世纪的帝国控制》，第487—571页。

赋予、确定乡村民户的"身份",还大致确定其经济社会与政治文化地位,从而在很大程度上"形塑"乡村社会的阶层,并影响乃至决定着乡村民众的"社会流动"。

王朝国家主导的乡里制度与主要由乡村豪强力量主导的、"自发的"诸种"乡村自治组织"之间的关系,自来受到论者的关注。如上所述,二者在根本性的利益诉求与目标上是对立的、冲突的。然而,在实际的乡村社会生活中,二者却又表现为互相利用、支持以及融合、一致的形态,特别是以村落为基础上的乡村自治组织往往与乡里制度设定的"里"存在着某种契合、对应关系。站在乡村社会的立场上看,"乡村自治"的倾向或传统是乡村自生的、内在的,因而也是持续的、稳定的,而王朝国家对于乡村的控制及其制度则是从外部加之于乡村社会之上的,并随着王朝的兴衰更替而变化,是"外来的"、外在的,因而也是不连续的、变化的乃至断裂的。因此,王朝国家要实现对乡村社会的控制,就必然需要借助乡村自治的组织或机制;而不同地区的乡村为适应其自身的经济与社会需要,所形成的自治组织与制度各种各样,官府在将王朝国家制定的乡里制度推行到不同区域的乡村时,就必须"因地制宜",即必然要适应各地方固有的乡里自治组织的传统。同时,乡村自治组织或传统毕竟是在王朝国家的总体制度框架内形成、运作与发展的,它也需要适应王朝国家的乡里制度,甚至"主动"调整自身的结构与运行方式,以与王朝国家的乡里制度相结合。正是在这种"互动"过程中,王朝国家的乡里制度与乡村传统的"自治制度"逐步实现了"整合"或"统一"。在王朝国家的乡里制度的主导下,逐步实现对于各种各样的乡村自治组织或传统的整合或统一,进而在总体上实现并维护着王朝国家乡村控制体系在结构与运行原则上的一致性,乃是乡里制度实行的最重要的社会意义。

(4)乡里制度与乡村政权建设。"乡村政权"乃是指乡村的政治权力及其制度性安排。它有两层含义:一是在乡村的国家政治权力,即国家权力在乡村地区的展开、运行与相关机制;二是乡村自身的政治权力,即乡村自生的权力及相关的制度性安排。王朝国家的乡里制度属于第一层含义的乡村政权,是王朝国家权力在乡村地区的展开、运行及其制度性安排;而传统中国的"乡村自治制度"则是第二层含义上的乡村政权,是乡村自生的权力安排与运作。在这个意义上，我们认为，中国王朝国家或帝制中国已经建立起不同形式的"乡村政权"。

中国王朝国家政治权力结构的基层部分，亦即乡村政权部分，乃是王朝国家政治权力结构的重要组成部分。白钢先生说："乡村社会实行乡里制行政管理，这是古代中国不同于中世纪西欧的地方。"（已见上引）进而言之，系统的乡里控制体系，乃是中国王朝国家将国家权力伸展到乡村社会的结果和表现，是中国王朝国家政治结构最重要的特点之一。虽然控制的强弱在时间与空间上均有所不同，但总的说来，王朝国家通过不同形式的乡里制度，将中国土地上的大部分民众纳入到王朝国家主导的政治经济与社会文化体系中，成为国家的编户齐民，并构成了王朝国家统治的民众基础。

王朝国家乡村政权的"合法性"在原则上来自国家对土地与民众的占有和控制，所谓"溥天之下，莫非王土；率土之滨，莫非王臣"。萧公权先生说："在中国的集权独裁主义的帝制体系中，统治者对每一件事和每一个人都可以行使无限的权力，并决心行使这种权力。"[①]虽然事实上无法做到，但将国家权力施展于帝国统治的全部土地和所有臣民，一直是历代王朝奉行不移的统治理念与政治目标。为此，历代王朝均程度不同地致力于乡里制度的实行，亦即"乡村政权"的建设。

因此，开展中国古代乡里制度研究，最重要的学术目标就可以表达为：一方面，站在国家政权的立场上，看中国王朝国家如何将其统治理念落实到乡村区域，实行怎样的制度，将广大的乡村地区和众多分散的乡村民众纳入王朝国家的统治体系中，并进而分析所谓"乡村政权"在中国王朝国家政权体系中的地位与作用，以加深对王朝国家政治体制与结构的认识；另一方面，站在乡村民众的立场上，看乡村民众怎样被纳入王朝国家的政治经济与社会文化系统内，他们具有怎样的"身份"，承担哪些赋役及其他责任，并如何看待、处理或利用与国家体制间的关系。

王朝国家统治下的中国是一个农业大国，农业经济是主导性的经济形态，乡民占据全部人口的绝大部分，而乡村社会的特质与发展方向在很大程度上决定了传统中国社会的基本性质与发展方向。王朝国家的乡里制度是国

---

① 萧公权：《中国乡村——论19世纪的帝国控制》，第595页。

家控制乡村、实行统治的基本制度，对于乡村社会更有着至关重要的"形塑"作用。因此，关于乡里制度及其演变的研究，不仅对于认识中国古代王朝国家的政治结构、统治体系及其统治理念在乡村地区的落实，有着十分重要的意义，也是我们进一步认识中国传统乡村社会的形成与演变的入手点。同时，近代以来，特别是改革开放以来，中国乡村发生了翻天覆地的变化，"乡村"在国家政治经济与社会文化体系中的地位与作用也发生了根本性的转变，国家控制、管理或"治理"乡村的基础、目标、原则、方式以及具体的政策、策略也随之不断地做出调整、变化，并在不断的摸索、调整过程中，逐步形成具有现代意义的"乡村治理"理念及"乡村政权建设"等制度性安排。"乡村治理"与"乡村政权建设"的理念与制度性安排，主要是立足于近代或现代国家治理理念或政权建设思想与理论，乃是针对"乡村"及其发展而提出的理念及开展的实践，与王朝国家的乡里制度有着重要的或者根本性的不同。因此，我们把研究限定在王朝国家的乡里制度领域，而未及于近代以来国家的乡村治理与乡村政权建设。当然，后者是在前者的基础上展开并发展的，是对于前者的继承与延续，所以，研究王朝国家的乡里制度及其演变，对于认识、理解近代以来国家的乡村治理理念与乡村政权建设实践，摸索当代中国的乡村治理与乡村政权建设的道路，也有着十分重要的意义。

第一章

《周礼》乡里制度的源流与实质

第一节 《周礼》所记乡里制度

《周礼》记载了两种乡里控制制度。其一是行之于"国"中、由比-闾-族-党-州-乡六级组成的"乡制"。《周礼·地官·大司徒》谓：

> 正月之吉，始和布教于邦、国、都、鄙，乃县教象之法于象魏，使万民观教象，挟日而敛之，乃施教法于邦、国、都、鄙，使之各以教其所治民。令五家为比，使之相保；五比为闾，使之相受；四闾为族，使之相葬；五族为党，使之相救；五党为州，使之相赒；五州为乡，使之相宾。颁职事十有二于邦、国、都、鄙，使之登万民。①

按：大司徒之职，"掌建邦之土地之图与其人民之数，以佐王安扰邦国。以天下土地之图，周知九州之地域、广轮之数，辨其山林川泽丘陵坟衍原隰之名物。而辨其邦、国、都、鄙之数，制其畿疆而沟封之，设其社稷之壝而树之田主，各以其野之所宜木，遂其名其社与野"。② 则知此种制度行之于邦、国、都、鄙之中，由大司徒总领。邦、国，据孔疏，乃指畿外五

---

① 孙诒让：《周礼正义》卷一九《地官·大司徒》，北京：中华书局，1987年，第751—754页。引文句读与原文有所不同。
② 孙诒让：《周礼正义》卷一八《地官·大司徒》，第689—692页。

等邦、国；都、鄙，"谓畿内大小都家邑三等采地"，故所谓"邦、国、都、鄙"，实际上都是周代所谓的"国"，其所领皆属于不同意义上的"国人"。①据《周礼·地官·小司徒》，国中及四郊、都、鄙共编有六乡，②故又称此制为"六乡之制"。

行之于"国"中的比-闾-族-党-州-乡制度，是与征役联系在一起的。《周礼·地官·小司徒》云：

> 乃会万民之卒伍而用之：五人为伍，五伍为两，四两为卒，五卒为旅，五旅为师，五师为军。以起军旅，以作田役，以比追胥，以令贡赋。③

比-闾-族-党-州-乡的居民编组，与伍-两-卒-旅-师-军的军事编制相对应，每乡一万二千五百家，正对应着每军一万二千五百人。《周礼·夏官·司马》：

> 凡制军，万有二千五百人为军。王六军，大国三军，次国二军，小国一军。军将皆命卿。二千有五百人为师，师帅皆中大夫；五百人为旅，旅帅皆下大夫；百人为卒，卒长皆上士；二十五人为两，两司马皆中士；五人为伍，伍皆有长。④

王六军，对应国之六乡。《周礼·地官·叙官》云：

> 乡老，二乡则公一人；乡大夫，每乡卿一人；州长，每州中大夫一人；党正，每党下大夫一人；族师，每族上士一人；闾胥，每闾中士一人；比长，五家下士一人。⑤

---

① 关于西周时代的国、野之别，请参阅胡新生：《西周时期的国野制与部族国家形态》，《文史哲》1986年第3期；赵伯雄：《从"国"字的古训看所谓西周国野制度》，《人文杂志》1987年第1期；赵世超：《周代国野制度研究》，西安：陕西人民出版社，1991年，第1—66页；杜正胜：《周代城邦》，台北：联经出版公司，1979年，第21—46页。

② 《周礼正义》卷二〇《地官·小司徒》，第774页。

③ 《周礼正义》卷二〇《地官·小司徒》，第776页。引文句读与原文有所不同。

④ 《周礼正义》卷五四《夏官·司马》，第2237—2238页。引文句读与原文有所不同。

⑤ 《周礼正义》卷一七《地官·叙官》，第643页。

师帅以中大夫任之，即州长；旅帅为下大夫，即党正；卒长为上士，即族师；两司马为中士，即闾胥；伍长即比长。换言之，居民编制的比、闾、族、党、州之长，也就是军队编制的伍、两、卒、旅、师之长。不仅如此。六乡之民皆可得授田。《周礼·地官·小司徒》云：

> 乃经土地而井牧其田野：九夫为井，四井为邑，四邑为丘，四丘为甸，四甸为县，四县为都，以任地事而令贡赋，凡税敛之事。①

这是把邦国、四郊与都鄙的田地分划为井-邑-丘-甸-县-都六级，正与编排居民的比-闾-族-党-州-乡六级相对应：九夫所耕之田对应于五家，一邑之田对应于一闾。因此，所谓乡制，乃是合居民编组、军事编制与田地分划制度于一体的乡里控制体系。

表1-1 《周礼》所记"六乡之制"

居民编制	设官	军队编制	田地制度
比（5家）	比长，下士	伍（5人）	井（九夫）
闾（25家）	闾胥，中士	两（25人）	邑（四井）
族（100家）	族师，上士	卒（100人）	丘（四邑）
党（500家）	党正，下大夫	旅（500人）	甸（四丘）
州（2500家）	州长，中大夫	师（2500人）	县（四甸）
乡（12500家）	乡大夫，卿	军（12500人）	都（四县）

其二是行之于"野"中、由邻-里-酂-鄙-县-遂六级构成的"遂制"。《周礼·地官·遂人》谓：

> 遂人掌邦之野。以土地之图，经田野，造县鄙形体之法。五家为邻，五邻为里，四里为酂，五酂为鄙，五鄙为县，五县为遂。皆有地域，沟树之，使各掌其政令刑禁，以岁时稽其人民，而授之田野，简其

---

① 《周礼正义》卷二〇，《地官·小司徒》，第786页。

兵器，教之稼穑。①

每邻五家，里二十五家，酂百家，鄙五百家，县二千五百家，遂一万二千五百家。这个六级制，与比-闾-族-党-州-乡制的编组方式完全相同，不过是名称不同而已。此制行之于遂人所掌的"邦之野"中。《周礼·地官·遂人》下文述遂人之职掌，谓若国有"大丧"，遂人"帅六遂之役而致之，掌其政令"，②则知"野"中之民共编为六遂，故此制又称为"六遂之制"。

行之于"野"中的遂制，是与役法联系在一起的。《周礼·地官·遂人》述遂人之职掌，谓：

> 以岁时登其夫家之众寡及其六畜车辇，辨其老幼废疾与其施舍者，以颁职作事，以令贡赋，以令师田，以起政役。若起野役，则令各帅其所治之民而至，以遂之大旗致之，其不用命者诛之。凡国祭祀，共野牲，令野职。凡宾客，令修野道而委积。大丧，帅六遂之役而致之，掌其政令。及葬，帅而属六綍。及窆，陈役。凡事，致野役，而师田作野民，帅而至，掌其政治禁令。③

野役，当即野人之役。起野役时，遂人用遂之大旗致之，则知野中应无常设的军事编制，而是径以遂师遂大夫、县正、鄙师、酂长、里宰、邻长各领其众以事役。如县正，"若将用野民师田、行役，移执事，则帅而至，治其政令"。酂长，"若作其民而用之，则以旗鼓兵革帅而至"。④同时，野人亦得授田。《周礼·地官·遂人》：

> 辨其野之土，上地、中地、下地，以颁田里。上地，夫一廛，田百亩，莱五十亩，余夫亦如之；中地，夫一廛，田百亩，莱百亩，余夫亦如之；下地，夫一廛，田百亩，莱二百亩，余夫亦如之。凡治野，夫间有遂，遂上有径；十夫有沟，沟上有畛；百夫有洫，洫上有涂；千夫有

---

① 《周礼正义》卷二九《地官·遂人》，第1121页。引文句读与原文有所不同。
② 《周礼正义》卷二九《地官·遂人》，第1140页。
③ 《周礼正义》卷二九《地官·遂人》，第1138—1143页。
④ 《周礼正义》卷二九《地官·县正》，第1155页；卷三〇《地官·酂长》，第1163页。

浍，浍上有道；万夫有川，川上有路，以达于畿。①

径-畛-涂-道-路-畿，也是田地分划之制，与井-邑-丘-甸-县-都相同，可能与邻-里-酂-鄙-县-遂的居民编排也存在着对应关系，只是不太规整而已。

自汉代以来，史家述及乡里制度之渊源，一般即举上引《周礼》所记，并将之视为周代所实行的制度。如《汉书·食货志》综述所谓"先王制土处民富而教之"之大略，谓：

> 在野曰庐，在邑曰里。五家为邻，五邻为里，四里为族，五族为党，五党为州，五州为乡。乡，万二千五百户也。邻长位下士，自此以上，稍登一级，至乡而为卿也。于是里有序而乡有庠。序以明教，庠则行礼而视化焉。春令民毕出在野，冬则毕入于邑。②

所言虽与上引《周礼》所记不尽相合（据《周礼》，邻、里属"野"中编制，族、党、州、乡属邦、国、都、鄙的编制，《汉书·食货志》将之混在一起了），但大致不误。《通典》卷三《食货》"乡党"述古代乡里制度源流，则直接抄录了上引《周礼》之文，将之称为"周制"。③直到近代，闻钧天著《中国保甲制度》，更由《通典》所记黄帝"经土设井"，"井一为邻，邻三为朋，朋三为里，里五为邑，邑十为都，都十为师，师十为州"说起，认为《周礼》所记六乡六遂之制，乃周代所行之地方行政制度，且其基层之比闾、邻里制度，乃保甲制度之源头。④赵秀玲著《中国乡里制度》，也沿用同样的理路，认为"《周礼》一定程度地反映了西周乡里制度的情况"。⑤

这里涉及《周礼》的成书年代问题。自20世纪上半叶以来，学界已经少有人认为《周礼》是西周时代的作品，从而将其所记直接看作是西周制度。

---

① 《周礼正义》卷二九《地官·遂人》，第1127—1132页。
② 《汉书》卷二四上《食货志》上，北京：中华书局，1962年，第1121页。
③ 《通典》卷三《食货》三，"乡党"，北京：中华书局，1988年，第54—55页。
④ 闻钧天：《中国保甲制度》，汉口：直学轩，1933年，第77—86页。
⑤ 赵秀玲：《中国乡里制度》，北京：社会科学文献出版社，1998年，第1—4页，引文见第4页。

虽然有诸多分歧,但目前主流的看法认为,《周礼》是战国时期的作品。①李零先生概括说:

> 从语言上看,《周礼》不仅与《诗》、《书》一类作品的诘屈聱牙明显有别,而且与战国初年成书的《左传》相比,也要浅显易懂得多,行文措辞更接近于战国诸子之书,它的成书不能早于战国时期可以断言。从内容上看,其所述职官系统,与西周文献和铜器铭文的记载有明显区别也是没有问题的,大体应看作东周以来的制度(但其中也沉淀有不少早期的东西)。②

因此,许多学者倾向于认为,《周礼》所记国野异制的乡里控制或行政制度,在西周时期根本不可能存在过。史建群先生指出:"《周礼》的乡遂组织规划,不独与西周事实不符,与战国的郡县乡里地方组织也不一致。它只不过是《周礼》的作者把西周、春秋、战国诸不同阶段的一些制度杂揉在一起,按'作内政而寄军令'的原则,比照春秋后期兴起的建制步兵编制而设

---

① 关于《周礼》的成书年代,除了现已基本被放弃的"周公所著说"及"王莽、刘歆伪作说"之外,主要有如下三说:(1)西周说,以蒙文通先生为代表,见所著《从社会制度及政治制度论周官成书年代》,初刊于《图书集刊》第1期,后收入《蒙文通文集》第3卷,《经史抉原》,成都:巴蜀书社,1995年,第430—441页。(2)春秋说,以刘起釪先生为代表,见所著《〈洪范〉成书时代考》(《中国社会科学》1980年第3期),《〈周礼〉真伪之争及其书写成的真实依据》(收入氏著《古史续辨》,北京:中国社会科学出版社,1991年,第619—653页)。(3)战国说,钱穆、顾颉刚、杨向奎诸先生均持此说,见钱穆:《周官著作时代考》,初刊《燕京学报》第11期(1933年6月),后收入氏著《两汉经学今古文平议》,北京:商务印书馆,2001年,第319—493页;顾颉刚:《"周公制礼"的传说和〈周官〉一书的出现》,《文史》第6辑,北京:中华书局,1979年,第1—40页;杨向奎:《周礼的内容分析及其著作时代》,《山东大学学报》1954年第4期。陈连庆先生所主张的周秦之际说(见所撰《周礼成书时代的新探索》,中国历史文献研究会编:《中国历史文献研究》二,武汉:华中师范大学出版社,1988年,第36—50页),沈长云先生所主张的春秋末、战国前期说(见沈长云、李晶:《春秋官制与〈周礼〉比较研究——〈周礼〉成书年代再探讨》,《历史研究》2004年第6期)亦大抵可归入战国说之下。(3)汉初高祖至文景之际说,以彭林先生为代表,见所著《〈周礼〉主体思想与成书年代研究》,北京:中国社会科学出版社,1991年。

② 李零:《中国古代居民组织的两大类型及其不同来源——春秋战国时期齐国居民组织试析》,初刊《文史》第二十八辑,北京:中华书局,1987年,第59—75页;后收入氏著《待兔轩文存·读史卷》,桂林:广西师范大学出版社,2011年,第143—165页,引文见第157页。

计的治国兰图而已。"①张荣明先生则认为：西周时代行政组织的主体是以宗族为机制的血缘组织，而"以地缘为基础的行政区域的划分是西周血缘组织崩溃的结果，是春秋战国社会变革形成的社会制度"。"按地域和家户划定行政组织是春秋战国行政体制变革的实质。"②沈长云、李秀亮先生的看法与此相似，他们认为："同夏、商两代相似，西周时期，社会的基本细胞是大量以血缘关系为纽带的各种宗族组织，它们的规模大小不等，但皆以族为单位参与当时社会各种政治经济活动。族长，特别是各个族邦的邦君，作为各族的首领直接管理本族的内部事务，管辖族内居民。如若此时西周政府已能设立'里'之地域组织来统一管辖全国的土地与居民，则文献与铭文所见作为当时居民基本社会组织的宗族便无处安放。"③

但在另一方面，西周青铜器铭文及《逸周书》等传世文献中，确实又有一些关于里、闾、族、邑的记载。不少学者相信，西周青铜铭文中所见的"里"，在很大程度上可与《周礼》所记的"里"相对应，因而将其定性为西周时期居民的基层地域组织。如朱凤瀚先生认为："里"的本义乃是指人所聚居之邑，其在西周时期即已作为地域性的社会组织而出现。④赵光贤先生则认为："里在西周是一个低级贵族封地的名称。每一里有一里君，正如一个邦有一个邦君。"⑤而沈长云、李秀亮先生则认为：西周时期的"里"，并非居民的基层地域组织单位。"里"在西周时期主要具有两个含义：一是指一定面积的土地；一是作距离与长度单位。"里"之本义指一块较大面积的土地。西周时期的"里君"为周王朝管理土地的官吏的统称，而非基层居民组织单位"里"的长官的专称。⑥虽然对里（以及闾）的性质认识存在分歧，但上述学者对于西周时期已存在里、闾等单位却都是承认的。

正因为此，李零先生的意见就较为谨慎，他认为《周礼》有关居民组织

---

① 史建群：《〈周礼〉乡遂组织探源》，《郑州大学学报（哲学社会科学版）》1986年第2期。
② 张荣明：《〈周礼〉国野、乡遂组织模式探原》，《史学月刊》1998年第3期。
③ 沈长云、李秀亮：《西周时期"里"的性质》，《历史研究》2011年第4期。
④ 朱凤瀚：《先秦时代的"里"——关于先秦基层地域组织之发展》，见唐嘉弘主编《先秦史研究》，昆明：云南民族出版社，1987年，第184—212页。
⑤ 赵光贤：《周代社会辨析》，北京：人民出版社，1982年，第229页。
⑥ 沈长云、李秀亮：《西周时期"里"的性质》，《历史研究》2011年第4期。

的记载，应当是以春秋战国时的齐国制度为基础的，虽然称为"周制"，但实际上却是"齐制"。他举了三个证据，一是齐国一直实行都县制，而上引《周礼》所记，见有都、县之称；二是《周礼》所记都鄙制度中所见的"丘"，"多半是齐鲁等国出军的基层单位"；三是《周礼·夏官·大司马》所记与齐国系统的《司马法》有许多相同之处。虽然如此，李先生并没有否定《周礼》所记制度可能曲折地反映了西周时期的某些史实。换言之，春秋齐制和《周礼》所记制度，都可能包含某些西周制度的因素。

　　李零先生的意见给我们很大启发。沿着这一方向，我们去思考齐制与《周礼》或"周制"之间的关系。《管子·小匡》记齐桓公与管仲之问答甚悉，谓管子先对桓公说："昔吾先王周昭王、穆王，世法文、武之远迹，以成其名……昔者，圣王之治其民也，参其国而伍其鄙，定民之居，成民之事，以为民纪……"然后提出了具体的改革策略。[1]管子所说的"圣王之治"，亦即周文王、武王时代的治世。定民之居、成民之事、以为民纪，即安居其民，征发民众以事徭役，确立规章制度以建立社会秩序，也确然是姬周崛起之初的诸种举措。按照管仲的说法，"参其国而伍其鄙"并非他针对齐国之政而提出的改革措施，而是"昔者圣王"治国的原则。在下文中，管子又说："修旧法，择其善者，举而严用之。"[2]显然，"参其国而伍其鄙"之法，亦属于"旧法"。因此，齐桓、管仲在齐国推行的改革，至少在最初的原则上，是以所谓"圣王之治"为榜样的；其改革的原则根据，乃是"昔者圣王"所定立的制度，"旧法"，亦即"周制"。

　　然则，在齐桓、管仲在齐国实行改革之前，确实存在着一种"周制"，即西周时代的乡里控制制度，它是齐桓、管仲改革所可依靠的"先王之制"（至少在原则上或名义上如此）。而此种"先王之制"，乃是西周实际实行的制度，也就是《周礼》所记乡里制度的来源之一。同时，作为周天子分封建立的诸侯国，齐、鲁以及晋、郑、楚等国，在其建国之初及之后的一段时间里，也应当程度不同地遵行"周制"，"因地制宜"，结合其自身的实

---

[1] 黎翔凤撰，梁运华整理：《管子校注》卷八《小匡》，北京：中华书局，2004年，第396—400页。

[2] 黎翔凤撰，梁运华整理：《管子校注》卷八《小匡》，第412页。

际，建立自己的乡里控制体系；春秋战国时期，诸国乡里制度不断地发生着诸多变化，而其变化的"原点"，当是在此前"因地制宜"地建立起来的"周制"。春秋战国时期诸国乡里制度的建立和变化，乃是《周礼》乡里制度的直接背景，也是《周礼》乡里制文本的另一个来源。因此，本文即首先使用西周时代的材料，特别是金文材料，去探究西周时代的乡里控制体制，寻觅周制的"真相"，即使仅是一些"片断"；然后，梳理春秋战国时期鲁、郑、齐、楚等国乡里制度的基本情况及其变化轨迹，分析它们与所谓"周制"的关系；以此为基础，尝试进一步探究《周礼》乡里制度的文本的来源，并进而就这一制度文本的形成提出自己的看法。

不仅如此。《周礼》所述乡里制度，在汉代以后，还成为历代乡里制度的理论源头，甚至是制度蓝本。历代乡里制度，无论其实际上发生了多大的变化，却都声称遵从《周礼》所定立的乡里制度，至少也是遵从其所确立的基本原则。可以说，《周礼》乡里制乃是历代王朝乡里制度的"根本大法"，历代乡里制度都是在《周礼》乡里制的基础上，发展变化而来的。那么，《周礼》乡里制所确立的基本原则究竟是什么，它何以会产生如此深广而长远的影响？质言之，《周礼》乡里制的实质若何？

第二节 《周礼》乡里制考原

一、国中之闾与野中之里

据上引《周礼·地官·大司徒》，在邦、国、都、鄙中实行的居民编组制度中有闾，由五比组成，二十五家，置有闾胥。《周礼·地官·闾胥》谓：

> 闾胥各掌其闾之征令。以岁时各数其闾之众寡，辨其施舍。凡春秋之祭祀、役政、丧纪之数，聚众庶；既比，则读法，书其敬敏任恤者。凡事，掌其比觵挞罚之事。①

而在遂人所掌的邦、国之"野"，与"闾"平级的则称为"里"，由五邻组

---

① 《周礼正义》卷二二《地官·闾胥》，第884—886页。

成，亦为二十五家。里置里宰，"掌比其邑之众寡，与其六畜、兵器，治其政令。以岁时合耦于耡，以治稼穑，趋其耕耨，行其秩叙，以待有司之政令，而征敛其财赋"。①因此，根据《周礼》所记，是在"国"中置闾、"野"中置里，各由二十五家组成。

《管子·小匡》与《国语·齐语》记齐桓、管仲改革，"制国"，以五家为轨，十轨为里，则里有五十户，置里有司；制鄙，以五家为轨，六轨为邑，邑有三十家，置邑有司。那么，按照《管子·小匡》与《国语·齐语》所记，是"国"中置里，每里五十户；"鄙"（亦即"野"）中置邑，邑有三十家。虽然称谓、所领户数不同，但国、野（鄙）异制，分置闾、里或里、邑，这一原则却是相同的。

那么，此种国、野分置闾、里的制度，在西周时期是否确实实行呢？

（一）国中之闾

国中置闾，可以追溯到先周时期。《周书·大聚》谓武王胜殷之后，抚国绥民，观于殷政，问周公旦曰："殷政总总，若风草，有所积，有所虚，和此如何？"周公回答说：

> 闻之文考，来远宾，廉近者，道别其阴阳之利，相土地之宜，水土之便，营邑制，命之曰大聚。先诱之以四郊，王亲在之，宾大夫免列以选，赦刑以宽，复亡解辱，削赦〔轻〕重，皆有数，此谓行风。乃令县鄙商旅曰：能来三室者，与之一室之禄。辟关修道，五里有郊，十里有井，二十里有舍。远旅来至，关人易资，舍有委，市有五均，早暮为一，送行逆来，振乏救穷，老弱疾病，孤子寡独，惟政所先。民有欲畜，发令：以国为邑，以邑为乡，以乡为闾。祸灾相恤，资丧比服。五户为伍，以首为长；十夫为什，以年为长；合闾立教，以威为长；合〔族〕（旅）同亲，以敬为长。饮食相约，〔兴〕（与）弹相庸，耦耕俱耘，男女有婚，坟墓相连，民乃有亲。六畜有群，室屋既完，民乃归

---

① 《周礼正义》卷三〇《地官·里宰》，第1159—1162页。

之。①

大聚，即集聚民众；大聚的目的，在于"营邑"，即营建城邑，以安居民众。武王的问题，是说克商之后，人民乱离，聚散不一，当如何处理？周公的回答，是先引述文王当年的教诲。所以，周公在此处转述的"大聚"之法，应当是在文王或文王之前，周人的聚众营邑之法：王与大夫均亲自前往四郊，召集流亡散处之民；给予各种优惠，以招徕远方的商旅；民众集聚之后，即加以编排组织：五户为伍，置伍长；十夫为什，置什长；其上是闾、族、乡、邑、国。这个系统的最高端是"国"，显然是用来编组"国人"的（换言之，招纳来的四郊之民与县鄙商旅，都被纳入"国"的范畴，即被看作"国人"）。

《周书·大聚》未言及闾与伍、什的关系。《周礼·地官》"族师"条下载：

> 以邦比之法，帅四闾之吏，以时属民而校，登其族之夫家众寡，辨其贵贱、老幼、废疾可任者，及其六畜车辇。五家为比，十家为联；五人为伍，十人为联；四闾为族，八闾为联。使之相保相受，刑罚庆赏相及相共，以受邦职，以役国事，以相葬埋。②

此处所载比、闾、族之法，与上引《周礼·地官·大司徒》所记有所不同（后者无十家、十人、八闾为联之说）；而十家、十人为联，与《大聚》所记"十夫为什"大致相同，所以，《周礼·地官·族师》所记，与《周书·大聚》所记可能是同一个系统，是较早的，很可能是文王时代或其之前周人的制度。

闾置有率。《周书·尝麦》记成王四年命大正（大司寇）正刑书之

---

① 黄怀信：《逸周书校补注译》，《大聚解第三十九》，西安：西北大学出版社，1995年，第200—202页；黄怀信、张懋镕、田旭东：《逸周书汇校集注》卷四《大聚解第三十九》，上海：上海古籍出版社，1995年，第413—422页。按：文中的"合族同亲"之"族"，黄著作"旅"，朱右曾《逸周书集训校释》谓当作"族"，今从朱说。"兴弹相庸"之"兴"，黄著作"与"，然《汉魏丛书》本、《古今逸史》本、《四部丛刊》本均作"兴"，今未从黄著。

② 《周礼正义》卷二二《地官·族师》，第881页。

事，云：

> 是月，士师乃命太宗序于天时，祠大暑；乃命少宗祠风雨，百享。士师用受其戬，以为之资。邑乃命百姓遂享于家，无思民疾，供百享。归祭，闾率、里君以为〔之〕资。野宰乃命冢、邑、县、都祠于太祠，（乃风雨也，）宰用受其职戬，以为之资。采君乃命天御丰穑，享祠为施，大夫以为〔之〕资。①

邑祭，闾率、里君得同分其戬，"以为之资"，而二者并列，则闾、里是邑下所属的两种组织，盖闾编排邑之"国人"，而里编排邑之野人。

我们认为"闾"用于编组国人，还可以举出两个重要的佐证。

（1）《楚辞·离骚》王逸"序"称：

> 《离骚经》者，屈原之所作也。屈原与楚同姓，仕于怀王，为三闾大夫。三闾之职，掌王族三姓，曰昭、屈、景。②

据此，楚王族三姓昭、屈、景分别编为三个闾。楚王族当然属于楚之国人。③

（2）《左传》僖公二十八年（前632），晋人入曹，晋文公令"无入僖负羁之宫而免其族"。④《史记》卷三五《曹叔世家》记此事，作："（晋文公）令军毋入釐负羁之宗族闾。"⑤僖负羁之族居于曹都之中，是曹国的国人，其所居得称为"闾"。

---

① 黄怀信：《逸周书校补注译》，《尝麦解第五十六》，第320页；黄怀信、张懋镕、田旭东：《逸周书汇校集注》卷六《尝麦解第五十六》，第795—800页。引文句读与原文有所不同。

② 洪兴祖：《楚辞补注》，北京：中华书局，1983年，第1页。

③ 李零先生说："三闾者，从王逸的说法推断，大概是楚贵族有昭、屈、景三氏，他们于郢都之内各有居住区，每个区以所在街门为别，呼为昭闾、屈闾和景闾。"李零：《"三闾大夫"考——兼论楚国公族的兴衰》，原刊《文史》2001年第1辑，第11—23页，后收入氏著《待兔轩文存·读史卷》，第218—235页。引文见第220页。但王逸注只是说三闾掌王族三姓，据此推断三姓于郢都内各有三个居住区，似乎离得太远。

④ 左丘明撰，杜预集解：《左传（春秋经传集解）》卷七，僖公下，上海：上海古籍出版社，1997年，第372页。

⑤ 《史记》卷三五《曹叔世家》，北京：中华书局，1959年，第1572页。

（二）野中之里

以"里"作为编排"野"中居民的基本单位，则可以追溯到西周初年。周初铜器铭文《令彝》曰：

> 隹八月辰才甲申，王令周公子明保，尹三事、四方，受卿事寮。丁亥，令矢告于周公宫。公令造同卿事寮。隹十月月吉癸未，明公朝至于成周，造令：舍三事令，眔卿事寮，眔者尹，眔里君，眔百工，眔者侯：侯、田、男；舍四方令。既咸令，甲申，明公用牲于京宫。乙酉，用牲于康宫。咸既，用牲于王，明公归自王。①

王，即昭王。周公子明保，即周公旦之子明（其官太保，称为"明保"；其为尹时，称为"明公"）。眔，及也。唐兰先生最早指出铭文中的明公"用牲于王"与"归自王"的"王"是指王城。他指出："用牲于王。王，王城也。《汉书·地理志》云：'河南郡，河南，故郏鄏地。周武王迁九鼎，周公致太平，营以为都，是为王城。至平王居之。'又云：'雒阳，周公迁殷民，是为成周。《春秋·昭公二十二年》（当为三十二年），晋合诸侯于狄泉，以其地大成周之城，居敬王。'然则王城、成周，实二邑也。用牲于王城者，亦祭礼也。"②舍，当作安置、安顿解。显然，周初在成周城外安置殷民时，是用"里"编制殷民的。陈梦家先生说：

> 此铭的诸侯是住在成周的诸侯，西周中期金文曰"命女司成周里人眔诸侯大亚"（《善彝》81），可证有些诸侯住在成周而其地位与"里人"等，受管制。《召诰》"周公乃朝用书命庶殷：侯、甸、男、邦、伯……庶殷丕作"，记在洛之新邑命殷诸侯营新邑，新邑即此器之成周。……凡此皆以成周为殷民迁居之邑。《逸周书·作雒篇》"俘殷献民，迁于九里"（据《四部丛刊》本，《玉海》引《作雒》亦作九里，

---

① 陈梦家：《西周铜器断代》，北京：中华书局，2004年，第35—36页。引文句读据下引唐兰先生文，有所调整。

② 唐兰：《作册令尊及作册令彝铭文考释》，见故宫博物院编《唐兰先生金文论集》，北京：紫禁城出版社，1995年，第6—15页，引文见第11页。另请参阅陈梦家：《西周铜器断代》，中华书局，第35—40页。

一本误作九毕），孔注云："九里：成周之地"。此九里当是《韩非子·说林篇》之白里，《战国策·韩策》之九里（一本误作九重）。《尚书序》"康王命作册毕分居里成周郊"，亦谓命作册毕公分正成周郊里居的殷人。此里居于九里的殷民，即《召诰》的"庶殷"，《酒诰》的"百姓里［君］（居）"、"殷献民"，《召诰》的"雠民百君子"，《逸周书·商誓篇》的"百官里［君］（居）献民"、"百姓里［君］（居）君子"、"百姓献民"，《作雒篇》的"殷献民"。所以金文中的"成周里人罪诸侯大亚"，大约即指此里居于成周郊九里的殷侯殷百官百姓。《后汉书·鲍永传》"赐永洛阳商里宅"，注引《东观汉记》作上商里。陆机《洛阳记》"上商里在洛阳东北，本殷顽［民］（人）所居，故曰上商里宅"。元《河南志》卷二"上商里"条："赐鲍永洛阳商里宅。"①

陈先生提到的《逸周书·商誓》所见的"里居"乃"里君"之讹，自王国维以来已言之甚明，②故予径改。除此之外，陈先生所言大抵皆可信从。而被安置在成周之郊的殷侯、殷百官、百姓自然不是周的"国人"。《逸周书·作雒》记周公平定管叔、蔡叔联合商臣的叛乱，"俘殷献民，迁于九里"之后，周公敬念于后，陈述自己"作大邑成周于土中"，"以为天下之大凑"：

> 制郊甸，方六百里，国西土为方千里。分以百县，县有四郡，郡有四鄙。大县城，方王城三之一；小县立城，方王城九之一。郡、鄙不过百室，以便野事。农居鄙，得以庶士；士居国家，得以诸公、大夫。凡工、贾、胥、市、臣、［仆］（扑），州、里俾无交为。③

这段文字颇不能通解，应有脱讹。文称"制郊甸"，下文又说"以便野

---

① 陈梦家：《西周铜器断代》，第39页。
② 见吴其昌《王观堂先生尚书讲授记》、刘盼遂《观堂学书记》，见王国维《古史新证——王国维最后的讲义》，北京：清华大学出版社，1994年，第245、277页。
③ 黄怀信：《逸周书校补注译》，《作雒解第四十八》，第255—257页；黄怀信、张懋镕、田旭东：《逸周书汇校集注》差五《作雒解第四十八》，第564—567页。

事"，这段文字所说当是"野"中之制。"郡、鄙不过百室"，然郡既有四鄙，则不当与鄙一样，皆不过百室。"郡、鄙不过百室"句中的"郡"字，当为衍文。这样，鄙不过百家。鄙下当有里，即"州、里俾无交为"之"里"。若以上解释不误，则成周建立之后，在其郊外置有"百县"，若以县有四郡、郡有四鄙、鄙有百家计，则每县有千六百家，百县有万六千家。这些人都需要事"野事"，属于"野人"，亦即被统治人群。据此，可以认为：《周礼·地官·遂人》所记行之于"野"中的里-酂-鄙-县制度，大抵可以上溯到西周初年，只是其编排方式有所不同，是里（25家）-鄙（百家）-郡-县之制。

不仅如此。西周时代的"里"，大约皆置于"野"中，是用来编组"野人"的，而一般不用来编组"国人"。西周晚期铜器《史颂鼎》铭文曰：

> 隹三年五月丁巳，王才宗周，令史颂䜌穌，㵒友里君、百生、帅隅盩于成周。休又成事，穌宾章、马四匹、吉金，用乍𩛥彝。①

"䜌"释为"省"，"㵒"释作"涝"。此铭记王在宗周，命史颂东至于成周，省视苏国，存问里君百姓并聚教其黎庶，苏有所宾献，因以作器。友里君，陈梦家先生以为当释作"庶里君""诸里君"。㵒庶里君、百生，即存问里君、百姓。陈先生说：

> 此器王命中省、涝、帅是三个动词，其三个宾词苏（公）友里君、百姓与隅盩是三种不同身分的人。穌即苏忿生之苏，《左传》成十一"刘子单子曰昔周克商，使诸侯抚封，苏忿生以温为司寇"，即《尚书·立政》之"司寇苏公"。是苏之封温在武王克商之后。《左传》隐三杜注云："温，今河内温县。"地近成周，故王命史颂省苏于成周。②

陈先生未说明里君、百姓、隅盩三种身份的人各为怎样的人。《尚书·酒诰》中的"百姓、里君"，《逸周书·商誓》所见"百官、里〔君〕

---

① 陈梦家：《西周铜器断代》，第306—307页。
② 陈梦家：《西周铜器断代》，第307页。

（居）、献民"及"百姓、里［君］（居）、君子"，也是不同的人，其中里君显然与百姓、君子、献民有别。苏之封温在武王克商之后，其所领各种人群中当有降附的殷"献民"。苏人将之置于本国之郊、野，正与周人置殷献民于成周之野相同。

大簋盖铭文曰：

> 隹十又二年三月既生霸丁亥，王才𦱤辰宫，王乎吴师召大易趣𥃝里。王令善夫豕曰趣𥃝曰："余既易大乃里"；𥃝宾豕章、帛束。𥃝令豕曰天子，余弗敢憨。豕以𥃝道大易里。大宾豕献章马两，宾𥃝献章、帛束。大拜稽首敢扬天子不显休，用乍朕皇考剌白隩毁，其子子孙孙永宝用。①

此铭记王在某某宫召见大，以䀠之里赐大。善夫奉王命告于䀠："余已将汝之里赐大矣。"䀠宾赠善夫以璋帛，并令其告天子，"余弗敢贪恋也"。善夫与䀠乃导大而致其里，大宾赠王之使者善夫并里之原主以璋等。陈梦家先生说：

> 此记易换居里之事，王以别人所居的里转易赐赠于大，所易者乃是里宅、里舍，亦即署。《鲁语》上两记易宅之事。鲁文公欲移（《鲁语》作弛，韦注以为毁也）"孟文子之宅"，孟文子曰："今有司来命易臣之署与其车服，而曰将易而次为宽利。……唯里人所命次。"韦注云："宅，有司所居也"，"里人，里宰也"。文公又欲移郈敬子之宅，"对曰：先臣惠伯以命于司里。……今命臣更次于外，为有司之班命事也，无乃违乎？请从司徒以班徙次"。韦注云："次，舍也。外，外里也"，"司徒掌里宰之政。……故请从司徒徙里舍里"。由此可知大夫所居的宅或里舍，乃受命于司徒之属的里人、司里或里宰。②

陈先生所说大致可从，然以春秋鲁国易宅之事，证大簋盖铭文所记易里为易宅，很难令人信服。若果如此，何以王"既易"䀠之里，而䀠尚不知，仍需

---

① 陈梦家：《西周铜器断代》，第257页。
② 陈梦家：《西周铜器断代》，第258页。

王使善夫告之？所以，这里的"里"应当是睽所食邑之里，是居民编组单元，即其户口归睽所有，故王易之而睽不知。而里中所领户口，也属于睽，并因王命而改属于大。大簋盖铭文中的"大"，与大鼎铭文中的"大"为同一人，其职当是虎臣之长之"师"。睽的身份不详，可能与"大"相似。吴师，陈先生说可能就是虞师，在今山西平陆、安邑一带。《史记·吴太伯世家》谓："周武王克殷，求太伯、仲雍之后，得周章。周章已君吴，因而封之。乃封周章弟虞仲于周之北故夏虚，是为虞仲，列为诸侯。"①《索隐》曰："夏都安邑，虞仲都大阳之虞城，在安邑南，故曰夏虚。""王乎吴师召大易趞里"，睽的"里"或者就是在虞国境内，其所领之民很可能是当地（夏墟）的土著，亦即属于"野人"。

九年卫鼎出土于陕西岐山县董家村。铭文记载裘卫用车和各种皮革同矩伯交换土地的经过，是一篇关于土地置换的记录。其文曰：

> 隹九年正月既死霸（魄）庚辰，王在周驹宫，各庙，眉敖者膚为吏，见於王，王大（致）。矩取眚车，較、賁鞃、虎冟、柔韚、画轉、㚇（鞭）、帀（席）鞃，帛綪乘，金麃镳。舍矩姜帛二两。迺舍裘卫林䣢里。颥厥惟颜林，我舍颜陈大马两，舍颜姒虞𠂤，舍颜有嗣寿商裘盠冟（幎）。矩迺罩漅彝，令寿商罩，曰："颥，履付裘卫林䣢里。"则乃成夆四夆，颜小子具叀夆，寿商□。舍盠冒□牭皮二，亞皮二，业舄舀皮二，朏帛金一反，厥吴喜皮二。舍漅虎冟、□賁□韚、东臣羔裘、颜下皮二。罩受。卫小子家逆者其剩，卫臣醜朏。卫用乍朕文考宝鼎。其万年永宝用。②

铭文大意是：在恭王九年正月既死霸的庚辰日，王在周驹宫。在太庙，眉敖的使者肷（膚）来朝见王，王于是作衣裳之会。矩向裘卫取了省车，以及诸种马车上的用具和装饰。矩于是给予裘卫当时称为"林"的𣜩里。由于𣜩里

---

① 《史记》卷三一《吴太伯世家》，第1446页。
② 庞怀清等：《陕西省岐山县董家村西周铜器窖穴发掘简报》，《文物》1976年第5期；唐兰：《陕西省岐山县董家村新出西周重要铜器铭辞的译文和注释》，《文物》1976年第5期，又见《唐兰先生金文论集》，第194—204页。龚军：《九年卫鼎新析》，《华夏考古》2014年第2期。叶达雄：《西周土地制度探研》，《台湾大学历史学系学报》第14期（1988年7月），第75—78页。

是在矩所封给颜氏的那种远郊区（颜林）之中，所以裘卫给颜陈大马二匹，给颜如妇人穿的青黑色的衣服，给颜的官员寿商一件貉裘和猪皮幎。矩于是和澧共同命寿商，同去踏勘矩所交付给裘卫的𢏽里，在𢏽里的四周堆起了四个作为疆界的土封。颜的小子都参与了堆封，寿商也从旁察看、指导。事后又给了盠冒梯羝皮两块，㲋皮二块，给了业舃甬皮二块，给了胐白金二块，给了吴鼓皮二块，又给了澧虡皮做的幎，以及车轼上的皮具装饰。给东臣的是羊羔皮做的皮衣，给颜两块五色的皮。卫的小子家和卫臣胐负责分发上述礼物之事。

俞伟超先生引《尔雅·释地》曰："邑外谓之郊，郊外谓之牧，牧外谓之野，野外谓之林，林外谓之坰。"认为颜林应当是颜氏受封的一种远野之地。①𢏽里正是在这种"野"之中。所以，九年卫鼎铭文清楚地说明，西周时"里"是置于野乃至林中的。澧粦，唐兰先生说就是澧管理的邻。里下有邻，正与上引《周礼·地官·遂人》所谓"五家为邻，五邻为里"相合，也说明𢏽里是在"野"中。

"里"在西周时期主要置于野（遂）中，用以编组"野人"，还可以举出一条重要的辅证：《诗·大雅·韩奕》述韩侯受命，前往当时属周之边疆的梁山地区建立韩国：

> 韩侯取妻，汾王之甥，蹶父之子。韩侯迎止，于蹶之里。百两彭彭，八鸾锵锵，不显其光。诸娣从之，祁祁如云。韩侯顾之，烂其盈门。
>
> 蹶父孔武，靡国不到。为韩姞相攸，莫如韩乐。孔乐韩土，川泽讦讦，鲂鱮甫甫，麀鹿噳噳，有熊有罴，有猫有虎。庆既令居，韩姞燕誉。
>
> 溥彼韩城，燕师所完。以先祖受命，因时百蛮。王锡韩侯，其追其貊。奄受北国，因以其伯。实墉实壑，实亩实藉。献其貔皮，赤豹黄罴。②

---

① 俞伟超：《中国古代公社组织的考察——论先秦两汉的"单—僤—弹"》，北京：文物出版社，1988年，第55页。

② 王先谦：《诗三家义集疏》卷二三《韩奕》，北京：中华书局，1987年，第979—980页。

韩侯到蹶父所居之里去迎亲。毛传：蹶父，卿士也。蹶父即为周王的卿士，显然属于贵族。从下文"韩姞燕誉"，知其本姓姞。韩侯是姬姓。其封地有很多蛮、貊。姞姓应当是当地的土著大族，其居地被看作是"野"中的。所以，他也被编入里中，故其居地得称为蹶父之"里"。

二、五邑、十邑与族

《管子·小匡》与《国语·齐语》均说管子制鄙，以三十家为邑（邑有六轨）。西周青铜铭文中又颇见有五邑、十邑之称谓。如果邑与里一样，乃是一种以聚落为基础的居民编组单位，那么，五邑、十邑就是由若干聚落组成的地域性组织。而《周书·大聚》曰："合闾立教，以威为长；合［族］（旅）同亲，以敬为长。"其所说之"族"则是闾之上的组织，由若干族组成。五邑、十邑及族，说明西周时期在闾、里、邑之上，已存在更高层级的由若干闾、邑（以及里）组成的地域性组织。

（一）五邑与十邑

三十家之邑，不见于《周礼》所记乡里制，然邑之名目，则颇见于甲骨文与金文。盖邑字甲骨文作𠂤，金文作𠃊，《说文》作𠂤，从囗从卪，表示人居于墙下。在甲骨文与金文中，邑字既可指较大的城（如国都），也可指较小的一般聚落，故有"十室之邑""百室之邑""千室之邑"之别。而在西周铜器铭文中，"邑"也是一种居住单位。著名的宜侯夨簋铭文曰：

> 隹四月辰在丁未，王省武王成王伐商图，遂省东或图，王立于宜宗土，南乡。王令虞侯夨曰："□，侯于宜，易瓚鬯一卣，商瓚一枚，彤弓一、彤矢百，旅弓十，旅矢千；易土：厥川三百□，厥□百又廿，厥□邑卅又五，厥□百又卌；易在宜王人十又七生；易奠七白，厥庐□又五十夫；易宜庶人六百又十六夫。"宜侯夨扬王休，作虞公父丁尊彝。①

---

① 陈梦家：《西周铜器断代》，第15页。按：考释、讨论此器铭文者甚多，除正文所引陈梦家著作之外，主要有：陈邦福：《夨簋考释》，《文物参考资料》1955年第5期；郭沫若：《夨簋铭考释》，《考古学报》1956年第1期；唐兰：《宜侯夨簋考释》，《考古学报》1956年第1期；李学勤：《宜侯夨簋与吴国》，《文物》1985年第7期；叶达雄：《有关西周土地制度的几个青铜器铭文集解》，《台湾大学历史学系学报》第14期（1988年7月），第30—45页。正文引用的释文，乃综合诸家考释，断以作者之意而成。

铭文中的商图、东国图之"图"字，陈梦家认为应读作"鄙"。商鄙，当指商奄或商丘之鄙；东国图即东国之鄙，就是宜。东国，泛指洛邑以东地区。《尚书·康诰》："周公初基作新大邑于东国洛。"①在王赏赐给宜侯夨的诸种物品中，包括土田和人夫，亦即《诗经·鲁颂·閟宫》"赐之山川，土田附庸"之类，其中有□（唐兰先生补作"宅"）邑三十五，也就是共有三十五个邑。这些邑当然是在"东国图"亦即东国之鄙中。奠，郭沫若、李学勤先生均释为"甸"；白即伯，训为长。李先生说：

> 按甲骨文"奠"有时义近于"鄙"。……"奠"当读为"甸"，郊外为甸。王者诸侯都有甸人，可见诸侯郊外也可称甸。"伯"训为长。……这句意指在宜郊外之人，其官长有七，人众有"□又五十夫"。②

今从之。在此三十五邑中居住的，有王人十七姓（当即十七族），奠（甸）人七伯，甿人千又五十夫，庶人六百十六夫。庶人显然又是另外的人群类型，铭文称为"宜庶人"，应当是本来即居住在宜地的农耕人群。王人十七姓、七伯所领一千又五十夫及庶人六百十六夫，皆当居于三十五邑中。这里的邑显然是居住单位。而如果七伯所领分居于三十五个邑中，则每邑恰好有七十夫，每伯正好领五个邑。其中显然包含着某种编制规则。七伯各领五邑，五邑合为三百五十夫。伯所领的五邑，很可能是一种地域性的管理单元。

甸中（或鄙中）与田相连的邑，应当既是一种居住单元，也是居民编排单位。鬲比盨铭文记录了章、良二人与鬲比相交换之事，其文曰：

> 隹王廿又五年七月既望□□，王才永师田宫，令小臣成友逆哩□内使无婴大史黹曰：章厥会无㠯鬲比田，其邑×、×、×，复友鬲比其田；其邑复、盬；言、印畀鬲比。良厥小宫㠯鬲比田，其邑及罕句商儿罕令人雗戈；复限余鬲比田，其邑竞、棫、才三邑，州、泸二邑。凡复

---

① 孙星衍撰，陈抗、盛冬玲点校：《尚书今古文注疏》卷十五《康诰》，北京：中华书局，1986年，第356页。

② 李学勤：《宜侯夨簋与吴国》，《文物》1985年第7期，第15页。

友。复友鬲比曰十又三邑。厥右鬲比善夫克。鬲比乍朕皇且丁公文考寅公盨，其子子孙孙永宝用。①

陈梦家先生说：所谓"复友"乃指偿付贷贿。凡复贿于鬲比者共十三邑，皆是附于田的邑。这里的"邑"，主要是田亩的计量单位，然诸邑（凡十三邑）皆有名称，应当是聚落名。这样，无论章、良二人与鬲比之间的经济关系若何，这里涉及的"邑"都是四周带有田地的聚落，而聚落中当然居住有人。而据上引铭文，知章吒鬲比田，其邑三；付贿于鬲比之田及邑二。良吒鬲比田，其邑三；付质赇于鬲比田，其邑五。在这里，二邑、三邑、五邑虽然仅仅是诸邑的合计，但也可能其本身即各自组成一种地域单元。

居于邑中的人，或即可称为"邑人"。十七祀询簋铭文曰：

> 王若曰："旬，不显文武受令，则乃且奠赎周邦。今余令女啻官司邑人，先虎臣，后庸：西门尸，秦尸，京尸，𤖅尸，师笭侧新……"②

邑人之称，亦见于师痪簋盖铭文（"令女官司邑人、师氏"）、师西簋铭文（"司乃且啻官邑人"）等处。陈梦家先生说：邑人与虎臣、师氏大约为性质相类的三种人，属于"师"管辖，而又有次第高下之分。此且不论。而邑人与虎臣、师氏相并列，当理解为"邑之人"，亦即居于邑中的人。柞钟铭文曰：

> 佳王三年四月初吉甲寅，中大师右柞，"柞易载，朱黄、䜌，司五邑甸人事"……③

五邑甸人，即五邑之甸人，则甸人居于邑中，或即可称为"邑人"。

五邑，亦见于师兑簋铭文，"王乎内史尹册令师兑匹师龢父司左右走马、五邑走马"。陈梦家先生说：

> 金文邑人或与虎臣、师氏并列，或与奠人对列，所谓邑与奠犹城

---

① 陈梦家：《西周铜器断代》，第267页。
② 陈梦家：《西周铜器断代》，第282—283页。
③ 陈梦家：《西周铜器断代》，第303页。

与郊……师氏与邑人或是军、民之分。师兑殷有"五邑走马",鄮殷有"五邑祝",柞钟有"五邑甸人",前二器皆命于"周",乃西土之周都,则五邑应是西土的五个邑。①

五邑究竟是哪五个邑,大约难以考究,然五邑共有走马、祝,其甸人合称,说明"五邑"很可能是五个邑联合的一种地域组织。《周易》讼九二曰:"不克讼,归而逋其邑人三百户,无眚。"②邑人三百户,若据上引《管子·小匡》,每邑三十家,则这里所归的逋逃邑人恰为十邑,亦即两个五邑。若据《国语·齐语》,"十邑为卒",则三百户正为十邑,是一个"卒"的编制。因此,金文中在邑之上虽然没有更高一级的编制名称,但五邑、十邑乃至七伯之名,说明在邑之上是有更高一级的编制的。

我们认为五邑、十邑可能是包括若干邑的一种地域性组织和在邑之上的高一层级管理单位,还可以举出两个重要的辅证。一是殷墟甲骨文中即见有以十邑为单位的记录。《殷墟文字·甲编》512:

……其多兹十邑……而入执……鬲千。③

这次战争俘虏了一千个鬲,属于十个邑,每个邑恰为百人。显然,十邑是一个编制单位。又《殷墟文字·乙编》696:

乎比臣沚酓卅邑。

沚进攻酓国,征服了酓国的三十邑。《殷契粹编》801:

大方伐……啇廿邑。④

啇是一个邦国,大方来伐,侵夺或破坏了其二十邑。这些邑均以十为单位计算,说明十邑很可能是一种地域性单元。

---

① 陈梦家:《西周铜器断代》,第166页。
② 《周易正义》卷二《讼》,阮元校刻:《十三经注疏》,北京:中华书局,1980年,影印本,第24页。
③ 董作宾:《殷墟文字甲编》,北平:中央研究院历史语言研究所,1948年,第26页。
④ 郭沫若:《殷契粹编(附考释)》,北京:科学出版社,1965年,第165、555页。

二是包山楚简中有关五连之邑的记载。简155：

　　□□南陵公邸蓌、襄陵之行仆宔于鄢，郢足命甍（葬）王士，足甍（葬）王士之宅。仆命恒受足，若足命。鄢少司城龚颉为丧，受足于仆。方鄢左司马竞庆为大司城丧客，且政五连之邑于甍（葬）王士。不以告仆。既言之，詎之左尹。①

鄢左司马竞庆征发五连之邑，用于安葬王士。五连之邑，显然意为五个相连的邑，共同组成一个地域单位。这条材料虽然出自战国时期的楚地，然仍可用以说明"五邑"当是五个相连的邑。甲文材料与包山楚简的材料一早一晚，一北一南，然都可以见出若干邑联合起来组成一个地域性单位的某些迹象，说明邑之上的地域性联系可能是一直存在的。

（二）合族同亲

上引《周书·大聚》曰："合闾立教，以威为长；合［族］（旅）同亲，以敬为长。"则知闾上有族。敬，当解作德行高洁。《左传》僖公三十三年八月臼季言诸晋文公曰："敬，德之聚也。能敬必有德，德以治民，君请用之。"②族长由德高望重之人担任，与闾长任以威严有力之人不同。《大聚》紧接着又说："饮食相约，兴弹相庸，耦耕俱耘，男女有婚，坟墓相连，民乃有亲。"其末句说"民乃有亲"，显然是承上文"合族同亲"而来，所以，这段文字是说"族"的。同族之人生产生活在一起，共同举办婚丧事务，正具备所谓"共同体"的特征。

族字的甲骨文作或，金文作，篆文作，皆为旗下一矢之形。《说文》释族，谓其"矢锋也，束之族族也。从㫃从矢"。㫃，段玉裁注云："㫃所以标众者"，③是人群的标识；矢则用于狩猎和打击敌人，是人群赖以生存发展的工具和武器。《白虎通义·宗族》曰："族者，凑也，聚也，谓恩爱相流凑也。上凑高祖，下至玄孙，一家有吉，百家聚之，合而为

---

① 湖北省荆沙铁路考古队：《包山楚简》，北京：文物出版社，1991年，第28页；陈伟等著《楚地出土战国简册（十四种）》，北京：经济科学出版社，2009年，第56—57页。
② 左丘明撰，杜预注：《左传（春秋经传集解）》卷七，僖公下，第411页。
③ 许慎撰，段玉裁注：《说文解字注》，上海：上海古籍出版社，1981年，第312页。

亲，生相亲爱，死相哀痛，有会聚之道，故谓之族。"①所以，族的本义，乃是聚在一起生产生活、打着旗帜以作为标识、并有武装的一群人，其是否在血缘上属于同一个祖先，倒是在其次。

周人组织以"族"为单位，颇见于金文。周初铜器明公簋铭文曰：

> 唯王令明公遣三族伐东或；才□，鲁侯又□工，用乍旅彝。②

明公为周公之子，即明保、明公尹。铭文记王令明公以三族伐东国。其时伐东国的主帅是鲁侯伯禽。《史记·鲁世家》谓：

> 伯禽即位之后，有管、蔡等反也，淮夷、徐戎亦并兴反。于是伯禽率师伐之于肸，作《肸誓》。曰："陈尔甲胄，无敢不善。无敢伤牿。马牛其风，臣妾逋逃，勿敢越逐，敬复之。无敢寇攘，逾墙垣。鲁人三郊三隧，峙尔刍茭、糗粮、桢干，无敢不逮。我甲戌筑而征徐戎，无敢不及，有大刑。"作此《肸誓》，遂平徐戎，定鲁。③

明公保所率三族，当是国人。班簋铭文曰：

> 王令毛公以邦冢君土驭戟人伐东或痛戎，咸。王令吴白曰："以乃自左比毛父。"王令吕白曰："以乃自右比毛父。"趞令曰："以乃族从父征，出城，卫父身。"三年静东或。亡不咸斁天畏，否畀屯陟。④

吴伯、吕伯分别"左比""右比"毛父，二伯所领当即毛公军中的左、右师；趞令班"以乃族"从毛公出征，以班之族护卫毛公之身，则班之族乃毛公之亲卫部队。

毛公鼎铭文所记王命第五节曰：

> 命女𢦏𤔲公族雩参有司：小子、师氏、虎臣雩朕褻事，以乃族干善

---

① 陈立撰，吴则虞点校：《白虎通疏证》卷八《宗族》，北京：中华书局，1994年，第397—398页。
② 陈梦家：《西周铜器断代》，第24页。
③ 《史记》卷三三《鲁世家》，第1524页。
④ 陈梦家：《西周铜器断代》，第25页。

王身。①

公族，陈梦家释为一种身份，认为当是指公室之枝叶。然铭文下文称"以乃族干吾王身"，"乃族"显然就是"公族"。故毛公鼎铭文中的"公族"与"乃族"皆即指毛公之族。此句铭文的上一句是："王曰：已曰伋丝卿事寮大史寮，于父即君。""于父即君"，即视毛公为邦君。故下文所说之"公族""乃族"当指毛公之族。虽然难以断定毛公之族与周室之关系，然其属于周之"国人"，当无疑问。陈梦家说："三有司所属的小子、师氏、虎臣都属于王宫禁卫军而有分别，小子是公卿庶子，虎臣是四夷之隶，师氏介乎二者之间，似是庶民之参加卒伍者。"②毛公之族与三有司并列，共同负责王身的禁卫之事，则毛公之族亦为军事编制。

今见西周铜器铭文中记有"族"，仅上述三例。在这三个用例中，"族"的意指，都是指集合同族之人编组成军队出征。显然，族首先是一种战时军中编排。可以设想，同族之人在平时未必即居住在一起，而是分住于各里、邑之中；遇有征战，则集中起来，聚合为"族"，一起去打仗。因为在战时生死与共，其在平时亦得互相扶助，共同生活。在这个意义上，我们认为"族"主要是一种生存共同体，它可能是以血缘为纽带的，但血缘关系并不必然是"族"的基础。

上引宜侯夨簋铭文中赐给宜侯夨的王人有十七姓（生），亦当作"十七族"解。郭沫若说："生假为姓。一姓代表一族。"唐兰同意郭氏的意见，并补充说："《左传》定公四年传说成王分给唐叔的有'怀姓九宗'，可证。"③"姓"的字义非常复杂，此且不论。④《白虎通义》卷九《姓名》曰：

> 人所以有姓者何？所以崇恩爱、厚亲亲、远禽兽、别婚姻也。故

---

① 陈梦家：《西周铜器断代》，第297—300页。
② 陈梦家：《西周铜器断代》，第297—300页。
③ 唐兰：《宜侯夨簋考释》，初刊《考古学报》1956年第1期，后收入故宫博物院编《唐兰先生金文论集》，第66—71页，引文见第67页。
④ 杨希枚：《姓字古义析证》，中国社会科学院科研局编：《杨希枚集》，北京：中国社会科学出版社，2006年，第1—46页。

纪世别类，使生相爱，死相哀，同姓不得相娶者，皆为重人伦也。姓者，生也，人禀天气所以生者也。《诗》曰："天生烝民。"《尚书》曰："平章百姓。"姓所以有百者何？以为古者圣人吹律定姓，以纪其族。①

姓是族的表征，是用来标示"族"的，所谓"吹律定姓，以纪其族"。《尚书·尧典》谓帝尧"克明俊德，以亲九族。九族既睦，平章百姓。百姓昭明，协和万邦"。②"百姓"与"九族""万邦"相对举，显然是指众多的人群组织体。上引《周书·商誓》中所见的"百姓"，亦当释作"百族"。《国语·晋语四》记春秋时司空季子祖述黄帝诸子有姓之故事云：

> 黄帝之子二十五人，其同姓者二人而已，唯青阳与夷彭皆为纪姓。青阳，方雷氏之甥也。夷彭，肜鱼氏之甥也。其同生而异姓者，四母之子，别为十二姓。凡黄帝之子二十五宗，其得姓者十四人，为十二姓。姬、酉、祁、纪、滕、箴、任、荀、僖、姞、儇、依是也。唯青阳与苍林氏同于黄帝，故皆为姬姓。③

黄帝子二十五宗、得姓者十四人、分为十二姓，向来解说纷纭。如果释姓为"族"，十二族即十二个分支，那么，二十五个血缘宗系，分划为十二个集群，拥有十四个标识（有两个集群各有两个标识），大抵即可通解。因此，族的本义，应当是指集聚的人群；而姓，则是这种人群聚合体的标志。

在今见金文资料中，未能见到关于党和酂、鄙的记载。酂，《说文》邑部："酂，百家为酂。酂，聚也。从邑，赞声。"④《广韵》桓韵、《类篇》邑部、《集韵》桓韵亦释酂为"聚居也"。据上引《周礼》，酂由四里组成，一百家，其规模与国中的"族"相同，然野中没有军队编制，没有与酂相对应的"卒"，所以，酂很可能是《周礼》虚设的一个层级。野中之鄙

---

① 陈立撰，吴则虞点校：《白虎通疏证》卷八《姓名》，第401页。
② 孙星衍撰，陈抗、盛冬铃点校：《尚书今古文注疏》，第7—9页。
③ 徐元诰撰，王树民、沈长云点校：《国语集解》，《晋语》四，北京：中华书局，2002年，第333—335页。
④ 许慎：《说文解字》，北京：中华书局，1963年，第131页。

也可能如此。而军队中的旅（500人）一般是为征战组成的战时编制，与之相对应的"党"（500家）也未必是平时的常设组织。

三、西周时期乡里控制制度的基本特征

综上考述，可以认知：西周时期，闾、里、邑、族是基本的居民编组单位，其中闾用以编排"国人"，里用以编排"野人"，而郊中的甸人则大抵以"邑"为编排单位。闾、里、邑的规模都不会太大，大约都在二十五家、三十家。闾、里之上都可能有"族"。族的本义就是聚合起来的人群，是合若干闾、里而成的。而若干邑也可能联合起来，形成五邑、十邑之类的地域联合体，但金文中没有见到这种联合体的专称。

闾、里、邑在本质上都是居住单元。闾应当是聚落内部有规划地分划出来的居住区。《周礼·地官·大司徒》"五比为闾，使之相受"句下孔颖达疏云："一闾二十五家，闾胥治之。比止五家，不能成城邑，则乡邑盖自二十五家为始。既同处一邑，则宅舍得相容受以居。"①即释"闾"为民众居住的聚落。《楚辞·天问》："何环穿自闾社丘陵，爰出子文？"据王逸注，此句一本作"何环闾穿社，以及丘陵，是淫是荡，爰出子文"。②无论将闾与社并列或闾社连读，闾都是指一种聚落。《说文》释"闾"，谓："里门也，从门，吕声。《周礼》：'五家为比，五比为闾。'闾，侣也，二十五家相群闾也。力居切。"③则指称"里门"之"闾"与"五比为闾"之"闾"本非一字，后者指群侣而居，亦即整齐的居住区，很可能是指有土垣环绕的聚落内部分划而成的规整的居住区。《诗经·大雅·緜》述先周时代营建城邑之状甚悉，谓：

> 古公亶父，来朝走马。率西水浒，至于岐下。爰及姜女，聿来胥宇。
>
> 周原膴膴，堇荼如饴。爰始爰谋，爰契我龟。曰止曰时，筑室于兹。

---

① 孙诒让：《周礼正义》卷十九《地官·大司徒》，第752页。
② 洪兴祖：《楚辞补注》卷三《天问章句》，第118页。
③ 许慎：《说文解字》，第248页。

> 迺慰迺止，迺左迺右。迺疆迺理，迺宣迺亩。自西徂东，周爰执事。
>
> 迺召司空，迺召司徒，俾立室家。其绳则直，缩版以载，作庙翼翼。
>
> 捄之陾陾，度之薨薨。筑之登登，削屡冯冯。百堵皆兴，鼛鼓弗胜。
>
> 迺立皋门，皋门有伉。迺立应门，应门将将。迺立冢土，戎丑攸行。①

显然，周人的城邑聚落是经过严整规划的。"迺召司空，迺召司徒，俾立室家。"聚落内的"室家"由司空和司徒负责建立，显然是统一规划住屋的布局，并分配住屋。因此，我们认为"闾"的本义，应释为聚落（城邑）门内规整的居住区。

与"闾"指聚落内部分划的居住区不同，"里"最初主要用于指称聚落，完整的聚落。《说文》释里，谓："居也，从田从土。"②里乃是指拥有田地的居住区。里大抵有土垣围绕，内部分划也较为规整。《六韬·农器》云："田里相伍，其约束符信也。里有吏，[伍]（官）有长，其将帅也。里有周垣，不得相过，其队分也。"③在田地上耕作、在里中居住的民户，按伍编排，相互约束，置有吏、长，居住的里四周则围有土垣。《尔雅》释里，谓"邑也"，强调的也是里的四周有垣墙环绕，人居于其中。前人已经指出：古文中的"野"从田从土，与"里"相近，故《说文》将"野"归于里部，④盖"野"中之聚落得称为"里"。

需要说明的是，里与闾最大的不同，是里四周带有土地，是带有土地的聚落；而闾则比较单纯地指居住区，而且是聚落内部分划出来的居住区。邑也带有土地，与里一样，也都有围垣。二者的不同，在于邑是通称，可大可小，而里则当指较小的聚落。

---

① 王先谦：《诗三家义集疏》，第836—840页。
② 许慎：《说文解字》，第290页。
③ 徐培根注译：《太公六韬今注今译》，台北：台湾商务印书馆，1976年，第142页。
④ 沈长云、李秀亮：《西周时期"里"的性质》，《历史研究》2011年第4期。

如所周知，在早期文献中，里亦指一定的距离，是长度单位；正如沈长云、李秀亮先生指出的那样，里也指一定面积的土地。问题在于，"里"的长度或面积是怎样界定的呢？沈先生等引《韩诗外传》卷四的说法，以"广三百步、长三百步为一里"，但没有举出证据。本文释里为聚落，那么，里的大小，就要从其包括的家户及其房屋所占据的面积入手。如上所述，每里二十五家，以五纵五列排列，即组成一方里；若二十五家横向或纵向单列，则构成一里，亦即一里的长度。换言之，我们揣测里的长度是二十五家房屋单纵排列的长度。城中的闾也是二十五家，故闾的规模与里相同，这也是后来里逐步取代闾的原因之一；而邑则不同，大小差异较为明显。

要之，我们认为西周时期乡里控制的基础上作为居住区和聚落的闾及里、邑，居民编排是以居住区和聚落为单位的。二十五家居住的里、闾，乃是标准的里、闾；二十五家单纵排列的长度，则是作为长度单位的"里"的长度。

族则是闾、里以上的编组单位，姓是族的标识。它包括若干个聚落或居住区，是一种地域人群的联合（这种联合可能是血缘的，但并不必然以血缘结合为前提）。五邑、十邑之类的称谓，显然指明了若干邑构成一种地域联合体，但我们没有见到专门用来指称这种地域联合体的专用词汇，暗示出这种地域联合体可能是不稳定的。而如上所述，金文中所见的族往往是在征战时编组的，似乎暗示它并不是较稳定的组织。但显然，战时或临时编制的稳定化与制度化乃是一种长远的趋势，在西周时期，族很可能已成为较为稳定的编制单位。

在《周礼》所述乡里制中，闾、族之上有党、州、乡，里之上有鄯、鄙、县、遂。西周铜器铭文中未见有党、鄯；金文所见的州、乡、鄙、县、遂，很难断定其属于乡里控制体系的某一个层级。以乡为例。金文乡字作"卿"，意同公卿之卿、饗食之饗，方向之嚮，并无乡里之"鄉"。县、鄙盖皆用其悬系、边远之意。州、遂则大抵为通称，非为特指。因此，就今见材料看，西周时期在族和五邑、十邑之上的乡里控制层级（亦即百家以上的乡里控制层级），尚未能见到。换言之，我们可以大致确定的西周乡里控制体系，只有以二十五家为大致标准的里、闾、邑一级，以及联合若干闾、里组成、大约包括百家或更多户数的族与五邑、十邑两级。

第三节 "周制"的流变

一、鲁、郑二国的乡里控制

当西周之世，封邦建国，列国的乡里控制体系，盖以所谓"周制"为准则，因地制宜，而略加变革，形成各国具体实行的制度。而进入春秋时代，各国又在此前主要遵循"周制"原则形成的乡里控制体系的基础上，继续发生变革，从而形成各异的乡里控制制度。

鲁、郑二国都与周天子有着密切的渊源，两国的政治结构、职官制度乃至经济制度，均不同程度地"取法"周制。因此，两国之制度，在很大程度上可以看作为是比较切合"周制"的。春秋战国时期，两国制度之变化，又均与周天子以及当时列国间政治经济格局的变化之间有着密切关联，故其乡里控制制度之变化，在中原诸国中具有较大的代表性。

（一）"鲁人三郊三遂"与"作丘甲"

鲁国建立之初，除统有六族殷民——条氏、徐氏、萧氏、索氏、长勺氏和尾勺氏之外，还"因商奄之民"。六族虽然是胜国之裔，其首领犹能"帅其宗氏，辑其分族，将其类丑"，"职事于鲁"。他们"法则周公，用即命于周"，即承认并至少在形式上用周制。殷民以"族"为单位编组，将以血缘规则编排的宗、氏集中起来，分别编入各"族"（帅其宗氏，辑其分族），这是用周制编排殷民。卫人祝佗说鲁、卫封建，"皆启以商政，疆以周索"。杜预注："皆，鲁、卫也。启，开也，居殷故地，因其风俗，开用其政。疆理土地以周法。索，法也。"①其所谓"疆以周索"，当包括用国、野之制以分别其所统治之人群及其居住地域。而真正的被统治人群，则是当地土著的奄人。②《尚书·费誓》云：

> 公曰："嗟。人无哗，听命徂兹。淮夷、徐戎并兴，善敹乃甲胄，敿乃干，无敢不吊。备乃弓矢，锻乃戈矛，砺乃锋刃，无敢不善。

---

① 《左传（春秋经传集解）》卷二七，定公上，第1620、1625页。
② 关于西周时期鲁国的国野之别，请参阅郭克煜、梁方健、陈东、杨朝明：《鲁国史》，北京：人民出版社，1994年，第67—68页。

> "今惟淫舍牿牛马，杜乃擭，敜乃穽，无敢伤牿。牿之伤，汝则有常刑。马牛其风，臣妾逋逃，勿敢越逐，祇复之。我商赉汝，乃越逐。不复，汝则有常刑。无敢寇攘，逾垣墙，窃马牛，诱臣妾，汝则有常刑。
>
> "甲戌，我惟征徐戎，峙乃糗粮，无敢不逮，汝则有大刑。鲁人三郊、三遂。峙乃桢干。甲戌，我惟筑，无敢不供。汝则有无余刑，非杀。鲁人三郊、三遂。峙乃刍茭，无敢不多，汝则有大刑。"①

《费誓》的前半部分，从"嗟。人无哗"，到"汝则有常刑"，是鲁侯伯禽对"国人"发出的训示；从"甲戌，我惟征徐戎"，到"汝则有大刑"，则是对郊、遂之人的训词。三郊三遂并不出兵，而是负责版筑，准备、运输糗粮、刍茭，亦即作为辅助军事力量而从征，正与《周礼》所述对于"遂"中居民的要求相同。所以，这里的三郊三遂都应当属于"野"的范畴。《左传》襄公七年：

> 南遗为费宰。叔仲昭伯为隧正，欲善季氏而求媚于南遗，谓遗："请城费，吾多与而役。"故季氏城费。②

费是季氏邑，处于遂中；杜注："隧正，主役徒。"隧（遂）正叔仲昭伯负责征发遂中的力役，故可以通过"多与"季氏力役，帮助季氏筑城。鲁有三遂，遂各有正，亦与"周制"相合。又《左传》襄公二十三年冬十月，"孟氏将辟，藉除于臧氏。臧孙使正夫助之，除于东门"。③孟氏向臧氏借人力以除葬道，臧孙使正夫前往帮助孟氏。杜注："正夫，隧正。"不甚确当，当解为隧正所领役夫。这两条材料虽然都较晚，但仍说明，直到春秋时，鲁国仍有隧正之设，而其职责，正在组织力役以从事大规模的筑城、造墓等。

鲁国遂中置有"县"，亦与周制规定相合。《左传》昭公四年，申丰答季武子之问曰："自命夫、命妇，至于老疾，无不受冰。山人取之，县人传之，舆人纳之，隶人藏之。"④杜预注："山人，虞官。县人，遂

---

① 孙星衍撰：《尚书今古文注疏》卷二六，第511—516页。
② 《左传（春秋经传集解）》卷一四，襄公七年，第834页。
③ 《左传（春秋经传集解）》卷一七，襄公二十三年，第1001页。
④ 《左传（春秋经传集解）》卷二一，昭公四年，第1239页。

属。""舆、隶皆贱官。"县人与山人、舆人、隶人相并列,地位显然较为卑微。杜预认为县人当属于遂,所据应是《周礼》"五县为遂"的规定。县人负责运输,也正合遂人须服力役的规定。

而鲁国的野人编组为"里",亦与《周礼》遂人之制合。《国语·鲁语》载:

> 文公欲弛孟文子之宅,使谓之曰:"吾欲利子于外之宽者。"对曰:"夫位,政之建也;署,位之表也;车服,表之章也;宅,章之次也;禄,次之食也。君议五者以建政,为不易之故也。今有司来命易臣之署与其车服,而曰:'将易而次,为宽利也。'夫署,所以朝夕虔君命也。臣立先臣之署,服其车服,为利故而易其次,是辱君命也,不敢闻命。若罪也,则请纳禄与车服而违署,唯里人之所命次。"公弗取。臧文仲闻之曰:"孟孙善守矣,其可以盖穆伯而守其后于鲁乎!"

韦昭注:"里人,里宰也。有罪去位,则当受舍于里宰。"孟文子之宅,与鲁国宫室相近,显然是在国都中。文子说:如果自己有罪,则请归禄与车服而去其官,"唯里人之所命次"。纳,归也。禄,田邑也。违,去也。此言有罪去官之后,方"唯里人之所命次",则知里人所掌,并非国中之居民,而是包括有罪之人在内的非国人。同节又载:

> 公欲弛郈敬子之宅,亦如之。对曰:"先臣惠伯以命于司里,尝、禘、蒸、享之所致君胙者,有数矣。出入受事之币以致君命者,亦有数矣。今命臣更次于外,为有司之以班命事也,无乃违乎!请从司徒以班徙次。"公亦不取。①

"先臣惠伯以命于司里",注云:"言先臣惠伯受命于司里,居此宅也。"似不太妥恰。司里与司徒并称,所掌管者当是全部的"里",即全部居民区。司徒,韦昭注:"掌里宰之政,比夫家众寡之官也。"敬子自以有罪,君欲黜之,故请从司徒徙里舍也。郈敬子的反应与孟文子是一致的,即:如果国君认为我有罪,那么,请把我交给司徒,迁徙到"外"的里舍("更次

---

① 徐元诰撰,王树民、沈长云点校:《国语集解》卷四《鲁语》上,第162—164页。

于外")。那么，鲁国的"里"显然是在国都之外的。

昭公试图把孟文子与邱敬子搬到"外"面去居住，这里的"外"，是"国"外，内中编有"里"，有"里人"或里宰掌管其居住、户口等事。这说明当时鲁国的国、野之别早已糊糊不清，所以鲁昭公才会有这样的想法。而孟文子与邱敬子均不同意搬迁，又都拿出来旧制作为反对的理由，说明按照制度，他们是不应当住到"外"面的"里"中去的。这反过来，也说明鲁国本来是有严格的国、野之别的。

鲁国曾将野中居民编组为里，还可以举出一条重要证据。《国语·鲁语下》：

> 季康子欲以田赋，使冉有访诸仲尼。仲尼不对，私于冉有曰："求来！女不闻乎？先王制土，籍田以力，而砥其远迩；赋里以入，而量其有无；任力以夫，而议其老幼。于是乎有鳏、寡、孤、疾，有军旅之出则征之，无则已。其岁收，田一井出稯禾、秉刍、缶米，不是过也。先王以为足。若子季孙欲其法也，则有周公之籍矣。若欲犯法，则苟而赋，又何访焉！"①

孔子所说的"先王制土"之法，自然是指鲁国旧制（亦即周制）。籍田以力，赋里以入，任力以夫，诸家解说纷歧。而孔子说凡"有军旅之出则征之，无则已"。当孔子的时代，鲁国的国野之别大概已基本泯灭，然孔子所言，仍大抵是先王之制中的野人之制，故得言"有军旅之出则征之，无则已"。注云："里，廛也，谓商贾所居之区域也。以入，计其利入多少，而量其财业有无以为差也。"不甚确当。盖田、里、力三者并称，其所赋应当是人头税，是按人口征纳的军赋，即下文所见的稯禾、秉刍、缶米等物，所以这里的"里"应当是一种居民编制。

鲁国国野之别的渐次泯灭，当在春秋前期即已开始。鲁宣公十五年（前594），鲁国"初税亩"。《左传》关于初税亩的记载很简单，只是说："初税亩，非礼也。谷出不过藉，以丰财也。"②《公羊传》说："初者

---

① 《国语集解》卷五《鲁语》下，第206—207页。
② 《左传（春秋经传集解）》卷十一，宣公十五年，第614、622页。

何？始也。税亩者何？履亩而税也。"①关于初税亩，历来解释众多。《公羊传》说得很清楚，就是"按亩征税"。亦即不分国、野，所有土地均需按亩征税。这当然不是"周制"，所以左氏、公羊、谷梁均讥其非正。四年后，成公元年（前590）"作丘甲"。②这里的"丘"是土地计量单位，按照上引《周礼·小司徒》中所说，九夫为井，四井为邑，四邑为丘，则一丘有十六井。方、井、邑、丘应当是四级表示面积的计量单位，一里乘一里为方，三里乘三里为井，六里乘六里为邑，十二里乘十二里为丘。作丘甲，就是按丘征甲，亦即按照田亩征发兵役。③《左传》在此句经文下记载说："为齐难故。"显然"作丘甲"是扩大征兵范围，以应对与齐国的战争。"作丘甲"，就是将征兵范围由鲁的"国"中，推广到"野"中，即无论国、野，均按丘征甲。这年的冬天，"臧宣叔令修赋，缮完，具守备"。④修赋，就是整顿军赋。其整顿军赋的原则，应当就是"作丘甲"，以及此前的"税亩"。税与赋、甲既然皆不分国野，国野之别遂渐次泯灭。

总之，据以上零星材料，可以大致推知：鲁国立国之初，曾遵循周制，实行国、野二元制度：国人（包括殷民）"帅其宗氏，辑其分族"，即以"族"作为编排国人的主要单位；而划分其"野"为三郊三遂，以分领"野人"（奄人），遂置有正，其下有县，其所领之人得称为"县人"；遂中亦置有"里"。从今见材料看，西周时期的鲁国大抵是以宗、族之制待国人（包括殷民），而以遂、县、里之制治野人（奄人）。此种二元体制，至春秋时期，即渐次崩解，随着履亩而税与按丘征甲之制的实行，国、野之别遂逐步泯灭。尽管如此，从上引《国语·鲁语》中即可见出，直到春秋时期，

---

① 《春秋公羊传注疏》卷十六，阮元校刻《十三经注疏》本，第2286页。

② 《左传（春秋经传集解）》卷十二，成公上，第635页。

③ 《说文解字》释丘，谓："土之高也，非人所为也。从北从一。一，地也。人居在丘南，故从北。……一曰四方高、中央下为丘。"（第169页）则丘的本义乃指自然生成的高地、小山。先秦文献中，"丘"字亦多用其本义，如《尚书·禹贡》："降丘宅土。"（孙星衍：《尚书今古文注疏》卷三《禹贡》上，第148页）《诗·小雅·緜蛮》："緜蛮黄鸟，止于丘阿。……緜蛮黄鸟，止于丘隅。"（王先谦：《诗三家义集疏》卷二〇《小雅·緜蛮》，第814—815页）或据此认为释丘为土地计量单位为非是，则又太过拘泥。盖方、井、邑之本义皆指地理事物，以之作为土地计量单位，并无不可。

④ 《左传（春秋经传集解）》卷一二，成公元年，第637页。

鲁国仍然存在着某些国、野的观念。《左传》襄公八年，正在季氏得隧正叔仲昭伯之助而城费的翌年，"莒人伐我东鄙"。传文曰："莒人伐我东鄙，以疆鄫田。"杜预注："莒既灭鄫，鲁侵其西界。故伐鲁东鄙，以正其封疆。"①此处之东鄙，固可解为鲁国之东部边疆。然《左传》昭公五年，鲁国乱，南遗"使国人助竖牛以攻诸大库之庭。司宫射之，中目而死。竖牛取东鄙三十邑，以与南遗"。②大库之庭在鲁城内，竖牛领国人以攻之；东鄙三十邑，本属叔孙氏，竖牛取以给南遗。这里的东鄙，显然是与鲁城之"国"及"国人"相对应的。而鄙中置邑，东鄙有三十邑，本属叔孙氏，或者亦如西周时代那样，已形成五邑、十邑之类的地域性管理单位。

（二）释"都鄙有章""庐井有伍"

《左传》襄公三十年（前543）述子产之为政，曰：

> 子产使都鄙有章，上下有服，田有封洫，庐井有伍。大人之忠俭者，从而与之。泰侈者，因而毙之。丰卷将祭，请田焉，弗许，曰："唯君用鲜，众给而已。"子张怒，退而征役。子产奔晋，子皮止之而逐丰卷。丰卷奔晋，子产请其田、里，三年而复之，反其田、里及其入焉。从政一年，舆人诵之曰："取我衣冠而褚之，取我田畴而伍之。孰杀子产，吾其与之！"及三年，又诵之曰："我有子弟，子产诲之。我有田畴，子产殖之。子产而死，谁其嗣之？"③

都、鄙，当即国、野；章，明也。"都鄙有章"是说子产治理郑国，整顿郑国的国与野，使其昭然可辨，不致混杂。上下有服，服，用也。是说不同地位的人都能发挥自己的作用。昭公二年，郑公孙黑将作乱，"欲去游氏而代其位，伤疾作而不果。驷氏与诸大夫欲杀之。子产在鄙，闻之，惧弗及，乘遽而至。使吏数之"。④遽，即传车。其时子产在鄙中，所以乘传车赶回国都。这说明郑国其时当有都、鄙之别。又，《左传》襄公三十一年十二月下谓子产从政，择能而使之，其中所用之人中，有"裨谌能谋，谋于野则获，

---

① 《左传（春秋经传集解）》卷一四，襄公八年，第839、841页。
② 《左传（春秋经传集解）》卷二一，昭公五年，第1257页。
③ 《左传（春秋经传集解）》卷一九，襄公三十年，第1147—1148页。
④ 《左传（春秋经传集解）》卷二〇，昭公二年，第1212—1213页。

谋于邑则否"。子产乃"与裨谌乘以适野，使谋可否"。①邑与野相对立，正是国与野的分别。

郑是后起的国家，在其建国之初，即当有国野之别。《左传》隐公元年（前722）载：公叔段大筑京城，逾越制度。祭仲对郑庄公说："都城过百雉，国之害也。先王之制，大都不过参国之一，中五之一，小九之一。今京不度，非制也。"祭仲所说的"先王之制"与"制"，都是指周制。《左传》接着说："既而大叔命西鄙、北鄙贰于己。……大叔又收贰以为己邑，至于廪延。"②西鄙、北鄙显然是郑国之鄙。鄙中有邑，鄙是一块区域。

上引《左传》说子产为政，使"田有封洫，庐井有伍"。封是高高的田塍，进而指疆界；洫，沟渠。庐，本意为寄，"秋冬去，春夏居"，此指田间屋。在壄曰庐。井在国中，庐在野中。这是说子产整理了郑国的田地区划与乡里，在都、鄙都编排了伍（即以伍为基本单元编组居民）。下文述子张（丰卷）奔晋后，子产"请其田、里"。杜注："请于公不没入。"田是土地，里是指居住在其封地上编为"里"的居民（不能释为住宅）。下文引郑人之辞，说子产"取我田畴而伍之"，是说子产将丰卷之类卿大夫的田、里，包括在编组乡里的范畴内。舆人，杜注谓：舆，众也。不太确。舆人，仍当解作"车士"，是国人中的士。取舆人之田畴而伍之，是将舆人（车士）的田畴重新调整分配；伍之，是以什伍之法编组之。

因此，子产的改革，与齐桓、管仲一样，应当是根据周制，重新明确都、鄙之别（国、野之别），确定上下尊卑秩序，分划田地的疆界，在都、鄙（国、野）都建立（或重建、恢复）了伍制。邑中有里，则伍之上或当有里。伍之，可能也意味着五五编制，即五伍为里，则里当有二十五家。丰卷之邑，乃属于采邑性质。邑下领有里，里各编有伍，这与西周的制度是相合的。

而郑国又见有乡。《左传》襄公三十年：

> 郑人游于乡校，以论执政。然明谓子产曰："毁乡校，如何？"子产曰："何为？夫人朝夕退而游焉，以议执政之善否。其所善者，吾则

---

① 《左传（春秋经传集解）》卷一九，襄公三十一年，第1163页。
② 《左传（春秋经传集解）》卷一，隐公元年，第6页。

行之；其所恶者，吾则改之，是吾师也。若之何毁之？我闻忠善以损怨，不闻作威以防怨。岂不遽止，然犹防川，大决所犯，伤人必多，吾不克救也。不如小决使道，不如吾闻而药之也。"①

乡校，杜注："乡之学校。"乡人可以在乡校中议论执政之善否得失，显然是郑之国人。而乡校所议，达于子产，乡之级别显然较高。这样的乡校，不见于周制，故然明建议子产毁之。而子产不毁，说明乡与乡校已成为国人的重要组织方式。

将"国"和"国人"分划为各乡，亦见于宋国。《左传》襄公九年（前564）春，宋大火，司城乐喜为执政：

> 使伯氏司里，火所未至，彻小屋，涂大屋；陈畚挶，具绠缶，备水器，量轻重，蓄水潦，积土涂；巡丈城，缮守备，表火道。使华臣具正徒，令隧正纳郊保，奔火所。使华阅讨右官，官庀其司。向戌讨左，亦如之。使乐遄庀刑器，亦如之。使皇郧命校正出马，工正出车，备甲兵，庀武守。使西钼吾庀府守。令司宫、巷伯儆宫。二师令四乡正敬享，祝宗用马于四墉，祀盘庚于西门之外。②

杜预注："伯氏，宋大夫。司里，里宰。"恐未必确。乐喜为司城，且兼执政，城中有宫、里，故有司宫、司里，司里当掌管全城所有的里，而非仅为一里之宰。里中有小屋、大屋，显然是指居民区。"隧正纳郊保，奔火所"，显然隧在郊外，与国中之诸"里"相对应，说明宋也遵守国、野异制的"周制"原则。二师，杜注："左右师也"；乡正，"乡大夫也"。左右师让四个乡正去主持祭祀，用马祭宗人于四城以禳火，在西门之外祭祀宋之远祖盘庚。在这场消防战中，四乡乡正在左右师之下，主持祭祀，其地位远高于诸里。虽然无法弄清四乡与诸里之间的关系，但宋都分置四乡、城内分划为诸里，却是无疑的。

宋人以四乡正祝宗于四墉，四乡盖按四方而分置。《国语·越语下》记越王句践祝曰："后世子孙有敢侵（范）蠡之封地者，使无终没于越国。皇

---

① 《左传（春秋经传集解）》卷一九，襄公三十年，第1164页。
② 《左传（春秋经传集解）》卷一四，襄公九年，第847页。

天后土、四乡地主正之。"韦昭解云："乡，方也。天神地祇、四方神主当征讨之，正其封疆也。"① 郑之乡校，可以讨论国事，或者亦源于其为四方祭祀之所。若然，郑国或许有四乡之置。

四乡按方位分置，各有祭祀之所，或许有乡校可供乡人议事，说明乡已成为一种地域性管理单位。划分地域以作为管理单位，显然是一种普遍的变化趋势。子产为政之后期，"作丘赋"，亦即按丘征赋，应当是管理地域化的又一种体现。《左传》昭公四年（前538）九月：

> 郑子产作丘赋，国人谤之。曰："其父死于路，己为虿尾。以令于国，国将若之何？"子宽以告。子产曰："何害？苟利社稷，死生以之。且吾闻为善者不改其度，故能有济也。民不可逞，度不可改。诗曰：'礼义不愆，何恤于人言。'吾不迁矣。"浑罕曰："国氏其先亡乎？君子作法于凉，其敝犹贪。作法于贪，敝将若之何？姬在列者，蔡及曹、滕，其先亡乎？偪而无礼，郑先卫亡；偪而无法，政不率法，而制于心。民各有心，何上之有？"②

杜注："丘，十六井，当出马一匹，牛三头。今子产别赋其田，如鲁之田赋。"浑罕，即子宽；国氏，指子产，盖以父字（子产父子国）为氏。在此之前，子产已久秉郑政（子产于简公十二年、鲁襄公十九年，即前554年，开始执政）。郑简公十九年（前547），子产尝因功受封六邑，子产让，受其三邑。服虔曰："四井为邑。"四井为邑，十六井为丘，则丘有四邑。作丘赋，应当是指按丘来征赋。这里的"丘"，应当是计量单位，正如鲁国"作丘甲"一样。赋，是军赋。

子产作丘赋，记载如此简略，故历来论者纷纭。"国人"对此一政策持严厉批评态度，而浑罕认为此策乃作法于凉和贪，显然是说这是取财于国人。郑国之国人本不纳赋，子产改革，无论其为国人抑或野人，均按其田地所在及数量征收军赋。这样的改革，是把都与鄙一同看待，全部根据"丘"

---

① 《国语集解》卷二一《越语》下，第589页。
② 《左传（春秋经传集解）》卷二一，昭公四年，第1247—1248页。引文句读与原文有所不同。

来征赋。所以，慢慢地，国与野的区别也就淡化了。《左传》昭公十八年五月，郑国发生大火，子产下令郑国采取防备措施：

> 使府人、库人各儆其事。商成公儆司宫，出旧宫人，寘诸火所不及。司马、司寇列居火道，行火所焮。城下之人，伍列登城。明日，使野司寇各保其征，郊人助祝史除于国北，禳火于玄冥、回禄，祈于四鄘。书焚室而宽其征，与之材。三日哭，国不市。①

城下之人，当即城外之人，应指郊与野中的人。他们均为部伍登城，说明郊人与野人都是要应兵役的。其下文云："火之作也，子产授兵登陴。子大叔曰：'晋无乃讨乎？'子产曰：'吾闻之，小国忘守则危，况有灾乎！国之不可小，有备故也。'"②则部伍登城的"城下之人"绝非仅"国人"，盖动员国中之士灭火，称不上"备"，也不会引起晋国的抗议。野置司寇，"各保其征"，杜注谓："火之明日，四方乃闻灾，各戒保其所征役之人。"司寇掌邦禁，诘奸慝，刑暴乱。野司寇是司法官。郊人助祝、史禳除于国之北，则郊人与国人相近，属于较大的"国人"范畴。国、野的区别逐步泯灭了。

二、春秋战国时期齐国的乡里控制体系及其变化

齐在立国之初，亦大抵遵循周制，以国、野二元体制作为基本统治制度。《史记·齐太公世家》说太公封于营丘，营丘边莱，莱人夷种，其强族有薄姑氏。周初铜器塱方鼎铭文曰：

> 隹周公于征伐东尸、丰白、尃古，咸戋。③

尃古，即薄姑，或作蒲姑。《左传》昭公二十年（前522）晏婴说："昔爽鸠氏始居此地，季萴因之，有逢伯陵因之，蒲姑氏因之，而后大公因之。"④杜预注："爽鸠氏，少暤氏之司寇也。""季萴，虞、夏诸侯，

---

① 《左传（春秋经传集解）》卷二四，昭公十八年，第1431页。
② 《左传（春秋经传集解）》卷二四，昭公十八年，第1435页。
③ 陈梦家：《西周铜器断代》，第17页。
④ 《左传（春秋经传集解）》卷二四，昭公二十年，第1464页。

代爽鸠氏者。""逢伯凌，殷诸侯，姜姓。""蒲姑氏，殷周之间代逢公者。"则知齐国所统治的当地土著人群，乃是包括薄姑在内的诸种人群。小臣谜簋铭文曰：

> 叡东尸大反，白懋父以殷八𠂤征东尸。唯十又一月，遣自𦥑𠂤，述东陕，伐海眉。雪氏复归才牧𠂤，白懋父承王令易𠂤率征自五𪓐贝。小臣谜蔑历罪贝，用乍宝隞彝。①

铭文记伯懋父率殷八师，征伐反叛的东方海眉地区。海眉，当即海湄，亦即滨海地域。五𪓐之𪓐从卤，显指滨海盐卤之地。五𪓐，盖伯懋父将征服之地分为五个区域。此五𪓐，很可能就是西周时期齐国统治"野人"（夷人，包括薄姑等）的五个区域，或即后来《管子》所说圣王之治其民"叁其国而伍其鄙"中的"五鄙"。《史记·齐太公世家》说太公治国，"因其俗，简其礼，通商工之业，便鱼盐之利，而人民多归齐，齐为大国"。②则齐于统治区内的土著人群，以宽简治之，遂得人民多归之。伍其鄙既有其历史渊源，叁其国亦有可能。换言之，齐国在建国之初，很可能即将国人区分为三部，而将其所统治的土著人群按地域分划为五个区。

受资料限制，我们对西周时期齐国的乡里制度所知甚少，然今本《管子》各篇以及齐地所出春秋晚期至战国时期的陶文，却给我们认识春秋战国时期齐国乡里控制体系及其变化提供了丰富的材料。本节即试图细致分析今本《管子》各篇有关齐国治理的言论，以尽可能窥知春秋时期齐国乡里制的某些真相；综合使用今见齐地所出春秋晚期至战国的陶文，考证其中所见与乡里控制相关的一些职名、地名，以阐明其义，并将之联系起来，以形成对战国时期齐地乡里制的总括性认识；最后则将今本《管子》等传世文献有关齐国乡里制的记载，与陶文所反映的齐国乡里制的某些实际情况，加以综合、比较，以究明春秋战国时期齐国乡里制度的基本结构与实质。

（一）今本《管子》所记齐国乡里制及其变化

《管子·小匡》详记齐桓公与管仲之问答，录管仲所对之改革方

---

① 陈梦家：《西周铜器断代》，第20页。
② 《史记》卷三二《齐太公世家》，第1480页。

略，云：

> 管子对曰："昔者圣王之治其民也，参其国而伍其鄙，定民之居，成民之事，以为民纪，谨用其六秉，如是而民情可得。而百姓可御。"……桓公曰："参国奈何？"管子对曰："制国以为二十一乡，商工之乡六，士农之乡十五。公帅十一乡，高子帅五乡，国子帅五乡。参国故为三军，公立三官之臣。市立三乡，工立三族，泽立三虞，山立三衡。制五家为轨，轨有长。十轨为里，里有司。四里为连，连有长。十连为乡，乡有良人。三乡一帅。"桓公曰："五鄙奈何？"管子对曰："制五家为轨，轨有长。六轨为邑，邑有司。十邑为［卒］（率），［卒］（率）有长。十［卒］（率）为乡，乡有良人。三乡为属，属有帅。五属一大夫，武政听属，文政听乡，各保而听，毋有淫佚者。"①

"参其国而伍其鄙"，韦昭注："国，郊以内也；鄙，郊以外也。"②则鄙即《周礼》所说之"野"。因此，管子的设计，乃是遵循"昔者圣王之治"，将齐国的"国人"分为三部分：桓公亲领一部，十一乡；高子、国子两个上卿各领一部，分别为五乡，即所谓"参国"，即三分其国（当理解为把国人分为三部分，不能理解为把空间上的"国"分为三部分）。齐公与高子、国子各为一军，是为三军。国人的编组，实行轨-里-连-乡四级制，轨五家，里五十家，连二百家，乡二千家。鄙人则分为五，故称为五鄙，每鄙各置有属，每属三乡，是为十五乡。鄙人的编组，实行轨-邑-卒-乡四级制。属帅（或作师）掌管"武政"，乡良人统管"文政"。五鄙之中文、武分途，似乎说明其属帅非常设之职，仅在有武事时置帅以领军。而其所领之军，大抵亦与遂人所领之辅助兵相似。

《管子·小匡》说齐桓公接受了管子的计划：

> 于是乎管子乃制五家以为轨，轨为之长。十轨为里，里有司。四里

---

① 黎翔凤撰，梁运华整理：《管子校注》卷八《小匡》，北京：中华书局，2004年，第400页。引文中的"率"，据下文所引《国语·齐语》，当作"卒"，前人已有考证。

② 《国语集解》卷六《齐语》，第219页。

为连，连为之长。十连为乡，乡有良人。以为军令。是故五家为轨，五人为伍，轨长率之。十轨为里，故五十人为小戎，里有司率之。四里为连，故二百人为卒，连长率之。十连为乡，故二千人为旅，乡良人率之。五乡一师，故万人为一军，五乡之师率之。三军：故有中军之鼓，有高子之鼓，有国子之鼓。春以田曰蒐，振旅。秋以田曰狝，治兵。是故卒伍政定于里，军旅政定于郊。①

据《国语·齐语》，此段叙述乃是指"国"中之制。轨-里-连-乡的居民编组，与伍-小戎-卒-旅的军事编组相对应。轨长、里有司、连长、乡良人既为平时居民编制各级组织的首长，也是战时军队编制的各级指挥官。"春以蒐振旅，秋以狝治兵。是故卒伍整于里，军旅整丁郊"，②就是兵农合一制。每旅二千人，国君直接领十一乡十一旅，为一军，共有二万二千人；国子、高子各领五乡（五旅），各有万人，各为一军。合为四万二千人。

今本《管子·小匡》未述及管子规划的制度在"鄙"中实行的情况。《国语·齐语》记管子回答桓公"定民之居若何"时说：

> 制鄙：三十家为邑，邑有司；十邑为卒，卒有卒帅；十卒为乡，乡有乡帅；三乡为县，县有县帅；十县为属，属有大夫。五属，故立五大夫，各使治一属焉；立五正，各使听一属焉。是故正之政听属，牧政听县，下政听乡。③

五家为轨，邑有六轨、三十家，卒三百家，乡三千家，县九千家，属九万家，齐有五属，各置大夫领之，当有四十五万家。《国语·齐语》又说："正月之朝，五属大夫复事，桓公择其寡功者而谪之。""五属大夫于是退而修属，属退而修县，县退而修乡，乡退而修卒，卒退而修邑，邑退而修家。"④那么，在鄙中的邑-卒-乡-县-属体系似确曾建立起来。

管仲、齐桓在乡里制度方面的改革，在分别国、鄙。国、鄙异制方面，

---

① 《管子校注》卷八《小匡》，第413页。
② 《国语集解》卷六《齐语》，第224页。
③ 《国语集解》卷六《齐语》，第228页。
④ 《国语集解》卷六《齐语》，第228—229页。

是遵循"周制"原则的。较之于"周制",最大的变化,是在编组国人的"里"之上增加了连(二百家)和乡(二千家),在编组鄙人的邑之上增加了卒(三百家)和乡(三千家)。《说文》释"连",谓:"员连也。从辵从车。"释"卒":"隶人给事者,衣为卒。卒,衣有题识者。"①《礼记·王制》"五国以为属,属有长;十国以为连,连有帅;三十国以为卒,卒有正;二百一十国以为州,州有伯"句下郑玄注:属、连、卒、州,"犹聚也"。②连、卒都有集合、聚集之义,与"族"相同。连、卒的观念或其设置,应当是在西周时期族及五邑、十邑之类人群或聚落间地域联合的基础上发展而来的。

《管子·小匡》于记在国中实行轨-里-连-乡之制后,接着记载说:"正月之朝,乡长复事,公亲问焉。"国中二十一乡之长皆向齐桓公报告,说明乡是齐之"国"最重要的行政层级。乡长举其乡之贤者,"公宣问乡里,而有考验",又"退而察问其乡里,以观其所能"。又说:"士与其为善于乡,不如为善于里。与其为善于里,不如为善于家。"③其辞皆径称"乡里",而未及二百家之连,说明在轨、里、连、乡四级中,里与乡比较重要。同样,在齐桓公对五属大夫的考察中,乡和邑也比较重要。

《管子·小匡》《国语·齐语》所记春秋初期齐国的乡里制,虽然略有差异,然大致相同。然而《管子·立政》篇所记,却与《管子·小匡》《国语·齐语》所记有很大不同:

> 分国以为五乡,乡为之师。分乡以为五州,州为之长。分州以为十里,里为之尉。分里以为十游,游为之宗。十家为什,五家为伍,什伍皆有长焉。筑障塞匿,一道路,博出入,审闾闬,慎筦键,筦藏于里尉。置闾有司,以时开闭。闾有司观出入者,以复于里尉。凡出入不时,衣服不中,圈属群徒,不顺于常者,闾有司见之,复无时。若在长家子弟、臣妾、属役、宾客,则里尉以谯于游宗,游宗以谯于什伍,什伍以谯于长家,谯敬而勿复。一再则宥,三则不赦。凡孝悌、忠信、贤

---

① 许慎:《说文解字》,第41、173页。
② 孙希旦:《礼记集解》卷十二《王制》,北京:中华书局,1989年,第318—319页。
③ 《管子校注》卷八《小匡》,第416—418页。

良、俊材，若在长家子弟、臣妾、属役、宾客，则什伍以复于游宗，游宗以复于里尉。里尉以复于州长，州长以计于乡师，乡师以著于士师。凡过党，其在家属，及于长家；其在长家，及于什伍之长；其在什伍之长，及于游宗；其在游宗，及于里尉；其在里尉，及于州长；其在州长，及于乡师；其在乡师，及于士师。三月一复，六月一计，十二月一著。①

这里的叙述，起首谓"分国以为五乡"，然其下文又说："五乡之师，五属大夫，皆受宪于太史。大朝之日，五乡之师，五属大夫，皆身习宪于君前。太史既布宪，入籍于太府，宪籍分于君前。五乡之师出朝，遂于乡官，致于乡属，及于游宗，皆受宪。……五属大夫，皆以行车朝，出朝不敢就舍，遂行。至都之日，遂于庙，致属吏，皆受宪。"②则其所述"分国"之"国"，仍然是《管子·小匡》《国语·齐语》所说的"参其国而五其鄙"之"国"。按照这里的说法，齐将"国"分置五乡，而将"鄙"分置五属。五乡之制与齐桓、管仲所定的二十一乡之制大异，若其属实，则此处所述，必当是齐国后来调整之后的制度。且五乡与五属均直接受宪于君，不再有高子之乡、国子之乡，显然君权得到了强化。根据这里的说法，是把国分为五个乡，乡各有五个州；每州有十个里，每里有十个游。据乡、州、里之间的关系推论，每游当有五个什、十个伍，亦即五十家。若然，则里有五百家，州有五千家，而乡有二万五千家；那么，齐的国共分为五乡，当有十二万五千家。这个制度，与齐桓、管仲改革时所定的国、鄙分制不合，与齐国军制亦不相合。在这个制度设计中，里成为乡村控制的基本单元与居民居住的基本单元，每个里都筑有"障"（土垣），堵塞旁出的小路（匿），出入道路受到管制（"一道路、专出入"）。里有司称为"里尉"，应当是武职。里中居民出入、衣服、日常生活均受到伺察管制，其军事化程度显然得到了强化。

《管子·立政》虽述及五属大夫，然未及鄙中乡里之具体建制。《管子·乘马》篇云：

---

① 《管子校注》卷一《立政》，第65页。
② 《管子校注》卷一《立政》，第65—66页。

> 命之曰地均，以实数。方六里，命之曰［里］（暴），五［里］（暴）命之曰部，五部命之曰聚。聚者有市，无市则民［乏］（之）。五聚命之曰某乡，四乡命之曰方。官制也。官成而立邑：五家而伍，十家而连，五连而［里］（暴），五［里］（暴）而长，命之曰某乡，四乡命之曰都，邑制也。邑成而制事：四聚为一离，五离为一制，五制为一田，二田为一夫，三夫为一家。事制也。事成而制器：方六里，为一乘之地也。一乘者，四马也。一马其甲七，其蔽五。四乘，其甲二十有八，其蔽二十。白徒三十人奉车两。器制也。①

里-部-聚-乡-方，是田地分划制度；伍-连-里-乡-都，是居民编组制度；聚-离-制-田-夫-家，则是役制。事者，侍也。所谓器制，则当是出军资制度，每乘有甲士、白徒若干。这里所述的制度，不能完全通解。其上文述及山林泽薮，而上引文字中述及事制（役事）与器制，却不及军制，并没有军队编制与其相配套，说明它应当是适用于"鄙"中的制度。若这一认识不误，那么，此处所述，可能就是与《立政》篇所述国中之制相配套的"鄙"中之制。这里的记述，每"里"有五十家，"乡"有二百五十家，"都"有千家，那么，"都"再上一级的编制，应当就是"属"。

今本《管子·度地》篇的成文年代明显较晚（其起首说："昔者桓公问管仲曰"，明言其不成文于管仲时代），其述管子之言曰：

> 夷吾之所闻：能为霸王者，盖天子圣人也。故圣人之处国者，必于不倾之地，而择地形之肥饶者，乡山，左右经水若泽，内为落渠之写，因大川而注焉。乃以其天材，地之所生利，养其人，以育六畜。天下之人，皆归其德而惠其义，乃别制断之：州者谓之术，不满术者谓之里。故百家为里，里十为术，术十为州，州十为都，都十为霸国。不如霸国者，国也，以奉天子。②

"别制断之"，谓分别其地，制之断之。"州者谓之术"，盖地数充满得为州者，为之术，即满州者，分为若干术；不满州者谓之里，当解作不满一州

---

① 《管子校注》卷一《乘马》，第89—90页。引文句读及个别文字与点校本或有不同。
② 《管子校注》卷一八《度地》，第1050—1051页。

者,分划为若干里,意为分术为里。此段言辞浅显,且霸国之谓,非齐桓管仲时代之所有,故当是后世观念。然值得注意的是,其中虽言及"别制断之",即以不同制度治理不同的地域,然其下所述,却是里-术-州-都-国的一套制度,并无"别制",更不再有国、鄙之别。每里有百家,每术千家,则州有万家,都有十万家。然《管子·度地》篇又借管子之口,引述齐国法令说:

> 请除五害之说,以水为始,请为置水官,令习水者为吏,大夫、大夫佐各一人,率部校长官佐各财足,乃取水左右各一人,使为都匠水工。令之行水道,城郭、堤川、沟池、官府、寺舍及洲中当缮治者,给卒财足。
>
> 令曰:常以秋岁末之时,阅其民,案家人、比地、定什伍口数,别男女大小。其不为用者,辄免之;有锢病不可作者,疾之;可省作者,半事之。并行,以定甲士当被兵之数,上其都。都以临下,视有余、不足之处,辄下水官;水官亦以甲士当被兵之数,与三老、里有司、伍长行里,因父母案行,阅具。
>
> [阅具]备水之器。以冬无事之时,笼、臿、板、筑、各什六,士车什一,雨輂什二,食器两具,人有之。锢藏里中,以给丧器。后常令水官吏与都匠因三老、里有司、伍长案行之,常以朔日始出具阅之,取完坚,补弊久,去苦恶。常以冬少事之时,令甲士以更次益薪,积之水旁,州大夫将之,唯毋后时。①

这段文字,颇多问题,其成文当甚晚,或晚至汉时,亦未可知(都匠、水官等,大约在汉代才有)。其第一、三两段,当可连读,所说皆为水利事务,很可能是汉代人的手笔。而中间一段所引之令,则当是齐令。

按照这里的说法,齐国是在每年末、秋收之后,省视境内的百姓,检查、登记每家的人口与田地("案家人比地"),编排、确定什家、五家的互保组织,分别登记民户的男、女与大、小。那些年老不能再劳动、服役的,就免除其户籍编排;有较重疾病也不能从事劳作的,在户籍簿上特别注

---

① 《管子校注》卷一八《度地》,第1050—1059页。

明"疾"字，暂时免除其徭役；虽然有疾病但仍然可以从事较轻劳作的，减免一半的劳役。在这一过程中，也要确定可以征发服兵役、做甲士的名单、数额，并将其名籍报告到"都"这一级（应当指各邑的大夫）。"都"要亲自检查相关资料，如果发现还有未如实上报或上报信息不够全面的（"余、不足之处"），就立即向"水官"（疑为"本官"之讹误，当即"本管"，意为直接负责的官吏）下达命令。"水官"（本管）再根据"都"所要求的应当服兵役的甲士数量，与三老、里有司、伍长等一起，直接到"里"中去检查，逐一询问各家的父母，对照籍簿，以确保没有遗漏（"因父母案行，阅具"）。在这里，里之上是都，应当相当于《管子·小匡》中的连（二百家）、卒（三百家）或《管子·乘马》中的乡（二百五十家）。

《管子》之书，非成于一人一时，而当为一家学说之总汇，向为通识。据上所考，则《管子》所述齐国乡里制，各篇之中并不相同，大致言之，又可以别为三个系统：一是《小匡》篇所记，与《国语·齐语》所记大致相合，其所记乡里制，区分国、鄙，国中分置二十一乡，实行轨-里-连-乡四级制；鄙中分置五属，实行邑-卒-乡-县-属五级制。二是《立政》篇与《乘马》篇所记，可以合为一个系统：国中分为五个乡，实行伍（什）-游-里-州-乡五级制；鄙中分设五个属，实行伍-连-里-乡-都-属六级制。三是《度地》篇引齐令所记，见有三老、里有司、伍长、都之目，可知"伍"之上有"里"，"里"之上有"都"（"都"之上似又有"州"），与上述两种制度均不能完全相合。

《管子》各篇有关乡里控制体系的记载相互歧异，然从这些议论中，我们仍然可以见出春秋时期齐国乡里控制体系的一些基本方面：第一，春秋初年，齐桓、管仲改革，整顿国、鄙异制的乡里控制体系，即以军令"制国"，在国中实行兵农合一制；而以政令"制鄙"，在鄙中分划文政、武政之权，实行军、民分治之制。此种二元控制体系，当遵循周制国、野分治的基本原则，亦沿用西周以来齐国政治的基本格局。然此种国鄙二元的控制体制，在春秋初实已松弛，齐桓、管仲整顿修复之；其后不久，或复趋于松弛乃至崩解，故《管子·度地》中已不复分言国、鄙之制。第二，《管子》各篇及《国语·齐语》虽然对于国、鄙控制体系的层级的叙述各不相同，却大都认为轨或伍（五家）、里（五十家）或邑（三十家）乃是最基本的组织。

据《管子·小匡》与《国语·齐语》，里有五十家，邑为三十家；据《管子·立政》与《管子·乘马》，国中之制，在什伍组织之上的是游，游有五十家；鄙中之制，在什伍组织之上的是里，里各五十家；《管子·度地》不分国、鄙，什伍组织之上的是里，里有百家。无论如何，三十家、五十家到百家之间的邑、里乃是春秋时期齐国的基层管理单位，应无疑问。第三，《管子》各篇与《国语·齐语》所说，在里、邑之上的管理层级、层级数及其名称均相差甚大：据《管子·小匡》与《国语·齐语》，国中之制，里之上有连（二百家）、乡（二千家）、师（一万家），国人分置二十一乡，共有四万二千家；鄙中之制，邑之上有卒（三百家）、乡（三千家）、县（九千家）、属（九万家），鄙中分设五属，故有四十五万家。据《管子·立政》与《管子·乘马》，国中之制，游（五十家）之上有里（五百家）、州（五千家）、乡（二万五千家），国人分设五乡，故有十二万五千家；鄙中之制，里（五十家）之上有乡（二百五十家）、都（千家）。《管子·度地》不分国、鄙，里（百家）之上有术（千家）、州（万家）、都（十万家）。千家（二千家、三千家、五千家）以上的管理单位，实属于较高层级的军政管理单位，姑且不论，而较五十家（或百家）之里更高一级的管理单位，则主要有连（二百家）、卒（三百家）、乡（二百五十家）、里（五百家）四种名目。此四种名目，都应当是包括若干三十、五十家之里、邑的地域性管理单位。简言之，春秋时期齐国的乡里控制体系，大抵由轨、里（邑）、乡三级组成：最基层的一级是由五家组成的轨或伍，第二级是三十家、五十家乃至百家不等的里（或邑），第三级是二百家至五百家不等的连、卒、乡或里，特别是由二百五十家组成的乡。

（二）陶文所见战国时期齐地的城乡控制体系

陶文是指刻画、书写或打印在陶器上的文字。从清中叶以来，山东各地出土了大量陶文，引起收藏家与研究者的广泛注意，做了基本的收集与整理工作。其中，临淄等地出土陶文，年代集中于战国时期，颇可见出齐国的城乡控制状况。据陶文资料，战国时期齐地的城乡控制制度主要有两种类型：一是临淄城内的"闾-里"制；二是乡村地区的"卒-［敀］-乡-里"制。

1. 临淄城内的"闾-里"制度

《陶文图录》录有一组均含有"内郭陈赍叁立事"字样的陶文：

  内郭陈……叁立事……里敀［亭］（亳）（《陶文图录》2.3.1）

  内郭陈贺叁立事左里敀［亭］（亳）豆（《陶文图录》2.3.2）

  内郭陈贺叁立事左里敀［亭］（亳）区（《陶文图录》2.3.3）

  内郭陈贺叁立事□里敀［亭］（亳）□（《陶文图录》2.3.4，临淄）①

这里的释文有两处需要讨论。一是"敀"。《陶文图录》释作"敀"，徐在国《新出齐陶文图录》与孙刚《齐文字编》均释作"殷"。今细辨陶文，二释均并无不可。然揣其义，仍当以"敀"字为妥。②陶文中见有"左里敀"（《陶文图录》2.24.2、2.24.3）、"右里敀铭"（《陶文图录》2.14.4、2.25.1），显然是玺铭，那么，里敀当即里中之长。二是"亳"字。此字一般释为"亳"，而近年来，李先登、俞伟超、吴振武诸先生多改释为"亭"。③今从之。区、豆皆为量器。《左传》昭公三年："齐旧四量：豆、区、釜、钟。四升为豆，各自其四，以登于釜。釜十则钟。陈氏三量，皆登一焉，钟乃大矣。"④然则，"亭豆""亭区"即当解作把豆、区之类量器置于"亭"中，或在亭中使用的豆、区，与"市豆""市区"（即市中使用的豆、区）等构词方式是一致的。

  陈，齐地陶文多作"塦"，张政烺先生早已指出，当即田敬仲完之氏。

---

① 王恩田：《陶文图录》卷二《齐国》上，济南：齐鲁书社，2006年，第91页。

② 关于"敀"字，历来有不同解释，或认为是官职名或陶工之长（监造者），或认为是一种半军事机构或准军事编制单位，参见魏成敏：《山东临淄新发现的战国齐量》，《考古》1996年第4期；李学勤：《战陶题铭概述》，《文物》1959年第7期。若将此字释作"殷"，论者一般认为通"轨"，进而将其解作"轨长"，也是作为一种官职名。参见孙敬明：《齐陶新探（附：益都藏陶）》，见中国古文字研究会编：《古文字研究》第14辑，北京：中华书局，1986年，第221—246页，特别是第226页。

③ 李先登：《天津师范学院图书馆藏陶文选释》，见氏著《夏商周青铜文明探研》，北京：科学出版社，2001年，第304—308页；俞伟超：《秦汉的"亭"、"市"陶文》，见氏著《先秦两汉考古学论集》，北京：文物出版社，1985年，第132—145页；李学勤：《燕齐陶文丛论》，载《上海博物馆集刊》第6辑，上海：上海古籍出版社，1992年，第170—173页；吴振武：《谈齐"左掌客亭"陶玺——从构形上解释战国文字中旧释为"亳"的字应是"亭"字》，《社会科学战线》2012年第12期。

④ 《左传（春秋经传集解）》卷二一，昭公三年，第1218—1219页。

齐地陶文中所见之"陈"（墜），多应作此解（新泰一中所出陶文中的"陈"，亦当作此解）。赟，则当如"平陵陈导立事岁"中的"导"一样，作人名解。陈赟、陈导皆当属田齐之公族。立事，乃齐国青铜器与陶器频见之辞。张政烺先生引许印林曰："立，涖通。《说文》作䇐，临也。"又引陈簠斋曰："立事犹言立政。《书》传曰：立政，大臣；立事，小臣。"是以"立"作"临事""治事"解。① 又《管子·立政》篇："立事者，谨守令以行赏罚。"② 意为治事之人当谨守法令以实行赏罚。其所说之"立事"与上文之"首事"、下文之"计事"相并列，是举事的三个阶段。

张先生所见陶文，又有"㮰囗墜导再立事岁者"（墜鶼壶），然先生并未进一步讨论立事与再立事之关系。张先生释墜导为平陵大夫，"立事岁"为其治事之年，则"再立事岁"即为第二个治事之年。而上引陶文又见有"叁立事"，只是"叁立事"下并不与"岁"相连。又临淄所出陶文见有：

  陈棱再立事左里敀［亭］（亳）釜（《陶文图录》2.11.1，临淄）
  ……棱再立事左里敀［亭］（亳）囗（《陶文图录》2.12.2）③

两相比勘，知当为"陈棱再立事左里敀亭釜"。而《陶文图录》又见有：

  王孙陈棱立事岁左里敀［亭］（亳）区（《陶文图录》2.8.3）
  王孙陈棱立事岁左……（《陶文图录》2.8.4）
  王孙陈陵囗事岁左……［亭］（亳）区（《陶文图录》2.8.2）④

相互比照，则知陶文2.11.1、2.12.2中"再立事"及2.3.1—2.3.4中"<u>叁立事</u>"下皆当省略了"岁"字。然则，立事、再立事、叁立事，皆当用以指称时间，是其前提到的某人到任治事的第一、第二、第三年。在有的陶文中，"立事"二字也被省略，而径称为"再"或"叁"。如：

---

 ① 张政烺：《"平陵墜导立事岁"陶考证》，见氏著《张政烺文集》第一卷《甲骨金文与商周史研究》，北京：中华书局，2012年，第370—383页。
 ② 《管子校注》卷一《立政》，第73页。
 ③ 王恩田：《陶文图录》卷二《齐国》上，第99页。
 ④ 王恩田：《陶文图录》卷二《齐国》上，第96页。

> 华门陈棱再左里敀［亭］釜（《陶文图录》2.10.1）
> 华门陈棱叁左里敀［亭］（亳）釜（《陶文图录》2.10.4）①

"再""叁"当表示陈陵治事的第二年与第三年。但在单称"立事"的情况下，也可能仅仅指由某人治其地之事。②

张政烺先生释平陵、奠为都邑名，而导相继为二地之大夫。又《陶文图录》2.13.1：

> 閒门外陈导平陵县廪豆佰栻□仓③

閒门，或释为间门，此且不论。閒门外，显然是用以表示平陵县廪的位置。据此推衍，则上引陶文所见之"内郭""华门"皆当为地名，当指齐都临淄之内郭与华门所在之区域。赘盖为内郭之长，而棱则为华门之长。内郭，王恩田先生认为即临淄故城的小城，亦即王城。④未必确。盖王城为宫殿区，不当有治陶之左里。此处之内郭，更可能是指大城。华门，当即所谓章华东门。《史记·田敬仲完世家》载："苏代自燕来，入齐，见于章华东门。"裴骃《集解》引左思《齐都赋》注曰："齐小城北门也。"张守节《正义》引《括地志》云："齐城章华之东有閒门、武鹿门也。"⑤华门应当是齐宫城（亦即小城）之门，华门左里，当在华门之外的大城城区。而上引陶文所见"閒门外"，也应当是小城外、大城内的城区。

在今见临淄所出陶文中，用于表示临淄内不同区块地名的，除上文所见内郭、华门、閒门外之外，还有：

---

① 王恩田：《陶文图录》卷二《齐国》上，第98页。
② 新泰一中所出陶文，有一些有"立事"或"立"的字样。如"陈贺立事仆"（《新出齐陶文图录》0149，第190页；0150，第191页；0152，第193页）、"陈贺立事繇"（《新出齐陶文图录》0162，第204页），当指贺于此治事，或负责监督此事，仆、繇则当为作器之工匠名。又"陈宴再俓"（《新出齐陶文图录》0200，第250页）、"陈宴再立朔"（《新出齐陶文图录》0202，第252页），"再"与"再立"当是指宴治事的第二年，俓是作器人。又"陈□叁仆"（《新出齐陶文图录》0219，第270页），则当是陈□治事的第三年所作之器。
③ 王恩田：《陶文图录》卷二《齐国》上，第101页。
④ 王恩田：《齐国地名陶文考》，《考古与文物》1996年第4期。
⑤ 《史记》卷四六《田敬仲完世家》，第1898—1899页。

（1）平门内。《新出齐陶文图录》0352：

　　平门内陈［赍］（赍）左里［敀］（殴）亭区（传出山东临淄刘家庄）①

《陶文图录》2.5.2：

　　平门内陈赍左里……②

平门应当是临淄大城的城门，平门内当是大城内的城区。这里的陶文虽没有"立事"字样，但陈赍显然是平门内区域的"立事"。

（2）昌齐（桥）。《陶文图录》2.5.4：

　　昌齐陈固南左里敀［亭］（亳）区③

2.6.1陶文相同，注称出自山东临淄。《新出齐陶文图录》0348：

　　昌桥陈固南左里［敀］（殴）殴亭区

0349：

　　昌桥陈固南左［里］［敀］（殴）亭区
　　［右］（左）［敀］（殴）□［乡］（巷）尚毕里季翼

0350：

　　昌桥陈固南左［敀］（殴）亭釜（临淄齐故城遗址刘家寨村出土）④

昌齐、昌桥当为同一地，李学勤先生认为是陈固的封地，⑤未必确。高明编《古陶文汇编》3，30：

---

① 徐在国：《新出齐陶文图录》，北京：学苑出版社，2015年，第478—479页。
② 王恩田：《陶文图录》卷二《齐国》上，第93页。
③ 王恩田：《陶文图录》卷二《齐国》上，第93页。
④ 徐在国：《新出齐陶文图录》，第474—476页。
⑤ 李学勤：《论田齐陈固陶区》，《学习与探索》1995年第5期。

第一章 《周礼》乡里制度的源流与实质　75

陈固立左□□①

其中的"立"显然为"立事"之简称，则昌齐（栺）当是固所治之地。因此，昌齐（栺）有南左里（或另有北左里？），其地亦当在临淄城内。

（3）疤者。《新出齐陶文图录》0330、0331：

疤者陈得再左里［敀］（殷）亭豆②

《陶文图录》2.15.1、2.15.2：

疤尚陈得再左里敀［亭］（亳）豆③

"再"字下当省去"立事"。疤者与疤尚皆为陈得"立事"之所，当为同一地。这两种豆都应当是得治疤者（尚）之第二年（"再立事岁"）由左里制造的。

（4）高间。《陶文图录》2.410.1—4：

高间榅里曰潮④

署为"高间榅里"某人之陶器甚多，皆出自临淄。亦多见单称为"高间某"或"高间里某"者，如"高间隻"（《陶文图录》2.423.1—2.423.4）、"高间里善"（《陶文图录》2.426.3）。此外，又见有"高间豆里人匋者曰兴"（《陶文图录》2.435.1）、"塙间豆里人匋者曰垂"（《新出齐陶文图录》1022，出临淄后李官村）。则知高间有榅里、豆里等。高间，一般认为当得名于高氏居住区，也应当在临淄城内。

据此，可以得知：战国时期齐国都城临淄城内（包括小城与大城），应当是划分为内郭、华门、平门、闾门外、疤者（尚）、昌齐（栺）等区域，这些分区的地位大致与"高间"相同，我们将之概称为"间"。各区域（间）之下分置诸里。考虑到新泰一中所出陶文中，也颇见有"立事"之

---

① 高明：《古陶文汇编》，北京：中华书局，1990年，第50页。
② 徐在国：《新出齐陶文图录》，第455—456页。
③ 王恩田：《陶文图录》卷二《齐国》上，第103页。
④ 王恩田：《陶文图录》卷二《齐国》下，第500页。

称，我们认为齐国都邑之中，大抵皆分区（闾）而治，以委任"立事"的方式实行治理，即所谓"立事区"（"闾"）；"立事区"（闾）之下又当分划为若干里。这样，就形成了"闾-里"二级制。

2. 乡村地区的卒-乡-里制度

上引陶文中，在"里"之上，即为某人"立事"的区域名，如内郭、华门、平门、闾门外、疤者（尚）、昌齐（梏）等，各区域名之下并不系以乡、邑之称。而《陶文图录》2.308.1：

南郭南得里寺

2.309.1：

左南郭乡辛罐里慭①

《新出齐陶文图录》0967：

左南郭［乡］（巷）辛［罐］（匋）里臧（井圈，临淄出土）②

此见有南郭与左南郭乡。以左南郭乡之例推测，南郭亦得称为南郭乡。

这里的关键是"乡"字的释文。在齐国陶文中，此字有 ![] 、![] 、![] 、![] 、![] 等不同的写法，或释为虞，或释为迁，或释为鄙，或释为巷。王恩田释为"乡"，③其说颇有理据，今从之。而且，战国时齐地已置有乡，还可以举出一个重要证据。《晏子春秋·内篇》"谏第五"载：齐景公时，霖雨十七日，晏子徒行见景公，曰："十有七日矣！［坏室］（怀宝）乡有数十，饥氓里有数家。"④晏子以乡、里并举，显非《管子》所说制国为二十一乡之乡，而是里之上的乡。《陶文图录》2.702.4见有"东乡垂玺"，2.703.1见有"左乡正木"。⑤既有玺印，则乡为一级行政管理机构，应无疑问。

---

① 王恩田：《陶文图录》卷二《齐国》下，第398—399页。
② 徐在国：《新出齐陶文图录》，第1178页。
③ 王恩田：《齐国地名陶文考》，《考古与文物》1996年第4期。
④ 吴则虞：《晏子春秋集释》卷一《内篇谏上》，北京：中华书局，1982年，第13页。
⑤ 王恩田：《陶文图录》卷二《齐国》下，第792—793页。

齐都临淄有南郭，见于《左传》襄公十八年。其年秋，晋师伐齐。十二月，进至临淄城下，"范鞅门于雍门"；己亥，"焚雍门及西郭、南郭"；壬寅，"焚东郭、北郭。范鞅门于扬门，州绰门于东闾"。①临淄城之西郭、南郭、东郭、北郭显然都在城门之外，是城外的居住区。

陶文中又见有楚郭乡。《新出齐陶文图录》0665：

> 楚郭［乡］（巷）关里艸（豆柄，临淄出土）②

《陶文图录》2.316.1—2.316.4：

> 楚郭乡关里戚③

除关里外，今见陶文中又有楚郭［乡］（巷）欟里（《新出齐陶文图录》0588，临淄阚家寨出土，豆柄）、楚郭［乡］（巷）或里（《新出齐陶文图录》0655、0656，传出临淄东北门；《陶文图录》2.393.3—2.939.4）、楚郭［乡］（巷）芮里（《新出齐陶文图录》0660，临淄阚家寨出土）、楚郭［乡］（巷）北里（《新出齐陶文图录》0746，传出临淄东北门，豆柄）、楚郭□𨸏里（《陶文图录》2.386.1）、楚郭乡蘆里（《陶文图录》2.363.1）、楚郭乡而里（《陶文图录》2.391.1—2.391.2）等。楚郭乡有关里，其地当有关，且郭以"楚"为称，当是临淄的外郭。

南郭乡与楚郭乡乃是在临淄外郭区设置的乡。除此二乡之外，陶文中还见有若干乡名，如：

> 芊乡新里□笙（《陶文图录》2.49.4）
> □郡乡戟里王徇贻（《陶文图录》2.50.1，2.50.2）
> 黍郡［乡］（巷）戟里王徇贻（《新出齐陶文图录》0975）
> 思乡□里□石（《陶文图录》2.50.4）
> 胺丘乡武昌里（《陶文图录》2.52.1，山东广饶出土）
> 贮乡蟾里王□（《陶文图录》2.53.2，2.53.3）

---

① 《左传（春秋经传集解）》卷一六，襄公十八年十二月，第943页。
② 徐在国：《新出齐陶文图录》，第824页。
③ 王恩田：《陶文图录》卷二《齐国》下，第406页。

贾里［乡］（巷）匋里刀（《新出齐陶文图录》0977，临淄故城出土）①

芊乡、黍郡乡、思乡、肤丘乡、贮乡、贾里乡皆直接辖里，显然是一级行政管理机构。在今见陶文中，陶乡所属各里最为详悉：

陶乡戟里王丂（《陶文图录》2.54.3）
陶乡□阳里邱齐（《陶文图录》2.55.3）
陶乡上□里郤吉（《陶文图录》2.56.1）
陶乡南□里□徇□（《陶文图录》2.56.3）
陶乡东□里□（《陶文图录》2.256.4）
陶乡蔓圆南里□（《陶文图录》2.57.3，2.57.4）
陶乡大鹽里癸（《陶文图录》2.89.1—2.89.4，2.90.1—2.90.4）
陶乡中鹽里怿（《陶文图录》2.153.3）
陶乡东鹽里璋（《陶文图录》2.155.1—2.155.4）②

则知陶乡有戟里、□阳里、上□里、南□里、东□里、蔓圆南里、大鹽里、中鹽里、东鹽里等。陶文中有许多称为"蔓圆南里人"某，③亦当属于陶乡。又有大蔓圆里（《陶文图录》2.135.1、2.135.2）、中蔓圆里（《陶文图录》2.164.1—2.164.4）或蔓圆中里《陶文图录》2.173.1、2.173.2）、东蔓圆里（《陶文图录》2.176.1）、蔓圆鹽里（《陶文图录》2.183.1—2.183.4）、蔓圆杨里（《陶文图录》2.259.1）、蔓圆蒮左里（《陶文图录》2.261.1）、蔓阳鱼里（《陶文图录》2.264.3）、蔓圆北左里（《陶文图录》2.252.4）等。若蔓圆南里属于陶乡，那么，上述诸里也均当属于陶乡。

蔓圆，当即澅阳。《管子轻重丁》载：桓公问曰："四郊之民贫，商贾之民富。寡人欲杀商贾之民，以益四郊之民，为之奈何？"管子对曰："请

---

① 王恩田：《陶文图录》卷二《齐国》上，第137—141页；《新出齐陶文图录》，第1186、1188页。
② 王恩田：《陶文图录》卷二《齐国》上，第142—145、177—178、241、243页。
③ 王恩田：《陶文图录》卷二《齐国》上，第146—176页。

以令决潴洛之水，通之杭庄之间。""行令未能一岁，四郊之民殷然益富，商贾之民廓然益贫。"①潴，《说文解字》："雨流霤下，从水，虖声。"②潴洛之水，盖为临淄城郊低洼积水而成的湖沼。蕚（潴）阳位于潴水之阳（北），显然是在临淄的郊区。

丘齐是另一个著名的乡。《新出齐陶文图录》0572：

丘齐［乡］（巷）桼彫里得（豆柄，出临淄故城遗址）③

《陶文图录》所收，亦颇见有丘齐乡桼（漆）彫里（2.395.1—2.395.3）。此外，又见有丘齐乡煘里（《陶文图录》2.396.1—2.396.4）、上煘里（《陶文图录》2.401.4）、下煘里（《陶文图录》2.401.1—2.401.2）、丘齐平里（《陶文图录》2.409.1—2.409.2，《新出齐陶文图录》0575）、丘齐囗上里（《陶文图录》2.403.1）、丘齐辛里（《陶文图录》2.405.1—2.405.4）。

子与孟常也应当是乡或邑名。《陶文图录》2.527.1—4：

子裴子里曰乙④

其2.529.3见有"裴子里桢"，2.529见有"裴子里得"，知裴子为里名，则"裴子里"之前的"子"当为乡或邑名。《陶文图录》2.539.1见有"子裴里人"，其裴里当并非"裴子里"之简称。而《陶文图录》2.547.4见有"子泫子里肮"；2.651.2见有"子支里子"则子乡（邑）当至少有裴里、裴子里、泫子里、支里。又《陶文图录》2.550.1—2.550.3：

孟常甸里人迓⑤

孟常亦当为乡或邑名。

陶文所见上述诸乡，在乡之上均未见更高一级的管理层级，而上引《新出齐陶文图录》0349第二行见有：

---

① 马非百：《管子轻重篇新诠》，北京：中华书局，1979年，第663页。
② 许慎：《说文解字》，第234页。
③ 徐在国：《新出齐陶文图录》，第726页。
④ 王恩田：《陶文图录》卷二《齐国》下，第617页。
⑤ 王恩田：《陶文图录》卷二《齐国》下，第640页。

　　　　［右］（左）敀□［乡］（巷）尚毕里季嚣

此器的上一行陶文"昌桥陈固南左［里］［敀］（殷）亭区"是其制作信息，而第二行，则当是使用者的信息（细辨图影，基本可以断定是后来刻上的）。乡，李学勤先生释为"巷"，①今未从。使用或拥有此器的季嚣是左敀□［乡］（巷）尚毕里的人。敀-乡-里构成三级制。又《陶文图录》2.48.1—2.48.4：

　　　　右敀宧乡尚毕里季嚣②

据此，则新出陶文0349中"乡"上所空缺之字，可补为"宧"。宧乡，当属于右敀，其下有尚毕里。又《陶文图录》2.49.3：

　　　　右敀宧乡荣里□众□③

则宧乡又有荣里。

　　与右敀相对应，当即左敀。《陶文图录》2.293.1—2.293.4：

　　　　王卒左敀城圌欟里坖④

《新出齐陶文图录》0393、0396、0397、0398、0399陶文与此相同，并注明为临淄故城出土。⑤又《陶文图录》2.299.1：

　　　　王卒左［敀］（乡）城圌□岳里人曰得⑥

"左"下之字，不甚清晰，王恩田释作"乡"。今细辨图影，仍释为"敀"。而《陶文图录》2.301.4：

---

　　① 李学勤：《秦封泥与齐陶文中的"巷"字》，《陕西历史博物馆馆刊》第8辑，西安：三秦出版社，2001年，第25页。
　　② 王恩田：《陶文图录》卷二《齐国》上，第136页。
　　③ 王恩田：《陶文图录》卷二《齐国》上，第137页。
　　④ 王恩田：《陶文图录》卷二《齐国》下，第383页。
　　⑤ 徐在国：《新出齐陶文图录》，第525—532页。
　　⑥ 王恩田：《陶文图录》卷二《齐国》下，第389页。

王敀欑里得（出临淄）

王敀，当即王卒左敀之简称。据此，可知《陶文图录》2.48.1—2.48.4、2.49.3所见之"右敀"上当简省"王卒"二字。

关于王卒左、右敀，李学勤先生认为敀通伯，左右伯乃军队中的官长，乃受命监督制造陶器者。① 此数种陶文，与上引"华门陈棱再左里敀［亭］釜"之类陶文不同，在王卒左、右敀之下并无人名，显非用于表示督造者。王卒左、右敀应与下文"城圆欑里"之类文字连读，是陶工尘等人的籍属。因此，王卒左、右敀当是一级管理机构的官长名目。然李先生以敀通伯，则仍可从。《管子轻重篇》第十七《轻重戊》：

> 令谓左右伯沐涂树之枝。左右伯受沐涂树之枝阔。其年，民被白布，清中而浊，应声之正有以给上，室屋漏者得居，墙垣坏者得筑。②

左右伯受命沐涂树枝，从而使"父老归而治生，丁壮者归而薄业"，并使"室屋漏者得居，墙垣坏者得筑"，其职掌应当包括治安及民生。"王卒"，或解为王之士卒，认为左右敀当由王卒担任，并与上引陶文所见之"王孙"相对应。然上引陶文中的"王孙"乃表示陈棱之身份，而此处的左敀、右敀并非具体的人名。故此处之王卒，当是一级机构。《陶文图录》著录有临淄出土的一个陶文，"王卒粞"（2.46.4）；又见有"王粞"（2.46.3，2.47.1—2.47.4），应当是"王卒粞"的简写。也说明"王卒"当是一种机构。上引《管子·小匡》及《国语·齐语》谓管仲制鄙，以十邑为卒，卒有长（或帅），卒有三百家。陶文所见的"王卒"应当就是这种"卒"（所以称为"王卒"）。而陶文中卒得统乡，其规模显然不止于三百家。盖卒置长帅，又分设左、右敀。

城圆，即城阳，亦即成阳。《殷周金文集成》17.11154录有春秋晚期的成阳辛城里戈铭文："成阳辛城里戈"。③ 据上引陶文，城阳有欑里、□岳里。又，《陶文图录》2.302.4：

---

① 李学勤：《战国题铭概述（上）》，《文物》1959年第7期。
② 马非百：《管子轻重篇新诠》，第702页。
③ 中国社会科学院考古研究所编：《殷周金文集成》，北京：中华书局，2007年，第5960页。

  王卒左敀□圜北里五^①

2.303.1—2.303.4均同。敀下之字，虽都无法看清，然大抵可断为"成"字。则城阳又有北里。

  在上引陶文中，有䣣乡、陶乡、芊乡、思乡、黍郡乡、朕丘乡、贮乡、贾里乡、丘齐乡等称谓，但城阳、子、孟常等之下并不系以"乡"称，盖其地位仍相当于"邑"。上引春秋晚期的金文"城阳辛成里戈"，城阳显然为邑名，辛成里为城阳邑所领之里。又《殷周金文集成》17.11156平阳高马里戈铭文："平阳高马里戈。"^②据平阳左库戈铭文"平阳左库"，亦可知平阳为邑名，高马里为其属里。此种以邑辖里之制，实乃西周旧制。

  诸乡既有玺印，自当置有官长，有治署。然在今见陶文中，却迄未见有乡长官之名目。据上引陶文及前贤之认识，陈贠、陈寻等皆当为邑大夫。若陶文中的诸乡地位大致等同于邑，则其官长或亦为大夫。据上引陶文，则知里之长可称为"敀"。此外，《陶文图录》2.168.1—2.168.3见有"中蒦圜里司马句敀"；2.660.4见有"中蒦圜里司马敀旨"。^③以陶文称名之例，句敀、敀旨当是人名，司马当是官称。若然，则齐时诸里当置有敀与司马。

（三）春秋战国时期齐国乡里控制体系的基本结构

  据上引春秋晚期金文"城阳辛成里戈"和"平阳高马里弋"，可知春秋晚期齐地应当实行邑（或乡）-里二级制。根据齐地所出陶文资料，可知战国时期齐国的基层管理组织，无论城乡，大抵以二级制为主：在城中分区委派王孙公族"立事"（治事），各领有若干里；在城外的乡村地区，则划分各乡，乡各领里。这里有两个问题值得讨论：

  （1）在今见陶文中，临淄城内各区（内郭、华门、平门内、昌齐、疤者）所辖之里，皆称为"左里"或"南左里"。齐地所出陶文中，另见有"右里敀铭"（《陶文图录》2.24.4、2.25.1）。虽然无法确定其"右里"属临淄城内的何区，但至少说明"右里"是存在的。那么，临淄城内各区至少会划分为左、右里。上引陶文中，高间之下见有榭里、豆里等。这种制度，

---

① 王恩田：《陶文图录》卷二《齐国》下，第392—393页。
② 中国社会科学院考古研究所编：《殷周金文集成》，第5962页。
③ 王恩田：《陶文图录》卷二《齐国》上第256页；卷二《齐国》下，第750页。

与《管子·小匡》《国语·齐语》所述"制国"的轨-里-连-乡之制并不相合，但里作为临淄城内的基本居民编排组织与管理单位，却是一致的。这说明春秋以来迄于战国时期，临淄城内的里一直是相对稳定的管理单位。同时，虽然无法判断内郭、华门、平门内、昌齐、疤者、高间等临淄城内的各区分别包含多少里，但在里之上，存在着更高层级的地域性管理单位，却是可以肯定的。

（2）在今见陶文中，临淄城外的南郭乡领有南得里，左南郭乡领有辛蟾里，楚郭乡领有关里、欖里、戜里、芮里、北里、□蟾里、蘆里、而里；陶乡领有戟里、□阳里、上□里、南□里、东□里、蔓圜南里、大蟾里、中蟾里、东蟾里以及大蔓圜里、中蔓圜里、东蔓圜里等（蔓圜似乎后来单列为一乡，故有蔓圜蟾里、蔓圜杨里、蔓圜蘆左里、蔓圜鱼里、蔓圜北左里等）；丘齐乡有燋里、上燋里、下燋里、平里、□上里、辛里等；子乡（或邑）有裴子里、裴里、浍子里、攴里等；孟常乡有匋里；城圜（乡）有辛城里、欖里、□岳里、北里，冟乡有荣里、尚毕里，芉乡有辛里，黍郡乡有戟里，思乡有□里，肤丘乡有武昌里，貯乡有蟾里，贾里乡有匋里。陶文所见的里多以制陶著称，各乡所领里数当多于陶文所记，故一乡辖里当超过五个，很可能有十个里。此种辖里的乡，当然不会是《管子·小匡》与《国语·齐语》所述"制国"的二千户之乡，以及"制鄙"的三千家之乡，而更可能与《管子·乘马》所记包括五个里（每里五十家）的乡（二百五十家）相近。换言之，战国时期齐国的乡，当以五里二百五十家为标准。据此推测，临淄城内的各个区，如高间，亦大抵相当于城外的乡，可能亦以二百五十家为标准。史称"临淄三百间"，[①]以间各二百五十家计，共有七万五千家，正与所谓"临淄之中七万户"相合。[②]无论其户口规模若何，间（立事所治之区）与乡应当是战国时期齐国里之上的管理单位。

明了此点之后，《管子·小匡》与《国语·齐语》中所述齐桓、管仲改革时，制国为二十一乡之乡，亦当即是间，是将临淄城内（小城）分划为

---

① 吴则虞：《晏子春秋集释》卷六《内篇杂下》，《晏子使楚》，第389页。
② 范祥雍笺证：《战国策笺证》卷八《齐策》一，"苏秦为赵合从说齐宣王"，上海：上海古籍出版社，2006年，第539页。

二十一个居住区，每区居住的户口大约亦以二百五十家为宜（每间分为五个里，里各五十家）。属于齐公私臣的三官，三个市乡（间），三个工族（工间），以及三虞、三衡，可能不在二十一间之内。如果三官、三市乡、三工族、三虞、三衡等各以三间计算，则当时临淄城中，当共有三十六个间。凡此诸间、盖分别直属于齐公或高氏、国氏。此三十六间（二十一乡加上十五个特殊组织的区），皆当处于后来的临淄小城中（其时当尚未有大城）。

在乡（间）之上，当有更高层级的管理机构。就陶文所见，城圜之上有王卒左敀，邑乡之上有王卒右敀。左右敀很可能是王卒所设的两个职官，则"卒"当是比乡高一层级的管理单位。陶文中卒处于乡之上，与《管子·小匡》《国语·齐语》所述不合。根据陶文的记载，《管子·小匡》《国语·齐语》所记鄙中以"十邑为卒、十卒为乡"，或当作"十邑为乡、十乡为卒"，则乡有三百家，而卒有三千家。正因为每卒有三千家，户口较多，故卒分设左右敀以领之。而每卒分设左右敀，则正说明卒也是根据地域范围划分的。卒的设立，应当是战国时期齐国乡里控制体系最重要的变化。

需要说明的是，金文与陶文所见春秋战国时期齐地的城乡控制体系，无论是城内的"立事"之区（间）与里，或城外的"乡""里"以及"卒"，都是地域性的社会单元与管理单位，而并非按照户口编排的社会单元。而《管子》等传世文献所述齐国的城乡控制制度，则是以户口编排为基础的管理单元。如上所述，《管子》各篇与《国语·齐语》所述春秋时期齐国城乡控制制度，层级与各层级之名目均不一致，说明其非成于一时一人之手，其所反映的，当皆非齐国城乡控制体系之真实情况，而更主要的是当时人或后人以齐国实际制度为基础，根据自己的政治思想，而设计的某种理想状况。而齐地所出陶文反映的临淄城内外的城乡控制体系，则更可能是齐国真实的情况。

论者或以为《管子》各篇与《国语·齐语》等传世文献所见，乃春秋时期齐国的情形；而陶文所见，则是战国时期的情形。故两种类型的文献所见的差异，正反映了春秋战国间的变化。其说似颇为成理，然细究之，则不能成说。其一，上引"城阳辛成里戈"与"平阳高马里戈"铭文，说明春秋晚期齐国实行的乃是乡（邑）-里二级制，与《管子》诸篇所见并不能相合。其二，认为齐国在春秋时已形成多层级的城乡控制体系，而至战国时层级反而减少，与制度变化的一般轨迹不能相合。因此，我们认为这两种类型的文献所记齐国城乡控制制度的差别，并不是春秋战国间的变化的结果。春秋战国间齐国乡里制度的变化，主要是在乡之上设置了"卒"。

总之，西周时期，齐国大抵遵循周制，以国、野二元体制作为基本统治制度，"参其国而伍其鄙"，即将"国人"区分为三部，而将其所统治的土著人群按地域分划为五个区。齐桓、管仲改革，仍然维持或重整国、鄙二元体制：以军令"制国"，在国中实行兵农合一制；而以政令"制鄙"，在鄙中实行军、民分治之制。无论国、鄙，其乡里控制体系，皆由轨、里（邑）、乡三级组成：最基层的一级是由五家组成的轨或伍，第二级是三十家、五十家乃至百家不等的里（或邑），第三级是大约由二百五十家组成的乡。陶文所见战国时期齐国的城乡控制体系，在临淄城中实行"闾-里"制，在乡村地区则实行"卒-乡-里"制，里之下仍当有伍或轨，其控制结构与春秋时期大致相同，只是在乡之上增加了"卒"。要之，战国时期成熟的齐国城乡控制体系，可以概括为卒-乡（闾）-里三级。

由"立事"分治临淄城内外各区，以及在"乡"之上增设"卒"（并分设左右敀），可能是从春秋到战国齐国城乡控制制度的重大变化。盖齐桓、管仲改革所确立的国、鄙二元体制，国中诸乡（实即相当于后来的"闾"或"立事"所治区域）分由国君与高氏、国氏掌握，乃是以户口控制为中心的控制方式，各乡长官（"乡良人"）当即乡中贵族；而分区所置之"立事"（包括高闾的"立事"），以及"卒"的长官和左右敀，则当出自国君之委任。委派"立事"分治城内外各区（"闾"），以及在"乡"之上设立"卒"，委任左右敀分治其事，反映出齐君强化了对城乡社会的直接控制，削弱了贵族在城乡社会中的控制力与影响力。

三、葛陵与包山楚简所见楚国的"里""州""邑"

《左传》成公二年（前589），楚谋伐晋救齐，将起师，令尹子重曰："君弱，群臣不如先大夫，师众而后可。《诗》曰：'济济多士，文王以宁。'夫文王犹用众，况吾侪乎？……""乃大户，已责，逮鳏，救乏，赦罪，悉师。"[①]大户，杜注："阅民户口。"然"已责，逮鳏，救乏，赦

---

① 《左传（春秋经传集解）》卷一二，成公二年，第659页。

罪"均为惠民之举,何以"阅民户口"独以搜检户口而为苛民之政?此"大户"当作"扩大每户的规模"解。无论如何,这里的记载都说明春秋中期楚国已有户籍编排制度。约半个世纪后,楚司马蒍掩主持"庀赋"。《左传》襄公二十五年(前548)载:

> 楚蒍掩为司马,子木使庀赋,数甲兵。甲午,蒍掩书土田,度山林,鸠薮泽,辨京陵,表淳卤,数疆潦,规偃豬,町原防,牧隰皋,井衍沃,量入修赋。赋车籍马,赋车兵、徒兵、甲楯之数。既成,以授子木,礼也。①

即普查全国土地资源,包括田地、山林湖泽、平原旷野,规划水利设施,再根据每户所登录的财产、收入而征课赋役,包括车马、甲士、步卒和甲胄干盾。"礼也",杜注谓:"得治国之礼。《传》言楚之所以兴。"按照《左传》与杜预的说法,蒍掩的做法是合乎"礼"的,也就是符合"周制"的。换言之,蒍掩是根据"周制"的基本原则建立起楚国的籍帐与乡里控制体系的。

一般认为出于战国时期楚人之手的《鹖冠子》"王鈇篇"说:

> 其制邑理都,使瞳习者,五家为伍,伍为之长;十伍为里,里置有司;四里为扁,扁为之长;十扁为乡,乡置师;五乡为县,县有啬夫治焉;十县为郡,有大夫守焉,命曰官属。郡大夫退修其属县,啬夫退修其乡,乡师退修其扁,扁长退修其里,里有司退修其伍,伍长退修其家。事相斥正,居处相察,出入相司。②

扁,又作"甸"。据此,则战国时期楚国当实行伍-里(五十家)-扁(或甸,二百家)-乡(二千家)-县(万家)-郡(十万家)之制。然《鹖冠子·王鈇》所述内容及其行文结构,除个别字词不同外,实与上引《管子·小匡》所记颇为雷同,故今本《鹖冠子》此段叙述,并不能反映战国时

---

① 《左传(春秋经传集解)》卷一七,襄公二十五年,第1038—1039页。
② 鹖冠子撰,陆佃解:《鹖冠子》卷中《王鈇》,北京:国家图书馆出版社,据中华书局聚珍本影印,2016年,第7—8页。

期楚地乡里控制体系之真相。然其说既与《管子》雷同，而《管子》所述齐国乡里制之原则又与周制相通，故认为《鹖冠子》所述，乃合乎楚制的基本原则，或大致不误。换言之，当春秋中期芳掩"庀赋"之时，就可能以所谓"礼"（周制）为原则，建立起楚地的乡里控制系统。那么，楚地的乡里控制体系究竟是怎样的呢？

陈伟先生主要使用包山所出楚简材料，讨论了战国时期楚国的邑、里与州，认为简书所见楚国的邑应当属于一种居民组织或者说行政区域，是基层或接近于基层的组织；它分布于乡间野外，各有一定的地域范围；其土地（至少是其中的一部分）可由国家分授和收回，邑中设有官吏；在邑之上，还存在较多层级的组织机构，但在其下则未见有更低层次的划分。里与邑大致处于同一层级，可以共存于同一层级较高的单位之中，并无隶属关系。州的规模、地位与邑、里相当，但主要分布在楚都附近地区，应当是一种特殊的地域组织。[①]在陈先生研究的基础之上，我们重新梳理包山简所见的里、州、邑，并结合新蔡葛陵楚墓所出简牍的相关记载，再来检视楚国的里、州、邑。

（一）葛陵简所见楚国的"里"

新蔡葛陵楚墓的年代，大约在战国中期前后，楚声王之后，楚悼王末年或稍后，绝对年代在前340年左右。葛陵楚墓的主人，是楚国的封君平夜君成。封君即封邑之君，领主，其地位相当于楚国的上卿，高于"大夫"和"元士"。[②]新蔡葛陵简主要是祠祷简，其中见有六个里名。

（1）榗里。新蔡简甲三：74：

　　☐榗里一☐[③]

[①] 陈伟：《包山楚简所见邑、里、州的初步研究》，《武汉大学学报》1995年第1期。又见氏著《包山楚简初探》，武汉：武汉大学出版社，1996年，第68—93页。关于包山楚简所见楚国州、邑、里的研究，还可参见罗运环：《论包山楚简中的楚国州制》，《江汉考古》1991年第3期；鲁鑫：《包山楚简州、里问题研究综述》，《中原文物》2008年第2期；王准：《包山楚简所见楚国"里"的社会生活》，《中国社会经济史研究》2011年第2期。

[②] 河南省文物考古研究所编著：《新蔡葛陵楚墓》，郑州：大象出版社，2003年，第180—185页。

[③] 河南省文物考古研究所编著：《新蔡葛陵楚墓》，第190页。

简零：11：

> 大榙里人祷☐①

简零：524—533：

> ☐里人祷☐
> ☐赤，某榙☐
> ☐□一豕☐
> 榙里☐
> ☐八月☐
> ☐［祷］于亓（其）社，一豢☐
> ☐之，祝祷于☐②

榙里之榙从"木"，是以自然事物命名的。而榙里人祷于其社，说明社当置于里中，是按里设置的。

（2）梠里。简乙四：88、90：

> 梠里人祷于亓（其）社☐
> 邟一稷一牛，三社☐③

梠里之"梠"亦从木。梠里之人祷于其社，里与社应当是对应的。

（3）堵里。简零：116：

> ☐堵里人祷于亓（其）☐④

此里以"堵"为名，亦当为自然聚落。"亓（其）"字下简文虽缺，然仍可判断当为"社"字。堵里亦有社。

（4）中杨里、杨里。简零：30、31：

---

① 河南省文物考古研究所编著：《新蔡葛陵楚墓》，第209页。
② 河南省文物考古研究所编著：《新蔡葛陵楚墓》，第224页。
③ 河南省文物考古研究所编著：《新蔡葛陵楚墓》，第207页。
④ 河南省文物考古研究所编著：《新蔡葛陵楚墓》，第212页。

中杨里人☐
☐一牛。☐

简零：72：

杨里人祷☐①

杨里，与上举楮里一样，是以树木命名的。这个里是自然村落。此见杨里与中杨里，意味着村落的扩张或分裂。中杨里与杨里似各有一社。

（5）筦里。简零：539：

筦里☐②

筦从竹，则此里之名亦当源于竹木之类。

（6）郯里。简零：403：

郯里人☐③

郯字从邑，郯里也应当是一处有土垣围绕的聚落。

因此，葛陵简所见的里，首先是一种自然聚落，是自然发生、成长起来的居住单位。其次，它可能与"社"相对应，所以，乃是一种以自然聚落为基础的社会单元。由于祀祷简的内容限制，简文中未能反映出这些里的隶属关系。但简文称"某里人"，说明当地的人是以"里"为单位编入籍帐系统、且以"里"表示其身份（居处名族）的。因此，葛陵简所见楚国的"里"，既是一种自然聚落，也是一种社会单元，也是楚国编排其居民的基层管理单位，是建基于自然聚落之上的社会与行政管理单位。

（二）包山简所见楚国的"里"

包山楚墓的墓主人邵𰐁是楚国的左尹，下葬于前316年。陈伟先生曾罗列包山楚简所见里名，共有22个，并详考其分布、与邑的关系、官吏设置、

---

① 河南省文物考古研究所编著：《新蔡葛陵楚墓》，第210—211页。
② 河南省文物考古研究所编著：《新蔡葛陵楚墓》，第225页。
③ 河南省文物考古研究所编著：《新蔡葛陵楚墓》，第221页。

统属，然后就里的特征和性质提出了看法。①在陈先生研究的基础上，重新检视包山楚简所见的里，去除基本可以肯定不是里名的郚里（简7—11）、未能释出的喜□里（简90）和难以判断其含义的兼陵之州里（简127—128）、夜基之里（简168），还有18个里可供讨论。我们可以根据这些里的命名，将之分为五组：

（1）以地理方位命名的里。包括鄢之己里、繁丘之南里、灊安之南阳里、下蔡之山阳里等。尚之己里见于简31：

八月戊寅之日，鄢司败蔡丙受旨（几），己丑之日不逃（将）鄢之己里人青辛以廷，阩门又败。正秀不孙。②

鄢有己里。简50：

九月戊申之日，鄢少司败蔡丙受旨（几），乙丑之日不逃（将）鄢辛以廷，阩门又败。秀不孙。③

鄢辛当即简31所见之青辛，亦当属于鄢邑之己里。己里以干支命名，当指方位。

繁丘之南里见于简90：

竞得讼繁丘之南里人龚悚、龚酉，谓杀其阺（兄）。九月甲辰之日，繁丘少司败远𨟻、䜴𥬇，言胃（谓）："繁丘之南里信又有龚酉，酉以甘臣之岁为偏于鄀，居□里。繁易旦无又龚悚。"正秀齐戬之，即尚为李。④

竞得讼告繁丘南里人龚悚、龚酉杀了他的兄弟；繁丘少司败报告说在繁丘

---

① 陈伟：《包山楚简初探》，第77—86页。
② 湖北省荆沙铁路考古队：《包山楚简》，北京：文物出版社，1991年，第19页；陈伟等著：《楚地出土战国简册（十四种）》，第16页。
③ 湖北省荆沙铁路考古队：《包山楚简》，第20页；陈伟等著：《楚地出土战国简册（十四种）》，第17页。
④ 湖北省荆沙铁路考古队：《包山楚简》，第23页；陈伟等著：《楚地出土战国简册（十四种）》，第37页。

的南里找到了龚西，供称他在甘臣之岁为偏于鄐，居住在鄐之□里，则知□里属鄐。鄐从邑，当是里之上的行政机构，与繁阳相同。南里以地理方位命名，当与"已里"相仿。

灊安之南阳里见于简96：

> 十月辛巳之日，灊安人范臣讼灊安之南易里人墜缓、李臧，胃（谓）杀其脞（兄）。正疋期戠之，但捭为李。①

灊安当为邑名。南阳里，当以地理方位称名。

下蔡之山阳里见于简120—123：

> 周客监臣迡之岁窀月乙卯之日，下蔡荨里人舍（余）猥告下蔡軓执事人、易城公羋罨。猥言胃（谓）：郑僆窃马于下蔡而價之于易城，或杀下蔡人舍（余）罨，小人命为盱以传之。易城公羋罨命佥倞郑，解句传郑僆，得之。窀月丁巳之日，下蔡山阳里人郑僆言于易成公羋罨、大敏尹屈遹，郫易莫嚣臧献、舍（余）羊。僆言胃（谓）：小人不信窃马，小人信卡下蔡闗里人雇女返、东邢里人场贾、黃里人竞不割（害），并杀舍（余）罨于竞不割（害）之官，而相卡弃之于大路，竞不割（害）不至于兵焉。予执场贾。里公郑**蒝**、士尹紬缜返予，言胃（谓）："场贾既走于前，予弗及。"予执雇女返。加公臧申、里公利笘返予，言胃（谓）："女返既走于前，予弗及。"予执竞不割（害）。里公吴拘、亚大夫郿返予，言胃（谓）："不割（害）既走于前，予弗及。"予收郑僆之孥。加公范戍、里公舍（余）□返予，言胃："郑僆之孥既走于前，予弗及。"郑僆未到断，有疾，死于宭。雇女返、场贾、竞不割（害）皆既盟。②

此段简文，述郑僆案件始末。窀月乙卯日，下蔡荨里人余猥向下蔡（县）执事人易城公羋罨报告说：下蔡山阳里人郑僆可能杀了下蔡人余罨，请求抓

---

① 湖北省荆沙铁路考古队：《包山楚简》，第23页；陈伟等著：《楚地出土战国简册（十四种）》，第38页。

② 湖北省荆沙铁路考古队：《包山楚简》，第25页；陈伟等著：《楚地出土战国简册（十四种）》，第53页。

捕郑僯。亯月丁巳之日，郑僯向易成公羕罢、大敓尹屈逷、郫易莫嚣臧献、舍（余）羊等供称：他与下蔡关里人雇女返（受雇的女返？）、东邡里人场贾、萛里人竞不割（害）一起，在竞不害的家里杀了余罢，并一起把尸体丢弃在大路上。易成公等下令抓捕场贾，里公郑䈞、士尹绅缜复命说场贾在此前已经逃跑，没有抓到。则二人应当是场贾所在之东邡里的里公、士尹。同样，加公臧申、里公利奁应当是雇女返所在之关里的加公和里公，而里公吴拘、亚大夫郙应当是竞不害所在之萛里的里公、亚大夫，加公范戍、里公余□则是郑僯所在的山易（阳）里的加公与里公。

在此件文书中，我们就见到下蔡（县）有山阳里、关里、东邡里、萛里，以及苧里等五个里，里各有加公、里公、士尹、亚大夫等。这五个里中，山阳里是以地理方位命名；东邡里之邡从邑，当是有垣环绕的聚落；关（關）里之关从门，应当是一处有门的聚落；苧从草，萛亦从草或土，则苧里、萛里则当是根据地理事物命名的。这五个里，都应当是自然聚落。

（2）以自然地理事物命名的里。除上引简120—123所见的下蔡之苧里与萛里外，还包括邻之榔里、罗之瓘里、坪阳之枸里等。邻之榔里见于简23：

八月己巳之日，邻少司败臧未受卣（几），九月癸丑之日不迲（将）邻大司败以盟邻之榔里之担无又（有）李□思，阩门又败。秀不孙。①

邻，考释云："疑读如阴。"陈伟先生释作"今"。臧未是邻的少司败（杜注：陈、楚名司寇为司败，主司法）。榔里当属于邻。榔字从木，此里当以树木命名。

罗之瓘里见于简83：

冬柰之月壬戌之日，罗之瓘里人湘疴，讼罗之庉彧之圣者邑人郧女，谓杀嗌易公合，伤之妾旮与。②

---

① 湖北省荆沙铁路考古队：《包山楚简》，第18页；陈伟等著：《楚地出土战国简册（十四种）》，第16页。

② 湖北省荆沙铁路考古队：《包山楚简》，第22页；陈伟等著：《楚地出土战国简册（十四种）》，第37页。

罗的壄里人湘痌，讼罗之庛寙的圣者邑人郧女，说他杀了噬易公合，伤其妾。壄字从土，壄里当因地理形势或地理事物而得名。

坪阳之枸里见于简97：

> 十月戊戌之日，中易叴盘邑人沈繄以讼坪易之枸里人文适，以其敚妻。义宰哉之，旦捽李。①

叴盘邑属中易，枸里属坪易。枸里，是以林木而得名。

（3）以聚落名命名的里，除简120—123所见下蔡之关里、东邟里外，还包括安陆之下隋里、阴侯之东䣎里。简62：

> 九月壬戌之日，䣓郢司惠秀阳受旨（几），十月辛巳之日不迖（将）安陆之下隋里人屈犬、少宫蟿申以廷，阱门又败。疋获。②

下隋里属安陆邑。其里人屈犬，似为楚公族成员。隋字从邑，当指聚落。下隋里，与新蔡简所见之大榰里、中杨里相比较，或可推知当有"上隋里"之类。

阴侯之东䣎里见于简131—139。其文甚长，大意谓：秦竞夫人之人舒庆居住在阴侯之东䣎之里。③东䣎之里属于阴侯，而秦竞夫人之人居住于此里，则此处之里是指居住单元。东䣎之里，当释为在䣎之东的里。那么，应当有一个䣎里或䣎邑，东䣎之里在其东。䣎字从邑，应当是一处有土垣的聚落。东䣎之里，应当是聚落扩展的结果。

（4）与工商业有关的里，包括鄝之市里、正阳之酷里、黄陵之畎里。鄝之市里见于简63：

> 九月癸亥之日鄝市之里人殷牁受其䜴（兄）殷朔。执事人早暮求

---

① 湖北省荆沙铁路考古队：《包山楚简》，第23页；陈伟等著：《楚地出土战国简册（十四种）》，第38页。
② 湖北省荆沙铁路考古队：《包山楚简》，第20—21页；陈伟等著：《楚地出土战国简册（十四种）》，第18页。
③ 湖北省荆沙铁路考古队：《包山楚简》，第26—27页；陈伟等著：《楚地出土战国简册（十四种）》，第54页。

朔，䣁不以朔廷。阩门又败。①

鄳市之里，陈先生释作"鄳之市里"，今从之。此里以"市"为名，应当与工商业有关。

正阳之酷里与黄陵之戬里均见于简150：

> 邔昜之酷里人邵㚟、邦𫟹、盘己、邔昜之牢中兽竹邑人宋𣫏、黄陵之戬里人石绅，𧶠徒苜之王金不赛。徒苜之客苛䁕纳之。②

正阳（邔昜）酷里人邵㚟、邦𫟹、盘己，竹邑人宋𣫏、黄陵戬里人石绅，借了徒苜的王金不还，徒苜让客报告此事。酷字从酉。《说文》："酷，酒厚味也。"③则酷里似与酿酒有关。戬从戈，似与冶炼相关。宋𣫏为竹邑人，又负责正阳之牢中兽，则竹邑与林产有关。这几个人，共同向人借贷而不还。其所居之里，应当是手工业之人聚居的地方。

（5）冠以官名或人名的里，包括郙（宛）陈午之里、登（邓）贻尹之里。二者均见于简92：

> 九月戊申之日，郙（宛）陈午之里人蓝讼登（邓）贻尹之里人苛鳝，以其丧其子丹，而得之于鳝之室。乂癸，㘴还。④

登（邓）、郙（宛）都是地名，陈午应当是人名，贻尹当是官称。里人苛鳝属于登（邓）的贻尹，里人蓝属于郙（宛）地的陈午。郙（宛）陈午之里与登（邓）贻尹之里，是说这两个里分别属于郙（宛）的陈午和登（邓）地的贻尹（即该里的赋役归属其领有的官吏）。上文所引阴侯之东窜之里，也可归入此类。

---

① 湖北省荆沙铁路考古队：《包山楚简》，第21页；陈伟等著：《楚地出土战国简册（十四种）》，第18页。

② 湖北省荆沙铁路考古队：《包山楚简》，第28页；陈伟等著：《楚地出土战国简册（十四种）》，第56页。

③ 许慎：《说文解字》，第312页。

④ 湖北省荆沙铁路考古队：《包山楚简》，第23页；陈伟等著：《楚地出土战国简册（十四种）》，第37页。

在上述五组里名中，前四组，据其里名，大抵皆可断定属于自然聚落。此外，《古玺汇编》中收有四方战国时期楚国的里玺，其中安昌里玺、乐成里玺的安昌、乐成里名显然是嘉名，而郢里之玺、楮里之玺的郢里、楮里则显然是自然聚落。① 里之有玺，说明里是一级行政单位。而在简120—123所记下蔡山阳里人郑倛杀人一案中，则见有里公郑𫝶、加公臧申、里公利𦥑、士尹绁缜、里公吴拘、加公范戍、里公余□亚大夫鄣等里中官吏，都说明里是置有官吏的一级行政管理机构。而担为邻之檄里人，青廷为鄩之己里人，龚忄朱、龚酉为繁丘之南里人，湘疠为罗之㠸里人，壄缓、李臧为潜安之南阳里人等，均说明"里"当是楚国用于表示其居民身份的基层管理单位。在简127—128中，壄锄籍属漾陵之州里，却居住在鄩；简90中，龚酉以甘匹之岁为偏于鄩，居□里，均说明籍属之里与居住所在之里并不完全吻合。包山简中虽然也有大量的卜筮、祷祠简，但未见里人祭祀、祷祀的简，所以，无法说明里与社之间是否存在关联。而简138谓：

<blockquote>同社、同里、同官不可证，匿至从父兄弟不可证。②</blockquote>

说明包山简文内容所及的地区是有"社"的，而社与里并不完全对应，所以，很难断定里是一种社会组织单元。③

（三）包山简所见楚国的"州"

陈伟先生共列出包山楚简所见的41个州目。凡此41州，除抚之州（简164）、邵上之州（简181）、竞贾之州（简180）、枎券之州（简183）、王西州（简181、191）等五个州的州名无法判断、揣测其含义之外，根据其称名方式，可以将余下的36个州分为三组。

第一组是前面冠以官名、封君之名或人名的州。如邵司马之州（简22、24、30）、邸阳君之州（简27、32）、新游宫中谕之州（简35）、福阳宰尹之州（简37）、灵里子之州（简42、180）、登（邓）公鹅之州（简58）、

---

① 罗福颐主编：《古玺汇编》，北京：文物出版社，1981年，第30—31页。
② 湖北省荆沙铁路考古队：《包山楚简》，第27页；陈伟等著：《楚地出土战国简册（十四种）》，第55页。
③ 关于包山楚简所见"里"的社会性质，可以参阅王准：《包山楚简所见"里"的社会生活》，《中国社会经济史研究》2011年第2期。

迅大令珊之州（简74）、秦大夫怡之州（简95）、期思公之州（简163）、复令之州（简165、189）、嚣醓尹之州（简165）、刻寝令之州（简166）、新埜君之州（简172—173）、莫嚣之州（简181）、坪夜君之州（简181）、郫君新州（简180）、右司马㥄之州（简182）、襄君之州（简189）、株阳莫嚣州（简189）、篁令州（简190）、坪陵君之州（简192）等。罗运环先生曾指出：州是一种民户编制，凡前面冠以官名、人名的州，应是一种食税单位。① 陈伟先生同意这种看法，并进一步指出：简文中带有官名的州，很可能就是这些官员的俸邑。我们同意这种看法。

第二组是前面冠以官署名或特殊机构之名的州。如大臧之州（简72）、小臧之州（简80）、司衣之州（简89）、邵无戠之州（简95）、宣王之坨州（简58）、登（邓）军之州（简173）、大㗊之州（简174）、游宫州（简190）等。简72：

> 十月壬辰之日，大臧之州人宁阵受旨（几），霙月辛丑之日，不逗人于郢豫，阱门又败。宵裹。②

宁阵是大臧之州的州人。简80：

> 冬柰之月甲辰之日，少臧之州人冶士石佢讼其州人冶士石䑱，谓伤其弟石鸣。既发笨，执勿遊（佚）。泟具敱之，秀履为李。③

冶士石佢、冶士石䑱都是少臧之州的州人，且均冠以"石"字（姓？），则少臧所管，似为矿冶工人。换言之，少臧之州的州人至少有一部分是矿冶工人；据此推测，大臧之州的州人也可能是手工业者。

司衣之州见于简89：

> 八月乙酉之日，远乙讼司衣之州人苟蟾，谓取其妾娴。秀齐敱之。郢

---

① 罗运环：《论包山简中的楚国州制》，《江汉考古》1991年第3期。

② 湖北省荆沙铁路考古队：《包山楚简》，第21页；陈伟等著：《楚地出土战国简册（十四种）》，第18页。

③ 湖北省荆沙铁路考古队：《包山楚简》，第22页；陈伟等著：《楚地出土战国简册（十四种）》，第36页。

是与为李。①

司衣之州人，司衣，陈伟先生指出，应与司服相当，是掌管楚王或王室服装的官员。司衣之州是供奉"司衣"职位的州。远乙不知是什么身份，他起诉司衣之州的州人苛䗿，说后者"取其妾㜸"。㜸字从女从丝，当与纺织有关。那么，司衣之州的州人很可能是织户。

邵无戠之州见于简95：

> 九月戊午之日，邵无戠之州人鼓䤨张怵讼鄢之鸣瓢邑人某懋与其翁大市米塯人本，胃（谓）本雜其弟㠯，而懋杀之。②

邵当是邑名；戠字从戈，当与冶炼有关。鼓䤨应当是制作鼓䤨的工匠。邵无戠之州的州人有专门做鼓䤨的工匠。那么，邵无戠之州很可能是一种矿冶机构，其州人包括制作鼓䤨的工匠。

鼓䤨张怵起诉鄢之鸣瓢邑人某懋及翁大市人本，说本雜其弟㠯，而懋杀了他。米塯也应当是一种工匠名，大抵与稻米加工有关。

据此，宣王之垞州应当是管理宣王宅墓的机构。简58：

> 东周之客鄦（许）䞠归胙（祚）于栽郢之岁九月戊午之日，宣王之垞州人苛夒、登（邓）公鵝之州人苛膡、苛碬以受宣王之垞市之客苛适，执事人早暮敚适，三受不以出，阩门又败。③

宣王之宅墓所在之地不仅有州，还有市，州与市并非同一种单位，而州人与市客的管理单位不同，说明州是一种居民编组单位。宣王之垞州的州人应当是负责管理、维护宣王垞墓的人。

如果上述认识不误，那么，登（邓）军之州就可释为登（邓）邑之军组

---

① 湖北省荆沙铁路考古队：《包山楚简》，第23页；陈伟等著：《楚地出土战国简册（十四种）》，第37页。

② 湖北省荆沙铁路考古队：《包山楚简》，第23页；陈伟等著：《楚地出土战国简册（十四种）》，第37页。

③ 湖北省荆沙铁路考古队：《包山楚简》，第20页；陈伟等著：《楚地出土战国简册（十四种）》，第18页。

成的州，游宫州则是负责管理游宫的州。大𥑗之州的𥑗，则可能就是邵无戠之州的戠。若然，大𥑗之州也可能是一种矿冶机构。

因此，前面冠以官署名或特殊机构之名的州，很可能是一些特殊机构，其州人大抵皆为从事特殊手工业或具有特殊身份的人。

第三组是前面冠以某"人"或某"族"的州，如肤人之州（简84）、喜人之州（简163—164）、雁族之州（简181、简191）等。简84：

> 荆尿之月己丑之日，肤人之州人陈德讼圣夫人之人郤槃、郤未，胃（谓）杀其䪞、臣。正义强戡之，秀期为李。①

圣夫人，即声夫人，楚声王之妻。肤，陈伟先生认为可借作"庐"，并谓此州可能为庐工聚居之地，然并未举出证据。喜人之州、雁族之州，简文中仅见有名目，很难详考。然《左传》宣公十一年载：

> 冬，楚子为陈夏氏乱故，伐陈。谓陈人无动。将讨于少西氏。遂入陈，杀夏徵舒，辗诸栗门，因县陈。……乃复封陈，乡取一人焉以归，谓之夏州。②

夏州，乃征讨夏氏所获而置，意为夏氏之州，其州人皆为夏氏之族，故得称为"夏州"。依此之例，则肤人之州当即肤人所组成的州，喜人之州即由喜人组成的州，而雁族之州的州人皆当属雁族。所以，冠以某"人"或某"族"之名的州，当即由其人、其族之人组成的州。这样的州，也是一种民户编制单位。

正如陈伟先生指出的那样，州置有加公、里公等官吏，是一级行政管理单位。州中官吏也可能有治事之所，称为"𪧘（衙，或衛）"。简141—142：

> 东周之客许绖归作（祚）于栽郢之岁爨月乙巳之日，秦大夫怡之州里公周痰言于左尹与郲公赐……痰言曰：甲辰之日，小人之州人君夫

---

① 湖北省荆沙铁路考古队：《包山楚简》，第22页；陈伟等著：《楚地出土战国简册（十四种）》，第37页。

② 《左传（春秋经传集解）》卷一〇，宣公十一年，第578—579页。

人之歧怆之宫一夫，游邀至州㣜，小人将敷之，夫自伤。小人鄢兽之，以告。

周瘀是秦大夫怡之州的里公。瘀自陈说：甲辰之日，他所在的秦大夫怡之州的州人、被拘押在君夫人之歧怆的一个人，逃到州㣜（衙？）附近，瘀去阻拦他。简143—144是被捕的黄钦的供词：

爨月乙巳之日，戢霰磙敔鄪君之泉邑人黄钦言于左尹与鄝公赐……钦言曰：鄢路尹悇执小人于君夫人之歧怆。甲辰之日，小人取怆之刀以解小人之桎，小人逃至州徳，州人将敷小人。小人信以刀自伤。州人焉以小人告。①

按照黄钦的说法，他应当是鄪域磙敔鄪君所属之泉邑人；黄钦被鄢路尹抓捕，关在君夫人的歧怆里；甲辰之日，黄钦夺取了怆中的刀，砍断了桎梏，逃到了州徳（当即㣜）；州人将要阻拦他，他拿刀自伤，州人把他抓住并提出诉告。㣜，无论释作衙、徬或衛，都是州的办事机构或其所在地。州里公周瘀应当是在州㣜上班。此州被称为秦大夫怡之州，君夫人当指秦大夫之夫人。君夫人的歧怆似乎与州㣜（衙）相近。

值得注意的是，简文涉及的州，均未与田地相联系。而在上引简58中，宣王之垞州与宣王之垞市同处于一地，州人与市客却分属不同的基层管理机构。在简95中，邵无戠之州附近也有一个市，市中有米塱人。州、市相配套的这两个例证，似说明州乃是一种手工业管理机构，而市则是商业管理机构。

（四）包山简所见楚国的"邑"

陈伟先生罗列了包山简所见的49处邑，并作了细致分析。他指出：简书所见楚国的邑分布于乡间野外，各有一定的地域范围；其土地（至少是其中的一部分）可由国家分授或收回；在邑（至少有一部分邑）之上还存在敔、寁等层级较高的单位；邑中及其以上的层级均设有官吏。这样的邑，应该属于一种居民组织或者说行政层级；邑及其以上层级，构成一种居民组织或者

---

① 湖北省荆沙铁路考古队：《包山楚简》，第27页；陈伟等著：《楚地出土战国简册（十四种）》，第55—56页。

说行政区域系统。

这里值得进一步讨论的问题，主要是邑与其上级行政层级间的关系。包山简所见的49处邑中，有7个前面冠以封君、官职或夫人之名。如：

（1）简28：

> 八月甲戌之日，赘尹之司败邻邰夷受含（几）。辛巳之日，不逞（将）赘尹之叔邑公远忻、莫嚣远觊以廷，阩门又败。①

远忻是叔邑的邑公，而叔邑属于赘尹。尹是官称，赘尹当解为赘之尹。邻邰夷是赘尹的司败。所以，叔邑应当是赘尹的食税邑。

（2）简54：

> 九月辛亥之日，喜君司败史善受含（几）。丙辰之日，不察长陵邑之死，阩门又败。②

此简行文与简28相同，惟略简。据简28之例，长陵邑当属于喜君。长陵邑，得名当与其所处地理环境相关，或即处于长陵之地。

（3）简86：

> 荆尿之月戊戌之日，詹昜（阳）君之菓陲邑人紫，讼漾陵君之陈泉邑人迟塙，谓杀其弟。③

菓陲邑属于詹阳君，陈泉邑属于漾陵君。分析二邑之命名，菓从草，是一种植物，根呈卵形块状，数个相聚；泉（𠇗）字的本义与水有关。陲、陈（陸）皆从阝。揣其本义，当是指在草泽河湖地带建立起来的、有土垣环绕的聚落。然则，菓陲、陈泉本为聚落名，"邑"字应当是后来加上以表示其属性的。

---

① 湖北省荆沙铁路考古队：《包山楚简》，第18页；陈伟等著：《楚地出土战国简册（十四种）》，第16页。

② 湖北省荆沙铁路考古队：《包山楚简》，第20页；陈伟等著：《楚地出土战国简册（十四种）》，第17页。

③ 湖北省荆沙铁路考古队：《包山楚简》，第22页；陈伟等著：《楚地出土战国简册（十四种）》，第37页。

此外，上引简150所见之竹邑应当属于牢中兽，而牢中兽应当是一种管理机构，属于正阳。简124所见司丰之夷邑（司丰当是一种官职或管理机构）、简169所见湛母邑、简179所见圣夫人之青邑都与上述三例相类似，是属于封君、官员或特定机构的食税单位，直属于其食邑主，中间没有层级。

而另一些邑的名称之前，则冠以不同的地名。如（1）简2—4：

> 鲁昜（阳）公以楚师后城奠之岁冬栾之月，剢令彭围命之于王大子，而以阩（登）剢人，所幼未阩，剢之玉府之典。剢戬之少僮盬族郹一夫、瘅一夫，尻（处）于邦路区汤邑。凡君子二夫，敳是其箸之。①

郹、瘅二人都应当是少僮（未成年，不当征），属于盬族，是剢人，居于邦路区汤邑。邦路区汤邑应解作邦路区之汤邑。

（2）简7—11：

> 齐客陞（陈）豫贺王之岁八月乙酉之日，王廷于蓝郢之游宫。焉命（令）大莫嚣屈昜（阳）为命邦人内（入）其溺典。臧王之墨以内（入）其臣之溺典：熹之子庚一夫，尻（处）郢里，司马徒箸之；庚之子暗一夫，暗之子疕一夫，未在典。廷志所以内（入）。复斸上连嚣之还集瘳族衍一夫，尻（处）于复㝢之少桃邑，在陈豫之典。②

这则简文的意思是说：齐国的使臣陈豫前来庆贺王的生辰这一年的八月乙酉，王在蓝郢的游宫举行仪式，命大连嚣（连敖）屈昜下达命令，让邦人呈交溺典。臧王之墨将臣民的溺典呈入。内中有熹之子庚一夫，居于郢里，司马将之著为"徒"；而庚之子暗、暗之子疕却均不在典籍之中。连嚣又再下令要求搜集可用人夫，遂找到了瘳族的衍，他居于复㝢的少桃邑。连嚣把他也列入了陈豫的典中。㝢，《释文》与陈伟先生皆释作"域"；斸应是一种官职。复域的上一层级不详，然置有斸，是一种行政管理单位，应无疑问。

---

① 湖北省荆沙铁路考古队：《包山楚简》，第17页；陈伟等著：《楚地出土战国简册（十四种）》，第3页。

② 湖北省荆沙铁路考古队：《包山楚简》，第17页；陈伟等著：《楚地出土战国简册（十四种）》，第3页。

（3）简77：

> 爨月辛未之日，迅命人周甬受正李剈耴以戬田于章寰蹻邑。正义牢识之。①

戬，《释文》读如乘，作加、扩大解，可从。章寰蹻邑或属于迅。

（4）简83：

> 冬栾之月壬戌之日，罗之壃里人湘痌，讼罗之虎寰之圣者邑人郧女，谓杀嗌易（阳）公合，伤之妾名与。②

罗的壃里人湘痌，讼罗之虎域的圣者邑人郧女，说他杀了嗌易（阳）公合，伤了其妾。虎域之圣者邑，似乎明确表示了圣者邑隶属于虎域的关系。

在上述简文中，在邑之前所冠的地名，有称为"区"的，也有称为寰（域）的。陈伟先生引用临沂银雀山所出《田法》"州、乡以地次受田于野，百人为区，千人为或（域）"的规定，并结合简文中的邑也多与授田相关，认为寰（域）乃是邑的上一个层级的行政管理单位，但陈先生并未说明银雀山所出《田法》与包山楚简之间存在怎样的关联。而简124、简125载：

> 司丰之夷邑人桯甲受洰易之酷官黄齐、黄鼉。黄齐、黄鼉皆以甘匦之岁爨月死于敢寰（域）东敢邵戊之笑邑。
>
> 宋客盛公赐聘楚之岁屈栾之月戊寅之日，洰易公命敢寰（域）之客葦、㽞尹癸察之。东敢公舒掉、敢司马塱牛皆言曰：洰阳之酷倌黄齐、黄鼉皆以甘匦之岁爨月死于小人之敢邵戊之笑邑。既发𥫣，廷匹易之酷官之客。③

黄齐、黄鼉属于洰阳的酷官，酷官中另有客，说明酷官是一种管理机构。二人死于敢域东敢邵戊之笑邑。邵戊，当用于表示方位。敢域有主客之葦和㽞

---

① 湖北省荆沙铁路考古队：《包山楚简》，第21页；陈伟等著：《楚地出土战国简册（十四种）》，第19页。

② 湖北省荆沙铁路考古队：《包山楚简》，第22页；陈伟等著：《楚地出土战国简册（十四种）》，第37页。

③ 湖北省荆沙铁路考古队：《包山楚简》，第25页；陈伟等著：《楚地出土战国简册（十四种）》，第53—54页。

尹癸，东敔有敔公和敔司马，显然，域和敔都是一级管理机构。陈伟先生早已指出此点，并引用简143所见"鄝域磈敔郢君之泉邑"为证，说明域、敔和邑构成了三个层级，其更上一级则当是沤阳。

可是，在简文中，更多的邑，其上并没有域、敔之类的层级，如上举邑名之前冠以封君、职官之名的邑，显然直属于食邑主。在简124中，夷邑亦直属于司丰。而在简143中，郢君显然是泉邑的食邑主，而泉邑之上，却有鄝域、磈敔两个层级。陈先生说："在更多的邑名之前，未曾出现敔、寰等概念。这是因为并非所有邑的上面均设有敔、寰，还是由于记叙时的省略，目前还不好确定。"①而结合以职官、人名冠名之邑与前面冠以敔、域之邑的情况，我们认为这很可能是两个系统：在前一种情况下，强调的是邑中之人与邑中税米属于食邑主所有；而在后一种情况下，强调的是国家对于各邑的层级性控制。在简125中，敔中置有敔公、司马，负责调查居民死亡情况，应当是职掌治安。域、敔官吏皆受命于沤阳公，当属于国家官吏系统。而位于域、敔境内的邑的租税，则仍归食邑主所有。

我们认为简文中邑名之上没有地域性层级的邑，属于封君、官员食税系统，而统以域、敔的邑，则属于国家控制与治安系统，还可以举出一个重要例证。简149：

> 陵迅尹墒以杨虎敛关金于郕敔，贩仿之新易（阳）一邑、霝地一邑、碼一邑、鄝一邑、房一邑、佁楮一邑；与其㠭，女繇一赛、浧㠭一赛、遂㠭一赛、斦㠭一赛，不量其关金，将讲之于其尹命。陵迅尹之相陞余可内之。②

新阳等六邑属于仿，而陵迅尹墒命杨虎以关金购之，其所购显然是六邑之租税。杨虎"不量"其关金，而与其浧㠭等四赛。㠭，诸家皆无释。简100见有"汤汸"。《荀子·富国》："汸汸如河海。"杨倞注："汸，读如滂，水多貌也。"③㠭或即汸字，当指水域。杨虎盖以四处水域之收益交换六邑

---

① 陈伟：《包山楚简初探》，第74页。
② 湖北省荆沙铁路考古队：《包山楚简》，第28页；陈伟等著：《楚地出土战国简册（十四种）》，第56页。
③ 王先谦：《荀子集解》卷六《富国篇》，北京：中华书局，1988年，第187页。

之租税。简153—154：

> □□之田，南与郚君邟疆，东与䓵君邟疆，北与鄝君邟疆，西与鄱君邟疆。其邑：笑一邑，郊一邑，并一邑，䣡一邑，余为一邑，郫一邑。凡之六邑。
>
> 王所舍新大廄以畜薦之田，南与郚君执疆，东与䓵君执疆、北与鄝易执疆，西与鄱君执疆。①

二简相结合，知楚王将原属畜薦的六邑之田给予新大廄，六邑之田东西南北各与䓵君、鄱君、郚君、鄝阳的土地相邻。此六邑，显然是食税单位；其周围的田地，也是郚君等封君的食邑。简文在述及这些邑时，均未及于域或敢。而简151—152所记的噬邑之上，则有邵弞（域）：

> 左驭番戍飤田于邵弞噬邑，城田，一索畔畹。戍死，其子番步后之；步死，无子，其弟番黜后之；黜死，无子，左尹士命其从父之弟番歊后之。歊飤田，病于责，骨傒之。左驭游辰骨贾之，又（有）五筋。王士之后郢赏间之，言谓番戍无后。左司马适命左令獸定之，言谓戍有后。②

在这件文书中，番戍在邵域噬邑有一块土地。戍死后，相继由其二子和侄子继承。当其侄番歊试图卖掉这块土地时，引起番戍"有后""无后"的争论，最后以左令獸裁决"有后"结案。正是由于这是一个有争议的案件，简书才写明噬邑属于邵域。在案件调查审理过程中，邵域的官吏也许发挥了一些作用。

（五）战国时期楚国乡里控制体系的基本结构

综上考述，我们可以窥知战国时期楚国乡里控制的某些实态：在葛陵简中，里直隶于封君（平夜君），在封君与诸里之间并无其他管理层级；包山简中的里也大体如此，直属于封邑、县或其他与封邑、县等级的行政单位；

---

① 湖北省荆沙铁路考古队：《包山楚简》，第28页；陈伟等著：《楚地出土战国简册（十四种）》，第56页。

② 湖北省荆沙铁路考古队：《包山楚简》，第28页；陈伟等著：《楚地出土战国简册（十四种）》，第56页。

包山简中的州则是直属于其食邑主的特种管理单位；作为基层管理单位的邑，也直属于封君、县或其他同级行政单位。这种食邑主-里、州、邑制应是春秋战国时期楚国普遍实行的乡里控制制度。而在封邑或县之下、邑之上置立的域、敢等以治安、司法为核心功能的行政管理层级，则可能是新起的制度，是在春秋战国时期随着王权的不断加强而逐步形成的。

从简文材料，可以见出，战国时期楚国之里、州、邑的户口，大约都不会太多。据上引《鹖冠子·王铁》所述，十伍为里，则里有五十家，与齐地大约相同。《庄子·则阳》记少知问于大公调曰："何谓丘里之言？"大公调曰："丘里者，合十姓百名而以为风俗也，合异以为同，散同以为异。……此之谓丘里之言。"王叔之义疏云："古者十家为丘，二十家为里。乡间丘里，风俗不同，故假问答以辨之也。"①王叔之之说不知所本，或为南方楚国之制，抑或楚国之实际情形。新蔡葛陵楚简中见有丘，亦当为自然聚落或自然地理事物名。如简乙四：94：

　　☐董丘之☐

又简零317：

　　萋丘一冢。☐②

则丘似比里小。据此推测，则楚国的里或可包括两个及以上的丘。而据上所考，一个聚落中又可能既包括州，也包括市。因此，楚国的里、州、邑虽然皆设于自然聚落，但未必即与自然聚落相对应。

总之，战国时期楚国的里大抵以自然聚落为基础编组而成，是否如《鹖冠子·王铁》所言五十家一里，每里包括十个伍，不能详知。里之上并未见有扁、乡等层级。州、邑当如里一样，都是基层的行政管理单位，不过州所管主要是从事矿冶、手工业生产以及特殊行业的户口，大致相当于工虞户（市也是一种基层管理机构，所管当为市户）；邑所管则是属于封君、官员

---

① 郭庆藩：《庄子集释》卷八下，《则阳第二十五》，北京：中华书局，2004年，第909—910页。
② 河南省文物考古研究所：《新蔡葛陵楚墓》，第208、218页。

或特定机构的食税户口。因此，里、州（以及市）、邑乃是管理不同户口的基层管理单位，三者基本上是平行的，并无隶属关系。里、州、邑的上级管理单位比较复杂。从现有材料看，里、州一般直属于封君或县，而邑之上则或有域、敫，属于国家控制的地域性治安机构。

第四节　周代乡里控制及其演变的实相与《周礼》乡里制的实质

综上考述，可以认知：（1）西周时期，闾、里、邑、族是基本的居民编组单位和控制管理单元，其中闾用以编排"国人"，里用以编排"野人"，郊中之甸人则大抵以"邑"作为编排单位。闾、里、邑在本质上都是居住单元：闾应当是较大聚落（国、都）内部有规划地分划而成的居住区；里则用以指称四周有垣墙围绕、附带有田地的聚落，一般规模较小；邑的形态与里大致相同，但规模大小不一，乃系围垣聚落的通称。族的本义是聚合起来的人群，一族可能包括若干闾、里，但规模并不会太大。若干邑也可能联合起来，形成五邑、十邑之类的地域联合体。族-闾（里）与五邑、十邑-邑大致构成了西周时代居民编组与乡里控制的两个基本层级。但族以及五邑、十邑的编组可能并不稳定，所以，西周时代的这种二级制，大约还只是一种雏形。闾、里、邑才是较为稳固的社会基层单位与管理单位。

（2）鲁国在立国之初，曾遵循周制，以宗、族之制待"国人"，而以遂、县、里之制治"野人"（奄人）。此种二元体制，至春秋时期，随着履亩而税（"税亩"）与按丘征甲（"作丘甲"）之制的实行，国、野之别遂渐趋泯灭，而"里"乃成为鲁国普遍实行的居民编组单位与居住单位。郑于春秋初立国，仍奉行周制，有国、野（鄙）之别，而以都、邑统里，里统有伍。至春秋中晚期，郑于"国"之四方分划四乡，置乡校以供"国人"议事。同时，子产作丘赋，亦按丘征赋，亦使国野之别渐趋泯灭。春秋时期鲁、郑二国乡里控制体系的变化，反映了中原诸国的一种普遍趋势，即其立国之初以周制为原则建立起来的国、野二元体制，在春秋时期渐趋崩解，但新的体制亦并未形成。

（3）齐国在建国之初，将所统治的土著人群区域分划为"五属"，

"因其俗，简其礼"，即因地制宜而治之，可能未按周制编排其居民；同时可能将"国人"分划为三个部分，基本上用周制编组居民，即实行兵民合一制度，而居民编排的基本组织则如周制所规定的那样，称为"闾"，闾之上有族。春秋初年齐桓、管仲改革，继承"圣王之治其民"之法，"叁其国而伍其鄙"，当即恢复、整顿西周以来的国、鄙（野）分治的二元管理体制，盖以公族、高氏之族、国氏之族为"三国"，各领若干闾（《管子·小匡》与《国语·齐语》所称之乡，实为临淄城中的居住区；高氏、国氏各领五个乡，当即分别有五个闾），闾中再分置若干里（大约五十家）；而在乡村地区，则仍以西周以来的邑（大约三十家）为基本单位，在邑之上置有乡（大约以十邑为乡，三百家）。以闾-里制国、乡-邑制鄙，当是齐桓、管仲根据"周制"整理、重建的齐国城乡控制体系，也是春秋时期齐国的基本制度。临淄城中的诸闾直属齐公或高氏、国氏，而城外诸乡则当直属于都邑。战国时期，此种制度并没有根本性的变化，所不同的是国、鄙差别渐趋泯灭，而在乡之上增加了"卒"一级，形成卒-乡-里三级制。卒当直属于大夫、令或守之属。

（4）楚国大致在春秋中期开始，根据"周制"的基本原则，建立楚地的城乡控制体系，在封君、县或其他同级行政单位之下，直接统辖里、邑、州等基层单位。其中里、邑皆当以自然聚落为基础编排，户口规模都不会太大，应当在二三十家至五十家上下；州则是从事工、商等行业的人群的编组单位，一般直属于其食邑主。因此，楚国的乡里控制体系相对简单，也比较分散。战国时期，在邑之上出现了域、敔等以治安、司法为核心功能的行政管理层级，但并不普遍。

综观西周及春秋战国时期鲁、郑、齐、楚诸国的乡里控制体系及其演变，可以见出：以自然聚落或居住区为基础编排的里（闾）、邑乃是最基本的基层管理单位。里（闾）、邑的户口规模从二三十户至五十户上下不等，然鲜有超过百户者。这说明控制乡村聚落是周代乡里控制体系的关键所在。只有控制了规模不等、形态各异的聚落，才能有效地控制居住在聚落中的户口，编排什伍，使其互保连坐，才能编制户口籍帐，征发赋役。因此，所谓户口控制，实际上建立在聚落控制的基础之上。另一方面，自西周以来，在里（闾）、邑之上，即已形成高一层级的地域性管理单位，其最初以族或五邑、十邑联合的方式出现，后来渐稳定为乡（或其他称谓）。这种地域性管理组织，大约以包括五至十个里、邑较为适合，亦即以拥有数个自然聚落为原则，一般不会超过十个聚落，故其户口规模以二三百家至五百家为宜，甚少达到千家者。

《史记》卷四三《赵世家》记晋定公十四年（鲁定公十二年，前498），赵简子谓邯郸大夫午曰："归我卫士五百家，吾将置之晋阳。""午许诺，归而其父兄不听，倍言。"《集解》引服虔曰："往年赵鞅围卫，卫人恐惧，故贡五百家，鞅置之邯郸，又欲更徙于晋阳。"[1]赵鞅围卫，卫人贡以五百家，赵鞅将之置于邯郸，后来又打算将之徙于自己的封地晋阳；赵午不愿归卫人给赵鞅，侵齐掠得五百家后，给赵鞅以代卫人。卫人之贡、赵鞅之徙，皆以五百家为单位。《商君书·境内》述军功授爵之制，谓爵为五大夫，"则税邑三百家"，亦有"税邑六百家者"；爵大庶长、左更、大良造，"皆有赐邑三百家，有赐税三百家"。[2]亦以三百家、六百家作为食税邑之单位。食邑单位既以数百家为单位，则其下之管理单元自不会超过数百家，亦无须太多层级。

春秋战国时期，文献中述及以户口编排为基础的管理单位，甚少以千家为单位者。《墨子·城守》谓若能有捕告通敌外谋者，"封之以千家之邑；若非其左右及他伍捕告者，封之二千家之邑"。[3]千家之邑与二千家之邑即为大邑。且《墨子》城守各篇皆当晚出，反映的当是战国晚期的情形。当西周乃至春秋时期，大夫之邑，盖不过数百家或千家。因此，无论是西周时代，还是春秋乃至战国时期的鲁、郑、齐、楚（以及三晋、秦）诸国，大抵都不会有以万家为单位的户口编组，而《周礼》所记国中的2500家之州、12500家之乡，野中的2500家之县、12500家之遂，以及《管子》与《国语·齐语》所述鄙中的九千家之乡、九万家之属等，都是不可能存在的。很多学者早已指出，《周礼》乡里制的实质，乃是"作内政而寄军令"，即以军事编制之法作为建设地方行政管理组织的原则，其具体组织办法就是按春

---

[1] 《史记》卷四三《赵世家》，第1789—1790页。

[2] 蒋礼鸿：《商君书锥指》卷五《境内》，北京：中华书局，1986年，第117页；高亨：《商君书注译》，《境内》，北京：中华书局，1974年，第149页。

[3] 岑仲勉：《墨子城守各篇简注》，"号令"，北京：中华书局，1958年，第121页。

秋战国时的步兵编制来组织编户齐民。①可事实上，以什伍互保之法行之于编户、建立起比邻互保之制，是可能的，而以军队编制的万人之师、数万人之军，编组编户齐民，是不可能的。所以，即便是到战国时期，千家、万家的户口编组单位，也是不可想象的。

弄清上述诸点之后，我们遂得更清晰地讨论《周礼》乡里制的实质。第一，《周礼》所规定的乡里控制制度，是把"国家"（包括周天子的王畿和诸封国）分为国、野两种区域（相应的，"人民"也区分为"国人"与"野人"两大人群类型），"国"中行乡制，按闾编排国人；在"野"中行遂制，按里编排野人。此即以乡制治"国人"，以遂制待"野人"。这种国、野二元体制乃是《周礼》乡里制的基础，也是鲁、郑、齐、楚等国乡里控制制度的基本原则。第二，闾、里之编排，虽以户口规模为准则，但实际上是以居住区和自然聚落为基础的。只有控制了聚落，才能有效地控制户口。所以，什伍编排是在聚落控制的基础上进行的。换言之，《周礼》所记的国中之比、野中之邻，应当是在聚落内编排的，而不会是反过来，先编排比、邻（五家），然后合比、邻形成闾、里。闾、里之上的管理组织，无论是《周礼》所述的国中之族，野中之酇，还是《管子》诸篇中所说的连、卒，都应当是包括若干聚落或居住区的地域性管理组织，户数仅仅是用以表示其人口规模的大致原则。总之，国、野二元体制与以聚落或居住区为基础编排城乡居民，乃是《周礼》乡里制的核心，也是西周时期乡里控制制度的根本。

自春秋到战国，"礼崩乐坏"，国、野之别渐次泯灭，无论国人或野人，都成为编户齐民。各国政区建置虽然很不相同，但郡、县大致普遍建立起来，县、邑以下一般设置乡与里（或闾），并以之作为编组户口的基本单位。《墨子·尚同》述天下之治，当选择"贤良圣知辩慧之人"为天子，天子"分天下，设以为万诸侯国君"，诸侯国君则择其国之贤者，"置以为左右将军大夫，以远至乎乡里之长"。其中，乡长治其乡，"有率其乡万民以尚同乎国君"；"里长顺天子之政，而一同其里之义"，"率其里之万民以尚同乎乡长"。②是以诸侯国之下，即直接分置乡、里。《吕氏春秋·怀

---

① 史建群：《〈周礼〉乡遂组织探源》，《郑州大学学报（哲学社会科学版）》1986年第2期。
② 吴毓江：《墨子校注》卷三《尚同》中，北京：中华书局，1993年，第116—118页。

宠》述及民众起兵反抗无道之君,当得到报答封赏,"有能以家听者,禄之以家;以里听者,禄之以里;以乡听者,禄之以乡;以邑听者,禄之以邑;以国听者,禄之以国"。①是以国、邑、乡、里、家作为行政与社会管理组织的五个层级。显然,乡、里已成为国、邑之下最主要的管理单元。而如上所述,此一时期的里与乡,也都是以聚落为基础编排的。

自来学者论西周时期政治制度,多强调以血缘为基础的宗法制度的核心作用;而宗法制度的实质,乃是按血缘关系分配政治权力与经济资源,其特点是宗族组织和国家组织合二为一,宗法等级和政治等级一致。与之相对应,社会组织的基本单元也是各种形式的血缘群体,宗、族构成社会控制的基本结构。至于春秋战国,宗法制度渐次崩解,以地缘为基础的地域性行政组织(郡县制)乃逐步取代以血缘为基础的宗法封建制,"布衣卿相"起而代替"公室甥舅"在政治与经济体系中的地位与作用,从而逐步形成新型的集权制国家。与之相对应,社会组织的方式也发生了很大变化,乡、里为核心的地缘性组织取代了宗、族为核心的血缘性组织,并成为新型国家控制编户齐民的主要途径。总之,无论是国家形态,还是社会组织,从西周到春秋战国时期,都存在着一个以血缘为纽带向以地缘为纽带转变演进的过程,而这一过程,又是与从封建国家向专制主义集权国家演变的过程相一致的。②

本章的研究却揭示出,即便在西周时期,以聚落或居住区分划为基础的里、阆、邑以及由若干聚落组成的地域性联合五邑、十邑,在社会组织的编排与社会控制体系中也发挥着重要的作用。这一认识启发我们:血缘组织以及以血缘为基础的社会组织与控制网络,必然落实到具体的地域之上,宗、族必然分居于具体的国、邑、里等规模不等的聚落中,从而形成所谓"聚族而居"。③换言之,虽然血缘关系是社会组织的基本原则,但社会组织的实际表

---

① 陈奇猷校释:《吕氏春秋校释》卷七《怀宠》,上海:学林出版社,1984年,第412页。

② 王玉哲:《中国古代史上的民族问题》,《南开学报(哲学社会科学版)》1980年第2期;徐复观:《中国姓氏的演变与社会形式的形成》,收入氏著《两汉思想史·周秦汉政治社会结构之研究》,上海:华东师范大学出版社,2001年,第174—206页。

③ 邢义田:《从战国至西汉的族居、族葬、世业论中国古代宗族社会的延续》,《新史学》6卷2期(1995年);收入黄宽重、刘增贵主编:《家族与社会》,北京:中国大百科全书出版社,2005年,第88—121页。

现形态，却是地缘性的聚落。因此，以聚落或居住区分划为基础的里、邑、闾，以及包括若干聚落的地域性联合，乃是西周时期社会控制的真实形态。

　　进而言之，自从龙山文化后期早期国家兴起以来，中国政治社会的基本单位就主要表现为城、邑等聚落。黄帝万国、尧舜万邦，无论国与邦的政治社会性质若何，在地理形态上均表现为规模大小不等的聚落和地域。《周礼》于天官冢宰、地官司徒、春官宗伯、夏官司马、秋官司寇下皆首先称述立官分职之必要，谓："唯王建国，辨方正位，体经经野，设官分职。"辨方正位、体国经野，正说明方、位、国、野等地缘因素在"建国"中的重要性。如所周知，"国"乃是围有城垣的大型聚落，"野"则包括城外的田野以及散布于其间的大小聚落；"国人"与"野人"的最初分别，就在于他们分居于"国"中和"野"中。"邑"的本义是人居于城下，一般也是围有垣壕的聚落。甲骨文与金文所见的"鄙"，则一般释为处于边远地区的邑。居于国、野、邑、鄙的人群，是否存在血缘关系，其实很难证明；我们可以确知者，乃是这些人群，分居于不同的聚落和地域中。而商周以来的征战杀伐，亦以国、邑等聚落或地域为对象。因此，我们认为，中国古代早期（所谓"上古"时代）的社会组织的基本形态，实际上是以聚落或居住单位为基础的：人数不等的人群居止于一处，共同经营生计，相互交往，团结以自卫、自存和发展，从而形成规模不等、意义不同的"聚落共同体"，至于其是否拥有共同的血缘关系，倒在其次。而相互毗邻的聚落共同体进一步联合起来，形成范围不同的地域性联合，则更超出了血缘关系的范畴（即使每一个聚落共同体内部存在血缘关系，多个聚落共同体的联合，也必然会超越血缘关系），而主要表现为地缘性结合。在此种社会组织形态的基础上形成并发展的早期国家，也必然通过控制大大小小的聚落和地域单元，以实现对其统治区域的控制。在这个意义上，地缘关系乃是古代早期中国社会组织与国家控制的基础，而血缘关系则更主要地表现为一种政治原则和文化表达。

　　不仅如此。春秋战国时期，血缘性的社会组织亦包含在地缘性的乡里组织之中。《管子·问篇》一般认为是当时的调查纲要，其所提之问题，乃"为国所当察问者"。其中有一些问题涉及族与乡、里的关系：

　　　　问国之有［大功］（功大）者，何官之吏也？问州之大夫也，何里之士也？……问国之弃人，何族之子弟也？问乡之良家，其所牧养者几何人矣？问邑之贫人，债而食者几何家？问理园圃而食者几何家？人之开田而耕者几何家？士之身耕者几何家？问乡之贫人，何族之别也？问宗子之牧昆弟者，以贫从昆弟者几何家？余子仕而有田邑，今入者几何人？子弟以孝闻于乡里者几何人？①

问州大夫原属何里之士，里显然是用以界定"士"的籍属与居地的。国之弃人，当即被排斥放逐的国人，其本当属于国人的某一"族"；乡中有良家（富有之人）、有贫人，亦各别为族，皆居于乡中；宗子之子弟以孝闻于乡里，则当居于乡里之中。在这里，族、宗是血缘组织，其成员皆于乡、里之中，并以乡、里界定其身份。所以，里、乡是居地所在，也是行政管理单位，而族、宗则是社会组织。在控制体系中，是以乡、里统驭宗族。一般认为成书于战国时期齐人之手的《六韬》之《文韬·六守》曰：

人君无以三宝借人，借人则君失其威。文王曰：敢问三宝？太公曰：大农，大工，大商，谓之三宝。农一其乡则谷足，工一其乡则器足，商一其乡则货足。三宝各安其处，民乃不虑。无乱其乡，无乱其族。臣无富于君，都无大于国。②

农、工、商各居其乡，则"无乱其乡，无乱其族"，是乡为居地与管理单位，族为社会组织。上引《庄子·杂篇·则阳》谓"合十姓百名"居于丘里，十姓百名乃是血缘群体，丘里则是聚落与管理单位。《墨子·明鬼》述及供祭酒醴，"内者宗族，外者乡里，皆得如具饮食之。虽使鬼神请亡，此犹可以合欢聚众，取亲于乡里"。③是以宗族为"内"，"乡里"为外；而"合欢聚众"，乃"取亲于乡里"，也说明宗族处于"乡里"之内。

因此，血缘性的宗族与地缘性的乡里实际上联系在一起，"聚族而居"正典型地说明了此种联系。其中，血缘性反映了居住在一起的人群的内在关

---

① 《管子校注》卷九《问》，第486—487页。
② 徐培根注译：《太公六韬今注今译》卷一《文韬·六守》，台北：台湾商务印书馆，1984年修订版，第60页。
③ 吴毓江：《墨子校注》卷八《明鬼》下，第343页。

系，而乡里则反映了其同处于一地并属于同一管理单位的外在关系。因此，乡里乃是国家控制乡村民众的途径，而宗族则是民众群体内部自生的社会关联和组织形式。自西周以来，这两者就是有机地结合在一起的；春秋战国时期，这两者仍然是密切结合的，只不过是结合的方式略有变化而已。

第二章

秦汉乡里制度及其实行

第一节 秦乡里制度考析

《汉书》卷一九上《百官公卿表》序云:

> 县令、长,皆秦官,掌治其县。……大率十里一亭,亭有长。十亭一乡,乡有三老、有秩、啬夫、游徼。三老掌教化。啬夫职听讼,收赋税。游徼徼循禁贼盗。县大率方百里,其民稠则减,稀则旷,乡、亭亦如之,皆秦制也。①

此言汉承秦制,县下分置乡、亭、里。对于此段记载,向来有不同理解。王毓铨先生认为此处所言乡、亭、里制度,实为两套制度:亭的设置是为了"以禁盗贼","主求捕盗贼",②主要是为了禁盗防盗,属于治安系统;乡官(三老、有秩、啬夫、游徼)与里正则或主一乡之人,或主一里百家,职司重在民事行政,如教化、讼诉,"知民善恶,为役先后;知民贫富,为赋多少"。③熊铁基先生认为"十亭一乡"之"亭"字乃"里"字之误;

---

① 《汉书》卷一九上《百官公卿表》,北京:中华书局,1962年,第742页。
② 《后汉书》(《续汉书》)志第二十八,《百官》五,北京:中华书局,1965年,第3624页。
③ 王毓铨:《汉代"亭"与"乡""里"不同性质不同行政系统说》,初刊《历史研究》1954年第2期,后收入氏著《王毓铨史论集》,北京:中华书局,2005年,第292—302页。关于此一问题的讨论,请参见周振鹤:《从汉代"部"的概念释县乡亭里制度》,《历史研究》1995年第5期;王彦辉:《聚落与交通视阈下的秦汉亭制变迁》,《历史研究》2017年第1期。

"十里一亭"与"十里一乡"都是管理里落居民的机构，前者是在城市中的制度，后者是在乡村的制度。①宫崎市定则以乡、亭都是四周围有城垣的聚落，所谓"十亭一乡"乃是以十个亭中最大的一个亭作为乡的治所（都亭），每乡统有十个亭（聚落）；②富谷至的看法与此大致相同而略异，以为"十亭一乡"的亭包括乡亭、田亭、水亭、仓亭等一乡之中的各种亭，而一乡之中平均包含了十个亭。③王彦辉先生认为"十里一亭"之"里"当指里程，在交通干线上，以十里的距离设一个亭，而十个亭的距离（一百里）设一乡；《汉书·百官公卿表》所说的"乡"乃是指交通要道经过的大乡（都乡，亦即县治），而非普通的乡；所以，亭的设置既不能远离聚落，也不能脱离交通线。邮亭主要设置于京师与郡国、郡国与县邑的主要交通沿线，乡亭主要设置于聚落附近和郡国辖域的次级交通道路。④

秦祚短促，史料甚稀，故历来论秦代乡里制度者，实际上多以"汉承秦制"为基础，据汉制反推秦制。上述诸位先生的研究亦皆大抵如是。⑤可

---

① 熊铁基：《"十里一乡"和"十里一亭"——秦汉乡、亭、里关系的决断》，《江汉论坛》1983年第11期。

② 宫崎市定：《关于中国聚落形体的变迁》，见刘俊文主编：《日本学者研究中国史论著选译》第三卷，北京：中华书局，1993年，第1—29页，特别是20—21页。

③ 富谷至：《文书行政的汉帝国》，刘恒武、孔李波译，南京：江苏人民出版社，2013年，第221页。

④ 王彦辉：《聚落与交通视阈下的秦汉亭制变迁》，《历史研究》2017年第1期。

⑤ 除正文所及之外，有关秦汉亭里的研究，还有：（1）劳榦：《汉代的亭制》，《历史语言研究所集刊》第22本，1950年7月，第129—138页；《再论汉代的亭制》，初刊《历史语言研究所集刊》第53本第1分，后收入氏著《古代中国的历史与文化》，北京：中华书局，2006年，第175—194页。（2）日比野丈夫：《郷亭里についての研究》，初刊《東洋史研究》14卷第1、2号合刊，1955年，后收入氏著《中国歴史地理研究》，京都：同朋舍，1977年；（3）曾我部静雄：《秦漢の亭と里》，见氏著《中国及び日本における郷村形態の變遷》，东京：吉川弘文館：1964年，第47—58页；（4）松本善海：《秦漢時代における亭の變遷》，《中国村落制度の史的研究》，东京：岩波书店，1977年，第215—255页；（5）富谷至：《亭制に關する一考察——漢簡に見える亭の分析》，见富谷至编：《邊境出土木簡の研究》，东京：朋友书店，2003年，第367—409页；（6）古贺登：《漢長安城と阡陌·縣郷亭里制度》，东京：雄山阁，1980年，第127—172、255—324页；（7）何双全：《〈汉简·乡里志〉及其研究》，甘肃省文物考古研究所编：《秦汉简牍论文集》，兰州：甘肃人民出版社，1989年，第145—235页；（8）张金光：《秦制研究》，上海：上海古籍出版社，（转下页）

是，所谓"汉承秦制"，主要是强调汉代制度对于秦制的沿袭因循关系，是就制度的基本原则和结构而言的，并不意味着汉代的各种制度都与秦制相同。所以，将汉制的源头回溯至秦制，是可以的；但若以汉制反推秦制，则在逻辑上是难以成立的。换言之，可由秦制论及秦汉制度之源流，而不能据汉制追述秦制。仅仅依靠汉制，反推秦制，在思想方法上是存在问题的。不仅如此。自睡虎地秦墓竹简出土以来，诸多研究者实际上已注意到秦乡里制与汉代乡里制的相异之处，却因为囿于"汉承秦制"的固有认识，仍然将秦汉制度合在一起加以讨论。①

如果我们严守文献学的纪律，将秦制归于秦代、汉制归于汉代，主要依靠秦国与秦代文献论秦的乡里制度，而不以汉代文献回溯秦的乡里制，也许，会得出不同的认识。因此，本节即试图主要根据可信的秦国与秦代史料，来讨论秦（包括秦国与秦帝国）的乡里制度，以摒除在"汉承秦制"基础上、以汉制回溯秦制所带来的诸多迷障。

一、《墨子》城守诸篇所见部-里-闾

《墨子》城守诸篇系指今本《墨子》"备城门"以下十一篇，一般认为成于战国时秦人之手，颇能见出秦国制度。②《备城门》篇说于城上四隅各置一尉，城上"百步一亭，垣高丈四尺，厚四尺，为闺门两扇，令各可以自

（接上页）2004年，609—613页；（9）高文：《"十里一亭"考辨——秦代亭制研究》，《南都学刊》2008年第3期；（10）池田雄一：《中国古代の聚落と地方行政》，东京：汲古书院，2002年，第122—149、第524—568页；（11）臧知非：《秦汉赋役与社会控制》，西安：三秦出版社，第16—34页；（12）王子今：《秦汉基层社会单元"里"的结构与功能》，见邢义田、刘增贵主编：《第四届国际汉学会议论文集·古代庶民社会》，台北："中研院"，2013年，第85—102页；（13）纪向军：《居延汉简中的张掖乡里及人物》，兰州：甘肃文化出版社，2014年，第3—89页；（14）王爱清：《秦汉乡里控制研究》，济南：山东大学出版社，2010年。

① 裘锡圭：《啬夫初探》，见中华书局编辑部编：《云梦秦简研究》，北京：中华书局，1981年，第226—301页；高敏：《秦汉时期的亭》，见《云梦秦简研究》，第302—315页。

② 岑仲勉：《墨子城守各篇简注》，"再序"，北京：中华书局，1958年，第8—10页；陈直：《〈墨子·备城门〉等篇与居延汉简》，《中国史研究》1980年第1期，又见氏著：《文史考古论丛》，天津：天津古籍出版社，1988年，第246—269页。

闭。亭一尉，尉必取有重厚忠信可任事者"。①其亭居于城垣之上，各有围垣，两侧各有一门。亭尉与四隅所置之尉及什长并列，显然是军职。其上文述及城上"百步一木楼，楼广前面九尺，高七尺"；又谓"土楼百步一，外门发楼，左右渠之"；下文述及"城上百步一楼，楼四植"。②也是以百步置一楼，则其所谓"楼"实与"亭"相似，皆为城垣上的防御设施，亭的形状大抵亦与楼相似（盖亭为一层，而楼则为两层或以上）。又《迎敌祠》述及城上将卒部署，"五步有五长，十步有什长，百步为百长"。③则亭尉即相当于百长。《旗帜》篇谓"亭尉各有帜，竿长二丈五尺，帛长丈五，广半幅者六"。④据下文所述六等旗帜之制，知丈五尺（十五尺）之帜为第六等，亦即最低一等。可知亭尉当为最基层的战斗团队（百人）的指挥官。本篇又谓：

> 诸守柞格者三出却适，守以令召赐食前，予大旗，署百户邑（若他人财物）。建旗其署，令皆明白知之，曰某子旗。⑤

则受署百户之邑者可以立旗，也说明树帜之亭尉当即百夫长。其《杂守》篇云：

> 城守，司马以上父母、昆弟、妻子有质在主所，乃可以坚守。署都司空，大城四人，候二人；县，候，面一。亭尉、次司空，亭一人。⑥

据此，亭各置尉一人、次司空一人。亭尉与次司空当是亭的长贰。次司空又见于《号令》篇，谓："吏、卒、民死者，辄召其人与次司空葬之，勿令得坐泣。"⑦则次司空当职司本亭吏、卒、民的工程、后勤事务，故"次"当作"屯驻""驻扎"解。次司空是负责扎营屯驻事务的军官。

---

① 岑仲勉：《墨子城守各篇简注》，《备城门》，第19页。
② 岑仲勉：《墨子城守各篇简注》，《备城门》，第13、18、28页。
③ 岑仲勉：《墨子城守各篇简注》，《迎敌祠》，第86页。
④ 岑仲勉：《墨子城守各篇简注》，《旗帜》，第91页。
⑤ 岑仲勉：《墨子城守各篇简注》，《旗帜》，第95页。
⑥ 岑仲勉：《墨子城守各篇简注》，《杂守》，第148页。
⑦ 岑仲勉：《墨子城守各篇简注》，《号令》，第119页。

《号令》篇述守城之法甚悉，谓敌军傅城时，"守城将营无下三百人。四面四门之将，必选择之有功劳之臣及死事之后重者，从卒各百人"。① 而在城内，则：

> 因城内里为八部，部一吏，吏各从四人，以行冲术及里中。里中父老不与守之事及会计者，分里以为四部，部一长以苛往来，不以时行、行而有他异者以得其奸。（吏从卒四人以上。）②

城内按里居分作八部，部各辖若干里，派一部吏率卒四人巡行于各里道中。八部，当分属四面四门之将，亦即《备城门》所见之隅尉、亭尉之属；部吏即为伍长。故八部当分属于守城之门将、隅尉、亭尉等。

每里又得分置四部，部有一长。《号令》篇又说：

> 里正与父老皆守宿里门，吏行其部，至里门，正与开门内吏，与行父老之守及穷巷间无人之处。奸民之所谋为外心，罪车裂，正与父老及吏主部者不得，皆斩；得之，除，又赏之黄金人二镒。大将使信人行守，长夜五循行，短夜三循行。四面之吏亦皆自行其守，如大将之行，不从令者斩。③

行部之吏当即部吏，亦即主部之吏。里有门，战时由里正、里父老守之。下文又述及若城内发生火灾，"失火以为乱事者车裂。伍人不得，斩；得之，除。救火者无敢欢哗，及离守绝巷救火者斩。其正及父老有守此巷中部吏，皆得救之。部吏亟令人谒之大将，大将使信人将左右救之，部吏失不言者斩"。④ "守此巷中部吏"，当即里中分置四部之部长；而谒之大将的"部吏"，则当是城内分设八部之部吏。部当有明确辖境。《号令》篇曰：

> 诸吏卒民非其部界而擅入他部界，辄收以属都司空若候，候以闻

---

① 岑仲勉：《墨子城守各篇简注》，《号令》，第98页。
② 岑仲勉：《墨子城守各篇简注》，《号令》，第99页。
③ 岑仲勉：《墨子城守各篇简注》，《号令》，第101页。
④ 岑仲勉：《墨子城守各篇简注》，《号令》，第102页。

守；不收而擅纵之，断。①

诸吏卒民当指诸部吏及其从卒，以及部民。都司空、候皆当为官吏名。候可直接上言于守，其地位当较高。

城内八部即依四门四面而分置，各部又皆有明确辖境，领有若干里，实际上已是城内的军政管理单位。《号令》篇云：

> 诸城门若亭谨候视往来行者符；符传疑若无符，皆诣县廷言，请问其所使，其有符传者善舍官府。其有知识、兄弟欲见之，为召，勿令入里巷中，三老、守闾令厉缮夫为荅；若他以事者、微者不得入里中，三老不得入家人。②

亭尉得与守门之将一样，得检视往来行者之信符，并管制行者不得擅自入于里巷中。具体负责管制诸里闾者，当即八部之部吏。三老，当即里中父老；守闾，当即闾之守，亦即里中分置四部之部长。其下文称：

> 传令里中者以羽，羽在三老所，家人各令其家中，失令若稽留令者，断。……吏、卒、民无符节而擅入里巷、官府，吏、三老、守闾者失苛止，皆断。③

传达军令的羽书置于三老之所。给庶人的命令分别送至庶人家中，当系征发之令。与三老、守闾者并称之"吏"当即部吏。显然，部吏、里三老（正与父老）及守闾（闾守）构成了城内居民管理的三个层级。

需要说明的是，《墨子》城守各篇中所见的"闾"不是指门，而是指居住区。《号令》篇云："伤甚者令归治病家，善养，予医给药，赐酒日二升，肉二斤，令吏数行闾，视病有瘳，辄造事上。"④部吏前往巡视的"闾"，当然并非里门之属，而只能是里中的居住区。

里中居民当编为伍保组织。上引《旗帜》篇中已见里中有伍人。《号

---

① 岑仲勉：《墨子城守各篇简注》，《号令》，第109页。
② 岑仲勉：《墨子城守各篇简注》，《号令》，第116页。
③ 岑仲勉：《墨子城守各篇简注》，《号令》，第118页。引文句读与原文有所不同。
④ 岑仲勉：《墨子城守各篇简注》，《号令》，第119页。

令》篇云：

> 诸卒民居城上者各葆其左右，左右有罪而不智也，其次伍有罪。若能身捕罪人若告之吏，皆构之。若非伍而先知他伍之罪，皆倍其构赏。城下里中家人各葆其左右、前后，如城上。①

则在城上防守之军民及城内里居之平民（家人）皆实行伍人互保连坐之法。

《墨子》城守各篇以守城为主，然亦述及城外。《号令》篇谓："城小人众，葆离乡老弱国中及他大城。"②即将城外"离乡"的老弱撤退到国都或其他大城之中（而"离乡"之丁壮则集中于受敌的小城，以助守城）。《杂守》篇亦称："寇近，亟收诸离乡金器若铜铁及他可以左守事者。"③是知城外置有"乡"。

城外要道上亦置有亭。《墨子·杂守》篇说：

> 诸外道可要塞以难寇；其甚害者为筑三亭，亭三隅，织女之，令能相救。诸距阜、山林、沟渎、丘陵、阡陌、郭门若闾术，可要塞及为徽职，可以迹知往来者少多及所伏藏之处。④

在交通要道及险要之处建筑要塞，由三个亭组成，构成三角形的防御设施。这些要塞（亭）上悬有徽［帜］（职），职司在"迹知往来少多及所伏藏之处"，用以"难寇"，应当是军事设施，并非单纯的治安机构。较小的亭称为邮亭：

> 筑邮亭者圜之，高三丈以上，令倚杀。为辟梯；梯两臂，长三尺，连版三尺，报以绳连之。堑再杂，为县梁。亭一鼓，聋锭。寇烽、惊烽、乱烽、传火，以次应之，至主国止，其事急者引而上下之。烽火以举，辄五鼓传，又以火属之，言寇所从来者少多，毋奔逮；去来属次，烽勿罢。望见寇，举一烽，入境，举二烽，射妻，举三烽、一蓝，郭

---

① 岑仲勉：《墨子城守各篇简注》，《号令》，第110页。
② 岑仲勉：《墨子城守各篇简注》，《号令》，第110页。
③ 岑仲勉：《墨子城守各篇简注》，《杂守》，第147页。
④ 岑仲勉：《墨子城守各篇简注》，《杂守》，第141页。

会，举四烽、二蓝，城会，举五烽、三蓝；夜以火，如此数。（守烽者事急。）①

邮亭，是用来传递军情的，属于军事设施，即烽燧。无论是置于要塞处的三亭，还是传递军情的邮亭，都是军事设施，并无管辖其周围乡村民户的权力。

需要说明的是，《墨子》城守诸篇虽然以战国秦国为背景，然其所述，实为策划谋略之辞，主要是设想中的理想状况或拟设的战时情形，不能简单地将其视为秦国制度，需要将其与其他文献记载和出土资料相印证，才能明晰其所反映的真实的秦国制度。大致说来，《墨子》城守诸篇中关于守城军事设施（城上之亭、楼以及城外的邮亭）及军事组织（亭尉、隅尉及城内分置八部等）的设想，大抵是设想的守城措施，未必可以视为历史真实；然城内居住区分划为各里，里有三老、里正，里内有闾巷，置有守闾者（闾守）等，却很可能反映了某些历史事实。

二、睡虎地秦墓竹简与岳麓书院藏秦简所见秦的乡里制度

睡虎地秦墓竹简的写成年代，一般认为是在秦始皇时代，其中，《编年记》（《叶书》）所记最末一年是秦始皇三十年（前217），《语书》起首所谓"廿年四月丙戌朔丁亥"之廿年，是秦始皇二十年；而竹简中书写时间最早的，则可能属于战国末期。岳麓书院藏秦简见有"卅四年质日""卅五年私质日"，则其写成年代，应当比睡虎地秦墓竹简略晚。无论如何，这些文书所反映的秦的乡里制度，大致是秦始皇时代的，较之《墨子》城守诸篇所反映的情况，时间上要晚一些。

（一）亭

睡虎地秦墓竹简见有都亭。《效律》谓：

> 计用律不审而赢、不备，以效赢、不备之律赀之，而勿令赏（偿）。官啬夫赀二甲，令、丞赀一甲；官啬夫赀一甲，令、丞一盾。其吏主者，坐以赀、谇，如官啬夫。其它冗吏、令史、椽计者，及

---

① 岑仲勉：《墨子城守各篇简注》，《杂守》，第142页。

都仓、库、田、亭啬夫，坐。其离官属于乡者，如令、丞。①

计，即审计、查验。审计官吏，发现其任职期间涉及财物与法律规定有出入，则根据效律的相关规定处以罚金。都仓、库、田、亭啬夫与乡中离官相对应，而与官啬夫、令、丞所属之其他冗吏、令史、橡并列，显然是在"都"中设立的官职。都，注释释为"总"，不确，当释为县廷所在之城邑。都亭，即县廷所在城邑的亭。

睡虎地秦墓竹简《封诊式》"盗马爰书"：

市南街亭求盗，才（在）某里，曰：甲，缚诣男子丙，及马一匹，骓牝右剽；緹覆（复）衣，帛里莽缘领褎（袖），及履。告曰："丙盗此马、衣，今日见亭旁，而捕来诣。"②

注释云："市南，市场之南。街亭，城市内所设的亭。"未必当。"市南街亭"当是设在市南街的亭。"才（在）某里"，注释以为当是求盗所居之里，亦未必当，而应是"市南街亭"前往追查盗寇的里，甲与丙皆当属于此里。因此，这份文书应当是市南街亭上报给县廷的有关"求盗"的报告。某里显然归设在市南街的亭管辖。"群盗爰书"的格式、性质与此式大致相同：

某亭校长甲求盗，才（在）某里，曰：乙、丙缚诣男子丁，斩首一，具弩二、矢廿，告曰："丁与此首人强攻群盗人。自昼甲将乙等徼循到某山，见丁与此首人而捕之。此弩矢，丁及首人弩矢殹（也）。首人以此弩矢□□□□□乙，而以剑伐收其首，山俭（险）不能出身山中。"讯丁，辞曰："士五（伍），居某里。此首，某里士五（伍）戊殹（也），与丁以某时与某里士五（伍）己、庚、辛，强攻群盗某里公士某室，盗钱万，去亡。己等已前得。丁与戊去亡，流行毋（无）所主舍。自昼居某山，甲等而捕丁、戊，戊射乙，而伐杀收首。皆毋（无）

---

① 睡虎地秦墓竹简整理小组：《睡虎地秦墓竹简》，《释文·效律》，北京：文物出版社，1990年，第75页。此处的断句、理解，与整理小组释文不尽相同。

② 睡虎地秦墓竹简整理小组：《睡虎地秦墓竹简》，《释文·封诊式》，第151页。引文句读与原文有所不同。

它坐罪。"

・诊首毋诊身可殴（也）。①

这也应当是某亭上报给县廷的文书格式，报告该亭的校长到某里"求盗"的情况。注释以"求盗"为亭中官吏之称，非当，盖简文中甲、乙、丙、丁、戊、己诸人各有对应身份，并不见与"求盗"相对应之人。故此处之"求盗"当作"追查盗贼"解。盖某里公士某被群盗强抢钱万，某亭校长前往查案。他先抓获盗己、庚、辛等，然后带领乙、丙等追踪群盗到某山，与群盗发生战斗，捕得盗丁，杀死盗戊。"诊首毋诊身可殴（也）"应当是县廷给他的批示。盗案中被盗公士所属之里（即某亭校长前往之里）及群盗所属之某里，当皆属某亭。然此处之某亭处于城邑抑或处于乡野，却无法判断。

"贼死爰书"的行文与此类似，其中的某亭处于乡野之中。简文曰：

> 某亭求盗，甲告曰："署中某所有贼死，结发，不智（知）可（何）男子一人，来告。"即令令史某往诊。令史某爰书：与牢隶臣某即甲诊，男子死（尸）在某室南首，正偃。……男子死（尸）所到某亭百步，到某里士五（伍）丙田舍二百步。・令甲以布裙刹埋男子某所，侍（待）令。以襦、履诣廷。讯甲、亭人及丙，智（知）男子可（何）日死，闻号寇者不殴（也）？②

注释以甲作为某亭求盗之名，不甚妥当。若甲为亭之官长，且告言贼死之事，县廷不当讯之。但甲确可能为亭吏。盖某亭奉命追查盗贼，而羁押在亭署中的一个贼意外死亡，甲向县廷报告。县廷乃派令史某前往调查。令史查验的结果，是死亡的男子尸体并不在亭署中，而距某亭百步。故县廷拘押甲、亭人等。值得注意的是，士伍丙的田舍距离某亭约为三百步（而丙显然住在田舍中，故有连带责任），则某亭当处于乡野之中，非处于城邑内。

我们认为秦简中的"求盗"既可能是亭中军吏，也可以当作"寻捕盗

---

① 睡虎地秦墓竹简整理小组：《睡虎地秦墓竹简》，《释文・封诊式》，第152页。引文句读与原文有所不同。

② 睡虎地秦墓竹简整理小组：《睡虎地秦墓竹简》，《释文・封诊式》，第157页。引文句读与原文有所不同。

贼"解，需要根据具体语境作具体分析。如（1）岳麓书院藏秦简1578、1561、1560、1582之下段当可缀连在一起理解，作：

> 郭道不治，亭障不治，求盗备不具，卒士不肃。①

"求盗备"与郭道、亭障、卒士并举，此处之"求盗"即当作"寻捕盗贼"解。

（2）岳麓书院藏秦简"琐相移谋购案"述此案始末，起首谓：

> 廿五年六月丙辰朔癸未，州陵守绾、丞越敢讞之：乃四月辛酉，校长癸求盗，上造柳，士五轿、沃，诣男子治等八人、女子二人，告群盗盗杀人。

整理者将"求盗"二字从下读，解为亭卒，作为柳等人的军职身份。然若以上造柳、士五轿、沃等人均为求盗，又与"求盗掌逐捕盗贼"、地位当仅次于校长不甚相合。若以上造柳一个人为求盗，轿、沃等为一般士卒，又与下文之表达不相洽。简文下文录癸之言曰："□□治等群盗，盗杀人校长果部。州陵守绾令癸与令佐士五行、将、柳等追迹□，行到沙羡界中，琐等已捕。"在癸的报告中，上造柳与士五轿、沃并列，且置于二人之后，显然并非仅次于校长的军吏。简文于癸言之后，称："柳、轿、沃言如癸。"也是将柳与轿、沃二人并称。②因此，我们认为此处的"求盗"当从上读，解作"寻捕盗贼"。

（3）岳麓书院藏秦简"尸等捕盗疑购案"述秦始皇二十五年二月，州陵守绾、丞越接到走马达关于盗杀伤走马好于□□部中的报告后，即令狱史骉、求盗尸等十六人追捕，"尸等产捕诣秦男子治等四人，荆男子阆等十人，告群盗盗杀伤好等"。③尸应当是盗杀伤好之案发生之亭部的求盗。

---

① 朱汉民、陈松长主编：《岳麓书院藏秦简（壹）》，上海：上海辞书出版社，2010年，彩色图版，第29页；红外线图版，第116—118页。

② 朱汉民、陈松长主编：《岳麓书院藏秦简（叁）》，上海：上海辞书出版社，2013年，彩色图版，第11—15页；红外线图版，第95—96页。

③ 朱汉民、陈松长主编：《岳麓书院藏秦简（叁）》，彩色图版，第16页；红外线图版，第113页。

（二）乡

睡虎地秦墓竹简《秦律十八种·仓律》规定：

> 入禾仓，万石一积，而比黎之为户。县啬夫若丞及仓、乡相杂以印之，而遗仓啬夫及离邑仓佐主稟者各一户以气（饩）。自封印，皆辄出。①

《效律》规定与此大致相同：

> 入禾，万石一积，而比黎之为户，籍之曰："某廥禾若干石，仓啬夫某、佐某、史某、稟者人某。"是县入之，县啬夫若丞及仓、乡相杂以封印之，而遗仓啬夫及离邑仓佐主稟者各一户，以气（饩）人。其出禾，有（又）书其出者，如入禾然。②

入禾于仓时，由县啬夫或丞与仓、乡主管人员共同封缄。在这里，"乡"显然代表入禾一方，仓是受禾一方，而县啬夫或丞则是主管、监察者。

《效律》规定：

> 计用律不审而赢、不备，以效赢、不备之律赀之，而勿令赏（偿）。官啬夫赀二甲，令、丞赀一甲；官啬夫赀一甲，令、丞赀一盾。其吏主者，坐以赀、谇，如官啬夫。其它冗吏、令史、掾计者，及都仓、库、田、亭啬夫，坐。其离官属于乡者，如令、丞。③

计，即审计、查验。审计官吏，发现其任职期间涉及财物与法律规定有出入，则根据效律的相关规定处以罚金。乡中官吏，被称为"离官"，显然是相对于县中的都仓、库、田、亭啬夫而言的，说明乡与"都"相对应，是置于乡村区域的。

---

① 睡虎地秦墓竹简整理小组：《睡虎地秦墓竹简》，《释文·秦律十八种·仓律》，第25页。引文句读与原文有所不同。
② 睡虎地秦墓竹简整理小组：《睡虎地秦墓竹简·释文》，《秦律十八种·效律》，第58页；《效律》，第73页。
③ 睡虎地秦墓竹简整理小组：《睡虎地秦墓竹简·释文》，《效律》，第75页。此处的断句、理解，与整理小组释文不尽相同。

乡有审理词讼之责。睡虎地秦简《封诊式·有鞫》：

> 敢告某县主：男子某有鞫，辞曰："士五（伍），居某里。"可定名事里。①

男子某供词，自述其居于某里。县主随即查明其名籍所属之里及所"事"（职也，这里指从事徭役）之里。此一文书，当是乡中官吏上告县中主事（"县主"）者，故其下录男子某之辞，当是男子某在乡廷的辞，故不言其所属之乡。显然，鞫问男子某的是乡中官吏。《封诊式·封守》：

> 乡某爰书：以某县丞某书，封有鞫者某里士五（伍）甲家室、妻、子、臣妾、衣器、畜产。
>
> ·甲室、人：一宇二内，各有户，内室皆瓦盖，木大具，门桑十木。·妻曰某，亡，不会封。·子大女子某，未有夫。·子小男子某，高六尺五寸。·臣某，妾小女子某。·牡犬一。
>
> ·几讯典某某、甲伍公士某某："甲党（倘）有它当封守而某等脱弗占书，且有罪。"某等皆言曰："甲封具此，毋（无）它当封者。"即以甲封付某等，与里人更守之，侍（待）令。②

据爰书所云，乡某奉县丞某之命，查封某里士伍某的家产，其第二段就是报告查封情形，第三段则是报告查封时的调查情况及处理情形。典当即里典。这是乡廷奉命查封涉案人家产的例子。"覆"当是"乡某"报告县廷的文书：

> 敢告某县主：男子某辞曰："士五（伍），居某县某里，去亡。"可定名事里，所坐论云可（何），可（何）罪赦，或覆问毋（无）有；几籍亡，亡及逋事各几可（何）日。遣识者当腾，腾皆为报。敢告主。③

---

① 睡虎地秦墓竹简整理小组：《睡虎地秦墓竹简·释文》，《封诊式》，第148页。
② 睡虎地秦墓竹简整理小组：《睡虎地秦墓竹简》，《释文·封诊式》，第149页。
③ 睡虎地秦墓竹简整理小组：《睡虎地秦墓竹简》，《释文·封诊式》，第150页。

"遣识者当腾，腾皆为报"应当是乡廷拟议的处理办法。腾，注释释为"誊"，将此句解为"派遣了解情况的人确实写录，将所录全部回报"，并不妥洽。或者当解为"派遣与士伍某相识的人代替他去当徭，而每次替徭都要报告"。

《封诊式》中的"盗自告□□□爰书""□捕爰书""□□爰书""争牛爰书"等，虽然没有"乡某"之辞，但爰书录涉案人之言，但称"某里某"，不言及其所属之乡，说明爰书是在特定乡的范围内而言的。又，"告臣爰书"谓：

> 某里士五（伍）甲缚诣男子丙，告曰："丙，甲臣，桥（骄）悍，不田作，不听甲令。谒买（卖）公，斩以为城旦，受贾（价）钱。"
>
> ·讯丙，辞曰："甲臣，诚悍，不听甲。甲未赏（尝）身免丙。丙毋（无）病殴（也），毋（无）它坐罪。"令令史某诊丙，不病。
>
> ·令少内某、佐某以市正贾（价）贾丙。丞某，前丙，中人，贾（价）若干钱。
>
> ·丞某告某乡主：男子丙有鞫，辞曰："某里士五（伍）甲臣。"其定名事里，所坐论云可（何），可（何）罪赦，或覆问毋（无）有，甲赏（尝）身免丙复臣之不殴（也）？以律封守之，到以书言。①

这则文书的第一、二段应当是某乡给县丞的报告（其中第一段是事由，第二段是某乡关于讯问情况的报告），而末一段则是县丞给某乡主的"告"，第三段则当是县廷的处理意见。第三、四两段，当是某乡在整理爰书时抄录的此前和此后的县廷文书。这样，此则文书所反映的事实就应当是：某乡先向县廷报告士伍甲缚丙之事（第一段），并报告其初步讯问结果（第二段）；县廷接到报告后，由县丞向某乡主提出"告"，要求确认案情，并向县廷报告（第四段）；最后县廷根据某乡的报告，确定了处理意见（第三段），将丙交由少内收买。"黥妾爰书"的格式当与此相同：

> 某里公士甲缚诣大女子丙，告曰："某里五大夫乙家吏。丙，乙妾

---

① 睡虎地秦墓竹简整理小组：《睡虎地秦墓竹简》，《释文·封诊式》，第154页。引文句读与原文有所不同。

殿（也）。乙使甲曰：丙悍，谒黥劓丙。"

　　·讯丙，辞曰："乙妾殿（也），毋（无）它坐。"

　　·丞某告某乡主："某里五大夫乙家吏甲诣乙妾丙，曰：'乙令甲，谒黥劓丙。'其问如言不然？定名事里，所坐论云可（何），或覆问毋（无）有。以书言。①

爰书的第一、二段也是某乡主的报告；第三段是县丞给某乡主的"告"。凡此，都说明乡级政权负责一般诉讼案件的审理，执行县廷下达的有关指令，并向县廷报告。

确定了上述爰书皆当是乡廷向县廷的报告（格式）及县廷的相关指示之后，《秦律十八种》的一些规定也就可以得到进一步的认识。《田律》中有两条规定：

　　入顷刍藁，以其受田之数，无垦（垦）不垦（垦），顷入刍三石、藁二石。刍自黄䅵及蘆束以上皆受之。入刍藁，相输度，可殿（也）。
　　禾、刍藁徹（撤）木、荐，辄上石数县廷。勿用，复以荐盖。②

第二条规定中"禾、刍藁徹（撤）木、荐"中的"徹"，注释解作"撤"，将此句解作"谷物、刍藁撤下木头和垫子"，不妥洽。今按：徹应即《诗·大雅·公刘》"徹田为粮"之徹，当作"征纳"解。此条规定要求编户入禾、刍藁时，要另行交纳贮存粮草所用的木材和草垫。"辄上石数县廷"，将禾、刍藁石数上报县廷者，当即乡廷。如果县廷不要求输送，则要用草垫暂时覆盖好禾、刍藁。显然，编户是将禾、刍藁先送到乡廷，并在乡廷暂时储存的。明白此点之后，第一条规定中"刍自黄䅵及蘆束以上皆受之"及"入刍藁，相输度"的主体，也就应当是乡廷。也就是说，乡廷负责接收编户按照受田之数交纳的禾、刍藁，以及禾、刍藁的输送与计量。下面的规定也应当是针对乡廷的：

　　乘马服牛禀，过二月弗禀、弗致者，皆止，勿禀、致。禀大田而毋

---

① 睡虎地秦墓竹简整理小组：《睡虎地秦墓竹简》，《释文·封诊式》，第155页。
② 睡虎地秦墓竹简整理小组：《睡虎地秦墓竹简》，《释文·秦律十八种》，第21—22页。

（无）恒籍者，以其致到日禀之，勿深致。①

乘马服牛，是指应征从事运输等役的牛马，故要给予廪食（饲料）；"过二月弗禀、弗致者"，当指服役之后超过两个月尚未发放饲料的。"禀大田而毋（无）恒籍者，以其致到日禀之，勿深致"，说明大田正是负责禀给"乘马服牛"者，而且乘马服牛多有"恒籍"，只有个别的牛马为临时征调，没有"恒籍"。大田，注释谓："官名，主管农事"，然并未说明其为何级何种范围内主管农事之官。而《厩苑律》云：

> 以四月、七月、十月、正月膚田牛。卒岁，以正月大课之，最，赐田啬夫壶酉（酒）束脯，为旱〈皂〉者除一更，赐牛长日三旬；殿者，谇田啬夫，罚冗皂者二月。其以牛田，牛减絜，治（笞）主者寸十。有（又）里课之，最者，赐田典日旬；殿，治（笞）卅。②

则知负责管理田牛者正是田啬夫与田典。大田，应即田啬夫。田典设在里中，则田啬夫当设于乡中，亦即按乡设置。田啬夫亦见于《田律》：

> 百姓居田舍者毋敢盬（酤）酉（酒），田啬夫、部佐谨禁御之，有不从令者有罪。③

部佐，当即乡部佐。田啬夫与乡部佐一同禁御居田舍之百姓，并有治其不从令者之权。则田啬夫当即乡啬夫。若然，则《效律》所见之都田啬夫，当即都乡啬夫。④部佐又见于《法律答问》：

---

① 睡虎地秦墓竹简整理小组：《睡虎地秦墓竹简》，《释文·秦律十八种》，第22页。
② 睡虎地秦墓竹简整理小组：《睡虎地秦墓竹简》，《释文·秦律十八种》，第22页。
③ 睡虎地秦墓竹简整理小组：《睡虎地秦墓竹简》，《释文·秦律十八种》，第22页。
④ 关于田啬夫，历来有诸多不同理解。高敏先生认为：田啬夫乃是专门管理国有土地的官吏，其下设有田典、牛长等，见高敏：《秦律中的"啬夫"一官》，《社会科学战线》1979年第1期。裘锡圭先生认为田啬夫是县所属的重要官啬夫，总管全县田地等事，见裘锡圭：《啬夫初探》，见中华书局编辑部编：《云梦秦简研究》，北京：中华书局，1981年，第226—301页。王彦辉认为田部与乡部并行，是两套平行的管理机构。田部置有田啬夫、田佐，里中置有田典；田部的职责包括计户授田、编定田籍，管理农田水利，征收田租和刍藁税等。见王彦辉：《田啬夫、田典考释——对秦及汉初设置两套基层管理机构的一点思考》，《东北师范大学学报》2010年第3期。裘、王二先生的（转下页）

> 部佐匿者（诸）民田，者（诸）民弗智（知），当论不当？部佐为匿田，且可（何）为？已租者（诸）民，弗言，为匿田；未租，不论○○为匿田。①

部佐负责田亩登记及田赋征收。岳麓书院秦简0002、1581、1563之中段当可连读，作：

> 部佐行田，度稼得租。啬夫弗行。②

部佐（乡佐）要到辖区内"行田"，考察庄稼收成情况，催收田租。而啬夫则无须"行田"。

户口、田赋等诸种籍帐是以乡为单位编造、审核的。岳麓书院藏秦简1397+1372：

> 尉卒律曰：为计，乡啬夫及典、老月辟其乡里之入穀（穀）、徙除及死亡者，谒于尉，尉月牒部之，到十月乃比其牒，里相就殹（也）以会计。黔［首］之阑亡者卒岁而不归，结其计，籍书其初亡之年月于结，善臧（藏）以戒其得。③

则每年十月案比户口时，各里稽核籍帐，以乡为单位汇编之后，上报到县廷；每月各乡也都要向尉报告本乡各里财务收入及户口变动情况。

（接上页）看法比较接近，所说也较成系统。但问题在于，据王先生所论，田部的职司范围如此广泛，几乎包括乡村基层管理机构的全部职掌，和乡部的职权范围大都重合。也正是因为此点，我们认为田啬夫当即乡啬夫，而部佐当即乡部佐。同样，田典当即里典。里耶秦简中并未见有田啬夫、田典之设，亦足证秦时当并无乡部、田部并行的两套管理机构。杨剑虹先生认为秦简中的田啬夫即乡啬夫，见杨剑虹《从简牍看秦汉时期的乡与里组织》，初刊《陕西历史博物馆馆刊》第3辑，西安：西北大学出版社，1996年，第136—144页，后收入氏著《秦汉简牍研究存稿》，厦门：厦门大学出版社，2013年，第60—78页。我们同意杨先生的意见。又，这里的田啬夫不当是田官之长（田守，田官守），盖田官所领，大抵是隶徒，不当有百姓。

① 睡虎地秦墓竹简整理小组：《睡虎地秦墓竹简》，《释文·法律答问》，第130页。
② 朱汉民、陈松长主编：《岳麓书院藏秦简（壹）》，彩色图版，第28页；红外线图版，第112—113页。
③ 陈松长主编：《岳麓书院藏秦简（肆）》，上海：上海辞书出版社，2015年，红外线图版，第114页。

（三）里

有的里居于城邑之中，是封闭的居住区。睡虎地秦简《法律答问》："龎火延燔里门，当赀一盾；其邑邦门，赀一甲。"① 烧毁里门，罚一盾；烧毁邑邦门，罚一甲。则里门没邑邦门重要，换言之，至少有部分里当处于邑邦之中。睡虎地秦简《法律答问》：

> 越里中之与它里界者，垣为"完（院）"不为？巷相直为"院"；宇相直者不为"院"。②

里与他里之间有界，显然至少有两个以上的里。这里的"里"是城邑中的居住区。《金布律》规定：

> 贾市居列者及官府之吏，毋敢择行钱、布；择行钱、布者，列伍长弗告，吏循之不谨，皆有罪。③

居于市肆中的商贾择行钱布，列伍长与巡行之吏需负连带责任。注释称："据简文，商贾有什伍的编制，列伍长即商贾伍人之长。"说明市中之"列"按伍编排，且实行伍保连坐之法。"市"盖置于城内特定区域，四周或有围垣。《司空律》称："春城旦出繇（徭）者，毋敢之市及留舍阓外，当行市中者，回，勿行。"④ 阓为市门，则市是相对封闭的一个区域，也应当位于城邑之中。岳麓书院藏秦简0466+0944：

> 诸故同里里门而别为数里者，皆复同以为一里。一里过百而可隔垣益为门者，分以为二里。□╱╱□出归里中、里夹、里门者，□车马，袤为门介（界），更令相近者，近者相同里。⑤

---

① 睡虎地秦墓竹简整理小组：《睡虎地秦墓竹简》，《释文·法律答问》，第130页。
② 睡虎地秦墓竹简整理小组：《睡虎地秦墓竹简》，《释文·法律答问》，第137页。
③ 睡虎地秦墓竹简整理小组：《睡虎地秦墓竹简》，《释文·秦律十八种·金布律》，第36页。
④ 睡虎地秦墓竹简整理小组：《睡虎地秦墓竹简》，《释文·秦律十八种·司空律》，第53页。
⑤ 陈松长主编：《岳麓书院藏秦简（肆）》，红外线图版，第192—193页

一里可分别为二里乃至数里，复可合为一里，诸里之间有界，则知此种"里"皆为都市中分划的居住区。

有的里则明显位于乡野之中，是自然聚落。《法律答问》："将上不仁邑里者而纵之，可（何）论？"①里与邑并列，显指聚落而言。

里中置有里典、老。岳麓书院藏秦简"尉卒律"对里典的设置、选任与职守规定甚悉。简1373+1405+1291+1293+1235：

> 尉卒律曰：里自卅户以上置典、老各一人，不盈卅户以下，便利，令与其旁里共典、老，其不便者，予之典而勿予老。
>
> 公大夫以上擅启门者附其旁里，旁里典、老坐之。
>
> 置典、老，必里相谁（推），以其里公卒、士五（伍）年长而毋（无）害者为典、老；毋（无）长者，令它里年长者。为它里典、老，毋以公士及毋敢以丁者，丁者为典、老，赀尉、尉史、士吏主者各一甲，丞、令、令史各一盾。毋（无）爵者不足，以公士，县毋命为典、老者，以不更以下，先以下爵。其或复，未当事戍，不复而不能自给者，令不更以下无复不复，更为典、老。②

三十户置里典、老各一人，则秦里的标准规制即当为三十户一里。典、老一般任以年长无须服丁役的公卒、士伍。而在实际上，里典或多由土豪担任。睡虎地秦简《法律答问》：

> 可（何）谓"衛（率）敖"？"衛（率）敖"当里典谓殹（也）。③

注释谓："率，通帅。敖，读为豪。古书豪帅同义连用。如《史记·韩长孺列传》集解引张晏云：'豪，犹帅也'。当时以乡里中豪强有力者为里正，如《公羊传》宣公十五年注：'一里八十户……选其耆老有高德者，名为父老；其有辩护伉健者为里正，皆受倍田，得乘马。'"可从。

---

① 睡虎地秦墓竹简整理小组：《睡虎地秦墓竹简》，《释文·法律答问》，第108页。
② 陈松长主编：《岳麓书院藏秦简（肆）》，红外线图版，第115—116页。
③ 睡虎地秦墓竹简整理小组：《睡虎地秦墓竹简》，《释文·法律答问》，第141页。

里典、老负责户籍编排与里中治安。睡虎地秦简《秦律杂抄·傅律》云：

> 匿敖童，及占癃（癃）不审，典、老赎耐。·百姓不当老，至老时不用请，敢为酢（诈）伪者，赀二甲；典、老弗告，赀各一甲；伍人，户一盾，皆罨（迁）之。·傅律。①

典即里典。老，注释谓"相当后世的保甲长"，非当，盖下文见有伍人，而"老"显非属于"伍人"。故当解作"里父老"。显然，里典与里父老负责同里户籍的编排，并承担相关责任。

里典负责征发徭役。睡虎地秦简《法律答问》：

> 可（何）谓"逋事"及"乏繇（徭）"？律所谓者（诸）当繇（徭），吏、典已令之，即亡弗会，为"逋事"；已阅及敦（屯）车食若行到繇（徭）所乃亡，皆为"乏繇（徭）"。②

典即里典。根据律令，编户某人当徭，由吏及里典下令征发，然后接受检阅，送到服役之所。

里典（正）对里中居民盖有全面的掌控权。睡虎地秦简《封诊式》"疠爱书"谓：

> 某里典甲诣里人士五（伍）丙，告曰："疑疠，来诣。"
> ·讯丙，辞曰："以三岁时病疕，麋（眉）突，不可智（知）其可（何）病，毋（无）它坐。"令医丁诊之，丁言曰："丙毋（无）麋（眉），艮本绝，鼻腔坏。刺其鼻不嚏（嚏）。肘桼（膝）□□□到□两足下奇（踦），溃一所。其手毋胈。令号，其音气败。疠殹（也）。"③

这也应当是乡廷报告县廷的文书。其第一段为事由，第二段当是乡廷关于检

---

① 睡虎地秦墓竹简整理小组：《睡虎地秦墓竹简》，《释文·秦律杂抄》，第87页。
② 睡虎地秦墓竹简整理小组：《睡虎地秦墓竹简》，《释文·法律答问》，第132页。
③ 睡虎地秦墓竹简整理小组：《睡虎地秦墓竹简》，《释文·封诊式》，第156页。

查情况的报告。里典甲向乡里报告"里人"患有"疠"（麻风病）的情况，并负责将患疠者送到乡廷去。在"经死爰书"中，"某里典甲曰：'里人士五（伍）丙经死其室，不智（知）故，来告。'"①

里典对里中治安负有责任，并参与某些司法事务。在上引《封诊式·封守爰书》中，里典某、涉案人甲的同伍公士某被查问甲某是否还有其他财产，并受命看守已被查封的甲某财产，说明里典、伍长皆负有协助治安与司法事务之责。睡虎地秦简《法律答问》：

> 贼入甲室，贼伤甲，甲号寇，其四邻、典、老皆出不存，不闻号寇。问当论不当？审不存，不当论；典、老虽不存，当论。②

《法律答问》接着说："何谓'四邻'？'四邻'即伍人之谓也。"③里典与四邻对于里中所发生的治安案件，均负有连带责任。

这里有一个问题需要辨析。睡虎地秦简所记之里，皆以里典为长，而岳麓书院藏秦简（肆）则见有典与田典并存。简1966+2042：

> 匿罪人，当赀二甲以上，到赎死；室人存而年十八岁以上者，赀各一甲；其奴婢弗坐。典、田典□而舍之，皆赀一甲。④

又简1965+2150+1991：

> 主匿亡收、隶臣妾，耐为隶臣妾；其室人存而年十八岁者，各与其疑同灋；其奴婢弗坐；典、田典、伍不告，赀一盾；其匿□□归里中，赀典、田典一甲，伍一盾；匿罪人虽弗敝（蔽）狸（埋），智（知）其请（情），舍其室，□□□吏遣，及典、伍弗告，赀二甲。亡律。⑤

简2011+1984+1977+2040+1979也说：

---

① 睡虎地秦墓竹简整理小组：《睡虎地秦墓竹简》，《释文·封诊式》，第158页。
② 睡虎地秦墓竹简整理小组：《睡虎地秦墓竹简》，《释文·法律答问》，第116页。
③ 睡虎地秦墓竹简整理小组：《睡虎地秦墓竹简》，《释文·法律答问》，第116页。
④ 陈松长主编：《岳麓书院藏秦简（肆）》，红外线图版，第39页。
⑤ 陈松长主编：《岳麓书院藏秦简（肆）》，红外线图版，第39—40页。

> 盗贼旞（遂）者及诸亡坐所去亡与盗同灋者当黥城旦舂以上及命者、亡城旦舂、鬼薪、白粲舍人室、人舍、官舍，主舍者不智（知）其亡，赎耐。其室人、舍人存而年十八岁以上者及典、田典不告，赀一甲；伍不告，赀一盾。当完为城旦舂以下到耐罪及亡收、司寇、隶臣妾、奴婢阑亡者舍人室、人舍、官舍，主舍者不智（知）其亡，赀二甲。其室人、舍人存而年十八岁以上者及典、田典、伍不告，赀一盾。①

均以典与田典、伍并列。而简0797+2037+2090则称：

> ☐少府均输四司空，得及自出者，吏治必谨讯，簿其所为作务以☐☐，乡部吏赀一甲，占者赎耐，莫占吏数者，赎耐。典、老占数小男子年未盈十八岁及/女子，县道啬夫谇，乡部吏赀一盾，占者赀二甲，莫占吏数者，赀二甲。②

又简1990+1940+2057+2111说：

> 男女去，阑亡、将阳，来入之中县、道，无少长，舍人室，室主舍者，智（知）其请（情），以律罳（迁）之；典、伍不告，赀典一甲，伍一盾。不智（知）请（情），主舍，赀二甲；典、伍不告，赀一盾。舍之过旬，乃论之。舍，其乡部课之，卒岁，乡部吏弗能得，它人捕之，男女无少长，伍（五）人，谇乡部啬夫；廿人，赀乡部啬夫一盾；卅人以上，赀乡部啬夫一甲，令、丞谇，乡部吏主者，与乡部啬夫同罪。其亡居日都官、执灋属官、禁苑、园、邑、作务、官道畔（界）中，其啬夫吏、典、伍及舍者坐之，如此律。③

这两条规定，与上引三条，大抵皆属亡律内容，而后两条中仅见于典、伍，不见"田典"，却见有乡部吏、乡部啬夫，而后一条在末句总论中更将啬夫吏与典、伍并列。此两条规定中的典在乡部之下，显然是里典。据此推测，

---

① 陈松长主编：《岳麓书院藏秦简（肆）》，红外线图版，第58—60页。
② 陈松长主编：《岳麓书院藏秦简（肆）》，红外线图版，第42页。
③ 陈松长主编：《岳麓书院藏秦简（肆）》，红外线图版，第56—58页。

上引前三条中的"田典"当即后两条中的"典",亦即里典;而前三条中的"典",则在田典之上,当是大田典,亦即田啬夫,也就是乡啬夫。

里中的居民及其生活,亦仅有零星材料可供分析。睡虎地秦简《封诊式》"毒言爰书"称:

> 某里公士甲等廿人诣里人士五(伍)丙,皆告曰:"丙有宁毒言,甲等难饮食焉,来告之。"即疏书甲等名事关谍(牒)北(背)。
>
> ·讯丙,辞曰:"外大母同里丁坐有宁毒言,以卅余岁时曓(迁)。丙家节(即)有祠,召甲等,甲等不肯来,亦未尝召丙饮。里节(即)有祠,丙与里人及甲等会饮食,皆莫肯与丙共桮(杯)器。甲等及里人弟兄及它人智(知)丙者,皆难与丙饮食。丙而不把毒,毋(无)它坐。"①

某里有公士甲等廿人,则此里户数当不少于二十户。甲家与丙家往往举行祭祀,并招里人会饮。这是里中平常的生活情形。

三、秦地陶文所见秦的亭、乡、里

秦都咸阳遗址及其周围墓地所出陶文中,见有咸亭郦里(咸郦里)、咸亭完里(咸亭郔里、咸完里、咸郔里)、咸亭阳安、咸亭□里、□亭当□、咸沙里、咸高里、咸新安、咸蒲里、咸直里、咸重成、咸泆里、咸商里、咸戎里、咸白里、咸亭隩阳(咸隩阳)、咸亭东里、咸亭泾里(咸泾里)、咸亭沙里(咸亭沙)、咸亭阳安、咸阎里、咸广里、咸高里(咸高□)、咸白里、咸武都、咸安处、咸芮里、咸卜里、咸故仓、咸亭右里(咸右里)、咸反里、咸甘里、咸隩里等。②俞伟超先生认为:"咸亭之下作'某里某器'为这种陶文的通例,'某里'当为里名,'里'下和'器'前一字,应为作器人名。"俞先生进而指出:"咸亭沙寿□器"之"沙寿","咸亭阳安驿

---

① 睡虎地秦墓竹简整理小组:《睡虎地秦墓竹简》,《释文·封诊式》,第162—163页。
② 袁仲一、刘钰编著:《秦陶文新编》,上编,《考释》,北京:文物出版社,2009年,第108—141、154—156、159—161、168—171页。

器"之"阳安","咸亭当柳壹器"之"当柳",皆当为里名。① 若然,则秦都咸阳的亭,是辖有里的;而秦都咸阳当只有一个亭,即"咸阳亭",又可简称为"咸亭"。

在俞先生的基础上,裘锡圭先生进一步补充了所见亭的资料,做了更深入的讨论。② 正如两位先生所指出的那样,"临亭""菑亭"中的"临""菑"皆当为"临淄"的简称,"河亭"中的"河"乃是"河南"的省文,"邯亭"的"邯"乃是"邯郸"的省文,"安亭"的"安"是"安邑"的省文,"易亭"的"易"是"易阳"的省文。而"犛亭"(扶风县与眉县白家遗址出土)的犛是秦内史所属的犛县,"杜亭"的杜乃是内史所属的杜县,"夹(陕)亭"的"夹(陕)"是三川郡陕县,"降亭"当即"绛亭",其中的"绛"当即绛县。据此,秦始皇陵园所出陶文"犬亭"的"犬",当即犬丘之省文;③ 上焦村秦墓出土陶文中所见的"郦亭"(同时见有"郦市")中的"郦"当即郦邑,"隽亭"中的"隽"当即焦邑;④ 秦东陵所出陶文中的"奠亭"之"奠",当是郑县;⑤ 淳化县秦林光宫遗址所出陶文中的"云亭"(同时见有"云市")之"云"当即云阳之省文;⑥ 陇

---

① 俞伟超:《秦汉的"亭"、"市"陶文》,初刊《文物》1963年第2期,后收入氏著《先秦两汉考古学论集》,北京:文物出版社,1985年,第132—145页,引文见第136页。

② 裘锡圭:《啬夫初探》,见中华书局编辑部编:《云梦秦简研究》,北京:中华书局,1981年,第226—301页,特别是第262—280页。

③ 袁仲一、刘钰编著:《秦陶文新编》,上编,《考释》,第52页。《汉书·地理志》右扶风"槐里"原注:"周曰犬丘,懿王都之。秦更名曰废丘。"(第1546页)犬亭,当即犬丘之亭。秦封泥中见有"废丘"印、"废丘丞印"(周晓陆、路东之编著:《秦封泥集》,西安:三秦出版社,2000年,第279页),说明秦时有废丘县。

④ 袁仲一、刘钰编著:《秦陶文新编》,上编,《考释》,第57、86页。《汉书·地理志》京兆尹"新丰县"原注:"骊山在南,故骊戎国。秦曰骊邑。"(第1543页)则知秦时有骊邑(当即郦邑)。《汉书·地理志》弘农郡陕县原注:"有焦城,故焦国。"(第1549页)

⑤ 袁仲一、刘钰编著:《秦陶文新编》,上编,《考释》,第208页。《汉书·地理志》京兆尹有郑县,原注:"周宣王弟郑桓公邑。有铁官。"(第1544页)

⑥ 袁仲一、刘钰编著:《秦陶文新编》,上编,《考释》,第233—234页。《汉书·地理志》左冯翊有云阳县,原注:"有休屠、金人及径路神祠三所。"(第1545页)秦封泥中见有"云阳丞印"(周晓陆、路东之编著:《秦封泥集》,第278页),说明秦时有云阳县。

县店子村秦墓所出陶文中的"阿亭"之"阿",当即芮陓之省文;①商洛所出秦陶文中的"雒亭"之"雒",亦即雒邑;②扶风县出土秦陶文中的"美亭"之"美",当即美阳之省文。③云梦睡虎地秦墓所出的"安陆市亭"陶文的"安陆",也是县邑名。④因此,今见秦陶文中的"亭",基本上可以断定,全部位于都城县邑之中。

俞伟超认为陶文所见的亭,并非《汉书·百官公卿表》所见"十里一亭"之亭,而当是"旗亭"之亭,亦即市楼;而咸阳遗址及其周围墓地所出写有"咸亭某里某人"的戳记,"都是咸阳市府所辖某某私人陶业制品的标记"。俞先生似乎暗示:咸阳亭乃是咸阳市府,亦即咸阳城的管理机构。他在谈到郑州商城遗址东北隅所出"亭"字陶文时也说:"郑州的'亭'字陶文虽然仍保持着六国古文之体,但用'亭'来作为市府标记,却是接受了秦国制度后的产物。"显然,俞先生是把"亭"看作为"市府"的。秦封泥中,见有"咸阳亭印""咸阳亭丞"两种官印,⑤也加强了咸阳亭乃咸阳城市管理机构的证据。秦封泥中还见有"邳亭"半通印文,⑥裘锡圭先生指出其中的"邳"乃东海郡下邳县的省文。裘先生并指出:"这些亭印都在'亭'字上冠以县名,而且除'邯亭'为小圆印、'夹亭'为方印外,都属于半通类型('杜亭'、'河亭'为东西长的半通),它们都应该是县的都亭啬夫印。"他并认为陶文中的"咸阳亭久"印也当是秦代咸阳都亭啬夫之

---

① 袁仲一、刘钰编著:《秦陶文新编》,上编,《考释》,第242页。《汉书·地理志》右扶风汧县原注:"芮水出西北,东入泾。《诗》芮(陓)[阮],雍州川也。"(第1547页)

② 袁仲一、刘钰编著:《秦陶文新编》,上编,《考释》,第243页。《汉书·地理志》弘农郡有上雒县,原注:"《禹贡》雒水出冢领山,东北至巩入河。"(第1549页)

③ 袁仲一、刘钰编著:《秦陶文新编》,上编,《考释》,第246页。《汉书·地理志》右扶风有美阳县,原注云:"《禹贡》岐山在西北。中水乡,周大王所邑。有高泉宫,秦宣太后起也。"(第1547页)美亭当即美阳之亭。秦封泥中见有"美阳丞印"(周晓陆、路东之编著:《秦封泥集》,第281页),说明秦时有美阳县。

④ 袁仲一、刘钰编著:《秦陶文新编》,上编,《考释》,第250页。安陆之名,见于睡虎地秦墓竹简《编年记》(《叶书》),其为秦县名,向无疑义。

⑤ 周晓陆、路东之编著:《秦封泥集》,西安:三秦出版社,2000年,第364—365页。

⑥ 周晓陆、路东之编著:《秦封泥集》,西安:三秦出版社,2000年,第366页。

印；传世的"都亭"半通印，也当是都亭啬夫的印。①

因此，秦代的亭大抵皆置于都邑之中，其下辖有里。正如俞、裘等先生所指出的那样，今见陶文中，"咸亭某里"之某人皆为陶器的生产者，故属于亭的各里，似皆为工商业者，或者如裘先生所云，皆为列入"市籍"者。但事实上，仅仅依靠出土陶文，并不能判断生产陶器的户人不从事其他生业。所以，陶文中所见属于咸亭某里的户人，更可能只是咸阳的普通民户，并不一定就是官府手工业作坊中的从业者。

值得注意的是，秦地出土陶文、封泥中，并不见有"都乡"之称，盖"都"（城邑）中置亭，得称为"都亭"（"都"作城邑解，非"总"意），乡则置于都邑之外。秦官印封泥中，见有"中乡""左乡""咸阳右乡""右乡之印""东乡""西乡""西乡之印""南乡""北乡""轵乡""良乡""画乡""安乡""安乡之印""犹乡""路乡""端乡""广乡""祁乡""休乡之印""拔乡之印""定乡""建乡""请乡之印""台乡""安国乡印""宜春乡印""广陵乡印""勳里乡印""信安乡印""广文乡印""朝阳乡印""新息乡印""平望乡印""白水乡印""西昌乡印""西平乡印""利居乡印""句莫乡印""东间乡印""郁狼乡印""尚父乡印""累丘乡印""涢郭乡印""南成乡印""阳夏乡印""南阳乡印""安平乡印""上东阳乡"等。②凡此诸乡之所在，大抵皆无可考，然左、右乡与东、西、南、北乡之目，已足可说明各乡乃是县域内的区域分划。有的乡，到汉时设置了县。如轵乡。《汉书·地理志》河内郡"轵"县孟康注曰："原乡，晋文公所围是也。"③则汉代轵县当由秦时轵乡升置而来。无论秦时轵乡属于何县，其乡廷皆非县廷所在，属于离邑。祁乡、台乡、安国、朝阳、新息、平望、白水、西平、南成、阳夏、安平、东阳诸乡，大抵皆与轵乡一样，至汉时升为县，其在秦时则为离邑。东间、累丘、涢郭之名，则说明这些乡当以某一聚落为中心。

很难判断秦都咸阳遗址及其周围墓葬所出陶文的准确年代，大致说来，

---

① 裘锡圭：《啬夫初探》，见中华书局编辑部编：《云梦秦简研究》，北京：中华书局，1981年，第226—301页，特别是第262—280页，引文见第265页。
② 周晓陆、路东之编著：《秦封泥集》，西安：三秦出版社，2000年，第332—363页。
③ 《汉书》卷二八上《地理志》，第1555页。

这些陶文的上限可以早到秦孝公十二年（前350）迁都咸阳，下限则可到秦二世时代。咸阳遗址所出写有"咸阳亭（咸亭）某里"的陶瓦器，大抵是在营建咸阳城时或其稍后留下来的，所以，根据这些材料，基本可以断定，在商鞅变法时期，秦国已建立起亭-里制度及乡里制度。

秦封宗邑瓦书铭文所记是战国时期秦国分封宗邑的情况。其文曰：

> 四年，周天子使卿大夫辰来致文武之酢（胙）。冬十壹月辛酉，大良造、庶长游出命曰："取杜才酆邱到于潏水，以为右庶长歜宗邑。"乃为瓦书，卑司御、不更顝封之，曰："子子孙孙以为宗邑。"顝以四年冬十壹月癸酉封之。自桑障之封以东，北到于桑匽之封。一里，廿辑。大田佐、敖豪曰末，史曰初，卜蛰，史羁手，司御心，志是霍封。①

四年，一般认为即秦惠文王前元四年（前334）。歜受封的宗邑在杜（县、邑）之酆邱到潏水之间，具体范围是在桑障界以东、桑匽界之南。一里廿辑，诸家解释不同，然大抵以里为居民编排单位，辑则或解作"家"，或解为"聚"。敖豪之"豪"，诸家多释为"童"，今细辨拓本图影，改释为"豪"。大田，应是里之上的管理单位，或即相当于乡。末是当地的豪帅（敖豪），担任大田佐，当即乡佐。他与史初（名为初的史）、卜蛰（名为蛰的卜）等一同负责划定歜受封宗邑的范围，并设立标志。内史辖下杜县所属的酆邱到潏水之间地区，显然是乡村区域。在杜县下置有大田佐，大田之下有里，说明在惠文王时，秦国已经建立起乡里控制体系。

不仅如此。秦陶文所见里名，除上述咸阳诸里之外，还有秦都雍城凤

---

① 关于此件瓦书的研究主要有：（1）陈直：《考古论丛：秦陶券与秦陵文物》，《西北大学学报》1957年第1期；（2）郭子直：《战国秦封宗邑瓦书铭文新释》，中国古文字学会等编：《古文字研究》第14辑，北京：中华书局，1986年，第177—196页；（3）尚志儒：《秦封宗邑瓦书的几个问题》，《文博》1986年第6期；（4）黄盛璋：《秦封宗邑瓦书及其相关问题考辨》，《考古与文物》1991年第3期；（5）刘杰：《秦封宗邑瓦书铭文研究述补》，《湖南科技大学学报（社会科学版）》2013年第4期。

翔37号秦墓出土瓮棺上所见"雍柰里"。①《史记·秦始皇本纪》所附《秦纪》中记载秦雍城附近的里有桓公"葬义里丘北",景公"葬丘里南",毕公"葬车里北",惠公葬"车里",刺共公"葬入里。"②柰里当与义里、丘里、车里、入里等一样,均处于雍城近郊。据此,则知春秋晚期秦国即已置有里。《史记》卷四四《魏世家》记魏文侯"十六年,伐秦,筑临晋元里"。③元里本属秦国,故知其时秦国在边境地带亦已设置里。

《史记》卷五《秦本纪》说:

> (秦孝公)十二年,作为咸阳,筑冀阙,秦徙都之。并诸小乡聚,集为大县,县一令,三十一县。为田开阡陌。东地渡洛。十四年,初为赋。④

同书卷六八《商君列传》:

> 居三年,作为筑冀阙宫庭于咸阳,秦自雍徙都之。而令民父子兄弟同室内息者为禁。而集小都、乡、邑、聚,为县,置令、丞,凡三十一县。为田开阡陌封疆,而赋税平。平斗桶权衡丈尺。⑤

"并诸小乡聚"或"集小都、乡、邑、聚",说明在商鞅变法之前,秦国境内有都、乡、邑、聚四种管理单位。

四、里耶秦简所见秦迁陵县的乡、里、亭

里耶秦简的发现地里耶镇,在秦时为迁陵县官署之所在。迁陵于秦始皇二十五年(前222)置县。据简文可知,迁陵县有都乡、贰春、启陵等乡。

---

① 袁仲一、刘钰编著:《秦陶文新编》,上编,《考释》,第219页;施谢捷:《陕西出土秦陶文字丛释》,《考古与文物》1998年第2期。

② 《史记》卷六《秦始皇本纪》,北京:中华书局,1959年,第286—287页。

③ 《史记》卷四四《魏世家》,第1838页。魏文侯十六年即秦躁公十三年(前430)。这里的时间有误,其事当在秦简公六年(前409)。

④ 《史记》卷五《秦本纪》,第203页。

⑤ 《史记》卷六八《商君列传》,第2232页。引文句读与原文略有不同。"集小都"之"都"字,今校点本作为衍字,兹未从。

简8-49：

> ☐乡、贰春、启陵☐

整理者认为，"乡"字前疑有"都"字，都乡、贰春、启陵为简文常见迁陵县三乡之名。①应可从。简8—145所记应是迁陵县接受各类隶徒、分发本县有关部门的簿书，其所受隶徒八十七人中，有"四人付贰春""二人付都乡""二人付启陵"。②从这份文书看，迁陵县很可能只有三乡。简8-1519：

> 迁陵卅五年狼（垦）田舆五十二顷九十五亩，税田四顷☐☐
> 户百五十二，租六百七十七石。衡（率）之，亩一石五。
> 户婴四石四斗五升，奇不衡（率）六斗。
> 启田九顷十亩，租九十七石六斗。
> 都田十七顷五十一亩，租二百卌一石。
> 贰田廿六顷卅四亩，租三百卌九石三。
> 凡田七十顷卌二亩。租凡九百一十。
> 六百七十七石。③

这份文书，应是秦始皇三十五年迁陵县全县及分乡的垦田、税田数记录。简文中的"启"指启陵乡，"都"指都乡，"贰"指贰春乡。又简8-1663：

> ☐[迁]陵令☐
> ☐[敢]告尉，三乡☐
> ☐□／七月庚辰☐④

简文残缺过甚，然其内容涉及迁陵全县，应无疑问，更可证迁陵县当有三个乡。简16-5背：

---

① 陈伟主编：《里耶秦简牍校释》，第一卷，武汉：武汉大学出版社，2012年，第40页。
② 陈伟主编：《里耶秦简牍校释》，第一卷，第84—86页。
③ 陈伟主编：《里耶秦简牍校释》，第一卷，第345—346页。
④ 陈伟主编：《里耶秦简牍校释》，第一卷，第374页。

> 二月丙辰，迁陵丞欧敢告尉，告乡、司空、仓主：前书已下，重听书从事。尉别都乡、司空，［司空］传仓，都乡别启陵、贰春，皆勿留脱。它如律令。釦手。丙辰，水下四刻，隶臣尚行。
> 三月癸丑，水，下，尽巫阳陵。士五匂以来。邪手。
> 四月癸卯，水，十一刻，刻下九，求盗簪袤阳成辰以来。弱手。如手。①

这份文书，当是迁陵丞欧发给全县各有关机构要求按照"前书"执行的通告，都乡、启陵、贰春三个乡与司空、仓主等并列，是迁陵县最重要的行政机构。

各乡皆置有守（啬夫）、佐等乡吏，各统有若干里。在乡、里之外，迁陵县又置有六个亭。兹据已公布且经过整理的简文资料，略作考析。②

（一）都乡

简8-660：

> 卅五年八月丁巳朔丙戌，都乡守□
> 士五（伍）兔诣少内受□。•今□□
> 九月丁亥日垂入，乡守蜀以来。瘳。③

蜀当即都乡守。简8-809见有"都乡佐襄"。简8-1041见有"都乡守桦"。简8—142：

> 二月辛未，都乡守舍徒薄（簿）□

---

① 郑曙斌、张春龙、宋少华、黄朴华：《湖南出土简牍选编》，长沙：岳麓书社，2013年，第136页。释文据图片有所调整。

② 关于里耶秦简所见秦迁陵县的乡里，晏昌贵、鲁家亮等先生曾有考证与讨论，请见晏昌贵、郭涛：《里耶秦简所见秦迁陵县乡里考》，《简帛》第10辑，上海：上海古籍出版社，2015年，第145—154页；鲁家亮：《里耶秦简所见迁陵三乡补论》，《国学研究》2015年第4期，第35—46页。本节的考证与上列二文虽颇有相似之处，然出发点与具体理路、认识却并不相同，故予以保留，未作删节。撰写此节时，《里耶秦简》贰尚未出版，故所用材料限于《里耶秦简》壹。《里耶秦简》贰出版后，我们亦曾详检相关材料，然有关认识并未改变，故本节亦未作补充，但作了部分调整。

③ 陈伟主编：《里耶秦简牍校释》，第一卷，第195页。

> 受仓隶妾三人、司空城☒
> 凡六人。捕羽，宜、委、□☒
> 二月辛未旦，佐初□☒①

这份文书应是都乡守舍从仓、司空接受隶徒（隶妾、城旦各三人）的簿书。"佐初"应是都乡的乡佐，名初。简8-196+8-1521：

> 卅一年五月壬子朔丁巳，都乡□☒
> 受司空城旦一人，仓隶妾二人。☒
> ☒□□
> 五月丁巳旦，佐初以来。欣发。☒②

也当是都乡接受隶徒的文书，负责接收的，仍然是乡佐初。简8-2011：

> 卅一年五月壬子朔壬戌，都乡守是徒薄（簿）。☒
> 受司空城旦一人，仓隶妾二人。☒
> 一人捕献。☒
> 二人病。☒
> 五月壬戌，都乡守是□□□☒
> 五月壬戌旦，佐初以来。／气发。☒③

这份文书与上件相关，盖丁巳日都乡接收了三名隶徒，壬戌日上报的"徒簿"载明了三人的情况：一人被委派去捕猎，二人生病。简8-1425：

> 六月都乡不上乙丑作徒薄（簿）□☒
> 卅五年六月戊午朔癸未令□☒
> 六月戊午朔癸☒④

则各乡在固定时间里要上报"作徒簿"，都乡在六月乙丑日未及时上报，所

---

① 陈伟主编：《里耶秦简牍校释》，第一卷，第82页。
② 陈伟主编：《里耶秦简牍校释》，第一卷，第108页。
③ 陈伟主编：《里耶秦简牍校释》，第一卷，第417页。
④ 陈伟主编：《里耶秦简牍校释》，第一卷，第322页。

以需要补报。

简8-170：

> 廿八年五月己亥朔甲寅，都乡守敬敢言之：☐
> 得虎，当复者六人，人一牒，署复□于☐
> 从事，敢言之。
> 五月甲寅旦，佐宣行廷。①

此见有都乡守敬、佐宣。都乡守敬向县廷行文，应复（免除）得虎六人的徭役，每人发给一份牒文，以作凭证。简8-1454+8-1629：

> ☐乡柀不以五月敛之，不瘾（应）律。都乡守芾谢曰：乡征敛之，黔首未肎（肯）入。
> ☐□史
> ☐之写上，敢言之。／华手。
> ☐华手。②

都乡守芾因为未能及时完成征发赋役之责，表示谢罪。简16-9背：

> 迁陵守丞敦狐告都乡主：以律令从事。逐手。即☐
> 甲辰，水，十一刻，刻下者十刻。不更成里午以来。犟手。③

是都乡之长官得称为"都乡主"。

都乡有高里。简8-1443背+8-1455背：

> 卅二年六月乙巳朔壬申，都乡守武爰书：高里士五（伍）武自言，以大奴幸、甘、多，大婢言、言子益等，牝马一匹予子小男子产。典私占。初手。
> 六月壬申，都乡守武敢言：上。敢言之。／初手。

---

① 陈伟主编：《里耶秦简牍校释》，第一卷，第103页。
② 陈伟主编：《里耶秦简牍校释》，第一卷，第331页。
③ 郑曙斌、张春龙、宋少华、黄朴华：《湖南出土简牍选编》，第139页。

> 六月壬申日，佐初以来。/欣发。①

负责登记高里士伍武分产之事的典私，是里典，当即高里的里典。初是乡佐。武分给儿子产的财产包括三个大奴、一个大婢及其儿子，以及牝马一匹，看来饶有资财。简8-1537：

> 卅三年七月己巳朔甲戌，都乡守壬爰书：高里士五（伍）武自□☑
> 典绾□☑②

典绾也应当是高里的里典。简8-1554：

> 卅五年七月戊子朔己酉，都乡守沈爰书：高里士五（伍）广自言，谒以大奴良、完，小奴畴、饶，大婢阑、愿、多、□，禾稼、衣器、钱六万，尽以予子大女子阳里胡，凡十一物，同券齿。
> 典弘占。
> 七月戊子朔己酉，都乡守沈敢言之：上。敢言之。/□手。
> ［七］月己酉日入，沈以来。□□。沈手。③

高里士伍广分给其女儿的家产也不少。典弘也当是高里的里典。沈是都乡的守。

都乡境内当存有若干未入编户的土著人群。简9-2300：

> 都乡黔首毋濮人、杨人、臾人。④

简9-1305见有"都乡黔首毋良药芳草□☑"。⑤二简行文结构相同，"黔首毋濮人、杨人、臾人"，当理解为"不要将濮人、杨人、臾人编入黔首之列"。

---

① 陈伟主编：《里耶秦简牍校释》，第一卷，第326页。
② 陈伟主编：《里耶秦简牍校释》，第一卷，第352—353页。
③ 陈伟主编：《里耶秦简牍校释》，第一卷，第356—357页。
④ 陈伟主编：《里耶秦简牍校释》，第二卷，武汉：武汉大学出版社，2018年，第466页。
⑤ 陈伟主编：《里耶秦简牍校释》，第二卷，第288页。

（二）贰春乡

简8-342见有"贰春乡史"。简8-580见有"贰春乡佐壬"。简8-787见有"贰春乡守绰"。简8-816见有"贰春乡守氐夫"。简8-1527见"贰春乡守平"。简8-645：

> 廿九年九月壬辰朔辛亥，贰春乡守根敢言之：牒书水火败亡课一牒上。敢言之。
> 九月辛亥旦，史邛以来。感半。邛手。①

此见有贰春乡守根、史邛。感也可能是史。简8-1704："☐贰春吏见三人。"则贰春乡的吏，至少当包括守、佐、史三人。

简文记录了贰春乡的积户数及其变化。简8-927：

> 廿七年，迁陵贰春乡积户☐
> 亡者二人，衡（率）之，万五千三户而☐☐②

此处所记户数，当是秦始皇二十七年贰春乡所领有的积户数。简8-1716：

> 卅五年迁陵贰春乡积户二万一千三百☐
> 毋将阳阑亡乏户。③

到秦始皇三十五年，贰春乡共领有积户二万一千三百余。八年间，积户增加了六千余户。又据简8-552：

> 卅二年，迁陵积户五万五千五卅四④

则秦始皇三十二年，迁陵县有积户五万五千五百三十四户。如果以三乡计，

---

① 陈伟主编：《里耶秦简牍校释》，第一卷，第189页。
② 陈伟主编：《里耶秦简牍校释》，第一卷，第250页。
③ 陈伟主编：《里耶秦简牍校释》，第一卷，第381页。
④ 陈伟主编：《里耶秦简牍校释》，第一卷，第178页。

平均每乡有积户近一万八千户。①

贰春乡曾接受外来户口移入。简8-1565：

> 卅五年八月丁巳朔，贰春乡兹敢言之：受酉阳盈夷乡户隶计大女子一人，今上其校一牒，谒以从事。敢言之。
> 如意手。②

这是从酉阳县盈夷乡迁来了一户大女子。

除列入编户的庶民外，贰春乡还接受并管理各种类型的"徒隶"。简8—1280：

> 廿八年九月丙寅，贰春乡守畸徒薄（簿）。
> 积卅九人。
> 十三人病。

---

① 张春龙、陈伟、唐俊峰等先生曾讨论过里耶秦简所见的"见户"与"积户"，认为它们分属两种不同性质的户数。见张春龙《里耶秦简所见的户籍和人口管理》（收入中国社会科学院考古研究所等《里耶古城·秦简与秦文化研究》，北京：科学出版社，2009年，第191—202页），陈伟《里耶秦简所见秦代行政与算术》（http://www.bsm.org.cn/show_article.php?id=1986，2014年2月4日发布）、唐俊峰《里耶秦简所示秦代的"见户"与"积户"》（http://www.bsm.org.cn/show_article.php?id=1987，2014年2月8日发布）。"见户"乃指版籍著录的户数，即著籍户，当无疑问。论者均注意到简文所记迁陵县及诸乡积户过多的问题，并提出不同解释，但均未能提供充分论证。我怀疑"积户"或可能当作"系户"，即"系于此乡、县之户"解。《秦律十八种·属邦律》："道官相输隶臣妾、收人，必署其已禀年日月、受衣未受、有妻毋有。受者以律续食衣之。属邦。"（睡虎地秦墓竹简整理小组编：《睡虎地秦墓竹简》，《释文·秦律十八种》，第65页。）上引《语书》首谓："南郡守腾谓县、道啬夫。"道与县一样，是郡之下的正式政区建置，并非属邦。《属邦律》中"道官"所输之隶臣妾、所收之人，则当来自"属邦"。《法律答问》又见有"臣邦"："臣邦人不安其主长而欲去夏者，勿许。可（何）谓'夏'？欲去秦属，是谓'夏'。"（睡虎地秦墓竹简整理小组编：《睡虎地秦墓竹简》，《释文·法律答问》，第135页。）则"臣邦人"为"秦属"，"臣邦"亦即臣邦属于秦之邦，而臣邦人（属邦人）之主长则为"夏"（秦）（关于属邦的讨论，请参阅工藤元男：《睡虎地秦简所见秦代国家与社会》，广濑薰雄、曹峰译，上海：上海古籍出版社，2010年，第73—104页）。据此，我揣测所谓积户，或者可能就是系于迁陵县下的"属邦"（臣邦）人。然此事关涉实甚广，我的证据也不足，姑备一说。

② 陈伟主编：《里耶秦简牍校释》》，第一卷，第362页。

廿六人彻城。①

秦始皇二十八年，贰春乡守畸报告本乡有徒三十九人，其中十三人病，二十六人"彻城"（当作"治城"解）。简8-1146：

> 廿九年九月戊午，贰春□☒
> 其一学甄：贺。☒
> 四人负土：臧、成、聊、骨。☒②

贺、臧等人都应当是"徒隶"。简8-1207+8-1323：

> 卅三年正月庚午朔己丑，贰乡守吾作徒薄（簿）：受司空白粲一人，病。③

这个徒，一到贰春乡，就生病了。简8-1143+8-1631：

> 卅年八月贰春乡作徒薄（簿）。
> 城旦、鬼薪积九十人。
> 仗城旦积卅人。
> 舂、白粲积六十人。
> 隶妾积百一十二人。
> ·凡积二百九十三人。☒
> 卅人甄。☒
> 六人佐甄。☒
> 廿二人负土。☒
> 二人□瓦。☒④

到秦始皇三十年，贰春乡的"徒"显然有大幅度增加，共积二百九十三人。这些"徒"被分配做各种劳动，如甄、负土等。简8-1515：

---

① 陈伟主编：《里耶秦简牍校释》，第一卷，第305页。
② 陈伟主编：《里耶秦简牍校释》，第一卷，第284页。
③ 陈伟主编：《里耶秦简牍校释》，第一卷，第291—292页。
④ 陈伟主编：《里耶秦简牍校释》，第一卷，第283页。

> 卅年十月辛卯朔乙未，貳春乡守绰敢告司空主，主令鬼薪轸、小城旦乾人为貳春乡捕鸟及羽。羽皆已备，今已以甲午嘱司空佐田，可定薄（簿）。敢告主。
> 十月辛丑旦，隶臣良、朱以来。／死半。邛手。①

鬼薪轸、小城旦乾人被分配捕猎，后又受命"佐田"。徒的口食，由乡吏负责支付。简8-1576：

> 卅一年三月癸酉，貳春乡守氏夫、佐壬出粟米八升食舂央、刍等二☐
> 令史扁视平。☐②

央、刍二人的身份是舂，属于徒。简8-1335：

> 粟米八升少半升。令史逐视平。☐
> 卅一年四月辛卯，貳春乡守氏夫、佐吾出食舂、白粲□等。☐③

简8-1557：

> 粟米一石二斗六分升四。令史逐视平。
> 卅一年四月戊子，貳春乡守氏夫、佐吾、稟人蓝稟隶妾廉。④

简8-2247：

> 粟米三石七斗少半斗。卅二年八月乙巳朔壬戌，貳春乡守福、佐敢、稟人杕出，以稟隶臣周十月、六月廿六日食。
> 令史兼视平。敢手。⑤

凡此，都是向隶臣妾、城旦、舂、白粲等各种"徒隶"发放口食的。乡守还

---

① 陈伟主编：《里耶秦简牍校释》，第一卷，第343页。
② 陈伟主编：《里耶秦简牍校释》，第一卷，第364页。
③ 陈伟主编：《里耶秦简牍校释》，第一卷，第312页。
④ 陈伟主编：《里耶秦简牍校释》，第一卷，第358页。
⑤ 陈伟主编：《里耶秦简牍校释》，第一卷，第451页。

可能有权出卖官奴婢。简8-1287：

> 卅一年十月乙酉朔朔日，贰春乡守☐
> 大奴一人，直（值）钱四千三百。
> 小奴一人，直（值）钱二千五百。
> ·凡直（值）钱六千八百。☐①

这里的大奴、小奴，当是贰春乡所有的官奴婢。

乡吏负责征发徭役。简5-1539：

> 卅五年九月丁亥朔乙卯，贰春乡守辨敢言之：上不更以下徭计二
> 牒。敢言之。②

徭计也是户曹诸种计之一。贰春乡守所上的徭计二牒，是不更以下爵的徭计。乡吏甚至还要上报本乡物产。简8-455：

> 贰春乡枝（枳）枸志。
> 枝（枸）三木。☐下广一亩，格广半亩，高丈二尺。去乡七里。卅
> 四年不实。③

简10-4：

> 贰春乡畜员。
> 牝麑一。猨一。☐一。牝犬一。牡犬一。雌鸡五。雄鸡一。④

"畜员"，当即畜园。这里报告的，应当是贰春乡畜园饲养的家畜禽类。贰春乡需要向县库交纳相关物资。简9-1136：

> 卅七年迁陵库工用计，受其贰春乡鬃☐

---

① 陈伟主编：《里耶秦简牍校释》，第一卷，第306—307页。
② 陈伟主编：《里耶秦简牍校释》，第一卷，第353页。
③ 陈伟主编：《里耶秦简牍校释》，第一卷，第153页。
④ 郑曙斌、张春龙、宋少华、黄朴华：《湖南出土简牍选编》，第115页。

> 䊛三升・歠（饮）水十一升，乾重八☐①

这可能是迁陵县的库因工程需要向贰春乡征用的物资。

贰春乡有南里。简8-661：

> ☐朔己未，贰春乡兹☐
> ☐□为南里典庠，谒☐
> ☐□下书尉，尉传都□☐
> ☐贰春乡治□☐②

庠当为南里典。简8-237：

> 南里户人大女子分。☐
> 子小男子□☐
> ☐妻曰京，疕，卅四年。③

此简当是户籍简，其所见之南里，不著所属乡名。据简8-661，当属于贰春乡。简8-1182见有"南里小上造□☐"。简8-1623见有"南里户人大夫寡茆"。简8-1888见有"南里士五（伍）异，斩首一级"。

贰春乡又当有阳里。简8-78见有"迁陵阳里士五（伍）庆、圂"。简8-126见有"阳里户人□"。简8-834+8-1609见有"阳里户人大夫刀"。简8-863+8-1504：

> 南里小女子苗，卅五年徙为阳里户人大女婴隶。④

苗由南里徙入阳里，属乡显然未变。故阳里与南里当同属贰春乡。简8-920：

> ☐[而]私为阳里大女子。⑤

---

① 陈伟主编：《里耶秦简牍校释》，第二卷，第267页。
② 陈伟主编：《里耶秦简牍校释》，第一卷，第196页。
③ 陈伟主编：《里耶秦简牍校释》，第一卷，第120页。
④ 陈伟主编：《里耶秦简牍校释》，第一卷，第238页。
⑤ 陈伟主编：《里耶秦简牍校释》，第一卷，第249页。

而（人名）本属何里不详，"私"自将户籍变更为阳里大女子。简8-1191见有"阳里公士锴"。简8-1356：

> ☑□殴，课过程，士五（伍）阳里静以当襦绔（裤）。①

简8-1946又见有"阳里户人司寇寄"。简8-1972见有"阳里小男子说邾（辞）"。

贰春乡又有东成里。简10-1157：

> 卅三年十月甲辰朔乙巳，贰春乡守福爰书。东成夫夫年自言："以小女处予子同里小上造辨。"典朝［占］（白）。福手。②

东成当为里名，朝是东成里的里典。简9-2037+9-2059：

> 东成户人士五（伍）夫。妻大女子沙。子小女子泽若。子小女子伤。子小男子嘉。夫下妻曰泥。③

这当是东成里户人士伍夫一家的户籍登记。

贰春乡廷当临酉水。简12-849正：

> 廿七年六月乙亥朔壬午，贰春乡窯敢言之：贰春
> 津当用船一梭，今以上遣佐穦受谒令官□
> 谒报。敢言之。④

贰春乡临津渡，当在水边。下文所见之贰春亭，亦当在贰春津附近。

（三）启陵乡

简8-39：

> 廿八年启陵乡歇已死，佐见已死。廿九年乡歇、佐绥已死。卅

---

① 陈伟主编：《里耶秦简牍校释》，第一卷，第315页。
② 郑曙斌、张春龙、宋少华、黄朴华：《湖南出土简牍选编》，第116页。
③ 陈伟主编：《里耶秦简牍校释》，第二卷，第408页。
④ 郑曙斌、张春龙、宋少华、黄朴华：《湖南出土简牍选编》，第122页。

年。①

简8-938见有"廿八年启陵乡守歜、佐见",简8-1144见有"廿九年乡守歜、佐绶已死",简8-58见有"启陵乡守恬",简8-205见有"启陵乡守觚"。简8-801见有启陵乡守高。则知启陵乡置有守、佐。简8-770:

> 卅五年五月己丑朔庚子,迁陵守丞律告启陵乡啬夫:乡守恬有论事,以旦食遣自致,它有律令。
> 五月庚子,囗守恬囗囗。敬手。②

则启陵乡又有乡啬夫。这里的乡啬夫,应当就是指乡守。简8-1445:

> 卅二年,启陵乡守夫当坐。上造,居梓潼武昌。今徙为临沅司空啬夫。时毋吏。③

乡守夫因罪致遣,发配至梓潼县武昌里,今徙为临沅县司空啬夫,即司空的负责人。

启陵乡亦得接受、管理"徒隶"。简8-1278+8-1757:

> 卅一年四月癸未朔癸卯,启陵乡守逐作徒薄。
> 受仓大隶妾三人。
> 受司空仗城旦一人。
> 凡四人。
> 其一人囗囗
> 一人[行]。囗④

与都乡、贰春乡一样,启陵乡亦得负责发放徒隶以及乡吏的口食。简8-1241:

> 粟米一石四斗半斗。卅一年正月甲寅朔壬午,启陵乡守尚、佐取、

---

① 陈伟主编:《里耶秦简牍校释》,第一卷,第38页。
② 陈伟主编:《里耶秦简牍校释》,第一卷,第223页。
③ 陈伟主编:《里耶秦简牍校释》,第一卷,第327页。
④ 陈伟主编:《里耶秦简牍校释》,第一卷,第304页。

稟［人］☐

　　令史气视平。☐①

简8-1550：

　　稻三石泰半斗。卅一年七月辛亥己卯，启陵乡守带、佐冣、稟人小，出稟佐蒲、就七月各廿三日食。

　　令史气视平。冣。②

稟人应当是专门负责稟食发放的从役人员。接受稟食的蒲就是佐，则当是乡吏。令史气负责检视发放过程，也当属于吏。

启陵乡有成里。简8-157：

　　卅二年正月戊寅朔甲午，启陵乡夫敢言之：成里典、启陵邮人缺。除士五（伍）成里匄、成，成为典，匄为邮人，谒令尉以从事。敢言之。

　　正月戊寅朔丁酉，迁陵丞昌却之启陵：廿七户已有一典，今有（又）除成为典，何律令应（应）？尉已除成、匄为启陵邮人，其以律令。③

则成里有二十七户，本置有典一人。乡夫，当即乡啬守夫（夫为人名）简称。启陵乡守夫欲增置里典一人，迁陵县丞不同意，仍以成为邮人。简8-1027：

　　成里户人司寇宜。☐

　　下妻㜗。☐④

这应当是一支残缺的户籍简，户人宜的身份是司寇，他有一位下妻，㜗。简1254：

---

① 陈伟主编：《里耶秦简牍校释》，第一卷，第298页。
② 陈伟主编：《里耶秦简牍校释》，第一卷，第356页。
③ 陈伟主编：《里耶秦简牍校释》，第一卷，第94页。
④ 陈伟主编：《里耶秦简牍校释》，第一卷，第264页。

☐［陵］乡啬夫除成里小男子。①

简8-1813见有"［启］陵乡成里户人士五（伍）成隶"。又简8-518：

> 卅四年，启陵乡见户、当出户赋者志：☐
> 见户廿八户，当出茧十斤八两。☐②

廿八户，当是指启陵乡"当出户赋"的"见户"，应并非启陵乡见户的全部。

启陵乡又有高里。简8-651：

> 启陵津船人、高里士五（伍）启、封当践十二月更。☐［廿九日］☐☐
> 正月壬申，启陵乡守绕劾。
> 卅三年正月壬申朔朔日，启陵乡守绕敢言之，上劾一牒☐
> 正月庚辰旦，隶妾咎以来。／履发。☐。③

高里士伍启、封是启陵津的船人，需要去践十二月的更。高里当是启陵乡所属的里。简8-1222：

> 禀乏食，诚为高里小男子赐。④

简8-1410：

> 高里公士印。卅五年产女☐☐⑤

此二简所见之高里，究竟属启陵乡，抑属都乡，不能详（都乡亦有高里，已见前）。

启陵乡又有渚里。简16-9正：

> 廿六年五月辛巳朔庚子，启陵乡☐敢言之：都乡守嘉言："渚里☐

---

① 陈伟主编：《里耶秦简牍校释》，第一卷，第300页。
② 陈伟主编：《里耶秦简牍校释》，第一卷，第172页。
③ 陈伟主编：《里耶秦简牍校释》，第一卷，第191—192页。
④ 陈伟主编：《里耶秦简牍校释》，第一卷，第294页。
⑤ 陈伟主编：《里耶秦简牍校释》，第一卷，第321页。

>
> 刻等十七户徙都乡，皆不移年籍。"令曰：移，言。·今问之，刻
> 等徙，
>> 书告。都乡曰："启陵乡未有叶，毋以智刻等初产至今年数。"
>> □□□谒令都乡具问刻等年数。敢言之。①

渚里人刻等十七户原属启陵乡，徙入都乡后，未移年籍。

启陵乡乡廷当在酉阳至迁陵的水路交通线上。简12-1799：

> 书一封，酉阳丞印，诣迁陵，以邮行。
> 廿八年二月癸酉，水，十一刻，刻下五，起酉阳廷。
> 二月丙子，水，下九刻，过启陵乡。②

简12-1798：

> 书一封，酉阳丞印，诣迁陵，以邮行。
> □□年十月丙戌，水，十一刻，刻下八，起酉阳□。
> □月己丑，水，十一刻，刻下一，过启陵乡。③

酉阳在迁陵西南、酉水上游，则启陵乡当在迁陵县西南境。

（四）贰春亭与唐亭

简8-38：

> ☐陈亭、成都亭，独☐④

简文前后均残。据俞伟超、裘锡圭先生所揭之例，简文所见之陈亭、成都亭当指陈县、成都（邑）之亭。这两个亭，不会是迁陵县的亭。简8-1114+8-1150：

> ☐传畜官。贰春乡传田官，别贰春亭、唐亭。⑤

---

① 郑曙斌、张春龙、宋少华、黄朴华：《湖南出土简牍选编》，第139页。
② 郑曙斌、张春龙、宋少华、黄朴华：《湖南出土简牍选编》，第127页。
③ 郑曙斌、张春龙、宋少华、黄朴华：《湖南出土简牍选编》，第127页。
④ 陈伟主编：《里耶秦简牍校释》，第一卷，第37页。
⑤ 陈伟主编：《里耶秦简牍校释》，第一卷，第279页。

简文残，其上文当系文书内容。盖迁陵县廷或某长吏告诸官、乡，令某吏传畜官，而贰春乡负责知会田官，并通知贰春亭、唐亭。二亭当在贰春乡境内。简9-1112：

> 廿六年二月癸丑朔丙子，唐亭叚（假）校长壮敢言之：唐亭旁有盗，可卅人。壮卒少，不足以追。亭不可空。谒遣［卒］索（索）。敢言之。二月辛巳，迁陵守丞敦狐敢告尉、告乡主，以律令从事。尉下亭鄣，署士吏谨备；贰乡上司马丞。亭手。即令走涂行。
> 二月辛巳，不更、舆里戍以来。丞手。壮手。①

贰乡当即贰春乡，乡主即贰春乡的乡主。据此简及简8-1114+8-1150，唐亭显在贰春乡境内。则贰春乡至少有两个亭，贰春亭与唐亭。亭有校长，当即亭的长官。唐亭代理校长壮向迁陵县守丞狐报告说：唐亭辖区内有一帮盗贼，约三十人。唐亭力量不够，而且亭不能无人据守，故不能追击，建议县廷派遣士兵前去捕拿。迁陵守丞敦狐通告县尉及贰春乡主，要求他们"以律令从事"，并要求县尉下亭障，部署士吏严密防备；贰春乡则要将相关情况上报县、司马丞。根据县尉的命令，不更、舆里的戍赶到唐亭。据此，知唐亭校长直接隶属于县尉，统领数十名士卒，负责治安事务。唐亭虽然在贰春乡境内，但并不直属贰春乡管辖，更不统领里。简8-439+8-519+8-537：

> 廿五年九月己丑，将奔命校长周爰书：敦长买、什长嘉皆告曰：
> 徒士五（伍）右里缭可，行至零阳庑谿桥亡，不智（知）□□☑
> 缭可，年可廿五岁，长可六尺八寸，赤色，多发，未产须，衣络袍一、络单胡衣一，操具弩二、丝弦四、矢二百、钜剑一、米一石☑②

买当是敦长之名，嘉是什长的名字。校长周当是将奔命之校长。这支将奔命由校长周率领，其下有敦长、什长。校长亦可为亭的长官。据此推测，亭下亦当领有敦（屯）、什。

简9-633所记为迁陵县吏员设置情况：

---

① 陈伟主编：《里耶秦简牍校释》，第二卷，第259—260页。
② 陈伟主编：《里耶秦简牍校释》，第一卷，第149页。

迁陵吏志:
吏员百三人。
令史廿八人,其十人繇(徭)使,今见十八人。
官啬夫十人,其二人缺,三人繇(徭)使,今见五人。
校长六人,其四人缺,今见二人。
官佐五十三人,其七人缺,廿二人繇(徭)使,今见廿四人。
牢监一人。
长吏三人,其二人缺,今见一人。
凡见吏五十一人。①

校长定制六人,则迁陵县或有六个亭。据上所述,贰春乡有贰春亭与唐亭,而迁陵县有都乡、启陵、贰春三个乡,则每乡或有两个亭。

亭当置于交通线路上。简9-2287应当是邮传经行的记录:

四月己巳,宿夷邮亭。庚午,宿盈夷乡。辛未,野亭。壬申,到临沅。癸酉,临沅,留。甲戌,临沅,留。乙亥,临沅,留。五月丙子,水大,留。丁丑,留。戊寅,留。己卯,留。庚辰,上之□监乡。辛巳,复之临沅。壬午,留。癸未,□临沅。甲申,宿夷乡。……②

夷邮亭、野亭与盈夷乡、临沅、□监乡、夷乡并列,是邮传所经过的聚落,但亭显然并非专门为邮传而设立,应是治安机构的驻地。

五、对于秦乡里制度的再认识

上文讨论的四种类型的材料,就其所反映的时代而言,咸阳遗址及其周围秦墓与雍都附近秦墓所出陶文最早,《墨子》城守诸篇次之,睡虎地秦墓竹简、岳麓书院藏秦简与里耶秦简大致相同,基本上属于秦始皇时代。综合上文所考,我们主要依靠传世与出土的秦国与秦代史料,可以对秦乡里制度形成若干认识:

(1)亭最初应当是在城邑设置的行政管理机构。从现有材料看,秦国

---

① 陈伟主编:《里耶秦简牍校释》,第二卷,第167—168页。
② 陈伟主编:《里耶秦简牍校释》,第二卷,第443—444页。

时每个城邑（包括都城咸阳）可能只有一个亭，在这个意义上，亭大抵相当于后世的市政管理机构。亭的长官不详，仅知置有亭丞（秦官印封泥中见有"咸阳亭丞"，已见上文），或亦有亭尉。城邑内当分划为若干里，属亭管辖。到秦始皇时代，城邑中仍置有亭，但一个城邑中可能不止一个亭，或者有若干亭（《封诊式》所见的"市南街亭"与睡虎地所出陶文"安陆市亭"均暗示一个城邑可能不止一个亭）；城邑之外，在乡廷所在地及交通路线所经的重要地点（如津渡）亦置有亭（如迁陵县贰春乡境内的贰春亭、唐亭）。亭置有校长，属吏有敦长（屯长）。但睡虎地秦简与里耶秦简中所见的亭，显然不再辖里。

（2）秦国早期的乡乃是指一种聚落，与都、邑、聚并列，其规模一般较都、邑略小，而比聚略大。咸阳遗址及其周围墓葬出土陶文中所见的乡，以及《墨子》城守各篇中所见的乡，均是城邑之外的乡村地域管理单位。睡虎地秦简所见的乡中官吏，仍被称为"离官"，说明乡是相对于"都、邑"而言的，是置于乡村区域的行政管理单位。然据里耶秦简，迁陵县置有都乡，似说明在县廷所在地亦已置有乡。据睡虎地秦简，乡的长官得称为乡主，当即乡啬夫（亦即田啬夫，又称为"大田"），其副贰称为乡佐。据里耶秦简，乡的长官称为乡主，亦得称为乡啬夫、乡守，其副贰是乡佐。乡廷有固定治所，掌管本乡籍帐赋役，审理一般性诉讼案件。

除啬夫（守）、佐之外，乡廷或置有史。里耶秦简8-269：

> 资中令史阳里釦伐阅。
> 十一年九月隃为史。
> 为乡史九岁一日。
> 为田部史四岁三月十一日。
> 为令史。
> □计。
> 年卅六。
> 户计。
> 可直司空曹。①

---

① 陈伟主编：《里耶秦简牍校释》，第一卷，第125—126页。

这当是令史钘的履历。他于（秦始皇）十一年被任为史，当了九年多的乡史，然后转为田部史四年余，在三十六岁时被任命为令史。乡史应当是级别最低的史。

（3）秦国的里亦起源甚早，其初当是指较小的聚落或都邑内分划的居住区。咸阳遗址及其周围墓葬出土陶文所见的"咸阳亭某里"（咸亭某里）之里，皆当为咸阳城内外的居住区。《墨子》城守诸篇所述城中诸里，亦当为居住区，里中有三老、正。据睡虎地秦简，里中置有里典（即里正），负责户籍编排与里中治安。里耶秦简所记的里亦置有里典。据岳麓书院藏秦简，秦制以三十户为一里。据上引里耶秦简，启陵乡成里有二十七户。又，简8-1236+8-1791：

> 今见一邑二里：大夫七户，大夫寡二户，大夫子三户，不更五户，□□四户，上造十二户，公士二户，从廿六户。☑①

一邑二里，应当是指一个聚落编排成两个里。这个邑（两个里）共有六十一户，平均每里三十户。虽然只是一些零散的材料，但仍足以说明，秦在南方地区的里以二三十户较为普遍。

（4）《史记·秦始皇本纪》记秦献公十年（前375），"为户籍相伍"。②所谓"相伍"，应当就是以五家为"伍"的办法编排户口，"伍"是户籍编制的基本单位。《史记·商君列传》叙述秦孝公三年（前359）商鞅主持的第一次变法，说：

> 令民为什伍，而相牧司连坐。不告奸者腰斩，告奸者与斩敌首同赏，匿奸者与降敌同罚。③

"令民为什伍"，司马贞《索隐》引刘氏云："五家为保，十家相连。"张守节《正义》说："或为十保，或为五保。"亦即或者十家或者五家，编成一组，互相担保。"相牧司连坐"，司马贞解释说："牧司，谓相纠发

---

① 陈伟主编：《里耶秦简牍校释》，第一卷，第297页。
② 《史记》卷六《秦始皇本纪》，第289页。
③ 《史记》卷六八《商君列传》，第2230页。

也。一家有罪而九家连举发，若不纠举，则十家连坐。恐变令不行，故设重禁。"此即所谓"什伍互保连坐制"。据《墨子》城守各篇及睡虎地秦简，知秦国当推行严格的什伍互保连坐之法。

总之，秦的乡里制度是在一个漫长的时间内形成的，其前后也有一些变化，但总的说来，亭主要置于城邑与交通要道所经的重要聚落，置于城邑的亭领有里；乡则是乡村区域的行政管理单位，其下分设各里，里中民户又各编为什伍。亭-里与乡-里，主要是分设于城邑与乡村的行政管理单位，而设于交通要道上的亭则不统辖里。

第二节 秦乡里制度在六国故地的实行

贾谊《过秦论》述秦国崛起与统一天下之过程，谓：

> 秦孝公据崤、函之固，拥雍州之地，君臣固守而窥周室，有席卷天下，包举宇内，囊括四海之意，并吞八荒之心。当是时，商君佐之，内立法度，务耕织，修守战之备，外连衡而斗诸侯，于是秦人拱手而取西河之外。
>
> 孝公既没，惠王、武王蒙故业，因遗册，南兼汉中，西举巴、蜀，东割膏腴之地，收要害之郡。……及至秦王，续六世之余烈，振长策而御宇内，吞二周而亡诸侯，履至尊而制六合。执棰拊以鞭笞天下，威振四海。南取百越之地，以为桂林、象郡，百越之君俯首系颈，委命下吏。①

按照贾谊的说法，秦国之法度，形成于孝公、商君之时，其时秦仅得据有关中之地（秦内史）；惠王、武王时代，秦略有汉中、巴、蜀以及楚鄢郢之地，乃将秦制推行于其地。至秦始皇吞并六国，"执棰拊以鞭笞天下"，是以秦制治六国故地；南取百越之地，"百越之君俯首系颈，委命下吏"，则意味着秦之"下吏"以征服者身份控驭"百越之君"。是以统一后秦帝国之政治版图，大抵可别为秦国故地、六国故地以及百越之地三大部分。各部分

---

① 《史记》卷六《秦始皇本纪》录贾谊《过秦论》，第278—280页。

之政治经济与文化形态及其历史背景各不相同，秦控制各部分的进程亦不一致，故秦在各地区实行的控制制度亦有所差异。总的说来，秦内史所辖乃秦国之核心区域，是秦制的发源地，也是实行秦制最为切实的地区；汉中、巴、蜀及楚国鄢郢故地入秦较早，推行秦制亦较早；六国故地则在较短时间内被秦所征服，被迫在短时间内实行秦制，遂致引发诸多骚动，最终导致秦的败亡；新拓的百越之地，则大抵实行军事管制下的"委任统治"，以"下吏"控驭百越之君长。

乡里制度以及与之相配合的户籍制度，乃是秦帝国控制其统治区域的基本制度。据上节所论，秦乡里制度在孝公、惠文王时期即已形成，至秦始皇时代又略有变化。秦乡里制度在关中、巴蜀地区的实行，自不待言；百越之地盖未及实行秦的乡里制度。那么，秦的乡里制度，是如何在六国故地实行的呢？

一、秦式乡里制度在故楚国腹心地带的实行

战国中后期，从楚怀王十七年到顷襄王二十一年（前312—前278），楚国北部的汉中丹阳地区及其腹心地带的鄢郢地区相继丧失，楚国重心东迁。垂沙之役后，宛、叶以北全非楚有；白起拔郢，江汉腹心尽入秦手。《战国策·秦策》"（张仪）说秦王章"载："秦与荆人战，大破荆，袭郢，取洞庭、五［渚］（都）、江南。荆王亡（奔）走，东伏于陈。"①《史记·白起列传》载：秦昭王二十八年（前279），"白起攻楚，拔鄢、邓五城。其明年，攻楚，拔郢，烧夷陵，遂东至竟陵。楚王亡去郢，东走徙陈。秦以郢为南郡。白起迁为武安君。武安君因取楚，定巫、黔中郡"。②至此，襄邓、鄢郢及巫、黔中、江南、洞庭等楚国固有的核心地区遂皆为秦所据。

当秦初据鄢郢、江南之地时，其地之人被称为"楚人"。《史记·秦本纪》载昭襄王二十九年（前278），"大良造白起攻楚，取郢为南郡，楚王走"；三十年，"蜀守若伐取巫郡，及江南为黔中郡"；三十一年，"楚人反我江南"。③同书卷四〇《楚世家》记同一事，作："（楚顷襄王）

---

① 缪文远：《战国策新校注》卷三，成都：巴蜀书社，1987年，第87—88页。
② 《史记》卷七三《白起列传》，第2331页。
③ 《史记》卷五《秦本纪》，第213页。

二十三年，襄王乃收东地兵，得十余万，复西取秦所拔我江旁十五邑以为郡，距秦。"①在"江南"反秦的"楚人"，应即指"江旁十五邑"之人。

然秦既久据其地，于其地推行秦制秦法，襄邓鄢郢江南地区之人，遂渐次不再被目为楚人。云梦睡虎地十一号墓的墓主喜，于秦始皇元年（前246）十七岁时傅籍；三年八月，"揄史"（进用为从事文书事务的小吏）；四年十一月，任安陆［乡］史；六年四月，为安陆令史；七年正月，为鄢令史；十二年四月，治狱鄢；十三年，从军，后回到安陆；三十年，死，葬在安陆。②据《编年记》（《叶书》）记载，安陆之入秦，在秦昭襄王二十九年，即白起攻楚之时；鄢为楚故都，亦于白起拔郢时入秦。当喜在安陆、鄢任县吏之时，距江汉地区入秦已三十余年。喜究竟生于何地、本属何地之人，姑且不论，他年轻时即在楚国故地的安陆、鄢任小吏、死葬安陆，是没有疑问的。其墓葬遗存材料，应当反映出楚国重心东迁后，其江汉故地的某些情形。

《语书》，又定名为《南郡守腾文书》，是秦始皇二十年（前227）南郡守腾颁发给郡属各县、道官吏的文告，其时上距秦据有鄢郢之地恰好五十年。它其实包括两份文告，第二个文告主要是对地方官吏的要求与告诫，姑且不论。第一个文告是关于公布与执行法律的文书，谓：

> 廿年四月丙戌朔丁亥，南郡守腾谓县、道啬夫：古者，民各有乡俗，其所利及好恶不同，或不便于民，害于邦。是以圣王作为法度，以矫端民心，去其邪避（僻），除其恶俗。法律未足，民多诈巧，故后有间令下者。凡法律令者，以教道（导）民，去其淫避（僻），除其恶俗，而使之之于为善殹（也）。今法律令已具矣，而吏民莫用，乡俗淫失（泆）之民不止，是即法（废）主之明法殹（也），而长邪避（僻）淫失（泆）之民，甚害于邦，不便于民。故腾为是而修法律令、田令及为间私方而下之，令吏明布，令吏民皆明智（知）之，毋巨（距）于罪。今法律令已布，闻吏民犯法为间私者不止，私好、乡俗之心不变，自从令、丞以下智（知）而弗举论，是即明避主之明法殹（也），而养

---

① 《史记》卷四〇《楚世家》，第1735页。
② 睡虎地秦墓竹简整理小组编：《睡虎地秦墓竹简》，《释文·编年记》，第6—7页。

匿邪避（僻）之民。如此，则为人臣亦不忠矣。若弗智（知），是即不胜任、不智殹（也）；智（知）而弗敢论，是即不廉殹（也）。此皆大罪殹（也），而令、丞弗明智（知），甚不便。今且令人案行之，举劾不从令者，致以律，论及令、丞。有（又）且课县官，独多犯令而令、丞弗得者，以令、丞闻。以次传；别书江陵布，以邮行。①

这份文书，包括三方面内容：一是申述立法之意旨，乃在"矫端民心，去其邪僻，除其恶俗"。二是描述法律令的执行情况，强调秦法虽然早已在楚国故地颁行，但楚国故地的吏民却"莫用"，以致"废主之明法"，法律并未发挥作用，所以"乡俗淫泆不止"，"甚害于邦"。腾特别指出：有些令、丞也不完全了解法律令，或者即使了解，也不能切实执行、运用相关法律规定。三是要求所属县道均要知法、守法、用法，并制定了相关考察、惩处措施："令人案行之，举劾不从令者，致以律，论及令、丞"，即巡行视察，检举不从令者，各当其罪，特别是要巡察令、丞；同时考核县中的官吏，对于那些犯令特别多的县，而令、丞没有觉察的，要将其令、丞上报到郡里来，加以惩处。这个文告，反映出在秦据有故楚国腹心地带的鄢郢地区（秦南郡）五十年之后，当地人群（原"楚人"）并未能够全面地遵从秦法，甚至地方官吏（无论是从秦地委派而来，抑或由当地人充任）也不太了解秦法的具体规定，更不能全面贯彻、运用、执行秦法。

南郡守腾是秦廷派来的高级军政官员。他说南郡当地的乡俗"淫泆"，民"邪僻淫泆"，是站在统治者的角度而言的，但也确实反映出楚国故地的人民、风俗与北方地区有很大不同。尽管如此，腾并未将故楚腹心地带的人群当作另类，而是将之同样视为"圣王"统治的臣民，要求他们一体遵从圣王制定的法度。显然，不仅南郡属下各县、道的吏（喜即其中的一员）都是秦吏，各县、道之民也都是秦王的臣民，其政治身份是"秦人"，而不再是"楚人"，虽然他们还保留着在"秦人"看来"邪僻淫泆"的故楚旧风。这些新纳入秦国版籍的楚国故地之人，当即所谓"新民"。《商君书·徕民》称：

---

① 睡虎地秦墓竹简整理小组编：《睡虎地秦墓竹简》，《释文·语书》，第13页。

> 今以故秦［民］事敌，而使新民作本，兵虽百宿于外，竟内不失须
> 臾之时，此富强两成之效也。臣之所谓兵者，非谓悉兴尽起也；论竟内
> 所能给军卒车骑。令故秦民事兵，新民给刍食，天下有不服之国，则王
> 以春围其农，夏食其食，秋取其刈，冬陈其宝，以大武摇其本，以广文
> 安其嗣。王行此，十年之内，诸侯将无异民。①

这里将"故秦［民］"与"新民"对举，分别指秦国旧有的人民与新征服、归顺的人民。对于秦国来说，故楚国腹心地带土著之人，亦是"新民"，而这些"新民"，自然是秦国之民，属于"新秦人"。②睡虎地秦简《秦律杂抄·游士律》规定：

> 游士在，亡符，居县赀一甲；卒岁，责之。·有为故秦人出，削
> 籍，上造以上为鬼薪，公士以下刑为城旦。·游士律。③

"故秦人"即《商君书·徕民》所见之"故秦民"。"故秦人"显然是相对于"新秦人"而言的。楚国故地之人，既纳入秦国版籍，遂成为"新秦人"，其"楚人"的身份乃渐次淡化乃至消失。

基本可以肯定，在喜的时代，安陆、鄢、江陵等县邑的大部分民众已被编入了秦的版籍，成为秦的编户齐民。同墓所出的《田律》《厩苑律》对农田水利、山林保护、牛马饲养等方面均做出了详细的规定。虽然这些律令并非专门针对楚国故地制定的，但这些法律的实施，必然要以完备的户口控制为前提，则无疑问。换言之，至迟到秦始皇前期，故楚国腹心地带的南郡地区，应当已建立起相对完备的户籍制度，当地土著人群已被纳入秦国户籍编排系统，故而成为"新秦人（民）"。又，据《编年记》记载，喜于秦始皇元年"傅"籍，即著其名籍，开始"给公家徭役"。如果喜就是土生土长的

---

① 高亨注译：《商君书注译》，《徕民》，第121页。
② 秦人将新拓疆土称为"新秦"，虽未见于秦时材料，然颇见于汉人称述。《盐铁论》卷八《诛秦》文学曰："秦任战胜以并天下，小海内而贪胡、越之地，使蒙恬击胡，取河南以为新秦，而忘其故秦；筑长城以守胡，而亡其所守。"（王利器校注：《盐铁论校注》，北京：中华书局，1992年，第489页）是以河南地为"新秦"，而以关中为"故秦"。
③ 睡虎地秦墓竹简整理小组编：《睡虎地秦墓竹简》，《释文·秦律杂抄·游士律》，第80页。

安陆本地人，或者至少他在傅籍之前已居住在安陆，那么，可以肯定，楚国故地的安陆县，在秦始皇元年（前246）即已建立起相对完备的户籍编排系统，其时距离白起下郢已有三十二年。

秦始皇二十六年之后，"民"为"黔首"所取代，"新民"遂成为"新黔首"。张家山汉墓所出《奏谳书》所记案例中，有一件是秦始皇廿八年的南郡狱簿。此案之本末，大略是：苍梧县利乡发生反叛事件，郡守竃、尉徒发"新黔首往击"；"义等将吏卒新黔首击反盗，反盗杀义等，吏、新黔首皆弗救援，去北"。御史令南郡严查，"新黔首恐，操其叚（假）兵匿山中"，"黔首当坐者多，皆摇恐吏罪之，又别离居山谷中"。在所发新黔首中，有来自攸县者，攸县令史驻，"驻并主籍。其二辈战北当捕，名籍副并居一笥中，驻亡，不得，未有以别［知］（智）当捕者"。①狱簿称苍梧、攸县等地为"所取荆新地"，则秦据有其地未久，然已建立起版籍控制体系；"荆新地"之民称为"新黔首"，亦即新秦人。

湖南龙山里耶所出秦简，为我们认识秦据有楚国故地后编排户籍、建立起秦式乡里制度的情况，提供了证据。据里耶秦简可知：秦据有迁陵地后，即置县治理，编排户籍，建立起乡里体制。对此，学界已有细致讨论。②其结论虽不无可商之处，然大致可从，兹不赘说。于此仅在前人研究基础上，就里耶所出迁陵县南阳里户籍版的性质问题，略作讨论。

关于2005年里耶古城城壕出土户籍简所见之南阳里，邢义田先生说："这些南阳里的户籍简既然出土于迁陵县城外的城濠沟里，可以推想这个里应是城中之里。因为某些原因，户籍简废弃，被丢到城沟中。"黎明钊先生推测说："里耶户籍简牍二十余户南阳里编户的家庭很可能是来自南阳郡的新移民，著籍于里耶，并命名其居住地为南阳里，因此在户籍册上登录名事邑里的地方写上'南阳'。"两位先生的推测虽然均有可能，但也并没有扎

---

① 张家山二四七号汉墓竹简整理小组编著：《张家山汉墓竹简（二四七号）》（释文修订本），北京：文物出版社，2006年，第103—105页。
② 晏昌贵、郭涛：《里耶秦简所见秦迁陵县乡里考》，《简帛》第10辑，上海：上海古籍出版社，2015年，第145—154页；鲁家亮：《里耶秦简所见迁陵三乡补论》，《国学研究》2015年第4期。

实充分的证据。①

《里耶发掘报告》整理者及邢、黎两位先生都注意到此二十余枚户籍简中对户人爵位的表达，多注明为"荆"（荆不更、荆［大］夫）。报告整理者认为荆指楚国，"荆不更""荆大夫"可能是秦占领楚地后对居民登记时录下其原有爵位。邢先生说："秦占领楚地后，户籍中登记的爵只可能是秦爵。这些楚人原有楚爵，秦国政府为争取楚人支持，保证归顺者既有的权益，不去剥夺他们原有的爵位，而是以相当等级的秦爵，重新登记。"其说当可从。南阳里的户人原来都是楚人，拥有楚爵；入秦后变更为相应等级的秦爵，但仍然部分保留了"荆人"（楚人）的身份，故而有"荆不更""荆大夫"之类的称谓，是可以理解的。而在上引里耶第八层所出简牍中，述及户人爵位，再也没有在爵名上加"荆"的表述。可以相信，南阳里户籍简早于第八层所出文书，很可能是秦人初据有"江南"之地时编排的户籍，所以保留了较多的"楚人"色彩；而里耶第八层所见文书，则是秦久据其地后留下来的，其户籍显然经过了重新编排、登记，故户人爵名下不再冠以"荆"字。这也是这批户籍简被废弃的原因。

按照邢先生的说法，南阳里是迁陵县城中的里，则当属于都乡。而上录第八层简文中，贰春乡有南里与阳里。颇疑南里、阳里或由南阳里分置而来。盖秦人初据其地，以秦法编排户籍，建置南阳里；后以户口渐繁，或为打破旧有关系，重新编排，故分置为南里与阳里。分置二里时，当重新登记户口，新登记的户人爵名前就不再著有"荆"字。这中间，可能经过了一段时间，重新登记的南里、阳里户人，应是南阳里户人的后辈。至少在户籍登记册上，他们不再具有"荆人"（楚人）的身份，而彻底完成了向"秦人"的演变。

苍梧、攸、迁陵诸县，都是秦所取的"荆新地"，那么，在"荆故地"

---

① 湖南省文物考古研究所编著：《里耶发掘报告》，长沙：岳麓书社，2007年，第203—208页；邢义田：《从出土资料看秦汉聚落形态和乡里行政》，收入氏著《治国安邦：法制、行政与军事》，北京：中华书局，2011年，第249—355页，尤见295—305页；黎明钊：《里耶秦简：户籍档案的探讨》，《中国史研究》2009年第2期。关于南阳里户籍版的讨论，另请参阅张荣强：《湖南里耶所出"秦代迁陵县南阳里户版"研究》，《北京师范大学学报（社会科学版）》2008年第4期。

的楚国腹心之鄢郢及其周围地区，秦式乡里版籍制度的实施当会更早，也更为系统。睡虎地十一号墓出土的六件陶器上，都有"安陆市亭"的方形戳印，字体为秦篆。同一墓地其他秦墓所出的陶器，有的也戳着同样的方印。睡虎地秦墓所出漆器上刻画或烙印的文字，可识者共有五十一种，其中见有咸亭、□亭等亭名，以及路里、钱里、安里、左里、平安里、闵里等里名。①虽然不能确定，但这些亭、里，很可能就在安陆周围。北京大学藏秦竹书水陆里程简册中，记有安陆到周边各地的道路里程，所至之地多以"亭"为称，分别有邻瀙亭（七十五里）、阆丘亭（九十六里）、穀涧落（卅五里）、吴阳亭（八十一里）、博望亭（六十二里）、三屋洛（五十六里）、街亭（九十八里）、当洛亭（十八里）、义城（九十里）、望凌亭（十九里）、宜秋亭（九十五里）、阿亭（卅八里）、枞亭（五十七里）、涢瀙亭（六十里）、害刑亭（八十四里）。②这些亭的性质虽然还需要讨论，但至少一部分亭当兼具治安与传输功能。

据辛德勇先生介绍，同一竹书简册中，叙述销县周围的道路里程，亦较为详细。在辛先生整理、研究的基础上，我们可以大致推知其时销县当有都乡、容壁乡、巋乡、筥乡、中里乡、养乡、当阳乡等七乡：（1）都乡。即销县治所在之乡。其西为容壁乡，北与巋乡相邻。自都乡到竞陵县七十六里，到南郡都船二百五十三里，至曲水二百六十三里，到匡津三百五十三里，到井韩三百一十五里。（2）容壁乡。在销县西，东邻都乡，距销县治七十九里。乡境有容壁津，距乡治五里，很可能在汉水上。从容壁津，沿水而下，可到沙羡（羡）县，九百五十七里；溯水而上，到鄢县柘溪津，三百六十里。（3）巋乡。在都乡北，乡治南至都乡界三十一里百五十六步，至销县治五十六里；其北邻鄢县，至鄢县界十七里。巋乡境内有巋口、巋邮渚、仓下、皇津：巋乡到巋口十六里，再由巋口到皇津二十里；巋口到巋邮渚七十二里，仓下即在巋邮渚，二者仅距二百步。（4）筥乡。与巋乡

---

① 《云梦睡虎地秦墓》编写组：《云梦睡虎地秦墓》，北京：文物出版社，1981年，第27—37、47—52、104—138页。

② 辛德勇：《北京大学藏秦水陆里程简册的性质和拟名问题》，《简帛》第8辑，上海：上海古籍出版社，2013年，第17—28页，特别是第20—21页；又见所著《石室賸言》，北京：中华书局，2014年，第66—80页，特别是第70—71页。

邻，应在巤乡之北。巤乡到箬乡四十里，箬乡到鄢县八十里。（5）养乡。当在巤乡之西北，东到巤乡一百一十二里，经桃丘道；至销县治八十一里。（6）中里乡。当在销县南境，距销县治八十六里，经黄道到巤乡五十六里。（7）当阳乡。当在销县之西南，距销县治九十三里；到江陵县界三十六里。也可能属江陵县。①

湖北荆州周家台30号墓所出"秦始皇三十四年质日"中，见有："二月丙申宿竞陵，丁酉宿井韩乡。戊戌宿江陵。"则井韩乡必处于竞陵至江陵之间。又，"丁未起江陵。戊申宿黄邮。己酉宿竞陵。庚戌宿都乡。辛亥宿铁官。壬子治铁官。癸丑治铁官。甲寅宿都乡。乙卯宿竞陵"。黄邮当为乡名。黄邮、都乡，皆当属竞陵县。②

岳麓书院藏秦简《质日》"卅五年私质日"记其年四月己未宿当阳，庚申宿销，辛酉宿箬乡，甲子宿邓，丙寅宿临沃邮，丁卯宿杏乡，戊辰宿丽。③其中箬乡当即北大藏秦简《水陆里程简册》所见之箬乡，当属销县。

安陆、销县、江陵、竞陵、当阳，均处于故楚国腹心地带。如果上述解释不误，那么，似可认知：自公元前278年白起下鄀之后，由于秦国在楚国故腹心地带的鄢鄀地区推行秦式乡里制度，楚国腹心地区的土著人群，久居秦统治之下，"楚人"之政治认同已渐趋消失。所以，当秦末乱离，所在蜂起，"楚人"扛起反秦的大旗，并成为反秦战争的主力，而故楚国腹心地区的南郡、南阳、长沙（合洞庭、苍梧二郡而来）三郡之地，却并无大规模反叛之事发生，盖其已成为"新秦人"，而不再是"楚人"了。

鄢鄀故地的"秦人化"，可能与秦人的大量到来也有很大关联。岳麓书院藏秦简的一些材料，反映出楚故腹心地带在入秦之后"秦人"与"荆人"间的关系及其变化。在"癸、琐相移谋购案"中，秦王政廿五年，男子治等八人、女子二人被控为"群盗盗杀人"，"治等四人言秦人，邦亡，其它人

---

① 关于《水陆里程简册》所记销县至其附近相关地点的录文与研究，据辛德勇《北京大学藏秦水陆里程简册初步研究》，清华大学出土文献研究与保护中心编《出土文献》第四辑，北京：中西书局，2013年，第177—279页；又见所著《石室腾言》，第81—214页，特别是第143—163页。

② 彭锦华：《周家台30号秦墓竹简"秦始皇三十四年历谱"释文与考释》，《文物》1999年第6期；陈伟主编：《秦简牍合集》（叁），武汉：武汉大学出版社，2014年，第8—9页。

③ 朱汉民、陈松长主编：《岳麓书院藏秦简（壹）》，彩色图版，第19—20页。

不言所坐"。("治等四人曰：邦亡，不智它人皋。")大意是治等四人自称是秦人，自秦逃至楚地来（邦亡，当解作逃离集中居住的城邑，即脱离户籍）；其他六人则是州陵县校长癸、沙羡县士五琐等为了冒领赏金乱捕而来，不知道犯有什么罪，不当受到惩罚。①治等群盗在州陵县校长果的辖区里杀人，受追捕逃到沙羡县境内，而他们自认为秦人，奏谳书也将之按秦人处理，他们很可能真是从秦地逃亡而来的秦人；而其余六人，则很可能是当地土著的楚人。

"尸等捕盗疑购案"也发生在同一年。州陵县的求盗尸等捕获秦男子治等四人、荆男子阆等十人，控告他们"群盗盗杀伤好等"。"治等曰：秦人，邦亡荆。阆等曰：荆邦人，皆居京州。相与亡，来入秦地，欲归兼（义）。行到州陵界中，未诣吏，悔。谋言曰：治等已有皋秦，秦不口兼（义）。来居山谷，以攻盗，盗杀伤好等。""京州后降为秦。为秦之后，治、阆等乃群盗盗杀伤好等。"秦人治、荆人（楚人）阆结伙共为群盗，同逃亡，一起被捕，反映出亡为"群盗"之后，秦人、楚人的分别就不重要甚或不存在了。而在结案的判决中，两者还是有区别的："治等，审秦人殴（也），尸等当购金七两；阆等，其荆人殴（也），尸等当购金三两。"显然，秦人还是比楚人"值钱"。②

其时盖有不少秦人逃亡到楚地来。在"多小未能与谋案"（秦王政二十二年）中，"故（？）秦人"男子多，当秦王政十年时，还没有傅籍，就与母亲兒一起"邦亡荆"，即脱离其原户籍体系，逃亡楚地，居住在庐溪。当他们逃亡入楚地时，多只有十二岁，所以母亲兒并未就逃亡之事与他商议。秦军攻取荆地的庐溪，抓住了已二十二岁的多，而其母此前已辞世。这个母亲携子逃亡入荆的案例，正说明其时秦人亡入楚地当甚为常见。③

大量秦人因各种原因进入楚国故鄢郢腹地，显然会推进楚国故鄢郢腹地

---

① 朱汉民、陈松长主编：《岳麓书院藏秦简（叁）》，彩色图版，第11—15页；红外线图版，第95—104页。
② 朱汉民、陈松长主编：《岳麓书院藏秦简（叁）》，彩色图版，第16—18页；红外线图版，第113—117页。
③ 朱汉民、陈松长主编：《岳麓书院藏秦简（叁）》，彩色图版，第27—28页；红外线图版，第141—143页。

的"秦人化"。楚鄢郢腹地之"弃楚而同秦",实有其深刻的历史原因。

二、秦式乡里制度在楚东国故地的实行

公元前278年白起拔郢之后,楚国丧失了其本土的鄢郢地区,重心东迁淮水中游,着力经营淮北泗上之地及淮南江东的吴越故土,原先的"东国"成了政治、经济与军事、文化的重心地区。楚东迁后,徙都于陈,称为陈郢或郢陈。陈城紧临沙水(即鸿沟)西岸,北上经鸿沟可直达魏都大梁和黄河,东南顺沙、颍进入淮河,经邗沟可直通长江下游的吴越故地。《史记·货殖列传》称:"陈在楚夏之交,通鱼盐之货,其民多贾。"张守节《正义》解释说:"陈南则楚,西及北则夏,故云'楚夏之交'。"①楚东迁后,更密迩诸夏,"楚人"意识乃进一步强化。考烈王时春申君相楚,"善秦二十年",复北伐灭鲁(楚考烈王七年,前256),泗沂之地尽为楚有,并将吴国故地纳入楚国控制之下,从而形成了楚国"复强"的局面。其时春申君与齐孟尝君、赵平原君、魏信陵君并称"四公子","方争下士,招致宾客,以相倾夺,辅国持权",②楚国声威大振。据说春申君有宾客三千余人,多来自诸夏。太史公说:"以身徇君,遂脱强秦,使驰说之士南乡走楚者,黄歇之义。"③"驰说之士南乡而走楚",正说明楚的影响甚大。楚考烈王二十二年(前241),楚、魏、赵、韩、卫五国之师合纵攻秦,而"楚王为从长,春申君用事"。④当其时,楚实为山东诸国之首。凡此,对于战国晚期"楚人"的政治认同与"国家意识"之成长,皆当有重要意义。

五国之师败绩,秦军反攻,楚东走过淮,徙都寿春。自此之后,楚国益弱,然仍得苟延近二十年。楚王负刍二年(秦王政二十一年,前226),秦将王贲伐楚,"大破楚军,亡十余城";次年,王贲引河水灌大梁而亡魏,接着秦王以李信、蒙恬乘胜攻楚。《史记·王翦列传》记其事,谓:

---

① 《史记》卷一二九《货殖列传》,第3267页。
② 《史记》卷七八《春申君列传》,第2395页。
③ 《史记》卷一三〇《太史公自序》,第3314页。
④ 《史记》卷七八《春申君列传》,第2395页。

> 秦始皇既灭三晋，走燕王，而数破荆师。……遂使李信及蒙恬将二十万南伐荆。王翦言不用，因谢病，归老于频阳。李信攻平舆，蒙恬攻寝，大破荆军。信又攻鄢郢，破之，于是引兵而西，与蒙恬会城父。荆人因随之，三日三夜不顿舍，大破李信军，入两壁，杀七都尉，秦军走。①

楚军在失利的情况下反败为胜，大破二十万秦军，其力量仍不可小觑。秦始皇"空秦国甲士"专委王翦，遂"大破荆军"，"略定荆地城邑。岁余，虏荆王负刍，竟平荆地为郡县"。②《史记·秦始皇本纪》述亡楚之始末，说：

> 二十三年，秦王复召王翦，强起之，使将击荆。取陈以南至平舆，虏荆王。秦王游至郢陈。荆将项燕立昌平君为荆王，反秦于淮南。二十四年，王翦、蒙武攻荆，破荆军，昌平君死，项燕遂自杀。③

这一系列战事，大抵都发生在陈、寿春为中心的淮水中游地区，而又以陈郢地区最为重要，对当地社会经济之破坏自然极为严重，其给予"楚人"之"伤痛性记忆"自必甚为深沉。

然战国之世，列国均极力"建设国家"，整合"国族"，凝聚控制疆域内诸种人群，促进"国家认同"，以形成新型的、以国家为基础的"秦人""齐人""魏人""韩人""赵人""燕人"乃至"宋人""鲁人"的国族群体，非独"楚人"如此。列国交争，征战杀伐，特别是秦灭六国，戮将坑卒，动辄万计，亦并非以亡楚之役为最。受到陈苏镇先生"秦令"与"楚俗"相异之说的启发，以及秦据有楚鄢郢腹地之后，推行秦式乡里制度的做法，我们更着意于从秦式乡里制度之推行及其与楚式制度的差别方面展开思考。

春秋战国时期楚国的乡里制度，还不甚详悉。陈伟先生主要使用包山所出楚简材料，讨论了楚国的邑、里与州，认为简书所见楚国的邑应当属于一

---

① 《史记》卷七三《王翦列传》，第2339页。
② 《史记》卷七三《王翦列传》，第2341页。
③ 《史记》卷六《秦始皇本纪》，第234页。

种居民组织或者说行政区域，是基层或接近于基层的组织；它分布于乡间野外，各有一定的地域范围；其土地（至少是其中的一部分）可由国家分授和收回，邑中设有官吏；在邑之上，还存在较多层级的组织机构，但在其下则未见有更低层次的划分。里可能是城邑中的地域组织，与邑大致处于同一层级，可以共存于同一层级较高的单位之中，并无隶属关系。州的规模、地位与邑、里相当，但主要分布在楚都附近地区，应当是一种特殊的地域组织。[1]本书第一章第三节第三部分的研究则认为：春秋中期，楚国根据"周制"的基本原则，建立楚地的乡里控制体系，在封君、县或其他同级行政单位之下，直接统辖里、邑、州等基层单位。其中里、邑皆当以自然聚落为基础编排，户口规模应当在二三十家至五十家上下；州则是从事矿冶、手工业生产以及特殊行业的户口的编组单位。里、州（以及市）、邑乃是管理不同户口的基层管理单位。里、州一般直属于封君或县，而邑之上则或有域、敔，属于国家控制的地域性治安司法机构。虽然我们对楚国乡里制度的认识与陈伟先生之间有所差异，但认为楚国实行邑、里、州并行的基层地域控制制度，则是共同的，而此种制度，显然与秦国的乡里制度有很大不同。

秦灭楚，据有楚"东国"故地之后，也应当是全力推行秦式的乡里制度，以期全面控制新征服地区的户口，征纳赋役。秦始皇二十八年东巡，南登琅邪，"徙黔首三万户琅邪台下，复十二岁"。[2]《集解》曰："今兖州东沂州、密州，即古琅邪也。"又引《汉书·地理志》，谓"越王句践尝治琅邪县，起台馆"。秦始皇徙于琅邪台地区的"黔首"不知来自何地。琅邪台刻石称其"东抚东土，以省卒士"。[3]其所谓东土，盖指齐、楚而言。徙于琅邪台下的黔首，也当主要来自齐、楚之地。如此大规模的移民，当以相对健全的户籍控制为前提，或者是通过移民，建立起严格的户籍控制。《越绝书》卷二《外传记吴地传》："乌程、余杭、黝、歙、无湖、石城县以南，皆故大越徙民也。秦始皇帝刻石徙之。"[4]《元和郡县图志》卷二五江

---

[1] 陈伟：《包山楚简所见邑、里、州的初步研究》，《武汉大学学报（哲学社会科学版）》1995年第1期。又见氏著《包山楚简初探》，武汉：武汉大学出版社，1996年，第68—93页。

[2] 《史记》卷六《秦始皇本纪》，第244页。

[3] 《史记》卷六《秦始皇本纪》，第245页。

[4] 李步嘉：《越绝书校释》，北京：中华书局，2013年，第36页。

南道一湖州"乌程县"条下引《越绝》云:"始皇至会稽,徙于越之人于乌程。"①按:秦始皇南巡会稽,事在三十七年(前210),而其所徙,大抵以"于越之人"(即居于越国腹心地带的越人)为主。看来到秦始皇末年,秦灭楚之后最后平定的于越之地,也已实行秦式的户籍控制与乡里制度。会稽山刻石谓:"遂登会稽,宣省习俗,黔首齐庄。"②新征服的"黔首"已经"齐庄",看来是被纳入了编户齐民。

秦的行政效率相当高。在短短的十余年时间里,很可能就基本建立起秦式的户籍控制与乡里制度。楚制未见有"乡"。③陈涉、吴广等戍卒屯于大泽乡,《集解》引徐广曰:"在沛郡蕲县。"④汉时沛郡之地在秦时属泗水郡,乃楚国故地。大泽乡当为灭楚后所置。刘邦为亭长,"常繇咸阳";⑤项氏叔侄避仇吴中,"每吴中有大徭役及丧,项梁常为主办"。⑥则无论是淮北泗上之地,还是江南吴越之地,可能都已实行了秦式的徭役制度。

里耶秦简中有一些材料,亦间接说明秦在楚东国故地迅速推行了秦式乡里制度。J1⑨1—12是一组有关赀钱、赎钱的官文书,主要内容是秦始皇三十三年阳陵司空腾陈述十二名阳陵籍男子欠赀钱或赎钱之事。阳陵溪里士五采、仁阳士五不狄、下里士五不识、仁阳士五颉、宜居士五毋死、孝里士五衷、下里士五盐、逆都士五越人、叔作士五胜白、褆阳士五小欨、褆阳上造徐、辇里公卒广本籍阳陵,到洞庭郡行戍,故阳陵县向洞庭郡行文,索讨这些人所欠的赀钱、赎钱。⑦阳陵,据晏昌贵先生所考,或当即包山楚简

---

① 《元和郡县图志》卷二五,江南道一湖州"乌程县"条,北京:中华书局,1983年,第605页。
② 《史记》卷六《秦始皇本纪》,第261页。
③ 《史记》卷六三《老子韩非列传》谓"老子者,楚苦县厉乡曲仁里人也"。(第2139页)其所述老子乡里,当是汉制,即楚国苦县厉乡曲仁里。张守节《正义》辨之已明。
④ 《史记》卷四八《陈涉世家》,第1950—1951页。
⑤ 《史记》卷八《高祖本纪》,第344页。
⑥ 《史记》卷七《项羽本纪》,第296页。
⑦ 陈伟主编:《里耶秦简牍校释》,第二卷,第1—19页。关于这12枚木牍文字的释读与考辨,见马怡:《里耶秦简选校》,《中国社会科学院历史研究所学刊》第四集,北京:商务印书馆,2007年,第133—186页,录文见第162—180页;《里耶秦简中几组涉及校券的官文书》,武汉大学简帛研究中心主办《简帛》第3辑,上海:上海古籍出版社,2008年,第191—205页;《秦简所见赀钱与赎钱——以里耶秦简"阳陵卒"文书为中心》,武汉大学简帛研究中心主办《简帛》第8辑,上海:上海古籍出版社,2013年,第195—213页。

所见之"易陵"，应位于中原郑国故地或淮北楚"东国"之地。①溪里、下里、孝里以及仁阳、宜居、逆都、叔作、褆阳等，皆当为里名。采、毋死等阳陵县民，行戍洞庭郡之后，仍被原籍所在之阳陵县行文追索所欠赀、赎钱，可以见出其故乡早已建立起严密的户籍乡里制度。

又，简8—2246：

> 径詹粟米四石。卅一年七月辛亥朔朔日，田官守敬、佐壬、稟人妊出稟。罚戍公卒襄城武宜都胧、长利士五（伍）甗。②

《汉书·地理志》颍川郡有襄城县，亦属楚东国故地。武宜、长利，当为襄城之乡里名。

秦始皇陵西侧赵背户村修陵人墓地出土的瓦文中，有一种刻有"兰陵居赀便里不更牙"九字。③兰陵，为故楚地。《史记·荀卿列传》："荀卿乃适楚，而春申君以为兰陵令。春申君死而荀卿废，因家兰陵。"张守节《正义》曰："兰陵，县，属东海郡。今沂州承县有兰陵山。"④则兰陵属楚"东国"故地，在淮北。便里，当为牙之居里。

在如此短的时间里将分散的民户编排起来，组成乡里，征发赋役，必然以严酷的法治作为前提，方有可能实现；而在推行秦制的过程中，必然打乱各地原有的乡里组织与秩序，又兼以大规模的移民，必使天下骚然，黔首不安。对于普通百姓来说，真正的不安与其说来自于楚国之灭亡（不过是换了秦国而已），不如说更来自于旧有生活秩序被打乱：在一个陌生的制度下生存，本身就没有安全感，更遑论还要被征发到遥远的地方运输、劳作与战斗。陈苏镇先生说："秦统一前，各国人民只在本国输租服役，距离不会太远，成本也不会太高。而秦统一后，关东人民特别是楚地人民要到关中及长

---

① 晏昌贵、钟炜：《里耶秦简所见的阳陵与迁陵》，《中国历史地理论丛》2006年第4期。晏先生以为阳陵属郑国故地的可能性较大，但文书中见有"阳陵逆都士五越人"，据此，我揣测其属于越国故地、后入楚地的可能性更大或者是很难说更小。

② 陈伟主编：《里耶秦简牍校释》，第一卷，第450页。

③ 袁仲一、刘钰编著：《秦陶文新编》上编《考释》，第97—98页。

④ 《史记》卷七四《荀卿列传》，第2348页。

城一线输租服役。由于距离遥远，他们的实际负担便大大增加了。"①汉武帝时主父偃说：

> 昔秦皇帝任胜战之威……遂使蒙恬将兵攻胡，辟地千里，以河为境。地固泽卤，不生五谷。然后发天下丁男以守北河。暴兵露师十有余年，死者不可胜数，终不能逾河而北。是岂人众不足，兵革不备哉？其势不可也。又使天下蜚刍挽粟，起于黄、腄、琅邪负海之郡，转输北河，率三十钟而致一石。男子疾耕不足于粮饷，女子纺绩不足于帷幕。百姓靡敝，孤寡老弱不能相养，道路死者相望，盖天下始畔秦也。②

对于生长在江淮流域的楚人来说，无论是屯戍北河、渔阳，还是千里挽粟，负担均远比燕、齐、韩、赵、魏五国之人更为沉重，且更不能适应。所以，如果说楚"东国"故地的普通民众"思楚"的话，也主要是因为在楚国统治下负担相对较轻之故。

第三节　汉代乡里制度的几个问题

关于汉代的乡里制度，自严耕望、王毓铨先生以来，已有诸多研究，亦已形成若干共识：（1）汉代沿用秦制，于城邑及交通要害处置有亭，亭置长、佐、候、求盗、亭父等亭吏，隶属县尉，主求捕盗贼；（2）乡是县以下重要的地域性行政管理单位，置有秩或啬夫、三老、游徼等，各有所掌：有秩或啬夫为一乡之长；或亦有乡佐，为有秩（啬夫）的副手，而专掌赋税；三老掌一乡之教化；游徼掌一乡治安。（3）里是最基本的管理单元，每里一百户；里有里魁，或称里正，又有父老、祭尊等。（4）伍是最基层

---

① 陈苏镇：《〈春秋〉与"汉道"：两汉政治与政治文化研究》，第29页。
② 《史记》卷一一二《主父偃传》，第2954页。

的居民编排单位，五家编为一伍，各置有长，亦称为伍老。①在这些共识的基础上，我们认为，还有一些问题值得进一步探讨，如乡廷的驻地，乡司与游徼、亭长之间的关系，里父老的性质与"里治中"的意指，以及乡、里与亭、丘间的关系等。兹略论之。

一、汉代的乡廷

《续汉书·百官志》述乡置有秩、三老、游徼三职，各有所掌：

> 乡置有秩、三老、游徼。本注曰：有秩，郡所署，秩百石，掌一乡人；其乡小者，县置啬夫一人。皆主知民善恶，为役先后，知民贫富，为赋多少，平其差品。三老掌教化。凡有孝子顺孙，贞女义妇，让财救患，及学士为民法式者，皆扁表其门，以兴善行。游徼掌徼循，禁司奸盗。又有乡佐，属乡，主民收赋税。②

乡有秩或啬夫治事之所（衙署），得称为"乡廷"。张家山汉简《二年律令·户律》：

> 恒以八月令乡部啬夫、吏、令史相襍案户籍，副臧（藏）其廷。有移徙者，辄移户及年籍爵细徙所，并封。留弗移，移不并封，及实不徙数，盈十日，皆罚金四两；数在所正、典弗告，与同罪；乡部啬夫、吏主及案户者弗得，罚金各一两。数在所，正、典弗告，与同罪；乡部啬

---

① 严耕望：《中国地方行政制度史·秦汉地方行政制度》，上海：上海古籍出版社，2007年，第57—67、237—250页；王毓铨：《汉代"亭"与"乡""里"不同性质不同行政系统说》，初刊《历史研究》1954年第2期，后收入氏著《王毓铨史论集》，北京：中华书局，2005年，第292—302页；马新：《两汉乡村社会史》，济南：齐鲁书社，1997年，第189—209页；王爱清：《秦汉乡里控制研究》，济南：山东大学出版社，2010年，特别是第18—45页；池田雄一：《中国古代的聚落与地方行政》，郑威译，上海：复旦大学出版社，2017年，第481—520、541—550、585—597页；王彦辉：《聚落与交通视阈下的秦汉亭制变迁》，《历史研究》2017年第1期。

② 《后汉书》（《续汉书》）志第二十八，《百官志》五，北京：中华书局，1965年，第3624页。

夫、吏主及案户者弗得，罚金各一两。①

吏、令史，当是指县中的吏与令史，他们在八月案比时被分发到各乡，会合乡有秩或啬夫一起案比户口，案比之后的户籍的原始记录即留在乡廷。吏主，当即主吏，即主持其事的吏。正、典，释文注释称："里正、田典。"其下文称：

> 民宅园户籍、年细籍、田比地籍、田命籍、田租籍，谨副上县廷，皆以筐若匣匮盛，缄闭，以令若丞、官啬夫印封，独别为府，封府户；节（即）有当治为者，令史、吏主者完封奏（凑）令若丞印，啬夫发，即襚治为；臧府已，辄复缄闭封臧。不从律者，罚金各四两。其或为诈伪、有增减也，而弗能得，赎耐。官恒先计雠，□籍□不相（?）复者，系効论之。②

则知八月案比之后形成的诸种户籍、地籍等籍簿，都要送呈县廷。在县廷有专门收藏这些籍簿的机构，盖以每个乡为单位，其所有的籍簿别为一"府"，府下盖按诸里，分别筐匣。收藏好之后，就盖上县令或丞的印，封闭，不得擅自开视。③

乡啬夫（或有秩）在乡廷上班。《后汉书·郑玄传》：

> 郑玄字康成，北海高密人也。……玄少为乡啬夫，得休归，常诣学官，不乐为吏，父数怒之，不能禁。④

郑玄在本县做乡啬夫，要到乡廷去值班。休假回到高密县城，才能诣学官。

---

① 张家山二四七号汉墓竹简整理小组：《张家山汉墓竹简［二四七号墓］》（释文修订本），北京：文物出版社，2006年，第54页。

② 张家山二四七号汉墓竹简整理小组：《张家山汉墓竹简［二四七号墓］》（释文修订本），第54页。

③ 关于汉代八月案比在乡举行、各乡亦得保存本乡户籍等籍帐、征赋亦以乡为单位，邢义田先生证之已详，参阅邢义田《汉代案比在县或在乡？》，原刊《历史语言研究所集刊》第60本第2分（1989年），第451—487页。后收入氏著《治国安邦：法制、行政与军事》，北京：中华书局，2011年，第211—242页。

④ 《后汉书》卷三五《郑玄传》，第1207页。

郑玄做啬夫的乡廷，显然不在高密县城里。《汉书·朱邑传》：

> 朱邑字仲卿，庐江舒人也。少时为舒桐乡啬夫，廉平不苛，以爱利为行，未尝笞辱人，存问耆老孤寡，遇之有恩，所部吏民爱敬焉。……初，邑病且死，属其子曰："我故为桐乡吏，其民爱我，必葬我桐乡，后世子孙奉尝我，不如桐乡民。"及死，其子葬之桐乡西郭外，民果共为邑起冢立祠，岁时祠祭，至今不绝。①

朱邑少时为舒县桐乡啬夫，死葬桐乡西郭外，则知桐乡驻地有"郭"，而朱邑为啬夫时住在桐乡郭内。《汉书·黄霸传》记黄霸为颍川太守，"使邮亭乡官皆畜鸡豚，以赡鳏寡贫穷者。然后为条教，置父老师帅伍长，班行之于民间，劝以为善防奸之意，及务耕桑，节用殖财，种树畜养，去食谷马"。颜师古注："邮行书舍，谓传送文书所止处，亦如今之驿馆矣。乡官者，乡所治处也。"②乡官与邮亭并列，显然是指衙署。

有秩、啬夫职司听讼，其审理一般案件即在乡廷。张家山汉简《二年律令·具律》：

> 诸欲告罪人，及有罪先自告而远其县廷者，皆得告所在乡，乡官谨听，书其告，上县道官。廷士吏亦得听告。③

告诉与自告可以去县廷，也可以去所在的乡。乡官接到告诉或自告之后，要书面记录下来，上呈给县、道之官。

乡啬夫（有秩）即有审理诉讼之权，乡廷遂得设有监狱。《汉书·刑法志》云："原狱刑所以蕃若此者，礼教不立，刑法不明，民多贫穷，豪桀务私，奸不辄得，狱豻不平之所致也。"服虔注曰："乡亭之狱曰豻。"④则知汉时乡、亭皆置有狱。

汉时乡廷有固定治所，于《续汉书·郡国志》及刘昭补注所记诸乡聚之

---

① 《汉书》卷八九《循吏传》，"朱邑"，第3635—3637页。
② 《汉书》卷八九《循吏传》，"黄霸"，第3629—3630页。
③ 张家山二四七号汉墓竹简整理小组：《张家山汉墓竹简［二四七号墓］》（释文修订本），第22—23页。
④ 《汉书》卷二三《刑法志》，第1109—1110页。

名，亦可见出。据《续汉书·郡国志》，河南尹雒阳县有士乡聚，刘昭补注云："冯异斩武勃地。"士乡聚显然就是士乡乡廷的驻地。雒阳县又有圉乡。注云："《左传》昭二十二年单氏'伐东圉'，杜预曰：县东南有圉乡。"①圉乡在雒阳县东南境，《郡国志》所记之圉乡当是指圉乡的驻地。河南县有䤰亭。注云："《左传》昭二十三年尹辛攻䤰。《晋地道记》曰：'在县西南，有䤰亭。'"②䤰乡驻地置有亭，称为䤰亭，与里耶秦简所见贰春乡置有贰春亭相同。河内郡轵县有原乡。注云："《左传》曰王与郑原，杜预曰沁水西北有原城。"③则知原乡驻地有城，即称为原城。朝歌县南有宁乡，注云："《史记》无忌说魏安僖王曰'通韩上党于共宁'，徐广曰宁乡。《左传》曰：襄二十三年'救晋，次雍榆'。杜预曰县东有雍城是也。"④则知宁乡驻在雍城。河东郡皮氏县有耿乡。注云："《左传》闵元年晋灭耿，杜预曰县东南有耿乡。《博物记》曰有耿城。"⑤也说明耿乡治于耿城。此类例证甚多，不赘举。

常驻于乡廷治事的，大约主要是乡啬夫（有秩）。乡游徼当由县中派出，分部（地域）巡视检查，并不必常驻于乡廷。乡三老并非吏职，严耕望先生证之已明，故乡三老平时当居于村落之中，未必要常驻乡廷治事。谢承《后汉书》卷四："吴祐迁胶东相，民有词讼，先令三老以孝悌喻解，祐身至闾里和之，吏民不忍欺。"⑥则三老与"民"同居于闾里。

二、乡司、游徼、亭长间的关系

游徼之职，不见于秦，睡虎地秦简与里耶秦简中均未得见，当为汉代所新置者。据上引《续汉书·百官志》，游徼似按乡设置，即每乡置有一个游徼。

---

① 《后汉书》志十九，《郡国志》一，第3389、3391页。
② 《后汉书》志十九，《郡国志》一，第3389、3391页。
③ 《后汉书》志十九，《郡国志》一，第3395页。
④ 《后汉书》志十九，《郡国志》一，第3395、3397页。
⑤ 《后汉书》志十九，《郡国志》一，第3398、3399页。
⑥ 谢承：《后汉书》卷四《吴祐传》，周天游辑注：《八家后汉书辑注》，上海：上海古籍出版社，1986年，第113页。

但汉代文献中又甚少见到乡游徼，而多见有部游徼。《宛令李孟初神祠碑》（永兴二年，154）所见之"游徼"以"南部"为称，当是"部游徼"。①甘肃武威磨咀子十八号汉墓所出《王杖十简》亦见有"部游徼"。②严耕望先生尝考汉世诸县置有游徼，曾举出数例，多称为"县游徼"。那么，乡游徼、部游徼与县游徼三者之间，究竟是怎样的关系呢？

严耕望先生曾胪列《堂邑令费凤碑》《中部碑》《苍颉庙碑侧》及《嘉祥武宅山县令导从图刻像》所见之"门下游徼"，认为县游徼犹郡府门下督盗贼，职近贼曹，秩不及百石，隶属功曹。严先生注意到"碑传所见游徼，其中或有出部者"，然未加讨论，仅谓"惟同是县吏，故统称县职欤？"③考门下游徼，当居于县中，常跟从县令。《后汉书》卷八一《独行列传》"王忳"记王忳任郿县令，至氂亭，有女鬼诉其家十余口为亭长所杀，忳问亭长姓名，女子曰："即今门下游徼者也。"王忳"召游徼诘问，具服罪"。④则此门下游徼即跟从县令王忳出巡者。《续汉书·舆服志》上："公卿以下至县三百石长，导从置门下五吏：贼曹、督盗贼、功曹，皆带剑，三车导；主簿、主记，两车为从。"⑤这里的"门下五吏"（贼曹、督盗贼、功曹、主簿、主记），当如陈直先生所释，"在属吏中应成为另一系统之政权组织，出则导车从，入则参机要，为最亲信之僚属"；"门下等于吏属中之内廷，诸曹等于吏属中之外廷"。⑥然则，门下游徼即属于县廷之"内廷"；县游徼则属之"外廷"，县游徼中出部巡徼者，得称为"部游

---

① 高文：《汉碑集释》，开封：河南大学出版社，1997年，第175—180页。

② 简文云："河平元年，汝南西陵县昌里先年七十，受王杖，颍部游徼吴赏使从者殴击先，用诉，地大守上谳。廷尉报：罪名明白，赏当弃市。"见中国科学院考古研究所编辑室《武威磨咀子汉墓出土王杖十简释文》，《考古》1960年第9期；陈直：《甘肃武威磨咀子汉墓出土王杖十简通考》，《考古》1961年第3期。

③ 严耕望：《中国地方行政制度史·秦汉地方行政制度》，第227—228页。

④ 《后汉书》卷八一《独行列传》，"王忳"，第2681页。

⑤ 《后汉书》志二十九，《舆服志》上，第3651页。

⑥ 陈直：《望都汉墓壁画题字通释》，见所著《文史考古论丛》，天津：天津古籍出版社，1988年，第463—471页，特别是第464—466页。此处所引《续汉书·舆服志》句，今中华书局校点本断作"公卿以下至县三百石长导从，置门下五吏、贼曹、督盗贼功曹，皆带剑，三车导；主簿、主记，两车为从"，陈直先生已指明其误，请参看。

徼"。严耕望先生说："乡游徼实即县职之分部于诸乡者，属功曹。"①严先生又谓乡游徼之职掌，全与县门下游徼相同。又引翼奉曰："游徼亭长，外部吏，皆属功曹。"然则，所谓乡游徼、部游徼实际上都是由县廷派出的游徼，分部巡徼即称为"部游徼"，按乡巡徼即为"乡游徼"。因此，游徼乃是县吏，奉派分部或分乡游徼，即成为部游徼或乡游徼。游徼当驻于县中，奉派方巡行诸乡或各部（多以方位划分各部）。在乡而言，游徼并非常设之吏，并不常驻于乡廷之中。

东海尹湾汉墓所出《东海郡吏员簿》所记东海郡各县吏员设置情况，为我们认识游徼与乡的关系提供了直接的资料。由表2-1可以见出，各县所设游徼与乡之间并无对应关系，海西、下邳、郯、兰陵、朐、襄贲、戚、费、即丘、厚丘、利成、况其、开阳、缯、司吾、临沂、合乡、昌虑、兰旗、容丘、南城、阴平等县所设游徼数均小于乡数，多为两三个乡设置一个游徼。承、东安、建陵、山乡、武阳、都平、敬乡、建乡、干乡、建阳、都阳等十一个县或侯国，只有一个乡，亦只设有一个游徼。但在这种情况下，游徼当兼具门下游徼、县境徼巡的诸种责任，并非按乡设置的游徼。平曲县仅有一乡，却设置了两个游徼，其一当为门下游徼，另一则当主县境徼巡。所以，各县游徼，大抵包括一名门下游徼（随从县令长；在一县只有一名游徼的情况下，此游徼亦具门下游徼之责）及分部巡察的部游徼，真正按乡设置的游徼则当非常少见。

表2-1 西汉东海郡各县所置游徼、亭长与乡的关系

县邑侯国	乡数	游徼数	亭长数	县邑侯国	乡数	游徼数	亭长数
海西	14	4	54	承	1	1	6
下邳	13	6	46	昌虑	3	2	19
郯	11	3	41	兰旗	4	2	12
兰陵	13	4	45	容丘	3	2	11
朐	7	2	47	良成	2	2	7

---

① 严耕望：《中国地方行政制度史·秦汉地方行政制度》，第240页。

（续表）

县邑侯国	乡数	游徼数	亭长数	县邑侯国	乡数	游徼数	亭长数
襄贲	7	4	21	南城	2	1	18
戚	5	1	27	阴平	3	2	11
费	7	5	43	新阳	2	2	12
即丘	8	4	32	东安	1	1	9
厚丘	9	2	36	平曲	2	2	5
利成	4	3	32	建陵	1	1	6
况其	5	3	23	山乡	1	1	4
开阳	5	3	19	武阳	1	1	3
缯	4	2	23	都平	1	1	3
司吾	7	2	12	郚乡	1	1	5
平曲	1	2	4	建乡	1	1	4
临沂	7	3	36	干乡	1	1	2
曲阳	不详	2	5	建阳	1	1	5
合乡	2	1	7	都阳	1	1	3

资料来源：连云港市博物馆、中国社会科学院简帛研究中心、东海县博物馆、中国文物研究所：《尹湾汉墓简牍》，北京：中华书局，1997年，第79—84页。

除游徼外，亭长亦主治安。《续汉书·百官志》：

> 亭有亭长，以禁盗贼。本注曰：亭长，主求捕盗贼，承望都尉。

都尉，即郡国都尉，其职守是"典兵禁，备盗贼"。然东汉建武六年已省去郡国都尉（偶或有事即置），故此处所谓"承望都尉"，当是指西汉制度。志称亭长"承望都尉"，当直属县尉。《续汉书·百官志》："尉大县二人，小县一人。本注曰：……尉主盗贼。凡有贼发，主名不立，则推索行寻，案察奸宄，以起端绪。"注引《汉官仪》曰：

> 亭长课徼巡。尉、游徼、亭长皆习设备五兵。五兵：弓弩，戟，楯，刀剑，甲铠。鼓吏赤帻行縢，带剑佩刀，持楯披甲，设矛戟，习射。设十里一亭，亭长、亭候；五里一邮，邮间相去二里半，司奸盗。亭长持二尺板以劾贼，索绳以收执贼。

又引《风俗通》曰：

> 汉家因秦，大率十里一亭。亭，留也，盖行旅宿会之所馆。亭吏旧名负弩，改为长，或谓亭父。①

是知汉时亭长属县尉，与游徼（属功曹）一样，皆主治安，然亭长（负弩、亭父）、亭候常驻于亭中，与游徼分巡乡、部不同；亭下又设有邮（当即沿袭秦简所见的"敦"而来，盖在和平年代兼掌邮传，改称为"邮"），亦以"司奸盗"为主要职责。

据表2-1，亭长的设置，与游徼部、乡之间，也没有对应关系。盖乡、游徼部、亭三者，乃为平行的关系，互不隶属。亭长的数量远高于游徼数与乡数，说明亭的设置比游徼部、乡要密集得多。大致说来，一乡有两三个到五六个亭；东安县仅置一乡，有九个亭，当是置亭最为密集的乡。

游徼、亭长皆以主掌治安事务，得兼理某些司法事务，而乡啬夫（有秩）以一乡之长身份，得主一乡之司法（已见上文），三者之间，亦必有交会重合。《风俗通义》谓：

> 亭亦平也，民有争讼，吏留平处，勿失其正也。亭吏旧名负弩，改为亭长，亭长者，一亭之长率也。陈、楚、宋、魏谓之亭父，齐谓之师。

王利器先生说："平处"一作"辨处"。②盖民间争讼，亭吏可将之留置于亭中，予以调处评判，尽可能给予公正的处理。《潜夫论·爱日篇》云：

> 孔子曰："听讼，吾犹人也。"从此观之，中材以上，皆议曲直之

---

① 《后汉书》志第二十八，《百官志》五，第3623—3625页。
② 应劭撰，王利器校注：《风俗通义校注》，北京：中华书局，1981年，第493页。

> 辨，刑法之理可；乡亭部吏，足以断决，使无怨言。然所以不者，盖有故焉。……夫直者贞正而不挠志，无恩于吏。怨家务主者结以货财，故乡亭与之为排直家，后反覆时吏坐之，故共枉之于庭。①

是乡亭部吏，皆参与诉讼断决。根据这里的说法，当是乡亭吏直接受理诉讼，故可以接受争讼方的货贿，并因此而影响判决。"共枉之于庭"的庭，当指县廷。"后反覆时吏共坐之"，郑注云："十日乃以职事治之于外朝，容其自反覆。"是说诉讼双方如有不服，方才上诉到县廷。这条材料说明，乡、亭皆有基层司法审理之权。

乡、亭皆有审理诉讼案件之权，在长沙五一广场所出东汉简牍中可以见到证据。木两行CWJ1③：325-2-11与木两行CWJ1③：325-2-1当可缀联在一起（中间仍有残缺）：

> 宅舍。祖给事县署西市亭长，他犯，亡。娅转还，居曲平亭部，贫穷无钱以偿。谭/请祖出，诡促偿谭。唯/
> □□娅名数户下。谭比，自言：□还骥、娅等。又谭所讼辞：讼事在乡，当为治决。请以谭、汎属/
> 南乡有秩明等决治处言。□□勤职事，留迟无状，惶恐叩头，死罪死罪，敢言之。/②

此案缘由始末不详，但简文明言案件在乡，当由乡司审理治决。"讼事在乡，当为治决"，应为引用当时律令规定。

乡司当可审理经济案件。木两行CWJ13：325-1-45A：

> 永初元年八月庚子朔廿一日庚申，广成乡有秩昚、佐种、助佐赐叩头死罪敢言之：
> 廷移府记曰：男子王石自言：女子溏贞以永元十四年中，从石母列

---

① 王符著，汪继培笺：《潜夫论笺校正》卷四《爱日篇》，北京：中华书局，1985年，第216—218页。

② 长沙市文物考古研究所、清华大学出土文献研究与保护中心、中国文化遗产研究院、湖南大学岳麓书院编：《长沙五一广场东汉简牍选释》，"整理篇"，上海：中西书局，2015年，第20—21页。

贷钱二万未①

简文虽不全,但此案显然关涉经济纠纷,其初审应当是由广成乡负责的。

但杀人、强盗等较重的治安案件,则显然由亭长负责。木两行CWJ13:263-14A、B:

> 永元十六年六月戊子朔廿八日乙卯,广亭长晖叩头▢
> 杀桑乡男子黄,徼匿不觉,并同产兄肉复盗▢
> 广亭长毛晖名印。
> 六月　日邮人以来。
> 史白开。②

徼杀人逃亡并强盗案,是由广亭长晖负责并报告的,然广成亭长并不负责此案之审理,只是将案情向县廷报告。而亭长亦得审理一般性经济纠纷案件。木两行CWJ1③:325-4-43:

> 理讼掾伉、史宝、御门亭长广叩头死罪白:
> 廷留事曰:男子陈羌自言:男子董少从羌市马,未毕三千七百。留事:到五月诡责,治决处言。伉、宝、广叩头,死罪死罪:奉得留事,辄召
> 少,不得实问。少比舍男子张孙、候卒张尊辞:少七月廿八日举家辟,则
> 辄与尊、孙集,平少所有什物,直钱二千七百廿,与羌,尽力晓喻。少出,与
> 羌校论。谨籍少所有物,右别如牒。少出,辞有增异。复言。伉、宝、广惶恐
> 叩头,死罪死罪。八月十二日丁巳白。③

董少拖欠陈羌马价案,是一桩经济纠纷案,御门亭长广参与其中,说明亭长

---

① 长沙市文物考古研究所等编:《长沙五一广场东汉简牍选释》,"整理篇",第36页。
② 长沙市文物考古研究所等编:《长沙五一广场东汉简牍选释》,"整理篇",第50页。
③ 长沙市文物考古研究所等编:《长沙五一广场东汉简牍选释》,"整理篇",第18—19页。

得参与一般性民间诉讼案的审理。而在这个案件中,并不见有乡啬夫。木牍CWJ13:325-5-21所记案情与此相似:

> 兼辞曹史𪭢、助史襄白:民自言,辞如牒。
> 教:属曹分别白案。惠前遣姊子毒、小自言:易永元十七年
> 中,以由从惠质钱八百,由去,易当还惠钱。属主记为移长刺部。
> 曲平亭长寿考实未言,两相诬。丞优、掾賜议,请敕理讼
> 掾伉、史宝实核治决会。
> 延平元年八月廿三日戊辰白。
> 月廿五日复白。
> 君教诺。①

惠诉易欠钱案,初由曲平亭长寿负责审理;后因两造不服,才由理讼掾伉、史宝审理。此案也是经济纠纷案。

游徼似并不负责狱讼审理,是较为单纯的治安官员。游徼的地位当在亭长之上。长沙五一广场所出东汉简牍木两行CWJ12:124:A:

> 永初元年正月癸酉朔廿日壬辰,东部劝农贼捕掾迁、游徼尚、駟望亭长范,叩头死罪敢言之:廷书曰言:男子吴辅斗伤弟妻麐,亡,逐捕有书。辅以微辫,贼伤麐,所犯无②

简文中的"廷书"当是临湘县所下达,故"东部"当是临湘的东部,尚当为东部游徼,其署名在东部劝农贼捕掾迁之下,駟望亭长范之上,地位显然在亭长之上。木两行CWJ1③:325-1-54A与CWJ1③:325-1-35、CWJ1③:325-1-60当可缀联(中间仍有缺失):

> 延平元年二月己酉朔廿七日乙亥,左部劝农贼捕掾浩、游徼兴、庚匀亭长栩叩头死罪敢言之:/
> 廷书:男子樊柱自言,与姊丑争财物,丑母物故,父孟御所有婢财,产柱。/

---

① 长沙市文物考古研究所等编:《长沙五一广场东汉简牍选释》,"整理篇",第17页。
② 长沙市文物考古研究所等编:《长沙五一广场东汉简牍选释》,"整理篇",第7页。

  怒殴击柱，柱去随世居。丑呼柱不还。元兴元年十一月不处日，世令柱持羊一级/

  之市卖，不雠，柱挈羊还，道便过建舍，候视顷。须臾，丑将子女缥来到顷舍，与/①

  建持羊归柱。不处日，建持羊之世舍，付柱，受。丑不，将二男子收柱，盗世羊，不殴。②

游徼兴也应当是左部游徼，其地位在庾匀亭长栩之上。

三、里父老与里治中

《续汉书·百官志》：

  里有里魁，民有什伍，善恶以告。本注曰：里魁掌一里百家。什主十家，伍主五家，以相检察。民有善事恶事，以告监官。③

里魁即里正，亦即秦代的里典；秦时与里典并称的"老"，入汉后似不再设置，或发生了变化。然东汉时何休在解释周代井田制时说：

  一里八十户，八家共一巷，中里为校室。选其耆老有高德者，名曰父老；其有辩护伉健者，为里正。皆受倍田，得乘马。父老比三老、孝悌官属，里正比庶人在官。吏民春夏出田，秋冬入保城郭。田作之时，春，父老及里正旦开门坐塾上，晏出后时者不得出，莫不持樵者不得入。五谷毕入，民皆居宅，里正趋缉绩。④

这里虽然是解释理想中的井田制，但其背景却是汉代的里居。按照何休的说法，里父老与里正并称，其与乡三老、县三老及孝弟、力田属于同一序列，

---

① 长沙市文物考古研究所编：《长沙五一广场东汉简牍选释》，"整理篇"，第36页。
② 长沙市文物考古研究所编：《长沙五一广场东汉简牍选释》，"整理篇"，第38页。
③ 《后汉书》志第二十八，《百官志》五，第3625页。
④ 《春秋公羊传注疏》卷一六，宣公十五年"古者什一而藉"句下何休注。《十三经注疏》本，北京：中华书局，1980年，影印本，第2287页。

职掌教化。①这里是何休的理想之言。实际上，里父老还要负责征收赋税。《居延汉简》中有两条资料，说明里父老要负责征收赋钱。简45·1A：

东利里父老夏至等教数
荧 □ 秋赋钱五千　西乡守有秩志臣、佐顺临
阳　　　　　　　纯□亲具。②

简文内容应当是东利里父老夏至等，收纳秋赋钱五千钱，交到西乡有秩志臣、乡佐顺临处；纯□可能是西乡的史之类小吏，由他出具了收据。又，简526.1A：

□　　　　　□□里父老□□
□ 秋赋钱五千　正安释□□
□　　　　　　啬夫食、佐吉□
北③

简文第二行中的"正"当是里正。这是某里父老和里正征收该里秋赋五千钱，交给乡啬夫食和乡佐吉。

里父老还要负责道路与水利设施的修治。河南偃师出土张仲有修通利水大道刻石（或称"东曲里通利水大道刻石"）刻于东汉永元十年（98）十月十一日，其文云：

永元十年十月十一日都乡□□□□□／
作后□书□虐訾大道东乡内东曲里／
人。东索渠□伯长决以东□訾追捕／

---

① 关于汉代父老的研究甚多，主要有：（1）守屋美都雄：《父老》，见刘俊文主编《日本学者研究中国史论著选译》，第三卷《上古秦汉》，北京：中华书局，1993年，第564—584页；（2）邢义田：《汉代的父老、僤与聚族里居》，见氏著《天下一家：皇帝、官僚与社会》，北京：中华书局，2011年，第436—466页。

② 谢桂华、李均明、朱国炤：《居延汉简释文合校》，北京：文物出版社，1987年，第77页，45.1A。释文据《居延汉简》图版，第470页，图5.7校改。

③ 谢桂华、李均明、朱国炤：《居延汉简释文合校》，第644页，526.1A。释文据《居延汉简》，图版第457页校改。

>   盗贼。□□□泥淖,道不通,使东曲里以民保 /
>   泥□里浚,徙土增道中,昪下通利水大道,以无 /
>   回,永不上渠道,传后世子孙。时长吏 /
>   王君,即使东曲里父老冯建□食□□□□ /
>   作□波□坍,昪下通水大道,又为□保。时将作 /
>   吏邓张仲有□□约束,决取瓦石,立其 /
>   □□□□□时可答可守客舍 / ……①

此通碑文的大意是:东索渠□伯长奉命在东乡追捕盗贼,而一条联系都乡与东乡间的大道泥泞不通,乃下令东曲里(当属于东乡)民户修治道路,在路边挖土垫高路面,同时疏浚路旁的水渠。受命负责此项道路修治工程组织管理工作的,是将作吏邓县张仲有;而直接带领东曲里民户兴工劳作的,则是东曲里父老冯建等。在这里,里父老受命兴役,整治道路,显然是使役。

因此,我们认为汉代的里父老虽然名义上职掌教化,但实际上乃是一种使役,与里正一起收纳赋钱,兴工服役,并共同维护里中治安。《汉书·酷吏传》记"尹赏"为长安令,

> 乃部户曹掾史,与乡吏、亭长、里正、父老、伍人,杂举长安中轻薄少年恶子,无市籍商贩作务,而鲜衣凶服被铠扞持刀兵者,悉籍记之,得数百人。②

此处之"父老",在里正之下,伍人(伍长)之前。上引《续汉书·百官志》说民有什伍,"什主什家,伍主五家",而伍、伍长颇可见,唯什长却甚少见到。所谓里父老,很可能就是里中的什长,换言之,每里可能有十个父老。③

河南偃师所出侍廷里父老僤买田约束石券,为我们探究里父老的情形提

---

① 毛远明校注:《汉魏六朝碑刻校注》,北京:线装书局,第一册,2008年,第68—69页。
② 《汉书》卷九〇《酷吏传》,"尹赏",第3673页。
③ 里父老究竟是怎样设置的,论者一般并未予以讨论。杜正胜先生说:"我们怀疑里父老也是一里一人,而择里父老一人为乡三老。"(杜正胜:《编户齐民:传统政治社会结构之形成》,台北:联经出版事业股份有限公司,2014年,第220页)但未举出证据。

供了很好的资料。根据黄士斌、宁可、俞伟超、邢义田等先生的校释，①我们先将券文抄录如次：

> 建初二年正月十五日，侍廷里父老僤祭尊 /
> 于季、主疏左巨等廿五人，共为约束石券里治中。/
> 乃以永平十五年六月中造起僤，敛钱共有六万 /
> 一千五百，买田八十二亩。僤中其有訾次 /
> 当给为里父老者，共以容田借与，得收田 /
> 上毛物谷实自给。即訾下不中，还田 /
> 转与当为父老者，传后子孙，以为常。/
> 其有物故，得传后代户者一人。即僤 /
> 中皆訾下不中父老，季、巨等共假赁 /
> 田。它如约束。单侯、单子：阳尹、伯通、锜中都、周平、周兰。/
> □□、周伟、于中山、于中程、于季、于孝卿、于程、于伯先、于孝、/
> 左巨、单力、于稚、锜初卿、左中、文□、于思、锜季卿、尹太孙、于伯和、尹明功 /

---

① 黄士斌：《河南偃师县发现汉代买田约束石券》，《文物》1982年第12期；宁可：《关于〈汉侍廷里父老僤约束石券〉》，《文物》1982年第12期，后收入《宁可史学论集》，北京：中国社会科学出版社，1999年，第470—483页；俞伟超：《中国古代公社组织的考察——论先秦两汉的单—僤—弹》，北京：文物出版社，1988年，第114—130页；邢义田：《汉代的父老、僤与聚族里居——〈汉侍廷里父老僤买田约束石券〉读记》，原刊《汉学研究》第1卷第2期，1983年，后收入氏著《秦汉史论稿》，台北：东大图书公司，1987年，第215—246页，又收入氏著《天下一家：皇帝、官僚与社会》，北京：中华书局，2011年，第436—466页；邢义田：《汉侍廷里父老僤买田约束石券再议》，原刊《历史语言研究所集刊》第61本第4分，1990年，第761—788页，后收入氏著《天下一家：皇帝、官僚与社会》，第467—488页。杜正胜：《汉"单"结社说》，收入氏著《古代国家与社会》，台北：允晨文化公司，1992年，第953—970页。林甘泉：《"侍廷里父老僤"与古代公社组织残余问题》，《文物》1991年第7期。张金光：《论汉代的乡村社会组织——弹》，《史学月刊》2006年第3期。山田胜芳：《"父老僤约束石券"と秦漢時代の父老》，收入氏著《秦漢財政收入の研究》，東京：汲古書院，1993年。籾山明：《漢代結僤習俗考——石刻資料と鄉里の秩序（1）》，《島根大學法文學部紀要·文學科編》第九卷第1期，1986年，第1—20页，修订中文本见邢义田、刘增贵主编：《第四届国际汉学会议论文集：古代庶民社会》，台北："中研院"，2013年，第149—170页。

对于这方石券，从释读到分析，各家说法不同，差异甚大，兹不具析。总的说来，这方石券的大意是：东汉章帝建初二年（77）正月十五日，侍廷里父老于季、左巨等二十五位父老僤的成员（单侯、单子），在里治中（里的办公处，见下文）共同订立这份约束（僤的规章、章程）。这个僤成立于五年前（永平十五年，72），当时僤的成员共集资了六万一千五百钱，用这笔钱买了八十二亩地（平均每亩七百五十钱，价格很低）。现在制订这个章程，旨在解决一个新问题，即僤中按照赀次（资产与顺序，或资产顺序）应当为"里父老"的成员，可以借用僤中的田经营，以收获的谷实等物，供给开销；如果资产减少（赀下）不再够资格充任父老，须要把田交出，转给其他为里父老者。这些田就这样子孙传下去。如果成员有过世的，由他的后代接替，每户一人。如果僤的成员都不中赀，即不够充任里父老的资格，于季、左巨等人可将田租出去。

关于此份券约中的侍廷里父老僤的性质，各家说法不同。我们基本认同邢先生的看法，认为应读作"侍廷里父老僤"，其性质是里父老们组成的一个僤。父老，如邢先生所指出的那样，是指有一定赀产的里中领袖。僤，又作单，宁可、黄士斌与俞伟超先生皆举出很多证据，说明僤是一种组织。邢先生进一步指出：僤可能都是为特定目的而组织的团体，其性质属于私人结社，认为"汉代人为了耕作（街弹）、丧葬（孝子单、万岁单？）、商业、生产贩买（中服共侍约、酒单？）、政治（张俭之土单）、地方行政（父老僤）或徭役（正弹、正卫弹，疑为正卒或卫卒之弹）等各式各样的目的，组成团体；且有组织、有领袖、也有规章约束。它们结合的原则不一定是血缘的，也不一定是地缘的，可能是基于职业、生活或政治的理念"。

那么，侍廷里父老的这个僤，又是为了什么目的而结成的呢？邢先生从"父老"的释义出发，认为它是为地方行政而组织的，从而把"侍廷里"释为里名。在邢先生的基础上，结合《中服共侍约》，我们以为这里的"侍"当与"中服共侍约"中的"侍"字同样解释，即释作"事"。廷，当指县廷与乡廷（乡治得称为"廷"，前人已有论述）；里，当即乡里之里。所以，这个券约，就是可能被选任为里父老的中赀者，为了应承县、乡选任的里父老之任，而组织起来的。"里父老"是要到县乡廷与里中去"侍"（事）的，所以，它其实是一种负担与责任，中选之人也要有一定的赀产要求。组织这个僤，并且集资买了八十二亩田，作为集体资产，以补贴出任里父老的人。"即僤中皆誓下不中父老，季、巨等共假赁田。"如果僤中成员的资产都不符合出任里父老的资格，那么，于季、左巨等可将僤的田产出租，换言之，也将由承租僤田的人出任里父老。显然，僤田的收入，也就是出任里父老的报酬。

所以，里父老之任，实际上是一种职役。于季、左巨等里父老二十五人，组织了一个"僤"，以应对县、乡廷的"事"。他们应当是需要轮充前去"侍廷"的里父老。换言之，我们认为一个里中有若干的父老，轮流充任当值的父老，其身份大约相当于十家之长，亦即什长。

于季、左巨等里父老聚会订立约束的场所，被称为"里治中"，当即里的办公处所。上引《春秋公羊传》何休注曰："中里为校室"，意思是说，里的正中间有一个校室。校室，应即里的治事之所，也就是"侍廷里父老僤约束石券"所见的"里治中"。所以，汉代的里应当是有办公场所的，里正当在校室（里治中）办理公务，里父老也在那里聚会议事。

我们认为里治中当是"里"的办公场所，还可以补充一个重要证据。岳麓书院藏秦简0443+0544+0665：

> 廿年二月辛酉，内史言：里人及少吏有治里中，数昼闭门不出入。请：自今以来敢有□来□□□☑昼闭里门，擅赀伪□□□□□□□□者，县以律论之。乡啬[夫]、吏智（知）而弗言，县廷亦论。乡/啬夫、吏令典、老告里长，皆勿敢为。敢擅昼闭里门，不出入□□，赀乡啬夫、吏，智（知）弗言，县廷赀□/①

里人，当即下文之里长；少吏，据下文，当指里之典、老。典、老与里长治里中，数昼皆闭里门，不出入，说明里中有其治所。里中之治所，当即所谓"里治中"。

四、再谈乡、里与亭、丘的关系

长沙五一广场所出东汉简牍，内容相当丰富，涉及当时的政治、经济、

---

① 陈松长主编：《岳麓书院藏秦简（肆）》，第193—194页。

法律、军事等诸多领域,其中大量是当时使用的公文。整理者指出:

> (简文所见)乡名见都乡、桑乡、长赖乡、南乡、南山乡、澺阳乡、中乡、小武陵乡等。这些乡大多当属临湘县管辖。亭见(都乡)三门亭部、(桑乡)广亭部、(南乡)逢门亭部、(县)都亭部、磨亭部、郭亭部、靡亭部、杆亭、东门亭、伦亭部、湘中亭、小武陵亭部、沱亭部、雍亭部、长赖亭、枸陵亭等。里名见(都乡)利里、(南乡)匠里、逢门里、东门里、(中乡)泉阳里、行遂里。丘名见(逢门亭)李丘、柤唐丘、枇丘,(广亭)董上丘、桥丘,(长赖亭)庐蒲丘、上解丘,(伦亭)萍丘、上辱丘、良人丘,(沱亭)芗渚丘,(雍亭)帛租丘……从简文中各级行政划分叙述中可探索各区划间的统属关系,说明当时不仅有乡辖里的居地划分,同时也有乡统亭、亭辖丘的区域划分,两个体系共存,许多乡、里、丘的名称也见于走马楼三国吴简,说明某些体制一直沿用至三国时期。……
>
> (据简文)乡设有秩、啬夫,见南山乡有秩、都乡有秩、南乡有秩;由佐干等处理日常事务,见南乡佐、剧乡佐、乡干等。诸亭设长,见都亭长、东门亭长、湘中亭长、逢门亭长、广亭长等。里设正,又见正干;伍设伍长,见都伍长,亦称小伍长……①

简牍整理者主要从制度层面上描述了东汉长沙郡临湘县的行政区划、机构设置及置官情况,强调的乃是王朝国家的制度在这一地区的实行。其所说大都可从,但也有一些问题需要进一步澄清。

据上文所引,整理者认为长沙五一广场简牍说明东汉时有两个体系并存,既有乡辖里的居地划分,又有乡统亭、亭统丘的区域划分。其说看似成理,然细究之,却并不能成立,盖乡、里乃是户籍系统,虽与居地相关,但却主要是户籍归属;而亭、丘则是治安系统,是按地域、聚落划分的。

简文述及编户身份时,一般使用乡里为称。如五一广场简CWJ13:263-59:

> 零陵湘乡南阳乡新亭里男子伍次,年卅一,长七尺,黑色,持栧船

---

① 长沙市文物考古研究所等编:《长沙五一广场东汉简牍选释》,"前言",第7页。

一梭，绢三束，矛一支。①

简文述男子伍次年龄、身高、肤色及携带物品甚悉，或属通缉令性质。又，木两行CWJ1①：85：

> 书辄逐召乃考问，辞：本县奇乡民，前流客，占属临湘南乡乐成里。今不还本乡，执不复还，归临湘。愿以诏书"随人在所占"。谨听受占。定西。②

乃本是奇乡之民，以流客身份，占籍属临湘县南乡乐成里。简文引诏书"随人在所占"的规定，允许乃根据居地原则，占籍南乡东成里。

江苏连云港市花果山出土西汉简牍1系刑案文书：

> 荣成里徐谭十月十四日甲辰，□□以刀刺西长里孙宣☒
> 利□桑未宣梁里徐竖十月十七日丁未，卖刀□刃共伤衙何十八☒
> 永昌里未毋□十一月二日，人侍□□刀刃□伤衙满里徐二☒
> □知何人十一月六日乙丑夕，以刃伤利成里孙子游□赖头☒
> ☒强盗所□胡母长子皁衣一英十七，俞君孙皁衣钱五十□☒
> 乡钱百一十，并直三千四百。③

徐谭是利成里人，孙宣是西长里人；桑未当是利成县的乡名（"利"字下所脱，当为"成"字），徐竖当是利成县桑未乡宣梁里人；未毋是永昌里人，徐二是满里人；孙子当是利成里人。在这份文书中，除徐竖为利成县桑未乡宣梁里人之外，述及其他人所属乡里，皆但言其里，未及于乡，说明它很可能是一份乡司的文书，所报告之事，均发生在同一乡中。

长沙东牌楼出土户籍文书，亦皆以"里"指称编户籍属。如建宁四年（171）益成里户人公乘某户籍：

> 建宁四年益成里户人公乘某，卅九，筭卒，笃㿎。子公乘石……

---

① 长沙市文物考古研究所等编：《长沙五一广场东汉简牍选释》，"整理编"，第27页。
② 长沙市文物考古研究所等编：《长沙五一广场东汉简牍选释》，"整理编"，第2页。
③ 李洪甫：《江苏连云港市花果山出土的汉代简牍》，《考古》1982年第5期，第476—477页。

……卅七，箄卒，笃夅。①

益成里显然是公乘某及其子石的籍属。

而简文在述及人户居地时，则多以亭、丘称述。如五一广场简木两行CWJ13：264-30：

> 辄部贼曹掾黄纳、游徼李临，逐召贤。贤辞：本临湘民，来客界中。丞为洞所杀后，贤举家还归
> 本县长赖亭部杆上丘，去县百五十余里。书到，亟部吏与纳力逐召贤等，必得以付纳。②

贤籍属临湘县，"来客界中"，显然是离开了其原籍所在地。其原住地当在临湘县长赖亭部杆上丘，这是其居地所在，并非户籍的表示方式。又，五一广场简木两行CWJ1①：93：

> 皆曰：县名占有庐舍，长赖亭部庐蒲丘弩与男子吴赐、杨差、吴山、备芋，/
> 与男子区开、陈置等，相比近，弩与妻锡、子女舒、舒女弟县，备与子女芋。/③

弩与吴赐、杨差、吴山、备芋、区开、陈置等，大抵皆住在长赖亭部庐蒲丘，居地"相比近"。五一广场简木两行CWJ1①:113与木两行CWJ1③：172当可缀联在一起（中间仍有残缺）：

> 广亭部董，上丘；旦，桥丘，与男子烝、愿、雷、勒相比近知习，辅农以田作，莫旦绩纺为/事。普以吏次署狱掾，董良家子，给事县备狱书佐。不处年中，良给事县。永初元/④
> 姓名如牒：普，都乡三门亭部；董、旦，桑乡广亭部。董与父老、

---

① 长沙市文物考古研究所、中国文物研究所编：《长沙东牌楼东汉简牍》，北京：文物出版社，2006年，释文，第107页。参阅王素：《长沙东牌楼东汉简牍选释》，《文物》2005年第12期。
② 长沙市文物考古研究所等编：《长沙五一广场东汉简牍选释》，"整理编"，第54页。
③ 长沙市文物考古研究所等编：《长沙五一广场东汉简牍选释》，"整理编"，第4页。
④ 长沙市文物考古研究所等编：《长沙五一广场东汉简牍选释》，"整理编"，第6页。

母何，同产兄辅、弟农俱/

居；旦父老皆前物故，往不处年，嫁为良妻，与良父平、母真俱□□□庐舍。/①

董，居住在广亭部（在桑乡境内）的上丘；旦，住在广亭部桥丘。烝、愿、雷、勒的居地皆与他们相近，互相很熟悉，农耕中相互帮助，早晚共同纺织。都乡三门亭，当指三门亭在都乡境内。此段简文所述的亭、丘，皆当指居地。五一广场简木两行CWJ13：292—6所记与此相似：

详弟终，终弟护、晨，与父宫同产兄夜、夜弟疑、疑女弟捐、憼，与母妾同产/弟强、除，与妻委，子女婴居，自有庐舍。伦亭部，尼、晨、除汉丘，憼上辱丘。与②

尼、晨、除等居住在伦亭部的汉丘，憼等居住在上辱丘。木两行CWJ1①:95-1：

郭亭部市不处姓名男子鲜鱼以作枲，今年正月不处日，持随潦溪水上解丘徐/

舍，卖得米卅四斛。三月不处日，持米下于横溪，糶尽余米。五十斛在徐舍。冯立。/③

不处姓名男子居住在郭亭部的市中，到上解丘徐舍处去卖鱼。郭亭部市和上解丘分别是不处姓名男子与徐的居地。

因此，简文中的表达很清楚：述及籍属时用乡、里，述及居地时用亭、丘。亭、丘当然位于某乡某里境内，但乡里是籍帐赋役系统，亭丘是治安系统，二者之间并没有统属关系。某乡某里之人未必居住其在籍属乡里范围的亭、丘，而可能居住在别的乡里范围内的亭、丘。五一广场简木牍CWJ1③：71-26：

---

① 长沙市文物考古研究所等编：《长沙五一广场东汉简牍选释》，"整理编"，第47页。
② 长沙市文物考古研究所等编：《长沙五一广场东汉简牍选释》，"整理编"，第8页。
③ 长沙市文物考古研究所等编：《长沙五一广场东汉简牍选释》，"整理编"，第4页。

●案都乡溆阳里大男马胡、南乡不处里区冯，皆坐。冯，生不占书；胡，西市亭长。今年六月……胡、冯及汎所从□/
　　汝曹护我。胡、冯、亥、建可，即俱之老舍门。汎令亥、建、冯入老舍，得一男子，将□□以将老出门。汎以……持矛刺老□□□/
　　建辜二旬内其时立物故。汎、胡、建、冯、亥谋，共贼杀人。已杀，汎本造计谋皆行，胡……名数……冯□，建格物故，亥、□及汎等别劾……/
　　永元十六年七月戊午朔十九日丙子，曲平亭长昭劾，敢言之。临湘狱：以律令从事。敢言之。①

此份文书应当是临湘县狱曹（狱掾、史）的爰书。案件大概是：永元十六年（104）六月，在汎的主谋下，汎、马胡、建、区冯、亥等五人闯入老的舍，杀死了老。"持矛刺老"即直接杀死老的人，应当是建，故适用"斗伤人，而以伤辜二旬中死，为杀人"之律，以杀人罪治之。亥、汎二人另行劾治。而马胡、区冯则由曲平亭长昭提出劾治。在这个案件中，大男马胡籍属都乡溆阳里，职任西市亭长，西市亭应当在都乡范围内；案件由曲平亭长昭劾治，则案件发生地（亦即被害人老的舍）在曲平亭辖区内。区冯虽然是南乡不处里人，却"生不占书"，即没有户籍，很可能是在临湘城中流浪的人。

值得注意的是，在长沙东牌楼所出东汉简牍中，也见有以"丘"表示某人身份的材料。如度上丘郭某名簿木简上先用粗笔大字书"度上丘"三字，后以细笔小字书"郭"字，其下残。②由于简文残缺，我们无法知悉郭某在何种情况下以居地度上丘表示其身份。中平三年（186）何君□从伍仲取物券：

　　中平三年二月，桐丘男子何君□从临湘伍仲取□
　　十月当还。以手书券信。同文。③

---

① 长沙市文物考古研究所等编：《长沙五一广场东汉简牍选释》，"整理编"，第2页。
② 长沙市文物考古研究所、中国文物研究所编：《长沙东牌楼东汉简牍》，释文，第109页。
③ 长沙市文物考古研究所、中国文物研究所编：《长沙东牌楼东汉简牍》，释文，第112页。

这显然是民间契约性质的文书。何君□在借契中以自己的居地表示身份，说明在民间交往中，居住的村落（丘）具有更重要的意义。

五、关于汉代乡里制的几点新认识

严耕望先生曾述及汉时乡有城郭为治所，且举出三证：一是正文所引《汉书·朱邑传》，二是《续汉书·郡国志》所记乡城甚多，三是秦汉用兵常有"拔乡"之语。[①]本节关于汉代乡廷的讨论，即受严先生之启发而来。在严先生研究的基础上，本节试图说明，汉代在乡廷中治事的，主要是乡啬夫或有秩，并无啬夫（或有秩）与游徼、三老共治于乡廷之事。此其一。

其二，一般认为，汉代游徼按乡设置，得称为乡游徼，乃乡有秩或啬夫之佐贰。严耕望先生说："其与有秩之关系，盖亦如郡尉之于郡守，县尉之于县令长。"[②]然东汉尹湾汉简《东海郡吏员簿》所记东海郡各县所置有秩、啬夫与游徼数，游徼数大抵皆少于乡数，说明游徼当按部（地域）设置，其所负责警巡的地域，大都比乡大，或者包括数个乡。因此，游徼并不常驻于乡廷之中。乡司、游徼、亭长三者职掌，皆涉及司法、治安事务。就管辖的地域范围而言，游徼所辖地域最大，可能包括数个乡；亭长的管辖地域一般比乡小。就职权分划而言，乡司（有秩或啬夫）得审理一般民事诉讼案件；游徼职司分巡区域内的治安，特别是刑事犯罪；亭长负责其辖区内的治安，亦得审理普通民事诉讼案件。就隶属关系而言，游徼与乡司之间没有隶属关系；亭长在治安事务方面，则主要向游徼负责。

其三，汉代的里父老，当沿袭秦时"里老"而来，与里正共同负责里中赋役征纳，兴工服役，并共同维护里中治安；同时亦承望县、乡三老，职掌教化。每里当有若干里父老，其地位大致相当于什长（则按照制度，百户之里当有十个父老），当轮流应承县、乡选任的里父老之任，并共同负责本里的自我组织或"自治"。里正的办公场所及里父老聚会之所，得称为"里治中"或"校室"。

其四，乡里的编排，其初应当是根据居住地原则，按村落、地域案比户口，编组为里、乡的。换言之，一个里既可能是一个拥有百户左右户口的村

[①] 严耕望：《中国地方行政制度史·秦汉地方行政制度》，第57页。
[②] 严耕望：《中国地方行政制度史·秦汉地方行政制度》，第239—240页。

落，也可能包括若干村落（合若干村落为一里）；乡则是以一个较大聚落为中心（乡廷所在）、包括多个村落的地域。在乡里编排之初，著籍户口所属的乡里与其居住的村落、地域是对应的。后来，随着人口迁移、户籍变动，有的著籍户口脱离了其原属里、乡的村落、地域，移至其他里、乡的村落、地域去居住，遂使著籍户口所属的里、乡与其实际居住的村落、地域相脱离。因此，东汉中后期简牍中，述及民户籍属时多用乡、里，述及居地时则多用亭、丘；乡里属于籍帐赋役系统，亭丘属于治安系统，二者之间并没有统属关系。

第四节　汉代乡里制实行的区域差异

汉代各县所属的乡数，论者或据《汉书·百官表》所记西汉末有县（及道、国、邑）一千五百八十七、乡六千六百二十二，《续汉书·郡国志五》引《东观书》所记永兴元年（153）有县一千一百八十、乡三千六百八十二，以及居延汉简所见张掖郡的乡里情况，认为汉时每县属乡数当有定制，大抵皆在四乡、五乡左右。[①]然由实际情形观之，各县属乡数可能有较大差别。东海尹湾汉简《东海郡吏员簿》记有汉成帝晚年东海郡所属各县吏员数，其中各县之乡有秩、乡啬夫与乡佐皆当为按乡分置。据《汉书·百官表》《续汉书·百官志》及刘昭补注引《汉官仪》所记，知每乡各置一啬夫，大乡（五千户以上）则置有秩。因此，我们据《东海郡吏员簿》所记各县邑侯国的乡有秩、乡啬夫员数，[②]推算出各县邑侯国所属乡数（见表2-2）。由表2-2可以见出，东海郡各县邑侯国所属的乡数差别甚大，

---

① 何双全：《〈汉简·乡里志〉及其研究》，见甘肃省文物考古研究所编《秦汉简牍论文集》，兰州：甘肃人民出版社，1989年，第145—235页。

② 连云港市博物馆、中国社会科学院简帛研究中心等：《尹湾汉墓竹简》，北京：中华书局，1997年，第79—84页。其中曲阳县下乡有秩员数阙文，"官啬夫"之下即紧接"游徼"，未见乡啬夫。以东海郡所属各置乡有秩最多的郯县也只有五人来推测，曲阳县的乡有秩不当超过五人，其县又无乡啬夫，则其乡数应少于五个。然据表2-2统计，东海郡除曲阳县之外的37县，共有161乡，与《集簿》所记的170乡相差9乡，而曲阳县不会多至9乡之数。造成这种差距的原因，尚有待考究。参阅卜宪群《秦汉官僚制度》，北京：社会科学文献出版社，2002年，第324页。

海西、下邳、兰陵、郯四县属乡较多,而承、东安、建陵、山乡、武阳、都平、部乡、建乡、干乡、建阳、都阳等十二邑、侯国却均各有一乡。因此,虽然按照《集簿》所记东海郡38个县邑侯国共有属乡170个计算,平均每县(邑、侯国)领乡数为4.47个,即每县不足五乡;但实际上各县邑侯国属乡数相差甚大,以致这个平均数并无意义。又,长沙走马楼三国吴简所见之乡名共有28个,虽然这些乡是否均属于临湘侯国,尚有不同看法,但其中的大部分为临湘属乡,并无疑义;换言之,临湘侯国至少应领有20个左右的乡。①据张景造土牛碑(延熹二年,159),南阳郡宛县至少也有十四个乡。②南阳郡宛县是大县,西汉末年即有47547户,③分置十四个乡是完全可能的。

表2-2 西汉东海郡各县所属乡数

县邑侯国	乡有秩	乡啬夫	乡数	县邑侯国	乡有秩	乡啬夫	乡数
海西	4	10	14	承	0	1	1
下邳	1	12	13	昌虑	1	2	3
郯	5	6	11	兰旗	0	4	4
兰陵	0	13	13	容丘	1	2	3
朐	1	6	7	良成	1	1	2
襄贲	2	5	7	南城	0	2	2
戚	2	3	5	阴平	0	3	3
费	2	5	7	新阳	0	2	2
即丘	0	8	8	东安	0	1	1
厚丘	0	9	9	平曲	0	2	2

---

① 侯旭东:《长沙走马楼三国吴简所见"乡"与"乡吏"》,见氏著《北朝村民的生活世界——朝廷、州县与村里》,附录一,北京:商务印书馆,2005年,第370—396页。
② 高文:《汉碑集释》,开封:河南大学出版社,1997年,第227页。
③ 《汉书》卷二八上《地理志》上,第1563页。南阳郡"宛"县下原注。

（续表）

县邑侯国	乡有秩	乡啬夫	乡数	县邑侯国	乡有秩	乡啬夫	乡数
利成	1	3	4	建陵	0	1	1
况其	0	5	5	山乡	0	1	1
开阳	1	4	5	武阳	0	1	1
缯	1	3	4	都平	0	1	1
司吾	0	7	7	部乡	0	1	1
平曲	1	0	1	建乡	0	1	1
临沂	0	7	7	干乡	0	1	1
曲阳	不详	不详	不详	建阳	0	1	1
合乡	0	2	2	都阳	0	1	1

《续汉书·百官志》五"乡置有秩、三老、游徼"句下注引应劭《风俗通》谓："国家制度，大率十里一乡。"①里有百家，则汉制每乡大抵以千户为原则。东海尹湾汉墓简牍《集簿》记东海郡各县国邑所属乡数为"百七十□百六"，显有讹误，姑以170乡计算；里有二千五百三十四，则平均每乡辖有十五个里。其时东海郡著籍户为二十六万六千二百九十，平均每乡约为1566。②安徽天长县西汉墓出土的《户口簿》记东阳县有户九千六百一十九，其东乡户1783、口7995，都乡户2398、口10819，杨池乡户1451、口6328，鞠乡户840、口4500，垣雍北乡户1375、口6354，垣雍东乡户1282、口5669，平均每乡户1603。③而《续汉书·百官志》注引《汉官》曰："乡户五千，则置有秩。"则知有五千户之大乡。据尹湾汉简《东海郡吏员簿》载，东海郡所属各县中，海西县十四乡，置有秩者四乡；郯县

---

① 《后汉书》志二十八，《百官志》五，第3624页。
② 连云港市博物馆等：《尹湾汉墓简牍》，第77页。
③ 天长市文物管理所、天长市博物馆：《安徽天长西汉墓发掘简报》，《文物》2006年第11期。

六乡，置有秩者五乡；下邳县十三乡，置有秩者一乡；昌虑县三乡，置有秩者一乡；朐县七乡，置有秩者一乡；襄贲县七乡，置有秩者二乡；戚县五乡，置有秩者二乡；费县七乡，置有秩二乡；利成县四乡，置有秩者一乡；开阳县五乡，置有秩者一乡；缯县四乡，置有秩者一乡；平曲县一乡，置有秩；容丘县三乡，置有秩者一乡；良成县二乡，置有秩者一乡。①在有记录的37县161乡中，置有秩的乡共为24个。如果置有秩之乡的户数均在五千户上下，那么，大乡还是很多的。

尽管不同地区不同郡国的县，所领的乡数及各乡的户口规模可能有较大差别，乡因大小之别，置吏亦有所不同，但总的说来，不同地区的乡，差异并不太大。而里则不同。如上所述，根据制度规定，百家为里，即一里由一百家组成。但是，在不同地区，由于自然聚落的规模各不相同，有的地区自然聚落的规模较大，形成集中居住，遂得以一个自然聚落编组为一里，又或者分成二个以上的里；而在居住比较分散的地区，则势必将若干自然聚落合编为一里，才能组成百家一里。在一些边疆地区或山区，由于国家的控制能力受到限制，则可能未编排里。因此，汉代乡里制实行的区域差异，主要表现在"里"的形态方面。

一、关中与西北屯垦区的里最为规整

汉代关中地区（秦国故地）及西北垦区，当实行比较严格的里制，即四周围以土垣的聚落，民众大抵亦多集中居住；里的编排，亦大抵较为严格地遵守百家为里的规定。

邢义田先生根据汉阳陵的考古发掘报告，认为阳陵邑有"室居栉比，门巷修直"的里，其说应可从。②实际上，陵邑的里是规划建立起来的，得称为"陵里"。《史记·万石君列传》云：

> 万石君徙居陵里。内史庆醉归，入外门不下车。万石君闻之，不食。庆恐，肉袒请罪，不许。举宗及兄建肉袒，万石君让曰："内史贵

---

① 连云港市博物馆等：《尹湾汉墓简牍》，第79—81页。
② 邢义田：《从出土资料看秦汉聚落形态和乡里行政》，收入氏著《治国安邦：法制、行政与军事》，北京：中华书局，2011年，第249—355页，尤见第286—287页。

人，入闾里，里中长老皆走匿，而内史坐车中自如，固当！"乃谢罢庆。庆及诸子弟入里门，趋至家。①

《索隐》引小颜云："陵里，里名，在茂陵，非长安之戚里也。" 张守节《正义》曰："茂陵邑中里也。茂陵故城，汉茂陵县也，在雍州始平县东北二十里。"不甚妥洽。陵里，盖当即陵邑之里，与长安家居之里相对（长安贵豪之家，据规定徙居陵邑，而在长安城中仍保留其宅第），非必指茂陵邑有一里名"陵里"。居延汉简中见茂陵邑有果城里（简502.6）、阳耀里（简502.6）、东进里（EPT59.100），霸陵邑有西新里（L29），安陵有高里，平陵有德明里、长蓳里等，②皆当可统称为"陵里"。陵里显然有特别的礼制规定，否则庆酒醉乘车入于里外门，不当为大错；而内史入里门，里中长老亦未必需要"走匿"。因为陵邑乃是有规划地建设的，邑中的里显然也严格地遵从相关规制。

长安城中的里当然也是规整的。《三辅黄图》卷二《长安中闾里》谓："长安闾里一百六十，室居栉比，门巷修直。有宣明、建阳、昌阴、尚冠、修城、黄棘、北焕、南平、大昌、戚里。"③在居延汉简等出土文献中，则见有长安县当利、棘里、苟里、有利、假阳、器陵、宜里、南里等里名。④《汉书·平帝纪》记元始二年（2）为安置流民，"起五里于长安城中，宅二百区，以居贫民"。⑤五里二百区，则每里四十区，里中当以十字街分划为四个区，每个区各有十区住宅。这种整齐划一的居住区，应当是长安城中居民区的基本形态。

关中地区的里，亦当较严格地遵守百户为里的规定。《汉书·戾太子据传》记宣帝即位后，为据、史良娣及史皇孙置园邑，以京兆尹湖县阌乡邪里

---

① 《史记》卷一〇三《万石君列传》，第2766页。

② 周振鹤：《新旧汉简所见县名和里名》，《历史地理》第十二辑，上海：上海人民出版社，1995年，第151—165页，特别是第152页。

③ 陈直：《三辅黄图校证》卷二，西安：陕西人民出版社，1980年，第32页。

④ 何双全：《〈汉简·乡里志〉及其研究》，见甘肃省文物考古研究所编《秦汉简牍论文集》，兰州：甘肃人民出版社，1989年，第145—235页，特别是第151页；周振鹤：《新旧汉简所见县名和里名》，《历史地理》第十二辑，上海：上海人民出版社，1995年，第151—165页。

⑤ 《汉书》卷一二《平帝纪》，第353页。

聚为戾园，奉邑二百家；长安县白亭东为戾后园，守冢三十家；广明县成乡为悼园，奉邑三百家。①园陵奉邑之户当然由固有乡里中割出，然多以百家为数，很可能是以里为单位割为奉邑户的。邪里聚奉邑二百家，当是编为两个里；同样，悼园奉邑三百家，应是分为三个里；而戾后园奉邑三十家，史称在长安县白亭东，显然是从白亭（里）割出一部分奉邑的。

张春树、邢义田等先生均引述居延汉简的材料，讨论汉代西北边地里的结构。总的说来，这些里是由官府按照规划建立的，里面整齐地排列着房屋；房屋的标准规制是一房二内，每家似乎都有一个庭院。②仔细分析居延汉简的有关资料，可以清晰地见出西北边地屯垦区各里的居住形态。

（1）简282·5：

> 终古隧卒东郡临邑高平里召胜字游翁，贳买九稯曲布
> 三匹，匹三百卅三，凡直千。觻得富里张公子，所舍在里
> 中二门，东入。任者：同里徐广君。③

卖布的张公子是觻得县富里人，他住在富里中二门，门向东，故称为"东入"。

（2）简287·13：

> 惊虏隧卒东郡临邑吕里王广
> 卷上字次君，贳卖八稯布一匹，直二百九十。觻得定安
> 里随方子惠，所舍在上中门第二里三门，东入。
> 任者阎少季、薛少卿。④

贳卖给隧卒王广一匹布的随方（子惠当为其字），住在定安里的上中门第二

---

① 《汉书》卷六三《武三子传》，"戾太子据"，第2748页。
② 张春树：《汉代边地上乡和里的结构》，初刊《大陆杂志》32卷第3期（1966年2月），后改入氏著《汉代边疆史论集》，台北：食货出版社有限公司，1977年，第131—142页；邢义田：《从出土资料看秦汉聚落形态和乡里行政》，收入氏著《治国安邦：法制、行政与军事》，北京：中华书局，2011年，第249—355页，尤见第289—294页。
③ 谢桂华、李均明、朱国炤：《居延汉简释文合校》，北京：文物出版社，1987年，第472页。
④ 谢桂华、李均明、朱国炤：《居延汉简释文合校》，第485页。

里的第三个门，门也向东开。上中门以及上简中的中二门，显然都是里中的门的编序，说明里中又分隔成若干区，每区各有门。从上中门进去，又分若干区，各以数字编序，故第二里是上中门内住宅区的编号（张春树、邢义田先生都说这是按序号编组的里，不甚妥洽，因为简文中的"第二里"明显是在定安里的上中门之内，并不是与定安里一样的里）。

（3）简340·33：

☐包　自有舍，入里，五门，东入舍。居延☐
　　　能长君舍禄福，广汉☐①

包的舍在里中第五个门，也面东。

（4）孔定貰卖剑券。出土于破城子探方51。券文云：

戍卒东郡聊成孔里孔定
　貰卖剑一，直八百。觻得长杜里郭稚君，所舍里中东，家南入。任
　者：同里杜长完。前上。②

孔定是来自东郡聊城县孔里的戍卒，郭稚君是觻得长杜里的编户，这宗交易是在戍卒与当地民户之间发生的。买剑人郭稚君当时未付清剑的价钱，所以本券详记郭稚君居所之所在，并由同里杜长完担保。郭稚君的舍在长杜里的中东，门南向。

（5）孌何齐貰卖布券。出土于破城子探方56。

戍卒东郡聊成昌国里孌何齐，貰卖稯布三匹，直千
　五十。屋兰定里石平，所舍在郭东道南。任者：屋兰力田亲功，临
木隧③

屋兰为张掖郡属县。则此宗交易发生在戍卒与当地民户之间。任者屋兰县力田亲功是当地民户，"临木隧"之下残，然可断定为吏卒之名。石平籍属屋

---

① 谢桂华、李均明、朱国炤：《居延汉简释文合校》，第534页。
② 甘肃省文物考古研究所等：《居延新简：甲渠候官与第四燧》，北京：文物出版社，1990年，第178页，EPT51.84。
③ 甘肃省文物考古研究所等：《居延新简：甲渠候官与第四燧》，第306页，EPT56.10。

兰县定里,住在屋兰县城郭之东、大道的南面。要么定里没有围垣,要么是石平的舍没有在定里之中。

在里正式建成之前,临时性的居住区(人数较少,还不稳定)则称为"辟"。辟意为避,是临时可供遮蔽的地方。邢义田先生谓居延简中的"辟"指居住区,非常确当。居延新简EPT56：113：

贳卖□皂复袍县絮绪一
戍卒魏郡贝丘某里王甲　　领直若干千,居延某里王乙□
居延某里王丙,舍在某辟
●它衣财□①

王丙籍属居延某里,舍则在某辟。显然,辟并不在里中。简401.7A—B：

徐子禹自言,家居延西第五辟,用田作为事。②

徐子禹住在居延城西的第五辟,则居延周围当还有很多以数字排序的"辟"。徐子禹住在辟中,以田作为事,说明辟并非障塞之类军事设施,而是可供田作人居住的地方。但它又不是正式的里,居住在辟中的人户籍仍属附近的某个里。所以,辟应当是草创阶段建立的聚落,或者是民众自发建立起的聚落,与由官府按照规划、建立起来的整齐的里不同。

居延汉简所见西北屯垦区的里,虽然形态较为规整,但每里的户数却远不足一百家。何双全先生曾举张掖郡为例,说张掖郡有10县,总户数为24352户,平均每县有2435户,每一乡有609户,每里则为30余户。"这也是平均值,如若较小的里就不满30户,或更少。"③其说颇可从。

二、长江中游地区的里多由若干村组成

马王堆帛书《地形图》主区所绘为汉初长沙国所属桂阳郡的中部地区,相当于今湖南湘江上游支流沱水流域,包括营浦全县、舂陵县南部、泠道

---

① 甘肃省文物考古研究所等：《居延新简：甲渠候官与第四燧》,第315页,EPT56：113。
② 谢桂华、李均明、朱国炤：《居延汉简释文合校》,第552页。
③ 何双全：《〈汉简·乡里志〉及其研究》,见甘肃省文物考古研究所编《秦汉简牍论文集》,兰州：甘肃人民出版社,1989年,第145—235页,特别是第179—180页。

县中西部和龁道县西部。在主区与邻区范围内共画有8个县治（用矩形符号表示），即营浦、春陵、烩道、南平、龁道、桃阳、观阳、桂阳，还有74个乡里聚落（用圆形符号表示，其地名均注记在圆形符号之内，释文中共有57个地名）。①这70多个乡里聚落，称为"某里"者共有43个，称为"某君""某部"者各4个，其余聚落则不带里、君、部之称。②标识各聚落的圆圈大小不同，显然代表聚落规模不等。在称为"君"的4个地名中，除"不于君"无法断定外，③"墨君""蛇君""雷君"3个聚落地名当与姓氏有关，很可能是以居民的姓氏命名的，当是较小的自然村落。

以里、部命名的聚落，规模可能稍大一些。在马王堆帛书《驻军图》中，共有29个里，数里、条里、如里3个里没有旁注（或已脱落），有两个圆圈中仅存一"里"字，另有郜里旁注的户数脱文，但称"今毋[人]"。其余25个里的户数情况见表2-3：

表2-3 马王堆帛书《驻军图》所见聚落户口状况

里名	户数	现状
波里	17	今毋人
琇里	并波里	
弆里	并波里	
虑里	35	今毋人
兼里	并虑里	

---

① 谭其骧：《二千一百多年前的一幅地图》，《文物》1975年第2期；《马王堆汉墓出土地图所说明的几个历史地理问题》，《文物》1975年第6期。二文并收入氏著《长水集》，北京：人民出版社，1987年，第160—184页。张修桂：《马王堆〈地形图〉绘制特点、岭南水系和若干县址研究》，《历史地理》第5辑，上海：上海人民出版社，1987年；又见氏著《中国历史地貌与古地图研究》，北京：社会科学文献出版社，2006年，第449—471页。

② 地形图聚落地名之释文，并据《马王堆帛书古地图》（北京：文物出版社，1977年）所刊布之"地形图复原图释文"。又见曹婉如等编：《中国古代地图集（战国—元）》，北京：文物出版社，1990年，图版21，"地形图复原图"；图版22，"地形图复原图释文"。

③ 颇疑"不于君"三字，或可释为"李君"，然不能确定，姑存之。

（续表）

里名	户数	现状
乘阳里	17	今毋人
□里	并□阳里	
智里	68	今毋人
沸里	35	今毋人
□里	并□里	
路里	43	今毋人
胡里	并路里	
淄里	13	今毋人
珂里	53	今毋人
□里	20	今毋人
沙里	43	今毋人
垣里	81	今毋人
子里	30	今毋[人]
□□	4	毋人
陴里	户并□□	不反
痊里	57	不反
资里	12	不反
龙里	108	不反
蛇下里	47	不反
蛇上[里]	23	

图注所示某里"并"某里，或释为因军事驻防的需要，实行了移民并村措施，[①]恐未必确，应当作将此里户数"并入"相邻之里一起计算解。然则，

---

① 傅举有：《马王堆汉墓出土的驻军图》，见曹婉如等主编：《中国古代地图集（战国—元）》，第9—11页。

上表所列户数即当包括了所"并"之"里"的户数。据此，在《驻军图》主区所绘的25个聚落中，当有居民689户，平均每个聚落约28户（如果计入图注脱落不全的6里，则只有约22户）。其中户数较多的聚落龙里、垣里都距该图所绘之驻军指挥部甚近，显然是这一地区的中心聚落；而户数最少的一个聚落只有4户，是典型的散村。最为重要的是，琇里、弇里并入波里后，波里仍只有17户。换言之，波里实际上至少是由三个自然聚落组成的，平均每个自然聚落只有不足6户。

江陵凤凰山十号墓的时代，据墓中简牍，可判断为汉景帝初年，墓主张偃是南郡江陵县西乡的有秩或啬夫。墓中简牍提到市阳里、平里、当利里、敬里、郑里等几个西乡的"里"。这些里与乡并称，应当属于乡里基层组织系统。其中关系到郑里的是一份25户贷谷的完整廪簿，在每一户人（如"户人圣""户人公士"等）之下均注明"能田"几人、"口"几人，全部25户共有"能田"71人，口112人。①这份廪簿中各户人贷谷数有别，然均按耕田一亩贷一斗，比例固定，所贷当是春耕之用的粮种。《汉书·文帝纪》前元二年（前178）春正月丁亥诏："民謪作县官及贷种食未入、入未备者，皆赦之。"②昭帝始元二年（前85）三月，"遣使者振贷贫民毋种、食者"。秋八月诏曰："往年灾害多，今年蚕麦伤，所振贷种、食勿收责，毋令民出今年田租。"③则知春耕时节由国家赈贷种、食乃是常例。因此，凤凰山十号墓所出贷谷廪簿应当是"县官"赈贷谷种的记录，其所涉者应当是郑里全体农户。然则，郑里所拥有之户口即当为25户、112口。即使如此，我们仍然无法确定郑里的25户就是住在一个自然聚落里，他们也可能是分散居住在几个村落里的。

---

① 湖北省博物馆：《湖北江陵凤凰山西汉墓发掘简报》，《文物》1974年第6期；黄盛璋：《江陵凤凰山汉墓简牍与历史地理研究》，见氏著《历史地理论集》，北京：人民出版社，1982年，第456—479页；裘锡圭：《湖北江陵凤凰山十号汉墓出土简牍考释》，《文物》1974年第7期；湖北省文物考古研究所：《江陵凤凰山西汉简牍》，北京：中华书局，2012年，第89—150页。
② 《汉书》卷四《文帝纪》，前元二年春正月，第117页。
③ 《汉书》卷七《昭帝纪》，始元二年三月，第220页。

长沙走马楼出土三国吴简所见的乡、里、丘，引起诸多学者的讨论。①其中，侯旭东以人名为线索绘制了详细的"里"与"丘"的对应关系表，发现当时的一里往往与多个丘的居民对应，同一个丘的居民亦常见分别隶属于不同的里；他据此判断，"里"是民户户籍的编制单位，"丘"是居民居住的自然聚落。②据研究，临湘侯国的中乡当有7个里，至少有54个丘，平均每里包括8个丘；小武陵乡有5个里，至少有60个丘，平均每里包括12个丘。③虽然对于里、丘之间的具体关系还有不同看法，但一里包括若干丘，当无问题。

总之，我们认为：由于自然聚落大多不满一百家，且官府没有力量"并小乡邑聚"，长江中游地区的地理环境也不允许围筑土垣，故在"一里百家"的规定之下，大部分南方地区的"里"均包括若干相邻的自然聚落，即一里由若干自然聚落组成，形成一个"基层行政区域"，而不是一个行政管理的村落。

---

① 王素：《长沙走马楼三国吴简研究的回顾与展望》，见北京吴简研讨班：《吴简研究》第一辑，武汉：崇文书局，2004年，第7、24—25页；侯旭东：《长沙走马楼三国吴简"里"、"丘"关系再研究》，见武汉大学中国三至九世纪研究所编：《魏晋南北朝隋唐史资料》第二十三辑，武汉：武汉大学文科学报编辑部，2006年，第14—26页；宋超：《长沙走马楼吴简中的"丘"与"里"》，见长沙市文物考古研究所编：《长沙三国吴简暨百年来简帛发现与研究国际学术研讨会论文集》，北京：中华书局，2005年，第77—85页；宋超：《走马楼吴简中的"丘"与"里"再探讨》，见长沙简牍博物馆、北京吴简研讨班：《吴简研究》第二辑，武汉：崇文书局，2006年，第137—156页；関尾史郎：《長沙吴簡所見"丘"をめぐる諸問題》，见（东京）长沙吴简研究会编：《嘉禾吏民田家莂研究——长沙吴简研究报告》第一集，东京：2001年，第42—54页。

② 侯旭东：《长沙走马楼三国吴简"里"、"丘"关系再研究》，见武汉大学中国三至九世纪研究所编：《魏晋南北朝隋唐史资料》第二十三辑，第14—26页。

③ 侯旭东：《长沙走马楼吴简"嘉禾六年（广成乡）弦里吏民人名年纪口食簿"集成研究：三世纪初江南乡里管理一瞥》，初刊邢义田、刘增贵主编《第四届国际汉学会议论文集：古代庶民社会》，台北："中研院"，2013年12月，第103—147页；后收入氏著《近观中古史：侯旭东自选集》，上海：中西书局，2015年；第108—142页；凌文超：《走马楼吴简采集簿书整理与研究》，桂林：广西师范大学出版社，2015年，第104页；王彦辉：《聚落与交通视阈下的秦汉亭制变迁》，《历史研究》2017年第1期。

三、乡里制度在初郡县的实行

《太平御览》卷一五七引《零陵先贤传》：

> 郑产，泉陵人，为白土啬夫。汉末，产子一岁辄出口钱，民多不举。产乃敕民勿得杀子，口钱自当代出，因名其乡曰"更生乡"。①

泉陵为零陵郡属县（侯国）。据《汉书·地理志》，零陵郡乃武帝元鼎六年（前111）置。而是年正为平南越之年。则零陵郡乃武帝平南越之后所置。《汉书·地理志》载零陵郡元始二年有户二万一千九十二，口十三万九千三百七十八。其"营道"县下原注："营道，九疑山在南。莽曰九疑亭。"②则知武帝平越后，当在所置诸郡（包括零陵郡）中渐次推行乡里制。郑产不知何时人。产子出口钱，应是西汉时事。故上引《零陵先贤传》所称之汉末，当是指西汉末年。白土为乡名，置有啬夫。那么，至迟到西汉末年，零陵郡的乡里制度已建立起来。《汉书·食货志》：

> 汉连出兵三岁，诛羌，灭两粤，番禺以西至蜀南者置初郡十七，且以其故俗治，无赋税。南阳、汉中以往，各以地比给初郡吏卒奉食币物，传车马被具。而初郡又时时小反，杀吏，汉发南方吏卒往诛之，间岁万余人，费皆仰大农。大农以均输调盐铁助赋，故能澹之。然兵所过县，县以为訾给毋乏而已，不敢言轻赋法矣。

注引晋灼曰："元鼎六年定越地以为南海、苍梧、郁林、合浦、交趾、九真、日南、珠崖、儋耳郡，定西南夷以为武都、牂柯、越嶲、沈黎、汶山郡，及《地理志》《西南夷传》所置犍为、零陵、益州郡，凡十七。"③零陵地虽非属南越，但置郡也在元鼎六年，故在武帝时代，亦属初郡。据上引《食货志》，初郡并未立即编排乡里户籍，大抵皆"以其故俗治"。《后汉书》卷七六《循吏传》"卫飒"记建武中，卫飒为桂阳太守，"郡与交州接境，颇染其俗，不知礼则。飒下车，修庠序之教，设婚姻之礼。期年间，邦

---

① 《太平御览》卷一五七，州郡部三，北京：中华书局，影印本，1960年，第764页。
② 《汉书》卷二八上《地理志》上，第1595—1596页。
③ 《汉书》卷二四下《食货志》下，第1174页。

俗从化"。

> 先是含洭、浈阳、曲江三县，越之故地，武帝平之，内属桂阳。民居深山，滨溪谷，习其风土，不出田租。去郡远者，或且千里。吏事往来，辄发民乘船，名曰"传役"。每一吏出，徭及数家，百姓苦之。飒乃凿山通道五百余里，列亭传，置邮驿。于是役省劳息，奸吏杜绝。流民稍还，渐成聚邑，使输租赋，同之平民。……视事十年，郡内清理。①

《汉书·地理志》："桂阳郡，高帝置。莽曰南平。属荆州。户二万八千一百一十九，口十五万六千四百八十八。"②《续汉书·郡国志》："桂阳郡，高帝置。……十一城，户十三万五千二十九，口五十万一千四百三。"③含洭、浈阳、曲江三县在岭南，本属越地，武帝平南越后纳入桂阳郡。所以桂阳虽非初郡，但含洭、浈阳、曲江三县却是初县。据上引《后汉书·卫飒传》，西汉时期，三县似并未编组乡里，其民则未纳赋税。东汉时期，方大行编排户口，故桂阳郡户口在东汉时有大幅度增加。

越嶲郡置于武帝元鼎六年。《汉书·地理志》记越嶲郡有十五县，户六万一千二百八，口四十万八千四百五；④《续汉书·郡国志》谓越嶲郡有十四城，户十三万一百二十，口六十二万三千四百一十八。⑤郡所领编户，在两汉间亦有大幅度增加，间接反映出其乡里制度得到不断加强。四川凉山州昭觉县好谷乡出土昭觉石表碑文记载东汉光和四年（181）越嶲郡任命苏示县有秩冯佑为邛都县安斯乡有秩之事。石表正面文字为：

> 领方、右户曹史张湛白：前换苏示有秩冯佑转为安斯有秩，庚子诏书：听转，示郡，为安斯乡有秩，如书。与五官掾□／
> 司马芳议，请属功曹定入应书、时簿，下督邮李仁，邛都奉行。言

---

① 《后汉书》卷七六《循吏传》"卫飒"，第2459页。
② 《汉书》卷二八上《地理志》上，第1594页。
③ 《后汉书》志第二十二，《郡国志》四，第3483—3484页。
④ 《汉书》卷二八上《地理志》上，第1600页。
⑤ 《后汉书》志第二十三，《郡国志》五，第3511页。

到日具草。○行丞事常如掾。○主簿司马追省 /

　　府君教：诺。○正月十二日乙巳，书佐会延□。○光和四年正月甲午朔十三日丙午，越嶲太守张勃、行丞事大莋□ /

　　使者益州治所下。三年十一月六日庚子，○长常叩头死罪，敢言之： /

　　诏书，听郡所上诸、安斯二乡复除，□齐□乡及安斯有秩。诏书即日□，下中部劝农督邮书掾李仁，邛都奉行。 /

　　勃诏□诏州郡□□□死罪，敢言之。○□□□□□下庚子诏书，即日理判也。 /

　　三月十四日丙午，越嶲大守勃、行丞事大莋守长常叩头死罪敢言之。 /

　　使者益州□□□□治□□□□言□。○高官□□，诏书即日始君迁里□□□□ /

　　□□□等十四里。○将十四里丁众受诏，高米立石表。师齐驱，字彦新。 /

昭觉石表侧面：

　　越嶲大守丞掾奉书言：□□常，□都□□□□□。光和四年正月甲午朔十三日□□□□□□ /

　　□□，大莋守长常□部，中部劝农督邮书掾李仁，邛都□□，□子诏书到奉行，务□□□□□□□。诏书以令 /

　　掾□属湛书，佐延主。 / ①

苏示、大莋（莋）为越嶲郡属县。邛都为越嶲郡首县。领方，《后汉书·文苑》录杜笃《论都赋》句云："肇置四郡，据守敦煌。并域属国，一郡领

---

① 吉木布初、关荣华：《四川昭觉县发现东汉石表和石阙残石》，《考古》1987年第5期；毛远明校注：《汉魏六朝碑刻校注》，第二册，第24—26页；凉山彝族自治州博物馆、昭觉县文管所：《四川凉山州昭觉县好谷乡发现的东汉石表》，《四川文物》2007年第5期；凉山彝族自治州博物馆等：《凉山历史碑刻注评》，北京：文物出版社，2011年，第15—17页；伊强：《〈光和四年石表〉文字考释及文书构成》，《四川文物》2017年第3期。

方。"注云:"并西域,以属国都尉主之,以敦煌一郡部领西方也。"① 石表文中的"领方",当是指越巂郡领有郡域外之地。张湛的官职是越巂郡右户曹史兼本郡领方。冯佑本为苏示县的有秩,表文未言其乡名,或苏示县仅有一乡,故径以"苏示有秩"为称。冯佑转任邛都县安斯乡有秩一事,似关系甚重:光和三年十一月六日庚子,下达诏书(所谓"五曹诏书"),批准越巂郡此前之请求,同意冯佑转任邛都县安斯乡有秩。光和四年正月十二日,诏书到达越巂郡;十三日,越巂太守张勃、行丞事大筰守长常即上复益州刺史部,说已接到诏书,"即日理判也"。并要求郡府五官掾、司马等商议,由功曹定准备"应书"。石表侧面所刻内容,应当就是"应书"。据应书所言,郡府派劝农督邮书掾李仁前往邛都县执行诏书的命令。三月十四日,越巂太守张勃与行丞事、大筰守长常一起,向益州刺史报告了执行情况。当地的高米与诸、安斯乡所属十四里丁众一起奉诏,并立了此通石表。

原报告指出:今昭觉县好谷乡当是汉代邛都县好斯乡所在地,而西昌当是邛都县治所。表文中的诏令是越巂郡以诏书的形式颁发的。邛都县诸、安斯二乡十四里丁众所立石表,主要的部分,就是当时五曹诏书的内容。石表所刻的五曹诏书内容,除了任命冯佑为安斯乡有秩外,并免除了诸、安斯二乡的赋役,故二乡丁众立此石表,以示隆重。所说大都可从。然问题在于:任命一乡的有秩,何以需要如此大费周章、兴师动众?复除二乡赋役,又何以没有年限规定?

最合理的解释是安斯乡(可能还有诸乡)及其所属各里是新编排的乡里。或正因为此故,官府给予复除二乡十四里赋役的优惠政策,并且未言明年限,盖用"以其故俗治,无赋税"之例。然则,建立石表的"高米"就很可能是安斯乡本地的豪酋。这样,我们也就明白石表中领右户曹史张湛的另一个身份"领方"的意义了:盖安斯乡(以及上诸乡)地区本属越巂郡"领方"所管辖的"化外之区",开拓后建立乡里体系,故由"领方"以户曹史身份主持其事。

概括言之,武帝平定岭南、开拓西南夷之后,建置诸郡,并在此前已置边郡中增置县邑,是为初郡初县。凡此类初郡初县,在武帝时大抵但置长

---

① 《后汉书》卷八〇《文苑传》上,"杜笃",第2600、2602页。

吏，多"以其故俗治，无赋税"，亦未编排乡里，真正控制其地方民众的，仍然是当地的渠帅。西汉后期以迄东汉时代，地方官府乃渐次在这些地区实行乡里制度，编排户口，建立乡里控制体系。此一过程历时颇长，各地进程亦颇不一致，但不断强化乡村控制的趋势却是一致的。

第三章

魏晋南北朝时期乡里控制制度的变化

第一节 汉末西晋间乡里制度的变化

《晋书》卷二四《职官志》云:

> 县大者置令,小者置长。有主簿,录事史、主记室史;门下,书佐、干、游徼、议生、循行、功曹史、小史;廷掾;功曹,史、小史、书佐、干;户曹,掾、史、干;法曹,门干;金;仓;贼曹,掾、史;兵曹,史;吏曹,史;狱,小史、狱门亭长;都亭长;贼捕掾,等员。……
>
> 郡国及县,农月皆随所领户多少为差,散吏为劝农。又县五百〔户〕以上皆置乡,三千〔户〕以上置二乡,五千〔户〕以上置三乡,万〔户〕以上置四乡。乡置啬夫一人。乡户不满千以下,置治书史一人;千以上置史、佐各一人,正一人;五千五百以上,置史一人,佐二人。县率百户置里吏一人,其土广人稀,听随宜置里吏,限不得减五十户。户千以上,置校官掾一人。
>
> 县皆置方略吏四人。洛阳县置六部尉。江左以后,建康亦置六部

尉，余大县置二人，次县、小县各一人。①

《通典·职官》"乡官"下所记与此大致相同，谓：

> 晋县五百户以上皆置一乡，三千户以上置二乡，五千户以上置三乡，万户以上置四乡。乡置啬夫一人。县率百户置里吏一人，其土广人稀，听随宜置里吏，限不得减五十户。户千以上置校官掾一人。县皆置方略吏四人。②

《通典》的记载，大抵据《晋书·职官志》而来，故从史源上来说，当属同一类型。

《晋书》书例，凡涉及南渡以后之变化者，多言明"江左以后"，故可判断此处所载当为西晋制度。《太平御览》卷六〇六"文部"二二"札"目引《晋令》曰："郡国诸户口黄籍，籍皆用一尺二寸札，已在官役者，载名。"③《唐六典》卷六《尚书刑部》"郎中"条下原注云："魏命陈群等撰《州郡令》四十五篇，《尚书官令》、《军中令》合百八十余篇。晋命贾充等撰《令》四十篇：一、户，二、学，三、贡士，四、官品，五、吏员，六、俸廪，七、服制，八、祠，九、户调，十、佃，十一、复除，十二、关市，十三、捕亡，十四、狱官，十五、鞭杖，十六、医药疾病，十七、

---

① 《晋书》卷二四《职官志》，北京：中华书局，1974年，第746—747页。按：今本《晋书》关于县置吏一段的句读作："县大者置令，小者置长。有主簿、录事史、主记室史、门下书佐、干、游徼、议生、循行功曹史、小史、廷掾、功曹史、小史书佐干、户曹掾史干、法曹门干、金仓贼曹掾史、兵曹史、吏曹史、狱小史、狱门亭长、都亭长、贼捕掾等员。"细究此段记载，今本《晋书》之句读实为草率，兹据我们的理解重新断句。根据我们的理解，诸县置有：（1）主簿，属吏有录事史、主记室史；（2）门下，有书佐、干、游徼、议生、循行、功曹史、小史等；（3）廷掾；（4）功曹，属吏有史、小史、书佐、干；（5）户曹，有掾、史、干；（6）法曹，有掾、史、干（据严耕望先生所说）；（7）金曹；（8）仓曹；（9）贼曹，有掾、史；（10）兵曹，有史；（11）吏曹，有史；（12）狱〔曹〕，有小史、狱门亭长；（13）都亭长；（14）贼捕掾。参阅严耕望《中国地方行政制度史·魏晋南北朝地方行政制度》，上海：上海古籍出版社，2007年，第337—342页。

② 《通典》卷三三《职官》一五《州郡》下，"乡官"，北京：中华书局，1988年，第923—924页。

③ 《太平御览》卷六〇六《文部》二二"札"，北京：中华书局，1960年，影印本，第2726页。

丧葬，十八、杂上，十九、杂中，二十，杂下，二十一、门下散骑中书，二十二、尚书，二十三、三台秘书，二十四、王公侯，二十五、军吏员，二十六、选吏，二十七、选将，二十八、选杂士，二十九、宫卫，三十、赎，三十一、军战，三十二、军水战，三十三至三十八皆军法，三十九、四十皆杂法。"①按：据《晋书·文帝纪》，命贾充"正法律"是在咸熙元年（264）七月，②其时司马氏尚未代魏；而贾充卒于太康三年（282）四月，③则晋令盖渐次编纂于泰始至太康三年间。又据《晋书·食货志》，平吴之后，又制户调之式及占田课田之制。④盖户调之征发及占田课田制之实施当以较完备之版籍为基础，而检括户口、编制户籍又当以较严密的乡里制度为前提。因此，上引《晋书·职官志》所记之乡里制度与《太平御览》所见之黄籍制度，至迟到太康初年伐吴前后已形成，故平吴之后方得推行户调式与占田课田之法。

  《晋书·职官志》记载的西晋乡里制度，与汉制相比，有几个变化：（1）县置有狱门亭长与都亭长，属县吏，当分掌县狱与县城治安；诸乡未再见有亭的设置。换言之，亭作为两汉以来的治安机构，入晋以后基本废除了，只在县城还保留着都亭，似乎回到了秦制以"亭"掌管郡县都邑治安的制度上。（2）游徼仅在门下置，即仍保留门下游徼；未见汉代所置之部游徼。县置方略吏四人，当即按东西南北四部分置方略吏。方略吏，前人未有考证。上引《晋书》将方略吏与洛阳、建康所置六部尉并提，其职掌当与部尉相同。故颇疑晋时方略吏乃汉代部游徼所改。（3）"郡国及县，农月皆随所领户多少为差，散吏为劝农"，以县中散吏劝农，当即诸部劝农掾。（4）"乡置啬夫一人。乡户不满千以下，置治书史一人；千以上置史、佐各一人，正一人；五千五百以上，置史一人，佐二人。"结合《通典》所记，当是每乡置啬夫一人，户不满千之乡置啬夫、治书史各一人，千户以上、五千五百户以下之乡置啬夫、史（当即治书史）、佐（当是治书史的佐，即书佐）、正各一人，五千五百户以上的乡，在啬夫之外，置史（治书

---

① 《唐六典》卷六《尚书刑部》"郎中"条，北京：中华书局，1992年，第184页。
② 《晋书》卷二《文帝纪》，第44页。
③ 《晋书》卷三《武帝纪》，第73页。
④ 《晋书》卷二六《食货志》，第790页。

史)一人,佐(治书史的佐,即书佐)二人。与汉制相比较,值得注意的是诸乡之长不再别为有秩与啬夫,以及史与正的设置。

上述变化应当是东汉中后期以来渐次变化的结果。那么,这些变化又是如何发生的呢?

一、亭的功能转变

据第二章第三节所论,由长沙五一广场所出东汉简牍可见,长沙地区仍置有亭长、游徼,掌理治安司法事务,一如汉制所规定者。永兴二年(154)李孟初神祠碑见有"亭长张河曼海,亭长唐谭伯祖"。[①]延熹五年(162)苍颉庙碑碑阴署名中,下列见有"故□□亭长""掾亭",其上下文所列皆为莲勺县诸曹、掾,则此列中所见的亭长、掾亭应当是县吏,很可能是县中的狱门亭长、都亭。碑左侧第二列见有"高陵左乡有秩""万年左乡有秩游智""万年北乡有秩毕奋""莲勺左乡有秩杜衡""池阳左乡有秩何博";碑左侧第三列又见有"夏阳候长""夏阳候长马琪""粟邑候长何恽"等。[②]碑阴、碑侧的署名当然只是部分官吏,然其中未见有乡啬夫与诸部亭长,却有县中的亭长,仍然透露出某种变化或正在发生。长沙东牌楼所出光和六年(183)东部劝农邮亭掾周安言事封匣谓:

> 右检一封。
> 临湘东部劝农邮亭掾周安言事
> 廷以邮行,诣如署。
> 光和六年正月廿四日乙亥申时□驲□亭[③]

这份封匣应当是劝农邮亭掾周安从驲□亭发往县廷的文书封匣。又中平三年(186)左部劝农邮亭掾夏详言事封匣正面为:

> 右检一封。

---

① 高文:《汉碑集释》,开封:河南大学出版社,1997年,第176页。
② 毛远明校注:《汉魏六朝碑刻校注》,北京:线装书局,2009年,第一册,第224—225页。
③ 长沙市文物考古研究所、中国文物研究所编:《长沙东牌楼东汉简牍》,北京:文物出版社,2006年,第71页。

> 隐□。左部劝农邮亭掾夏详言事。
> □邮□。诣如署。
> 中平三年二月廿一日己亥言，安定亭。

这是左部劝农邮亭掾夏详从安定亭发往县廷的文书封匣。其背面文字当是夏详所言事之内容：

> 详死罪白：掾马玄前共安定亭令详挓男子蔡蒲、陈伯……比蒲、伯□讯，辞：玄不处年中，备邮亭掾。本与玄有不平，恚□……□得宁
> □。详内无半言之助。在职二年，遭遇贼唐铙等□……□曹掾□□兵上下皆见知。详为剧愿，乞备他役，不□……信。详死罪死罪。①

简文残缺较甚，然仍可推测其大意。盖马玄当为夏详的前任，也是左部劝农邮亭掾。安定亭当属左部劝农邮亭掾的辖区。马玄在职期间，曾遭遇贼唐铙等，其如何处理不详，但简文称其行为为"兵上下皆见知"，说明左部劝农邮亭掾及所辖安定亭有治安之责，并统有军兵，并非如其官名所示，仅负责劝农、邮传。安定亭既负责邮传事务，也负责治安。

东牌楼所出东汉简牍中的亭长，主管邮驿事务，故亦称为邮亭，但也仍然负责治安事务。建宁年间（168—172）佚名书信：

> 纪所津□津□并亭长……除□
> 之亭，州劝□秀衣史，今诸□者，见□者状若□盗□□
> □节邮亭长□□□
> 建宁君□□苁
> □君植竹木，苁坐杖下诸亭。②

此亭位于津渡附近，其长被称为邮亭长，然或受绣衣使者节制，并缉捕盗贼。光和六年（183）监临湘李永、例督盗贼殷何上言李建与精张浄田自相

---

① 长沙市文物考古研究所、中国文物研究所编：《长沙东牌楼东汉简牍》，第72页。
② 长沙市文物考古研究所、中国文物研究所编：《长沙东牌楼东汉简牍》，第84页。

和从书称：

> 光和六年九月己酉朔十日戊午，监临湘李永、例督盗贼殷何叩头死罪敢言之。/中部督邮掾治所檄曰：民大男李建自言：大男精张、精昔等，母姃有田十三石，前置三岁，田税禾当为百二下石。持丧葬皇宗/事以，张、昔今强夺取田八石。比晓，张、昔不还田。民自言，辞如牒。张、昔何缘强夺建田？檄到，监部吏役摄张、昔，实核田/所，畀付弹处罪法，明附证验，正处言。何叩头死罪死罪。奉案檄，辄径到仇重亭部，考问张、昔，讯建父升，辞皆曰：/升，罗；张、昔，县民。前不处年中，升娉取张同产兄宗女姃为妻，产女替、替弟建、建弟颜、颜女弟条。昔则张弟男。宗病物/故，丧尸在堂。后姃复物故。宗无男，有余财，田八石种。替、建皆尚幼小。张、升、昔供丧葬宗讫，升还罗，张、昔自垦食宗/田。首核张为宗弟，建为姃敌男，张、建自俱为口分田。以上广二石种与张，下六石悉畀还建。张、昔今年所畀/建田六石，当分税张、建、昔等。自相和从，无复证调，尽力实核。辞有后情，续解复言。何诚惶诚/恐，叩头死罪死罪敢言之。/
>
> 监临湘李永、例督盗贼殷何言实核大男李建与精张诤田自相和从书。诣在所。/①

李建与精张等争田案，是一宗民事诉讼案。监临湘李永、例督盗贼殷何（李永、殷何似当为长沙郡任命的临湘县临时令、尉，而非朝廷任命者）奉到长沙郡中部督邮掾的檄后，殷何即来到仇重亭部，审理此案。仇重亭部显然负责征调张、昔以及升（罗县人）等涉案双方，而例督盗贼（当即署理县尉）殷何在仇重亭部审理案件，也说明亭仍当属于县尉管辖。

如果我们确定东牌楼所出东汉简牍中的邮亭仍然负责治安，那么，其中所见的"劝农邮亭掾"应当就是由长沙五一广场所出东汉简牍中的"劝农贼捕掾"演变而来。长沙五一广场所出东汉简牍木两行CWJ12：124：A：

> 永初元年正月癸酉朔廿日壬辰，东部劝农贼捕掾迁、游徼尚、驷望亭长范，叩头死罪敢言之：廷书曰言：男子吴辅斗伤弟妻廉，亡，逐捕

---

① 长沙市文物考古研究所、中国文物研究所编：《长沙东牌楼东汉简牍》，第73页。

有书。辅以微辨，贼伤靡，所犯无①

"东部劝农贼捕掾"，应当就是上引东牌楼简牍中所见的"东部劝农邮亭掾"。木两行CWJ1③：325-1-54A：

> 延平元年二月己酉朔廿七日乙亥，左部劝农贼捕掾浩、游徼兴、庚匀亭长栩叩头死罪敢言之：/廷书：男子樊柱自言，与姊丑争财物，丑母物故，父孟御所有婢财，产柱。/②

"左部劝农贼捕掾"当就是后来的"左部劝农邮亭掾"。

然则，从东汉前中期的延平、永初年间（106—113），到建宁、光和年间（168—184），作为县吏的"劝农贼捕掾"改成了"劝农邮亭掾"。由于诸亭直接受诸部劝农贼捕掾或劝农邮亭掾管辖，所以，这一改变，实际上意味着亭的职掌重心，由负责治安事务、兼管邮传，逐渐改变为主管邮传事务、兼理治安。虽然表面观之，其职责范围并没有太大变化，但实际上这种变化却是根本性的。由于诸亭的主掌是邮传，而治安事务乃是其兼理事务，其介入地方事务的权力遂逐步缩小，而渐渐演变成为专掌邮传的邮亭。在长沙走马楼所出吴简中，亭实际上已退出地方治安事务，故简文中甚少见有亭的记载，也反映出亭的专业化演变趋势。

因此，至西晋整理、重定乡里制度，遂不再沿用秦汉以来以亭长主管乡村治安的亭制，故上引晋制中不再见有亭。但亭并未完全取消，只是转变成专掌邮驿事务的邮亭而已。郴州苏仙桥遗址J10所出西晋简1-4与1-6当可缀联：

> 遝度亭西到故长连邮廿五里，废，无居人。
> 长连邮西到深浦亭十五里，不在正路。依［乙］（己）卯诏书，省。③

---

① 长沙市文物考古研究所、清华大学出土文献研究与保护中心、中国文化遗产研究院、湖南大学岳麓书院编：《长沙五一广场东汉简牍选释》，"整理篇"，上海：中西书局，2015年，第7页。

② 长沙市文物考古研究所等编：《长沙五一广场东汉简牍选释》，"整理篇"，第36页。

③ 湖南省文物考古研究所、郴州文物处：《湖南郴州苏仙桥遗址发掘简报》，湖南省文物考古研究所编：《湖南考古辑刊》第八集，长沙：岳麓书社，2009年，第93—117页，引文见第99页。

乙卯（原报告作"己卯"，误，今径改）当为惠帝元康五年（295）。长连邮位于迻度亭与深浦亭之间，已据惠帝元康五年诏书废除，故简1—4称其为"故长连邮"。迻度亭、深浦亭显然都是邮亭。简2-313、1-26、2-374、2-386、2-166、1-40五支简亦当可缀联理解：

> 县南界去县七十五里。从界到郴县五十里。
> 都邮南到榖驿廿五里，吏黄明，士三人，主。
> 榖驿南到故松柏邮十五里，废，无居人。
> 故榖亭一所，废，无居人。
> 松泊邮南到德阳亭廿五里，吏区浦，民二人，主。
> 德阳亭南到郴界十里。①

这应当是便县南去郴县（桂阳郡治）的邮驿路线。都邮应当是在县城里，南行廿五里有榖驿，置吏一人、士三人，住在驿中；再向南十五里有松柏邮，已废，无人居住在邮中。榖亭与榖驿当在同一地，已废，盖榖驿是在榖亭废后设置。德阳亭在便县南六十五里，置吏一人、民二人，住在亭中。简2-350、1-37、1-55、1-74、1-75、1-27五支简亦当可缀联理解：

> 县西北梧界去县一百卌三里，从界到耒阳县历亭十二里，
> 到耒阳六十二里。
> 都邮北到故佳邮十里，废，无居人。
> 挛德亭到故佳邮六里，废，无居人。今置迷桥驿。
> 长听驿北到故万年亭二里，吏区宽，民二人，主。
> 万年亭北到湘东利阳县界十五里。②

这应当是便县北去耒阳县的邮驿路线（简文不全，或尚未公布）。从县城中的都邮出发，北行十里至故佳邮。挛德亭废后设置的迷桥驿距故佳邮只有六里，所以佳邮应当是在迷桥驿设置后废除的。换言之，由便县城北行，第一

---

① 湖南省文物考古研究所、郴州文物处：《湖南郴州苏仙桥遗址发掘简报》，湖南省文物考古研究所编：《湖南考古辑刊》第八集，第93—117页，引文见第99—101页。

② 湖南省文物考古研究所、郴州文物处：《湖南郴州苏仙桥遗址发掘简报》，湖南省文物考古研究所编：《湖南考古辑刊》第八集，第93—117页，引文见第99—101页。

个邮驿本是挛德亭，后改为佳邮，又改为迷桥驿。长听驿则距万年亭只有二里，也显然是在万年亭废置后设立的。

上引简文中，见有故穀亭、故万年亭以及废无人居的挛德亭，这些亭，本来皆当是两汉时所设置、具有治安与邮传职能的亭，至此大都废弃；留存的亭则仅具邮驿功能，不再有治安之责。这些亭名与邮、驿共存，三者之间并没有明显的层级差别，应当是邮驿站点的不同称谓。

需要说明的是，晋时置于县治的都亭长，乃属于县吏，仍具有治安功能。严耕望先生曾举《晋书·石苞传》所载："苞用掾孙铄计，放兵步出，住都亭待罪。"①其时石苞以扬州刺史镇寿春，其待罪之"都亭"当为寿春之都亭。又《晋书》卷四二《郑默传》记郑默为东郡太守，"值岁荒人饥，默辄开仓振给，乃舍都亭，自表侍罪"。②这两处都亭，均处于州郡县治中，似有某种治安功能，亦可理解为石苞、郑默待罪于都亭以就征，都亭的官邮作用也很明显。至于《晋书·阮籍传》所记"籍诣都亭奏记"之都亭，则显系邮亭。严先生所列举的其他"野亭"，③文献所见皆为止宿之用，均当为邮传之亭。又《晋书·刘卞传》记刘卞本为兵家子，少为县小吏，以他事补亭子。"有祖秀才者，于亭中与刺史笺，久不成，卞教之数言，卓荦有大致。"④祖秀才经行刘卞任亭子之亭，于亭中致信给刺史，其所宿之亭显系邮传之亭。《晋书·刑法志》记太康四年颁新律，侍中卢珽、中书侍郎张华表请："抄《新律》诸死罪条目，悬之亭传，以示兆庶。"⑤悬示《新律》死罪条目的亭传，显处于交通要道上，是邮传之亭。西晋时陈寿作《三国志》，解释汉末张鲁五斗米道诸"祭酒"所作义舍，谓"如今之亭传"。⑥也说明西晋时亭传乃是邮传。

主管治安事务的亭长、游徼之逐步裁减（西晋时盖只在县城中仍置有都亭长与门下游徼），盖与东汉以来乡里豪酋逐步控制地方治安事务联系在一

---

① 《晋书》卷三三《石苞传》，第1002页。
② 《晋书》卷四四《郑袤传》附子默传，第1251页。
③ 严耕望：《中国地方行政制度史·魏晋南北朝地方行政制度》，第346—347页。
④ 《晋书》卷三六《刘卞传》，第1077—1078页。
⑤ 《晋书》卷三〇《刑法志》，第931页。
⑥ 《三国志》卷八《魏书·张鲁传》，第263页。

起。在上引东牌楼所出东汉简牍中,担任东部劝农邮亭掾的周安、左部劝农邮亭掾的夏详,均为长沙本地人,当出自当地大族。地方豪酋以郡县掾曹身份得控制治安司法事务,并得领部曲,遂全面侵夺郡县尉、亭长、游徼职权,至于西晋时代,乃裁废早已不再能发挥作用的亭长、游徼之职,实为必然。

二、乡治书史(乡史、书佐)、乡正

晋诸乡所置治书史(史)当源于汉时参与诸乡籍帐编排事务的令史。《二年律令·户律》规定:

> 恒以八月令乡部啬夫、吏、令史相襍案户籍,副臧(藏)其廷。有移徙者,辄移户及年籍爵细徙所,并封。留弗移、移不并封及实不徙数,盈十日,皆罚金四两;数在所正、典弗告,与同罪;乡部啬夫、吏主及案户者弗得,罚金各一两。
>
> 民宅园户籍、年细籍、田比地籍、田命籍、田租籍,谨副上县廷,皆以筐若匣匮盛,缄闭,以令若丞、官啬夫印封,独别为府,封府户。节(即)有当治为者,令史、吏主者完封奏(凑)令若丞印,啬夫发,即杂治为;臧(藏)府已,辄复缄闭封臧(藏)。不从律者罚金各四两。其或为诈伪,有增减也,而弗能得,赎耐。官恒先计雠,□籍□不相(?)复者,系劾论之。①

根据这里的规定,诸乡户籍是由乡啬夫、吏和令史共同编造的。邢义田先生认为此处的"吏"当指县吏,②应可从。不仅如此,据下文,诸籍造成后,如果要有所改动,当由令史、吏主者共同检视其封印是否完好,之后由啬夫(当是乡啬夫)打开,一起修改。显然,这里的令史、吏主者都应当是县吏。

由史负责相关乡的户赋籍帐,在秦汉简牍中亦有若干线索。里耶秦简简8-1454+8-1629:

---

① 张家山二四七号汉墓竹简整理小组:《张家山汉墓竹简[二四七号墓](释文修订本)》,北京:文物出版社,2006年,第54页。

② 邢义田:《地不爱宝:汉代的简牍》,北京:中华书局,2011年,第158页。

☐都乡柀不以五月敛之，不应律。都乡守币谢曰：乡征敛之，黔首未肎（肯）入。
☐☐史
☐之写上，敢言之。／华手。
☐华手。①

简文中的"史"，应当是都乡负责户赋籍帐的史。里耶秦简8-269：

资中令史阳里釦伐阅。
十一年九月隃为史。
为乡史九岁一日。
为田部史四岁三月十一日。
为令史。
☐计。
年卅六。
户计。
可直司空曹。②

这当是令史釦的履历。他于（秦始皇）十一年被任为史，当了九年多的乡史，然后转为田部史四年余，在三十六岁时被任为令史。乡史应当是级别最低的史。很难判断釦所任之乡史是在乡部抑或县廷任职，但他的职责对应一个乡，当无疑问。肩水金关所出汉简73EJT37:521：

五凤元年六月戊子朔己亥，西乡啬夫乐敢言之：大昌里赵延自言，为家私使居延，与妻平，子小男偃、登，大奴同，婢琭绿。谨案：延、平、偃、登便同、绿，毋官狱征事，当得取传乘。家所占用马五匹、轺车四乘，谒移过所肩水金关、居延，敢言之。六月己亥，屋兰守丞圣光

---

① 陈伟主编：《里耶秦简牍校释》，第一卷，武汉：武汉大学出版社，2012年，第331页。
② 陈伟主编：《里耶秦简牍校释》，第一卷，第125—126页。

移过所肩水金关、居延，毋苛留，如律令。/掾贤、守令史友。①

守令史友，应当是负责西乡事务的令史。他与掾贤并列，显然属于县吏。

汉代到诸乡参与户籍编排事务的户曹令史，应当是在八月案比时才下到乡里去，事毕即回到县廷，并负责相对应的乡籍的保存。晋制根据乡的户口规模，每乡均设置治书史或史，应当是将汉代以来以令史参与乡廷籍帐编造的办法制度化，即在县廷中按乡分设治书史或史。治书史以"治书"为称，其职责显然以编制各乡户口赋役的籍帐为主。而诸乡治书史（史）的普遍设立，实际上使乡的事务重心转移到县廷中来。

据上引《晋书·职官志》，千户以上、五千五百户以下之乡并置啬夫、佐、正各一人，而五千五百户以上的乡，却不再置有乡正，而置有史一人、佐二人。如果认为"正"与"佐"一样，也是啬夫的属吏，则以五千五百户以下之乡置一正一佐、五千五百户之上的乡置有二佐来看，"正"的地位当在"佐"之下，更不合情理。这里的关键是佐与正究竟是什么？

在《晋书·职官志》的叙述中，"佐"置于"史"之下，而"史"当即前文"治书史"之简称，则"佐"当为治书史的佐。而晋制中，常有"书佐"之设。如《晋书·职官志》记特进、光禄大夫、骠骑以下诸大将军府、司隶校尉及州、郡、县均置有门下书佐、书佐、诸曹书佐、记室书佐等吏职。在上引《晋书·职官志》所记县署组织中，功曹置有史、小史、书佐、干，书佐置于史与小史之下；户曹置有掾、史、干，未见有"佐"。据此，我认为各乡所置的"佐"是治书史的"佐"，亦即乡中的"书佐"。按乡设置的治书史（乡史）、治书史的佐（乡书佐）盖属于户曹。

"乡正"之称，初见于延熹二年（159）张景造土牛碑："［府告宛：男］子张景记言：府南门外劝［农］土牛，□□□□调发十四乡正，相赋敛作治，并土人、犁、耒、廿、萐、屋，功费六七十万，重劳人功，吏正患苦。愿以家钱，义作土牛，上瓦屋、栏楯什物，岁岁作治。乞不为县吏、

---

① 甘肃简牍博物馆、甘肃省文物考古研究所、甘肃省博物馆、中国文化遗产研究院古文献研究室、中国社会科学院简帛研究中心编：《肩水金关汉简（肆）》，上海：中西书局，2015年，中册，第84页。

列长、伍长、征发小繇。"①高文引《续汉书·百官志》"亭长"条下刘昭补注引《汉官仪》"民年二十三为正"之句，释"乡正"为一乡服徭役之民工，则"十四乡正"即当理解为"十四个乡的服徭役的民工"。然作屋二间、土人土牛若干，竟须调发十四个乡的民工来服役，殊不可解；且以民年二十三为"正"后方服徭役，亦不确。②兹考《汉书·韩延寿传》记延寿于宣帝时为东郡太守，"置正、五长，相率以孝弟，不得舍奸人"。颜师古注曰："正，若今之乡正、里正也。五长，同伍之中置一人为长也。"③虽以唐制释汉制，但汉时乡或许置有正，却可推知。张景碑所见之"乡正"，负责"相赋敛作治"。《续汉书·百官志》谓："乡置有秩、三老、游徼。本注曰：有秩，郡所署，秩百石，掌一乡人。其乡小者，县置啬夫一人。皆主知民善恶，为役先后，知民贫富，为赋多少，平其差品。"④则赋敛作治正属有秩、啬夫的职责范畴。故颇疑张景碑之"乡正"即诸乡有秩、啬夫之异称。因此，碑文所谓"调发十四乡正，相赋敛作治"，即可释为调遣、发动十四个乡的有秩、啬夫等乡吏，让他们征集赋税，筹措经费，并负责建造劝农仪式使用的屋宇，制作土人、土牛等。

　　如果汉时乡正就是乡有秩、啬夫的另一种称谓（"俗称"），那么，上引《晋书·职官志》的记载，就应当理解为：小乡（五百户以上、千户以下的乡）置啬夫、治书史各一人；千户以上、五千五百户以下的乡置正、佐、史各一人，正为其长吏；五千五百户以上的乡则置正、史各一人，佐二人，亦以正为长吏。汉制，乡户五千则置有秩。晋制以"正"取代了汉代的"有秩"，置"正"之乡的户口规模也调整为千户。

　　晋时诸乡仍当和汉代一样，有乡廷。苏仙桥遗址所出西晋简1-5：

---

① 高文：《汉碑集释》，第227页。
② 张家山汉简《二年律令》之"徭律"谓："免老、小未傅者、女子及诸有除者，县道勿敢徭使。"则傅籍之男子、非免老与复除者，均得徭之。其"傅律"下则称："不更以下子年廿岁，大夫以上至五大夫及小爵不更以下至上造年廿二岁，卿以上子及小爵大夫以上年廿四岁，皆傅。"（见张家山二四七号汉墓竹简整理小组《张家山汉墓竹简〔二四七号墓〕》释文修订本，第64、58页。）显然，庶人二十岁须傅籍，而傅籍之后即得服徭役。"民年二十三为正"之"正"，当作"正卒"解。
③ 《汉书》卷七六《韩延寿传》，第3211页。
④ 《后汉书》志第二十八，《百官志》五，第3624页。

都乡斳在城里。①

简1-41："故右尉斳一所，废。"故斳当即廨。都乡的廨署在县城内，说明至少都乡是有乡廷的。

然则，晋时各乡的乡廷乃治于本乡境内，而各乡治书史（史）实际上是县廷的小吏（很可能属于户曹），那么，乡中事务之处理乃分处于乡廷与县廷。乡史（治书史）既主管乡中户籍及赋役等诸种籍帐，又在县廷当值，故其地位乃渐次提高，而乡正、啬夫之地位遂逐渐降低。

可是，在今见文献中，实际上我们很少见到西晋乃至东晋时期乡正、啬夫的记载。上引晋制规定，"县五百（户）以上皆置乡，三千以上置二乡，五千以上置三乡，万以上置四乡"。既谓凡县有五百户以上者皆置乡，则五百户即当置一乡；又谓"三千以上置二乡"，则五百至三千户之县，仅置一乡。如以三千户以下置一乡计，太康间西晋所领各州郡国统县1232个，共有著籍户口2494125户，平均每县约为2038户，则平均每县仅当置有一乡。其中，每县平均五百户之下的郡有豫州谯郡（7县，每县平均143户）、鲁郡（7县，每县平均357户）、安丰郡（5县，每县平均220户）、平州昌黎郡（2县，每县平均450户）、凉州金城郡（5县，每县平均400户）、西郡（5县，每县平均380户）、酒泉郡（9县，每县平均489户）、益州牂柯郡（8县，每县平均150户）、荆州安成郡（7县，每县平均429户）、扬州庐江郡（10县，每县平均420户）、南康郡（5县，每县平均280户）、交州九真郡（7县，每县平均429户）、日南郡（5县，每县平均120户）、广州南海郡（6县，每县平均159户）、临贺郡（6县，每县平均417户）、桂林郡（8县，每县平均250户）、高兴郡（5县，每县平均244户）、宁浦郡（5县，每县平均244户）等18郡。如果按照上引晋制的规定，此18郡所领112县大抵皆不当置乡。每县平均超过500户、不足3000户的郡则共有131个，占全部郡国数（173个）的76%，②其所属各县按规定也只能设置一个乡。如果按照这一

---

① 湖南省文物考古研究所、郴州文物处：《湖南郴州苏仙桥遗址发掘简报》，湖南省文物考古研究所编：《湖南考古辑刊》第八集，第99页。

② 据梁方仲先生《中国历代户口、田地、田赋统计》甲表15 "西晋太康初年各州郡国户数及每县平均户数"计算，上海：上海人民出版社，1980年，第41—46页。

规定，西晋时代的大多数县可能仅可设置一乡或不能置乡，而在一县只设一乡的情况下，乡廷当然只会设置在县城中，而乡正或啬夫则可能越来越成为具文而已。在这种情况下，属于县吏的乡治书史（史）势必与亦处于县城中的乡正会合。换言之，西晋时代大部分的县大概只设有一个乡，负责户口赋役籍帐的乡史（乡治书史、书佐）在县衙值勤（当在户曹），而乡正（或啬夫）则可能普遍不再设置，或即使设置也发挥很少作用。

三、丘、村与里的关系

自长沙走马楼三国吴简出土以来，研究者多集中关注其中所见的乡、里、丘及其相互间的关系。很多研究者注意到：吴简中，在"乡"以下的基层单位中，"丘"与"里"并立。邱东联先生认为，吴简所见名籍和户籍以"里"为单位，租佃等则以"丘"为单位，"丘"是孙吴政权为了劝农而采用自治方式设置的基础组织。[①] 小嶋茂稔先生认为，据吴简所记，孙吴时期（至少在长沙地区），存在着乡-丘租税征收系统，"丘"应当是为了征收租税而人为设置的组织，从而提出了乡-丘系统与乡-里系统并存的看法。[②] 宋超先生同意"丘"与"里"当为两个不同系统的看法，认为"里"为人为划分，"丘"为缴纳赋税的单位。[③] 関尾史郎先生也认为"丘"乃是乡以下的区划单位，"里"是本籍，而"丘"则是实际居住地。[④] 侯旭东先生的看法与此大致相同，并进一步讨论了里、丘间的关系，指出一"里"往往与多个丘的居民相对应，而同一丘的居民则见有分隶于不同里的情况，反映出

[①] 邱东联：《长沙走马楼佃田租税简的初步研究》，《江汉考古》1998年第4期。

[②] 小嶋茂稔：《「丘」についての一試論》，见（东京）长沙吴简研究会编：《嘉禾吏民田家莂研究——長沙吳簡研究報告》第一集，东京：2001年，第30—41页。

[③] 宋超：《长沙走马楼中的"丘"与"里"》，见长沙市文物考古研究所编：《长沙三国吴简暨百年来简帛发现与研究国际学术研讨会论文集》，北京：中华书局，2005年，第77—85页；宋超：《走马楼吴简中的"丘"与"里"再探讨》，见长沙市简牍博物馆、北京吴简研讨班：《吴简研究》第二辑，武汉：崇文书局，2006年，第139—156页。

[④] 関尾史郎：《長沙吳簡所見"丘"をめぐる諸問題》，见（东京）长沙吴简研究会编：《嘉禾吏民田家莂研究——長沙吳簡研究報告》第一集，东京：2001年，第42—54页。

里、丘关系的复杂性。①王彦辉先生则结合长沙五一广场东汉简与走马楼吴简，认为丘本属亭管辖，在亭废除后，划归乡管辖，从而形成乡-丘与乡-里并存的体制，并进而认为秦汉以来以联户为目的的乡里组织逐步松动，促使国家放弃了以"里"为基础的乡里编制，而改以乡直接控制"丘"。②

虽然存在诸多分歧，但诸家皆承认，东汉中后期至三国时期，至少在长沙地区，"丘"已成为官府管理乡村民户及其田亩赋役的重要单位，而不仅用以表示自然聚落。如所周知，秦汉以来确立的乡里制度的根本原则，是以户口控制为基础，根据户口编排乡、里，而每里则可能包括若干自然聚落。换言之，在秦汉乡里制度下，聚落是里的构成基础，但本身并不是一个官府直接控制的管理单位。作为自然聚落的丘逐步演变成为乡村管理单位，与"里"并存，乃是汉末三国时期乡村管理制度最重要的变化之一。

湖南郴州苏仙桥遗址所出西晋简，也说明自然聚落已成为官府控制乡村的管理单位。已公布的简文较为散乱，难以缀联，但我们仍然可以发现一些问题。简1-7、1-45、1-46、1-47、1-48、1-62分别记有采村、桐村、罗州村、止渚村、廉村等五个村名，而简1-28、1-46、1-61则记有"一人家，五丁"，"三人家，四丁"，"无居人"。③两组记载之间很难确定存在对应关系，但后一组记载当系于前一组某村之下，应当是可以肯定的。若然，则采村等村中的某一村当是"一（十？）人家，五丁"，另一村当是"三人家，四丁"，另一村则"无居人"。简文注明某村的人家与丁口，显然是为征发赋役之需要。在已公布的简文中，便县、晋宁等县均未见有关于"里"的记载，却记载了一些村及其所属人家、丁口的情况，反映出村当是西晋桂阳郡乡里控制的基层管理单位之一。

可是，丘、村等自然聚落并未取代"里"。实际上，里仍然是官府控制乡村地区最重要的行政管理单位。西晋时，阳平郡元城人束皙作《劝农

---

① 侯旭东：《长沙走马楼三国吴简"里""丘"关系再研究》，见武汉大学中国三至九世纪研究所编：《魏晋南北朝隋唐史资料》第二十三辑，武汉：武汉大学文科学报编辑部，2006年，第14—26页。

② 王彦辉：《聚落与交通视阈下的秦汉亭制变迁》，《历史研究》2017年第1期。

③ 湖南省文物考古研究所、郴州文物处：《湖南郴州苏仙桥遗址发掘简报》，湖南省文物考古研究所编：《湖南考古辑刊》第八集，第93—117页，引文见第99—101页。

赋》云：

> 惟百里之置吏，各区别而异曹。考治民之贱职，美莫当乎劝农。专一里之权，擅百家之势。及至，青幡禁乎游惰，田赋度乎顷亩，与夺在己，良薄决口。受饶在于肥脯，得力在于美酒。若场功毕，租输至，录社长，召闾师，条牒所领，注列名讳，则豚鸡争下，壶榼横至，遂乃定一以为十，拘五以为二，盖由热啖纤其腹、而杜康哇其胃。①

"百里"当指县。"惟百里之置吏，各区别而异曹"，当指县廷分别设置诸曹。故"治民之贱职，美莫当乎劝农"之"劝农"，当指劝农掾。"青幡"云云，是指县邑长于立春日以青幡帻迎春于东郊野外，以示劝农。"专一里之权，擅百家之势"，则显然是说掌百家之里的里正。因此，《艺文类聚》所引束皙《劝农赋》，当颇为残缺错乱。其下文所言"与夺在己，良薄决口"云云，则当是指里正。当秋收结束（"场功毕"），里正催征租输，"录社长，召闾师"。社长、闾师，即村社之长、闾巷之师，亦即聚落或居住单元的首领。里正与社长、闾师一起"条牒所领，注列名讳"，即整理所领民户，分配其各自应承担的租赋，分别列出名讳。在这里，社（村）、闾虽然也是官府控制乡村的管理单元，但地位却在里正之下。走马楼吴简所见的"丘"、苏仙桥西晋简所见的"村"，地位也当与束皙所说之"社""闾"相类似。

第二节　东晋南朝乡里控制制度的变化

一、东晋南朝乡里控制制度盖杂用汉晋制度

论东晋南朝乡里制度者，多举《晋书》卷二四《职官志》与《宋书》卷

---

① 欧阳询：《艺文类聚》卷六五《产业部上·农》，上海：上海古籍出版社，1965年，第1157页。

四〇《百官志》的相关记载作为讨论的出发点，①认为东晋南朝大抵因袭西晋制度而略有变革。据上节所论，西晋乡里制度，较之汉制，实有较大变化：亭已基本不具治安功能，主要是邮传机构；乡的设置大幅度减少，其重心已基本移至县衙中，由乡史（治书史）负责各乡户口赋役籍帐；而里仍然是官府控制乡村地区最重要的行政管理单位，但丘、村等自然聚落单位也逐步进入官府直接管理的范畴，成为与里并存、地位与重要性同于里的乡村基层管理单位。那么，东晋南朝时期的乡里控制体系，是否是沿着西晋确立的制度发展变化的呢？

严耕望先生曾列举东晋时期的亭，皆具有较为明确的治安功能。江东草创，沿江多有盗贼，司马睿问贺循以防守之道，循答称：

> 江道万里，通涉五州，朝贡商旅之所来往也。今议者欲出宣城以镇江渚，或欲使诸县领兵。愚谓令、长威弱，而兼才难备；发悍役之人，而御之不肃，恐未必为用。……沿江诸县各有分界，分界之内，官长所任，自可度土分力，多置亭候，恒使徼行，峻其纲目，严其刑赏，使越常科……所给人以时番休，役不至困，代易有期。案汉制十里一亭，亦以防禁切密故也。当今纵不能尔，要宜筹量，使力足相周。②

根据贺循的设计，是采用汉代的亭制，建立沿江亭候体系，分由沿江各县令、长节制，负责治安事务。与汉制不同的是，亭候使用役人轮番服役，各有瓜代之期。据《晋书》说，司马睿采纳了贺循的建议，应当是建立起了沿江的亭候。

严先生举了两个南朝的材料：一是《梁书·范云传》记南朝齐时范云出

---

① 周一良：《南朝境内之各种人及政府对待之政策》，初刊于《历史语言研究所集刊》第七本第四分，后收入氏著《魏晋南北朝史论集》，北京：北京大学出版社，1997年，第33—101页，引文见第93—95页；宫川尚志：《六朝时代的村》，见刘俊文主编：《日本学者研究中国史论著选译》第四卷，北京：中华书局，1992年，第67—108页；严耕望：《中国地方行政制度史·魏晋南北朝地方行政制度》，上海：上海古籍出版社，2007年，第344—349页；吴海燕：《东晋南朝乡村社会基层组织的变迁》，《中国农史》2004年第4期；高贤栋：《南北朝乡村社会组织研究》，济南：山东大学出版社，2008年，第7—9页。

② 《晋书》卷六八《贺循传》，第1827页。

为始兴内史,始兴郡"边带蛮俚,尤多盗贼,前内史皆以兵刃自卫。云入境,抚以恩德,罢亭候,商贾露宿,郡中称为神明"。① 其所说之亭候,既有治安功能,也有邮传功能,与汉制较近,而与晋制不同。二是《颜氏家训》卷二《慕贤》篇所载:"梁孝元前在荆州,有丁觇者,洪亭民耳,颇善属文,殊工草隶;孝元书记,一皆使之。军府轻贱,多未之重。"② 梁孝元即梁元帝萧绎,其在荆州,指其于普通七年(526)出任荆州刺史、都督荆湘郢益宁南梁六州诸军事。丁觇为洪亭之民,常受都督府召,使为书记,而军府(都督府)上下又颇轻其书法,则洪亭当在荆州城附近,或即在城外江边,应是贺循建议置立的亭候之一。丁觇的居地显然是在洪亭,又被称为"洪亭民",则此处之"亭"亦颇近于汉代之亭,而非晋代邮传之亭。

关于东晋之乡里,严耕望先生尝引《抱朴子·微旨篇》:"天下有生地,一州有生地,一郡有生地,一县有生地,一乡有生地,一里有生地,一宅有生地,一房有生地。"③ 以说明东晋时乡、里乃基本的行政单位。严先生又引《宋书·州郡志》所记广州绥建郡所领新招、化蒙、怀集三县,在元嘉十三年立县前分别是四会县之官细乡、古蒙乡、银屯乡,说明在元嘉十三年之前四会县至少有四个以上的乡(除官细乡、古蒙乡、银屯乡三乡外,至少还应当有另一个乡)。而《宋书·州郡志》载绥建郡领有六县,户三千七百六十四,口一万四千四百九十一。④ 则在元嘉十三年之前,四会县不会超过二千户。若按上引晋制,当置一乡,至多不会超过两个乡。四会县户不过二千,却至少有四个乡,其制大抵亦当是汉制,而不会是沿晋制而来。

《宋书·百官志》"县令"的记载也颇为论者所引。其文云:

　　县令、长,秦官也。大者为令,小者为长,侯国为相。汉制:置丞一人,尉大县二人,小县一人。五家为伍,伍长主之;二五为什,什长主之;十什为里,里魁主之;十里为亭,亭长主之;十亭为乡,乡有乡

---

① 《梁书》卷一三《范云传》,北京:中华书局,1973年,第230页。
② 王利器撰:《颜氏家训集解》(增补本)卷二《慕贤》,北京:中华书局,1993年,第133页。
③ 王明:《抱朴子内篇校释》卷六《微旨》,北京:中华书局,1986年,第127页。
④ 《宋书》卷三八《州郡志》三,北京:中华书局,1974年,第1200—1201页。

佐、三老、有秩、啬夫、游徼各一人。乡佐、有秩主赋税，三老主教化，啬夫主争讼，游徼主奸非。其余诸曹，略同郡职。以五官为廷掾，后则无复丞，唯建康有狱丞，其余众职，或此县有而彼县无，各有旧俗，无定制也。晋江右洛阳县置六部都尉，余大县置二人，次县、小县各一人。宋太祖元嘉十五年，县小者又省之。①

此处但称汉制，似刘宋时犹沿用汉代之乡里制度，故严耕望先生说："此条记乡里吏，而仅述汉制，下文不见若何变化。盖沈约之意，以为自汉以下至宋，大抵沿而未革也。"②虽然周一良先生曾力驳沈约之非，③但沈氏之意，确是以为东晋南朝南方地区实际实行的乡里制度，乃是汉制，而非晋制。沈氏以当代人著当代史，当是据"实"而书，非据"制"而言。又，《通典·职官》"乡官"述宋乡官之制，谓："宋五家为伍，伍长主之；二伍为什，什长主之；什十为里，里魁主之；十里为亭，亭长主之；十亭为乡，乡有乡佐、三老、有秩、啬夫、游徼各一人，所职与秦汉同。"④此段文字固然源于《宋书》，然杜佑明言宋制与秦汉制相同，而此段文字前即述晋制，却未将宋制与晋制相联系，当有所据，非必出于对《宋书》的误解。所以，沈约所谓宋制沿自汉制而非晋制的说法，应当是有道理的。

在关于东晋南朝买地券的研究中，我们曾初步论证，东晋南朝时期南方各地当仍较普遍地沿用汉代之乡里区划格局；村虽然已经出现，形成里、村并存局面（如彭城县北乡垞城里村南龟山、始兴县东乡新城里夕口村），然村主要是作为里的组成部分，而并未取代里，特别是诸买地券述墓主居地，仍多用乡里名称。广西桂林、融安、灵川、鹿寨诸处及广东始兴、仁化所出的买地券中，大多详载亡人生前所居乡里及葬地所在，使我们得以确知南朝时期，即便是在偏僻的始安、桂林、齐熙诸郡，著籍户口亦皆编组为乡里，而乡、里又皆有一相对固定之地域范围，是一种集户口编组与地域划分为一体的地理单元。或以为南朝乡里仅有版籍作用，即只是登记

---

① 《宋书》卷四〇《百官志》下，第1258页。
② 严耕望：《中国地方行政制度史·魏晋南北朝地方行政制度》，第344页。
③ 周一良：《南朝境内之各种人及政府对待之政策》，见《魏晋南北朝史论集》，第93—94页。
④ 《通典》卷三三《职官》十五，"乡官"，第924页。

户口的一种编组，未必与其所登记对象实际居住的地域村落相联系；而买地券中载明亡人葬地亦属某乡某里，则有力地证明这些乡、里实为一种实在的地理单元，不仅可用以界定某人（户）的籍属，还可以用以指明某一地域及其范围。据此，我们认为东晋南朝的乡里区划当大致沿用汉代以来的基本格局。①

表3-1　东晋南朝买地券所记殁亡人居地与葬地乡里村邑

买地券	年月	出土地	墓主居地乡里	墓地所在乡里
汝阴太守侯□买地券	永宁二年（302）二月	江苏南京	江宁县赖乡齐平里	江宁县赖乡潦湖里
土佛女买地券	元嘉九年（432）十一月	江苏徐州	彭城县都乡仁义里	彭城县北乡垞城里村南龟山
徐副买地券	元嘉十年（433）十一月	湖南长沙	临湘县北乡白石里	
莆谦买地券	元嘉十六年（439）十二月	湖北鄂州	武昌县东乡新平里	武昌县都乡石龟环里
妳女买地券	元嘉十九年（442）十一月	广东始兴	始兴县东乡新城里	始兴县东乡新城里夕口村
田和买地券	元嘉二十一年（444）九月	广东仁化	曲江县□乡太平里	本郡县乡里
龚韬买地券	元嘉二十七年（450）三月	广东广州	番禺县都乡宜贵里	番禺县都乡宜贵里
欧阳景熙买地券	泰始六年（470）十一月	广西桂林	始安县都乡都唐里	
□饮买地券	永明四年（486）十一月	广西灵川	始安县都乡牛马里	
黄道丘买地券	永明五年（487）八月	广西灵川	始安县都乡牛马覃乱里	本郡县乡里覃坍圃上

---

① 鲁西奇：《六朝买地券丛考》，《文史》2006年第2期；鲁西奇：《中国古代买地券研究》，厦门：厦门大学出版社，2014年，第78—161页，特别是第156—161页。

(续表)

买地券	年月	出土地	墓主居地乡里	墓地所在乡里
秦僧猛买地券	永明五年（487）十二月	广西桂林	始安县都乡都唐里	本郡县乡里福乐坑
熊薇买地券	天监十五年（516）十二月	广西灵川	始安县都乡牛马王历里	始安县都乡牛马九凯里
覃华买地券	天监十八年（519）十二月	广西融安	潭中县都乡治下里	本乡骑店里
何靖买地券	普通元年（520）十一月	湖南资兴	晋宁县都乡宜阳里	
熊悦买地券	普通四年（523）十二月	广西灵川	始安县都乡牛马杨田里	始安县都乡牛马覃凯里
周当易买地券	中大通五年（533）三月	广西鹿寨	象郡新安县都乡治下里	本郡县乡里来会凯上

东晋南朝时期乡里的区划格局虽然基本沿用两汉之旧，但在今见东晋南朝文献中，却迄未见有此一时期乡正或啬夫、有秩、乡佐之类乡吏的记载，故其时乡司可能已不再发挥作用，或即不再设置，而乡里籍帐则有赖于在县衙中值勤的乡史（治书史）负责登记、整理并保存，故各乡民户赋役籍帐实际上均由县里掌握，而不再有乡廷负责编制乡籍。《晋书·刘超传》记晋元帝时，刘超为句容县令：

> 推诚于物，为百姓所怀。常年赋税，主者常自四出结评百姓家赀。至超，但作大函，邮别付之，使各自书家产，投函中讫，送还县。百姓依实投上，课输所入，有逾常年。①

"常自四出结评百姓家赀"的"主者"，应当是县中的属吏，很可能就是乡史（治书史）之类。刘超的赋役改革，是按邮（村）确定赋税额度，由各邮自行确定各家赀产及应纳赋税，其效果自然比县吏"四出结评百姓家赀"并催征赋税要好。在句容县的民户赀产评定与赋税征收过程中，未见有"乡"在发挥作用，说明在"县"与"邮"之间，应当并没有"乡"级机构。

---

① 《晋书》卷七〇《刘超传》，第1875页。

《南齐书》卷三四《虞玩之传》录萧齐建元二年（480）诏书称：

> 黄籍，民之大纪，国之治端。自顷氓俗巧伪，为日已久，至乃窃注爵位，盗易年月，增损三状，贸袭万端。或户存而文书已绝，或人在而反托死叛，停私而云隶役，身强而称六疾。编户齐家，少不如此。皆政之巨蠹，教之深疵。比年虽却籍改书，终无得实。①

庶民巧伪，乃"窃注爵位，盗易年月，增损三状"，则知黄籍中须注明爵位、年月（生年月日）、三状。停私，即停职居于私家；六疾，为汉以来法律所称之六种废疾。"停私而云隶役，身强而称六疾"，则知黄籍中须注明丁役情况。②"却籍改书"，当是指将籍帐返还到县里（"却"当作"返还"解），让县里重新检查户籍、编制籍帐。对于上引诏书，虞玩之上书称：

> 宋元嘉二十七年八条取人，孝建元年书籍，众巧之所始也。元嘉中，故光禄大夫傅隆，年出七十，犹手自书籍，躬加隐校。隆何必有石建之慎，高柔之勤，盖以世属休明，服道修身故耳。……今欲求治取正，其在勤明令、长。凡受籍，县不加检合，但封送州，州检得实，方却归县。吏贪其赂，民肆其奸，奸弥深而却弥多，赂愈厚而答愈缓。自泰始三年至元徽四年，扬州等九郡四号黄籍，共却七万一千余户。于今十一年矣，而所正者犹未四万。神州奥区，尚或如此，江、湘诸部，倍不可念。愚谓宜以元嘉二十七年籍为正。民惰法既久，今建元元年书籍，宜更立明科，一听首悔，迷而不反，依制必戮。使官长审自检校，必令明洗，然后上州，永以为正。若有虚昧，州县同咎。③

元嘉二十七年（450）"八条取人"，当指元嘉北伐，兵力不足，"悉发青、冀、徐、豫、二兖六州三五民丁，倩使暂行，符到十日装束"。④八

---

① 《南齐书》卷三四《虞玩之传》，北京：中华书局，1972年，第608页。

② 关于东晋南朝户籍的基本内容，请参阅傅克辉：《魏晋南北朝籍帐研究》，济南：齐鲁书社，2001年，第5—18页。

③ 《南齐书》卷三四《虞玩之传》，第608—609页。

④ 《资治通鉴》卷一二五，元嘉二十七年七月，北京：中华书局，1956年，第3947页。

条,当即三丁发其一,五丁发其二。盖其时因为战争征役之故,曾全面造籍检丁。至孝建元年(454)书籍,相隔三年。"自泰始三年(467)至元徽四年(476)",扬州等九郡四号黄籍,即四次编定黄籍。如果孝建元年书籍,则泰始三年正当书籍,然后泰始六年第二次,元徽元年第三次,元徽四年第四次,正好是四号黄籍。据此,则知正常情况下当是三年一书籍,正与汉制三年一大比相同。傅隆"手自书籍,躬加隐校"一事,《宋书》卷五五本传谓其"谨于奉公,常手抄书籍"。①当指其任义兴太守之时。虞玩之说"欲求治取正,其在勤明令、长",则县之令长有检校籍帐之责。然据玩之所说,县之令长多未能尽责。扬州九郡四号黄籍,发现七万一千余户有问题,发回县中审核,十一年中,检正者尚不及四万,诸县令长之怠惰据此可见。虞玩之提出的改革之法有二:一是"宜更立明科,一听首悔,迷而不反,依制必戮"。仍是以"民"自发申报户籍、赀产与役丁情况为主;二是"使官长审自检校,必令明洗,然后上州,永以为正。若有虚昧,州县同咎"。负责检校的官长,主要是县之令长。但这种做法显然靠不住,所以,虞玩之接着述其种种弊端:(1)"自孝建已来,入勋者众,其中操干戈卫社稷者,三分殆无一焉。勋簿所领,而诈注辞籍,浮游世要,非官长所拘录,复为不少。"勋簿当是记录军功受勋的簿籍,应属吏部掌管,故能够"诈注辞籍"者,大抵皆为"世要",而郡县之官长实无以"拘录"。(2)"将位既众,举恤为禄,实润甚微,而人领数万。"当是指品官荫客制度。《晋书·食货志》载太康中所定荫客制度,品官所应有之佃客非众,"官品第一第二者佃客无过五十户,第三品十户,第四品七户,第五品五户,第六品三户,第七品二户,第八品第九品一户",②然实际上当远逾此数。至晋室南渡,"时百姓遭难,流移此境,流民多庇大姓以为客。元帝太兴四年,诏以流民失籍,使条名上有司,为给客制度,而江北荒残,不可检实"。③则注为客籍、实属众将之佃客的户口,动辄数万,故虞玩之说列入勋簿、无须服役以及列名于众将荫客名单的人户两项合计,"天下合役

---

① 《宋书》卷五五《傅隆传》,第1552页。
② 《晋书》卷二六《食货志》,第791页。
③ 《南齐书》卷一四《州郡志》上,第255页。

之身，已据其太半矣"。（3）"又有改注籍状，诈入仕流，昔为人役者，今反役人。"即由民籍诈改为士籍。（4）"又生不长发，便谓为道人，填街溢巷，是处皆然。或抱子并居，竟不编户，迁徙去来，公违土断。属役无满，流亡不归。宁丧终身，疾病长卧。"凡此四端（假冒僧籍，浮浪不落户，役满不当原籍，称疾不役），都是民户普遍的舞弊之法。（5）"又四镇戍将，有名寡实，随才部曲，无辨勇懦，署位借给，巫媪比肩，弥山满海，皆是私役。"四镇戍将，当指其时多任为边将的镇东、镇西、镇南、镇北将军，多是"随才"授任，或借给军号，或多有名无实，甚至有以巫、媪为之者，其人数众多，其"私役"之户更多，也未能纳入编籍。虞玩之所述诸种弊端，涉及勋簿、客籍、士籍、民籍等诸种籍簿，而这些籍簿的编制过程中，我们迄未见有乡在发挥作用。虞玩之分析之所以造成此种情况的原因说："行货求位，其涂甚易，募役卑剧，何为投补？坊吏之所以尽，百里之所以单也。"①募役根据地位而有巨大差别，而民户改变身份又有诸多途径，采用自投自书的方式，怎么可能得到确实的户籍资料呢？坊吏，当指里吏；百里，当指县之令长。因此之故，里吏遂乃逃亡净尽，而县之令长亦势单力薄、无能为力了。"今但使募制明信，满复有期，民无径路，则坊可立表而盈矣。"如果募役之制明确而可信，服役有期限，满期即可回乡，百姓没有侥幸逃役之途，坊里才能建立起来并且民户充盈。虞玩之提到的"坊吏"，当即里正之属，他们仍然在户籍登记、赋役征纳过程中发挥着作用，只是其地位更低罢了。

《南齐书·虞玩之传》称："上省玩之表，纳之。乃别置板籍官，置令史，限人一日得数巧，以防懈怠。于是货赂因缘，籍注虽正，犹强推却，以充程限。"②其时所置之板籍官，据《南史》卷五九《王僧孺传》录沈约《上言宜校勘谱籍》云：

> 晋咸和初，苏峻作乱，文籍无遗。后起咸和二年以至于宋，所书并皆详实，并在下省左户曹前厢，谓之晋籍，有东、西二库。此籍既并精详，实可宝惜，位宦高卑，皆可依案。宋元嘉二十七年，始以七条征

---

① 本节所引虞玩之上书，均见《南齐书》卷三四《虞玩之传》，第609页。
② 《南齐书》卷三四《虞玩之传》，第609—610页。

发，既立此科，人奸互起，伪状巧籍，岁月滋广。以至于齐，患其不实，于是东堂校籍，置郎令史以掌之。竞行奸货，以新换故，昨日卑细，今日便成士流。①

东堂，即尚书省。则齐建元时所置之板籍官，在尚书省。负责的郎与令史，也皆当是尚书省官吏。东堂校籍，重点自然在辨别窃注官爵、假冒士籍等状。虞玩之、沈约之言，均重在区分士庶，辨别高寒。然版籍官或亦设于州郡，而专置令史掌州郡县之版籍，亦属可能，然迄未见有明确证据。

总之，从今见材料看，东晋南朝时期南方地区的乡里控制体系，乃杂用汉晋制度：其乡里区划大抵基本沿用两汉之旧，每县一般仍置有若干乡，乡领有若干里；然其置吏，则用晋制，大抵在县署中按乡置有史（治书史）之类小吏，具体负责各乡籍帐的登记、造册，而由县之令长检正上报郡、州；乡实际上只是籍帐编排单位，在实际的登籍造册、赋役征纳过程中，并不发挥作用；里吏（里正）则仍在发挥作用。

这里还有一个材料需要辨析。《宋书·良吏传》"序"所述刘宋武帝、文帝时极盛之状，谓其时"民有所系，吏无苟得。家给人足，即事虽难，转死沟渠，于时可免。凡百户之乡，有市之邑，歌谣舞蹈，触处成群，盖宋世之极盛也"。②"民有所系"当指户籍制度较为完备，百姓著籍比例较高。"百户之乡"与"有市之邑"并列，以言其户口与市场繁荣状，则恰说明大多数的乡不及百户，多数的邑亦没有市。但这里的乡，是与"市、邑"一样，"歌谣舞蹈，触处成群"，不是指编户的乡，而当是指乡聚，是说一百家的聚落很少，而不能理解为一个乡的编制只有百户。

二、南方地区的侨郡县多未编制乡里

晋孝武帝时，豫章太守范宁上书言时政之弊端，中谓：

> 古者分土割境，以益百姓之心；圣王作制，籍无黄白之别。昔中原丧乱，流寓江左，庶有旋反之期，故许其挟注本郡。自尔渐久，人安其业，丘垄坟柏，皆已成行，虽无本邦之名，而有安土之实。今宜正其封

---

① 《南史》卷五九《王僧孺传》，第1461—1462页。
② 《宋书》卷九二《良吏传》，第2261页。

疆，以土断人户，明考课之科，修闾伍之法。难者必曰："人各有桑梓，俗自有南北。一朝属户，长为人隶，君子则有土风之慨，小人则怀下役之虑。"斯诚并兼者之所执，而非通理者之笃论也。……

凡荒郡之人，星居东西，远者千余，近者数百，而举召役调，皆相资须，期会差违，辄致严坐，人不堪命，叛为盗贼。是以山湖日积，刑狱愈滋。今荒小郡县，皆宜并合，不满五千户，不得为郡，不满千户，不得为县。守宰之任，宜得清平之人。顷者选举，惟以恤贫为先，虽制有六年，而富足便退。又郡守长吏，牵置无常，或兼台职，或带府官。夫府以统州，州以监郡，郡以莅县，如令互相领帖，则是下官反为上司，赋调役使无复节限。且牵曳百姓，营起廨舍，东西流迁，人人易处，文书簿籍，少有存者。先之室宇，皆为私家，后来新官，复应修立。其为弊也，胡可胜言！①

按照范宁的说法，南来的北方士民，户籍仍寄于原籍的郡县之下；而这些已失去故土的郡（荒郡）的人户，散居于各处，甚至相距数百上千里。②《隋书》卷二四《食货志》云："晋自中原丧乱，元帝寓居江左，百姓之自拔南奔者，并谓之侨人。皆取旧壤之名，侨立郡县，往往散居，无有土著。"③也说明北人在南来之初，是分散居住的，且并未稳定地著于土地之上（"无有土著"），仍然存在着相当大的流动性。而征发赋调役丁及其他官府需用（"资须"），又都有规定的时限，不能如期，则必致严坐。所以很多人叛为盗贼，流亡在江湖之上的人口越来越多。人口流迁，很多人脱离了其籍属之郡县。在这个过程中，侨流户口的"乡里"体系盖全失于紊乱，"文书簿籍，少有存者"；赖以联系的，大抵不过郡县而已。所以，范宁提出的整顿之法，主要是土断人户，明考课之科，修闾伍之法，以及并合荒小郡县，却

---

① 《晋书》卷七五《范宁传》，第1986—1987页。
② 范宁所言之荒郡，或释为荒废之郡。然《宋书》《南齐书》之《州郡志》所记荒郡，皆无户口，更遑论征发役调，与范宁所述之荒郡不合。范宁所述之荒郡及荒小郡县，领有人户，且须征发役调，并非荒废之郡（县），亦非南方固有之人户稀少的郡（县），盖南方固有郡县，无论人户如何稀少，也不会相距数百上千里。因此，此处之荒郡，当指沦陷于北方、人户南来的郡。
③ 《隋书》卷二四《食货志》，北京：中华书局，1973年，第673页。

并未提及重建乡里体系。而且范宁的建议亦并未得到采纳。故东晋前期虽置有侨郡县，而侨郡县对于所属民户之控制与管理，大抵就是通过不同层级的流民帅。其时侨郡县下当并无乡里系统。

那么，土断后、拥有实土的侨郡县有没有乡里体系呢？《宋书·州郡志》扬州南琅邪太守条云：

> 晋乱，琅邪国人随元帝过江千余户，太兴三年，立怀德县。丹阳虽有琅邪相而无土地。成帝咸康元年，桓温领郡，镇江乘之蒲洲金城上，求割丹阳之江乘县境立郡，又分江乘地立临沂县。《永初郡国》有阳都、费、即丘三县，并割临沂及建康为土。费县治宫城之北。元嘉八年，省即丘并阳都。十五年，省费并建康、临沂。孝武大明五年，省阳都并临沂。今领县二，户二千七百八十九，口一万八千六百九十七。①

南琅邪郡在咸康元年（335）桓温领郡时即以江乘县境为实土；后增割建康县部分实土。土断后的南琅邪郡领临沂、江乘二县，其中临沂县为侨县，包括了原琅邪郡的临沂、阳都、费、即丘四县的侨迁户口，土断后户数当仍在千余户。当刘宋初年，临沂、阳都、费、即丘四县并立之时，平均每县约领二三百户，大约不会置乡。大明土断后，临沂县也只有千余户，可能也未分置各乡。

萧齐初年，复土断郢、司、豫、南兖诸州流杂，其中，吕安国负责郢、司二州，垣崇祖负责豫州。柳世隆时为南兖州刺史，负责南兖州土断。《南齐书·州郡志》南兖州条载：

> 永明元年，刺史柳世隆奏："尚书符下土断条格，并省侨郡县。凡诸流寓，本无定憩，十家五落，各自星处。一县之民，散在州境，西至淮畔，东届海隅。今专罢侨邦，不省荒邑，杂居舛止，与先不异。离为区断，无革游滥。谓应同省，随堺并帖。若乡屯里聚，二三百家，井甸可脩，区域易分者，别详立。"于是济阴郡六县，下邳郡四县，淮阳郡三县，东莞郡四县，以散居无实土，官长无廨舍，寄止民村，及州治

---

① 《宋书》卷三五《州郡志》一，第1039—1040页。

立，见省，民户帖属。①

南来的侨民，十家五落，分散居住；一个侨县的民户，可能分散在淮水以东至于海滨的广大地域内，并不集中居住，而是与当地人错杂居住，很难区分开来。济阴郡六县、下邳郡四县、淮阳郡三县、东莞郡四县，大抵就属于这种情况，官长都寄居在当地的民村里，所以被省废了，其民户被"帖属"在插花居住的海陵、广陵、高邮、江都、齐宁等土著县里。也有一些侨流民户，按照原有的乡、里屯聚，故易于将之从土著县里区分开来，可以设立侨郡县。南沛郡所属的沛、萧、相三县就应当属于这种情况。

无论是被"帖属"当地郡县的济阴郡六县、下邳郡四县、淮阳郡三县、东莞郡四县流民，还是得以建立侨郡县的南沛郡三县之民，大抵皆未见再编排乡里。《南齐书》卷二《高帝纪下》建元二年（480）冬十月辛巳诏曰：

> 若四州士庶，本乡沦陷，簿籍不存，寻校无所，可听州郡保押，从实除奏。荒远阙中正者，特许据军簿奏除。或戍扞边役，未由旋反，听于同军各立五保，所隶有司，时为言列。②

四州，当指宋泰始二年（466）失淮北之徐、兖、青、冀四州。其故土既已沦陷，簿籍不存，亦无从寻校，故命州郡据实奏报其南来户口情形，保押除奏的单位是州郡，连县都没有，更无论乡。永明七年（489），光禄大夫吕安国启称：

> 北兖州民戴尚伯六十人诉"旧壤幽隔，飘寓失所，今虽创置淮阴，而阳平一郡，州无实土，寄山阳境内。窃见司、徐、青三州，悉皆新立，并有实郡。东平既是望邦，衣冠所系。希于山阳、盱眙二界间，割小户置此郡，始招集荒落。使本壤族姓，有所归依"。臣寻东平郡既是此州本领，臣贱族桑梓，愿立此邦。③

小户，当指山阳、盱眙二实土县的零散户口；荒落，则指从北方迁徙而来、

---

① 《南齐书》卷一四《州郡志》上，第255—256页。
② 《南齐书》卷二《高帝纪》下，第35页。
③ 《南齐书》卷一四《州郡志》上，第257页。

脱离了原有户籍的户口；本壤族姓，指东平郡士民。当时所立之东平郡（侨郡），就包括当地的零散户口、召集而来的荒落户口以及流徙至淮阴地区的东平郡族姓（大约就是戴尚伯等六十人）。侨置之东平郡领寿张、淮安二县，其中寿张县乃"割山阳官渎以西三百户置"；淮安县乃"割直渎、破釜以东，淮阴镇下流、杂一百户置"。① 一县仅领三百户、一百户，应当不会再有乡级机构。

《宋书·州郡志》详记大明土断后郡县户口数。虽然土断后侨县所领民户中也有原土著民户，而原实土县也可能领有侨移户口，但大致说来，侨县所领，乃侨移户口；原土著县所领，则为土著户口。同时，每郡所领各县户数自有较大参差，然大要言之，取其平均数，亦可粗略反映各县户口规模。基于以上认识，我们主要依据《宋书·州郡志》所记大明土断后的户口数据，约略估算出各侨县所领户口数，如表3-2。

表3-2 刘宋大明八年部分侨县所领户口数

郡	侨县	土著县	平均每县户数	平均每县口数
淮南郡	襄垣、定陵、逡道	于湖、当涂、繁昌	894 户	4307 口
南东海郡	郯、朐、利城	丹徒、武进、毗陵	890 户	5610 口
南琅邪郡	临沂	江乘	1395 户	9349 口
南兰陵郡	兰陵、承		797 户	5317 口
南东莞郡	莒、东莞、姑幕		475 户	3285 口
临淮郡	长乐	海西、射阳、凌、淮浦、淮阴、东阳	530 户	3269 口
淮陵郡	司吾、徐、阳乐		635 户	3543 口
南彭城郡	吕、武原、蕃、薛、开阳、杼秋、洨、下邳、北凌、僮、傅阳		1069 户	6197 口
南清河郡	清河、东武城、绎幕、贝丘		462 户	1851 口
南高平郡	金乡、湖陆、高平		573 户	3244 口

---

① 《南齐书》卷一四《州郡志》上，第257页。

（续表）

郡	侨县	土著县	平均每县户数	平均每县口数
南平昌郡	安丘、新乐、东武、高密		545 户	2935 口
南济阴郡	城武、冤句、单父、城阳		414 户	2048 口
南濮阳郡	廪丘、榆次		1013 户	4120 口
南泰山郡	南城、武阳、广平		833 户	4533 口
南鲁郡	鲁、西安		606 户	3409 口
淮阳郡	晋宁、上党	角城、宿预	714 户	3841 口
阳平郡	濮阳、馆陶、阳平		575 户	4443 口
济阴郡	定陶、顿丘	睢陵	768 户	3976 口
北济阴郡	城武、丰、离狐		309 户	1270 口
钟离郡	燕、朝歌、乐平		1091 户	5944 口
马头郡	虞、零、济阳		444 户	4103 口
盱眙郡	考城、信都	阳城、直渎、睢陵	304 户	1365 口
秦郡	秦、义成、尉氏	怀德	833 户	3824 口
南沛郡	萧、相、沛		370 户	4323 口
阳平郡	馆陶、乐平、元城、平原、顿丘		571 户	2254 口
历阳郡	龙亢、雍丘、鄑	历阳、乌江	631 户	3894 口
南谯郡	山桑、酂、铚、扶阳、蕲、城父		739 户	3726 口
南汝阴郡	汝阴、慎、宋、阳夏、安阳		540 户	3917 口
南梁郡	睢阳、蒙、虞、谷熟、陈、义宁、新汲、崇义、宁陵		690 户	4750 口
晋熙郡	阴安、南楼烦	怀宁、新冶	380 户	1874 口
谯郡	魏、襄邑	蒙、蕲、宁陵、长垣	237 户	1234 口
汝阴郡	楼烦	汝阴、宋、宋城	687 户	3584 口
陈留郡	浚仪、小黄、白马、雍丘		49 户	603 口
寻阳郡	松滋	柴桑、彭泽	907 户	5336 口

（续表）

郡	侨县	土著县	平均每县户数	平均每县口数
南新蔡郡	苞信、慎、宋		577 户	2949 口
太原郡	山茌、太原、祝阿		919 户	8231 口
广川郡	广川、中水、武强、索卢		813 户	5904 口
清河郡	清河、武城、绎幕、贝丘、零、鄃、安次		542 户	4182 口
魏郡	魏、安阳、蠡吾、顿丘、临邑	聊城、博平、肥乡	801 户	4210 口
河间郡	城平、武垣、章武、南皮、阜城	乐城	464 户	2951 口
顿丘郡	顿丘、卫国、肥阳、阴安		310 户	963 口
高阳郡	安平、饶阳、邺、高阳、新城		459 户	2945 口
勃海郡	长乐、蓨、重合		635 户	4055 口
南河东郡	闻喜、永安、松滋、谯		606 户	2622 口
汶阳郡	高安	僮阳、沮阳	319 户	1638 口
南义阳郡	（平阳、义阳）	厥西、平氏	402 户	2435 口
新兴郡	定襄、广牧、新丰		767 户	3195 口
永宁郡	长宁	上黄	579 户	2137 口
江夏郡	汝南	沌阳、孝昌、惠怀、沙阳、羡阳、蒲圻	725 户	3401 口
西阳郡	义安	西阳、西陵、孝宁、蕲阳	597 户	3224 口
新野郡	池阳	新野、山都、穰、交木	847 户	2959 口
顺阳郡	槐里、清水、郑	南乡、顺阳、丹水、朝阳	595 户	3309 口
京兆郡	杜、新丰	邓	769 户	3074 口

（续表）

郡	侨县	土著县	平均每县户数	平均每县口数
始平郡	始平、武功、平阳	武当	699 户	1378 口
扶风郡	郿	筑阳、汎阳	719 户	2430 口
南上洛郡	上洛、商		72 户	239 口
河南郡	河南、新城、河阴	棘阳、襄乡	708 户	2694 口
广平郡	广平	鄀、比阳、阴	657 户	1573 口
义成郡	义成、万年		761 户	2551 口
冯翊郡	高陆	鄀	1039 户	2661 口
南天水郡	华阴、西、略阳、河阳		172 户	781 口
建昌郡	永兴、安宁		366 户	2132 口
华山郡	华山、蓝田	上黄	466 户	1781 口
西京兆郡	蓝田、杜、鄠		231 户	1517 口
南太原郡	平陶		233 户	1156 口
冯翊郡	莲芍、频阳、下辨、高陆、万年		298 户	1371 口
陇西郡	襄武、临洮、河关、狄道、大夏、首阳		260 户	1255 口
始平郡	始平、槐里	宋熙	286 户	1814 口
金城郡	金城、榆中		186 户	500 口
安定郡	朝那	宋兴	320 户	1259 口
天水郡	阿阳、新阳		447 户	2614 口
西扶风郡	郿、武功		72 户	
怀宁郡	始平、西平、万年		438 户	1983 口
南阴平郡	阴平	绵竹	620 户	3799 口
始康郡	始康、新城、谈、晋丰		266 户	1057 口
晋熙郡	晋熙、苌阳		393 户	1963 口
宋宁郡	欣平、宜昌、永安		345 户	2781 口

（续表）

郡	侨县	土著县	平均每县户数	平均每县口数
安固郡	略阳、桓陵、临渭、清水、下邦、兴固		187 户	1093 口
南汉中郡	南长乐、南郑、南苞中、南沔阳、南城固		217 户	1049 口
北阴平郡	阴平、南阳、桓陵、顺阳		263 户	1691 口
武都郡	武都、下辩、汉阳、略阳、安定		196 户	880 口
南新巴郡	新巴、晋城、晋安、汉昌、桓陵、绥归		178 户	447 口
南晋寿郡	晋寿、兴安、兴乐、邵欢、白马		211 户	389 口
宋兴郡	南汉、建昌、永川		165 户	648 口
南宕渠郡	宕渠、汉兴、宣汉		168 户	1042 口
天水郡	宋兴、上邦、西		154 户	

资料来源：《宋书》卷三五至卷三八《州郡志》，第1033—1182页。

经过土断后的侨县，除在建康及其周围地区的临沂及南彭城郡所属吕、武原、蕃、薛、开阳、杼秋、洨、下邳、北凌、僮、傅阳等县，平均每县所领著籍户数超过一千户外，大部分的县都在数百户间，最少的南上洛郡上洛县、商县只有72户。数百户（著籍）之县，从管理角度言之，实并无再分置各乡之理。

《宋书·州郡志》还记载了没有著籍户口数的侨郡县，应当是在大明年间尚未土断的侨郡县。如南兖州北淮阳郡，领晋宁、宿预、角城（当作"甬城"）三县，注称"宋末侨立"。北淮阳郡所领三县与义熙土断所立之淮阳郡相同（后者多上党县），应是宋末失淮北后复立者，其时盖已失其版籍。又北济阴郡、北下邳郡、东莞郡，都是宋失淮北后侨立，亦均无户口数，[①]

---

① 《宋书》卷三五《州郡志》一，第1058—1059页。

说明其民户并无版籍。南豫州所领汝南郡（上蔡等十一县）、新蔡郡（鲖阳、固始等五县）、陈郡（项城等五县）、南顿郡（贴治陈郡，领二县）、颍川郡（领邵陵等三县）、西汝阴郡（领四县）、汝阳郡（领二县）、陈留郡（领七县），司州所领南汝南郡，雍州所领北河南郡、弘农郡，秦州所领北扶风郡、广长郡，皆无户口数，当亦无版籍，更遑论乡里编制。

刘宋中期青、齐陷没后，在郁洲侨置之青、冀二州及所领郡县，当更无乡里籍帐。《南齐书·州郡志》"青州"条载：

> 宋泰始初淮北没虏，六年，始治郁州上。郁州在海中，周回数百里，岛出白鹿，土有田畴鱼盐之利。刘善明为刺史，以海中易固，不峻城雉，乃累石为之，高可八九尺。后为齐郡治。建元初，徙齐郡治瓜步，以北海治齐郡故治，州治如旧。流荒之民，郡县虚置，至于分居土著，盖无几焉。

同时侨置的冀州与青州共一刺史，"郡县十无八九，但有名存"。二州所领齐郡、北海、东莞琅邪二郡及北东海郡，共统有二十四县，大抵皆无版籍。①

我们认为大部分侨郡县即使在土断后，也并未重新编排乡里，但在建康、京口、广陵等侨郡县密集的地区，有些情形尚需做进一步分析。大多数东晋南朝墓志述其亡人生前籍属，多用其故土郡县乡里之称，但也有一些墓志反映的信息颇值得注意。东晋永和四年（348）《王兴之及妻宋和之墓志》谓王兴之籍属琅耶临沂都乡南仁里，妻宋和之籍属西河界休都乡吉迁里，二人葬于丹杨建康之白石。②太元二十一年（396）《□琰墓志》谓亡人□琰籍属豫州陈郡阳夏县都乡吉迁里，葬地在溧阳县某地。③义熙三年（407）《谢球墓志》、永初二年（421）《谢琰墓志》记陈郡谢氏籍属，均作"陈郡阳夏县都乡吉迁里"，墓地则在"丹杨郡秣陵县赖乡石泉里牛

---

① 《南齐书》卷一四《州郡志》上，第259页。
② 南京市文物保管委员会：《南京人台山东晋兴之夫妇墓发掘报告》，《文物》1965年第6期；毛远明：《汉魏六朝碑刻校注》，第二册，第365—366页。
③ 南京博物院：《江苏溧阳果园东晋墓》，《考古》1973年第4期；毛远明：《汉魏六朝碑刻校注》，第三册，第36—37页。

头山"或"丹杨郡江宁县赖乡石泉里"①。这几通墓志都记载其亡人故籍属"吉迁里",却分属西河郡界(介)休县与陈郡阳夏县。陈郡阳夏县并未在建康地区置立侨郡县,而谢氏却正住于建康城中。"吉迁里"当是谢氏对其在建康城中所居之里的称谓,而陈郡阳夏县都乡,则不过是遥称而已。同样,随夫居于溧阳县的宋氏称故籍为"界休都乡吉迁里",其所谓"吉迁里",则很可能是对其已离开故土、迁居南方的一种暗示,西晋时代界休县都乡未必真有吉迁里。元嘉二年(425)《宋乞墓志》述宋乞之身份,作"杨州丹杨建康都乡中黄里,领豫州陈郡阳夏县都乡扶乐里",葬地在江宁石泉里。②显然,宋氏居于建康都乡中黄里,其籍则属陈郡阳夏县都乡扶乐里,他们没有被编入建康都乡中黄里的籍,故墓志称"领豫州陈郡阳夏县都乡扶乐里"。据此,谢氏居于建康,也可称"领豫州陈郡阳夏县都乡吉迁里"。

齐永明五年(487)《刘岱墓志》述刘岱生前籍属,作"南徐州东莞郡莒县都乡长贵里",葬地在"丹杨郡勾容县南乡糜里"。③据《宋书·州郡志》与《南齐书·州郡志》,知南徐州(南)东莞郡领莒、东莞、姑幕三县,大明中有户一千四百二十四,口九千八百五十四。初看起来,《刘岱墓志》中的(南)东莞郡莒县都乡长贵里,当为侨县所置之乡里。然而,《南齐书·高帝纪》称,萧氏本居"东海兰陵县中都乡中都里。晋元康元年,分东海为兰陵郡。中朝乱,淮阴令整字公齐,过江居晋陵武进县之东城里。寓居江左者,皆侨置本土,加以南名,于是为南兰陵兰陵人也"。④土断之后,萧氏籍属南兰陵郡兰陵人,居地在晋陵郡武进县之东城里(当属都乡)。梁天监元年(502)《萧融墓志》则称萧融为"兰陵郡兰陵县都乡中

---

① 南京市博物馆、雨花区文化局:《南京司家山东晋、南朝谢氏家族墓》,《文物》2000年第7期;南京市博物馆、雨花区文化局:《南京南郊六朝谢珫墓》,《文物》1998年第5期;毛远明:《汉魏六朝碑刻校注》,第三册,第45—46、95—99页。

② 斯仁:《江苏南京市中华门外铁心桥出土南朝刘宋墓志》,《考古》1998年第8期;毛远明:《汉魏六朝碑刻校注》,第三册,第102—106页。

③ 镇江市博物馆:《刘岱墓志简述》,《文物》1977年第6期;毛远明:《汉魏六朝碑刻校注》,第三册,第133—135页。

④ 《南齐书》卷一《高帝纪》上,第1页。

都里人"。① 显然,"都乡中都里"之名,乃沿用萧氏故乡兰陵县都乡中都里而来,在京口侨置之兰陵郡兰陵县未必即有都乡中都里(其居地原属武进县都乡东城里)。同样,《萧融太妃王慕韶墓志》所称王氏为"南徐州琅琊郡临沂县都乡南仁里人",也是用琅邪王氏之旧贯乡里。② 所以,南朝墓志中所见侨郡县的乡里,应当是沿用其故土郡县的乡里称谓,并非侨郡县划分的乡里。③

三、蛮左郡县并无乡里之制

《宋书·夷蛮传》述荆、雍州蛮,谓:

> 槃瓠之后也。分建种落,布在诸郡县。……蛮民顺附者,一户输谷数斛,其余无杂调,而宋民赋役严苦,贫者不复堪命,多逃亡入蛮。蛮无徭役,强者又不供官税,结党连群,动有数百千人,州郡力弱,则起为盗贼,种类稍多,户口不可知也。所在多深险,居武陵者有雄溪、樠溪、辰溪、酉溪、舞溪,谓之五溪蛮。而宜都、天门、巴东、建平、江北诸郡蛮,所居皆深山重阻,人迹罕至焉。前世以来,屡为民患。④

从居住区域而言,蛮民可分为两种类型:一是"布在诸郡县",即分散居住在各郡县,与汉民杂居。其大部分多已"顺附"(当即所谓"熟蛮""善蛮"),需纳赋输租(虽然较之编为正户为宋民负担要轻),但不服徭役。二是分布于深山重阻之地的蛮民,则多未纳入版籍,"户口不可知也"。⑤ 獠的分布格局,亦与此相同。《魏书·獠传》述及梁、益二州群獠时说:

---

① 南京市博物馆、阮国林:《南京梁桂阳王萧融夫妇合葬墓》,《文物》1981年第12期;毛远明:《汉魏六朝碑刻校注》,第三册,第145—147页。
② 南京市博物馆、阮国林:《南京梁桂阳王萧融夫妇合葬墓》,《文物》1981年第12期;毛远明:《汉魏六朝碑刻校注》,第三册,第154—156页。
③ 关于东晋南朝墓志中所见侨郡县的乡里问题,承厦门大学历史系副教授林昌丈博士提示,特致谢忱。
④ 《宋书》卷九七《夷蛮传》,第2396页。
⑤ 鲁西奇:《释"蛮"》,初刊《文史》2008年第3期,后收入氏著《人群·聚落·地域社会:中古南方史地初探》,厦门:厦门大学出版社,2012年,第23—56页。

> 建国中，李势在蜀，诸獠始出巴西、渠川、广汉、阳安、资中，攻破郡县，为益州大患。势内外受敌，所以亡也。自桓温破蜀之后，力不能制，又蜀人东流，山险之地多空，獠遂挟山傍谷。与夏人参居者颇输租赋，在深山者仍不为编户。萧衍梁、益二州，岁岁伐獠以自裨润，公私颇藉为利。①

獠人在居住分布上也有两种类型：与夏人（汉民）参居者及居于深山者，前者"颇输租赋"，后者"不为编户"。

南朝宋齐时期的蛮獠左郡县，是为了适应蛮獠大规模出山（"大动"）并逐步汇聚起来，"结党连群，动有数百千人"，形成较大的政治势力之后的新形势而设置的。②因此，蛮獠左郡县在制度上来说，就是没有乡里编排与户籍登记的。《宋书·州郡志》南豫州刺史"南陈左郡太守"条云：

> 南陈左郡太守，少帝景平中省此郡，以宋民度属南梁、汝阴郡，而《永初郡国》无，未详。孝建二年，以蛮户复立。分赤官左县为蓼城左县。领县二。（乐）大明八年，省郡，即名为县，属陈左县。③

则南陈郡本领宋民，景平中以宋民度属南梁、汝阴二郡；至孝建二年复以蛮户立郡，领赤官左县与蓼城左县。大明八年省郡，"属陈左县"当有脱文，应是"属陈郡，为左县"。南豫州陈郡领项城、西华、阳夏、苌平、谷阳五县，《宋书·州郡志》未载其户口数，应当并无籍帐。则其所属之左县及其前身之南陈左郡，亦当无籍帐。

又，边城左郡，"文帝元嘉二十五年，以豫部蛮民立茹由、乐安、光城、雩娄、史水、开化、边城七县，属弋阳郡。徐志有边城郡，领雩娄、史水、开化、边城四县。大明八年，复省为县，属弋阳，后复立"。领雩娄、

---

① 《魏书》卷一〇一《獠传》，北京：中华书局，1974年，第2249页。
② 关于蛮左郡县的设置、分布及其意义，请参阅胡阿祥：《南朝宁蛮府、左郡左县、俚郡僚郡述论》，《历史地理》第十三辑，上海：上海人民出版社，1996年，第180—192页；方高峰：《试论左郡左县制》，《中国边疆史地研究》，2006年第2期。罗新：《王化与山险——中古早期南方诸蛮历史命运之概观》，《历史研究》2009年第2期；胡鸿：《六朝时期的华夏网络与山地族群——以长江中游为中心》，《历史研究》2016年第5期。
③ 《宋书》卷三六《州郡志》二，第1080页。

开化、史水、边城四县，户四百一十七，口二千四百七十九。① 元嘉二十五年所立七县中，茹由、乐安二县后仍属弋阳郡。《宋书·州郡志》记弋阳郡领五县，三千二百七十五户，其中期思、安丰、弋阳均为汉晋旧县；茹由、乐安二县所领蛮户，未必即包括在弋阳郡所领三千二百七十五户之中。零娄亦为汉晋旧县，边城左郡所领之四百一十七户、二千四百七十九口，很可能只是零娄县固有之汉户，开化、史水、边城三县蛮户似不当计入此户口数中。

元嘉二十五年所立光城县，后来升为光城左郡。《宋书·州郡志》谓大明八年，省光城左郡为县，属弋阳，后复立。其所记光城左郡太守所领，有乐安、茹由、光城三县，并无户口数，更可证上引弋阳郡领户口中当不包括乐安、茹由二左县户口数。换言之，光城左郡所领三县，② 并没有户口版籍。

同样，南豫州所领庐江郡领灊、舒与始新三县，户一千九百九，口一万一千九百九十七。其中灊、舒皆为汉晋旧县，而始新县则为明帝泰始三年新立之左县。③《宋书·州郡志》所记庐江郡著籍户口中亦不当包括始新左县。晋熙郡领五县，其中怀宁、新冶为晋安帝立，阴安、南楼烦二县当为侨县，而太湖左县则为文帝元嘉二十五年"以豫部蛮民立太湖、吕亭二县，属晋熙，后省，明帝泰始二年复立"。晋熙郡领户一千五百二十一，口七千四百九十七，④ 也当不包括太湖左县所领蛮户。江州南新蔡郡是侨郡，亦领有阳唐左县，大明八年立。南新蔡郡领户一千七百三十，口八千八百四十八，也当不包括阳唐左县所领蛮户在内。⑤

郢州所属西阳郡，领有西阳、西陵、孝宁、蕲阳四个土著县，义安一个侨县，以及蕲水等五个左县。据《宋书·州郡志》载，元嘉二十五年，以豫部蛮民立建昌、南川、长风、赤亭、鲁亭、阳城、彭波、迁溪、东丘、东安、西安、南安、房田、希水、高坡、直水、蕲水、清石十八县，属西阳。

---

① 《宋书》卷三六《州郡志》二，第1080页。
② 《宋书》卷三六《州郡志》二，第1080页。
③ 《宋书》卷三六《州郡志》二，第1073—1074页。
④ 《宋书》卷三六《州郡志》二，第1075—1076页。
⑤ 《宋书》卷三六《州郡志》二，第1091页。

同时所立者，还应当有建宁县，并立有建宁左郡（领建宁、希水、阳城等县）。至大明八年，赤亭、彭波并阳城，前废帝永光元年，复以蕲水、直水、希水三屯为县。①凡此诸县，皆在今鄂东五水流域。《水经注》卷三二《蕲水》云：

> （蕲）水首受希水枝津，西南流，历蕲山，出蛮中，故以此蛮为五水蛮。五水即谓蕲水、希水、巴水及赤亭水、西归水。蛮左凭居，阻藉山川，世为抄暴。宋世，沈庆之于西阳上下，诛伐蛮夷，即五水蛮也。②

凡此二十余左县，置废无常，也说明其大抵皆未著籍，故《宋书·州郡志》所载西阳郡户口，仅当包括西阳、西陵、孝宁、蕲阳、义安五县的户口，而不当包括蕲水等左县。

齐永明三年所置之郢州齐兴郡，领绥怀、齐康、葺波、绥平、齐宁、上蔡六县，《南齐书·州郡志》于"上蔡"下注称："《永明三年户口簿》无。"似其他五县当有户口簿。然在"东牂柯郡"下注称："《永明三年户口簿》云：'新置，无属县。'"其下却又录有宜、南平阳、西新市、南新市、西平阳、东新市等六县。又北遂安郡下注称："《永明三年簿》云：'五县皆缺。'"而下载东城、绥化、富城、南城、新安五县之名。③说明永明三年确曾大规模编造户口簿，但户口簿上登录的左郡却未必有户口，大抵只有郡、县名，甚至只有郡名。

萧齐所置之俚郡、僚郡县盖亦无乡里编制。《南齐书·州郡志》"越州"总叙云：

> 镇临漳郡，本合浦北界也。夷獠丛居，隐伏岩障，寇盗不宾，略无编户。宋泰始……七年，始置百梁、陇苏、永宁、安昌、富昌、南流六郡，割广、交朱戟三郡属。元徽二年，以伯绍为刺史，始立州镇，穿山

---

① 《宋书》卷三七《州郡志》三，第1127—1128页。

② 杨守敬、熊会贞疏：《水经注疏》卷三二《蕲水》，南京：江苏古籍出版社，1989年，第2657—2658页。

③ 《南齐书》卷一五《州郡志》下，第277—278页。

为城门，威服俚獠。……刺史常事戎马，唯以贬伐为务。①

据《宋书·州郡志》，临漳郡本属广州，合浦、宋寿二郡本属交州，越州当割临漳、合浦、宋寿三郡立。上引《南齐书》中的"朱蔇"当为"宋寿"之误。《南齐书·州郡志》所记越州属郡中，只有吴春一郡称为"吴春俚郡"，注云："永明六年立，无属县。"然事实上，泰始七年所置百梁等六郡，以及当置于宋齐间的高兴、盐田、定川、隆川、齐宁、越中、马门、封山等郡，所领亦主要是俚獠。诸郡县俚獠在此前"略无编户"，置郡立州后，大抵也不会有太多改变，故刺史"常事戎马，唯以贬伐为务"。

《南齐书·州郡志》记益州所领东宕渠、越嶲、沈黎、甘松、始平等獠郡五，齐开、齐通等左郡二。其中，东宕渠獠郡领宕渠、平州、汉初三县；而梁州下也记有东宕渠郡，"荒或无民户"。盖梁州属下"荒或无民户"的东宕渠郡就是益州属下的东宕渠獠郡。若然，则越嶲獠郡与沈黎獠郡也当是原越嶲郡与沈黎郡"獠化"的结果。②《南齐书·州郡志》于沈黎獠郡下注称："蚕陵令，无户数。"诸獠郡与左郡皆当无户数。至于宁州所属各郡，虽不称为獠左郡，然《南齐书·州郡志》"宁州"叙谓宁州"道远土墝，蛮夷众多，齐民甚少，诸爨氏强族，恃远擅命，故数有土反之虞"。③齐民，当指编户齐民。显然，宁州很多郡县很可能并无编户。其永昌郡下注称："有名无民，曰空荒不立。"其永宁郡以下九郡大抵皆"无民户"。

蛮左郡县当仍在其固有的酋长、首领的控制之下，其基本社会组织仍当是"落"与"村"。④但在落与村之上，蛮民当已形成较大的或更高级的社会组织。上引《宋书·夷蛮传》说蛮"结党连群，动有数百千人"。数百千人，很可能就是由一个或若干个蛮村组成的部落。《宋书·夷蛮传》说：荆、雍州蛮"所在多深险，居武陵者有雄溪、樠溪、辰溪、酉溪、舞溪，谓之五溪蛮。而宜都、天门、巴东、建平、江北诸郡蛮，所居皆

---

① 《南齐书》卷一四《州郡志》上，第267页。
② 《南齐书》卷一五《州郡志》下，第302页。
③ 《南齐书》卷一五《州郡志》下，第303页。
④ 鲁西奇：《释"蛮"》，初刊《文史》2008年第3期，后收入氏著《人群·聚落·地域社会：中古南方史地初探》，第23—56页。

深山重阻，人迹罕至焉"。又说豫州"西阳有巴水、蕲水、希水、赤亭水、西归水，谓之五水蛮"。五溪蛮、五水蛮以及荆州蛮、雍州蛮、豫州蛮、宜都蛮、建平蛮、沔中蛮、溇中蛮、南郡临沮当阳蛮、龙山雉水蛮、桂阳蛮、临贺蛮等，①都是其时官府以蛮民所居之地（河谷、山或郡县）而命名者，其实不能反映蛮民的组织关系。然《宋书·夷蛮传》谓："随王诞又遣军讨沔北诸蛮，袭浊山、如口、蜀松三柴，克之。又围升钱、柏义诸柴，蛮悉力距战，军以具装马夹射，大破之，斩首二百级，获生蛮千口，牛马八十头。"浊山等六寨是蛮寨，平均每寨大约有蛮人二百口。蛮寨，应当是团聚起来的、有防御设施的较大的蛮人聚落。《宋书》又记晋熙蛮梅式生起义，受封为高山侯，"食所统牛岗、下柴二村三十户"。②牛岗与下柴两个蛮民村寨，共有三十户，规模比浊山等六寨要小得多。

《宋书·夷蛮传》又载：

> 太宗初即位，四方反叛，及南贼败于鹊尾，西阳蛮田益之、田义之、成邪财、田光兴等起义攻郢州，克之。以益之为辅国将军，都统四山军事，又以蛮户立宋安、光城二郡，以义之为宋安太守，光兴为龙骧将军、光城太守。封益之边城县王，食邑四百一十一户，成邪财阳城县王，食邑三千户。③

边城左县，宋时属边城左郡，田益之受封为边城县王，食邑四百一十一户，那么，边城县正当有四百一十一户，正是田益之的本部蛮户；而成邪财受封为阳城县王，阳城县属建宁左郡，食邑却有三千户，说明此三千户也正是成邪财的本领蛮户。所以，每一个左县，实际上就是一个蛮酋所领的部落。左县是在蛮部的基础上建立的。然则，蛮郡，实际上是在蛮部联盟的基础上建立的。田义之为宋安太守。据《宋书·州郡志》，宋安左郡领拓边、绥慕、乐宁、慕化、仰泽、革音、归德七县（或可能又有宋安、环水二县），后改省。④此七县，当即七个蛮部，田义之为此七个蛮部的首领。宋安郡及七县

---

① 《宋书》卷九七《夷蛮传》，第2396—2398页。
② 《宋书》卷九七《夷蛮传》，第2397—2398页。
③ 《宋书》卷九七《夷蛮传》，第2398页。
④ 《宋书》卷三七《州郡志》三，第1117页；卷三六《州郡志》二，第1105页。

之名均为佳名，说明在建立宋安郡及七县时，原有蛮部可能受到离散。田龙兴为光城太守。光城郡领乐安、光城、茹由三县，也当以三个蛮部为基础。上引《宋书·夷蛮传》未明言，但田益之当时很可能受命为边城左郡太守。据《宋书·州郡志》，其时边城郡当领有开化、史水、边城三个左县（零娄应为正县），其中边城县当以田益之本领之部为基础，故仍为其食邑；开化、史水二县当以另两个部为基础。《宋书·夷蛮传》也没有说成邪财所任何职，据其食邑在阳城县推测，当为建宁左郡太守。其时之建宁左郡，至少领有建宁、阳城二左县，其中阳城县所领，当即成邪财本领之部。因此，成邪财死后，其子婆思得继承其地位。宋廷以田益之"都统四山军事"，当即指都统边城、建宁、光城、宋安四个左郡的军事，是四个大部落组成的部落联合体的首领。

《南齐书·蛮传》载，永明九年，"安［陆］（隆）内史王僧旭发民丁，遣宽城戍主万民和助八百丁村蛮伐千二百丁村蛮，为蛮所败，民和被伤，失马及器仗，有司奏免官"。①按：宋齐无安隆郡，"安隆"当为"安陆"之误。安陆境内多有蛮人集聚，宋时曾置有安蛮郡，见《宋书·州郡志》司州"安陆太守"条。宽城戍主万民和所率包括民丁，相争的两个蛮部一方有八百丁，另一方有千二百丁。这两个蛮部的规模也大约相当于左县。

如果我们认识到蛮獠左县实际上是在蛮獠部落的基础上设立的，而蛮獠左郡则是若干蛮部的联合体（当然，宋齐官府在组建蛮獠左郡县时，可能曾调整、离散原有蛮部），那么，宋齐间蛮左郡县的频繁变动即与蛮獠部落的聚散离合、迁徙变动联系在一起。以安蛮左郡为例。刘宋时安蛮左郡（县）在安陆郡境内。《南齐书·州郡志》所记之安蛮左郡领木兰、新化、怀中聂阳、南聂阳、安蛮等六县，其活动境域显然已向东南移动，已进至原西阳郡境内。同时，刘宋时的曲陵县（三国吴所立石阳县）改建为永宁、新城、围山三个左郡，分别领中曲陵、曲陵、孝怀、安德四县，孝怀、中曲、南曲陵、怀昌四县，及剌、章平、北曲、洛阳、围山、曲陵六县，②说明这一地区的蛮部聚散离合十分频繁，组成不同的联合体，而朝廷不得不分别任

---

① 《南齐书》卷五八《蛮传》，第1009页。
② 《南齐书》卷一五《州郡志》下，第280页。

命其首领为左郡守。至萧梁时，"永宁太守文云生六部自汉东遣使归附"北魏。①《魏书·蛮部》径称文云生所统为"六部"，也说明其所领蛮人的组织单位为"部"，而在南朝则建为左县。又如，宋安左郡在刘宋时至少领有拓边、绥慕、乐宁、慕化、仰泽、革音、归德等七县，②《南齐书·州郡志》领仰泽、乐宁、襄城三县，而东义阳左郡则领有革音及永宁、威清、永平等四县。宋安左郡至少是一分为二，应当是其部落联合体发生了分裂，或者是朝廷故意"离散"的结果。

北魏对于投附的蛮民，大抵也是根据蛮酋所领部众及其组织情况，分设郡县。《魏书·蛮传》载，延兴（471—476）中，"大阳蛮酋桓诞拥沔水以北，滍叶以南八万余落，遣使内属。高祖嘉之，拜诞征南将军、东荆州刺史、襄阳王，听自选郡县"。"听自选郡县"，当即允许桓诞根据其所领蛮酋的大小分设郡县，各任以守、长。景明初（500），"大阳蛮酋田育丘等二万八千户内附，诏置四郡十八县"。二万八千户分置四郡十八县，平均每郡有七千户，每县有一千五百余户，当有所夸大。至永平初（508），桓叔兴"前后招慰大阳蛮归附者一万七百户，请置郡十六、县五十"。则平均每郡六百六十九户，每县二百一十四户。正光（520—525）中，"蛮首成龙强率户数千内附，拜为刺史。蛮帅田午生率户二千内徙扬州，拜为郡守"。领户数千为之立州，千余、两三千则为之立郡，数百户则置为县，而万户以上则可封王，盖为其时通例。《魏书·蛮传》又说："又有冉氏、向氏者，陬落尤盛。余则大者万家，小者千户，更相崇树，僭称王侯，屯据三峡，断遏水路，荆、蜀行人至有假道者。"③拥万户者称王，大致相当于州刺史；领千户者称侯，大致相当于郡守，而其实质，则都是规模不等的部落联合体。

第三节 汉隋间汉水上游地区的乡里控制

第二节综论东晋南朝时期南方地区乡里控制体系的变化，认为：（1）东晋南朝时期南方地区的乡里控制体系，乃杂用汉晋制度而又有所变化，即

---

① 《魏书》卷一〇一《蛮传》，第2247页。
② 《宋书》卷三七《州郡志》三，第1117页。
③ 《魏书》卷一〇一《蛮传》，第2246—2248页。

乡里区划格局基本沿用汉制，而乡吏之设则用晋制，以乡史（治书史）在县衙中负责各乡籍帐的登记、造册，乡实际上只是籍帐编排单位，里吏（里正）则仍在发挥作用。（2）东晋南朝的侨郡县，在设置之初，多由流民帅控制；即便在土断之后，因为著籍户口较为寡少，也多以县为单位管理，一般未再重新编排乡里。（3）南朝宋齐所置蛮獠左郡县，并无乡里编排与户口籍帐，左县大抵即相当于领有数百户的蛮獠部落，而左郡则大抵以数个蛮獠部落组成的联合体为基础，蛮民的基本社会组织则是村落。蛮獠左郡、县与村落构成了蛮獠控制的基本格局。

上述认识主要是从总体上而言的。实际上，东晋南朝时期，不同地区的经济社会环境与历史背景各不相同，对于汉晋制度的继承也有所差异，其在东晋南朝时期的社会历史进程更有较大差别，乡里控制体系及其变动，遂表现出诸多差异。本节即试图从我们的学术背景（区域历史地理研究）出发，从区域研究入手，选取汉水上游地区作为研究对象，①考察自东汉末年张鲁控制汉中至西魏恭帝二年（梁元帝承圣三年，554）西魏较稳定地控制这一地区的三百余年间，不断更替的各政权采用怎样的方式，控制这一地区的乡里社会，藉此以分析此一时期这一地区是否存在乡里制度与乡里组织的编排，并通过对这一区域乡里控制方式及其演变的考察，窥知东晋南朝时期乡里制度及其变化的若干侧面。

一、"不置长吏，皆以祭酒为治"疏证

汉末初平、建安间，张鲁据有汉中二十余年。《后汉书》卷七五《刘焉传》附《张鲁传》：

> 鲁字公旗。初，祖父陵，顺帝时客于蜀，学道鹤鸣山中，造作符书，以惑百姓。受其道者辄出米五斗，故谓之"米贼"。陵传子衡，衡传于鲁，鲁遂自号"师君"。其来学者，初名为"鬼卒"，后号"祭酒"。祭酒各领部众，众多者名曰"理头"。皆校以诚信，不听欺妄，

---

① 本文所说的"汉水上游地区"，大致指汉代的汉中郡所辖范围，包括魏晋南朝时期的汉中郡及魏兴（西城）、上庸、新城（房陵）等四郡，相当于今陕西西南部的汉中、安康及湖北省十堰市西南部地区。

有病但令首过而已。诸祭酒各起义舍于路，同之亭传，县置米肉以给行旅。食者量腹取足，过多则鬼能病之。犯法者先加三原，然后行刑。不置长吏，以祭酒为理，民夷信向。①

则五斗米道之普通信众，称为"鬼卒"；其首领，称为"祭酒"；祭酒之上，则有"理头"；张鲁以教主身份，称为"师君"。张鲁统治下的汉中，"不置长吏，以祭酒为理，民夷信向"，显然是以五斗米道的宗教组织，取代了汉代的乡里组织，建立起政教合一的乡里控制体系。

"祭酒"之谓，论者多着意于其宗教意义，认为是五斗米道的教职，大抵为其基层教首。《三天内解经》卷上记天师道道务管理办法云："立二十四治，置男女官祭酒，统领三天正法，化民受户。"②是天师道分立二十四治分统道民，各领以男女官祭酒。然天师道二十四治所统道民甚多，掌管各治的首领实相当于"治头大祭酒"（见下），祭酒则当是基层教众组织的首领。上引《后汉书·张鲁传》谓"诸祭酒各起义舍于路，同之亭传"，则祭酒所领地域，大致与汉代的亭部所辖相类；其所起之"义舍"，亦当即祭酒处理治内事务的所在，相当于汉代乡、亭吏的廨署。然"祭酒"作为民间社会组织之首领，实非自天师道始。《隶释》卷十六载均州所见汉《中部碑》碑阴题名，首列"祭酒谢俊"，与其下之主簿、诸曹掾、门下功曹、门下游徼、门下贼曹、诸曹史等并列，显然是郡县吏。同时又有校官祭酒一人，里祭酒（如□阳里祭酒、永安里祭酒、新安里祭酒、安昌里祭酒、宜迁里祭酒、中东里祭酒、西贾里祭酒、高阳里祭酒、□营里祭酒、中文营里祭酒等）十五人。《隶释》于《中部碑》下跋语云：

……所称诸曹掾、史、功曹、主簿，与它碑同，其间游徼、啬夫各一人，祭酒十六人，其一人曰校官祭酒，余则里祭酒也。游徼、啬夫，汉县皆有之，凡此诸曹史，盖县吏也。《成都左右生碑》有文学祭酒，则此之校官祭酒也。如淳曰：祭祠时，唯尊长者以酒沃酹。胡广曰：古

---

① 《后汉书》卷七五《刘焉传》附《张鲁传》，北京：中华书局，1965年，第2435—2436页。
② 徐氏：《三天内经解》卷上，见《道藏》，北京：文物出版社，1988年，影印本，第28册，第414页。

者宾客得主人馔，则老者一人举酒以祭地。凡官名祭酒，皆一位之元长也。西京以宗室为刘氏祭酒，著节老臣如苏武亦有此称；东京择博士聪明有威重者一人为祭酒。此碑所书里祭酒，虽未详所出，殆是闾里高年如乡三老之类者。①

此碑虽不能的指其确切时间，但为汉碑却自古无异辞。则"祭酒"之称，应并非天师道所独有。②事实可能恰恰相反——盖"祭酒"本为汉中郡乃至更广泛地区乡里三老之类年高德劭者所担当的乡里职官，很可能属于三老、孝弟之类的乡官系统，张鲁居汉中后因之而改造才成为天师道所用之称号。如果此种揣测可以成立，则于张鲁五斗米道政权统治下，在相当于汉代之"亭长"的祭酒之下，还可能有统领部众更少的祭酒，其地位大约相当于《中部碑》所见的"里祭酒"。

上引《后汉书·张鲁传》说领部众多者曰"理头"。《三国志》卷八《魏书·张鲁传》记同一事，作"治头大祭酒"，当以《三国志》所记为是，盖"理头"当为唐人所改。③"治头大祭酒"的"治"，当即上引《三天内经解》所说天师道二十四治的"治"，亦即张鲁五斗米道政权较高层级的政教合一管理单元。张鲁政权所分置之"治"不详。《水经注·沔水》注文云：

> 沔水又东，径白马戍南，浕水入焉。水北发武都氐中，南径张鲁城东。……初平中，刘焉以鲁为督义司马，住汉中，断绝谷道，用远城治，因即崤岭，周回五里，东临濬谷，杳然百寻。西、北二面，连峰接崖，莫究其极。从南为盘道，登陟二里有余。浕水又南，径张鲁治东。水西山上，有张天师堂，于今民事之。庾仲雍谓山为白马塞，堂为张鲁治。东对白马城，一名阳平关。

---

① 《隶释》卷一六《中部碑》，北京：中华书局，1986年，影印本，第170—171页。
② 如以此碑为汉末张鲁据汉中后所立，似亦无不可，然是碑书诸曹掾、史、游徼、啬夫甚备，又与张鲁"不置长吏"相冲突，不当为张鲁居汉中后所立者。
③ 《三国志·魏书·张鲁传》下文作"不置长吏，皆以祭酒为治"，与《后汉书·张鲁传》"以祭酒为理"亦相同，疑《后汉书》之"理"字本亦当作"治"字。

沔水，杨守敬指为今勉县老城（即沔州故城）西之白马河，当可从。①张鲁城，当在白马戍（沔口城）之北，沔水西岸，或在今方家坝稍南处，是一座典型的山城。"用远城治，因即崝岭"，《舆地纪胜》卷一八三兴元府古迹"张鲁城"条引此作"建城治，即峭岭为城，周五里"。②杨守敬据此断此处之"远"为"建"字之误，"崝"为"峭"之讹，并据此推定"用"当作"鲁"字。③今按：朱中尉本（大典本）、官本及王先谦合校本此均作"用远城治"，杨守敬之说至少无版本依据。此处之关键乃是"治"字之理解。本段注文又见"张鲁治"，即在张鲁城之稍南处；据庾仲雍所记，张鲁治即位于沔水西岸山上之张天师堂，又至今民事之。显然，这里的"治"，当是天师道二十四治的"治"；"用远城治"，当解作"将治立于远离原有城邑的地方"。然则，张鲁治即当是由张鲁直接管辖的一个"治"，故立有张天师堂；而张鲁城则是张鲁所居之城。观注文所记张鲁城形势，颇类后世常见之山寺巨观，而非城邑居址，亦可明张鲁城为宗教设置。张鲁直辖的"治"位于沔水之上，其地南距沔口城、阳平关不远，而沔口城、阳平关又为汉中西部地区最重要的关隘、据点，其西北为汉沮县，东南为汉沔阳县，故颇疑张鲁治所辖地域大致相当于汉代沮、沔阳二县境。换言之，我们揣测张鲁五斗米道政权的"治头大祭酒"所统大致相当于汉代的一两个县。

在治头大祭酒之外，又有"都讲祭酒"之设。《三国志》卷三六《蜀书·马超传》裴注引《典略》：

> 建安十六年，超与关中诸将侯选、程银、李堪、张横、梁兴、成宜、马玩、杨秋、韩遂等，凡十部，俱反，其众十万，同据河、潼，建列营陈。是岁，曹公西征，与超等战于河、渭之交，超等败走。超至安定，遂奔凉州。诏收灭超家属。超复败于陇上。后奔汉中，张鲁以为都讲祭酒，欲妻之以女，或谏鲁曰："有人若此不爱其亲，焉能爱人？"

---

① 杨守敬、熊会贞：《水经注疏》卷二七《沔水》上，第2297—2299页。
② 《舆地纪胜》卷一八三，利州路兴元府古迹"张鲁城"条，北京：中华书局，1992年，影印本，第4703页。
③ 杨守敬、熊会贞：《水经注疏》卷二七《沔水》上，第2298页。

鲁乃止。①

马超奔汉中前，显非五斗米道信徒；投附张鲁后，亦未必皈依米道，而张鲁授以"都讲祭酒"之职，其地位可能还在"治头大祭酒"之上，其所统仍当为他自凉州挟裹南奔的部众。与马超一同投附汉川的侯选、程银（当为程锟之弟）等本为河东人，"兴平之乱，各有众千余家。建安十六年，并与马超合。超破走，堪临阵死。银、选南入汉中"。②于此前后南奔汉中、但并非马超同党的关中豪右还有刘雄鸣。《三国志·魏书·张鲁传》裴注引《魏略》曰：

> 刘雄鸣者，蓝田人也。……郭、李之乱，人多就之。建安中，附属州郡，州郡表荐为小将。马超等反，不肯从，超破之。后诣太祖，太祖……表拜为将军，遣令迎其部党。部党不欲降，遂劫以反，诸亡命皆往依之，有众数千人，据武关道口。太祖遣夏侯渊讨破之，雄鸣南奔汉中。汉中破，穷无所之，乃复归降。③

刘雄鸣、程银、侯选等率众投附张鲁后，张鲁并未授以将军等号，盖如马超之例，亦以不同名号的"祭酒"为称，而刘雄鸣之徒并非道徒，故北还后多不言其居汉中时之官职名号，史传遂得阙略。

上引《后汉书·张鲁传》谓张鲁得"民夷信向"，《三国志·魏书·张鲁传》称鲁"以祭酒为治，民夷便乐之"，则知米道信徒中多有夷人，而祭酒之设，亦当及于夷区。《华阳国志》卷二《汉中志》：

> 鲁既有汉中，数害汉使。焉上书言"米贼断道"。至刘焉子璋为牧时，鲁益骄恣。璋怒，建安五年，杀鲁母、弟。鲁率巴夷王杜濩、朴胡、袁约等叛，为仇敌。……璋数遣庞羲、李思等讨之，不能克，而巴夷日叛。④

---

① 《三国志》卷三六《蜀书·马超传》裴注引《典略》，北京：中华书局，1959年，第946页。
② 《三国志》卷八《魏书·张鲁传》裴注引《魏略》，第266页。
③ 《三国志》卷八《魏书·张鲁传》裴注引《魏略》，第266页。
④ 任乃强校注：《华阳国志校补图注》卷二《汉中志》，上海：上海古籍出版社，1987年，第72页。

杜濩、朴胡、袁约当为信奉米道的巴夷王，很可能是张鲁政权的"治头大祭酒"。当建安二十年（215）曹操征讨汉中之时，张鲁走赴巴中依托杜濩、朴胡，后与杜、朴等同降于操。《三国志》卷一《魏书·武帝纪》系其事于建安二十年九月，谓："巴七姓夷王朴胡、賨邑侯杜濩举巴夷、賨民来附。于是分巴郡，以胡为巴东太守，濩为巴西太守，皆封列侯。"①《华阳国志·汉中志》则称："魏武以巴夷王杜濩、朴胡、袁约为三巴太守。"②盖七姓夷王、賨邑侯皆为曹操诱降时给予朴胡、杜濩等巴夷首领的称号，而"巴夷王"则表明他们是巴夷的首领。《文选》卷四四陈孔璋《檄吴将校部曲文》述魏武平定汉中之功业，谓："巴夷王朴胡、賨邑侯杜濩，各帅种落，共举巴郡，以奉王职。……鲁及胡、濩皆享万户之封，鲁之五子，各受千室之邑，胡、濩子弟部曲将校为列侯、将军已下千有余人。百姓安堵，四民反业。"③则朴胡、杜濩所属，各为种落；种落酋帅，降操后并受列侯、将军之封。揣其信奉米道、处于张鲁政教合一政权之下时，必分领张鲁所授治头大祭酒、祭酒之职，而巴夷社会，亦必借五斗米道之宗教组织以建构其自身之社会组织。

要之，当汉末张鲁以汉中为中心、兼括三巴北部地区建立政教合一的宗教政权时，乃以米道之宗教组织取代汉中旧有的乡里组织，作为控制地方社会与民众之基本手段：张鲁以教主身份，称为师君或天师；其下按地方分设各"治"，以"治头大祭酒"（治头、理头）为首领，每治领教众若干，其所统地域可能相当于汉代的一两个县；"治"下复分设不同层级的祭酒，可能至少有辖区相当于汉代亭部的祭酒与辖区相当于汉代里的祭酒两个层级。投附汉中的关陇豪帅马超、刘雄鸣、程银、侯选等则被授以"都讲祭酒"之类教职，各统其众，但可能未列入米道诸"治"系统。奉道的巴夷首领朴胡、杜濩等则当属于诸"治"系统，分任治头大祭酒，其所属之种落酋帅当分任不同层级的祭酒。这样，张鲁政权就在汉中地区建立起以"祭酒"为核心的政教合一的地方控制系统，史言张鲁"不置长吏，皆以祭酒为治，民夷

---

① 《三国志》卷一《魏书·武帝纪》，第46页。
② 任乃强校注：《华阳国志校补图注》卷二《汉中志》，第73页。
③ 陈孔璋：《檄吴将校部曲文》，《六臣注文选》卷四四，北京：中华书局，1987年，影印本，第829页。

便乐之",当得其实。

二、蜀汉时期汉中地区以屯成为中心的控制体系

《三国志·魏书·张鲁传》记汉末张鲁欲称王时,其谋士阎圃谏曰:"汉川之民,户出十万,财富土沃,四面险固。上匡天子,则为桓、文,次及窦融,不失富贵。今承制署置,势足斩断,不烦于王。愿且不称,勿为祸先。"①《后汉书·张鲁传》所记与此大致相同。"汉川之民,户出十万",虽可能有所夸大,然其时汉中民户繁殖,当大抵可信。《续汉书·郡国志》记永和五年(140)汉中郡领南郑、成固、西城、褒中、沔阳、安阳、锡、上庸、房陵等九县,有户57344,口267402。②张鲁据汉中,不得有其全部,西城、锡、上庸三县当为申仪、申耽兄弟所据,房陵则为蒯祺所有(见下),张鲁所有者,盖仅为南郑、成固、褒中、沔阳、安阳五县,估计当有四万户以上。在此之前,关中"韩遂、马超之乱,关西民奔鲁者数万家"。③后来,马超、刘雄鸣等率部众投附张鲁,进入汉中者又当有数千家。兼以朴胡、杜濩等所领的巴夷,亦当有数万落。所以,阎圃说张鲁统治时,汉川民户有十万户,大抵是可信的。

曹操平张鲁后,曾驱汉中民数万户徙居关中、洛、邺。《三国志》卷一五《魏书·张既传》:"鲁降,既说太祖拔汉中民数万户以实长安及三辅。"④同书卷二三《魏书·杜袭传》云:"随太祖到汉中讨张鲁。太祖还,拜袭驸马都尉,留督汉中军事。绥怀开导,百姓自乐出徙洛、邺者,八万余口。"⑤则徙居洛阳、邺城者又当有万余家。总计徙居长安、三辅与洛、邺者,当不下四五万户。换言之,汉中民户约有一半或一半以上被徙入关中、洛、邺。后来,曹操又使张既、杨阜等迁徙武都氐民五万余落出居扶风、天水界。⑥故《三国志》卷四二《蜀书·周群传》记周群之言,谓刘备

---

① 《三国志》卷八《魏书·张鲁传》,第264页。
② 《后汉书》志二三《郡国志》五,第3506页。
③ 《后汉书》卷七五《刘焉传》,第2436页。
④ 《三国志》卷一五《魏书·张既传》,第472页。
⑤ 《三国志》卷二三《魏书·杜袭传》,第666页。
⑥ 《三国志》卷一五《魏书·张既传》,第473页;《三国志》卷二五《杨阜传》,第704页。

据汉中,"当得其地不得其民"。①

蜀汉统治下的汉中,"处蜀、魏界,固险重守。自丞相亮、大司马琬、大将军祎,皆镇汉中"。②然民户萧散,产出有限,故每有"不足"之叹,已远非张鲁时汉川物阜民丰之象。蜀汉在汉中的政策,乃以军事为先务,汉中督秉持军政大权,汉中太守仅得供继军粮而已。《三国志》卷三九《蜀书·吕乂传》云:

> 迁巴西太守。丞相诸葛亮连年出军,调发诸郡,多不相救,乂募取兵五千人诣亮,慰喻检制,无逃窜者。徙为汉中太守,兼领督农,供继军粮。亮卒,累迁广汉、蜀郡太守。蜀郡一都之会,户口众多,又亮卒之后,士伍亡命,更相重冒,奸巧非一。乂到官,为之防禁,开喻劝导,数年之中,漏脱自出者万余口。③

吕乂任巴西太守时募兵发丁,送往诸葛亮军中,并"慰喻检制",使"无逃窜者",当即在募兵的故里建立起伍保制度,使募兵不能随意逃亡;其任蜀郡太守,检括户口,检出漏脱万余口。然则,其在汉中太守任上之所为,亦当包括募兵、检户两项,再加上督农、供继军粮。凡此四项职守,又联系在一起,而以检括户口为中心,盖官府不能掌握户口,则无以募兵征丁,也无以督劝农耕,供继军粮。据此推测,蜀汉据有汉中后,当曾检括户口。

蜀汉实行怎样的乡里制度与户籍制度,史载阙略,无以详悉,更非本文所能详证。于此仅予指出:蜀汉当有较严格的户籍制度,其户籍与乡里制度大抵沿用汉制而有所变革。《三国志》卷四〇《蜀书·李严传》记刘备既定成都,乃以李严为犍为太守:

> (建安)二十三年,盗贼马秦、高胜等起事于郪,合聚部伍数万人,到资中县。时先主在汉中,严不更发兵,但率将郡士五千人讨之,斩秦、胜等首。枝党星散,悉复民籍。④

---

① 《三国志》卷四二《蜀书·周群传》,第1020页。
② 任乃强校注:《华阳国志校补图注》卷二《汉中志》,第79页。
③ 《三国志》卷三九《蜀书·吕乂传》,第988页。
④ 《三国志》卷四〇《蜀书·李严传》,第998—999页。

马秦、高胜集部伍数万人，被击败后"枝党星散，悉复民籍"，说明建安末蜀中仍有较完备的版籍制度，故李严得"复"起事民众之"民籍"。到蜀亡，后主刘禅奉版籍降魏。《三国志》卷三三《蜀书·后主传》裴注引王隐《蜀记》云：

> （禅）又遣尚书郎李虎送士民簿，领户二十八万，男女口九十四万，带甲将士十万二千，吏四万人，米四十余万斛，金银各二千斤，锦绮綵绢各二十万匹，余物称此。①

所记当是蜀汉著籍的士、民、兵、吏户口。因此，虽然未见有蜀汉时汉中户口版籍的直接记载，但认为蜀汉在汉中曾检括户口、立有籍簿，当大致不误。

蜀汉在汉中地区的军事策略，大约可概括为"敛众据险"四字，即集聚兵众于汉城、乐城、阳平、石马、兴势、黄金等"诸围"，以为攻守之计。《三国志》卷四四《蜀书·姜维传》云："初，先主留魏延镇汉中，皆实兵诸围以御外敌，敌若来攻，使不得入。及兴势之役，王平捍拒曹爽，皆承此制。"②兴势之役，在延熙七年（244）；兴势，在洛谷水上。《水经注》卷二七《沔水》谓："（小城固）城北百二十里，有兴势坂。诸葛亮出洛谷，戍兴势，置烽火楼，处处通照。"③《元和郡县图志》卷二二洋州兴道县"兴势山"条谓兴势山在兴道县北二十里，"蜀先主遣诸葛亮出骆谷，戍兴势山，置烽火楼，处处通照，即此山。……后主延熙七年，将军王平守之，魏将曹爽等攻不克，即今兴道县也"。④《太平寰宇记》卷一三八洋州兴道县"兴势山"条谓："在县西北四十三里。今郡城所枕，自然陇势，形如一盆，缘外险而内有大谷。为盘道上数里，方及四门，因为兴势之名。"⑤则

---

① 《三国志》卷三三《蜀书·后主传》，第901页。
② 《三国志》卷四四《蜀书·姜维传》，第1065页。
③ 杨守敬、熊会贞：《水经注疏》卷二七《沔水》上，第2323页。
④ 《元和郡县图志》卷二二，山南西道洋州兴道县"兴势山"条，北京：中华书局，1983年，第562页。
⑤ 《太平寰宇记》卷一三八，洋州兴道县"兴势山"条，北京：中华书局，2007年，第2689页。

蜀汉时兴势戍（兴势围）在兴势山上，其下有大谷，形成山间小盆地。蜀汉立兴道县于此，说明谷中聚有部分民户。这些民户依围戍而居，亦当受到较严格的军事管制。

乐城的形势、功能与兴势戍相似。《水经注·沔水》记沔水径沔阳故城后，复东流，径西乐城北。注文云：

> 城在山上，周三十里，甚险固。城侧有谷，谓之容裘谷，道通益州，山多群獠，诸葛亮筑以防遏。……城东容裘溪水注之，俗谓之洛水也。水南导巴岭山，东北流。水左有故城，凭山即险，四面阻绝，昔先主遣黄忠据之，以拒曹公。溪水又北径西乐城东，而北流注于汉。①

西乐城在沔水南岸、容裘水（洛水）之西。容裘水，当即今勉县南境之八道河。《三国志·蜀书·后主传》：建兴七年（229）春，"亮遣陈式攻武都、阴平，遂克定二郡。冬，亮徙府营于南山下原上，筑汉、乐二城"。②由在此之前刘备即以黄忠据守乐城以南之城观之，此道乃南通巴岭之要道。顾祖禹以注文所记之西乐城为诸葛亮所筑之汉城，以其在乐城（在城固境之汉水南岸）之西，故得称为"西乐城"，当可从。③此城"周三十里"，很可能就是三国时蜀汉所置诸围的典型，城侧之谷当可供附城而居之民众耕种自给。

《水经注·沔水》记沔水过沔阳故城、西乐城之后，东流，北纳黄沙水（今勉县东境黄沙河），"水北出远山，山谷邃险，人迹罕交，溪曰五丈溪。水侧有黄沙屯，诸葛亮所开也"。④《三国志·蜀书·后主传》：建兴十年（232），"亮休士劝农于黄沙，作流马木牛毕，教兵讲武"。⑤其地当在今勉县东境黄沙镇附近。黄沙屯亦依山据险，复有谷地可供开垦，与兴势、西乐城相类。

---

① 杨守敬、熊会贞：《水经注疏》卷二七《沔水》上，第2302—2303页。
② 《三国志》卷三三《蜀书·后主传》，第896页。
③ 顾祖禹：《读史方舆纪要》卷五六，陕西五宁羌州"西乐城"条，北京：中华书局，2005年，第2697—2698页。
④ 杨守敬、熊会贞：《水经注疏》卷二七《沔水》上，第2304页。
⑤ 《三国志》卷三三《蜀书·后主传》，第896页。

诸葛亮所筑之汉城，当即《水经注·沔水》所记之城固南城。《水经注》卷三二《沔水》云：

> （沔水）东北流，径成固南城北。城在山上，或言韩信始立，或言张良创筑，未知定所制矣。义熙九年，索邈为梁州刺史，自成固治此，故谓之南城。城周七里，衿涧带谷，绝壁百寻。北谷口造城东门，傍山寻涧，五里有余，盘道登陟，方得城治。城北水旧有桁，北渡沔水，水北有赵军城。城北又有桁，渡沔，取北城。城，即大城固，县治也。①

按：沔水当即今城固县南境的南沙河。据上引注文，知城固有南北二城：南城在汉水南岸、沔水下游（今南沙河下游）东岸，是一座山城。今城固县三合乡秦家坝村东南500米处有一处城址，位于霸王寨山头上，四周为峭壁。城址依山势而建，平面呈葫芦形，面积约4000平方米，分内、外两城。城墙夯筑，内城墙高4.3米，外城墙高5.2米。城址内外散布汉代绳纹板瓦、砖等，并暴露有汉墓。当地传说汉王刘邦曾在此练兵。②此城址很可能就是注文所记之城固南城。

景耀二年（259），姜维谋划蜀汉防务，建议若魏军南侵，蜀军"诸围皆敛兵聚谷，退就汉、乐二城，使敌不得入平，且重关镇守以捍之。有事之日，令游军并进以伺其虚。敌攻关不克，野无散谷，千里县粮，自然疲乏。引退之日，然后诸城并出，与游军并力搏之"。"于是令督汉中胡济却住汉寿，监军王含守乐城，护军蒋斌守汉城。又于西安、建威、武卫、石门、武城、建昌、临远皆立围守。"③西安、建威诸围之所在不能详考，然由姜维所谓"敛兵聚谷""敌攻关不克，野无散谷"观之，其时蜀汉当实行坚壁清野之策，将民户集中屯聚于军队驻守的关成附近，四周筑有长围（如西乐城周长达三十里之多，只能视为长围），以保护民众。集中居住于关成附近的民户，虽然籍属郡县，但其编制管理，很可能是军事化的。

蜀汉汉中郡所领诸县中，南郑、城固、沔阳、褒中四县皆当为汉旧县，

---

① 杨守敬、熊会贞：《水经注疏》卷三二《沔水》，第2724—2725页。
② 国家文物局主编：《中国文物地图集·陕西分册》，西安：西安地图出版社，1998年，第979页。
③ 《三国志》卷四四《蜀书·姜维传》，第1065页。

然在《三国志》等文献有关魏蜀间战事的记载中,甚少见有围绕这些县城而展开的攻守战,双方争夺的重心均为汉城、乐城、阳平关、白马戍、西乐城、兴势戍、黄金戍等。由于魏蜀间的战事多以掳掠户口为目标,而双方也都极力保护民户,所以,我们认为当时汉中的民户大多数应是集中居住于关、戍、城周围的;各县令长也可能非居于汉时县治故地,而是随民户居于关戍城周围或关戍城之中,或者部分县令长就是由军职兼任的。如果上述认识不误,那么,团聚于关戍城周围的民户,很可能采用军事化编排与管理制度。换言之,虽然蜀汉统治汉中时曾经检括户口、编排户籍,但可能采用的是军事化或半军事化的管理方式,而并未恢复汉代的乡里制度。

三、汉末魏晋之际豪酋控制下的"东三郡"

当汉末张鲁据有汉中郡西部诸县时,东部的房陵、上庸、锡、西城四县分别为蒯祺、申耽、申仪等豪酋相继控制。《三国志》卷四〇《蜀书·刘封传》:

> 蜀平后,以达为宜都太守。建安二十四年,命达从秭归北攻房陵,房陵太守蒯祺为达兵所害。达将进攻上庸,先主阴恐达难独任,乃遣封自汉中乘沔水下统达军,与达会上庸。上庸太守申耽举众降,遣妻子及宗族诣成都。先主加耽征北将军,领上庸太守、员乡侯如故,以耽弟仪为建信将军、西城太守。①

则至建安二十四年(219)孟达、刘封进入房陵、上庸前,这一地区实分由蒯祺与申氏兄弟掌握。

房陵郡之置及蒯祺何时得任为太守,均不能详。《资治通鉴》卷六八建安二十四年六月"孟达北攻房陵"条下胡注云:"房陵县,本属汉中郡。此郡疑刘表所置,使蒯祺守之;否则祺自立也。"② 按:蒯祺,当出于中庐大族蒯氏。《三国志》卷六《魏书·刘表传》引司马彪《战略》记刘表初为荆州(事在初平元年),江南宗贼盛,刘表"单马入宜城,而延中庐人蒯良、蒯越、襄阳人蔡瑁与谋"。则知蒯氏乃中庐大族。蒯越献计说:"宗贼帅多

---

① 《三国志》卷四〇《蜀书·刘封传》,第991页。
② 《资治通鉴》卷六八,建安二十四年六月,第2159页。

贪暴，为下所患。越有所素养者，使示之以利，必以众来。君诛其无道，抚而用之。一州之人，有乐存之心，闻君盛德，必襁负而至矣。"刘表遂使蒯越"遣人诱宗贼，至者五十五人，皆斩之。袭取其众，或即授部曲，唯江夏贼张虎、陈生拥众据襄阳，表乃使越与庞季单骑往说降之，江南遂悉平"。① 则蒯氏与"江南宗贼"实颇有关系，且"有所素养者"。实际上，蒯氏本身就当是"宗贼"之一支，其根据地即当在中庐。中庐为南郡属县，其地在今襄阳西境及南漳、保康间，其西就是房陵（今房县）。中庐与房陵相邻，蒯氏自中庐控制房陵当非难事，故胡三省之言，当得其实。又《续汉书·郡国志》汉中郡"房陵"县下刘昭补注引《巴汉志》曰："建安十三年，别属新城郡。"② 此新城郡，当即房陵郡所改。则房陵郡当立于建安十三年之前，而蒯祺之任房陵太守，亦当在建安十三年之前。

在房陵太守蒯祺之外，建安二十四年前后，这一带还有另一个房陵太守邓辅。《三国志》卷五八《吴书·陆逊传》：

> 逊遣将军李异、谢旌等将三千人，攻蜀将詹晏、陈凤……又攻房陵太守邓辅、南乡太守郭睦，大破之。秭归大姓文布、邓凯等，合夷兵数千人，首尾西方。逊复部旌讨破布、凯。布、凯脱走，蜀以为将。逊令人诱之，布帅众还降。前后斩获招纳，凡数万计。③

事在建安二十四年冬陆逊攻杀荆州关羽之后。此处所见之邓辅，当与秭归大姓邓凯为同族，应属于"夷"，所统亦当为"夷兵"；其"房陵太守"之号，或出于刘备所授，或系自称。显然，当汉末刘备、孙权及曹操诸方势力在争夺荆、益交界地带时，这一带许多大族，都自称或获得太守之类称号，邓辅也是其中之一，其所控制之地域，当邻近秭归，在房陵南境。

申氏兄弟据有上庸、西城一带，不知自何时起。《三国志·蜀书·刘封传》裴注引《魏略》曰：

> 申仪兄名耽，字义举。初在西平、上庸间聚众数千家，后与张鲁

---

① 《三国志》卷六《魏书·刘表传》裴注引司马彪《战略》，第211—212页。
② 《后汉书》志二三《郡国志》五，第3506页。
③ 《三国志》卷五八《吴书·陆逊传》，第1345页。

通，又遣使诣曹公，曹公加其号为将军，因使领上庸都尉。至建安末，为蜀所攻，以其郡西属。黄初中，仪复来还，诏即以兄故号加仪，因拜魏兴太守，封列侯。太和中，仪与孟达不和，数上言达有贰心于蜀，及达反，仪绝蜀道，使救不到。达死后，仪诣宛见司马宣王，宣王劝使来朝。仪至京师，诏转拜仪楼船将军，在礼请中。①

西平，当作"西城"。申耽在西城、上庸间聚众数千家，当与张鲁据汉中相同时，故得与张鲁交通。"遣使诣曹公"、曹操使申耽领上庸都尉事，则当在建安二十年曹操平张鲁之前后。《三国志·魏书·武帝纪》记建安二十年曹操入汉中，"复汉宁郡为汉中，分汉中之安阳、西城为西城郡，置太守；分锡、上庸郡，置都尉"。"分锡、上庸郡，置都尉"句，当作"分锡、上庸[为上庸郡]，置都尉"。②盖其时以上庸为边郡，故但置都尉，未置太守。③申氏兄弟聚众西城、上庸间，其重心或在西城。故曹操以西城、安阳二县置西城郡，置太守，其时任为西城太守者，由后来申仪据守西城观之，当即为申仪；而以上庸、锡二县置上庸郡，以申耽为上庸都尉。二郡之置，显然是为了笼络申氏兄弟。孟达、刘封经略房陵、上庸、西城，申氏兄弟乃投附刘备，备仍以申耽为上庸太守，申仪为西城太守，亦当为承认既有事实；又以孟达驻上庸、刘封驻西城，分别监视申耽、申仪。

建安二十五年（220），孟达降魏，魏合房陵、上庸为新城郡（治上庸），以孟达为太守，房陵、上庸为孟达所控制。《华阳国志》卷二《汉中志》"上庸郡"条下谓申耽"黄初中，降魏。文帝拜耽怀集将军，徙居南阳"。④则申耽当与孟达一起降魏，复被孟达借机排斥出上庸。申仪亦于同时击走刘封，降魏，魏以仪为魏兴（即西城郡所改）太守，屯洵口。洵口为旬水入沔之口，在西城县之东，为西汉旬阳县地（东汉省）。然则，申仪降魏后，已失西城旧地，仅得保有原西城郡东部地区，故屯驻于洵口。因此，

---

① 《三国志》卷四〇《蜀书·刘封传》，第994页。
② 《三国志》卷一《魏书·武帝纪》，第45页。
③ 参阅田余庆《东三郡与蜀魏历史》，见氏著《秦汉魏晋史探微》，北京：中华书局，1993年，第227—243页。
④ 任乃强校注：《华阳国志校补图注》卷二《汉中志》，第85页。

在魏、蜀初年，东三郡的形势是：孟达控制房陵、上庸等地，以新城太守驻屯上庸；申仪控制西城郡东部，驻洵口；西城郡治西城县与安阳县则处于魏、蜀交界地带，渐次荒废。

至太和二年（228），孟达叛魏，为司马懿攻灭，申仪入朝，汉魏之际据有东三郡的孟达、申氏势力遂被消灭。《三国志·魏书·明帝纪》："（太和）二年春正月，宣王攻破新城，斩达，传其首。分新城之上庸、武陵、巫县为上庸郡，锡县为锡郡。"①则其时以新城郡还治房陵，而以上庸置上庸郡，锡县为锡郡，故《华阳国志·汉中志》"新城郡"下谓"宣王分为三郡"。锡郡之置，当为分割西城郡申仪势力之手段。然则，此一时期房陵、上庸、锡县一带共有新城（治房陵）、上庸（治上庸）、锡（治锡）、魏兴（治洵口）四个郡。众郡之建置，亦显然为笼络、分化当地豪酋之举措。然锡郡之置可能非久，申仪入朝后，当即废罢，仍恢复新城、上庸、魏兴三郡并立之局。

汉末至魏初蒯祺、孟达、申氏兄弟既以豪酋身份相继据有"东三郡"，则其控制地方之方式，大抵与汉末魏晋时渐起的北方"坞主"之控制所领民户的方式相同，而无复汉时之乡里组织。上引《魏略》称申氏兄弟在西城、上庸间"聚众数千家"，正道出其性质有类于坞主、堡壁帅。申耽降附刘备时，"遣子弟及宗族诣成都"，亦知其核心集团当即由其子弟、宗族与部曲组成。《晋书》卷一《宣帝纪》谓"申仪久在魏兴，专威疆场，辄承制刻印，多所假授"，②则申仪曾假授部属以官职，正是豪帅控制部众之常技。孟达所领基本部众，本为受刘璋之命奉迎刘备时所将的二千蜀兵；自宜都北攻房陵，遂有蒯祺之众；复借附魏之机，排挤出申耽，并有申耽之众。在此过程中，孟达也由蜀将逐渐演变为拥众一方的豪酋。《晋书·宣帝纪》记司马懿平孟达之役，"俘获万余人"；乱平后，"又徙孟达余众七千余家于幽州"。③盖孟达所领之基本部众，尽被北徙，房陵、上庸间遂成荒墟。

《晋书·宣帝纪》于司马懿平定孟达事之后，书曰：

---

① 《三国志》卷三《魏书·明帝纪》，第94页。
② 《晋书》卷一《宣帝纪》，第6页。
③ 《晋书》卷一《宣帝纪》，第6页。

> 时边郡新附，多无户名，魏朝欲加隐实。属帝朝于京师，天子访之于帝。帝对曰："贼以密网束下，故下弃之。宜弘以大纲，则自然安乐。"①

其时新附的边郡只有魏兴、新城、上庸诸郡，故此段记事，当是针对"东三郡"而言的。据此，则知其时东三郡"多无户名"，即多无户口名籍。而由司马懿所言观之，盖孟达曾以"密网束下"，对部众控制甚严密。对于明帝"欲加隐实"即检括户口的设想，司马懿答以应"弘以大纲"，即予以大致羁勒、而不以"密网"束之，也就是不同意检括户口。或因此故，三郡在魏时当并未编排户籍。直到晋武帝时，三郡可能仍被视为边郡而不予编审户籍。《三国志》卷二四《魏书·韩暨传》裴注引《楚国先贤传》记暨孙邦：

> 邦，字长林。少有才学。晋武帝时为野王令，有称绩。为新城太守，坐举野王故吏为新城计吏，武帝大怒，遂杀邦。②

韩邦之为野王令，已在武帝时；则其任为新城太守，或当在泰始、咸宁间。韩邦因举野王故吏为新城计吏而见杀，其所违之法律不详，然携带故吏前往新任，似为魏晋间频见之事，即使有违法令，似也不致见诛。疑韩邦携故吏就任新城，可能颇以野王（属河内郡）之法行于新城边郡，致生变乱，晋武帝方大怒而杀之。若这一揣测不误，则入晋以后，新城等边郡（其时尚未灭吴，新城、上庸均与吴界相接，且境内多有蛮夷，见《三国志》卷二七《魏书·王昶传》，故得视为"边郡"）仍未"加隐实"，即并无可靠的版籍。

四、西晋统一时期汉水上游地区的乡里系统与户口

景元四年（263）平蜀后，汉中郡亦归于魏有；咸熙元年（264）冬，分益州置梁州，汉中、魏兴、上庸、新城四郡并属梁州。泰始、咸宁间（265—279），司马氏在汉中地区（包括上述四郡）及整个梁、益地区的策略，大抵以绥靖、抚纳为主，并未有较大更张。《华阳国志》卷八《大同志》："（泰始）二年春，武帝弘纳梁、益，引援方彦，用故黄金督蜀郡

---

① 《晋书》卷一《宣帝纪》，第6页。
② 《三国志》卷二四《魏书·韩暨传》，第678页。

柳隐为西河，巴郡文立为济阴太守，常忌河内县令。"①柳隐，同书卷十一《后贤志》有传，谓为蜀郡成都人，"数从大将军姜维征伐，临事设计，当敌陷阵，勇略冠军。为牙门将、巴郡太守、骑都尉，迁汉中黄金围督。景耀六年，魏镇西将军钟会伐蜀，入汉川，围戍多下，惟隐坚壁不动。会别将攻之，不能克。后主既降，以手令敕隐，乃诣会。晋文帝闻而义之。咸熙元年，内移河东，拜议郎。武帝践祚，以为西河太守"。②柳隐以黄金督之身份，率部拒守，司马氏并未予以严惩，则在政权交替之际，汉中当未受较大破坏，亦未迁走大量户口。

然至咸宁四年（278），汉中郡仍然发生一次变乱。《华阳国志·大同志》："（咸宁）四年春，汉中郡吏袭祚等谋杀太守姜宗以叛。宗觉，坚守，祚等烧南郑市及平民屋。族诛。"③汉晋时郡吏多辟大姓豪长为之，袭祚当即汉中郡人，其所结诸人亦当皆出自大族。袭祚等大姓豪长谋杀太守，当是因自身利益受到侵害。其时晋朝正谋推行户调式与占田课田之法，并为此而核检户籍赀财，袭祚之叛，或者与此有关。袭祚谋杀太守未果，"烧南郑市及平民屋"，似汉中大姓与商贾、平民间亦有相当尖锐之矛盾。唯其详情如何，已不能知。

太康元年平吴前后，西晋在汉中、魏兴、新城、上庸诸郡大约曾设法推行上引《晋书·职官志》所记之乡里制度及户调式与占田课田制。此点虽无直接文献记载，但也并非全无蛛丝马迹可寻。魏晋新城郡领有沶乡县，《宋书·州郡志》"新城太守"条下作"祁乡"，谓为"魏立，《晋太康地志》作'沶'"。此沶乡县，在夷水（蛮河）上源支流沶水之上游。《水经注·沔水》"夷水"条云：

> 夷水又东南流，与零水合。零水，即沶水也……其水东径新城郡之沶乡县，县分房陵立，谓之沶水。又东历轵乡，谓之轵水。晋武帝平吴，割临沮之北乡、中庐之南乡，立上黄县，治轵乡。沶水又东，历宜

---

① 任乃强校注：《华阳国志校补图注》卷八《大同志》，第435页。
② 任乃强校注：《华阳国志校补图注》卷十一《后贤志》，第627页。
③ 任乃强校注：《华阳国志校补图注》卷八《大同志》，第440页。

城西山，谓之沶溪。东流合于夷水，谓之沶口也。①

则沶乡县乃分房陵县东境立，本当为房陵县之沶乡，其地当在南漳县北境与谷城县东南境交界处。②临沮、中庐皆为襄阳郡属县，平吴之后，"割临沮之北乡、中庐之南乡，立上黄县，治轳乡"，则临沮、中庐及新立之上黄县皆当分立各乡。上黄、沶乡、临沮、中庐诸县，自汉末以来，向为蛮族活动之区。《三国志》卷五六《吴书·朱然传》"赤乌五年，征柤中"句下裴松之注引习凿齿《襄阳记》云："柤中在上黄界，去襄阳一百五十里。魏时，夷王梅敷兄弟三人，部曲万余家屯此，分布在中庐、宜城西山鄢、〔蛮〕（沔）二谷中。土地平敞，宜桑麻，有水陆良田。沔南之膏腴沃壤，谓之柤中。"③而至太康初，中庐、临沮、上黄、沶乡诸县亦皆置立各乡，故可以大致断定：太康初年，汉中、新城等四郡，大抵皆按晋制规定，重新分划乡里，建立起相对稳定的乡里控制体系。

明确此点之后，我们认为《晋书·地理志》所记汉中、新城、魏兴、上庸四郡的户数，应是基本可信的太康间西晋政府掌握的著籍户数。据《晋书·地理志》所记，太康中汉中郡统县八，户一万五千；新城郡统县四，户一万五千二百；魏兴郡统县六，户一万二千；上庸郡统县六，户一万一千四百四十八。④四郡合计，共有县二十四、户五万三千六百四十八，户数与东汉永和年间汉中郡（所辖地域与晋时四郡所辖地域大致相同）的户数（五万七千三百四十四户）大致相当而略少。如所周知，西晋太康年间全国著籍户数（247万余户）远远低于东汉永和五年的全国著籍户数（约970万户），仅相当于后者的约四分之一，那么，西晋政府对汉中等四郡的控制就远远超过东汉政府对汉中郡各县的控制了。

---

① 杨守敬、熊会贞：《水经注疏》卷二八《沔水》中，"夷水"条，第2393—2394页。
② 石泉：《古鄢、维、涑水及宜城、中庐、邔县故址新探——兼论楚皇城遗址不是楚鄢都、汉宜城县》，见氏著《古代荆楚地理新探》，武汉：武汉大学出版社，1988年，第258—348页，特别是第280—329页。
③ 《三国志》卷五六《吴书·朱然传》，第1307页。
④ 《晋书》卷十四《地理志》上，第436页；卷十五《地理志》下，第456页。

五、两晋之际汉中荒残与成汉控制汉中

晋王朝对汉水上游地区的稳定控制维持未久，惠帝元康末，肇始于关西的变乱乃波及汉中。《华阳国志》卷八《大同志》：元康八年（298），"略阳、天水六郡民李特及弟庠、阎式、赵肃、何巨、李远等及氐叟、青叟数万家，以郡土连年军荒，就谷入汉川。诏书不听入蜀，益州敕关禁之。而侍御史李苾开关放入蜀，布散梁州及三蜀界"。①《晋书》卷一二〇《李特载记》记其事，谓：

> 元康中，氐齐万年反，关西扰乱，频岁大饥，百姓乃流移就谷，相与入汉川者数万家。……初，流人既至汉中，上书求寄食巴蜀，朝议不许，遣侍御史李苾持节慰劳，且监察之，不令入剑阁。苾至汉中，受流人货赂，反为表曰："流人十万余口，非汉中一郡所能振赡，东下荆州，水湍迅险，又无舟船。蜀有仓储，人复丰稔，宜令就食。"朝廷从之，由是散在益、梁，不可禁止。②

则六郡（天水、略阳、扶风、始平、武都、阴平）流人数万家、十万余口之南来，先入汉中，复南逾剑阁，进入巴蜀。所谓"散在益、梁者"，以益州为主，梁州为辅，留居汉中者甚少。故在此后数年中，虽然蜀中战乱相寻，迄无宁日，而汉中则相对稳定。至永嘉元年（307）三月，汉中方发生大乱。《华阳国志·大同志》云：

> 三月，关中流民邓定、訇氏等据成固，掠汉中冬辰势以叛。巴西太守张燕，帅牙门武肇、汉国郡丞宣定遣兵围之。氐求捄于李雄。夏五月，雄遣李离、李云、李璜、李凤入汉中，捄定。杜孟治闻离至，命燕释围，保州城。初，燕攻定，定众饥饿，伪降，送金一器与燕。燕纳之。居七日，氐至，定还冬辰势。燕进围之，不听孟治言。离至，先攻肇营，营破。次攻定（按：指宣定），又破之。燕惧战，将百骑走。离等大破州军。……孟治怖……乃开门退走，护军北还。孟治入大桑

---

① 任乃强校注：《华阳国志校补图注》卷八《大同志》，第445页。
② 《晋书》卷一二〇《李特载记》，第3022—3023页。

谷，民数千家，车数千两，一日夜行才数十里。而梓潼荆子以父与孟治有隙，合子弟追之，及于谷口。孟治弃子走，荆子获之，及吏民千余家。……积十余日，离等引还。汉中民句方、白落率吏民还守南郑。①

邓定、訇氏盖元康末年与李特、阎式等一起流入汉川且留居汉中的六郡流民之一部分，据下引《晋书·张光传》，约有两千家。冬辰势，当即《水经注·沔水》"壻水"条所记之"通关势"：

> 壻水南历壻乡溪，出山东南流，径通关势南。山高百余丈，上有匈奴城，方五里，浚堑三重。高祖北定三秦，萧何守汉中，欲修北道，通关中，故名为通关势。②

《元和郡县图志》卷二二兴元府城固县下记有"通关山"，谓在城固"县东北九里。汉高祖北定三秦，萧何守汉中，欲修此道通关中，故名通关山"。③则冬辰势距城固甚近。上引今本《华阳国志》文"关中流民邓定、訇氏等据成固，掠汉中冬辰势以叛"当有错乱，应作"关中流民邓定、訇氏等据成固冬辰势，掠汉中以叛"，盖邓定等并未据有成固县城，且冬辰势无可"掠"。然则，邓定、訇氏等自元康末留居汉中之后，很可能即以成固冬辰势为据点，上引《水经注》所记通关势上的匈奴城，很可能就是他们所营筑。④据此可知，流入汉中的六郡流民虽最初多散在各地，"为人佣力"，然李氏兄弟父子在蜀中作乱后，各地流人乃多受官府驱迫，不得不团聚自立，凭山险拒守，遂形成集聚之势。

邓定、訇氏等六郡流人虽在成汉李离、李云所部支援下击败晋汉中太守杜孟治，占领州城（南郑），却未能据有汉中，而是随同李离等一同退入蜀

---

① 任乃强校注：《华阳国志校补图注》卷八《大同志》，第470—471页。
② 杨守敬、熊会贞：《水经注疏》卷二七《沔水上》，第2320页。
③ 《元和郡县图志》卷二二，山南西道兴元府城固县"通关山"条，第560页。
④ 任乃强先生将冬辰势定在南郑东百八十里，认为即《明一统志》与《读史方舆纪要》所见之梁州山，应有误，今不从。关于《水经注》所记之匈奴城，当即两晋之际六郡流民所筑，拙作《城墙内外：古代汉水流域城市的形态与空间结构》（北京：中华书局，2011年）未能及此（第21页），特予揭出，以见昔年之疏漏也。

中，撤退时并将汉中吏民挟裹入蜀。《资治通鉴》卷八六永嘉元年五月条下记事称："积十余日，离等引还，尽徙汉中民于蜀。"①则此次徙入蜀中的汉中民甚多。至永嘉二年，汉中民复"逼李凤寇掠，东走荆、沔"，②汉中进一步荒残。其时晋王朝任张光为梁州刺史，进至魏兴（西城）。《晋书》卷五七《张光传》云：

> 先是，秦州人邓定等二千余家，饥饿流入汉中，保于成固，渐为抄盗。梁州刺史张殷遣巴西太守张燕讨之。……定密结李雄，雄遣众救定，燕退，定遂进逼汉中。太守杜正冲东奔魏兴，殷亦弃官而遁。光不得赴州，止于魏兴，乃结诸郡守共谋进取。燕唱言曰："汉中荒败，迫近大贼，克复之事，当俟英雄。"……光于是发怒，呵燕令出，斩之以徇。绥抚荒残，百姓悦服。光于是却镇汉中。③

张光之还治汉中，据《华阳国志》卷八所记，乃在永嘉五年（311）；而张光初入汉中时，颇赖仇池氏人杨氏之帮助。《华阳国志》卷八《大同志》录杨难敌之言曰："使君初来，大荒之后，兵、民之命，仰我氏活。"④凡此，皆足见其时汉中残破已甚。

张光还治汉中之后不久，建兴元年（313）五月，汉中复发生变乱。《华阳国志·大同志》云：

> 梁州刺史张光讨王如党涪陵李运、巴西王建于盘蛇便作山，疑其欲叛也。运、建走保枸山，光遣军攻破，杀之。建女婿杨虎保黄金山以叛。讨之。虎夜弃营，还趋厄水，去州城四十里住。光遣其子孟苌讨之，迭有胜负。光求助于武都氏王杨茂搜，虎亦求捄于茂搜。……秋八月，茂搜遣难敌将骑入汉中，外言助光，内实应虎。至州城下，光以牛酒飨劳，遣与孟苌共讨虎。孟苌自处前，难敌继后。与虎战久，难敌从后击孟苌，大破，生禽孟苌，杀之。九月，光恚死，州人共推始平太守

---

① 《资治通鉴》卷八六，永嘉元年五月，第2729页。
② 任乃强校注：《华阳国志校补图注》卷八《大同志》，第471页。
③ 《晋书》卷五七《张光传》，第1564—1565页。
④ 任乃强校注：《华阳国志校补图注》卷八《大同志》，第476页。

胡子序领州。冬十月，虎与氐急攻州城，子序不能守，委城退走。……虎领吏民入蜀。汉中民张咸等讨难敌，难敌退还。咸复入蜀。于是三州没为雄矣。①

按：王如，《晋书》卷一百有传，谓为"京兆新丰人也。初为州武吏，遇乱流移至宛。时诸流人有诏并遣还乡里，如以关中荒残，不愿归，征南将军山简、南中郎将杜蕤各遣兵送之，而促期令发。如遂潜结诸无赖少年，夜袭二军，破之。……于是南安庞实、冯翊严嶷、长安侯脱等各帅其党攻诸城镇，多杀令长以应之。未几，众至四五万，自号大将军，领司、雍二州牧"。②涪陵李运、巴西王建，盖皆蜀民流入荆襄者，荆州乱，附于王如，后饥困，如党解离，运、建乃率乡党西向汉中谋就食③。据《晋书·张光传》所记，运、建（武）所领流人有三千余家；光从参军晋邈之策，纳之，"使居成固"，则盘蛇便作山亦当在成固境。盖晋邈之计，乃欲使李运、王建所部巴蜀流人留屯汉中，以补充汉中民户。殊料计未得逞，又措置不当，致失汉中。而乱平之后，杨虎、张咸分领巴蜀流人与汉中吏民入蜀，汉中遂更形空虚。

汉中于晋建兴二年（成汉李雄玉衡四年，314）入于成汉，至晋永和三年（成汉李势嘉和二年，347）桓温平蜀，晋梁州刺史司马勋还治汉中，处于成汉统治之下三十余年。成汉梁州刺史多治于晋寿，盖以汉中荒虚，视同边徼，不复着意经营。今本《华阳国志》的《汉中志》大抵成书于李雄后期，其所记汉中郡，并不详悉，但谓"李雄时郡但六县"，亦无户口之数，说明成汉时汉中荒残已甚，几无可述者。《华阳国志》卷九《李特雄期寿势志》记李寿镇涪城，"常自危嫌，辄造汉中守将张才急书，告方外寇警。咸康二年冬，北入汉中，破走司马勋"。④《晋书》卷七《成帝纪》载：咸康二年（成汉李期玉恒二年，336）十一月，"遣建威将军司马勋安

---

① 任乃强校注：《华阳国志校补图注》卷八《大同志》，第476页。
② 《晋书》卷一〇〇《王如传》，第2618页。
③ 此从任乃强先生说，见《华阳国志校补图注》卷八《大同志》，第479页，注14。
④ 任乃强校注：《华阳国志校补图注》卷九《李特雄期寿势志》，第500页。

集汉中，为李期将李寿所败"。①其时司马勋以梁州刺史驻西城，盖曾西进汉中，为李寿所败。则知咸康间晋与成汉曾在汉中交战。《水经注·沔水》经文"（汉水）东过南郑县南"下注文云："（南郑）大城周四十二里，城内有小城。南凭［津流］，北结环雉。金墉漆井，皆汉所修筑也。……晋咸康中，梁州刺史司马勋断小城东面三分之一，以为梁州汉中郡南郑县治也，自宋齐魏咸相仍焉。"②则汉初所筑南郑城，规模甚大，为双重城垣：大城周四十二里；小城应在大城东北部，很可能在今汉中城区汉台遗址东北不远处。③咸康（335—342）中，司马勋断小城东面三分之一以为南郑县治，很可能其时大城久已荒废。

《华阳国志》卷九《李特雄期寿势志》述李雄后期成汉全盛时之内政云：

> 雄乃虚己［爱］（受）人，宽和政役，远至迩安，年丰谷登。乃兴文教，立学官。其赋，男丁一岁谷三斛，女丁一斛五斗，疾病半之。户调绢不过数丈，绵不过数两。④

按晋制，田租按丁征收，丁男岁收租四斛，丁女半之；⑤户调则为"丁男之户，岁输绢三匹，绵三斤，女及次丁男为户者半输。其诸边郡或三分之二，远者三分之一。夷人输賨布，户一匹，远者或一丈"。⑥李雄所定田赋与户调，大抵沿用晋制而加以减损，其户调尤轻，大约只相当于晋制夷人所输之

---

① 《晋书》卷七《成帝纪》，第180页。
② 杨守敬、熊会贞：《水经注疏》卷二七《沔水》上，第2312—2313页。
③ 汉台遗址在今汉中市区汉台巷，现为市博物馆所在地。现存夯土台基，以砖石包砌，自南向北呈三阶台逐层升高，南北长156米，东西宽72米，最高处约6米。1985年钻探得知，夯土中杂有五花土和残砖残瓦。相传这里是刘邦在汉中时的宫殿基址。见国家文物局主编：《中国文物地图集·陕西分册》，上册，第305页；下册，第959页。但今汉台遗址应是唐宋汉中城（兴元府城）的北城楼，位于城垣北城墙上（见下文）。隋唐汉中城在汉南郑城西南，其北城垣很可能即叠压在汉代南郑小城的南城垣上。如果所说不误，则汉代南郑小城应在今汉台遗址稍东北处。
④ 任乃强校注：《华阳国志校补图注》卷九《李特雄期寿势志》，第485页。
⑤ 参阅唐长孺《西晋田制试释》，见氏著《魏晋南北朝史论丛》，北京：中华书局，2011年，第34—54页。
⑥ 《晋书》卷二六《食货志》，第790页。

布，赋调确不为重。而此制大约主要行于成汉控制之核心区域的蜀中诸郡，汉中作为成汉边郡，仍多有"复除"，盖以宽大之政招徕降附者。

又李氏之治国，盖颇受范长生道术之影响，耕垦自给，以行其大道。《华阳国志·李特雄期寿势志》谓李雄"为国威仪无则，官无秩禄，职署委积，班序无别，君子小人，服章不殊，货贿公行，惩劝不明。行军无号令，用兵无部伍"。①据此，成汉统治下对乡里民众之控制，大抵皆通过大大小小的流民帅与宗豪。《华阳国志·大同志》记太安二年春李特与晋益州刺史罗尚在成都相持，"蜀民先已结村保，特分人就主之"。李雄致书李特谏阻，建议"收质任，无得分散猛锐"。②《晋书·李特载记》记同一事，谓"蜀人危惧，并结邬堡，请命于特，特遣人安抚之"。③则李特分遣六郡流人之"猛锐"，进入蜀人结聚之村保（邬堡），试图直接控制蜀人村保。而此一举措为罗尚、任叡所利用，致李特败死。故李雄秉政，则收集流人猛锐，不使分散；而于蜀人，则多借其宗帅豪酋以为治。《华阳国志》卷八《大同志》记太安二年七月间，李雄进据郫城，"流尽移营据之"，即率流人集中居住于郫城。其时，"三蜀民流进，南入，东下，野无烟火，卤掠无处，亦寻饥饿。唯涪陵民千余家在江西，依青城山处士范贤自守。平西参军涪陵徐舆求为汶山太守，抚帅江西民，与官掎角讨雄。尚不许。舆怨之，求使江西，因叛降雄，以为安西将军。说贤给其军粮，雄得以振"。④团聚于"江西"（岷江正流羊江以西）的"涪陵民"，当是蜀汉时邓芝所徙涪陵郡"豪徐、蔺、谢、范五千家于蜀"的诸徙民之子孙。⑤凡此诸大姓，皆"世掌部曲"。至蜀中乱，遂集结于"江西"，在范贤（范长生）率领下，聚众自保。关于范长生与李氏据蜀的关系，唐长孺先生已有详说。⑥而《华阳国志》记李雄自称成都王后优崇范长生，"尊为四时八节天地太师，封西

---

① 任乃强校注：《华阳国志校补图注》卷九《李特雄期寿势志》，第485页。
② 任乃强校注：《华阳国志校补图注》卷八《大同志》，第459页。
③ 《晋书》卷一二〇《李特载记》，第3028页。
④ 任乃强校注：《华阳国志校补图注》卷八《大同志》，第465页。
⑤ 任乃强校注：《华阳国志校补图注》卷一《巴志》，第41页。
⑥ 唐长孺：《范长生与巴氏据蜀的关系》，见氏著《魏晋南北朝史论丛续编》，北京：生活·读书·新知三联书店，1959年，第155—162页。

山侯，复其部曲，军征不预，租税皆入贤家"。①然则，范贤所领部曲，被视为一个征发"租税""军征"的单元。据此，我们揣测成汉政权可能主要是以流民帅与宗豪（他们也被任为郡守、县令之类）所领部众作为社会单元，通过流民帅与宗豪向其部众征发赋调的。正因为此，其官员才能"无秩禄"，也就没有必要制定班序。成汉朝官既"职署委积，班序无别"，郡县守长又多委诸宗帅豪酋，乡里之区划组织自当皆成具文。

六、晋宋时期汉水上游地区的侨郡县之设置及其土断

晋宋时期汉水上游地区侨郡县的设置，或可上溯到西晋末年太安年间（302—303）。其时蜀中乱离，有部分巴西、梓潼郡民北上进入汉中。《华阳国志·大同志》记太安二年李雄入成都，据有蜀中，梁州刺史许雄，"以讨贼不进，槛车征诣诏狱。惟护军张殷与汉国太守杜孟治、都战帅赵汶、巴西太守张燕、梓潼荆子守汉中"。其时巴西郡已为李雄所据，张燕以巴西太守守汉中；上引《华阳国志·大同志》又见其自汉中出兵围攻屯聚冬辰势的六郡流人邓定、訇氏部，则知其为侨治汉中的巴西太守。"梓潼荆子"，任乃强先生认为亦为梓潼郡"挟有部曲之大族首领侨居汉中者"，应可从。②这一侨治汉中之巴西郡，在永嘉元年李离、邓定攻破汉中郡城、掠汉中吏民还蜀之后，当即废置。

两晋之际，六郡流民入蜀，蜀中乱离，部分巴蜀流民进入梁州东三郡，乃于魏兴郡侨立晋昌郡以处之。《晋书·地理志》梁州后叙："及桓温平蜀之后，以巴汉流人立晋昌郡，领长乐、安晋、延寿、安乐、宣汉、宁都、新兴、吉阳、东关、永安十县。"③《宋书·州郡志》梁州"新兴太守"条亦称："《永初郡国》、何、徐云：新兴、吉阳、东关三县，属晋昌郡。何云：晋元帝立，本巴、汉流民。"④然则，晋昌郡当初立于东晋初年元帝时（317—322）。据《宋书·州郡志》所记，长乐、广昌、安晋、延寿、宣汉等五县在宋末省晋昌郡后均改隶魏兴郡，则东晋时侨立之晋昌郡在当时的

---

① 任乃强校注：《华阳国志校补图注》卷九《李特雄期寿势志》，第484页。
② 任乃强校注：《华阳国志校补图注》卷八《大同志》，第465、470页。
③ 《晋书》卷十四《地理志》上，第438页。
④ 《宋书》卷三七《州郡志》三，第1146页。

魏兴郡境内。其中广昌县，《宋书·州郡志》谓为"晋成帝立"，晋末宋初曾属上庸郡，当在魏兴、上庸二郡间，应在今陕西平利、湖北竹溪二县间。《水经注·沔水》云："汉水又东径晋昌郡之宁都县南，县治松溪口。"①松溪口，当在今紫阳县西北境汉水南岸之松溪入汉处。然则，东晋初侨置的晋昌郡，即当在当时的魏兴郡南部，今紫阳、平利、岚皋诸县境。

晋孝武帝宁康元年（前秦苻坚建元九年，373）冬，前秦苻坚遣大将王统、朱彤、杨安等率军击败晋梁州刺史杨亮，进据汉中，杨亮退守西城；秦军复南入剑阁，击败晋益州刺史周仲孙，据有蜀中；又向东击败据守吉挹城（在今安康市吉河镇北之下台子附近）的魏兴、晋昌太守吉挹所部，进占东三郡。直到太元九年（384）淝水之战后，晋军反攻，晋上庸太守郭宝收复东三郡，梁州刺史杨亮之子杨佺期进据成固，击走前秦梁州刺史潘猛，复有汉川。当宁康元年至太元九年（373—384）间前秦据有汉中时，或有部分关中民户随秦军进入汉中。《晋书》卷五八《周访传》附《周琼传》云：

> 琼劲烈有将略，历数郡，代杨亮为梁州刺史、建武将军，领西戎校尉。初，氐人窦冲求降，朝廷以为东羌校尉。后冲反，欲入汉中，安定人皇甫钊、京兆人周勋等谋纳冲，琼密知之，收钊、勋等斩之。②

窦冲本为前秦苻坚将，后投附姚苌，又假降于东晋，故晋授以东羌校尉。当窦冲图谋进取汉中时，安定人皇甫钊、京兆人周勋曾为内应，则二人都应是进入汉中的关中流移。《资治通鉴》卷一一六义熙九年末云：

> 是岁，以敦煌索邈为梁州刺史，苻宣乃还仇池。初，邈寓居汉川，与别驾姜显有隙，凡十五年而邈镇汉川；显乃肉袒迎候，邈无愠色，待之弥厚。退而谓人曰："我昔寓此，失志多年，若雠姜显，惧者不少。但服之自佳，何必逞志！"于是阖境闻之皆悦。③

按：索邈行迹，不甚详悉，据此处所记，索邈自敦煌南归，当居于汉川，亦

---

① 杨守敬、熊会贞：《水经注疏》卷二七《沔水》上，第2331页。
② 《晋书》卷五八《周访传》附曾孙《周琼传》，第1584页。
③ 《资治通鉴》卷一一六，义熙九年末，第3663页。

当属流民帅性质，故得与梁州别驾姜显有隙。由此前推十五年，当为隆安初年，其时郭铨为梁州刺史。然则，索邈之入蜀，很可能在苻秦据有汉中、巴蜀之时（373—384），应是随秦军南来的。其时或稍后流入汉中的关中流民当有数千家。义熙元年（405）五月，后秦将军敛俱"攻汉中，拔成固，徙流民三千余家于关中"。①一次徙回关中的流民就有三千余家，可知此前流入汉中的关中流民为数甚多。或者正因为此故，至隆安二年（398）乃于汉中侨置秦州（南秦州），以郭舒为梁、南秦二州刺史。自此之后，任梁州刺史者多兼领南秦州，并都督二州军事。

义熙元年至九年间（405—413），汉中为仇池氐杨盛所据。《宋书》卷九八《氐传》：

> 义熙元年，姚兴伐盛，盛惧，遣子难当为质。兴遣将王敏攻城，因梁州别驾吕莹，求救于盛，盛遣军次沔口，敏退。以盛为都督陇右诸军事、征西大将军、开府仪同三司。时益州刺史毛璩讨桓玄所置梁州刺史桓希，败走，汉中空虚，盛遣兄子平南将军抚守汉中。三年，又假盛使持节、北秦州刺史。盛又遣将苻宣行梁州刺史代抚。九年，梁州刺史索邈镇南城，宣乃还。②

在此过程中，仇池氐人多有流入汉中者。至义熙十三、十四年间（417—418）刘裕北伐，进至关中，旋兵败引退，关中为赫连氏所据，秦雍流民复南入梁州。《资治通鉴》卷一一九永初三年（422）三月条下称："秦、雍流民南入梁州；庚申，遣使送绢万匹，且漕荆、雍之谷以赈之。"③则知其时流入汉川的秦雍流民甚多。《魏书》卷五二《胡叟传》谓胡叟为安定临泾人，"世有冠冕，为西夏著姓"，尝于"姚政将衰"之时，"入长安，观风化"；后以"孤飘坎壈，未有仕路，遂入汉中。刘义隆梁秦二州刺史冯翊吉翰，以叟才士，颇相礼接"。④据《宋书》卷六五《吉翰传》，吉翰任梁南

---

① 《资治通鉴》卷一一四，义熙元年五月，第3585页。
② 《宋书》卷九八《氐传》，第2405页。
③ 《资治通鉴》卷一一九，永初三年三月，第3744页。
④ 《魏书》卷五二《胡叟传》，第1149—1150页。

秦二州刺史在元嘉元年至三年间（424—426）。①盖其时与胡叟一样，南入汉中的关中士人为数不少。《宋书》卷六五《刘道产传》："元嘉三年，督梁南秦二州诸军事、宁远将军、西戎校尉、梁南秦二州刺史。在州有惠化，关中流民前后出汉川归之者甚多。六年，道产表置陇西、宋康二郡，以领之。"②刘道产所表置之陇西、宋康二郡，陇西郡属秦州。《宋书·州郡志》秦州刺史"陇西太守"条："文帝元嘉初，关中民三千二百三十六户归化，六年立。"③宋康郡，当即《宋书·州郡志》所记之宋熙郡，属梁州。《宋书·州郡志》"宋熙太守"条："何、徐《志》新立。"领兴乐、归安、宋安、元寿、嘉昌五县。④据《梁书》卷十《杨公则传》，公则于宋元徽（473—477）间被时任梁州刺史范柏年板为宋熙太守，白马戍主，"氐贼李乌奴作乱，攻白马，公则固守经时，矢尽粮竭，陷于寇，抗声骂贼"。⑤则宋熙郡当寄治于白马戍。

除陇西、宋康（宋熙）二郡外，自晋安帝义熙至宋文帝元嘉初年，汉川所置之侨郡还有：（1）始平郡。属秦州。《宋书·州郡志》秦州刺史"始平太守"条下但称"永初郡国无"，未书其置立之年。然《资治通鉴》卷一二〇元嘉三年冬十月条云："仇池氐杨兴平求内附。梁、南秦二州刺史吉翰遣始平太守庞谘据武兴。氐王杨玄遣其弟难当将兵拒谘，谘击走之。"⑥则元嘉三年时已见有始平太守庞谘，汉中侨置之始平郡必在此前。（2）西京兆郡，属秦州。《宋书·州郡志》秦州刺史"西京兆太守"条："晋末三辅流民出汉中侨立。"领蓝田、杜、鄠三县。（3）冯翊郡，属秦州。《宋书·州郡志》秦州"冯翊太守"条："三辅流民出汉中，文帝元嘉二年侨立。"领莲芍、频阳、下辩、高陆、万年五县。（4）西扶风郡，属秦州。《宋书·州郡志》秦州"西扶风太守"条："晋末三辅流民出汉中侨立。"

---

① 《宋书》卷六五《吉翰传》，第1717页。
② 《宋书》卷六五《刘道产传》，第1719页。
③ 《宋书》卷三七《州郡志》三，第1157页。
④ 《宋书》卷三七《州郡志》三，第1151—1152页。
⑤ 《梁书》卷一〇《杨公则传》，北京：中华书局，1973年，第195页。
⑥ 《资治通鉴》卷一二〇，元嘉三年冬十月，第3789页。

领眉、武功二县。①

元嘉九年，益州刺史刘道济聚敛兴利，伤政害民，致引发变乱，"蜀土侨旧俱反"，有部分蜀中流民进入汉中。《南齐书》卷二一《文惠太子传》记宋末任梁州刺史的范柏年之早年行状云："柏年，梓潼人，徙居华阳，世为土豪，知名州里。"②"知名州里"之"州"乃指梁州，则其所徙居之华阳乃侨置于汉中的华阳郡。《宋书·州郡志》梁州"华阳太守"条："徐志新立。《永初郡国》、何并无，寄治州下。领县四。户二千五百六十一，口一万五千四百九十四。"③此华阳郡领华阳、兴宋、宕渠、嘉昌四县，其所领当以梓潼、宕渠等郡流民为主。

元嘉十八、十九年间，梁、南秦二州刺史刘真道会同龙骧将军裴方明等攻围仇池氐人，占领武兴、白水、下辩等仇池氐人的核心据点，进占仇池山，氐王杨难当逃入魏境。宋以胡崇之为秦州刺史，驻守仇池，然不久即受到魏军攻击，奔还汉中。在此后数年间，宋魏激烈争夺仇池地区，有部分氐人进入汉中。白水郡之侨置即当在元嘉后期。《宋书·州郡志》梁州"白水太守"条："《永初郡国》、何并无，徐志：仇池氐流寓立。"④当是宋中期所立。领新巴、汉德、晋寿、益昌、兴安、平周六县。同时所立者还当有广长郡，"领氐民"，不久即省废。此后"氐虏数相攻击，关陇流民，多避难归化"，故至孝武孝建二年（455），又以秦、雍流民立北扶风郡。北扶风郡所统流民，当是先流入仇池、又进入汉中者。⑤

综上所考，可以认知：晋宋时期汉水上游地区侨郡县之设置，主要集中于三个阶段：一是东晋初年元、成之世，因巴氐入蜀，蜀人流寓东三郡，于魏兴郡境内侨置晋昌郡。二是晋宋之际（义熙初年至元嘉前期），以秦雍流民南入梁州，于汉中立陇西、宋康（宋熙）、始平、西京兆、冯翊、西扶风等六郡。三是元嘉中期，部分蜀中流民进入汉中，为之侨

---

① 《宋书》卷三七《州郡志》三，第1153—1158页。
② 《南齐书》卷二一《文惠太子传》，第398页。
③ 《宋书》卷三七《州郡志》三，第1148—1149页。
④ 《宋书》卷三七《州郡志》三，第1152页。
⑤ 《南齐书》卷一五《州郡志》下，"梁州"，第289页；《宋书》卷三七《州郡志》三，第1159页。

置华阳郡；元嘉后期至孝建间，因仇池氐人及流寓仇池的秦雍流民流入汉中，侨置白水、广长、北扶风三郡。此外，《宋书·州郡志》所记梁州之怀安郡（寄治州下）、秦州之安固郡、南太原郡（流寓割配）、南安郡、金城郡、安定郡、天水郡等七郡，无以考实其置立之年及其所在，然据情势揣测，大约以置立于晋宋之际（即上述之第二阶段）最为可能。

梁、南秦二州所属侨郡县是否推行及如何开展"土断"，迄未见有直接文献记载，然并非全无踪迹可寻。据上所考，梁州晋昌郡初立于东晋初年元帝时，然《晋书·地理志》梁州后叙则谓："及桓温平蜀之后，以巴汉流人立晋昌郡。"很可能永和间平蜀后对晋昌郡作过一些调整。《宋书·州郡志》梁州"新兴太守"条："……宋末省晋昌郡，立新兴郡，以晋昌之长乐、安晋、延寿、安乐属魏兴郡，宣汉属巴渠郡，宁都属安康郡。"同卷"安康太守"条谓："宋末分魏兴之安康县及晋昌之宁都县立。"①此处所言"宋末"，当指元徽、昇明之世（473—479）。据《宋书》卷九《后废帝纪》，元徽元年（473）八月，又申土断之令。②此次改晋昌郡为新兴郡、并调整其属县之举措，当就是此次申令的结果。经过此次土断，原属晋昌侨郡的长乐、广昌、安晋、延寿四县度属魏兴郡，宣汉县度属巴渠郡，宁都县度属新立的安康郡，皆当据有实土；新兴郡领有吉阳、东关二县，亦成为实土郡。

此次土断调整郡县，概以县为单位。《宋书·州郡志》于原属晋昌郡的各县下均注明其本为何处流民，如长乐，本蜀郡流民；安晋，本蜀郡流民；延寿，本蜀郡流民；宣汉，本建平郡流民；吉阳，本益州流民；东关，本建平流民；新兴，本巴东夷人；宁都，本蜀郡流民。则知凡此诸侨县，最初皆当按流民来源地设立，土断时仍以流民故籍所属分划。考虑到侨县户口非繁，大抵不会再分置乡里。

正是由于魏兴、新兴（晋昌所改）、安康三郡乃宋末元徽间土断调整的结果，《宋书·州郡志》未记有三郡户口数。而梁州、秦州所属其他侨郡则多记有户口数。如所周知，《宋书·州郡志》所记政区户口，"大较以大明

---

① 《宋书》卷三七《州郡志》三，第1146、1153页。
② 《宋书》卷九《后废帝纪》，第180页。

八年为正"，故其所记诸郡户口，大抵皆为大明土断后的著籍数。然梁、秦二州所属侨郡，除晋昌郡在宋末元徽间曾行过土断外，其他侨郡皆无曾推行土断之证明。晋末义熙土断时，梁、秦二州侨郡尚多未置立，已置之晋昌郡未行土断；大明土断，雍州刺史王玄谟大事更张，《宋书·州郡志》雍州刺史下亦有详细记载，而梁、秦二州侨郡却未见任何记载。尽管如此，由于《宋书·州郡志》详载梁、秦二州侨郡县的户口数，我们仍然可以大致推定：梁、南秦二州，在大明间，约于王玄谟在雍州推行土断之前后，亦曾开展过土断。

分析刘宋中期梁、南秦二州所属侨郡领县与户口情况（见表3-3），可以发现：凡此17侨郡58县，平均每县所领的著籍户数只有230户，每县平均所领户数最多的是华阳郡（640户），最少的是北上洛郡（36户）。一个县所领著籍户数如此之少，很难想象各县之下复有乡里之建置。事实上，侨县大抵以流民原籍所在之郡、县为单位组织，也不太有必要再分置乡里，盖流民既以旧籍相团结，自以地缘关系联结，无需再加之以行政系统之乡里分划与组织。

表3-3 刘宋中期梁、南秦二州所属侨郡县的著籍户口数

郡	县数	户数	口数	县均户数	县均口数
华阳郡	4	2561	15494	640	3874
北阴平郡	2	506	2124	253	1062
南阴平郡	2	407		204	
巴渠郡	7	500	2183	71	312
怀安郡	2	407	2366	204	1183
宋熙郡	5	1385	3128	277	626
北上洛郡	7	254		36	
怀汉郡	3	419		140	
西京兆郡	3	693	4552	231	1517
南太原郡	1	233	1156	233	1156
冯翊郡	5	1490	6854	298	1371
陇西郡	6	1561	7530	260	1255

（续表）

郡	县数	户数	口数	县均户数	县均口数
始平郡	3	859	5441	286	1814
金城郡	2	375	1000	186	500
安定郡	2	640	2518	320	1259
天水郡	2	893	5228	447	2614
西扶风郡	2	144		72	
合计	58	13327		230	

资料来源：《宋书》卷三七《州郡志》三，第1144—1158页。

如所周知，在土断之前，侨流户口既散居四境，并不著籍于所居郡县，故并无簿籍可稽，也就无复乡里分划与组织可言；朝廷亦多假流民帅以郡县守长之号，使之统领流民。土断之后，侨郡县虽据有实土，而侨流民户之统系仍有赖于故籍旧贯之地缘联系，且户口寡少，故侨县之下，并无乡里之分置，仍多以县直接统领民户，流民中的宗帅豪长，仍得实际控制流民社会，并逐渐成长壮大，故至齐梁之世，所谓"郡邑岩穴之长，村屯邬壁之豪"① 乃得崛起，渐次掌握县、郡、州的权力，并"造成南朝民族及社会阶级之变动"。②

七、齐梁之世汉中地区方隅豪族之崛起及其对乡里社会的控制

汉水上游地区土豪势力之崛起，当可溯及刘宋后期。上引《南齐书·文惠太子传》记范柏年本为梓潼人，后徙居侨置于梁州、治南郑的华阳郡，"世为土豪，知名州里"，则知范氏本为梓潼土豪，梁州大姓。"宋泰始中，氐寇断晋寿道，柏年以仓部郎假节领数百人慰劳通路，自益州道报命。除晋寿太守。讨平氐贼，遂为梁州。"③范柏年以土豪身份，得任梁州刺史（事在元徽四年，476），固因宋政已衰、人才匮乏，亦确是梁州土豪崛起

---

① 见《陈书》卷三五末"史臣论"，北京：中华书局，1972年，第490页。
② 陈寅恪：《魏书司马叡传江东民族条释证及推论》，见氏著《金明馆丛稿初编》，上海：上海古籍出版社，1980年，第69—106页，引文见第101页。
③ 《南齐书》卷二一《文惠太子传》，第398页。

之标志。昇明三年（479），萧道成以王玄邈代柏年为梁、南秦二州刺史，范柏年亲信李乌奴"劝柏年据汉中不受命"；后柏年被诛，乌奴乃"率亡命千余人攻梁州，为刺史王玄邈所破，复走还氐中"。①李乌奴之身份，《南齐书·文惠太子传》谓为"晋寿亡命"，而《南齐书·氐传》记荆州刺史萧嶷悬赏购乌奴首，谓将以"乌奴田宅事业"赐与之，②则乌奴亦当为大豪。然范柏年、李乌奴终皆败死，说明其时梁、南秦二州土豪势力还不够强大。

萧齐之世，梁、南秦二州相对稳定，"户口稍实"，遂有"梁土富饶"之称，③临此二州者多聚财货。如齐武帝永明间，崔庆绪任为梁南秦二州刺史，"家财千万"。④在此数十年间，二州豪酋势力遂得渐次发展。梁武帝天监四年（魏宣武帝正始二年，505），夏侯道迁叛梁入魏，其《请拔汉中归诚表》中述及其叛梁前后之布置，谓"臣前已遣军主杜法先还洵阳，构合徒党，诱结乡落；令晋寿土豪王僧承、王文粲等还至西关，共兴大义"。王僧承、王文粲固为晋寿土豪，杜法先也当是洵阳土豪。反对降魏的华阳太守、白马戍主尹天宝"率部曲，驱掠民丁"，进围南郑，夏侯道迁则"遣军主江悦之率诸军主席灵坦、庞树等领义勇应时讨扑"。⑤江悦之，《魏书》卷七一有传，谓其本为济阳考城人，南渡后家世不显，而悦之"少孤"，"好兵书，有将略，善待士，有部曲数百人"。萧齐时历任征西府中兵参军、领台军主、后军将军，"部曲稍众，千有余人"，"萧赜遣戍汉中，就迁辅国将军。萧衍初，刘季连据蜀反叛，悦之率部曲及梁、秦之众讨灭之，以功进号冠军将军。武兴氐破白马，进图南郑，悦之率军拒战，大破氐众，还复白马"。⑥江悦之虽非在汉中发迹的土豪，却拥有部曲千余人，是汉中的实力派；而席灵坦、庞树等领有"义勇"，很可能是汉中土豪。因此，夏侯道迁之叛梁入魏，很可能是梁、南秦二州土豪势力集结谋取更大势力的一次行动，故夏侯道迁《归诚表》中称述自己得"梁秦士庶"之拥戴，当非虚

---

① 《南齐书》卷五九《氐传》，第1028页。
② 《南齐书》卷五九《氐传》，第1028页。
③ 《梁书》卷十二《韦叡传》，第220页。
④ 《南齐书》卷五二《崔慰祖传》，第901页。
⑤ 《魏书》卷七一《夏侯道迁传》，第1581页。
⑥ 《魏书》卷七一《江悦之传》，第1589页。

辞。其时二州叛梁迎魏者多为土豪，最有代表性的就是自称巴州刺史、攻杀梁巴西太守庞景民的巴西"郡民"严玄思。魏将邢峦在上魏宣武帝请乘胜取蜀的奏疏中，说及"巴西广袤一千，户余四万"，"彼土民望，严、蒲、何、杨，非唯五三族落，虽在山居，而多有豪右，文学笺启，往往可观，冠带风流，亦为不少。但以去州既远，不能仕进，至于州纲，无由厕迹。巴境民豪，便是无梁州之分，是以郁怏，多生动静"。①按《宋书·州郡志》记巴西郡著籍户口，有4954户、33346口；②而邢峦称巴西"户余四万"，当是指实际户数。严、蒲、何、杨之属豪右，冠带风流，已颇可观，自不再满足于不能仕进、无预州纲的地位，故每"多生动静"，即亟谋攫取更大的政治经济利益。邢峦所言，虽是巴西一郡情形，实涵盖梁、南秦二州之总况。盖至齐梁之世，晋宋以来仅得称豪方隅、控制乡里的土豪酋长，渐次成长，已有足够实力谋取郡县权力矣。

齐梁之世汉水上游地区方隅豪族之崛起及其对乡里社会之控制，可由安康李氏、倪城杨氏及黄土扶氏的兴起过程中窥知若干踪迹。《周书》卷四四《李迁哲传》云：

> 李迁哲字孝彦，安康人也。世为山南豪族，仕于江左。祖方达，齐末为本州治中。父元真，仕梁，历东宫左卫率、东梁衡二州刺史、散骑常侍、沌阳侯。迁哲……起家文德主帅，转直阁将军、武贲中郎将。及其父为衡州，留迁哲本乡，监统部曲事。时年二十，抚驭群下，甚得其情。大同二年，除安康郡守。三年，加超武将军。太清二年，移镇魏兴郡，都督魏兴、上庸等八郡诸军事，袭爵沌阳侯，邑一千五百户。四年，迁持节、信武将军、散骑常侍、都督东梁洵兴等七州诸军事、东梁州刺史。及侯景篡逆，诸王争帝，迁哲外御边寇，自守而已。③

按：《华阳国志》卷二《汉中志》魏兴郡下有"安康县"，"本安阳县，太康中改"。其治所当在今石泉县城稍东处。《水经注·沔水》云："汉水又

---

① 《魏书》卷六五《邢峦传》，第1442页。
② 《宋书》卷三八《州郡志》四，第1170页。
③ 《周书》卷四四《李迁哲传》，北京：中华书局，1971年，第790页。

东历敖头，旧立仓储之所，傍山通道，水陆险凑。魏兴安康县治，有成，统领流杂。"①则其地当为"流杂"所聚。上引《李迁哲传》但称其为"安康人，世为山南豪族"，则非出于"流"，或属于"杂"。齐安康郡属梁州，迁哲祖方达于齐末所为之"本州治中"，当为梁州治中。迁哲父元真仕梁为东梁、衡州刺史。东梁州，《魏书》卷七一《淳于诞传》称："（孝昌）三年，朝议以梁州安康郡阻带江山，要害之所，分置东梁州，仍以诞为镇远将军、梁州刺史。永安二年四月卒。"②盖其时魏据有汉中，因得于安康郡置立东梁州。梁武帝大同元年（西魏大统元年，535）汉中复入于梁后，李元真当即以东梁州地投附于梁，遂得任东梁州刺史。然则，安康李氏之初起，当在齐梁之际；天监四年（魏正始二年，505）汉中入魏后，李氏当与北魏合作；③梁复汉中地，李氏又转投于梁，李元真得任为东梁州刺史。元真后转任衡州，"留迁哲本乡，监统部曲事"；大同二年（536），正是梁复有汉中地后之第二年，迁哲任安康郡守，盖其时李元真转任衡州刺史，而李氏仍得控制安康郡地。至太清二年（西魏大统十四年，548），迁哲移治魏兴郡、都督魏兴等八郡；四年，又升任都督东梁洵兴等七州诸军事、东梁州刺史。李氏的势力显然在逐步扩大。

傥城杨氏之崛起，似较安康李氏稍后，当在梁魏争夺汉中之时。《周书·杨乾运传》云：

> 杨乾运字玄邈，傥城兴势人也。为方隅豪族。父天兴，齐安康郡守。乾运少雄武，为乡间所信服。弱冠，州辟主簿。孝昌初，除宣威将军、奉朝请，寻为本州治中，转别驾，除安康郡守。大统初，梁州民皇甫圆、姜晏聚众南叛，梁将兰钦率兵应接之。以是汉中遂陷，乾运亦入

---

① 杨守敬、熊会贞：《水经注》二七《沔水》上，第2329—2330页。
② 《魏书》卷七一《淳于诞传》，第1593页。
③ 《魏书》卷一一《出帝平阳王纪》永熙三年（534）二月下载："东梁州为夷民侵逼，诏使持节、车骑大将军、行东雍州事泉企为东梁州行台、都督以讨之。"（第289页）《周书》卷四四《泉企传》记其事云："梁魏兴郡与洛州接壤，表请与属。诏企为行台尚书以抚纳之。"（第786页）颇疑当时据有东梁州的就是安康李氏。迁哲降附西魏后，宇文泰责之曰："何不早归国家，乃劳师旅。今为俘虏，不亦愧乎？"（见《周书》卷四四《李迁哲传》，第790页）说明李氏在此前或曾与西魏方面有所接洽，然未得妥帖，故宇文泰方有"何不早归国家"之辞。

梁。梁大同元年，除［飈］（飘）武将军、西益潼刺史，寻转信武将军、黎州刺史。太清末，迁潼南梁二州刺史，加鼓吹一部。①

按：西魏北周傥城郡治于傥水入沔处之傥城（今陕西洋县），兴势县则在其西北二十里、傥水东岸之兴势山上。②宋齐之世，兴势均未置县，盖以其僻处山中，不闻于世之故。杨氏世居其中，并不显达，乾运父仕齐为安康郡守一事，不足凭信。魏置兴势县盖在正始二年（梁天监四年，505）夏侯道迁叛梁降魏之后，杨氏亦当于其后方渐次崛起。孝昌初（525）杨乾运得任安康郡守，正是在魏梁争夺汉中最为激烈而魏方居于守势之时。至大同元年（西魏大统元年，535），梁复汉中，仍任用杨氏。上引本传谓乾运入梁之后，相继任西益潼、黎、南梁潼诸州刺史。西益潼州乃所谓双头州，治巴西郡（在今四川绵阳东），后改为潼州；黎州即北魏所置之西益州，治晋寿郡（在今四川广元境）；南梁州则与北巴州同治于阆中（在今四川阆中）。③凡此诸州，均在剑阁内外、西汉水与涪水之间。乾运据有其地，苦心经营十数年，遂成为于益、梁政局举足轻重的一支力量。

黄土扶氏之兴起，又较傥城杨氏为晚，应在大同初年萧梁重新据有汉中之后。《周书》卷四四《扶猛传》云：

> 扶猛字宗略，上甲黄土人也。其种落号白兽蛮，世为渠帅。猛，梁大同中以直后出为持节、厉锋将军、青州刺史，转上庸新城二郡守、南洛北司二州刺史，封宕渠县男。及侯景作乱，猛乃拥众自守，未有所从。④

按：上甲黄土，当指上州甲郡黄土县。上州为南洛州所改，治上津；甲郡，

---

① 《周书》卷四四《杨乾运传》，第793页。
② 王仲荦《北周地理志》卷四山南上梁州"傥城郡"下谓傥城郡治龙亭县，在洋县东十八里。所据为《读史方舆纪要》所记（《北周地理志》上册，北京：中华书局，1980年，第326页）。今考《太平寰宇记》卷一三八洋州兴道县下记有"龙亭故城"，谓："汉为（县）［亭］，废城在今县东。又《梁州记》云：龙亭县属傥城郡。"则龙亭县显非傥城郡治所在。傥城郡治当在傥城。参阅《太平寰宇记》卷一三八洋州"兴道县"条（第2690页）。
③ 参见《北周地理志》，第278—280、307—309、340—344页。
④ 《周书》卷四四《扶猛传》，第795页。

北周置，治当在今湖北郧西县西境、甲水下游；黄土县，当在今陕西旬阳县东北境蜀河口①。《隋书·地理志》西城郡"黄土"县原注云："西魏置洧阳郡，后周改郡，置县曰长冈；后郡省入甲郡，置县曰黄土，并赤石、甲、临江县入焉。"②凡此郡县之置，显为羁縻笼络当地土豪渠帅，而扶猛当即此种土豪之一。白兽蛮，今本《周书》校勘记谓"白兽"即"白虎"，避唐讳改，应可从。白虎蛮当出自廪君蛮，与活动在长江三峡地区的"蛮蜑"同属一系，而与出自板楯蛮之巴人则非属一支。③扶猛世为白兽蛮之渠帅，而廪君蛮五大姓中有樊氏，见于《后汉书·南蛮传》，扶、樊音近，当为同一姓氏。

扶氏虽世居汉水北岸、今陕西旬阳与湖北郧西县交界处之蜀河流域，然至梁大同中，其种落盖已迁移到汉水南岸、今竹山县境，故扶猛得任为上庸新城二郡守，治地当在上庸城附近。盖其时上洛泉氏正向南扩张势力，而洵阳则为巴渠杜氏所据，遂压迫属于对立族群的白虎蛮扶氏向南移动，越过汉水，进入堵水中上游。王雄出子午谷，取上津、魏兴，军锋尚未及上庸，故"猛率其众据险为堡，时遣使微通饷馈而已"。魏废帝二年（553）王雄第二次南定魏兴，猛方"以众降"。④《周书·扶猛传》称："太祖以其世据本乡，乃厚加抚纳，授车骑大将军、仪同三司，加散骑常侍，复爵宕渠县男。割二郡为罗州，以猛为刺史。"⑤盖魏兴反叛者主要是巴渠，故宇文氏乃扶持出自廪君蛮之扶猛，以收制衡之效。

---

① 参见《北周地理志》，第403—405页。
② 《隋书》卷二九《地理志》上，北京：中华书局，1973年，第818页。
③ 《后汉书》卷八六《南蛮西南夷列传》"巴郡南郡蛮"条下记廪君死后，"魂魄世为白虎。巴氏以虎饮人血，遂以人祠焉"。（第2840页）故廪君系统之蛮均崇祀白虎，所谓"白虎蛮"盖即廪君蛮。而巴人所出之板楯蛮的早期传说中则有射杀白虎的故事（见《后汉书·南蛮西南夷列传》"板楯蛮夷"条，第2842页），显然蕴含着与廪君蛮的冲突。《华阳国志》卷一《巴志》谓巴夷"专以射白虎为事，户岁出賨钱口四十，故世号白虎复夷，一曰板楯蛮"。故"专以射杀白虎为事"的"白虎复夷"（板楯蛮、巴蛮）与崇祀白虎之廪君蛮（白虎蛮）实为对立之两种族群。参阅任乃强《华阳国志校补图注》卷一《巴志》之五注4，第14—16页。
④ 《周书》卷二《文帝纪下》魏废帝二年二月，"东梁州平，迁其豪帅于雍州"。（第33页）则王雄第二次平定魏兴之后，曾将其豪酋迁往关中。为此，魏军必曾颇事征伐，扶猛盖于其时纳降。
⑤ 《周书》卷四四《扶猛传》，第795页。

除上述三氏之外，北魏永安（528—530）间任为巴州刺史的巴酋严始欣、隆城镇将（亦为南梁州刺史）严恺，①上引《周书·杨乾运传》所记大统初"聚众南叛"的"梁州民皇甫圆、姜晏"，魏恭帝初（554—555）"连结作乱"的直州人乐炽、洋州人田越、金州人黄国等，②也当都是土豪酋长。这些土豪在得预郡、州权力之前，大抵皆为乡里豪帅，其所领部曲既为其个人武装，故随其势力渐大，乃得拥兵据有郡县；而无论是齐梁抑或魏周，均不得不依靠这些土豪，故每授以郡守州将；而这些土豪虽得任郡守州将、都督数州，实际上控制地域社会的基本办法仍然是借部曲武装为根本，而统以数量不等的较小豪酋，故无论其官职如何，所统部曲武装之多少，才是其势力之根本。

八、六朝时期南方地区乡里控制体系变化的总趋势

综上考述，可以认知：（1）汉末张鲁控制汉中，以米道之宗教组织取代旧有的乡里组织，作为控制地方社会与民众之基本手段：按地方分设各"治"，以"治头大祭酒"为首领，其所统地域可能相当于汉代的一两个县；"治"下复分设不同层级的祭酒，可能有辖区相当于汉代亭部的祭酒与辖区相当于汉代里的祭酒两个层级。（2）蜀汉统治汉中时，汉中户口萧散，留存民户多团聚于关戍城周围。虽然蜀汉统治汉中时曾经检括户口、编排户籍，但可能采用的是军事化或半军事化的管理方式，而并未恢复汉代的乡里制度。（3）汉魏之际，蒯祺、孟达、申氏兄弟以豪酋身份相继据有"东三郡"，其控制地方之方式，大抵与汉末魏晋时渐起的北方"坞主"控制所领民户的方式相同，而无复汉时之乡里组织。曹魏至西晋入吴前，"东三郡"被视为边郡而不予编审户籍，故百姓并无"名籍"。（4）太康初年，汉中、新城、魏兴、上庸等四郡大抵皆按晋制规定，重新分划乡里，建立起相对稳定的乡里控制体系；《晋书·地理志》所记四郡户数，应是基本可信的太康间西晋政府掌握的著籍户数。（5）两晋之际，汉中颇形荒残，民户多流入蜀中、荆襄。成汉据有汉中（314—347），亦以汉中荒虚，视同边徼，不复着意经营。成汉政权可能主要是以流民帅与宗豪所领部众作为社

---

① 《魏书》卷一〇一《獠传》，第2250页。
② 《周书》卷四四《李迁哲传》，第790页。

会单元，通过流民帅与宗豪向其部众征发赋调。（6）晋宋时期，巴蜀、关陇流民与仇池氐人渐次进入汉水上游地区，为安置这些侨流户口，渐次设立晋昌、陇西、宋康、冯翊、华阳、白水等侨郡。侨郡县之设立，多按侨流民户之来源地划分，多统之以流民帅；在土断前，侨流户口散居四境，并无簿籍可稽，也就无复乡里分划与组织可言。大明与刘宋末年元徽间，梁、南秦二州所属侨郡县实行过两次土断。土断之后，侨郡县虽据有实土，而侨流民户之统系仍有赖于故籍旧贯之地缘联系，且户口寡少，并无乡里之分置，而多以县直接统领民户，流民中的宗帅豪长，仍得实际控制流民社会。（7）齐梁之世，汉水上游地区的方隅豪族渐次兴起。这些土豪在得预郡、州权力之前，大抵皆为乡里豪帅，其所领部曲既为其个人武装，故随其势力渐大，乃得拥兵据有郡县，而即使在他们得任郡守州将、都督数州之后，实际上控制地域社会的方式仍是凭借部曲武装，而统以数量不等的较小豪酋。

然则，在此三百余年中，汉水上游地区的乡里控制方式颇历变化：汉末张鲁据有汉中及蒯祺、申氏兄弟据有东三郡，分别以米道宗教组织和坞壁帅控制部曲的方式，取代汉代的乡里组织与控制方式，致汉代乡里控制系统基本崩解；蜀汉与魏晋分别控制汉中与东三郡，大抵均推行战时体制，未能建立起相对稳定的乡里控制系统；西晋短期统一，盖曾推行《晋书·职官志》所记之乡里制度，然其制本较疏阔，推行之日亦短促，故在多大程度上得到切实推行，颇不能确定。故历东晋以迄于齐梁，统治汉水上游地区的各政权均未能建立起制度性的乡里控制体系，实际控制乡里社会的，一直是各种宗帅土豪：这些土豪宗帅起初大约只在乡里范围内发挥作用，部分势力较大的流民帅得以控制县、郡；随着其力量不断壮大，渐次据有郡县，从而在很大程度上影响了南北朝后期这一地区政治社会的变动。①

汉水上游地区乡里控制方式的变化，在东晋南朝乡里控制体系演变过程中，究竟具有怎样的意义，或者说是否具有代表性，殊不能确定。本节通过对汉末以迄齐梁之世汉水上游地区乡里控制方式之变化的梳理和分析，形成了一些认识，这些认识在多大程度上具有普遍性，尚不能知。但本节的研究

---

① 鲁西奇：《西魏北周时代"山南"的"方隅豪族"》，《中国史研究》2009年第1期；鲁西奇：《"山南道"之成立》，《中国历史地理论丛》2009年第2期。

给我们揭示了一个大致的方向，即：自汉末乱离，广大南方地区的乡里组织与控制方式当即脱离旧有的制度性束缚，王朝国家既未制定相对完备、一致的乡里制度，更没有能力推行某一种乡里制度，各地区的乡里控制方式遂多因地、因人、因事而演变，从而形成各不相同的乡里控制方式与系统，而不复有系统、一致的乡里组织与体系，故沈约所谓"各有旧俗，无定制"，确为东晋南朝乡里控制的实际情形。在这一过程中，乡里社会的控制权遂渐次落入土豪宗帅手中。因此，在此数百年间，真正控制南方地区乡里社会的，乃是大大小小的土豪宗帅；其控制乡里社会的权力，却并非源于王朝国家的制度规定，而是建基于财富、武力之上的各种社会关系。换言之，东晋南朝时期乡里控制的基础，并非王朝国家的制度规定和权力，而是不同层级的土豪宗帅。

陈寅恪先生尝论及梁末"郡邑岩穴之长，村屯坞壁之豪"之乘时竞起，谓"此等豪酋皆非汉末魏晋宋齐梁以来之三吴士族，而是江左土人，即魏伯起所谓巴蜀谿俚诸族。是等族类在此以前除少数例外，大抵为被压迫之下层民族，不得预闻南朝之大政及居社会高等地位者也"。[①]其说颇为论者称引。今由本节之研究，或可进一步推论：此类豪酋之崛起，实有漫长过程，而其所以崛起之背景，乃因缘自汉末以来王朝国家对乡里社会之控制相对薄弱，而此类村屯坞壁之豪在漫长过程中，逐步积累势力，培育乡里基础，至齐梁之世，乃得因缘际会，乘时而起。换言之，南朝后期方隅豪酋之崛起，乃是长期以来他们持续控制乡里社会的结果。

第四节　十六国北朝时期北方地区的人群与控制

一、十六国北朝时期北方地区的社会控制之总概

陈寅恪先生《桃花源记旁证》起首即谓：

> 西晋末年戎狄盗贼并起，当时中原避难之人民，其能远离本土迁至他乡者，东北则托庇于慕容之政权，西北则归依于张轨之领域，南奔则

[①] 陈寅恪：《魏书司马叡传江东民族条释证及推论》，《金明馆丛稿初编》，上海：上海古籍出版社，1980年，第69—106页，引文见第101页。

侨寄于孙吴之故壤。不独前燕、前凉及东晋之建国中兴与此中原之流民有关，即后来南北朝之士族亦承其系统者也。……其不能远离本土迁至他乡者，则大抵纠合宗族乡党，屯聚坞堡，据险自守，以避戎狄寇盗之难。①

陈先生并引据史乘，以明其说。他首引《晋书·孝友·庾衮传》所记：

> 张泓等肆掠于阳翟，衮乃率其同族及庶姓保于禹山。是时百姓安宁，未知战守之事。衮曰："孔子云：'不教而战，是谓弃之。'"乃集诸群士而谋之曰："二三君子相与处于险，将以安保亲尊，全妻孥也。古人有言：'千人聚，而不以一人为主，不散则乱矣。'将若之何？"众曰："善。今日之主，非君而谁！"……于是峻险阨，杜蹊径，修壁坞，树藩障，考功庸，计丈尺，均劳逸，通有无，缮完器备，量力任能，物应其宜，使邑推其长，里推其贤，而身率之。……及贼至，衮乃勒部曲，整行伍，皆持满而勿发。贼挑战，晏然不动，且辞焉。贼服其慎而畏其整，是以皆退，如是者三。②

此段叙述，诚为一乱世自保图（陈先生并引《郡斋读书志》，谓确有《庾衮保聚图》一卷），其坞堡之创置、组织与战守均于此可见。其中特别值得注意者，乃是"邑推其长，里推其贤"，"邑"当即县邑，"里"即乡里之里，则于此坞堡之中，得聚诸县邑乡里之人，其组织则一仍县邑、乡里之制，而庾衮则俨然如郡守。陈先生又引《晋书·苏峻传》：

> 永嘉之乱，百姓流亡，所在屯聚。峻纠合得数千家，结垒于本县（掖县）。于时豪杰所在屯聚，而峻最强。遣长史徐玮宣檄诸屯，示以王化，又收枯骨而葬之。远近感其恩义，推峻为主。遂射猎于海边青山中。③

其时苏峻周围诸豪并立，峻以势力最强而得居其长，则苏峻所屯之垒当最为

---

① 陈寅恪：《桃花源记旁证》，见《金明馆丛稿初编》，第168—179页，引文见第168页。
② 《晋书》卷八八《孝友传》，"庾衮"，第2282—2283页。
③ 《晋书》卷一〇〇《苏峻传》，第2628页。

强大,周围则棋布众多大小屯垒。陈先生又引《晋书》卷六二《祖逖传》:

> 初,北中郎将刘演距于石勒也,流人坞主张平、樊雅等在谯,演署平为豫州刺史,雅为谯郡太守。又有董瞻、于武、谢浮等十余部,众各数百,皆统属平。……而张平余众助雅攻逖。蓬陂坞主陈川,自号宁朔将军、陈留太守。逖遣使求救于川,川遣将李头率众援之,逖遂克谯城。……(桓)宣遂留,助逖讨诸屯坞未附者。……河上堡固,先有任子在胡者,皆听两属,时遣游军伪抄之,明其未附。诸坞主感戴,胡中有异谋,辄密以闻。前后克获,亦由此也。①

诸堡之攻战兼并,弱肉强食之法于此毕现。这些坞堡,多据山凭险,以保聚为务,而脱离于直接生产区域,故多借掳掠为生存手段之一种,诸坞堡间乃多争战杀伐。陈先生说:

> 要之,西晋末世中原人民之不能远徙者亦藉此类小障库城以避难逃死而已。但当时所谓坞垒者甚多,如祖逖传所载,固亦有在平地者。至如郗鉴之避难于峄山,既曰"山有重险",又曰"保固一山",则必居山势险峻之区人迹难通之地无疑,盖非此不足以阻胡马之陵轶、盗贼之寇抄也。凡聚众据险者因欲久支岁月及给养能自足之故,必择险阻而又可以耕种及有水泉之地。其具备此二者之地必为山顶平原,及溪涧水源之地,此又自然之理也。②

据此,则知西晋末年以来,或可上溯至东汉末年,北方地区之乡村聚落形态发生了一大巨变:相当部分的民众为了逃避战乱(胡马之陵轶、盗贼之寇抄),离开原先居住的村落,选择有险阻可凭、水源可用、复有平田可耕之处建立坞壁堡垒,团聚而居。于是,当时中原地区遂形成这样的人文地理面貌:在广袤的平原或低山丘陵、黄土区域,于山水险要处点缀着大大小小的坞堡,每一个坞堡都拥有自己大小不等的生存空间:坞壁—水源—农田区—樵采区,以及掳掠区,依次向外推演。较大的坞堡内部分划成不同的乡里乃

---

① 《晋书》卷六二《祖逖传》,第1695页。
② 陈寅恪:《桃花源记旁证》,见《金明馆丛稿初编》,第168—179页,引文见第171页。

至郡县，各统以长；而在本坞之外，又拥有若干较小的坞堡为其附属——显然，这些附属坞堡要承担一些义务，以求得大坞主的保护——而此种坞堡间的统属关系，显然打破了汉代以来的郡县乡里统辖关系，其统属原则也不再是朝廷的法度，而是实力。横行在这些坞堡之间的，就是胡族兵骑。所谓胡族的统治，也就意味着这些坞堡主的降附，接受胡族政权给予的官职，而其坞主的实质则并未变化。

陈先生此论，实初步奠定所谓"坞堡"研究的基本论点。虽然论者在汉晋南北朝时期坞堡的起源、发展及其组织、性质的认识上存在一些分歧，但大部分研究均着意于分析坞堡在此一时期北方地区经济生产、社会生活与政治控制中的作用，从而揭示出由各种各样的坞堡主控制乡村社会的实质。①

内田吟风、宫崎市定、周一良、唐长孺、严耕望等先生关于北魏"离散部落"和"领民酋长"的讨论，则开启了另一个方向的研究。②《魏书·官氏志》在叙述拓跋氏所统诸部族之后，补充指出："凡此四方诸部，岁时朝贡。登国初，太祖散诸部落，始同为编民。"③四方诸部，即上文所说之东方宇文、慕容氏，南方茂眷氏、宥连氏，次南方纥豆陵氏等五氏，西方尉迟

---

① 赵克尧：《论魏晋南北朝的坞壁》，《历史研究》1980年第6期；刘华祝：《试论两汉豪强地主坞壁》，《历史研究》1985年第5期；金发根：《坞堡溯源及两汉的坞堡》，《历史语言研究所集刊》第三十七本上册（1967年），第201—220页；黄宽重：《从坞堡到山水寨——地方自卫武力》，见杜正胜主编：《中国文化新论——吾土与吾民》，台北：联经出版事业公司，1982年，第227—280页；〔日〕那波利贞：《坞主考》，《东亚人文学报》第2卷第4期（1943年），第467—535页；〔韩〕具圣姬：《两汉魏晋南北朝的坞壁》，北京：民族出版社，2004年，特别是其第一章"绪论"部分。

② 内田吟风：《五胡乱及び北魏时代の匈奴》，初刊于《史林》第二十卷第三号（1935年）；《北朝政局に於ける鲜卑匈奴诸北族系贵族の地位》，初刊于《东洋史研究》第一卷第三号（1936年），二文后收入氏著《北アジア史研究：匈奴篇》，京都：同朋舍，1975年，第306—366页，特别是第337—339、346—347页。宫崎市定：《九品官人法研究：科举前史》，韩昇、刘建英译，北京：中华书局，2008年，第233—239页；周一良：《领民酋长与六州都督》，初刊于《历史语言研究所集刊》第二十本上册（1948年），后收入氏著《魏晋南北朝史论集》，北京：北京大学出版社，1997年，第190—214页；唐长孺：《拓跋国家的建立及其封建化》，收入氏著《魏晋南北朝史论丛》，北京：中华书局，2011年，第185—239页；《拓跋族的汉化过程》，收入氏著《魏晋南北朝史论丛续编》，北京：生活·读书·新知三联书店，1959年，第132—154页，特别是137—140页；严耕望：《中国地方行政制度史·魏晋南北朝地方行政制度》，第837—851页。

③ 《魏书》卷一一三《官氏志》，第3014页。

氏等十五氏，北方贺兰氏等十氏。论者多由此出发，或认为解散部落导致部族制解体，部民编户化、农耕化；而领民酋长制则是北方诸部族固有的部落组织的遗存，其长期存在正是北魏保持其部族制传统的证明。或认为离散部落乃是部族制的再编或重组，即将较大的部族联合体分割成更小的部族单位，以剥夺部族联合体首领的权力，但部落组织和以部落酋长控制部民的统治方式却仍然保存，国家仍通过领民酋长间接统治部民；领民酋长制并非部族制的遗存，而是普遍适用于北魏各部族的基本统治制度。①两种意见虽然针锋相对，但所讨论的问题却是一致的，即北魏对于各部族的统治方式究竟是以领民酋长制的间接统治方式为主，还是以国家掌握编户的直接统治方式为主，以及两种统治方式之间的关系。

由此出发，很多学者将离散部落的做法与领民酋长的制度安排，上溯至十六国时期，认为北魏的领民酋长制与十六国时期的部大、酋大之间存在渊源关系，或者说其性质是一致的，部大、酋大等部落首领控制部民，并作为五胡政权下的基本统治方式而发挥作用；而一个胡族政权在灭亡其他的胡族政权之后，"散诸部落"，分解其固有的部族联合体，使之成为更小的部落单位，以将之纳入新建的国家体制中，也是诸胡族政权通行的做法，其中又以前秦攻灭代国后解散拓跋部族联合体的做法最为典型。②根据这些研究，可以认知：自东汉以来，历魏晋十六国北朝时期，北方地区的诸种夷胡，大抵皆以部落为其基本社会组织方式。概括言之，北族家户以穹庐为居，最基础的社会组织单位为"落"（对于"落"的理解则各不相同，内田吟风认为每落为二三穹庐［帐户］组成，每帐户约七人；林幹、黄烈则认为乌桓、鲜卑的"落"相当于家、户），若干落组成"邑落"，"数百千落"为"部"（部首领为"部帅""渠帅""部大人"），更有包括数十部的部族联合体

---

① 关于领民酋长及其性质的讨论与观点，请参阅牟发松：《北魏解散部落政策与领民酋长制之渊源新探》，《华东师范大学学报（哲学社会科学版）》2017年第5期。

② 马长寿：《乌桓与鲜卑》，上海：上海人民出版社，1962年，第262—269页；川本芳昭：《部族解散の理解をめぐって》，见氏著《魏晋南北朝时代の民族问题》，东京：汲古书院，1998年，第124—186页；李凭：《北魏离散诸部问题考实》，《历史研究》1990年第2期；牟发松：《北魏解散部落政策与领民酋长制之渊源新探》，《华东师范大学学报（哲学社会科学版）》2017年第5期。

（大致相当于"国"，其首领为"君长"）。①而无论是苻坚灭代后"散其部落"，还是北魏道武帝"散诸部落"，所离散的只是部族联合体或部，而不是作为基层社会组织的邑落或落，后者一直是十六国北朝时期诸胡族人群的基本社会组织单位。而通过部大、酋大、酋帅、领民酋长等部落首领控制部民，也是诸胡政权统治诸胡夷人群的基本方式。

不仅如此。很多研究者更进一步洞察到，源于北族部族制的领民酋长制，实际上也逐步渗透到北方汉人社会中，并与坞堡组织相结合，形成所谓"宗主督护制"。②《魏书》卷五三《李冲传》云：

> 旧无三长，惟立宗主督护，所以民多隐冒，五十、三十家方为一户。冲以三正治民，所由来远，于是创三长之制而上之。③

而《北史》卷三三《李灵传》所记李显甫开李鱼川之事更频为论者所引：

> （李）显甫，豪侠知名，集诸李数千家于殷州西山，开李鱼川方五六十里居之，显甫为其宗主。以军功赐爵平棘子，位河南太守，赠安州刺史，谥曰安。④

李显甫集诸李数千家于李鱼川，为其宗主，而又以军功得赐爵，当是领其所部应役从征，故其地位、作用与领民酋长大致相同。陈寅恪先生说："魏初宗主督护之制（参考魏书壹壹拾食货志），盖与道武时离散部落为编户一事有关，实本胡部之遗迹（参考魏书壹壹叁官氏志，及北史捌拾外戚传贺讷传、玖捌高车传等，兹不详论。魏书贺讷传、高车传皆取之北史），不仅普

---

① 内田吟风：《北アジア史研究：匈奴篇》，第234—235页；马长寿：《乌桓与鲜卑》，第112—139页；林幹：《乌桓社会制度新探》，《社会科学战线》1986年第1期；黄烈：《中国古代民族史研究》，北京：人民出版社，1987年，第240—250页。

② 李凭：《论北魏宗主督护制》，《晋阳学刊》1986年第1期；李凭：《再论北魏宗主督护制》，《晋阳学刊》1995年第6期；杨际平、李卿：《李显甫集诸李开李鱼川史事考辨——兼论魏收所谓的太和十年前"唯立宗主督护"》，《厦门大学学报（哲学社会科学版）》2003年第3期。

③ 《魏书》卷五三《李冲传》，第1180页。

④ 《北史》卷三三《李灵传》，北京：中华书局，1974年，第1202页。

通豪族之兼并已也。"①已敏锐地洞察到宗主督护制与胡部部落制之间的关系。唐长孺先生则说："北魏前期不置乡官，而建立以宗族为基础的宗主督护制，正是对北方实际情况的承认，也是拖着氏族制残余的鲜卑拓跋贵族所能理解的基层组织形式。"②所说虽然着眼于强调汉人宗族组织的重要性，但也暗示宗主都护制与鲜卑传统的部族制之间存在关联。

正如上引《魏书·李冲传》所言，三长制就是在此种背景下提出并实行的。北魏孝文帝太和十年前后实行三长制，论者已多，不必多述。在立三长之同时，据《南齐书·魏虏传》记载："（永明）三年，初令邻里党各置一长，五家为邻，五邻为里，五里为党。四年，造户籍，分置州郡。"③侯旭东先生指出："造户籍"不确，当为定户籍。调整郡县、更比户籍（定户籍）与立三长，是密切联系在一起的。④三长制的实行，使北魏重建了以户口控制为核心的乡里控制体系，并为隋唐乡里制奠定了基础。⑤与此同时，领民酋长制仍然存在，在北边六镇等所统诸部族中还呈现出扩大、强化的趋势。

需要指出的是，在十六国及北朝前期，汉晋以来的乡里制度在北方很多地区仍然保存，其编排户口、征发赋役的功能也在不同程度上、断断续续地发挥着作用，而诸胡政权也尽可能采取诸种措施，与坞堡豪酋争夺户

---

① 陈寅恪：《隋唐制度渊源略论稿》，北京：生活·读书·新知三联书店，2001年，第45页。
② 唐长孺：《魏晋南北朝隋唐史三论》，武汉：武汉大学出版社，1992年，第118页。
③ 《南齐书》卷五七《魏虏传》，第989页。
④ 侯旭东：《北朝"三长制"四题》，初刊《中国史研究》2002年第4期，后以《北朝"三长制"》为题，收入氏著《北朝村民的生活世界——朝廷、州县与村里》，北京：商务印书馆，2005年，第108—133页，特别是第117页。
⑤ 关于北朝三长制，主要的研究有：（1）唐长孺：《北魏均田制中的几个问题》，见氏著《魏晋南北朝史论丛续编》，北京：生活·读书·新知三联书店，1959年，第16—28页；（2）严耕望：《中国地方行政制度史·魏晋南北朝地方行政制度》，第681—689页；（3）松本善海：《北魏における均田·三長兩制の制定をめぐる諸問題》，见氏著《中国村落制度の史的研究》，东京：岩波书店，1977年，第260—301页；（4）周一良：《从北魏几郡的户口变化看三长制的作用》，初刊《社会科学战线》1980年第4期，后收入氏著《魏晋南北朝史论集续编》，北京：北京大学出版社，1991年，第52—66页；（5）侯旭东：《北朝"三长制"》，见氏著《北朝村民的生活世界——朝廷、州县与村里》，第108—133页。

口,以征发赋役。《晋书·石勒载记》记石勒既定中原,"司、冀渐宁,人始租赋"。又说"勒以幽冀渐平,始下州郡,阅实人户,户赀二匹,租二斛"。①"户赀二匹,租二斛",是沿用魏晋户调制的方式,但其时如何"阅实户口"却不能详知。《晋书·石勒载记》记石勒攻灭段匹磾之后,"散诸流人三万余户,复其本业,置守宰以抚之,于是冀、并、幽州、辽西巴西诸屯结,皆陷于勒"。②"散诸流人",即将原先团聚于诸屯坞堡中的流人解散开来,使其各还乡里,并各置郡县守宰以抚之,亦即瓦解坞壁、恢复郡县乡里体系。但"徐兖间垒壁多送任请降,皆就拜守宰",大抵是予坞壁主以守宰之名,并无重建郡县乡里之实。石勒又"以右常侍霍皓为劝课大夫,与典农使者朱表、典劝都尉陆充等循行州郡,核定户籍,劝课农桑"。③然其实行情况则不详。

诸胡政权为进行战争,必然需要掌握尽可能多的汉人户口,以征发役丁,然其校阅户口、征发役丁,盖多借坞堡而行,未必依靠乡里体系。慕容儁据有河北、河东后,光寿二年(358)十月,"复图入寇,兼欲经略关西,乃令州郡校阅见丁,精覆隐漏,率户留一丁,余悉发之,欲使步卒满一百五十万,期明年大集,将进临洛阳,为三方节度"。后"改为三五占兵,宽戎备一周,悉令明年季冬赴集邺都"。其时慕容氏所实际控制者,主要是幽、冀、并、平四州,青、兖、豫三州尚未能有效控制,故其下令"校阅见丁"之州郡,盖以四州及所领郡县为主。而在此之前,"张平跨有新兴、雁门、西河、太原、上党、上郡之地,垒壁三百余,胡晋十余万户";慕容评抚平河东,"并州垒壁降者百余所","平所署征西诸葛骧、镇北苏象、宁东乔庶、镇南石贤等率垒壁百三十八降于儁,儁大悦,皆复其官爵"。事即在慕容儁谋征河南、关西之当年九月。④州郡校阅见丁,当然只能就各垒壁校阅,而非有乡里组织可以依靠。但前燕的校阅还是有效的。至前燕亡于苻秦,"(苻)坚入邺宫,阅其名籍,凡郡百五十七,县一千五百七十九,户二百四十五万八千九百六十九,口

---

① 《晋书》卷一〇四《石勒载记》上,第2720、2724页。
② 《晋书》卷一〇五《石勒载记》下,第2737—2738页。
③ 《晋书》卷一〇五《石勒载记》下,第2741页。
④ 《晋书》卷一一〇《慕容儁载记》,第2839—2840页。

九百九十八万七千九百三十五。诸州郡牧守及六夷渠帅尽降于坚"。①前燕有如此完备的名籍,说明其郡县乡里户籍系统还是发挥作用的。

如果要真正切实地检括户口,却必须重建乡里体系。南燕时,尚书韩诼上疏述及青齐之地户口状况,并建议检括隐户:

> 百姓因秦、晋之弊,迭相荫冒,或百室合户,或千丁共籍,依托城社,不惧熏烧,公避课役,擅为奸宄,损风毁宪,法所不容。但检令未宣,弗可加戮。今宜隐实黎萌,正其编贯,庶上增皇朝理物之明,下益军国兵资之用。

慕容德闻奏后,即以韩诼为"使持节、散骑常侍、行台尚书,巡郡县隐实,得荫户五万八千"。②韩诼检括户口之法,是"隐实黎萌,正其编贯",即辨明隐户,将之纳入其固有的编户系统中。在这一过程中,应当是重新编排乡里并编籍造册的。

在十六国五胡政权中,前秦政权向来被认为"汉化"程度最高,亦即采用汉晋制度最多。《晋书·苻坚载记》谓苻坚初步统一北方后,"复魏晋士籍,使役有常;闻诸非正道,典学一皆禁之"。③下文称"关陇清晏,百姓丰乐,自长安至于诸州,皆夹路树槐柳,二十里一亭,四十里一驿,旅行者取给于途,工商贸贩于道"。则"使役有常"当指征发赋役有章法可循,而此句之意,非仅对士人而言,故"复魏晋士籍"当作"复魏晋士、民籍"。若此说不误,则建元中,前秦或普遍恢复汉晋户籍及乡里制度。

新出"前秦建元二十年(384)三月高昌郡高宁县都乡安邑里籍",④经过荣新江、张荣强等先生的细致研究,⑤其内涵、性质已得到较充分的揭

---

① 《晋书》卷一一三《苻坚载记》上,第2893页。
② 《晋书》卷一二七《慕容德载记》,第3170页。
③ 《晋书》卷一一三《苻坚载记》上,第2895页。中华书局校点本此处的断句作:"复魏晋士籍,使役有常闻,诸非正道,典学一皆禁之。"不能通解,今改作正文所引句逗。
④ 荣新江、李肖、孟宪实主编:《新获吐鲁番出土文献》,北京:中华书局,2008年,第176—179页。
⑤ 荣新江:《吐鲁番新出〈前秦建元二十年籍〉研究》,《中华文史论丛》2007年第4期;张荣强:《〈前秦建元籍〉与汉唐间籍帐制度的变化》,《历史研究》2009年第3期。

示，足可以说明前秦时曾实行严格的户籍制度。在建元二十年籍所录五户人家资料中，张晏一户最为全面：

> 高昌郡高宁县都乡安邑里民张晏年廿三
>
> 叔聪年卅五物故　　奴女弟想年九　　桑三亩半
> 母荆年五十三　　　晏妻辛年廿新上　城南常田十一亩入李规
> 叔妻刘年卅六　　　丁男一　　　　　得张崇桑一亩
> 晏女弟婢年廿物故　丁女三　　　　　沙车城下道北田二亩
> 婢男弟隆年十五　　次丁男三　　　　率加田五亩
> 隆男弟驹年　　　　小女二　　　　　舍一区
> 驹女弟□年
> 聪息男奴年　　　　凡口九①　　　　建元廿年三月籍

张晏一家，籍属高宁县都乡安邑里，家庭人口九口：张晏（廿三岁），晏妻辛（廿岁），晏母荆（五十三岁），晏叔聪之妻刘（四十六岁），晏男弟隆（十五岁）、驹（年不详）、女弟□（年不详），晏叔聪之男奴（年不详）、女想（九岁），另外登记了已经亡故的晏叔聪（三十五岁时亡故）、晏女弟婢（廿岁时亡故）。张晏一家应役之丁男一（当是张晏），次丁男三（当是隆、驹与奴），丁女三（当是辛、荆、刘），九岁的想和不知年龄的晏女弟□应当是小女，尚不需应役。张晏一家的财产有桑四亩半（其中一亩得自张崇，当是本年才由张崇名下转至张晏名下）、田七亩（其中位于沙车城下道北的田二亩，位于率加的田五亩；率加应与沙车城下、城南以及同件文书中所见的坞下、埛坞一样，都是用以表示田地所在位置的地名）、宅一区，另有常田十一亩转给了李规。如此详细的户口、丁役、赀产登记，说明前秦时实行严密的户籍乡里制度。

要之，已有的研究揭示出十六国北朝时期北方地区社会控制的三种方式：一是在广大的汉人集居区域，相当多的民众团聚起来，建立坞堡，作为生产生活的据点；而实际控制坞堡的，则是各种各样的宗主豪强。二是匈

---

① 据张荣强录文，见张荣强《〈前秦建元籍〉与汉唐间籍帐制度的变化》，《历史研究》2009年第3期。

奴、鲜卑、氐、羌等诸种夷胡，通过部大、酋大、酋帅、领民酋长等部落首领控制部民，不同层级的部落组织构成了诸胡族人群的社会组织结构。三是诸胡族政权为了强化对诸种人群的控制，采用不同的方法，包括尽可能重建汉晋以来的乡里控制系统，编排户口，建立籍帐，以保证赋役征发。上述三种方式并存，实际上贯穿于十六国北朝时期，只是在不同阶段、不同地区，三种方式的实行各有差异而已。

在以上认识的基础上，我们注意到，十六国时期的诸胡族政权，实际上大多采取"差序格局"的统治方式，即以建立政权的族（"国族"）为核心，构建本政权的"核心集团"；其次是其他的胡族，基本上可以看作为建立政权之族（"国族"）的同盟者；然后是被征服的汉人。对于胡族政权而言，上述三种人群的区分基本上是清晰的，采取的统治方式也各不相同。以下即试图在前人研究的基础上，进一步分析诸胡族政权对于其同盟之夷胡、被征服之汉人的不同控制方式。

二、《邓太尉祠碑》《广武将军□产碑》再考

前秦建元三年（367）《邓太尉祠碑》（又称《郑宏道修邓太尉祠记》），原在陕西省蒲城县东北二十里东河川，现藏西安碑林博物馆。建元四年《广武将军□产碑》原在陕西省白水县史官村仓颉庙，现藏西安碑林博物馆。马长寿先生在其名作《碑铭所见前秦至隋初的关中部族》中，对二碑作了细致考释，特别是揭示出碑文所见冯翊护军所属五部及其所统诸部族，乃是著名的经典性研究。[①]马先生的着眼点是西晋以来进入关中地区的各种部族，而对于碑文所反映的前秦政权对于各部族的控制方式，特别是所谓五部十二夷种及"杂户"的内涵与实质，则未予充分讨论。故我们试图在马先

---

① 马长寿：《碑铭所见前秦至隋初的关中部族》，北京：中华书局，1985年，第12—21页。除马先生论著外，关于这两通碑铭的研究，还有：（1）町田隆吉：《前秦政権の護軍について——"五胡"時代における諸種族支配の一例》，酒井忠夫先生古稀祝賀記念の會編：《歷史における民眾と文化——酒井忠夫先生古稀祝賀記念論集》，東京：国書刊行会，1982年，第169—186页；（2）谢人吾：《苻秦〈魏故邓太尉祠碑〉考释》，《文博》1992年第4期；（3）三崎良章：《看冯翊护军论前秦的民族认识》，见中国魏晋南北朝史学会、四川大学历史文化学院编：《魏晋南北朝史论文集》，成都：巴蜀书社，2006年，第222—227页。（4）堀敏一：《北朝雜戶制の再考察》，见氏著《中國古代の身分制：良と賤》，東京：汲古書院，1987年，第283—318页。

生考释的基础上，再略加辨析讨论。

为便于讨论，我们先将碑文迻录如次：

大秦苻氏建元三年岁在丁卯，冯翊护军、建威将军、奉车都尉、城安县侯、华/山郑能［进］（邈），字宏道，圣世镇南参军、水衡都尉、石安令、治书侍御史、南军督、/都水使者，被除［为］（右）护军，甘露四年十二月廿五日到官。以北接玄朔，给兵三百/人，军［府］（而）吏属一百五十人，统和［戎］、宁戎、鄜城、洛川、定阳五部，领屠各、上郡、肤施、/黑羌、白羌、高凉、西羌、卢水、白房、支胡、粟特、苦水杂户七千，夷类十二种，兼统/夏阳治。在职六载，进无异才，履性忠孝，事上恪勤，夙夜匪解。以太尉邓公祠，/张冯翊所造，岁久颓朽。因旧修饬，故记之。以其年六月左降为尚书库部郎、/护军司马、奉车都尉、关内侯。始平解虔，字臣文，圣世水衡令、蒲子北掘令、安/边将军司马、都水参军，被除为司马。/

以下为属吏题名，上截第一列：

军参事、北地灵武孟□完广。/军参事、和戎钳耳□□龙。/军门下督、和戎钳耳□世虎。/军功曹、和戎钳耳叵当世兴。/军主薄、河西临晋杨万世和。/军主薄、和戎雷夫龙道藏。/军主薄、河西重泉范高延思。/军主薄、和戎雷道子安。/军主薄、和戎雷川玉光。/

上截第二列：

军主薄、和戎雷永景文。/军主薄、和戎西羌骑世龙。/军录事、和戎雷颜道□。军录事、和戎甞陆道□。/军录事、和戎儁蒙琕予谅。/功曹书佐和戎雷陵道进。/功曹书佐、和戎儁蒙龙彦详。/

下截：

军参事、北地富平杨洸少论。/军门下督、冯翊朱进超石。/军功曹、宁戎盖周彦容。/军主薄、宁戎郝子星永文。/军主薄、宁戎屈男童道诜。/军主薄、宁戎甞共永苍。/军主薄、宁戎雷树进夔。/军录事、

冯翊吕蹇帧苍。/军录事、宁戎凳投钦详。/军功曹书佐、宁戎利非阎永达。/治下部大钳耳丁比。/①

（一）冯翊护军

据碑文，郑能进于前秦甘露四年（362）被任为冯翊护军，是年底到任；至建元三年（367）六月被降为护军司马。碑文的撰写人解廙（字臣文）当是郑能进任冯翊护军时的护军司马。建元四年《广武将军□产碑》（又称"立界山石祠碑""张产碑"）云：

> 维大秦建元四年岁在丙辰十月一日，广武将军、节□□□□
> □□□□□/使持节、冠军将军、益州刺史上党公之元孙，三代侍中，右
> □□□□□□□□/卿、建忠将军、抚夷护军、扶风大守、迁寿匡侯之
> 胤子讳产，字君□□□□□。/君秉德渊玄，高韵绝深，文柔武烈，
> 令问孔脩。密拱□□，□声特挺，□□□□。/匡毗懿主，忠训殊
> 异。宰政钦冲，显授池阳令。称扬德□□□□□□□□□□□/和戎翟，
> 绥怀□聚，即授征西大将军左司马。敷教殊方，西□□□□/
> 茂著乃业，屋□萧张，□□于今也。君临此城，渐再累纪。□
> □□□□□/顺序，稼□□□□□□□□而至□□惠和
> 导万□□□□□□□□□□□□/职□高
> □□□□□□职于当□垂□□□□□□□□/君当列封□□
> □□司马即默□广武司马孟巨□□□□□□□/节将
> 军董□，建□□军杨□，建□□军
> □□□□□/郎，建武将军王柴，鹰扬将军□□□□□□董槃
> □□□□□□/躬临南界，与冯翊护军苟辅，参分所［部］，刊石
> □□□□山为□□□□□□/方，西至洛水，东齐定阳，南北七百，
> 东西二百。□□□□□□□□□□□□/苦水。统户三万，领吏千

---

① 陆耀遹《金石续编》卷一著录此碑，作"郑能进修邓艾祠碑"（上海：醉六堂，1893年，石印本）。北京图书馆金石组编《北京图书馆藏中国历代石刻拓本汇编》第二册（郑州：中州古籍出版社，1989年）第121页有拓本图影。毛远明《汉魏六朝碑刻校注》第三册（北京：线装书局，2008年）第73—75页有拓本图影并录文。原碑现存西安碑林博物馆。

人，大将三□。①

建元四年时，苟辅任冯翊护军，当即接替前一年被降任为护军司马的郑君进。说明冯翊护军当为常设职官。②

□产之父曾任抚夷护军。抚夷护军，马长寿先生引《元和郡县图志》卷一京兆府云阳县所记："魏司马宣王抚慰关中，罢（云阳）县，置抚夷护军"，谓抚夷护军置于曹魏时，在唐代云阳县境内，应可从。《三国志·魏书·乌丸鲜卑东夷传》卷末裴注引《魏略·西戎传》曰："近去建安中，兴国氐王阿贵、白项氐王千万各有部落万余，至十六年，从马超为乱。超破之后，阿贵为夏侯渊所攻灭，千万西南入蜀，其部落不能去，皆降。国家分徙其前后两端者，置扶风美阳，今之安夷、抚夷二部护军所典是也。"③则知抚夷、安夷二护军所统，本当以氐人为主。而《元和郡县图志》续称："及

---

① 王昶：《金石萃编》卷二五著录此碑，题作"广武将军□产碑"。《潜研堂金石文字目录》卷一题为"立界山石祠碑"，盖以碑额题字命名。《北京图书馆藏中国历代石刻拓本汇编》第二册第123页有拓本图影。毛远明《汉魏六朝碑刻校注》第三册第76—78页有拓本图影并录文。马长寿《碑铭所见前秦至隋初的关中部族》第24页下据原式录有碑阳、碑阴全文。

② 关于魏晋十六国时代护军的起源、职掌、性质及其演变，请参阅：（1）唐长孺：《魏晋杂胡考》，见氏著《魏晋南北朝史论丛》，北京：中华书局，2011年，第369—435页，特别是第381页；（2）严耕望：《中国地方行政制度史·魏晋南北朝地方行政制度》，第817—835页；（3）町田隆吉：《前秦政權の護軍について——"五胡"時代における諸種族支配の一例》，酒井忠夫先生古稀祝賀記念の會編：《歷史における民眾と文化——酒井忠夫先生古稀祝賀記念論集》，東京：国书刊行会，1982年，第169—186页；（4）郑炳林：《仇池国二十部护军镇考》，《西北民族研究》1991年第2期；（5）冯君实：《魏晋官制中的护军》，中国魏晋南北朝史学会编：《魏晋南北朝史论文集》，济南：齐鲁书社，1991年，第102—118页；（6）高敏：《十六国前秦、后秦时期的"护军"制》，《中国史研究》1992年第2期，后收入氏著《魏晋南北朝兵制研究》，郑州：大象出版社，1998年，第217—231页；（7）张金龙：《十六国"地方"护军制度补正》，《西北史地》1994年第4期，后收入氏著《北魏政治与制度论稿》，兰州：甘肃教育出版社，2003年，第396—412页；（8）吴宏岐："护军"制起始时间考辨》，《中国史研究》1997年第4期；（9）周伟洲：《魏晋南北朝时期的护军制》，《燕京学报》新6期，北京：北京大学出版社，1999年，第19—35页；（10）三崎良章：《看冯翊护军论前秦的民族认识》，见中国魏晋南北朝史学会、四川大学历史文化学院编：《魏晋南北朝史论文集》，成都：巴蜀书社，2006年，第222—227页；（11）侯旭东：《北魏境内胡族政策初探——从〈大代持节豳州刺史山公寺碑〉说起》，《中国社会科学》2008年第5期。

③ 《三国志》卷三〇《魏书·乌丸鲜卑东夷传》，第858页。

赵王伦镇长安，复罢护军。刘、石、苻、姚因之。魏罢护军，更于今理别置云阳县。隋因之。"①是前后赵、前后秦并于云阳置抚夷护军。抚夷护军的统辖范围，即大致相当于唐代的云阳县。

魏晋时又于安定置有安夷护军。《晋书》卷三七《宗室·谯闵王承传》："少笃厚有志行。拜奉车都尉、奉朝请，稍迁广威将军、安夷护军，镇安定。从惠帝还洛阳，拜游击将军。"②惠帝还洛阳，当指光熙元年（306）中晋惠帝由长安复返洛阳事。则司马承任安夷护军当在惠帝时。汉晋均置有安定郡，然司马承虽"镇安定"，却并非安定太守，故其所为之"安夷护军"当在安定郡境内，其所管当是安定郡境内的"夷"（主要是羌）。《晋书》卷六〇《索綝传》谓：

> 怀帝蒙尘，长安又陷，模被害，綝泣曰："与其俱死，宁为伍子胥。"乃赴安定，与雍州刺史贾疋、扶风太守梁综、安夷护军麴允等纠合义众，频破贼党，修复旧馆，迁定宗庙。③

麴允在怀帝时任安夷护军，当为司马承之后任。索綝赴安定得与安夷护军麴允等纠合义众，也说明安夷护军所治当在安定郡境内。而《晋书》卷六〇《阎鼎传》谓：

> 梁综与鼎争权，鼎杀综，以王毗为京兆尹。鼎首建大谋，立功天下。始平太守麴允、抚夷护军索綝并害其功，且欲专权，冯翊太守梁纬、北地太守梁肃，并综母弟，綝之姻也，谋欲除鼎，乃证其有无君之心，专戮大臣，请讨之，遂攻鼎。鼎出奔雍，为氐窦首所杀，传首长安。④

索綝所任之"抚夷护军"，与麴允此前所任之"安夷护军"（麴允改任始平太守），显然是同一个职务，则安定郡境内的安夷护军，又称为"抚夷护军"。《元和郡县图志》卷三泾州临泾县："本汉旧县，属安定郡。……县

---

① 《元和郡县图志》卷一，京兆府云阳县，第10页。
② 《晋书》卷三七《宗室传》，"谯闵王承"，第1103页。
③ 《晋书》卷六〇《索靖传》附子綝传，第1650页。
④ 《晋书》卷六〇《阎鼎传》，第1647页。

界兼有汉安武、安定、彭阳、抚夷四县之地。"①按《汉书·地理志》安定郡有抚夷县，《续汉书·郡国志》无。张金龙先生认为：安定郡境内的安夷（抚夷）护军，或即在西汉抚夷县的基础上所设，应可从。②

前秦有云中护军。《晋书·苻坚载记》记甘露中，"匈奴左贤王卫辰遣使降于坚，遂请田内地，坚许之。云中护军贾雍遣其司马徐斌率骑袭之，因纵兵掠夺"。坚怒而"免雍官，以白衣领护军，遣使修和，示之信义。辰于是入居塞内，贡献相寻"。③《资治通鉴》卷一〇〇于升平三年（359）十二月下载：秦王苻坚以"丞相司马贾雍为云中护军，戍云中之南"④。则知云中护军所统，乃云中南部；匈奴所田之"内地"，正在其辖境。

三原护军与铜官护军均见于《元和郡县图志》。其卷一京兆府"三原县"条："本汉池阳县。巍峩山在今（三原）县西北六十里，苻秦于此山北置三原护军，以其地西有孟侯原，南曰丰原，北曰白鹿原。后魏太武七年罢，改置三原县，属北地郡。"则前秦所置三原护军，领有孟侯、丰、白鹿三原之地，大致相当于后来的三原县。⑤其卷二京兆府"同官县"条："本汉祋祤县地，属左冯翊。晋属频阳。苻秦于祋祤城东北铜官川置铜官护军，后魏太武帝改置铜官县，属北地郡。"铜官护军辖地在铜官川，后改置为铜官县，则其辖境即相当于北朝、隋唐同官县境。⑥其卷三坊州"宜君县"条："前秦苻坚于祋祤县故城置宜君护军，后魏太武帝改为宜君县，文帝大统五年又移于今华原县北。"则前秦所置之宜君护军本在铜官护军之西南，辖境亦在汉时祋祤县境内。⑦三原、宜君、铜官三个护军大约同时设置，至北魏时亦同时改为县。《元和郡县图志》卷三宁州"真宁县"称："后魏置泥阳、惠涉二护军，孝文帝太和十一年复置阳周县。"⑧则泥阳、惠涉二护

---

① 《元和郡县图志》卷三，泾州临泾县，第57页。
② 张金龙：《十六国"地方"护军制度补正》，《西北史地》1994年第4期。
③ 《晋书》卷一一三《苻坚载记》上，第2887页。
④ 《资治通鉴》卷一〇〇，升平三年十二月，第3178页。
⑤ 《元和郡县图志》卷一，京兆府三原县，第7页。
⑥ 《元和郡县图志》卷二，京兆府同官县，第29页。
⑦ 《元和郡县图志》卷三，坊州宜君县，第73页。
⑧ 《元和郡县图志》卷三，宁州真宁县，第65页。

军所统地域,即相当于后来的阳周县。

唐长孺先生早已指出:"护军之官在曹魏时设立,以统边境各族,相当于汉代的属国都尉。"[①]后之论者亦多由此展开论说,认为《邓太尉祠碑》所见之冯翊护军,当即与《广武将军□产碑》中产父所任之抚夷护军以及司马承、麹允、索綝所任之安定郡境内的安夷(抚夷)护军一样,都是专门管理诸夷胡的军政机构,是专为统治少数民族而设置的组织机构与统治方式。在前人研究的基础上,我们试图进一步指出:魏晋至前秦在关中地区所设置的护军,统辖境域大致相当于县;护军亦有固定治所,如宜君护军治于祋祤故城,三原护军治于巀嶭山,铜官护军治于铜官川。《邓太尉祠碑》称冯翊护军"兼统夏阳治",则当治于夏阳。

(二)五部十二夷种

和戎、宁戎,碑文合称为"和宁戎",马长寿先生指出其当为二部,不能混而为一,至为确当。然谓和戎与宁戎"是二城二部",却未必然。盖和戎、宁戎为二部,却未必即为二城。洪亮吉、顾祖禹误以和宁为城,故以岭(九嵕山)北杏城东南某城或三原县北之和宁堡当之,实误。马先生受其误导,以为二部各当有城。而《晋书·姚泓载记》记姚泓并州牧姚懿接受孙畅意见,"乃引兵至陕津,散谷以赐河北夷夏,欲虚损国储,招引和戎诸羌,树己私惠"。下文又称"临晋数千户叛应懿。姚绍济自蒲津,击临晋叛户,大破之,懿等震惧。镇人安定郭纯、王奴等率众围懿。绍入于蒲坂,执懿因之,诛孙畅等"。[②]临晋,即冯翊郡治,此或代指冯翊郡。蒲津在临晋县东境,为黄河渡。所谓"临晋叛户",显即受姚懿招引的"和戎诸羌"。则和戎诸羌当即在冯翊东北境,洛水东北岸与河水之间。而《晋书·姚泓载记》称为"和戎诸羌",显非一部。诸羌分散流动,未必聚居一城。

关于鄜城、洛川、定阳三部,马先生说:鄜城,在今洛川县东南七十里;洛川,西晋无此县,后秦因汉鄜县置洛川县,前秦时之洛川当在冯翊郡界,洛水之东;定阳,在今洛川县东,至宜川县西北界。所说大致可从。三部皆为羌胡所聚。《晋书》卷一一二《苻生载记》记苻生时,"姚

---

① 唐长孺:《魏晋杂胡考》,见《魏晋南北朝史论丛》,第381页。
② 《晋书》卷一一九《姚泓载记》,第3012—3013页。

襄遣姚兰、王钦卢等招动鄜城、定阳、北地、芹川诸羌胡，皆应之，有众二万七千，进据黄落"。①同书卷一一六《姚襄载记》谓："襄寻徙北屈，将图关中，进屯杏城，遣其从兄辅国姚兰略地鄜城，使其兄益及将军王钦卢招集北地戎夏，归附者五万余户。"②黄落，当即后世之黄龙山。则鄜城、定阳当在黄龙山之北。定阳为两汉旧县；鄜城初见于《三国志·魏书·郑浑传》，当筑城于东汉后期；洛川即指洛水。三部皆以地名称，皆在洛水上中游地区，盖集居于上述三地。因此，冯翊五部所聚之区，即大致相当于洛水中上游地区，在今洛川、黄龙、宜川及韩城县北境山区。北魏置有敷城郡，领敷城（当即鄜城所改）、洛川、定阳三县，统户五千六百七十二。③三县正是冯翊护军所领三部所在的地区。

冯翊护军所统和戎、宁戎、鄜城、洛川、定阳五部的性质，马先生未予讨论。由鄜城、洛川、定阳三部后来均置为县观之，三部大抵即相当于县的建置。而在碑文所录冯翊护军的属吏题名中，出自和戎部的共有十三人，出自宁戎部的有七人，却未见有出自鄜城、洛川、定阳三部者。显然，宁戎、和戎二部与另三部有所不同。

除上述五部外，属吏题名的末行见有"治下部大钳耳丁比"。部大，马先生谓为"部落大人"之谓，应可从。冯翊护军"兼统夏阳治"，则所谓"治下"，当即在夏阳。"治下部大钳耳丁比"被置于护军属吏之末，说明其地位较低，"治下"之"部"显非和戎、宁戎等五部之"部"。

"部大"之称，亦见于《广武将军□产碑》碑阴下截与碑侧题名中，计有部大樊良奴、部大王卯多里、部大董白、部大杨小方、部大张□、部大杨赤平、部大王先多、部大爪黑平、部大秦度地、部大韩秉世、部大秦道成、部大张广平、部大王崇、部大司马柱、部大杨秀、部大王□□、部大□□□、部大李山多、部大王安、部大李任奴、部大杨光香、部大李贤顾、杨洛平、部大张爱乡、部大张苦月、王成等。还有五处"部"字下即缺文，推测其下亦当为"大"某某。而碑阴题名下截第四行与第五行所见之帛初、

---

① 《晋书》卷一一二《苻生载记》，第2878页。
② 《晋书》卷一一六《姚襄载记》，第2964页。
③ 《魏书》卷一〇六下《地形志》下，第2627页。

帛大谷之上的文字残缺，据其上下文之例，亦当可补出"部大"。这样，《广武将军□产碑》碑阴与碑侧题名中，至少当有三十三个部大。

"部大"之外，另有"酋大"，计有扬威将军酋大白安、酋大夫蒙□寄、酋大夫蒙丘供、酋大夫蒙弥畅、酋大夫蒙□娥、酋大夫蒙木犁、酋大夫蒙博知、酋大儁蒙升□、酋大夫蒙阿谀、酋大夫蒙阿妒、酋大夫拨蜀、酋大夫蒙私卑、酋大雷株妒、酋大同蹄夫遮娥、酋大夫蒙万丘、酋大夫蒙大娥、酋大儁蒙帝畅、酋大夫蒙剔娥、酋大夫错述、酋大同蹄弱谴、酋大雷上馆、酋大雷丘耳、酋大儁蒙抚娥、酋大王何、酋大王腾等二十五个酋大。又有一例称为"大人"，即"大人白平君"，在"里禁秦羽，将军张□成"之后，据马先生的意见，应当是龟兹人。

此外，碑文又见有"里禁"，与酋大等并列，有里禁秦羽、里禁夫蒙□□两例。"里禁"，当是"里"中之禁，即负责里中治安事务的吏。这两个"里"当位于将军□产的治城中。碑文又见有"丁议"四人，即丁议韩友生、杨□、丁议董成章、丁议秦晋始。"丁议"应当是负责征发役丁的属吏。四人似皆为汉人。

马先生说：西羌酋豪多称为"酋大"，而氐与杂胡的酋帅则多称为"部大"，是否有如此的分野，姑且不论。而碑文将上述诸部大、酋大、大人并列于□产属吏名单，皆当为各种部落或组织单位的首领，则当无疑义。这样，将军□产所领之众，在管理层面就大致可别为三类：一是居住在治城中的民众，分划为两个里，各设"里禁"管理。里禁分别是秦羽和夫蒙□□，似乎说明治城中所居，主要是汉人和西羌。二是由"丁议"负责役丁征发的汉人，分为四个（或更多）单元。汉人丁议的地位，实际上与部大、酋大相近似。三是由部大、酋大、大人等统领的，包括西羌、氐、杂胡在内的诸胡。如果我们把里禁、丁议、部大、酋大、大人等所统都理解为一个管理单元，则由将军□产所领，大约有六十个管理单位。据碑文称，□产"统户三万"，则每个管理单元约为五百户。

然则，《邓太尉祠碑》中所见冯翊护军所领的"治下"之"部"，亦即当为此种管理单位，是冯翊护军治下的"部"，亦由"部大"负责管理。而《邓太尉祠碑》中所见的"上郡、肤施、黑羌、白羌、高凉、西羌、卢水、白虏、支胡、粟特、苦水"等"夷类十二种"，也就应当是十二个管理单元。碑文称冯翊护军所统五部十二夷共有杂户七千，则平均每"夷"约为六百户，与《广武将军□产碑》所见由部大、酋大等统领的各管理单位户数大致相同。这些夷类，亦皆当由部大、酋大统领，正如护军兼统的夏阳治下的部由部大统领一样。

部大、酋大所领之部，规模比较小，还可以举出一个重要证据。《前秦梁阿广墓表》碑阳铭文云：

> 秦故领民酋大、牙门将、袭爵光晋王、司州西川梁阿广，以建元十六年三月十日丙戌终，以其年七月岁在庚辰廿二丁酉，葬于安定西北小卢川大墓茔内，壬，去所居青岩川东南卅里。①

罗新先生曾细致研究过此通墓表，认为梁阿广当出自凉州休屠胡大姓梁氏，其所居之西川即安定郡西川县，梁阿广即移居西川县境内之休屠胡部落的领民酋大。其说颇为可从。在罗先生研究的基础上，我们注意到：梁阿广墓表所出地在今宁夏彭阳县新集乡，则墓表所说其葬地所在之小卢川，当即流经今新集乡、沟口乡的洪河上游；而其所居之青岩川，在小卢川之西北三十里，则当在流经今彭阳西北境古城镇（朝那县所在）的今茹河上游。作为领民酋大的梁阿广所领部落的活动区域，很可能就在今新集乡及古城镇西境。

关于《邓太尉祠碑》所见的十二夷，马长寿先生已作了非常精致深入的研究。马先生把碑文所列的十二夷作为十二个少数部族，所以，他把碑文中的"上郡、肤施"作为黑白羌的来源地，读如"上郡肤施黑羌、白羌"，认为是指从上郡肤施县徙入冯翊郡的黑白羌；把高凉作为西羌的来源地，读作"高凉西羌"，认为是指从高凉迁徙来的西羌。可是，这样一来，可以确定为少数部族名称的就只有屠各、黑白羌、西羌、卢水胡、白虏（即鲜卑）、支胡（即月支胡）、粟特、苦水人八种（若分黑白羌为黑羌、白羌，则有九种）。马先生注意到这个问题，说："'夷类十二种'总计少数部族的数目，前述数目虽不够十二种，但能够叙述到八、九种，已经比古代的任何

---

① 银川美术馆编：《宁夏历代碑刻集》，银川：宁夏人民出版社，2007年，第1页；罗新：《跋前秦梁阿广墓志》，见氏著《中古北族名号研究》，北京：北京大学出版社，2009年，第245—252页。

文献叙述得详细得多了。"①可是，如果不是将上郡、肤施与黑羌、白羌连读，高凉与西羌连读，则碑文所述正为十二种。马先生的解释，仍有可商之处。

这里的关键在于碑文中的上郡、肤施、高凉三个名称，究竟是"夷类"之名，还是用以表示黑白羌与西羌来源的郡县地名。突破点在于对"高凉"的理解。马先生说：汉、魏、晋三朝无以高凉为郡县之名者；北魏晋州（当为东雍州）有高凉郡高凉县，系分龙门县所置，在河东稷山县南，不当为西羌之来源地；而冯翊之西羌主要来自天水、陇西，故碑文中之"高凉"，或为"凉州"之误。以凉州为高凉，虽不无道理，然终究牵强，盖以高凉为西羌之所自地，而西羌必来自西，故得有此论。《魏书》卷三五《崔浩传》录崔浩与邓渊辩论之辞，谓："漠北高凉，不生蚊蚋，水草美善，夏则北迁。"②则"高凉"之本义，乃是指地势较高、气候凉爽。故"高凉"作为地名，本当指高平凉爽之地。而北魏时晋州另领有定阳郡与敷城郡，分别置于兴和四年、天平四年，各有户四百九十八、九十。③位于河东、属于晋州的敷城、定阳二郡，显然是河西的敷城郡、定阳县（属于北华州）的侨置。属于东雍州的高凉郡也当是如此。换言之，北魏太和十一年在龙门县境内分置的高凉郡高凉县，应当正是在从河西迁移到河东地区的"高凉"基础上设置的。然则，前秦时代的"高凉"，应当是一个夷种的部落名，其初盖因其所处之地高平凉爽而得名，至北魏时举部东迁河东，得立为高凉郡高凉县。"苦水"之得名实与此相似，盖苦水亦本指味苦之水，居于其地之人得称为"苦水（人）"。

若高凉乃是夷种部落之名，那么，《广武将军□产碑》所列十二夷种中的上郡、肤施也当是人群部落之名，是指由上郡、肤施移民组成的人群单位，而非为黑白羌之来源的郡县之名。西晋末年，上郡先被氐羌酋大虚除权渠所据，又受到匈奴郝散的进攻，实际上早已沦废，上郡、肤施之人流入冯翊境内，当即在此时。而这两部人群以其原属籍之上郡、肤施为称，或者并

---

① 马长寿：《碑铭所见前秦至隋初的关中部族》，第15页。
② 《魏书》卷三五《崔浩传》，第816页。
③ 《魏书》卷一〇六上《地形志》上，第2478—2479页。

非羌胡，很可能是汉人，而且是曾属于编户的汉人。这一部分流徙汉人进入羌胡占据主导地位的地区之后，盖以其旧贯相团聚，其组织方式亦很可能羌胡化。《晋书·石季龙载记》记咸康三年，"太原徙人五百余户叛入黑羌"。① 进入黑羌地区的太原徙人，很可能亦以"太原"名其部，正如流入冯翊境内的上郡、肤施各以旧贯之郡县名其部一样。

至于黑羌、白羌，马先生指出应当就是冯翊、北地的马兰羌，或可从。唯以白羌乃"北羌"之误，或非是。黑、白羌之谓，盖源于黑水羌、白水羌。《华阳国志》卷二《汉中志》记阴平郡"多氐傁，有黑白水羌、紫羌"。② 黑、白羌或即因其活动于黑水、白水流域而得名。《魏书》卷一〇一《邓至传》称："邓至者，白水羌也，世为羌豪，因地名号，自称邓至。其地，自亭街以东，平武以西，汶岭以北，宕昌以南。土风习俗，亦与宕昌同。"③ 则邓至乃白水羌之一部，世居于今甘南白龙江流域。故冯翊境内的黑、白羌未必即来自北方的上郡地区，而更可能来自西南方的阴平郡。

因此，《邓太尉祠碑》中所见的十二夷种，实际上就是十二个人群组织单位，其地位亦相当于《广武将军□产碑》中所见诸部大、酋大统领的各部。这些部落单元，显然比冯翊护军统领的和戎、宁戎等五部要小，每个单位大抵统有五六百户。这样，我们即可大致梳理清楚护军体制下对于诸羌胡的控制制度：每个护军统领若干部（如和戎、宁戎、鄜城、洛川、定阳），而各部之下又统有若干以部大、酋大为首领的部族（包括在夏阳的治下部，每个部族约为五六百户）。□产（马长寿先生认为他很可能是以冯翊太守兼任某将军，建立军府）的军府至少领有三个护军，共有六十多个部族单位（包括里禁、丁议及部大、酋大所统）。

（三）"杂户"

冯翊护军所领五部十二夷的户口，据《邓太尉祠碑》，全部是"杂户"；□产军府所领，《广武将军□产碑》但称"统户三万"，盖既有杂户（诸部大、酋大所领），也有编户（两个里禁及四个丁议所领），而以杂户

---

① 《晋书》卷一〇六《石季龙载记》上，第2765页。
② 任乃强校注：《华阳国志校补图注》卷二《汉中志》，第103页。
③ 《魏书》卷一〇一《邓至传》，第2245页。

为主。显然，护军乃是专为控制杂户而设的军政机构。

马先生说："西晋上承汉魏，把民户分作编户和杂户两种。编户包括士籍、民籍等，正式编入一定的郡县城乡，对政府有纳租义务，一般称为正户。杂户普通包括营户（兵家）、杂工户、医寺户等；在有少数部族杂居的地区又包括'杂胡'户。他们一般没有耕地，对政府只有服役的义务，如兵役、工役、差役等。这般人虽然也有户籍，但其身分较低，故以杂户为名。"①唐长孺先生的看法与此大致相同。他在谈到北魏不同人群及其阶级关系时说：北魏除了将掳掠人户以部落或集体形式安置在国有牧地及耕地上之外，"国王及其官府还保留大批作为官奴婢以及供给官府服役需要的各项特殊户口，例如工匠、乐人与其他杂役人，他们被称为杂户或隶户"。②因此，以杂户、杂人作为地位较低的特殊户口或人群，乃是一种较为普遍的看法。

可是，上述看法，基本是从北朝与隋唐文献中有关杂户的记载与界定，来反推十六国时期的杂户（以及杂人），并将杂户与杂胡、杂部、杂夷、杂房、杂类等称谓混合在一起加以解释。可是，如果将杂户解释为各种杂役人户，那么，杂胡（在同样的解释下，当理解为"各种各样的胡"）就不能等同于杂户。马长寿先生注意到其中的问题，所以解释说："并非所有'杂胡'或'夷类'都是杂户。同一部族之内，有编户，也有杂户。"③马先生并举《三国志·魏书·梁习传》所记并州胡单于、名王之部曲"服事供职，同于编户"为证。然其时并州胡狄并不被称为"杂胡"，其未"服事供职"之户亦未见被称为"杂户"。故以"杂户"为非正户，并无实据。

陈玉屏先生释"杂"为"庞杂"，认为"杂胡""杂人"等乃是指当时"游离的、成分复杂、族属不清的人口或集合体"，这些人户从户口编制的角度，就被称为"杂户"，其主要成分是游离于本族之外的各少数族民众。④陈先生所说虽较为粗略，亦未举出证据，却启发我们，杂户、杂胡等

---

① 马长寿：《碑铭所见前秦至隋初的关中部族》，第36页。
② 唐长孺：《拓跋国家的建立及其封建化》，见氏著《魏晋南北朝史论丛》，北京：中华书局，2011年，第185—239页，引文见第218页。
③ 马长寿：《碑铭所见前秦至隋初的关中部族》，第36页。
④ 陈玉屏：《魏晋南北朝兵户制度研究》，成都：巴蜀书社，1988年，第179—181页。

的"杂"之本义或指"别的""其他的",本身并无低下之意。《晋书·杨轲传》记杨轲授《易》,"虽受业门徒,非入室弟子,莫得亲言。欲所论授,须旁无杂人,授入室弟子,令递相宣授"。①其所谓"杂人",即相对于"入室弟子"而言,是指入室弟子之外的其他人。然则,十六国北朝时期所称之"杂户",本义当是"别户",即旁的户、其他的户;杂胡、杂夷等亦即别的胡、其他的夷。因此,"杂户"更可能是与十六国政权的诸种"国族"及"汉户"相对而言的,指其他非汉户、亦非属某一政权之"国族"的人户;杂胡亦即指十六国政权下非该政权之"国族"的其他胡、夷。兹略论之。

(1)"杂户"之称,初见于《晋书·石勒载记》。前赵刘聪死后,刘粲袭位,复为大将靳准(屠各人)所杀。石勒率军进至襄陵北原,"羌羯降者四万余落";"勒攻准于平阳小城,平阳大尹周置等率杂户六千降于勒。巴帅及诸羌羯降者十余万落,徙之司州诸县"。②平阳为汉国的都城,平阳大尹周置既为首都行政长官,其所率之"杂户"不当是地位较低的杂工户、医寺户之类。在此之前,刘粲暴虐,使靳准诛杀皇太弟刘乂亲厚大臣,"收氐羌酋长十余人,穷问之,皆悬首高格,烧铁灼目,乃自诬与乂同造逆谋";废诛刘乂之后,"坑士众万五千余人,平阳街巷为之空。氐羌叛者十余万落,以靳准行车骑大将军以讨之"。③显然,在刘粲、靳准夺权过程中,居住在平阳周围的氐羌受到沉重打击。平阳大尹周置率以降附石勒的六千杂户,应当是氐羌。其所以称为"杂",盖相对于汉国的"国族"匈奴而言。

前赵政权的"国族"仍然是匈奴。凉州张茂称藩于赵,刘曜任其为都督凉南北秦梁益巴汉陇右西域杂夷匈奴诸军事、凉州牧、领西域大都护、护氐羌校尉、凉王,④以"匈奴"与"杂夷"并列,则匈奴显不属"杂夷"。

(2)《晋书·姚泓载记》记赫连勃勃克阴密后,进兵雍城,"岭北杂户悉奔五将山。征北姚恢弃安定,率户五千奔新平,安定人胡俨、华韬等

---

① 《晋书》卷九四《隐逸传》,"杨轲",第2449页。
② 《晋书》卷一〇四《石勒载记》上,第2728页。
③ 《晋书》卷一〇二《刘聪载记》,第2675页。
④ 《晋书》卷一〇三《刘曜载记》,第2695页。

率众距恢，恢单骑归长安"。①征北将军姚恢所率奔新平之户，当为"镇户"。《晋书》卷一一八《姚兴载记》下载：

> 兴以勃勃、乾归作乱西北，傉檀、蒙逊擅兵河右，畴咨将帅之臣，欲镇抚二方。陇东太守郭播言于兴曰："岭北二州镇户皆数万，若得文武之才以绥抚之，足以靖塞奸略。"②

岭北二州，即镇安定之北雍州与镇阴密之秦州，其镇户主要由羌人组成。《资治通鉴》卷一一七姚绍建议姚泓迁安定镇户以"内实京畿，可得精兵十万"句下胡三省注云："姚苌之兴也，以安定为根本；后得关中，以安定为重镇，徙民以实之，谓之镇户。"③据《晋书·姚泓载记》，知姚兴所徙入安定的李闰羌即有三千家。④则安定镇户乃姚秦立国之所依，属于姚秦的"国族"，羌人。《晋书·姚泓载记》记姚秦将亡时，"征北姚恢率安定镇户三万八千，焚烧室宇，以车为方阵，自北雍州趣长安"。姚恢所领的安定镇户三万八千，据梁喜所言，"与勃勃深仇，理应守死无贰"。⑤然则，奔于五将山的"岭北杂户"，就主要不是羌人，其所以被称为"杂户"，是相对于羌人特别是由羌人组成的镇户而言的。胡俨、华韬据安定自守，安定城中有鲜卑数千人，亦当属于"杂户"。

岭北杂户，即使迁入长安之后，也仍被称为"杂户"。《晋书·姚泓载记》记刘裕入关，"泓使姚裕、尚书庞统屯兵宫中，姚洸屯于澧西，尚书姚白瓜徙四军杂户入长安，姚丕守渭桥，胡翼度屯石积，姚赞屯霸东，泓军于逍遥园"。⑥所谓"四军杂户"，当即四军（姚苌大营所改）所统、迁自阴密的杂户。《晋书》卷一一六《姚苌载记》称：

> 初，关西雄杰以苻氏既终，苌雄略命世，天下之事可一旦而定。苌

---

① 《晋书》卷一一九《姚泓载记》，第3010页。
② 《晋书》卷一一八《姚兴载记》下，第2995页。
③ 《资治通鉴》卷一一七，晋安帝义熙十二年九月，第3692页。
④ 《晋书》卷一一九《姚泓载记》，第3008页。
⑤ 《晋书》卷一一九《姚泓载记》，第3013、3011页。
⑥ 《晋书》卷一一九《姚泓载记》，第3017页。

既与苻登相持积年，数为登所败，远近咸怀去就之计，唯征虏齐难、冠军徐洛生、辅国刘郭单、冠威弥姐婆触、龙骧赵恶地、镇北梁国儿等守忠不贰，并留子弟守营，供继军粮，身将精卒，随苌征伐。时诸营既多，故号苌军为大营，大营之号自此始也。①

"诸营"当指此前拥戴姚苌的西州豪族王钦卢、姚方成、王破虏、杨难、尹嵩、裴骑、赵曜、狄广、党删等所帅之营，亦包括姚苌的大营。《姚苌载记》又称姚苌据有安定后，下书："兵吏从征伐，户在大营者，世世复其家，无所豫。"②这是大营的营户。姚苌大营所领营户，乃姚秦据以兴起的基本力量，自以羌人为主。至姚兴击败苻登后，乃"散其部众，归复农业。徙阴密三万户于长安，分大营户为四，置四军以领之"。③从阴密被徙往长安的苻登部众，当以氐人为主，他们被分给四军统领，然其身份地位绝非"营户"，而被称为"杂户"。

（3）北魏时期的"杂户"，也主要是指非鲜卑，特别是非拓跋部的其他胡人户口。《魏书·肃宗纪》载孝昌二年（526）十一月诏书："顷旧京沦覆，中原丧乱，宗室子女，属籍在七庙之内，为杂户、滥门所拘辱者，悉听离绝。"④所谓"旧京沦覆"，当指此前一年（孝昌元年）七月鲜于阿胡、库狄丰乐攻陷魏之旧都代京平城之事；"杂户、滥门"显然是指倾覆旧京的鲜于阿胡之类。《魏书·肃宗纪》谓鲜于阿胡为朔州城人，乃出自丁零，在拓跋鲜卑看来，自属于"杂户"；库狄氏则系出鲜卑，见于《魏书·官氏志》，故诏书称为"滥门"。又《魏书·封敕文传》记始光（424—428）中，封敕文领护西夷校尉、秦益二州刺史，镇上邽城：

金城边冏、天水梁会谋反，扇动秦、益二州杂人万余户，据上邽东城，攻逼西城。敕文先已设备，杀贼百余人，被伤者众，贼乃引退。冏、会复率众四千攻城。氐羌一万屯于南岭，休官、屠各及诸杂户二万余人屯于北岭，为冏等形援。

---

① 《晋书》卷一一六《姚苌载记》，第2968页。
② 《晋书》卷一一六《姚苌载记》，第2972页。
③ 《晋书》卷一一七《姚兴载记》上，第2976页。
④ 《魏书》卷九《肃宗纪》，第245页。

边冈、梁会所扇动的"秦、益二州杂人万余户",包括后来攻城的四千人与屯于南岭的一万人,则所谓"秦、益杂人"乃是指氐、羌。屯于北岭的休官、屠各及诸杂户二万余人则并不属边冈、梁会所扇动之秦益杂人,而另有来源。封敕文上表报告说:

> 安定逆贼帅路那罗遣使赍书与逆帅梁会,会以那罗书射于城中,那罗称纂集众旅,克期助会。①

路那罗之众似并未真正到达上邽,此且不论。据《魏书·世祖纪》太平真君七年(446)八月下记事,路那罗为屠各种,曾参与盖吴起事,后被高凉王那生擒,斩于京师。②又据《魏书·封敕文传》,"略阳王元达因梁会之乱,聚众攻城,招引休官、屠各之众,推天水休官王官兴为秦地王"。③则知前往会攻上邽之路那罗之众,以休官、屠各为主。然则,"诸杂户"乃指休官、屠各之外的其他夷种。

北魏时的"杂人"也多是指鲜卑、汉之外的诸种胡人。《魏书·官氏志》记拓跋氏初兴,"其诸方杂人来附者,总谓之'乌丸',各以多少称酋、庶长,分为南北部,复置二部大人以统摄之"。④其所谓"诸方杂人",显然是相对于拓跋鲜卑而言的。《魏书·世祖纪》太延五年(439)平北凉,大军进至姑臧城下,命秃发保周"与龙骧将军穆罴、安远将军源贺分略诸郡,杂人降者亦数十万"。⑤降附北魏的凉州诸郡之"杂人",则是相对于北凉政权之"国族"卢水胡而言的。太平真君六年(445),太武帝巡狩阴山之北,"徙诸种杂人五千余家于北边。令民北徙畜牧至广漠,以饵蠕蠕"。⑥"民"当指鲜卑部民,"诸种杂人"则当指鲜卑之外的诸种胡人。明元帝时,拓跋悦说明元帝曰:"京师杂人不可保信,宜诛其非类者。

---

① 《魏书》卷五一《封敕文传》,第1135页。
② 《魏书》卷四下《世祖纪》下,第101页。
③ 《魏书》卷五一《封敕文传》,第1136页。
④ 《魏书》卷一一三《官氏志》,第2971—2972页。
⑤ 《魏书》卷四上《世祖纪》上,第90页。
⑥ 《魏书》卷四下《世祖纪》下,第99页。

又雁门人多诈,并可诛之。"①在此之前,悦曾与被俘入代京的姚兴部将狄伯支等交恶,又被雁门土人检举,故试图借机泄愤。狄伯支当是羌人。拓跋悦所说"不可保信"的"京师杂人",即当指狄伯支之类异族之人。文成帝兴安二年(453),北魏仇池镇将皮豹子上表报告长安、统万、安定诸镇军事,谓:"但承仇池局人,称台军不多,戍兵尠少,诸州杂人,各有还思。军势若及,必自奔逃,进军取城,有易返掌。"②皮豹子将"诸州杂人"与台军、戍兵对举,认为其不可信靠,亦指关陇各州的诸种夷胡。

当然,北魏时亦已以"杂户"指称地位较低的户类。唐长孺先生尝引《左传》襄公二十三年孔疏所引魏律"缘坐配没为工乐杂户者,皆用赤纸为籍,其卷以铅为轴",以及《隋书·刑法志》所载北周法律规定"盗贼及谋反、大逆、降叛、恶逆罪当流者,皆甄一房,配为杂户",认为杂户与隶户基本等同。其说大致可从。③北齐后主天统三年(567)九月己酉,太上皇帝(武成帝高湛)诏书称:"诸寺署所绾杂保户姓高者,天保之初虽有优敕,权假力用未免者,今可悉蠲杂户,任属郡县,一准平人。"④杂户(杂保户)为诸寺署所绾,不属郡县,其地位较"平人"(平民)为低。寺署,据《隋书·百官志中》,北齐置有太常、光禄、卫尉、宗正、太仆、大理、鸿胪、司农、太府等九寺,各统若干署、局。北周平北齐后,建德六年(577)八月壬寅所下《除配杂科诏》称:

> 以刑止刑,世轻世重。罪不及嗣,皆有定科。杂役之徒,独异常宪,一从罪配,百世不免。罚既无穷,刑何以措。道有沿革,宜从宽典,凡诸杂户,悉放为民,配杂之科,因之永削。⑤

《资治通鉴》卷一七三书其事,谓:"初,魏虏西凉之人,没为隶户,齐氏因之,仍供厮役。"⑥是以北齐、北周所免之杂户等同于北魏时的隶户,又

---

① 《魏书》卷一五《陈留王虔传》附悦传,第381页。
② 《魏书》卷五一《皮豹子传》,第1131页。
③ 唐长孺:《拓跋国家的建立及其封建化》,见氏著《魏晋南北朝史论丛》,第219页。
④ 《北齐书》卷八《后主纪》,北京:中华书局,1972年,第100页。
⑤ 《周书》卷六《武帝纪》下,北京:中华书局,第103页。
⑥ 《资治通鉴》卷一七三,陈宣帝太建九年八月,第5380页。

以"隶户"等同于"平凉户"。《北齐书·文宣帝纪》天保二年（551）九月，"诏免诸伎、作、屯、牧杂色役隶之徒为白户"。①诸种从事伎乐、工作、屯垦、放牧的役隶户，当即统称为"杂户"。此种"杂户"，乃是"杂色役隶之户"的简称。

可是，以"杂户"指称地位较为低下的户类，特别是伎、作、屯、牧等杂色役隶之户，最早也当是在北魏前期。唐长孺先生尝引《魏书·阉官仇洛齐传》云：

> 魏初，禁网疏阔，民户隐匿漏脱者多。东州既平，绫罗户民乐葵因是请采漏户，供为纶绵。自后逃户占为细茧罗縠者非一。于是杂、营户帅遍于天下，不属守宰，发赋轻易，民多私附，户口错乱，不可检括。洛齐奏议罢之，一属郡县。②

唐先生说："绫罗、细茧、罗縠都是户名，他们不属地方官统治，另外设立杂户或营户帅管理。"并谓本传所云"东州既平"乃指破后燕、定河北事。所说皆为确当。③在此基础上，我们注意到：乐葵请采之漏户，当来自东州，亦即慕容燕所统治之河北地区；下文所见之"营户"，亦源自东州。《晋书·慕容晞载记》记晞仆射悦绾之言曰：

> 太宰政尚宽和，百姓多有隐附。《传》曰，唯有德者可以宽临众，其次莫如猛。今诸军营户，三分共贯，风教陵弊，威纲不举。宜悉罢军封，以实天府之饶，肃明法令，以清四海。

晞纳之。绾既定制，朝野震惊，出户二十余万。④《资治通鉴》卷一〇一载其事，谓：

> 燕王公、贵戚多占民为荫户，国之户口，少于私家，仓库空竭，用度不足。尚书左仆射广信公悦绾曰："……国家政法不立，豪贵恣横，

---

① 《北齐书》卷四《文宣帝纪》，第55页。
② 《魏书》卷九四《阉官传》，"仇洛齐"，第2013—2014页。
③ 唐长孺：《拓跋国家的建立及其封建化》，见氏著《魏晋南北朝史论丛》，第225页。
④ 《晋书》卷一一一《慕容晞载记》，第2852—2853页。

至使民户殚尽，委输无入，吏断常俸，战士绝廪，官贷粟帛以自赡给；既不可闻于邻敌，且非所以为治，宜一切罢断诸荫户，尽还郡县。"燕主昑从之，使绾专治其事，纠摘奸伏，无敢蔽匿，出户二十余万，举朝怨怒。绾先有疾，自力厘校户籍，疾遂亟。①

则燕国之所谓"营户"，当即"荫户"，也就是荫蔽之户。所以，上引《魏书·阉官仇洛齐传》中所谓"禁网疏阔，民户隐匿漏脱者多"，实当指河北的情形。绫罗户民乐葵本人，或许来自中山，盖魏平后燕之后，"徙山东六州民吏及徒何、高丽杂夷三十六万，百工伎巧十万余口，以充京师"，②乐葵当即属于被徙的"百工伎巧"。若然，则绫罗户以及细茧户、罗縠户等户类名目，以及涵括上述户类的"杂户"，也当来自"山东六州"，亦即东州。

《魏书·仇洛齐传》说仇洛齐奏请禁罢的杂、营户帅"遍于天下，不属守宰"，当散布于郡县之中；且细茧罗縠户多为逃户所"占"，那么，其时的"杂户"地位也并不低。《魏书·食货志》云："先是，禁网疏阔，民多逃隐。天兴中，诏采诸漏户，令输纶绵，自后诸逃户占为细茧罗縠者甚众。于是杂营户帅遍于天下，不隶守宰，赋役不周，户口错乱。始光三年，诏一切罢之，以属郡县。"③始光三年（426）所罢之杂、营户当是指散布于郡县中的杂营户，被掠入代京的"百工伎巧"并未禁罢。集居于代京及其周围地区的百工伎巧等杂户多为掳掠而来的俘户，均由官府控制，且须世袭其业，其地位遂渐趋降低，逐步成为低等户类（隶户）。在这个意义上使用的"杂户"，才是相对于"正户"而言的、地位较为低下的户类。

（4）南北朝时期，又有"流杂"之称。《宋书·索虏传》记景平元年（423）春宋魏战争，刘宋青州刺史竺夔守东阳城，龙骧将军、济南太守垣苗率二府郡文武亦投奔竺夔，"城内文武一千五百人，而半是羌蛮流杂，人情骇惧"。④"羌蛮流杂"，皆相对于汉人"士民"而言；而"杂"与羌、

---

① 《资治通鉴》卷一〇一，晋海西公太和三年九月，第3211页。
② 《魏书》卷二《太祖纪》，第32页。
③ 《魏书》卷一一〇《食货志》，第2850—2851页。
④ 《宋书》卷九五《索虏传》，第2325页。

蛮、流并列，当指羌、蛮之外的夷胡之人。齐建元二年（480），吕安国出任司州刺史，"安集民户"，屯义阳西关，诏书称："郢、司之间，流杂繁广，宜并加区判，定其隶属。"①时郢州治夏口，司州治义阳。《南齐书·州郡志》谓：司州"有三关之隘，北接陈、汝，控带许、洛。自此以来，常为边镇。泰始既迁，领义阳，侨立汝南，领三郡。元徽四年，又领安陆、随、安蛮三郡"。司州领汝南侨郡以及宋安、安蛮、永宁、东义阳、东新安、新城、围山、建宁、北淮安、南淮安、北随安、东随安等左郡。②则诏书所谓在郢司之间的"流"乃指侨流，而"杂"则指蛮左。又，《南齐书·州郡志上》谓北兖州东平郡所领的实土县淮安县，乃"割直渎、破釜以东，淮阴镇下流、杂一百户置"。③其所说之流、杂亦当分别是侨流与胡蛮，而淮安县所领一百户流、杂，显皆已入籍。

《水经注》有多处述及"流杂"。一是《河水》篇述河水南出龙门口、纳汾水，过梁山原东、汾阴县西、郃阳城东、陶城西之后，又南过蒲阪城西，"魏秦州刺史治，太和迁都，罢州，置河东郡。郡多流、杂，谓之徙民"。④二是卷七《济水》篇"索水"条，述索水出京县西南嵩渚山，北流，径金亭、京县故城西，"又北，径大栅城东。晋荥阳民张卓、董迈等遭荒，鸠聚流、杂堡固，名为大栅坞"。⑤三是卷十三《㶟水》篇"涿水"条谓涿水出涿鹿山，东北流，径涿鹿县故城南，又东径平原郡南，"魏徙平原之民置此，故立侨郡，以统流、杂"。⑥四是卷二一《汝水》篇"养水"条谓养水（沙水）出鲁阳县北将孤山，东流，径襄城县养阴里（沙亭），"但流、杂间居，裂溉互移，致令川渠异容，津途改状"。⑦五是卷二七《沔水》篇记沔水纳褒水后，东流，东径万石城下，"城在高原上，原高十余丈，四面临平，形若覆瓮。[东]（水）南遏水为阻，西北并带汉水。其城

---

① 《南齐书》卷二九《吕安国传》，第538页。
② 《南齐书》卷一五《州郡志》下，第278—281页。
③ 《南齐书》卷一四《州郡志》上，第257页。
④ 杨守敬、熊会贞：《水经注疏》卷四《河水》四，第302—303页。
⑤ 杨守敬、熊会贞：《水经注疏》卷七《济水》，第663—664页。
⑥ 杨守敬、熊会贞：《水经注疏》卷一三《㶟水》，第1185页。
⑦ 杨守敬、熊会贞：《水经注疏》卷二一《汝水》，第1755页。

宿是流、杂聚居，故世亦谓之流杂城"。又记汉水东历敖头，"旧立仓储之所，傍山通道，水陆险凑。魏兴安康县治，有戍，统领流、杂"。①凡此诸处"流杂"，亦皆当指侨流之民与蛮夷户口。盖郦氏站在汉人立场上，汉人侨流得称为"流"，非汉人群则概称为"杂"。

总之，十六国北朝时期所称之"杂户""杂人"，大多用以指称除汉人以及胡族政权之"国族"以外的各种夷胡户口、人群；而南北朝文献中所见的"流杂"之"杂"，则与汉人侨流对称，主要是指与汉民杂居的诸种非汉人群；至于以"杂户"指称"隶户"之属地位较低的户籍类别，则是北魏以后才出现的。

值得注意的是，在《邓太尉祠碑》所列十二种夷中，不见有氐人，故冯翊护军所统"杂户七千"应当是不包括氐人的。这也从一个侧面说明，在前秦政权下，作为前秦"国族"的氐是不会被称为"杂户"或"杂人"的，虽然氐也是五胡之一。而氐秦所称之"杂"，盖即指氐族之外的诸夷胡。《晋书·苻坚载记》记秦灭前燕后，"诸州郡牧守及六夷渠帅尽降于坚"。诸州郡牧守所统主要是汉户，降于氐秦的"六夷渠帅"自不会包括氐人渠帅。之后不久，苻坚又"徙关东豪杰及诸杂夷十万户于关中，处乌丸杂类于冯翊、北地，丁零翟斌于新安，徙陈留、东阿万户以实青州"。②被徙于冯翊、北地的乌丸杂类，正应当是冯翊"杂户"的组成部分。

综上考释，我们在马长寿先生研究的基础之上，进一步明晰了《邓太尉祠碑》《广武将军□产碑》的内涵，对其所反映的前秦时期关中东北部诸夷胡杂居区的控制体系有了更进一步的认识：（1）前秦时期（或者可以上溯至西晋），在部分诸夷胡杂居地区，曾设立护军，作为控制、管理诸夷胡的军政机构。护军的地位较郡守低，辖境大致相当于一个或几个县，亦有较稳定的治所。（2）护军领有若干部，各部又统有若干以部大、酋大等为首领的部落，每个部落有五六百户，被称为"杂户"。护军所统的部、部落、杂户均在汉晋以来的郡县系统之外，是相对独立于郡县乡里系统的控制体系。（3）在夷胡聚居的地区，仍有部分汉民居住，他们被编入里或其他管理单

---

① 杨守敬、熊会贞：《水经注疏》卷二七《沔水》上，第2309、2329—2330页。
② 《晋书》卷一一三《苻坚载记》上，第2893页。

元，由里禁、丁议等负责实际管理。但里禁、丁议管理的汉民乡里系统在护军控制体系中仅占有较小的比例。护军制度及其控制体系，乃是十六国北朝时期北方地区多种人群、多样的统治制度与多元的控制体系的一个缩影，它充分显示了此一时期中国北方地区人群、制度与文化的复杂性。

三、胡族政权下的"国族"、六夷与汉户

（一）五部、六夷与四十三万户

《晋书·刘元海载记》述汉晋间匈奴五部之居地，谓：

> 魏武分其众为五部，以豹为左部帅，其余部帅，皆以刘氏为之。太康中，改置都尉，左部居太原兹氏，右部居祁，南部居蒲子，北部居新兴，中部居大陵。刘氏虽分居五部，然皆居于晋阳汾涧之滨。①

此五部，构成匈奴汉政权之核心，而匈奴乃刘渊汉政权之"国族"。② 晋惠帝永熙初年（290），刘渊被晋朝任为建威将军、五部大都督（后降为监五部军事），成为匈奴五部的首领。永兴元年（304），匈奴右贤王刘宣等五部族人密推刘渊为大单于，其时刘渊在邺城，命人"告宣等招集五部，引会宜阳诸胡"。③ 宜阳诸胡，当指原居于河西宜阳境内的匈奴部人。《晋书·匈奴传》云："武帝践阼后，塞外匈奴大水、塞泥、黑难等二万余落归化，帝复纳之，使居河西故宜阳城下。后复与晋人杂居，由是平阳、西河、太原、新兴、上党、乐平诸郡靡不有焉。"④《资治通鉴》卷八五书其事，作"告宣等使招集五部及杂胡"。⑤ "杂胡"之谓，也是相对于匈奴五部而言的。然则，"宜阳诸胡"（杂胡）在当时实为刘渊匈奴五部的同盟者。

---

① 《晋书》卷一〇一《刘元海载记》，第2645页。
② 内田吟风：《魏晋时代の五部匈奴》，见氏著《北アジア史研究：匈奴篇》，京都：同朋舍，1975年，第263—305页；周伟洲：《汉赵国史》，桂林：广西师范大学出版社，2006年，第7—9页；陈勇：《汉赵史论稿——匈奴屠各建国的政治史考察》，北京：商务印书馆，2009年，第61—86、130—162页。
③ 《晋书》卷一〇一《刘元海载记》，第2647页。
④ 《晋书》卷九七《匈奴传》，第2549页。
⑤ 《资治通鉴》卷八五，晋惠帝永兴元年八月，第2699页。

刘渊在左国城称汉王、大单于，"众已五万，都于离石"。此五万之众，当即匈奴五部之众。刘宣谏刘渊不援司马颖，谓"今见众十余万，皆一当晋十"。其所说之十余万众，则当包括［晋］（宜）阳杂胡。"迁于左国城，远人归附者数万。"①其时归附刘渊之"远人"，当为此前离散之匈奴。后入都蒲子，"河东、平阳属县垒壁尽降"。②河东、平阳诸垒壁，当既有汉人，也有夷胡。据《晋书·石勒载记》，石勒即于此时携壁于上党、拥众数千的胡部大张㔨督、冯莫突等归于刘渊；乌丸张伏利度所部二千人，亦于此时受石勒所诱，投附刘渊。③至是，匈奴汉政权所领，遂有匈奴五部、杂胡与汉户三种人群，而前两者当为部落编组，后者则以垒壁为组织单位。

　　刘聪时，颇事制度建设，"大定百官"，"置辅汉，都护，中军，上军，辅军，镇，卫京，前，后，左，右，上，下军，辅国，冠军，龙骧，武牙大将军，营各配兵二千，皆以诸子为之。置左右司隶，各领户二十余万，万户置一内史，凡内史四十三。单于左右辅，各主六夷十万落，万落置一都尉"。④据此，其时之汉国，当可别为三种人群，分别以三种方式控制之：

　　一是原有的匈奴五部，分由诸将军统领。据上文所引，其时设置之将军名号（无论大小高低）共有十七种，若以将军各领一营、营各配兵两千计，共有三万四千人。丞相刘粲、大司马刘曜、太尉刘乂等所领部众，亦当有三四万之众。此六七万之众（抑或稍多，但大抵不会超过十万），当即以昔年的匈奴五部为主体。而刘聪将五部别为诸将军所领之十数营，各以其子领之，其实质亦即"离散部落"，即分割原有的五部为更小的军事化单位。稍后刘乂太师卢志等劝刘乂举事，分析其时平阳形势云："四卫精兵不减五千，余营诸王皆年齿尚幼，可夺而取之。相国轻佻，正可烦一刺客耳。大将军无日不出，其营可袭而得也。殿下但当有意，二万精兵立便可得，鼓行

---

①　《太平御览》卷一一九《偏霸部》三"前赵刘渊"引崔鸿《十六国春秋·前赵录》谓："元熙元年，迁于左国城，晋人东附者数万。"（第574页）左国城在离石北，其西面与北面皆为胡族集居之区，何得有"晋人东附"？此处之"晋人"，当有误。

②　《晋书》卷一〇一《刘元海载记》，第2649—2650页。

③　《晋书》卷一〇四《石勒载记》上，第2709—2710页。

④　《晋书》卷一〇二《刘聪载记》，第2665页。

向云龙门，宿卫之士孰不倒戈奉迎，大司马不虑为异也。"①相国指刘粲，大将军指刘敷，大司马指正在蒲阪前线的刘曜。据此可知，其时汉国"国族"之匈奴五部之人皆被编入诸营，诸营已取代原有的五部，成为其编排部人的主要组织。

二是随附汉国的六夷，是汉国"国族"匈奴的同盟者，置单于左右辅，各辖十个都尉，分领十万落。主管六夷的长官称为"单于左右辅"，暗示六夷乃是匈奴单于的同盟军。六夷，《资治通鉴》卷八九胡三省注云："胡、羯、鲜卑、氐、羌、巴蛮；或曰乌丸，非巴蛮也。"②胡注所说之"胡"即匈奴，非是。据上引《魏书·官氏志》，在晋阳及以北地区的乌丸得称为"杂人"，故匈奴汉国之六夷，当有乌丸，即包括羯、鲜卑、氐、羌、巴蛮、乌丸六种夷胡。③六夷被分为二十部，各置都尉领之，其原有部落结构当也受到调整，亦为另一种形式的"离散部落"。

《晋书》未见汉国单于左右辅之任例。然刘聪时，刘乂以皇太弟领大单于、大司徒，左右辅当为其属下。而刘乂所统部众，多有氐羌。刘聪末年，刘粲火并刘乂，遣王沉、靳准"收氐羌酋长十余人，穷问之，皆悬首高格，烧铁灼目，乃自诬与乂同造逆谋"。被收的氐羌酋长显然属刘乂大单于所统。刘乂被杀，"氐羌叛者十余万落，以靳准行车骑大将军以讨之"。④叛走的十余万落氐羌，当正是单于左右辅所领的二十万落的大部分。⑤

三是被征服、俘掠而来的汉户，由左右司隶统领，分置四十三个内史，各领一万户。洪亮吉《十六国疆域志》谓刘聪所置"左司隶盖部司州、平阳

---

① 《晋书》卷一〇二《刘聪载记》，第2667页。
② 《资治通鉴》卷八九，晋愍帝建兴二年正月，第2809页。
③ 黄烈先生认为，六夷乃泛指诸胡杂夷，不必确指为六种夷胡，大致确当。请参阅黄烈：《中国古代民族史研究》，北京：人民出版社，1987年，第202页。
④ 《晋书》卷一〇二《刘聪载记》，第2675页。
⑤ 关于包括汉-赵在内的诸胡族政权及北朝对待不同胡族的不同政策，请参阅万绳楠整理：《陈寅恪魏晋南北朝史讲演录》，合肥：黄山书社，1987年，第229—235页；周一良：《北朝的民族问题与民族政策》，见氏著《魏晋南北朝史论集》，北京：北京大学出版社，1997年，第147—189页；侯旭东：《北魏境内胡族政策初探——从〈大代持节豳州刺史山公寺碑〉说起》，《中国社会科学》2008年第5期；陈勇：《汉赵史论稿——匈奴屠各建国的政治史考察》，第161页。

诸郡，右司隶盖部荆州、河南诸郡也"。①其说非是。今按：汉国左右司隶所部当在平阳周围。《晋书·刘聪载记》载左司隶陈元达谏刘聪立三后事，复检举上皇后靳氏有淫秽之行；又谓"聪宫中鬼夜哭，三日而声向右司隶寺，乃止"。②则知左右司隶皆治于平阳城中。刘聪末年，"平阳大饥，流叛死亡十有五六"。石勒遣石越率骑二万，屯于并州，以怀抚叛者："平阳饥甚，司隶部人奔于冀州二十万户，石越招之故也。"③逃往冀州投奔石勒的司隶部人，皆当居于平阳附近。赵固、郭默进攻河东，至于绛邑，"右司隶部人盗牧马负妻子奔之者，三万余骑。骑兵将军刘勋追讨之，杀万余人"。④右司隶部人南奔河东郡，说明右司隶部当在平阳之东。盖汉国之左右司隶部以平阳为中心，面东而分：平阳之北为左司隶部，平阳之南为右司隶部。故往投并州之石越、转赴冀州之二十万户当为左司隶部所领。

《晋书·地理志》载太康中平阳郡统县十二、户四万二千；西河国统县四，户六千三百；上党郡统县十，户一万三千。三郡国合计，亦只有六万余户。⑤则汉国左右司隶部所领四十三万户，绝非平阳地区固有之户口，而主要当为汉国此前所掠之汉户。永嘉六年（312）刘曜围攻长安不果，"乃驱掠士女八万余口，退还平阳"；回军途中，进攻傅祗于三渚，陷其城，"迁祗孙纯、粹并其二万余户于平阳县"。⑥刘曜俘掠至平阳的两宗汉户就当有数万户。汉国下河南、征关中，又北攻并州，广为俘掠，所掠汉户亦多集中于平阳附近地区。而麇集于平阳附近的汉户，未必尽从事农耕。据上引《晋书·刘聪载记》，右司隶部人就有相当部分从事牧马。左右司隶部所属被掠而来之汉户既有相当部分被分配牧马，又被按"万户"编组，显然已脱离原有之乡里组织，而很可能被用匈奴、六夷的部落制方式编组，然其详情则不能知。

---

① 洪亮吉：《十六国疆域志》卷一，"前赵"，《二十五史补编》第三册，北京：中华书局，1956年，影印本，第4084页。
② 《晋书》卷一〇二《刘聪载记》，第2668页。
③ 《晋书》卷一〇二《刘聪载记》，第2673页。
④ 《晋书》卷一〇二《刘聪载记》，第2675页。
⑤ 《晋书》卷一四《地理志》上，第416、428—429页。
⑥ 《晋书》卷一〇二《刘聪载记》，第2662页。

汉国于其统治的腹心地区，盖未使用郡县制度。《晋书·地理志》并州后叙谓刘渊曾以雍州刺史镇平阳，幽州刺史镇离石，盖假以汉晋名号而已。又谓汉国于单于左右辅、左右司隶之外，"又置殷、卫、东梁、西河阳、北兖五州，以怀安新附"。①五州之置，均未见于《晋书》刘元海、刘聪载记，盖亦仅假借名号，以怀安新附之坞堡豪酋，汉国并未能实际控制其地。

前赵之国家结构，大抵沿袭刘聪之汉，只是其"国族"匈奴本部力量较弱，故不得不倚重氐羌诸胡。刘曜立都长安，征战四方，每集诸胡夷于长安周围。如游子远平定上郡氐羌权渠所部，徙权渠子"伊余兄弟及其部落二十余万口于长安"。权渠所部本称有十余万落，其相当部分被徙于长安附近。②刘曜亲征南安杨韬、陇西梁勋，"迁韬等及陇右万余户于长安"。③被降服的诸夷胡，大都被作为赵国政权的同盟军。刘曜击杀陇上陈安之后，率军"长驱至西河，戎卒二十八万五千，临河列营"，声言将西讨凉州张茂。而曜对其将领说："吾军旅虽盛，不逾魏武之东也。畏威而来者，三有二焉。中军宿卫已皆疲老，不可用也……"④刘曜的"中军宿卫"当是刘聪时随其南征西讨的匈奴旧部，其时确已"疲老"，故前赵政权的"国族"匈奴实际上已相当孱弱。刘曜军队中占有三分之二的"畏威而来者"，则为诸夷胡。后来刘曜遣刘岳攻石生于洛阳，"配以近郡甲士五千，宿卫精卒一万"；刘岳战败，"（石）季龙执刘岳及其将王腾等八十余人，并氐羌三千余人，送于襄国，坑士卒一万六千"。也说明刘曜军队中多杂有氐羌。洛阳之役，刘曜宿卫精卒盖折损净尽，乃不得不更依靠诸胡。故刘曜回到长安后，即以次子刘胤为大司马，"置单于台于渭城，拜（胤）大单于，置左右贤王已下，皆以胡、羯、鲜卑、氐、羌豪桀为之"。⑤左右贤王，当即汉国刘聪时的单于左右辅；而其下之胡、羯、鲜卑、氐、羌豪杰，则当即汉国时左右辅之下的二十都尉之属。

---

① 《晋书》卷一四《地理志》上，第429页。
② 《晋书》卷一〇三《刘曜载记》，第2687页。
③ 《晋书》卷一〇三《刘曜载记》，第2691页。
④ 《晋书》卷一〇三《刘曜载记》，第2694—2695页。
⑤ 《晋书》卷一〇三《刘曜载记》，第2698页。

(二）以胡制待"国人"，以汉制治汉户

东晋太兴二年（319），石勒脱离汉赵，自称赵王、大单于，建立赵国（后赵），都襄国（今河北邢台）。《晋书·石勒载记》下记其建国之诸种设置云：

> 始建社稷，立宗庙，营东西宫。署从事中郎裴宪、参军傅畅、杜嘏并领经学祭酒，参军续咸、庾景为律学祭酒，任播、崔濬为史学祭酒。中垒支雄、游击王阳并领门臣祭酒，专明胡人辞讼，以张离、张良、刘群、刘谟等为门生主书，司典胡人出内，重其禁法，不得侮易衣冠华族。号胡为国人。遣使循行州郡，劝课农桑。加张宾大执法，专总朝政，位冠僚首。署石季龙为单于元辅、都督禁卫诸军事，署前将军李寒领司兵勋，教国子击刺战射之法。命记室佐明楷、程机撰《上党国记》，中大夫傅彪、贾蒲、江轨撰《大将军起居注》，参军石泰、石同、石谦、孔隆撰《大单于志》。①

据《晋书·石勒载记》上，其时建立之赵国领河内、魏、汲、顿丘、平原、清河、巨鹿、常山、中山、长乐、乐平、赵国、广平、阳平、章武、渤海、河间、上党、定襄、范阳、渔阳、武邑、燕国、乐陵等二十四郡，户二十九万；又"遣使循行州郡，劝课农桑"，是以郡县之制统治汉户。而"以大单于镇抚百蛮，罢并、朔、司三州，通置部、司以监之"，即分置各部、司以控制百蛮，是以胡制待诸胡。②门臣祭酒专主辨明胡人辞讼，门生主书典胡人出入，那么，律学祭酒应是主汉人辞讼。由中大夫傅彪等撰《大将军起居注》，应当是写给汉人华族看的；参军石泰等撰《大单于传》，则是面向胡人的。显然，石赵政权的国家形态是二元结构的：以赵王统治汉户，以汉人华族为权力核心，行汉晋律法；以大单于统百蛮，以胡人为"国人"，行胡法。石赵国家的胡-汉二元体制，显然不同于匈奴汉-赵政权的匈奴五部、六夷（单于左右辅）与汉户（左右司隶、四十三万户）的三元体制。

---

① 《晋书》卷一〇五《石勒载记》下，第2735—2736页。
② 《晋书》卷一〇四《石勒载记》上，第2730页。

石勒虽是羯人，但其核心部众，却来源甚杂。当其依于魏郡汲桑之时，纠合群盗王阳、夔安、支雄、冀保、吴豫、刘膺、桃豹、逯明、郭敖、刘征、刘宝、张曀仆、呼延莫、郭黑略、张越、孔豚、赵鹿、支屈六等，号为十八骑。①此十八骑，族属甚杂（支雄、支屈六当出月支，呼延莫当出匈奴，夔安、王阳亦可断定为胡人，刘征、刘保也可能出自匈奴），兼括汉胡，乃是石勒起家之基本班底。②石勒归刘渊，基本部众除十八骑外，则主要是上党胡部大张㔨督、冯莫突（当是匈奴）及乌丸张伏利度所部。刘渊使刘聪攻壶关，"命勒率所统七千为前锋都督"，则知其时石勒所统部众约有七千，大抵以诸胡为主。陷魏郡、顿丘诸垒壁，"简强壮五万为军士"，则多为汉人；攻赵郡、巨鹿、常山，"陷冀州郡县堡壁百余，众至十余万，其衣冠人物集为'君子营'"，汉人在石勒军中所占的比重越来越大。之后，石勒方"使其将张斯，率骑诣并州山北诸郡县，说诸胡羯，晓以安危。诸胡惧勒威名，多有附者"。③石勒本出之胡羯，至是才成为其同盟者，而并非核心。石勒在平定冀、幽之后，方大规模迁移夷胡户口，集于襄国。如"徙平原乌丸展广、刘哆等部落三万余户于襄国"。④故石赵政权的"国人"，实际上并不以羯人为主，而包括了诸种夷胡。称赵王后，石勒下书，"禁国人不听报嫂及在丧婚娶，其烧葬令如本俗"。其中的"国人"也是指诸胡。⑤赵王八年（326），石勒以世子弘镇邺，"配禁兵万人，车骑所统五十四营悉配之，以骁骑领门臣祭酒王阳专统六夷以辅之"。⑥王阳本与支雄并领门臣祭酒，专明胡人辞讼，至是随石弘镇邺，专统六夷，当是指五十四营中的六夷，亦即诸胡。

对于汉户，石赵亦不同于匈奴汉国，将之俘掠集中在一起，编为万户统辖之，而是因其郡县乡里之制而治之。石勒攻下垒壁，多"置守宰以抚

---

① 《晋书》卷一〇四《石勒载记》上，第2708页。
② 关于羯胡姓氏，请参阅唐长孺：《魏晋杂胡考》，见氏著《魏晋南北朝史论丛》，北京：中华书局，2011年，第403—413页。
③ 《晋书》卷一〇四《石勒载记》上，第2710—2711页。
④ 《晋书》卷一〇四《石勒载记》上，第2725页。
⑤ 《晋书》卷一〇五《石勒载记》下，第2736页。
⑥ 《晋书》卷一〇五《石勒载记》下，第2743页。

之",虽守宰或多以垒壁主为之,然以郡县之制治汉地之意甚明。据有冀州后,"司、冀渐宁,人始租赋",①即向汉户征收租赋。平幽州之后,以晋尚书刘翰行幽州刺史,置立郡县守宰,并"分遣流人各还桑梓",实即离散坞堡团聚之众,恢复郡县乡里之治。《晋书·石勒载记》称:"勒以幽冀渐平,始下州郡,阅实人户,户赀二匹,租二斛。"②即沿用魏晋户调制,征收租调。石季龙、孔苌攻灭段匹䃅,"散诸流人三万余户,复其本业,置守宰以抚之,于是冀、并、幽州、辽西巴西诸屯结皆陷于勒"。③陷于石勒的诸屯结之流人,盖大都被离散复业,各归乡里,置于郡县守宰控制之下。汉户既置于郡县乡里控制之下,石赵政权遂可据籍征发赋役。如石虎将讨慕容皝,"令司、冀、青、徐、幽、并、雍兼复之家五丁取三,四丁取二,合邺城旧军满五十万"。④所征役丁显然主要来自汉户,而将之与在邺城的"旧军"相合,是以其加入军队。后来,石虎营建邺城宫室台观,"作者四十余万人。又敕河南四州具南师之备,并、朔、秦、雍严西讨之资,青、冀、幽州三五发卒,诸州造甲者五十万人"。⑤城长安未央宫,"发雍、洛、秦、并州十六万人";修洛阳宫,"发诸州二十六万人"。⑥其所征发,都主要是汉人役丁。又"大发百姓女二十已下十三已上三万余人,为三等之第以分配之。郡县要媚其旨,务于美淑,夺人妇者九千余人"。⑦凡此,都说明石赵政权下有较为完备的户籍制度。

对于降附的夷胡,石赵亦采取离散部落的方式,分而治之。石虎建武二年(336),"索头郁鞠率众三万降于季龙,署鞠等一十三人亲通赵王,皆封列侯,散其部众于冀、青等六州"。⑧索头,即鲜卑拓跋部。郁鞠部众被分散居于冀、青等六州广大区域内,其原有的部落联合体自必受到影响。伐

---

① 《晋书》卷一〇四《石勒载记》上,第2720页。
② 《晋书》卷一〇四《石勒载记》上,第2723—2724页。
③ 《晋书》卷一〇五《石勒载记》下,第2737—2738页。
④ 《晋书》卷一〇六《石季龙载记》上,第2770页。
⑤ 《晋书》卷一〇六《石季龙载记》上,第2772页。
⑥ 《晋书》卷一〇六《石季龙载记》上,第2777页。
⑦ 《晋书》卷一〇六《石季龙载记》上,第2777页。
⑧ 《晋书》卷一〇六《石季龙载记》上,第2764页。

辽西鲜卑段氏，"乃迁其户二万余于雍、司、兖、豫四州之地，诸有才行者皆擢叙之"。①也是通过分散部落居地的方式，离散其固有的部落联合体。

石赵采取迁徙诸胡的方式，以离散其固有的部落联合体，然被迁徙的诸胡，大抵仍保持其部落组织形式。《太平御览》卷一二一引《十六国春秋·前秦录》记氐人苻氏出略阳临渭，"世为氐酋"；苻洪之父怀归，为部落小帅；苻洪年十二，父卒，代为部帅。苻氏既称为"小帅"，其所部不会太大。至于晋末乱离，洪乃"散千金，招延俊杰，戎、晋襁负奔之，推为盟主"；洪乃自称护氐校尉、秦州刺史，"群氐推为首"。其时苻洪所部，已形成氐人的部落联合体。前后赵交争，苻洪"率部人西堡陇山"，后投附石虎。《资治通鉴》卷九五说其时苻洪所部有二万户。《前秦录》说虎命洪为"监六夷诸军，委以西方之事"，似非实。《资治通鉴》说虎任洪为护氐校尉，应更为可信。石虎徙关中豪杰及羌戎于关东，苻洪亦在被迁之列，被任为流民都督，处于枋头。②《资治通鉴》卷九五记苻洪之言曰："诸氐皆洪家部曲，洪帅以从，谁敢违者！"③则知其时苻洪实为诸氐部落联合体之首领。苻洪所部虽居枋头（属汲郡卫县），然二万余户的诸氐当分散居住，氐人的部落联合体遂受到削弱。

与苻洪一起东迁的姚弋仲是羌族酋长。据《晋书·姚弋仲载记》，姚弋仲为南安赤亭羌人，"世为羌酋"。永嘉之乱，已身为羌酋的姚弋仲率部众"东徙榆眉，戎、夏襁负随之者数万"，乃自称护西羌校尉、雍州刺史，也已成为羌人联合体的首领。石虎克上邽，以弋仲行安西将军、六夷左都督。石虎徙秦、雍豪杰于关东，弋仲率部众数万迁于清河，拜奋武将军、西羌大都督，复任为十郡六夷大都督。姚弋仲被任为十郡六夷大都督，其所领之六夷，显然是分散居住于十郡之内。即便是姚弋仲本部居于清河，也是"插花"居住的。《晋书·姚弋仲载记》载，当姚弋仲所部驻清河时，"武城左尉，季龙宠姬之弟也，曾扰其部，弋仲执尉，数以迫胁之状，命左右斩

---

① 《晋书》卷一〇六《石季龙载记》上，第2767—2768页。
② 《太平御览》卷一二一《偏霸部》五，"前秦苻洪"引崔鸿《十六国春秋·前秦录》，北京：中华书局，1960年，影印本，第585页。
③ 《资治通鉴》卷九五，晋成帝咸和八年十月，第2989页。

之"。① 武城为清河郡属县。武城左尉曾骚扰姚弋仲所部，说明弋仲所部羌人是与武城左尉所辖之汉户杂居的；而姚弋仲执县尉，命左右杀之，说明清河郡武城县与迁民两不统属，亦即姚弋仲所部并不归属郡县管理，仍是以部落方式管理的。

（三）侨县与"营户"

慕容燕的政权结构，其初与匈奴汉政权相似。《晋书·慕容廆载记》记建武初，晋元帝承制拜慕容廆为大单于、昌黎公、都督辽左杂夷流人诸军事，廆让而不受。② 在此之前，慕容廆已自称鲜卑大单于。故晋元帝所拜官号中，"大单于"是针对鲜卑的，"杂夷"则是指鲜卑之外的其他夷胡，"流人"是指脱离原有版籍的汉户。换言之，慕容氏所领，包括鲜卑、杂夷、流人三种人群。所不同的是对于流人的控制方式。《晋书·慕容廆载记》云：

> 时二京倾覆，幽冀沦陷，廆刑政修明，虚怀引纳，流亡士庶多襁负归之。廆乃立郡以统流人，冀州人为冀阳郡，豫州人为成周郡，青州人为营丘郡，并州人为唐国郡。于是，推举贤才，委以庶政，以河东裴嶷、代郡鲁昌、北平阳耽为谋主；北海逢羡、广平游邃、北平西方虔、渤海封抽、西河宋奭、河东裴开为股肱；渤海封弈、平原宋该、安定皇甫岌、兰陵缪恺以文章才俊任居枢要；会稽朱左车、太山胡毋翼、鲁国孔纂以旧德清重引为宾友，平原刘赞儒学该通，引为东庠祭酒，其世子皝率国胄束脩受业焉。③

对于归附的流民，慕容氏侨郡县以处之。"推举贤才，委以庶政"，盖任用冀、豫、青、并四州流人中的贤才，除作为谋主、股肱之外，亦当委以治理诸侨郡。慕容皝征辽东，克襄平。"分徙辽东大姓于棘城，置和阳、武次、西乐三县而归。"④ 和阳、武次、西乐三县也是侨县。后来，"以勃海人为兴集县，河间人为宁集县，广平、魏郡人为兴平县，东莱、北海人为育黎

---

① 《晋书》卷一一六《姚弋仲载记》，第2959—2960页。
② 《晋书》卷一〇八《慕容廆载记》，第2805页。
③ 《晋书》卷一〇八《慕容廆载记》，第2806页。
④ 《晋书》卷一〇九《慕容皝载记》，第2816页。

县，吴人为吴县，悉隶燕国"。①兴集、宁集、兴平、育黎、吴县等，都是侨县。

慕容皝时，颇事掳掠。慕容皝燕王四年（340），燕军出蠮螉塞，长驱至于蓟城，进渡武遂津，入于高阳，"掠徙幽、冀三万余户"；燕王五年，伐高句丽，"掠男女五万余口"；又攻灭宇文归，"徙其部人五万余落于昌黎"。②这些被强制迁徙、集中安置在龙城、昌黎地区的诸种人口，是如何控制的呢？《晋书·慕容皝载记》谓：燕"以牧牛给贫家，田于苑中，公收其八，二分入私。有牛而无地者，亦田苑中，公收其七，三分入私"。田于苑中的贫家要将收获物的十分之八或十分之七入于"公"，其身份大抵相当于"隶户"或"农奴"，并非编户齐民。《晋书·慕容皝载记》录皝记室参军封裕谏云：

> 先王以神武圣略，保全一方，威以殄奸，德以怀远，故九州之人，塞表殊类，襁负万里，若赤子之归慈父，流人之多，旧土十倍有余，人殷地狭，故无田者十有四焉。殿下以英圣之资，克广先业，南摧强赵，东灭句丽，开境三千，户增十万……宜省罢诸苑，以业流人……③

根据封裕所说，当时燕国境内的流人，十分之六是有田的，当即置立侨郡县以处之的那部分，其身份大致是编户，然在大姓豪族的控制之下；十分之四是无田的贫民，被招纳入燕国的苑囿中，成为国家"农奴"。慕容皝接受了封裕的建议，省罢苑囿，"以给百姓无田业者。贫者全无资产，不能自存，各赐牧牛一头。若私有余力，乐取官牛垦官田者，其依魏、晋旧法"。④诸苑之田如何分配给无田业之百姓不详，以贫者各赐牛一头观之，当是计口授田；取官牛垦官田者，依魏、晋旧法，当是官得六分、百姓得四分。此一部分百姓，身份仍或低于编户。

被强制迁移至龙城地区的诸种流人、夷胡，或许也成为"营户"。《晋书·慕容晄载记》记晄仆射悦绾之言曰：

---

① 《晋书》卷一〇九《慕容皝载记》，第2826页。
② 《晋书》卷一〇九《慕容皝载记》，第2821—2822页。
③ 《晋书》卷一〇九《慕容皝载记》，第2822—2823页。
④ 《晋书》卷一〇九《慕容皝载记》，第2825页。

> 太宰政尚宽和，百姓多有隐附。《传》曰，唯有德者可以宽临众，其次莫如猛。今诸军营户，三分共贯，风教陵弊，威纲不举。宜悉罢军封，以实天府之饶，肃明法令，以清四海。

暐纳之。绾既定制，朝野震惊，出户二十余万。① 太宰，指慕容恪，时已逝。悦绾既谓"百姓多有隐附"，又说"诸军营户"可称为"军封"，则所谓"诸军营户"，当即附于诸军的户口，称为"军封"，似乎各军营按规定得占有部分户口。三分共贯，未见有解者。结合上引耕种苑囿的贫人纳租之法，当是通例为"营户"得三分，军得七分。《资治通鉴》卷一〇一晋海西公太和三年（368）九月条下载：

> 燕王公、贵戚多占民为荫户，国之户口，少于私家，仓库空竭，用度不足。尚书左仆射广信公悦绾曰："今三方鼎峙，各有吞并之心。而国家政法不立，豪贵恣横，至使民户殚尽，委输无入，吏断常俸，战士绝廪，官贷粟帛以自赡给；既不可闻于邻敌，且非所以为治，宜一切罢断诸荫户，尽还郡县。"燕主暐从之，使绾专治其事，纠摘奸伏，无敢蔽匿，出户二十余万，举朝怨怒。绾先有疾，自力厘校户籍，疾遂亟。②

《资治通鉴》所录的悦绾之言，与《晋书》所载大不相同，若其所记可信，则《晋书》所说的"诸军营户"，就是诸军的荫蔽户口，亦即《资治通鉴》下文所说的"军营封荫之户"。《资治通鉴》卷一〇八晋武帝太元二十一年（396）六月条："燕主宝定士族旧籍，分辨清浊，校阅户口，罢军营封荫之户，悉属郡县。"胡三省注云："军营封荫之户，盖诸军庇占以为部曲者。"③《晋书》卷一二四《慕容宝载记》记同一事谓：

> 遵垂遗令，校阅户口，罢诸军营，分属郡县，定士族旧籍，明其官

---

① 《晋书》卷一一一《慕容暐载记》，第2852—2853页。
② 《资治通鉴》卷一〇一，晋海西公太和三年九月，第3211页。
③ 《资治通鉴》卷一〇八，晋武帝太元二十一年六月，第3428页。

仪。而法峻政严，上下离德，百姓思乱者十室而九焉。①

"罢诸军营"，当然是指罢诸军营封荫的户口。因此，燕国的"营户"与后秦姚苌大营中的"营户"并不相同，前者是军营荫户，是荫蔽户口，地位明显较低，大致等同于北魏时的隶户；后者大抵相当于镇户，是世袭军户。《魏书·阉宦·仇洛齐传》云：

> 魏初，禁网疏阔，民户隐匿漏脱者多。东州既平，绫罗户民乐葵因是请采漏户，供为纶绵。自后逃户占为细茧、罗縠者非一。于是杂、营户帅遍于天下，不属守宰，发赋轻易，民多私附，户口错乱，不可检括。洛齐奏议罢之，一属郡县。

仇洛齐"中山人，本姓侯氏。外祖父仇款，始出冯翊重泉。款，石虎末徙邺南枋头，仕慕容晔为乌丸护军、长水校尉。生二子，长曰嵩，小曰腾。嵩仕慕容垂，迁居中山，位殿中侍御史。嵩有二子，长曰广，小曰盆。洛齐生而非男，嵩养为子，因为之姓仇"。②然则，仇氏本出于冯翊重泉，随苻氏东迁至邺南枋头，后仕慕容氏；前秦败亡后，追随慕容垂，迁居中山。仇洛齐之入为宦官，当在拓跋氏平后燕时，故其所言，当为河北情形。文中的"杂户"当是绫罗户、细茧户、罗縠户等户类的合称，意为各种各样的户；营户则当沿用慕容燕之旧。绫罗户、细茧户、罗縠户等杂户及营户均不属守宰，其地位较低，后来遂演变为"隶户"；而北魏以后渐将此类户口概称为"杂户"，或即因为其来源于俘虏中的荫户和隐匿漏脱户口之故。

四、十六国北朝时期社会控制的军事化

洪亮吉《十六国疆域志》卷十六按语云：

> 案朔方、云中、上郡、五原等郡，自汉开至东晋久已荒废，赫连氏虽据有其地，然细校诸书，自勃勃至昌、定世，类皆不置郡县（《元和郡县志》胜州下：赫连氏之后迄于周代，往往置镇，不立州郡），惟以城为主，战胜克敌则徙其降虏，筑城以处之。故今志夏国疆域，惟以州

---

① 《晋书》卷一二四《慕容宝载记》，第3093页。
② 《魏书》卷九四《阉宦传》，"仇洛齐"，第2013—2014页。

统城，而未著其所在郡县以别之，与志他国异焉。①

不立州郡县乡里，唯以军镇城堡统领人户，亦即对城乡诸色人群实行全面的军事化管理。这是十六国政权军事化发展的极致。唐长孺先生说："魏晋以来所发展的堡坞豪帅及其部曲遍布北方，同样的是以军营统户的制度。赫连勃勃仅仅是取消郡县虚名，成为只有军镇而无郡县的现象，而这绝非骤然发生的变化。"②显然受到唐先生的启发，牟发松先生撰《十六国时期地方行政机构的军镇化》与《北魏军镇起源新探》二文，认为地方机构的军镇化乃是十六国时期的普遍趋势，并直接孕育了北魏的军镇制度。③沿着同样的思路，结合上文的分析，本节尝试着提出十六国北朝时期北方地区社会控制体系的军事化这一认识。

社会控制的军事化表现在对各种人群的控制方式上。首先，诸胡政权对于其"国族"尽可能实行全面的军事化编组，通过军事化手段将"国族"凝聚成可以依赖的"核心集团"和政治基础。如上文所述，匈奴刘汉政权将原有的匈奴五部分编为十数营，各设将军统领，亦即以"营"取代"部"，作为其"国族"匈奴的主要编组方式。前秦以氐人为"国族"。《晋书·苻坚载记》记苻坚平定关东后，"以关东地广人殷，思所以镇静之"。引其群臣于东堂议曰："凡我族类，支胤弥繁，今欲分三原、九嵕、武都、汧、雍十五万户于诸方要镇，不忘旧德，为磐石之宗，于诸君之意如何？"皆曰："此有周所以祚隆八百，社稷之利也。"④三原、九嵕、武都、汧、雍都是氐人聚居之区，苻坚欲分遣要镇之十五万户皆系氐人"族类"，为其"支胤"，也是苻秦政权的"磐石之宗"。《晋书·苻坚载记》续云："于是分四帅子弟三千户，以配苻丕镇邺，如世封诸侯，为新券主。坚送丕于灞上，流涕而别。诸戎子弟离其父兄者，皆悲号哀恸，酸感行人，识者以为丧乱流

---

① 洪亮吉：《十六国疆域志》卷一六，"夏国"，《二十五史补编》，第三册，第4206页。
② 唐长孺：《晋代北境各族"变乱"的性质及五胡政权在中国的统治》，见氏著《魏晋南北朝史论丛》，第122—184页，引文见第161页。关于十六国时期诸胡族政权下"以营统户"和以军镇统户，请参阅陈玉屏：《魏晋南北朝兵户制度研究》，第173—184页。
③ 牟发松：《十六国时期地方行政机构的军镇化》，《晋阳学刊》1985年第6期；牟发松：《北魏军镇起源新探》，《社会科学》2017年第11期。
④ 《晋书》卷一一三《苻坚载记》上，第2903页。

离之象。"四帅，当即左、右、前、后四部帅；"诸戎子弟"，也主要是氐人。据《资治通鉴》卷一〇四，苻丕所领的三千户中，分由仇池氐酋、射声校尉杨膺为征东左司马，九嵕氐酋、长水校尉齐午为右司马，各统一千五百户。诸戎子弟受遣镇邺，需"离其父兄"，说明并非按部落整体迁徙，而是以军事编制方式派遣；杨膺与齐午亦以军职各领氐户。之后不久，又以毛兴为镇西将军、河州刺史，镇枹罕；王腾为鹰扬将军、并州刺史，领护匈奴中郎将，镇晋阳；二州各配氐户三千。《资治通鉴》特别说明："兴、腾并苻氏婚姻，氐之崇望也。"又以苻晖为镇东大将军、豫州牧，镇洛阳；苻睿为安东将军、雍州刺史，镇蒲坂；"各配氐户三千二百"。[1]上述五镇所配氐户，合计为一万五千四百户，正约当苻坚所说十五万氐户的十分之一。分遣五镇的氐户既为军事化编制，则留在关中的氐户也应当是军事化编制。

姚秦的"国族"是羌人，其核心乃是所谓"四部"。《晋书·姚襄载记》记姚弋仲死后，姚襄继位，"率户六万南攻阳平、元城、发干，皆破之，杀掠三千余家"，屯于碻磝津，以略阳伏子成为左部帅，南安敛岐为右部帅，略阳王黑郍为前部帅，强白为后部帅。[2]四部编制显然是按行军队列编排，六万户均组成军队前进。后来姚苌的"大营"（又分为四军）很可能就是由此四部演变而来，其所属的"营户"以及岭北的"镇户"，也是以军事化方式编组的。

赫连勃勃崛起的最初根基，乃是姚兴配给的"三交五部鲜卑及杂虏二万余落"，以及稍后吞并的没奕于所领"三城、朔方杂夷及卫辰部众三万"。这是赫连夏的"国族"。后来赫连部将劝其勿冒险进攻长安，说："陛下将欲经营宇内，南取长安，宜先固根本，使人心有所凭系，然后大业可成。高平险固，山川沃饶，可以都也。"[3]以高平为夏国之根本，正说明高平、朔方之众乃赫连夏政权的核心力量。这两支部众，在姚秦时就是屯驻高平、朔方二镇的"镇户"，自然是军事编制。

其次，诸胡政权对于作为其同盟者的非"国族"夷胡，亦采取军事化的

---

[1] 《资治通鉴》卷一〇四，晋武帝太元五年八月，第3296页。
[2] 《晋书》卷一一六《姚襄载记》，第2962页。
[3] 《晋书》卷一三〇《赫连勃勃载记》，第3202—3203页。

编组方式，将之置于严格的军事控制之下，并尽可能利用其军事力量，作为其政权的主要同盟力量乃至重要基石。如匈奴汉国对于随附的六夷，置单于左右辅，各辖十个都尉，分领十万落，每一都尉所辖恰为一万落，显然是十进制的编组方式。石勒以"五十四营"编排屯驻邺城的六夷，也是以军事编排方式组织诸夷胡。石赵时苻洪以流民都督身份统领戎（氐）、晋，"其部下赐爵关内侯者二千余人，以洪为关内领侯将"，①显然也是以军事方式编排、统领其部众。姚弋仲以奋武将军、西羌大都督统领部众，后迁为十郡六夷大都督，说明其部众散居于清河等十郡，而以军事方式受姚弋仲节制。②

正如上引诸前贤所论述的那样，十六国北朝时期多在"非国族"的夷胡聚居区设置"护军"或镇戍以控制诸夷胡，而护军、镇戍制度在本质上实为军事管制制度，是以军事管制方式控制诸夷胡。虽然护军、镇戍所领诸夷胡大抵仍以部落为其基本组织方式，但军事管制显然极大地限制了夷胡诸部落间的联合或冲突，从而减少了其形成部落联合体的可能性。需要进一步指出的是：护军制度并非孤立的制度，实际上是一整套从汉晋以来即一直沿用的控制诸夷胡的统治体系的组成部分。在护军之外，当有诸色监、护将军。《晋书·赫连勃勃载记》谓：

> 曾祖武，刘聪世以宗室封楼烦公，拜安北将军、监鲜卑诸军事、丁零中郎将，雄据肆卢川。为代王猗卢所败，遂出塞表。祖豹子招集种落，复为诸部之雄，石季龙遣使就拜平北将军、左贤王、丁零单于。父卫辰入居塞内，苻坚以为西单于，督摄河西诸虏，屯于代来城。及坚国乱，遂有朔方之地，控弦之士三万八千。③

赫连氏的族属且不论。赫连武在刘聪时以汉国宗室身份（虽然颇可疑）监鲜卑诸军事、丁零中郎将，豹子在石虎时为左贤王、丁零单于，卫辰在苻坚时为西单于、督摄河西诸虏，虽然实际上一直是其所在部落联合体的首领，却以将军号与军职分别代表汉、赵与前秦政权，监、督摄鲜卑、丁零或河西

---

① 《晋书》卷一一二《苻洪载记》，第2867页。
② 《晋书》卷一一六《姚弋仲载记》，第2960页。
③ 《晋书》卷一三〇《赫连勃勃载记》，第3201页。

诸房，说明汉、赵、前秦均试图以军事方式监督、管理非其"国族"的其他夷胡。当前秦苻坚分遣氐户前往诸镇屯守时，又以平州刺史石越领护鲜卑中郎将，大鸿胪韩胤领护赤沙中郎将，移乌丸府于代郡之平城，以并州刺史王腾为领护匈奴中郎将。[①]前秦护匈奴、鲜卑、赤沙中郎将的设置，显然沿袭魏晋以来的护匈奴、羌、戎、蛮、夷、越中郎将及护羌、夷、蛮等校尉的制度，均是以军事管制方式控制诸种夷胡。《广武将军□产碑》所见的广武将军□产，则正是统领若干护军辖区的高一层监、护诸夷胡的将军。不同层级的监、护将军和护军，主要的职掌之一就是监督诸部落，防止其形成较大的部落联合体。所以，军事管制和军事化编排，乃是"离散"诸夷胡原有之部落联合体的重要途径。

再次，对于俘掠而来的汉户，主要有三种控制方式：一是配属军营，作为营中荫封之户（如燕国的"营户"），成为军营的附庸；二是留属官府、宫中或赏赐给勋贵，或配置在牧场、屯地，成为官府或显贵的"隶户"（如北魏的"诸伎作、屯、牧、杂色役隶之徒"以及"平齐户""平凉户"等）；三是采用军事化编组，尽可能组成整齐划一的社会单元，"计口授田"，使之纳租服役。

前两种控制方式的军事化性质较为明显，可不具论。需要注意的是第三种控制方式的军事化实质。匈奴汉国在左右司隶下分置四十三内史、各领万户的做法，虽然其具体编排方式与授田方式不详，但很可能采用十进制的编排方式，抑或实行计口授田。前燕对于俘掠或归附流人中的无田业贫民，亦采取计口授田的方法。北魏灭亡后燕、据有河北后，曾迁移六州民入平城周围。《魏书·食货志》云：

> 既定中山，分徙吏民及徒何种人、工伎巧十万余家以充京都，各给耕牛，计口授田。天兴初，制定京邑，东至代郡，西及善无，南极阴馆，北尽参合，为畿内之田；其外四方、四维置八部帅以监之，劝课农耕，量校收入，以为殿最。[②]

---

① 《晋书》卷一一三《苻坚载记》上，第2903页。
② 《魏书》卷一一〇《食货志》，第2849—2850页。

《魏书·太祖纪》天兴二年（398）正月记同一事，谓称："徙山东六州民吏及徒何、高丽杂夷三十六万，百工伎巧十万余口，以充京师。"至二月，又"诏给内徙新民耕牛，计口受田"。① 两相比照，知此次迁徙共包括山东六州民吏及徒何、高丽杂夷三十六万口，百工伎巧十万余口，合计十万余家。"内徙"的"新民"被安置在代京周围地区，置八部帅以监之（八部帅职掌"劝课农耕"，显然是负责迁民的计口授田及农耕管理的）。八部帅按四方四维分置，统三十六万口，则每部帅统四万五千口，大约为一万户。八部帅之职，实与匈奴汉国之四十三内史相似。此三十六万口迁户，很可能从被迁之日起，就是被分成八部，被军队强制迁徙的；迁至代京地区后，亦按八部分划，计口授田，受军事化管理。

我们认为代京地区的迁民当为军事化（或准军事化）编排，还可以提供一条重要辅证。《魏书·太宗纪》载：泰常六年（421）二月，"调民二十户输戎马一匹，大牛一头"。② 在此之前之永兴五年（413）正月，曾"诏诸州六十户出戎马一匹"。③ 则泰常六年诏书所称之"民"非指州郡民户，其应征之户调显比州郡民为重；而《魏书·太宗纪》在此条之后，即载"制六部民"的诏书。因此，泰常六年诏书所称之"民"，当是指代京周围的迁民。迁民以二十户为单位输调，而二十户正约百口，说明二十户、一百口很可能为其基本编组单位。

需要进一步说明的是，拓跋魏对于俘掠的汉户（以及其他农耕户口）计口授田，并分置部帅以"劝课农耕"，与其对于降附的游牧民"分土定居"、并分置六部大人以管理之，在本质上是相同的。《魏书》卷七四《尔朱荣传》常为论者所引：

> 尔朱荣，字天宝，北秀容人也。其先居于尔朱川，因为氏焉。常领部落，世为酋帅。高祖羽健，登国初为领民酋长，率契胡武士千七百人从驾平晋阳，定中山。论功拜散骑常侍。以居秀容川，诏割方三百里封之，长为世业。太祖初以南秀容川原沃衍，欲令居之。羽健曰："臣

---

① 《魏书》卷二《太祖纪》，第32页。
② 《魏书》卷三《太宗纪》，第61页。
③ 《魏书》卷三《太宗纪》，第52页。

家世奉国，给侍左右。北秀容既在划内，差近京师，岂以沃壤更迁远地。"太祖许之。①

道武帝初欲徙尔朱部落于南秀容川，后因羽健之请求，方许其仍留居北秀容，其世业之地"方三百里"，说明道武帝时确曾分划诸部落牧地（其时牧地或已农耕），并将之作为领民酋长的"世业"。"长为世业"，与"分土定居，不听迁徙"，意义是一致的。而在分土定居、不再迁徙的领民酋长之上，则置有六部大人官。《魏书·官氏志》云：

> 泰常二年夏，置六部大人官，有天部，地部，东、西、南、北部，皆以诸公为之。大人置三属官。②

六部按天地四方分划，与天兴初所置之八部按四方四维分划相似。六部大人所管，则当是牧民。《魏书·太宗纪》泰常六年（421）三月："制六部民，羊满百口，输戎马一匹。"③六部民，当即六部大人所管之六部牧民。按牧羊口数计算应输戎马之数，在实行过程中当以部落为单位输纳戎马，实际上当由领民酋长具体负责。

最后，对于归降或征服汉地的汉户，也主要有三种控制方式：一是承认汉地原有坞壁主的控制权，假以将军、守宰之号，而对其固有之坞壁组织与结构则不加干涉。《晋书·石勒载记》称："元海命勒与刘零、阎黑等七将，率众三万寇魏郡、顿丘诸垒壁，多陷之，假垒主将军、都尉，简强壮五万为军士，老弱安堵如故，军无私掠，百姓怀之。"④简强壮为军士，当是重新编排诸垒壁的武力，并非将之调离原属垒壁；"老弱安堵如故"，说明垒壁固有之控制体系与社会组织一仍其旧，并未改变。二是"散诸流人，复其本业，置守宰以治之"，即沿用或重建汉晋以来的郡县乡里控制体系，以征发赋役，而简其强壮为兵（如石勒平幽、冀二州之后，阅实人户，征发赋调，以及上文所及前燕、前秦在关东、关中地区重建乡里体系的诸种举

---

① 《魏书》卷七四《尔朱荣传》，第1643页。
② 《魏书》卷一一三《官氏志》，第2975页。
③ 《魏书》卷三《太宗纪》，第61页。
④ 《晋书》卷一〇四《石勒载记》上，第2710页。

措)。三是建立新的乡里控制体系,其显例当然是北魏建立并实行的三长制。在上述三种控制汉户的方式中,坞壁体系的军事化显而易见,前人已有充分论证。沿用或重建汉晋以来的郡县乡里控制体系的军事化趋势,则主要表现在郡县守长往往加带将军、都督等军号,并得领部曲、带镇戍等方面,前人亦多有论述。① 那么,北魏所行三长制,是否具有某种军事化色彩呢?

当李冲提议设立三长时,上书称"宜准古";《魏书·李冲传》谓"冲以三正治民,所由来远,于是创三长之制而上之"。② "所由来远"的"三正治民"之法,亦即《魏书·食货志》所说"宜准"之"古",乃是所谓《周礼》之制。《周礼·地官·遂人》谓:

> 遂人掌邦之野。以土地之图,经田野,造县鄙形体之法。五家为邻,五邻为里,四里为酇,五酇为鄙,五鄙为县,五县为遂。皆有地域沟树之使,各掌其政令刑禁,以岁时稽其人民,而授之田野,简其兵器,教之稼穑。③

这是《周礼》行于"野"中之制,其所述"五家为邻,五邻为里,四里为酇",与李冲设计的"五家立一邻长,五邻立一里长,五里立一党长"大致相同。"党"的名称不见于《周礼》"野"中之制,却见于《周礼》"国"中之制。《周礼·地官·大司徒》谓:

> 乃施教法于邦、国、都、鄙,使之各以教其所治民。令五家为比,使之相保;五比为闾,使之相受;四闾为族,使之相葬;五族为党,使之相救;五党为州,使之相赒;五州为乡,使之相宾。颁职事十有二于邦国都鄙,使之登万民。④

《周礼》"国"中之"党"有五百家,远大于李冲所设计的"党"(125家),然"党"的名目来自《周礼》,当无太大疑问。更为重要的是,正如松本善海所论证的那样,北朝时畿内之三长已得称为"三正",与畿外有

---

① 严耕望:《中国地方行政制度史·魏晋南北朝地方行政制度》,第607—612、625—630页。
② 《魏书》卷五三《李冲传》,第1180页。
③ 《周礼正义》卷二九《地官·遂人》,北京:中华书局,1987年,第1121页。
④ 《周礼正义》卷一九《地官·大司徒》,第751—754页。

别。至隋开皇初年颁新令，"制人五家为保，保有长。保五为闾，闾四为族，皆有正。畿外置里正，比闾正，党长比族正，以相检察焉"。①畿内称正、畿外称长的分别，亦当源于《周礼》国、野异制。而《周礼》所记乡里制度，又是与古代军事编制联系在一起的，前人亦早有论述。②

在李冲设计的三长制中，"邻长复一夫，里长二，党长三。所复复征戍，余若民"。③三长何以得享受复除家内一至三人兵役的待遇，迄未见有解释。东魏孝静帝时，元孝友奏表称："令制：百家为党族，二十家为闾，五家为比邻。百家之内，有帅二十五，征发皆免，苦乐不均。"元孝友将三长称作"帅"，说明当时人是把三长等同于军职的。④西魏大统十年，苏绰建议改三长为二长，其所制"六条诏书"之三"尽地利"云：

> 及布种既讫，嘉苗须理，麦秋在野，蚕停于室，若此之时，皆宜少长悉力，男女并功，若援溺、救火、寇盗之将至，然后可使农夫不废其业，蚕妇得就其功。若有游手怠惰，早归晚出，好逸恶劳，不勤事业者，则正、长牒名郡县守令，随事加罚，罪一劝百。此则明宰之教也。⑤

正、长，当即指闾正、里长与族正、党长。正、长在农闲时需要组织民户训练，以应对援溺、救火、防盗等事变；对于乡村无赖之徒，亦得牒知县、郡之后，"随事加罚"。所以，三长（或二长）实际上具有某种治安职能，在一定意义上被视为军职，不是没有道理的。

要之，十六国北朝时期，北方地区各政权对于不同人群的控制，均普遍存在方式各异、程度不同的军事化进程，此种军事化进程虽然不断被政权更替所打乱，但无论何种政权，都不得不采用具体方式有所不同、但本质上均

---

① 《隋书》卷二四《食货志》，北京：中华书局，1973年，第680页。
② 李零：《中国古代居民组织的两大类型及其不同来源——春秋战国时期齐国居民组织试析》，初刊《文史》第二十八辑，北京：中华书局，1987年，第59—75页；后收入氏著《待兔轩文存·读史卷》，桂林：广西师范大学出版社，2011年，第143—164页。
③ 《魏书》卷一一〇《食货志》，第2855页。
④ 《魏书》卷一八《太武五王·临淮王谭传》附孝友传，第422—423页。
⑤ 《周书》卷二三《苏绰传》，第385页。

为军事管制和军事编制的军事化措施。因此，我们认为，社会控制的军事化，乃是十六国北朝时期的普遍现象，而此种军事化进程发展到最后，就是军民合一的府兵制的形成。社会控制的军事化，固然与北方诸胡族的部落制以及北方汉族人群的宗族制度有关，但其根源却在于长期延续的社会动乱。在大规模的社会动荡与冲突中，强者欺人，弱者自存，均不得不团聚起来，凭借武力。因此，十六国北朝时期社会控制与社会组织的军事化趋势或进程，实大规模社会动乱之所必然，无论胡、汉，皆不得不然。

第四章

隋唐乡里制度及其实行、演变与区域差异

第一节 隋代乡里制度及其实行

论隋代乡里制度者，大抵皆举《隋书》卷二四《食货志》所述开皇三年（583）所颁新令及卷二《高祖纪下》所记开皇九年（589）制书，认为隋代乡里制度起初沿用北魏以来之三长制(或西魏北周略加变革之二长制)，至开皇九年乃改行五百家为乡、百家为里的乡里制，并为唐代乡里制度奠定基础。① 其说笼统言之，自可成理，然细究之，却颇有可以进一步求索之处：（1）开皇三年新令究竟为何而颁？其实行区域何在？（2）开皇九年制书所定乡里制度，何以如此简略？它是隋代在全国实行的制度吗？如果是，它是如何推行的？其实质若何？（3）《隋书》卷二四《食货志》与卷四二《李德林传》均述及苏威曾奏置五百家乡正，且为隋文帝所采纳，其事必在开皇九年之前，则可知开皇九年之前隋已有五百家乡正之设。五百家乡正之设，与开皇三年新令所定之三长制及开皇九年制书所规定之乡里制之间，有怎样的关系？本文即试图在前人研究基础上，对上述问题略加辨析，以进一步认识隋代乡里制度的内涵、变化、实行情况及其实质，并围绕乡里制度的地方

---

① 专论隋代乡里制度的学术论文甚稀，今见者仅有气賀泽保规《隋代郷里制に関する一考察》，（日本）《史林》第58卷第4号（1975年），第567—605页。通概性的论述，可见松本善海：《中国村落制度の史的研究》，东京：岩波书店，1977年，第378—385页；赵秀玲：《中国乡里制度》，北京：社会科学文献出版社，1998年，第22—23页。

差异性与统一性做一些讨论。

一、开皇三年的"新令"

《隋书》卷二四《食货志》云：

> 高祖登庸，罢东京之役，除入市之税。是时尉迥、王谦、司马消难，相次叛逆，兴师诛讨，赏费巨万。及受禅，又迁都，发山东丁，毁造宫室。仍依周制，役丁为十二番，匠则六番。及颁新令，制人五家为保，保有长。保五为闾，闾四为族，皆有正。畿外置里正，比闾正，党长比族正，以相检察焉。男女三岁已下为黄，十岁已下为小，十七已下为中，十八已上为丁。丁从课役，六十为老，乃免。自诸王已下，至于都督，皆给永业田，各有差。多者至一百顷，少者至四十亩。其丁男、中男永业露田，皆遵后齐之制。并课树以桑榆及枣。其园宅，率三口给一亩，奴婢则五口给一亩。丁男一床，租粟三石。桑土调以绢绝，麻土以布绢。绝以匹，加绵三两。布以端，加麻三斤。①

《通典》卷三《食货·乡党》亦云："隋文帝受禅，颁新令：五家为保，保五为闾，闾四为族，皆有正。畿外置里正，比闾正，党长比族正，以相检察。"②一般认为，此一新令颁行于全国，此后隋境（其时尚未平陈）即实行保–闾–族（畿内）或保–里–党（畿外）的三长（正）制。

然此段叙述实颇有令人生疑之处。首先，此条新令内容广泛，涉及乡里制、授田制与租调制，却不见于《隋书·高祖纪》，故其具体颁布之时间并不能确定。其次，新令为法律条文，而其行文却颇为粗疏。如在保–闾–族的叙述前并未言明系"畿内"建置，以与"畿外"相对应；品官永业田的授田标准，多者、少者之说，也无法指实；丁男、中男的永业露田，"皆遵后齐之制"，更殊非律令规范。此虽或系后世史臣综述言之，然仍致人心生疑窦，以为此种新令，语焉不详，实无法落实执行。最后，本段叙述的上半部分，罢东京之役、除入市之税、赏费巨万、毁造宫室云云，虽据时间先后叙述，然内在冲突，更与后半部分所述乡里、授田、租调之制不甚衔接。此种

---

① 《隋书》卷二四《食货志》，北京：中华书局，1973年，第680页。
② 《通典》卷三《食货》三，"乡党"，北京：中华书局，1988年，第63页。

叙述，不能不令人细思其背后另有原因。

盖所谓"东京之役"，当即《食货志》上文所言"宣帝时，发山东诸州，增一月功为四十五日役，以起洛阳宫。并移相州六府于洛阳，称东京六府"。据《周书·宣帝纪》，其事在大象元年（579）二月。是月又有诏书称："洛阳旧都，今既修复，凡是元迁之户，并听还洛州。此外诸民欲往者，亦任其意。河阳、幽、相、豫、亳、青、徐七总管，受东京六府处分。"①则知其时征发应役的山东诸州，即大致相当于齐国故地的河阳、幽、相、豫、亳、青、徐等七总管辖区。而罢东京之役，则在大象二年五月静帝继位、杨坚主政之初。《周书·静帝纪》大象二年五月己酉下书："宣帝崩，帝入居天台，废正阳宫。大赦天下，停洛阳宫作。"②则停洛阳宫作或即静帝即位大赦诏书的部分内容。而罢东京之役所涉及的地区，当主要是曾发东京之役的上述七总管辖区。

"入市之税"，据《周书·宣帝纪》，在大象二年正月乙卯，"初税入市者，人一钱"。③据《隋书·食货志》，"闵帝元年，初除市门税。及宣帝即位，复兴入市之税"。④则西魏北周故地，在宣政元年（578）已行入市之税。故大象二年（580）正月"初税入市者"，当指在山东齐国故地开始征收入市之税。据《周书·静帝纪》，罢入市税钱，亦在静帝即位之初，大象二年五月壬子。而《食货志》称"是时尉迥、王谦、司马消难，相次叛逆，兴师诛讨，赏费巨万"，文意乃是强调财用不足，故对"除入市之税"持批评态度。换言之，在当时财政困难的情况下，仍然"除入市之税"，显然是为了收买反叛地区的民心。因此，此处所谓"除入市之税"，当是针对在四个月前刚刚开征此项税收的山东齐国故地而实行的。

相州总管尉迟迥举兵，事在杨坚秉政之次月，即大象二年六月；七月，青州总管尉迟勤、郧州总管司马消难举兵反；八月，益州总管王谦举兵。至十月间，诸乱皆平。翌年（大定元年，开皇元年，581）二月，杨坚遂代周立隋。至开皇二年，乃营建新都。据《隋书·高祖纪》，开皇二年六月十八

---

① 《周书》卷七《宣帝纪》，北京：中华书局，1971年，第119页。
② 《周书》卷八《静帝纪》，第131页。
③ 《周书》卷七《宣帝纪》，第122页。
④ 《隋书》卷二四《食货志》，第680页。

日（丙申）下诏营建新都，至十二月丙子定新都名为大兴城，开皇三年三月丙辰，方常服入新都，即正式迁都。当营建新都时，发山东丁，"仍依周制，役丁为十二番，匠则六番"。营建大兴城所发丁役，并不限于山东丁（其时关陇亦征丁），此特别言之，盖谓以周制（役丁为十二番、匠六番）行于山东齐国故地。

因此，《隋书·食货志》的此段叙述，皆当是针对山东齐国故地而言。罢东京之役，除入市之税，依周制役丁为十二番、匠为六番，都是在山东齐国故地推行的。那么，承此诸事叙述之后所叙的"新令"，就其文意而言，也当是针对山东齐国故地而颁布的。

弄清此点之后，我们再来考索隋文帝颁行新令之期。据《隋书·食货志》所述，隋文帝颁布新令，在大象二年（580）五月罢东京之役、除入市之税之后，亦在开皇二年（582）开始营建新都之后；则其颁行之期，就很可能是在迁都大兴城之同时或稍后，亦即开皇三年三月。《隋书·食货志》于上引新令文下续云：

> 开皇三年正月，帝入新宫。初令军人以二十一成丁。减十二番，每岁为二十日役，减调绢一匹为二丈。先是，尚依周末之弊，官置酒坊收利，盐池盐井，皆禁百姓采用。至是罢酒坊，通盐池盐井与百姓共之。远近大悦。①

按：据本纪，"正月"当为"三月"之误，《资治通鉴》已正之。此令规定"军人"以二十一成丁，与上引新令"男女"十八已上为丁明显不合。其所谓"军人"，当指府兵。盖在此之前，建德二年（573），"改军士为侍官，募百姓充之，除其县籍。是后夏人半为兵矣"。②"军人"当即指"为兵"之"夏人"。而当时的府兵军人，集中在原西魏北周辖境。这条提高军人成丁年龄的"令"应当是针对原西魏北周辖境之府兵的。而减十二番为十八番、减调绢，则是针对除府兵军人之外的"州人"的。又上引文字中，言及酒盐之利，称"尚依周末之弊"，显然是指原西魏北周辖区。那么，此

---

① 《隋书》卷二四《食货志》，第681页。
② 《隋书》卷二四《食货志》，第680页。

一内容的"令"是针对原由西魏北周统治的关陇巴蜀之地（以及部分荆襄地区）的。此"令"与上述"新令"所涉及的区域合在一起，正是当时隋国所统区域。因此，这两个"令"，颁布之时间应当相同或相近，很可能都是在迁入新都的前后颁布的。

据此，我们认为当隋文帝于开皇三年三月入据新宫之时，或稍前后，曾经发布一道或若干道诏书，全面调整相关政策。诏书所示政策与规定，很可能是将山东北齐故地与关西北周原有辖区区别对待的：在山东北齐故地，沿用北齐旧制，略作调整，建立五家为保、五保为里（闾，二十五家）、四里为党（族，百家）的"三长制"；明确成丁年龄（十八岁以上为丁，六十为老，免课役）；规定永业田、露田授田及给园宅标准，也规定了租调课役的标准。在关西北周原辖区，则主要涉及府兵军人、州民以及酒盐之利三个方面。而其时政策调整的重心，显然是在山东齐国故地。

明了此点之后，《隋书·食货志》下文的记载就易于通解了：

> 是时，山东尚承齐俗，机巧奸伪，避役惰游者十六七。四方疲人，或诈老诈小，规免租赋。高祖令州县大索貌阅。户口不实者，正、长远配，而又开相纠之科。大功已下，兼令析籍，各为户头，以防容隐。于是计帐进四十四万三千丁，新附一百六十四万一千五百口。①

这段叙述，所说也是"山东"，亦即北齐故地。盖自北魏末年以来，山东、河北户籍早已紊乱，虽然武定年间（543—549）曾大规模检括青州、河北户口，但二三十年后，户籍紊乱、田制破坏、赋役无征之状更形严重。对此，宋孝王在《关东风俗传》中有详细描述，②亦频为论者所引。而北周于建德六年（577）灭齐之后，政局即陷入动荡，对北齐故地仅限于在军事政治上加以控制，并未及于整理其财政、经济与社会各方面，更未及整顿户籍、田制及赋役。直到开皇二、三年间，隋文帝才在稳定了政局之后，开始全面整顿北齐故地的经济与社会。因此，开皇三年新令和随后开展的"大索

---

① 《隋书》卷二四《食货志》，第681页。
② 《通典》卷二《食货》二，"田制"所引，第27—28页；卷三《食货》三，"乡党"所引，第62—63页。

貌阅",都是针对北齐故地的,是整顿北齐故地经济社会诸种举措的组成部分。《隋书·食货志》中说"高祖令州县大索貌阅",其中的"州县",据其上文,也主要是指"尚承齐俗"的山东州县。①

正因为此,在文帝所颁新令中,特别强调"其丁男、中男永业露田,皆遵后齐之制",显然是为了安定北齐故地的民心。其所定五家为保、五保为里（闾,二十五家）、四里为党（族,百家）的"三长制",与北齐河清三年令所定的十家为比邻、五十家为闾里、百家为族党的"三长制",有明显的继承关系,而与西魏苏绰所定的"二长制"（二十五家为闾里、百家为族党）则有较大差别。课役年龄为十八岁至六十岁,亦与北齐河清三年令相同,而与北周制（"自十八以至五十有九,皆任于役"）略异。受田的年龄及所受田亩,"皆遵后齐之制"（十八岁受田,六十六岁退田；"一夫受露田八十亩,妇四十亩"；"又每丁给永业二十亩,为桑田"）,而与北周制（十八至六十四岁受田,"有室者,田百四十亩,丁者田百亩"）不同。"并课树以桑榆及枣",亦当源于北齐河清三年令（桑田"种桑五十根,榆三根,枣五根"）。租调的标准（"丁男一床,租粟三石。桑土调以绢絁,麻土以布绢。絁以匹,加绵三两。布以端,加麻三斤。单丁及仆隶各半之"）,与北齐制（"率人一床,调绢一匹,绵八两……垦租二石,义租五斗。奴婢各准良人之半"）、北周制（"其赋之法,有室者,岁不过绢一匹,绵八两,粟五斛；丁者半之"）相较,也更近北齐制。只有关于园宅的规定（"其园宅,率三口给一亩,奴婢则五口给一亩"）,②为北齐制所未见,北周制虽有而不同（"凡人口十已上,宅五亩；口九已上,宅四亩；口

---

① 开皇年间的大索貌阅,就今见记载而言,皆在齐国故地,而未及于原西魏北周辖境。论开皇年间的貌阅,一般均举两个实例：一是《隋书》卷五五《乞伏慧传》："高祖受禅,拜曹州刺史。曹土旧俗,民多奸隐,户口簿帐恒不以实。慧下车按察,得户数万。迁凉州总管……岁余,转齐州刺史,得隐户数千。"（第1378页）二是《隋书》卷五六《令狐熙传》："拜沧州刺史。时山东承齐之弊,户口簿籍类不以实。熙晓谕之,令自归首,至者一万户。在职数年,风教大洽,称为良二千石。开皇四年……"（第1385页）曹、齐、沧等州,均属山东齐国故地。此外,《韩景墓志》谓韩景于开皇二年十一月得授相州临漳县令,"在任数年,户增万口；及于解代,实有千家"。韩景任职的相州临漳县,正是齐国故地的核心。参阅罗新、叶炜《新出魏晋南北朝墓志疏证》（修订本）,北京：中华书局,2016年,第379—380页。

② 本节关于北齐与北周田制与租调制的引文,并见《隋书》卷二四《食货》,第677—679页。

五已下，宅三亩"），而很可能直接沿用北魏孝文帝太和九年之制（"诸民有新居者，三口给地一亩，以为居室，奴婢五口给一亩"[①]）。

因此，开皇三年三月所颁新令，应当主要是针对山东北齐故地颁行的，其中关于三长、授田、课役、租调的规定，主要沿袭北齐河清三年制而略有损益、调整，目的在于稳定北齐故地之民心，整顿自北魏末年以来山东、河北地区户籍紊乱、田制破坏、赋役无征的局面。随后开展的"大索貌阅"也主要是在山东北齐故地进行的。《隋书·食货志》在叙述山东大索貌阅之后，续云："时百姓承平日久，虽数遭水旱，而户口岁增，诸州调物，每岁河南自潼关，河北自蒲坂，达于京师，相属于路，昼夜不绝者数月。"[②] 其向京师输送"调物"的诸州，分属河南与河北，也都是关东齐国故地，而不包括关陇巴蜀地区。原西魏北周辖境既然没有开展大索貌阅，亦未行输籍定样之法，亦未再大规模地全面编排户籍，那么，也就很可能并未实行开皇三年新令所规定的"三长制"，而仍然实行苏绰以来的二长制（二十五家为闾、里，百家为族、党，没有五家之保）。

这里有一个问题需要解释。上引《隋书·食货志》述新令所定三长制，分为保–闾–族与保–里–党两个系统，并称后一种系统适用于"畿外"，则前一种系统当适应于"畿内"或"内畿"。如果这一新令主要适用于山东齐国故地，又何以有"畿外"（以及"畿内"）可言？今考畿内、畿外之别并不见于大业三年之前；[③] 西魏、北周至少在制度层面亦未见有畿内、畿外之分。而北齐却正有此种区别。《隋书·百官志》述北齐官制，谓其尚书省五兵尚书所统的右中兵"掌畿内丁帐、事力、蕃兵等事"，左外兵"掌河南及潼关已东诸州丁帐，及发召征兵等事"，右外兵"掌河北及潼关已西诸州，所典与左外同"，则其右中兵掌畿内丁帐征兵事，左外兵与右外兵掌畿外丁帐征兵事。其都官尚书所统都官则"掌畿内非违得失事"，二千石

---

① 《魏书》卷一一〇《食货志》，北京：中华书局，1974年，第2854页。
② 《隋书》卷二四《食货志》，第681—682页。
③ 《隋书》卷二八《百官志》下记大业三年（607）改定官制，以司隶台掌巡察，除大夫一人外，置别驾二人，"分察畿内，一人案东都，一人案京师"；又有刺史十四人，"巡察畿外"。（第797页）则知大业中已有畿内、畿外之别。

"掌畿外得失等事",也是分掌畿内、畿外巡察事宜。①因此,《隋书·食货志》所谓"畿外",当是沿用北齐旧制之文,而正因为其时北齐故地并无"畿内",故志文略去"畿内"二字,笼统言之。②换言之,所谓"保-闾-族"三正制,在山东北齐故地并没有实行,实行的都是"保-里-党"三长制。

二、"五百家置乡正"

《隋书·食货志》在上引"大索貌阅"的记载之后,接着说:

> 高颎又以人间课输,虽有定分,年常征纳,除注恒多,长吏肆情,文帐出没,复无定簿,难以推校,乃为输籍定样,请遍下诸州。每年正月五日,县令巡人,各随便近,五党三党,共为一团,依样定户上下。帝从之。自是奸无所容矣。③

关于"输籍定样"之法,前人论之已详。据上引《食货志》,畿外的百家组织称为"党",因此,"输籍定样"之法,至少在最初应当是行于畿外,亦即山东齐国故地。

"输籍定样"的核心在于"依样定户上下",亦即评定户等。分别户等,无论是西魏、北周,还是北齐,皆有实行。《周书·苏绰传》载大统十年(544)苏绰为宇文泰所拟治国方略,其第六条为"均赋役",其中说:"租税之时,虽有大式,至于斟酌贫富,差次先后,皆事起于正长,而系之于守令。若斟酌得所,则政和而民悦;若检理无方,则吏奸而民怨。又差发徭役,多不存意。致令贫弱者或重徭而远戍,富强者或轻使而近防。"④则知其时征发赋役,有一个基本原则或大致标准("大式"),而民户贫富等

---

① 《隋书》卷二七《百官志》中,第753页。
② 《隋书·食货志》此段文字的后半段,又记有百官受职分田与公廨田的标准,谓:"京官又给职分田。一品者给田五顷。每品以五十亩为差,至五品,则为田三顷,六品二顷五十亩。其下每品以五十亩为差,至九品为一顷。外官亦各有职分田。又给公廨田,以供公用。"(第681页)其所说之职分田与公廨田,我们认为当均在山东齐国故地授予,而非在关陇巴蜀之原西魏北周辖境授予。
③ 《隋书》卷二四《食货志》,第681页。
④ 《周书》卷二三《苏绰传》,第390页。

第，则由正、长负责评定（守令当负审核之责）。敦煌所出西魏大统十三年（547）瓜州效谷郡（？）计帐中，于户主名下即标明了户等。① 《隋书·食货志》说："及文宣受禅，多所创革……始立九等之户，富者税其钱，贫者役其力。"又记河清三年定令："垦租皆依贫富为三梟。其赋税常调，则少者直出上户，中者及中户，多者及下户。上梟输远处，中梟输次远，下梟输当州仓。三年一校焉。租入台者，五百里内输粟，五百里外输米。入州镇者，输粟。人欲输钱者，准上绢收钱。"②则北齐役分为九等，租调分为三等。既然西魏北周与北齐故地均存在评定户等问题，故高颎遂奏请将输籍定样之法"遍下诸州"，即将之向全国（当时尚未平陈）推行。

"团"的本义，是指"团结""聚集在一起"。据上引《隋书·食货志》，每年正月初，县令巡视县境，将若干党的民户，根据近便原则，聚集在一起，按照标准（"样"）评定户等上下。其所谓"团"，至少在最初，乃是一种临时性的集聚单元，并非固定的户籍编组单元，也无固定的地域范围或户口规模。③这与后来唐代"团貌"的"团"应大致相似。负责召集各党民户来"团"的，大抵仍是党、里、保之长，并无"团长"之设。按"团"集聚民户以造籍定户，乃是为了加强对这一过程的控制。盖在此之前，造籍与评定户等多操之于三长（或二长）之手，未免多有弊端。北周建德六年（577）颁行的《刑书要制》中规定："正、长隐五户及十丁以上、隐地三顷以上者，至死。"④对正、长隐瞒户口田地给予如此严厉的处罚，正说明守令对三长（或二长）的监督是非常困难的。由县令出巡县境、分区"团结"民户、按"团"造籍定户，其出发点显然是试图借此最大程度地减少三长（或二长）在这一过程中的舞弊不端行为。

但这种做法，明显加重了县令的责任。而且当县令出巡"团结"民户时，民众往往会借此机会鸣冤诉苦，希望官府排解纠纷，故县令必以很大精

---

① 池田温：《中国古代籍帐研究》，龚泽铣译，北京：中华书局，2007年，第55—59页；"后图"，第6—22页。

② 《隋书》卷二四《食货志》，第676、678页。

③ 《册府元龟》卷四八六《邦计部》"户籍门"（北京：中华书局，1960年，影印本，第5808页）引此，作"五党共为一团"。

④ 《周书》卷六《武帝纪》下，第105页。

力处理此类事务。苏威奏请五百家置乡正，很可能正是为应对此种局面而提出的。《隋书·李德林传》云：

> （苏）威又奏置五百家乡正，即令理民间辞讼。德林以为本废乡官判事，为其里间亲戚，剖断不平，今令乡正专治五百家，恐为害更甚。且今时吏部，总选人物，天下不过数百县，于六七百万户内，诠简数百县令，犹不能称其才，乃欲于一乡之内，选一人能治五百家者，必恐难得。又即时要荒小县，有不至五百家者，复不可令两县共管一乡。敕令内外群官，就东官会议。自皇太子以下多从德林议。苏威又言废郡，德林语之云："修令时，公何不论废郡为便。今令才出，其可改乎？"然高颎同威之议，称德林狠戾，多所固执。由是高祖尽依威议。五年……①

《资治通鉴》卷一七七于开皇九年二月乙未条下记其事，谓：

> 苏威奏请五百家置乡正，使治民，简辞讼。李德林以为："本废乡官判事，为其里间亲识，剖断不平，今令乡正专治五百家，恐为害更甚。且要荒小县，有不至五百家者，岂可使两县共管一乡！"帝不听。丙申，制："五百家为乡，置乡正一人；百家为里，置里长一人。"②

《资治通鉴》将苏威奏置乡正事，系于平陈之后，并将之与平陈后置乡里诏书合在一起，实误。盖据上引《隋书·李德林传》，苏威之奏请置乡正，在论废郡之前。考《隋书·文帝纪》，"罢天下诸郡"在开皇三年十一月甲午，则苏威之言废郡必在此前，其奏置乡正更在此前。考虑到山东大索貌阅及高颎奏行"输籍定样之法"当在开皇三年三月以后，则苏威奏置乡正当在开皇三年夏秋间。

后世论者或把苏威奏置之乡正视为在三长（保–里–党）之上的一级乡里之长。这一认识实因《资治通鉴》将苏威奏置乡正与开皇九年平陈后置乡里制书并在一起而致误。开皇三年中，苏威正当在刑部尚书任上，其职责乃

---

① 《隋书》卷四二《李德林传》，第1200页。
② 《资治通鉴》卷一七七，开皇九年二月乙未条，北京：中华书局，1956年，第5513页。

在于掌理刑狱司法。①上引《李德林传》中明言，苏威奏置乡正，"令理民间辞讼"，并无《资治通鉴》所谓"使治民"之辞。李德林表示反对的主要理由，也是认为乡正若由本乡之人出任，在平理辞讼时，会因为各种亲戚乡邻关系，而无法保证公平。李德林所针对的，显然是乡正"理辞讼"的职责。而在此段记载之前，《李德林传》述李德林与于翼、高颎、苏威等同修律令，"格令班后，苏威每欲改易事条"，从而引出苏威奏置乡正事，则亦可知置乡正之事，属于律令范畴。《隋书·刑法志》说在开皇二年七月李德林等共修的律令颁行之后，开皇三年，隋文帝"因览刑部奏，断狱数犹至万条。以为律尚严密，故人多陷罪。又敕苏威、牛弘等，更定新律"。苏威主持修定的新律较之此前颁行的律令更为宽松简要，"自是刑网简要，疏而不失"。②苏威奏置乡正，很可能就是在他主持修定律令之时；而这一举措，也是被纳入"宽简律令"范围内的。

李德林将"置乡正"与以"乡官判事"相提并论。其所说的"乡官"，按滨口重国的解释，乃是指由本州县籍的人出任本州县守令僚佐的地方官员，亦即"本籍之官"。③《隋书·百官志》录开皇三年四月诏书，谓："旧周、齐州郡县职，自州都、郡县正已下，皆州郡将县令至而调用，理时事。至是不知时事，直谓之乡官。别置品官，皆吏部除授，每岁考殿

---

① 据《隋书》卷一《高祖纪》上，开皇元年三月，以苏威为纳言、吏部尚书（第14页）。同书卷四一《苏威传》谓兼纳言、民部尚书（第1185页），与《高祖纪》不同。然据《高祖纪》，是年十二月，以礼部尚书韦世康为吏部尚书，而未见苏威解吏部尚书，故此时苏威之职，仍当是民部尚书。本传说苏威"寻复兼大理卿、京兆尹"，"未几，拜刑部尚书，解少保、御史大夫之官。后京兆尹废，检校雍州别驾。时高颎与威同心协赞，政刑大小，无不筹之，故革运数年，天下称治。俄转民部尚书"。（第1186页）苏威任刑部尚书之期，未见记载，然据《高祖纪》，开皇三年十二月，"刑部尚书苏威为民部尚书"（第20页），则苏威为刑部尚书必在开皇二、三年间。

② 《隋书》卷二五《刑法志》，第712页。

③ 滨口重国：《所谓隋的废止乡官》，见刘俊文主编《日本学者研究中国史论著选译》，第四卷，北京：中华书局，1992年，第315—333页。

最。"①即将原来的乡官改为品官,由吏部除授。此当即李德林所说的"本废乡官判事"。据李德林之言,苏威奏置的乡正与由吏部除授的县令不同,是在一乡五百家内遴选的、治本乡五百家"民间辞讼"之事,故李德林将之等同于由本州县籍的人出任本州县地方官的"乡官"。而实际上,乡正并非由吏部铨选的"官",而应当是由县令拣选的吏职。

乡正的上级,则应当是县正。隋开皇初所定官制,于郡、县均置有正,在丞、尉之后,光初功曹、光初主簿之下(诸郡府在郡正之外,另置有县正——非各属县之县正,而是置于郡府的县正,位在光初功曹、光初主簿之下,功曹、主簿之上);在废除乡官之前,亦属于品官(据《隋书·百官志》,京兆郡正为视从八品,诸郡郡正为视正九品;大兴、长安二县县正为视从九品,诸县县正当更低,然可能属于流外勋品)。②开皇制中的郡、县之正,当源自东汉以来的州郡县中正(隋时改为"平正"),③然其职掌、性质或已发生变化。盖东汉魏晋之中正以品评人物、举荐人才为其主要职责,并因此而得臧否时事,评论是非,具有垂范教化的功能;而北朝以来特别是北齐的郡、县"中正"虽然仍职掌人才品评、举荐,然已逐渐由垂范教化而介入司法领域。开皇三年苏威奏置之乡正,应当是与郡正、县正属于同一个系列的"正",故其职司为主理民间辞讼,亦为民众主持正义、公平,故有教化的作用。

因此,开皇三年苏威奏五百家置乡正,虽然可能受同年在山东齐国故地"大索貌阅"、推行"输籍定样"之法时,"团结"五党三党民户、按"团"造籍定户的启发,但其所置乡正的职司却是"理民间辞讼",属于

---

① 《隋书》卷二八《百官志》下,第792页。按:这段文字,不易通解。《唐六典》卷三〇《三府都护州县官吏》"上州"条下引此,作:"旧周、齐州郡县职,自州都县正已下,皆自调用以理事;至是不知事,直谓之乡官,别置品官,皆吏部选除。"(北京:中华书局,1992年,第745页)"时事"一词,盖为魏晋南北朝时习用语,意为"当时之事"。乡官不理"时事",也就是李德林说的"废乡官判事",乡官遂成为标明名望、偶或参政议政的闲职,然仍得保存。至开皇十五年,遂废罢乡官。

② 《隋书》卷二八《百官志》下,第782—783、790—791页。

③ 《隋书》卷二七《百官志》中记北齐官制,谓清都郡置尹、丞、中正、功曹、主簿、督邮、五官、门下督等,邺、临漳、成安三县各置令、丞、中正、功曹等,郡太守属官有丞、中正、光迎功曹、光迎主簿等,县令属官有丞、中正、光迎功曹、光迎主簿等(第761—762页)。显然,隋开皇制郡县所置的"正",乃由北齐官制中郡县的"中正"改置而来。

司法系统，与职司户籍编制、租调征纳与课役、属于民政系统的保—里—党"三长"（或"二长"）之间应当是并列的关系，而没有统属关系。换言之，乡正并不是三长（或二长）的上级。

正因为置乡正理民间辞讼是隋文帝希望的"宽简律令"的组成部分，又属于有着悠久历史的"中正"（平正）系统，所以苏威的建议虽然受到李德林的强烈反对，却仍然得到隋文帝的批准。司理民间辞讼的乡正大约在山东北齐故地和原西魏北周辖境均普遍设立起来。《隋书·李德林传》载：

> （开皇）十年，虞庆则等于关东诸道巡省使还，并奏云："五百家乡正，专理辞讼，不便于民。党与爱憎，公行货贿。"上仍令废之。德林复奏云："此事臣本以为不可。然置来始尔，复即停废，政令不一，朝成暮毁，深非帝王设法之义。臣望陛下若于律令辄欲改张，即以军法从事。不然者，纷纭未已。"高祖遂发怒，大诟云："尔欲将我作王莽邪？"①

按：《李德林传》记此事于开皇十年下，盖以综述李德林得罪之始末，其事则当在开皇四年。盖开皇九、十年间，并未见有遣使巡省关东诸道的记载，且虞庆则于开皇九年正月落职尚书右仆射，任为右卫大将军；十一月，又改任为右武候大将军，地位持续下降。开皇十年前后，律令早已制定，并无更张律令之议；据李德林所言，其时距苏威奏置乡正之事未久（"置来始尔"），并无数年之隔。所以，李德林与文帝间的此段对话，当在开皇三年苏威等主持重定律令之后不久。考《隋书·文帝纪》，虞庆则于开皇四年四月被任为尚书右仆射，八月甲午，"遣十使巡省天下"，②虞庆则很可能即为十使之首。据虞庆则等巡省使的报告，关东各道（大致即相当于山东齐国故地）均已按五百家的标准，置立了专理辞讼的乡正。又大业四年（608）《杨德墓志》谓杨德出弘农杨氏，居于洛阳通闉乡，"洛阳令郑公以君清望德显，召任通闉乡正。抚大接小，莫不歌称"。③通闉乡为洛阳县属乡，屡

---

① 《隋书》卷四二《李德林传》，第1207页。
② 《隋书》卷一《高祖纪》上，第21—22页。
③ 韩理洲辑校：《全隋文补遗》卷三，西安：三秦出版社，2004年，第233—234页。

见于北朝隋唐墓志。杨德于大业四年之前以"清望德显",而被洛阳令任为通闿乡正,在任内"抚大接小",正是以德望持正公平,与乡正主辞讼之责相合。其去世时已是八十三高龄,则其任通闿乡正当在开皇年间。洛阳当属于"关东诸道"。

在原西魏北周领地,也设置了乡正。《隋书·卢恺传》记开皇十年宪司奏吏部尚书卢恺党附苏威之罪云:

> 吏部预选者甚多,恺不即授官,皆注色而遣。威之从父弟彻、肃二人,并以乡正征诣吏部。彻文状后至而先任用;肃左足挛蹇,才用无算,恺以威故,授朝请郎。恺之朋党,事甚明白。①

苏氏为京兆武功大族,自苏绰以来,一门贵盛。彻、肃二人皆苏绰、苏威之族,仍以乡正征诣吏部,其所任乡正,当即苏威所建议设置的专主民间辞讼的乡正。苏肃得授朝请郎。据《隋书·百官志》,朝请郎为开皇六年吏部增置的八郎之一,品级在正六品以下、从九品以上(唐制为正七品)。则苏彻、苏肃为乡正,当在开皇六年前后、开皇十年之前。开皇十一年六月《建安公等造尼寺碑》述建安公奉诏立僧尼二寺之经过,其中提到"县宦七职,爰及乡正之徒,感斯福德,忻然营助"。②此碑文中提到的使君建安公、县令宋景、县丞齐相、县尉张服与张树及寺主道辩等,均无可考。然中谓宋景以县令身份署理复州别驾,兼治长史,又或得都督宜昌、竟陵二郡。考《隋书·地理志》,北周于沔阳郡置复州,领沔阳、竟陵二郡。隋开皇中沿用复州之名,至大业初方改为沔州。因此,此碑所记营建之尼寺,当在周隋复州境内。碑文将"乡正之徒"置于"县宦七职"(当指主簿与六曹)之后,不仅说明在开皇十一年之前,原属西魏北周辖地的荆襄地区已置有乡正,也说明乡正是低于"县宦七职"的吏职。

主理民间辞讼的"乡正"与职司户籍赋役的"三长"(或"二长")应当是并存的。《旧唐书·刘文静传》记有雍州栎阳人张长逊,"隋代为里

---

① 《隋书》卷五六《卢恺传》,第1384页。
② 王昶:《金石萃编》卷三八,西安:陕西人民美术出版社,1990年,据民国十年石印本影印,第8页。

长,平陈有功,累至五原郡通守"。①雍州栎阳县属于关中,乃西魏北周旧有辖境;张长逊在平陈之前即为里长,则其所为之里长,或即里-党二长制之下的"里长"(但也有可能为乡里制下的里长,见下文)。岑仲勉先生曾著录有开皇九年正月十二日砖铭一种,上刻"长安县通义坊杨虎族正刘术下铭专"字样,②说明直到开皇九年,关中地区仍有"族正"之设。

三、开皇九年"制"

《隋书》卷二《高祖纪》开皇九年二月丙申条载:

> 制五百家为乡,正一人;百家为里,长一人。③

值得注意的是,这一重要的制度性规定,是以"制"的形式下达的。虽然制诏敕均为天子命令之文书,但"制"本有裁决、裁断之义,是有选择的决断。检索《隋书·高祖纪》,更可发现:大凡用"制"的诏命,皆为选择性的决定,且往往是对固有制度的认可或改动,而一般不涉及新创的制度。如开皇六年二月丙戌,"制刺史上佐每岁暮更入朝,上考课";七年正月乙未,"制诸州岁贡三人";十二年八月甲戌,"制天下死罪,诸州不得便决,皆令大理覆治";癸巳,"制宿卫者不得辄离所守";十三年二月己丑,"制坐事去官者,配流一年";丁酉,"制私家不得隐藏纬候图谶";夏四月癸未,"制战亡之家,给复一年";等等。④据此,可以大致断定:开皇九年二月丙申的制书,是为应对某种要求而做出的裁断。考隋军于开皇九年正月中下建康,丙戌(二十三日),杨广入城,隋正式平陈。癸巳(三十日),诏遣使者巡抚陈国州郡;二月乙未(二日),废淮南行台;至丙申(三日),遂有是诏。此诏之前的一系列举措,皆为平陈后之措施,故二月丙申制书,很可能是针对陈国故地而颁行的。

《隋书·食货志》未载此制,但称:"帝以江表初定,给复十年。自

---

① 《旧唐书》卷五七《刘文静传》所附张长逊传,北京:中华书局,1975年,第2301页。
② 岑仲勉:《隋书求是》,附录《隋代石刻(砖附)目录初辑》,北京:中华书局,2004年,第354页。
③ 《隋书》卷二《高祖纪》下,第32页。
④ 《隋书》卷一《高祖纪》上,第23、25页;卷二《高祖纪》下,第37、38页。

余诸州,并免当年租赋。"①给复十年,亦即免除十年的赋税徭役。正因为此,隋平陈之后,并无必要在陈国故地检括户口、编排乡里。所以,二月三日制书所规定的五百家为乡、百家为里的乡里制度,实际上不过是对汉晋以来南方地区乡里制度的认可。

如所周知,汉代乡里制度,大率以百户为里、十里为乡。东汉末年,南方地区(淮汉以南)的乡里制度虽然渐受破坏,但秉承汉制之总体格局并无改变;蜀汉与孙吴的乡里制度,虽有所不同,然仍大抵为汉制,特别是蜀汉制度,应是对汉制的强化;西晋短期统一,对南方蜀汉与孙吴统治故地的乡里制度尚未及于按晋制变革,即很快进入动乱期,故晋制并未在南方地区真正推行,各地仍大抵遵循蜀、吴以来之旧制;永嘉乱离,五马渡江,北方流民大量进入江淮巴蜀乃至岭南,多立侨郡县以处之,实统以流民帅,侨郡县内部之统系,实有类于宗主都护,即在某郡县以大族为首领,而系于若干民户,故多无乡里之设置,文献中所见之乡里,多为其旧贯,并非侨郡县实用之乡里;东晋南朝历次土断,亦多以县为单位,侨县之下盖并未置有乡里;土著为主之郡县,则仍以汉制为主,而渐次发生改变,因为著籍户口较少,又受北方流民组织之影响,大族亦往往以宗主身份发挥作用,故"乡"往往废置,遂成由县直辖里、村之制;至于大量流移与蛮夷人口,则不入著籍之列,蛮左郡县亦多无乡里组织。总之,六朝时期南方地区实际实行的乡里制度,很可能是对汉代乡里制度的继承与发展,其基本脉络,仍然是汉代的乡里制度,而并非晋制。②因此,当隋平陈之后,面对的陈国故地的乡里制度,实际上仍然是以百户为里、若干里为乡的汉代乡里制度为基础、不断因地因时变化而来的乡里控制格局。开皇九年二月三日制规定以五百户为乡、百户为里,分置正、长,应当是对陈国故地固有的乡里制度的承认。

---

① 《隋书》卷二四《食货志》,第682页。
② 参阅严耕望《中国地方行政制度史·魏晋南北朝地方行政制度》,上海:上海古籍出版社,2007年,第344—349页;鲁西奇:《魏晋南朝时期南方地区的乡里制度与乡里控制——以汉水上游地区为中心》,收入陈支平主编《相聚休休亭:傅衣凌教授诞辰100周年纪念文集》,厦门:厦门大学出版社,2011年,第608—655页;鲁西奇:《汉晋间滨海地域的历史进程——以浙(淛)江水以南滨海地域为中心》,收入中国社会科学院历史研究所、日本东方学会、武汉大学三至九世纪研究所主编《第三届中日学者中国古代史论坛文集》,北京:中国社会科学出版社,2012年,第74—111页。

这里有两个问题需要辨析。一是《北史·苏威传》载：

> 寻令持节巡抚江南，得以便宜从事。过会稽，逾五岭而还。江表自晋已来，刑法疏缓，代族贵贱，不相陵越。平陈之后，牧人者尽改变之，无长幼悉使诵五教。威加以烦鄙之辞，百姓嗟怨。使还，奏言江表依内州责户籍。上以江表初平，召户部尚书张婴，责以政急。时江南州县又讹言欲徙之入关，远近惊骇。饶州吴世华起兵为乱，生脔县令，啖其肉。于是旧陈率土皆反，执长吏，抽其肠而杀之，曰："更使侬诵五教邪！"寻诏内史令杨素讨平之。①

此条记载，因为《隋书·苏威传》无，《资治通鉴》亦删去苏威此次巡抚江南事，故论者或疑其非实，而高敏、韩昇先生均已辨明其为实，当可信从。②据《隋书·高祖纪》，陈国初平，高祖即于正月癸巳（三十日）"遣使持节巡抚之"。苏威其时任尚书右仆射，正是处理陈国善后事务的恰当人选，故苏威之巡抚江南，当在开皇九年平陈之后不久，并非在十年八月。苏威以重臣身份出巡江南，"得以便宜从事"，威权甚重，举凡州郡废置、官员任命，大抵皆有决定权。与他同行的有长孙炽。《隋书·长孙炽传》云："授左领军长史，持节，使于东南道三十六州，废置州郡，巡省风俗。"③则知苏威、长孙炽等确实在陈国故地大规模废置州县。推行五教之事亦当属实。然苏威等并未在陈国故地编检户口。本传明言苏威巡抚江南、回到朝廷后"奏言江表依内州责户籍"，而隋文帝以江表初定，并未同意，并且召见户部尚书（当为"民部尚书"之误）张婴（韩昇先生已指出，当即《隋书》所记之"张煚"），"责以政急"。盖苏威或确有以隋制检括江南户口之议，民部尚书张煚或许也有所布置，然隋文帝的江南政策，则务求宽大舒缓，故紧急停止此种举措。根据这条记载，说隋于平陈之后，在江南曾"大索貌阅"，检括户口，并不甚确当。

---

① 《北史》卷六三《苏绰传》附子威传，第2245页。
② 高敏：《隋初江南地区反叛的原因初探》，《中国史研究》1988年第4期，第110—120页；韩昇：《南方复起与隋文帝江南政策的转变》，《厦门大学学报（哲学社会科学版）》1998年第2期，第28—34页。
③ 《隋书》卷五一《长孙览传》附从子炽传，第1329页。

二是在江南废置州县的问题。平陈之后，开皇九年至十年间，隋对陈国故地的州郡县设置作了一次全面调整，省并了一大批州郡县。如在南朝都城建康，废扬州，另于石头城置蒋州，省丹阳郡，将秣陵、建康、同夏三县并入江宁县；省淮南郡，并襄垣、于湖、繁昌、西乡四县入当涂县。在宣城，改南豫州为宣州，废北江州及宣城、南陵、陈留三郡，并怀安、宁国、当涂、浚遒四县入宛陵县，省安吴、南阳二县入泾县，合石城、临城、定陵、故治、南陵五县为南陵县，省大德、故鄣、安吉、原乡四县入石封县（改为绥安县）。在晋陵，改晋陵郡为常州，废江阴、义兴二郡，并利城、梁丰二县入江阴县，废义乡、国山、临津三县入义兴县。在吴郡，改吴州为苏州，废吴郡、信义、吴兴三郡，省昆山、长城二县，并海阳、前京、信义、海虞、兴国、南沙六县为常熟县，并东迁县入乌程县。在会稽，改东扬州为吴州，省会稽郡，废山阴、永兴、上虞、始宁四县入会稽县，废余姚、鄞、鄮三县入句章县。在钱塘，废钱塘郡，置杭州，并新城县入钱唐县，省武康县。在东阳，废金华郡，置婺州，废建德、太末、丰安三县入长山县（改为吴宁县）。在永嘉，合永嘉、临海二郡置括州。在晋安，则合晋安、建安、南安三郡置泉州。①此次调整政区，重点在于省并郡县，特别是县。如所周知，分置（或增置）郡县一般需要以控制更多的户口为前提，需要检括户口、编排乡里，所以，"置郡县"往往与"定户籍""造户籍"相联系，也往往意味着官府控制户口的增加。而省并郡县虽然有各种缘由，但在行政程序上却并不以编检户口为前提；而在很多情况下，省并郡县意味着官府控制程度的降低，特别是对户口的控制可能更为疏松。

我们认为隋平陈之后，并未在江南陈国故地检括户口、重新编排乡里，还可以举出一个重要的辅证，即平陈之初，任职江南者，多为宽仁厚重之人。长孙炽与苏威一起巡抚江南，《隋书》本传说他为政"以宽平显"，很可能就是他向隋文帝报告苏威"江表依内州责户籍"之议不妥。房彦谦在平陈之后，"奉诏安抚泉、括等十州"，"衔命称旨"。《隋书》本传记他任长葛令，"甚有惠化，百姓号为慈父"，后来更对炀帝"苛酷之政"多有訾议。②皇甫绩任苏州刺史，州民顾子元举兵叛，围攻苏州，而"子元素感绩

---

① 《隋书》卷三一《地理志》下，第876—879页。
② 《隋书》卷六六《房彦谦传》，第1561—1566页。

恩，于冬至日遣使奉牛酒"，皇甫绩亦回书作答，"子元得书，于城下顿首陈谢"。①可知皇甫绩亦当为厚道宽仁之人。张婴在江南变乱发生后，受任为由晋王杨广主持的扬州总管府司马，后改任长史，检校蒋州事，是杨广主持东南军政事务最重要的副手，本传说他"性和厚，有识度，甚有当时之誉"。②这些评论虽然不无虚言，然终当有所据。以持重宽仁之人主政江南善后，也很难厉行检括户口之类政策。

开皇十年江南的变乱平定之后，隋朝更强化了在南方陈国故地实行的怀柔政策，"允许南方社会在一定程度上保持其原有形态，容忍多样性社会的存在"。③《隋书·杜彦传》云：

> 高智慧等之作乱也，复以行军总管从杨素讨之，别解江州围。智慧余党往往屯聚，保投溪洞，彦水陆兼进，攻锦山、阳父、若、石壁四洞，悉平之，皆斩其渠帅。贼李陁拥众数千，据彭山，彦袭击破之，斩陁，传其首。又击徐州、宜丰二洞，悉平之。④

江州，当指陈时所置之北江州，在隋时宣城郡南陵县境内，其地多"溪洞"（山间盆地）。李陁当即李棱之同党，活动在丹阳西部及宣城境内山区。杜彦平定诸"溪洞"之后，并未于其地设治置县，也当未检括户口，编排乡里。《隋书·杨素传》说王国庆弃泉州（闽州，在今福州）逃走之后，"余党散入海岛，或守溪洞。素分遣诸将，水陆追捕"；后来，王国庆执送高智慧，斩于泉州，"自余支党，悉来降附，江南大定"。⑤亦未见其于"江南大定"之后，曾有大规模调整地方控制体系之举措。所以，我们认为，隋平陈之役，以及稍后的平定江南变乱，均未对南方陈国故地的基层社会及其控制体系带来重大改变。

---

① 《隋书》卷三八《皇甫绩传》，第1140—1141页。
② 《隋书》卷四六《张婴传》，第1262页。
③ 韩昇：《南方复起与隋文帝江南政策的转变》，《厦门大学学报（哲学社会科学版）》1998年第2期，第28—34页，引文见第28页。
④ 《隋书》卷五五《杜彦传》，第1372页。
⑤ 《隋书》卷四八《杨素传》，第1285页。

四、大业五年的"貌阅"

《隋书·裴蕴传》记裴蕴本为陈臣，入隋后，历洋、直、棣三州刺史，俱有能名；大业初，考绩连最，迁民部侍郎。

> 于时犹承高祖和平之后，禁网疏阔，户口多漏。或年及成丁，犹诈为小，未至于老，已免租赋。蕴历为刺史，素知其情，因是条奏，皆令貌阅。若一人不实，则官司解职，乡正里长皆远流配。又许民相告，若纠得一丁者，令被纠之家代输赋役。是岁大业五年也。诸郡计帐，进丁二十四万三千，新附口六十四万一千五百。①

这段记载，与《隋书·食货志》关于开皇中山东"大索貌阅"的记事极其相似，故日本学者志田不动磨、砺波护均曾怀疑其为同一事的重复记载，而池田温则认为所记是两件事，只是所记检括丁口数可能存在问题。②我们同意池田温的意见，故仍得据此讨论大业五年的貌阅问题。

开皇十年以后，终文帝之世，确是国泰民安，区宇晏如。《隋书·食货志》云：

> 十年五月，又以宇内无事，益宽徭赋。百姓年五十者，输庸停防。……十二年，有司上言，库藏皆满……于是乃更辟左藏之院，构屋以受之。下诏曰："既富而教，方知廉耻，宁积于人，无藏府库。河北、河东今年田租，三分减一，兵减半。功调全免。"③

当时江南陈国故地尚得免除租调赋役，仅靠关陇、巴蜀及河北、山东租赋，国家财政收入已甚为丰盈。故得屡次复除租调，宽减赋徭。正因为此，"禁网疏阔，户口多漏"，户口籍帐之编制大抵多未严格执行，乡里编排亦可能渐趋松散。至炀帝即位之初，"户口益多，府库盈溢，乃除妇人及奴婢部曲之课。男子以二十二成丁"。④

---

① 《隋书》卷六七《裴蕴传》，第1575页。
② 池田温：《中国古代籍帐研究》，第85—86页。
③ 《隋书》卷二四《食货志》，第682页。
④ 《隋书》卷二四《食货志》，第686页。

然炀帝即位以后，频发工役，劳民伤财，财政很快即趋于紧张。仁寿四年（604）十一月，炀帝甫即位四个月，即"发丁男数十万掘堑，自龙门东接长平、汲郡，抵临清关，度河，至浚仪、襄城，达于上洛，以置关防"。①大业元年（605），营建东都，"每月役丁二百万人"，又"徙洛州郭内人及天下诸州富商大贾数万家"，以实东都。②"发河南诸郡男女百余万，开通济渠。"大业三年五月，"发河北十余郡丁男凿太行山，达于并州，以通驰道"。秋七月，"发丁男百余万筑长城，西距榆林，东至紫河，一旬而罢"。大业四年春正月，"诏发河北诸郡男女百余万开永济渠，引沁水南达于河，北通涿郡"。"秋七月辛巳，发丁男二十余万筑长城，自榆谷而东。"③《隋书·食货志》说："自是以丁男不供，始以妇人从役。"不仅如此，当时还大量增置军府。"时帝将事辽、碣，增置军府，扫地为兵。自是租赋之入益减矣。"④

裴蕴主持的貌阅就是在这样的背景下开展的。由于大兴土木工程，又增置军府，国家需要掌握更为准确和更多的户口，故裴蕴主持貌阅，检括户口，并鼓励告密，千方百计，以纠索丁口。这次大索貌阅，搜检户口，责之于乡正、里长，必然需要严格编排乡里，方能登记户口，造籍立帐。然据上所引，大业五年之前所发丁役，大抵皆以山东、河南、河北地区为主，亦包括淮北、淮南地区，而并未及于江南陈国故地。因此，裴蕴检括户口，大抵亦以山东、河南、河北为主，或者也包括关陇和巴蜀，但很可能未包括江南陈国故地。《隋书·地理志》记大业五年全国户口，为户八百九十万七千五百四十六，口四千六百一万九千九百五十六。当开皇九年平陈时，所得陈国著籍户口约为六十万户。据《隋书·地理志》所记，大致相当于陈国故地的丹阳、宣城等郡，共有著籍户口约七十万户（693230户）。二十年间，著籍户口仅仅增加了约十万户。而当北周平北齐时，得户三百零三万；北周所据关陇巴蜀，大约不足百万户，故隋受周禅时，户不满

---

① 《隋书》卷三《炀帝纪》上，第60页。
② 《隋书》卷二四《食货志》，第686页。
③ 《隋书》卷二《炀帝纪上》，第60—71页。
④ 《隋书》卷二四《食货志》，第686—687页。

四百万；至隋混一天下，见户不及五百万。①同样在二十年间，全国著籍户口增加了近四百万，其中只有十万为陈国故地所增加者。这一巨大差额，不能解释为南方地区社会经济的发展远比北方地区为低，而主要是因为大业五年的貌阅很可能并未在陈国故地实行。换言之，直到大业五年，陈国故地的南方地区很可能仍然在因袭汉朝以来的乡里控制系统，并未严格遵行隋朝的户口籍帐制度。

据上引《隋书·高祖纪》，知平陈之后陈国故地曾得给复十年之优惠政策。这一优惠政策当至开皇十八年（598）期满。而至大业元年（605）十月，诏"扬州给复五年，旧总管内给复三年"。②大业元年《幸江都赦江淮以南诏》云：

> 朕昔在藩牧，宣抚江淮，日居月诸，年将二纪。……而此江都，即朕之代也……可赦江淮以南旧扬州管内……其扬州复五年，自外扬州旧管内诸州并复三年。③

所谓"旧扬州管内"，当指开皇十年江南变乱，高祖以杨广为扬州总管所管辖的区域，诏书称为"江淮以南"，当包括淮南及江南陈国故地大部分地区。④所以，大业元年诏书给复扬州旧管内各州三年（扬州复五年），所涉范围实相当广泛。这些州县既然又可以免除三年的租赋徭役，其户籍登记与乡里编排自不会严格。

隋朝真正强化对江南陈国故地的户籍编排与乡里控制，可能要到大业

---

① 《隋书》卷二九《地理志》，第807—808页；《通典》卷七《食货》七，第146—147页。
② 《隋书》卷三《炀帝纪》上，第65页。
③ 见韩理洲辑校编年：《全隋文补遗》卷一，第6页。
④ 开皇十年扬州总管辖区，除淮南诸州（扬州、濠州、寿州、光州、蕲州、庐州、熙州、和州等）外，可据《隋书》卷四八《杨素传》、卷五三《史万岁传》、卷五五《杜彦传》等相关记载推知，盖其时杨素以行军总管主持前方战事，而史万岁、杜彦等皆其部将，其兵力所及之地，当即扬州总管辖区。综合相关记载，知杨素等征战所及，包括蒋州（丹阳郡）、宣州（宣城郡）、常州（毗陵郡）、苏州（吴郡）、吴州（会稽郡）、杭州（余杭郡）、歙州（新安郡）、婺州（东阳郡）、处州（永嘉郡）、泉州（建安郡）、睦州（遂安郡）等州郡。其时另置有荆州、广州、桂州三总管，陈故地之西半部分当不属扬州总管所辖。

六七年间准备征高丽时。《资治通鉴》综叙其事云：

> 先是，诏总征天下兵，无问远近，俱会于涿。又发江淮以南水手一万人，弩手三万人，岭南排鑹手三万人，于是四远奔赴如流。五月，敕河南、淮南、江南造戎车五万乘送高阳，供载衣甲幔幕，令兵士自挽之，发河南、北民夫以供军须。秋，七月，发江、淮以南民夫及船运黎阳及洛口诸仓米至涿郡，舳舻相次千余里，载兵甲及攻取之具，往还在道常数十万人，填咽于道，昼夜不绝，死者相枕，臭秽盈路，天下骚动。①

其时所发江淮以南兵士约七万人，民夫数十万人，另有造船工若干万人。考虑到大业五年陈国故地的著籍户口仅有七十万左右，此次征发的军兵、民夫数量是非常可观的。《隋书·食货志》称："七年冬，大会涿郡。分江淮南兵，配骁卫大将军来护儿，别以舟师济沧海，舳舻数百里。"②来护儿为江都人，所住白土村，"密迩江岸"，在平陈之役与平定高智慧之乱中立功甚伟，曾任泉州刺史。其所领大抵以来自江淮以南地区的水军为主。来护儿在平壤城外大败，"士卒还者不过数千人"。③按：陈国故地自入隋以来，除少数乡兵外，向无兵役，④工役亦多得给复，此次征发大量兵丁、民夫，自必加强对户籍登记与乡里编排的控制。然其时桐叶已凋，天下将乱，朝廷之举措究在何种程度上可以落实，殊可怀疑。大业九年秋，余杭民刘元进乃在江南率先起兵。《隋书·刘元进传》云：

---

① 《资治通鉴》卷一八一，大业七年四月，第5654页。
② 《隋书》卷二四《食货志》，第687页。
③ 《隋书》卷六四《来护儿传》，第1515页；《资治通鉴》卷一八一，大业八年六月，第5663页。
④ 从今见材料看，隋平陈后，并未在陈国故地大规模编组府兵。今见隋兵府（骠骑府、鹰扬府）一百左右，可以确信置于江南陈国故地的只有一个金山府（置于润州金坛县）。参阅张沛编著《唐折冲府汇考》附录四，"隋骠骑府"，西安：三秦出版社，2003年，第424—450页，特别是第438页。大业五年征流求之役，据《隋书》卷六四《陈稜传》，乃"发东阳兵万余人，自义安泛海"。（第1519页）其所发"东阳兵"，一般认为是指东阳郡（婺州，治在今浙江金华）之兵。然细究之，实当指府兵系统的东阳府之兵，而此东阳府，当在长江流域。陈稜、张镇周所统征流求的东阳兵，实为以原属陈稜统领的庐江郡乡兵及原陈国防江水军改编的东阳府兵。

> 炀帝兴辽东之役，百姓骚动……会帝复征辽东，征兵吴、会，士卒皆相谓曰："去年吾辈父兄从帝征者，当全盛之时，犹死亡太半，骸骨不归；今天下已疲敝，是行也，吾属其无遗类矣。"于是多有亡散，郡县捕之急。既而杨玄感起于黎阳，元进知天下思乱，于是举兵应之。三吴苦役者莫不响至，旬月，众至数万。将渡江，而玄感败。吴郡朱燮、晋陵管崇亦举兵，有众七万，共迎元进，奉以为主。①

士卒亡命，郡县急捕，正说明当时吴郡、会稽、晋陵等江南诸郡县已有较为可靠的户口籍帐系统，官府可依据籍帐征发兵丁民夫。所以，江南诸郡的籍帐、乡里体系，可能就是在大业六七年之后逐步得到强化的。显然，这一过程受到地方"豪杰"和民众的强力抗拒，并未能得到全面执行。换言之，直到隋朝灭亡，陈国故地很可能一直基本沿用六朝以来以汉制为基础的乡里控制系统，并未能真正建立起隋朝制度规定的户口籍帐系统与乡里控制体系。

而北方地区则与南方陈国故地存在显著差别。从上引《隋书·裴蕴传》可以见出，裴蕴推行的貌阅，在具体办法上与开皇三年在山东齐国故地进行的大索貌阅应当大致相同。虽然他所依靠的主要是乡正、里长，似乎与开皇三年貌阅主要依靠保-里-党"三长"并按"团"定样有所不同，但"许民相告，若纠得一丁者，令被纠之家代输赋役"却暗示当时还应当实行了邻保制，以互相检举揭发，并共同承担责任，而邻保制的基础，却正是"五家为保"的保。因此，直到大业五年裴蕴检括户口时，五家为保的制度可能还在发挥作用。《旧唐书·王世充传》记隋唐之际，王世充割据东都，"严刑峻制，家一人逃者，无少长皆坐为戮，父子、兄弟、夫妻许其相告而免之。又令五家相保，有全家叛去而邻人不觉者，诛及四邻"。②如此严密的五家相保制，也应当是以此前的五家之保为基础的。所以，大业年间裴蕴主持貌阅时，北方地区的户口籍帐制度与乡里控制体系应当是很严密的。

五、"乡正"与"乡长"

上引《隋书·裴蕴传》谓貌阅时，"若一人不实，则官司解职，乡正里

---

① 《隋书》卷七〇《刘元进传》，第1623页。
② 《旧唐书》卷五四《王世充传》，第2232—2233页。

长皆远流配"。显然，貌阅、造籍及征发赋役等，都是由乡正、里长具体负责的。据此，一般认为，在开皇九年制颁行之后，既废止了原在北方地区实行的保–里–党（或保–闾–族）三长制或二长制，也废罢了开皇三年苏威奏设的主理民间辞讼的乡正之职，全面改行五百家为乡、百家为里的乡里制。隋代墓志或墓砖铭文资料中诸多以乡、里表示亡人生前与葬地的叙述，也有利于证明这种认识。

可是，墓志所见隋代北方地区的乡里，在开皇九年之前即已存在。如开皇三年《封子绘妻王楚英墓志》谓王楚英"终于勃海［脩］（條）县新安里第"；开皇三年《刘鉴墓志》谓刘鉴为"徐州彭城郡彭城县丛亭里人"；开皇四年《徐之范墓志》徐之范卒于晋阳县宅，"还葬金乡县都乡节义里英山之西"；开皇六年《李敬族墓志》说李敬族于武定五年（547）卒于邺城，安厝旧里，至开皇六年，"改葬于饶阳县城之东五里敬信乡"；开皇七年《韩邕墓志》谓韩邕卒于相州零泉县界，"葬于环琁乡清化里。南临大阜，北崻安阳，东带环琁，西依葛万"；开皇八年《崔大善墓志》谓崔大善卒于陕州，"权殡于平原乡士望里"；开皇九年《暴永墓志》说暴永为上党壶关人，"葬壶关城西十有五里慈泽乡行义里"。①其所见乡里，均用于指称特定的地域范围。

侯旭东先生曾经注意到：北朝墓志所见亡人生前居里（或籍贯）、葬地所在之乡里，并非沿用汉晋以来的乡里观念，而是北朝当时实行的制度，并进而认为，在实行三长制的同时，"在北朝的大部分时间里农村存在着乡里制"。②上举墓志所见隋初乡里中，部分可确证乃当时行用的制度。如开皇七年《韩邕墓志》所见的相州、零泉县（当即灵泉县），皆北周灭齐后新置；③墓志述葬地所在的环琁乡清化里，亦有明确的地理范围，显然是当时

---

① 罗新、叶炜：《新出魏晋南北朝墓志疏证》（修订本），第317、322、335—336、352—353、362、412页；北京图书馆金石组编：《北京图书馆藏中国历代石刻拓本汇编》，郑州：中州古籍出版社，1989年，第九册，第58页。

② 侯旭东：《北朝乡里制与村民的生活世界——以石刻为中心的考察》，初刊《历史研究》2001年第6期，第16—29页；后收入氏著《北朝村民的生活世界——朝廷、州县与村里》，北京：商务印书馆，2005年，第134—171页。

③ 《隋书》卷三〇《地理志》中，第847页。

人所知悉的乡里制度。同时，一些隋初乡里也可以确证乃沿用自北魏乡里。如《宝泰寺碑》记开皇五年潞州刈陵县"政新乡向义里郭伯深"，与"华川乡人李延寿及合县群英"，共营浮图事。① 按：刈陵县为北魏太平真君十一年（450）"以潞县被诛遗人置"。② 北魏景明四年（503）《张整墓志》谓张整为"并州上党郡刈陵县东路乡吉迁里人"。③ 则隋开皇初年刈陵县的乡里编制当是沿袭北魏而来，也应当是自北魏以来一直采行的制度。

由于北朝资料中并未见到乡、里置有正、长的记载，所以对于北朝乡里制的性质尚未能究明。与北朝不同，隋代资料中，则见有"乡正"或"乡长""里长"的记载。滨口重国与气贺泽保规先生皆曾举《匋斋藏石记》卷十五《苑德赞妻杜氏墓砖》铭文：

> 大隋〔开皇十〕九年，岁次己未。十二月壬辰朔廿九日，相州相县辅和乡长金遵下仪同府前参军苑德赞妻杜□生。今月廿三日亡于里内东王左村，殡于村西二里北。生男字文彦。④

东王左村位于"里内"，此处的"里"（可能是"金遵下里"）显然是地域单元，与侯旭东先生所揭示者相同。苑德赞是相县辅和乡的乡长。气贺泽先生指出：仪同府参军当即与北周仪同府列曹参军相当的隋仪同府诸曹参军事（视正九品）或法曹行参军（视从九品）；苑德赞可能在北齐灭亡后，出任仪同府参军，开皇十年罢山南河南新置军府后，担任辅和乡乡长之职。气贺泽先生又举开皇十三年《隋都督诸葛子恒等合邑百人造像记》碑阴所见"前州主簿方城乡正诸葛□□"，《绵州昌隆令马珍及夫人吴氏合葬墓志》所见"公□随人，□□进□节尉，并检校善固乡长"，《唐永嘉府羽林张岳墓志铭》所见"父贰郎，隋任乡长，后迁县平正"，《南宫令宋景构尼寺铭》碑阴所见"乡正张士□"等九人列名，大业九年《江夏县缘果道场砖塔下舍利记》所见"江夏县缘果乡长刘大懿等"，以及上引开皇十一年《诏立僧尼

---

① 韩理洲辑校：《全隋文补遗》卷二，《宝泰寺碑》，2004年，第66—67页。
② 《隋书》卷三〇《地理志》中，第849页。
③ 赵超：《汉魏南北朝墓志汇编》，天津：天津古籍出版社，1992年，第43页。
④ 端方：《匋斋藏石记》卷十五，《石刻史料新编》第一辑第11册，台北：新文丰出版公司，1982年第2版，第8128页下栏。

二寺记》所见与"县宦七职"并列的"乡正之徒"等资料，论证隋时乡正（长）多由出身官僚之家、本身曾有任官履历甚至是现任官吏之人担任。①所说颇为可从。

在此基础上，我们注意到乡正、乡长并存的现象，而且开皇、仁寿年间多称乡正、大业间则多称为乡长。无论是开皇三年苏威奏置主理民间辞讼的乡正，还是开皇九年制书所规定的乡正，均称为"乡正"。那么，"乡正"是何以演变为"乡长"的呢？

如上所述，开皇三年苏威奏置之乡正，当属于郡、县"正"（中正、平正）系列，是郡县平正之职责向乡村的延伸。而职掌平正的郡正、县正之职，在大业三年的官制改革中被取消，后来复设的县正（未置郡正）为原县尉所改称（实际上可能合并了原来县尉与县正的职守，其职守当大致相当于北齐的县中正），后来又改为户曹、法曹。②乡正的上司既改为户曹、法曹，其职责自然亦随之改与户曹、法曹相对应，既需要参与编排户籍、征发赋役，又需要参与治安、处理民间纠纷。或亦因为此故，乡正的司法职责逐步让位于其民政职责，遂乃渐次改称为"乡长"。大业九年《江夏县缘果道场砖塔下舍利记》说：

> 以今大隋大业九年昭阳之岁，江夏县缘果乡长刘大懿等，遵依敕旨，共三乡仕民，奉诸佛，齐兴道场七层砖塔一所，安镇此地。③

江夏郡江夏县（治在今湖北武汉市武昌区）属陈国故地，其缘果乡有"乡长"，而非开皇九年制书所规定之"乡正"，反过来说明开皇九年在陈国故地所置之乡正，正如开皇三年苏威奏置之乡正一样，乃是主理民间辞讼，

---

① 气贺泽保规：《隋代郷里制に関する一考察》，（日本）《史林》第58卷第4号（1975年），第567—605页，特别是第596—604页。除气贺泽所举之外，还可以补出两个例证：一是陕西洛川县出土仁寿三年《王洪晖造像碑》题名中见有"邑长张荣世，乡正□□"（见刘忠民：《洛川出土隋代造像碑》，《文博》1995年第5期）。二是《旧唐书》卷五七《刘文静传》所记："刘世龙者，并州晋阳人。大业末，为晋阳乡长。"（第2295页）

② 《隋书》卷二八《百官志》下，第802页。

③ 刘先枚整理：《湖北金石志》卷三，见谢承仁主编《杨守敬集》第五册，武汉：湖北人民出版社，湖北教育出版社，1997年，第582页。

与县正、郡正属于同一系统的吏职，故在大业年间亦渐次演变为统领民户（"仕民"）的乡长。但其正式称谓可能仍是乡正，故上引《隋书·裴蕴传》将"乡正"与"里长"并称。

开皇九年以后，文献所见北方地区的"里"也基本可以确定是乡里制下的"里"，亦即有具体地域范围的"里"，而不再是三长制下二十五家编制的"里"。如开皇十年《元仁宗墓志》谓元仁宗为东宫右亲卫，卒于长安县归化乡弘德坊宅，殡于大兴县洪固乡永寿里李村东；①开皇二十年《杨钦墓志》说杨钦薨于长安县醴成乡仁训里宅，葬于华州华阴县潼关乡通灵里；仁寿元年《杨士贵墓志》谓杨士贵生前居于长安县礼成乡洽恩里，籍属居德坊；大业三年《成恶仁墓志》谓成氏本居幽州涿县，"去大魏建安元年，因官胶州，寄居部城县甘露乡吴音里"。②至于这些"里"拥有的户数，虽然没有直接材料，但亦可以得到间接说明。《隋书·倭国传》述开皇二十年倭国遣使入隋，隋文帝令有司访其风俗。有司报告中说倭国"八十户置一伊尼翼，如今里长也"。③这说明在当时隋朝官员心目中，里长所领，当在八十户左右，与开皇九年制书规定的百家置一里长大致相仿。

上引《旧唐书·刘文静传》所记雍州栎阳人张长逊，在平陈之前即担任里长，固然可理解为二长制下的"里长"，然亦可解释为乡里制下的"里长"。而许州襄城人张善相在大业末为里长，"每督县兵逐小盗，为众所附，遂据本郡"。④其所任之里长，应当是乡里制下的里长。河北省行唐县所出《大隋望亭乡龙阳里长故人秘丹墓志铭》云：

> 长公讳丹，字君卿，常山行唐人也……祖显，蔡阳县令。父悦，明威将军。……年十六，任县学生，一览无遗，三冬足用。学遭格废，征

---

① 赵万里：《汉魏南北朝墓志集释》，桂林：广西师范大学出版社，2008年，影印本，卷三，第16页上，图版六三。隋长安县为汉魏以来旧都长安城所在，而大兴县则为营建新都大兴城后新置。元仁宗生前居于长安县归化乡弘德坊，葬在大兴县洪固乡永寿里李村，不仅说明其时之"里"（以及"坊"）皆有明确地域范围，且得说明乡里乃是当时实行的制度（开皇三年移都大兴城前后，大兴、长安二县的乡里很可能有重新调整）。

② 罗新、叶炜：《新出魏晋南北朝墓志疏证》（修订本），第444—445、450、481页。

③ 《隋书》卷八一《东夷传》，"倭国"，第1826页。

④ 《旧唐书》卷一八七上《张善相传》，第4871页。

任长司，流芳弱冠，播美朝伍……春秋廿有八，卒于里第，粤以大业二年十一月十日庚申，葬于望亭乡龙阳里之墓。①

秘丹之祖秘显曾任蔡阳县令，无可考，且北魏北齐并无蔡阳县；父秘悦是明威将军，据《隋书·百官志》，是正八品散号将军，当出于乡兵系统。则秘氏应是齐隋之际新兴的方隅豪族。据罗新、叶炜所考，"学遭格废"，乃指仁寿元年（601）隋文帝下诏废州县学。故秘丹被"征任长司"当即在仁寿二年左右，时年二十三岁上下。志文称秘丹被征任龙阳里之长，"流芳弱冠，播美朝伍"，乃为荣耀之事，并非低下之役。"长公"之谓，盖与"长司"相对应，应是当地人对里长的尊称。因此，秘丹所任之里长，应当是颇得当地人尊重、地位不会很低的职位（虽然对墓志的这种表达应持审慎态度）。反观张长逊、张善相乃至窦建德所任里长，亦显非下役。

里长之地位并不低下，以及《秘丹墓志》中"长公""长司"之谓，启发我们去思考里长的制度根源。如果说开皇三年苏威奏设之乡正乃是与郡正、县正相对应的乡级"平正"，那么，同时并设的乡里之"里长"（并非三长制或二长制下的里长）则可能是里级平正。气贺泽先生所引《唐永嘉府羽林张岳墓志铭》除述及张岳之父张贰郎在隋时任乡长、后迁县平正之外，还说张岳本人"天性慷慨，清操可观，进退举容，莫不合礼。年卅，乡间举为社平正"。②自汉代以来，里、社往往并列，故此处的"社平正"很可能就是"里平正"。据《墓志》，知张岳被举出任社平正之年当为贞观二年，其所任之社（里）平正也可能是唐制里正之别称。但唐代"里正"可以称为"里平正"，仍足以说明里正（里长）的制度性源头很可能就是里平正，它和乡正、县正、郡正是属于同一个系列的行政设置。③

考证至此，我们对开皇九年制书规定的五百家置乡正、百家置里长，遂得出更进一步的认识：此一制书的意旨，当是将已在北方地区设置的乡正、里长，推行到南方陈国故地，故制书的核心是在陈国故地设置乡正、里长，

---

① 罗新、叶炜：《新出魏晋南北朝墓志疏证》（修订本），第479页。
② 周绍良主编：《唐代墓志汇编》，上海：上海古籍出版社，1992年，第34页。
③ 据此，似可推测北朝时期与三长制并存的乡里制，或者也是州、郡、县"中正"制度在乡村的延伸。可是，由于今见文献中未见有北朝乡正、里长（里正）的设置，这一推测无法证实。

却并非按百家一里、五百家一乡编排乡里。正因为此，制书颁行之后，隋朝并未在南方陈国故地检括户口，编造籍帐，编排乡里，却在原有乡里系统的基础上，普遍设立了乡正、里长，并借此推行隋式的伦理与法律制度（即所谓"行五教"）。换言之，开皇九年制书是试图在不大规模改变南方地区汉晋以来乡里体系的前提下，增设北方地区已经设置的乡正、里长，以实现对南方乡村的控制。

六、制度的地方差异性与统一性

综上所考，可以认知：（1）开皇三年春所颁新令，主要是针对山东齐国故地而制定的，故其规定的三长制（及授田制、租调制等），基本沿用北齐河清三年令而略有调整。开皇年间主要在山东齐国故地推行的大索貌阅，也是以三长制为基础的。与此同时，原西魏北周统辖的关陇巴蜀及部分荆襄地区，仍当实行苏绰所定的二长制。（2）开皇九年平陈后制书规定的五百家为乡、百家为里的乡里制度，是针对陈国故地颁行的，基本沿用东晋南朝以来南方地区一直沿用的以汉代制度为基础的乡里控制体系，是对陈国故地既存乡里体系的承认。平陈及平定开皇十年南方变乱之后，隋朝政府并未在南方陈国故地大规模检括户口、编制籍帐、编排乡里，直到大业六七年间才真正开始强化对南方乡村的控制，然未及完成即覆亡。（3）开皇三年苏威奏置之乡正，主理民间辞讼；其时或已置有里长。故开皇三年之后，在北方地区（包括西魏北周原辖境与北齐故地），属于司法系统的乡正、里长遂与属于民政系统的三长（或二长）并存；开皇九年制书规定五百家置乡正、百家置里长，即是将此前已在北方实行的、属于司法系统的乡里制推行到南方陈国故地（但南方地区并未实行三长制）；大业三年官制改革后，"乡长"逐步取代"乡正"，其主要职责也逐步演变为编籍造册、征发赋役，以乡长、里长为核心的乡里制遂成为官府控制乡村的基本制度。

北周建德六年（577），北周灭齐，据有山东、河北地；隋开皇九年，平陈，据有江南岭南地，统一全国。因此，统一后的隋王朝，实际上由三个大的历史地理区域构成，即西魏北周故地之关陇巴蜀，东魏北齐故地之河北山东，以及陈国故地之江南江湘岭南。此三大地域的乡村控制制度与体系，各有其渊源。西魏北周故地与东魏北齐故地之户籍乡里制度皆渊源于北魏的三长制和乡里制，虽各有变革，但其以户口控制为基础，与府兵制、均田制、租庸调制等制度相结合，而辅之以地域控制为核心的乡里制，本质上并无区别。故入隋以后，这两大地域的乡村控制制度与体系遂渐趋合流，逐步形成民政系统的三长制与司法系统的乡里制并行的局面（虽然实行起来未必整齐划一）。而陈国故地则沿袭六朝以来以汉代乡里制为基础的乡里控制体系，又历经变化，其乡里制度的实质实已由官府直接控制户口而演变成由乡里豪酋间接控制户口，从而使乡里制度具有了更强的地域性或地方性。隋王朝因地制宜，基本维持南方固有的乡里控制体系，仅将已在北方地区设置的乡正、里长推行到陈国故地。大业三年官制改革之后，以乡正（乡长）、里长为核心的乡里系统逐步演变为集民政、司法为一体的控制体系，北方地区的三长（或二长）制逐步失去作用，北、南方的乡里制度在实行层面上才渐趋一致，但由于隋王朝迅速崩溃，这一过程并未能完成。

论中国古代乡里制度及其实行者，大多假定王朝国家具有绝对权威（特别是在其初兴阶段），故王朝国家颁行的乡里制度（以及田制、赋役制等），一般均会得到较全面的实施，从而实现乡里制度及其实行的"一致性"或"统一性"。而有关明清时期乡里赋役制度的研究则充分表明，这一假设性前提可能并不存在。萧公权先生在其名著《中国乡村——论19世纪的帝国控制》中，曾从宏观区域的角度，分析19世纪里甲编排情况的区域差异，特别是南北方之间的不同，并将里甲制在实际运行过程中的"变异"（variations）按其对制度性规定的偏离区分为"添加型"（additive）、"削减型"（substractive）与"替代型"（substitutional）三种类型；萧氏认为，"清朝统治者并未能在中国乡村成功地建立起整齐划一的赋税征收体系"。[①] 在《明代的里甲制及其在应天府的施行》一文中，黄清连先生通过对应天府属八县里甲制施行及其变化的考察，揭示了八县里甲制实施与运行的多样性，指出："明代里甲制在城市与乡村地区的施行，并未完全遵照法令规定的模式；不同的府、县在施行这一制度时，并没有一致的方式；法令

---

① Kuang-ch'üan Hsiao, *Rural China: Imperial Control in the Nineteenth Century*, Appendix I, "Variations in the Li-Chia Structure", Seattle: University of Washington Press, 1960, pp.521—548. 引文见p.548。

本身也显示出某些变异。"①刘志伟先生关于明清时期广东地区里甲赋役制度与乡村社会变迁的研究，则充分揭示了里甲制在广东各府县实施过程中表现出来的地域特点与多样性，特别是里甲制在基层社会中的实际职能与理想化的制度设计之间的差异，认为"制度规定与立法意图已经有相当的差别，而制度上的规定与实际施行的效果更有相当的距离"。②

在这些研究与思考的基础上，本节试图进一步揭示乡里制度本身的"非一致性"或"地方差异性"，及其在实行过程中的"趋同性"或"统一性"。我们认为（或假设），王朝国家颁行某一种乡里制度（以及田制、赋役制度等），一般会具有特定的政治、财政经济或社会文化目标，而并非单纯为了制定某种一致性的制度；所以，制度的设计与制定，大多有着实际而复杂的政治经济与社会文化背景和动因，更必须考虑其可行性——将要实行此一制度的区域并不是"空白"，而有其自身的政治经济与社会文化体系及其历史渊源。因此，制度在制定的过程中，就具有了"地域性"或"地方性"。隋王朝面对幅员、户口及经济总量乃至社会文化水平均超过西魏北周原辖境的北齐故地，在制定将要在北齐故地实行的乡里制度（以及授田制、租调制等）时，很自然地以北齐河清三年令为基础，所以，开皇三年新令的"山东性"（或"北齐性"）是很明显的。同样，平陈之后，隋王朝也不得不基本维持南方地区自东晋南朝以来即沿用的乡里控制体系，而非全面推行北朝传统的三长制或二长制，故开皇九年制书的"江南性"也是显而易见的。但制度层面的"因地制宜"或"制度的地方性"必然给制度的运作与实际的行政管理带来诸多不便或困难，并进而破坏或消减王朝国家的"统一性"，故王朝国家必然采取措施，整合在统一过程中"因地制宜"而实行的、具有地域特点的某些特定制度，以实现制度的统一。对于隋王朝而言，北方地区自北魏太和年间即已实行、南方地区自汉魏六朝以来亦相沿运用（虽颇有变化）的乡里制（百家为里、五百家为乡），遂成为整合北、南方乡里控制体系的共同基础。因此，开皇三年苏威奏置乡正（主理民间辞

---

① Huang Ch'ing-lien, "The Li-chia System in Ming Times and its Operation in Ying-t'ien Prefecture"，《历史语言研究所集刊》第54册第4分，1983年，第103—156页。引文见第120页。

② 刘志伟：《在国家与社会之间——明清广东地区里甲赋役制度与乡村社会》（增订本），北京：中国人民大学出版社，2010年，第48页。

讼），在关西的二长制与山东的三长制之上，统一设立了乡正（可能也有里长）；开皇九年制书规定五百家置乡正、百家置里长，而对是否保留三长或二长不予理会，从而实现了制度确立层面的统一；最后通过大业三年的官制改革，使以乡正（乡长）、里长为核心的乡里系统逐步演变为集民政、司法为一体的控制体系，实现了制度实行层面的基本统一。

因此，乡里制度在制定、实行的过程中，会程度不同地表现出地方差异性和统一性：一方面，王朝国家制定的统一性制度，在不同地区实行时，会因时、因地、因人（执行制度的人）而发生变异，从而表现出地方差异性，而此种地方差异性又通过各种渠道与机制，反过来影响统一的制度的调整与变革（正如萧公权、黄清连、刘志伟等先生所揭示的那样）。另一方面，王朝国家所制定的乡里制度，既是立足于特定区域的历史背景的，也是针对特定的实行区域的，因而在源头上就已包含了丰富的地方性因素，从而表现出地方差异性；而在实行的过程中，因为行政管理与运作的需要，又必然会逐步"趋同"，从而在制度实行层面达致基本统一，并不断调整为统一的制度。当然，在制度不断"统一"的过程中，又会产生新的地方差异。所以，"地方差异性"与"统一性"是乡里制度（以及诸多基层社会制度）的两个方面，而在根本上，虽然地方差异性是绝对的，而统一性则是相对的，但地方差异性仍然是在统一性的基础上展现出来的。

第二节　唐代乡里制度再认识

《通典》卷三《食货》三"乡党"条云：

> 大唐令：诸户以百户为里，五里为乡，四家为邻，五家为保。每里置正一人。（若山谷阻险，地远人稀之处，听随便量置。）掌按比户口，课植农桑，检察非违，催驱赋役。在邑居者为坊，别置正一人，掌坊门管钥，督察奸非，并免其课役。在田野者为村，别置村正一人，其村满百家，增置一人，掌同坊正。其村居如［不］满十家者，隶入大村，不须别置村正。天下户为九等，三年一造户籍，凡三本：一留县，一送州，一送户部。常留三比在州县，五比送省。诸里正，县司选勋官六品以下、白丁清平强干者充。其次为坊正。若当里无人，听于比邻里

简用。其村正取白丁充。无人处，里正等并通取十八以上中男、残疾等充。①

《通典》所述"大唐令"，一般认为是开元二十五年令。②《旧唐书·食货志》云：

> 武德七年，始定律令……凡天下人户，量其资产，定为九等。每三年，县司注定，州司覆之。百户为里，五里为乡。四家为邻，五家为保。在邑居者为坊，在田野者为村。村坊邻里，递相督察。士农工商，四人各业。食禄之家，不得与下人争利。工商杂类，不得预于士伍。男女始生者为黄，四岁为小，十六为中，二十一为丁，六十为老。每岁一造计帐，三年一造户籍。州县留五比，尚书省留三比。③

则知《通典》所述"百户为里，五里为乡，四家为邻，五家为保"之制，在武德七年令中即已确定下来。《旧唐书·职官志》"户部郎中"条下所述，一般认为是开元七年令：

> 百户为里，五里为乡。两京及州县之郭内，分为坊，郊外为村。里及坊、村皆有正，以司督察。四家为邻，五邻为保。保有长，以相禁约。凡男女，始生为黄，四岁为小，十六为中，二十有一为丁，六十为老。每一岁一造计帐，三年一造户籍。县以籍成于州，州成于省，户部总而领焉。凡天下之户，量其资定为九等，每定户以仲年，造籍以季年。州县之籍，恒留五比，省籍留九比。④

《唐六典》卷三《户部尚书》所记与此相同而稍详，显然出于同一来源：

> 百户为里，五里为乡。两京及州县之郭内分为坊，郊外为村。里及

---

① 《通典》卷三《食货》三，"乡党"条，北京：中华书局，1988年，第63—64页。句读或略有不同。

② 仁井田陞：《唐令拾遗》卷九《户令》，栗劲、霍存福等编译，长春：长春出版社，1989年，第124页。

③ 《旧唐书》卷四八《食货》上，北京：中华书局，1975年，第2088—2089页。

④ 《旧唐书》卷四三《职官志》二，第1825页。

村、坊皆有正，以司督察。（里正兼课植农桑，催驱赋役。）四家为邻，五家为保。保有长，以相禁约。凡男、女始生为"黄"，四岁为"小"，十六岁为"中"，二十有一为"丁"，六十为"老"。每一岁一造计帐，三年一造户籍。县以籍成于州，州成于省，户部总而领焉。（诸造籍起正月，毕三月，所须纸笔、装潢、轴帙皆出当户内，口别一钱。计帐所须，户别一钱。）凡天下之户，量其资产，定为九等。（每三年，县司注定，州司覆之，然后注籍而申之于省。）每定户以仲年，（子、卯、午、酉。）造籍以季年。（丑、辰、未、戌。）州、县之籍恒留五比，省籍留九比。①

上述资料，乃是研究唐代乡里制度最基本的史料。研究者大都从这些材料出发，结合敦煌吐鲁番文书展开考察，形成诸多颇具卓见的认识。②本节的讨论也由此出发，并在以往研究的基础上，主要考察里与村的关系、乡长的置废及"乡头"的意指、里与乡的地域范围及其变化等，特别着意于分析唐代乡村控制制度的变化过程及其意义。

---

① 《唐六典》卷三《户部尚书》下"户部郎中员外郎"条下，北京：中华书局，1992年，第73—74页。

② 参阅曾我部静雄：《唐の郷里制と村制》，见氏著《中国及び古代日本における郷村形態の變遷》，东京：吉川弘文馆，1963年，第81—100页；中村治兵卫：《唐代の村落と隣保》、《唐代の郷——元和郡縣圖志よりみた》、《再び唐代の郷について——望郷と耆老》、《律令制と郷里制》，并收入氏著《中国聚落史の研究》，东京：刀水书房，2008年，第5—82页。孔祥星：《唐代里正——吐鲁番、敦煌出土文书研究》，《中国历史博物馆馆刊》1979年第1期；陈国灿、刘珠还：《唐五代敦煌县乡里制的演变》，《敦煌研究》1989年第3期；赵吕甫：《从敦煌、吐鲁番文书看唐代"乡"的职权地位》，《中国史研究》1989年第2期；王永曾：《试论唐代敦煌的乡里》，《敦煌学辑刊》1994年第1期；刘再聪：《唐朝"村正"考》，《中国农史》2007年第4期；刘再聪：《唐朝"村"制度的确立》，《史学集刊》2008年第2期；张国刚：《唐代乡村基层组织及其演变》，《北京大学学报（哲学社会科学版）》2009年第5期。关于唐代乡里制研究的学术史综述与分析，请参阅林佩莹：《唐代的乡里制与村制》，（台湾）《早期中国史研究》2卷2期，2010年12月，第231—255页。综合性的研究则可见松本善海：《中国村落制度の史的研究》：东京：岩波书店，1977年，第357—447页；齐涛：《魏晋隋唐乡村社会研究》，济南：山东人民出版社，1995年；李浩：《唐代乡村组织研究》，济南：山东大学博士学位论文，2003年；谷更有：《唐宋国家与乡村社会》，北京：中国社会科学出版社，2006年；张玉兴：《唐代县官与地方社会研究》，天津：天津古籍出版社，2009年。

一、里与村

据上引材料可知，唐代乡里制度的核心乃是"里"：百户为里，与汉代制度及隋开皇九年诏书规定的制度相同；里置有"正"，"掌按比户口，课植农桑，检察非违，催驱赋役"，亦与汉代里正职掌大致相同。关于唐代里正的任职资格、职能及其在乡村控制体系中的核心作用，前人均已有很好的论证。然对于里与村（以及里正与村正）的关系，却仍颇有讨论的余地。

许多学者根据上引资料，认为里与村坊是两种不同的基层行政管理单位，唐前期县以下基层实施的是"以里正为主，村正为辅"的管理体制；里是按照户口设置的，而村、坊则是按照地域设置的（在田野者为村，在邑居者为坊）。或者说，"乡里是依据行政原则划分的基层行政组织，坊村是按照居住地域原则划分的小区管理单元"，所以，"村坊并不构成里的自然下级"。并进而指出，里正与村正、坊正在人选、任用、职掌、待遇等各方面均有较大不同：在任用资格、待遇方面，里正均比村正要高；里正的职责全面，核心是催驱赋役、检察非违，村正、坊正虽然也参与赋役征收，但重心在督察奸非，维护居住区内的治安。

可是，仔细审读上述资料，我们认为：置于城郭中的"坊"，以及在"郊外""田野"设置的"村"，在管理体制内的地位与性质均与"里"相同，村、坊乃是设置于不同居住区域的"里"级基层行政管理单位，不过"村"是在自然聚落基础上设置的（而不满十户的自然村落，则并入附近的较大村落，一同设立村正），而城邑居住人口较多，故分为若干坊而已。换言之，"里"是标准建制，而村、坊不过是标准建制下为适应不同居住形态而采取的变通方法。

上引《旧唐书·食货志》说"里及坊、村皆有正，以司督察"（《唐六典》作"里及村、坊皆有正，以司督察"），显然是将里与坊、村并列，并无上下级关系，或两种制度类型的分别。开元二十五年令，先叙里正，然后分叙坊、村，也是先叙通例，后分叙别例，并非分叙两种制度类型。《新唐书·食货志》载："永淳元年，私铸者抵死，邻、保、里、坊、村正皆从坐。"[①]《唐律疏议》卷一八《贼盗》规定："诸造畜蛊毒（谓造合成

---

① 《新唐书》卷五四《食货志》四，北京：中华书局，1975年，第1384页。

蛊，堪以害人者）及教令者，绞；造畜者同居家口虽不知情，若里正知而不纠者，皆流三千里。"其中"里正"下原注云："坊正、村正亦同。"议曰："其所造及畜者同居家口，不限籍之同异，虽不知情，若里正、坊正、村正知而不纠者，皆流三千里。"①村正、坊正与里正在法律上的地位是相同的。在《贼盗律》关于"部内人为盗及容止盗"、《斗讼律》关于"强盗杀人不告主司""监临知犯法不举劾"、《捕亡律》关于"容止他界逃亡浮浪"、卷三〇《断狱》的相关规定及疏议中，也都有坊正、村正同于里正的说明（如"坊正、村正部内容止逃亡，亦同里正之罪"）。②神龙元年（705）《散颁刑部格卷》规定："私造违样绫锦，勘当得实，先决杖一百，造意者徒三年……踏碓人及村正、坊正、里正各决杖八十。"③对于"兼济""助成"光火劫贼的居停主人，"先决杖一百，仍与贼同罪，邻、保、里正、坊正、村正各决杖六十，并移贯边州"。显然，里正、坊正、村正的法律责任是一样的。而"私铸钱人，勘当得实"，除私铸人、居停主人、家长等须受处罚外，"其铸钱处邻保处徒一年，里正、坊正各决杖一百"。④此处未言及村正，盖因私铸之所多在里、坊之故。

　　认为里与村、坊乃是两种类型的基层管理单元，前者按户口编排、后者按居住地域编制的观点，将唐代乡里管理制度区分为户口控制与居住地域控制两种类型。可是，任何乡村民户必然居住于特定的居住地域单元内，整齐划一的百户之里固然存在，但大多数民户，则可能居住在大约百户的集村或不足百户，甚至只有三五家、十余户或数十户的规模不等的自然村落里。在规模较大的自然聚落（百户上下，或者更多）里，直接以"里"为单位，设置管理单元，当然可行；而在数十户的自然村落里，则以"村"为单位，设置村正，以履行里正的职责；而对于那些只有三五家、十余户的分散居住的

---

① 刘俊文笺解：《唐律疏议笺解》卷一八《贼盗》，北京：中华书局，1996年，第1299—1230页。
② 《唐律疏议笺解》卷二〇《贼盗》，第1456页；卷二四《斗讼》，第1678、1680页；卷二八《捕亡》，第2001页；卷三〇《断狱》，第2060页。
③ 中国社会科学院历史研究所等合编：《英藏敦煌文献（汉文佛经以外部分）》，成都：四川人民出版社，1992年，第六卷，第232页。
④ 上海古籍出版社、法国国家图书馆编：《法国国家图书馆藏敦煌西域文献》，上海：上海古籍出版社，2002年，第21卷，第244—245页。

小村子，当然只能合并起来，设置一个"村正"或"里正"，以进行管理。所以，"里"级基层行政管理单位，就适应不同的聚落形态，而表现为三种情形：一是规模较大（百户上下或更多）的集村，置一个里正（或村正），也可能分设若干的里正（城邑的户数一般较多，当然会设置若干坊。因此，城邑中的坊正在性质上与乡村的里正、村正实际上是相同的）；二是户数大致在数十户、不足百户的村落，设置一个村正（他可能也代管本村附近不满十家的小村）；三是由若干分散居住的小村，合起来，编组成一个里，也可能以这些村中较大的村为中心，命名为某村，在这种情况下，"里"或"村"就表现为一种地域单元，而并非单一的居住单元。

在第一种情形下，里正比较接近制度规定的标准，一个较大的自然村落有一个或一个以上的里正。会昌元年（841）《刘士环墓志》述刘士环葬地所在，为"京兆府万年县浐川乡郑村里之原野"。①咸通二年（861）《刘氏经幢铭》则称："大唐咸通二年辛巳岁八月廿五日建于万年县浐川乡郑村之里也。"②郑村里与郑村之里显然是同一里，是以郑村为基础设置的里。而大和九年（835）《张荣恩墓志》述张荣恩葬地，作"长安东浐川乡崇义里郑村北二里之地"。③如果这个郑村就是《刘士环墓志》与《刘氏经幢铭》中的郑村里，那么，郑村里的正式名称应当是"崇义里"，郑村里是其俗称。无论如何，郑村里或崇义里是以郑村为基础编排的，应当没有问题。这个里，很可能就是郑村一个自然村。

而元和十四年（819）《李素墓志》述其葬地所在，作"万年县浐川乡尚傅村观台里"；长庆三年（823）《李素夫人卑失氏墓志》述其葬地，作"万年县浐川乡上傅村观台里"。会昌四年（844）《梁元翰墓志》亦作"万年县浐川乡上傅村观台里"。④尚傅村与上傅村为一个村。观台里属于上傅村。显然，上傅村可能不止一个里。贞元二十一年（805）《大唐故试

---

① 周绍良、赵超主编：《唐代墓志汇编续集》，上海：上海古籍出版社，2001年，会昌〇〇九，第949页。

② 《金石萃编》卷六七，《刘氏经幢铭》，上海：上海宝善石印，光绪癸巳年（1893），第12页下。

③ 周绍良、赵超主编：《唐代墓志汇编续集》，大和〇五〇，第919页。

④ 周绍良主编：《唐代墓志汇编》，上海：上海古籍出版社，1992年，贞元一二八、长庆〇二〇，第2040、2073页；周绍良、赵超主编：《唐代墓志汇编续集》，会昌〇一八，第957页。

左武卫率府兵曹参军清河张府君(惟)夫人琅琊王氏合祔墓志铭并序》①称张惟"家本大梁,后移徙楚汉,寄住襄阳,闲居养性,怡然自乐,得其志道……以贞元十九年时染风疾,异药名医,竟无痊退。以七月六日奄终于襄阳县殖业乡崇教里之私第,春秋六十有六……以二十一年乙酉岁春二月辛丑朔廿日庚申,启发合祔,归葬于襄阳县东津乡荣村白沙里,礼也"。东津乡荣村白沙里,在襄阳城东不远处。②白沙里置于荣村之后,说明荣村可能有不止白沙一个里。

在第二种情况下,在一个乡中,较大的自然村落置有里正,而规模较小的自然村则置村正,遂形成里正与村正并存的局面。在长安四年(704)卫州共城县《百门陂碑》中,录有长安四年四月祈晴祭祀的参加者,为"(共城县)主簿程列,仓督张行璋,佐郭敬、李元,里正张机、张纂、张昱,村正郭思敬"。③张机等三位里正参与祈雨,而只有一位村正参与,这里的村正显然不会是里正的下属,而更可能与里正平级。

西安碑林博物馆所藏《荔非明达等四面造像题记》,据石野智大研究,当作成于武德七年(624)二月至永徽二年(651)九月间。其供养人题名中见有"佛坛越主兼录事乡尹□□□□","典坐村正荔非仲祥","化主前里正大都督司……","邑主前里正荔非熹……"等。石野智大据此认为,唐初乡正或乡长与村正是同时设置的。此点可以信从。但他进而推论说:在唐初的关中地区已经是乡里和村并置,并设置了乡正或乡长、里正、村正之类村落制度的各负责人,却未必是。④盖碑文中明确将"前里正"与"村正"并列,说明立碑之时,该地已不设里正,而以村正主持村落事务,并直接向乡尹负责。村正就等同于此前的里正,并不存在乡里与村坊并存的"二

---

① 周绍良主编:《唐代墓志汇编》,贞元一三八,第1938—1939页。
② 参阅严耕望《荆襄驿道与大堤艳曲》,见《唐代交通图考》第四卷,上海:上海古籍出版社,2007年,第1052页。
③ 《金石萃编》卷六五,第6—7页。碑阳、碑阴拓本图影,见北京图书馆金石组编:《北京图书馆藏中国历代石刻拓本汇编》,郑州:中州古籍出版社,1989年,第19册,第112—113页。
④ 石野智大:《唐初村落制度の"新史料"—西安碑林博物馆藏〈荔非明达等四面造像题名〉の再検討—》,《明大アジア史論集》第十七号,2013年,中译文为鲍丹琼译,载《唐史论丛》2014年第2期,第149—178页。兹据中译本。

重构造"。

在《天宝年间敦煌郡敦煌县差科簿》中，见有里正十人，村正十二人，论者一般据以讨论里正与村正的任用资格。池田温先生说："一乡由标准的五里组成，手实帐则按每里集中，如果差科簿也限定在同一户等之内，那么，大体依照里的顺序排列的可能性就很大。"①敦煌文书P3559（2）前半部分5纸64行所记，一般认为是悬泉乡的差科簿，其中未见任职里正、村正者；后半部分16纸198行所记，属慈惠乡，其中第18行李忠臣，廿九岁，上柱国子，里正；第37行张仙舟，廿岁，村正；第52行公孙悉郎，十七岁，村正；第77行令狐回回，廿二岁，村正；第132张光鹤，卅二岁，里正；第182行安仕德，廿岁，村正；第192行张神庆，中男，十九岁，村正；第193行阴光儿，廿岁，村正。如果认为村正为里正的下属，则里正李忠臣之下直至里正张光鹤，中间所录113人皆当属于李忠臣所辖之里。百户之里而有百余人列入应役名册，颇令人怀疑。P3559（3）存12纸，155行，所记为从化乡的差科名册。其首页记从化乡差科总数为257人，其中破除117人，身死23人，逃走35人，没落27人，虚挂3人，废疾3人，单身土镇兵23人，单身卫士3人；见在140人，其中中下户10人（11人），下上户10人（16人），下中户20人（22人），下下户100人。见在的中下户、下上户、下中户皆未见有担任里正、村正者。见存的下下户中，现存文书只留有71人，其中第86行康令钦卌岁，柱国子，里正；第107行罗奉鸾，卅一岁，白丁，里正；第111行安突昏，廿二岁，村正；第123行何抱金，十八岁，村正；第142行曹游庭，卅岁，白丁，里正；第152行罗双利，廿岁，中男，村正；第153罗特勤，卅五岁，白丁，村正。如果认为是以里统村，那么，里正康令钦之里当即没有统村，所领民户中下下户应役人数为25人；而里正罗奉鸾之里却至少当有两个村（村正安突昏、何抱金），下下户应役者有35人；里正曹游庭之里也有两个村（村正罗双利、罗特勤），下下户应役者为14人（文书下残）。②可是，里正罗奉鸾、曹游庭之下，却并无其所在之村的村正。虽然可以解释为

---

① 池田温：《中国古代籍帐研究》，龚泽铣译，北京：中华书局，2007年，第157页。
② 关于天宝年间敦煌县差科簿的录文，据池田温《中国古代籍帐研究》，录文，第120—138页；相关的研究与讨论，请参阅王永兴：《敦煌唐代差科簿考释》，《历史研究》1957年第12期；池田温：《中国古代籍帐研究》，正文，第146—178页。

该里正即兼任其所在之村的村正，但毕竟难以通解。因此，更合理的解释应当是差科簿所见的里正与村正是并列的，并无统属关系。同时，里正与村正并存于以户丁统计为核心的差科簿中，也说明认为里按户口编排、村按居住地域编排的观点，是难以成立的。

而在第三种情形下，由于一个里或村实际上包含了若干个规模较小的自然村落，就显得比较复杂。王梵志《贫穷田舍汉》诗句云：

> 贫穷田舍汉，庵子极孤恓。两共前生种，今世作夫妻。妇即客舂捣，夫即客扶犁。黄昏到家里，无米复无柴。男女空饿肚，状似一食斋。里正追庸调，村头共相催。幞头巾子露，衫破肚皮开。体上无裈裤，足下复无鞋。丑妇来恶骂，啾唧掬头灰。里正被脚蹴，村头被拳搓。驱将见明府，打脊趁回来。租调无处出，还须里正倍。门前见债主，入户见贫妻。舍漏儿啼哭，重重逢苦灾。如此硬穷汉，村村一两枚。①

里正到村子里来追索庸调，村头帮助相催，里正与村头当然不是同一个人。里正、村头把这个穷汉抓到了县里，打了一顿之后放回来，租调还是无法交纳，只能由里正代赔。里正显然负责几个村子的户籍与租庸调的催征。"贫穷田舍汉"所在的"里"应当是若干自然村组成，每村各有一个村头。村头相助里正追催庸调，正是里正的下属。然村头并不须协同里正补足贫穷田舍汉所欠的租调，说明村头并无此种责任，所以，他不是村正。村头，又见于《村头语户主》诗，其句云：

> 村头语户主，乡头无处得。在县用纸多，从吾相便贷。我命自贫穷，独办不可得。合村看我面，此度必须得。后衙空手去，定是搦你勒。②

这里的乡头，正是到县里去轮值的本乡里正之一（见下文）。本村所属之里

---

① 项楚校注：《王梵志诗校注》卷五《贫穷田舍汉》，上海：上海古籍出版社，1991年，第651页。
② 项楚校注：《王梵志诗校注》卷二《村头语户主》，第134页。

的里正轮当主持本乡事务，到县衙里当差，籍帐文案用纸甚多，故向其所辖的村索取纸张。村头又向"合村"征办，然并无强制权力，而是用央求与商量的口气（"合村看我面"），说明他并不具备正式的官方身份。这个村也不大，应当是组成乡头（本乡五个里正之一）所在之里的若干村之一。

《金石续编》卷五麟德元年（664）《周村十八家造像塔记》称："怀州修武县慈仁乡无为里周村一十八家敬造尊像一塔。"①其下所录十八家家庭情况如表4-1。

表4-1　唐前期怀州修武县慈仁乡无为里周村部分家庭资料

家长	妻	男	媳	孙	玄孙	其他	合计
周文仓	常	孝通	黄	元式、元聘、敬福、□福			8人
周子尚	刘	信达	高、贾、邢	恒托、处师、处□			9人
周子俨（汲郡从事）	荝	公举	韩	又贤（骑都尉）、仁基、仁忠、仁静	□□		9人
周定	郭、荝	仁惁（大陆、吴泽二府校尉）	向	义安		务俭	7人
周永建（并州交城县令）	袁	明彻	□	思贤、思友			6人
周仕峻	牛	善见	黄	文绰、文绰妻李、文略			7人
周宁	马	[仁]（行）密（大陆府队正、上骑都尉）	王（仁密妻）				5人
		仁贯					

---

① 《金石续编》卷五《周村十八家造像塔记》，见《石刻史料新编》第一辑，台北：新文丰出版公司，1982年，第四册，第3102—3103页。

（续表）

家长	妻	男	媳	孙	玄孙	其他	合计
周义成（曹州考城县令）	卫、向	善征	黄	重席			6人
刘子儒	张	文遇	周	师相、师愕	慎如		7人
□景嵩	周	三良	王	文干、窦（义澄母）	义澄		7人
段文基	张	许弘	赵	知十、要儿（孙女）			6人
孙长宁	王	君初	刘				7人
		君彦	王				
		□张（沙门）					
周子政	路	隐师	习	择言		子政妹胡女、光儿	7人
周买伓	马	善通	贺	师相、师相妻□			7人
		匡儿（女）					
周□	张	留买（上骑都尉）	常	逸贤、□□、洪瑞			7人
周毗罗	路	义坊	高	务□			8人
		义均	刘				
		义述					
周操	王	张行志（女夫）	周	贤子、贤芳、贤敬、贤□			8人
周君楚	朱	元拟	张	义端、义模、义□、义伦			8人

资料来源：《金石续编》卷五《周村十八家造像塔记》，见《石刻史料新编》第一辑，台北：新文丰出版公司，1982年，第四册，第3102—3103页。

《周村十八家造像塔记》所署周村十八家家庭成员，显非各家全体成员（女与孙女多未署名）；而由《造像塔记》所记各家庭成员身份、婚姻等情况看，参与造像的十八家当是村中地位较高、较为富裕的家庭。因此，《造像塔记》所录参与造像塔的十八家，绝非周村的全部户数。尽管如此，周村的全部户数，大抵仍远不足一百户，故与周围的村一起，共同组成无为里。换言之，周村当是组成无为里的几个村之一。《元和郡县图志》谓修武县北四十二里即为太行山，西北三十七里又有天门山。① 周村很可能在修武县北境的低山丘陵地带。

福建漳州芗城北郊所出咸通二年（861）王楚中买地券记殁亡人王楚中为漳州龙溪县永泰乡唐化里人，墓地在"信义里箭竹洋村祖墓西北"。"信义里箭竹洋村"之前无乡名，当亦属永泰乡。② "箭竹洋村"显然是自然聚落名，它包含在信义里内，说明信义里可能包括几个自然村落。

总之，我们认为唐代的里正与村正（以及主要设于城市中的坊正）实际上是同一级别的"正"，只是因应于不同的聚落形态而有不同的称谓而已。换言之，唐代负责城乡基层管理事务的职位，在城市中称为坊正，在规模较大的村落和合若干村而置一个里的情况下称为里正，而在村落规模不及百户却又可以自组成一个行政管理单元的情况下，则称为村正。里正、村正的设置原则都是根据户口，也都落实到具体的聚落中。

二、乡长、乡板头

《通典》卷三三《职官》十五"乡官"条云：

> 大唐凡百户为一里，里置正一人；五里为一乡，乡置耆老一人，以耆年平谨者，县补之，亦曰父老。贞观九年，每乡置长一人，佐二人。至十五年省。③

《册府元龟》卷七〇一《令长部》总序述唐初云："统内百户为里，里置正；五里为乡，置耆老，亦曰父老。"④ 则唐初曾置有乡耆老之职。乡耆老（父老）的任职资格是"耆年而平谨"，说明其职责当在以年高德望主持公

---

① 《元和郡县图志》卷一六，北京：中华书局，1983年，第446页。
② 鲁西奇：《中国古代买地券研究》，厦门：厦门大学出版社，2013年，第201—204页。
③ 《通典》卷三三《职官》一五《州郡》下，第924页。
④ 《册府元龟》卷七〇一《令长部》，"总序"，北京：中华书局，1960年，影印本，第8358页。

平，应是沿袭隋代乡正（乡长）而来，是为平理民间辞讼而设。《旧唐书》卷六五《高士廉传》记蜀人朱桃椎，"澹泊为事，隐居不仕，披裘带索，沉浮人间。窦轨之镇益州也，闻而召见，遗以衣服，逼为乡正。桃椎口竟无言，弃衣于地，逃入山中，结庵涧曲"。①据同书卷六一《窦轨传》，知窦轨镇益州是在武德年间（武德三年任为益州道行台左仆射，后迁益州大都督，贞观二年改任洛州都督），②则朱桃椎被逼为乡正事，当在武德年间。朱桃椎是隐士，窦轨任为乡正，当是试图利用其资望，故乡正之责，当是持正以为民望。同书卷四五《舆服志》引《武德令》："诸州县佐史、乡正、里正、岳渎祝史、斋郎，并介帻，绛褠衣。"③亦可证武德间乡正、里正并置。这说明，唐初应当是沿用隋制，乡里并置乡正（乡长）、里正的。故贞观九年三月诏书"每乡置长一人、佐二人"，重心当在每乡增置乡佐二人，并不说明此前就没有乡长（乡正）。

隋与唐初的乡正（长），应当住于本乡，或如汉代一样，乡司有固定办公地点。大业九年（613）《江夏县缘果道场砖塔下舍利记》说：

> 以今大隋大业九年昭阳之岁，江夏县缘果乡长刘大懿等，遵依敕旨，共三乡仕民，奉诸佛，齐兴道场七层砖塔一所，安镇此地。④

江夏县缘果乡的乡长刘大懿与乡民一起，共同营建砖塔，显然是"亲民之吏"，应当是住在本乡的。唐高祖《令诸州举送明经诏》要求，"州县及乡，各令置学"。⑤乡中之学，当置于乡司驻地。贞观九年诸乡增置乡佐二人，乡佐与乡长（乡正）亦皆当住于乡司驻地。

贞观十五年（641）十一月废乡长一事，颇显突兀，而迄未见有学者讨论。《唐会要》卷四一《杂记》录贞观十六年十月二十六日诏书云：

> 盗贼之作，为害实深。州县官人，多求虚誉，苟言盗发，不欲陈

---

① 《旧唐书》卷六五《高士廉传》，第2443页。
② 《旧唐书》卷六一《窦轨传》，第2365—2366页。
③ 《旧唐书》卷四五《舆服志》，第1946页。
④ 刘先枚整理：《湖北金石志》卷三，见谢承仁主编《杨守敬集》，第五册，武汉：湖北人民出版社，1997年，第582页。
⑤ 《册府元龟》卷五〇《帝王部》五〇，"崇儒术"，第557页。

告。村乡长正,知其此情,递相劝止,十不言一。假有被论,先劾物主,爰及邻伍,久婴缧绁。有一于斯,实亏政化。自今以后,勿使更然。①

此一诏书,批评"州县官人"与"村乡长正"维护地方治安颇为不力,审理狱讼亦多有不当,"实亏政化"。诏书虽统言州县村乡,但仍可见出其中的乡正(长)有维护治安、审理民间辞讼之责,故其所言之乡正(长),乃是沿袭隋制"主民间辞讼"的乡正(长),所以,此诏书颁布时间,应当是在贞观十五年十一月壬戌废乡长之前。《唐会要》将此诏系于贞观十六年十月二十六日下,其中的"十六年"或为"十五年"之误。而在此之前,唐太宗已命长孙无忌、房玄龄等更定律令,并于贞观十一年颁行,基本统一了司法权。贞观十五年废除可以兼理民间辞讼的乡正(长),应当是在此一背景下进行的。②

贞观十五年废除乡长之后,乡级行政管理遂由乡所属的各里里正共管。唐长孺先生在《唐西州诸乡户口帐试释》一文中指出:"诸帐都以乡为单位的由五个里正联合申报的当乡户口账。""唐代籍帐都是以乡为单位,但乡却不置主管户口租调力役的乡官,这些职务分属所管五个里的里正……可以设想,在制定当乡户口帐之先,每个里正必定要把本管一里的户口调查清楚,五里汇合统计,才按乡造帐。"③张广达先生说:"从现有资料看,高昌县下给武城、宁戎、宁昌、太平诸乡符中之各当乡主者,几乎均指各当乡诸里正而言;诸乡事务牒具,也由里正具名。里正地位极为重要,这一情况和敦煌、内地相同,证实了唐代在有些时期乡级政权由里正行使。"④

---

① 《唐会要》卷四一《杂记》,北京:中华书局,1955年,影印"国学基本丛书"本,第745—746页。

② 关于隋唐之际的乡长、乡官,最新的研究是雷闻所著《隋唐的乡官与老人——从大谷文书4026〈唐西州老人、乡官名簿〉说起》,见《唐研究》第22卷,北京:北京大学出版社,2016年,第131—156页,请参阅。

③ 唐长孺:《唐西州诸乡户口帐试释》,初刊唐长孺主编《敦煌吐鲁番文书初探》,武汉:武汉大学出版社,1983年,第126—216页;后收入氏著《山居存稿三编》,北京:中华书局,2011年,第95—182页,引文见第118、133页。

④ 张广达:《唐灭高昌国后的西州形势》,见氏著《西域史地丛稿初编》,上海:上海古籍出版社,1995年,第113—174页,引文见第120页。

池田温先生则指出："户籍规定是每乡（标准五百户）为一卷，现存的开元年间为止的籍，缝上皆注有'某乡籍'字样。只在天宝以后的籍和手实中，缝上才注有'某乡某里'字样，而有每里（百户）为一卷的可能性。天宝六载龙勒乡都乡里籍现存部分三百数十行中包括十五户，平均一户占二十几行，故一百户以每张纸十四行计，就需纸百数十张。以一里的户籍说，便是一份数量极大的长卷。从这一点来看，在天宝年间一乡一卷也就变得不可能了。"①

在贞观十五年废除乡长之后，乡仍然作为户口编排与赋役征发单位而存在，而由里正实际主持乡的诸种事务，前辈学者对此点已有充分论证，基本形成共识。问题在于当乡诸里正在哪里处理本乡事务呢？是否还存在汉代那样的乡廷，亦即乡是否有治所？王梵志《当乡何物贵》诗句云：

> 当乡何物贵，不过五里官。县局南衙点，食并众厨餐。文簿乡头执，余者配杂看。差科取高户，赋役数千般。处分须平等，并檑出时难。职任无禄料，专仰笔头钻。管户无五百，雷同一概看。愚者守直坐，黠者驭驳看。②

"五里官"，当解作五个里的里正。县局南衙，即县衙正厅。里正是各乡最为尊贵的"官"。他们到县里来应役，在正厅里点名考勤，并在县衙的厨房里吃饭。县衙里有他们办公的地方。在那里，轮值本乡事务的里正（称为"乡头"）手执本乡的籍簿，余下的四个里正站在旁边监督观看。他们一起根据户等高低商量决定差科的轻重先后，安排各种各样的赋役征发。如果办理不公平，就要受到处罚。他们的职务并没有禄米和食料，都靠在笔头上做手脚以取得一些收益。这首诗清楚地说明，诸乡里正是到县衙里去处理本乡籍帐、赋役征纳等事务的。《佐史非台补》句则称：

> 佐史非台补，任官州县上。未是好出身，丁儿避征防。不虑弃家门，狗偷且求养。每日求行案，寻常恐进杖。食即众厨餐，童儿更护当。有事检案追，出帖付里正。火急捉将来，险语唯须胧。前人心里

---

① 池田温：《中国古代籍帐研究》，第93页。
② 项楚校注：《王梵志诗校注》卷二，上海：上海古籍出版社，1991年，第129页。

怯，干唤愧曹长。纸笔见续到，仍送一缣饷。钱多早发遣，物少被颉颃。解写除却名，揩赤将头放。①

诗中的佐史是县衙的小吏。行案，项楚注云："巡察。此句言佐史皆求外出办事，当为勒索有得也。"恐未必是。《唐律疏议》卷六《名例》"称监临主守"下疏议曰："主守，谓行案典吏，专主掌其事及守当仓库、狱囚、杂物之类。"②其卷十一《职制》疏议解释"监临主司"，说是"统摄案验及行案主典之类"。③则"行案"当作"主管某一案的文书事务"解。诗中的佐史"求"到了主管一案事务的差使，才能进入"众厨"去吃饭。上司交代下来事务，要求他检视主管的"案"，去传唤或捉拿当事人。佐史发出文书（帖），交给里正；里正把当事人捉来，佐史做出发怒的样子，威胁恐吓。当事人心中害怕，只有央求他，不仅交纳了规定的纸笔钱，还另外送了一匹绢以作报答。佐史拿起朱笔，抹去了当事人的名字。诗中佐史主管的"案"，应当是某一个乡的"案"，正与该乡当值的里正相对应。

永淳元年（682）五月西州高昌县符是高昌县下给太平乡要求该乡百姓按户等贮粮的文书。符文上半部分是不同户等的贮粮标准，下半部分说：

太平乡主者：得里正杜定护等牒称：奉处分，令百姓各贮一二年粮，并令乡司检量封署，然后官府亲自检行者下乡。令准数速贮，封署讫上，仍遣主政巡检者。令判准家口多少，各贮一年粮，仍限至六月十五日已来了。其大麦今既正是收时，即宜贮纳，讫，速言听。即拟自巡检。今以状下乡，宜准状，符到奉行。④

这份文书，是主簿判尉思仁及佐朱贞君、史某的名义下给太平乡主者的。太

---

① 项楚校注：《王梵志诗校注》卷二，第118页。
② 刘俊文笺解：《唐律疏议笺解》卷六《名例》，第510页。
③ 刘俊文笺解：《唐律疏议笺解》卷六《名例》，第863页。
④ 国家文物局古文献研究室、新疆维吾尔自治区博物馆、武汉大学历史系编：《吐鲁番出土文书》，第七册，北京：文物出版社，1986年，第392—393页；池田温：《中国古代籍帐研究》，录文，第172页。

平乡主者，据上引张广达先生的意见，当是指太平乡的里正。然符中下文称，"得里正杜定护等牒称"，则"乡主者"与当乡里正还是略有区别，应是指轮值的当乡里正，亦即上引《村头语户主》诗中的"乡头"。里正杜定获等牒文中说，其所奉"处分"中"并令乡司检量封署"。其所说之"乡司"，显然由当乡诸里正组成，他们共同负责"检量封署"百姓所贮粮食。

《广异记》"梅先"条记阎罗王审案，讯及钱塘里正包直，问："何故取李平头钱，不为属户？"包直回答说："直为里长团头，身常在县，夜归早出，实不知，乞追子问。"①包直身为里长团头，却需要经常在县衙值勤。"团头"，当即分团貌阅时各团的负责人。今按：团貌之法，当沿用隋时的做法。《隋书·食货志》述开皇间"大索貌阅"，谓：

> 高颎又以人间课输，虽有定分，年常征纳，除注恒多，长吏肆情，文帐出没，复无定簿，难以推校，乃为输籍定样，请遍下诸州。每年正月五日，县令巡人，各随便近，五党三党，共为一团，依样定户上下。帝从之。自是奸无所容矣。②

一党为百户，则一团在三五百户间。《唐会要》卷八五《团貌》录开元二十九年三月二十六日敕称：

> 天下诸州，每岁一团貌，既以转年为定，复有籍书可凭，有至劳烦，不从简易，于民非便，事资厘革。自今已后，每年小团宜停，待至三年定户日，一时团貌。仍令所司，作条件处分。③

是知各州县每三年进行一次团貌，确定户等；而每年亦开展一次团貌，称为"小团"。团貌，自然是"各随便近"，结团貌阅。团貌亦大抵以乡为单位，故乡头（轮值的当乡里正）亦得称为"团头"。

开成四年七月，入唐求法僧圆仁到达登州文登县清宁乡（亦作"青宁乡"）赤山村，留居赤山法华院。圆仁记载说：

---

① 戴孚撰，方诗铭辑校：《广异记》，北京：中华书局，1992年，第133页。
② 《隋书》卷二四《食货志》，第681页。
③ 《唐会要》卷八五《团貌》，第1555页。

［七月］廿八日申时，县使窦文至等两人将县帖来。其状称：
　　县　　帖青宁乡
　　得板头窦文至状报：日本国船上抛却人三人。
　　右检案内，得前件板头状报：其船今月十五日发讫，抛却三人，见在赤山新罗寺院。其报如前者。依检，前件人既船上抛却，即合村保板头当日状报，何得经今十五日，然始状报？又不见抛却人姓名、兼有何行李衣物。并勘赤山寺院纲维、知事僧等，有外国人在，都不申报。事须帖乡，专［差］（老）人勘事由。限帖到当日，具分折状上。如勘到一事不同及妄有拒注，并进上勘责。如违限，勘事不子细，元勘事人必重科决者。
　　开成四年七月廿四日　　　　　　　　　　　　　　　典王佐　帖
　　　　　　　　　　　　　　　　　　　　　主簿、［判］尉胡君直
　摄令戚宣　员①

圆仁所录，是文登县下达给青宁乡的正式公文，其中文辞当未经改动。窦文至从县里来，其身份是板头。小野胜年说："板"通"版"，板头当负责版籍。其说大致可从。结合上引《佐史非台补》诗中的描述，基本可以判定：窦文至应当是在县衙里当值的青宁乡"乡头"（本乡五里正之一）。九月三日牒文中又称："寻问本乡里正，称村正谭亶抛却帖，至今都无状报。"其所说之"本乡里正"，也是指窦文至。无论如何，作为青宁乡板头（"乡头"）的窦文至当时是在县衙当值。

接到此帖后，赤山院主僧法清即具状，向县里报告圆仁等居留事由。至九月三日，文登县又"使一人将县帖来"。帖文称：

　　县　　帖青宁乡
　　先得状：在赤山寺院，日本国船上抛却僧三人、行者一人。
　　右检案内，得状称：前件僧等先具事由，申上讫。恐后州司要有追勘，状请帖海口所由及当村板头，并赤山寺院纲维等，须常知存亡，请

---

① 小野勝年：《入唐求法巡禮行記の研究》第二卷，东京：法藏馆，昭和三十九年（1964）初版，平成元年（1989）再印，第80页。引文句读与原本有所不同。

处分者。奉判：准状，帖所由者。依检前件人事，须帖海口所由告报，及纲维等，须常知存亡。如已后州司追勘，称有东西不知去处，急追必重科决。仍限帖到当日告示，当取状，州状上者。

开成四年八月十三日　　　　　　　　　　　　　　　典王佐　帖
　　　　　　　　　　　　　　　　　　　　主簿、判尉胡君直
　　　　　　　　　　　　　　　　　　　　　　　　司功

　　摄令戚宣　员

其下附有典王佐署名的一份牒文：

先在青宁乡赤山寺院日本国船上抛却僧三人、行者一人。
右件僧等先申州，申使讫。恐有东西去，八月十四日帖赤山寺院并村保板头、海口所由等，须知存亡。寻问本乡里正，称村正谭亶抛却帖，至今都无状报。其谭亶见在，伏请处分。牒件状如前。谨帖。

开成四年九月　日
　　　　　　　　　　　　　　　　　　　　　　　　典王佐　牒

一日。员
青［宁乡赤山］村正状①

村正谭亶当即青宁乡赤山村的村正，亦即帖文所称之"当村板头"，则村正亦可称为"村板头"。村正谭亶直接接受县里给青宁乡的帖，甚至加以"抛却"（不知真假），说明他的地位与里正相同，也同样可以参与处理青宁乡的事务。

三、作为地域单元的乡、里

主张唐代乡里制与村坊制并行的学者，认为乡里是按照户口原则编排的基层行政组织，而村坊则是根据居住地域原则划分的基层管理单位。这种将户口原则与居住地域原则相区分的解释，看上去顺理成章。可是，任何户口必然居住于特定的村落城邑之中，所以，按照户口编排的乡里必然落实到具

---

① 小野勝年：《入唐求法巡禮行記の研究》第二卷，第106—107页。

体的居住地域内，因而必然表现为地域单元；反过来，任何村坊也必然有户口居住，故而必然被编排进具体的乡里系统中。因此，唐代的乡、里不仅仅是户籍与赋役管辖单元，以及以此为基础的基层行政管理单位，同时也都有特定的地域范围，是一种地域单元。

首先，我们来看看"乡"的地域单元性质。唐代在调整县域范围和析置新县时，一般以乡为单位。如《唐会要》卷七〇《州县改置》上"富平县"条云："元和元年六月，以奉先县神泉乡，栎阳县大泽乡，美原县义林乡、族义乡，并隶富平县，以奉丰陵。""奉先县"条称："元和十五年四月以美原县龙原乡、栎阳县万年乡隶奉先，以奉景陵。"①奉先、美原、栎阳三县间管辖范围的调整，均以乡为单位，说明乡应当有其清楚的地域范畴。

长安二年（702）设置的温麻（长溪）县是从连江县分出的。《元和郡县图志》卷二九福州"长溪县"："长安二年，割晋温麻旧县北四乡置长溪县。"②《太平寰宇记》卷一〇〇福州"长溪县"："旧十五乡，今五乡。汉闽县地，唐武德六年置，其年并入连江县。长安二年又置温麻县，以县界有温麻溪为名。天宝元年改为长溪县。"③则知新置的温麻（长溪）县包括温麻溪以北的四个乡，其中心即在温麻旧县。反过来说，在置温麻县之前，连江县北境温麻溪以北地区的四个乡当然有明确的地域范围。

长安四年，分徐城县南界置临淮县。《旧唐书·地理志》泗州"临淮"县："长安四年，割徐城南界两乡于沙熟淮口置临淮县。开元二十三年，移治郭下。"④《元和郡县图志》卷九泗州"临淮县"："本汉徐县地，长安四年分徐城南界两乡于沙塾村置临淮县，南临淮水，西枕汴河。"⑤徐城县南界的两个乡"南临淮水，西枕汴河"，有明确的地域范围。二乡辖境内有沙塾村，后来成为临淮县治。《太平寰宇记》卷一六泗州"临淮县"说其"地当水口，为南北御要之所"，⑥显然是一处较大的聚落，在设立临淮县

---

① 《唐会要》卷七〇，《州县改置》上，北京：中华书局，1955年，排印本，第1243—1244页。
② 《元和郡县图志》卷二九，福州"长溪县"，北京：中华书局，1983年，第717页。
③ 《太平寰宇记》卷一〇〇，福州"长溪县"，北京：中华书局，2007年，第1995页。
④ 《旧唐书》卷三八《地理志》一，第1445页。
⑤ 《元和郡县图志》卷九，泗州"临淮县"，第231页。
⑥ 《太平寰宇记》卷一六，泗州"临淮县"，第312页。

前，就应当是徐城县南境二乡的中心。

大历七年（772）所置之清丰、观城二县（属澶州）分别是在张清丰店、观城店的基础上设立的。《旧唐书》卷一一一《代宗纪》大历七年春正月戊子条载："于魏州顿邱县置澶州，以顿邱县之观城店置观城县，以张（之）清丰店置清丰县，并割魏州之临黄县，并隶澶州。"①《旧唐书·地理志》澶州"清丰"县："大历七年，割顿丘、昌乐二县界四乡置。以县界有孝子张清丰门阙，魏州田承嗣请为县名。"②显然，由顿丘、昌乐二县分割出来的四个乡有明确的地域范围，而张清丰店则是此四乡的中心集市。其"观城"县条："大历七年，割昌乐、临黄二县四乡，置县于旧观城店。"③同样，这四个乡也有明确地域范围，旧观城店就是其中心集市。

唐代的乡乃是有明确范围的地域单元，从一些地理描述中亦可窥知。《太平寰宇记》卷一〇七信州弋阳县下述葛溪水源流，谓其"源出上饶县灵山，过当县李诚乡，在县西二里"。弋溪水，"源出上饶县灵山西南，从当县太平乡过，在县东二十里"。信义水，"源出建州邵武县，从当县太平乡过"。④李诚、太平、信义三乡，皆有溪水流经，明显处于河谷之中。

其次，里也都有比较明确的地域范围。《旧唐书·地理志》睦州"寿昌"县："永昌元年七月，分雉山县置。载初元年废，神龙元年复。旧治白艾里，后移于今所。"⑤寿昌县治所初在白艾里。白艾里当然是一处自然聚落，并不仅仅是一种户口编排单位。

婺州浦阳县置于天宝十三载（754），乃分义乌、兰溪、富阳三县立。《太平寰宇记》卷九七婺州"浦阳县"谓："元十四乡。天宝十三年析义乌北鄙置浦阳县。寻又析兰溪县界二乡、杭州富阳县二里属焉。"⑥从富阳县分出两个里，与从兰溪县分出的两个乡，一起划属新置的浦阳县，当然是指其所领的地域，而不仅仅是指其所管户口。

---

① 《旧唐书》卷一一一《代宗纪》，第299页。
② 《旧唐书》卷三九《地理志》二，第1495页。
③ 《旧唐书》卷三九《地理志》二，第1495页。
④ 《太平寰宇记》卷一〇七，信州弋阳县，第2153—2154页。
⑤ 《旧唐书》卷四〇《地理志》三，第1595页。
⑥ 《太平寰宇记》卷九七，婺州浦阳县，第1953页。

延平军置于南唐保大四年（946）。《太平寰宇记》卷一〇〇南剑州"剑浦县"条谓："伪唐保大四年，析沙县、建安、顺昌县内交溪、上阳、员当、逐咨、芹哨、富沙等六里户口，共成九里，为延平军。至保大六年，升为剑州，仍以古田县积善、赖溪两里共一十一里，仍为剑浦县。"①新置的延平军（剑州）位于东溪、西溪、南溪三溪汇合处，"交溪里"即当为三溪所汇之处，亦即新置延平军（剑州）与剑浦县治所在地。上阳、富沙、赖溪等里名，也当出自自然地理名称。所以，交溪等十一里皆当有明确的地理范围。

在墓志、买地券等墓葬材料中，所记亡人生前所属乡里，固然既可以理解为其籍属乡里，亦可理解为其生前居地所在，然以"里"表示亡人墓地所在，却说明"里"具有明确的地域范围。如大（太）和六年（832）杜宣猷所撰《唐朝请大夫试绛州长史上柱国赵郡李君故夫人京兆杜氏墓志铭并序》云：

> 间岁，李君随牒襄阳，夫人亦来汉上。宣猷与夫人别业接连，得叙宗族，日渐月深，情同密亲。始予随进士贡，路出汉滨，时寓夫人里第。税驾之后，徒驭如归，开颜拂径，主礼甚渥……以大和五年十二月三十日薨于襄州旌孝里之私第，春秋六十五。明年十月十一日安厝于襄阳县习池乡之西扼里。②

李、杜夫妇寓居汉上，其籍非属襄州；其所居之私第在旌孝里，则旌孝里乃指地域单元，非其籍属；其葬地在习池乡西扼里，当在襄阳城南郊，更是地域单元。又如，大中十一年（857）《唐故襄州节度押衙充左厢马步都虞候银青光禄大夫检校太子宾客兼殿中侍御史上柱国扶风鲁公墓志铭并序》云：

> 公讳美，字里仁，鲁公伯禽之后，子孙以国为姓氏。其望族本自扶风，今为沔南人也。祖麟；父荣，试左卫兵曹参军；咸早习经史，略知大旨而已……公即兵曹之长子也。幼而端敏，抱义戴仁，投笔从戎……大中戊辰岁，统兵防边，党项充斥，机谋筹画，保全城垒，为郡帅甄

---

① 《太平寰宇记》卷一〇〇，南剑州剑浦县，第1998页。
② 《唐代墓志汇编》，大和〇五一，第2132页。

奖，录功上闻，授殿中侍御史兼本城教练使。辛未岁回戈，廉使叙其勤劳，倚其干办，俾主军府都司。守职七换星霜，立事一贯直道，拊而不挠，公私无滞，同列者皆望而敬之……以大中十一年三月二十九日遘疾，卒于南津里之私第，春秋六十有四。以其年四月十八日，葬于襄阳县汉东乡苏封里之北原，从先茔，礼也。①

则鲁氏居襄阳（沔南）已有数世，鲁美本人少从军旅，仕至山南东道节度押衙、左厢马步都虞候，是襄州军将；其长子敬温，乃"将门翘楚，阅礼敦诗，为公侯之爪牙，居军旅之雄职"，也在军中效力。显然，鲁家是军旅世家，其所居在南津里。襄阳南津里又作南津坊，属凤林乡。大和九年（835）《唐故山南东道节度押衙光禄大夫检校太子宾客前行邓州长史兼侍御史弘农县开国男杨公（孝直）墓志铭并序》②谓其"以大和九年三月廿五日遘疾，终于襄州襄阳县凤林乡南津坊之私第，春秋八十有五。以其年夏四月廿五日，还葬于通泉乡招贤里之原"。据墓志，知杨孝直于长庆二年（822）随牛元翼南来，"脱身河朔，移家汉阴"。此志所见之凤林乡南津坊，当即鲁美所居之南津里（这也说明里与坊可以换称，是相同性质的基层管理单位）。考《隋书·地理志》襄阳郡"襄阳"县下原注有"凤林山"。③《舆地纪胜》卷八二襄阳府"景物"栏"凤山"条云："在襄阳县东南十里。梁韦叡于山立寺。"④《太平广记》卷六二"蔡女仙"记襄阳人蔡女仙与一老父各乘一凤，"时降于襄阳南山林木之上，时人名为凤林山。后于其地置凤林关，南山侧有凤台"。⑤其地在岘山南、习家池北，濒临汉水，有渡。凤林乡当即因凤林山、凤林关而得名，南津里（坊）很可能即在凤林关之津渡附近。若然，则南津里（坊）当在襄阳城外。而鲁美墓志所在的汉东乡苏封里，则似在汉水东岸。

---

① 襄樊市博物馆藏拓本，录文另见周绍良主编《唐代墓志汇编续集》，大中〇六〇，第1012—1013页。
② 周绍良主编：《唐代墓志汇编》，大和〇九〇，第2160页。
③ 《隋书》卷三一《地理志》下，第891页。
④ 《舆地纪胜》卷八二，襄阳府"景物"栏，"凤山"，北京：中华书局，1992年，影印本，第2653页。
⑤ 《太平广记》卷六二，"蔡女仙"，北京：中华书局，1961年，第388页。

诸多学者综合利用西安周围出土墓志、砖文资料，结合传世文献，并与实地考察相结合，对唐代长安、万年二县所辖乡里进行细致考证，并尽可能确定其所在今地与大致范围。特别是武伯纶的研究，具有开创性。他主要利用墓志出土地信息，将墓志所记亡人葬地所在的乡里村名与今地名对应，每考证出一乡，必试述其大致相当于今地何范围。[①]在一系列研究的基础上，史念海先生主编《西安历史地图集》，专门绘制了《唐长安县、万年县乡里分布图》，其中涉及万年县的乡41个，长安县的乡32个。[②]沿着同样的理路，赵振华、何汉儒等对唐代洛阳周围的乡、里、村位置做出了尝试性复原。[③]这些研究，都是在承认唐代的乡里均有其相对确定的地域范围之上而展开的，而其研究成果，则更证实了这一认识。

四、从"里"到"村"？

1950年，日本学者宫川尚志发表《六朝时代的村》一文，从城市与农村的分化角度出发，考察了村的起源、地理分布及其实际状态，认为村起源于汉代的乡聚，也有的是在魏晋时期战乱破坏的县城废墟上形成的，"这些自然聚落起初只是为了军事上的防卫，此后演变成征税、治安等施政对象"。他将汉代的"聚"与魏晋南北朝时代的坞、壁联系起来，认为汉代的聚中，"既有如刘聚、褚氏聚那样由血缘集团的居住地发展而来，也有不少是为了战乱时自卫，平时防御寇盗，由此构筑坞壁而形成的。而且，后汉末以来，乡亭里制随着国家权力的瓦解消失了。地方郡县中，拥戴强宗大族之长为首领，纠合私兵、奴婢、流民，强化自治组织，在有防御壁障的地方形成新聚落的情况很普遍。只是前汉以前称作聚的聚落，到魏晋时代，由于拥有防御设备，则多称作坞、堡、壁"。所论应是确当的，聚（其本身当初就可能会

[①] 武伯纶：《唐万年、长安县乡里考》，《考古学报》1963年第2期，第87—99页；武伯纶：《唐长安郊区的研究》，《文史》第三辑，北京：中华书局，1963年，第157—183页，又见氏著《古城集》，西安：三秦出版社，1987年，第88—138页；杜文玉：《唐长安县、万年县乡里补考》，见史念海主编《汉唐长安与关中平原》，《中国历史地理论丛》1999年增刊，第395—402页；爱宕元：《两京乡里村考》，见氏著《唐代地域社会史研究》，京都：同朋舍，1997年，第3—23页。

[②] 史念海主编：《西安历史地图集》，西安：西安地图出版社，1996年，第78页。

[③] 赵振华、何汉儒：《唐代洛阳乡里村方位初探》，见赵振华主编《洛阳出土墓志研究文集》，北京：朝华出版社，2002年，第45—119页。

有土垣之类的防卫设施,不一定至战乱时才设置)向坞、壁的演变应当是一个自然的过程。①

宫川的着眼点仅在阐释六朝时期的村与汉代的聚之间的关联,他虽然暗示作为自然聚落的"村"兴起之后,逐步取代汉代的乡、亭、里,成为一种较普遍的村落组织,"演变成征税、治安等施政对象",但并未涉及汉代乡、亭、里的形态及其与"聚"的关系,也未讨论"村"出现的社会意义。而宫崎市定则基于其"中国古代史应该看做是都市国家的成长、发展和解体的过程"这一理论预设,认为:在汉代,"不论是亭是乡,还是乡以上的县,都是指的一个个的聚落而言,本来是古代都市国家的遗制。虽然失去了政治上的独立,但外形直到汉代还保留着;它周围环以城郭,是稠密的聚落,很多的农民住在里面,只有烧炭的和渔夫是例外,人民很少住在城外的。城里也是依道路划分为几个区域,一区就是一里,大致以百户人家为标准。所谓县、乡、亭,都不外是包括若干个里的城郭都市,虽有大小之差,但差别是很有限的"。②然而,在汉帝国的崩溃过程中,农民由于各种各样的契机离开了城郭,在远离城郭的乡野里形成了新的聚落——临时性的坞与永久性的村(邨)。宫崎描述说:

> 持续不断的战争,使人民在背弃故乡乡亭城郭,被迫流浪的同时,又要谋求修筑新的坚固要塞以图自卫,这就产生了坞。所以,坞常常是利用自然险要而修筑起来的……但是,这种险固的土地是很难与耕作的方便相一致的。因此,大部分农民不可能为求安全而在山上的坞中安身立命,他们只好单取耕作上的便利,在毫无防备的状态下,三三两两地散居于耕地附近,这就是村。村字原本写作邨,其半边的屯,正如人们所熟知的驻屯那样,是临时居住或暂时留足的意思。既然乡亭的城郭已不足恃,那么,密集生活于乡亭之中,反倒容易成为动乱时期的掠夺目标。勿宁说尽可能地散居,当战乱波及时,将财物隐匿起来而自身逃散

---

① 宫川尚志:《六朝时代的村》,见刘俊文主编《日本学者研究中国史论著选译》,第四卷,中华书局,1992年,第67—108页;引文分别见第103、70页。
② 宫崎市定:《中国村制的成立——古代帝国崩坏的一面》,见《宫崎市定论文选集》,北京:商务印书馆,1963年,上卷,第33—54页;引文见第34页。

者更为安全。但对于少量的敌人袭击，又能拿起武器进行防卫。由于动乱而锻炼出来的汉人，以及由北方移徙而来学习农业的胡人，既是农民，又是武士。尤其北方族人，与城郭生活相比较，他们必定更喜欢村居生活……这样，在整个中国，过去的小型城郭渐渐为人民所抛弃，终于成为后世方志中所载记的故城，代之而起的则是各地更小的散村。这种村落的保护者往往是豪族，不过以同姓同族聚居而互相扶助者居多。①

这样，宫崎就构建了一个汉魏南北朝时期农村从古代城市中离析出来并逐步成长，乡村居住形态从以县、乡、亭、里城郭为中心的"城居"逐步过渡到主要表现为"散村"形态的分散居住的一整套阐释体系。与此同时，曾经主要是农业城市的古代城市，在后汉至六朝时期，作为政治、军事与工商业城市的性质浓厚起来，特别是到了"五胡"统治的时代，在重要的城市里配置了游牧族的军士，其军事性质乃更趋加强。这样，遂形成"作为行政治所、并拥有较大数量人口的城郭都市，与脱离城市而散布于田野的村落"之间的对立。②

这样，宫川尚志与宫崎市定就将东汉末年以降所谓"村"的出现与汉晋南北朝时代的社会经济与政治变化联系起来，"村"遂成为一种可以透视此一时期社会变化的研究概念。沿着宫崎的研究理路，谷川道雄进一步阐释了所谓"六朝时代城市与农村的对立关系"这一论题。在《北朝末期的内乱与城民》一文中，谷川考定北朝时期居住在城内的"城民"（或"城人"）乃是指以军士为主体的一些特殊身份的民众，认为"六朝时代的城市，是作为农村的对立物，特别是在其所具有的政治与军事的机能上"；所谓"城民"，很可能就是担负起这种机能的民众。③在后来的研究中，他进一步

---

① 宫崎市定：《关于中国聚落形体的变迁》，见刘俊文主编《日本学者研究中国史论著选译》第三卷，中华书局，1993年，第1—29页，引文见第25页。

② 宫崎市定：《六朝时代华北の都市》，见所著《アジア史论考》卷中，东京：朝日新闻社，1976年，第103—128页。

③ 谷川道雄：《北魏末期的内乱与城民》，见所著《隋唐帝国形成史论》，李济沧译，上海：上海古籍出版社，2004年，第132—159页，引文见第145页。

明确地将"城民"界定为"城、郭二重构造中属于城的部分的军人及其家族",而受这些城民"陵纵"、与之对立的"土民"则正是由名族巨室所控制、居住于各村落中的"州郡民"。谷川对这一问题的讨论乃是其一贯主张的中世纪"豪族共同体"理论的组成部分,其要点在于强调即使像"山东四姓"那样的天下名族,其居住地也是在各种各样的村里,"在天下知名的大族之下,结集着堪称各地中小贵族的阶层,并通过这一阶层将统一的意志传达到各个村落,换言之,即散布于广泛地域内的各个村落,以大小贵族为联结点,形成了网络"。①

这样,在宫川、宫崎、谷川以及其他日本学者的论述中,里与村就成为两种相互分离的、甚至是对立的、不同类型的居住单位和管理方式,认为汉代的"里"乃是基层行政管理单位与自然聚落的统合(此点认识并不正确,请参阅本书第二章第二节),而村则是汉末以至于魏晋南北朝时期后起,是在"里"崩解的历史背景下产生的新现象,"村"的产生则意味着社会变革。②正是在这种思路指导下,一些学者去追踪所谓"村"的起源、发展及其在唐代如何"上升"为与"里"并存的基层管理单位的历程。③而唐代村

---

① 谷川道雄:《六朝时代城市与农村的对立关系——从山东贵族的居住地问题入手》,牟发松译,见武汉大学历史系魏晋南北朝隋唐史研究室编《魏晋南北朝隋唐史资料》第十五辑,武汉:武汉大学学报编辑部,1997年,第1—18页。

② 越智重明、堀敏一等先生的研究,也基本遵循这一方向而有所扩展。请参阅越智重明:《漢魏晋南朝の郷・亭・里》,《東洋學報》53卷1號(1970年),第1—41页;《東晉南朝の村と豪族》,《史學雜志》79卷10號(1970年),第1—38页;《里から村へ》,《九州大学東洋史論集》第1号(1973年),第49—72页。堀敏一:《魏晋南北朝および隋代の行政村と自然村》,《明治大学人文科学研究所纪要》第34号(1993年),第235—250页。关于日本学者有关"村""里"研究的思路与研究成果,请参阅侯旭东:《从田园诗到历史——村落研究反思》,见氏著《北朝村民的生活世界——朝廷、州县与村里》,北京:商务印书馆,2005年,第10—16页。

③ 刘再聪的研究是这一思路下最为系统的成果。请参阅刘再聪:《村的起源及"村"概念的泛化——立足于唐以前的考察》,《史学月刊》2006年第12期;《唐朝"村正"考》,《中国农史》2007年第4期;《唐朝"村"制度的确立》,《史学集刊》2008年第2期;《"在田野者为村"——以〈入唐求法巡礼行记〉为中心的考察》,《中国农史》2010年第1期;《从"慕道"到"归化":唐正州内迁归化部众居住区的"村"制度——以粟特人"村"和新罗人"村"为中心》,《学术月刊》2011年第9期。谷更有的研究与此亦大致相同。参见谷更有:《唐代的村与村正》,见常建华主编《中国社会历史评论》第六卷,天津:天津古籍出版社,2005年,第109—118页。

坊与乡里并立为两种基层控制系统的认识，正是在这一理路下形成的：既然从东汉后期以来，村逐步形成，并在社会经济生活中发挥越来越重要的作用，那么，它就应当在制度上有所反映，这种反映就是唐前期村制与里制的并存。在这一认识理路下，唐令中有关村正、坊正的规定，就被解读为与里正并列的、以民户居住地为划分根据的"村坊制"，从而形成了所谓里制与村坊制并存的"二重构造"说。

里制与村坊制的"二重构造"说，意味着乡村基层管理组织存在一个由以"里"为主，逐步向以"村"为主演变的历史过程。由"里"向"村"的演变又有两层含义：一是如前所述，自汉末以来，随着村的形成，其地位逐步上升，乡村基层组织与管理单位的功能逐步增加，即"村的形成"；二是在唐代，"村"的功能不断扩展与强化，逐步取代"里"，成为乡村基层行政管理的基本单位，即"村制的形成"。

关于"村的形成"，即汉末魏晋南北朝以来"村"地位的不断上升，以及其乡村社会组织与管理功能的不断强化，上举宫川尚志、宫崎市定、谷川道雄、堀敏一以及刘再聪等先生均已做了细致的考察。可是，我们仔细研读诸位先生的论证，却可以发现，其所举证的史料，实际上是在已有研究预设的前提下选用的。如果放弃这一研究预设，对相关史料的解读就会完全不同。如《宋书·武帝纪》记刘裕本为彭城县绥舆里人，其曾祖刘混渡江，"居晋陵郡丹徒县之京口里"。① 《南齐书·高帝纪》谓萧道成原籍为东海郡兰陵县中都乡中都里，其高祖萧整，"过江居晋陵武进县之东城里"。② 萧衍籍属南兰陵中都里，生于秣陵县同夏里三桥宅。③ 丹徒县京口里、武进县东城里、秣陵县同夏里，显然都是城中之"里"，三桥宅则是属于同夏里的一个居住区。沈约自序其七世祖沈延于晋太康之世迁居武康县东乡之博陆里余乌邨，至晋末义熙十一年（415），全家迁居建康都亭里之运巷。④ 余乌邨属博陆里，则博陆里当包括余乌邨等自然聚落；运巷则是属于都亭里的一个居住区。一个里可能是一个聚落（或居住区），也可能包括若干个自然

---

① 《宋书》卷一《武帝纪》上，第1页。
② 《南齐书》卷一《高帝纪》上，第1页。
③ 《梁书》卷一《武帝纪》上，第1页。
④ 《宋书》卷一〇〇《自序》，第2443—2444页。

聚落或居住区，自汉代以来就是如此，并非魏晋以来发展的结果。而在南朝时期，"里"也仍然在发挥着实际的管理作用。《宋书·孝义传》记会稽永兴人郭世道属籍独枫里，有孝义之行，"仁厚之风，行于乡党，邻村小大，莫有呼其名者"；宋文帝嘉之，"敕郡榜表闾门，蠲其税调，改所居独枫里为孝行［里］（焉）"。其子为人佣作，"受直归家，于里中买籴，然后举爨"。① 则独枫里（孝行里）有市、有闾门，是一个较大的自然聚落，且在刘宋时仍在发挥征收税调的功能。而与独枫里相邻的聚落，有小大之别，盖各村不能自成一里，故称为"邻村"。又记吴兴乌程人潘综亦有孝行，元嘉四年（427），"有司奏改其里为纯孝里，蠲租布三世"。而其传首则称"孙恩之乱，妖党攻破村邑，综与父骠共走避贼"。② 则知潘综一家居于村邑之中，其所居村邑则属于纯孝里。至隋大业间，纳言杨达巡省河北，察知赵郡柏人人李德饶德行高洁，"因改所居村名孝敬村，里为和顺里"。③ 揣其文义，孝敬村当不仅编有和顺一里。在这些记载中，村与里并存，并看不出村的地位逐步上升，而里的地位则在慢慢下降。

在很多情形下，里与村是可以互换称谓的。陶渊明《与殷晋安别》句云："去岁家南里，薄作少年邻。"④ 而在《移居》之一中，则说："昔欲居南村，非为卜其宅。……邻曲时时来，抗言谈在昔。"⑤ 南村与南里，当然即陶渊明所居之村落。《南史·罗研传》记萧梁时罗研论蜀中积弊，谓：

> 蜀中积弊，实非一朝。百家为村，不过数家有食，穷迫之人，什有八九，束缚之使，旬有二三。⑥

百家为村，显然来自"百家为里"。村中之人，要被"束缚之使"，亦即服役。其所说之"村"，当然是基层管理单位，但实际上却是指汉晋以来的

---

① 《宋书》卷九一《孝义传》，第2243—2244页。
② 《宋书》卷九一《孝义传》，第2248—2249页。
③ 《隋书》卷七二《孝义传》，第1670页。
④ 《陶渊明集》卷二，北京：中华书局，1979年，第63页。
⑤ 《陶渊明集》卷二，第56页。
⑥ 《南史》卷五五《罗研传》，北京：中华书局，1975年，第1369页。

"里"。

而文献中单独述及"村",则往往是关于村落的居住与社会生活,并不关涉户口籍帐赋役等官府控制之事。《法苑珠林》卷一八《感应缘》记晋居士会稽剡人周珰"家世奉法",家在坂怡村,"村中十余家,咸皆奉佛"。① 《续高僧传》卷二五《护法》下记隋时僧人明赡,姓杜氏,恒州石邑人,"少有异操,所住龙贵村二千余家,同共高之,传于口实"。② 龙贵村有两千余家,当然不会是一个基层行政管理单位,却是一个社会生活单元。③ 又《魏书·李崇传》云:

> 兖土旧多劫盗,崇乃村置一楼,楼悬一鼓,盗发之处,双槌乱击。四面诸村始闻者,挝鼓一通;次复闻者,以二为节;次后闻者,以三为节,各击数千槌。诸村闻鼓,皆守要路,是以盗发俄顷之间,声布百里之内。其中险要,悉有伏人,盗窃始发,便尔擒送。④

北魏时兖州置楼各村,实际上乃是一种社会治安单元。因此,我们认为,自汉末以来,作为自然聚落的"村",在乡村基层社会的组织与自治性管理方面的功能确实得到不断强化,但并没有成为官府直接控制乡村的基层行政管理单位。

论者或举如下史料,以说明东晋南朝时部分地区的"村"已经成为乡村基层行政管理单位。可是,如果我们仔细检视这些材料,却发现颇有可商之处。

(1)《晋书·刘超传》记晋元帝时,刘超为句容县令:

> 推诚于物,为百姓所怀。常年赋税,主者常自四出结评百姓家赀。

---

① 道世撰,周叔迦、苏晋仁校注:《法苑珠林校注》卷一八《感应缘》,"晋居士周珰",北京:中华书局,2003年,第592页。
② 道宣:《续高僧传》卷二五《护法》下,北京:中华书局,2014年,第935页。
③ 侯旭东在《北朝的村落》一文中,细致分析了碑石与传世文献所见北朝时期的村落状况,其所揭示的村落,也大都是民众的经济与社会生活单位,而并非官府的基层行政管理单位。见氏著《北朝村民的生活世界——朝廷、州县与村里》,第26—59页。
④ 《魏书》卷六六《李崇传》,第1465—1466页。

至超，但作大函，邨别付之，使各自书家产，投函中讫，送还县。百姓依实投上，课输所入，有逾常年。①

刘超的赋役改革，是按邨确定赋税额度，由各邨自行确定各家赀产及应纳赋税。但这里的"邨"却未必就是自然村落，因为每邨有一个"大函"，而百姓自书家产、投入函中后，各邨之函直接送回县中。换言之，这里的"邨"乃是县之下的地域单元。若释"邨"为村落，那么，句容县需要直接面对成百上千的自然村落，这在行政管理上，是无法实现的。

（2）《南齐书·萧子良传》记宋昇明三年（479），萧子良为会稽太守。"宋世元嘉中，皆责成郡县；孝武征求急速，以郡县迟缓，始遣台使，自此公役劳扰。"至是，子良乃上书请罢台使，曰：

> 前台使督逋切调，恒闻相望于道。……凡此辈使人，既非详慎勤顺，或贪险崎岖，要求此役。朝辞禁门，情态即异；暮宿村县，威福便行。……摘宗断族，排轻斥重，胁遏津埭，恐喝传邮。……其次绛标寸纸，一日数至；征村切里，俄刻十催。四乡所召，莫辨枉直，孩老士庶，具令付狱。或尺布之逋，曲以当匹；百钱余税，且增为千……②

"暮宿村县"之"村"乃是指村落，可不必论。"征村切里"，当解作"按村征收赋税，却责成'里'负责"，则"里"仍是赋税征收的责任单位，不过每里由若干村组成，故需逐村征收而已。《萧子良传》下文又录建元三年（481）子良（时任丹阳尹）上书称：

> 京尹虽居都邑，而境壤兼跨，广袤周轮，几将千里。萦原抱隰，其处甚多，旧遏古塘，非唯一所。而民贫业废，地利久芜。近启遣五官殷沵、典签刘僧瑗到诸县循履，得丹阳、溧阳、永世等四县解，并村者辞列，堪垦之田，合计荒熟有八千五百五十四顷，修治塘遏，可用十一万八千余夫，一春就功，便可成立。③

---

① 《晋书》卷七〇《刘超传》，第1875页。
② 《南齐书》卷四〇《武十七王传》，竟陵文宣王子良，第692页。
③ 《南齐书》卷四〇《武十七王传》，竟陵文宣王子良，第694页。

丹阳等四县上报之田与村耆自动申报之田并列，则村耆并不在官府体制之内，而是村落自治之长。

（3）《南齐书·海陵王纪》延兴元年（494）十月癸巳诏书称："诸县使村长、路都防城直县，为剧尤深，亦宜禁断。"①村长与路都并列，且得受县衙征发，前往县城防守，当属于力役。此诏书上文说到"正厨诸役，旧出州郡，征吏民以应其数"；又说"广陵年常递出千人以助淮戍"。然则，村长与路都防城直县之役，正如正厨诸役和广陵助淮戍之役相同。此种村长、路都，在平常当负责村中、道路的治安事务，应是村落自治性设置；只有应征到县中防城时，才是应力役。

（4）《梁书·武帝纪》天监十七年（518）正月丁巳诏书称：

> 凡天下之民，有流移他境，在天监十七年正月一日以前，可开恩半岁，悉听还本，蠲课三年。其流寓过远者，量加程日。若有不乐还者，即使著土籍为民，准旧课输。若流移之后，本乡无复居宅者，村司三老及余亲属，即为诣县，占请村内官地官宅，令相容受，使恋本者还有所托。②

村司，论者多释为延兴元年诏书所见之村长；三老，则释为上引萧子良上书中所见之村耆。如此，则村之长、耆亦得直接上达于县。可是，诏书既称流移之民"本乡无复居宅"，复令村司三老诣县中为之占请"村内官地官宅"，则诏书所称之"村内"，实当指"乡内"，"村司三老"亦当指"乡司三老"。

因此，论者用以证明东晋南朝时期"村"的地位逐步上升的主要史料，或者并不可靠，故据此所得出的认识亦须重新考察。实际上，从汉末，经魏晋南北朝到隋唐，文献中有关"村"的记载确实有所增加，其作为乡村基层社会组织与管理单位的功能也确实不断提高，但由今见材料看，六朝时代的村并不具备官府控制乡村社会的基层行政管理单位的性质。

---

① 《南齐书》卷五《海陵王纪》，第79页。按：校点本作"诸县使村长路都防城直县"，村长、路都之间并未断读。论者亦或将县使、村长、路都、防城、直县释为县内不同层级职能的吏职，兹未从，而将村长、路都释为吏职名，"防城直县"解作防卫城池，到县衙当直。

② 《梁书》卷二《武帝纪》中，第57—58页。

关于"村制的形成",亦即认为唐代"村"功能的不断强化,以及"村"逐步取代"里"成为乡村基层行政管理单位,以张国刚、刘再聪先生的论述,较为系统。张先生在前人研究的基础上,系统地讨论唐代乡村基层组织的演变,他抓住唐代开元之前的墓志中,绝大多数墓志记载亡人葬地,均作"某某乡"或"某某乡某某里",而开元之后特别是安史之乱以后,多数葬地则记为"某某乡某某村"这一线索,敏锐地透察出中唐以后乡村基层组织变化的基本方向,乃是"县-乡-里"结构让位于"县-乡-村"结构,其具体表现为整齐划一的"里"的功能在逐渐退缩,而自然居民点"村"的功能在扩张和强化。他进而指出:发生这种变化的社会背景是随着户口的增长,乡和村的人口都在扩张,村与里的法定户数之间的差别愈益缩小,村取代里的可能性在提高,村的独立性增强。于是,唐前期的"乡-里"结构向后期的"乡-村"结构转变;到五代时期,乡、村乃成为县司下属的基层组织,"里"则甚少被提到,不管是涉及赋役和户籍问题,还是涉及居民生活秩序的内容,管理层在大多数情况下均直接面对乡村或村乡。①张先生讨论的要旨在于"里"逐步崩解,"村"则愈来愈突显,并取代"里"成为唐中后期的乡村基层行政管理组织。刘再聪的研究理路和看法与此大致相同。

我们基本认同张、刘等先生的意见,并在此基础上,做三点补充:

第一,如上所考,在唐前期,村正与里正(以及坊正)就是并列的,所以唐前期乡村控制体系的基本结构,应当是县-乡-里(村)(在长安、洛阳等都城及部分州城,城中一般不设立乡,所以城中的管理体系乃成为县-坊二级,没有"乡"一级),并不存在县-乡-里与县-乡-村两种类型的控制体系并存的格局。当然,在一个里包括若干村的情况下,因为设立了村头,遂形成县-乡-里-村四级的情况,但村头不是村正,并不是一级正式的管理职位。同时,和魏晋南北朝以来的发展趋势一样,作为自然聚落单位的村,在乡村社会生活中也一直在发挥着作用。《关中石刻文字新编》卷一录贞观十三年(639)《齐士员造像铭》云:

> 贞观十三年岁次己亥正月乙巳朔一日,右监门中郎将延陵子齐士

---

① 张国刚:《唐代乡村基层组织及其演变》,《北京大学学报(哲学社会科学版)》2009年第5期。

员，恒州行唐人也，王保府折冲都尉赵伽，频阳府田阿女，怀信府果毅都尉独孤范，天齐府斛律环，长丰府王仁感，频阳府关文瓒，左右监门校尉、三原县令、检校陵署令崔□王，署丞裴岷，内省御侮尉郭元宗，陵寝二所宿卫人，吕村、任村、王村、刘村、朱村、唐禄村、房村、袁吕村、谢村宿老等，但士员奉诏赐以终身供奉陵寝，许生死不离宫阙，纵今灰骨丧躯，无能报国。今分割宦禄之资，为太武皇帝太穆皇后，敬造石佛殿一所，并造弥陀像二、菩萨师子香炉座，四面为宫内存亡写《金刚波若观世音经》各一部及《一切经》。①

太武皇帝即唐高祖，太穆皇后即高祖皇后窦氏。据《旧唐书·地理志》，贞观九年，置高祖献陵于三原县东南。齐士员等皆奉诏守陵，而吕村、任村等诸村民户则为奉陵户。据《唐六典·尚书户部》，献陵有奉陵庙邑户三千户，以三原县编户充。《唐会要》卷七〇《州县改置》记会昌元年京兆府奏称：三原县仁化乡于开成五年六月奉敕割属富平县，充奉章陵；承例，请割高陵县青平乡属三原县。②则知奉陵庙邑户亦当编排乡里。在《齐士元造像铭》中，带领吕村等诸村宿老参与造像事务的，乃是三原县令崔□王，其所属各村，显然是基层行政管理单元，亦即相当于"里"。其所以以"村"为称者，盖因为造像立寺之事，非关乎户口籍帐赋役，乃"民间事务"之故。

第二，唐中后期"里"的渐次崩解，主要是因为户籍的编排不再具有中心地位，而渐不被重视，也就逐渐不再能按制度规定进行。大历十四年（779）八月，宰相杨炎上书曰：

> 初定令式，国家有租赋庸调之法。开元中，玄宗修道德，以宽仁为理本，故不为版籍之书，人户浸溢，隄防不禁。丁口转死，非旧名矣；田亩移换，非旧额矣；贫富升降，非旧第矣。户部徒以空文总其故书，盖得非当时之实。……天下之人苦而无告，则租庸之法弊久矣。迨至德之后，天下兵起，始以兵役，因之饥疠，征求运输，百役并作，人户凋

---

① 《关中石刻文字新编》卷一，《齐士员造像铭》，《石刻史料新编》第一辑第22册，台北：新文丰出版公司，1982年，第16910—16911页。
② 《唐会要》卷七〇，《州县改置》上，第1244页。

耗，版图空虚。军国之用，仰给于度支、转运二使；四方征镇，又自给于节度、都团练使。……是以天下残瘁，荡为浮人，乡居地著者百不四五，如是者殆三十年。①

此即两税法实施之背景。而两税法的实质，乃在"凡百役之费，一钱之敛，先度其数而赋于人，量出以制入。户无主客，以见居为簿；人无丁中，以贫富为差。不居处而行商者，在所郡县税三十之一，度所与居者均，使无侥利。居人之税，秋夏两征之，俗有不便者正之。其租庸杂徭悉省，而丁额不废，申报出入如旧式。其田亩之税，率以大历十四年垦田之数为准而均征之。夏税无过六月，秋税无过十一月。逾岁之后，有户增而税减轻，及人散而失均者，进退长吏，而以尚书度支总统焉"。②赋役既以田亩为主要根据，户口的意义乃大为降低，户口籍帐之荒废乃成为不可避免之趋势。户口籍账既已渐趋荒废，以户口籍帐为基础、并以户口籍帐编排和租庸调之征纳为主要职能的乡里制度也就不可避免地走向崩解。而同时，以地域（居住地域与生产生活地域）为核心的村，以及作为两税法基础的田亩，遂成为征发赋税的基本单位。因此，两税法的实施导致田亩控制取代户口控制，乃是"村"取代"里"最根本性的动因。

两税法实行之后，由于"丁额不废，申报出入如旧式"，户税也并未完全并入两税，故户籍之编排仍或不时进行。如《唐会要》卷八五《定户等第》录元和六年（811）正月衡州刺史吕温奏文称：

> 当州旧额户一万八千四百七，除贫穷死绝老幼单孤不支济等外，堪差科户八千二百五十七。臣到后，团定户税，次检责出所由隐藏不输税户一万六千七。……臣昨寻旧案，询问闾里，承前征税，并无等第。又二十余年，都不定户，存亡孰察，贫富不均。臣不敢因循，设法团定，检获隐户，数约万余。州县虽不征科，所由已私自率敛。与其潜资于奸吏，岂若均助于疲民。臣请作此方圆，以救凋瘵，庶得下免偏枯，上不

---

① 《旧唐书》卷一一八《杨炎传》，第3420—3421页。
② 《旧唐书》卷一一八《杨炎传》，第3421—3422页。

阙供。①

则知元和中衡州团阅户口,仍以闾里为单位。故其乡里之制,仍得存续。然户口籍帐虽仍以乡里为序,而在户口检括、两税征纳等乡村行政管理实务中,却是以村落为单位进行的。张国刚先生尝引天宝四载(745)敕书称:

> 自今已后,每至定户之时,宜委县令与村乡对定,审于众议,察以资财,不得容有爱憎,以为高下,徇其虚妄,令不均平。使每等之中,皆称允当。②

评定户等之时,须"审于众议",亦即要听取邻居们的意见,故以村落为单位。此种做法,盖自唐初以来就是如此,惟户等需在本里范围内"均平",故最终之定等仍当以"里"为单位。两税法实行之后,"三年一定两税,非论土著客居,但据赀产差率",③原来著录土著户口的乡里籍帐遂不再发挥作用,故不得不以土著客户所居之聚落(村)为单位,均平户等,确定各户等第。宝应二年(763)九月敕书称:"客户若住经一年已上,自贴买得田地、有农桑者,无问于庄荫家住及自造屋舍,勒一切编附为百姓差科,比居人例量减一半,庶填逃散者。"④被编附为百姓差科的客户,显然是被编入其所居之村落的籍帐中。

第三,在唐人观念中,乡里与乡村,大抵是同一含义,并没有前者重户口、后者重居地的区分。白居易《杜陵叟》诗描述说:杜陵叟居住在杜陵,"岁种薄田一顷余",春旱秋霜,收获无几,须"典桑卖地纳官租";而"白麻纸上书德音,京畿尽放今年税。昨日里胥方到门,手持敕牒榜乡村。十家租税九家毕,虚受吾君蠲免恩"。⑤在诗中,负责催征赋税的"里胥"持着敕牒到"乡村"张榜,虽然是一种文学化的描述,但"里"与"村"之间并非分离的关系,却是显然的。韩愈在《论淮西事宜状》中说:

---

① 《唐会要》卷八五《定户等第》,第1558页。
② 《唐会要》卷八五《定户等第》,第1557—1558页。
③ 《唐会要》卷八五《定户等第》,第1558页。
④ 《唐会要》卷八五《籍帐》,第1560页。
⑤ 谢思炜校注:《白居易诗集校注》卷四,北京:中华书局,2006年,第387—388页。

> 今闻陈、许、安、唐、汝、寿等州，与贼界连接处，村落百姓，悉有兵器，小小俘劫，皆能自防，习于战斗，识贼深浅。既是土人护惜乡里，比来未有处分，犹愿自备衣粮，共相保聚，以备寇贼。若令召募，立可成军；若要添兵，自可取足；贼平之后，易使归农。①

显然，设法自防的"村落百姓"与"乡里"的"土人"是同一批人，"村落"与"乡里"不过是表达上的不同而已。所以，所谓从乡-里到乡-村的演变，不过是从以户口控制为主，过渡到以聚落、地域控制为主而已，对于当时人来说，住在村落里的人口与人们居住的村落，实际上是一体的。

第三节　唐代乡里制度实行的区域差异

《新唐书·地理志》总序称：

> 举唐之盛时，开元、天宝之际，东至安东，西至安西，南至日南，北至单于府，盖南北如汉之盛，东不及而西过之。开元二十八年户部帐，凡郡府三百二十有八，县千五百七十三，户八百四十一万二千八百七十一，口四千八百一十四万三千六百九，应受田一千四百四十万三千八百六十二顷。②

上举开元二十八年（740）户部帐所列郡府、县及户、口、田之数，并不包括羁縻府州县。其卷四三《地理志》七下"羁縻州"云：

> 唐兴，初未暇于四夷。自太宗平突厥，西北诸蕃及蛮夷稍稍内属，即其部落列置州县。其大者为都督府，以其首领为都督、刺史，皆得世袭。虽贡赋版籍，多不上户部，然声教所暨，皆边州都督、都护所领，著于令式。……突厥、回纥、党项、吐谷浑隶关内道者，为府二十九，州九十。突厥之别部及奚、契丹、靺鞨、降胡、高丽隶河北者，为府十四，州四十六。突厥、回纥、党项、吐谷浑之别部及龟兹、于阗、

---

① 马其昶校注，马茂元整理：《韩昌黎文集校注》卷八《论淮西事宜状》，上海：上海古籍出版社，1986年，第642—643页。

② 《新唐书》卷三七《地理志》一，第960页。

焉者、疏勒、河西内属诸胡、西域十六国隶陇右者，为府五十一，州百九十八。羌、蛮隶剑南者，为州二百六十一。蛮隶江南者，为州五十一；隶岭南者，为州九十二。又有党项州二十四，不知其隶属。大凡府州八百五十六，号为羁縻云。①

《唐会要》记贞观间天下凡三百六十州，自后并省，迄于天宝，凡三百三十一州，而羁縻之州八百。然则，唐代地方控制体系，可别为正州与羁縻府州两大系统。正州与羁縻州，不仅是唐代政区设置的两种类型，也代表着两种最基本的统治方式：正州代表着直接统治方式，即王朝国家通过军事、行政、赋税、教育等手段，将其所制定的政治、经济、社会与文化制度推行到其可以直接有效控制的地区；羁縻州则代表着间接统治方式，即对于未能有效、直接控制的地区，王朝国家采取委托或接纳代理人（或中间人）的方式，在维护国家核心利益（如维护国家政权的合法性与领土完整）的前提下，向代理人"让渡"部分国家权力和利益，委托其作为国家的代理人，代表国家统治或治理相关地区，程度不同地保留其所"代理统治"的地区固有的政治、经济、社会与文化制度和结构。因此，正州与羁縻州对于其管领人户的社会控制方式也是不同的：一般说来，正州实行统一的乡里制度，将民户纳入王朝国家的政治经济与社会控制体系中；而羁縻州则保留其固有的部族编制或其他固有的社会组织，通过其原有的社会组织方式维持其统治秩序。可是，事实上，并非所有的正州全面实行了统一的乡里制度，也有一些羁縻州县部分地实行了乡里制度。此其一。

其二，从幽并陇右，到岭南剑川，沿边州县居住着诸种蕃胡蛮夷，直到南北朝后期以至于隋代，尚未纳入或未完全纳入王朝国家的控制体系中。《隋书·地理志》"扬州"后叙称：

  自岭已南二十余郡，大率土地下湿，皆多瘴疠，人尤夭折。……其俚人则质直尚信，诸蛮则勇敢自立，皆重贿轻死，唯富为雄。巢居崖处，尽力农事。刻木以为符契，言誓则至死不改。父子别业，父贫，乃有质身于子。诸僚皆然。并铸铜为大鼓，初成，悬于庭中，置酒以招同

---

① 《新唐书》卷四三下《地理志》七下，第1119—1120页。

类。……俗好相杀，多构仇怨，欲相攻则鸣此鼓，到者如云。有鼓者号为"都老"，群情推服。本之旧事，尉陀于汉，自称"蛮夷大酋长、老夫臣"，故俚人犹呼其所尊为"倒老"也。言讹，故又称"都老"云。①

岭南地区的俚、獠，至隋唐之际，大抵仍有很多没有著籍、成为编户，亦未编排乡里，他们实际上处于各种酋长豪帅的控制之下。山南、剑南沿边州县与部分内地州县的僻远山区也是如此。《隋书·地理志》"梁州"后叙说：

  傍南山杂有獠户，富室者颇参夏人为婚，衣服居处言语，殆与华不别。西城、房陵、清化、通川、宕渠，地皆连接，风俗颇同。汉阳、临洮、宕昌、武都、同昌、河池、顺政、义城、平武、汶山，皆连杂氐羌。人尤劲悍，性多质直。皆务于农事，工习猎射，于书计非其长矣。

南山（大巴山区）獠户中的"富室"，"与华不别"，则一般獠户，当与"华"有别。汉阳、临洮诸郡所杂之氐羌，亦或与"华"不同。《隋书》下文又称巴蜀之"边野富人，多规固山泽，以财物雄，役夷、獠，故轻为奸藏，权倾州县"。②是边野之地多由"规固山泽"、拥有财富的"富人"称雄，役使夷、獠，藏纳奸宄，州县不能制，其乡里控制体系似尚未建立起来。《隋书·地理志》"荆州"后叙则说：

  南郡、夷陵、竟陵、沔阳、沅陵、清江、襄阳、舂陵、汉东、安陆、永安、义阳、九江、江夏诸郡，多杂蛮左，其与夏人杂居者，则与诸华不别。其僻处山谷者，则言语不通，嗜好居处全异。……长沙郡又杂有夷蜒，名曰莫徭，自云其先祖有功，常免徭役，故以为名。其男子但著白布裈衫，更无巾袴；其女子青布衫、班布裙，通无鞋屩。婚嫁用铁钴锛为聘财。武陵、巴陵、零陵、桂阳、澧阳、衡山、熙平皆同焉。其丧葬之节，颇同于诸左云。③

---

① 《隋书》卷三一《地理志》下，"扬州"后叙，第887—888页。
② 《隋书》卷二九《地理志》上，"梁州"后叙，第829—930页。
③ 《隋书》卷三一《地理志》下，"荆州"后叙，第897—898页。

长江中游地区的蛮左,一部分与"夏人"杂居,与"诸华不别",当已编入乡里,成为编户齐民;而"僻处山谷"的蛮左,则似尚未编排乡里,或并未著籍。长沙等郡的莫徭"常免徭役",即并不应役,即使已经著籍,其身份、负担亦与一般编户不同。

入唐以后,自武德、贞观,以迄于开元、天宝之世,唐王朝不断开拓边疆,在边地蕃胡夷蛮地区增置正州县,编排乡里,将诸种蕃胡蛮夷纳入王朝国家的控制体系之中。那么,居住在正州县境内的诸种蕃胡夷獠,是如何著籍、编排乡里的呢?进入正州县的蕃胡蛮户的身份、负担情形若何?此其二。

其三,上引《隋书·地理志》所述长沙地区的莫徭,实居于内地州县的僻远地区。直到开元二十九年(741),仍有诏书称:"江淮之间,有深居山洞,多不属州县,自谓莫徭,何得因循致使如此?"[①]说明唐中期,江淮之间"不属州县"之"山洞"仍相当普遍。如所周知,在王朝国家的疆域内部,特别是州县交界地区,往往存在一些并未真正纳入王朝国家控制体系或国家控制相对薄弱的区域,这些区域多处于中华帝国政治经济乃至文化体系的空隙处,是帝国政治经济体系的"隙地",或称为"内地的边缘"。[②]证圣元年(695),凤阁舍人李峤上表称:

> 臣闻黎庶之数,户口之众,而条贯不失、按比可知者,在于各有管统、明其簿籍而已。今天下之人,流散非一,或违背军镇,或因缘逐粮,苟免岁时,偷避徭役。此等浮衣寓食,积岁淹年,王役不供,簿籍不挂,或出入关防,或往来山泽,非直课调虚蠲,阙于恒赋,亦自诱动愚俗,堪为祸患,不可不深虑也。[③]

大量亡人逃入、聚居在此种"内地的边缘"区域,不仅造成了王朝国家统治的"空隙",而且成为王朝国家统治的一种"隐患"。因此,王朝国家往往致力于不断加强对此种区域的控制,而其手段则不外有二:一是驱令或劝诱

---

① 《册府元龟》卷一六二《帝王部》,"命使"二,北京:中华书局,1960年,影印本,第1956页。
② 鲁西奇:《内地的边缘:传统中国内部的"化外之区"》,《学术月刊》2010年第5期。
③ 《唐会要》卷八五《逃户》,第1560页。

逃人返归故里，复还本籍，或将山区诸种土著人群迁出山外，择地安置，著籍编户；二是在"内地的边缘"区域分置新县，编排乡里，将当地土著与亡人一起就地著籍，使之成为可以控制的编户齐民。那么，在"内地的边缘"区域，又是如何开置新县、编排乡里的呢？换言之，王朝国家不断强化对于"内地的边缘"区域的控制，是如何实现的呢？此其三。

王朝国家对于广大区域及其人民的控制，大致可别为政治控制与社会控制两个层次或类型：前者主要是指权力集团通过军事征服、暴力强制与威胁、行政管理等权力手段与方式，实现对于特定区域内诸种人群的人身控制，资源占有、分配和利用，其目标在于建立并维护王朝国家对于疆域与人民的控制，实现统治秩序的相对稳定；后者则是指在政治控制的基础上，以社会关系体系的建构为中心，通过对社会诸种力量的利用、组合，社会资源的分配，将特定区域的社会关系体系纳入到政治控制体系之中，使之成为政治控制体系的一部分或同构体，实现社会体系与政治体系的耦合，其目标在于建立并维护相对稳定的社会秩序，以实现对社会经济资源的有效控制与使用。在边疆地区设置羁縻州县与正州县两种不同的政区、在"内地的边缘"区域置立新县，主要是政治控制方式的运用；而在不同地区不断推行乡里制度，则是王朝国家不断强化对各地区的社会控制。在上述不同地区，乡里制度是否得到实行，在多大程度上、以怎样的方式实行，反映了王朝国家对于不同地区的社会控制的程度——全面实行统一的乡里制度，意味着王朝国家对于该地区的社会控制得到全面加强；若一个地区未能实行乡里制度，而是沿用固有的社会控制方式，则其社会控制权力仍然操持在其固有的权力集团手中。正是基于这一认识，本节即试图考察唐王朝的乡里制度在"有版"羁縻州、开边所置新州县以及"内部的边缘"区域的实行情况，分析唐代社会控制的区域差异性在乡里制度实行方面的表现，进一步揭示唐代社会控制体系的结构性特征。

一、"有版"羁縻州县的户数、赋役与乡里

上引《新唐书·地理志》说羁縻府州之"贡赋版籍，多不上户部"，揣其意，则知亦有一些羁縻府州的版籍上于户部。而在其下文所记陇右道松州都督府所领丛、崌、奉、岩、远、麟、可、阔、彭、直、肆、序、静、

轨等十四羁縻州（大抵皆贞观初年置）下，注称"以上有版"；在研、探那等五十八州下，则注称"以上无版"。①据此，则知唐羁縻府州可别为"有版"与"无版"二类。《旧唐书·地理志》"松州下都督府"条云：

> 隋同昌郡之嘉诚县。武德元年，置松州。贞观二年，置都督府，督崌、懿、嵯、阔、麟、雅、丛、可、远、奉、严、诺、蛾、彭、轨、盖、直、肆、位、玉、璋、祐、台、桥、序二十五羁縻等州。永徽之后，生羌相继忽叛，屡有废置。仪凤二年，复加整比，督文、扶、当、柘、静、翼六州。都督羁縻三十州：研州、剑州、探那州、忋州、毗州、河州、千州、琼州、犀州、拱州、尨州、陪州、如州、麻州、霸州、礔州、光州、至凉州、蚕州、晔州、梨州、思帝州、戍州、统州、谷州、邛州、乐客州、达违州、卑州、慈州。据天宝十二载簿，松州都督府，一百四州，其二十五州有额户口，但多羁縻逃散，余七十九州皆生羌部落，或臣或否，无州县户口，但羁縻统之。②

据此，则知贞观二年（628）所置松州都督府领正州一（松州），羁縻州二十五；仪凤二年（677）整顿之后，松州都督府领正州七（松、文、扶、当、柘、静、翼），羁縻州三十；至天宝十二载（753），松州都督府所督一百四羁縻州中，二十五州有版籍户口，是为"有版"羁縻州，然已多逃散；其余七十九州本无户口籍帐，是为"无版"羁縻州。在"松州都督府"下所记二十五个有版州中，崌州（贞观元年招慰党项置）领县二、户一百五十五，盖州（贞观四年置）领县四、有户二百二十，直州（贞观五年置）领县二、户一百，位州（贞观四年降生羌置）领县二、户一百，玉州（贞观五年处降羌置）领县二、户二百一十五，嶂州（贞观四年处降羌置）领县四、户二百，其余诸州均无户口数。《旧唐书》并称：凡此二十五州，"贞观中，招慰党项羌渐置。永徽已后，羌戎叛臣，制置不一。今存招降之始，以表太平之所至也"。③则其所列崌、盖等六州户数，也是贞观中诸州

---

① 《新唐书》卷四三下《地理志》七下，第1132—1133页。
② 《旧唐书》卷四一《地理志》四，第1699页。
③ 《旧唐书》卷四一《地理志》四，第1706—1711页。

设置之初的户数。诸州所领户数多为一百、二百、二百二十之类整数，且平均每县大抵仅领有五十户上下，说明诸州户数皆当是上报数，而非检校籍帐所得户数。

武德、贞观年间招慰戎羌置立的戎州都督府领有协、曲等十六个羁縻州。《旧唐书·地理志》记载了此十六州的设置、户口与里程情况，其中协州（武德元年开南中置）领三县，户三百二十九；曲州（武德元年开南中置恭州，后改为曲州）领县二，户一千九十四；郎州（武德元年开南中置南宁州，后改为郎州）领县七，户六千九百四十二；昆州（武德初招慰置）领县四，户一千二百六十七；盘州（武德七年开置）领县三，户一千九百六十；黎州（武德七年析南宁州置西宁州，贞观八年改为黎州）领县二，户一千；匡州（武德七年开置南云州，贞观三年改为匡州）领县二，户四千八百；髳州（武德四年置西濮州，贞观十一年改为髳州）领县四，户一千三百九十；尹州（武德四年置）领县五，户一千七百；曾州（武德四年置），领县五，户一千二百七；钩州（武德七年置南龙州，贞观十一年改为钩州）领县二，户一千；靡州（武德七年置西豫州，贞观三年改为靡州）领县二，户一千二百；哀州（武德四年置）领县二，户一千四百七十；宗州（武德四年置西宗州，贞观十一年去"西"字）领县三，户一千九百三十；微州（武德七年置利州，贞观十一年改为微州）领县二，户一千一百五十；姚州（武德四年置）领县二，户三千七百。① 武德初年，唐王朝的势力尚未及于南中地区，南宁州之地处于酋帅爨氏控制之下。《唐会要》卷九八谓：

> 西爨者，南宁之渠帅，自云本河东安邑人。七世祖事晋为南宁州太守，属中国乱，遂王蛮夷。梁元帝时，南宁州刺史徐文盛征诣荆州，有爨瓒者，遂据南宁之地。延袤二千余里。俗多华人。既死，其子震玩统其众。高祖受禅，拜玩子宏达昆州刺史，令持其父尸归葬本乡；益州刺史段纶又遣俞大施至南宁谕之，由是部落归款。武德七年七月二十四日

---

① 《旧唐书》卷四一《地理志》四，第1693—1697页。其中，微州（利州），《旧唐书·地理志》作武德四年置。而据同书"郎州"下所述，其时并无利州，而在武德七年所置七州中，则有西利州。利州（西利州、微州）当是武德七年置。

来贡方物。①

拜宏达为昆州刺史，当在武德元年，南宁州（后改郎州）、协州、恭州、昆州之置亦当在同时或稍后。《旧唐书·地理志》所记四州户数，当即武德初置州时宏达等向唐朝申报之户数。《旧唐书·地理志》于"郎州"下谓："武德元年，开南中置南宁州……武德四年，置总管府，管南宁、恭、协、昆、尹、曾、姚、西濮、西宗九州。五年，罢总管。其年冬，复置，寄治益州。七年，改为都督，督西宁、豫、西利、南云、磨、南笼、[西平]七州。并前九州，合十六州。"②则西濮、尹、曾、哀、西宗等五州当是武德四年置总管府时所置。同时设置的，还有姚州。《旧唐书·地理志》"姚州"条称："武德四年，安抚大使李英，以此州内人多姓姚，故置姚州，管州三十二。"③盖西濮等五州也是安抚大使李英招慰而置。《新唐书》卷一九七《循吏传》"韦仁寿"条载：

  隋大业末，为蜀郡司法书佐……高祖入关，遣使者徇定蜀，承制擢仁寿嶲州都督府长史。南宁州纳款，朝廷岁遣使抚接，至率贪沓，边人苦之，多畔去。帝素闻仁寿治理，诏检校南宁州都督，寄治越嶲，诏岁一按行尉劳。仁寿将兵五百人循西洱河，开地数千里，称诏置七州十五县，酋豪皆来宾见，即授以牧宰，威令简严，人人安悦。④

结合《旧唐书·地理志》所记，知韦仁寿所置七州，即西宁州（黎州）、西豫州（麋州）、西利州（微州）、南云州（匡州）、西平州（盘州）、南龙州（钩州）等七州。武德、贞观年间，南宁州都督府所管南宁、恭、协、昆、尹、曾、哀、西濮、西宗、西宁、西豫、西利、南云、西平、磨、南龙（笼）等十六州皆为有版羁縻州。《旧唐书》所记诸州户数，皆当是置州之初被授以牧宰的诸州酋豪申报的户数。武德、贞观年间的姚州为有版州（户三千七百），而其所管三十二州则为无版羁縻州。

---

① 《唐会要》卷九八，"西爨"，第1750页。
② 《旧唐书》卷四一《地理志》四，第1694页。
③ 《旧唐书》卷四一《地理志》四，第1697页。
④ 《新唐书》卷一九七《循吏传》，"韦仁寿"，第5616—5617页。

因此，所谓有版籍羁縻州的户口数，当非如正州县一样，经过团貌检阅登记造册而合计得出其户口数，而是羁縻州县的长官（一般也是部落首领）申报的户数。

上引《新唐书·韦仁寿传》说韦仁寿循行将还，西洱河诸州酋长挽留，"仁寿以池壁未立为解，诸酋即相率筑城起廨，甫旬略具"。说明有版羁縻州至少在原则上当立有城池，建有官廨，其居地与管领区域亦相对明确、稳定。《旧唐书·地理志》说武德四年置姚州，"在姚府旧城北百余步"；至麟德元年（664），"移姚州治于弄栋川。自是朝贡不绝"。①说明姚州有明确的治所。据《旧唐书·地理志》，开元中，姚州管兵三百人，②当即驻于姚州治所之弄栋川。弄栋川中有弄栋城，即姚州治城。樊绰《蛮书》说："弄栋城在故姚州川中，南北百余里，东西三十余里。废城在东岩山上。当川中有平岩，周回五六顷，新筑弄栋城在其上。管杂蛮数部落，悉无汉人。姚州百姓陷蛮者，皆被移隶远处。"③南北百余里、东西三十余里，是指弄栋川。川中居住杂蛮部落，并无汉人。而弄栋旧城与新城均位于川中岩上，居高险之地以便于控制。

贞观年间在河北道幽州境内设置的顺州，乃是有版羁縻州。《新唐书·地理志》称：贞观四年（630）平突厥，以其部落置顺州都督府于幽州之境，任阿史那什钵苾为顺州都督。六年，顺州侨治于营州南之五柳戍；又分思农部置燕然县，侨治并州阳曲县；分思结部置怀化县，侨治忻州秀容县，隶顺州。其时顺州都督府所领突厥三部分置三处（营州五柳戍、阳曲县与秀容县），是典型的"大分散、小集中"。顺州复侨治于幽州城中，只领宾义一县。④《旧唐书·地理志》谓其"旧领县一，户八十一，口二百一十九。天宝，户一千六十四，口五千一百五十七"。⑤其所谓旧户，当是指治于五柳戍时顺州所领之户；天宝中，顺州已侨治于幽州城中，其所

---

① 《旧唐书》卷四一《地理志》四，第1697页。
② 《旧唐书》卷三八《地理志》一，第1388页。
③ 樊绰著，赵吕甫校释：《云南志校释》卷六《云南城镇》，北京：中国社会科学出版社，1985年，第211页。
④ 《新唐书》卷四三下《地理志》七下，第1125页。
⑤ 《旧唐书》卷三九《地理志》二，第1520页。

领户无论是否住于幽州城中，都应当是相对集中居住的。

又如归顺州，初置于贞观二十二年（648），以内属契丹别帅析纥便部置，其时应无版。至开元四年（716），弹汗州部落内徙于幽州怀柔县境，改称归顺州，则成为有版羁縻州，故《旧唐书·地理志》载归顺州天宝中领怀柔一县，户一千三十七，口四千四百六十九。①侨居于幽州怀柔县境的归顺州所领部落户，居住也应当是相对集中的。

除以上二州外，在幽州、营州境内的诸多羁縻府州，亦大抵为有版羁縻府州。《旧唐书·地理志》云："自燕以下十七州，皆东北蕃降胡散诸处幽州、营州界内，以州名羁縻之，无所役属。安禄山之乱，一切驱之为寇，遂扰中原。"②凡此诸州，本多集中在营州城内或其周围地区。如威州初治燕支城，后侨治营州城内；昌州初治于营州之静蕃戍，后移治于三合镇；师州初治于营州之阳师镇。这些羁縻州在设置之初，即在首领率领下，以部落为单位，投附到唐军控制的军镇城戍附近。营州失陷后，"乃迁玄州于徐、宋之境，威州于幽州之境，昌、师、带、鲜、信五州于青州之境，崇、慎二州于淄、青之境，夷宾州于徐州之境，黎州于宋州之境。在河南者十州，神龙初乃使北还，二年皆隶幽州都督府"。③在这一系列迁徙过程中，这些州也是以部落为单位、整体迁徙的。《旧唐书·地理志》在有些州下记载了两组户口数，如威州，旧领县一，户七百二十九，口四千二百二十二；天宝，户六百一十一，口一千八百六十九。其旧领户口，当是威州治于营州城内时的户口；天宝户口，则是迁至幽州良乡县石窟堡之后的户口数。同样，师州下所记旧领户一百三十八，口五百六十八，也当是师州治于营州东北阳师镇时所领的户口数。神龙年间诸州回返幽州境内安置后，更是集中居住，有的城镇，甚至集中了两三个羁縻州。如良乡县的古广阳城，即集中安置了夷宾州、归义州、瑞州三个州；故都乡城安置了慎州、黎州两个州；潞县古潞城也安置了崇州、鲜州两个州。显然，内迁之后的羁縻州所领部落是集中居住的。

---

① 《旧唐书》卷三九《地理志》二，第1520页；《新唐书》卷四三下《地理志》七下，第1127页。
② 《旧唐书》卷三九《地理志》二，第1527页。
③ 《新唐书》卷四三下《地理志》七下，第1128页。

表4-2 河北道所属部分有版羁縻州

羁縻州	设置年代	所领部落	领县	寄治州县	户数	口数
燕州	武德元年	粟皆靺鞨别种	辽西县	幽州城内	2045	11603
威州	武德二年	契丹内稽部落	威化县	良乡县石窟堡	611	1869
慎州	武德初	涑沫靺鞨乌素固部落	逢龙县	良乡县故都乡城	250	984
玄州	隋开皇初	契丹李去间部落	静蕃县	范阳县鲁泊村	618	1333
崇州	武德五年	奚可汗部落	昌黎县	潞县古潞城	200	716
夷宾州	乾封中	靺鞨愁思岭部落	来苏县	良乡县广阳城	130	648
师州	贞观三年	契丹室韦部落	阳师县	良乡县故东闾城	314	3215
鲜州	武德五年	奚部落	宾从县	潞县古潞城	107	367
带州	贞观十九年	契丹乙失革部落	孤竹县	昌平县清水店	569	1990
黎州	载初二年	浮渝靺鞨乌素固部落	新黎县	良乡县故都乡城	569	1991
沃州	载初中	契丹松漠部落	滨海县	蓟县东南回城	159	619
昌州	贞观二年	契丹松漠部落	龙山县	安次县古常道城	281	1088
归义州	总章中	海外新罗	归义县	良乡县古广阳城	195	624
瑞州	贞观十年	突厥乌突汗达干部落	来远县	良乡县故广阳城	195	624
信州	万岁通天元年	契丹失活部落	黄龙县	范阳县	414	1600
青山州	景云元年	契丹李去间部落	青山县	范阳县水门村	622	3215
凛州	天宝初	降胡		范阳县	648	2187

资料来源：《旧唐书》卷三九《地理志》二，第1521—1526页；《新唐书》卷四三下《地理志》七下，第1125—1128页。表中带州与黎州、归义州与瑞州二组户口数据明显有误。

《太平寰宇记》所见岭南的"羁縻卓牌州"也当是"有版"羁縻州。《太平寰宇记》卷一六六述及邕州都督府所管谭、石西、七源、思恩四州，谓"四州陷漏，不属都督府。检校户口既多，景龙二年十月敕邕州置都督府，管上件州卓牌"。四州检校户口，上报给邕州都督府。"卓牌"或即指版籍，"管上件州卓牌"，当即由邕州都督府管理谭、石西、七源、思恩四州的版籍。除以上四州外，《太平寰宇记》又记有左州、思诚州等十三个左江道与思恩州、鹈州等十七个右江道羁縻卓牌州，说这些州"承前先无朝贡，州县城隍不置立"；先天二年（713），邕州都督府司马吕仁高奏称：奉敕差副使韦道桢、滕崇、黄居左等巡谕左右江道羁縻卓牌州，"劝筑城隍。其州百姓悉是雕题凿齿，画面文身，并有赤褌、生獠、提包相杂。承其劝谕，应时修筑，自后毁坏，不复重修"。①唐朝官府劝谕诸州百姓修筑城隍，也说明诸州所领百姓的居住相对稳定，而且比较集中，所以，唐王朝才能派人检校其户口。

《新唐书·地理志》北庭都护府管下有两个羁縻都护府，二十三个羁縻都督府；②《旧唐书·地理志》存盐治、大漠等十六州，注称："已上十六番州，杂戎胡部落，寄于北庭府界内，无州县户口，随地治畜牧。"③显然，无版羁縻府州或多为"行部"，随水草迁徙，或者唐王朝无力掌控，其首领既未申报其户口数，唐王朝也无从检校其户数。

《太平寰宇记》记泸州"元管溪洞羁縻州一十六，计县五十六"，其中能州（大足元年置，领二县，十二户）、浙州（仪凤二年置，领四县，户二十四）"二州连接黔府，及［拓］（柘）在生蛮，承前不输税课"。二州有户版（虽然很少），"承前不输税课"，说明其本当输税课，仅因其地僻远，故不输。纳州（仪凤二年开山洞置，领七县，户一百六十八）、蓝州（仪凤二年置，领一县，户五十一）、顺州（载初二年置，领四县，户五十九）、宋州（领四县，户六十九）等四州"输纳半税，其州在边徼溪洞，不伏供输"。也是说此四州按规定应当输纳半税，然以其地远，经

---

① 《太平寰宇记》卷一六六，邕州，第3175—3177页。
② 《新唐书》卷四三下《地理志》七，第1130—1131页。
③ 《旧唐书》卷四〇《地理志》三，第1646—1647页。

常不供输。高州（领三县，户二十一）、奉州（仪凤二年置，领三县，户三十九）、思峨州（天授元年置，领二县、户三十七）、萨州（仪凤二年招生獠置，领三县）、晏州（仪凤二年招生獠置，领七县，户七十七）、长宁州（领四县，户三十八）、巩州（仪凤二年开山洞置，领县五，户十五）、淯州（久视元年置，领二县，户十五）、定州（领二县，户十六）等九州"在沟井监，供输紫竹"。① 凡此诸州，皆为有版羁縻州，虽然各州以居地僻远，往往不伏供输，但根据规定，各州均需要输纳。因此，有版羁縻州与无版羁縻州的另一个重要区别，就在于前者需要供输赋税，而后者则只需进纳贡品。至于有版羁縻州县输纳赋税的标准，则并不一致。据上引《太平寰宇记》，泸州所管十六有版羁縻州中，纳、蓝、顺、宋四州为半税，高、奉等九州供输紫竹，能、浙二州不输税课。半税之制，与武德七年、开元二十五年所颁赋役制中有关岭南夷獠户"皆从半输"的规定相同（见下文），很可能是对羁縻州县应纳税课的制度性规定（当然，所谓"半税"，是根据有版羁縻州上报的户数交纳的），只是在实行过程中，根据不同的情况有所区别而已。

有版羁縻州所领蕃胡夷獠，亦须应役，特别是兵役。天宝十载（751）《李永定墓志》载永定曾祖延为"皇朝本蕃大都督兼赤山州刺史"，祖大哥为左鹰扬大将军兼玄州刺史，父仙礼为宁远将军、玄州昌利府折冲。永定即仙礼长子，开元六年（718）仲夏，"奏事玉阶，恩敕便留内供奉射生，更配左羽林上下"；至八年二月，"令充两蕃使薛泰下总管。当时戎夷背叛，侵轶边垂。公励铁石之心，纵不顾之操。掩袭是遇，戈矛见钑。公以死自誓，志无所诎，虏计穷力沮，而后见还。天子闻而嘉之，转授安东卢龙府折冲都尉"。后充范阳马军副使，开元十五年授上谷郡龙水府折冲都尉；二十一年，以军功制授忠武将军、左路卫率府中郎将，袭伯父青山州刺史。② 按：《旧唐书·地理志》："玄州，隋开皇初置，处契丹李去闾部落。万岁通天二年，移于徐、宋州安置。神龙元年，复旧。天宝领县一，户

---

① 《太平寰宇记》卷八八，泸州，第1742—1744页。
② 周绍良、赵超主编：《唐代墓志汇编续集》，天宝〇七三，上海：上海古籍出版社，2001年，第635页。

六百一十八，口一千三百三十三。静蕃，州治所，范阳县之鲁泊村。""青山州，景云元年，析玄州置，隶幽州都督。领县一，户六百二十二，口三千二百一十五。青山，寄治于范阳县界水门村。"①则玄州与青山州皆为幽州都督府所管有版羁縻州，分布于范阳县境内鲁泊村、水门村一带。李永定之祖任玄州刺史，伯任由玄州分置之青山州刺史，永定袭之，说明玄州（以及青山州）长期处于李永定之族的控制之下。玄州昌利府，应当是属于右卫的折冲府。李仙礼得任玄州昌利府折冲，说明其时有版羁縻州或编组折冲府。昌利府，很可能是由玄州所属蕃户组成的军府。又，《新唐书·白元光传》谓："其先突厥人。父道生，历宁朔州刺史。元光初隶本军，补节度先锋。安禄山反，诏徙朔方兵东讨，元光领所部结义营，长驱从光弼出井陉。"②白道声所任之宁朔州刺史，当即宁朔州都督府所改之宁朔州的刺史。元光从军后所隶之本军，当即宁朔州的部落军；其后来以所部结义营，也是以其部落兵为基础组织义营。③加入折冲府与组织义营，应当是有版羁縻州所领蕃胡夷獠应征兵役的两种主要方式。

在今见文献中，南方地区部分有版羁縻州县编排了乡里，至少是编排了乡。《元和郡县图志》载安南都护府领附贡州七，其中长州管四县，户六百四十八；郡州管二县，户三百三十五；谅州管二县，户五百五十；武安州管二县，户四百五十六；唐林州管二县，户三百一十七；武定州管二县，户一千二百；贡州管二县，户三百十八。④凡此诸州，皆当为有版羁縻州

---

① 《旧唐书》卷三九《地理志》二，第1522、1526页。

② 《新唐书》卷一三六《白元光传》，第4594页。

③ 侨置于朔方县境内的宁朔州都督府（或刺史州）应当属于内迁侨置的羁縻府州。樊文礼指出：与一般的羁縻府州不同，唐将内迁的游牧部落大都隶属当地军城节度使管辖，侨置府州的都督、刺史多在军城节度使内任职，其部落成为当地军城节度使的"蕃兵"。（樊文礼：《唐代灵、庆、银、夏等州界内的侨置府州》，《民族研究》1990年第4期）白元光以宁朔州部落军，隶朔方节度使，亦属此例。在此基础上，我们进一步注意到，事实上，以军镇节制、控驭羁縻府州，乃是唐朝的固有统治方式。沿边将帅，以朝廷名义征召部落兵，加入节镇军队，实属常态。《旧唐书·地理志》说侨置于幽、营二州境内的燕、威等十七羁縻州所领东北蕃降胡，"无所役属。安禄山之乱，一切驱之为寇，遂扰中原"。（第1527页）也属于这种情况。同时，幽、营境内诸侨治有版羁縻州实际上均集中居住于营、幽城内或其周围镇、戍，其所领部落兵加入节镇军队后，很可能就是所谓"城傍"。参阅李锦绣：《城傍与大唐帝国》，见朱雷主编《唐代的历史与社会》，武汉：武汉大学出版社，1997年，第198—235页。

④ 《元和郡县图志》卷三八，安南都护府，第964—966页。

（另有三十二羁縻州则无版）。开成三年（838），安南都护马植上奏称：

> 当管羁縻州首领，或居巢穴自固，或为南蛮所诱，不可招谕，事有可虞。臣自到镇以来，晓以逆顺，今诸首领愿纳赋税。其武陆县请升为州，以首领为刺史。①

"愿纳赋税"的州是有版州，而"居巢穴自固""不可招谕"的州则是无版州。一年后，马植又奏称：

> 当管经略押衙兼都知兵马使杜存诚，管善良四乡，请给发印一面。前件四乡是獠户，杜存诚祖父以来，相承管辖，其丁口税赋，与一郡不殊。伏以夷貊不识书字，难凭印文，从前征科，刻木权用。伏乞给发印一面，令存诚行用。②

杜氏祖孙三代以来所统四乡獠户，似并未建置羁縻州县，而其"丁口税赋，与一郡不殊"，其性质与有版羁縻州相同。獠户以丁口纳税赋，其所纳当为口钱（户税）；而杜氏所领，别为四乡。而据《太平寰宇记》载，长州领县四，各一乡。由于其所记唐户与上引《元和郡县图志》所记相同（户六百四十八），故长州四县各有一乡，亦当是唐时情形。

乡之下或置有里，或者径以县统里。《太平寰宇记》卷一六八"宜州"总叙引《图经》云：

> 见管四县一场，又管羁縻十六州、砂银两监。数内温泉、思顺等十二州，地理相近，见管逐州山川、四至、户口、城县、河江、古迹，可得而观。其文、兰等四州，最居偏僻，有州县，且无廨宇。所有赋租，宜州差人征催。皇朝因之。③

"皇朝"（宋）所"因"之例，应当是唐制。据《太平寰宇记》载，温泉州领二县，主客户一百七十四，其中温泉县无乡，管四里；洛富县，管二乡；

---

① 《唐会要》卷七三，《安南都护府》，第1321—1322页。
② 《唐会要》卷七三，《安南都护府》，第1322页。
③ 《太平寰宇记》卷一六八"宜州"，第3214—3215页。

思顺州领三县，各二乡，主客户三百五；归化州领四县，户一百一十六，其中归朝、洛回二县各有三乡，洛都、洛巍二县各管一村；归恩州领五县，主客户二百一，其中履博、都恩、吉南、罗遵四县各二乡，许水县"无乡村，无廨署，伪汉时，县印纳在宜州"；纡州领六县，主客户二百九十一，其中东区、南山、纡质三县各一乡，吉陵、宾安、都邦三县各二乡；芝忻州领五县，户六百五十二，其中忻城县有三里，平西、富录、思龙三县各二乡，多灵县有一乡；述昆州领五县，管户三百七十一，其中夷蒙县管二里，夷水县管一乡，古桂、临山二县各管二村，都陇县管一村；蕃州领三县，管户三十七，其中都伊县有五乡，蕃水县管一乡，思寮县无乡村，无廨署；琳州领四县，管户二百四十，其中古阳、歌良、多奉三县各二乡，多梅县有一乡；环州领二县，管户二百四十，其中思恩县管三里，都亮县管四乡；金城州领二县，管户一百三十，其中金城县有二乡；智州领五县，管户三十七，其中英罗县管二里，富力县有三乡，智本县有二乡，兰江、平林二县"无乡村，无廨署"；文州领三县，主户五十二；镇宁州领二县，管户五十一；兰州与抚水州则并无廨署，亦不供通户口。① 其所记虽然是南汉至宋初的情形，但也间接反映了唐中后期的状况。各县乡、里、村并存，所领户口复寡少，甚至每乡、里、村只有几户，说明其所记只是供纳赋税的户数。

上述有版羁縻州县的乡里，应当是唐中后期至宋初王朝国家权力不断渗透的结果。各县管领的户数十分寡少，平均每乡、里甚至只有几户或十数户，说明乡、里很可能都是规模较小的村落或部落单位，县与州则是稍大的部落或部落联盟组织，各州的户数也就是不同层级的部落（村落）和部落联合组织上报的户数。

然北方沿边的有版羁縻州，却大抵皆未编排乡里，仍然长期维持其部落编制。寄治在夏州朔方、宁朔县境内的云中、呼延州、桑干、定襄、达浑等都督府各领小州若干，平均每小州领户在二三十户至二百余户不等，小州下并未分县，更不当分划乡里。实际上，各小州多以部落为单位设置，如云中都督府所领舍利州即以舍利吐利部置，阿史那州即以阿史那部置，绰部州（绰州）即以绰部置。安化、宁朔、仆固三州都督府以及开元初置、寄治在

---

① 《太平寰宇记》卷一六八，"宜州"，第3216—3221页。

回乐等县境内的燕然等六州虽不统小州，但各州所领户数亦在百余户至千余户之间，亦未分县，也当是部落编制（见表4-3）。

表4-3 北边部分有版羁縻府州与所领小州

羁縻府州	设置年代	所领部落	寄治州县	所领小州	户数	口数
定襄都督府	贞观四年	颉利左部	宁朔县	阿德、执失、苏农、拔延等四州	460	1463
云中都督府	贞观四年	颉利右部，党项部落	朔方县	舍利、阿史那、绰部、思璧、白登等五州	1430	5681
桑干都督府	龙朔三年	分定襄府置	朔方县	郁射、艺失、卑失、叱略等四州	274	1323
呼延州都督府	贞观二十年	突厥、党项部	朔方县	贺鲁、那吉（或葛逻）、跌跌等三州	155	605
达浑都督府	贞观二十一年	延陀部落	宁朔县	姑衍、步讫若、嵯弹、鹘、低粟等五州	124	495
安化州都督府	贞观二十一年	回纥部落	朔方县		483	2053
宁朔州都督府	贞观二十一年	回纥部落	朔方县		374	2027
仆固州都督府	贞观二十一年	回纥部落	朔方县		122	673
燕然州	开元元年	突厥九姓部落	回乐县		190	978
鸡鹿州	开元元年	突厥九姓部落	回乐县		132	556
鸡田州	开元元年	突厥九姓部落	回乐县		104	469
东皋兰州	开元元年	突厥九姓部落	鸣沙县		1342	5182
燕山州	开元元年	突厥九姓部落	温池县		430	2176
烛龙州	开元元年	突厥九姓部落	温池县		117	353

资料来源：《旧唐书》卷三八《地理志》一，第1414—1417页；《新唐书》卷四三下《地理志》七下，第1120—1122页。

河北道所属的燕州、顺州等有版籍縻州，虽各领有县，但可能也未编排乡里。《旧唐书·北狄传》"靺鞨"条云：

> 有酋帅突地稽者，隋末率其部千余家内属，处之于营州，炀帝授突地稽金紫光禄大夫、辽西太守。武德初，遣间使朝贡，以其部落置燕州，仍以突地稽为总管。刘黑闼之叛也，突地稽率所部赴定州，遣使诣太宗请受节度，以战功封蓍国公。又徙其部落于幽州之昌平城。①

《旧唐书·地理志》"燕州"条云："旧领县一，无实土户。所领户出粟皆靺鞨别种，户五百。"②其所谓"旧领"，当是指贞观中所领。其时燕州已自营州南迁，寄治于幽州城内；所领五百户的大部分则当处于幽州之昌平城，皆为靺鞨别种，并无本地实土的汉户。突地稽之子谨行在麟德中历迁营州都督，"其部落家僮数千人，以财力雄边，为夷人所惮"。③则燕州一直处于突地稽家族控制之下，长期保持部落编制，并未改编为乡里。威、慎、玄、崇、夷宾、师、鲜、带、黎、沃、昌、归义、瑞、信、青山、凛等州，也分别以靺鞨、契丹、奚、突厥或其他降附部落建置，也当长期保持其部落体制。

二、正州县中蕃胡夷蛮户的乡里编排

《唐六典》卷三《尚书户部》记内附蕃胡赋役之制，谓：

> 凡诸国蕃胡内附者，亦定为九等，四等已上为上户，七等已上为次户，八等已下为下户；上户丁税银钱十文，次户五文，下户免之。附贯经二年已上者，上户丁输羊二口，次户一口，下户三户共一口。（无羊之处，准白羊估折纳轻货。）若有征行，令自备鞍马，过三十日已上者，免当年输羊。凡内附后所生子，即同百姓，不得为蕃户也。凡岭南诸州税米者，上户一石二斗，次户八斗，下户六斗；若夷、獠之户，皆

---

① 《旧唐书》卷一九九下《北狄传》，"靺鞨"，第5358—5359页。
② 《旧唐书》卷三九《地理志》二，第1521页。
③ 《旧唐书》卷一九九下《北狄传》，"靺鞨"，第5359页。

从半输。轻税诸州、高丽、百济应差征镇者，并令免课、役。①

《旧唐书·食货志》所记与此大致相同而稍简。其所说"内附蕃胡"，是否包括羁縻府州统领的诸种蕃胡夷獠，论者颇有分歧。《旧唐书·太宗纪》于贞观三年末记户部奏言曰："中国人自塞外来归及突厥前后内附、开四夷为州县者，男女一百二十余万口。"②则所谓"内附蕃胡"，似当包括羁縻府州所领蕃胡。然如上所论，羁縻府州或无户口版籍，或由其首领上报所领户数，并未经过貌阅造籍，所以，将羁縻府州管领蕃胡夷獠别为九等，并依户等交纳银钱，或输羊、纳米，事实上并无可能。而下文所说"附贯经二年以上者"，显然指居于正州县境内的蕃胡夷獠。因此，本段叙述中所说的"内附蕃胡"，当是指著籍的内附蕃胡，主要是指正州县的蕃胡（包括居住在汉人为主体的正州县境内的蕃胡夷獠，以及"开边"、以蕃胡夷獠为主体设立的正州县的蕃胡夷獠）。③仪凤三年（678）度支奏抄、四年金部旨符第三十一条谓：

> 雍州诸县及诸州投化胡家，富者丁别每年请税银钱拾文，次者丁别伍文，全贫者请免。其所税银钱，每年九月一日以后、十月卅日以前，各请于大州输纳。④

"雍州诸县及诸州投化胡家"，当指居于雍州诸县与诸正州境内的投附胡人，其所纳银钱数，与上引《唐六典》所记"诸国蕃胡内附者"相同。那么，上引《唐六典》所说，编入正州县的蕃胡夷獠户，在入籍（"附贯"）两年之后，均当交纳户税（有输羊、折纳轻货或税米等不同方式）。《新唐

---

① 《唐六典》卷三《尚书户部》，第77页。
② 《旧唐书》卷二《太宗纪》上，第37页。
③ 关于《唐六典》所记内附蕃胡赋役之制，学术界有较多讨论，意见亦并不一致。请参阅石见清裕：《唐の内附異民族対象規定》，见氏著《唐の北方問題と国際秩序》，东京：汲古书院，1998年，第164—173页；齋藤勝：《唐代内附異民族への賦役規定と辺境社会》，《史學雜志》第117卷第3号（2008年），第311—346页；王义康：《唐代"蕃族"赋役制度试探》，《民族研究》2004年第4期。
④ 关于此件文书的复原与释读，根据大津透《唐律令国家の予算について——儀鳳三年度支奏抄·四年金部旨符試釋》，见氏著《日唐律令制の財政構造》，东京：岩波书店，2006年，第43页。

书·张说传》记开元十四年（726），宇文融、崔隐甫与李林甫劾奏张说之罪，说张说"所亲吏张观、范尧臣依据说势，市权招赂，擅给太原九姓羊钱千万"。①太原九姓，即开元四年来降、被安置于太原北境的铁勒九姓；羊钱，当是按应输羊数折纳的银钱；给，当作"给复"解。宇文融等指责张说门下吏张观等受贿，擅自给复降附的太原九姓的羊钱，正说明投附蕃胡户按规定是应纳羊钱的。《唐开元十六年（728年）庭州金满县牒》（"金满"县之印）曰：

> 金满县，牒上孔目司
> 开十六税钱，支开十七年用。
> 合当县管百姓、行客、兴胡，总壹阡柒伯陆拾人，应见税钱，总计当贰伯伍拾玖阡陆伯伍拾文。
> 　　　　　　　　　　　　　　捌拾伍阡陆伯伍拾文，百姓税。②

金满县合县百姓、行客、兴胡皆当纳税，其所纳之税当为户丁税。③此项税钱当供给当县公廨之用（包括官人俸料），故以开元十六年之入，作为十七年开支之用。其中兴胡附贯于金满县，亦纳税钱。庭州金满县是正州县，兴胡是附贯于金满县的蕃胡，与行客、百姓一起，交纳税钱。

据上引《唐六典》，岭南诸州的夷獠户，"皆从半输"，即交纳岭南诸州税米户所纳户税的一半，亦即上户六斗、次户四斗、下户三斗。《新唐书·刘延祐传》记垂拱年间（685—688）刘延祐任安南都护，"旧俚户岁半租，延祐责全入，众始怨，谋乱。延祐诛其渠李嗣仙，而余党丁建等遂叛，合众围安南府"。④《旧唐书·刘延祐传》记其事，作："岭南俚户，旧输

---

① 《新唐书》卷一二五《张说传》，第4409页。
② 池田温：《中国古代籍帐研究》，龚泽铣译，北京：中华书局，2007年，录文，第210页。
③ 关于唐代的户税，重要的研究有：（1）吉田虎雄：《唐代租税の研究》，东京：汲古书院，1973年，第59—73页；（2）张泽咸：《唐五代赋役史草》，北京：中华书局，1986年，第85—99页。（3）周藤吉之：《唐代中期における户税の研究——吐鲁番出土文书を中心として》，见氏著《唐宋社會經濟史研究》，东京：东京大学出版会，1965年，第521—559页，请参阅。
④ 《新唐书》卷二〇一《文苑传·刘延祐传》，第5732—5733页。

半课，及延祐到，遂勒全输。由是其下皆怨，谋欲将叛，延祐乃诛其首恶李嗣仙。垂拱三年，嗣仙党与丁建、李思慎等遂率众围安南府。"①则所谓"半租""半课"均即指上引《唐六典》所说的"半输"，是指夷獠户（包括俚户）当交纳岭南正户一半的赋税（租）。《新唐书·南蛮传》综述剑南诸獠，谓"太宗再伐高丽，为舡剑南，诸獠皆半役，雅、邛、眉三州獠不堪其扰，相率叛"。②雅、邛、眉三州均为正州，境内獠户皆半役，则其他开生夷所置之正州县的獠户亦当应半役。据武德七年令，正户岁役二旬，则夷獠户当岁役一旬。

正州县的蕃胡夷獠户既然需要据户等纳税服役，就需要与汉户一样，检校户口、编排乡里，但在具体的实行过程中，却又必须"因地制宜"，"便利行事"。贞观十六年（642），唐朝在渝州以南的夜郎水流域开疆拓土，设置了溱、珍二州及荣懿、扶欢、乐来（属溱州）、夜郎、丽皋、乐源（属珍州）等六县。《元和郡县图志》卷三〇"溱州"叙云："本巴郡之南境，贞观十六年，有渝州万寿县人牟智才上封事，请于西南夷窦渝之界招慰不庭，建立州县。至十七年置，以南有溱溪水为名。"同书同卷"珍州"条谓："本徼外蛮夷之地，贞观十六年置。"③则溱、珍二州之地，本属"徼外蛮夷之地"，二州及所领六县，皆当为开西南夷之"山洞"区域而置。《旧唐书·地理志》记溱州领荣懿、扶欢二县，户八百七十九，口五千四十五。④《元和郡县图志》卷三〇谓溱州开元户八百九十二，不记其乡数。然《太平寰宇记》卷一二二溱州记荣懿县有四乡，"唐贞观十七年与州同置，以领獠户"。扶欢县有一乡。⑤说明荣懿、扶欢二县在置县之同时，即当编排乡里，而其各乡户数，则远低于标准的五百户。然乐来县却可能并未编排乡里。《旧唐书·地理志》谓珍州领县三，天宝户二百六十三，口一千三十四。《元和郡县图志》卷三〇记珍州开元户为二千六百（当有误），然并未记有乡数。夜郎、丽皋二县并在州郭下。《元和郡县图志》

---

① 《旧唐书》卷一九〇上《文苑传·刘胤之传》附《延祐传》，第4995页。
② 《新唐书》卷二二二下《南蛮传》下，第6327页。
③ 《元和郡县图志》卷三〇，"溱州""珍州"，第743—744页。
④ 《旧唐书》卷四〇《地理志》三，第1629页。
⑤ 《太平寰宇记》卷一二二，溱州，第2427页。

说："三县并在州侧近，或十里，或二十里，随所畲种田处移转，不常厥所。"①而《太平寰宇记》卷一二二记西高州（唐珍州所改）领〔三〕（四）县，②开元户二百六十三，并谓夜郎、丽皋县各领二乡。而乐源县则没有乡数。这说明当贞观中置溱、珍二州六县时，靠近州郭的荣懿、扶欢及夜郎、丽皋四县编排了乡里，而地理位置较为偏僻的乐来、乐源二县则很可能未编排乡里。

思州思邛县是开元四年（716）开生夷所置的新县。《元和郡县图志》卷三〇思州"思邛县"："开元四年招辑生夷所置。"③《元和郡县图志》记思州领务川、思王、思邛三县，开元户三千四百四十二，乡十；元和户四百二十九，乡六。《太平寰宇记》卷一二二记思州并元户一千五百九十九，务川县二乡，思王县三乡，思邛县四乡。三县合计为九乡，与《元和郡县图志》所记十乡之制接近。故开元初思邛县初置时至少当有四乡。④

在剑南道西部及南部缘边地区，以已较稳定控制的州县为基础，唐朝逐步向疆域外的"蛮夷"区域扩展，在太宗朝后期与高宗朝，渐次增设了十七个新县。如沐州罗目县，麟德二年（665）置。《旧唐书·地理志》嘉州"罗目"县："麟德二年，开生獠置沐州及罗目县。上元三年，俱废。仪凤三年，又置，治沲和城，属嘉州。如意元年，又自峨眉县界移罗目治于今所也。"⑤《元和郡县图志》卷三一嘉州"罗目县"："本汉南安县地。麟德二年，招慰生獠，于今县西南一百八十三里置沐州及罗目县。前上元三年，州县俱废。仪凤三年重置，属嘉州。罗目，獠中山名，因以名县。"其记嘉州领龙游、夹江、绥山、罗目、峨眉、玉津、平羌、犍为等八县，开元户二万二千九百一十二，乡五十三。元和户一千九百七十五（？），乡六十五。⑥《太平寰宇记》卷七四嘉州"罗目县"："元八乡。唐麟德二年

---

① 《元和郡县图志》卷三〇，珍州，第744页。
② 今本《太平寰宇记》卷一二二西高州下所记四县中，"荣德县"当为"荣懿县"之讹，而荣懿县又见于溱州下。唐珍州、宋西高州不当领有荣懿（荣德）县。
③ 《元和郡县图志》卷三〇，思州，第741页。
④ 《太平寰宇记》卷一二二，思州，第2421—2423页。
⑤ 《旧唐书》卷四一《地理志》四，第1681页。
⑥ 《元和郡县图志》卷三一，嘉州，第786—788页。

置沐州及罗目县，取夷中罗目山为名。上元三年俱废。仪凤三年又置县，属嘉州。罗目去州西南二百七十里。伪蜀明德三年獠乱，移于今所。"①其所说的"元八乡"，当指后蜀明德三年（936）罗目县迁移之前，亦即在唐时罗目县有八个乡。

柘州柘县、乔珠县，高宗上元二年（675）开置。《新唐书·地理志》记柘州所领柘、乔珠二县开元户四百九十五，口二千一百二十。②《太平寰宇记》卷八〇记［柘］（拓）州领柘、乔珠二县，"开元户四百"。其中柘县有二乡，乔珠县有一乡。"以上二县与郡同置"。③则柘、乔珠二县在开元、天宝时即当置有乡里，唯每乡平均户口数远低于标准。

姚州长城县，垂拱元年（685）置。《新唐书·地理志》姚州"泸南"县原注："本长城，垂拱元年置，天宝初更名。"④按：姚州初置于武德四年，麟德元年（664）移治弄栋川，建都督府，每岁差兵募五百人镇守。咸亨三年（673），唐"发梁、益等一十八州兵募五千三百人，遣右卫副率梁积寿往姚州击叛蛮"。⑤长城县之置，当即平定姚州叛蛮之后的措置之一，也是"开夷蛮"所置的县。《太平寰宇记》卷七九姚州"泸南县"："（姚州）北五里，元二乡。垂拱元年置长城县于此，天宝初改为泸南县，以在泸水之南为名。"⑥则长城县（泸南县）在唐时当有二乡。

再如霸州所属的安信、牙利、保宁、归化等四县，乃招附生羌置。《新唐书·地理志》记霸州领四县，户五百七十一，口千八百六十一。⑦《太平寰宇记》卷八〇"霸州"下称：

> 唐天宝元年因招附生羌置静戎郡，便以羌酋董嘉俊为刺史，领七部族把蕃卓，子孙相绳不绝。乾元元年改为霸州。本属陇右道，永徽以后割属松州都督，入剑南道。皇朝乾德三年，西南夷首领兼霸州刺史上

---

① 《太平寰宇记》卷七四，嘉州，"罗目县"，第1511页。
② 《新唐书》卷四二《地理志》六，第1087页。
③ 《太平寰宇记》卷八〇，柘州，第1613—1614页。
④ 《新唐书》卷四《地理志》六，第1086页。
⑤ 《旧唐书》卷五《高宗纪》下，第96页。
⑥ 《太平寰宇记》卷七九，姚州，"泸南县"，第1600—1601页。
⑦ 《新唐书》卷四《地理志》六，第1088页。

表内附。……唐开元户五百七十。皇朝户汉一百七十余，外并蕃户。

其下所记安信县，"去州二十里，二乡。在钵南村置"。牙利县，"去州五里。三乡。在小聋山上村置"。保宁县，"去州三十里。三乡。在质台村置"。归化县，"去州西北四百里。一乡，在移村置"。四县并依村而置，各领有一乡至三乡不等，说明各县在天宝置县时即当编排乡里。然此四县乡里，当很不稳定。《太平寰宇记》谓："已上四县并与郡同置，各有部落主持，俱无征科。"所说当是晚唐五代至宋初的情形，说明四县乡里或已崩解。①

诸北边正州县中蕃胡的乡里编排比较复杂。《旧唐书·地理志》"丰州"条："隋文帝置，后废。贞观四年，以突厥降附，置丰州都督府，不领县，唯领蕃户。十一年废，地入灵州。二十三年，又改丰州。"所领永丰县置于永徽元年（650），九原县置于永徽四年；天宝户二千八百一十三，口九千六百四十一。②据《元和郡县图志》，贞观四年（630）置丰州时，以史大奈为都督；③而史大奈是太宗麾下名将，与程咬金、秦叔宝等齐名，④故贞观四年以突厥降附户口（蕃户）所置之丰州乃是正州。其时丰州"不领县，唯领蕃户"，则其所领蕃户亦未编排乡里，盖仍以部落组织管理之。二十年后，相继设立永丰、九原二县。《元和郡县图志》谓丰州开元户一千九百，乡五。此五乡之制，很可能就是永徽年间置二县时编排的。换言之，当贞观四年置丰州领降附的突厥蕃户时，并未编排乡里；至永徽中分置二县时，方将蕃户编排为五乡。或正因为此，两《唐书》与《元和郡县图志》中丰州无贞观户（"旧领"），却有开元、天宝户口数。

唐初置于原州境内的缘州本是羁縻州，后改为正县。《旧唐书·地理志》原州萧关县载："贞观六年，置缘州，领突厥降户，寄治于平高县界他楼城。高宗时，于萧关置他楼县。神龙元年，废他楼县，置萧关县。大中五

---

① 《太平寰宇记》卷八〇，霸州，第1612—1613页。
② 《旧唐书》卷三八《地理志》一，第1417—1418页。
③ 《元和郡县图志》卷四，丰州，第111—112页。
④ 《旧唐书》卷二《太宗纪》上，第27页。

年，置武州。"①贞观六年初置之缘州领突厥降户，当为羁縻州。至高宗时改为他楼县，属于正县。《太平寰宇记》记萧关县有四乡，而其时萧关县已久废，唐时原州所属各县亦久"落蕃"，故其所记萧关县四乡之制，当是唐制。②

居于正州县境内的胡人，当有相当一部分被编入所在州县的乡里系统。《唐开元年代北庭都护府流外官名簿》载：

> 北庭都护府功曹府流外肆品、云骑尉、营田第一等赏绯鱼袋王孝……
> 　　经考十　西州　高昌县　顺义乡　顺义里，身为户
> 北庭都护府仓曹府流外肆品、上柱国、赏绯鱼袋康处忠，年卅一
> 　　西州　交河县　安乐乡　高泉里，身为户
> 北庭都护府录事史流外伍品、骑都尉、营田第一等赏绯鱼袋曹怀巇，年卅六
> 　　西州　高昌县　崇化乡　净泰里，身为户
> 北庭都护府户曹史流外伍品、武骑尉、营田第一等赏绯鱼袋张虔礼，年卅八③

康处忠、曹怀巇皆当是蕃胡，分别被编入交河县安乐乡高泉里与高昌县崇化乡净泰里，乃是蕃胡户被编入正州县乡里系统的典型例证。④

然居于正州县境内的蕃胡，也有相当部分并未编排乡里，而是仍然维持其固有的部落体制。贞观中，党项野利氏等种落归附，被安置在庆州境内，置芳池、安定、安化三州都督府，各领小州十、七、七。⑤三都督府及所领

---

① 《旧唐书》卷三八《地理志》一，第1407页。
② 《太平寰宇记》卷三三，原州，第701—706页。
③ 池田温：《中国古代籍帐研究》，龚泽铣译，录文，第236页。
④ 荣新江先生曾把西州崇化乡安乐里、敦煌从化乡作为正式州县中胡人聚落改作乡里的证据，见荣新江：《北朝隋唐粟特人之迁徙及其聚落》，初刊北京大学中国传统文化研究中心编《国学研究》第6卷，北京：北京大学出版社，1999年，第27—86页；后收入氏著《中古中国与外来文明》，北京：生活·读书·新知三联书店，2001年，第37—110页。
⑤ 《旧唐书》卷三八《地理志》一，第1409页。

二十四小州均属羁縻性质，亦无户口版籍，虽然居于庆州境内，与各县汉户杂居，却迄未纳入州县系统，更未编排乡里。直到代宗时，芳池、安定州的党项部落仍以部落形式被迁移至延、绥境内。①著名的"六胡州"也当迄未编排乡里。《元和郡县图志》卷四"新宥州"条称：

> 初，调露元年，于灵州南界置鲁、丽、含、塞、依、契等六州，以处突厥降户，时人谓之"六胡州"。长安四年，并为匡、长二州。神龙三年，复置兰池都督府，在盐州白池县北八十里，仍分六州各为一县以隶之。开元十一年，康待宾叛乱，克定后，迁其人于河南、江、淮诸州。二十六年还其余党，遂于此置宥州，以宽宥为名也。后为宁朔郡，领县三：怀德、延恩、归仁。天宝中，宥州寄理经略军。宝应已后，因循遂废。②

《旧唐书·地理志》载宥州领三县、户七千八十三、口三万二千六百五十二，当是开元二十六年重置宥州时的领县与户口。突厥降户在贞观四年时按部来降，分置诸州以处之，其长官依然由其首领担任。至调露元年（679），所置六胡州以唐人为刺史，为正州；至神龙三年降六州为县，属之兰池都督府，说明六州降胡的部落编制并未因以唐人任刺史及并为二州而改变。康待宾之乱，《旧唐书·玄宗纪》录其事，作："兰池州叛胡显首伪称叶护康待宾、安慕容，为多览杀大将军何黑奴，伪将军石神奴、康铁头等，据长泉县，攻陷六胡州。"③康待宾、安慕容等都是昭武九姓的首领。六胡州之叛被平定后，开元十年"诏移河曲六州残胡五万余口于许、汝、唐、邓、仙、豫等州，始空河南朔方千里之地"。④六州胡被分置于许、汝

---

① 《新唐书》卷二二一上《党项》，第6217页。《新唐书》说："（郭）子仪以党项、吐谷浑部落散处盐、庆等州，其地与吐蕃滨近，易相胁……先是，庆州有破丑氏族三、野利氏族五、把利氏族一，与吐蕃姻援，赞普悉王之，因是扰边凡十年……于是破丑、野利、把利三族及思乐州刺史拓拔乞梅等皆入朝，[安]（宜）定州刺史折磨布落、芳池州野利部并徙绥、延州。"则知庆州境内的党项诸族一直保持部族编制。
② 《元和郡县图志》卷四，新宥州，第106页。
③ 《旧唐书》卷八《玄宗纪》上，第182页。
④ 《旧唐书》卷八《玄宗纪》上，第184页。

等六州，则其迁徙当是按其固有的六胡州部落编制进行的。至开元二十六年还其余党，分置三县，当是合原来的二州胡为一县，其固有的部落编制或许并未打破。

　　散居于北方州县中的蕃胡，至少有一部分，并未纳入其所在州县的乡里系统，而是以"蕃胡"的身份，接受唐王朝的管理。在上引《唐开元十六年（728年）庭州金满县牒》中，兴胡与百姓并列，说明兴胡（以及行客）并未纳入"百姓"所属的编户系统。在仪凤三年（678）度支奏抄、四年金部旨符中，居于雍州诸县及诸州的"投化胡家"，被特别从普遍编户中分出，规定了其应纳的银钱数，以及交纳的时间、地点。关于诸州投化胡家输纳税钱的"大州"，学者们有不同的解释。然唐人所称之"大州"，大抵即指户口较多的州。如高祖第十八子李元名，为江州刺史，《旧唐书》本传说："高宗每欲授元名大州刺史，固辞曰：'忝预藩戚，岂以州郡户口为仕进之资？'"①所以，这里的"大州"，当即指"投化胡家"较多的州。即要求投化胡家到其同类人口较多的州集中纳税（雍州各县的投化胡家则在其居住的本县纳税）。这也说明，雍州诸县及各州的投化胡家没有被编入其所居地的乡里系统，而是由雍州诸县及各州直接管理的。

三、"开山洞"所置新县的乡里

　　唐代在"内地的边缘"区域所立新县，以福建地区最为集中。漳州及所属漳浦、怀恩二县，是在垂拱二年（686）开置的。《新唐书·地理志》漳州："垂拱二年析福州西南境置，以南有漳水为名，并置漳浦、怀恩二县，初治漳浦，开元四年徙治李澳川，乾元二年徙治龙溪。"②《元和郡县图志》卷二九"漳州"叙云：

　　　　本泉州地。垂拱二年析龙溪南界置，因漳水为名。初置于今漳浦县西八十里，开元四年改移就李澳川，即今漳浦县东二百步旧城是。十二年，自州管内割属福州，二十二年又改属广州，二十八年又改属福州。乾元二年缘李澳川有瘴，遂权移州于龙溪县置，即今州理是也。③

---

① 《旧唐书》卷六四《舒王元名传》，第2434页。
② 《新唐书》卷四一《地理志》五，第1066页。
③ 《元和郡县图志》卷二九，漳州，第721页。

同书同卷"龙溪县"下述龙溪县四至，谓"县东十五里至山，险绝无路；西二十里至山，南三里至山，北十六里至山"。则知龙溪县本身即处于山间盆地。所谓"龙溪南界"，在垂拱二年之前，实无有效控制，故在漳州地方史上，往往将垂拱二年置漳州一事，称为"开漳"。北宋大中祥符四年（1011）成书的《漳州图经》"序"（吴与撰）云：

> 唐垂拱二年十二月九日，左玉钤卫翊府左郎将陈元光平潮寇，奏置州、县。敕割［泉］（福）州西南地置漳州。在漳浦水北。寻以地方多瘴疠，耆寿余若讷等乞迁他所。开元四年，敕移李澳川置郡（故废绥安县地）……州本二县：一曰漳浦，即州治也；二曰怀恩，后（二十九年十一月二十二日）敕以户口逃亡，废之，并入漳浦。又割泉州龙溪县隶本州。①

漳州开置后，陈元光家族世莅其土，直到贞元以后，唐王朝才真正将漳州收归直接控制之下。②然即便是在陈氏世袭统治漳州时，亦已推行唐王朝的乡里制度。《元和郡县图志》卷二九记漳州开元户一千六百九十，乡一十一。③其时龙溪县尚未度属漳州，故十一乡、一千六百九十户当为漳浦、怀恩二县乡、户数（《旧唐书·地理志》记漳州"天宝领县二，户五千三百四十六，口一万七千九百四十"。④其时怀恩县已并入漳浦县，龙溪县度属漳州，故二县当指龙溪与漳浦）。上引《〈漳州图经〉序》说省废怀恩县，乃是因为"户口逃亡"，也说明在此前当地已建立起户籍乡里体系。漳州芗城北郊出土咸通二年（861）王楚中买地券记王楚中生前

---

① 光绪《漳州府志》卷首，光绪丁丑冬芝山书院刻本，第1页。《全唐文》卷五一三误将此文作为唐文收入，并注其作者吴与为"贞元时人"（北京：中华书局，1983年，影印本，第5209页），当误，说另详。

② 参阅谢重光《陈元光与漳州早期开发史研究》，台北：文史哲出版社，1994年，第119—140页。贞元初（兴元二年即贞元元年）柳少安请移漳州治所于龙溪并得以实施，很可能也是为了避开陈氏家族在旧治漳浦地区的势力。

③ 《元和郡县图志》卷二九，漳州，第721页。

④ 《旧唐书》卷四〇《地理志》三，第1601页。

籍属"漳州龙溪县永泰乡唐化里",墓地所在为信义里箭竹洋村。①"永泰""唐化""信义"之类嘉名,正折射出唐王朝在这一地区推行教化、编组乡里的踪迹。

长汀、龙岩、宁化等三县均置于开元年间。《旧唐书·地理志》汀州叙云:"开元二十四年,开福、抚二州山洞,置汀州。……天宝领县三,户四千六百八十,口一万三千七百二。"下记所领长汀(州治)、龙岩、宁化三县,皆与州同时"开山洞置"。②《元和郡县图志》谓:"开元二十一年,福州长史唐循忠于潮州北、广州东、福州西光龙洞,检责得诸州避役百姓共三千余户,奏置州,因长汀溪以为名。"③《太平寰宇记》卷一〇二"汀州"条下引牛肃《纪闻》曰:"江东采访使奏于虔州南山洞中置汀州,州境五百里,山深,林木秀茂,以领长汀、黄连、杂罗三县。地多瘴疠,山都、木客丛萃其中。"④则知汀州及所属三县皆为开山洞、检括逃户而置。《元和郡县图志》记汀州有十一乡。《太平寰宇记》记长汀县有五乡,宁化县二乡,龙岩县有三乡,三县合计有十乡。其"宁化县"条称:"〔开元中〕(武德初)为黄连县,以地有黄连洞,因以为名。至天宝元年改为宁化县。"黄连县(宁化县)以黄连洞为基础置县,分设二乡,亦皆当处于"洞"(山间河谷地带)中。

古田县(属福州)置于开元二十九年。《旧唐书·地理志》福州"古田"县:"开元二十九年,开山洞置。"⑤淳熙《三山志》卷三《地理类三·叙县》"古田县"条:"唐开元二十八年,洞豪刘强等三人以土地人民归于都督李亚丘,乃遣杨参军招致林溶等千余户,咸曰:'祖父咸亨中来此潜焉,因古昔田亩垦辟而居。'以闻于朝。明年立县双溪之汇、屏山之南,平陆三十五里。"⑥此处的记载最为清楚:据林溶等洞民自述,其祖父

---

① 鲁西奇:《中国古代买地券研究》,厦门:厦门大学出版社,2014年,第201—212页。
② 《旧唐书》卷四〇《地理志》三,第1600—1601页。
③ 《元和郡县图志》卷二九,汀州,第722页。
④ 《太平寰宇记》卷一〇二,汀州,第2034页。
⑤ 《旧唐书》卷四〇《地理志》三,第1599页。
⑥ 淳熙《三山志》卷三《地理类·叙县》,"古田县",《宋元方志丛刊》第八册,北京:中华书局,1990年,影印本,第7808页。

辈自咸亨（670—674）年间来此垦居，数十年间并无官府乡里之置，由刘强等洞豪统领"洞"中的"土地人民"；古田县初置时，所领地域"平陆三十五里"，显然是一处山间盆地。《太平寰宇记》卷一〇〇福州"古田县"："元四乡。唐开元二十九年开山洞置。"①则知古田置县后，分置四乡，此四乡，即处于平陆三十五里的山间谷地中。

古田县各乡之下分置诸里。《太平寰宇记》卷一〇〇"南剑州"条云：

> 伪唐保大四年立为延平军，因析沙县、建安、顺昌等县所管交溪、上阳、员当、逐容、芹哨、富沙等六里户口，共成九里，为军额；至保大六年，升为剑州，仍割古田县积善、赖溪二里，共一十一里，为剑浦县。又割沙县、顺昌、尤溪等县来属。皇朝太平兴国四年割将乐县以隶焉。②

古田县的积善、赖乡二里，不知属于何乡，但这里的记载说明，在南唐控制闽北之前，古田县早已有完备的乡里系统。

尤溪县（属福州）亦置于开元二十九年。《元和郡县图志》卷二九福州"尤溪县"："开元二十九年开山洞置。县东水路沿流至侯官，县西水路泝流至汀州龙岩县。"③显然，"山洞"就是指沿着溪流的河谷地带。《太平寰宇记》卷一〇〇南剑州"尤溪县"所述更为详悉："四乡。按县理，今当延平东南二百四十里，在福州城西北八百三十五里。其地与漳州龙岩县、汀州沙县及福州侯官县三处交界。山洞幽深，溪滩崄峻，向有千里，其诸境逃人，多投此洞。开元二十八年，经略使唐修忠使以书招谕其人，高伏等千余户请书版籍，因为县，人皆胥悦。此源先号尤溪，因为县名，属福州。"④高伏等，当即如古田刘强之类的"洞豪"。于此广大山区，分立四个乡，各乡亦当处于河谷地带，且沿着河流分布。

实际上，这些"开山洞置"的县，在置县之前，未必全无官府的控制，只是控制微弱，官府仅得在局部地方编排乡里、征纳赋役而已。永泰县（属

---

① 《太平寰宇记》卷一〇〇，福州，第1994页。
② 《太平寰宇记》卷一〇〇，南剑州，第1996—1997页。
③ 《元和郡县图志》卷二九，福州"尤溪县"，第717页。
④ 《太平寰宇记》卷一〇〇，南剑州"尤溪县"，第2000页。

福州）置于永泰二年。《元和郡县图志》卷二九福州"永泰县"："永泰二年观察使李承昭开山洞置。县东水路沿流至侯官，县西泝流至南安县，南北俱抵大山，并无行路。"①淳熙《三山志》卷三《地理类三·叙县》"永福县"条："州西百二十里，唐永泰二年节度使李承昭析候（侯）官、尤溪县各一乡置，号永泰。"②永泰县地在置县之前分属候（侯）官、尤溪二县，各编有一乡，然《元和郡县图志》仍称其为"开山洞置"，说明在置县之前官府的控制实十分薄弱。《太平寰宇记》谓永泰县"元四乡"。则永泰县在置县后，曾重新编排乡里，在原有二乡的基础上，增至四乡。

岭南地区"开山洞"置新县，主要集中在高宗、武则天朝，如怀义县（来宾县）、归化县（属严州）、洛封县（属柳州），皆乾封二年（667）置；怀仁（抚安）、善劳、善文、宁仁（属党州）、安仁（容山）、怀义、福阳、古符县（属平琴州），永淳元年至二年（682—683）置。这些县，在设置之初，大抵皆编排了乡里，然在开元以后，著籍户口又有大幅度减耗，所领乡数也减少很多。如《元和郡县图志》记严州领循德、来宾二县，开元户一千六百六十，乡十四；元和户一百一十六，乡四。③

皖南、赣东北以及鄂东南山区也是唐中期设立新县较为集中的"内地的边缘"区域之一，从开元中至永泰间，相继设立了婺源（属歙州）、青阳（属宣州）、唐年（属鄂州）、太平（属宣州）、至德（属江州）、上饶、永丰（属信州）、贵溪（属信州）、石埭（属池州）、归德、绩溪、祁门（属歙州）、旌德（属宣州）等十三县。蜀中丘陵山地也颇多"内地的边缘"地区，相继增设了七盘（属巴州）、铜梁（属合州）、太平（属壁州）、巴川（属合州）、壁山（属渝州）、昌元、静南、大足（属昌州）、巴渠（属通州）等县。④这些新置立的县，大多在置县的同时编排了乡里，将土著人户与检括而得的逃户编入了版籍。如太平县（属壁州），

---

① 《元和郡县图志》卷二九，福州"永泰县"，第718页。
② 淳熙《三山志》卷三《地理类·叙县》，"永福县"条，第7809页。
③ 《元和郡县图志》卷三七，严州，第927页。
④ 鲁西奇：《新县的置立及其意义——以唐五代至宋初新置的县为中心》，《唐研究》第19卷，北京：北京大学出版社，2013年，第155—232页。

开元二十三年（735）置。①《太平寰宇记》卷一四〇壁州通江县"废东巴县"条："二乡。本汉宕渠地。唐开元二十三年，壁州三县耆老状论太平、曲水、王福村界东南连通州，即为浮游所集，州县不便理，请置邑就以抚之。由是敕许置太平县，因取彼太平川以为名。天宝十年改为东巴县，以处巴江之东为名。"②太平、曲水、王福诸村"为浮游所集，州县不便理"，实际上就是州县间的"隙地"。在置县之前，太平、曲水、王福诸村称为"村"，可能未置乡里。立县后，合诸村为二乡。

北方地区也有一些山区，可以看作为"内地的边缘"，唐代在这些山区也增设了一些新县。如安业县（属商州），万岁通天元年（696）置。《太平寰宇记》卷二七雍州"乾祐县"称："旧三乡，今四乡。本汉洵阳县地。唐万岁通天元年分丰阳县及招谕、左绵等谷逃户以置安业县。"③则此县所管户口，主要是检括南山诸谷所得逃户。在此前一年，证圣元年，凤阁舍人李峤上表，请检括诸州逃户，建议"逃人有绝家去乡，离失本业，心乐所在，情不愿还，听于所在隶名，即编为户"。④安业县之置当即此项政策之结果。

综上可知：在"内地的边缘"区域置立新县，大约有两种情况：一是"开山洞"或检括"逃户""客户"新置。在置县之前，其地民户并未纳入版籍，没有户籍登记与乡里编排，所以，置县意味着将归化的"山洞"民户或检括而得的户口，纳入版籍，登记造册，编排乡里。在此种新县中，乡里是新编排的。二是在原有县域的偏远地区或几个县的交界地区（一般是山区），为强化控制，而析分原有县域新置。在置县之前，其地民户实已纳入版籍，编有乡里，故往往是析分相邻各县的若干乡，组成新县。置县之后，大都对原有乡里作了程度不同的调整，或者重新进行编排。

---

① 《新唐书》卷四〇《地理志》四，壁州"东巴"县原注："本太平，开元二十三年置，天宝元年更名。"（第1037页）
② 《太平寰宇记》卷一四〇，壁州通江县"废东巴县"，第2723页。
③ 《太平寰宇记》卷二七，雍州"乾祐县"，第586页。
④ 《唐会要》卷八五《逃户》，北京：中华书局，第1560—1561页。

四、唐代乡里控制方式的区域差异

本节试图描述唐代在不同区域实行不同的乡里控制方式的基本图景：（1）在唐朝统治的基本区域内，从关内、河南、河东、河北、陇右，到淮南、江南、山南、剑南、岭南的广大地区，在三百余州府、一千五百余县中，全面推行百户为里、五里为乡的乡里制度，定期检括户口，编制籍帐，尽可能有效地控制其土地人民，建立并维护大唐统治的秩序。其中，又有三个方面值得注意：一是在诸如溱州、珍州等开拓"生夷"设置的正州县，朝廷虽然全力推行与内地一致的乡里、户籍、赋役制度，将之纳入到统一的制度体系中，但事实上，乡里制度在这些州县的实行并未能全面落实，乡里的编排往往不合唐制的规定，且不稳定；二是在福建、岭南的"山洞"等"内地的边缘"区域，设立新县，编排乡里，著籍户口，从而将这些国家控制体系内部的"隙地"更紧密地联系到体系中来，强化对体系内部的控制；三是居住在正州县境内的部分蕃胡蛮夷，并未纳入所在州县的乡里控制系统，而是通过其固有的社会组织方式，直接由州或县加以控制。（2）在溱州乐来县、珍州乐源县等正州中较为偏远的县，在其设置之初，并未编排乡里（后来才渐次编排）。在这些正州县之外，就是各种各样的羁縻府州。有版羁縻州县大抵不定期地申报其所领户口，根据其所申报的户口，以不同形式（纳钱、输羊或纳米等）交纳户税（口钱）；在部分内迁的有版羁縻州，所领民户可能需要服军役，参加本部落军，并应唐朝征召；在岭南、剑南一些有版羁縻州里，可能还根据所领民户的居地，编排了乡里。无版羁縻府州则并无此种义务，然唐王朝仍然通过以军、镇、城、戍为核心的军事屯驻系统，将流移到无版羁縻府州地区的汉户团聚在军队驻屯地周围，并使之著籍纳税，以唐制加以管理。

由此，我们遂勾勒出唐朝乡里控制制度的圈层图：核心的、较大的第一圈是以汉户为主的正州县，较严格地实行乡里制；第二圈是以蕃胡夷蛮为主体设立的正州县，努力实行统一的乡里制度，却未能完全落实，乡里编排往往未能遵守法令规则，且不稳定；第三圈是有版羁縻州，其部落首领（唐朝以都督、刺史之号命之）仍以部落为单位管理其部众，然所领民户相对集中地居住，国家通过羁縻府州掌握其大致的户口数，在部分有版羁縻州县编排了乡里，从而在一定程度上扰乱其固有的社会控制秩序；第四圈是无版羁縻府州，仍然实行其固有的控制制度，并不向唐朝上报户口版籍，亦无应唐朝之召提供军队之义务，然唐朝仍得在其地驻守军队，设置屯戍，管理随军前来的部分汉户或附从军队的行客。显然，唐王朝对于其广大疆域与民众的社会控制方式，从第一圈层较为全面地实行乡里制度，逐步过渡到基本不实行乡里制度的第四圈层，社会控制的程度依次衰减，同时也有诸多的变化。

当然，四个圈层之间并无清晰的界线分划。一些正县在建置之初并未能编排乡里，只是直接控制部分百姓、行客；而部分有版羁縻州县后来演变成为正州县，正式编排了乡里；一些州县究竟属于有版羁縻州县，抑或正州县，因此而难以判断。同时，在部分无版羁縻府州，唐军将内地乡里制度的某些观念"移植"入唐人占据主导地位的部分区域，以坊、里之类名目指称某些居住和管理区域。尽管如此，唐朝乡里控制体系的空间结构仍然是大致清晰的。

贞观四年（630），唐朝击败东突厥颉利可汗，"北荒诸部相率内属"，朝廷任李大亮为西北道安抚大使，绥集散布在伊吾地区的大度设、拓设、泥熟特勤及七姓种落等。李大亮因上疏论统驭蕃夷之策，曰：

> 臣闻欲绥远者，必先安近。中国百姓，天下本根；四夷之人，犹于枝叶。扰于根本，以厚枝附，而求久安，未之有也。自古明王，化中国以信，驭夷狄以权……伊吾虽已臣附，远在蕃碛，人非中夏，地多沙卤。其自竖立称藩附庸者，请羁縻受之，使居塞外，必畏威怀德，永为蕃臣，盖行虚惠，而收实福矣。①

李大亮将大唐治下诸种人群分为"中国百姓"与"四夷之人"两大类，以前者为"天下本根"，当化之以信；后者乃属"枝叶"，当驭之以权。唐代政治控制的基本格局，实即建基于此种"中国"与"四夷"、"本根"与"枝叶"的二元分化观念之上，并因此而表现为"中国"实行州县乡里之制、"四夷"实行羁縻府州制度的基本控制体系。但事实上，"中国"的内部仍然存在诸多的"隙地"，故需不断强化对此种"内地的边缘"区域的控制，通过检括户口、设置新县、编组乡里等手段，将王朝国家控制的触角伸展到

---

① 《旧唐书》卷六二《李大亮传》，第2388—2389页。

"中国"的每一个角落；而对于作为"枝叶"的四夷，亦不断推进其"中国化"进程，以军镇城戍为据点，不断强化对有版羁縻州县的控制，使其所领户口纳赋服役，甚至编排乡里，征发军役，使羁縻州县渐变为正州县。即便是在无版羁縻府州地区，也通过驻军、屯田、互市等途径，扩展大唐制度与文化的影响。尽管如此，唐代对于不同地区的政治经济与社会文化控制，在本质上仍然是"因地制宜"，即根据不同地区的政治经济社会环境与历史文化背景，而采取不同的控制方式。

第四节 唐中后期至五代时期乡里控制体系的变化

在本章第二节中，我们曾引述张国刚先生的研究，指出唐代乡里制度在中唐以后最重要的变化，乃在于"里"逐步崩解，"村"则愈来愈突显，并取代"里"成为唐中后期的乡村基层行政管理组织。我们知道，在贞观年间废除乡长、每乡五里正轮流到县衙当值以后，在乡中治事的乡司或乡廷即正式消失；到唐中后期，以户口原则编排的"里"复渐次崩解，以居住单位或地域原则组织的"村"地位则越来越重要，县实际上越来越多地直接与村庄打交道。因此，这一变化的实质，乃是聚落与地域控制的原则逐步取代了户口控制原则。在这一变化过程中，乡的功能既然向上转移、集中到了县衙，"里"的功能又"下移"到了村庄，县与村之间的中间性地域控制环节就愈发薄弱，乃至渐趋缺失。正是在此种背景下，又因应于两税法实行之后赋役征发制度的改变以及诸种复杂的政治经济变化，军镇、冶场、输场等原本专业性的管理机构渐次渗透进乡里控制体系中，或侵夺县的行政管理权，进而发展成为县级（或更高一级）行政单位；或者分划县境，成为县与村之间的地域性管理机构。

一、军镇与乡里

唐代军、城、镇、戍本不治民，故不统乡里。《唐六典》卷五《尚书兵部》云：

> 诸军各置使一人，五千人已上置副使一人，万人已上置营田副使一人；每军皆有仓曹、兵曹、胄曹参军各一人。……凡镇皆有使一人，副

使一人，万人已上置司马、仓曹、兵曹参军各一人；五千人已上，减司马。凡诸军、镇每五百人置押官一人，一千人置子总管一人，五千人置总管一人。①

以岢岚镇为例。《唐会要》卷七八《诸使中·节度使》河东节度使"岢岚军"条有缺文，但其意仍大致可通：

> 武德中为镇。永淳二年，改为栅，隶平狄军。长安三年，李迥秀改为……景龙中……军，张仁亶移军朔方，留一千人充守捉，属大武军。开元十二年，崔隐甫又置军。十五年，李暠又废为镇。其后又改为军。②

敦煌所出《诸道山河地名要略第二》于岚州"事迹"下称："后魏置岚州，因以岢岚山为名也。岚州故城，武德中为岢岚镇，大足中加兵三千，其后李迥秀又加兵至六千人，号为岢岚。开元后废。论者皆以地为突厥之北冲，不可久废。"③《新唐书·地理志》岚州"岚谷"县原注："长安三年析宜芳置，神龙二年省，开元十二年复置。有岢岚军，永淳二年以岢岚镇为栅，长安三年为军。景龙中，张仁亶徙其军于朔方，留者号岢岚守捉，隶大同。"④则岚谷县与岢岚军同时置。《旧唐书·地理志》岚州"岚谷"县："旧岢岚军也，在宜芳县北界。长安三年，分宜芳于岢岚旧军置岚谷县。神龙二年，废县置军。开元十二年，复置县。"⑤结合上述三种记载，大致可知：岢岚于武德初立为镇，高宗永淳二年（683）改为栅；则天长安三年（703）立为岢岚军，同时分宜芳县北境置岚谷县，与军同治。景龙中，张仁亶移岢岚军屯朔方，仍留一千人驻岚谷；废岚谷县可能也是在同时（所领民户与地域当仍入宜芳县）。至开元十二年（724）复置军，盖于同时复置岚谷县。《元和郡县图志》卷一四谓岚州岚谷县开元户四千六百五十七，乡

---

① 《唐六典》卷五《尚书兵部》，第158—159页。
② 《唐会要》卷七八《诸使》中，第1426页。
③ 上海古籍出版社、法国国家图书馆编：《法国国家图书馆藏敦煌西域文献》，第十五册，第33页。
④ 《新唐书》卷三九《地理志》三，第1005页。
⑤ 《旧唐书》卷三九《地理志》二，第1485页。

九。①据此，则知唐前期岢岚镇、栅、军皆不领民户，民户归属宜芳县或岚谷县管领。

大同军也是如此。《通典》卷一七二《州郡》二记开元二十一年诸节度所领各军，谓："大同军，雁门郡北三百里。调露中，突厥南侵，裴行俭开置，管兵九千五百人，马五千五百匹。"②《唐会要》称：

> 大同军，置在朔州。本大武军，调露二年，裴行俭改为神武军。天授二年，改为平狄军。大足元年五月十八日，改为大武军。开元十二年三月四日，改为大同军。③

是大同军名号屡有变化，其初置在代州雁门郡，后移置于朔州境内。《元和郡县图志》卷一四朔州"马邑县"条："本鄯阳县地，开元五年，分鄯阳县于州东三十里大同军城内置马邑县。建中年间，河中节度使马燧权移州于马邑县焉。"④《太平寰宇记》卷五一朔州"马邑县"条："自后魏末陷于虏中，唐贞观以来，为大同军城，其地属鄯阳县理。至开元五年分鄯阳县东三十里置大同军以戍边，复于军内置马邑县，征旧名也。此邑自置有户无税。建中年间，河东节度使马燧权移州于马邑县。"⑤则大同军由代州移至朔州，即在开元五年。与此同时，亦分鄯阳县东境为马邑县，县治即在军城之中。盖以大同军领军，而以马邑县领民户。《旧唐书》卷三八《地理志》谓大同军，在代州北三百里，管兵九千五百人，马五千五百匹。⑥《元和郡县图志》记马邑县开元户二千三百八十，乡五。军、民分治，是非常清楚的。然马邑县虽领有民户，却是"有户无税"，颇值得注意。大同军当管领军屯。《唐六典》卷七《尚书工部》"屯田郎中"条记大同军管四十屯。军屯的产出，自然是供应军储。上引《太平寰宇记》说马邑自置县后，即"有户无税"，其所辖户口，很可能主要是屯户，由于其生产所得需要供给

---

① 《元和郡县图志》卷一四，岚州，第397页。
② 《通典》卷一七二《州郡》二，第4481页。
③ 《唐会要》卷七八《诸使》中，第1426页。
④ 《元和郡县图志》卷一四，朔州"马邑县"，第408页。
⑤ 《太平寰宇记》卷五一，朔州"马邑县"条，第1070页。
⑥ 《旧唐书》卷三八《地理志》一，第1387页。

军储,故不再纳租税。而《元和郡县图志》于蔚州下单独记载马邑县开元户口数,或者正因为其属于军屯户的缘故(岚谷县与下文所见的安边县与此相同)。

横野军与安边县也是分治军民。横野军初置在飞狐,复移于蔚州,开元六年(718)六月张嘉贞移于古代郡大安城南,筑横野军城。《旧唐书·地理志》:横野军"在蔚州东北一百四十里,管兵三千人,马千八百匹"。①《唐六典》卷七谓横野军领四十二屯。《元和郡县图志》卷一四蔚州"兴唐县"条:"郭下。开元户一千四百七十二。乡四。本灵丘县地。开元十二年于州东北一百三十里横野军子城南置安边县,属蔚州。"②则横野军当在移置蔚州后方立诸军屯,六年后又分灵丘县东境置安边县(后改为兴唐县)。安边县所领民户,也可能就是屯户。

莫门军置于仪凤二年(677)。《唐会要》:"莫门军,置在洮州。仪凤二年置军。开元十七年,洮州移隶临洮军,百姓隶岷州,置临州。二十七年四月,又改为洮州,今为临洮[郡](军)是也。"③《新唐书·地理志》:说洮州"本治美相,贞观八年徙治临潭。开元十七年州废,以县隶岷州,二十年复置,更名临州,二十七年复故名"。④则临洮军本在狄道县,开元十七年临洮军移至洮州治所临潭县,废洮州,临潭县百姓改隶岷州。也说明移入原洮州治所的临洮军并不领民。

然至代宗时,以兴平、武功、扶风、天兴诸县隶神策军,遂发端以军领民之制。《唐会要》卷七八《诸使》陇右节度使下记神策军,谓:

> 天宝十三载七月十七日,陇右节度哥舒翰以前年收黄河九曲,请分其地置洮阳郡,内置军焉。以成如璆为太守,充神策军使。去临洮军二百余里。⑤

《元和郡县图志》卷三九洮州下记有此军,谓在洮州西八十里,"天宝

---

① 《旧唐书》卷三八《地理志》一,第1387页。
② 《元和郡县图志》卷一四,蔚州"兴唐县",第405页。
③ 《唐会要》卷七八《诸使》中,第1427页。
④ 《新唐书》卷四〇《地理志》四,第1043页。
⑤ 《唐会要》卷七八《诸使》中,第1427页。

十三年哥舒翰置。在洮河南岸"。①《新唐书·地理志》说在洮州西八十里磨禅川。《新唐书·哥舒翰传》谓哥舒翰"攻破吐蕃洪济、大莫门等城,收黄河九曲,以其地置洮阳郡,筑神策、宛秀二军"。②则洮阳郡确与神策军同时设置,且以成如璆为太守。然洮阳郡似并未置县,且其地旋即陷于吐蕃。《唐会要》卷七二《京城诸军》"神策军":"天宝初,哥舒翰破吐蕃于临洮城西二百余里,遂请以其地为神策军。朝廷以成如璆为洮阳太守,兼神策军使。及安禄山反,如璆使其将卫伯玉领神策军千余人,赴难于相州城下。官军相州之败,伯玉收其兵,与观军容使鱼朝恩,同保陕州。时西边土地已没,遂语伯玉所领军号神策军,以伯玉为军使。"③则知至乾元二年(759),神策军原驻地及洮阳郡已陷于吐蕃。相州之败后,卫伯玉领神策军驻守陕州;永泰元年(765),鱼朝恩又以神策军屯苑中,自是浸盛,分为左右厢。《新唐书·兵志》载:

> 大历四年,(鱼朝恩)请以京兆之好畤,凤翔之麟游、普润,皆隶神策军。明年,复以兴平、武功、扶风、天兴隶之,朝廷不能遏。④

好畤、兴平、武功三县属京兆府,麟游、普润、天兴、扶风四县属凤翔府。《新唐书·兵志》复谓:

> 其后京畿之西,多以神策军镇之,皆有屯营。军司之人,散处畿内,皆恃势凌暴,民间苦之。自德宗幸梁还,以神策兵有劳,皆号"兴元元从奉天定难功臣",恕死罪。中书、御史府、兵部乃不能岁比其籍,京兆又不敢总举名实。三辅人假比于军,一牒至十数。长安奸人多寓占两军,身不宿卫,以钱代行,谓之纳课户。⑤

神策军因之遂得分屯各地,并侵夺州、县权力,而以军镇领有民户乡里。其分布则并不限于以上七县。

---

① 《唐会要》卷七八《诸使》中,第997页。
② 《新唐书》卷一三五《哥舒翰传》,第4571页。
③ 《唐会要》卷七二《京城诸军》"神策军",第1294页。
④ 《新唐书》卷五〇《兵志》,第1332页。
⑤ 《新唐书》卷五〇《兵志》,第1334页。

（1）普润军。《旧唐书·德宗纪》贞元十年二月丙午，"以瀛州刺史刘灙为秦州刺史、陇右经略军使，理普润县，仍以普润军为名"。①《新唐书·刘灙传》："久之，济自用其子为副大使，灙不能无恨，因请以所部为天子戍陇，悉发其兵千五百驰归京师，无一卒敢违令者。德宗甚宠之，拜秦州刺史，屯普润。"②刘灙领神策军屯驻普润，又任为秦州刺史，遂得节制其民政事务。而普润军又当领有屯地。《新唐书·朱忠亮传》谓朱忠亮"屯普润，开田峙粮"。③则知晚唐时普润地区多有屯地。《太平寰宇记》卷三〇凤翔府"崇信县"条：

> （凤翔府）西北二百二十五里。依旧五乡。本唐神策军之地，后改为崇信军。皇朝建隆四年，以崇信暨赤城东、西两镇及永信镇等四处，于此合为崇信县。④

宋崇信县辖地在原普润县境，盖为神策军屯地。《新唐书·方镇表》"兴凤陇"："（元和元年）升陇右经略使为保义节度，寻罢保义，复旧名。是年，增领灵台、良原、崇信三镇。"⑤则知元和初已置有崇信镇。至于永信镇，当即永信城。《旧唐书·吐蕃传》："（贞元）十三年正月，邢君牙奏请于陇州西七十里筑城以备西戎，名永信城。"⑥《新唐书·地理志》陇州"汧源"县原注："华亭有义宁军，大历八年置。贞元十三年筑永信城于平戎川。"⑦永信镇盖置于永信筑城之同时。赤城东、西二镇，未能详考。凤翔府普润县以西，至陇州汧源、华亭及泾州良原地区，在中晚唐已成为临边之地，华戎交错，军屯遍布，分置崇信、永信及赤城东、赤城西等军镇。宋初在诸军镇的基础上置立崇信县，而崇信县"依旧五乡"，说明在此之前的唐后期至五代时期，崇信、永信及赤城东、西四镇即当领有乡里。

---

① 《旧唐书》卷一三《德宗纪》下，第378页。
② 《新唐书》卷一四八《刘灙传》，第4780页。
③ 《新唐书》卷一七〇《朱忠亮传》，第5165页。
④ 《太平寰宇记》卷三〇，凤翔府"崇信县"，第647—648页。
⑤ 《新唐书》卷六四《方镇表》一，第1778—1779页。
⑥ 《旧唐书》卷一九六下《吐蕃传》下，第5258页。
⑦ 《新唐书》卷三七《地理志》一，第968页。

（2）义宁军。《太平寰宇记》卷一五〇仪州"华亭县"："四乡。周显德六年置，以华亭乡为名。"其"仪州"条云：

> 本西戎之界，秦、陇之地，凤翔之边镇。后魏普泰二年筑城置镇，以扼蕃戎之路。唐为神策军。后唐同光元年改为义州。周显德六年置华亭县于州郭。皇朝乾德二年割秦、陇三镇之地置安化县。太平兴国二年改为仪州，避御名。①

上引《新唐书·地理志》陇州汧源县下原注说："华亭有义宁军，大历八年置。"《太平寰宇记》仪州下所说之"唐有神策军"，当即指义宁军。《旧唐书·代宗纪》："（大历八年）六月，陇州华亭县置义宁军。"②则义宁军初置时，仍有华亭县。元和三年（808），华亭县省废，其旧地当即由义宁军管辖，其原有之乡里仍得保存，所以至后周显德六年，乃存有华亭乡之名。换言之，在元和三年至周显德六年间，义宁军当领有乡里（华亭乡即为其所领诸乡之一）。

（3）永康镇（永安镇）。《太平寰宇记》卷三七关西道"保安军"："本延州之古栲栳城。唐咸亨中，曾驻泊禁军于此。至贞元十四年建为神策军，寻改为永康镇，属延州，扼截蕃贼。至皇朝太平兴国二年升为保安军，管二镇一十九寨。"③《元丰九域志》卷三"保安军"注称："太平兴国二年以延州永安镇置军。"④贞元十四年（798）于延州栲栳城屯驻神策军、建为永康镇（或永安镇）一事，未见他处记载。考《新唐书·兵志》，贞元中，"边兵衣饷多不赡，而戍卒屯防，药茗蔬酱之给最厚。诸将务为诡辞，请遥隶神策军，禀赐遂赢旧三倍，繇是塞上往往称神策行营，皆内统于中人矣，其军乃至十五万"。⑤栲栳城驻军，本当属于边兵；其称为"神策军"，当即此种"遥隶"的结果。《旧五代史·唐书·末帝本纪》清泰三

---

① 《太平寰宇记》卷一五〇，仪州，第2908—2909页。
② 《旧唐书》卷一一《代宗纪》，第302页。
③ 《太平寰宇记》卷三七，关西道"保安军"，第789页。
④ 《元丰九域志》卷三"保安军"，北京：中华书局，1984年，第120页。
⑤ 《新唐书》卷五〇《兵志》，第1334页。

年三月戊午条见有"延州保安镇将白文审",①则知晚唐五代时延州置有多个镇。据《太平寰宇记》所记,保安军辖境蕃汉户相杂,军治(今陕西志丹县)"东至蕃部末㤅族七里","西至蕃部悉逋族一十里",四周均属蕃落,是深入蕃落的一处军事据点。其所管户口,为主户七百一十四,客户二百七十五,主客户合计尚不足一千。②唐后期至五代,其地并未置有县,当即由镇将节制民事。

在蜀中,贞元间也出现了以军领民户乡里的例证。《太平寰宇记》卷七三"永康军"叙云:

> 今理灌口镇。本彭州导江县灌口镇地,唐贞观十年立为镇静军,管四乡。皇朝乾德三年平蜀,四年改为永安军,仍割蜀州之青城、彭州之导江二县隶焉。太平兴国三年改为永康军。③

"贞观十年立为镇静军",当有误。《新唐书·地理志》彭州"导江"县下原注:"有镇静军,开元中置。有白沙守捉城。有木瓜戍、三奇戍。"④《旧唐书·地理志》总叙开元二十一年剑南节度使所领诸军,仍未见镇静军。《通典》卷一七五《州郡》彭州"导江"县下记有灌口镇,却未见镇静军。《元和郡县图志》卷三一彭州也记有灌口镇。考《新唐书·地理志》"蜀州"原注称:"有府三,曰金堰、广逢、灌口。有镇静军,乾符二年,节度使高骈置。"⑤则镇静军又似为乾符二年(875)高骈所置。然《旧唐书·韦皋传》记贞元中,韦皋久任剑南西川节度使,贞元十七年(801),"德宗遣使至成都府,令皋出兵深入蕃界。皋乃令镇静军使陈洎等统兵万人出三奇路"。⑥同书卷一九六《吐蕃传》下又见有"诏韦皋出兵成都西山以纾北边。皋遂命镇静军兵马使陈洎等统兵万人出三奇路"。⑦则知贞元十七

---

① 《旧五代史》卷四八《唐书·末帝本纪》下,北京:中华书局,1976年,第659页。
② 《太平寰宇记》卷三七,关西道"保安军",第790页。
③ 《太平寰宇记》卷七三,"永康军",第1493页。
④ 《新唐书》卷四二《地理志》六,第1080页。
⑤ 《新唐书》卷四二《地理志》六,第1080页。
⑥ 《旧唐书》卷一四〇《韦皋传》,第3824页。
⑦ 《旧唐书》卷一九六下《吐蕃传》下,第5260页。

年时已有镇静军。故上引《太平寰宇记》所记"贞观十年",当为"贞元十年"之误。其地本有灌口镇,镇静军当即由灌口镇升置。上引《太平寰宇记》称镇静军"管四乡",则贞元间依灌口镇置镇静军时,即以军领有民户,且分置四乡。

由军使、镇将兼领民政事务,并统有乡里,在唐后期至五代时期的西部边地,大概相当普遍。《五代会要·州县分道改置》陇右道"秦州天水县、陇城县"录后唐长兴三年(932)二月秦州奏言:

> 见管长道、成纪、清水三县外,有十一镇,征科并系镇将。今请以归化、恕水、五龙、黄土四镇,就归化镇复置旧陇城县;赤砂、染坊、夕阳、南［冶］(台)、铁务五镇,就赤砂镇复置旧天水县。其白石、大［潭］(泽)、良恭三镇,割属长道县。①

《旧五代史》卷四三《唐书·明宗本纪》长兴三年二月乙卯录秦州奏言,作:"州界三县之外,别有一十一镇人户,系镇将征科,欲随其便,宜复置陇城、天水二县以隶之。"②与此所记为同一事。则知天水、陇城二县是在诸镇基础上设立的。而凡此十一镇之地,在唐前中期本属成纪、陇城、长道、汉阳等县管辖,至德(756—757)以后受到吐蕃侵扰,百姓流移,渐趋荒废;至咸通十三年(872),吐蕃势力稍衰,秦州复于其地置立诸镇,由镇将管领所属人户,并负责征科。③据《太平寰宇记》卷一五〇记载,后唐长兴三年于归化镇置陇城县,"旧五乡,今四乡";同时于南冶镇置天水县,"三乡"。陇城县由归化等四个镇合并而成,天水县由赤砂、南冶等五个镇合并而成,而分别编为五个乡、三个乡,当在置县时重新区划乡里。大潭、良恭二镇在长兴二年时并入长道县,至北宋乾德元年复合二镇立大潭县。《太平寰宇记》卷一五〇秦州"大潭县":"西一百二十八里。元二乡。本良恭、大潭两镇,皇朝乾德元年合二镇立大潭县于上木竹谷,即今

---

① 《五代会要》卷二〇《州县分道改置》,上海:上海古籍出版社,2006年,第332页。
② 《旧五代史》卷四三《唐书·明宗本纪》,第588页。
③ 《太平寰宇记》卷一五〇秦州"长道县"下引《成州图经》曰:"旧有长道、汉阳、上禄等四县,以吐蕃侵扰,百姓流移,并废为镇。唐咸通十三年以成州奏人户归复,土田渐阔,却置长道县。"第2902—2903页。

理。"①则二镇本各领一乡。

秦州以南的上禄、长道、潭水、同谷等县，在至德以后，"为吐蕃侵扰，百姓流散，诸县并废为镇"。②《五代会要·州县分道改置》陇右道"成州同谷县、栗亭县"条下引后唐清泰三年六月秦州奏言，谓：

> 阶州元管将利、福津两县，并无巡镇。成州元管同谷县，余并是镇，便系征科。今欲取成州西南近便镇分，并入同谷县。其东界四镇，别创一县者。州西南有府城、长丰、魏平三镇，其地东至泥阳镇界二十五里，北至黄竹路、金砂镇界五十里，南至兴州界三十里，西至白石镇界一百一十里，西南至旧阶州界砂地岭四十五里。其三岭管界并入同谷县，废其镇额。州东界有胜仙、泥阳、金砂、栗亭四镇，东至凤州姜瞻镇界一十五里，南至果州界二十里，北至高桥界三十五里，西至同谷界三十五里，北至秦州界六十七里，欲并其四镇地于栗亭县。其征科委县司，捕盗委镇司。③

则至德间成州诸县废省后，其地大抵皆由镇将管领，其西南部有府城、长丰、魏平、白石等镇，东部则有栗亭、胜仙、泥阳、金砂等镇，与之相邻的凤州界内则有姜瞻镇。后唐清泰三年（936），合栗亭、胜仙、泥阳、金砂四镇置栗亭县。置县后"征科委县司，捕盗委镇司"，则知置县前，征科、捕盗并归镇司。《太平寰宇记》谓栗亭县有二乡，当是置县时重新编排而成。

边地诸镇，或并不编排乡里。《太平寰宇记》卷三七"通远军"叙云："本西蕃边界灵州方渠镇，晋天福四年建为威州，仍割宁州木波、马岭二镇隶之。至周广顺二年避御名改为环州。显德四年，以地理不广，人户至简，降为通远军，管通远一县，并木波、石昌、马岭等三镇征科人户。"其"通远县"条称："无乡，以四镇管人户，与州同置在郭下。"④则知晋天福四年（939）所置威州并不领县，径以州领方渠、木波、马岭等镇。显德四年

---

① 《太平寰宇记》卷一五〇，秦州"大潭县"，第2903页。
② 《太平寰宇记》卷一五〇，成州，第2905页。
③ 《五代会要》卷二〇《州县分道改置》，第332—333页。
④ 《太平寰宇记》卷三七，"通远军"，第788—789页。

降威州为通远军，同时置通远县，军、县实合二为一，均径领镇，以方渠、木波、石昌、马岭四镇负责征科人户，其镇将之权责较之上述天水、陇城、栗亭诸县更重。

唐后期至五代十国，以镇将领民户、主征科，盖主要行于各政权边缘之地。《唐会要》卷七一《州县改置》下河北道德州"归化县"条下录元和十三年（误作"开元十三年"）横海军节度使郑权奏：

> 当道管德州安德县，渡黄河，南与齐州临邑县邻接，有灌家口草市一所。顷者，成德军于市北十里筑城，名福城，割管内安德、平原、平昌三县五［乡］（都），置都知管勾当，臣今请于此置前件城。缘隔黄河与齐州临邑县对岸，又居安德、平原、平昌三县界，疆境阔远，易动难安。伏请于此置县，为上县，请以归化为名。①

则在此之前，成德军已于灌家口草市筑有福城，割安德、平原、平昌三县五乡以隶之，置"都知管勾当"（当属于镇将性质）。虽然后来郑权也上疏请求在福城置归化县，仍遵军镇治军、县邑领民的旧制，但在置县之前，福城镇将（都知管勾当）是领民的，且管领分自三县的五个乡。福城正处于成德军与横海军两大藩镇交界地带，成德军于其地置镇将"勾当"军政事务，显系临时举措。

后晋天福四年（939），置德清军。《太平寰宇记》卷五七"德清军"叙云：

> 理陆家店地。本旧澶州，晋天福三年移澶州于德胜寨，乃于旧澶州置顿丘镇，取县为名。至四年，晋幸天雄军，改镇为德清军。开运二年十一月又移德清军于陆家店置，在新澶州之北七十里。……户：皇朝管户主八十八，客三百三十八。②

按：唐澶州置于大历七年（772），治顿丘县，领顿丘、清丰、观城、临黄四县。后晋天福三年（938）移顿丘县、澶州治所至德胜寨，澶州旧治改称

---

① 《唐会要》卷七一《州县改置》下，第1264页。
② 《太平寰宇记》卷五七，"德清军"，第1182—1183页。

顿丘镇，仍属顿丘县。至四年，改顿丘镇为德清军，由顿丘县分置出来，而顿丘县则仍属澶州。所以，德清军是天福四年（939）分顿丘县新置的，初治顿丘故城（唐澶州城、顿丘镇），开运二年（945）移治于陆家店，在旧澶州城北二十五里，新澶州城之北七十里。德清军之规模甚小，至宋初所领编户合主客户也只有四百二十六户。而《太平寰宇记》记其四至八到，谓东至金堤四里，西至沙河十里，北至南乐县二十五里，南至清丰县、观城县约三十里。所以，德清军所领地域，实际上是一个南北盖不足五十里、东西约十四里的狭长地带。尽管如此，德清军却是典型的军镇辖区，直接编领民户。只是由于其户口规模甚小，故未编排乡里。其时后晋疆土甚为蹙迫，逾河不远即是契丹控制之区，故德清军实已是在缘边区域建置的政区。

又如保顺军（属沧州），后周显德六年（959）置。《太平寰宇记》卷六八"保顺军"："本沧州无棣县之保顺镇。周显德六年建为军，以旧镇为名。"①《宋史·地理志》"保顺军"叙："周置军于沧州无棣县南二十里。开宝三年，又以沧、棣二州界保顺、吴桥二镇之地益焉，仍隶沧州。"②则知显德六年所置之保顺军只领有无棣县界保顺镇，至宋开宝三年（970）增领吴桥镇。保顺军的规模亦不大。《太平寰宇记》记其宋初有主户三百九十三，客户六百七十七。

南唐亦于其缘边地带置立统有民户的军、镇。《太平寰宇记》卷一三〇通州"海门县"条："东南隔海水二百余里。六乡。本东洲镇，因洲升为海门县。"③据《新五代史》，海门县置，亦在显德五年。海门县之前身为东洲镇，处长江口沙洲之上。《册府元龟》卷四三五《将帅部·献捷第二》记开平二年（908）十月己亥，"两浙节度使钱镠奏于常州东洲镇杀淮贼万余人，生擒将［校］（较）千余人，获战船一百二十只"。④"淮贼"，当即指其时与吴越钱氏为敌的淮南军兵。盖东洲镇为淮南（杨吴及后来的南唐）与吴越水师交战之前沿，多为淮南所据，置有镇。周世宗柴荣因其镇而置县。六乡虽未必在置县之前已有，但东洲镇孤处江中，当领有洲上民户。

---

① 《太平寰宇记》卷六八，"保顺军"，第1385页。
② 《宋史》卷八六《地理志》二，北京：中华书局，1977年，第2123页。
③ 《太平寰宇记》卷一三〇，通州"海门县"，第2568页。
④ 《册府元龟》卷四三五《将帅部》，"献捷二"，第5167页。

又如鄂州羊山镇。《太平寰宇记》卷一一三兴国军"通山县":"本永兴县新丰之一乡也。淮南伪吴武义年中隶羊山镇征赋。周显德六年,唐国建为通山县。皇朝太平兴国二年来属。"①《宋史·地理志》兴国军"通山"县原注:"太平兴国二年,升羊山镇为县。"②羊山镇处吴、唐与马楚分界处,故杨吴、南唐于此置镇。镇使本无征科之责,吴武义中(919—920)由羊山镇征永兴县新丰乡之赋,得有征赋之权,故至显德六年(其时南唐用后周年号,通山地并未入于后周)遂升为通山县。

延平军则是南唐在新拓疆域设置的。《太平寰宇记》卷一〇〇"南剑州"叙云:"伪唐保大四年立为延平军,因析沙县、建安、顺昌等县所管交溪、上阳、员当、逐咨、芹哨、富沙等六里户口,共成九里,为军额;至保大六年,升为剑州,仍割古田县积善、赖溪二里,共一十一里,为剑浦县。又割沙县、顺昌、尤溪等县来属。皇朝太平兴国四年割将乐县以隶焉。"③则知南唐先割沙县等所管六里及军户三里,置延平军,后来又割古田县二里以益之,改置为剑浦县。剑浦县的前身是延平军,虽只存在两年,然其领有九里户口,非常明确。

王氏闽国也于其边地置立统有民户乡里的镇。《太平寰宇记》卷一〇一建州"松溪县":"元三乡。本建安县地,旧为闽越之界,戍兵所屯,号松溪镇焉。伪唐保大中得闽地,因为县,取旧镇为名。其界松溪,源自处州龙泉县,东北流入,自县南正西合于建安县界。"④"闽越之界",指王氏闽国与钱氏吴越国交界地带。《舆地纪胜》卷一二九建宁府"县沿革":"松溪县,本吴越国处州之东平乡,王氏据闽,夺而有之,以为松源镇。"⑤则知闽国曾在松溪置镇。保大二、三年间(944—945),南唐军队入闽,据有闽北地,故于保大四年因其镇而置县。松溪县三乡虽然可能是在南唐置县后所编排,但在此之前,王氏闽国控制的松溪镇亦当直接领有民户,当没有

---

① 《太平寰宇记》卷一一三,兴国军"通山县",第2308页。
② 《宋史》卷八八《地理志》四,第2191页。
③ 《太平寰宇记》卷一〇〇,"南剑州",第1996—1997页。
④ 《太平寰宇记》卷一〇一,建州"松溪县",第2016—2017页。
⑤ 《舆地纪胜》卷一二九,建宁府"县沿革"栏,松溪县,北京:中华书局,1992年,影印本,第3694页。

疑问。

泉州莆田县境内的游洋、百丈二镇，在留从效、陈洪进据有漳、泉时，乃是其辖境北部的边地军镇，亦领有民户。《太平寰宇记》卷一〇二"兴化军"："本泉州莆田县地也，皇朝太平兴国四年于泉州游洋镇置兴化军，以游洋、百丈镇共六里人户，仍析莆田二里人户，置兴化县，并割莆田、仙游等县以属焉。至八年，以游洋镇地不当要冲，移于莆田县为军理，从转运使杨克让之所请也。"①按：漳泉陈洪进纳土归朝，在太平兴国三年五月；翌年即于泉州分置兴化军，显然是接收泉、漳地区的政区调整。然则，在置兴化军之前，游洋、百丈二镇领有六里民户。

需要说明的是，直到五代十国时期，内地大部分的军镇，并不直接统领民户。如襄州谷城县阴城镇。《太平寰宇记》卷一四五"光化军"叙云："理乾德县。本襄州之阴城县地，后废为镇，故城在今谷城县北。皇朝乾德二年四月改镇为光化军，仍割谷城县遵教、翔鸾、汉均等三乡置乾德县，以年号为名。"②按：阴城为隋县，武德初于其地置鄀州，贞观八年省入谷城县。"阴城镇"，或为唐后期之军镇。③《续资治通鉴长编》卷五乾德二年三月辛卯条书其事，作"以襄州阴城镇为光化军"。④则知光化军初置时只领阴城一镇之地，属襄州。⑤在未置乾德县前，阴城镇本身应当是不辖乡里的。

又如颍州汝阴县百尺镇。《太平寰宇记》卷一一一颍州"万寿县"："北九十里。五乡。本汝阴县百尺镇也，至国朝开宝六年十一月分汝阴北五乡为

---

① 《太平寰宇记》卷一〇二，"兴化军"，第2037页。
② 《太平寰宇记》卷一四五，"光化军"，第2821页。
③ 《旧唐书》卷一一四《裴茙传》记肃宗时山南东道行军司马裴茙图谋夺节度使来瑱之位时，以所部二千人驻谷城（第3364页）。据此可知谷城、阴城一带为山南东道屯军之地，于其地置有镇将是完全可能的。
④ 《续资治通鉴长编》卷五，乾德二年三月辛卯，北京：中华书局，1992年，第124页。
⑤ 至翌年，乾德三年，方置乾德县，属光化军所领，光化军才成为领有一县的军。《太平寰宇记》于"乾德县"条称："本汉谷城县遵教、翔鸾、汉均三乡。乾德二年置，以年号名县。"（第2822页）然据《宋会要辑稿》"方域五之一八"，乾德县置于乾德三年（965），北京：中华书局，1957年，影印本，第7392页。

万寿县，以万寿乡为名。"①百尺镇似为晚唐五代兴起的镇。在置立万寿县之前，百尺镇当不领乡里民户。

再如邓州顺阳镇。《太平寰宇记》卷一四二邓州"顺阳县"条："新割二乡。本顺阳镇，皇朝太平兴国六年置，从镇将孔莹上利便故也。在淅川、内乡两县界之中。"②顺阳本为汉隋旧县，武德六年省入冠军县。顺阳之置镇，盖在五代至宋初。《宋史》卷二五五《张永德传》记开宝末，宋师征南唐，时任邓州（武胜军）节度使的张永德"以己资造战船数十艘，运粮万斛，自顺阳沿汉水而下"。③则顺阳应是汉水上游重要的水师基地。镇将孔莹盖即因之而上"利便"。顺阳镇本不领乡，置县后益以割自淅川、内乡二县的二乡，故《太平寰宇记》称"新割二乡"。

南唐吉州萧滩镇也是如此。《太平寰宇记》卷一〇六筠州"清江县"条："三乡。本吉州萧滩镇，伪唐升元年中，以其地当要冲，升为清江县，以大江清流为名，仍析高安之建安、修德两乡，吉州新淦之易阳一乡以实焉。"④则此地处交通要道上，故晚唐置有镇，⑤南唐因之而立县。清江县三乡分别割自高安、新淦二县，则在立县之前，萧滩镇并不领乡。

总之，自中唐以后，由神策军得统领其驻在州县之行政发端，部分边地军、镇得渐次侵夺所在州县的地方行政事务，进而直接控制乡里民户，从而逐渐成为军政合一的地方行政机构。可是，以军镇统理乡里户口，主要是在诸种政权交接的边缘地区实行，大部分内地的军镇，则并未直接统辖乡里。

二、冶场领有乡里民户

《唐六典》卷二二《少府军器监》"掌冶署"条下谓："凡天下诸州出

---

① 《太平寰宇记》卷一一，颍州"万寿县"，第211页。
② 《太平寰宇记》卷一四二，邓州"顺阳县"，第2759页。
③ 《宋史》卷二五五《张永德传》，第8916页。
④ 《太平寰宇记》卷一〇六，筠州"清江县"，第2121页。
⑤ 《全唐诗》卷六八〇有韩偓《乙丑岁九月在萧滩镇驻泊两月忽得商马杨迢员外书贺余复除戎曹依旧承旨还缄后因书四十字》，句云："旅寓在江郊，秋风正寂寥。紫泥虚宠奖，白发已渔樵。事往凄凉在，时危志气销。若为将朽质，犹拟杖于朝。"（北京：中华书局，1999年，第7860页）韩偓于龙纪元年（889）擢进士第，岁在己酉。乙丑岁当为天祐二年（905）。则知晚唐时萧滩镇已兴起。

铜铁之所，听人私采，官收其税。"①而官府置有诸冶监，监掌镕铸铜铁之事。故唐代前中期，百姓可自行开采矿产，官府置场征税收买，其时采矿百姓籍属所在县乡里，诸冶监并无统领民户之权。中唐以后，官府强化对矿产资源开采的控制，有的地区从事矿产开采的民户遂被纳入诸冶监系统，而冶监遂得领有民户、乡里，成为相对独立的行政管理区域。

如饶州铅场。《太平寰宇记》卷一〇七信州"铅山县"条：

> 今三乡。按《上饶记》云：出铜、铅、青碌。本置铅场，以收其利。旧在宝山，伪唐昇元二年迁置鹅湖山郭水西邓田坂，即廨署是也。至四年，于上饶、弋阳二县析五乡以为场，后升为县。皇朝平江南后，直属朝廷。②

其"铅山"条："在县西北七里，又名桂阳山。《旧经》云：'山出铅。'先置信州之时铸钱，百姓开采得铅，什而税一。建中元年封禁。贞元元年置永平监。其山又出铜及青碌。"铅场初为"民采官收"性质，百姓得自由开采，交纳什一之税后卖给官府，由官府组织铸钱。建中元年（780）封禁后，当改由官府直接经营开采，并于贞元元年（785）置永平监以统之。《新唐书·地理志》记饶州永平监钱官，有三坑，即铅山、铜山与铁山。铜山和铁山并在上饶县境内，"先任百姓开采，官收什一之税，后属永平监"。③则铅山、铜山、铁山封禁后，开采矿产的百姓皆当归属永平监统一管理。永平监遂得领有民户。然永平监所属三坑分散在上饶、弋阳县境内，地域上并不相连。其廨署，初在铅山（桂阳山）上，南唐昇元二年（938）迁至邓田坂，说明铅山乃是永平监三坑的中心。至南唐昇元四年（940）立铅山场，并析上饶、弋阳二县五乡以属之。此五乡民户，大抵在此前即在永平监管理下开采矿产，铅山场遂成为统有民户的行政区域。故至保大二年（944）乃正式升置为县。④置县后的铅山县领有三乡，较之昇元四年铅山场

---

① 《唐六典》卷二二《少府军器监》，第577页。
② 《太平寰宇记》卷一〇七，信州"铅山县"，第2158页。
③ 《太平寰宇记》卷一〇七，信州上饶县"铜山""铁山"，第2149页。
④ 《舆地纪胜》卷二一，信州"铅山县"："本建、抚二州之地，山产铜铅，旧置铜场，以笼其利。后唐尝析上饶、弋阳五乡以为场。保大二年，升为县。"北京：中华书局，1992年，影印本，第948页。

所领少二乡，说明铅山场所统，本包括在上饶县境内的铜山与铁山；置铅山县后，因铜山、铁山地与铅山不相连，故其所在之乡乃划归上饶县。

法门、石录二场最初也是买场。《太平寰宇记》卷一〇三宣州"南陵县"条：

> 梁武帝置南陵县，属南陵郡。唐武德以来，置县在临江，有城基见存，去今县百三十里。复于仁义乡析置法门、石录两场，以别征摄。自后法门为义安县，又废义安入铜官冶，为铜官场。今铜官为铜陵县，石录为繁昌县，皆此邑之地也。①

置法门、石录二场，是为了"别征摄"，亦即分别征税、收买矿产。其卷一〇五池州"铜陵县"条称：

> 元五乡。本汉南陵县，自齐、梁之代为梅根冶，以烹铜铁。庾子山《枯树赋》云："东南以梅根作冶。"地元管法门、石［录］（埭）两场。隋升法门为义安县，又废入铜官冶。②

《元和郡县图志》卷二八宣州"南陵县"下记有"梅根监"，谓"在县西一百三十五里。梅根监并宛陵监，每岁共铸钱五万贯"。其"利国山"条："出铜。供梅根监。"③则法门、石录二场，其初应当是梅根监、宛陵监所属的冶场，地属南陵县仁义乡。法门场在隋时即建为义安县，后又废入铜官冶（场）。然法门场（铜官场）的矿产，到中唐以后可能逐步减产，生产重心转移到石录场。《太平寰宇记》卷一〇五太平州"繁昌县"条下称：

> 元七乡。本宣州南陵县地，在南陵之西南，大江西，对庐州江口。以地出石绿兼铁，由是置冶。自唐开元已来，立为石绿场。其地理枕江，舟旅憧憧，实津要之地。以南陵地远，民乞输税于场。伪唐析南陵之五乡，立为繁昌县。④

---

① 《太平寰宇记》卷一〇三，宣州"南陵县"，第2049页。
② 《太平寰宇记》卷一〇五，池州"铜陵县"，第2089页。
③ 《元和郡县图志》卷二八，宣州"南陵县"，第682页。
④ 《太平寰宇记》卷一〇五，太平州"繁昌县"，第2084页。

则石录场在开元以后方建场。在其置场之前，当地开采矿产的百姓需要到南陵铜官场（法门场）去输税。石录（绿）置场之初，当即领有乡里民户，即上引《太平寰宇记》所说的"元七乡"，当包括铜官冶所在地的二乡和石录冶所在地的五乡。南唐所立繁昌县，则只包括石录所在的五个乡。

但有的场是否领有乡里民户，却难以确定。如饶州邓公场。《太平寰宇记》卷一〇七饶州"德兴县"云：

> 今三乡。本饶州乐平之地，有银山，出银及铜。唐总章二年，邑人邓远上列取银之利。上元二年，因置场监，令百姓任便采取，官司什二税之，其场即以邓公为名，隶江西盐铁都院。至伪唐升为德兴县。四面皆水。①

邓公场置于上元二年（675），隶江西盐铁院。其"邓公山"条称："在县北六里。本名银山，因邓远为邓公场。仪凤二年祭山，山颓陷焉。按《开山记》云：'总章二年，邑人邓远经刺史豆卢玄俨陈开山之便，寻为山陷。后人立邓公庙。"则邓公场初由百姓自主开采，建场后始征税。邓公场改置为德兴县后，领有三乡。其置为场监时，是否编排乡里，不能确定。

尽管如此，以冶场领管乡里、民户，却是一个总体的趋势。到唐末、南唐，新置冶场大都直接领有乡里民户，成为独立的县级政区。如大冶青山场置于天祐二年（906）。《太平寰宇记》卷一一三兴国军"大冶县"："四乡。本鄂州武昌县地，天祐二年，伪吴析置大冶青山场院，主盐铁。乾德五年，唐国升为大冶县。"②天祐二年（906）置大冶青山场院所领四乡，乃分武昌县地而来。

吉州龙泉场置于南唐保大元年。《太平寰宇记》卷一〇九吉州"龙泉县"云：

> 元六乡。本吉州太和县龙泉乡什善镇地，伪唐保大元年析龙泉、光化、遂兴、和属等四乡置龙泉场，以乡为名，采择材木之故也。显德七年升为县。开宝元年析龙泉等四乡为六乡，在龙泉、怀德、永兴、永乐

---

① 《太平寰宇记》卷一〇七，饶州"德兴县"，第2146页。
② 《太平寰宇记》卷一一三，兴国军"大冶县"，第2309页。

四乡之地，水源周匝八百里。①

则南唐保大元年所置之龙泉场，主要负责采择材木，是伐木场，领有四乡之地与编户，后又析分为六乡。

抚州金溪场置于南唐时，初置时即领有二乡。《太平寰宇记》卷一一〇抚州"金溪场"：

> 本临川县上幕镇。其山冈出银矿，唐朝尝为银监，其址犹存。至周显德五年析临川近镇一乡，并取饶州余干白马一乡，立金溪场，置炉以烹银矿。②

《新唐书·地理志》抚州临川县原注："有金，有银。"然未见置有银监。金溪场以上幕镇为基础置场，领临川、余干县各一乡之地。据《宋史·地理志》，至开宝五年（972），复升为县。

三、输场、征科院与乡里

《唐六典》卷一九《司农寺》云："凡受租，皆于输场，对仓官、租纲，吏人执筹，数函，其函大五斛，次三斛，小一斛。"盖编户输纳赋税，须将应纳之税粮丝布等物输送到官府指定之地点，即"输场"。③各县输场大抵多置于县治，然在地域辽阔的县，则可能需要在县治之外另立"输场"或"征科院""征科巡院"。如鄂州永安县，《太平寰宇记》卷一一二鄂州"永安县"条：

> 本江夏县之南界，去旧县三百里，征发调赋，动经浃旬。唐大历二年，割金城、丰乐、宣化等乡置镇。伪吴乾贞三年改为永安场。伪唐保

---

① 《太平寰宇记》卷一〇九，吉州"龙泉县"，第2218页。
② 《太平寰宇记》卷一一〇，抚州"金溪场"，第2239页。
③ 《唐六典》卷一九《司农寺》，第525页。此处所见之"输场"，一般认为仅指京、都受纳州县输送租税的场所，即司农寺输场；对正文所引这条唐令的理解，一般也认为主要是适用于京、都司农寺输场。我们认为这条唐令可能还适用于州县赋税的输纳，其所说之输场，也可能泛指州县受纳赋税之所。

大十二年升为县。①

永安之地,去江夏县三百里,征发调赋,十分不便,故于其地设镇(未必是军镇)立场,以便于民户输纳赋税。又如梓州东关县,则由草市发展而来。《太平寰宇记》卷八二梓州"东关县"云:

> 本盐亭县雍江草市也,伪蜀明德四年以地去县远,征输稍难,寇盗盘泊之所,因割乐平等三乡立招葺院,计征两税钱一万三千贯硕。皇朝乾德四年平蜀升为县,取古东关地之名,从本州知州张澹之所请也。②

此"招葺院"的职责是征收两税钱,而且数额较大,故不久即升为县。荆州建宁、潜江、玉沙三县均由征科巡院发展而来。《太平寰宇记》卷一四六荆州"建宁县"条:"七乡,新置。唐元和十一年以人户输纳不便,于白臼置征科巡院。皇朝乾德三年因之升为建宁县。""潜江县"条:"十二乡。新置。唐大中十一年以人户输纳不便,置征科巡院于白洑。皇朝乾德三年因之升为潜江县。""玉沙县"条:"五乡,新置。朱梁开平四年分汉江南为白沙征科巡院。皇朝乾德三年因之升为玉沙县。"③白臼、白洑、白沙三个征科巡院分别置于元和十一年(816)、大中十一年(857)、开平四年(910),分处于江陵、监利县的偏远地区,入宋以后同时升置为县。

吉水、桃源二场、县的置立,也反映出在县域范围内分置场、院,正是为了征发赋役之便。《舆地纪胜》卷三一吉州"吉水县"称:"南唐保大八年,割水东十一乡置吉水县。"并谓:"县之荐福寺有乾贞二年铜钟,款识云:庐陵县吉水场。"则知吴乾贞(927—929)中已置有吉水场,至南唐保大八年(950)升为县。④水东,当即淦水(今赣江)之东。盖庐陵县兼领淦水两岸地,而县治在西岸,水东十一乡在东岸,若渡河至庐陵县城输纳赋

---

① 《太平寰宇记》卷一一二,鄂州"永安县",第2287页。
② 《太平寰宇记》卷八二,梓州"东关县",第1655页。
③ 《太平寰宇记》卷一四六,荆州"建宁县""潜江县""玉沙县",第2844页。
④ 《舆地纪胜》卷三一吉州"吉水县"条,第1363页。《太平寰宇记》卷一〇九吉州"吉水县"条:"元十一乡。本吉阳县地,县东古城是也。隋开皇十年废吉阳县入庐陵县。大业末分庐陵水东十一乡置吉水县。"(第2217页)所说不确,《舆地纪胜》编者已辨其非。

租,至为不便。故吉水场也当是输场性质。

据今见记载,在县域内较为偏僻的地区另置场、院以负责征发赋役,盖在唐初即已开始。《太平寰宇记》卷一〇〇南剑州"顺昌县"条:

> 本建安县之校乡地也。吴永安三年割建安之校乡置将乐县,又移于将水口置,属建安郡。隋开皇九年与绥城县同并入邵武之南乡,属抚州。唐武德四年复立将乐、绥城二县。至贞观三年又废,东南两乡属建安县,置将水场;西北三乡割属邵武县,置金泉场。元和五年依旧复将乐县额,属建州。景福二年又置将水镇,寻改为永顺场,复立为顺昌县焉。①

则贞观三年(629)废将乐、绥城二县之后,分别设立将水、金泉场,各统东南两乡与西北三乡,分属建安县与邵武县。如此条记载可信,则于县域内分立场、院以征发赋役,或可追溯到唐前期贞观年间。

当然,在今见文献中,关于征税场院的记载,主要集中于"安史之乱"后。《太平寰宇记》卷一一一江州"瑞昌县"称:

> 本赤乌场地。……唐武德初以江州领浔阳、彭泽、都昌三县,赤乌之地则浔阳西偏。建中四年以浔阳西偏僻远,因立为场。伪唐昇元三年改为瑞昌县。②

则赤乌场本处于浔阳县西境,以地偏远,而于建中四年(783)置场。后来升为德安县的蒲塘场可能也于同时设置。《太平寰宇记》卷一一一江州"德安县"叙云:

> 本蒲塘[场]。……唐武德五年,安抚使李大亮析湓城更置浔阳、楚城两县,为三县;至八年废湓城入浔阳。贞观八年又废楚城归浔阳。详其地,即旧属柴桑。后遂分三乡,于敷浅水之南为场,以地有蒲塘为名。至咸通三年还浔阳,至四年复为场。伪吴顺义七年,升为德安

---

① 《太平寰宇记》卷一〇〇,南剑州"顺昌县",第1998页。
② 《太平寰宇记》卷一一一,江州"瑞昌县",第2260页。

县。①

则蒲塘场亦由浔阳县分出，很可能与赤乌场同时。

此种征税场、院，在初置时即领有明确的乡里与辖境。上举蒲塘场初置时领有三乡，辖境在敷浅水之南。贞元元年（785）所置之梅溪场领有十里（梁乾化元年王氏闽升为闽清县），②贞元十九年（803）置立的大同场为"析南安县南界四乡置"（闽永隆元年升为同安县），长庆二年（822）置立的桃林场"析南安县西界两乡置"（闽永隆四年升为永春县），太和五年（831）所置之如皋场"析海陵之五乡置"（南唐保大十年升为如皋县），大中元年（847）所置之罗源场为"割连江县一乡置"（闽龙启元年升为永贞县），开成（836—840）中置立的盛德场"割长溪、古田两乡置"（闽龙启元年升为宁德县），会昌初（841）所置之东流场本为彭泽县之黄菊乡（南唐保大十一年升为东流县），咸通五年（864）所置之小溪场为"析南安县西界两乡置"（南唐保大十三年升为清溪县），乾符三年（876）所置之武德场为割大同场西界六里置（南唐保大十三年升为长泰县），保大元年（943）所置龙泉场为"析龙泉、光化、遂兴、和属四乡"、就什善镇置（南唐保大元年升为龙泉县），吴天祐中所置之上游场"析南康县之一乡半"置（南唐保大十年升为上游县），武义中所置之龙南场"析信丰顺仁乡之新兴一里"置（南唐保大十年升为龙南县），顺义元年（921）所置之万载场乃分高安县之高安、进城、康乐、高侯四乡置（南唐保大十年升为万载县），清泰二年（935）所置安仁场乃割衡山县宜阳、熊耳两乡置（乾德二年升为安仁县），天福八年（943）所置的义宁场乃析灵川县归义乡而来（开运元年南汉升为义宁县），乾德四年（966）所置开化场为钱氏析常山县八乡置（太平兴国六年升为开化县），乾德六年（968）所置之宜黄场

---

① 《太平寰宇记》卷一一一，江州"德安县"，第2259页。
② 《太平寰宇记》卷一〇〇，福州"闽清县"："今二乡。唐贞观元年割侯官一十里为梅溪场。至梁乾化元年改为县。"（第1996页）将梅溪场之置，系于贞观元年。然淳熙《三山志》卷三《地理类·叙县》所述较为详悉："闽清县，州西北百二十里。唐贞元中，观察使王雄析候官县十里置梅溪场，梁乾化元年王审知以为闽清县。"（第7810页）王雄，当作"王雍"。当以《三山志》所记为是。

乃割崇仁县之仙桂、崇贤、待贤三乡立（开宝元年升为宜黄县）。①《唐会要》卷七一《州县改置》下福州"侯官县"条载：

> 元和三年三月，并［候］（侯）官、长乐入闽县、福唐两县，并将乐县入建安、邵武两县。观察使陆初准例省之，于旧县各置场官一，刻木为印，征其租税。居人不便。至五年四月又置。②

候官、长乐、将乐三县省并后，各于其旧县地置场，设有场官。这样的场，领有明确的乡里编户，置有场官，"刻木为印，征其租税"，所辖地域已基本具备行政管理区域的性质。正因为此，在《太平寰宇记》的叙述中，即将一些场列为与县同级的政区。如卷一〇一建州总叙下述建州所领县，谓"今县四场一"，场即指崇安场。其"崇安场"条称："无乡，管三里。本建阳县东北三里，伪唐保大九年割为场。"③则知保大九年（951）割建阳县东北三里建为崇安场，至宋初已被视为与县平级的政区。④《太平寰宇记》卷一〇二所记上杭、武平二场，也得与长汀、宁化、龙岩三县并列，至淳化五年（994）方升为县。因此，唐五代至宋初一些设置在县境边远地区、负责征发赋役的场、院，实际上已是县级政区的雏形。

那么，场司是否拥有捕盗治安乃至司法审理之权呢？我们注意到，有的场是在镇的基础上设置的。镇司之责，本在捕盗治安。但从今见材料看，唐后期的一些镇，也可能负责征发赋役，从而领有乡里编户。上引大历二年（767）所置永安镇，乃割江夏县南界金城、丰乐、宣化等乡置，应是今见

---

① 此段叙述据《太平寰宇记》卷九七衢州"开化县"（第1947页），卷一〇〇福州"闽清县""永贞县""宁德县"（第1996页），卷一〇二泉州"同安县""永春县""清溪县"（第2032页），漳州"长泰县"（第2034页），卷一〇五池州"东流县"（第2090页），卷一〇九袁州"万载县"（第2203页），卷一〇八虔州"上游县""龙南县"（第2186—2187页），卷一〇九吉州"龙泉县"（第2218页），卷一一〇抚州"宜黄县"（第2239页），卷一一五衡州"安仁县"（第2333页），卷一三〇扬州"如皋县"（第2566页），卷一六二桂州"义宁县"（第3107页），以及《宋史》卷八八《地理志》衢州"开化"县原注（第2177页）。

② 《唐会要》卷七一《州县改置》下，第1274页。

③ 《太平寰宇记》卷一〇一，建州，第2011、2017页。

④ 据《宋史》卷八九《地理志》五福建路建宁府"崇安"县原注，崇安场至淳化五年（994）方升为县（第2208页）。

文献中以镇领乡最早的记载。又如靖安镇，《太平寰宇记》卷一〇六洪州"靖安县"条云："唐广明之后，草寇侵掠本州，以靖安、孝悌两乡去（建昌）县稍远，乃于此置镇。至伪吴乾贞二年升为场。伪唐昇元年中改为县，取靖安乡以名县。相次又析建安、奉新、武宁等三县邻近三乡以实焉。"①则广明（880—881）中或稍后设置的靖安镇，即领有靖安、孝悌两乡。鄂州蒲圻县鲇渎镇，在天祐三年（906）将"镇界所管怀仁、宣化三里合为一乡，属镇征科"（南唐保大十一年升为嘉鱼县）。②南唐后蜀广政十二年（949）所置之横渠镇征科院负责征收郭信等八乡的赋税。③这种由镇先升作场、再改置为县的例子，还有不少，如高安县上高镇，据说是唐僖宗时钟传所建，南唐昇元中升为场，至保大十年（952）立为上高县；④显德五年（958）南唐所置之建州归化县，也是先在唐末置镇、保大三年（945）升为场，十余年后升为县的。⑤建宁县亦由永宁镇渐次改为场、县。⑥镇司即主捕盗，复兼输纳，并领有乡里，其权责范围相当广泛。由镇改置而来的场，虽然镇司与场官未必合而为一，但因其统辖地域乡里相同，权责很可能是叠加

---

① 《太平寰宇记》卷一〇六，洪州"靖安县"，第2113页。
② 《太平寰宇记》卷一一二，鄂州"嘉鱼县"条，第2285页。
③ 《太平寰宇记》卷七五蜀州"永康县"："八乡。伪蜀广政十二年割郭信等八乡，就横渠镇置征税院，至十六年改为永康县，以便于民。"（第1531页）
④ 《太平寰宇记》卷一〇六，筠州"上高县"条："本高安之上高镇，以地形高上，故曰上高。伪唐昇元中，立为场，保大十年升为县，以隶筠州。"（第2121页）《舆地纪胜》卷二七瑞州"上高县"："唐僖宗时，钟传始建高安镇。《旧经》云：南唐元宗保大十年壬子岁，分高安六乡置县。"（第1207—1208页）
⑤ 《太平寰宇记》卷一〇一，邵武军"归化县"条："本将乐县地，古之金城场。唐末于此立归化镇。后以去郡遥远，民难输纳，户口稍滋，伪唐保大三年升为场。周显德五年改为县，属建州。"（第2019页）其所说"古之金城场"，当是指矿冶之场，不领乡里；保大三年由镇改置之场，则是输场，负责所领乡里的赋役征发。
⑥ 《太平寰宇记》卷一〇一邵武军"建宁县"条："本将乐县地，晋绥城县，莫徭之民居焉。唐武德中并入邵武，垂拱中割入将乐。乾元二年，宁海军使董玠奏置黄连镇。乾符五年为义宁军，复废，寻为永宁镇。伪唐升为场。至建隆二年，伪唐升为县，属建州。"（第2019—2020页）按：此处叙述比较混乱，黄连镇当为汀州宁化县之前身，不当与建州建宁县混为一谈。乾符五年（878）所置之义宁军，当是唐末动乱中的临时举措，故旋改为永宁镇。

的，即兼具捕盗与征科之权。赋役征发与捕盗治安之权既合在一起，置县也就顺理成章了。①

四、中晚唐五代时期乡里控制体系变化的区域差异

综上考述，中唐以后，至五代十国，乡里控制体系的变化主要表现出两种趋势：一是以村落为基础的地域控制逐步取代了唐前期以户口籍帐为基础的户口控制，成为王朝国家控制乡村地区的主要途径；二是军镇、冶场、输场、征科院等机构逐步发展为地方行政管理机构，其中有相当一部分后来建置为县，或高于县级的地方政权；而在这些机构未发展为县级（或更高一级）行政机构之前，它们事实上乃是县域范围内的地域性或专业性管理机构（按地域负责治安、司法、赋役征发等事务），实际上发挥了县与村落之间的地域性管理机构的作用。

虽然在总体上呈现出上述变化趋势，但在不同地区，这些变化的具体表现和进程是不一致的。正如张国刚先生所揭示的那样，在北方地区，里的崩解和村的上升表现得较为明显；可是，在江淮以南的广大南方地区，虽然也表现出大致相似的趋势，但里在乡村控制体系中一直发挥着较大的作用。在今见买地券资料中，出自河北的大中元年（847）"刘元简为亡考买地券"

---

① 除正文所及之四十县之外，这一时期由场、院升置的县，还有六个：（1）招远县，《太平寰宇记》卷一三〇泰州"兴化县"条："本海陵县地，属淮南。伪吴武义年中析为招远场，寻改为兴化县，属扬州。伪唐昇元元年改隶泰州。"（第2566页）（2）罗城县，《太平寰宇记》卷一六六融州"罗城县"条："无乡。管七里。皇朝开宝五年割到。《图经》上不言州。"（第3171页）按：《元丰九域志》卷九融州领"县一"下注称："开宝五年以桂州之珠川洞地置罗城县。"（第424页）不言此前有乡。然《太平寰宇记》记与其相邻之沛溪场，谓："本融水县沛溪洞，以其偏远，输赋甚艰，故置场，以便于民。"据此，可以推知珠川洞在置县之前，很可能置有场。（3）石城县，《太平寰宇记》卷一〇八虔州"石城县"条："本石城场，伪唐改为石城县。"（第2186页）（4）南新县。《太平寰宇记》卷九三杭州"南新县"："本临安县地。皇朝乾德五年，钱氏割临安县地置南新场，以便征科。至太平兴国六年，改为南新县。"（第1871页）（5）东安县，《太平寰宇记》卷一一六永州"东安县"条："本零陵县地，丙申岁，马氏割据时，析零陵县置东安场，以近东安江岸为名。皇朝太平兴国七年改为县。"（第2351页）丙申岁，为马希范统治湖南时，即后唐清泰三年（936）。（6）安仁县，《宋史》卷八八《地理志》四饶州"安仁"县原注："开宝八年，以余干县地置安仁场。端拱元年，升为县。"（第2187页）

述亡人生前居地，作"定州安喜县［鲜］虞乡晖同村"；出自甘肃宁县的后周显德二年（955）"刘某买地券"述亡人墓地所在，作"宁州定安县神福乡庞村"，均如张先生所揭示的那样，以"乡-村"界定亡人居地、葬地；然出自南方地区的唐后期至五代十国时期的买地券，却大都仍然使用"乡-里（坊、社）"或"乡-里-村（保）"的方式，表达亡人生前居地和葬地所在。至少从这些材料中，我们看不出南方地区存在明显的由"乡-里"制向"乡-村"制演变的过程。

表4-4 隋唐五代买地券所记亡人居地与葬地所在之乡里坊村

买地券	年代	亡人生前居地	墓地所在
陶智洪买地券	610	长沙郡临湘县都乡吉阳里	巴陵郡湘阴县治下里
伍松超买地券	694	润州丹徒县丰乐乡新安坊	（同县）金山乡
陈聪憨及其妻买地疏	747	南潘郡南巴县曲潭乡进墨里	此地山宅
张无价买阴宅地契	769	西州天山县	州城前庭县界西北角
乔进臣买地牒	814		涿州范阳县向阳乡敦义［□］
姚仲然买地券	837	信州弋阳县新政［乡］军如里	当乡地
刘元简为亡考买地券	847	定州安喜县［鲜］虞乡晖同村	
王楚中买地券	861	漳州龙溪县永泰乡唐化里	（同县）信义里箭竹洋村
熊十七娘买地券	890	洪州南昌县敬德坊	
秦温墓券	901	成都府华阳县灵关坊	当县界普安乡沙坎里
陈氏买地券		漳浦县嘉岭乡□惠里□□保	
随氏娘子买地券	919	鄂州江夏县右茶园巷□□都	鄂州江夏县右茶园巷东龙尾山岗南脚
王府君买地券	928	鄂州江夏县立直队	右头陀山南侧山岗
钱氏买地券	929		成都府犀浦县阳侯乡巴州里
李赞买地券	931	庐州都督府合肥县永宁乡长直都	府城西

(续表)

买地券	年代	亡人生前居地	墓地所在
汲府君买地券	934	庐州合肥县永宁乡右厢武德坊	县城西南琮姓坊村
张虔钊买地券	948		华阳县普安乡白土里
陈氏十一娘买地券	952	（庐州合肥县）永宁乡右厢南善政坊	府城西南苏沛村
范韬买地券	952		建州浦城县敦义乡仁凤里□现保土名河源
林十七娘买地券	952	侯官县桂枝乡永福里	
姜氏妹婆买地券	953	庐州合肥县右厢永宁乡纳善坊	府城东南十五里之原
周氏一娘地券文契	954	江州德化县楚城乡甘山社	
宋琳买地券	955	眉州彭山县乐阳乡北通零里	
刘某买地券	955		宁州定安县神福乡庞村
马氏二十四娘买地券	962		左金吾街咸宁县北石乡石马保菖蒲观界
李才买地券	962	邛州蒲江县美充乡善通里	
徐遏买地券	964	陵州籍县蒙阳乡思忍里	

资料来源：鲁西奇：《中国古代买地券研究》，厦门：厦门大学出版社，2014年，第252—253页。

我们认为中晚唐至十国时期，南方地区大抵仍沿用唐代的"乡-里"制，至少其向"乡-村"制演变的趋势非如北方地区那样明显，还可以举出两个地区的情况作为证明：

（1）唐开成二年（837）姚仲然墓地券述姚仲然生前籍属与居地，作"信州弋阳县新政军如里"，已见表4-4。上引《太平寰宇记》卷一〇七"信州"记乾元元年（758）以饶州弋阳县进贤乡永丰里置永丰县，则在分置信州之前，弋阳县东境有进贤乡永丰里。《元和郡县图志》卷二八信州"永丰县"条亦谓："本弋阳县进贤乡永丰里之地。乾元元年置，因里为名。"① 又，《太平寰宇记》卷一〇八记建中三年（782），虔州刺史路应

---

① 《元和郡县图志》卷二八，信州"永丰县"，第679页。

奏请"析雩都三乡并信丰一里"置安远县。①显然，唐后期的信州、虔州地区，乡-里之制并没有发生根本性变化。

（2）贞元二十一年（805）《大唐故试左武卫率府兵曹参军清河张府君（惟）夫人琅琊王氏合祔墓志铭并序》谓张惟、王氏生前居地在襄阳县殖业乡崇教里，葬地在襄阳县东津乡荣村白沙里；②元和四年（809）《唐故山南东道节度右厢步军使行左金吾卫大将军员外置同正员试殿中监上柱国食邑二千户王公（大剑）墓志铭并序》称王大剑生前居地在襄阳郡县春台乡汉阴里，葬地在汉阴东津乡之平原；③大（太）和六年（832）杜宣猷所撰《唐朝请大夫试绛州长史上柱国赵郡李君故夫人京兆杜氏墓志铭并序》述杜氏生前居地在襄州旌孝里，葬地在襄阳县习池乡之西挹里；④大和九年（835）《唐故山南东道节度押衙光禄大夫检校太子宾客前行邓州长史兼侍御史弘农县开国男杨公（孝直）墓志铭并序》谓杨孝直"以大和九年三月廿五日遘疾，终于襄州襄阳县凤林乡南津坊之私第，春秋八十有五。以其年夏四月廿五日，还葬于通泉乡招贤里之原"；⑤开成五年（840）《唐山南东道节度总管充泾原防秋马步都虞候正议大夫检校太子宾客上柱国赵公亡夫人谯郡夏侯氏墓志铭并序》谓夏侯氏生前居地在襄阳县明义里，葬于襄州邓城县支湖村之东岗；⑥会昌元年（841）郭深撰《唐故太原王府君（希庭）墓志铭并序》说王希庭本贯在镇州真定县金堤乡诸鹤村，生前居地在襄州襄阳县凤林乡安远坊，葬地在襄阳县新丰乡北岗村之原；⑦大中十一年（857）《唐故襄州节度押衙充左厢马步都虞候银青光禄大夫检校太子宾客兼殿中侍御史上柱国扶风鲁公墓志铭并序》说鲁美生前居于襄州南津里，葬于襄阳县汉东乡苏封里

---

① 《太平寰宇记》卷一〇八，虔州"安远县"，第2178页。
② 周绍良主编：《唐代墓志汇编》，贞元一三八，上海：上海古籍出版社，1992年，第1938—1939页。
③ 《唐代墓志汇编》，元和〇三四，第1974页。
④ 《唐代墓志汇编》，大和〇五一，第2132页。
⑤ 《唐代墓志汇编》，大和〇九〇，第2160—2161页。
⑥ 《唐代墓志汇编》，开成〇四七，第2203页。
⑦ 拓本现藏襄阳市博物馆，碑文据拓本录出。

之北原；①咸通三年（862）《陇西李嶔妻渤海封氏墓志》谓李、封夫妇居地为襄阳县檀溪里，封氏葬地在"襄阳县……里之原"。②凡此，都说明在唐后期，襄阳地区"村"的地位虽然渐显重要，但"乡-里"制仍然占据主导地位。

不仅如此。晚唐五代十国时期，南方一些地区不仅继续维持着"里"的建置，甚至还强化了里中"保"的设置。据表4-4所列，唐末漳州漳浦县陈氏买地券中见有"漳浦县嘉岭乡□惠里□□保"，南唐保大十年（952）范韬买地券见有"建州浦城县敦义乡仁凤里□现保"；南汉大宝五年（962）马氏二十四娘买地券见有"左金吾街咸宁县北石乡石马保"；另于浙江慈溪县上林湖所出光化三年（900）《明州慈溪县马氏夫人墓志铭并序》中见有"明州慈溪县上林乡石仁里三渎保"及"当乡湖内山北保"。这些材料说明，至少在王氏闽国、钱氏吴越以及南汉境内，曾实行"保"制，并与原有之乡、里制度相结合，构成乡、里、保制度。而里中编保，显然是对里制的强化。③

在另一方面，由军镇统领乡里，主要发生在北方地区。如神策军所管领的诸军镇、秦州境内的十一镇、德州境内的福城，以及德清、保顺等军，大都在北方地区；南唐、闽国所建置统领乡里民户的军镇，则大都在其边疆地区。而冶场、输场、征科院渐次发展为管领乡里的行政机构，则全部是在南方地区，无一在江淮以北。

这种明显的北南方差别，从一个侧面反映出晚唐五代十国时期北南方政治社会发展的不同走向：北方地区战乱频仍，五代政权更是频繁更替，社会

---

① 《唐代墓志汇编续集》，大中〇六〇，第1012—1013页。

② 2004年，襄樊市考古队在襄阳城西发掘唐墓一座，出土墓志石一方。此墓所出材料未经整理，有关情况亦未见发表。原石现藏襄阳市襄王府文物保护所。

③ 吴越国曾实行保制的证据，另可举出《台州金石录》卷二显德元年（954）《吴越俞让墓志》所见"临海县兴国乡浮江澳里东山保"。（《石刻史料新编》第一辑第十五册，台北：新文丰出版公司，1982年，第10997页）除吴越、闽、南汉三国外，马楚也当曾行保制。《金石萃编》卷一二〇录后晋天福五年（940）马楚天策府学士李宏皋所撰《溪州铜柱记》有云："当州大乡，三亭两县，苦无税课。归顺之后，请只依旧额供输。不许管界团保军人百姓乱入诸州四界劫掠该盗，逃走户人。"（《石刻史料新编》第一辑第三册，第2195页）今按：彭氏治下之溪州境内未必置有团保，然李宏皋既有此言，则当时马楚境内当置有团保，应无疑问。

动荡不安，著籍户口流失甚多，使北方地区诸政权更重视争城夺地，故由武将直接控制城镇、村庄。南方诸国分立的政治格局，以及各国对于遵从唐制的强调，使唐的乡里制度在南方地区得到较多保存；而工商业发展、赋税征收等经济因素，则在其乡村控制体系的变化过程中，发挥了更为重要的作用。

第五章

宋辽金元时期乡里制度的演变

第一节 宋代乡里制度及其演变

一、问题之提出

南宋时人赵彦卫撰《云麓漫钞》，于宋代史事、典章制度、地理、人物皆颇多记录。赵氏于孝宗隆兴元年（1163）登进士第，此后曾佐江阴，辖长洲，官临安，宰乌程，通判徽州，倅天台，知随州，于地方乡里制度颇为熟谙。其卷一二述"国朝州郡役人之制""诸县人吏"甚悉，谓：

> 国初，里正、户长掌课输，乡书手隶里正。里正于第一、户长于第二等差。乡书手，天圣以来，以上户多占色役，于第四等差。耆长，掌盗贼烟火之事，其属有壮丁；耆长差第一、第二等户，壮丁差第四、第五等户。至和元年，罢里正，增差户长。熙宁二年，募耆长、壮丁。四年，仍旧于本等人户轮差。五年，罢户长。六年，行保甲法，始置保正副，大小保长，讥察盗贼；别召承帖人隶其下。七年，轮保丁充甲头催税。绍圣元年，耆户长、壮丁复雇募法，不许以保正长、保丁充代。寻复保正长法，既又罢甲头，以大保长催税。其保正长不愿就雇者，仍旧法募税户充耆、户长、壮丁。建炎元年，罢户长催税，复甲头。绍兴初，拘取耆户长钱，寻罢。七年，大保长仍旧催科。九年，令保正长专管烟火盗贼，不得承受文帖及课输事。十年，以耆户长雇钱充总制窠

名。又明年，复拘壮丁钱充。三十一年，令保甲催税。乾道二年罢，四年复，八年罢。①

淳熙《三山志》修纂于南宋淳熙年间，由梁克家主持修纂，向称良志。其卷一四《版籍类》五州县人役"耆户长、保正副"条称：

> 国初里正、户长掌课输，乡书手隶里正。（里正于第一等，户长于第二等差。乡书手，天圣以来，以上户多占色役，于第四等差。）耆长掌盗贼烟火之事，其属有壮丁。（耆长差第一等、第二等户，壮丁差第四、第五等户。）至和元年，罢里正，增差户长。熙宁二年，募耆长、壮丁。四年，仍旧于本等人户轮充。五年，罢户长。六年行保甲法，始置保正副、大小保长，机察盗贼。七年轮保丁充甲头催税。是岁，本州总括诸县耆长四百四十四人，壮丁一千五百九十二人，乡书手六十二人，等第给雇钱。寻罢，募壮丁。八年，罢耆长，令保正、大保长管干，量立庸直，别召承帖人，隶其下。元丰八年，复募耆户长、壮丁。其旧以保长代耆长，催税甲头代户长，承帖人代壮丁，并罢。元祐元年，复令户长催税，凡一百三十人；差耆壮，依保正法，耆长四百四十三人，壮丁一千六百十四人。二年，罢保甲，犹三年一造簿。绍圣元年，耆户长、壮丁复雇募法，不许以保正长、保丁充代。寻复保正长法，诸县募雇保正副凡八百三十四人，大保长三千五百五十五人，催税甲头五千二百十一人，承帖人八百二十九人。明年罢甲头，以大保长催税，其保正长不愿就雇者，仍旧法，募税户充耆户长、壮丁。建炎元年，罢户长催税，复甲头。绍兴初，拘收耆户长钱等罢。七年，大保长仍旧催科。九年，令保正长专管烟火盗贼，不得承受文帖及输课事。十年，以耆户长雇钱充总制窠名。又明年，复拘壮丁钱充。三十一年令甲头催税。乾道二年罢。四年复，八年罢。至今耆壮并募投名，惟保正长差税户如故。②

---

① 赵彦卫：《云麓漫钞》卷一二，北京：中华书局，1996年，第219—220页。
② 淳熙《三山志》卷一四《版籍类》五，《宋元方志丛刊》本，第8册，北京：中华书局，1990年，第7898页。

嘉定《赤城志》成书于嘉定癸未（十六年，1223），台州名宿陈耆卿所纂。其卷一七《吏役门》"乡书手"条云：

> 国初，里正、户长掌课输，乡书手隶焉，以税户有行止者充勒典押，里正委保。天圣后，以第四等户差。熙宁行募法，以第三等以下户充，免户下役钱，无人就，即给雇钱。其后不限有无产业，招募。吏有阙，与贴司依名次补充。元丰七年，听投名，不支雇钱。临海额一十八人，黄岩额一十二人，天台额四人，仙居额六人，宁海额六人。今如之。

其"手力"条：

> 国初差二三等户，掌追催公事及在城赋税，二年替。建隆四年，以县户口多寡定额。熙宁中募税户及坊郭有行止充。元丰役法，临海额五十二人，黄岩额四十九人，天台额三十五人，仙居额四十人，宁海额四十人。今如之。

其"保正长"条称：

> 建隆初，里正、户长掌课输，里正于第一等差、户长于第二等差，乡书手隶里正，于第四等差。又有耆长，掌盗贼烟火，于第一等、第二等差；其属有壮丁，于第四、第五等差。至和初，罢里正，增差户长。熙宁五年，罢户长。六年，行保甲法，始置保正副、大小保长，讥察盗贼。七年，令耆长、壮丁、乡书手并给雇钱。既而轮保丁充甲头催科。八年，罢募耆长、壮丁，令保正、大保长掌盗贼烟火，立庸直，别召承帖人隶焉。元丰八年，复募役耆长、壮丁。元祐元年，复差役法，复令户长、催科，罢保甲。绍圣元年，复雇耆户长、壮丁。寻复保正长法，令诸县雇募保正副、大保正、催税甲头、承帖人。二年，以催科甲头皆下户，不集事，改付大保正，一税一替。建炎元年，罢户长，复甲头。绍兴七年，复大保长催科。九年，令保正长专掌盗贼烟火，不许承文帖及课输事。三十一年令甲头仍旧催科。二十八年,指挥以三十户为一甲，选欠多者一人为甲首，催甲内税。乾道间,罢。自后变户长为催头，吏旁

缘为奸，其弊有不可言者。……淳熙十六年，袁提举说友奏请，遵绍兴甲首法，以三十家为一结，流水排次，遇开场，则以各户合输之目，列为榜，揭之通衢，令已输者自疏其时，以待考察，限满上其榜，以县钞点磨。其输足者，先出甲；未输或输未足者，择其尤一人罚为甲首，给甲帖，催甲内税。违者，痛绳之。①

《文献通考》卷一二《职役考》"历代乡党版籍职役"将乡党版籍之制与役法合在一起加以叙述，故稍显零乱。然其述北宋前期乡里职役，仍比较清晰：

> 国初循旧制，衙前以主官物，里正、户长、乡书手以课督赋税，耆长、弓手、壮丁以逐捕盗贼，承符、人力、手力、散从官以奔走驱使；在县曹司至押录，在州曹司至孔目官，下至杂职、虞候、拣［掏］（招）等人，各以乡户等第差充。……
>
> 淳化五年，令天下诸县以第一等户为里正，第二等户为户长，勿得冒名以给役。讫今循其制。……
>
> 役之重者，自里正、乡户为衙前，主典府库或辇运官物，往往破产。景祐中，稍欲宽里正衙前之法，乃命募充。②

《宋史》卷一七七《食货志》"役法"盖颇受《文献通考·职役考》之影响，甚或是因袭后者而来，故其所述，亦较为混乱。其起首谓：

> 宋因前代之制，以衙前主官物，以里正、户长、乡书手课督赋税，以耆长、弓手、壮丁逐捕盗贼，以承符、人力、手力、散从官给使令；县曹司至押录，州曹司至孔目官，下至杂职、虞候、拣掏等人，各以乡户等第定差。……
>
> 淳化五年，始令诸县以第一等户为里正，第二等户为户长，勿冒名以给役。③

---

① 嘉定《赤城志》卷一七《吏役门》，《宋元方志丛刊》本，第7册，北京：中华书局，1990年，第7417—7419页。
② 《文献通考》卷一二《职役考》一，北京：中华书局，1986年，影印本，第127—128页。
③ 《宋史》卷一七七《食货志》"役法"，北京：中华书局，1977年，第4295—4296页。

上述五种文献资料，乃是我们认识宋代乡里制度及其变化的基本史料。据之可知：（1）北宋初年，"因前代之制"（"循旧制"），"以里正、户长、乡书手课督赋税，以耆长、弓手、壮丁逐捕盗贼"。也就是说，北宋前期的乡里控制体系，有两个系统：一是由里正、户长和乡书手负责征科赋税，二是由耆长、弓手和壮丁逐捕盗贼。其中，里正于第一等户差，户长于第二等户差，乡书手于第四等户差；耆长亦于第一等、第二等户差；壮丁于第四、第五等户差。（2）仁宗至和元年（1054），废除了里正，增差户长，以负责征科，乡书手没有变动，耆长、弓手仍负责督捕盗贼等治安事务。到至和年间，遂形成以户长、乡书手督催赋税，耆长、弓手负责治安事务的格局。（3）熙宁、元丰年间王安石、宋神宗主持变法，相继推行免役法、保甲法等，于乡里赋役制度颇多变革，元祐、绍圣间又多有反复。尽管如此，在保甲法实行后，总的说来，是以保正副、大保长取代耆长，承帖人取代壮丁，负责检察非违，捕盗治安；而以催税甲头取代户长，负责催征赋税。后来，因为保丁轮充的甲头无力承担催征之责，乃改由大保长征科。（4）南宋时期，保甲法屡废屡复，各地亦并无定法，遂使保甲之制与耆户长之制并行。一般来说，保正副、大保长与甲头不仅负责治安事务，也同时负责催征；而耆户长之役目亦仍然保留，只不过多改为纳钱代役。绍兴以后，耆户长雇役钱与弓手钱并纳入总制钱科目，而并不实际用于雇用户长与弓手。换言之，在南宋时期，虽然名义上都保正副、大保长与催税甲头、甲首及耆户长并存，但事实上，耆户长改为雇募和纳钱代役，最终成为只纳钱，不再募役。故总概言之，南宋时期，在乡村地区真正负责征科与治安的，乃是保甲系统。

上述演变过程，表面观之，甚为清晰，然仔细推究，却有若干问题，十分不明。第一，据唐制，以里正（坊正、村正）"掌按比户口，课植农桑，检察非违，催驱赋役"，亦即兼掌征科与治安事务，并无专掌捕盗治安的耆长之设，亦无户长、乡书手、弓手、壮丁等，而上引《宋史》《文献通考》等，却均称宋"以里正、户长、乡书手课督赋税，以耆长、弓手、壮丁逐捕盗贼"乃"因前代之制"，"循旧制"，那么，其所因之"前代之制"或"旧制"究为何时之制？第二，按唐制，百家为里，五里为乡，乡、里大抵按户口编排；宋代若沿用唐制，乡里编排自以户口为准则，此且不论。那么，户长、乡书手以及耆长、壮丁等，是根据怎样的原则征发的呢？换言之，它们与乡、里的关系若何？第三，至和元年废里正后，以户长专督催科，乡书手仍得保留，二者的关系如何？其与耆长又是怎样的关系？第四，熙宁、元丰改行新法后，保甲制逐步扩展为实际控制乡村的制度，保正副、大保长由专掌民兵训练管理和乡村治安，逐步延伸到征科领域，并设置催税甲头以取代户长，专事催科。保甲基本上是按照户口编排的，那么，都保（250家）、大保（25家）与原有里、耆关系如何？或者说，都保正、大保长、催税甲头（甲首）与耆长、户长之间是怎样的关系？都保、大保以及保是在什么基础上编排的呢？第五，南宋时期，乡、里明显地已退出了乡村赋役征发的实际运作过程，户、耆长也不再派充，而只是据其职位以征钱（所收之钱纳入总制钱，并不用于雇募耆户长），故在乡村实际发挥作用的乃是都保正副、大保长等系统，遂形成都保制。在地方志中，又往往将乡、都、里、村并列，其意义究竟何在？①

二、开宝七年"废乡"置管

《宋会要辑稿》职官四八之二五"县官"栏引《两朝国史·志》：

---

① 关于宋代的乡里制度及其演变，论者颇多，这里提出的问题，亦曾得到细致讨论。最重要的研究有：（1）周藤吉之：《宋代鄉村制の變遷過程》，载氏著《唐宋社會經濟史研究》，东京：东京大学出版会，1965年，第561—644页。（2）柳田節子：《鄉村制の展開——宋から元へ》，载氏著《宋元鄉村制の研究》，东京：創文社，1985年，第377—412页。（3）佐竹靖彦：《宋代乡村制度的形成过程》，《宋初鄉制論》，载氏著《唐宋變革的地域的研究》，京都：同朋舍，1990年，第21—110页。（4）王棣：《宋代乡里两级制度质疑》，《历史研究》1999年第4期；《论宋代县乡赋税征收体制中的乡司》，《中国经济史研究》1999年第2期；《从乡司地位变化看宋代乡村管理体制的转变》，《中国史研究》2000年第1期。（5）夏维中：《宋代乡村基层组织衍变的基本趋势》，《历史研究》2003年第4期；（6）谭景玉：《宋代乡村组织研究》，济南：山东大学出版社，2010年。（7）包伟民：《宋代乡制再议》，《文史》2012年第4期；《中国近古时期"里"制的演变》，《中国社会科学》2015年第1期；《新旧叠加：中国近古乡都制度的继承与演化》，《中国经济史研究》2016年第2期；（8）Brian E. McKinght, *Village and Bureaucracy in Southern Sung China*, Chicago & London: The University of Chicago Press, 1971, pp.38—94；关于宋代乡里制度研究的概括性述评，请参阅谭景玉《宋代乡村组织研究》，第4—14页；朱奎泽：《20世纪80年代以来国内两宋乡村政权与社会控制研究述评》，《甘肃社会科学》2007年第1期。

军使兼知县，附令、丞、主簿、尉。令、丞掌字民、治赋、平决讼诉之事，主簿为之佐。尉掌盗贼、伤杀。令参用京官，或试衔幕职及三班使臣，皆谓之知县事。又有军使兼知县者。凡县各置押司、录事、录事史、佐史。诸乡置里正〔主〕赋役，州县郭内旧置坊正，主科税。开宝七年废乡，分为管，置户长主纳赋，耆长主盗贼、词讼。诸镇将、副、镇都虞候同掌警逻盗贼之事，有典以主文案，所由以役使，皆无定数。①

《两朝国史》，当指景德中王旦、杨亿等奉旨纂成的太祖、太宗两朝国史，见于《郡斋读书志》卷第二上《正史类·三朝国史》与《宋史》卷二八二《王旦传》。故此处所述，当可信为北宋初年情形。以里正、坊正掌赋役征科，乃沿用唐制，此且不论。开宝七年（974）的变化，乃是"废乡"置"管"，每管分置户长主催征赋役，前人亦已经详论。②

这里的关键是"管"是根据什么原则划分的，其规模如何。据上引《两朝国史》，"废乡，分为管"，则知一乡当划分为若干"管"，故管显然比乡小。《安阳县金石录》卷七崇宁二年《施石峡龙头物件记》见有"相州安阳县大同乡新安管水冶村孝亲崇福院住持"；③《八琼室金石补正》卷一一一宣和六年《宋全等施石献床记》见有"大宋国怀州河内县清期乡第二管西金城村税户宋全、卫聂、宋进共三人，同发愿心，自被施石献床壹座"，④则知管当为乡所分，且管有村。中村治兵卫将上引《施石峡龙头物件记》所见"相州安阳县大同乡新安管水冶村孝亲崇福院"，与明崔铣撰嘉靖《彰德府志》（天一阁藏明代方志本）卷八《杂志》所录《宋志》（北宋

---

① 《宋会要辑稿》职官四八之二五，"县官"，北京：中华书局，1957年，影印本，第3468页。
② 郑世刚：《宋代的乡和管》，载邓广铭、漆侠主编：《中日宋史研讨会中方论文选编》，保定：河北大学出版社，1991，第246—259页；包伟民：《宋代乡村"管"制再释》，《中国史研究》2016年第3期。
③ 武虚谷：《安阳县金石录》卷七，崇宁二年《施石峡龙头物件记》，第6页，《石刻史料新编》本，第1辑第18册，第13887页。
④ 陆增祥：《八琼室金石补正》卷一一一，宣和六年《宋全等施石献床记》，吴兴刘氏希古楼刊本，1925年，第30页，《石刻史料新编》本，第1辑第8册，第5811页。

时所编《相台志》）诸村名相比照，认为其所载当出自宋神宗时编纂的《相台志》，其中所见相州安阳县有23管247村，汤阴县有11管116村，临漳县有19管187村，林虑县有8管101村。据《元丰九域志》卷二，相州有主户26753户，客户21093户，则相州四县合计有61管、696村，一村平均69户，一管平均11.4村，787户。①而《元丰九域志》记相州各县乡数，安阳县四乡，汤阴县一乡，临漳县二乡，林虑县一乡，合计只有八乡，平均每乡有七管多。

据上引《宋会要辑稿》，管置户长，主催征赋税。若以一个户长对应一个管，那么福州十二县约置有140个管（见表5-1，宁德户长数缺），其时十二县共有66个乡，则平均每乡分置两个多管。《元丰九域志》卷九记福州主户114603，客户96916，则平均每管有1500余户（每乡则已超过3200户）。而从表5-1又可以见出，管应比里大，大约一个管包括两三个里。而在相州四县，管下直接统村，平均每管包括十余个村。②但是，淳熙《三山志》所记福州各县熙宁年间的户长数，应当是至和元年罢里正"增差户长"之后的数额，开宝年间初差户长时，其数可能也较之为少。

表5-1　福州各县熙宁年间的户耆长与乡里

县	户长	乡书手	耆长	壮丁	乡数	里数
闽县	21人	10人	37人	154人	12乡	54里
连江	11人	5人	49人	148人	5乡	24里
候官	28人	9人	44人	201人	10乡	50里
长溪	11人	4人	55人		4乡	24里
长乐	8人	4人	32人	98人	4乡	32里
福清	16人	7人	73人	248人	7乡	36里
古田	11人	4人	26人	76人	4乡	13里
永泰	4人	3人	28人	92人	3乡	15里

---

① 中村治兵卫：《宋代の地方区画——管について——》，见氏著《中国聚落史の研究》，东京：刀水书房，2008年，第83—94页。

② 关于宋代"管"的规模，请参阅王曾瑜：《宋朝的差役和形势户》，《历史学》1979年第4期。

（续表）

县	户长	乡书手	耆长	壮丁	乡数	里数
闽清	4人	2人	16人		2乡	10里
宁德		3人	20人	64人	3乡	10里
罗源	6人	3人	24人	84人	3乡	13里
怀安	16人	8人	43人	176人	9乡	44里

资料来源：淳熙《三山志》卷一四《版籍类》五，"州县役人"，第7898—7900页；卷二《地理类》二"叙县"，卷三《地理类》三"叙县"，第7797—7815页。

说明：淳熙《三山志·地理类》于各县下所记乡、里数，乃是南宋淳熙年间的乡、里数，而自宋初以来，各县乡、里实颇有变动，志书于各县下记载了这些变动情况，如闽县凤池西乡，原为五里，南宋时仅有一里。本表根据这些变动，回溯北宋前期的乡、里数，以与北宋前中期的乡书手、户长、耆长等相对应。

户长之役，当源于五代。唐时未见"户长"之称。《五代会要》卷二五《租税》载后唐明宗长兴二年（931）六月敕：

> 委诸道观察使属县，于每村定有力人户充村长，与村人议，有力人户出剩田苗，补贫下不迨顷亩者。肯者即具状征收，有词者即排段检括。自今年起为定额。有经灾沴及逐年逋处，不在此限。①

这里的"村长"，由村中"有力人户"充任，负责征收田苗，即两税，并代赔贫下不能交纳者，可能就是后来户长的前身。五代时据有武陵的周行逢，本为武陵农家子；及其贵，多行杀戮，其妻严氏回乡田居，"岁时衣青裙押佃户送租入城"。行逢阻之，严氏曰："公思作户长时乎？民租后时，常苦鞭扑，今贵矣，宜先期以率众，安得遂忘垅亩间乎？"②如果此条记载可信，则马楚政权已设有户长，负责征收赋税，并需押送入城。若然，则宋初

---

① 《五代会要》卷二五《租税》，第401页。
② 《新五代史》卷六六《楚世家·周行逢》，北京：中华书局，1974年，第831页。

置户长，当沿用五代之制，并非唐制。①

户长按管设置，其辖区或即称为管，此点周藤吉之已有详证。其职责则是催征赋税。宋人李元弼《作邑自箴》卷四《处事》详细记载了县衙催征赋税、和买钱物的程序，谓：

> 起催税赋、和买诸般合纳钱物等，逐色置簿，开逐管户长催数，并乡司各置收分钞历子，更抄都历。每场发到朱钞，先当厅点算，都数抄上都历讫，方分上逐乡历子，即时朱凿。逐色簿纽，计数呈押。然后勒乡司就厅前销入文簿。次日早，同官聚厅，便要销押朱脚。
>
> 才欲起催税赋，先抄出一县共若干户长，每一名户长管催若干户、都若干贯石匹两，又逐一户长各具所管户口及都催税赋数，须先开户头所纳大数（谓三十户为计者），后通结计一都数，以一册子写录。每一限只令算结催到、见欠数，亲将比磨。若催及都数，则是正数已足，其余残零，可缓缓催之，盖无缘逐户，户尽数得足。其乡书手惟要关留户长磨税，及要户户尽足，其弊不可举也。②

根据李元弼的说法，催征赋税及合买各种需要交纳的钱物，先是在县里根据要催征的事项，各置籍簿，在簿中开具各管户长及其各自应当负责催征的数目，每个乡书手（乡司）另置一个"收分钞历子"，备写收到的各管上交的赋税数目。换言之，户长是在乡村里负责催征的，而乡书手是在县衙里负责收纳记帐的。收纳记帐之任较轻，催征之责极重，故管收纳的乡书手一人可以负责管催征的若干户长。也因为这个原因，乡书手往往会为难户长。

耆长的职责是主盗贼词讼，亦即负责乡里治安。唐代并无此一职务。《五代会要》卷二五《团貌》：

> 周显德五年十月诏：诸道州府，令团并乡村，大率以百户为一团，

---

① 或认为户长是里正的助手，与乡书手一样，协助里正处理乡务。请见梁建国：《唐宋之际里正的变迁》，《南都学坛》2008年第2期。这一认识，没有充分注意到户长所辖范围既与乡不一致，也与里不一致，而无法成为里正的助手。

② 李元弼：《作邑自箴》卷四《处事》，《四部丛刊续编》本，上海：商务印书馆，涵芬楼据宋淳熙本影印，1934年，第19页。

选三大户为耆长。凡民家之有奸盗者，三大户察之；民田之有耗登者，三大户均之。仍每及三载，即一如是。①

然则，耆长之设，始自周显德五年（958）。百户之中选出三大户为耆长，亦即百户（一个团的规模）中设三个耆长。而耆长既负责检察奸盗，又要负责均平赋税，其职掌与里正相似。北宋时成书的《新编五代史平话》中的《周史平话》卷下：

（世宗）欲均天下租税，先以元稹《均田图》赐诸道。至是年（显德五年）十月，诏散骑常侍艾颖等三十四人，分行诸州，均定田租。又诏诸州将乡村率以百户为［团］（图），［团］（图）置耆长三人。又诏凡诸色课户及俸户，并勒归州县；其幕职、县官，自今并支俸钱及米麦之属，毋得多取于民。②

这里明确在说，每团置耆长三人。而团是以村落为基础，联合相近各村落组成的，虽以百户作为一团的大致标准，但事实上仍然是以村为基础的。《册府元龟》卷四七六《台省部·奏议七》录后周显德四年（957）中书舍人窦俨上疏称："如郑州新郑一县，团结乡社之人，名为义营，分立将佐。一户为贼，则累其一村；一户被劫，则罪其一将。大举鼓声之所，壮丁云集。贼徒至多不过一二十数，义营所聚，动及百人。……有贼之后，村人报镇，镇将诣村验踪。"③则知五代时团结义营是以村、社为单位的。耆长依团而设，显然是设在村庄里的。《宋朝诸臣奏议》卷一〇五《财赋门·劝课》录淳化二年（991）陈靖《上太宗聚人议》先述唐时乡里制度，"有村正掌其田野，坊正司其邑居"，"村正、坊正皆选强干廉平，州官、县官悉知丁口存殁。三年一造户籍三本，一本供省司，一本在县主将，一本纳州照对"；而"今则州额不登，天府未闻其必罚；县数有漏，州司亦因而无言。存亡只任于里胥，增减悉由于田畯。地有奸恶，至彰露以方知；户有死亡，遇差徭

---

① 《五代会要》卷二五《团貌》，第405页。
② 《新编五代史平话》，《周史平话》卷下，上海：商务印书馆，1925年，第31页。
③ 《册府元龟》卷七四六《台省部·奏议》七，北京：中华书局，1960年，影印本，第6册，第5689页。

而始报"。因而建议"即乞据今村坊,加之保伍,随其土断,不问侨居,应是浮浪之徒,悉归版籍所管,然后按其人数,授以土田。五家为邻,五邻为保,递相检察,责以农桑,勿容游食之徒,勿纵惰耕之子"。①则知宋初保伍法是按村坊编排的,编排原则是"随其土断",即根据民户居地(亦即村落)编制邻、保。耆长既然负责治安事务,邻保编排自由其负责,所以,耆长也当是按村设置的。

《宋会要辑稿》兵一一之二载建隆三年(962)诏书规定:"乡村内争斗不至死伤及遗漏火烛,无指执去处,并仰耆长在村检校定夺,不在经官审理,其县镇不得差人团保。"②《续资治通鉴长编》卷九一天禧二年(1018)三月乙卯记法官参详律令,引至道元年(995)敕令,谓"小可盗失,令村耆了绝"。③此令与"耆长主盗贼词讼"的制度规定是吻合的。《宋文鉴》卷一二九《书判》录王回判词称:"斗不至伤,敕许在村了夺,耆长则可,县令顾不可乎?"④据此,则知"村"之耆长可处理小可失盗及"不至伤"的纠斗等纷争事务。换言之,耆长是按村设置的(而不是按户数),即一村或数村设置一个耆长。或正因为此,在宋代文献中,"耆长"多被称为"村耆"。《作邑自箴》卷六录有状式,作:"某乡某村,耆长某人,耆分第几等人户,姓某,见住处,至县衙几里(如系客户,即云系某人客户),所论人系某乡村居住,至县衙几里……"⑤状纸上写明供状人身份居址(某乡某村),要连带说明其所属耆分(某某耆或第几耆),也表明耆长是按村设立的(可能管领若干村)。

我们认为耆长是依村而设,还可以提供一个重要的辅证。《续资治通鉴长编》卷四七七元祐七年(1092)九月丙戌三省条具役法节略,中谓:"壮丁,于本村合差人户,依版籍名次实轮充役,半年一替。除本等应副他役

---

① 赵汝愚编,北京大学中国中古史研究中心校点整理:《宋朝诸臣奏议》卷一〇五《财赋门·劝课》,上海:上海古籍出版社,1999年,第1122—1123页。

② 《宋会要辑稿》兵一一之二,第7册,第6938页。

③ 《续资治通鉴长编》卷九一,天禧二年三月乙卯,北京:中华书局,2004年(第二版),第2105页。

④ 吕祖谦编,齐治平点校:《宋文鉴》卷一二九《书判》,北京:中华书局,1992年,第1805页。

⑤ 李元弼:《作邑自箴》卷六,第34页。

外，如一村有四十户合差壮丁之人，本村壮丁二人处，每一年轮四户，祇应十年轮遍，周而复始。"①则壮丁是按村轮差的。壮丁由耆长统领，其按村轮差，说明耆长也是依村而设的。

据上引《五代会要》，知耆长置于后周显德五年，宋不过沿用之。上引建隆二年诏书，也说明宋初已有耆长之设。乾德四年（966）十月己巳，"诏诸州长吏，告谕蜀邑令尉，禁耆长、节级不得因征科及巡警烦扰里民，规求财物；其镇将亦不得以巡察盐麹为名，辄扰民户"。②其时蜀地初平，而各县邑已设有耆长，且得负责征科及巡警，显然是使用后周制度。

因此，在开宝七年之前，已较普遍地设置了耆长，耆长并非开宝七年的新创。所以，也就不可能是在"管"的基础上设置的。郑世刚先生认为耆长是管的行政头目，构成以"耆长-壮丁"为体制的、配备有户长的管级政权组织，当有误。③实际上，开宝七年，在原有里之上、乡之下设置"管"，以户长作为各管的负责人，负责征科赋役；而在里之下，以村落为基础，设置耆长，负责治安。这样，一管的户长要负责数百户的赋税征科，而每个耆长则只负责二三十家的治安。所谓"废乡"，也就是户长和耆长都不在原有乡、里的基础上设置，而是另起炉灶，从而形成另一个以按管所置的户长主征科，以依村而设的耆长主治安的乡村控制体系。

所以，开宝七年的户长、耆长制，并非沿唐制而来，而是在后周所置耆长的基础上，别创户长，规范耆长的职责，从而形成的一种新制度。户长辖区称为"管"，范围比乡书手所管辖的乡小，比原来的里要大一些；耆长辖区或可称为"耆"或"耆保"，可能包括一个村或若干村，管辖范围应当比里要小一些。

三、至和二年"罢里正衙前"

开宝七年（974）设管置户长主征科之后，原先负责籍帐、征科的里正、乡书手仍然存在。上引《宋史·食货志》"役法"称："淳化五年，始

---

① 《续资治通鉴长编》卷四七七，元祐七年九月丙戌，第11356页。
② 《续资治通鉴长编》卷七，乾德四年十月己巳，第180页。
③ 郑世刚：《宋代的乡和管》，载邓广铭、漆侠主编：《中日宋史研讨会中方论文选编》，保定：河北大学出版社，1991年，第246—259页。

令诸县以第一等户为里正,第二等户为户长,勿冒名以给役。"说明里正与户长并置,户长并未取代里正。然二者职掌同为征科,其关系究竟若何?

如所周知,里正与乡书手都是按乡设置的。唐制,一乡五里,有五个里正。自晚唐五代以来,各乡所辖里数渐次减少,乃至有一乡一里的情形出现。对此,前人已有诸多论列。治平四年(1067)九月,司马光在《衙前札子》论及里正衙前之役,说:

> 臣窃见顷岁国家以民间苦里正之役,废罢里正,置乡户衙前。又以诸乡贫富不同,东乡上户家业千贯,亦为里正;西乡上户家业百贯,亦为里正。应副重难,劳逸不均,乃立定衙前人数,每遇有阙,于一县诸乡中选物力最高者一户补充。行之到今,已逾十年,民间贫困,愈甚于旧。议者以为一州一县,利害各殊,今一概立法,未能尽善。又里正止管催税,人所愿为;衙前所管官物,乃有破坏家产者。然则民之所苦,在于衙前,不在里正。今废里正而存衙前,是废其所乐而存其所苦也。又向者每乡止有里正一人,借使有上等十户,一户应役,则九户休息,可以晏然无事,专意营生,其所以劳逸不均,盖由衙前一概差遣,不以家业所直为准。①

司马光所说"向者每乡止有里正一人",当然是指至和元年(1054)废里正之前。则知自宋初以来,诸乡虽然仍于第一等户中差选里正,但每乡只差一人,非复唐代一乡置五里正之旧。最为重要的是,按照司马光的说法,里正本来当主管催税,然其时已主要负责管理官物,成为衙前。

自唐代以来,里正即须到县衙参点、值班,然其不轮值时,仍当回归本里本村。至北宋前期,里正任满之后,往往被点为衙前,留在县衙,继续当差,且以主管官物为主。天禧三年(1019)三月甲申,屯田员外郎张宗诲言:"诸州取年满里正为牙职,主掌官物,多致破荡家业,前后非一,仍籍其数以闻。请罢之,令募明书计人充职。"②则知其时以里正充任衙前、主管官物,已非常普遍。《续资治通鉴长编》卷一一四景祐元年(1034)春正

---

① 司马光:《司马光奏议》卷二三,《衙前札子》,太原:山西人民出版社,1986年,第251页。
② 《续资治通鉴长编》卷九三,天禧三年三月甲申,第2141页。

月下称：

> 民役之重者，自里正岁满为牙前，主典府库，或辇运官物，往往破产。有累世同居，因避役遂离析者。于是，中书议欲稍宽其法。癸酉，命龙图阁待制燕肃、天章阁待制张宗象同三司议，乃请川、峡、闽、广、吴、越诸路仍旧制，余路募有版籍者为牙前，满三期，罪不至徒，补三司军将，勿复差乡县人。诏行其说。①

根据燕肃、张宗象等人的意见，川、峡、闽、广、吴、越等南方诸路仍按"旧制"实行，亦即仍以岁满里正为衙前，主管官物；而其余的诸路（多在北方），则招募有版籍者为衙（牙）前。到至和二年四月，以知并州韩琦之议请，遂尽罢诸路里正衙前。《续资治通鉴长编》卷一七九，至和二年四月辛亥条载：

> 辛亥，罢诸路里正衙前。先是，知并州韩琦言："州县生民之苦，无重于里正衙前。……国朝置里正，主催税及预县差役之事，号为脂膏，遂令役满更入重难衙前。承平以来，科禁渐密，凡差户役，皆令佐亲阅簿书，里正代纳逃户税租及应无名科率，亦有未曾催纳，已勾集上州，主管纲运。又每乡被差疏密，与物力高下不均。假有一县甲乙二乡，甲乡有第一等十五户，每户物力及三千贯，乙乡有第一等五户，每户物力及五百贯，即甲乡十五年一役，乙乡五年一役。富者休息有余，贫者败亡相继，岂朝廷为民父母之意乎？请自今罢差里正衙前，只差乡户衙前，令转运司将逐州军见勾到里正衙前人数立为定额，令本县令佐将五等簿于一县诸乡中第一等，选一户物力最高者为之，如更差人亦仿此。若甲县户少而役繁，即权许于乙县户多而役稀处差，簿书未尽实而愿抉取他户者亦听。其税赋只令户长催输，以三年一替。"②

据此，则知至和二年罢里正衙前，乃是不再设置里正，当然更无以在里正期满后点为衙前。从韩琦之议中可以见出，在此之前，里正的本职虽然是主

---

① 《续资治通鉴长编》卷一一四，景祐元年春正月，第2659—2660页。
② 《续资治通鉴长编》卷一七九，至和二年四月辛亥，第4330页。

催税，但亦须"预县差役之事"，盖当里正入县应役时，不仅需要主催本乡赋税，还需要从事县里的其他差役，甚至是未期满时，就被"勾集"到州府，去"主管纲运"。里正在应役之期内，即需常驻县中，并"预县差役之事"；期满后，多被点为衙前，留在县中。这样，里正实际上成为县役，而不再是乡役。至和二年"罢里正衙前"的实质，即废罢以里正充任衙前县役的做法。

乡书手之设，亦当源于五代。《五代会要·县令》上载后唐天成四年五月五日户部奏：

> 若限满后，十分中系欠三分已上者，本判官罚五十直……州县押司、录事、本典及乡里正、孔目、书手等，各徒二年，仍配重役。①

则知后唐时诸乡已置有书手。乡书手是按乡设置的，这在表5-1所列福州各县乡书手人数与乡数的对比中，一目了然，郑世刚、王棣、包伟民等亦均已指出。②而上引《云麓漫钞》、淳熙《三山志》、嘉定《赤城志》诸书所谓"乡书手隶里正"之说，诸家却皆未予讨论。上引司马光说北宋前期"每乡止有里正一人"，而每乡亦仅置乡书手一人，二者都已演变为县役，即在县衙当差，那么，在至和二年之前，乃是由在县衙当差的当乡里正和乡书手，共同组成本乡的乡司，乡书手乃可视为当乡里正的助手，故称"乡书手隶里正"；而在至和二年废里正之后，县衙中的当乡乡司遂只包括乡书手一人。

里正的本职乃是催征赋役，故其与同样主征科的户长之间，职掌有所重合，二者的关系遂颇值得讨论。《续资治通鉴长编》卷九五天禧四年（1020）四月丙申载：

> 浮梁县民臧有金者，素豪横，不肯输租。畜犬数十头，里正近其门，辄噬之。绕垣密植橘柚，人不可入。每岁，里正常代之输租。及临泾胡顺之为县令，里正白其事，顺之怒曰："汝辈嫉其富，欲使顺之与

---

① 《五代会要》卷一九《县令》上，第315—316页。
② 王棣：《论宋代县乡赋税征收体制中的乡司》，《中国经济史研究》1999年第2期；《从乡司地位变化看宋代乡村管理体制的转变》，《中国史研究》2000年第1期；包伟民：《宋代乡制再议》，《文史》2012年第4期。

为仇耳，安有王民不肯输租者耶？第往督之。"里正白不能。顺之使手力继之，又白不能；使押司录事继之，又白不能。顺之怅然曰："然则此租必使令自督耶。"乃命里正取藁，自抵其居，以藁塞门而焚之。臧氏皆迸逸，顺之悉令掩捕，驱至县，其家男子年十六以上，尽痛杖之。①

臧有金应属于第一、二等户，是有资格被点为户长、耆长之类的。然臧家不肯输租，里正束手无策。这反过来说明，里正在催征赋税事务中，实际上已越来越不能发挥作用。《孝肃包公奏议》卷七《请罢里正只差衙前》云：

> 臣昨任河北，备见诸州军所差里正，只是准备衙前，其秋夏二税，并是户长催驱。重役之中，里正为甚。每县或无上等，即以中等户充，家业少有及百贯者，须充衙前，应副重难之役，例皆破荡，其逃亡非命者，比比皆是。②

实际上，在至和二年罢里正衙前之前，里正已不再承担到乡村实际催征赋税的具体事务，成为州县衙门的职役。而户长则在赋役征科中发挥着实际作用。《涑水记闻》卷一四记李南公任长沙知县事，谓：

> 有一村多豪户，税不可督，所差户长辄逃去。南公曰："然则此村无用户长，知县自督之。"书其村名，帖之于柱。豪右皆惧，是岁初限未满，此村税最先集。
> 又诸村多诡名，税存户亡，每岁户长代纳，亦不可差。南公悉召其村豪右，谓之曰："此田不过汝曹所典买耳，与汝期一月，为我推究，不则汝曹均分输之。"及期，尽得冒佃之人，使各承其税。③

因此，开宝七年按管置户长之后，至至和二年罢里正之前，负责赋役征科的，实际上有两个系统：一是里正、乡书手组成的乡司，在县衙中当值，

---

① 《续资治通鉴长编》卷九五，天禧四年四月丙申，第2189—2190页。
② 《孝肃包公奏议》卷七，《请罢里正只差衙前》，《丛书集成初编》本，北京：中华书局，1985年，第96页。
③ 司马光：《涑水记闻》卷一四，北京：中华书局，1989年，第288—289页。

属于县役，他们负责当乡诸种籍帐的编排，应承催纳赋税，并"代纳逃户税租及应无名科率"；二是在乡村里实际负责催征赋役的户长（以及耆长），属于乡役。

耆长也是乡役，本来负责捕盗治安，但也渐次参与到征科中来，遂形成户长、耆长共同负责籍帐、征科的格局。淳熙《三山志》卷一〇《版籍类·户口》云：

> 景德农田敕，诸州每年申奏丁口文帐，仰旨挥诸县，差本村三大户、［户］长，就门通抄，每年造帐。本县据户数收落，仍春季终闻奏。①

所谓"景德农田敕"，即景德间权三司使丁谓、盐铁判官张若谷、户部判官王曾等所删定而成的《景德农田敕》五卷。此处所引，"三大户"的"户"字下本当有复文，故予补出。《宋会要辑稿》食货六九之一八载景祐元年（1034）中书门下言编敕节文：

> 诸州县造五等丁产簿并丁口帐，勒村耆大户就门抄上人丁。虑灾伤州县搔扰人民，诏京东、京西、河北、河东、淮南、陕府西、江南东、荆湖北路应系灾伤州军县分，并权住攒造丁产文簿，候丰稔依旧实行。②

负责治安的村耆大户，主要是"就门抄上人丁"；那么，五等丁产簿，则很可能是由户长主持编制的。《续资治通鉴长编》卷二五四记熙宁七年七月吕惠卿请行手实法，谓：

> 免役出钱或未均，出于簿法之不善。按户令手实者，令人户具其丁口、田宅之实也。嘉祐敕：造簿，委令佐责户长、三大户，录人户、丁口、税产、物力为五等，且田野居民，耆、户长岂能尽知其贫富之详？既不令自供手实，则无隐匿之责，安肯自陈？又无赏典，孰肯纠决？以此旧簿不可信用，谓宜仿手实之意，使人户自占家业。如有隐落，即用

---

① 淳熙《三山志》卷一〇《版籍类一·户口》，第7880页。
② 《宋会要辑稿》食货六九之一八至一九，第6338—6339页。

隐寄产业赏告之法，庶得其实。手实法凡造五等簿，预以式示民，令民依式为状，纳县簿记，第其价高下为五等。①

据吕惠卿所言，嘉祐敕规定由户长、三大户，具体负责登录人户、丁口、税产、物力，并别为五等，并造簿呈县。三大户，就是耆长。②那么，在至和二年罢里正之后，所有登籍造簿、催征赋役之事，遂由户长全面负责。而此前主掌捕盗治安的耆长，也渐次参与到造籍定户等及催征赋税等事务中来。同书同卷录司农寺言称：

> 五等丁产簿，旧凭书手及耆、户长供通，隐漏不实，检用无据。今熙宁编敕但删去旧条，不立新制，即于造簿反无文可守，甚为未便。承前建议，惟使民自供手实，许人纠告之法，最为详密，贫富无所隐，诚造簿之良法。③

这也说明在熙宁之前，耆长早已参与五等丁产簿的编制，自也参与催征赋税。

四、保甲法下大保、都保的编排

《续资治通鉴长编》卷二六三，熙宁八年（1075）闰四月乙巳条载：

> 诸县有保甲处已罢户长、壮丁，其并耆长罢之。以罢耆、壮钱募承帖人，每一都保二人，隶保正，主承受本保文字。乡村每主户十至三十轮保丁一，充甲头，主催租税、常平、免役钱，一税一替。保内被盗，五十日不获，均备赏钱，窃盗毋过二千，强盗毋过五千，贫户免输，如保内自获，以役钱代给。凡盗贼、斗殴、烟火、桥道等事，责都副保正、大保长管勾，都副保正视旧耆长，大保长视旧壮丁。法未有保甲处，编排毕准此。④

---

① 《续资治通鉴长编》卷二五四，熙宁七年七月癸亥，第6227页。
② 王曾瑜：《宋朝的"三大户"》，初刊《沈阳师范学院学报》1979年第4期，后收入氏著《涓埃集》，保定：河北大学出版社，2008年，第475—479页。
③ 《续资治通鉴长编》卷二五四，熙宁七年七月乙卯，第6224页。
④ 《续资治通鉴长编》卷二六三，熙宁八年闰四月乙巳，第6436—6437页。

在保甲法渐次推行于开封府界及河东、河北、陕西诸路之后，遂逐步取代由耆长主治安、户长主征科的原有体系，由都保正、大保长"管勾"盗贼、斗殴、烟火、桥道等治安事务，取代耆长、壮丁，而由催税甲头取代户长（以及耆长）的职责，负责催征租税及常平、免役钱等。这一制度虽然后来颇多反复，与户长、耆长制交错废行，但作为一种制度，却一直承续下来，特别是都保这一层级，后来演变成南宋至元代南方地区最重要的乡村行政管理层级。

经过一段调适之后确定的保甲法，以二百五十家为一都保，选保内行止、材勇为众所伏者二人为都保正、副；二十五家为一大保，选主户最有心力及物产最高者一人为大保长；五家为一保（小保），选主户有材干、心力者一人为保长。最初的设计把大保（初定为五十家）作为保甲法的核心。熙宁三年十二月司农寺所定《畿县保甲条制》云：

> 每一大保逐夜轮差五人，于保分内往来巡警，遇有贼盗，画时声鼓，报大保长以下，同保人户即时救应追捕；如贼入别保，递相击鼓，应接袭逐。每获贼，除编敕赏格外，如告获窃盗，徒以上每名赏钱三千，杖以上一千。
>
> 同保内有犯强窃盗、杀人、谋杀、放火、强奸、略人、传习妖教、造畜蛊毒，知而不告，论如伍保律。其余事不干己，除敕律许人陈告外，皆毋得论告。知情不知情，并与免罪。其编敕内邻保合坐者，并依旧条。及居停强盗三人以上，经三日，同保内邻人虽不知情，亦科不觉察之罪。
>
> 保内如有人户逃移死绝，并令申县。如同保不及五户，听并入别保。其有外来人户入保居住者，亦申县收入保甲。本保内户数足，且令附保，候及十户，即别为一保。若本保内有外来行止不明之人，并须觉察，收捕送官。逐保各置牌，拘管人户及保丁姓名。如有申报本县文字，并令保长轮差保丁赍送。①

这里的设计，显然是试图将大保（以及小保）建设成为自保、互助、互相监

---

① 《续资治通鉴长编》卷二一八，熙宁三年十二月乙丑，第5297—5298页。

察的基层社会组织。而在具体的实施过程中，由于催税甲头也正是在主户十户至三十户的范围内轮充，恰与一个大保的范围大致相合，所以催税甲头很可能就是在大保的范围内轮充的。《文献通考》卷一三《职役》二《历代乡党版籍职役》称：

> （建炎）四年，罢催税户长，依熙宁法，以村疃三十户，每料轮差甲头一名，催纳租税、免役等分物。①

则"熙宁法"是在村疃基础上轮差甲头的。正因为此，大保的编排，大抵是以村落为基础的。《续资治通鉴长编》卷二六七，熙宁八年八月壬子司农寺言：

> 保甲之法，主客户五家相近者为小保，五小保为大保，十大保为都保，诸路皆准此行之。惟开封府界五路，则除客户独选主户有二丁者入正保，以故小保有至数十家，大保有至百余家，都保有至数百家，人数过多，地分阔远，一保有犯，连坐者众。盖立法之初，有所未尽，欲令开封府界五路依诸路编排。②

因为开封府界五路编排保甲，只包括主户，遂使各保包含的人户过多，这也反过来说明，开封府界的保甲是以村落为基础编排的，但因为只计主户，未计客户，而实际上客户又较多，所以都保的范围遂太大。《续资治通鉴长编》卷二七四，熙宁九年四月戊戌荆湖等路察访蒲宗孟报告称：

> 湖北路保甲，无一县稍遵条诏，应排保甲村疃，并以大保、都保，止于逐村编排，更不通入别村，全不依元降指挥，其监司违法官乞施行。③

根据蒲宗孟的报告，湖北路诸县编排保甲，均未能按照条诏的规定执行，而事实上是"逐村编排"，一般并不"通入别村"。由于一个都保共有

---

① 《文献通考》卷一三《职役》二《历代乡党版籍职役》，北京：中华书局，1986年，影印本，第137页。
② 《续资治通鉴长编》卷二六七，熙宁八年八月壬子，第6553页。
③ 《续资治通鉴长编》卷二七四，熙宁九年四月戊戌，第6707页。

二百五十家,所以,蒲宗孟所说的情况,当主要是指二十五家的大保和只有五家的小保。也就是说,荆湖北路保甲编排时,一般是以村落为基础的,只有数家的较小村子,即编为一个小保;有二三十家的村落,即编为一个大保。

因此,文献中多见"村保"之称。《续资治通鉴长编》卷二七九熙宁九年十二月甲午,上批称:

> 闻德州界强盗数十发,沧州界有军贼号康太保者,结集逋逃近百余人,往来京东、河北将一年,劫略财物,决刺良民子弟为兵,村保畏惧譬害,不敢告官。虑更纠合人众,令监司、安抚司具析不申奏因依,仍选募兵分路追讨。①

其时河北、京东诸路正大力推行保甲法,上批所言"村保"负责地方治安,自是指大保长之属。这也得说明大保往往以村为单位编组。

宝庆《四明志》卷二一叙象山县乡村,谓象山县共有三乡,其中,政实乡附郭,管美政里一个里,十二个保:

乌石保,县西北二十里。　　白石保,县南五里。
弦歌保,县西五里。　　　　保德保,县东北十里。
考坑保,县东北五里。　　　延德保,县北五里。
陈山保,县北十五里。　　　下史保,县南五里。
黄溪保,县西北十里。　　　西沙保,县西二十里。
淡港保,县西三十五里。　　姜屿保,县西五十里。②

乌石、白石、考坑、陈山、下史、黄溪、西沙、淡港、姜屿等九个保,皆当以自然聚落或地块名称命名。同书同卷于"津渡"记有陈山渡,谓在"县东北一十五里",与陈山保位置正相合。又见有"姜屿渡",谓"旧名吴七娘渡,在县西北五十里,津头乃本邑吴七娘之地,因以为名",位置亦与姜屿保相合。其"桥梁"栏记有保德桥,谓在县东北一十里,说明保德保与保德

---

① 《续资治通鉴长编》卷二七九,熙宁九年十二月甲午,第6833页。
② 宝庆《四明志》卷二一《叙县·象山县》,《宋元方志丛刊》本,第5册,第5268—5269页。

桥同属一地。①乾隆《象山县志》卷一《疆域》记有弦歌市，谓在县治南，一名中市。②则宋时弦歌保或当依市集而立。其归仁乡在县南十五里，管崇仁里一个里，十个保：

  九顷保，县南十五里。   马江保，县南二十里。
  东溪保，县西南四十五里。 青部保，县西南八十里。
  后门保，县南一百里。   周岙保，县南七十里。
  松岙保，县南三十五里。   管溪保，县西南二十五里。
  西溪保，县西南四十五里。 马岙保，县西南七十里。③

同书同卷"桥梁"栏见有东溪桥，"在县西南六十里"，④则东溪保当是包括东溪桥在内的一个地域，或有若干自然村落。管溪保、西溪保均可能与此相似，包括了一条溪上的若干村落。而周岙保、松岙保、马岙保，则当包括一条山谷内的若干自然村落。游仙乡在县东七里，管和顺里一个里（旧名三山里），十个保：

  竺山保，县东北二十五里。 柘溪保，县东七里。
  钱仓保，县东三十五里。   夹屿保，县北二十五里。
  东村保，县东北三十五里。 朱溪保，县东北四十里。
  涂雌保，县东北三十里。   雀溪保，县东十二里。
  赤坎保，县东［北］（南）二十里。大徐保，县东北十五里。⑤

诸保皆以自然地理名称或村落名称命名，显然也是"逐村编排"的。而象山县每乡只有一里，每里恰好十个大保，说明"里"就是"都保"。换言之，都保是以原来的"里"为基础编排的。

---

 ① 宝庆《四明志》卷二一《叙县·象山县》，第5267页。
 ② 乾隆《象山县志》卷一《疆域》，"市"，《中国方志丛书》华中地方第476号，台北：成文出版社，1983年，第108页。
 ③ 宝庆《四明志》卷二一《叙县·象山县》，第5269页。
 ④ 宝庆《四明志》卷二一《叙县·象山县》，第5267页。
 ⑤ 宝庆《四明志》卷二一《叙县·象山县》，第5269页。

同样，大多数的都保也都包括若干村落。① 《续资治通鉴长编》卷三一一元丰四年正月庚戌枢密院上言称：

> 检会熙宁五路义勇、保甲之法，主户第四等以上，每三丁选一丁为义勇，诸县每百人为一都，五都为一指挥，不及百人附别都；即一县总不及百人，亦为一都。每都有都头、副都头、十将、将虞候、承局、押官各一人，四都立副指挥使一人，五都立正指挥使一人。主户两丁选一丁为保甲，以村疃五家相近者为一小保，内一人为小保长，五小保为一大保，内一人为大保长，十大保为一都保，保外复立都、副保正各一人；及三小保以上亦立大保长一人，五大保以上亦立都保正一人；不及者就近附别保；若地里隔绝不可附者，二小保亦置大保长一人，四大保亦置保正一人。②

根据枢密院的奏言，大保与都保的设置都有很大的伸缩性，要考虑到地里距离情况，显然，大保和都保都可能包括几个村落。

元末成书的《无锡志》卷一《乡坊》谓："宋神宗用王安石之策，行保甲之法，以五家为小保，五小保为一大保，十大保为都，都统于乡。由是乡保之名，著称于世。"其记无锡县统都六十，保（大保）五百八十有五，每都恰好十个大保左右，确是宋保甲制下的都保、大保之制。其"总村"下原注曰："凡保分，所该村墅并从一二顺数至十止，仍著所摄都分于下，余可例推。"据此，我们可以梳理部分都、保与村的关系。如一都分为十个保：胡村（一保）、前王（二保）、蔡家渡（三保）、冯窑（四保）、峰村（五保）、后祁（六保）、高桥（七保）、梨花庄（八保）、塘头（九保）、下王（十保）；二都亦有十个保：杨庄（一保）、倪村（二保）、观庄（三保）、龙阳（四保）、斗门（五保）、下墟（六保）、富村（七保）、居庄湾（八保）、严埭（九保）、侯庄（十保）。大都是一个村名一个保。也有

---

① 有的都保大抵是由一个村编排的。《续资治通鉴长编》卷二六七熙宁八年八月甲辰，卫州上言："汲县朝歌村保正裴公讨为军贼所掳，弟公详率众追贼，夺公讨以还，仍获贼首。诏以公详代公讨为都保正，赐钱百千。"（第6549页）裴公讨、公详兄弟做都保正的都保，称为"朝歌村保"，显然是以朝歌村为基础编排的。

② 《续资治通鉴长编》卷三一一，元丰四年正月庚戌，第7540页。

一个村分成两个或两个以上的保的，如十都下的潘蓒村就分为三保、四保，西张村分为九保、十保。五都下的西高山下西、西高山下东、西高山三个保，则应当属于西高山一个自然村。①统计其所记村落，共有573个。573个村落编为585个保，也说明有一些村落分成了两个或两个以上的保。

可是，实际上，都保、保的编排在不同地区表现出很大的差异。《永乐大典》卷二二一七"泸"字下所录南宋宁宗时人曹叔远编纂的《江阳谱》，详细记载了泸州所属三县的乡都编排情况。其本州乡都下原注称："《祥符旧经》管一乡五里。《旧志》管七乡八里。旧分都置保，凡四大保，属一保正，各以丁力输差，二年一代。乡有耆长。县选材干者充保，以察盗贼；耆以督课输。嘉定六年，朝旨行下。淳熙六年，广西帅张左司奏请施行，察盗事。今诸乡结甲，五家为一甲，家一丁，丁多之家二丁，官户秀才以干人代。有甲头，五甲为一队。队有队长，在市镇者则为团长。边村止以保正副统率。"②则其所记甲、队（团）之制，当为淳熙六年（1179）之后所行之制度（亦未能真正实行）；然其都、保之制，则当是"旧"制，亦即北宋以来之制。因此，我们可以据其记载，分析都、保与村落之间的关系。

我们先来看泸川县的情况。据表5-2，可以见出：（1）泸川县都保的分划是在原有里的框架下进行的：第一、二都分别是在原宜民乡应福里、进德乡四镇里的基础上设置的（第一都倚郭，所领实际上就是泸州城内外的户口），第三、四两都、第五至十四都、第十五至廿一都、第廿二至廿六都、第廿七至卅一都、第卅二至卅四都则分别在原忠进乡南岸里、衣锦乡白芳里、安贤乡中下里、惠民乡井三里、清流乡沿江里、永安乡小溪里的基础上设置（可以肯定，在保甲法实行之前，泸川县已是一乡一里的体制），各都的设置皆未跨越原先乡里的格局。（2）每都一般领四个大保，而非如保甲法规定的那样，以十大保为一都。因此，每大保的户数，也远超过规定的二十五家。《江阳谱》所记各都户数，应当是淳熙年间编排团-队-甲时的统计，其时距熙宁间推行保甲法时已逾百年，户口当有较大增殖。然即使考

---

① 《无锡志》卷一《邑里志》，"乡坊"，《宋元方志丛刊》本，第3册，第2192—2193页。
② 《永乐大典》卷二二一七，"泸"字下，"泸州"，北京：中华书局，1986年，影印本，第632页。

虑户口增殖的因素，推测熙宁年间泸川县编排都保、大保时，每大保所领户数可能也在百家左右。这样，每大保的户口规模即大约相当于唐代的里（百家），是保甲法规定的二十五家的四倍，而每一都保则大致相当于唐代的乡。（3）因为大保的户口规模较大，故其与自然聚落之间的关系不甚清晰。值得注意的是第十、十二、十三、廿一都四个都保都只有一个村市（先市、任市、曹市、鹿巷镇），其各自所属的四大保显然分别是在一个市镇的基础上编排的。其"先市"下注称："元属合江，初名先合江，以去县道远，不便供输，元丰元年十一月，割隶泸川县。"①显然，先市并不仅仅是一个市镇聚落，而包括了以先市为中心的若干村落。所以，表中所见的村镇市店，应当是规模较大的聚落；除了这些聚落之外，还应当有更多较小的村落。因此，每个大保，实际上就很可能是以一个较大的村镇市店为中心、包括若干较小村落的区域。

表5-2 《江阳谱》所见泸川县都、保与村落的关系

乡里	都	大保	村市镇店	户数
宜民乡应福里	第一都	四大保	杨村、黄村、袁村、水中坝、母市、谭村等六村	860家
进德乡四镇里	第二都	四大保	先村坝、杨森市、赵化元镇等三村镇	479家
忠信乡南岸里	第三都	四大保	南田坝、蒲市等二村市	622家
忠信乡南岸里	第四都	四大保	三家店、鬼门关、宝鞍台、白村、米头坡、杨村、何石头村、文村等八村	737家
衣锦乡白芀里	第五都	两大保	罗乙卯、梁村、特埮亭、权村等四村	419家
衣锦乡白芀里	第六都	四大保	峰门坎、凤凰台、樞树鼻市等三村	369家
衣锦乡白芀里	第七都	四大保	小市坝、大王村、胡市等三村	352家
衣锦乡白芀里	第八都	四大保	高坝、新溉、赖村等三村	680家
衣锦乡白芀里	第九都	四大保	李市、文市、望市垭等三村市	386家
衣锦乡白芀里	第十都	四大保	先市一村市	447家
衣锦乡白芀里	第十一都	四大保	龙摩角、沙坎、白市等三村市	427家

---

① 《永乐大典》卷二二一七，"泸"字下，"泸州"，第632页。

（续表）

乡里	都	大保	村市镇店	户数
衣锦乡白芳里	第十二都	四大保	任市一村市	328家
	第十三都	四大保	曹市一村市	639家
	第十四都	四大保	沙平坎、何家店、何村、白村等四村店	552家
安贤乡中下里	第十五都	四大保	赵市镇、罗村、石马平等三村镇	400家
	第十六都	四大保	大崖尾、旧赵市等二村市	534家
	第十七都	四大保	丁始蓝、楒木亭、王村、李村等四村	478家
	第十八都	四大保	伊村、母村、又村、何村、赵村等五村	498家
	第十九都	四大保	丁石坝市、铜鼓坎等二村市	695家
	第二十都	四大保	立石市、杨村等二村市	377家
	第廿一都	四大保	鹿巷镇一镇	587家
惠民乡井三里	第廿二都	三大保	罗李村、文村、佛面村等三村	1258家
	第廿三都	四大保	吕市镇、炉头坎、彭来等三村镇	1091家
	第廿四都	四大保	七里市、范村、王村、张村等四村市	1466家
	第廿五都	四大保	嘉明市、小郑市、谭市等三市	1332家
	第廿六都	四大保	白崖村、牢井垭、换鹅市、小牟市、赵王五小市、栀溪市等六村市	1156家
清流乡沿江里	第廿七都	四大保	怀德镇、蛇鸣等二村镇	823家
	第廿八都	四大保	驼鲁市、盐井等二村市	679家
	第廿九都	四大保	王滩头、大先村、多村等三村市	584家
	第三十都	四大保	蒲村、刘村、小先村等三村	437家
	第卅一都	四大保	赵化原镇、栀子市、何村、马市、青山峡等五村镇市	496家
永安乡小溪里	第卅二都	四大保	尹市、罗市、王村、青村等四村市	827家
	第卅三都	四大保	梅子坎、李村、懒始望镇等三村镇	1063家
	第卅四都	四大保	鲁村、曹村等二村	485家

资料来源：《永乐大典》卷二二一七，北京：中华书局，影印本，第632—633页。

我们再来看看江安县的情形。《江阳谱》称："本县一乡一里八耆三十二都。"注云："《祥符旧经》：一乡，曰永安。七里，曰上明、罗刀、食禄、大硐、罗融、罗隆、小溪。《九域志》：一乡，同上；一镇，曰绵水。后改乡为绵水，里仍曰上明。耆仍曰罗刀、南井、江北、罗隆、城外、旧江安、罗东、山南，凡八。今惟士人应举，卷首书乡里名；至于官府税籍，则各分隶耆下，故结甲日以耆冠都，今仍以耆书。"[①]则知江安县在北宋初仍沿唐制，分为一乡七里；其所记的耆，主掌催科，名目亦多与《祥符旧经》所记之里名重合（罗刀、罗隆，罗东当即由罗融所改），则元丰之后江安县的耆，实即《祥符旧经》所记的里。明了此点之后，则知熙宁、元丰年间江安县编排都保，也是在耆（里）的框架下进行的。

表5-3 《江阳谱》所见江安县都、保与村落的关系

耆	都	大保	村市镇店	户数
罗刀耆	第一都		罗改、梅落平、罗儿、斗安九、梅答、罗迎、罗不衰	312家
	第二都		落鸡东、上梅圆、罗东、斗磨良、罗刀	384家
	第三都		罗改郎、罗悰容、罗刀岸、梅本	251家
	第四都		落斗儿、苟村、水村、梅来、郑村	376家
	第五都		黄村、落始哀、落喻、落婆碎、落婆郎、麻顺水、落箇章	154家
	第六都		梅吼、前梅由、下婆勇、落特泥、底婆碎、梅良、落箇令	177家
	第七都		韦刘村、先村、落斗母、后梅由、彭店、王火坝、上婆勇	220家
	第八都		落箇茹、罗刑村、赵泥桥、上滩坝、落箇荣、杨高山、浪主	260家

① 《永乐大典》卷二二一七，"泸"字下，"泸州"，第633页。

（续表）

耆	都	大保	村市镇店	户数
南井耆	第九都		浪胡来、浪娄、梅特西	151家
	第十都		落尤宾市、艳坝、赵村、李村、吴杨滩	287家
	第十一都		文村、古藏垭、胡村、杨森市、许村、先罗佃	176家
	第十二都		南井监市、朱杨村	226家
	第十三都		阴村、罗始嵬、旱应坝、罗始偎	172家
	第十四都	一大保	王村、赵店	326家
南井耆	第十五都		罗刑、乱石、白沙	183家
	第十六都	四大保	董坝、斗毛、斗桑、浪始菜、母村、瞿村、马村、乌豆庄	811家
大硐耆	第十七都		石人波、李茆山、九亭坡、赵坝、何村、程村、牟村	339家
罗隆耆	第十八都	四大保	尹市、慰斗、皂泥坝、杨村、李村、黄村、阘石村	811家
	第十九都	四大保	小罗儿、下罗儿、谢村、梅始干、杨村、走马龙、朱村	811家
	第二十都	四大保	牟村、石砢市、段村、母村、文村、竿箭村	1045家
城外耆	第廿一都		在县城外东：北村、范村、庞村、夷牢口	209家
	第廿二都		在县城外西：水中坝、南门坝	289家
旧江安耆	第廿三都		大硐坝、清溪村、张村、赵村、二保村、牛项村、镦盘村	807家
	第廿四都		江安坝、罗勇村、大池头、蒲村、回程村、漏窗村	807家
	第廿五都		纳溪寨、燕辏、漏洞、赵市	834家
罗东耆	第廿六都	四大保	青山脚村、权村、梁村、曹村、杨村、白米庄	317家
	第廿七都	四大保	三清堂村、任庄村、猫儿垭、万纳窝、雷大面、梁村、向村	213家
	第廿八都		玉溪口村、始赖坝、母村、九亭坝、旧市坝、高店、堠子坝	181家

（续表）

耆	都	大保	村市镇店	户数
[山]（生）南耆	第廿九都	四大保	大洲堡、立黎村、特眉坝、江门寨、木榧村、周村、红白沙村、侯村	130家
	第三十都	四大保	铜鼓坎、大增坝、赤沙朱、板桥堡、黄沙坎、乐共城、水车坝、东村、姚村、蒿杖坝、梅岭堡、冯村、马村、政和堡、落茹村、博望寨、水罗甘村、王李村、镇溪堡、大刘村、赤崖村、大李村	552家
	第卅一都		安远寨、罗改、沙水井市、赖显村、来令、任村、董村	157家
	第卅二都		罗简那、低蓬、箐口村、落特红、罗林补、梅特速、周村、高店村、罗始王	

资料来源：《永乐大典》卷二二一七，北京：中华书局，影印本，第633—634页。其中，第十六、十八、十九都，第廿三、廿四都户数显然有误，第卅二都户数缺失。

  《江阳谱》在江安县第三十一都下注称："三十一、三十二都共管一保正、一副保，六队，二十五甲，一百五十七家。"①也就是说，此二都实际上只有一组保正、副。而据表5-3，江安县三十二都中，只有第十六、十八、十九、二十、廿六、廿七、廿九、三十等八个都分编为四大保，第十四都只编有一大保，说明江安县的都-保编制并不完备，大多数的都之下并未编排大保，而是由都直接管辖村镇市店。合江县的情形与此大致相同。在其所辖十八都中，只有第七都分为四大保，其余各都均直接辖村市镇。

  尽管都-保的编排在不同地区可能有一些差别，但总的说来，都当是包括若干村落的地域单元，而大保则以村落（包括市镇店）为基础编排，应当是普遍的。因此，在元祐、绍圣乃至南宋时，由于政治变动，保甲法屡废屡复，但在乡村层面上，无论是实行户长（管）-耆长（耆）制，还是实行保甲法（都保-大保制），耆、大保都是建在村落上的，村落本身没有变，变化的不过是名称而已；而管与都保则都包括若干村落，其作为地域单元的性质也没有变化。

---

① 《永乐大典》卷二二一七，"泸"字下，"泸州"，第634页。

五、南宋时期的都与保（图）

如上所见，南宋时象山县的"里"，实际上就相当于都保。到南宋时，都保正副也可以称为都里正副。① 南宋绍兴末年成书的《州县提纲》卷二"差役循例"条：

> 差役素有则例，如某都里正，元例差及税一贯文止，不可辄差未逮一贯文者。如某保户长，元例差及税三百文止，不可辄差未逮三百文者。或及元则例之家，比向来顿减，止三家二家长充；而未及则例之家，有税力优厚可以任役者，又在随宜更变。②

其所说的"都里正"，显然是都保正；保户长，显然是大保长。同书同卷"里正副勿杂差"条：

> 里正副分上下半月，本欲受差均耳。有合受上半月者，重难事辄嘱吏留于下半月呈遣；利赂事本下半月合受者，辄作妨嫌，差上半月。苦乐不均，弱者受害。要当严分上下半月之禁，无得杂差，行之有准。虽曰两年充役，实则一年，故人皆乐充，罕有争竞。在处里正事体虽不同，或有似此者，固当知也。③

唐及北宋前期向无"里副"之说，这里的"里正副"当为都保正副。其卷四"募役不禁"条：

> 邑有户长，居于乡村，其间平生未尝至官府者，若必勒亲身自充，非惟不知诡名挟户，且不惯催科，徒遭刑责，费既不赀，甚至破家。于法计募者，合从其便，盖一都户长，必有平昔专代充之人，诡名挟户，逃亡死绝，彼无不知，故催科不劳而办。④

---

① 周藤吉之已指出，《夷坚志》等南宋文献中所见的里正，多为（都）保正之俗称。
② 陈襄：《州县提纲》卷二，《丛书集成初编》本，第932册，北京：中华书局，1985年，影印本，第23—24页。
③ 陈襄：《州县提纲》卷二，第18页。
④ 陈襄：《州县提纲》卷四，第37—38页。

户长居于乡村，处于"都"之下，显然就是大保长。而此时之户长，则专主催科赋税，已非熙宁年间置大保长之初意，而取代了北宋前期按管所置户长之职责，故得称为"户长"。又"革催数欺弊"条：

> 户长当限，引呈催数，多寡率计于吏手，县令岂能一一悉知？往往吏得赂，则以催少为多，故侥幸免罪；不得赂，则以催多为少，故枉受刑责。①

也说明户长的主要职责，即在催征赋税。而确定户长应催之数的"吏"，则当是县里按乡设置的乡书手。又"户长拈号给册"条：

> 民户有乐输，有抵顽，有逃绝，总一都内造册一扇，于中立一二人催理，且甲户力厚，则嘱吏以乐输，则详载其名于册，故催理易办。其不乐输及抵顽之户，别立其名，无使弱者受害，苦乐不均。须勒吏先以一都内所有逃移绝户均为二册，各立号，仍别书于阄，令甲户至官，随意拈之，庶绝私嘱之弊。②

赋役册按都编造，造一都之册的吏，仍当为乡书手。所谓乡都制，是由乡书手编制各都的赋税帐册，故乡仍置于都之上。③这样，南宋时期，虽然历有变化，各地情况更颇多差异，但在总体上，以乡书手按当乡所属各都编制赋役籍帐，以都保正副掌管地方治安、兼管催征赋税，以大保长（户长）主催赋役，乃是较为普遍的做法。这就是南宋时期的乡-都-保制。

南宋时以大保长催税，故称为催税户长，亦径称为户长，盖相当普遍。《建炎以来系年要录》卷三六建炎四年八月辛卯载："广西转运司请罢催税户长，而依熙宁法，村疃三十户，每料轮差甲头一名。从之，仍推行于诸路。"④是知南宋初大保长已被称为催税户长。同书卷四四绍兴元年五月戊

---

① 陈襄：《州县提纲》卷四，第38页。
② 陈襄：《州县提纲》卷四，第38页。
③ 关于宋代以乡为税率基本核算单位，以都保为基本催税单位，以大保或甲作为具体的催税执行单位，形成三级管理机制，请参阅包伟民《宋代乡制再议》，《文史》2012年第4期。
④ 《建炎以来系年要录》卷三六，建炎四年八月辛卯，上海：上海古籍出版社，1992年，第1册，第535页。

午载：

> 朝散郎吕安中言：旧官给钱募户长催税，近已差甲头，宜椿其雇钱，用助经费，诸路提刑司拘收赴行在。既而言者以差甲头不便者五：一，则小户丁少，科差不办。二，旧每都保正长少四家，今甲头凡三十家，破产者必众。三，夏耕秋收，一都之内废农业者凡六十人，则通一路有数十万人不容力穑。四，甲头皆耕夫，既不熟官府，且不能与形势豪户争。五，所差既多，争诉必倍。于是甲头不复差，而其户长役钱不复给。①

原注称："不差甲头，在今年九月乙巳；其户长役钱，五年正月壬戌诏分季起赴行在。今并联书之。"同书卷九五绍兴五年十一月丁酉载：

> 诏罢催税户长，复以村疃三十户为一甲，轮差甲头一名催税。先是，长沙丞吕希常建言：大保长于一保之内，岂能家至户到，催促不前，则监系破产。诏诸路转运常平司相度利害。至是，广东诸司以为便，遂推行之。②

据长沙县丞吕希常之言，知催税户长就是大保长，是按大保设置的。根据规定，二十五户编为一大保，而大保实际上是按村编排的；催税甲头则以三十户为原则设置，实际上也是按村疃轮差的。因此，无论是以大保长为催税户长，还是轮差催税甲头，事实上都是在二三十户的村落基础上进行的。催税户长（大保长）与催税甲头的区别，不过在于前者属募役（或雇役），而后者为差役（轮差）罢了。

因此，保（以二十五家为编排原则）以及都保乃是南宋时期赋役征发的基本单元（无论是由催税户长即大保长，还是由催税甲头主催赋税），其中，都是责任单位，保则是执行单位。至绍兴十二年（1142）渐次推行经界法、按都保丈量土地、按乡均定两税，由于田亩图帐按大保编制，"每保画一图，凡田畴、山水、道路、桥梁、寺观之属靡不登载，而以民居分布其

---

① 《建炎以来系年要录》卷四四，绍兴元年五月戊午，第1册，第614页。
② 《建炎以来系年要录》卷九五，绍兴五年十一月丁酉，第2册，第338页。

间"，①遂以"图"指称大保所辖地域，都-保制遂在部分地区演变成为都-图制，都、图（大保）的地域单元的性质乃更为突显。②宝祐《琴川志》卷一二《叙役》录嘉熙二年（1238）杜范撰《常熟县端平经界记》记端平中常熟县修复经界，谓：

> 于是考旧额，选众役，按绍兴成法，参以朱文公漳州所著条目，随土俗损益之，锓式以徇礼。乡都之受役者，详为开说，俾之通晓无疑。然后出令为期。众皆欢然，率田若地，标氏名亩，步于塍间，验其实者，因而书之，否则量而会之。准绍兴成数，一无求赢者。辟地为田、以田为地者，书实业。昔之逋赋匿契与诡挟之弊，释勿问，而申禁其不悛者。常平田、安边田、学田、圭田与没官之田，别为籍。文书之费，悉从官给；士民之赴期会以仆隶者，听。乡井间，吏一迹不到也。由是官民一家小大竞劝，如顺子弟之与父兄，不待督而从。县五十都，都[十]（千）保，其履亩而书也，保次其号，为核田簿；号模其形，为鱼鳞图。而又秤官民产业于保，为类姓簿；类都保乡于县，为物力簿。经始于端平二年之夏，讫事于是年之冬。③

---

① 真德秀：《西山先生真文忠公文集》卷四七《显谟阁学士致仕赠龙图阁学士开府袁公行状》，四川大学古籍所编《宋集珍本丛刊》，第76册，北京：线装书局，2004年，据明正德刻本影印，第524页。

② 经界法在各路及各府州县推行的进程与实施的具体办法并不一致，大致说来，盖以两浙路实施较早且较普遍，江南东西路、福建路次之，川峡四路、淮南东西路、荆湖北路、京西南路、广南东西路更次之。参阅曾我部静雄：《南宋の土地經界法》，见氏著《宋代政經史の研究》，东京：吉川弘文馆，1974年，第406—442页；周藤吉之：《南宋鄉都の税制と土地所有》，见氏著《宋代經濟史研究》，东京：东京大学出版会，1962年，第437—473页；王德毅：《李椿年与南宋土地经界》，《食货月刊》复刊第2卷第5期，又见陈国栋、罗彤华主编：《台湾学者中国史研究论丛·经济脉动》，北京：中国大百科全书出版社，2005年，第164—192页；柳田節子：《鄉村制の展開——宋から元へ》，载氏著《宋元鄉村制の研究》，东京：創文社，1985年，第377—412页；梁庚尧：《南宋的均赋与均役》，见氏著《南宋的农村经济》，北京：新星出版社，2006年，第194—208页。

③ 宝祐《琴川志》卷一二《叙役》，《宋元方志丛刊》本，北京：中华书局，1990年，第2册，第1268—1269页。

履亩定界，按保编制核田簿、类姓簿，以都保为单位编制物力簿，各保之下又有"号"，或即相当于甲，编制鱼鳞图。这样，以保为单位编制的核田簿、类姓簿，就成为赋役征发的主要根据；而各保之核田簿、类姓簿既以鱼鳞图为依据，其作为地域单元，而非户口登记单元的性质，遂最终确定下来。

六、宋代乡里制度演变之总概及其基本特征

本节旨在梳理宋代乡里制度的基本结构及其演变的大致轨迹，而对其在各地区实行与演变过程中所表现出来的诸多差异则暂予搁置。综上考述，可以认知：

（1）宋初沿唐制，仍以在县衙当值的里正主催当乡赋税；同时，沿用五代之制，按乡设置乡书手，亦在县衙当值，掌各乡户口赋役籍帐。而为了具体催征赋役与乡村治安，又沿用后周制度，以大约三十户为原则，逐村设立耆长。

（2）开宝七年（974），在仍保留乡书手与各乡里正的前提下，于各乡分置管，每管置户长一人，主催征赋税。管比乡小，较里大，平均每管包括十余个村，管领数百户不等。同时，仍以耆长负责乡村治安。这样，遂形成乡书手与里正在县衙当值，而户长、耆长在乡村分掌赋役征科与乡村治安的双重控制体系。

（3）至和二年（1055）罢衙前里正，仍保留乡书手，掌管各乡籍帐。在乡村中，仍以户长负责赋役征科；同时，耆长也渐次介入催征赋役的实际事务中，从而在事实上形成管（户长）-耆（耆长）二级制。

（4）熙宁、元丰年间推行保甲法，以二十五家为一大保，十大保为一都保。大保多以村落为基础编排，或一村一保，或一村数保，抑或合两个以上的村为一保；都保则一般包括若干村落，然亦有较大集聚村落编为一个都保的情况。都保、大保的编排，在不同地区差异较大。在泸州，每都只有四大保，很多都甚至没有编排大保，而直接统领各村。

（5）保甲制本为治安体制，然从北宋后期至于南宋，都保正副以及大保长除仍负责乡村治安事务外，渐次演变为以催征赋税为主要职责，故而都逐步成为基本的催税单位，而大保则成为具体催税的执行单位（与此同时，乡仍然作为户口赋役籍帐的编制单位而存在）。至经界法实行，按都、保丈量土地，编制图籍，都、保遂最终演变为地域管理单元。

总的说来，宋代乡里制度演变的总体趋势，乃是在唐代以户口为原则编排乡里的基础上，适应两税法下赋役征科的基本需要，不断向以地域为原则编排乡里的体系发展，并最终形成了以都-保（图）二级制为核心的地域控制体系。在这一过程中，乡（乡书手）、里（里正）逐步退出了乡村控制与社会管理的实际事务，成为县衙分划县境的人文地理单元或户口赋税编制单位（乡、里），而管、耆与都、保则实际负责乡村的赋役征科与治安事务。因此，宋代乡里制度的基本结构，乃是一种双重体制，即作为户口赋役籍帐编制单元的乡-里和实际负责赋役征科与治安事务的管-耆、都-保并存的体制。

需要说明的是，上述认识，所揭示的乃是一种总体趋势，在不同地区，由乡-里制经过管-耆制向都-保制演变的过程颇不一致：在南方不少地区，管-耆制似乎迄未实行，都-保制也迄未能完全取代乡-里制，特别是"里"并未完全退出实际的乡村管理事务；到南宋时期，在很多州县，乡-里制、管-耆制与都-保制叠压在一起，共同发挥着作用，形成非常复杂的面貌。多种制度并存、相互叠压、共同发挥作用，乃是宋代乡里制度最重要的特征之一。

仍以常熟县为例。据上所述，南宋时，常熟县已实行都-保制，全县分置五十都，每都十保。然宝祐《琴川志》卷二《乡都》记常熟县九乡，分置五十都，每都管里若干，乡村若干，管民田及诸色官田若干亩。如感化乡在县西北，管都七，其第一都管虞山、武昌、小山、新兴等四里，山前湖村、小山、宝严寺前、下祁等四村，"管民田一万八千四百八十一亩五十四步，系中则；诸色官田八百九十七亩一角半步"。第二都管小山、崇信、日安等三里，塘头、顾庄、野塘、湖庄、东水头、河伯市等乡村六，"管民田二万四千二百九十二亩一角三十一步，系中则；诸色官田一千二百一十八亩二角五十八步"。第三都管里四：日安、崇信、昭墟、安仁；乡村十二：邹庄、周庄、夹舍、沙堰、城缀、充陂、五林、孙舍、道林、钱市、柴村、东西花林；"管民田二万九千二十亩一角二十四步，系中则；诸色官田六百九十四亩三角五十一步"。第四都管里四：昭墟、崇信、柏城、顾山；

乡村十一：杜朱堰、白塔堰、宗母宅、西石请、石塘、陈塘、羊庄、杨尖、黄屯、后庄、马市；"管民田二万五千二百二十一亩三角三千步，系下则；诸色官田二百五十五亩一十三步"。据其所管民田与诸色官田的分划，知其所记当是绍兴经界法之后的制度。我们注意到，各都所管里名，颇有重复者，如第一、二、五都均有小山里，第二、三、五都均有日安里。合并感化乡所属七都管领的诸里，剔除其不同都下重复的里名，可知感化乡当有虞山、武昌、小山、新兴、崇信、日安、昭墟、安仁、柏城、顾山、遗爱、宣慈、国昌、西阳、通道、山阳、翔鸾等十七个里。然则，感化乡的七都应当是在原有十七里的基础上编排的。① 根据同样的原则，可知归政乡所领第四十六、四十七、四十八、四十九、五十等五都当包括青村、齐门、孝节、安仁、仪凤、义逊、怀仁、三逊、诚信、承节等十个里（如果将同名里分计入各都之下，则共有十七里）。② 宝祐《琴川志》卷一二《役》录嘉定三年（1210）张攀撰《归政乡义役记》：

> 里有水火盗贼之变，上于正；县有供亿科配之烦，下于正。正一身尸数责，力且不逮，其费可知，视昔岂不夐乎难哉？吾[乡]里正久阙人，往往坐此。将领葛君号乡望族，慨焉倡为义役，甚盛举也。于是载盟凡一十七人，得田四百三十有八亩，岁计所收三百斛。捐产者计其赀，受输者董其事，以岁之入赡岁之费，使里无阙政，家无失业，人无竞心。③

参与此次义役"载盟"者共有十七人，正是每里一人。那么，归政乡的五都应当是在原有十里的基础上设置的，而置都之后，各都所分统之里，复成为本都之下的赋役征科单元。据张攀所说，归政乡十七个里的里正，或者轮役，或者共同充役；所谓义役，即以义田收入作为充役的雇资。嘉熙二年（1238）刘宰撰《义役记》云：

> 平江为东南会府，常熟为平江壮邑，物众地大，吏黠赋殷，政以是

---

① 宝祐《琴川志》卷二《乡都》，第1169—1170页。
② 宝祐《琴川志》卷二《乡都》，第1179—1180页。
③ 宝祐《琴川志》卷一二《役》，第1266页。

庞。……乃远稽乾道之诏，近述宝庆之旨，都为义役，奉达尊以倡其始，谕比屋而和其衷，佣闲民之无职事者以服其役。役之大者曰保正，以式法受政令而赋于下；役之小者曰苗长、税长，视岁时之宜，督租税以奉其上。保正则岁一人，及除而代；苗、税长则岁各二人或一人，其都之甚大者什之。率义田以供役之费，建义庄以储田之入，田有砧基，庄有规约。①

保正当指都保正；"苗、税长则岁各二人或一人，其都之甚大者什之"，据上引归政乡之例，当是每都按里设置苗、税长，较大之都或有五个里，遂得有十个苗、税长。既然雇佣苗、税长分别负责夏税、秋苗的征科，大保长遂不再发挥作用，故《琴川志》于各都之下直接管里、村，而不见分置大保的记载。

绍熙《云间志》卷上"乡里"栏记华亭县十四乡，于每乡下记有若干保、若干村，管若干里，如集贤乡，"在县西北二十里，三保五村，管里四：集贤、万安、美贤、清德"。②其中"保"当即都保，其"里"则大抵与常熟县的"里"相同，很可能也按里置有苗、税长，具体负责征科赋役。

宝庆《四明志》卷二〇叙昌国县乡里，谓有四乡，每乡下分置若干都，各管里若干、村若干，如富都乡，"距县半里，总九都，管里二，村二：德行里、鼓吹里、甬东村、茹侯村"。安期乡，"县东南海中一百里，总三都，管里一、村三：三山里，桃花村、马秦村、扶桑村"。金塘乡，"在县西南海中一百里，总四都，管里一、村二：湖上里，大奥村、冽港村"。蓬莱乡，"在县东北海中二百五十里，总五都，管里一、村二：岱岸里，岱山村、朐山村、北界村"。③各乡的"都"数大于里、村数，则"都"当是在原有乡、里的基础上分置的。象山县所置各都，更明确地是从"里"中分划出来的。因此，昌国、象山二县的"里"当是与乡相配套的体制，也是户口赋役籍帐的编制单元，在实际的乡村事务中已不再发挥作用。乾道《四明图

---

① 宝祐《琴川志》卷一二《役》，第1267页。
② 绍熙《云间志》卷上《乡里》，《宋元方志丛刊》本，北京：中华书局，1990年，第1册，第9页。
③ 宝庆《四明志》卷二〇《昌国县》，第5251页。

经》、宝庆《四明志》所记明州所属鄞、奉化、慈溪、定海等四县，则未见有都的设置，仍以乡统里、村，其乡、里均是户口赋役籍帐的编制单位。同样，淳熙《新安志》所记歙、婺源、绩溪、黟县等四县的乡、里（祁门县编有都，以乡领都），淳熙《三山志》所记福州诸县的乡、里（各里大都包括若干自然村落），淳熙《严州图经》与景定《严州续志》所记严州二县的乡、里，嘉泰《会稽志》所记越州（绍兴府）各县的乡、里，嘉泰《吴兴志》所记湖州各县的乡、里，嘉定《赤城志》所记台州各县的乡、里，嘉定《剡录》所记嵊县的乡、里，宝祐《仙溪志》所记仙游县的乡、里，开庆《临汀志》所记汀州各县的乡、里（团），咸淳《临安志》所记临安府诸县的乡、里等，①也都仅仅是县衙里乡书手编排户口赋役籍帐时的分划，是财税编制单元与人文地理单元，在实际的赋役征科、乡村治安事务中并不发挥具体作用。

总之，宋代乡里制度在具体实行过程中所表现出来的地方差异达到惊人的地步，甚至在一个县内的不同乡，都可能采取不同的乡里编制。以汀州武平县为例。据开庆《临汀志》记载，武平县有七个乡，其中顺义乡（在县东）管武溪、忠孝、禾平等三里，万安乡（在县东）管永丰、千秋、大顺等三里，归顺乡（在县西）管东流、留田、丘田、顺明等四里，永平乡（在县南）管归平、招仁、安乐、石塘等四里，清平乡（在县南）管长泰、留村、河头等三里。此五乡实行乡-里编排。而永宁乡（在县北）管七里、相坑、露溪、亭头、象村、大和、招信等七保；安丰乡（在县东）管睦郡（分上、下）、新恩、竹鉴、丰田、高吴等六保。此二乡的保显然是都保。②武平县

---

① 关于这些府州县的乡里编排，请参阅谭景玉《宋代乡村组织研究》，第48—54页。开庆《汀州志》所记汀州各县的团，应当与里一样，也是一种户口赋税籍帐的编制单元。以宁化县为例。宁化县有二乡，其中桂枝乡在县西，管迁善团、新村团、永丰里、攀龙里、会同里等五个里、团；登龙乡在县南，管招贤里、招化里、柳杨团、下觉里、温泉团等五个里、团。其下又记有宁化县的七个墟市：县市、中沙墟、石壁墟、乌村墟、乌村墟、安乐墟、滑石墟。（《永乐大典》卷七八九〇，"汀"字下，第3619页）里、团的编排与墟市之间没有任何对应关系，说明二者是分离的。同时，迁善团、新村团、招贤里、招化里等团、里名目，也说明这些团、里是按招抚入籍的户口编排的。所以，宁化县的里、团与乡一样，只能是户口赋役籍帐的编制单元。

② 《永乐大典》卷七八九〇，"汀"字下，第3619页。

七乡中,五乡管里,二乡管都保,说明里、都在管理层级上应当是一致的。

第二节 宋代蕲州的乡里区划与组织

一、问题之提出与本节依据之资料

《太平寰宇记》卷一二七淮南道五"蕲州"总叙云:

> 蕲州,蕲春郡,今理蕲春县。《禹贡》扬州之域,春秋时属楚分,为英氏国……秦灭六国,此为九江郡地……后为蕲春县……吴复置蕲春郡。晋惠帝时,蕲春改为西阳郡……后为罗州,属江夏郡。又,《宋州郡志》云:大明八年,蕲阳县复置,属西阳郡。齐高帝改置齐昌郡。梁侯景之乱,北齐高氏尽有淮南之地,因于此置[罗](雍)州……隋初为蕲州,炀帝三年废州,复置蕲春郡。唐武德四年改为蕲州,领蕲春、蕲水、罗田、黄梅、浠水五县。其年省蕲水入蕲春,又分蕲春立永宁,省罗田入浠水,又改浠水为兰溪。又于黄梅置南晋州,八年州废,以黄梅来属。天宝元年改为蕲春郡。乾元元年复为蕲州。①

按:此叙蕲州之建置沿革较悉,然亦颇有疏漏舛误。考唐宋蕲州地,于两汉分属荆州江夏郡蕲春县与扬州庐江郡寻阳县,于荆、扬二州及江夏、庐江二郡皆为边地。②吴蕲春郡领蕲春、寻阳、邾、安丰四县,郡治在蕲春县(当

---

① 《太平寰宇记》卷一二七,淮南道五"蕲州",北京:中华书局,2007年,第2506—2507页。

② 关于两汉蕲春县、晋宋齐梁蕲阳县地望,《水经注》(王先谦合校本,成都:巴蜀书社,1985年,影印光绪二十三年新化三味书室刊本,下同)卷三二《蕲水》有明确记载:"[经]蕲水出江夏蕲春县北山,南过其县西。[注]晋改为蕲阳县,县徙江州,置大阳戍,后齐昌郡移治于此也。[经]又南至蕲口,南入于江。[注]蕲水南对蕲阳州,入于大江,谓之蕲口。洲上有蕲阳县徙。"(第507—508页)则汉蕲春县当在蕲水之东,并不紧临长江。近年来,考古工作者在今蕲春县城北2.5公里处的罗州城第一重城垣内发现了大量的汉代遗物,其周围又分布着几片规模很大的汉墓群,因而据以断定这里就是汉蕲春县城。见黄冈市博物馆、湖北省文物考古研究所、湖北省京九铁路考古队《罗州城与汉墓》,北京:科学出版社,2000年,第6—12、278页。谭其骧主编《中国历史地图集》(北京:地图出版社,1982年)第二册"西汉荆州刺史部"幅定汉蕲春县在今蕲春县南蕲州镇附近,当误。汉寻阳县,在长江北岸今黄梅县西南境,自古无异辞,参阅《读史方舆纪要》卷七六黄州府蕲州"浔水城"条,嘉庆《重修一统志》卷三四〇黄州府古迹"寻阳故城"条。

已非在汉蕲春县治，而南移至蕲水入江口、今蕲州镇附近），其辖境囊括今鄂东黄冈地区（明清黄州府地）。①然三国时蕲春郡为魏吴交争之地，历经残破，故西晋灭吴后，乃于太康元年（280）废蕲春郡，而以蕲春县隶豫州弋阳郡，寻阳县属荆州武昌郡（复度属扬州庐江郡）。永嘉初（307），蕲春度属西阳国（国都西阳县，初在今河南光山县；永嘉之乱后，移至长江北岸故邾城），仍属豫州。②而寻阳县则于永兴元年（304）度属新置之江州寻阳郡（郡治在江南之柴桑）；至永嘉中，原在江北之寻阳县移治江南之湓口城，其原领江北今黄梅县地则为侨置之南新蔡郡所有。③因此，历两晋南朝，后来的唐宋蕲州地一直分属西阳与寻阳（南新蔡）二郡。西阳郡为蛮族聚居之区，④故刘宋于此置蕲水、东安、建宁、希水等左县。⑤南新蔡郡则为侨郡，为北方移民聚居区，但亦有蛮族活动。⑥梁、陈至北齐，变乱频仍，

---

① 洪亮吉撰，谢锺英补注：《补三国疆域志补注》卷一一，《二十五史补编》第3册，北京：中华书局，1955年，第3119—3120页。

② 石泉、鲁西奇：《东晋南朝西阳郡沿革与地望考辨》，《江汉考古》1996年第2期。

③ 江田祥：《两晋寻阳郡领县与辖区考》，《中国历史地理论丛》2005年第2期。

④ 《水经注》卷三二《蕲水》谓："［蕲］水首受希水枝津，西南流，历蕲山，出蛮中，故以此蛮为五水蛮。五水谓巴水、希水、赤亭水、西归水，蕲水其一焉。蛮左凭居，阻藉山川，世为抄暴。宋世，沈庆之于西阳上下，诛伐蛮夷，即五水蛮也。"（第507—508页）《宋书》卷九七《夷蛮传》"豫州蛮"下："西阳有巴水、蕲水、希水、赤亭水、西归水，谓之五水蛮，所在并深岨，种落炽盛，历世为盗贼。北接淮、汝，南极江、汉，地方数千里。"（北京：中华书局，1974年，第2398页）

⑤ 《宋书》卷三七《州郡志》三"西阳太守"，第1127—1128页。

⑥ 《晋书》卷一五《地理志》下扬州后叙谓："元帝渡江……江州又置新蔡郡。"（北京：中华书局，1974年，第463页）同书卷一四《地理志》上豫州后叙则云："孝武改蕲春县为蕲阳县，因新蔡县人于汉九江王黥布旧城置南新蔡郡，属南豫州。"（第422页）《南齐书》卷一四《州郡志》上豫州前叙："荆州刺史庾翼领（豫）州，在武昌。诸郡失土荒民数千无佃业，翼表移西阳、新蔡二郡荒民就陂田于寻阳。"（中华书局，1972年，第249页）所谓黥布旧城与（汉）寻阳皆在江北今黄梅境。又，《宋书·夷蛮传》：元嘉二十九年（452），"新蔡蛮二千余人破大雷戍，略公私船舫，悉引入湖"。（第2398页）《宋书·州郡志》江州南新蔡郡领有阳唐左县，"孝武大明八年立"。（第1091页）均说明南新蔡境有蛮族。

然蕲春与黄梅地分属不同政区，并无二致。① 至隋开皇初省并郡县，乃合蕲州、义州及晋州新蔡郡为一，定名蕲州，废齐昌、永安、义昌、新蔡诸郡，故《隋书·地理志》谓蕲春郡领蕲春、浠水、蕲水、黄梅、罗田五县。在此之后，虽然唐初曾短期于黄梅分置南晋州，但旋即废州，仍以黄梅属蕲州；蕲州所领诸县也或有分合、改名，然历唐五代两宋以迄于元，蕲州（蕲春郡）一直是稳定的一级政区，直到明初复并入黄州府，然仍得领广济、黄梅二县。②

蕲州地区在六朝时期既为蛮族活跃、集居之区，又中经荒落，则两汉之乡里制度必荡然无存。南朝控御此一地区之策略，主要有二：一是行羁縻之策，广设蛮左郡县，以蛮酋为令长。③《宋书》卷三七《州郡志》三西阳太守"蕲水左县长"条云："文帝元嘉二十五年，以豫部蛮民立建昌、南川、长风、赤亭、鲁亭、阳城、彭波、迁溪、东丘、东安、西安、南安、房田、希水、高坡、直水、蕲水、清石十八县，属西阳。"④ 凡此诸县，大约皆在今之浠水、罗田、英山县境。齐梁以迄北齐、陈，不断在此一地区增设州郡县，固南北朝后期之惯例，亦不无笼络蛮族豪酋之意。蛮左郡县所置既多，

---

① 北齐于蕲春置罗州，陈改为蕲州，北周仍之，领齐昌、永安二郡，辖区相当于今蕲春、浠水二县；梁于今罗田境置义州，领义昌一郡，北周沿之；而今黄梅县地则属晋州新蔡郡。参阅王仲荦《北周地理志》，北京：中华书局，1980年，第530—532、546—547页。

② 主要的变化集中在唐初：武德四年（621），省蕲水入蕲春，又分蕲春立永宁（天宝元年，改为广济县），省罗田入浠水；武德八年，以黄梅来属，故唐代蕲州领蕲春、黄梅、广济、蕲水四县（《旧唐书》卷四〇《地理志》三"蕲州"，《元和郡县图志》卷二七江南道三"蕲州"）。至宋元祐八年（1093），于蕲水县石桥镇置罗田县；绍兴五年（1135）废为镇，旋复置，故《宋史》卷八八《地理志》四、《舆地纪胜》卷四七并记蕲州领五县。元置蕲州路，领县仍宋之旧（《元史》卷五九《地理志》二）明初改为蕲州府，洪武九年（1376）降为州，以蕲春县省入，领广济、黄梅二县，隶黄州府（《读史方舆纪要》卷七六"蕲州"）。

③ 《资治通鉴》卷一五〇梁普通六年（525）冬十月辛雄、裴衍讨鲁阳蛮记事下胡三省注称："自宋以来，豫部诸蛮率谓之蛮左，所置蛮郡谓之左郡。"（北京：中华书局，1956年，第4707页）虽左郡左县并不尽属"豫部"，然左郡左县乃以蛮民蛮户而立，却迄无疑义。参阅胡阿祥《南朝宁蛮府、左郡左县、俚郡獠郡述论》，《历史地理》第13辑，上海：上海人民出版社，1996年，第180—192页。

④ 《宋书》卷三七《州郡志》三，西阳太守"蕲水左县长"，第1128页。

令长所辖即其所领部落，而蛮民赋役轻简，①故无须、亦不可能设置乡里组织。二是攻掠杀伐，平定后则立屯戍守。宋齐之世，于西阳、新蔡蛮颇事讨伐，具见《宋书》卷九七《夷蛮传》、卷七七《沈庆之传》及《南齐书》卷五八《蛮传》，可不具论。所可注意者乃是屯戍之设。《宋书·州郡志》西阳太守"东安左县长"条："前废帝永光元年，复以西阳蕲水、直水、希水三屯为县。"②则蕲水、直水、希水三地曾立有屯。又，《水经注》卷三二《蕲水》谓蕲阳县西置有大阳戍，③卷三五《江水》"举水"条记举水流域有蒙茏戍（梁定州治）、南口戍、方山戍、湖陂城（梁司、豫二州治）、白沙戍、达城戍等；"巴水"条谓巴水"南历蛮中，吴时，旧立屯于水侧，引巴水以溉野。又南径巴水戍，南流注于江，谓之巴口"。④则五水流域立有众多屯、戍。⑤按：南朝蕲阳县治与大阳戍并在今蕲州镇附近，浠水县即唐宋之蕲水县（兰溪县，即今浠水县），直水县则为唐宋罗田县；⑥而南朝蕲水县并入蕲春后，仍以蕲水原治为隋唐宋之蕲春治（即今蕲春县城北之罗州

---

① 《宋书》卷九七《夷蛮传》谓："蛮民顺附者，一户输谷数斛，其余无杂调，而宋民赋役严苦，贫者不复堪命，多逃亡入蛮。蛮无徭役，强者又不供官税，结党连群，动有数百千人，州郡力弱，则起为盗贼，种类稍多，户口不可知也。"（第2396页）所说虽然是"顺附"蛮民的一般情形，西阳、新蔡蛮当大致相同。据此亦可知，蛮族区域不可能存在乡里制度——即便东晋南朝部分地区仍存在着乡里制度。

② 《宋书》卷三七《州郡志》三，第1128页。

③ 王先谦合校：《水经注》卷三二《蕲水》，第508页。

④ 王先谦合校：《水经注》卷三五《江水》三，第543—545页。

⑤ 《宋书》卷七七《沈庆之传》记元嘉中庆之伐幸诸山犬羊蛮（当即大阳蛮），不克，"乃置东冈、蜀山、宜民、西柴、黄徽、上麦六戍而还"。（第1998页）则于蛮区置屯戍为南朝控御蛮族区域的惯常手段之一。

⑥ 《宋书》卷三七《州郡志》西阳太守下同时记有"蕲水左县长"与"希水左县长"。《隋书》卷三一《地理志》下亦同时记有蕲水、浠水二县。《旧唐书》卷四〇《地理志》三淮南道"蕲州"云："（武德四年）省蕲水入蕲春。又分蕲立永宁。省罗田入浠水，又改浠水为兰溪。""蕲水"县下称："汉蕲春县地，宋置浠水县。武德四年，改为兰溪。天宝元年，改为蕲水。"（第1578—1579页）则唐宋蕲水县的前身乃是刘宋所置之浠水县，在浠水流域，而非刘宋蕲水县（刘宋蕲水县后并入蕲春县，在蕲水流域）。唐代罗田县之前身则是刘宋所置之直水县，在浠水上游，故唐初得以罗田并入浠水。

城，亦即两汉蕲春治）。①这些屯戍地及后来的县城多不临江，显然是出于控御山区蛮民之需要。

南北朝后期，西阳五水蛮势力渐衰，其活动中心略向北移至弋阳、光城地区，民族融合程度不断加深。故《隋书·地理志》谓：与蕲春郡相邻的永安诸郡"多杂蛮左，其与夏人杂居者，则与诸华不别。其僻处山谷者，则言语不通，嗜好居处全异"。其于蕲春郡虽未言及其仍杂有蛮族，然称其地"人性并躁劲，风气果决，包藏祸害，视死如归，战而贵诈，此则其旧风也"。②此等区域，当隋开皇及唐初武德、贞观之世省并郡县、编制乡里、征纳赋役及推行教化时，其难度可以想见。然唐宋之世，蕲州已属内地，郡县乡里之制，均与他郡大同。《舆地纪胜》卷四七蕲州"风俗形胜"引天圣六年（1028）关咏《神光观记》云："蕲西善封，浠水故邑，甿俗富庶，溪山重复，占淮壖之上腴，属帝毂之冲会。"又引元祐五年（1090）李常《广济南禅寺记》谓："蕲在全楚之东，其人敦庞而近古"；"秀民乐于为儒，而不轻释其业"；"彬彬喜学，有邹鲁之遗风"。其"四六"目下录秦少游《谢蕲州表》称："矧蕲春之便郡，实淮右之名区。风气和平，狱讼稀少。"③与东晋南朝时"蛮左凭居，阻藉山川，世为抄暴"之局迥异。然而，此种内地普通州郡，其控制方式与控御制度实施之实相若何？换言之，乡里制度的具体实施特别是乡里之区划与运作如何？

然蕲州于唐宋之世实为一普通之内地州郡，④有关记载甚为阙略，更遑论县下之乡里。《元和郡县图志》记蕲州开元与元和间均为五十一乡。《太平寰宇记》则于各县下分记所领乡数：蕲春县，"旧十四乡，今五乡"；黄

---

① 晋宋齐梁蕲阳县治在蕲水入江口附近之蕲阳洲上，《水经注·蕲水》及《江水》之"蕲水"条记之甚明；隋及唐初并置蕲春（蕲阳改）、蕲水二县，蕲春治仍当在晋宋蕲阳故治之蕲阳洲。蕲春移治蕲春县城北之罗州城，当在武德四年并蕲水入蕲春后。罗州城考古中，迄未发现六朝遗物，说明此一城址自汉末三国"江西遂虚"时即已废弃，至唐初复建城垣。
② 《隋书》卷三一《地理志》下，北京：中华书局，1973年，第897、886页。
③ 王象之：《舆地纪胜》卷四七，蕲州，扬州：江苏广陵古籍刻印社，1991年，第503、508页。
④ 《旧唐书》卷四〇《地理志》三，蕲州为中州；《元和郡县图志》卷二七，蕲州为上州，蕲春、黄梅、蕲水三县为上县，广济为中县；《元丰九域志》卷五，蕲州为防御州，望，蕲水、蕲春、广济三县为望县，黄梅为上县；《宋史》卷八八《地理志》四同。

梅县，"旧七乡，今四乡"；广济县，"旧十一乡，今四乡"；蕲水县，"旧十乡，今四乡"。①《元丰九域志》所记与《太平寰宇记》大致同，谓蕲春五乡，蕲口一镇；蕲水四乡，石桥、马岭、王祺三镇；广济四乡；黄梅四乡，独木一镇。②然据如此简略之材料，实无以窥知此一地域乡里控制与变化之实相及其意义。故治地域史者，言及州县乡里之区划与组织，往往仅能就一般制度性规定加以推论，而难以详论本地域之切实情形；逆言之，由于不能知悉具体地域乡里区划与组织状况，亦即难以确知制度性规定在具体地域之实施与运作的实相。然则，欲窥知唐宋时期如蕲州之类普通州县的乡里区划与组织，则须于传统文献之外，另觅根据。

2004年2月中下旬与6月中旬，我们在鄂东地区作了两次田野考察，承黄冈、浠水、罗田、英山、黄梅、武穴等六县市文博部门的支持与帮助，得睹诸多珍贵文物与文献。其中，以上六县市博物馆所藏宋元买地券碑，前人多未及注意，颇具研究价值。按：南宋周密《癸辛杂识·别集》卷下"买地券"条云："今人造墓，必用买地券，以梓木为之，朱书云：'用钱九万九千九百九十九文，买到某地若干'云云。此村巫风俗如此，殊为可笑。"③此类买地券，其性质虽为虚拟的殁亡人向亡人鬼魂或地下神祇购买墓地之阴间土地所有权的买卖契约，内容"殊为可笑"，然其述殁亡人之生前身份、乡里居地及墓地所在，却并非虚拟。因此，利用买地券资料，颇可考知若干制度、地理问题。④鄂东所见买地券文所涉及之墓主大多为普通平

---

① 《太平寰宇记》卷一二七，淮南道五，蕲州，第2508—2510页。
② 《元丰九域志》卷五，淮南路"蕲州"，北京：中华书局，1984年，第201页。
③ 周密：《癸辛杂识》，《别集》卷下，"买地券"条，北京：中华书局，1988年，第277页。
④ 较系统地讨论买地券源流及其意义、价值的论著主要有：（1）吴天颖：《汉代买地券考》，《考古学报》1982年第1期。（2）池田温：《中国历代墓券略考》，《东洋文化研究所纪要》第86号（1981年），第193—265页。（3）Valerie Hansen, *Negotiating Daily Life in Traditional China: How Ordinary People Used Contracts*, 600—1400, New Haven: Yale University Press, 1996, pp. 149—229. 韩森以中文发表的论文《宋代的买地券》（见邓广铭、漆侠主编《国际宋史研讨会论文选集》，保定：河北大学出版社，1992年，第133—149页）、《为什么将契约埋在坟墓里》（见朱雷主编《唐代的历史与社会》，武汉：武汉大学出版社，1997年，第540—547页）大致体现了其论点的主旨，可参看。（4）刘屹：《敬天与崇道——中古经教道教形成的思想史背景》，特别是其第一章（北京：中华书局，2005年，第3—125页）对此有全面介绍与讨论。

民，其记载亡人生前居地甚悉，故本文试图通过对这批地券文的整理，据其所记殁亡人生前居地乡里与墓葬所在，考证宋代蕲州所属各县之乡里区划与组织情形，并就唐五代之情形略加推论，或可稍补史乘记载之疏阙，而弥补鄂东地域控制体系变迁之一环节。

鄂东六县市博物馆所藏地券碑多未经整理、著录，更未展出，多分散置于库房各处。在馆方帮助下，我们对各馆所藏地券碑做了初步清理，共清理出50方，其中除2方无字碑为陶质外，其余均为石质；6方无文字，44方有文字地券碑可辨识通读者共35方，其中又有4方所记殁亡人生前居地乡里或葬地所在恰磨灭或破损，无以考知，故可据以考知殁亡人生前居地者唯31方。① 其概况与所记殁亡人生前居地乡里与葬地情况见表5-4。

表5-4　鄂东五县所见地券概况及其所记殁亡人居地乡里

	地券文	出土地	年月	公元	亡人生前居地乡里	现藏
1	郭五娘地券文	浠水县	治平二年正月	1065	蕲州蕲水县开元乡义丰里中保	浠水县博物馆
2	昝德旭地券文	浠水县清泉镇北胡坪村	熙宁元年七月	1068	淮南道蕲州蕲水县尚德坊	浠水县博物馆
3	曹三娘买地券文	浠水县	熙宁六年五月	1073	淮南道蕲州蕲水县永泰乡坊市户	浠水县博物馆
4	王三郎地券	浠水县清泉镇沿河街	元丰元年十一月	1078	淮南道蕲州路蕲水县下水寨门外	浠水县博物馆
5	徐沿袭地券	浠水县清泉镇南岳村	宣和五年五月	1123	淮南道蕲州蕲水县□□乡石司里汝□保	浠水县博物馆
6	王二十三郎地券	罗田县	元丰五年十二月	1083	蕲州蕲水县开元乡昭义里路□保	罗田县博物馆

---

① 鄂东所见买地券碑，虽大多均有"买地"内容，但多称为"地券""地券文""地契文""墓券"或"墓志"，称为"买地券"者较少（见表5-4），故本节亦概称为"地券"或"地券文"，而不以"买地券"为称。

第五章　宋辽金元时期乡里制度的演变　533

（续表）

	地券文	出土地	年月	公元	亡人生前居地乡里	现藏
7	潘五娘地券	罗田县	元丰以后		淮南道蕲州蕲水县龙门乡石里白阳保	罗田县博物馆
8	程法传地券	英山县	宝元元年十二月	1039	蕲州蕲水县直河乡马安里中保	英山县博物馆
9	刘十三娘地券	英山县城东门外	熙宁六年十一月	1073	蕲州蕲水县直河乡安仁里河西保	英山县博物馆
10	谢文诣地券	英山县三门河乡郭家湾	熙宁十年十二月	1078	蕲州蕲水县直河乡	黄冈市博物馆
11	田三郎地券文	英山县孔坊乡大屋基	熙宁十年十二月	1078	蕲水县直河乡石桥里苦竹保	黄冈市博物馆
12	孔氏十三娘地券文	英山县孔坊乡大屋基	熙宁十年十二月	1078	蕲水县直河乡石桥里苦竹保	黄冈市博物馆
13	牛懿四郎地券	英山县	元丰元年十一月	1078	淮南西路蕲州蕲水县开元乡贰吴里上乐保	英山县博物馆
14	郑昌四郎地券	英山县城附近	元丰元年十二月	1079	蕲州蕲水县直河乡安仁里河西保	英山县博物馆
15	胡六娘地券文记	英山县城北	元丰四年四月	1081	淮南道蕲州蕲水县直河乡安仁里北场保	英山县博物馆
16	余毅二郎地券	英山县	元祐四年	1089	淮南道蕲州蕲水县直河乡马安里湖陂保	英山县博物馆
17	胡十一娘地契文	英山县	绍圣三年二月	1096	蕲州罗田县直河乡马安社北保	英山县博物馆
18	何延祚七郎地券书契	英山县城附近	崇宁四年正月	1105	淮南道蕲州罗田县直河乡安仁里合安保	英山县博物馆
19	牛九娘地券	英山县	崇宁四年十一月	1105	蕲州罗田县开元乡贰吴里上乐保	英山县博物馆

（续表）

	地券文	出土地	年月	公元	亡人生前居地乡里	现藏
20	胡氏墓记	英山县杨柳区茅竹湾	政和四年十二月	1115	淮南道蕲州罗田县直河乡安仁里合安保	英山县博物馆
21	郑福地券	黄梅县	崇宁四年十一月	1105	淮南西路蕲州黄梅县宣化坊	黄梅县博物馆
22	杨皋碑记	黄梅县	大观二年十一月	1108	黄梅县长乐乡鹿角里赤岸村	黄梅县博物馆
23	郑贤地券	黄梅县	北宋末		蕲州黄梅县永福乡五藏里东合村	黄梅县博物馆
24	范千二地券	黄梅县	至大三年十二月	1311	蕲州路黄梅县市承诏坊	黄梅县博物馆
25	安百四墓券	黄梅县	延祐六年十一月	1319	蕲州路黄梅县新城乡下新地里（葬地）	黄梅县博物馆
26	李元德地契文	黄梅县	元统二年三月	1334	淮西道蕲州路黄梅县西毕家坊	黄梅县博物馆
27	李贵有地券	黄梅县	至元四年十一月	1338	淮西道蕲州路黄梅县翔鸾坊	黄梅县博物馆
28	汪夫人地契文	黄梅县	天定元年八月	1359	淮西道蕲州路黄梅县市曾坊	黄梅县博物馆
29	杨六郎地券	武穴市两路乡静金坡村	皇祐五年九月	1053	蕲州广济县永兴乡歧陂里小金保白苎村	武穴市博物馆
30	杨大郎墓记	武穴市两路乡静金坡村	元丰七年五月	1084	淮南道蕲州广济县永兴乡歧陂里小金保西白苎村	武穴市博物馆
31	郭旻二郎地券	武穴市北境凤嘴乡	大观元年十月	1107	淮南道西路蕲州广济县灵泉乡南丰里连陂保	武穴市博物馆

说明：（1）受到地方文博部门工作条件的限制，地券碑的出土地点未能全部记录

下来，凡无以确知其具体出土地点者，只能注明其所出县市。（2）表中罗田县所出潘五娘地券与英山县所出郑贤地券，记载年代处恰破损，只能据行文及当地博物馆同仁之判断予以界定；其他各券时间，均以营葬时间为准，而不记亡人死亡时间。（3）表中黄梅县所出范千二、安百四、李元德、李贵有等四券属元代，汪夫人地契文之"大宋天定元年己亥"为元末徐寿辉天完政权（元顺帝至正十九年、韩林儿宋政权龙凤五年，1359）之纪年。为保持论述的完整性，一并列入。

二、宋代蕲州属县乡里区划考

表5-4所列31种地券，分属今浠水、罗田、英山、黄梅、武穴五县市，其所记亡人生前居地，则分别属于宋代蕲州蕲水、罗田、黄梅、广济四县，其中罗田县乃元祐八年（1093）分蕲水县立，故以北宋前期政区论，上述地券所记墓主生前居地分属蕲水、黄梅、广济三县。兹据上述地券所记墓主之乡里居地，结合各县所见墓志及固有文献中有关材料，对宋代蕲州所属之蕲水（含元祐八年后分置之罗田县）、黄梅、广济及蕲春县的乡里区划略加考述。

（一）蕲水县（含元祐八年后分置之罗田县）

北宋前期蕲水县，包括今浠水、罗田二县及英山县大部。据《太平寰宇记》与《元丰九域志》所记，蕲水县共领四乡。此四乡之名称、位置及其所属里、保，据表5-4所列，可以约略考知。

1. 开元乡。表5-4所列地券文中，明确记载墓主属于开元乡者有券1、券6、券13、券19。此四券之出土地点均不能详知，但四券分别由今浠水（券1）、罗田（券6）、英山（券13、券19）三县博物馆发掘、收藏，则开元乡之地域当在此三县之间，亦即今浠水县东北境、罗田县东南境与英山县南境，当包括今浠水县城（清泉镇）以北、英山县南河镇与罗田县石桥镇（元祐八年分置之罗田县城）以南的浠水河流域。浠水县博物馆另藏有绍圣三年（1096）墓碑一方，上刻《宋故施夫人墓志铭并序》云：

> 夫人姓施氏，其先临川人，曾祖父宪、祖希古、父延寿，皆不仕，世以财雄江西，为巨族。后游蕲之兰溪，因家焉……归于侯君仲修。侯氏资产甲兰溪，内外百口，义聚三十余年……夫人以绍圣元年十一月二十三日寝疾，终于家，享年六十有三。以绍圣三年三月二十四日，葬

于蕲州蕲水县开元乡龙潭山之阳。

同墓所出施氏夫君《宋隐居侯君墓志铭》亦称："君讳严，字仲修，世为兰溪人……幼奉皇考，始葬于县郊之东，君每以地之浅薄不足以彰先德，乃因母夫人之丧，特卜兆于龙潭山之阳，启皇考之柩而葬焉。"则侯氏为蕲水大族，居于县城之中。侯仲修夫妻合葬墓位于今浠水县城东北云路口村岳门嘴龙潭山南坡，北临浠水河，南距皂泥湖40米。上录施夫人墓志铭称这里属开元乡，则开元乡之南界至少及于浠水县城之北。①据券19，知分置罗田县后，罗田仍有开元乡；而蕲水之开元乡之南界既及于县城之北，自不当完全割隶罗田，故蕲水亦有开元乡。则分置罗田县后，二县各有开元乡。

由此四券，则蕲水县开元乡至少有义丰、昭义与贰吴三里，每里又有若干保。

2. 龙门乡。见于券7。此券出土地点不详，但无疑在今罗田县境内。浠水县博物馆藏有一方绍圣五年（即元符元年，本年四月改元，1098）墓碑，上书"宋故郭德基墓志铭"，称墓主郭德基之"大父讳全，终汀州判官，赠太常博士，盖四海文士也。宦游淮南，爱兰溪而卜筑焉，遂以世家。先君讳之翰，累举不第，喜延接天下名士，远近为之美谈也"。郭德基卒于绍圣五年四月，本年十二月甲申葬于"县西北百步龙门乡杨历里撼铃山之下，祔先夫人墓侧"。显然，郭家亦居于县城，其家族墓地即在县城西北不远处，其地属于龙门乡杨历里，则龙门乡之南界亦至少及于浠水县城之西北角。②

又，张耒《庞安常墓志铭》云："绍圣丁丑，予得罪谪官齐安，而得蕲水庞君焉……戊寅之春，予见君于蕲水山中……后数日，与客坐语而卒，年五十八，时二月初六也……以是年闰九月二十七日，葬于蕲水龙门乡佛图村。"③庞安常，亦见于《东坡志林》卷九，谓："黄州东南三十里为沙

---

① 浠水宋墓考古发掘队《浠水县城关镇北宋石室墓发掘简报》，《江汉考古》1989年第3期。
② 弘治《黄州府志》卷二《山川》蕲水县下记有"杨历湖"，谓"在县西［北］四十里"。（《天一阁藏明代方志选刊》本，上海：上海古籍书店，1965年，第44页）杨历之名当与此杨历湖有关，若然，则杨历里的范围较大。
③ 张耒：《庞安常墓志铭》，《张耒集》卷五九，李逸安等点校，北京：中华书局，1990年，第873—875页。按：点校本"佛图村"作"图佛村"，误，今据《四库全书》本《柯山集》卷四九改。

湖,亦曰螺师店,予买田其间,因往相田,得疾。闻麻桥人庞安常善医而聋,遂往求疗……疾愈,与之同游清泉寺,寺在蕲水郭门外二里许,有王逸少洗笔泉,水极甘,下临兰溪。"则庞安常所居之龙门乡麻桥(当即佛图村①),当距浠水县城不远,在县城之西北。今浠水县城西北约五公里处仍有一个自然村称为"麻桥",很可能就是北宋时庞安常所居之麻桥。

因此,龙门乡之地域当在蕲水县之西北境,包括今浠水县西北境与罗田县的大部分地区,其南界及于蕲水县城,西面当以巴水为界与黄冈县为邻,东面可能以巴水、浠水河间的分水岭为界与上考开元乡为邻。其所属之里,仅见石里与杨历里二里,其中石里下有白阳保。

3. 直河乡。表5-4各券所记墓主,属于直河乡者最多,共十券,其所记墓主分属直河乡马安里、安仁里与石桥里等三里。(1)马安里。券8墓主程法传属于马安里中保,券16之余毅二郎属马安里湖陂保,券17之胡十一娘属直河乡马安社北保,则马安里(又称马安社)至少有中保、北保、湖陂保三保。(2)安仁里。券9之刘十三娘、券14之郑昌四郎并属安仁里河西保,券15之胡六娘属于安仁里北场保,券18之何延祚七郎(亡于崇宁四年)、券20之胡氏并属罗田县直河乡安仁里合安保。此外,英山县毕昇纪念馆另见北宋文二娘地券照片一种,谓墓主文二娘属于安仁里石合保。②则安仁里有河西、北场、合安、石合等保。券9出土于今英山县城东门外,正在今东河西岸;券14亦出于今英山县城附近。则所谓"河西保"当即在今英山县城一带、东河之西。券15出土于英山县城北,则北场保当在今英山县城稍北处。券18亦出于今英山县城附近;券20则出于英山县城东北东河东岸、今杨柳区之茅竹湾,那么,合安保应在今英山县城东北、东河两岸。因此,安仁里当在今英山县城及其北面的杨柳区一带之东河两岸地。③(3)石桥里。券11、券12同出于英山县城西北孔坊乡大屋基,墓主田三郎与孔十三娘夫妇均为石

---

① 张耒所撰《庞安常墓志铭》称:庞氏"晚好佛学,盖有得焉"。"佛图村"之名,或即庞氏所命名。

② 此地券碑刻制特别精美,据说已送往北京中国印刷博物馆,作者未得目睹,其图片现在英山县毕昇纪念馆展出。

③ 券10但称墓主谢文诣居住在"蕲州蕲水县直水乡",而未言其所属里、保。按:券10出土地点三门河乡郭家湾在杨柳区东南,其地应当也属于安仁里。

桥里苦竹保人，其地当即苦竹保所在。①而里以"石桥"为名，孔家坊距今属罗田县之石桥铺（元祐分置之罗田县治）仅二十余里，则石桥里即当在今罗田石桥铺、英山孔家坊的西河两岸地。

按：直河，当即直水，亦即今英山西河。《宋书·州郡志》记元嘉二十五年所立十八左县中，有直水县，与晞水县相近，当就在这里。②《读史方舆纪要》卷二六安州英山县称："本罗田县之直河乡，宋淳祐间立鹰（鸣）山寨，咸淳初更名英山，德祐二年升为县。"③表5-4所列券17、券18、券20并在元祐八年分置罗田县之后，皆称"罗田县直河乡"，则置罗田县后，其东境仍为直河乡。德祐二年（1276）所立之英山县辖域当包括原直河乡大部分地域（原属直河乡的石桥铺则仍属罗田），其南境则包括原开元乡部分地域。

4. 永泰乡。永泰乡之名，仅见于券3。因为蕲水县城之北已分属开元、龙门二乡，故永泰乡只能是位于县城以南。券5出土地点在浠水县城清泉镇南不远处（约2公里）之南岳村，券文中乡名已脱，不能辨识，而据其所在地域推测，很可能是"永泰"二字。若然，则可知永泰乡下有石司里，里下亦置保（汝□保）。④

曹三娘虽属永泰乡，但却是坊市户，而非乡村人户。王曾瑜先生曾谓："当时乡村户以乡、都（都保）和里作管辖单位，而坊郭户却以厢和坊作

---

① 值得注意的是这里的地名现今仍叫"孔家坊"，孔姓迄今仍是当地大姓，似乎暗示着与孔氏十三娘之间存在某种联系。而在孔家坊以南不远处则有一个小村落，"竹坳亭"，不知与苦竹里之间是否有关系。

② 《水经注》卷三五《江水》"晞水"条："[晞]水出灊县霍山西麓……西南流，分为二水，枝津出焉。晞水又南，积而为湖，谓之晞湖。湖水又南流，径轪县东，而南流注于江，是曰晞水口者也。然水流急浚，霖雨暴涨，漂滥无常，行者难之。"（第544页）《舆地纪胜》卷四六蕲州景物栏"崄石"条："在蕲水县东北十里，罗田三溪之水会焉，无虑高数十丈。崄石十里余，横截溪流，水注罐中，皆成嵓窦，玲珑相通，冲淙而下，湍汛异常，入蕲水界，是为浠水。"（北京：中华书局，1992年，第1905页）"直水"之称，或即得名于水流迅急。所谓"罗田三溪"之水，当即今英山县境内之东河、西河与南河。

③ 《读史方舆纪要》卷二六《南直》八，"六安州"，北京：中华书局，2005年，第1294页。

④ 今浠水县城南约10公里处有"里店"，不知与石司里之名是否有关联。

管辖单位，互不相同。"①由曹三娘之例看，可能有一些例外，即并非所有的坊市户（坊郭户）均隶于厢、坊。曹三娘既为坊市户，又隶于永泰乡，则不会居于县城之内，而应当居住在市镇里。《元丰九域志》卷五所记蕲水县三镇中石桥镇在直河乡，已见上考；另外的马领、王祺二镇不知所在，颇疑曹三娘可能即居于此二镇之一。②《续资治通鉴长编》卷二五二熙宁七年四月甲午，"诏诸城外草市及镇市内保甲，毋得附入乡村都保，如共不及一都保者，止令厢虞候、镇将兼管"。③则在此之前，草市及镇市内保甲，必有附入乡村都保者。曹三娘既隶于永泰乡下（亡于熙宁六年，在诏书下达之前），很可能就是附于乡村都保的坊市户。

除以上四乡外，蕲水县另有尚德坊，见于券2（昝德旭大郎）。按：昝大郎墓所在的胡坪村位于今浠水县城东北约四公里处，据上文所考，当属开元乡地域；而开元、龙门、永泰三乡均及于县城附近，所以昝大郎所居之尚德坊只能是在县城内。据上揭侯仲修夫妇墓志铭，知侯氏家族以经商致富，属坊郭户，亦居于城内。又，券4之王三郎在"蕲水县下水寨门外居住"，显然是居于城下；而其墓地位于今清泉镇沿河街，紧临浠水河，说明北宋时蕲水县城外、沿浠水河西岸已形成街区；看来并不属于尚德坊。④换言之，虽然今见地券文中仅有尚德一坊，但并不能据以断定北宋蕲水县城仅有一坊。

（二）黄梅县

宋黄梅县所领乡数，据《太平寰宇记》及《元丰九域志》所记，亦为四乡，另有"独木一镇"。此四乡之名称，据表一所录地券文，可以考知者有

---

① 王曾瑜：《宋朝的坊郭户》，见中国社会科学院历史研究所宋辽金元史研究室编《宋辽金史论丛》第1辑，北京：中华书局，1985年，第66页。

② 《梦溪笔谈》卷一二《官政》二下所记北宋十三茶场（山场）中，有蕲州之洗马场、王祺场与石桥场（沈括撰，胡道静校注：《新校正梦溪笔谈》，北京：中华书局，1957年，第136页）。《元丰九域志》所记之马领镇当即洗马场，王祺场当即王祺镇。洗马场，即在今浠水县东北境之洗马镇，当在开元乡地域。

③ 《续资治通鉴长编》卷二五二，熙宁七年四月甲午，第6177页。

④ 水寨门很可能是浠水县城的东门。上引《东坡志林》卷九所记清泉寺在"蕲水郭门外二里许"，其中郭门当指县城北门。

长乐、永福、新城三乡。

1. 长乐乡。券22之杨皋为长乐乡鹿角里赤岸村人。此处见长乐乡下有鹿角里，而里下直书赤岸村，似无保之设置；然是券下文述杨皋长女大娘"妻杨家山保祁家"，其"杨家山"当即村名，"杨家山保"当即以村为保。据此，赤岸村或亦有保。而杨皋之妻则是闵步保人。由于黄梅县博物馆未留存这些墓葬的发掘记录，已无以确知此墓所在位置，故无以据此考知长乐乡之大致方位。然弘治《黄州府志》卷一《坊社乡镇》记明代黄梅县乡坊，其中有长乐乡，谓"在县南"。按：明代黄梅县乡坊建置，多继承宋元乡坊之制，①故宋元长乐乡之位置，亦当在县境南部，亦即南乡。

2. 永福乡。见于券23，其墓主郑贤为"永福乡五藏里东合村清信弟子"。永福乡之位置，据弘治《黄州府志》所记，当在"在县东北"。

3. 新城乡。见于券25，谓墓地（墓主安百四亡于元延祐五年）在新城乡下新地里杨家山之原。"下新地里"之称，意味着当另有"上新地里"。又，券28汪夫人地契记墓地在"本县管下新城乡新化里边家湾村，土名万仓亩"。此二券之时代虽较晚，然据此推知宋代黄梅县之有新城乡，当不致大误。然则，新城乡下至少有上、下新地与新化三里。据弘治《黄州府志》，新城乡"在县东南"，当在长乐乡之东。

券22、券23之系年皆为北宋末年，券25、券28则属元代，四券所记亡人居地或墓地所在乡里甚悉，惟不书里下之保，而直称某村，与上述浠水、罗田、英山境内所见各券详记乡、里、保者异。黄梅县博物馆另藏有宋代墓志四方，于墓主生前居地及墓地所在亦多不著乡里，而仅记其墓地所在山原。如元丰八年（1085）《王京叔墓志铭》云：

> 蕲州黄梅邑人王君，讳承镐，字京叔，豪右中□善人……是元丰八年，以三月十五日染疾而终于其家……今以当年九月二十九日葬于松坡

---

① 据弘治《黄州府志》卷一及嘉靖《湖广图经志书》卷四黄州府"坊乡"记载，明代黄梅县所属四乡分别是新城乡（在县东南）、凤源乡（在县东北）、永福乡（在县东北）与长乐乡（在县南），其中新城、长乐、永福三乡之名均见于表5-4所录地券。同时，弘治《黄州府志》所记黄梅县已废之坊中，承诏坊、市曾坊、翔鸾坊亦均见于上录地券。显然，明代黄梅县乡坊与宋元时期的乡坊存在着继承关系。据此，可以断定宋代黄梅县所属的第四个乡就是凤源乡。

之原。

元祐七年（1092）《杨希道墓志铭》称：

> 宋元祐五年庚午八月初二日，虢略杨君希道，春秋八十有一，留颂辞世，而终于家。其孤仲达卜以七年三月初一日甲申，举其柩葬黄梅大平原，祔先茔，礼也。

大观二年（1108）《杨明仲墓志铭》云：

> 君讳公昕，字明仲，以大观丁亥仲春鉴日终，享年四十有六，卜次年十二月甲申葬于所居之东北北山之原……杨氏世为黄梅白露人，□王父讳□，王父讳德政，考讳行握，皆以货殖杰于一乡。

按：杨氏所居之白露，当为村落之名，其地无考。又，政和元年（1111）《郑氏墓志铭》谓：

> 夫人□姓郑，居黄梅之北。笄□考祝石子里李世旻，家系上等供输，结为夫妇……今于政和元年正月十一日夜不幸仙逝，先择吉地自己家南土油榨园，甃砌完全，于十九日壬午安厝吉兆，葬于山岗。

郑氏夫家李氏，居石子里，属于"上等供输"，系乡村富户。上述四方墓志，年代均属于北宋中后期，墓主之身份亦均非官宦，而是较为富有的平民或者塾师。这些墓志均未言明墓主生前所居乡里，于其墓地所在，亦仅称在某某山原或山岗。因此，黄梅县所见地券文及墓志述墓主生前居地时多未言明其所属之"保"，很可能是当地地券文的行文惯例，不能据此判断北宋中后期黄梅县未推行保甲制，或者认为到北宋后期黄梅县的保甲制已趋于崩溃。但也可能是由于保甲之推行在不同的县之间存在着差异，至少从目前资料看，北宋中后期黄梅县保甲制度的实施不如蕲水县。然此种揣测，皆出于资料之不完全和理解不同，其真实情况如何，尚有待于更多材料的发现。

在表5-4所录黄梅县博物馆所藏地券中，墓主除分属上述三乡者外，还有5通地券言明其墓主居于坊内。此5个坊分别是：（1）宣化坊。见于券21。券文云：

　　　　维南膳部州大宋国淮南西路蕲州黄梅县宣化坊居住郑福，先于靖国元年亡殁身故，抛下妻与男、新妇、孙男、孙女，并活业田庄屋宇牛犋园林等，后代永为祖业。今在此自己地内葬。右伏惟山岗口地龙神护助者。崇宁四年十一月二十六日。郑益。□□暮□□。

郑福所居之宣化坊，当在县城内外，其身份当为坊郭户。然其"活业"（家产）不独有屋宇，还有田庄、牛犋、园林，应当属于"城居地主"。（2）承诏坊。见于券24。券文称："蕲州路黄梅县市承诏坊殁故范公千二评事"，于"至大己酉十二月初二夜子时身故"，"置到青场村土名凤凰山为茔"。券文特别指明承诏坊在"黄梅县市"，显然是市场所在。（3）毕家坊。见于券26。据券文，墓主"奉佛亡故李公万乙朝奉讳元德"，居于黄梅县西毕家坊。毕家坊既在黄梅县西，可能是在城外。（4）翔鸾坊。见于券27。券文阙略较甚，不能详论。（5）市曾坊。见于券28，墓主汪夫人卒于元末天完政权据有黄梅时期，墓地在县东南新城乡新化里。①

以上五坊中，承诏、翔鸾、市曾三坊并见于弘治《黄州府志》卷一《坊社乡镇》，并注明"俱废"。与上述三坊同时并废的还有忠孝坊、金城坊、希兰坊等，②皆当为宋元时期所存在之坊。再加上城西的毕家坊，以及宣化坊，则宋元时黄梅县城内外当共有八坊。

（三）广济县

广济县初置于唐初武德四年（621），乃分蕲春县东南境立，始称永宁县，天宝元年（742）改为广济县。③唐宋广济县治在今武穴市北约40公里处之梅川镇。宋广济县亦领有四乡。我们在武穴市博物馆所见地券碑虽有11方，但可以通读者仅3方。据此可以考知北宋广济县所属四乡中有永兴、灵

---

① 券文称："维大宋天定元年己亥岁次八月□日朔，□□□□淮西道蕲州路黄梅县市曾坊居住、恩授蕲阳郡夫人汪氏，元命丙午年十二月初三乙亥时受生，享年五十四岁大限，于今天定元年四月十一日酉时随仙沿山采花，仙人饮酒，□□□□，不饮而醉，醉后不归。"按：黄梅县为元末徐寿辉部活动的中心地区，这里的"恩授蕲阳郡夫人"亦当为天完政权所授。

② 弘治《黄州府志》卷一《坊社乡镇》于黄梅县下所记已废各坊，还有进士坊二（俱在学门左右）、经魁坊、解元坊、登云坊、登科坊、云梯坊、擢秀坊（《天一阁藏明代方志选刊》本，第26页）。此八个坊显然是科第牌坊。

③ 《旧唐书》卷四〇《地理志》三，第1579页。

泉二乡。

1. 永兴乡。见于券29、券30。券29之杨六郎为永兴乡歧陂里小金保白茆村人，而券30之杨大郎则为永兴乡歧陂里小金保西白茆村人。二券同出于今武穴市北境两路乡金坡村岳山坳（北距梅川镇约5公里）。杨六郎与杨大郎同属小金保，却分属白茆、西白茆二村，说明小金保至少领有两个自然村落。武穴市博物馆还曾在两路乡永西村二组发现过另一方地券碑，其墓主邓七郎亡于元丰七年十二月十日（葬于当月十九日），券文称其为"大宋国淮南道西路蕲州广济县歧陂里六郡中村"人。①另外，武穴市博物馆还藏有一方地券碑，来源与收藏时间均不详，券文刻画甚浅，字迹潦草，漫漶过甚，仅能辨识"奉敕地券。维唐乙未岁五月六日朔，大宋国淮南道蕲州广济县永兴乡新兴里西林村殁故亡"等字样。据此，则宋代永兴乡应在当时的县城（今梅川镇）以南，包括今两路乡。所属之里，今见者有歧陂、新兴二里，歧陂里则有小金、六郡等保。②

2. 灵泉乡。见于券31。按：券31出土于今武穴市西北约10公里处之凤嘴乡，在原广济县城梅川镇西南约30公里处。据此推测，灵泉乡当在当时的广济县城西南方。

永兴、灵泉二乡之名均见于弘治《黄州府志》卷一所记广济县坊社乡镇，唯各分为东、西二乡，其中永兴东、西乡"俱在县南"，灵泉东乡"在县东（西）南"，灵泉西乡"在县西"，正与上考宋代永兴、灵泉二乡方位相同。因此，弘治《黄州府志》所记广济县的乡当是沿袭宋代的乡而来的。然则，宋代广济县的另外二乡就应当是见于弘治《黄州府志》记载的泰（太）平、安乐乡，其中泰（太）平乡"在县东南"，安乐乡"在县东北"。③

（四）蕲春县

由于条件限制，我们未能见到蕲春县所出宋元碑刻，但由部分固有文

---

① 程达理：《广济县发现北宋时期地契》，《江汉考古》1987年第2期。
② 在杨六郎、杨大郎墓地之南二公里处，现仍存有"大金"地名，颇疑与"小金保"对应者当有大金保。而邓七郎地券中"歧陂里六郡"下当脱"保"字，即六郡保。若所考不误，则歧陂里下当至少有小金、大金、六郡三保。
③ 弘治《黄州府志》卷一《坊社乡镇》，《天一阁藏明代方志选刊》本，第28页。

献，仍可考见宋代蕲春县乡里区划的部分情况。据《太平寰宇记》卷一二七与《元丰九域志》卷五所记，宋蕲春县领有五乡。《张耒集》卷五九《吴大夫墓志铭》云：

> 公吴氏，讳某，字德仁，龙图阁学士、赠太尉讳遵路之子也……年四十六，以虞部员外郎知郴州。罢官归京师，即上书请致仕……公既谢仕，归蕲春，有薄田，仅给伏腊。公临溪筑室，种花酿酒，家事付子弟……卒年八十四，崇宁三年四月十七日也。……是岁七月某日，葬公蕲春县永福乡新安里芙蓉山，以李夫人祔焉。

按：芙蓉山，在今蕲春县城西北约8里处，则永福乡当在蕲州城西北方。同书卷六〇《吴天常墓志铭》云：

> 公讳天常，字希全，河南府洛阳人……以病求告，卜居蕲州金沙溪上。家藏书万卷，有以自乐，泰然也……绍圣四年八月六日以疾卒……享年六十有一……其孤将以元符元年八月二十有一日，葬公于蕲春县安平乡黎企里，启先夫人之兆而合焉。

按：金沙溪，在明清蕲州城（今蕲春县南二十公里处之蕲州镇）[①]东十里，则安平乡当在北宋蕲州城（蕲春县附郭）之东南，即今蕲州镇、黄土岭、清水河一带。

永福、安平二乡之名，并见于弘治《黄州府志》卷一与嘉靖《蕲州志》卷三《坊乡》，亦各别为上、下二乡，其中永福上、下乡"在州（明代蕲州城，在今蕲州镇）西北六十里"，则正当北宋蕲州城之西、蕲水西岸地带。明代方志所记安平上、下乡，分别在明清州城之东三十里、东北五十里，则当在宋代蕲州城之东南，与上考安平乡位置正合。因此，明代方志所记蕲春县之乡亦为沿袭宋代之乡而来。然则，据明代方志所记，亦即可以基本推断宋代蕲春县所属之五乡应当是永福乡（在县西）、安平乡（在县东南）、崇

[①] 汉晋蕲春县城、隋唐宋蕲州城（蕲春县附郭）在今蕲春县城稍北处之罗州城，南宋理宗景定四年（1263），蒙古军攻陷蕲州，宋守将王益迁至麒麟山（即今蕲州镇）据守，元明并因之而为蕲州治所。参阅嘉靖《蕲州志》卷三《城池》，《读史方舆纪要》卷七六湖广二蕲州"蕲春废县""麒麟山"条。

居乡（在县东北，当在今大公、桐梓镇一带）、青山乡（在县北，当在今蕲春县中部青石镇、刘河镇、狮子镇一带）、大同乡（在青山乡之北，当在今蕲春东北境大同镇、檀林镇一带，即蕲水上游地区）。

三、关于宋代蕲州乡里区划与组织的几点认识

综上所考，结合有关文献记载与研究成果，我们可以对宋代蕲州所属四县（元祐八年分置罗田后为五县）的乡里区划与组织形成几点初步认识：

（1）乡已经成为较单纯的地域单元，主要是一种地理概念，而不是行政区划。

据上所考，可以见出：宋代前中期蕲州四县所属各乡均有明确之地域范围，虽然由于县城所在的位置并非县域之中心，县域内人口分布与经济开发程度也存在差异，各乡不可能完全按照方位划分，但依然表现出明显的按方位分划的倾向：四县境域均呈现出南北长、东西窄的空间形态，所以四县基本上没有东、西乡，而表现为东南、西南、东北、西北乡的分划；在县城较南而北境较广的蕲水、蕲春二县，北境又增设了直河、大同二乡。①

这种基本按方位划分各乡的倾向，显示出乡已成为一种地域单元，有类于后世常见之东、西、南、北乡。正因为此，乡的地域表现出长期的稳定性。明代方志中所记蕲水、黄梅、广济、蕲春四县所领之乡与上考宋代四县所领之乡在名称与地域范围上大致相同（唯部分乡又一分为二而已），正是此种稳定性的反映（参见表5-5）。蕲州地区在宋元之际、元末明初，特别是元明之际曾经经受了巨大的社会动荡，元明之际的乱离甚至导致了这一地区社会经济发展的全面断裂，而乡的名称与地域划分却一直持续地保留下来，这只能说明乡仅仅是一种单纯的地理概念，而不涉及行政管理与地方控制。

---

① 元祐八年分置罗田县之后，直河乡全部及开元、龙门乡北部划入新置之罗田县，则罗田县当有直河、开元、龙门三乡（券19见有罗田县开元乡贰吴里上乐保，而据券13，此里、保原属蕲水县，则知新置罗田县之后，原有之乡、里、保并未改变。据此推测，原置之龙门乡划入罗田县之部分，仍当为龙门乡；仍留在蕲水县的部分，也称龙门乡）；而蕲水县则不再拥有直河乡，只有开元、龙门与永泰三乡。

表5-5　北宋后期与明代蕲水、黄梅、广济、蕲春四县乡里区划之比较

县	北宋后期	明代	所在今地域
蕲水县	开元乡	开原上乡、开原下乡	今浠水县东北境
	龙门乡	义门南乡、义门北乡	今浠水县西北境
	永泰乡	永福乡	今浠水县南境
黄梅县	长乐乡	长乐乡	今黄梅县南境
	永福乡	永福乡	今黄梅县东北境
	新城乡	新城乡	今黄梅县东南境，长乐乡之东
	凤源乡	凤源乡	今黄梅县西北境，永福乡之西
广济县	永兴乡	永兴东乡、永兴西乡	今武穴市中部、梅川镇之南
	灵泉乡	灵泉东乡、灵泉西乡	今梅川镇西南方
	太平乡	泰平东乡、泰平西乡	今梅川镇东南方
	安乐乡	安［乐］（东）乡	今梅川镇北
蕲春县	永福乡	永福上乡、永福下乡	今蕲春县西北境
	安平乡	安平上乡、安平下乡	今蕲春县东南境
	崇居乡	崇居上乡、崇居下乡	今蕲春县东北境、蕲水河以东
	青山乡	青山上乡、青山下乡	今蕲春县北境、蕲水河以西
	大同乡	大同上乡、大同下乡	今蕲春县北境大同镇一带

说明：（1）北宋后期四县所属各乡及其所在地域，据本文所考。元祐八年分置之罗田县，在南宋末年又分出英山县，且二县于宋元之际、元明之际频遭变乱，政区隶属亦屡有变动，特别是英山县，故不能明确比较，兹从略。（2）明代四县所属各乡，据弘治《黄州府志》卷一《坊社乡镇》、嘉靖《蕲州志》卷三《坊乡》。

关于宋代的乡（乃至唐代后期与五代十国时代的乡）已基本成为一种地域概念而不再是一级行政组织，前辈学者已有较充分论证，本节之考证不过是提供了一个地域性的补充而已。值得讨论的是：有的学者在肯定北宋的乡

已基本成为地域概念之同时，又指出此种演变是在至和二年（1055）停止佥选里正之后最终确定下来的；而在此之前，乡仍具有一定的职役功能，并与乡以下的基层组织有着一定程度的统属关系。①本节所提供的材料未涉及乡书手、里正等制度性问题，但蕲水、黄梅、广济与蕲春四县在北宋前期已各分为四五乡，乡下置里，如果里正之佥选以乡为单位进行，即每乡每年在第一等户中佥选一户充当里正，一年一替轮充，那么像蕲水县北境的直河乡这样广阔的区域（包括今英山、罗田二县的大部分地区），里正的佥选是如何运作的？里正又何以能在如此广阔的区域范围内承担起催收赋税的职能？②虽然直河乡是一个极端的例证，但各县既仅有四五乡，每乡之境域也绝不会小。再从户口的角度来看，《太平寰宇记》卷一二七所记蕲州主、客户分别是14119、14817户，共十七乡，平均每乡主户831户、客户872户；《元丰九域志》卷五所记主、客户分别为74017、38357户，所属乡数未变，平均每乡主户4354户、客户2256户。这样的户口规模（即便仅以主户论，也是很大的），如果以乡为单位佥选里正、催征赋税（且每年佥选一次，每乡一里正），绝非易事。又，《太平寰宇记》于各县"今乡"之外，又另记有"旧乡"若干，四县之"旧乡"合计为四十二乡。考《元和郡县图志》卷二七所记蕲州开元户26809，乡五十一；元和户16462，乡数未变。显然，蕲州各县领乡之省并、减少并非自宋初始，而是自唐后期、五代以来的一种长期趋势，这正反映出乡逐渐脱离乡村的实际控制而向单纯的地域概念演变的总体方向。换言之，在北宋初年，乡似已脱离具体的赋役征发、里正佥选等行政管理事务，而成为较单纯的地域概念，并非直到至和年间停止佥选里正后渐成为单纯的地域概念。

那么，乡在演变成为单纯的地域概念之后，是否在地方控制体系中就不再具有任何意义？换言之，乡是否仍存在着某种形式的"乡首"或者说乡级"头目"（即便是非官方的）？本节未提供这方面的材料，也无意讨论这一

---

① 夏维中：《宋代乡村基层组织衍变的基本趋势——与〈宋代乡里两级制度质疑〉一文商榷》，《历史研究》2003年第4期。

② 虽然这些地区的村落当主要集中在平原、河谷与丘陵、低山地带，成点状布局，但彼此之间却相距较远，至少是给里正之佥选与行使职责带来较多困难。然其实况究竟如何，尚需进一步探究，此处所论，仅在提出此点疑问而已。

问题，只想指出：在宋代蕲州城遗址罗州城第二重城内采集到的城砖中，有一方砖上的铭文为"蕲水县永福乡总首"，表明各乡有"总首"之设。同时采集到的城砖铭文上另有"蕲州嘉定五年造到城砖""蕲水县永福乡""西窑嘉定十四年造官"等字样，字体及砖质均与上述刻有"蕲水县永福乡总首"的城砖一致。① 显然，这些城砖是嘉定年间蕲州所属各县为修筑蕲州城垣而烧制的，那么，这里的"永福乡总首"很可能就是为承应此次筑城之役而佥选的全乡"头目"或者说是乡首，其职责当是组织全乡为城垣修筑供应城砖，可能也负责本乡参与修筑城垣的全部工程乃至经费之筹措，但并非负责全乡的赋役事务。换言之，乡"总首"应当是因事而设，非常职，事罢即废。尽管如此，此种"乡总首"的存在，仍清晰地表明，"乡"在地方控制体系中仍具有一定意义。

（2）里是以某一较大聚落为中心划定的地域单元；在北宋的大部分时期，里应当是县以下实际发挥作用的基层组织；保甲法推行后，里也向较单纯的地域概念演化，但并没有"崩溃"。

与乡的名称大都冠以美名（如长乐、永福、永兴、安平之类）不同，里的名称虽然也间有冠以美称者，② 但大都是以地理名称命名的。在上考各里中，可以断定其名称源自地理事物者有：浠水县龙门乡之杨历里（有杨历湖）、石里，直河乡之马安里（明清方志中见有马鞍山）、石桥里，永泰乡之石司里；黄梅县长乐乡之鹿角里，永福乡之五藏里；广济县永兴乡之歧陂里，灵泉乡之南丰里；蕲春县安平乡之黎企里。③ 这些以地理事物命名的里名，透露出这些"里"当是以一个较大村落为中心、有大致范围的地域单元；用以作为里名的，当即里域范围内的较大村落或具有重要意义的地理事物（如山水陂堰）。直河乡之石桥里即是以石桥镇为中心，包括石桥至孔家坊一带的西河两岸地；而安仁里的中心则显然在今英山县城附近，其范围大致包括今英山县城至杨柳镇一带的东河两岸地。

---

① 黄冈市博物馆、湖北省文物考古研究所：《罗州城与汉墓》，北京：科学出版社，2000年，第28—34页。

② 如浠水县开元乡之义丰里、昭义里，直河乡之安仁里等。

③ 不能断定者有蕲水县开元乡之贰吴里，黄梅县新城乡之新地里、新化里，蕲春县永福乡之新安里。

"里"皆有明确的地域范围这一事实，使我们倾向于认为：里在其设置之初，虽然有"百户为里"的制度规定，但在具体实施过程中，很可能主要是依照地理条件、村落分布设立的。换言之，里在设置之初即是一种地域单元（只是其范围大小考虑到了户口的因素）。①唯有如此，里才可能比较稳定，而不因户口之升降而不断调整。表5-4所列地券文，时间涉及自北宋景祐间到元末，诸券在述及墓主生前居地或葬地所在时基本上都以"里"作为界定方式，这反映出即便是"里"在制度上发生了变化，它作为一种地域单元依然是稳定存在的。

柳田节子先生主要根据熙宁《长安志》及南宋、元时期的江浙闽地方志资料，考察了宋代里的演变趋势，认为里在北宋中期已经受到破坏，至南宋时更是名存实亡，趋于崩溃。②这主要涉及制度方面的问题，本节的材料不足以展开讨论。但从里的长期稳定延续方面观察，至少在北宋时期，蕲州地区的里应当还是发挥基层组织作用的，否则就很难理解这一地区的地方控制系统了。更重要的是，在今见地券文中，即便是在保甲法普遍推行的熙宁、元丰间，也未见有"都保"之记载，而"保"之上即是"里"。因此，"都保"很可能是按里设置的。换言之，在保甲法推行后（在蕲州，甚至包括此前推行保伍法的情况下），里很可能承担起"都保"的治安功能，其职权当有所扩大，地位在上升而不是下降。里的职权扩大与地位之上升，加强了其作为地域单元的凝聚力与稳定性。或许正因为此，在保甲废弛之后，里作为地域单元仍然得以长期稳定地延续下来。

（3）蕲州各县置保要早到仁宗景祐间；熙宁、元丰间，保制得到普遍推行，直到北宋末期，保制没有太大变动。

表5-4所列地券中，宝元元年（即景祐五年，1038）十二月的券8已见有直河乡马安里中保。券29之广济县永兴乡歧陂里小金保（皇祐五年）、券1

---

① 蕲州四县开元间共有乡51，户26809，平均每乡526户。以每乡五里计，则里均105户，恰合"百户为里"之规定。这似乎说明至少在盛唐时代，"百户为里，五里为乡"之制是得到执行的。但蕲州元和户只有16462，乡数未变，如以里数亦不变计，里均只有65户。然并无证据表明因为户口减耗而合并了里。

② 柳田節子：《鄉村制の展開——宋から元へ》，《宋元鄉村制の研究》，东京：创文社，1986年，第385—412页。

之蕲水县开元乡义丰里中保（治平二年）均在仁宗、英宗朝。则早在仁宗景祐间，蕲州当已推行保制。而"中保"之称，以及券17所见之直河乡马安社"北保"之谓，启发我们推测马安里当有东、西、南、北、中五保。然券16又见有直河乡马安里湖陂保，则"湖陂保"或为五保之一的异称或俗称。

在熙宁、元丰间的地券中，除墓主居于坊郭者外，均注明其所属之保（券6、9、10、11、12、13、14、15、30），这反映出熙宁、元丰间保甲制在蕲州得到普遍推行。[①]在墓主亡于哲宗、徽宗时期的地券中，注明其所属之保者也占大多数（券5、7、16、17、18、19、20、31），唯黄梅县所出之券21、22、23未详记其所属之保，讨论已见前。看来，在哲宗、徽宗时期，蕲州地区的保甲制并无太大变动。

保之名称，大多源自自然聚落名称，或地块名称，如河西、北场、合安、石合、路口、苦竹、湖陂、小金、杨家山等。广济县永兴乡歧陂里小金保有白茆、西白茆二村，以及其附近迄今仍得留存的大金、小金地名，都说明"保"当是以自然村落为基础建立起来的，也同样都是以某一村落为中心、可能包括几个自然聚落的地域。马安里的北保与中保、义丰里的中保则显然是按照方位划分的，但以方位为称的各保仍保留着以自然村落命名的保名（如湖陂保），说明即便是按方位划分的保，也是建立在村落基础之上的。因此，与里的划分一样，保的设置与划分虽以户口为标准，但在实际操作中，仍是以自然村落为基础的，也是一种地域单元。直河乡安仁里所属河西、北场、合安、石合四保均有大致的地域范围，合安保之地域范围还较大，即是明证。

四、乡里区划与组织的地域控制功能与延续性

前贤论乡里制度，多侧重其控制户口、征纳赋役之意旨与功能，故于乡里编制之户数讨论较详，而于乡里组织之空间形态则略不着意。侯旭东先生据石刻资料考究北朝乡里制度，揭示北朝之乡里均"具有确定的地域范

[①] 券2、3、4之墓主均为坊郭户，而券文记其生前居地乡里，均未言明其所属之保。是地券行文习惯，抑或坊郭中保甲法未得到全面推行，殊不能确定，暂存疑待究。

围"，特别指明里正所辖皆有实际地域，颇具卓识。①本节主要据鄂东出土宋元地券文所记墓主生前居地乡里与葬地所在，探求宋代蕲州四县之乡里区划，虽因数据阙略散乱，不能窥其全貌，然亦足证宋代蕲州之乡、里、保皆有大致明确之地域范围，为不同层级、内涵亦异之地域单元。由侯君之认知及本文之浅见，稍事推论，似可悬测：隋唐之编制乡里，虽以户口为鹄的与准绳，然在运作过程中，乃不得不以一定地域与自然聚落为依据，"百户为里，五里为乡"云云，盖只能取其大概，无以强求。建基于大致户数之上的乡里既经确立，则必相对稳定，不能因户口之增减而随意调整（分割或省并），乡里之地域范围遂逐渐与其户口标准相脱离——中唐以后，"乡"愈变愈虚，或即与其不再紧密联系户口有关。乡既与户口控制、赋役征纳无直接关联，在地方控制体系中的作用逐渐丧失，最后乃终成一单纯之地域概念。

进而言之，乡里制度之另一要旨与功能当即控制一定范围之地域，非仅控制一定户口而已。当隋与唐初在蕲州地区推行教化、编制乡里、征发赋役时，必依托六朝以来所置屯戍之类控制点，渐及其周围地域，复于其地域范围内检括户口，编组乡里。当宋元之际、元明之际与明清之际，王纲颇乱，当地豪酋多结立堡寨，拥众据地而守；变乱粗定，地方官府（特别是县衙）往往寄治堡寨，联络土豪，方得立制定规，重新控制乡村地域。此种过程之往复发生，正反映出乡里制度之要旨乃在拥众据地、据地治民——有众方得据地，据地方得治民，民、地并重，不可执一而论。

又，蕲州地方社会，于元明之际曾发生一最大变局，即徐寿辉部红巾崛起蕲黄，逐鹿江淮，而终得失败。明初，蕲黄萧条，户口耗亡殆尽，江西之众遂得迁入。民国三十六年黄冈《孙氏族谱》卷首《始祖传》云：

> 夫我祖之自豫章来也，以元末汹汹，湖广正当南北之冲，蹂躏特甚，其存留老户止歼余逃匿之万一耳。地广民稀。前明定鼎，下诏抽迁江右士庶以实兹土。②

---

① 侯旭东：《北朝乡里制与村民的生活世界——以石刻为中心的考察》，《历史研究》2001年第6期。

② 黄冈《孙氏族谱》卷首上《始祖传》，民国三十六年印本，第2页。武汉大学图书馆藏。

此即所谓"江西填湖广"之原始。在此次移民运动中，江西移民数量压倒性地超过了寥寥无几的宋元以来之"老户"。此种变化，不可谓不巨。然观弘治《黄州府志》、嘉靖《蕲州志》及民间谱牒所记，明初新立之乡里区划格局，与数百年前之宋代格局相较，并无根本性变化。盖以山川形便所限，土地资源所制，可居之地与可耕之田均大致无别，无论何人移入，皆不得不因地而居，择地而垦。乡里制度既以据地治民为目的及功能，乃不得不依托自然聚落与农耕区域，故其区划格局得以保持相对延续性。唯此论所涉既广，其间尚有诸多缺环，且得之于蕲州一隅之初步认识，于何种范围内具有普适意义，尚未可知也。

第三节　辽金时期北方地区乡里控制及其演变

一、辽代燕云汉地的乡里制度及其根源

在《辽代社会基层聚落组织及其功能考探——辽代乡村社会史研究之一》《辽朝"里""村"问题再探讨——以石刻文字为中心》二文中，张国庆先生主要使用辽代碑石资料，系统考察了辽代社会基层聚落组织及其地域差异，指出辽代社会基层聚落组织主要有三种地域类型：（1）在长城以南的燕云农业耕作区，主要沿用唐制、并参仿宋制，实行乡、里（村）制度：乡由若干个里组成，是县之下的一级政府机构；里则属于最基层的居民组织；而含于乡里之中者，则是一个个大小不等的自然村落，有的称"村"，也有的称"庄""寨""社"。（2）在长城以北辽河流域农牧交错带的农业集中开发区内，既有斡鲁朵所属州、县下的乡、里组织，也有属于皇家私人庄园性质的寨、堡、庄、务等自然聚落。（3）在辽河流域的牧区及西部草原牧区，存在着"斡鲁朵"与游牧部族"石烈"下的抹里（弥里）、瓦里、得里和闸撒组织。①张先生二文是今见有关辽代基层社会组织最为系统

---

① 张国庆：《辽代社会基层聚落组织及其功能考探——辽代乡村社会史研究之一》，《中国史研究》2002年第2期；《辽朝"里""村"问题再探讨——以石刻文字为中心》，《辽宁大学学报》2017年第5期。

全面的研究，颇值得注意。①张先生的着眼点，乃在于揭示并描述辽时不同地域所存在的不同类型的社会基层聚落组织，试图从聚落组织层面，揭示辽代基层社会的区域多样性，而对于这些"聚落组织"与辽朝国家间的关系，亦即这些"聚落组织"在辽朝国家统治体系中的地位与作用，则未加措意。因此，其相关认识也存有若干可供进一步讨论之处：燕云汉地及辽河流域的乡、里组织或所实行的乡、里制度，究竟是沿用唐代乡里制度而来，还是遵照辽制编排、建立的？具体地说，若燕云汉地沿用唐制，编排乡里，又以里、村并存，那么，《辽史》的《地理志》、《兵卫志》所记南京、西京道所属州县的户、丁数是否即根据各县的乡、里及户丁籍帐而来？辽河流域各州县（无论其是否属于斡鲁朵）的乡里，又是何时、如何编排的？而如果上京、中京、东京三道所属州县并未普遍编排乡、里，那么，《辽史》所记三京道各州县的户、丁数又是从何而来？最为重要的是，这些"基层聚落组织"，是否负责登记籍帐、编排户丁、征发赋役？其性质究竟是立基于自然居住方式的民间社会组织，还是官府控制基层社会的基层行政管理制度，抑二者兼具或重叠？显然，这些问题，既涉及对所谓"社会基层聚落组织"之性质的讨论，更关涉到对辽时社会控制的基本方式及其实质乃至辽朝国家形态的认识。

今见辽代碑石资料，以燕云地区为多，故相关讨论，多以燕云汉地为主。本节的讨论，亦从燕云汉地的乡里制度及其根源开始。

（一）唐后期燕云地区乡里制度的变化

开元二十八年（740）王守泰撰《（云居寺）山顶石浮图后记》记开元十八年金仙长公主（玄宗之妹）奏称："范阳县东南五十里上垈村赵襄子淀中麦田庄并果园一所，及环山林麓，东接房南岭，南逼他山，西止白带山口，北限大山分水界，并永充供给山门所用。"其下文又称，"系独树村

---

① 相关的研究还有：王欣欣：《辽朝燕云地区的乡村组织及其性质探析》，《黑龙江民族丛刊》2013年第3期；程嘉静：《从〈辽史〉看契丹的基层组织管理》，《兰台世界》2014年第11期；张静：《试论辽代汉人的乡村社会：以南京、西京的汉人为主》，《科海故事博览·科教创新》2012年第2期。

磨碑"。① 上垡村与独树村都是范阳县所属的村庄，盖唐中期燕地已不仅以村、庄指称具体田地位置（上垡村），亦用以指称户籍所在（独树村）。唐元和九年（814）《乔进臣买地牒》末句揭出买地人（亡人）乔进臣为"涿州范阳县向阳乡永乐村敦义□理南二里人"。②《太平寰宇记》谓范阳县"旧二十乡"，③向阳乡或即其一。"理南二里"当指在涿州治所之南二里处，则"永乐村敦义"下所缺省之字当是一种村下的组织名词，很可能是"保"或"社"字。牒文以"向阳乡永乐村敦义（保或社）"指称乔进臣籍属，则永乐村乃是一种基层行政管理单位，非仅指居住地。

  大多数唐中后期燕云地区的墓志，述及亡人生前居地与葬地所在，但称某乡（若生前居地在城内，则多以坊、里为称），如贞元十九年（803）《蔡雄墓志》谓其葬地在（幽州）良乡邑北复业乡之原；元和三年（808）《史光墓志》谓其葬地在良乡县仁风乡。④但也有一些墓志叙述了乡以下的村、里。如元和十一年《和光烈墓志》谓其先为幽州幽都县人，生前居地在蓟县敬客坊，葬于幽府之东燕台乡高义村之原；元和十五年《朱日□墓志》述其葬地，作"幽州城西一十五里幽都县界房仙乡大丰里之北原"；大和元年（827）《陶氏墓志》谓其生前居地在幽都县来远坊，葬地在蓟城东南八里会川乡从善村东北原；大和三年《侯□弘墓志》谓其生前居地在幽都县平朔坊，葬地在幽都县界礼贤乡刘村之原；大和七年《周夫人刘氏墓志》叙其生前居地在蓟县开阳坊，葬地在幽府东南十里燕台乡高义村之原；会昌六年（846）《王邕墓志》谓王邕家于燕，居地在燕都坊，葬地在蓟县南一十五里广宁乡鲁村东一里之原；会昌六年《蔡氏墓志》也说其生前

---

① 北京图书馆金石组、中国佛教图书文物馆金石组编：《房山石经题记汇编》，北京：书目文献出版社，1987年，第12页。
② 叶昌炽撰，柯昌泗评：《语石 语石异同评》，北京：中华书局，1994年，第361页；鲁西奇：《中国古代买地券研究》，厦门：厦门大学出版社，2014年，第193页。
③ 《太平寰宇记》卷七〇，第1412页。
④ 中国文物研究所、北京石刻艺术博物馆编：《新中国出土墓志·北京（壹）》，北京：文物出版社，2003年，第10—11页。

居幽州蓟县燕都坊,葬于幽州幽都县界礼贤乡龙道村西南一百步之原。①此类例证尚多,兹不再举。显然,在唐后期,"村"已基本取代"里",成为幽燕地区"乡"之下的基层行政管理与社会组织单元。最重要的是,开成三年(838)《王淑墓志》谓其葬地在幽州幽都县西北界樊里之原,而大中元年《华封舆墓志》则谓其墓地在幽州幽都县保大乡樊村之原。②"樊村"显系"樊里"之改称,说明"村"已逐步取代了"里",或者二者可以互换通称。后唐长兴元年(930)《李夫人聂氏墓志铭》谓聂氏为代郡人,嫁于李使君,从夫"历职邢□,又迁镇阳务□"。天成二年(927)亡于镇府阅祯坊之私第,权窆于石同村;长兴元年十月方扶柩归代郡故乡,葬于雁门县周刘村。志文又称其先代墓地,在周刘村南二十里之平田村。③则五代时,代云地区亦当如幽燕一样,多以"村"取代"里",或"里""村"通称。

墓志材料还反映了唐后期幽燕地区乡里制度的另一个变化。咸通十一年(870)《孙英与夫人王氏墓志》谓孙英为涿郡范阳人,开成二年(837)亡后,葬于良乡县金山乡韩村管西南三里;其夫人王氏亡于咸通十一年,祔葬于孙英旧茔;其孙克绍亦亡于咸通十一年,葬于"涿州范阳县弘化乡白带管中庄西一里龙岗原"。④乡下置"管","管"领有"庄",此为初见。宋开宝七年(974)"置管",⑤或可溯源至晚唐。

张国刚先生曾讨论唐代乡村基层组织的演变,指出中唐以后乡村基层组织变化的基本方向,乃是"县–乡–里"结构让位于"县–乡–村"结构,其具体表现为整齐划一的"里"的功能在逐渐退缩,而自然居民点"村"的功能

---

① 中国文物研究所、北京石刻艺术博物馆编:《新中国出土墓志·北京(壹)》,第13—14、16—17、19—20页。

② 中国文物研究所、北京石刻艺术博物馆编:《新中国出土墓志·北京(壹)》,第19、22页。

③ 山西省考古研究所:《山西碑碣》,太原:山西人民出版社,1997年,第159—161页。

④ 中国文物研究所、北京石刻艺术博物馆编:《新中国出土墓志·北京(壹)》,第26页。

⑤ 关于宋开宝七年"废乡,置管",请见《宋会要辑稿》职官四八之二五,"县官",刘琳等校点,上海:上海古籍出版社,2014年,第4321页。相关的讨论,请参阅郑世刚:《宋代的乡和管》,载邓广铭、漆侠主编:《中日宋史研讨会中方论文选编》,保定:河北大学出版社,1991年,第246—259页;包伟民:《宋代乡村"管"制再释》,《中国史研究》2016年第3期。

在扩张和强化。[①]显然，唐后期燕云地区乡村管理制度与乡村基层组织的演变，与张先生所揭示的唐代北方地区乡里制度演变的总体趋势，是一致的。而"管"的出现，则说明此种演变趋势，可下延至北宋初年。

（二）辽代燕云汉地的乡里体系多沿自唐代

今见燕云地区所出辽代墓志、买地券中，述及亡人生前籍属或居地，以"里"为称者，只有保宁元年（968）《张建立墓志》（平州卢龙县破卢里人）、天庆（1111—1120）中《张晋卿暨夫人高氏墓志铭》（白檀郡仁凤里）与天庆九年《刘承遂墓志》（云中三井里人）三例；亡人生前居于燕京、云中城内者，则多以"坊"称述其生前居地（燕京隗台坊、卢龙坊、肃慎坊、西时和坊、永平坊、单罗坊、北罗坊、衣锦坊、齐礼坊，云州丰稔坊，共有十例）；以"村"为称者，则只有应历十七年（967）《王仲福墓志》一例（蓟州渔阳县界高村）。述及亡人墓地所在，以"乡、里"或"里"为称者，则有燕京蓟北县使相乡勋贤里、云中县权宝里、幽都县房仙乡鲁郭里、安喜县砂沟乡福昌里、幽都府幽都县礼贤乡北彭里、燕京幽都县礼贤乡胡村里、幽都县广老乡真宰里、幽都县元辅乡贺代里、燕京宛平县太平乡万合里、析津府宛平县仁寿乡陈王里、析津府宛平县礼贤乡北彭里、宛平县太平乡砂混里、宛平县房仙乡鲁郭里、析津府宛平县仁寿乡南刘里、潞县郑公乡杨□里、燕京宛平县南刘里、涿州范阳县加禄乡西沙里、鄚阳县北乡东石里、朔州马邑县侍中里、朔州鄚阳县司马里、宛平县仁寿乡陈王里、燕京析津县招贤乡东綦里、白檀郡仁智里与河阳里、昌平县仁和乡东道里、析津府宛平县房仙乡池水里、析津府宛平县元辅乡鲁郭里、宛平县西北乡南樊里、燕山府宛平县房仙乡万合里等；以"乡、村"或"村""庄""堡"为称者，只有蓟州北渔阳县界高村、京东燕下乡海王村、云中县□家庄、云中县孙权堡等（见表5-6）。根据这些材料，我们很容易得出这样的认识，即：辽代燕云地区的乡村控制体系，乃以乡、里二级制为主，"里"乃是乡村控制的基本单元，"村"（以及"庄""堡"等）乃是基本的聚落单

[①] 张国刚：《唐代乡村基层组织及其演变》，《北京大学学报（哲学社会科学版）》2009年第5期。

位，而一些"村"已取代"里"，成为官府控制、管理乡村的基本单位，即"里""村"并存，以"里"为主。

墓志所见燕京（南京、析津府）蓟北（开泰元年改为析津）、幽都（开泰元年改为宛平）二县的乡、里建置，特别支持上述认识。综合今见墓志所记，可知辽时蓟北（析津）县有使相乡（有勋贤里）、招贤乡（有东綦里）、燕下乡（有海王村）等，幽都（宛平）县有房仙乡（有鲁郭里、万合里、池水里）、礼贤乡（有北彭里、胡村里）、广老乡（有真宰里）、元辅乡（有贺代里、鲁郭里）、太平乡（有万合里、砂混里）、仁寿乡（有陈王里、南刘里）、西北乡（有南樊里）等。乡下置里、一乡有一个以上的里，使我们有理由相信，这是一套整齐划一的制度性安排。问题在于，如此整齐划一的乡里制度，究竟是辽（契丹）时根据唐制重新编排的乡里，还是基本沿用唐代编排的乡里体系？

表5-6　墓志与买地券所见辽代燕云汉地的乡里制度

墓志	年代	亡人生前居地	亡人墓地所在	出处
赵德钧妻种氏墓志	应历八年（958）	燕京隗台坊	燕京蓟北县使相乡勋贤里	陈述主编：《全辽文》卷四，北京：中华书局，1982年，第76页。
王仲福墓志	应历十七年（967）	蓟州渔阳县界高村	蓟州北渔阳县界高村管	中国文物研究所等：《新中国出土墓志·北京（壹）》，北京：文物出版社，2003年，第34页。
张建立墓志	保宁元年（969）	平州卢龙县破卢里	榆州城内宅外	向南：《辽代石刻文编》，北京：中华书局，1982年，第42—44页。
李内贞墓志	保宁十年（978）	燕京卢龙坊	京东燕下乡海王村	《全辽文》卷四，第86—87页。
许从赟暨夫人康氏墓志铭	乾亨四年（982）	燕京肃慎坊（许从赟）；云州丰稔坊（康氏）	云中县权宝里	曹彦玲、王银田：《辽许从赟墓志略考》，《文物世界》2009年第6期。
韩佚墓志	统和十五年（997）	平州	幽都县房仙乡鲁郭里之西原	《新中国出土墓志·北京（壹）》，第36页。

（续表）

墓志	年代	亡人生前居地	亡人墓地所在	出处
韩佚妻王氏墓志	统和廿九年（1011）	辽兴军（平州）	幽都县房仙乡鲁郭里之西原	《辽代石刻文编》，第139—141页。
韩相墓志铭	开泰六年（1017）	永安军（滦州）	辽城西安喜县砂沟乡福昌里	《全辽文》卷六，第116页。
张琪墓志铭	太平四年（1024）	燕京	幽都府幽都县礼贤乡北彭里	《全辽文》卷六，第125页。
张嗣甫墓志	重熙五年（1036）	中京	燕京幽都县礼贤乡胡村里	《辽代石刻文编》，第201—202页。
李继成暨妻马氏墓志	重熙十三年（1044）	燕京西时和坊	幽都县广老乡真宰里（权厝）；元辅乡贺代里	王清材等：《丰台路口南出土辽墓清理简报》，《北京文博》2002年第2期。
王泽妻李氏墓志铭	重熙十四年（1045）	燕京永平坊	燕京宛平县太平乡万合里	《全辽文》卷六，第160—161页。
张俭墓志铭	重熙廿二年（1053）		析津府宛平县仁寿乡陈王里	《全辽文》卷六，第128页。
丁求谨墓志	清宁三年（1057）	燕京单罗坊	析津府宛平县礼贤乡北彭里	《新中国出土墓志·北京（壹）》，第36页。
张绩墓志	清宁九年（1063）	蔚州	（宛平县）太平乡砂混里	《辽代石刻文编》，第313—317页。
韩资道墓志铭	咸雍五年（1069）	燕京北罗坊	宛平县房仙乡鲁郭里	《全辽文》卷八，第190页。
董匡信及妻王氏墓志铭	咸雍五年（1069）	大同府长清县	析津府宛平县仁寿乡南刘里之南原	《全辽文》卷八，第192页。
郑颉墓志	大安元年（1085）	南京（燕京），籍属蓟北县	潞县郑公乡杨□里	任秀侠：《辽郑颉墓志考》，北京辽金城垣博物馆编《北京辽金文物研究》，北京：北京燕山出版社，2005年，第224—229页。

（续表）

墓志	年代	亡人生前居地	亡人墓地所在	出处
董庠妻张氏墓志铭	大安三年（1087）	中京留台前	燕京宛平县南刘里	《全辽文》卷八，第231页。
梁颖墓志铭	大安五年（1089）	中京大定府	涿州范阳县加禄乡西沙里	杨卫东：《辽朝梁颖墓志铭考释》，《文史》2011年第1辑。
牛公买地券	大安九年（1093）		云中县□家庄	大同市文物陈列馆：《山西大同卧虎湾四座辽代壁画墓》，《考古》1963年第8期。
董承德妻郭氏墓记	乾统七年（1107）	西京警巡院右厢	云中县孙权堡刘士言地	山西云岗古物保养所清理组：《山西大同市西南郊唐、辽、金墓清理简报》，《考古通讯》1958年第6期。
宁鉴墓志铭	乾统十年（1110）		鄯阳县北乡东石里	《全辽文》卷一〇，第309页。
高为裘墓志	乾统十年（1110）	顺义军（朔州）南门私第	朔州马邑县侍中里（权厝），朔州鄯阳县司马里（归葬）	张畅耕主编《辽金史论集》第六辑，北京：社会科学文献出版社，2001年，第219—226页。
高泽墓志	乾统十年（1110）	朔州南门私第	朔州马邑县侍中里（权厝），朔州鄯阳县司马里（归葬）	张畅耕主编：《辽金史论集》第六辑，第219—226页。
丁洪墓志	天庆元年（1111）		宛平县仁寿乡陈王里西南	《全辽文》卷一一，第313页。
马直温妻张馆墓志铭	天庆二年（1112）		燕京析津县招贤乡东綦里	《全辽文》卷九，第265页。
张晋卿暨夫人高氏墓志铭	天庆中	白檀郡仁凤里	仁智里（张晋卿权厝）；河阳里（高氏权厝）	孙勐：《北京密云大唐庄出土辽代墓志考释》，《中国国家博物馆刊》2016年第2期。

（续表）

墓志	年代	亡人生前居地	亡人墓地所在	出处
丁文育墓志铭	天庆三年（1113）		宛平县仁寿乡陈王里	《全辽文》卷一一，第317页。
史洵直墓志铭	天庆四年（1114）	昌平县	昌平县仁和乡东道里	《全辽文》卷一一，第319页。
王师儒墓志	天庆四年（1114）	燕京齐礼坊	析津府宛平县房仙乡池水里	《辽代石刻文编》，第645—650页。
刘承遂墓志	天庆九年（1119）	世本云中三井里人	于孙权堡刘士言处买地九亩	《辽代石刻文编》，第676—677页。
杜悆墓志	天庆十年（1120）	燕京衣锦坊	析津府宛平县元辅乡鲁郭里	周峰：《辽代杜悆墓志铭考释》，《博物馆研究》2003年第1期。
鲜于氏墓志	保大元年（1121）		宛平县西北乡南樊里	《辽代石刻文编》，第684—685页。
王安裔墓志铭	保大四年（1124）		燕山府宛平县房仙乡万合里	《全辽文》卷一一，第341页。

我们先来看看以"里"指称亡人生前籍属或居地的情况。（1）保宁元年（968）《张建立墓志》谓张建立本为平州卢龙县破卢里人，其父张守贞曾任沧州马步军都指挥使，当是晚唐或后梁、后唐时事。张家居于荒僻海隅，"边境多虞，因滋向化"，至建立时方得"浴沐先皇（当指辽穆宗）眷泽"，任榆州刺史、兼［蕃］（番）汉都提辖使，天显五年（930）卒于任上。当张家入辽时，燕云之地尚未割让给契丹，故张氏当是被掠或主动投附契丹。据《辽史·地理志》，榆州乃"太宗南征，横帐解里以所俘镇州民置州"。①张家入辽，似久居榆州，建立子彦英曾任榆、惠二州刺史、知榷场事、兼兵马都监，西南路都提辖使、充尢使，彦胜也曾任榆州刺史、兼充南路尢使；父子三人也都葬在榆州（治在今辽宁凌源镇西十八里堡）。因此，墓志所谓张氏为平州卢龙县破卢里人，显然是指张氏居榆州之前事，其时平州并未入辽，故"卢龙县破卢里"当是唐时卢龙县的乡里编制。

---

① 《辽史》卷三九《地理志》三，点校本二十四史修订本，北京：中华书局，2016年，第548页。

（2）北京密云大唐庄所出天庆前期（1112年前后）《张晋卿暨夫人高氏墓志铭》，谓张氏本为宋兴州人，辽承天太后南征，归于契丹，乃为行唐县人。①承天太后南征，当即指统和年间辽军南征定州、望都一带事。而宋河北沿边并无兴州，故兴州或当为"定州"之讹误。行唐县，《辽史·地理志》云：

> 行唐县，本定州行唐县。太祖掠定州，破行唐，尽驱其民，北至檀州，择旷土居之，凡置十寨，仍名行唐县。隶彰愍宫。户三千。②

则行唐县初置时，分为十寨，并未编排乡里。张氏至辽圣宗统和年间方被掠北来，被安置在行唐县。张晋卿之祖令崇、父仁杰，皆未入仕，在辽乃为普通编户。墓志铭说张氏私第在"白檀郡仁风里"；张晋卿于大康八年十二月卒后，"权窆于仁智里之故茔"；数年后，其夫人高氏卒，"别权窆于河阳里之原"。墓志铭又说张氏之先茔在"郡城北之西三有里"，张晋卿与高氏迁葬之墓地又在先茔西北百余步。墓志所说之白檀郡，当即指檀州；郡城即指檀州城。辽檀州领密云、行唐二县，密云乃隋唐以来之旧县，行唐置于密云县境内。张晋卿虽籍属行唐县，居地却在檀州城内。而檀州城内之仁风里以及郡城西北之仁智里（以及夫人高氏墓地所在的河阳里），皆当属于密云县，而非属行唐县。换言之，辽时以俘户新置的行唐县，乃以十寨作为控制与管理组织，并未编排乡里；《张晋卿暨夫人高氏墓志铭》中所见的仁风里、仁智里与河阳里，当属于密云县，乃沿袭唐制而来。

（3）天庆九年（1119）《刘承遂墓志》说刘氏"世本云中三井里人"。乾统七年（1107）《董承德妻郭氏墓记》述董氏为"大辽西京警巡院

---

① 孙勐：《北京密云大唐庄出土辽代墓志考释》，《中国国家博物馆馆刊》2016年第2期。按：关于此碑刻之年代，孙先生文并未讨论。今绎墓志，知张晋卿于大康八年（1082）十二月卒，数年后夫人高氏亦卒，分别葬于仁智里之故茔和河阳里之原。后经数十年，其子孙渐繁茂，乃于郡城西北三里另购得墓地，将张晋卿与高氏合葬在一起。墓志谓"以□□□年十月十九日，移葬于兹"。迁葬之年恰漫灭。然其下文又说：张晋卿仕途二十年，死后"权塚三十年"。则迁葬当在太康八年之后三十年左右。太康八年之后三十年，当是天庆二年（1112）。但墓志所云三十年或仅取其整数，故姑定为天庆二年前后。

② 《辽史》卷四〇《地理志》四，点校本二十四史修订本，第565页。

右厢住人",盖董氏居于西京大同府城内。①据此推测,三井里当处于大同府城外。《刘承遂墓志》又谓记其墓地乃从孙权堡刘士言处买得,共九亩,准价五十贯文。《董承德妻郭氏墓记》也说:"今为亡妻郭氏于京西南约五里,买到云中县孙权堡刘士言地五亩。"而乾亨四年(982)《许从赟暨夫人康氏墓志铭》与上述二志同出于大同市西南近郊新添堡村,志文称许从赟与唐氏墓志所在为"云中县权宝里"。②显然,"权宝里"与"孙权堡"当即同一地。"权宝里"演变为"孙权堡",说明云中县本来编有"里",在辽时"权宝里"之名逐渐不用,而代之以"孙权堡"。据此,《刘承遂墓志》说刘氏"世本云中三井里人",也可理解为刘氏之三井里人的身份,乃来自于世代相仍。换言之,云中县的三井里(以及权宝里)当是相沿而来,应当是唐代编排的里。

因此,辽代墓志所记亡人生前居地或籍属的"里",应当是沿用唐时编排的乡、里体系而来的,并非辽朝新编的里。此外,应历十七年(967)《王仲福墓志》所见"蓟州北渔阳县界高村管"中"管"的编制,与上引咸通十一年(870)《孙英与夫人王氏墓志》所见的"管",也当有一定关联。"管"的编制从晚唐延续到辽代,也说明辽代燕云汉地的乡里控制体系乃是从唐代演变而来的。

墓志所述亡人生前居地或籍属使用的"里"既然沿自唐代,那么,其所述亡人葬地所在之乡、里(村),也当是沿用唐时编排、分划的乡、里(村)体系而来。换言之,辽时很可能并未全面系统编排、分划燕云汉地的乡、里,墓志等碑石文献中所见的乡、里,至少有相当一部分,乃是沿用唐时编排、分划的乡里体系(也当有部分调整)。那么,这些乡、里在辽时是否仍然发挥作用呢?或者说,辽时燕云汉地的乡、里,除了用于表示地域,是否还具有编排户口、征发赋役的功能呢?

在一些造塔记、建幢记中,或以"乡、里"表示造塔人、建幢人的身份。如乾统八年(1108)《刘庆为出家男智广特建幢塔记》前题"大辽国燕

---

① 山西云冈古物保养所清理组:《山西大同市西南郊唐、辽、金墓清理简报》,《考古通讯》1958年第6期;鲁西奇:《中国古代买地券研究》,第283—284页。

② 曹彦玲、王银田:《辽许从赟墓志略考》,《文物世界》2009年第6期。

京涿州固安县归仁乡中由里刘庆出家男智广造身塔记";天庆三年（1113）《张世卿为先妣建幢记》，署张世卿之身份，作"大辽国燕京涿州固安县归仁乡南阳里"。①又，保大元年（1121）《王安甫造经题记》见有"施主固安县黑垡里王安甫"，《刘公辅造经题记》见有"施主永清县解口里刘公辅"。②造塔、建幢人当然都是"生人"，以"乡、里"表示其身份，说明乡、里还是用于界定民户身份的主要方式。大安五年（1089）《安次县祠垅里寺院内起建堂殿并内藏埤记》谓建造寺院堂殿的刘惟极、宋守行、刘惟昇、李知新等，"户贯燕京析津府安次县长寿乡，西南隅一小墅也，名曰祠垅里"。③显然，当时官府仍编排或保留户口籍帐，而长寿乡祠垅里正是刘惟极等人户籍所在的乡、里。

统和十年（992）《玉河县清水院随罗尼经幢题记》，按照寺院、村落分列了参与经幢建设的僧众，其中"清水村"下见有"里正齐延义、帖乡张承祈"，在"僧道岩"（村）见有"里正赵延琛、帖乡赵延训"。④"里正"与"帖乡"并列，当即按乡设置，即乡置里正、帖乡（或相当于宋代的"乡书手"）各一人。而"乡里正"或即《辽史》所见的"乡正"。《辽史·百官志》"南面方州官"谓五京诸州属县，"县有驿递、马牛、旗鼓、乡正、厅隶、仓司等役。有破产不能给者，良民患之。马人望设法，使民出钱免役，官自募人，仓司给使以公使充，人以为便"。⑤《辽史·马人望传》谓马人望在天祚后期，任南院枢密使，"当时民所甚患者，驿递、马牛、旗鼓、乡正、厅隶、仓司之役，至破产不能给。人望使民出钱，官自募役，时以为便"。⑥则"乡正"属于县役，本当从民户中征发，马人望改为雇募，唯其时已至辽末，故辽时"乡正"大抵仍以征发为主。一乡仅置一个里正，并增置帖乡（乡书手），与唐后期至北宋前期乡里制度不断演变的趋

---

① 陈述辑校：《全辽文》，北京：中华书局，1982年，卷一〇，第307页；卷一一，第318页。
② 陈述辑校：《全辽文》卷一一，第335页。
③ 陈述辑校：《全辽文》卷九，第233页。
④ 包世轩《辽玉河县清水院统和十年经幢考》，《北京文博》1995年第1期、第2期（连载）。
⑤ 《辽史》卷四八《百官志》四，第915页。
⑥ 《辽史》卷一〇五《能吏传》，"马人望"，第1161页。

势是一致的。

上引《辽史·马人望传》说马人望曾任南京警巡使，受命主持"检括户口，未两旬而毕"。南京同知留守萧保先问之，人望曰："民产若括之无遗，他日必长厚敛之弊，大率十得六七足矣。"则知检括户口，包括检查、评估民户物力产业。保宁八年（976）《王守谦墓志》谓守谦在应历后期任蓟州蓟北县令，"是县也，户多兼并之室，人有物力之差。夏租秋税，恒逾年之逋负；调发役使，俾穷民之偏并。公之肇至也，峻其科条，严其程限，均其劳逸，恤其羸弱。期年，免稽逋之累，黎元绝轻重之□"。① 则知燕地汉户仍以唐制，按各家物力，纳夏租秋税，并服属役使。乾统七年（1107）《三河县重修文宣庙记》云："燕京经界，辖制六州，总管内外二十四县。县贯三河者，古之名邑也。左附流渠，背连黍谷。作大都之襟带，为上郡之唇膰。户版颇多，赋调益大。……凡差发，立排门历，量见在随户物力，遂定三等，配率均平。"② 编排门历，随户物力别为三等，据户等差发力役。各乡负责编制户版、分别户等的，盖仍当是由唐代每乡置五里正演变而来的一乡置一里正（称为"乡正"）以及晚唐以来增加的、专事籍帐的"帖乡"（乡书手）。

（三）辽代燕云汉地"村（里）"的实质

在今见辽代燕云地区的造塔记、建幢记等碑刻中，大多以"村"，而不是以"里"指称相关主持人、施舍人或邑众身份或居地。在上引统和十年（992）玉河县清水院立幢题名中，列出了清水村、斋堂村、胡家林村、青白口村、僧道岩（村）、矾山村、交道村、齐家庄村等八个"村"，清水村、僧道岩（村）邑众中并有担任里正、帖乡者，然题名概称为"村"。北京房山北郑村辽塔所出应历五年（955）《北郑院邑人起建陀罗尼幢记》在邑人之后，录有"在村女邑"高氏女小喜、严氏等三十一人，以及"村人王温、妻郑氏，男贵、次男□、次男小神奴"，"村人赵友德、男君霸"，"村人王师□、妻郑氏"等。③ 清宁二年（1056）《涿州超化寺诵法华经

---

① 中国文物研究所、北京石刻艺术博物馆编：《新中国出土墓志·北京（壹）》，第35页。
② 《全辽文》卷一〇，《三河县重修文宣庙记》，第293—294页。
③ 齐心、刘精义：《北京市房山县北郑村辽塔清理记》，《考古》1980年第2期；陈述辑校：《全辽文》卷四，第74—75页。

沙门法慈修建实录》说重熙十年（1041），"有瓦井村邑人王文正三十余众"，施建此院。①咸雍七年（1071）《为亡父母造幢记》中，造幢人署名作"涞水县遵亭乡累子村李晟，并出家女法广等"，所造之幢在李晟亡父母墓前，墓"在庄东落北约一里，林台之西"。②咸雍九年《水东村傅逐秀等造香幢记》谓："维大辽之国燕京涞水县遵亭乡水东村邑众傅逐秀等，先于寺西约□步，有相承古塔一坐，村众共重兴□新。……又弘大愿，新造香幢一所，普□□罪。今施香幢，保镇当村。"③保大元年（1121）《耿士均造经题记》《耿殿直造经题记》述施主身份，均作"安次县耿村"耿士均、耿殿直；《李师悦造经题记》作"施主永清县韩村李师悦"。④不详年月《齐师让妻阿石造经题记》中施主作"良乡县十渡村住人"。⑤此例甚多，无须缕举。

在很多情况下，"里"与"村"是合一的（亦即一个村即编为一个"里"），可以互换称谓。咸雍八年（1072）《特建葬舍利幢记》述建幢之经过，谓"我涿州新城县衣锦乡曲堤里邑众、中书省大程官刘公讳清等，洎当村院内、业经律论大德讳善□"等，共同营建。⑥显然，"当村"就是指曲堤里。大安六年（1090）《靳信等造塔记》述造塔邑众之身份，作"燕京析津府涿州范阳县任和乡永乐里螺钹邑众"；而述其造塔之经过，则作"有当村念佛邑［众］（等）二十余人，广备信心，累世层供养诸佛，各抽有限之财，同证无为之果，遂乃特建宝塔一所"，并记当年首领为王仙、乔寿等五人。⑦这里的"当村"，也就是指永乐里。曲堤里、永乐里也可以称为曲堤村、永乐村。

里、村并存、交换指称的局面，在辽时燕云汉地，盖相当普遍。乾统四

---

① 陈述辑校：《全辽文》卷八，第172页。
② 陈述辑校：《全辽文》卷八，第196页；向南：《辽代石刻文编》，《道宗编》上，《李晟为父母造幢记》，石家庄：河北教育出版社，1995年，第347页。
③ 陈述辑校：《全辽文》卷八，第203页。
④ 陈述辑校：《全辽文》卷一一，第336—337页。
⑤ 陈述辑校：《全辽文》卷一二，第355页。
⑥ 陈述辑校：《全辽文》卷八，第202页。
⑦ 陈述辑校：《全辽文》卷九，第234—235页。

年（1104）沙门了洙在《范阳丰山章庆禅院纪实》中，详述了章庆院所属产业及周边环境，谓：

> 郡城西北两舍之外，峰峦相属，绵亘百有余里，有山崷崒，俗曰太湖……因号曰丰山。盘陉修阻，疏外人境，峪岈幽阒，雅称静居。翠微之下，营构新居。……一径东指，旁无枝歧，度石梯，下麻谷，縣□院道，南陟长岭，西南趣柳豀，至玄心，则下寺也。又道出甘泉村南，并坟庄。涉泥沟河水，东南奔西冯别野，则辗庄也。又东北走驿路，抵良乡，如京师，入南肃慎里，东之高氏所营讲宇，则下院也。①

章庆禅院共有三处寺院：一是丰山本院，二是柳豀心下寺，三是燕京城内南肃慎坊的下院。了洙提到的柳豀、甘泉村应当是较大村落，坟庄、辗庄、西冯别野都是较小的聚落，而燕京城内的南肃慎里，则当为高氏集居之区。了洙所撰《白继琳幢记》说白继琳是良乡县刘李村人，父澄，母杨氏，数世不显，是普通的编户齐民。白继琳夫妇葬地在良乡县尚太乡刘李村东原。继琳所生三子，二子了扃，出家为燕京崇孝寺比丘；三子智才，亦为比丘，"钟爱弟居里之僧院"。三女，长适涿郡李宽，次适同里（当指刘李村）丁准，次适卢村东宋氏。其三孙圆迪，"为比丘于同里之兰若，以失明近家故也。诵经十余部，里人讶其强记敏慧"。两个孙女，长适卢宏，幼宏李孝君，"皆同里之醇农也"。②这里的"里""同里"，皆当指刘李村。

可是，这里引证的材料，都是乡村民众自发组织起来，开展建庙、树塔、立幢等宗教活动的记录，据此，可以认为辽时燕云汉地的村落乃是基层的乡村社会组织，包括张国庆先生在内的论者也多据此立论。可是，在今见材料中，并未见有辽时燕云汉地设有村正、长的证据，也并未见有以"村"（或"里"）为单位检括户口、登记造册、征发赋役的记录，所以，很难判断上引碑石文献中所见的"村"（"里"）就是辽朝控制燕云汉地乡村的基层行政管理单位。

这里有一条材料需加辨析。陈述先生辑校《全辽文》卷一引《宣府镇

---

① 陈述辑校：《全辽文》卷一〇，第270—271页。
② 陈述辑校：《全辽文》卷一〇，第271—272页。

志》（当是嘉靖四十年刊本，孙世芳修，栾尚约辑）卷一四《贡赋考》所录会同六年（943）《下有司敕》云："于每村定有力人户充村长，与村人议，有力人户出剩田苗补贫下不逮顷亩，自愿者据状征收。"①今查嘉靖《宣府镇志》，此条记载系于晋高祖天福七年"契丹严兵行伤禾之禁"目下。②可此条并不见于《辽史》《契丹国志》等史籍记载，而《旧五代史·食货志》记后唐长兴二年（931）敕书云："委诸道观察使，属县于每村定有力人户充村长。与村人议，有力人户出剩田苗，补贫下不迨，肯者即具状征收，有辞者即排段检括。"③嘉靖《宣府镇志》所录，应即据此而来。所以，不能据此条材料，证明辽代燕云汉地州县设有"村长"。

因此，辽代燕云汉地的"村"（"里"），是一种社会基层聚落和社会基层组织单元，但却无法证明它同时是辽朝国家控制、管理乡村社会的基层行政管理单位。换言之，唐代赖以实际控制乡村民众、管理乡村事务的基层单位"里"（"村"），在辽代燕云汉地似乎较少发生实际作用。

（四）辽代燕云汉地的"寨"与"乡"

如果乡正（以及帖乡）乃是县中的职役，村（里）正、长未见设置，那么，在辽时燕云汉地，实际控制乡村民户、维持乡村秩序的，又会是怎样的人呢？《辽史》所记南京、西京道各州县的户数与乡丁数又是从何而来，其性质如何？

如上所述，檀州行唐县乃太祖时以定州俘户置，有户三千，分为十寨，平均每寨三百户。据《辽史·兵卫志》，行唐县需出乡丁六千，正是每户二丁，平均每寨六百丁。这种对应关系，说明"寨"很可能是负有征发乡丁等责任的行政管理单位。

上引《清水院陁罗尼经幢题记》中，在清水村下列有"差充十将兼寨司军头李在珪"与"寨官李怀金"；在僧道岩（村）下列有"寨官冯福殷"；在矾山村下列有"义军军使兼充寨官刘彦赟、王令谦、令从、闫哥"，以及

---

① 陈述辑校：《全辽文》卷一，第5页。
② 嘉靖《宣府镇志》卷一四，《贡赋考》，《中国方志丛书》本（塞北地方第19号），台北：成文出版社有限公司，1970年，据嘉靖四十年刊本影印，第127页。
③ 《旧五代史》卷一四六《食货志》，点校本二十四史修订本，北京：中华书局，2015年，第2267页。

"义军副兵马使颜承嗣、赵思友""交道镇使韩宗实"等;在交道村下列有"□官王景幸"等。这些职名,多不能考实。值得注意的是李在珪的身份是差充十将兼寨司军头。"十将"当是基层军官。《辽史·兵卫志》"兵制"谓:"辽国兵制,凡民年十五以上,五十以下,隶兵籍……凡举兵,帝率蕃汉文武臣僚,以青牛白马祭告天地、日神,惟不拜月。分命近臣告太祖以下诸陵及木叶山神,乃诏诸道征兵。……始闻诏,攒户丁,推户力,核籍齐众以待。自十将以上,次第点集军马、器仗。符至,兵马本司自领,使者不得与。唯再共点军马讫,又以上闻。量兵马多少,再命使充军主,与本司互相监督。"①"自十将以上,次第点集军马、器仗",显然,十将是最基层的军官。李在珪在军队编制中的身份是"十将"。他统领"本司"(亦即本寨)征发的兵马,是本司兵马的"军主",故得兼任"寨司军头"。在征兵诏书下达后,负责"攒户丁,推户力,核籍齐众以待"的,则当是"寨官"。因此,负责征发兵役的管理单位,当是"寨"。行唐县有十个寨,即当有十个寨官。一旦发兵,寨官即集中本寨应役兵丁;受命参战,"寨官"或即充任"十将",领本寨兵出发打仗,其身份则变为"寨司军头"("军主")。矾山村的刘彦赟、王令谦等人以寨官充任义军军使,其地位或亦相当或略高于"寨司军头"。

如以上解释不误,那么,清水院立幢题名中的"义军",应当就是《辽史》所见的"乡兵"。《辽史·兵卫志》谓辽国起兵,"又于本国州县,起汉人乡兵万人,随军专伐园林,填道路"。②"本国州县"的"汉人乡兵"很可能就是在燕云汉地州县征发的。《辽史·地理志》谓"太祖神册元年,伐吐浑还,攻之,尽俘其民以东,唯存乡兵三百人防戍"。③这里的"乡兵",当即上引《辽史·兵卫志》所记本来只是"工兵"性质的"汉人乡兵"。《辽史·兵卫志》"五京乡丁"下称:

> 辽建五京:临潢,契丹故壤;辽阳,汉之辽东,为渤海故国;中京,汉辽西地,自唐以来契丹有之。三京丁籍可纪者二十二万六千一

---

① 《辽史》卷三四《兵卫志》上,第451页。
② 《辽史》卷三四《兵卫志》上,第452页。
③ 《辽史》卷四一《地理志》五,第581页。

百，蕃汉转户为多。析津、大同，故汉地，籍丁八十万六千七百。契丹本户多隶宫帐、部族，其余蕃汉户丁分隶者，皆不与焉。①

据此，则知所谓户丁之制，实为契丹州县征兵之制，盖十五至五十岁之民皆隶兵籍，每户以二丁计，故诸州县户、丁之比，皆为整齐的一比二。《辽史·兵卫志》于"五京乡丁"末总结说："大约五京民丁可见者一百一十万七千三百，为乡兵。"②则"乡丁"就是"乡兵"。盖列入丁籍者，被称为"乡丁"；乡丁受征入军，则成为"乡兵"。《辽史·兵卫志》于丰州振武县下未录丁数，但称"乡兵三百"，③也说明"乡丁""乡兵"所指基本相同。

行唐县分为十寨，每寨三百户、六百丁，"寨"就是"乡丁"的编排单位，丁籍也当是按"寨"登录的，征发时亦以"寨"为单位；乡丁入军后（"乡兵""义军"），仍以原属的"寨"作为军事编制的基础，平时的"寨官"乃成为战时的"寨司军头"（"军主"）或"军使"。这样，"寨"就成为辽时燕云汉地部分地区县以下实际的控制单位。

三百户、六百丁，可能是"寨"的标准规模。据《辽史》之《地理志》与《兵卫志》所记，三河、玉田、景州（遵化）、马城、石城、望都、广宁、奉义、怀仁、怀安、顺圣、宣德、矾山、缙山、怀来、广陵、灵丘、河阴、马邑等县均为三千户、六千丁。其中，行唐县以定州俘户置，隶彰愍宫，为投下县，已见上文。景州（领遵化一县）为重熙（1032—1055）中以唐平州买马监新置；平州望都县以定州望都县俘户置，其初或亦为投下；滦州马城、石城二县，均太祖时以俘户置；营州广宁县亦太祖置，"以居定州俘户"。④大同府奉义、怀仁二县均为辽分云中县新置，由其县名推测，亦当是以俘户或招抚人户设置；怀安、顺圣二县皆穆宗时由高勋分文德、永兴县置，所领亦当为招、俘人户；德州宣德县乃开泰八年（1019）"以汉户复置"；可汗州怀来县乃太祖时以西奚去诸所部置；蔚州广陵县是统和十三年

---

① 《辽史》卷三六《兵卫志》下，第473页。
② 《辽史》卷三六《兵卫志》下，第485页。
③ 《辽史》卷三六《兵卫志》下，第483页。
④ 《辽史》卷四〇《地理志》四，第568—570页；卷三六《兵卫志》下，第481页。

（995）析灵仙县置；应州河阴县虽为唐旧县，但入辽后作了较大调整。①此外，金肃州乃重熙十二年（1043）伐西夏时，"割燕民三百户置，防秋军一千实之"。②这些县（或不辖县的州），或以俘户、降户置，或分旧县部分属户新置，或在原县基础上作了较大调整，基本上是辽时新置的县。其所领户丁均为整齐的三千户、六千丁，很可能皆如行唐县一样，分为十寨。③

而其余的县，亦即隋唐五代以来的旧县，则大抵没有表现出这样的规律。据上考统和十年玉河县清水院立幢题名，知辽时玉河县当设有"寨"，而玉河县有户一千、丁二千，户、丁数并非三百之倍数，则玉河县的"寨"不是按三百户、六百丁编排的。一些以俘户、徙户新置的县，户、丁数也不是三百的倍数。如平州安喜县，乃太祖时以定州安喜县俘户置，而有户五千、丁一万。④据开泰六年（1017）《韩相墓志铭》，韩相葬地在辽城西安喜县砂沟乡福昌里（见表5-6），说明其时设立的安喜县仍以乡、里编制。蔚州定安县亦为辽时新置，也有户一万、丁二万。⑤析津府香河县、漷阴县均为辽时新置，却分别有七千户、五千户；滦州义丰县为辽世宗时置，有户四千、丁八千；大同府长青县亦辽时分置，户四千、丁八千；弘州永宁县置于统和中，统户一万、丁二万；奉圣州望云县为景宗时以御庄改置为县，户一千、丁二千。河清军与金肃州同置于重熙十二年（1043），"徙民五百户，防秋兵一千人实之"。⑥五百户、一千人，户丁之比亦为一比二。

除上述各县外，南京、西京二道所属州县中，大部分可以确定属于唐旧县

---

① 《辽史》卷四一《地理志》四，第579—585页；卷三六《兵卫志》下，第482—484页。关于河阴县，《辽史》卷八六《耶律颓的传》："咸雍八年，改彰国军节度使。上猎大牢古山，颓的谒于行宫。帝问边事，对曰：'自应州南境至天池，皆我耕牧之地。清宁间，边将不谨，为宋所侵，烽堠内移，似非所宜。'道宗然之。拜北面林牙。后遣人使宋，得其侵地，命颓的往定疆界。"（第1462页）同书卷九二《萧韩家［奴］传》："（大康）三年，经画西南边天池旧堑，立堡砦，正疆界，刻石而还。"（第1508页）天池即在河阴（山阴）县境。

② 《辽史》卷四一《地理志》五，第587页。

③ 此外，丰州富民县亦当以迁户置，户一千二百、丁二千四百，均为三百之倍数。《辽史》卷四一《地理志》五，第580页；卷三六《兵卫志》下，第482页。

④ 《辽史》卷四〇《地理志》四，第568页；卷三六《兵卫志》下，第481页。

⑤ 《辽史》卷四一《地理志》五，第584页；卷三六《兵卫志》下，第483页。

⑥ 《辽史》卷四一《地理志》五，第587页。

的县，所领户、乡丁数，皆为五百之倍数，包括析津府析津县（蓟北县，二万户、四万丁）、宛平县（幽都县，二万二千户、四万四千丁）、昌平县（七千户、一万四千丁）、良乡县（七千户、一万四千丁）、潞县（六千户、一万一千丁）、安次县（一万二千户、二万四千丁）、永清县（五千户、一万丁）、武清县（一万户、二万丁）、玉河县（一千户、二千丁），顺州归化县（五千户、一万丁），檀州密云县（五千户、一万丁），涿州范阳县（一万户、二万丁）、固安县（一万户、二万丁）、新城县（一万户、二万丁）、归义县（四千户、八千丁），易州易县（二万五千户、五万丁）、容城县（五千户、一万丁），蓟州渔阳县（四千户、八千丁），平州卢龙县（七千户、一万四千丁），大同府大同县（一万户、二万丁）、云中县（一万户、二万丁）、天成县（五千户、一万丁），奉圣州永兴县（八千户、一万六千丁）、龙门县（四千户、八千丁），归化州文德县（一万户、二万丁），儒州缙山县（五千户、一万丁），蔚州灵仙县（二万户、四万丁）、灵丘县（三千户、六千丁），应州金城县（八千户、一万六千丁）、浑源县（五千户、一万丁），朔州鄯阳县（四千户、八千丁）、武州神武县（五千户、一万丁）。值得注意的是，涿州所属范阳、固安、新城三县，以及析津府武清县，大同府大同与云中二县等六县，均为一万户、二万丁；析津府永清县、顺州归化县、檀州密云县、易州容城县、大同府天成县、儒州缙山县、应州浑源县、武州神武县等八县均为五千户、一万丁。[①]显然，《辽史》所记的户、丁数不会是上述各县的实际著籍数，而只能是按照某种原则编制的统计数。

如上所述，《辽史》所记大部分唐以来旧县的户、丁数，均为五百的倍数。而五百户的编制，正是唐制的一个乡。由此，我们推测：入辽以后，沿自隋唐五代旧县的燕云汉地州县，以及部分新置的县，仍以"乡"作为编排乡丁、计算丁籍的基本单位；而唐制规定五百户一乡，辽沿用这一规定，以各县的乡数计算各县应有之户、丁数，遂形成各县户、丁数往往为五百之倍数的现象。

---

① 《辽史》卷四〇《地理志》四，第562—570页；卷四一《地理志》五，第578—587页；卷三六《兵卫志》下，第479—484页。

《太平寰宇记》卷六九至七一所记幽燕诸州各县所领乡数，大抵当是开元、天宝年间之数（各州户数，皆为开元或天宝数）。自中晚唐经后梁、后唐以迄于辽，幽燕汉地的州县建置发生了很多变化，特别是唐前中期散布于幽燕地区的十余个有版籍縻州（如威州、慎州、思顺州等）所领民户渐次纳入了其所在的正州县，故各县所领民户及其乡里编排，必然有很大变化，但仍然有些蛛丝马迹，反映出辽时各县户、丁数与唐时乡数之间的关系。《太平寰宇记》记唐幽州天宝户有六万七千二百四十二户，领八县，其中蓟县二十二乡，幽都县十二乡，良乡县十二乡，永清县十乡，安次县十六乡，武清县十乡，潞县十乡，昌平县四乡，共为九十六乡。① 考虑到幽州城内诸坊所领户口并未编乡，故幽州各县的乡大抵仍保持在五百户上下。唐蓟县在辽代改称蓟北县、析津县，又分置玉河县。辽时析津、玉河二县（大致相当于唐蓟县所统地域）合计有户二万一千，出丁四万二千；宛平县（唐幽都县）领二万二千户、四万四千丁，看不出与唐代的乡数有怎样的关系。而辽永清县有五千户，若以五百户一乡计算，正有十乡；良乡县有七千户，当编有十四乡；潞县六千户，当编有十二乡；安次县有一万二千户，当编有二十四乡，与唐代各县所领乡数相近而略多。只有武清、香河二县（相当于唐武清县）合计一万七千户，当编三十四乡；昌平县有七千户，当编十四乡，比唐时乡数高出较多。辽时涿州所领范阳县有户一万，当编为二十乡，而唐时范阳县正为二十乡。凡此，都说明燕云汉地沿用隋唐五代旧县而来的各县，很可能也沿袭唐时以五百户为一乡的编排方式编排民户，登录、统计丁籍，从而形成各县户、丁数多为五百之倍数的状况；而"乡丁""乡兵"之谓，或亦正可解释为按"乡"征发的丁或兵。

以五百户一乡为原则编排、计算各县户、丁数，主要是一种征役方式，在县衙中执役的乡正和帖乡大抵只会负责籍帐的编制、统计以及赋役的分派，在乡村中真正发挥作用的，则应当是上引《玉河县清水院随罗尼经幢题记》所见的各种军使、寨司、寨官。据《辽史》所记，玉河县有一千户、二千丁，其户、丁数应当是按五百的倍数计算的（亦即以"乡"的原则编制的）。显然，玉河县即使保持乡、里的编排，真正在乡村中负责征役的，也

---

① 《太平寰宇记》卷六九，第1397—1403页。

当是这些寨司、寨官、十将。行唐等主要以俘户、迁户设置的新县,以三百户为一寨,其寨司、寨官的职守、功能,也当与《玉河县清水院陁罗尼经幢题记》所见玉河县的寨司、寨官大致相同。据此推测,沿用唐时旧县乡里体系的各县,在户、丁统计上以五百户一乡为原则,而在乡村实际控制层面,大抵也以五百户为单位,组织寨司,分置寨官。换言之,准军事编排的军使、寨司、寨官应当是辽时燕云汉地乡村社会的实际控制者。

二、辽中京、上京、东京道所属州县的乡、里与寨、庄

今见辽代碑石文献中,述及辽中京、上京、东京道所属州县的基层行政管理单位,以"乡、里"或"里"为称者,主要有如下几例:

(1)统和十八年(1000)《刘宇杰墓志》(1979年出土于辽宁朝阳县西大营子乡西山村)谓刘宇杰卒于奉圣州,归葬于"霸州归化县积善乡余庆里,附先太保之坟"。①"先太保"即刘宇杰之父刘承嗣。刘承嗣为唐末刘仁恭之孙,其父刘守奇任平州刺史、横海军节度使,后归于契丹。刘承嗣于应历十七年(967)卒于燕京私第后,亲族迎葬于霸州西原,与其杨氏夫人合葬,说明刘氏亲族早已在霸州定居。②刘日泳又为刘宇杰之长子。重熙十五年(1046)《刘日泳墓志》称刘日泳为"兴中府南和州刘公",谓其于重熙十五年七月十一日,"薨于兴中府南和州私宅。至当年拾月拾贰日,葬于府西南坟岳之际,附先茔,礼也"。③则刘氏在霸州(后改为兴中府)的住处称为"南和州"(当与下文所见的"南和乡"类似,并非州名)。《辽史·地理志》"兴中府"条谓:"太祖平奚及俘燕民,将建城,命韩知方择其处,乃完葺柳城,号霸州彰武军,节度。"其"兴中县"条称:"本汉柳城县地。太祖掠汉民居此,建霸城县。重熙中置府,更名"。④而并未记有归化县。然统和二十六年(1008)《常遵化墓志》(出土于朝阳市旧城西北朝阳纺织厂内)谓遵化在保宁元年(969)曾"守霸州归化县令","固得

---

① 向南:《辽代石刻文编》,"圣宗编",《刘宇杰墓志》,第106—110页。
② 向南:《辽代石刻文编》,"太宗、世宗、穆宗、景宗编",《刘承嗣墓志》,第47—53页。
③ 向南:《辽代石刻文编》,"圣宗编",《刘日泳墓志》,第243—248页。
④ 《辽史》卷三九《地理志》三,第550页。

劝课农事，应奉皇泽，屡见丰饶，略无悬阙"。①则霸州确曾置有归化县。《辽史·地理志》于中京大定府下记有归化县，谓："本汉柳城县地。"也说明归化县本在柳城境内，亦当以俘掠汉户置。盖归化县本属霸州，统和二十五年建置中京后，方移其户至中京。因此，《刘宇杰墓志》中的"霸州归化县积善乡余庆里"，当是辽时霸州实存的县、乡、里。

又，咸雍七年（1071）《弘农杨公墓志》（出土于辽宁朝阳县孙家湾乡代家店村）谓杨公曾任安德州军事判官，"发痼疾于兴中府南城"，其私第在"□里善□□"，葬地在"□□□龙岫乡狼河里"。②按《辽史·地理志》，安德州属兴中府，本为安德县，"统和八年析霸城东南龙山徒河境户置"。③"龙岫乡"之名，显然与"龙山"相关，则安德县分置乡、里，亦当在统和间。

（2）开泰四年（1015）《宋公妻张氏墓志》（出土于内蒙古宁城县）谓张氏卒于中京私第，亡后"祔葬于中京大定县南和乡□□里鹿鸣山，从舅姑之茔，礼也"。④咸雍八年（1072）《萧阐墓志》（出土于内蒙古宁城县头道营子镇埋王沟）谓萧阐葬于"大定府劝农县宽政乡韩家里西原，附先宰相之茔，礼也"。⑤大定、劝农二县均属于中京大定府。《辽史·地理志》谓统和二十五年（1007）建中京城，"实以汉户"。其"大定县"条称："白霫故地。以诸国俘户居之。""劝农县"条云："本汉宾从县地。开泰二年析京民置。"⑥据上引二墓志，则大定、劝农二县皆当编排乡、里。又大康四年（1078）《秦德昌墓志》说秦德昌卒后，其"幼子绲以公宅于霫都之久，因于都北不远一舍吴家里创以别墅，大康四年四月十八日，迁柩于里

---

① 向南：《辽代石刻文编》，"圣宗编"，《常遵化墓志》，第127—131页。

② 向南、张国庆、李宇峰辑注：《辽代石刻文续编》，沈阳：辽宁人民出版社，2010年，第139—140页。

③ 《辽史》卷三九《地理志》三，第551页。

④ 向南、张国庆、李宇峰辑注：《辽代石刻文续编》，第56—57页。

⑤ 盖之庸编著：《内蒙古辽代石刻文研究》（增订本），呼和浩特：内蒙古大学出版社，2007年，第341页。

⑥ 《辽史》卷三九《地理志》三，第546页。

东桃港而茔之"。①霫都即指中京大定府,吴家里在中京城北一舍远,其东有桃港,显系有明确范围的地域。

中京大定府所属各县,均置于统和、开泰间,其中,大定、长兴二县当与大定府同置,劝农及富庶、文定、升平、神水、金源、龙山等七县均为开泰二年(1013)"析京民置"。②《辽史·圣宗纪》开泰二年二月丙子,"诏以麦务川为象雷县,女河川为神水县,罗家军为间山县,山子川为富庶县,习家寨为龙山县,阿览峪为劝农县,松山川为松山县,金甸子为金原县"。③象雷等八县在初置时均属于中京大定府,而麦务川、女河川、山子川、阿览峪、金甸子等显然都是河川、山峪、草原区域。因此,所谓"析京民置"诸县,即将此前集中迁居于大定府周围的诸国俘户、诸部民分划到女河川、山子川等地域,各立县以治之。中京周围各县的乡、里,很可能就是在这时编排、分划的。

(3)太平二年(1022)《韩绍娣墓志》(出土于辽宁喀喇沁左翼蒙古族自治县老爷庙乡果木营子村)载墓主卒于利州管内永乐乡私第,葬于余庆之原。④据《辽史·地理志》,利州之地,本为奚人迁居之琵琶川,统和四年置为阜俗县,二十六年置利州,仍只领阜俗一县。⑤则"利州管内永乐乡"当属于阜俗县,而"余庆"则可能是里名。

太平六年(1026)《宋匡世墓志》(出土于辽宁凌源北孙家杖子)说匡世乃榆州刺史之子,太平五年五月卒于晋国公主中京提辖使任上,"权厝于京南义井院精舍。以太平六年三月七日,归窆于榆州南和乡余庆里鹿鸣山先茔之左,举二夫人祔焉,礼也"。⑥榆州和众县与大定府劝农县相邻,鹿鸣山在和众、劝农二县间。因此,《宋匡世墓志》所记"南和乡余庆里鹿鸣山"与上引《宋公妻张氏墓志》所记"南和乡□□里鹿鸣山"当即一地(宋公亦当为宋匡世之族)。榆州本为横帐解里以镇州俘户设置的投下州,"开

---

① 都兴智、田立坤:《辽秦德昌墓志考》,《辽海文物学刊》1995年第2期。
② 《辽史》卷三九《地理志》三,第546—547页。
③ 《辽史》卷一五《圣宗纪》六,第189页。
④ 向南、张国庆、李宇峰辑注:《辽代石刻文续编》,第63—64页。
⑤ 《辽史》卷三九《地理志》三,第547—548页。
⑥ 向南:《辽代石刻文编》,"圣宗编",《宋匡世墓志》,第180—183页。

泰中没入，属中京"，其永和县置于统和二十二年。所以，榆州二县的乡、里分划也不会早于统和年间。

利州、榆州均为中京大定府属州。与利、榆州一样，大定府所属的惠州惠和县亦置于圣宗时，其领民本为太祖所俘汉民，原居于上京兔儿山下，圣宗时方迁至中京地区，并括诸宫院落帐户置县；高州三韩县乃圣宗时伐高丽，俘辰韩、弁韩、马韩遗人而立，有户五千；武安州沃野县所领民户本为太祖所俘汉民，原居于上京木叶山下杏埚新城，统和八年改属中京，可能亦于其时建县；北安州及利民县亦"圣宗以汉户置"；[①]潭州龙山县、松山州松山县皆开泰二年置，已见上文。据此，可以推知：圣宗统和、开泰年间，曾全面规划、调整中京地区的州、县建置，并至少在部分州县实行了乡里制度。

（4）重熙十三年（1044）《沈阳塔湾无垢净光舍利塔石函记》题名中见有"前乡正张惟善""乡正张希胤"，以及"老人康弘美""老人李昌胤""老人王赟睿"等。按：该塔立于"辽东沈州西北丰稔村东"，题名中见有昭德军（沈州军号）节度使耶律庶几、副使李克永、判官贾金等，[②]则张惟善、张希胤、康弘美等人所任之乡正、老人，当是沈州之乡正、老人。沈州虽然建于渤海国之时，然辽沈州所统乐郊、灵源二县却是太祖时以所俘蓟州三河、渔阳二县之民设置的。[③]故沈州之乡正、老人，很可能沿自唐后期之制；然汉人迁民入居沈州实已历百余年，故张惟善、张希胤、康弘美等人所任之乡正、老人，当为辽时实行的制度。换言之，辽时东京道所属州县，至少部分州县，是实行乡里制的。

根据上述碑石材料，可以认知：在辽圣宗统和、开泰年间，中京大定府所属县、州以及兴中府各县和安德州，应当实行了乡里制。这些乡、里是在统和、开泰年间全面规划、调整中京地区的州县体系时分划、编排的，不是沿用唐以来的乡、里体系。东京道至少在沈州分划了乡里，然其乡里的源头，既可能是汉民迁户所带来的唐制，也可能沿用了渤海国时的制度，也有

[①] 《辽史》卷三九《地理志》三，第547—548页。

[②] 向南、张国庆、李宇峰辑注：《辽代石刻文续编》，第350—356页。

[③] 《辽史》卷三九《地理志》三，第528页。

可能是辽代重新编排、分划的，难以确定。

据《辽史》记载，大定府所统十州九县中，只有高州三韩县存有户、丁数，分别是户五千、丁一万。《辽史·兵卫志》说统和间中京各军、府、州、城、县，"草创未定，丁籍莫考"，可见者仅三韩一县。[①]似乎说明中京道行政体系的调整未能全面推行，乡里体系更未能全面建立。三韩县的户、丁数皆为整数，且均为五百的倍数。结合上节所论，我们揣测中京大定府、兴中府所属各县、州的乡，也是以唐制的五百户一乡为原则编排的。

如果此一认识不误，那么，上京临潢府所属的各县也可能在统和年间编排、分划了乡里。上京临潢府所领临潢、长泰二县治所亦均居于上京皇城内，所领人户散居于潢水之北；保和、定霸、宣化三县则散居于上京西、南二面，均于统和八年（990）"以诸宫提辖司人户置"；潞县则处于京东。临潢、长泰、保和、定霸、潞县等六县分处于上京城四面，显然经过全面规划，当皆置于统和八年前后。盖太祖时俘掠汉、渤海之民，迁居潢水流域，分地耕种，人户则隶属于诸宫提辖司，统和八年方分置上述五县。易俗、迁辽、渤海三县均置于太平九年（1029），居民主要为平定大延琳叛乱后所迁渤海户，居于上京城的东北面。[②]上述九县所领皆以俘户为主，显然有规整的户、丁编排。其户、丁数均为五百之倍数（见表5-7），很可能是按五百户一乡的标准编排的。若果如此，则上京临潢府诸县，也当如中京大定府各县一样，是按乡编排户、丁的。

表5-7 辽代上京临潢府各县所领人户与户、丁数

县	建置年代	人户来源	县境所在及县治	户数	乡丁数
临潢		太祖天赞间，攻燕、蓟所俘人户。	散居潢水之北，地宜种植。县治在上京皇城南门内。	3500	7000
长泰		太祖时伐渤海，迁长平县之民。	京西北，与汉民杂居。县治在上京皇城内西南部。	4000	8000

---

① 《辽史》卷三九《地理志》三，第547页；卷三六《兵卫志》下，第484页。
② 《辽史》卷三七《地理志》一，第497—498页。

（续表）

县	建置年代	人户来源	县境所在及县治	户数	乡丁数
定霸	统和八年（990）	太祖伐渤海，迁扶余府强师县之民，置县前属诸宫提辖司人户。	京西，与汉民杂处，分地耕种。治在上京汉城南门内西南部。	2000	4000
保和	统和八年	太祖伐渤海，迁龙州富利县之民，置县前属诸宫提辖司人户。	散居京南。治在上京汉城南门内西南部。	4000	8000
潞县		天赞元年（922），掠蓟州潞县民。	布于京东，与渤海人杂处。治在上京汉城（南城）东门内北侧。	3000	6000
易俗	太平九年（1029）	俘掠辽东渤海大延琳叛人家属。	迁于京北。治在上京汉城西门内北侧。	1000	1500
迁辽	太平九年	俘掠辽东渤海大延琳叛人家属。	京东北。治在上京汉城西门内北侧，易俗县治之东。	1000	1500
渤海	太平九年	俘掠辽东渤海大延琳叛人家属。			
兴仁	开泰二年（1013）		治在上京汉城东门内之南侧。		
宣化	统和八年	太祖伐渤海，迁鸭渌府神化县民，置县前属诸宫提辖司人户。	居京之南。治在上京汉城南门内西侧。	4000	8000

资料来源：《辽史》卷三七《地理志》一，第496—500页；卷三六《兵卫志》下，第474页。

上京道祖州领有长霸、咸宁二县，县治均处于祖州城内，所领人户皆为渤海迁民，各有二千、一千户，其情形大抵与临潢府诸县相同。上京道怀州所领扶余（1500户，3000丁）、显理（1000户、2000丁）二县，庆州所领玄德县（括部落人户，6000户、12000丁）、越王城（党项、吐浑俘户，1000

户，无乡丁数），长春州长春县（燕、蓟犯罪者流配，2000户、4000丁），乌州爱民县（汉民俘户，1000户、2000丁），永州所领长宁县（渤海迁民，4500户、9000丁）、义丰县（渤海迁民，1500户、3000丁），仪坤州广义县（四征俘掠诸种人户，2500户、5000丁），龙化州龙化县（女真迁户与燕、蓟俘户，1000户、2000丁），饶州所领长乐县（渤海迁户，4000户、8000丁）、临河县（渤海迁户，1000户、2000丁）、安民县（渤海迁户，1000户、2000丁），东京道辽阳府所领辽阳县（渤海旧县，1500户、3000丁）、仙乡县（渤海旧县，1500户、3000丁）、析木县（渤海旧县，1000户、2000丁）、紫蒙县（渤海旧县，1000户、2000丁）、兴辽县（渤海旧县，1000户、2000丁），开州所领开远县（渤海旧县，1000户、2000丁），保州所领来远县（辽西诸县奚、汉民迁户，1000户、2000丁），辰州建安县（2000户、4000丁），铁州汤池县（渤海旧县，1000户、2000丁），崇州崇信县（渤海旧县，500户、1000丁），汤州县（渤海旧州，500户、700丁），海州临溟县（1500户、3000丁），嫔州县（500户、700丁），渌州弘闻、神乡二县（2000户、4000丁），正州东那县（500户、700丁），信州武昌县（1000户）等县所领户、丁数，以及属于头下军州的徽州（媵臣户，10000户、20000丁）、成州（媵臣户，4000户、8000丁）、懿州（媵臣户，4000户、8000丁）、渭州（媵臣户，1000户、2000丁）、壕州（汉民俘户，6000户、12000丁）、原州（汉民俘户，500户、1000丁）、凤州（4000户，1000丁，疑误）、遂州（500户、1000丁）、丰州（500户、1000丁）、顺州（燕蓟顺州俘户，1000户、2000丁）、闾州（1000户、2000丁）、松山州（500户、1000丁）、豫州（500户、1000丁）等所领户、丁数，①大多为五百之倍数。其中，原、遂、丰、松山、豫等五个投下州，以及汤、宾二州和崇州崇信县、正州东那县等，各领有五百户。凡此，皆说明五百户很可能是这些县、州（投下州）统领民户的基本编制单位。

另一些县、州（投下州），所领户、丁数，则为三百的倍数。如东京道盐州、穆州会农县、贺州、卢州熊岳县、丰州、同州东平县（冶铁户，无丁

---

① 《辽史》卷三七《地理志》一，第500—509页；卷三八《地理志》二，第525—532页；卷三六《兵卫志》下，第474—479页。

数），以及属于头下军州的福州（南征俘掠汉民）、宁州均为三百户，东京道辽阳府鹤野县（渤海旧县）则领有一千二百户。①三百户，则可能是这些州、县统领民户的基本编排单位；而盐州、会农县、贺州、熊岳县、福州等五州县，领户各三百，乡丁数则是五百，说明无论户数多少，乡丁的编排单位均可能是五百丁。

只有少数的县、州（投下州），所领户、丁数，不表现为五百或三百的倍数，如上京道泰州兴国县（兴宗置县，领户为因犯罪流配的山前之民，700户）、永州慈仁县（400户、800丁）、降圣州永安县（渤海迁户，800户、1500丁）、属于头下军州的横州（牧人，200户、400丁），东京道定州定东县（徙辽西民，800户、1600丁）、兴州（200户、300丁），耀州岩渊县（渤海旧县，700户、1200丁）、桓州（700户、1000丁）、慕州（200户、300丁）等。②这样的县、州，在今见材料中，不足十个。

因此，从总体上看，上京、中京与东京三道所属州、县对于其管领人户的基本编排单位可能主要有五百户与三百户两种，而乡丁的编排则大抵以五百丁（亦有六百丁者）为一个单位。据上所引墓志材料，基本可判断圣宗以后，在中京地区特别是大定府所属各县编排了乡里；而太祖时所置行唐县，以三百户为一寨。那么，五百户为一个单位的编排方式，可能来源于五百户一乡的唐朝制度；而三百户、五百丁为一个单位的编排方式，则可能来源于契丹对于俘掠户口的控制制度（寨）。

在上京临潢府诸县中，潞县领有三千户，其设置时间与人户均与上引行唐县相似，也可能如行唐县那样，分为十寨，即按每寨三百户分划的。怀州所领扶余、显理二县，人户主要来源于太祖时所迁渤海降户，世宗大同元年（947）方置县，分别领有一千五百户、一千户。《辽史·地理志》"怀州"谓："天赞中，（太宗）从太祖破扶余城，下龙泉府，俘其人，筑寨居之。会同中，掠燕、蓟，所俘亦置此。"③那么，在设

---

① 《辽史》卷三八《地理志》二，第521—522、525、532页；卷三七《地理志》一，第507—508页；卷三六《兵卫志》下，第476—478页。

② 《辽史》卷三七《地理志》一，第503—508页；卷三八《地理志》二，第521、523—525页；卷三六《兵卫志》下，第476—478页。

③ 《辽史》卷三七《地理志》一，第501—502页。

置怀州及扶余、显理二县之前，居于此一地区的渤海迁户与汉人俘户，是按"寨"居住、编排的。降圣州及所属永安县皆置于穆宗时，而《辽史·地理志》降圣州"永安县"条下称："太祖平渤海，破怀州之永安，迁其人，置寨于此，建县。户八百。"①则在立县之前，管理这一地区渤海迁户的，当是"寨"。上引《辽史·圣宗纪》谓开泰二年以习家寨设立龙山县，则在置县之前，习家寨既是一个聚落点，也可以管辖一定地域（如女河川、山子川一样）。换言之，在置龙山县之前，习家寨乃是一个行政管理单位。东京道银州永平县，"本渤海优富县地，太祖以俘户置。旧有永平寨"。②则在永平置县之前，以永平寨管理居于其地的俘户。在中京道，《辽史·地理志》"泽州"下称："太祖俘蔚州民，立寨居之，采炼陷河银冶。隶中京留守司。开泰中置泽州。有松亭关、神山、九宫岭、石子岭、滦河、撒河。"③松亭关、神山等，当即太祖时为安置蔚州俘民而立的寨。神山、滦河后来各建为县，其在立县之前，当即为寨；神山、滦河建县之后，松亭关、九宫岭等，则可能是二县所管的寨。

如上所述，上京、中京道所属府州的各县，大约在圣宗统和、开泰至太平年间（983—1031），方得设立。那么，在置县之前（已置有府、州、军、城），安置在二道境内的诸种俘掠户口，大抵皆属于诸宫提辖司统领，其基层的军政管理单位则当为"寨"。其时在部分州、军下可能已设立了县，并沿用俘民固有的唐制乡、里，加以编排，但并不普遍。圣宗时期全面规划、调整上京、中京地区的府、州、军、县，并在临潢府、大定府、兴中府等府州，全面分划、编排乡里，按照五百户、一千丁的原则编制户、丁籍帐，从而形成了《辽史》所记载的规整的、成五百倍数的府、州、县户丁数。与此同时，很多州县并未按五百户、一千丁为一个单位的标准编制户、丁籍，而仍然维持其固有的"寨"制，亦即三百户、五百丁（或六百丁）为一个编制单位。④

---

① 《辽史》卷三七《地理志》一，第505—506页。
② 《辽史》卷三八《地理志》二，第531页。
③ 《辽史》卷三九《地理志》三，第548页。
④ 受到资料条件的限制，东京道各州县的情形无法详悉，但推测其基本格局与进程，当与上京、中京二道相近似，所不同者，可能在于其较多地继承了渤海国的一些因素。

虽然临潢府各县大致在圣宗时可能编排了乡里，但与距离上京不远的庆州就可能仍然维持以三百户为基本管理单位的"寨"制。据《辽史·地理志》，庆州玄德县"本黑山、黑河之地。景福元年，括落帐人户，从便居之。户六千"。除玄德县所领六千户外，在庆州地区还有兴宗时所置为永庆陵（圣宗陵）守陵、隶属于大内都总管司的三千蕃、汉守陵户。①玄德（玄宁）县所领六千户与永庆陵三千守陵户，既为五百之倍数，又为三百之倍数，难以判定其基于何种原则编排。然《黑山崇善碑》题名，为我们深入细致地分析庆州地区的乡里控制情况提供了宝贵材料。②

《黑山崇善碑》题名将参与立庙建碑事务的诸种人户，分别系于其所居住的聚落之下。题名碑首列的第一个聚落，恰好缺失，而在聚落名称之下的题名超过148人，在题名中单一聚落所列人数最多，又居题名之首，很可能就是庆州城（在今巴林右旗西北一百二十里，属白塔子镇；崇善碑所在之黑山南麓，在辽庆州东南约五十里）。题名所列的第二个聚落是黑河州，系于其下的人户只有"何寒食、妻刘氏，和贵，王军儿、弟喜儿，刘三贤、妻张氏、男兴儿，何寒哥、妻刘氏，刘得孙、妻王氏"。大约为六家。据沈括所记，黑河州在黑水（今查干木伦河）西北岸边，"绝水有百余家，墁瓦屋相半，筑垣周之，曰黑河州"。其地大约在今巴林右旗治地大板镇东南高根肖隆地方。③置立崇善碑时，黑河州已不再是州级行政单位，然很可能仍是一级行政管理单位的驻地。

《黑山崇善碑》题名在庆州、黑河州二城之后，列出的第三个聚落是

---

① 《辽史》卷三七《地理志》一，第502页。

② 1980年发现于内蒙古昭乌达盟巴林右旗乌苏图山（一般认为即《辽史》所见之黑山），碑已残破，正面仅存"□迹□，善综有完。今再欲崇善迹，长存世而名不，不其伟欤？子请书，提点玄"等字样，当时昭盟文物工作站站长苏赫先生据之命名为"崇善碑"，并在中国辽金及契丹女真史研究会1984年年会上作了介绍与初步考释。碑阴文字清晰，全系汉文，楷书，字体工整。文字从上而下分为四段，段与段之间留有间隔，每段行数与字数不等，全录人名，在人名间列有司、寨、庄、店、务等名目，四段合计154行、2792字。关于此碑的年代，苏赫先生根据碑文见有"兴中府"之名，而兴中府乃重熙十年（1041）升霸州置，故断定其上限不会早于重熙十年。苏赫：《崇善碑考述》，见陈述主编《辽金史论集》第三辑，北京：书目文献出版社，1987年，第31—44页。向南《辽代石刻文编·补编》据苏赫先生抄本整理录文，第716—723页。

③ 贾敬颜：《五代宋金元人边疆行记十三种疏证稿》，北京：中华书局，2004年，第164页。

"下三家寨",其下题名有:

> 六院司契丹乌鲁本娘子,孙老子、妻□,孙儿,李佛留,孙王家奴、张奴阿、妻萧哥,冯陈儿、妻休哥,王重孙、男牛儿,冯重善、男□丑、王丑儿、妻大姐,张福哥,冯留国、妻二姑,孙西京奴,六院司契丹郭家奴,李赵哥,里古,李王哥□,六院司契丹乌者索董、妻蕊哥,刘第忠,□□□,王氏□、妻张氏、男闰兴、妻……寿、妻阿元,第猪儿,迎春,高□,王天男、母吴氏,□地、男……家奴,念九,泉家奴、妻古典……孙,妻阿李……

在下三家寨居住、标明为"六院司契丹"的有乌鲁本娘子、郭家奴、乌者索董及妻蕊哥,李赵哥、里古、李王哥□等三人是否属于六院司契丹,不能确定,但从其名字看,很可能是契丹人;萧哥是张奴阿之妻,似也为契丹。显然,这是一个蕃、汉混居的聚落,与上引《辽史》所谓"括落帐人户""蕃、汉守陵"户的记载正相合。

《黑山崇善碑》题名中共见有三十多个地名,以"寨"命名者为最多,有桦皮寨、营作寨、长坐寨、窰坊寨、教坊寨、孔□寨、砂宸寨、下后妃寨、上后妃寨、果园寨、苏家寨、金家寨、南山杨墨里寨、西陡岭寨、下三家寨、赵家寨、杨家寨等十七个寨。这些"寨",当然是一种聚落单位和社会组织单元,论者对此并无疑义。问题在于,这些"寨"是否也具有行政管理功能,是不是一种基层行政管理单位?

除"寨"之外,题名碑所见较多的聚落单位是"庄",包括南新庄子、西寺家庄、兴[中]府庄、宜州庄、[显](瞿)州庄①、□家庄、[宫](官)庄、②赵虹庄等八个庄。其中,兴中府庄、宜州庄、显州庄三个以

---

① 显州,苏赫及向南先生均释作"瞿州"。然瞿州不见于《辽史》及相关记载。苏赫先生说:"瞿州定然是辽境内的一个州,到道宗时仍然存在。"并未列出证据。考《辽史·营卫志》,积庆宫所领,除宜州外,又有显州山东县(治在今辽宁北镇市)。《辽史·地理志》显州"山东县"云:"本汉望平县。穆宗割渤海永丰县民为陵户,隶积庆宫。"(《辽史》卷三八《地理志》二,第525—526页)题名碑抄本中的"瞿州庄",当即"显州庄"之误录。

② 宫庄,苏赫先生释作"官庄"。以兴中府庄、宜州庄、显州庄之例推测,此处之"官庄"当为"宫庄"之误释,则其性质当如兴中府庄等一样,也是属于诸宫(太和宫或积庆宫)的"庄"。

府、州之名命名的"庄"，其人户显然分别来自兴中府、宜州、显州三州。《辽史·营卫志》云：

> 阿思斡鲁朵，道宗置。是为太和宫。宽大曰"阿思"。以诸斡鲁朵御前承应人及兴中府户置。其斡鲁朵在好水泺，陵寝在上京庆州。正户一万，蕃汉转户二万，出骑军一万五千。①

所谓"以兴中府户"置太和宫，盖抽取兴中府所管的部分民户归属太和宫管领。《黑山崇善碑》于"兴中府庄"下列出的人户，当即属于太和宫提辖司管领的"蕃汉转户"。同样，"宜州庄""显州庄"当是由宜州（治在今辽宁义县）、显州（治在今辽宁北镇市）抽取的人户。这些"庄"不仅仅是一种聚落单位，也同时是一种行政管理单位。

题名碑中见有粮谷务、柿作务两个"务"。②"柿作务"下题名有：

> 陈阿吕，陈卢氏，毗梁氏，陈王氏，郝娘娘，陈定哥，韩娘娘，王姐，王阿张，陈阿董，张娘娘，张阿刘，陈张氏，陈俊春，徐秋哥，毗德进，猪儿……张士林，□外儿。

所列人名以女性居多，反映出柿作务应当是加工柿子的专门机构。据此，粮谷务也当是加工麦谷粮食的手工业单位。辽时置有榷务，以主市易通商。《辽史·食货志》云："征商之法，则自太祖置羊城于炭山北，起榷务以通诸道市易。太宗得燕，置南京，城北有市，百物山偫，命有司治其征；余四京及它州县，货产懋迁之地，置亦如之。"③柿作务与粮谷务虽非征榷机构，然其属于官府管理的手工业单位，则无疑问。

---

① 《辽史》卷三一《营卫志》上，第417页。
② 题名碑中另见有上麦务、下麦务、西麦务、南［麦］务，论者或释为四个负责加工麦谷事的手工业机构。然据《辽史·地理志》，开泰二年（1013），以麦务川置象雷县（治所当在今朝阳市西境），初隶中京，后属兴中府。则麦务川应当是大灵河（今大凌河）的一条支流。据正文所引，当道宗设立太和宫时，曾由兴中府抽取部分户口隶属太和宫，作为太和宫户。象雷县属兴中府，所抽户口中当包括象雷县民。因此，题名碑中上、下、西、南四个麦务，应当是由象雷县抽取的户口构成的"庄"，其性质应当与兴中府庄、宜州庄、显州庄相同。
③ 《辽史》卷六〇《食货志》下，第1031页。

题名中又见有"八作司"。按:"八作司"之称,见于《辽史·地理志》,谓在上京皇城(北城)大内西南部有绫锦院、内省司、麹院及赡国、省司二仓,又谓"八作司与天雄寺相对"。①按:天雄寺为契丹皇家寺院,在内城东南隅。八作司与天雄寺相对,即在内城西南隅,因此,所谓"八作司"当即指绫锦院、内省司、麹院及赡国、省司二仓等供奉内廷物资的机构。崇善碑题名所见"八作司",则当是由上京城内的"八作司"抽取至黑山地区随扈斡鲁朵的人户。

总之,《黑山崇善碑》题名中所见的庄、务、司,皆当是一种人户编排与管理单位(其是否同时表现为聚落,并不能确定,特别是粮谷务、柿作务以及八作司),分别隶属于诸宫提辖司或上京城内的院、司,并不隶属于当地的州、县。然则,与庄、务、司并列的"寨",也应当是隶属于当地州、县的一种人户编排与行政管理单位。

我们认为辽代碑石文献所记的三京道州县的"寨"乃是一种行政管理单位,还可以举出两条重要辅证。(1)乾统九年(1109)《僧智福坟幢记》,出土地不详,其记智福之身份,作"府北郭长使寨僧智福"。②长使寨在"府北郭",不当是聚落,而应是位于府北郭的一个基层管理单位。同样,显州北赵太保寨、杜家寨,双城县时家寨,也都可能是县以下的行政管理单位。③(2)辽宁阜新所出《懿州记事碑》题名亦主要按聚落分列参与义桥建设的人户姓名,其中见有田公主寨、陈汉显寨、□家寨、思目寨、□□新寨、赵家寨、□寨、护林寨、右家寨、独山寨、险□寨、秋山寨、□家寨、吕古寨、康家寨、□隄埚寨(以及祖家庄、杨义庄、□□庄、寿高□庄、董埚、高裕埚、申花埚、义花埚、□家庄、□□庄、郝花庄、进家庄、散水泊、杨家庄、田家庄、刘家庄、西花埚、北花埚、李□青埚、曾麻埚、赵家庄、南密务、王庄、主措庄、裕林庄、刘□镇、新庄子、习麻埚、小寒庄、蒋我村、小婆棣)等地名,④

---

① 《辽史》卷三七《地理志》一,第499页。
② 向南:《辽代石刻文编》,"天祚编",《僧智福坟幢记》,第601页。
③ 向南:《辽代石刻文编》,"道宗编上",《显州北赵太保寨白山院舍利塔石函记》,第288—293页;《双城县时家寨净居院舍利塔记》,第366—368页。
④ 向南、张国庆、李宇峰辑注:《辽代石刻文续编》,《阜新懿州记事碑》,第103—108页。

这些"寨"也可能是行政管理单位，并可能管辖庄、堝等自然村落。（3）《辽史·百官志》于"南面方州官"下总叙云："不能州者谓之军，不能县者谓之城，不能城者谓之堡。其设官则未详云。"[①]这段叙述，显系后人之追述，然"堡"较"城"小，是一级行政管理单位，当无疑问。而在宋辽金元文献中，堡、寨（砦）大致通用，亦无疑问。据此推测，辽时的"寨"，也当是县以下的一级行政管理单位。

综上所考，我们对辽时上京、中京、东京三道所属州县的基层行政管理制度形成了一些大致的认识：（1）当辽前期，特别是太祖、太宗之世，征伐燕云河北汉地及渤海、高丽，俘掠汉、渤海、高丽人户，迁至契丹腹地安置，多置城、寨以领之，其时盖以"寨"作为编排俘户的基本形式，每寨定制约为三百户、五百丁（或六百丁）。（2）辽中期，特别是圣宗时期，相继在上京临潢府、中京大定府等地区有计划地调整州、县控制体系，采用唐式乡里制度，以五百户、一千丁为一乡，编排蕃汉民户与乡丁。然此种编排并未全面实行，仍有相当多的州、县沿用"寨"制，以三百户、五百丁（或者六百丁）编排其所属蕃、汉户；属于诸宫提辖司统领的人户，则以庄、务、司等作为基层管理单位。这样，上京、中京、东京三道所属州县统领的人户，就主要有两种控制体系：一是五百户、一千丁为单位的"乡"，一是三百户、五百丁（或六百丁）为单位的"寨"。无论是五百户、一千丁，还是三百户、五百丁，都是户丁编排单位与行政管理单位。因此，《辽史》所记三京道（以及南京、西京道）各州县的户数、乡丁数，皆当是按照五百户、一千丁或三百户、五百丁（或六百丁）为单位计算出来的，并非各州、县统领的实际著籍的户、丁数（虽然二者之间当有一定关联）。

三、金代华北地区的"寨"制与乡-村社制度

《金史·食货志》谓：

> 令民以五家为保。泰和六年，上以旧定保伍法，有司灭裂不行，其令结保，有匿奸细、盗贼者连坐。宰臣谓旧以五家为保，恐人易为计构而难觉察，遂令从唐制，五家为邻、五邻为保，以相检察。

---

① 《辽史》卷四八《百官志》四，第906页。

京府州县郭下则置坊正，村社则随户众寡为乡，置里正，以按比户口，催督赋役，劝课农桑。村社三百户以上则设主首四人，二百户以上三人，五十户以上二人，以下一人，以佐里正禁察非违。置壮丁，以佐主首巡警盗贼。猛安谋克部村寨，五十户以上设寨使一人，掌同主首。寺观则设纲首。凡坊正、里正，以其户十分内取三分，富民均出雇钱，募强干有抵保者充，人不得过百贯，役不得过一年。（大定二十九年，章宗尝欲罢坊、里正，复以主首远，入城应代，妨农不便，乃以有物力谨愿者二年一更代。）

凡户口计帐，三年一籍。自正月初，州县以里正、主首，猛安谋克则以寨使，诣编户家责手实，具男女老幼年与姓名，生者增之，死者除之。正月二十日以实数报县，二月二十日申州，以十日内达上司，无远近皆以四月二十日到部呈省。①

此述金代乡里制度之大概，故频为论者所引。然其说实颇为含混，如第一段先说"令民以五家为保"，又说"泰和六年，上以旧定保伍法"，则金本有保伍法，泰和六年（1206）复更定之。那么，金之保伍法究竟何时颁行，其来源如何？又如第二段述京府州县郭下置坊正，乡村置里正，掌按比户口，催征赋役，显然是指汉地州县；其所说"猛安谋克部村寨"，则当指编为猛安谋克部的女真、契丹村寨，似既包括留居东北地区的猛安谋克部，也包括移入华北汉地、与汉民杂居的猛安谋克部。那么，以乡里正（坊正）-村社主首构成的汉地州县的乡里制度，与猛安谋克部的"寨"制，究竟是何时形成的？二者的关系若何？对此，尚未见有专门深入的研究，②故本节即试图围绕这两个问题，略作探讨。

---

① 《金史》卷四六《食货志》一，"户口"，北京：中华书局，1975年，第1031—1032页。
② 关于金代华北汉地乡里制度的研究甚少，主要有杨讷《元代农村社制研究》（《历史研究》1965年第4期）与刘浦江《金代户籍制度刍论》（初刊《民族研究》1995年第3期，后收入氏著《辽金史论》，沈阳：辽宁大学出版社，1995年，第195—214页）略有涉及。杨讷据上引《金史·食货志》，认为金代乡村管理机构只有乡与村社两级，一村一社，故称为"村社"。刘浦江不同意杨讷的意见，认为金代完整的乡社组织应包括乡、里、村、社四级。较新的研究成果则为武玉环：《金代的乡里村寨考述》，《中国边疆史地研究》2013年第3期。

（一）女真固有的"寨"制及其在汉地的试行

宋人杨尧弼《伪齐录》谓阜昌元年（金天会八年，南宋建炎四年，1130），伪齐初立，"依仿金虏法，乡各为寨，推土豪为寨长。五家为保，双丁籍［一］，出为战军，每月两点集，呈器甲，试弓马，合格者与补效用正军，不愿者听。州县市民亦各籍为［伍］（五军），单丁夜巡，双丁上教。每调发一人，即同保四人备钱粮、器甲、衣服等费，就本州送纳类聚，官差人发赴驻扎处"。① 伪齐所行寨长-保伍法，乃仿"金虏法"而来；其所谓"金虏法"，当即女真人固有的部族法。《金史·兵志》云：

> 金之初年，诸部之民无它徭役，壮者皆兵，平居则听以佃渔射猎习为劳事，有警则下令部内，及遣使诣诸孛堇征兵，凡步骑之仗糗皆取备焉。其部长曰孛堇，行兵则称曰猛安、谋克，从其多寡以为号，猛安者千夫长也，谋克者百夫长也。谋克之副曰蒲里衍，士卒之副从曰阿里喜。②

双丁征一，同保之人共备兵甲，助应征之兵丁从军，原则与女真部民以壮者为兵，"凡步骑之仗糗皆取备"相同。《金史·兵志》续云：

> 部卒之数，初无定制，至太祖即位之二年，既以二千五百破耶律谢十，始命以三百户为谋克，谋克十为猛安。继而诸部来降，率用猛安、谋克之名以授其首领而部伍其人。出河之战兵始满万，而辽莫敌矣。及来流、鸭水、铁骊、鳌古之民皆附，东京既平，山西继定，内收辽、汉之降卒，外籍部族之健士。尝用辽人讹里野以北部百三十户为一谋克，汉人王六儿以诸州汉人六十五户为一谋克，王伯龙及高从祐等并领所部为一猛安。③

"部伍其人"，即以伍保之法编排其部民。所以，猛安谋克兵与猛安谋克户

---

① 杨尧弼：《伪齐录》卷上，《刘豫传》，《丛书集成续编》史部第23册，上海：上海书店出版社，1999年，影印本，第419页。
② 《金史》卷四四《兵志》，第992页。
③ 《金史》卷四四《兵志》，第992—993页。

大抵皆以"伍"为最基本的单位。佚名《北风扬沙录》谓女真官职，"皆曰勃极列，犹中国总管，盖纠官也。自五户勃极列，推而上之，至万户，皆自统兵。缓则射猎，急则出战……其法，十、五、百皆有长，五长击柝，[什]（行）长执旗，百长挟鼓。千人将，则旗帜金鼓悉备。五长战死，四人皆斩；[什]（行）长战死，伍长皆斩；百长战死，[什]（行）长皆斩"。①五户勃极列（孛堇），统兵当即伍长。而据上引《金史·食货志》，寨最少也由五十户组成，亦即包括十个伍。《金史·宣宗纪》下记元光二年（1223）八月，"遣官分行蔡、息、陈、亳、唐、邓、裕诸州，泊司农司州县吏同议，凡民丁相聚立砦避兵，与各巡检军相依者，五十户以上置砦长一员，百户增副一员，仍先迁一官，能安民弭盗劝农者论功注授"。②则知寨（砦）长确以最少五十户为单位设置。而《金史·宣宗纪》说五十户以上设一寨使，百户以上即增置副使一人，则一个寨领有的户数，大抵从五十户到一百户之间。这样，实际上就构成了谋克（三百户）-寨（砦，五十户至一百户）-伍保三级制的控制体系。

这种控制体系，是与猛安谋克部（不仅包括女真人，也包括契丹、奚人与辽东汉人、渤海人）的居住状态相适应的。《大金国志》说：女真"初无城郭，星散而居，呼曰'皇帝寨''国相寨''太子庄'，后升'皇帝寨'曰会宁府，建为上京"。③"皇帝寨""国相寨""太子庄"云云，当是汉人的称谓，但女真贵人，无论地位高低，皆居于"寨"中，而其"寨"往往以贵人名号相称，则无疑问。金初到过其首都会宁府的宋人马扩在所著《茆斋自叙》中描述说：

> 某随打围，自来流河阿骨打所居，指北带东行，约五百余里，皆平坦草莽，绝少居民。每三五里之间，有一二族帐，每帐族不过三五十

---

① 陶宗仪：《说郛》卷二五，北京：中国书店，1986年，据涵芬楼1927年版影印，第25页。
② 《金史》卷一六《宣宗纪》下，第367—368页。
③ 宇文懋昭撰，崔文印校证：《大金国志校证》卷三三《燕京制度》，北京：中华书局，1986年，第470页。

家。自过咸州至混同江以北，不种谷麦，所种止稗子。①

三五十家的族帐，当就是"寨"。宣和六年（1124），许亢宗奉使北行，进入女真腹地后，沿途经过没咄［孛堇］寨、蒲里孛堇寨、托撒孛堇寨、漫七离孛堇寨、和里间寨、古乌舍寨（寨枕混同江湄）、句孤孛堇寨、达河寨、蒲挞寨等寨，就是这种寨。②明昌元年（1190），王寂奉命巡按辽东，曾经过胡土虎寨、胡底千户寨、南谋懒千户寨、松瓦千户寨、宿特拨合寨、辟罗寨、叩畏千户营、耶塔剌虎寨、和鲁夺徒千户［寨］、蒙古鲁寨、鼻里合土千户营等处。王寂解释说："胡土虎，汉语'浑河'也。""胡底，汉语'山'也。以其寨居山下，故以为名。""南谋懒，汉语'岭'也。以其近分水岭，故取名焉。""松瓦者，'城'也。寨近高丽旧城，故以名之。""辟罗，汉语'暖泉'也。以山间流水一股，经冬不冰，故以是名寨。""叩畏，汉语'清河'也。""耶塔剌虎，汉语'火镰石也'。""和鲁夺徒，汉语'松山'也。""蒙古鲁，汉语本'盂子'也。""鼻里合土，汉语'范河'也。"③而所谓"孛堇寨""千户寨"，当然是有孛堇、千户驻守的寨。所以，这些"寨"既是自然聚落，也是一种军政管理单位。

以五十户为一寨的制度，亦与女真兵制相合。张棣《金虏图经》"用师"条说：

> 虏人用兵专尚骑，间有步者，乃签差汉儿，悉非正军。虏人取胜，全不责于［步］，签军惟运薪水、掘濠堑、张虚势、般粮草而已。［骑］不以多寡，约五十骑为一队，相去百步而行。……又其次曰随军万户，每一万户所辖十千户，一千户辖十谋［克］（客）（谋［克］（客）本百户也），一谋［克］（客）辖两蒲辇（蒲辇，五十户也）。④

---

① 徐梦莘：《三朝北盟会编》卷四，宣和元年十一月二十九日，上海：上海古籍出版社，1987年，影印本，第30页。
② 贾敬颜：《五代宋金元人边疆行记十三种疏证稿》，第241—251页。
③ 王寂：《辽东行部志》，见贾敬颜《五代宋金元人边疆行记十三种疏证稿》，第274、296—301页。
④ 《三朝北盟会编》卷二四四，绍兴三十一年十一月二十八日，引张棣《金虏图经》，第1754页。

"蒲辇"即《金史·兵志》所见的"蒲里衍",又作"蒲里演""蒲里偃",意为"谋克之副"。一"蒲辇"之兵由五十户组成,正与一"寨"所统人户相同。

女真入主中原后,很多猛安谋克部"自本部族徙居中土,与百姓杂处,计其户口给赐官田,使自播种,以充口食。春秋量给衣、马,殊不多余,并无支给。若遇出军之际,始月给钱米不过数千,老幼在家,依旧耕耨"。① 移居中原的猛安谋克虽然散布于汉人地区,但仍然集中居住。张棣《金虏图经》"屯田"条说:

> 今日屯田之处,大名府路、山东东西路、河北东西路、南京路、关西路四路皆有之,约一百三十余千户,每千户止三四百人,多不过五百。所居止处,皆不在州县,筑寨处村落间。千户、百户,虽设官府,亦在其内。②

《金史·食货志》"户口"记大定二十年(1180)世宗对宰臣说:

> 猛安谋克人户,兄弟亲属若各随所分土,与汉人错居,每四五十户结为保聚,农作时令相助济,此亦劝相之道也。③

据此,猛安谋克部移入中原后,实际上是"大分散,小聚居",以四五十户为单位,筑寨保聚,"寨"即为其基层管理单位。所谓每五十户置一寨使,就是适应此种居住情况而做出的规定;而猛安、谋克的衙署,也设置在寨里,与管理汉人民户的州县衙署分开。

迁入汉地的猛安谋克部所居的寨,也可称为"村"。《金史·兵志》载:

> (大定)二十三年,遣刑部尚书移刺慥迁山东东路八谋克处之河间,其弃地以山东东路忒黑河猛安下蘸答谋克,移里闵斡鲁浑猛安下裔浦谋克、什母温山谋克九村人户徙于刘僧、安和二谋克之旧地。其未徙

---

① 《三朝北盟会编》卷二四四,绍兴三十一年十一月二十八日,引张棣《金虏图经》,第1754页。
② 《三朝北盟会编》卷二四四,绍兴三十一年十一月二十八日,引张棣《金虏图经》,第1754页。
③ 《金史》卷四六《食货志》一,第1034页。

者之地皆薄恶且邻寇，遣使询愿徙者，相可居之地，图以进。①

蘸答、翕浦、什母温山三谋克的民户原本分居于九村，部分民户移住刘僧、安和二谋克之旧地，还有一部分留居于原来的村中。这里的"村"显然就相当于"寨"。又，《金史·曹望之传》记大定中望之上书言事，谓："招讨司女直人户或撷野菜以济艰食，而军中旧籍马死，则一村均钱补买，往往鬻妻子、卖耕牛以备之。"②招讨司女真人户，自当属于猛安谋克户；合村人户均钱补买军马，亦与上引《大金国志·齐国刘豫录》所记"金国法"相合。所以，这里的"村"也是猛安谋克部的"寨"。

辽宁彰武县平安乡出土明昌三年（1192）《祐先院碑》当是金懿州官民建寺藏经的记载，碑文所见的"城子头"当即指懿州城，宜民县则指其时属懿州的宜民县（大定六年前在宜民县置有川州，大定六年废川州，以宜民属懿州）。碑文中又见有"本寨二官王民□、三官贾兴"，"罗寨刘延中、新庄子张广□□"，"本寨副猥高子兴、都猥高子□"，"郭庄曲斌"等。③都猥、副猥、二官、三官等名目虽不明其指，但大抵皆表示其特殊身份，当无疑问。显然，寨是一级行政管理机构，置有都猥、副猥及二官、三官等。王民□、贾兴、刘延中、高子兴、高子□等人可能是汉人、渤海人猛安谋克户。本寨、罗寨等与属于州县的新庄子、郭庄等杂错共处，当属于猛安谋克村寨。

三上次男说："谋克户在州、县之间自设村、寨，由谋克统率，内有寨使掌管一切庶务，形成一个独特的社会。所以，这些村、寨的母体谋克部和它上面的猛安部的名称，具有了类似汉人居住地方的州、县名称的意义。"④其说大致可从。可是，在金代，猛安谋克户实际上被看作为军户，猛安谋克户的人丁，要按时应征，更番防戍京师、州、县或边境各地；寨使应征入军，可能就充任五十人队的队长（蒲辇）。所以，猛安、谋克、蒲辇

---

① 《金史》卷四四《兵志》，第996页。
② 《金史》卷九二《曹望之传》，第2038页。
③ 王新英辑校：《全金石刻文辑校》，第360—361页。
④ 三上次男：《金代女真研究》，金启孮译，哈尔滨：黑龙江人民出版社，1984年，第359页。另请参阅关亚新《论金代女真族的村社组织——谋克》，《社会科学辑刊》1997年第3期。

（寨）的编制，实际上是军民合一的制度，与汉地州、县、乡、村的制度，在性质并不完全相同。

据上引《伪齐录》，金初，在伪齐政权统治的山东、河南、陕西地区，曾经实行"金虏法"，改乡为寨，亦即试图在汉地推行女真固有的"寨"制。天会十四年（1136）《南怀州河内县□□□□□□□北村创修汤王庙记》云：

> 河内之北有村名曰许良巷，地尽膏腴，人颇富庶。筑居于水竹之间，远眺遥岑，增明滴翠，真胜游之所也。粤自宋朝宣和七年，本村有税户张卿做维那头，于本村创修其庙。不意庙基方就，而遭甲马。至天会四年十一月十二日，大军到此，攻围怀郡，至当月二十四日城破。人民投拜之后，螳螂炽生，盗贼蜂起，老幼荡析，率皆惊窜，田野之□，尽成荆棘。迄天会七年，官中召人归业，勒许良巷、上省庄、狄家林、齐家庄、西吴村并为一寨。众举上省庄贾进充为捉杀，因此荒田复耕，颓垣再筑，不期年而居民安堵，遂并力修完本庙。①

据《金史·地理志》，南怀州即宋时的怀州，天会六年以与临潢府怀州同，加"南"字。河内为怀州首县。天会七年，金人初下河北不久，即命改编原有乡里组织，将许良巷、上省庄、狄家林、齐家庄、西吴村等五个村落并为一寨。天眷元年（1138）《济阳县创修县衙记》说天会七年分济南府临邑县置济阳县，首任知县徐某按籍叹曰："吾邑环四镇，列二十寨，总万八千四百余户，郛郭肆市，咸为可观。"②据《金史·地理志》，济阳县领有回河、曲堤、旧孙耿、仁丰四镇。济阳县分列二十寨，平均每寨有九百二十户，则其时济阳县各"寨"所领的户数，当远超过三百户。

以"寨"取代"乡"，显然是以女真制度改造汉地旧有的乡里制度。可是，女真旧制每寨仅为五十户，而汉地户口众多，以县辖寨，每寨动辄千户上下，实与女真"寨"制不合。最为重要的是，如上所述，猛安、谋克、寨（蒲辇）的编制实为军民合一的制度，在女真据有汉地之初，试图以此种制

---

① 王新英辑校：《全金石刻文辑校》，第17页。
② 王新英辑校：《全金石刻文辑校》，第21页。

度编排汉地民户，以便签发汉军，但至皇统（1141—1149）间，即渐次废罢契丹、汉人猛安谋克部，并逐步减少签发汉军。海陵王完颜亮更推行较为全面的汉化政策，所以，今见文献中，天德（1149—1153）以后，汉地乡村编制，多以乡-村（社）为称，较少见有"寨"的编制。据此推测，金代汉地乡-村社制度的逐步确立，应当是在完颜亮统治时期。

在汉地全面实行乡-村社制后，移入汉地的猛安谋克部中"寨"的地位，大致相当于"村社"，而不再等同于"乡"。据上引《金史·食货志》，猛安谋克部寨使的职掌同于汉人州县的村社主首。可是，猛安谋克部的"寨"之上并无"乡"的建置，寨使受命于谋克；而寨即使包括两个或以上的自然村，各村也只是自然聚落，并非基层管理单位。所以，汉地猛安谋克部的"寨"就是其基层管理单位，其性质、地位与"村社"相近。

（二）金代村社制的来源与实质

论者或引《金史·食货志》"遂令从唐制"之言，认为金代汉地州县的乡-村社制乃沿用唐制而来。据上引《金史·食货志》，乡置有里正。大定二年（1162）《英济侯感应记碑》说太原府阳曲县通德乡的"里人"共同立庙，祠祀英济侯；县令史纯亦前往奉祀，以祈雨，并撰《感应记》述其事。碑记署名中，见有"当里进士刘巨川、智深、乔玮"，"当里管勾助缘乔展"等，翟村郭立、镇城毛刚等，以及助缘里正王才等，"当乡力争（疑为'里正'之讹）专管勾乔□□"。①其所说的里正、当乡［里正］（力争）皆当是通德乡的里正。大定十一年《宝坻县记碑》谓其时分香河县东偏乡间万五千家置宝坻县，"于时，坊郭居民千有余家，自余村间，著为四乡：东曰海滨，南曰广川，西曰望都，北曰渠阳。其坊正、里正、胥吏、应傔从人数，列同上县"。②据此，则知金时确曾分划诸乡，乡各置里正。然新置之宝坻县有万五千余家，除坊郭居民千余家外，尚余一万三四千家，分置四乡，则乡各有三千余家。以三千余家之乡，仅置里正一人，盖只能掌其户口赋役之籍帐，并不能实际负责催征。因此，虽然未见到直接材料，但我们认为，金代诸乡里正，事实上与晚唐五代至北宋前期的里正以及辽代的乡正

---

① 王新英辑校：《全金石刻文辑校》，第116—117页。
② 王新英辑校：《全金石刻文辑校》，第170—171页。

（乡里正）一样，当属于县役，故上引《宝坻县记碑》将坊正、里正与胥吏、应傔从并列。换言之，金代的乡里正当沿自晚唐五代与宋初及辽代的乡里正，一乡置一里正，是县衙中的职役；而非唐制规定的一乡置五里正，是乡村中的"乡官"。

金代村社制的源头则颇需考究。据上引《金史·食货志》，金制汉地州县的乡村编排，原则上以五十户置一主首，设为一个村社。以五十户为标准编排村社，与汉唐时期以百户为一里迥然不同，却与女真以五十户为一寨的制度相合。因此，五十户置一村社，当源自女真固有的"寨"制。

金代既以女真固有的"寨"为标准（五十户为一寨）编排汉地民户，又何以将据此标准编排的乡村基层管理单位称为"村社"，而未径称为"寨"？根本性的原因在于，在北方汉地，"村"早已成为汉人民户最基本的居住单位与社会单元，而自五代北宋以来，亦以"社"代替"里""村"，指称乡村基层行政管理单位。

其一，唐代乡里制度，以百户为一里，然百户之村（自然聚落）并不多见，故唐代的"里"，多包括两个或以上村落，一村一里与一村数里之情形并不多见。中唐以来，北方地区的村落规模既渐次扩大，里正复渐次移至县衙当值，"村"的功能与意义乃渐次增强、提高，遂呈现出以"村"取代"里"的趋势。[①]此种趋势，在北方地区，历中晚唐、五代以至辽、北宋，实乃一脉相承，然受到旱作农业经济方式与乡村交通条件等因素的制约，百户之村实并不多见。所以，以五十户为原则编排村社，使作为行政管理单位的"村社"的规模与自然村落的规模更为接近。在这个意义上，以五十户为标准编排村社，是与北方地区的村落规模相适应的。

在大多数情况下，金代"村社"与自然村落相对应，故文献中多径称为"村"，并不以"社"或"村社"为称。承安四年（1199）《太原王氏墓记》述王氏于唐末由青州徙至孟州河阳县，居于小仇村，立石人王珪之曾祖王整娶车村牛氏；祖王镇娶北虢村席氏。父王辉初娶大仇村尹氏，生珪；又娶州西章村范氏，生□、炳、耀三子：□娶唐村武氏，炳娶南逯村高氏，耀

[①] 张国刚：《唐代乡村基层组织及其演变》，《北京大学学报（哲学社会科学版）》2009年第5期。

娶程家女程氏。珪长子政娶白家庄焦氏，次子豆娶东乡西长村张氏，三子昌娶怀州河内县王村杨氏。① 小仇村、车村、北虢村、大仇村、章村、唐村、南禄村、白家庄、东乡西长村、王村等，既当是自然村落，也同时是"村社"。在正式的官方表达中，也多使用"村"。如大安元年（1209）《真清观牒》称真清观在"怀州修武县七贤乡马坊村"，其下所录"本观置买地土文契"谓出卖地业人为"修武县七贤乡马坊村故税户马愈、男马用、同弟马和"。②

当然，一村分为数社（有两个或以上的主首）以及一社数村（一个主首管理数个自然村）的情况也是存在的。正隆二年（1157）《王□买地券》记王□为邢州内丘县孟村社胡里村居人，孟村社当包括孟村、胡里村等自然村。③ 泰和五年（1205）《重修润国院石幢记》署重修石幢主持人刘海之身份，作"大金国汝［州］鲁山县琴台乡阳石村西□上"。④ "西□上"应当是阳石村所属的一个自然聚落。兴定五年（1221）郾县《宁曲社重修食水记》谓："郾之东南有村曰宁曲，右高阜，左平野，清渭经其北，太白当其南，厥田沃壤，物产蕃茂，则富庶甲于境内者也。"宁曲村显然是一个大村，社以村名。而下文又称宁曲村民众引赤谷水为渠，"北过于亮伏暨李义村，又北过于吴家社，以至于宁曲"。⑤ 其李义村并不称为"社"，或属于吴家社。

其二，从五代北宋以来，即已出现以"社"指称"乡"之下的基层管理单位的用法，金代"村社"之称，当是对此种用法的延续。由今见材料看，以"社"指称"里"，大约可以上溯至南唐保大十二年（954）周氏一娘地券文契所见之"江州德化县楚城乡甘山社"。⑥《八琼室金石补正》卷八四录有宋开宝八年（975）《修苍颉祠颂碑并阴》，其碑阴详记改修苍颉祠的当地"村众"，并将村众系于各社或村、庄之下。其中，（1）"崇明社"

---

① 王新英辑校：《全金石刻文辑校》，第404页。
② 王新英辑校：《全金石刻文辑校》，第489页。
③ 王新英辑校：《全金石刻文辑校》，第96页。
④ 王新英辑校：《全金石刻文辑校》，第459页。
⑤ 王新英辑校：《全金石刻文辑校》，第545页。
⑥ 鲁西奇：《中国古代买地券研究》，第229页。

目下有邑义十八人、社人五十九人，另包括"井村"一人，"当社里正"三人。这里的"崇明社"置有"当社里正"，大致相当于"里"，或即崇明里之异称。（2）"诸社施主"目下有"徐庄"三人，"和苏"四人，"谷下"一人，"丰洛"三人，"树归"一人，"武庄"一人，"张庄"四人。这里的徐庄、和苏、谷下、丰洛、树归、武庄、张庄即是社名，亦当为自然村落。（3）"丰义村"三十三人。（4）"纪庄社"十七人。（5）"和苏社"十人。（6）"西章村"二十八人。（7）"东章村"二十九人。（8）"树归村"十五人。（9）"山下王庄"十二人。（10）"武庄"十七人。（11）"建德社"二人。（12）"丰洛社"十五人。（13）"群英社"十人。这里将纪庄社、和苏社、建德社、丰洛社、群英社等五个"社"，与丰义村、西章村、东章村、树归村、山下王庄、武庄等六个村庄并列，显然都是自然村落。①这通碑文反映了北宋初期同州白水县（今陕西白水县）东北部的一个乡（大致相当于清代白水县的长宁乡）范围里的"村社"供奉苍颉庙的情况，其题名中所见的"社"既有相当于"里"的崇明社，更多的则是相当于自然村落的"社"，也有纯属民间自愿结社性质的"社"（"邑社"之"社"），反映出"社"由立基于民间信仰活动的社会组织逐步向乡村基层管理组织过渡的状态。②

在今见北宋时期的买地券中，以"社"指称亡人生前籍属、居地或葬地所在者，大约有8例（见表5-8）。江州德化县金城乡城门社下领有松阳西保，这里的"城门社"当即"城门里"，"社"乃为"里"之改称。彭泽县五柳乡西域社，在元符二年（1099）张愈买地券中又作"五柳乡西域里"，说明"社"与"里"同义。绍圣三年（1096）胡氏十一娘地契文所见"蕲州罗田县直河乡马安社"也当是"马安里"之异称。政和七年（1117）马翁墓志既称马氏生前居地为泉项社，复称其葬地在"村东后掌房亲马继卒地内"，则泉项社当即指泉项村。绍兴九年朱近买墓田券中的卢家社、令远

---

① 《八琼室金石补正》卷八四《修苍颉祠颂碑并阴》，《石刻史料新编》本，第1辑第7册，第5365—5369页。

② 参阅金井德幸：《宋代の村社と宗族——休寧縣と白水縣とにおける二例》，酒井忠夫先生古稀祝賀記念の會編：《歷史における民眾と文化——酒井忠夫先生古稀祝賀記念論集》，东京：国书刊行会，1982年，第351—368页。

社,也当皆是指自然村落。凡此,均说明在女真入主中原之前,已出现以"社"指代里、村的情况。①

表5-8 宋代买地券中有关"社"的记载

买地券	年代	亡人生前籍属或居地	亡人葬地
赵荣甫墓地契	庆历七年(1047)		并州阳曲县乌城乡从封社百姓梁化地内
曹十四娘买地券	嘉祐三年(1058)	信州弋阳县招贤乡奉咸里童坑上社	
袁八娘买地券	熙宁三年(1070)	江州德化县金城乡城门社松阳西保	
蔡八郎地券文	元丰八年(1085)	江州德化县甘泉乡高平社西山保	
易氏八娘柏人书	元祐五年(1090)	江州彭泽县五柳乡西域社傅师桥东保	
胡十一娘地契文	绍圣三年(1096)	蕲州罗田县直河乡马安社北保	
何府君买地券	元符二年(1099)	凤州河池县塔俗社	
马翁墓志	政和七年(1117)	陇州吴山县仁川乡泉项社	村东后掌房亲马继卒地内
朱近买墓田券	绍兴九年(1139)	凤翔府虢县磻溪乡卢家社	磻溪乡令远社赵远处、村南

资料来源:鲁西奇:《中国古代买地券研究》,厦门:厦门大学出版社,2014年,第279—280、355、357、360、362、327、447、304—306页。

---

① 关于宋代"社"的情形,金井德幸曾作过一些讨论,请参阅金井德幸:《宋代の村社と佛教》,《佛教史學研究》第18卷第2期(1976年);《宋代の村社と村神》,《東洋史研究》第38卷第2期(1979年);《宋代の鄉社と土地神》,中嶋敏先生古稀記念事業会編:《中嶋敏先生古稀記念論集(上)》,東京:汲古書院,1980年,第385—407页;:《宋代浙西の村社と土神——宋代鄉村社會の宗教構造》,宋代史研究會編:《宋代の社會と宗教》,東京:汲古書院,1985年,第81—118页;《南宋"里社廟"の祭祀基盤》,原刊《立正大學東洋史論集》第2号(1989年),第13—30页,又见《中國關係論說資料》第31號下(1989年),第615—624页。

其三，自唐五代辽北宋以来，北方地区一直存在着立"社"的传统。泰和八年（1208）《襄垣双榆社碑》云：

> 成周之法，自大夫以下，成郡而立社，曰"置社"。降迄秦汉，虽非大夫，但民居五邻以上，自为立之，曰"里社"。皆坛而不屋，各树以土地所宜之木，所以达天旸，仍俾民望而师敬之。自尔沿及于后，其间巷村坊，或立或否，以兴以废，其事固不能一。设非仁者之里，其社之常敬者鲜矣。立义坊社者，故老相袭，不记其来，第以岁月绵远，基址倾圮，不任其祀。至大定二年季夏，耆老李珪等相谓曰："我里居民，不啻满百。且其家日户日灶，设其颓毁，宁肯坐视而不葺？矧兹众所祈报之所，岂全无用心于增饰者乎？"于是乃即日命畚锸，登登冯冯，是版是筑，信宿而新之。①

此种"里社"或"义社"，乃是民众自发组织的，虽然可能与所在的村相对应，但并非行政管理单位。虽然间巷村坊间的"社"立否兴废"固不能一"，"常敬者"更为鲜少，但村、坊之有"社"，却一直延续不绝，成为较普遍的传统。同时，乡村民众围绕某种信仰、祭祀活动而自发组织的各种社邑更是非常普遍。如正隆三年（1158）《繁峙灵岩院水陆记碑》见有大邑社长姚良等四十五人，小邑社长张全等三十一人，管社人侯善等七人。②陕西扶风法门寺真身宝塔遗址所出大安二年（1210）《金烛和尚焚身感应之碑》题名中见有寺后社、云行东社、云行北社、豆村社、里村社、李家务社、□城社、梁马社、师高社、常兴社、府村社、高井社、高望社、眉县段渡社、岐山县永昌屯、虢县孙家村、朱村西社、杜村社、樊村社、邵村社、隽村社、岐山县北城社、姜村〔社〕、□高社等，皆当是围绕岐阳镇重真寺净土院而结成的民间社邑。③

因此，金代的村社制度，当有三个源头：一是女真固有的"寨"制（五十户为一寨），二是北方地区自然村落规模大致以五十户上下者较为普

---

① 王新英辑校：《全金石刻文辑校》，第478页。
② 王新英辑校：《全金石刻文辑校》，第103—104页。
③ 王新英辑校：《全金石刻文辑校》，第495—499页。

遍，三是五代北宋以来，逐步以"社"指称里、村的演变趋势，以及较为普遍存在的里社、邑社等民间组织。总的说来，金代以五十户为一个村社的制度性规定，与北方地区乡村聚落的规模、固有的乡村社会组织，基本上是适应的。在这个意义上，金代的村社制度乃是一种适应北方乡村社会实际情况的制度性安排。

四、辽金时期北方地区乡里制度的多样性与统一性

综上考述，可以认知：（1）自唐代中后期以来，北方地区的乡里控制体系即逐步由乡-里制向乡-村制演变，"村"逐步取代"里"，成为乡村行政管理的基本单位，并形成"里""村"并存的状况。燕云十六州纳入契丹治下之后，其乡里制度的基本结构及其演变虽然延续中晚唐以来的格局与走向，然其功能与实质却已发生了一些改变：建基于自然村落的"村""里"虽是基本的乡村社会组织单位，但未见置有正、长，故村、里在户丁编排、赋役征发过程中似乎不再发挥实际作用；"乡"虽然沿用，然唐时由诸里正组成的"乡司"则演变为作为县衙职役的"乡正"（按乡设置，一乡一个里正，称为"乡里正"，简称为"乡正"）和"帖乡"（相当于宋代的"乡书手"），主要负责户丁籍帐的登记与造册，或者亦负责催征赋役；真正负责征发包括"两税"与"乡丁"在内的诸种赋役的，则可能是根据"兵民一体"原则设置的寨使、寨官（即使在保留唐以来乡里体系的县，"乡"在性质上也发生了变化，成为与"寨"相似的兵民一体的管理单位）。（2）辽朝前期，对于从各地俘掠而来的诸种人户，大抵皆采用"寨"作为编排、管理单位，原则上以三百户、五百丁（或六百丁）为一寨。当太祖、太宗之世，在燕云汉地的北部（如行唐县）以及长城以北的农耕或半农耕区域，均设置了大量的寨（以及城、堡），用于安置、管理俘掠而来的户口。至辽中期，特别是辽圣宗时代，在以上京临潢府、中京大定府为中心的地区，有规划地调整州、县行政体系，以唐代乡里制度为原则，编排、分划乡、里。新编的"乡"，虽然按五百户、一千丁的原则编排，其目标却主要是征发、控制乡丁，也是建立在"兵民一体"原则之上的军政合一的管理单位。同时，在很多州县，仍然保留了"寨"作为户、丁编排与管理单位，其编排原则大致以三百户、五百丁（或六百丁）为一寨。（3）金代猛安谋克部（包括女

真、契丹、奚及部分辽东汉人、渤海人）的基层管理单位是"寨"，每寨大约以五十户为标准。猛安（千户、千夫）-谋克（百户、百夫）-寨（五十户、五十夫）制度，是女真固有的"兵民一体"的部族制度。猛安谋克部大部移入华北汉地后，仍然实行"寨"制，形成以猛安-谋克-寨三个层级构成的猛安谋克部控制体系；女真据有华北汉地之初，亦曾在部分州县推行"寨"制，试图以女真固有的"寨"作为编排、管理汉地民户的基本单位，但并未全面推行，然以五十户为单位编排乡村民户的原则却被"村社制"所遵行。（4）金代的乡里制度可以概括为"乡里正-村社主首"制度。这一制度是在较长的过程中不断演变而来的，并非金朝通过法令或诏书颁行的制度。一方面，乡里正继承了辽代的乡正（乡里正）和北宋前期北方地区的一乡一里正的制度，并可上溯至唐制。另一方面，"村社主首"被认为等同于猛安谋克部的"寨使"，特别是以五十户置一"村社"，显然源自女真固有的"寨"制；同时，"村社"的规模和管理方式，亦与北方地区自然村落的规模、民间社会组织的传统相适应。

治辽金史者，多从"以契丹制待契丹，以汉制治汉人"，以及以猛安谋克制编排女真（以及部分契丹、奚、渤海和辽东汉人）、以州县制治理汉人出发，着意于从契丹、女真制度与汉制的二元分化、对立与统一的角度，揭示辽金制度的特质，并从契丹、女真制与汉制的关系，特别是二者在王朝控制体系中所发挥作用的大小变化，来讨论所谓"汉化"的进程及其程度。正是从这里出发，学界一般认为，金朝（女真）的"汉化"程度较之于辽朝（契丹）要高。这些讨论大都立意宏大，所论亦涉及政治、军事、经济与文化制度诸方面，揭示了辽金历史发展的基本线索与特征。本节试图在这些认识的基础上，从乡里制度的角度，进一步展开探讨与思考。我们认识到：辽（契丹）、金王朝均没有制定、颁行专门的乡里制度，其所实行的乡里控制制度，实际上是在已有的乡里控制体系与乡村社会组织（包括聚落组织）的基础上，不断演变而来的。换言之，辽、金乡里制度是在统治过程中，从自身的统治原则出发，结合不同地区的实际情形，"因地制宜"，不断摸索、调整而形成的。因此，辽、金乡里制度，在总体上表现出强烈的区域多样性。就辽朝（契丹）而言，燕云汉地的乡里控制体系至少在形式上较多地继承了唐代乡里制度的诸多因素，上京、中京道所属州县的乡里控制体系则基本上是辽代的创制，而东京道各州县的乡里控制体系则至少是部分地继承了渤海国的因素；就金朝而言，猛安谋克部的"寨"制源自女真固有的部族统治体系，而在汉地实行的乡-村社制则融合了唐-辽-北宋的乡里正制、女真固有的"寨"制以及北方地区民间结社的传统。在这个意义上，辽、金时期北方地区的乡里制度是多元而多样的。

而在这种多元而多样的表象之上，辽、金王朝国家"统一性"的政治诉求与努力也程度不同地显现出来。在辽前期，契丹统治者不仅在其统治腹心地带（潢水流域）以"寨"制编排、管理俘掠而来的诸种人户，也试图在燕云汉地以"寨"制编排、管理俘户（如行唐县），并在形式上保留唐代以来乡里体系的基础上，通过寨司、寨官编排、征发乡丁，从而将起源于契丹制度的"兵民一体"原则至少是部分地贯彻到燕云汉地。辽圣宗时期，在上京临潢府、中京大定府等地区推行乡里制，试图以汉地的乡里制度"统一"各种各样的基层社会控制体系，而其所推行的乡里制既然以乡丁的编排、征发为目标，故在实质上仍然是"兵民一体"的控制制度。金朝在据有汉地之初，曾试图在汉地全面推行女真固有的"寨"制，改行"村社"制后，村社编排的规模仍与"寨"相同，而其性质却不再是"兵民一体"的控制单位，而成为立基于乡村聚落组织的行政管理单位。不仅如此，移入汉地的猛安谋克部的"寨"也逐渐演变为汉地的"村"，从而失去了其作为"兵民一体"的军事单位的功能。在这个意义上，辽朝（契丹）更着重于实质上的统一，即将契丹统治的基本原则贯穿于各地区的乡里控制体系中；而金朝则更着重于形式上的统一，即努力将女真固有的"寨"作为社会组织的基本形式推行到汉地。

辽代"寨"的源头、性质，还有诸多不明，然其异于源自唐朝制度的"乡"、应当是源自包括契丹在内的"北族"制度、具有程度不同的"兵民一体"的军事化管理性质，当无太大疑问。金朝（女真）的"寨"，则是女真固有的部族统治制度的组成部分。概括言之，"寨"源自"北族"，是北方诸族固有的、"兵民一体"的社会组织方式。乡、里（村）则是汉地固有的乡村社会控制制度，是"唐制"。辽金时期北方地区的乡里控制体系，是在"北族"制度与"唐制"两大制度背景下发展变化而来的，而来源不同的"北族"制度与"唐制"互相渗透，不断融合，很难判断何者在发挥主导作用。因此,"北族"制度("胡制")与汉人制度("汉制"或"唐制")二元对立、"胡化"与"汉化"两个发展方向的分析方法,固然有其合理性与有效性,但落实到乡里控制问题上来,则一定要做更为具体深入的分析,才能真正洞察历史的真相,而不被固有的研究理念和分析路径所遮蔽。

第四节 元代乡里制度及其实行的北南方差异

一、乡(都)里正–村主首、社长制

《元史·食货志》谓至元七年(1270)颁农桑之制十四条,并简括其要旨,云:

> 县邑所属村疃,凡五十家立一社,择高年晓农事者一人为之长。增至百家者,别设长一员。不及五十家者,与近村合为一社。地远人稀,不能相合,各自为社者听。其合为社者,仍择数村之中,立社长(官司长)以教督农民为事。凡种田者,立牌橛于田侧,书某社某人于其上,社长以时点视劝诫。不率教者,籍其姓名,以授提点官责之。其有不敬父兄及凶恶者,亦然。仍大书其所犯于门,俟其改过自新乃毁,如终岁不改,罚其代充本社夫役。社中有疾病凶丧之家不能耕种者,众为合力助之。一社之中灾病多者,两社助之。凡为长者,复其身,郡县官不得以社长与科差事。[①]

其下详述兴修河渠水利之法、种植之制、区田之法以及开垦荒地等,不具录。此令盖颁行于是年二月设置司农司之同时。《通制条格》卷一六《田令》"立社巷长":

> 至元七年闰十一月,尚书省。司农司呈:"大名、彰德等路在城居民,俱系经纪买卖之家,并各局分人匠,恐有不务本业游手好闲凶恶之人,合依真定等路选立社巷长教训。"于十一月十八日奏,奉圣旨:"既是随路有已立了社呵,便教一体立去者。"又奏:"中都、上都立社呵,切恐诸投下有不爱的去也。"奉圣旨:"立社是好公事也,立去

---

① 《元史》卷九三《食货志》一,"农桑",北京:中华书局,1976年,第2354—2355页。

者。钦此。"除已行下各路,及令所属州县,在城关厢见住诸色户计,
钦依圣旨事理并行入社。①

则知选立社长,最初是在真定路实行的,渐次推广到大名、彰德等河北诸路,以及中都、上都所属州县。《元典章》卷二三《户部》卷九《农桑》"立社"条下录至元二十八年(1291)中书省奏申《劝农立社事理(一十五款)》,对社制进一步作了具体规定,其第一款谓:

> 诸县所属村疃,凡五十家立为一社,不以是何诸色人等,并行入社。令社众推举年高、通晓农事、有兼丁者,立为社长。如一村五十家以上,只为一社;增至百家者,另设社长一员;如不及五十家者,与附近村分相并为一社;若地远人稀不能相并者,斟酌各处地面,各村自为一社者,听;或三村、五村并为一社,仍于酌中村内选立社长。官司并不得将社长差占,别管余事,专一[照管]教劝本社之人,务勤农业,不致惰废。②

论者一般据此认为元代的社乃是以自然村落为基础组织的、兼具民众自治与赋役征发、治安管理双重职能的乡村社会基层组织,它首先推行于北方地区,灭亡南宋之后,又推行到南方地区,乃成为全国普遍施行的地方基层制度。因此,论者往往以"社制"概括元代的乡里制度,认为立社乃是元代乡里制度的重要或根本性特点。③

---

① 方龄贵:《通制条格校注》卷一六《田令》,"立社巷长",北京:中华书局,2001年,第454页。

② 陈高华、张帆等点校:《元典章》卷二三《户部》卷九"立社",北京:中华书局,2011年,第916—917页。

③ 关于元代的社制,重要的研究有:(1)松本善海:《元代における社制の創立》,《東方學報》第11卷第1期(1940年),收入氏著《中国村落制度の史的研究》,东京:岩波书店,1977年,第449—469页。(2)冈本敬二:《元代の社制と郷村》,《歷史教育》第13卷第9期(1965年)。(3)太田彌一郎:《元代社制の性格》,《集刊東洋學》第23卷(1970年)。(4)杨讷:《元代农村社制研究》,《历史研究》1965年第4期。(5)柳田節子:《元の職役と社制》,见氏著《宋元郷村制の研究》,东京:创文社,1985年,第405—412页。(6)仝晰纲:《元代的村社制度》,《山东大学学报》1996年第6期。(7)伊藤正彦:《"六諭"の淵源——元代江南の勸農文とその歷史的歸結》,见氏著《宋元郷村社會史論》,东京:汲古书院,2010年,第165—204页。

这里有一个核心问题需要讨论，即社长与乡里正、村社主首之间的关系。杨讷先生曾经指出：社制颁行之后，元政府仍旧保留了承自金代的里正、主首制度；元制将金代里正的"劝课农桑"一责划分出来，成为社的中心任务。"在社制的实行过程中，由于社长设于村社，里正则设于乡都，里正与社长的关系实际上便成为上下级的关系。"①可是，社长既然置于村社，其"劝课农桑"的职责就不当分自乡里正；而乡里正与村社主首职司催征赋役，且为职役，其与具乡村自治功能的社长分属于不同的系统，至少在制度规定上，无所谓"上下级的关系"。

关于社长的职守，《劝农立社事理》列举了诸多条款，然究其实，却只有劝课农桑、宣德教化与组织乡民互助三端。关于劝课农桑的规定最为详尽，除上举一款外，仍有七款之多。如社长须教谕民户勤事农耕，毋误农时，甚至要在"地头道边，各立牌撅，书写某社长某人地段，仰社长时时往来点觑，奖谨诫惰"；社长应主持、督促兴修、维护水利工程，开垦荒地，栽种桑榆；等等。其涉及宣德教化者有三款：一是"本社[内]若有勤务农桑、增置家产、孝友之人"，社长当保申官司，予以优恤；二是"若有不务本业、游手好闲、不遵父母兄长教令、凶徒恶党之人"，社长须予"丁宁教训"，若不改正，则由社长记下姓名，"候提点官到日，对社众审问"；三是"每社设立学校一所，择通晓经书者为学师，于农隙时分各令子弟入学"。其涉及组织互助者有两款：一是"本社内遇有病患凶丧之家、不能种莳者，仰令社众各备粮饭器具，并力耕种，锄治收刈"；二是"每社立义仓，社长主之。……社长明置文历，如欲聚集收顿，或各家顿放，听从民便。社长与社户从长商议，如法收贮"。②而根据《元典章》卷五三《刑部》卷一五所引《至元新格》，"诸论诉婚姻、家财、田宅、债负，若不系违法重事，并听社长以理谕解，免使妨废农务，烦紊官司"。③则社长亦得调解普通民事纠纷。凡此数端，实际上都属于乡村民众的生产生活范畴，虽

---

① 杨讷：《元代农村社制研究》，《历史研究》1965年第4期。后收入南京大学历史系元史研究室编《元史论集》，北京：人民出版社，1984年，第226—254页，引文见第229—230页。
② 《元典章》卷二三《户部》卷九《农桑》，"立社"，第917—921页。
③ 《元典章》卷五三《刑部》卷一五《听讼》载《至元新格》，第1748页。

然是官府征发赋役的基础，但却并不直接涉及赋役征发。①

实际上，社长并无征科之责。上引《劝农立社事理》第一款即明确规定社长只管督劝农耕，"官司并不得将社长差占，别管余事"。而《元典章》卷二三《户部》卷九《农桑》"立社"引《至元新格》，谓："诸社长本为劝农而设，近年以来，多以差科干扰，大失元立社长之意。今后凡催差办集，自有里正、主首，其社长使专劝课。凡农事未喻者教之，人力不勤者督之，必使农尽其功，地尽其利。官司有不遵守、妨废劝农者，从肃政廉访司究治。"②明令地方官府不得以差科"干扰"社长劝农，如有违反，肃政廉访司可予究治。

至元七年四月，在颁行农桑之制后月余，御史台转呈河北河南道按察司的申状，称：

> 诸处州县各管村分，以远就近，并为壹乡，或为壹保，设立乡头、里正、保头、节级以下，更有所设乡司人员，催趁差发，投下本县文字一切勾当，据各户合着差发，计构本县官吏减免分数，或虽立户名，科着丝料、包银、税粮，却令所管村分人户代纳，每年秋、夏，两次于人户处取敛年常物斛，或别作名称，托散聚敛。如此侵扰，以其久在县衙，与官吏上下惯通，易为作弊。

都省会议的结果，要求各路"严切禁治，司县、乡司、里正人等，须管不致似前冒滥多设，作弊扰民违错"。③司县，指诸路、府、州所属的司录司与县；乡司，当即申状所说的"乡头"，他们在县衙里掌管赋税籍帐，当即五代宋以后的乡书手。保头，当即保长，大致相当于金代的村社主首和宋代的大保长。申状所述河南河北诸路府州县的乡里控制体系，即由乡司（乡书

---

① 正因为此，日本学者清水盛光、冈本敬二、柳田节子等，均把元代的"社"界定为村民相互扶助的共同体性质的组织，参阅清水盛光：《勸農を中心とた共同生活の規則——元の社制》，见氏著《中國鄉村社會論》，东京：岩波书店，1951年；冈本敬二：《元代の社制と鄉村》，《歷史教育》第13卷第9期（1965年）；柳田節子：《元の職役と社制》，见氏著《宋元鄉村制の研究》，东京：创文社，1985年，第405—412页。

② 《元典章》卷二三《户部》卷九《农桑》，"立社"，第923页。

③ 方龄贵：《通制条格校注》卷一七《赋役》，"滥设头目"，第514—515页。

手）、里正、村社保长（主首）等构成。

按乡分置乡司（乡书手），在县衙办事，盖沿用宋金制度而来。①《元典章》卷一七《户部》卷三《逃亡》录至元十年（1273）中书省吏部文称：

> 如在逃军民抛下田桑园圃水陆事产，省部符文，令诸色户计依乡原例出纳租课射佃。此等事产，各处亲民官吏、乡司、里正、主首并在官一切人等不无射佃，虽云出备租课，中间情弊多端，以致在逃军民畏避官司权势，不能还业。②

所谓"依乡原例出纳租课"，亦即以"乡"为单位补足逃亡军民应纳租课。《元典章》卷二一《户部》卷七《杂例》录至元二十四年（1287）福建行省参知政事魏奉国咨云"近体知得各处州县司吏、乡司人等，递年以来，每遇节朔，科敛追节钱物不少。无由而行，以征粮为名，各分都保，给引催征"，故福建行省"行下各路，禁约司县官吏人等，今后毋得假此名色，差人下乡，如中间委有合欠米数，厘勒司县承催，乡司验数填纳，并不许妄说，就人户名下乱行勾征骗扰"。③"乡司"得以征粮为名，向各都保发放税引催征；乡司并负责"验数催征"，正是晚唐五代以来乡书手的职掌。

乡里正与村社主首则实际负责催征赋役。上引《至元新格》谓"凡催差办集，自有里正、主首"。里正、主首，当即沿用金制而来的乡里正与各村主首（原则上以五十户置一主首）。《元典章》卷六〇《工部》卷三《役使》载《至元新格》规定："诸村主首，使佐里正催督差税，禁止违法。其坊村人户，邻居之家，照依旧例以相检察，勿造非违。"④以乡里正与村主首负责催征赋税，并负责乡村治安事务，正与金代制度相同。

里正、主首当属于职役。元人胡祇遹《杂著》"论并州县"说合并州县有利三，其二云："每县胥吏、乡司、里正之徒五六十人，并祗候、弓手、足解不下百余人，每家岁用衣食钞百贯，举取足于民，今皆废罢，而民免

---

① 在今见金代文献中，没有见到关于"乡书手"（乡司）的记载，然由元代材料推测，金代汉地县衙中也当设有乡书手（乡司）。

② 《元典章》卷一七《户部》卷三《逃亡》，"逃户抛下地土不得射佃"，第609页。

③ 《元典章》卷二一《户部》卷七《杂例》，"禁约下乡销粮钞"，第787页。

④ 《元典章》卷六〇《工部》卷三《役使·祗候人》载《至元新格》，第2006页。

蚕食之苦。"①里正与胥吏、乡司并列，当属于吏役。《通制条格》卷一七《赋役》"主首、里正"条录大德五年中书省转江浙行省上言，曰：

> 先为有力富强之家，诸色名项等户计影占，不当杂泛差役，止令贫难下户承充里正、主首，钱粮不办，偏负生受，已尝颁降圣旨，一例轮当。

则知里正、主首均属于杂泛差役，富户不愿充当，多所规避。故圣旨进一步明确说："仰不以是何投下及运粮水手、香莎糯米、财赋、医儒、僧道、也里可温、答失蛮、火佃、舶商等诸色影蔽有田纳税富豪户计，即与其余富户一例轮当里正、主首，催办钱粮，应当杂泛差役，永为定例。"②

如上所述，金代村社的设置标准是五十户，元代所立劝农之社也是以五十户一社为原则，所以，元代的社实际上就是金代的村社。从制度规定上说，元代的社长与村社主首皆设在村里（南方地区有的州县按都轮充主首，与此不同，见下文），分别负责劝课农桑和催征赋役。但二者责任的分划并不清晰。胡祗遹《杂著》"县政要式"云：

> 署军、民、站、匠诸色户，计各乡保、村、庄丁口产业鼠尾簿一扇，各户留空纸一面于后，凡丁口死亡，或成丁，或产业孳畜增添消乏，社长随即报官，于各户下，令掌簿吏人即便标注。凡遇差发、丝银、税粮、夫役、车牛、造作、起发当军，检点簿籍，照各家即目增损气力分数科摊，不偏枯，不重并，使奸吏不能欺谩。至于土田、婚姻、驱良、头匹、债负，一切词讼，一一凭籍照勘。……又置交参、分外来寄居、别投下诸杂户计簿一扇，以备互相争讼。二簿一一从实，无得漏落包套，邻佑、主首、社长互相保结，不实者罪之。各村荒闲官地及牧马营盘，亦仰于各村下标注。此籍既定，别写一扇申州申府顿放，互相照勘。③

---

① 胡祗遹：《杂著》，见《吏学指南（外三种）》，杭州：浙江古籍出版社，1988年，第239页。
② 方龄贵：《通制条格校注》卷一七《赋役》，"主首里正"，第497页。
③ 胡祗遹：《杂著》，见《吏学指南（外三种）》，第235页。

社长需要负责户丁登记、核定，并与主首共同保结，二者的关系相当密切。而据上所引《元典章》，社长往往被差科干扰。换言之，社长也常被轮充为主首，负责催征赋役。

总之，元代的乡里制度，可概括为乡（都）-村（社）两级。乡司（乡书手）在县衙负责户口赋役的籍帐；乡里正（在南方地区是都里正，见下文）则是赋役征科的责任者。在村社层面上，主首实际负责催征赋税，而社长则主管督劝农桑。所以，元代乡里控制体系的核心，应当是乡（都）里正-村社主首、社长制，不宜简单地概括为"社制"。

二、元代北方地区的乡里控制体系

蒙古崛起后，渐次灭西夏、金，据有华北广大地区。《元史·食货志》云："元之取民，大率以唐为法。其取于内郡者，曰丁税，曰地税，此仿唐之租庸调也。取于江南者，曰秋税，曰夏税，此仿唐之两税也。"① 其所谓"内郡"，当包括腹里（中书省直辖）、陕西与河南江北行省所辖诸路府州县，大致相当于金国所领华北汉地。此言元时北方汉地沿用唐制，征收丁税、地税；江南南宋故地则沿用中晚唐以来至南宋时的制度，实行两税法。元末人危素曾概括说：

> 国朝既定中原，制赋役之法，不取诸土田而取诸户口，故富者愈富，贫者愈贫。②

所以，在蒙古、元朝统治下，北方地区（金国故地）大抵按户口征发赋役，而南方地区（南宋故地）则按田亩征发赋役，乃是北、南方赋役制度的根本差异。③

《元史·食货志》接着说：

> 丁税、地税之法，自太宗始行之。初，太宗每户科粟二石，后又以

---

① 《元史》卷九三《食货志》一，"税粮"，第2357页。
② 危素：《危太仆文续集》卷九，《书张承基传后》，《元人文集珍本丛刊》本，第7册，台北：新文丰出版公司，1985年，据刘氏嘉业堂刊本影印，第588页。
③ 陈高华：《元代税粮制度初探》，初刊《文史》第六辑，北京：中华书局，1979年，第113—126页；后收入南京大学历史系元史研究室编《元史论集》，北京：人民出版社，1984年，第340—360页。

兵食不足，增为四石。至丙申年，乃定科征之法，令诸路验民户成丁之数，每丁岁科粟一石，驱丁五升，新户丁驱各半之，老幼不与。其间有耕种者，或验其牛具之数，或验其土地之等征焉。丁税少而地税多者纳地税，地税少而丁税多者纳丁税。工匠僧道验地，官吏商贾验丁。虚配不实者杖七十，徒二年。仍命岁书其数于册，由课税所申省以闻，违者各杖一百。逮及世祖，申明旧制，于是输纳之期、收受之式、关防之禁、会计之法，莫不备焉。①

1232年，出使蒙古的彭大雅在《黑鞑事略》"其赋敛"中说：

> 汉民除工匠外，不以男女，岁课城市丁丝二十五两，牛羊丝五十两。乡农身丝百两，米则不以耕稼广狭，岁户四石。漕运银纲，合诸道岁二万锭。旁蹊曲径而科敷者，不可胜言。②

则知蒙古据有汉地之初，无论城乡居民，均按身丁抽丝（城市丁丝二十五两；乡民身丝百两，当是指户丝百两，以每户四口计，则与城市丁丝二十五两相同），同时按丁、户征收财产税（城市居民征"牛羊丝五十两"，当是以丁口计其赀税；在乡村，每户无论田产多少，均按户征二石或四石）。换言之，城市居民按丁征收丁口钱和财产税（每丁合计丝七十五两），乡村居民按户征收丁口钱和田亩税（每户合计丝百两、粟米二石或四石）。因此，掌握户口乃成为征收丁、户税的依据。故蒙古据有金国故地后，即进行了第一次大规模的户口清查与登记。宋子贞《中书令耶律公（楚材）神道碑》云：

> 甲午，诏括户口，以大臣忽睹虎领之。国初，方事进取，所降下者，因以与之。自一社一民，各有所主，不相统属，至是始隶州县。朝臣共欲以丁为户，公独以为不可。皆曰："我朝及西域诸国，莫不以丁为户，岂可舍大朝之法，而从亡国政耶！"公曰："自古有中原者，未尝以丁为户。若果为之，可输一年之赋，随即逃散矣。"卒从公议。时

---

① 《元史》卷九三《食货志》一，"税粮"，第2357页。
② 彭大雅著，许全胜校注：《黑鞑事略校注》，兰州：兰州大学出版社，2014年，第75—76页。

诸王大臣及诸将校所得驱口，往往寄留诸郡，几居天下之半。公因奏括户口，皆籍为编民。①

甲午，即窝阔台六年（1234）。此次检括户口，将此前"各有所主，不相统属"的"一社一民"隶于州县，则检括户口时当以"社"为单位进行。这里的"社"，仍当为金代的村社。《通制条格》卷二《户令》载至元八年颁行户例"驱良蒙古牌甲户驱"下称：

> 照得甲午年钦奉哈罕皇帝圣旨："不论达达、回回、契丹、女直、汉儿人等，如是军前虏到人口，在家住坐，做驱口；因而在外住坐，于随处附籍，便系是皇帝民户，应当随处差发。主人见更不得识认，如是主人识认者，断按答奚罪戾。②

则此次检括户口，当遵循"居地"原则，即以居在地作为户籍所在地。"居地"原则落实到乡村民户的登记、造籍与赋役征发上来，则必然以村社为基础。

丙申年（1236）所定科征之法，据上引《元史·食货志》，"令诸路验民户成丁之数，每丁岁科粟一石，驱丁五升，新户丁驱各半之，老幼不与"。陈高华先生认为，从这一年起，按户征税粮变成了按丁征取。然《中书令耶律公神道碑》则称：

> （丙申年）秋七月，忽睹虎以户口来。……是岁始定天下赋税，每二户出丝一斤，以供官用；五户出丝一斤，以与所赐之家。上田每亩税三升半，中田三升，下田二升，水田五升。商税三十分之一，盐每银一两四十斤，已上以为永额。③

则《元史·食货志》所记按丁科粟，只是当年所定赋税制度的部分内容。将《元史·食货志》与《中书令耶律公神道碑》统合观之，知其时所定赋税当

---

① 宋子贞：《中书令耶律公神道碑》，见耶律楚材：《湛然居士文集》，附录，北京：中华书局，1985年，第328—329页。
② 方龄贵：《通制条格校注》卷二《户令》，第19页。
③ 宋子贞：《中书令耶律公神道碑》，见耶律楚材《湛然居士文集》，附录，第329页。

包括三部分：一是丁粟，以每户科粟一石、户各二丁计，每户当科粟二石；二是户丝，户出七十两（五十两供官用，二十两纳头下主）；三是地税，按田亩等次，每亩税二升至五升不等。据《元史·食货志》下文所记，知地税并不与丁、户税并存，二者只纳其一。《食货志》又称："工匠僧道验地，官吏商贾验丁。"盖官吏商贾按户丁纳税，而工匠僧道则据其所有地亩纳税。（盖其时工匠与僧道寺观广占田地，而其户丁寡少，故按其所有地亩数征税。《食货志》下文记中统五年，"诏僧、道、也里可温、答失蛮、儒人凡种田者，白地每亩输税三升，水地每亩五升"。①也说明按田亩征税仅限于僧、道、也里可温、答失蛮、儒人等特种人户。）尽管有这些特殊规定，但总的说来，北方地区的民户赋税，仍当以按户丁纳税为主。《元史·食货志》又说：

> （至元）十七年，遂命户部大定诸例：全科户丁税，每丁粟〔二〕（三）石，驱丁粟一石，地税每亩粟三升。减半科户丁税，每丁粟一石。新收交参户，第一年五斗，第三年一石二斗五升，第四年一石五斗，第五年一石七斗五升，第六年入丁税。协济户丁税，每丁粟一石，地税每亩粟三升。②

户部定例，以"户丁税"为称，又具体规定每丁所纳粟数，似乎是按丁征税。然丁的意义，本在应役。而《元史·食货志》"科差"云：

> 中统元年，立十路宣抚司，定户籍科差条例。然其户大抵不一，有元管户、交参户、漏籍户、协济户……户既不等，数亦不同。元管户内，丝银全科系官户，每户输系官丝一斤六两四钱、包银四两；全科系官五户丝户，每户输系官丝一斤、五户丝六两四钱，包银之数与系官户同；减半科户，每户输系官丝八两、五户丝三两二钱、包银二两。③

文繁不具录。无论何种户，科差均按户纳丝、银。据此，我们认为所谓按丁

---

① 《元史》卷九三《食货志》一，"税粮"，第2358页。
② 《元史》卷九三《食货志》一，"税粮"，第2358页。文中全科户丁税每丁纳粟数，原文作"三石"，据陈高华先生的考证，当作"二石"，今从之。
③ 《元史》卷九三《食货志》一，第2361—2362页。

征纳，当沿用辽代以来"一户二丁"之制，以"丁"作为计算单位，并非根据每户所有实际丁数纳税。

科税既以户为单位，而人户复依居地原则定籍，故蒙古、元朝统治下的北方地区，当沿用金代乡里正-村社主首制度，以掌握户口，催征赋役，社长之立，不过是强化了原有的村社组织而已。正因此故，元代墓志、买地券中述亡人生前居里及葬地，一般采用某县某乡某村（社）的方式（见表5-9）。

表5-9　买地券、墓志所见元代北方地区的乡里制度

墓志或买地券	年代	亡人生前居里	亡人葬地	资料来源
冯汝楫为曾祖冯三翁买地合同契券	宪宗八年（1258）		怀州河内县冯封村正北偏西	《中国古代买地券研究》，第313—314页
张氏买地券	至元十年（1273）		岚州宜芳县大友乡观家庄村西	《中国古代买地券研究》，第293页
陈规墓表	至元十一年（1274）	开封杞县圉城镇	绛州稷山县阴琬康乡小宁村	《山右石刻丛编》卷二五，第15532页
绛阳军节度使靳公（和）神道碑	至元十七年（1280）	绛州曲沃县曲村	绛州曲沃县曲村东原	《山右石刻丛编》卷二六，第15545页
韩□为亡祖考妣、亡妻吕氏买地券	至元二十五年（1288）	安西府咸宁县东关	咸宁县龙首乡朝堂社常乐坡正西原上	《中国古代买地券研究》，第311页
冯兴等为父祖买地券	元贞二年（1296）	陕州在城丰庆坊	陕州陕县州东尚村	《中国古代买地券研究》，第275—276页
曹和甫等为亡父母买地券	大德元年（1297）	河东北路太原府汾州孝义县下坊村		《中国古代买地券研究》，第295—296页
康宁为亡父母买地券	皇庆二年（1313）	河东北路冀宁府岚州怀顺乡牛朝社	牛朝社村南平原地	《中国古代买地券研究》，第296页

（续表）

墓志或买地券	年代	亡人生前居里	亡人葬地	资料来源
赵氏为翁、婆、夫造墓记	延祐元年（1314）	河东南路晋宁府绛州曲沃县禠祁乡南方村		《中国古代买地券研究》，第297页
李安为祖李新昭买地合同	泰定二年（1325）		奉元路咸宁县洪固乡新院门之原	《中国古代买地券研究》，第312页
杨世安为亡父母买地券	至正元年（1341）	河东路冀宁路岚州秀川乡南白家庄村	本村之原	《中国古代买地券研究》，第297—298页

元代北方地区"乡"的作用与意义并不太明朗。至元十九年（1282）《真定府元氏县重修庙学碑》碑阴题名中见有元氏县在城坊司魏无咎、阎梅，坊正杨天祐、陈祐，神岩乡乡司安仲民、里正孙成，龙泉乡乡司苏彰、里正雷德等。诸坊司、乡司与坊正、乡里正之名列于县衙六案吏员题名之上。[①]这里的乡司当即乡书手，属于县吏；坊正、里正则当是科差，属于职役。乡司（乡书手）、里正（以及坊正）既然主要是在县衙当差，与其所统之乡实际上已脱离直接联系，所以，在乡村民众的实际生活中，乡所发挥的作用与意义并不大，实际上逐步退出了乡村行政管理与社会生活。蒙哥三年（1253）《大朝平阳路解州闻喜县美良川河底村东华观记》谓观主李志云"元系美良川姚村人"，自幼随父迁于嵩州福昌县；至己亥年（窝阔台十一年，1239）回到故里，"河底村有刘会首、王通事、吴会首、小杨、田四等将本村旧有三清殿一所，地二十亩，施于李公先生为庵住持"。[②]美良川当是闻喜县南境地域名，并非乡名。中统四年（1263）《大朝国解州闻喜县东镇城北上社创修三灵侯庙像记》谓："古左邑之东，去县积有三十里，

---

① 《常山贞石志》卷一六，《石刻史料新编》本，第1辑第18册，第13445页。
② 胡聘之辑：《山右石刻丛编》卷二四，《石刻史料新编》本，第1辑第20册，第15508—15509页。

通衢之贯,有聚落曰东镇,城北上社,居民数十家,以农圃工贾为业。"①东镇当有若干社,城北上社为其一。其时尚未推行社制,故此处的"社"当沿用金代村社而来。而碑记但称城北上社在东镇,并不谓其属乡。至元十二年(1275)《霍邑县杜庄碑》记杜庄村民连名状告宋圣村村民有违水利规例之事,碑末有霍邑县尹高、达鲁花赤兀鲁阿思兰、主簿兼尉李等官员的"押",当来自官文书。碑文说:"间有宋圣村赵一、赵大、任三、王林、贾珎、赵三,托令东城村敉荣、北杜壁村王玉等社长,石鼻村梁社长,共皋敉圣村苏乡老劝和,写立私约。"②各村的社长负责协商水利事务,这些人应当是至元七年颁农桑之制十四条之后所立的社长。而碑文所记各村,均未及于其所属之乡。至元十七年《壶关县内王村大觉院兴修记》碑末题名中,除内王村外,见有东归村、元村东庄、西归村、秦庄村、和磴村、紫晏北庄、紫晏南庄、石门村、宋保村、靳庄、三家村、下内村、石岭庄、塔地庄、东崇贤村、南羊户、南百戈等村庄,亦未述及各村所属之乡。③至元十七年《河内县重修成汤庙记》题名中,见有河内县沁阳村、南张茹村、北张茹村、张武村,武陟县西曲村、留村、薛村、南里村、保村、朱村、东曲村、北王村、娄下村、中曲村等,各村分属两个县,然仍未说明其所属之乡。至元二十二年《重修成汤庙记》碑末题名中,则见有李董东村社长王瑞、社长刘福、社长黄用,李董中村社长赵珏、社长齐荣祖,陈范东北村社长管、社长郭从,狄家林社长刘恩,上省庄社长张仁等,也未说明各村社所属之乡。④大德十年(1306)《平定知州杨公开水利民记》谓乱柳村"盖郡之首村也",碑末署名为"社长、乱柳阖村耆老人等立",未说明其所属之乡;碑末题名中见有里正石□等四人,当是乡里正,却亦未述明乡目。⑤至大二年(1309)《重修兴阳院碑》碑阴题名中见有汤阴县鹤山镇刘提领,东善应王福、妻高氏,西城村高源、妻黄氏,水冶贾秀实、申良彧,潞州壶关县龙真村徐全同、妻王氏,东安善段淮,晋庄村元祐广,以及安阳县南交口

---

① 胡聘之辑:《山右石刻丛编》卷二五,《石刻史料新编》本,第1辑第20册,第15513页。
② 胡聘之辑:《山右石刻丛编》卷二五,《石刻史料新编》本,第1辑第20册,第15534页。
③ 胡聘之辑:《山右石刻丛编》卷二五,《石刻史料新编》本,第1辑第20册,第15548页。
④ 道光《河内县志》卷二一《金石志》下,道光五年刻本,第36页。
⑤ 胡聘之辑:《山右石刻丛编》卷三〇,《石刻史料新编》本,第1辑第21册,第15630页。

村张百户等、南齐村吕熙等、东马店赵大等。①同样涉及不同县的各村镇，却也均未说明其各自所属之乡。

"乡"在乡村控制体系中的功能与意义逐步减弱之后，在村社之上，或者会加上镇、堡、市等地名，以表明其所属的地域范围。皇庆元年（1312）《重修青山殿碑》述晋宁路汾西县安仁乡五社重修青山殿事，碑末署有："本县干河村、授敕隰州儒学正孙□□，书丹人靳家庄祁郁，□云堡徐庄村立石人王恭立，蔡家坡王英，李庄堡成家庄立石人成济，成家庄成惠，□梁□□□□□，刘家沟刘俊施钞二十贯，石匠本县佥念村王瑞，故郡堡苟美。"②李庄堡、□云堡应当是规模较大的中心聚落，故成家庄、徐庄村分别系于其下。但这些堡、村仍当属于太平乡，二堡对于二庄并没有行政管辖权力。

所以，元代北方地区在乡村地区实际发挥赋役征发、行政与社会管理功能的，主要是村社。无论主首，还是社长，都是以村落为基础设置的。主首又或被称为"管民主首"，其职责似不仅仅在催征赋役。大德九年（1305）《薛氏祖茔墓记》说薛氏"世居北海县第十七都泥沟庄"，以农桑为业。至元十六年，薛聚被"推荐"为管民主首；至元三十年，"蒙北海县委充社长"。碑末署名为"管民主首薛聚"。大德十年《李氏先茔碑文》说李氏世居临丹西北十里埠头庄，李昱于至元二十六年"蒙北海游差充社长"，碑末署名亦为"社长李昱"。③显然，主首由"推荐"产生，而社长则由县衙差充。

一般说来，在元代北方地区，一村一社的情形比较普遍，但也间有一社包括两个或以上村的情况。延祐二年（1315）《重修太白庙记》记皇庆（1312—1313）、延祐间鄜县清湫镇重修太白庙之事甚悉，所录修造功德施主花名中，见有凤栖乡清湫本社张□等三十八人，道南马德等二十四人，则清湫社当包括本社和道南两部分；温泉社则分为楼观村（二十一人）、屯庄（王社长等十一人）、华谷口（十四人）；骆口社包括本社（二十五人）

---

① 武虚谷辑：《安阳县金石录》卷九，《石刻史料新编》本，第1辑第18册，第13911—13912页。
② 胡聘之辑：《山右石刻丛编》卷三〇，《石刻史料新编》本，第1辑第21册，第15647页。
③ 民国《昌乐县续志》卷一七《金石志》，《中国方志丛书》本（华北地区第66号），台北：成文出版社，1968年，据民国二十三年铅印本影印，第660—664页。

和曲坑村（六人）两个聚落。当然，大部分的社，都是一村一社，各有一社长，如太白乡教坊社，诸葛乡廊下社（社长宁）、豆村社（社长赵得进）、宁曲社（社长李平）等。①

三、元代南方地区的里正、主首与社长

《元典章》卷二六《户部》卷一二《赋役·户役》录大德七年（1303）江西行省《编排里正主首例》称：

> 每一乡拟设里正一名，每都主首，上等都分拟设四名，中等都分拟设三名，下等都分拟设二名。依验粮数，令人户自行公同推唱供认。如是本都粮户极多，愿作两三年者，亦听自便。上下轮流，周而复始。仍每年于一乡内，自上户轮当一乡里正、各都主首。如自愿出钱雇役者，听从自便；如该当之人愿自亲身应役者，亦听。仍从百姓自行推唱，定愿认役人户粮数、当役月日，连名画字入状，赴本管州县官司更为查照无差，保勘是实，置立印押簿籍，一本付本都收掌，一本于本州县收掌，又一本申解本路总管府。②

则江西行省各路府州县，差设里正，乃以乡为单位；主首，则以都为单位，按等第分设主首二人至四人。乡里正由当乡上户轮差，各都主首则似为常充。里正与主首之责，都是催征税粮差役。③在这种情况下，主首实际上成为承催赋役的户役，与村社并不对应。《元典章》卷一八《户部》卷四"胡元一兄妹为婚"条录大德四年新喻州申："据五都第十六社长胡信甫状申，大德三年十二月初六日，有社户胡元三前来对信甫言说：我亲弟胡千七将伊小女名元七娘与伊长男胡元一为妻。我是他亲兄，更不听从劝谕，乞与申官。"④这里的"社"系于"都"之下，复以序号编组，则每都当分设若干

---

① 张墫：《张氏吉金贞石录》卷五，见国家图书馆善本室金石组编：《历代石刻史料汇编》，第13册，北京：北京图书馆出版社，2000年，第199页。
② 《元典章》卷二六《户部》卷一二《赋役》，"户役"，第970—971页。
③ 关于元代主首的设置与职能，请参阅刁培俊、苏显华：《元代主首的乡村管理职能及其演变》，《文史》2012年第1辑。
④ 《元典章》卷一八《户部》卷四《嫁娶》，"胡元一兄妹为婚"，第629页。

社。这样，在江西行省，就形成了乡置里正、每都分设主首二至四名、又各有若干名社长的体系。

按乡置里正、逐都分设主首之制，应当是元朝在南方地区推行的制度。大德《昌国州志》卷三《叙赋》"食盐"录有大德二年江浙行省札称：

> 据昌国州判官冯福京呈：本州坐落海心，所辖四乡一十九都，除富都乡九都与本州连陆外，其余三乡一十二都并各散在海洋，止是小小山岛，并无膏腴田土，其间百姓止靠捕鱼为活，别无买卖生理，钞两实为艰得。每年计口请买食盐，句追答责，重费经营。自二十七年抄数诸色户计有二万二千四百余户、计一十万三千五百余口，岁买食盐二千零五引一百余斤，无问大小，每口月该食盐一十余两。因此递年以来，逃亡事故，民户比元数已亏，而盐额如故，多是里正、主首及见在户口代为闭买。年复一年，已皆靠损。①

昌国州代买盐额的里正、主首，当即四乡十九都的里正、主首。据同卷"茶课"条载，昌国州茶课，始于至元三十年，然其地并无茶园及磨茶户，"姑令各都认办此数"。②昌国州岁纳沙鱼皮九十四张，分别由富五都、富七都、安一都、安二都、蓬一二都、蓬三四都、蓬五都输纳；岁纳鱼鳔八十斤，"于出产都分科征"。③征科既以"都"为单位，主首应当是按都差选（轮充）的。

至顺《镇江志》卷二《地理志》"乡都"云：

> 乡都之设，所以治郊墅之编氓，重农桑之庶务……旧宋各都设立保长，归附后，但藉乡司，应酬官务。厥后选差里正、主首（里正催办钱粮，主首供应杂事）。科役繁重，破家荡产，往往有之。延祐乙卯，经理田粮，限期颇趣，奉行弗至，封洫虽明，弊端未革。为政者有忧之，复令民出田以助役，逃亡事故，仅可补益。间有桀黠之徒，稍能枝梧，

---

① 大德《昌国州志》卷三《叙赋》，《宋元方志丛刊》本，北京：中华书局，1990年，第六册，第6081页。
② 大德《昌国州志》卷三《叙赋》，第6081页。
③ 大德《昌国州志》卷三《叙赋》，第6081—6082页。

复为细民之蠹，抑肥者不一二，而瘠者已什伯矣。然后使变更随时，而都保则仍旧贯。今叙列乡都村保之名，以便披阅。①

变更随时，都保仍旧贯，则知元时仍沿用宋时都、保之制。当元据江南之初，"但藉乡司，应酬官务"，所谓"乡司"，当指乡书手。后选差里正、主首，以"里正催办钱粮，主首供应杂事"。那么，里正与主首是在怎样的范围内选差的呢？

至顺《镇江志》卷一三《户役》记镇江府录事司有崇化、还太两隅，各置隅正二名，"然无定户，每验民力点差"。社长二十一名，其中崇化隅八名，还太隅十三名。②其卷二《地理志》"坊巷"下注云：

> 归附之初，每隅设坊官、坊司，皆老胥旧吏为之，役轻事简，取于民亦微。大德十一年以来，里人有言之时，官者差选殷实人户充役。凡官府排办造作［祗］（祇）应杂务、羁管罪人、递运官物、閁纳酒课、催征地钱，悉委隅正，重则废家，轻则逃窜，其弊有不可胜言者。至治元年十一月，耆老建言差设隅正，循行岁久，科差繁重，逃移规避。隅分人户，多有不等，议以还仁、静宁并作一隅，止设四隅。后经二十二年至至顺二年九月，官司又为化隆、太平、还仁三隅，地僻民贫，别无堪充隅正之家，乃以化隆并崇德，太平并还仁，号崇化、还太两隅。③

镇江府城本沿用宋制，分为七隅。后渐次合并，最终成为二隅。元初沿宋制所设之坊官，当属于吏役性质，故由老胥旧吏为之，后改为差选殷实人户充役，承应各种差役及催征酒课、地钱，故其作用即相当于"催办钱粮"的里正。每隅又差选社长若干名，则社长当即相当于"供应杂事"的主首。④

---

① 至顺《镇江志》卷二《地理志》，"乡都"，《宋元方志丛刊》本，北京：中华书局，1990年，第3册，第2623—2624页。
② 至顺《镇江志》卷一三《户役》，第2810页。
③ 至顺《镇江志》卷二《地理志》，第2621页。
④ 延祐《四明志》卷八记庆元路录事司分置四隅，隅下各有社，其中东南隅有二十八个社，西南隅有三十九社，东北隅有二十六社，西北隅有三十七社，社各以字号称（如河字社、淡字社、人字社、师字社等），显然经过统一编排（延祐《四明志》卷八《城邑考》，《宋元方志丛刊》本，第6册，第6279—6280页）。庆元路录事司的隅社，在性质上当与镇江府录事司隅社相同。

镇江府共设坊正四十二名，其中，丹徒县江口坊轮充坊正十户，未见社长之置；丹阳县市常充坊正十三户，置社长九名；金坛县四坊，常充坊正十三户，轮充计六户，置社长十四名。则各县市坊与镇市坊（江口坊）的坊正亦相当于里正，社长相当于主首。

丹徒县常充里正七户，轮充一百三十一户；置社长二百四十六名。其中大慈乡原有三都六里，"今散为村为坊凡四十八"，充里正者九户，社长二十六名；丹徒乡有二都七里，"今散为村者四十七"，充里正者八户，社长二十七名；长乐乡原有二都十九里，"今散为村为巷凡四十七"，充里正者十二户，社长三十六名；高平乡原有二都十一里，"今散为村者三十七"，充里正者十户，社长二十名；义里乡原有二都十四里，"今散为村者五十九"，充里正者九户，社长二十三名；崇德乡原有三都十五里，"今散为村四十九"，充里正十八户，社长三十九名；平昌乡原有一都二十六里保，"今散为村二十一"，充里正者五户，社长十五名；洞仙乡原有四都，里、保、村十一，"今散为村者九"，充里正者二十九户，社长二十名。①由于里正分为常充和轮充两种方式，所以看不出其与都的直接关系，但充里正之户大约是都数的三至五倍，说明里正应当是按都、三至五年内轮充的。社长被归入户役，显然不是《元史·食货志》与《元典章》所规定以劝课农桑为主要职掌的社长，而是"供应杂事"的主首。社长在怎样的范围内差选，由上引材料并不能清楚见出。然至顺《镇江志》丹徒县各乡之外，另记载在开沙有社长十名，藤沙有社长二十名，高沙有社长三名，小沙有社长二名，当江沙有社长四名，吴家沙有社长一名。凡此诸沙，显然是新开垦的沙洲，而吴家沙当即一处新形成的聚落。所以，社长应当是在村落的基础上选差的。可是，据上所见，社长的数量与村数并不对应，说明一个社的编排并不与村完全对应。同时，镇江府录事司及三县共有社长776名。据卷三《户口》所记，其时土著共有100065户，侨寓3845户，客5753户，单贫4104户，僧310户，道141户，合计为114218户，②平均每社约为147户（若仅以土著户计，则每社有129户），也远高于五十户立一社的规定。因此，

---

① 至顺《镇江志》卷二《地理志》，第2624—2625页；卷一三《户役》，第2810页。
② 至顺《镇江志》卷三《户口》，第2647—2651页。

元代镇江府的社，当不是按照《劝农立社事理》的规定设立的。

至正《四明续志》卷三记鄞县乡都隅社，谓老界乡包括一都至四都，91社；阳堂乡包括五都至十一都，79社；翔凤乡包括十二都至十六都，66社；等等。特别是有"湖田"，分为五隅，有58社。①这里的都（隅）-社制，当与镇江府相同。同卷于奉化州"乡都"下未记有社，然在"义仓"条下称："除乡都依验各家每口留谷一斗，自延祐五年至至治元年存留到粮谷于近便社长之家收顿外，自至治元年别行劝率有田上户存留到谷六千六百六石四斗，如遇歉岁，就便赈济。"慈溪县"义仓"条也说："于各都、隅，每社设仓一所。"②说明奉化州、慈溪县亦置有社，立有社长。

乾隆《海盐县图经》卷五录有《复永安湖碑》，记大德十一年（1307）德政乡十三都潋墅石帆村"住坐社长"张千五等"蒙本都里正奉海盐州指挥"照勘永安湖事，其社长"住坐"村落，属本都里正（南宋时的都里正即都保正）统辖。③在这里，里正是按都设立的，而社长则以村落为基础选充。明初纂修的《吴兴续志》"役法"称："元各都设里正、主首，后止设里正，以田及顷者充，催办税粮。又设社长，劝课农桑，皆无定额。"④湖州各县亦按都轮差里正、主首；主首后来停差，盖以社长兼催赋役之故。

延祐元年（1314）《长兴州修建东岳行宫碑》碑阴刻有《东岳行宫常住田土》，其中述行宫所有田亩，多表述为田几亩，坐落某乡第几都某村，租米若干，何人租种，何人施舍，如"田二亩，坐落尚无乡六都下蒋村，租米壹硕捌斗，本庙自运，系程二秀舍"，"田九亩，坐落吉祥乡一二都溇东村，租米肆硕叁斗，租户徐正一，系智和尚舍"。⑤泰定三年（1326）《南镇庙置田记》著录庙产，也多书明其坐落于某都某村，如"一段湖田伍亩贰角贰拾叁步，坐落十八都横山村"，"民田肆亩，坐落第七都七家后"

---

① 至正《四明续志》卷三《城邑》，《宋元方志丛刊》本，第7册，第6475页。
② 至正《四明续志》卷三《城邑》，第6477页。
③ 天启《海盐县图经》卷五《食货篇上·田土附水利》，《中国方志丛书》本（华中地方第589号），台北：成文出版社有限公司，1983年，据天启四年刊本影印，第384页。
④ 《永乐大典》卷二二七七，第886页。
⑤ 阮元编：《两浙金石志》卷一五，《石刻史料新编》本，第1辑第14册，第10555—10556页。

等。①凡此，均说明都-村体制当是元代南方地区乡里控制体系的基本制度。

需要说明的是，元代文献中所见南方地区的"社"，有相当一部分乃是民间信仰组织，并非基层行政管理组织，也并不具备界定民户籍属的功能。元人胡炳文说："社，古礼也。坛而不屋，因地所宜，木为主。今庶民之社，往往多绘事于家屋而不坛，非古；绘一皓首庞眉者，尊称之曰'社公'，而以老媪媲之，浸非古矣。"②至正十年（1350）丽水县宝定村新街社庙石香炉款识云："拾七都宝定下市奉圣弟子叶自长、自荣抽施己资，命工镌刻石鼎一口，舍入新街社供养。"③宝定下市，当即宝定村的新街；新街社，应即新街（宝定村下市）的土地神社。

四、元代乡里制度的来源与实质

杨讷先生曾论及元代社制的源头之一，是当时北方地区早已存在的互助结社，并举金元之际由地方豪强主导的、以互助自保为目标的"义社"，以及王祯《农书》所记"锄社"为证，认为"元政府从社会上既存的这两种不同的互助方式得到启发，把生产互助作为社制的一个内容，由国家倡导"。④据上引《通制条格》，选立社长是率先在真定府进行的，而真定地区正是金元之际结社最盛的地区。《元史·史天倪传》说史伦在金末即"以侠称于河朔"，"士皆争附之"；"伦卒时，河朔诸郡结清乐社四十余，社近千人，岁时像伦而祠之"。⑤首任司农卿张文谦是邢州沙河人，中统间，曾宣抚大名等路，对河朔民间结社当甚为熟稔。⑥故张文谦主持制定的农桑之制，受河朔地区民间结社的影响是可能的。可是，清乐社之类的"义社"，乃是民间自保组织，拥有武装，主要受地方豪强控制，且规模较大，

---

① 杜春生编：《越中金石记》卷八，《石刻史料新编》本，第2辑第10册，第7315—7319页。
② 胡炳文：《云峰胡先生文集》卷三，《游汀社坛记》，《北京图书馆古籍珍本丛刊》，北京：书目文献出版社，1988年，第93册，影印本，第549页。
③ 《栝苍金石志补遗》卷四，《石刻史料新编》第2辑第10册，第7444页。
④ 杨讷：《元代农村社制研究》，《历史研究》1965年第4期。后收入南京大学历史系元史研究室编《元史论集》，第226—254页，引文见第237页。
⑤ 《元史》卷一四七《史天倪传》，第3478—3479页。
⑥ 《元史》卷一五七《张文谦传》，第3695—3698页。

并不建立在村落基础之上，实为包括多个村落的地域性社会组织。认为元代所立社长，来源于金元之际的"义社"，实在有些勉强。

实际上，上引《元典章》说以五十家立为一社，"一村五十家以上，只为一社；增至百家者，另设社长一员；如不及五十家者，与附近村分相并为一社"，显然社是建立在村落基础上的。这种做法，与金制以五十家为标准设立村社主首，是一致的。而且，元代设立社长之后，仍沿用金制，按村社设立主首。所以，元代的社长，不过是在村社主首之外，增加了一个专司劝农的村社职事而已。所以，元代的村社主首-社长制，与其说源于金元之际的民间结社，毋宁说是来自金代的村社制。

正因为此，元代北方地区（主要是金朝曾经统治的汉地）的乡里制度，实际上是沿用金制、略加变动（在村社主首之外，增设了社长）而来。由于乡司（乡书手）、乡里正乃是县衙的职役，所以，村社乃是元代北方地区乡里控制体系的关键。

灭亡南宋后，元朝政府力图将原在北方地区实行的乡里正-村社主首、社长制推行到南宋故地。至元二十三年所颁《劝农立社事理》，当即为在全国实行社制而颁行的。但南方地区固有的乡里控制体系乃是宋制，与北方地区的金制相比，最大的差别就是"都"早已取代"乡"，成为实际负责赋役征发的地域单元；同时，图（保）也包括若干村落。因此，当元朝将北方地区的乡里正-村社主首、社长制推行到南方地区时，就不得不做出若干调整：在县衙保留乡司（乡书手）的同时，按都差充里正与主首（每都若干名），在村落的基础上设立社长。这样，就形成了乡司（乡书手）-都里正-都分主首-社长的复杂体系，各都轮充的主首可能负责催征若干社的赋役，并不与社长形成对应关系。后来，至少在一些州县，停差主首，方形成都里正-社长的格局。在未停差主首的情况下，主首与社长相分离，乃是元代南方地区乡里控制体系不同于北方地区的重要方面；停差主首后，社长的作用乃大为突显，兼括了主首实际负责催征赋役的职能。

表5-10 买地券所见元代南方地区的乡里制度

地券名	年代	亡人居地	亡人葬地
彭因地券	至元十六年（1279）	吉州庐陵县城外雍和坊西街九曲横巷	庐陵县儒林乡
彭因地券	至元十六年（1279）	吉州庐陵县城外雍和坊西街九曲横巷	庐陵县儒林乡
蓝氏六娘地契文	至元二十二年（1285）	瑞州路在城河南岸庆善坊	瑞州高安县易俗乡四十六都地名青田岗
吴季玉地券	至元三十年（1293）	龙兴路南昌县灌城乡悬榻里墨山下市	同乡里地名龙朝岗
刘千六买地券	大德二年（1298）	南剑州城内□□坊	本郡梯云坊田坑里土名南山下□山之原
黄金桂地券	大德五年（1301）	龙兴路在城录事司集仙坊	南昌县长定乡陈桥之原
陈氏地券	延祐六年（1319）	吉安路永丰县东门外德庆坊石桥上	永丰县龙云乡第三都
雷氏地券	至治元年（1321）	龙兴路进贤县崇信乡龙驹里	同里樟陇之原
李觉斋地券文	泰定二年（1325）	龙兴路南昌县南关桥步门外近上	南昌县灌城乡悬榻里黄家郭村
吴祖寿买地券	至顺三年（1332）	合州在郭仁寿坊	石照县祝寿乡南北保
何氏买地券	后至元五年（1339）	合州在郭仁寿坊	石照县祝寿乡南北保
胡仲才暨熊妙寿地券	后至元五年（1339）	抚州临川县长乐乡长乐里湖南保	
雷七宣义暨罗氏地券	至正四年十二月（1345）	龙兴府南昌县高安乡仁信里涞湖村东保	
志聪买地券	至正五年（1345）	广安府新明县明月乡龙岩院	

资料来源：鲁西奇：《中国古代买地券研究》，厦门：厦门大学出版社，2014年，第411—420、481—483页。

然而，事实上，南方地区很多州县的乡里控制体系，主要是沿用南宋以来的制度。表5-10所列，虽然是买地券对亡人生前居地与葬地的表述，可能沿用买地券书写的旧有格式，但其所述路、府、县、录事司等政区，皆为元代的称谓，故其所述乡、都、里、保之目，亦当为元代仍然使用的称谓。在表5-10中，没有见到"社"的称谓，至少从一个侧面，说明所谓"社制"在南方地区得到普遍推行的看法，并不确切。在今见元代方志中，述及乡里制度，亦往往表达为乡、都、里、保（村），如上引至顺《镇江志》《昌国州志》《无锡志》等，而只是在赋役、科差等栏目中述及里正、主首、社长的情况。凡此，均可说明，元代南方地区的乡里控制体系，实际上仍沿用南宋以来的制度，虽然按照元制差充里正、主首、社长，但乡村固有的都、村格局，并未发生根本性的变化。

总之，我们认为，元代的乡里制度，主要沿用金代的乡里正-村社主首制，并在村社层面增设社长，从而形成乡里正-村社主首、社长制。当这一制度推行到南方地区时，适应南宋固有的乡村控制体系，在都的范围内差充里正、主首，在村、保层面上设立社长，从而形成了都里正-都分主首-社长的控制体系，而其基本格局则沿用宋代的乡里控制体系，只不过职役的名称发生了变化而已。

第六章
明清时期乡里制度及其实行的区域考察

第一节 明代里甲制的形成及其在南北方地区的实行

一、从"小黄册"之法到"黄册里甲"

朱元璋据有江南之初，盖沿用元代在江南地区的乡里控制体系，而略加调整。宋濂撰《故江南等处行中书省左司郎中王公（恺）墓志铭》谓己亥年（元至正十九年，韩宋龙凤四年，1359）朱元璋军队下婺、衢地区后，王恺以江南行省左司郎中总制衢州军民事，"置游击军，募保甲、翼余丁及旧民兵，得六百人，以益戍守。……籍江山、常山、龙游、西安四县丁壮，凡六丁之中，简一以为丁，置甲首、部长统之。丁壮八万有奇，得兵一万一千八百。无事则为农，脱有警，则兵者出攻战，而五丁者资其食"。至辛丑年（1361）夏，置分省（江南行中书省之分省）于婺州，王恺仍以左司郎中分治省事，"金华，婺剧邑，役民无艺。公令民自实田，请都以粮多者为正里长，寡者为副。正，则以一家或二家充；副，则合三四至七八而止。通验其粮而均赋之。有一斗者役一日。贱与贵者皆无苟免者"。① 王恺，《明史》卷二八九有传，谓其为当涂人，"通经史，为元府吏。太祖拔太平，召为掾。从下京口，抚定新附民。及建中书省，用为都事"。② 王恺

---

① 宋濂：《宋学士全集》卷二二，《丛书集成初编》本，北京：中华书局，1985年，第792—793页。
② 《明史》卷二八九《忠义传》，"王恺"，北京：中华书局，1974年，第7410页。

在婺州所置里正、副，以都为单位选充，每都里正由一家或二家充，而里副则分差三四家乃至七八家，则每都当分置里副若干人。里正、副之置，应是元代南方地区都设里正、按都分设主首之法的延续，里副大抵即相当于元代的都分主首。

洪武元年（1368），明朝在据有福建后不久，就对邵武府各县的乡里控制体系作了一次全面调整，"因丘陵林麓原隰，条细分划，为厢隅，为都保"。其中，邵武县在宋时置二厢二尉、五乡二十一里，元时改为四隅（隶录事司）、十乡（五乡各分为上、下）二十一里；至是，五乡、四隅如故，析二十一里为五十三都，隅、都之下各统"图"若干。光泽县在宋元时领二乡、十里；至是，仍分二乡、十里，而析十里为三十都，领八十二图。泰宁县宋时分二乡、四里、二十六保；至是，仍维持二乡、四里，将二十六保调整为三十二保，"保"各领有图。建宁县在宋时分为六乡、三十四保，洪武二年在维持六乡、三十四保的基础上，在各隅、保编排"图"，共编八十四图。洪武元、二年邵武府各县编排的隅、都、保及其所领的图，显然都是地域单元。如邵武县东隅编排为三图，西隅编作二图。[①]实际上，此次新编，不过是在当地固有乡里体系的基础上略作调整。嘉靖《邵武府志》卷五录郡人严羽《均徭记》，述至正十六年（1356）邵武县令张祥、达鲁花赤安答儿秃主持整顿徭役摊派，谓：

> 先是，邑以里正、主首，十乡同役，地广而役重，费同而产力不同，移后促前，就轻避重，民甚苦之。今各都惟设主首一人，五十三都岁二番，为主首者一百有六，三岁六番，总为三百一十八（有）人。一主首率以苗二石五斗为正役，在官应办，余畸碎小户为助役，出钱佐费。凡邑之租、苗、课、铁、职田、废寺、僧人粮役有征无征者，皆差次截补为三百一十八分。一主首止理一都，地窄而民易知，在官者常五十三人，人众而事易就。户有定产，而无轻重偏倚之私；役有定岁，而无移趱疏数之弊。编次既定，为总籍二：一上总府，一留本县。分之为三百一十八，籍主首，各收其一。凡籍之所载，岁各视其数而具焉；

[①] 嘉靖《邵武府志》卷二《封域志》，《天一阁藏明代方志选刊》本，上海：上海古籍书店，1964年，第61—73页。

当役之期，亦视其次而周焉。①

则邵武县十乡、五十三都之制，在元代即已形成，并非洪武元年的创制；而每都分为六份、各籍一主首，当即按都分图之滥觞。因此，洪武元年邵武府所行的都（隅、保）-图制，当是在元代分都为六份、各置主首应役的基础上形成的；而这一控制体系的实质，也是以地域控制为主，并未全面检括户口、编排里甲。

洪武三年前后，部分州县开始推行所谓"小黄册"之法。明初纂修的《吴兴续志》"役法"云：

> 国初各都仍立里长。洪武三年以来，催办税粮军需，则为小黄册图之法，夫役则有均工之制，总设粮长以领之……黄册里长、甲首，洪武三年为始，编置小黄册，每百家画为一图，内推丁力田粮近上者十名为里长，余十名为甲首，每岁轮流里长一名，管甲首十名；甲首一名，管人户九名，催办税粮，以十年一周。②

则知朱元璋据有吴兴（湖州）之初，也沿用元制，按都设立里长。至于洪武三年（1370）行"小黄册"之法，则确定以百户设里长一名，甲首十名。显然，小黄册之法是在此前的都设里长、按都分设主首（或里副）以及丁壮甲首的基础上，逐步加以规范而形成的。③

"小黄册"之法，除吴兴地区外，在其他地区也曾实行。④弘治《黄州府志》卷一《地理志》"坊乡社镇"栏记蕲州"里社土谷坛"，谓"本州

---

① 嘉靖《邵武府志》卷五《版籍志》，第23—24页。

② 《永乐大典》卷二二七七，北京：中华书局，1986年，影印本，第886页。

③ 关于明初"小黄册"之法，请参阅栾成显：《明代黄册研究》，北京：中国社会科学出版社，1998年，第16—23页。最新的研究，请参阅宋坤、张恒：《明洪武三年处州府小黄册的发现及其意义》，《历史研究》2020年第3期。

④ 小山正明率先揭示明初在吴兴（湖州）实行小黄册图之法，竺沙雅章发现了洪武三年浙江处州府青田县攒造的小黄册原件，宋坤、张恒发现了同属处州府青田县的洪武三年小黄册原件，说明明初处州府当编排小黄册里甲。参见宋坤、张恒：《明洪武三年处州府小黄册的发现及其意义》，《历史研究》2020年第3期。

七十二厢乡，每里坛一所"。其所谓"七十二厢乡"，亦即七十二个里。①然同书卷"建置沿革"栏则记蕲州编户六十四里。②七十二里之制与六十四里之制，显非同时。嘉靖《蕲州志》卷八《坛壝祠庙寺观》"里社"称："洪武礼制：凡各处乡村，人民每一百户内立坛一所，祀五土五谷神。……每岁一户轮当会首。"③其所说的"洪武礼制"，当是指洪武八年制："凡各处乡村人民，每里一百户内，立坛一所，祀五土五谷之神，专为祈祷雨旸时若，五谷丰登。每岁一户轮当会首，常川洁净坛场。遇春秋二社，预期率办祭物。至日，约聚祭祀。"④一百户立里社坛一所，即由一百户编成一个"里"。《蕲州志》所说的"里社"，也就是《黄州府志》所记蕲州的"里社"。据此，可知洪武初蕲州曾按一百户一里的原则，分置七十二里（后来按一百一十户一里的原则，改置为六十四里）。洪武初蕲州的百户之里，与湖州的"小黄册"之法应大致相同。

嘉靖《东乡县志》卷上《户口》称："旧制，每百户为一里，十户为一甲，每甲里长一名，纲领十户，各甲里长轮年应官，十年而一周。其应官者令出里甲均平钱办岁额贡税祭祀乡饮之费，雇夫买马，呼召人户之应充徭役者，督民易其田畴，修其水利，民有犯者，追捕之。"⑤其下文又述东乡县所置催粮户里长、造册里长、递年里长之目，特别是述及造册里长"主十甲人户十年事产推收、丁口消乏之事"，⑥当是洪武十四年推行黄册里甲之后的情形。那么，其所说的"旧制"，就应当是洪武十四年之前的制度。以百户为一里、十户为一甲，也当是"小黄册"之法。

---

① 弘治《黄州府志》卷一《地理志》，"坊乡社镇"，《天一阁藏明代方志选刊》本，上海：上海古籍书店，1965年，第25页。
② 弘治《黄州府志》卷一《地理志》，"建置沿革"，第5页。
③ 嘉靖《蕲州志》卷八《坛壝祠庙寺观》，"里社"，《天一阁藏明代方志选刊》本，上海：上海古籍书店，1963年，第2—3页。
④ 申时行等修，赵用贤等纂：《大明会典》卷九四《礼部》五二《群祀》四，"里社"，《续修四库全书》第790册，上海：上海古籍出版社，1996年，影印本，第636页。
⑤ 嘉靖《东乡县志》卷上《户口》，《天一阁藏明代方志选刊》本，上海：上海古籍书店，1963年，第27页。
⑥ 嘉靖《东乡县志》卷上，《户口》，第28页。

嘉靖《邓州志》卷一〇《赋役志》"里甲"记洪武二年，邓州编户一里，即关厢里；内乡县编户十六保，分别是坊廓、长庆、桥头、堡南、花山、内乡、丹水、夏馆、田下、三层、屯头、上北古、下北古、南港、重阳、渚阳；新野县编户七里，曰安乐、版桥、头碾、青羊、涒阳、湍口、关厢。这些里、保皆以地名命名，显系沿用元制而来，并未经过统一编排。至洪武三年，邓州增编了来威、和丰、上肃安、下肃安、上临湍、下临湍等六乡（后来又相继增编了上和丰、中肃安、北来威等乡，至成化二十年增编尊德、笃信等十七里，后又增编兴盛等十一乡，至正德十六年定制为三十七里）。① 此六乡（实即"里"），显然是统一编排的，其编排之法虽然不详，或者也是"小黄册"之法。

万历《慈利县志》卷二《图里》称："阅慈图籍，原额五十八里，后因覃垕连结诸峒煽乱，其十五、十六、十八都咸为所据，今桑植司残辽、篁坪、柞山、长坪、凉水口、夏赛口、罗峪、竹坪即其地也。"② 按：覃垕之乱，起于洪武庚戌（三年），旋平。则此处所谓"原额五十八里"之制，必在洪武三年之前。同书卷八《田赋》云："国朝天下初定，即置官弓量田土，凡田地山林若官若民，各以见业顷亩方至，自实于官，而定其赋，曰秋粮米，曰夏税。至洪武十四年，始颁行黄册法，至今按为定额。"③ 则慈利在洪武十四年颁行黄册法之前，即曾置官弓量田亩，或于其时编制诸如鱼鳞册之类的田亩册。又同书卷附《隘粮议》称：

> 洪武初年，因内峒作乱，奉例将本县十七都设立麻寮土官千户所、十隘百户所，就将各里百姓收充土官隘军员役，坐隘守把。各军在彼开垦田地，起课纳粮当差。成化年间，千户唐勇奏称：十七都一图、二图，十九都三图田地，各系刀耕火种，买米完粮，相应优免杂差。彼时

---

① 嘉靖《邓州志》卷十《赋役志》，《天一阁藏明代方志选刊》本，上海：上海古籍书店，1963年，第1—2页。

② 万历《慈利县志》卷二《图里》，《天一阁藏明代方志选刊》本，上海：上海古籍书店，1964年，第6页。

③ 万历《慈利县志》卷八《田赋》，第3页。

三里田粮止得九十六石有零。①

按：据同书卷一六《卫所》，麻寮隘丁千户所于洪武二年开设，与十七都切邻，发"土酋为千百户，土民为隘丁，兼以汉官协守，复以百户分成各隘，隶常德卫"。②则在洪武二年开设麻寮千户所之前，慈利县已编排里甲，故开设麻寮所时，方得将十七都一图、二图及十九都三图的"三里"划归麻寮所。

据上所述，慈利县洪武初所编的五十八里，是在置官弓丈量田土、百姓自实见业顷亩的基础上，以田土经界为基础编制的，换言之，是在类似于鱼鳞图册的田亩系统上建立起来的。上引《隘粮议》谓洪武初慈利县之"十七都一图、二图，十九都三图田地，各系刀耕火种"，也说明其时的"图"主要是地域划分。至洪武定制以后，则改以人户为本。万历《慈利县志》卷八《户口》云："慈联永顺、桑植诸峒，洪武间，土酋覃垕、夏得中煽乱，攻破县治，残害生灵。洪武二十三年，招民复业，人户虚悬，赋役繁重，人民逃半。"其下所记洪武壬申年（二十五年）户口数为八千一百户、三万七千七百九口，较之永乐壬辰户（十年，9289户）少千余户。③说明慈利县大概在洪武二十四年前后，才逐步将"虚悬"的"人户"落实到具体的里甲系统中，完成里甲的编排。

因此，"小黄册"之法虽然以百户为里、里各置十甲首的方式编排，但在实际的编排过程中，却更全面地与田亩地域联系在一起，而并非主要根据户口编排。明了此点之后，我们对于"小黄册"之法及其与户帖的关系，或者可以有更清楚的认识。《明史·食货志》云：

> 元季丧乱，版籍多亡，田赋无准。明太祖即帝位，遣周铸等百六十四人，核浙西田亩，定其赋税。复命户部核实天下土田。而两浙富民畏避徭役，大率以田产寄他户，谓之铁脚诡寄。④

---

① 万历《慈利县志》卷八《田赋》，第5页。
② 万历《慈利县志》卷一六《卫所》，第3页。
③ 万历《慈利县志》卷八《户口》，第1—2页。
④ 《明史》卷七七《食货志》一，"田制"，北京：中华书局，1974年，第1881页。

《典故纪闻》卷四亦称：

> 国初，两浙富民畏避徭役，往往以田产诡托亲邻佃仆，谓之铁脚诡寄，久之相习成风。乡里欺州县，州县欺府，奸弊百出，谓之通天诡寄。太祖素知其弊，及即位，乃遣国子生往各处，集里甲耆民，躬履田亩，以量度之，图其田之方圆，次其字号，书其主名，及田丈尺四至，类编为册。而所绘若鱼鳞然，故号鱼鳞图册。①

考《明实录》，知遣周铸等人核浙西田亩，事在洪武元年正月。《太祖实录》洪武元年正月甲申于此事下并录有太祖对中书省臣曰：

> 兵革之余，郡县版籍多亡，田赋之制不能无增损，征敛失中，则百姓咨怨。今欲经理以清其源，无使过制以病吾民。夫善政在于养民，养民在于宽赋。今遣周铸等往诸府县，核实田亩，定其赋税，此外无令有所妄扰。②

然则，浙西鱼鳞图册之编制当在洪武三、四年行"小黄册法"之前，其目标则在于赋役征发。③

如所周知，早在明朝立国之前，朱元璋就曾实行"给民户由"的制度，至洪武三年，更全面推行户帖制度。"给民户由"与户帖制度重在掌握户口（稽民），起初并未与征科联系在一起，故户帖的登载多详于户口而略于事产。"小黄册"之法的重心则在于征科，而征科主要以田亩事产为根据，故当以鱼鳞图册为基础。因此，鱼鳞图册之编造，当是实行"小黄册"之法的基础。换言之，"小黄册"之法应当主要以田亩地域为原则。

而洪武十四年所行黄册里甲之法，则"以人户为主"。《明史·范敏

---

① 余纪登：《典故纪闻》卷四，北京：中华书局，1981年，第77页。
② 《明太祖实录》卷二九，洪武元年正月甲申，台北：历史语言研究所据明钞本影印，1966年，第495页。
③ 鱼鳞册的编造，于元末即已在浙江婺州、衢州、绍兴、处州等处开展；明军据有江南地区后，当是沿用已有的做法，加以改造之后，在南方地区全面施行。关于元末明初浙江等地鱼鳞册的编制，请参阅鹤见尚弘：《元末‧明初の魚鱗冊》，见《山根幸夫教授退休記念——明代史論叢》，东京：汲古书院，1990年，第665—680页。

传》谓：

> 范敏，阌乡人。洪武八年举秀才，擢户部郎中。十三年授试尚书。荐者儒王本等，皆拜四辅官。帝以徭役不均，命编造黄册。敏议百一十户为里，丁多者十人为里长，鸠一里之事以供岁役，十年一周，余百户为十甲，后遂仍其制不废。①

据《太祖实录》，范敏署理户部尚书在洪武十三年五月，至翌年正月即以不称职免，而颁行黄册里甲之制，又正在洪武十四年正月。所以，范敏建议以一百一十户为一里，当即在洪武十三年中。《天下郡国利病书》引《海盐县志·食货篇》说：

> 国初编审黄册，以人户为主。凡一百一十户为一里。里长之就役，以丁数多寡为次。是赋役皆以丁而定，丁之查覆，安得不明也。后渐参验田粮多寡，不专论丁；而东南开垦益多，地利逾广，其势不得不觭重田亩以佥派里役，于是黄册之编审，皆以田若干为一里，不复以户为里……此江北之以丁定差者，今尚有真户籍；江南之以田定差者，今概无实口数。②

赋役以户、丁为定，是元代北方地区的制度（参见本书第五章第四节）。范敏为阌乡人，建议以人丁之多少制为里甲，以粮从户丁，正是以元时北方地区实行的制度加以改动而来。所以，黄册里甲之制，"以人户为主"，系粮于户丁，当本诸元代北方之制，与"小黄册"之法及鱼鳞图册之制沿自南宋以来南方地区所实行的"以田亩为主"的制度，有着根本性的不同。上引《海盐县志》谓江北以丁定差、江南以田定差，所说虽然是明代中后期的情形，但在黄册里甲之法实行之前，北南方的差异正可以用"北方以丁定差，南方以田定差"来大致概括；而黄册里甲之法，正是以北方以丁定差之法为基本原则的，故以此法行之于数百年来"以田定差"之江南，在其实行之

---

① 《明史》卷一三八《范敏传》，第3966页。
② 《天下郡国利病书》，"浙江"下，《四部丛刊三编》本，第32册，上海：上海书店出版社，2015年，第6—7页。

初，就不可避免地产生诸多问题，而百余年之后，又回复到"以田定差"的固有格局上去。

二、里甲制在南方地区的实行

明朝自洪武十四年（1381）起，推行里甲黄册之法。《明太祖实录》载：

> 命天下郡县编赋役黄册。其法，以一百一十户为里，一里之中，推丁粮多者十人为之长，余百户为十甲，甲凡十人。岁役里长一人，甲首十人，管摄一里之事。①

这是制度的规定。而当洪武中在全国推行黄册里甲制度时，其所面对的南北方地区固有的乡里控制体系实有很大不同，所以，在具体编排里甲的过程中，必然要考虑到各地不同的经济社会环境与历史背景，从而形成了南北各异、不同地区亦有较大差别的乡里控制体系。

一般说来，南方地区（秦岭-淮河以南的南宋故地）的里甲体系是在南宋以来都-图体系的基础上改造、编组而来。嘉靖《浦江志略》卷一《疆域志》谓浦江县本分为七乡、四隅、三十都，"洪武十有四年，定图籍隶于隅都：民以一百一十户为一图，共图一百六十有六，每图设里长一人，十年一役"。②其下所记四隅及三十都各领有若干图，如一都，在县东十里，洪武十四年编为九图（嘉靖初并为五图）。显然，洪武十四年编排的黄册里甲是在宋元以来都-图制的基础上实行的。同时，浦江县还实行了都-保制。《浦江志略》称：

> 都分十保。县共三十都，每都设都长一人。每都各分十保，设保长一人，专管田地山塘古今流水类姓等项印信文册，防民争夺。③

都-保制与都-图制并行，但"保"并不与"图"相对应。实际上，因为保长

---

① 《明太祖实录》卷一三五，洪武十四年正月，第2143页。
② 嘉靖《浦江志略》卷一《疆域志》，"乡井"，《天一阁藏明代方志选刊》本，上海：上海古籍书店，1963年，第2页。
③ 嘉靖《浦江志略》卷一《疆域志》，"乡井"，第3页。

负责丈量田亩、造作田土流水文册,其作用当比轮年供役的各图里长要大。《浦江志略》卷三《册籍》称:

> 洪武十有四年造田土流水文册(共三百四十册,内开每都佥都长一名,保长十名。每遇造册之年,照号挨踏入册,图画田地山塘段样,开载原业某人、今业某人及米麦科则数目,庶毋隐漏飞诡,查明方上四截文册),田土类姓文册(共三百四十册,随流水编造,如一都一保,田土不拘另籍,或张姓李姓选作一处,以便考查)。①

都长,应即宋时都保正长、元时都里正之延续;每都分为十保,也正符合宋时保甲编制的原则。同时,浦江县又另造有"军民类姓文册","共一百零二册,自洪武十四年起,凡军匠民户等籍,如共都共图共姓者,不拘多少,造为一处,分别籍名"。"军民类姓文册"的作用,显然没有田土流水文册与类姓文册大。所以,虽然实行了黄册里甲制度,但在浦江县,仍然是以田亩为主,而宋元以来一直实行的都-保制则在实际上发挥着主要作用。直到正德七年(1512),浦江县才全面造作赋役黄册。《浦江志略》载:

> 正德七年,大造赋役黄册。共一百零二册。知县邹锐造,内开各图丁粮高上之家,编为里长;丁粮稀少之家,编为甲首。每一图共一百一十户,十年内一轮里甲,一轮均徭。

同时,造"田粮四截文册","共一百零二册,内开田粮旧管、新收、除、实在数目";并重造田土流水及类姓文册,"各一百零二册"。②显然,正德七年所造田粮四截文册、重造的田土流水及类姓文册,是与赋役黄册相配套的,诸种册籍各为一百零二册,说明它们是以"图"为单位编制的。换言之,直到正德年间,浦江县才将都-图制与沿自宋元以来的都-保制合并,实行较为彻底的里甲制。

泉州府惠安县在南宋-元时期分为四乡三十四都,有保正副六十八人;每都分为十甲,甲设大保长一人。明初编排里甲,仍按三十四都,都分十

---

① 嘉靖《浦江志略》卷三《官守志》,"册籍",第24—25页。
② 嘉靖《浦江志略》卷三《官守志》,"册籍",第25页。

甲，每甲统十家，"别推产力多者一人为里长，循环应役。该役之年，里长以其甲之十家丁粮若干出办上供物料及支应经常泛维之费，承符呼唤，催办赋税。至第十甲，则大造黄册，有书手一人，贴书二人……在坊者为坊长，分为三图，各十甲，应役亦如都里之制。每都又量地里人居远近，设总甲一人或二人，常觉察警急非常之事；老人一人，掌风俗小讼"。①则明代惠安县的"都"实际上相当于"里"，其下领有十个各由十家编排而成的"甲"。"都"（里）领十甲，每甲领十家，显然主要是沿袭宋代保甲制而来，只不过在形式上，正与里甲制的原则相合而已。

对于宋元以来乡里控制体系的继承与沿用，主要表现在明初编排里甲，基本遵循固有的乡、都格局，并尽可能在原有乡里格局的基础上，遵照户口原则，加以编排。如福建建宁府建阳县，宋元时设六乡、二十三里，洪武十四年并为五乡十九里，每"里"领有若干"图"。如县坊，"宋元时属三贵里，洪武十四年以此里五分之一为县坊，今本县城内地方是也。领四图，今分八图"。②则知建阳县洪武年间编排乡-里-图，是在宋元以来的乡里格局下进行的。延平府南平县在宋时分为七乡、三十二里，洪武时分为四架（"架"当即乡）、四十一里，统九十三图，其中的"里"亦相当于"都"。尤溪县在宋时分为四乡、八里，元时改"里"为"团"，至明初复改"团"为"都"，"都"各统"图"若干。则明时尤溪县的"都"乃宋元时的"里""团"所改置。顺昌县在元时分为四乡、二十九耆，明初改"耆"为"都"，"都"各领"图"。③虽然名称各异，各县的乡里亦均有程度不同的调整，但实际上，明初编排里甲，在总体格局上，都是尽可能延续宋元以来的乡里控制体系的。

《明会典》卷二一《户部·户口》"攒造黄册"规定："凡编排里长，务不出本都。且如一都有六百户，将五百五十户编为五里，剩下五十户，

---

① 嘉靖《惠安县志》卷七《职役》，《天一阁藏明代方志选刊》本，上海：上海古籍书店，1963年，第12—13页。

② 嘉靖《建阳县志》卷三《封域志》，"乡市"，《天一阁藏明代方志选刊》本，上海：上海古籍书店，1964年，第3—4页。

③ 嘉靖《延平府志》卷三《地理志》，"乡都"，《天一阁藏明代方志选刊》本，上海：上海古籍书店，1961年，第10、13、15页。

分派本都，附各里长名下带管当差。不许将别都人口补辏。"①说明在里甲编排过程中，"都"主要具有确定地域范围的作用。永乐《乐清县志》卷三《坊郭乡镇》云：

> 按旧志：在城曰隅，附隅曰郭，郭外有乡，乡内分都，又各有坊巷保社市镇之名。宋熙宁间编为保甲，有大保，有都正。绍兴间定里甲，有等差。元仍其旧，设里正、主首辖之。国朝洪武十四年攒造黄册，每隅、都以一百一十户为图，编成十甲，内选十户丁田多者充里长，其余人户每一十户为一甲，轮流充当甲首。十年重造，有故则补顶其隙。以为定制。今通邑计隅二、乡六、都三十有四，而图二百五十五焉。②

其下录有各隅、乡都所管图数，如永康乡，"今管都四，计图三十五"，其中一都管图十二，二都管图七，三都管图十一，四都管图五。③"图"是在"都"的范围内编排的。

嘉靖《江阴县志》卷二《提封记》"坊乡"说："国朝乡统都，都统图……都五十，图三百七十四，坊三，析为九乡。"其下分记各乡所领都、图数，每都所领图数与村名。而末尾曰："总四境三百七十四里，里为图。图统于乡都者三百六十五，而在城之九图，虽立为坊，而其实乡之地也。"④显然，在江阴县，"图"就是"里"，"都"是"图（里）"之上的区划单位；而每里又包括一个或数个村。这样，"都"实际上就是编排"图（里）"的地域单元。同书卷五《食货记》"田赋"记县境田亩，亦分记各都所属圩坦，亦或按图记其所属圩坦数，⑤说明"图"也是地域单元。"里"依"图"而编排，是在地域单元的基础上编制的。

---

① 申时行等修，赵用贤等纂：《大明会典》卷二〇《户部》六《户口》二，"黄册"，《续修四库全书》第789册，上海：上海古籍出版社，1996年，第337页。
② 永乐《乐清县志》卷三《坊郭乡镇》，《天一阁藏明代方志选刊》本，上海：上海古籍书店，1964年，第1页。
③ 永乐《乐清县志》卷三《坊郭乡镇》，第1—2页。
④ 嘉靖《江阴县志》卷二《提封记》，"坊乡"，《天一阁藏明代方志选刊》本，上海：上海古籍书店，1963年，第9—12页。
⑤ 嘉靖《江阴县志》卷五《食货记》，第3—13页。

如所周知，自南宋以来，乡、都均已逐渐演变为地域单元。嘉靖《淳安县志》卷五《坊乡》云：

> 古之居民者，春夏于野，秋冬于邑，后世制与古异，听民自占而居而民安之，亦久矣。淳安县治城郭不能三里、七里，而幅员为里者数百，故于严称大县。其附治者为在坊，辖图二；其在外者为乡十四，为都三十有五，辖图八十，凡[城]（域）市坊村里巷桥渡之类，皆统于其中焉。①

则知淳安县的乡、都与城郭中的"坊"一样，都是地域单位，故得包括各种城市坊村里巷桥渡等地理事物。那么，何以在明初编排黄册里甲时，仍然尽可能地遵循固有的乡、都单位，而轻易不予打破呢？

这要回到宋代以来所谓的"乡原体例"上来。②嘉靖《太平县志》卷二《地舆志》下"乡都"云：

> 宋神宗行保甲法，乡各有都，都各有保。南渡以还，累修经界。考诸《郡志》及《经界录》，有乡、里、保而无都。元承宋制。国朝洪武中，遣官疆理天下，乃去保立都、图，特税粮上、中、下则，仍依各乡之旧云。太平，割黄岩、乐清五乡之地以为两隅二十六都，总八十五里。③

则知明初仍以"乡"作为赋税标准的单位，一乡之内各都、图的税则是一致的，而与他乡不同。万历《黄岩县志》卷一《乡都》亦云：

> 宋元州县皆置乡里，乡各有都，都各有保。我国朝疆理天下，去保立都，而则壤定税，因乡以殊其制。成化五年，割太平、繁昌、方严等

---

① 嘉靖《淳安县志》卷五《坊乡》，《天一阁藏明代方志选刊》本，上海：上海古籍书店，1965年，第1页。

② 关于宋代的乡原体例，请参阅包伟民、傅俊：《宋代"乡原体例"与地方官府运作》，《浙江大学学报（人文社会科学版）》2008年第3期。

③ 嘉靖《太平县志》卷二《地舆志》下"乡都"，《天一阁藏明代方志选刊》本，上海：上海古籍书店，1963年，第4页。

乡、自三十都至五十都凡二十一都置太平县，黄岩旧邑以图计者七十九而已。隆庆初，杨令廷表履亩均田，概为一则，而乡例置不复用，然僧田仍复倍税。①

"则壤定税，因乡以殊其制"，是说按照地域确定税则，每乡各不相同。嘉靖《浦江志略》卷五《财赋志》"税则"谓："七乡三等民田及僧寺并重租田，每亩科正米，其则不一；科正麦，其则同。"其下列出各乡税则，如德政乡水田每亩科正米三升七合三勺三抄三撮五圭，通化乡水田每亩科正米三升五合六勺二抄，灵泉乡水田每亩科正米四升二合二勺六抄四撮五圭，嘉兴乡水田每亩科正米三升三合二勺九抄一撮，感德乡水田每亩科正米三升八合三勺六抄，政内乡水田每亩科正米一升九合五勺九抄一撮，兴贤乡水田每亩科正米三升一合六勺。②各乡之间税则不同，而且差距较大，此即所谓"乡例"。

隆庆《瑞昌县志》卷一《舆地志》"风俗"说瑞昌县所属八乡，"地里遐迩不伦，而风俗之庞漓，田地之肥瘠，赋税之重轻，亦各有异"。其中又特别说到，王仙乡"去县百里，田亩宽而赋税轻"；阳上乡，"一图，去县一百二十里，土沃赋均"。则知各乡的赋税负担确不一致。③同书卷三《赋役志》"赋"解释各乡差异的原因，说：

> 国初因地定赋，各上下不同，在瑞昌，每亩五升八合九勺起科，八乡皆然。但金城等下乡一望平原，尺寸俱丈量；唯洪阳、王仙等上乡，崇山垒垒，丈量未及，开垦畲菑，渐成沃土，赋稍舒焉。④

瑞昌县各乡的科则本无不同，可由于丈量方法不同，致使各乡实际上的赋税负担不同。瑞昌县没有"都"。而据上所引，在置有"都"的慈利、海盐、

---

① 万历《黄岩县志》卷一《乡都》，《天一阁藏明代方志选刊》本，上海：上海古籍书店，1963年，第19页。
② 嘉靖《浦江志略》卷五《财赋志》，"税则"，第2—3页。
③ 隆庆《瑞昌县志》卷一《舆地志》，"风俗"，《天一阁藏明代方志选刊》本，上海：上海古籍书店，1963年，第11—12页。
④ 隆庆《瑞昌县志》卷三《赋役志》，"赋"，第3页。

浦江等县，田亩丈量是以"都"为单位进行的（在浦江县，甚至置有"都长"专统其事）。在以"都"为单位进行土地丈量的情况下，即使是同属于一乡（科则相同）的"都"，由于丈量方法不同、宽严不一致，各都民户实际上的赋役负担也就不一致。

因此，在明代前中期，南方很多州县的乡与都，实际上仍然具有区别赋役负担的意义。同一州县的不同乡，既可能科则不同，也可能因丈量田亩的方式不同，而形成实际负担的差异。同一乡的不同都，虽然按制度规定，科则相同，却因为丈量方式不同，实际的赋役负担也不相同。因此，至少在明代前中期，南方州县的乡与都并不仅仅是一种人文地理单元，而实际上发挥着区别赋役负担的作用。

据上引万历《黄岩县志》，隆庆初年，黄岩县实行履亩均田，将全县田地按照等级统一税则，实际上废除了"乡例"。如所周知，从嘉靖年间开始，南方地区诸多州县渐次开展了"均田均役"，逐步改变了同一州县内不同乡、都赋役负担不一致的情况，乡、都确定科则、分别赋役负担的意义遂逐步消失，所以，到晚明和清代，乃演变为较为单纯的人文地理单元，甚至仅具有指明地域的意义。

需要指出的是，自南宋以来，南方部分州县的"都"，作为一种地域单元，已相对稳定，并形成了其地域范围内的中心聚落。嘉靖《邵武府志》卷二《封域志》记邵武县街市，谓："一都之街二，曰故县前街，故县后街；三都之墟一，曰椒屯墟；五都之街一，曰王堂街……"①显然，街市（墟）是在"都"的范围内运行的。嘉靖《东乡县志》卷上《墟市》所载县境墟市，亦注明属于何都，基本上是一都一市（如一都有长林市，九都有白圩市，二十五都有万石塘市，二十八都有润陂市）。②"都"的相对稳定，也是明代编排里甲"务不出本都"的重要基础。

三、里甲制在北方地区的实行

《明史·食货志》云：

---

① 嘉靖《邵武府志》卷二《封域志》，第77—78页。
② 嘉靖《东乡县志》卷上《墟市》，第24页。

> 太祖仍元里社制，河北诸州县土著者以社分里甲，迁民分屯之地以屯分里甲。社民先占亩广，屯民新占亩狭，故屯地谓之小亩，社地谓之广亩。①

据此，河北各州县在明初编排里甲，原有的土著民户是以金元以来的"村社"为基础的；新迁入的移民，是按照屯地编排的。嘉靖《河间府志》卷八《财赋志》记河间县新旧户3073户，编户27里，分别是东南隅、西北隅、尊福乡2图、青陵乡3图、儒林乡3图、安乐乡2图，以及柳洼屯、黄家务等15屯。献县、阜城、交河、景州、故城、沧州也都是乡-图编制与屯制并存。显然，乡-图（里、社）是"旧民"（土著）的编制，而"屯"则是"新民"（迁民）的编制。而肃宁县有新旧户1772户，编户15里，包括务春社等9个社、东泊屯等6屯。任丘、兴济二县与此相同，都以"社"作为"旧民"的编制，"屯"作为"新民"的编制。青县版籍1303户，编户11里，包括吴召社和盘古等九里；宁津县有3524户，编户25里，除坊市一里外，均为乡-图编制；庆云县有1455户，编户15里，除居仁坊外，余皆以乡-图为称；静海、南皮、盐山县全部编为里，吴桥县与东光县全部称为乡（实即"里"）。则青县、宁津、静海、吴桥、庆云、南皮、盐山、东光诸县境内的迁民比较少，没有"屯"的编制。②嘉靖《广平府志》卷六记广平府九县共179里，包括135个社、44个里，说明广平府各县编户以"旧民"为主（见表6-1）。高唐州武城县编为3乡（实即"里"）、18屯。嘉靖《武城县志》卷一《疆域志》谓："乡为土民，屯为迁民，洪武初制则然，今无复辨矣。"③隆庆州及其所领永宁县在明朝初年均曾废弃，"徙其民于关内"，至永乐十一年方"迁民以实之"。④嘉靖《隆庆志》卷一《疆域》"隅屯"条云：

---

① 《明史》卷七七《食货志》一，"田制"，北京：中华书局，1974年，第1882页。
② 嘉靖《河间府志》卷八《财赋志》，"户田"，《天一阁藏明代方志选刊》本，上海：上海古籍书店，1962年，影印本，第3—18页。
③ 嘉靖《武城县志》卷一《疆域志》，《天一阁藏明代方志选刊》本，上海：上海古籍书店，1963年，第6页。
④ 嘉靖《隆庆志》卷一《地理》，"建置"，《天一阁藏明代方志选刊》本，上海：上海古籍书店，1962年，第2页。

> 隅屯即乡都之制也，本州里分，在城者为隅，在乡者为屯；而授田之法，四隅则附郭，各屯则随其所在焉。本州原编东南、西南、东北、西北四隅，红门、黄栢、白庙、版桥、富峪、红寺六屯，谓之前十里，谪发为事官吏人等充之；榆林、双营、西桑园、泥河、岔道、新庄、东园、宝林、阜民九屯，连关厢，谓之后十里，迁发山西等处流民充之。每户拨田五十亩住种，办纳粮差。寻因水旱，逃回者众，今存十四隅屯。①

则知隆庆州初编20隅屯，所领皆为迁民。永宁县所领终食屯、团山屯、顺风屯、米粮屯、花园屯等5屯，也都是迁民。

里社与屯，分别是"旧民"与"迁民"的户口编排单位，却未必都是独立的聚落单位。有的屯单独建立聚落，从而与里、社分开；也有的屯，所属的"迁民"散处于"旧民"居住的区域内，故与"旧民"的里、社交织在一起。嘉靖《霸州志》卷一《里屯》所记31个里屯中，在城3坊厢，辛店里等里17个，瑞麦屯等屯11个，其中瑞麦屯有栢木桥、丰台两个村，永义屯有双堂村、谭家庄两个村，临津屯有长屯、王家庄两个村，登家屯有长屯、沈家庄两个村，居住比较集中。而同样由迁民编排的丰盈屯在城中乡第三图，思贤屯在城中乡第二图；而城中乡第二、三图都是由旧民编排的。换言之，丰盈屯、思贤屯的迁民，实际上是分散居住在旧民的区域里的。②在武城县迁民所编的18屯中，大兴屯即"无屯，民皆散处"，也就是说大兴屯的"迁民"没有自己单独的聚落，而是分散居住在旧民区域里。③在这个意义上，无论里社还是屯，都是编民单位，却未必就是聚落单位。正因为此，当里甲制在北方地区实行之初，作为编民单位的里甲，与民户实际居住的聚落，就没有明确的对应关系，甚至是分离的。

---

① 嘉靖《隆庆志》卷一《地理》，"隅屯"，第16页。
② 嘉靖《霸州志》卷一《舆地志》，"里屯"，《天一阁藏明代方志选刊》本，上海：上海古籍书店，1963年，第13—17页。
③ 嘉靖《武城县志》卷一《疆域志》，第6页。

表6-1　明代广平府九县的社、屯

县	社屯数	社	屯
永年县	32	在城社、关厢社、南中社、井家社、周村社、阎村社、惠民社、中堡社、阎胡社、下乡官社、辛庄社、大由社、永康社、孙陈社、郑西社、柳村社、七方社、刘营社、辛寨社、时雍社、双陵社、茹佐社、李固社、杜村社、阳城社、石碑社等26社。	东家屯、大由屯、张西屯、丰稔屯、辛安屯、刘家屯等6屯。
曲周县	24	在城社、新寨社、东中曲社、东朱保社、马逐店社、张绰社、杜香城固社、凌头社、河南疃社、程孟社、来村社、第八疃社、崇安社、和宁社、杨固社、郑村社、仁义社等17社。	水下疃屯、河道屯、仁义屯、第五疃屯、第三疃屯、军寨屯、安儿寨屯等7屯。
肥乡县	26	在坊社、支村社、寨中社、唐家社、陈固社、原固社、长桥社、常家社、北高社、东章社、刘家社、旧店社、辛安社、西高社、李兴社、关厢社等16社。	在坊屯、任家屯、杜齐屯、白乐屯、思儿屯、魏村屯、顺义屯、翟固屯、东章屯、原固屯等10屯。
鸡泽县	11	在城社、八家社、浮图社、屯庄社、三陵社、新增社、余庆社等7社。	在城屯、义礼屯、兴济屯、惠民屯等4屯。
广平县	18	在坊社、关厢社、孟固社、宋固社、董村社、张固社、金原社、张村社、蒋家社、王封社、丁家社、平固社、张孟社、坊厢社、从义社、兴仁社等16社。	宋固屯、小留屯等2屯。
邯郸县	30	在城社、西南社、刘村社、西留社、三堤社、崔曲社、望逯社、孟仵社、百家社、柳林社、屯子社、开固社、河沙社、泊子社、杜家社、堤西社、代召社、城东社、上宋社、胡家社、户村社、郝村社、新兴社、吕固社、三家社、来马社等26社。	孟仵屯、郑村屯、招贤屯、上宋屯等4屯。
成安县	20	在坊社、关厢社、可疃社、阎固社、乡义社、张河社、亦村社、王郎堡[社]、姚家堡社、辛庄社、重村社、南阳社、堤西社等13社。	西马屯、吕虎屯、甘罗屯、野庄屯、路固屯、阎村屯、杨寺屯等7屯。

（续表）

县	社屯数	社	屯
威县	10	在坊社、盖村社、陈村社、张台社、章华社、飞乌社、经镇社、新台社、德化社、安仁社等10社。	
清河县	8	在坊社、东社、西社、新兴社等4社。	永安屯、丰盛屯、孝义屯、忠信屯等4屯。

资料来源：嘉靖《广平府志》卷六《版籍志》，"里之目"，《天一阁藏明代方志选刊》本，上海：上海古籍书店，1962年，第10—11页。

如上引《明史·食货志》所说，里社（旧民）与屯（迁民）的田亩既各不相同，其赋役负担亦各有异。夏津县编有三十图，称为"里"者仅有坊廓里（亦名"土民里"），智远乡一图（土民里）、四图（八方塔里）、五图（新增里），孝南乡一图（土民里）等五个图，余皆称为"屯"或"庙"。嘉靖《夏津县志》卷一《地理志》"乡图"云：

> 东南膏沃，西北沙碛，且多水患，此其地大较也。四屯（查店、于里长、裴官、田羔，共四）、两庙（南双庙、北双庙）号称极累，七屯（田三、张官、朱官、董里长、贾里长、周官、又张官，共七）、两里（智四、智五）号称次累，三里土民号曰得过，此其民大较也。要之，肥硗贫富，参错其间，是故里役有分数，徭役有等则，此则为政者最当知也。①

据卷二《食货志》"户口"，夏津县原有"土民"，在洪武二十四年仅有六百八十七户，编为三里；洪武二十五年，徙二十七屯于县境。②显然，三里"土民"的赋税负担，较之二十七屯"徙民"要轻。

一般说来，明代北方地区（秦岭-淮河以北）的乡里体系较少见有

---

① 嘉靖《夏津县志》卷一《地理志》，"乡图"，《天一阁藏明代方志选刊》本，上海：上海古籍书店，1962年，第13—15页。

② 嘉靖《夏津县志》卷二《食货志》，"户口"，第18页。

"都"，①而主要表现为"乡-里（社）"格局，这显然是由于金元以来，华北汉地的乡里控制体系中大多没有"都"。如嘉靖《宿州志》卷一《地理志》"坊乡"记宿州有一坊、七乡七十图，灵璧县在明初有四乡四十保（《志》称："每一保为一里，管图凡四十"，说明保、里、图实际上是一致的）。②当然，也有一些州县，保存了"都"的分划。许州鲁山县按东、西、南、北分划为四乡，又各有保，如大宁乡有坊廓保（在城内外）、伊家庄保（去县东十八里）、官庄保（去县南三十里）；各保领有若干图，如坊廓保分为三图，伊家庄保分为二图，官庄保分为三图。③这里的"保"，当由宋代的"都保"演化而来，与南方地区的"都"相同，也是一种地域单元。

在今见材料中，北方地区诸州县的乡，并无区分税则的作用，大抵只是一种人文地理单元。如汝州按方位将州境分划为和丰、乐城、安宁、寿永四乡，分别指称其东、西、南、北境，并没有明确的地域范围。郏县分盈益、丰乐、兴化三乡，分别指县东境、西境与南境，而各图并没有明确属于何乡。宝丰、伊阳二县竟未分乡。④许州及其所属襄城、长葛、临颍、郾城四县，都没有乡的分划。⑤弘治《易州志》卷四《乡社》记易州旧有五乡，"今废，但分三十八社"。⑥诸多州县不再分划"乡"，反过来说明，即使

---

① 隆庆《海州志》卷一《舆图志》，"图里"（《天一阁藏明代方志选刊》本，上海：上海古籍书店，1962年，第8—9页）记海州有东海、磨行、高桥、博望、龙苴、大伊、惠泽等七都，与在城坊并列，各领若干里，并谓东海都包括"旧"第一、二、三、四乡。显然，海州的"都"当是由"旧乡"演化而来，在明初仍当是乡-里格局。
② 嘉靖《宿州志》卷一《地理志》，"坊乡"，《天一阁藏明代方志选刊》本，上海：上海古籍书店，1963年，第15—17页。
③ 嘉靖《鲁山县志》卷一《疆域志》，"乡镇"，《天一阁藏明代方志选刊》本，上海：上海古籍书店，1963年，第26、28—29页。
④ 正德《汝州志》卷一《乡保》，《天一阁藏明代方志选刊》本，上海：上海古籍书店，1963年，第10—13页。
⑤ 嘉靖《许州志》卷三《田赋志》，"里甲"，《天一阁藏明代方志选刊》本，上海：上海古籍书店，1961年，第9—11页。
⑥ 弘治《易州志》卷四《乡社》，《天一阁藏明代方志选刊》本，上海：上海古籍书店，1962年，第1页。

在分划"乡"的州县，乡也不再具有重要的意义。

尽管如此，至少有部分州县，乡仍然在发挥一些作用。长垣县分划为望仙、景贤、仰圣、企忠、迁民、安民等六乡，每乡各领十个里。①此种六乡六十里之制，显然经过统一规划。固始县在洪武十四年（1381）定制为四乡、七十八里；至正统十四年（1449），增明德、新民、至善三里，置中和乡，乃成五乡、八十一里。新增的三里编户，皆为"寓民，无恒产"，当然为分散居住，故新编的中和乡并非一个地域单元，而只是一种编户单位。②嘉靖元年（1522），固始知县李凤来说：

> 国朝定制，乡有长、副，司捕御。里有甲首百户，司赋；税长十户，司督；老一人，司民情；书算一人，司籍；申明亭，以访政。园有桑枣，以蚕以食。有乡厉坛，以祀；有神坛，以祈报；有社学，以教；有社仓，以储。稽古定制，法异而义同，治化所由兴也。今则人有而政不举，名在而实亡矣。③

乡有长、副，未见于相关制度规定。但李凤来既如此言，则在当时人观念中，"乡"仍当置有长、副，应无疑问。鄢陵县分划为四乡。嘉靖《鄢陵志》卷二《建置志》"乡保"于四乡下皆注明其所在，如鸣凤乡，"在罗寨南保"；美化乡，"在西营北保"；孝子乡，"在赵坊北保"；颍川乡，"在南东保"。④鄢陵县的"保"即相当于"里"。据同书卷"镇店"与"村庄"栏，知罗寨（在县南三十里）、西营、赵坊都是较大的村落。⑤地

---

① 嘉靖《长垣县志》卷一《地理志》，"乡镇"，《天一阁藏明代方志选刊》本，上海：上海古籍书店，1964年，第6页。

② 嘉靖《固始县志》卷二《舆地志》，"乡里"，《天一阁藏明代方志选刊》本，上海：上海古籍书店，1963年，第6—7页。

③ 嘉靖《固始县志》卷二《舆地志》，第6—7页。

④ 嘉靖《鄢陵志》卷二《建置志》，"乡保"，《天一阁藏明代方志选刊》本，上海：上海古籍书店，1963年，第10页。

⑤ 嘉靖《鄢陵志》卷二《建置志》，"镇店""村庄"，第11页。

方志指明各乡在何村落,当是指乡厉坛之所在。①这说明,"乡"在地方社会文化的层面上,仍然具有一定的意义。

四、关于明代里甲制的几点新认识

关于明代里甲制,学术界已有深入细致的研究,形成了若干基本认识。②本节试图在前人研究的基础上,围绕里甲制的形成、里甲制在南北方地区的实行等问题略作讨论。据上所考,我们认为:

(1)洪武十四年颁行的黄册里甲制有两个源头:一是洪武初年在南方部分地区实行的"小黄册"之法,二是元代在北方地区实行的户丁制。小黄册之法虽然规定以百户为里、十户为甲,但实际上却是建立在以田地丈量及鱼鳞图册为核心的地域控制基础之上的;户丁制则按户、丁征发赋役,是以人户控制为基本原则的。黄册里甲制以户丁为核心,主要沿用了元代在北方地区实行的户丁制,而辅之以以田亩控制为原则的鱼鳞图法,其立法之意乃是将户丁与田亩相结合,将户丁固定在田亩上,以实现对民户、田地的控制。

(2)朱元璋据有南方地区之初,当沿用元代在南方地区实行的都设里正、按都分置主首之制,以控制乡村,征发赋役;同时,实行户帖制度,尽可能掌握户口。洪武三年前后,在部分地区实行小黄册之法,然仍以地域控制为主。至洪武十四年全面实行黄册里甲制,虽然按照户口原则全面编排里

---

① 正德《光化县志》卷二《坛庙类》记光化县有五所乡厉坛,分别在在坊社、太和乡、固封乡、孟桥乡和仙马乡(《天一阁藏明代方志选刊》本,上海:上海古籍书店,1964年,第6页),这说明至少有一些乡厉坛,是与乡对应的。

② 最重要的研究有:(1)山根幸夫:《明代徭役制度の展開》,东京:东京女子大学学会,1966年,第1—64页;(2)栗林宣夫:《里甲制の研究》,东京:文理书院,1971年;(3)川勝守:《中國封建國家の支配構造:明清賦役制度史の研究》,东京:东京大学出版会,1980年,第105—125页;(4)梁方仲:《论明代里甲法和均徭法的关系》,收入氏著《梁方仲经济史论文集》,北京:中华书局,1989年,第577—603页;(5)刘志伟:《在国家与社会之间——明清广东里甲赋役制度与乡村社会》(增订本),北京:中国人民大学出版社,第28—93页;(6)栾成显:《明代黄册研究》,北京:中国社会科学出版社,1998年,2007年;(7)李晓路:《明代里甲制研究》,《华东师范大学学报(哲学社会科学版)》1983年第1期;(8)李新峰:《论明初里甲的轮役方式》,《明代研究》第14期(2010年),第17—43页。

甲，但很多州县在具体的实行过程中，仍程度不同地遵循固有的地域控制系统，在南宋以来都-图（保）体系的基本格局下，编排里甲，特别是编排里甲，"务不出本都"，从而在很大程度上保留了原有的乡、都格局。明代前中期，南方地区诸多州县的乡、都仍然发挥着区分赋役负担的作用。部分州县的"里"是在原有"图"（保）的基础上编排的。因此，南方地区各州县编排的"里"，在总体上，往往表现为地域单元。

（3）在洪武十四年实行黄册里甲制之前，北方地区各州县未见有实行"小黄册之法"的证据，也没有材料说明在此期间北方州县曾经丈量田亩、编制鱼鳞图册。因此，洪武十四年之前，北方各州县的乡里赋役制度，当基本沿用金元以来的旧制，亦即乡里正-村社主首（社长）制。洪武十四年实行黄册里甲制，北方地区各州县往往在金元以来村社制的基础上，将"旧民"（土著居民）编排为社（里、图），而将"迁民"编排为"屯"，从而形成"社（里、图）领旧民，屯统迁民"的二元格局。虽然一些州县的迁民集中居住于州县境内的特定区域，但总的说来，迁民往往与旧民错居，社与屯也交错混杂。所以，在北方地区，里与屯主要是旧民与迁民的户口编排单位，未必即表现为地域单元。

需要补充说明的是，在北方地区的许多州县，除了社（旧民）与屯（迁民）的区别，还有"营"，乃卫所军户的编排单位。如嘉靖《霸州志》卷一《舆地志》"里屯"在三十一里屯之后，又记有皮家营、安家营等十三个"营"，分属永清等卫，"俱在永安里迤北"。① 嘉靖《内黄县志》卷一《地理志》"里甲"记有三十四里（洪武初编为十八里）、六屯（如迁民屯、樊里长屯等）以及六个营（如师桥营、太平营等）。② 正德《新乡县志》卷一将"屯营"与"乡社"并列，谓："我朝混一之初，斟酌时宜，乃度闲旷之地，散兵而农作之"；"新乡旧有屯营，皆宁山卫屯田所也，卖剑买犊，盖百余年于兹矣"。③ 这些卫所屯田的"营"，固然亦有集中于特定

---

① 嘉靖《霸州志》卷一《舆地志》"里屯"，第16—17页。
② 嘉靖《内黄县志》卷一《地理志》"里甲"，《天一阁藏明代方志选刊》本，上海：上海古籍书店，1963年，第17—18页。
③ 正德《新乡县志》卷一《乡社》《屯营》，《天一阁藏明代方志选刊》本，上海：上海古籍书店，1963年，第16页。

区域者，但亦多散处于"旧民"所居的区域内，形成"插花式"分布。卫所屯田的赋役负担，又属于另一个体系，与社（里、图）、屯所领的旧民、迁民均不相同。这样，在北方地区诸多州县，遂形成社（里、图，领旧民）、屯（领迁民）、营（领卫所屯户）并存的局面。

南方地区各州县，则大抵没有专门编排"迁民"的屯，所以，多以"屯"指称卫所屯田的"屯"。如仁化县境内有韶州守御千户所屯二所：水罗屯，在石塘都；中塘屯，在平山都；有广州府后卫屯八所，其中后岭、扶溪等四屯在扶溪都，蔴历屯在石塘都，解江屯在解江都，平山屯在平山都，石母屯在县街都。① 显然，这些卫所的"屯"也散布于乡-都-里（图）地域内，而其户口赋役又皆隶属于卫所，并不属于州县，从而形成与州县里甲户并存的局面。

总之，里甲制度在实行过程中，南北方地区因所面对的原有乡里控制体系与社会经济条件不同，而不得不在王朝国家统一的制度规定的基础上，结合其本地固有的乡里控制体系，"因地制宜"，制定并实行适合于其固有社会经济环境的、具有地方特点的乡里制度。在这个意义上，明代里甲制在其实行之初，就是多种多样的；不同地区实际推行并最终形成的里甲制，在总体结构与运行原则上虽然表现出符合制度规定的一致性，但在具体的编排与运行方式上，均程度不同地显示出地方特性来。

第二节　明清时期江汉平原里甲制度的实行及其变革

明清时期特别是明代里甲制度在各地区的实行及其变革，学术界虽有部分讨论，然受到资料限制，论者大多主要引述里甲制度的有关规定，结合地方志的有关记载而加以推衍，从而形成对不同地区里甲制度实施及其变革之迹的认识：（1）由于今见地方志有关洪武年间在各州县推行里甲制度的记载较为详悉，相关户口资料亦相对完备，大多数研究者相信，洪武年间里甲制度在各地区曾得到切实推行。（2）至明中后期，地方志所载的各州县著籍户口普遍下降，文献中亦有大量有关里甲制下编户逃亡的记载，遂使人

---

① 嘉靖《仁化县志》卷二《军屯》，《天一阁藏明代方志选刊》本，上海：上海古籍书店，1963年，第21页。

们得出里甲制逐步松动乃至崩解的认识。(3) 清初顺治、康熙年间，厉行整顿里甲，编制"更名"里、社，并将部分卫所军户编入民甲；同时，编审里甲主要以田粮为准，即按粮定里，里甲遂演变为赋役征收体系中的纳税单位，渐次与实际地域范围相脱离；里甲既渐次脱离实际地域范围而实为一种纳税单位，明代中后期即已在部分州县实行、清初复厉行推广、以治安为主要职能的保甲制遂逐步取代里甲制，成为集治安、编户、催征于一身的乡村基层组织。①

上述有关里甲制在各地区实施及其变革之迹的认识，有赖于制度史研究与地方志记载分析的结合，它有一个重要前提，即认为里甲制度在各地区的推行及其变革，是与王朝国家及其地方官府的控制能力、行政效能紧密联系在一起的：在王朝国家具有较强控制能力和行政效能的明初和清前期，里甲制度在各地区均得到较为切实的推行（虽然其进展有先后之别）；明中后期，官府控制力与行政效能既渐次下降，里甲制遂逐步松动乃至崩解。然这一前提实有进一步辨析之必要。首先，如所周知，明初的里甲制度是以江南地区基层社会组织为基础设计出来的理想化模型，将这一整齐划一的里甲制施行到各个地方时，必然要与当地社会经济条件特别是既有的社会组织相结合，做出调整，因而，各地区建立起来的里甲体制，"在基本原则一致的大

---

① 大部分地方史或区域史研究著作论及明清时期里甲制度在当地的实施及其变革时，都基本遵循这样的研究理路。如张建民著《湖北通史·明清卷》第一章论及明代里甲制在湖北地区的实施及其演变时，就首先引述《明会典》《明实录》《图书编》等文献所记里甲制度的有关规定，然后引证嘉靖《湖广图经志书》等地方志书的记载，以说明"里甲制度在明代湖北境内得到较为切实普遍的推行，特别是明前期"；复引证嘉靖《蕲水县志》等材料，以说明湖北"许多州县到明晚期都出现了乡无全里、里无全甲的现象"，"编查户口、催征钱粮、劝督农耕、协调关系，协理诉讼诸职能都在不同程度上受到影响"；而"里甲制度在明后期的崩溃导致了保甲制度的出台"。（张建民：《湖北通史·明清卷》，武汉：华中师范大学出版社，1999年，第23—37页）作者多年从事明清时期长江中游地区社会经济史研究，这些认识都曾是我们开展相关研究的出发点，我们早年的论著也多遵循这一研究理路并认同乃至阐发上述观点（鲁西奇：《区域历史地理研究：对象与方法——汉水流域的个案考察》，南宁：广西人民出版社，2000年，第418—435页；杨国安：《明清两湖地区基层组织与乡村社会研究》，武汉：武汉大学出版社，2004年，第28—76页），所以，我们无意于全面否定这一研究理路的意义及诸多地方史或区域史研究者在这方面的贡献，只是试图说明我们已经认识到它的局限性。

前提下，往往表现出多种多样的形式"。①所以，不能仅仅根据明初王朝国家具备强有力的控制能力和行政效能，就得出各地均已切实有效地按照制度规定建立起整齐划一的里甲体制的结论。其次，自洪武以迄嘉靖乃至隆庆、万历，各地区经济开发与社会发展的进程不一，所产生的社会经济问题亦各异，各地方官府所面临的财政、社会管理问题及其所采取的应对之策各不相同，凡此，都会对各地区里甲体制的变革产生重要影响。所以，各不同地区里甲体制在明清时期的变革之迹，不可能是一致的。

因此，欲探究明清时期里甲制度在各地区的实行及其变革，必须将里甲制度"还原到"或"置入于"特定地区社会经济的发展历程中，将其与当地具体的经济发展、社会结构乃至文化变迁结合起来，仔细辨析地方志等相关文献记载，综合运用档案文书、家谱资料等民间文献及田野考察方法，探究：（1）明初在各地推行里甲制度时，是在怎样的社会经济背景下，与当地既有的社会组织相结合，建立起里甲体制的？（2）明前期以迄明中后期，当地的社会经济究竟发生了哪些变化，产生了怎样的问题，影响或导致了里甲体制的变化？（3）地方官府对于这些问题的应对之策如何？它们与王朝国家的全国性政策和制度变迁之间有怎样的关系？（4）清初地方官府在整顿里甲体制时所面临的地方社会经济形势如何？其应对办法及其根据是什么？它们对里甲体制的变革究竟发挥了怎样的作用？（5）清代里甲是否确如许多制度史研究者所认定的那样，已经脱离具体地域范围，成为赋役征收体系中的一种纳税单元？

显然，这种研究理路必须落实到具体的地区范围里，部分学者沿着这一理论也做出了很有价值的探索。②本节即在我们多年来从事江汉平原历史地

---

① 刘志伟：《在国家与社会之间——明清广东地区里甲赋役制度与乡村社会》（增订本），第7页。

② 近年来，越来越多的学者遵循将制度变迁与地方社会相结合的研究理路，探究明清时期里甲制度在各地区的实行及其变革，最具影响力的成果是刘志伟《在国家与社会之间》（广州：中山大学出版社，1997年，初版；北京：中国人民大学出版社，2010年，增订本；两版副标题略有变动）、郑振满《明清福建的里甲户籍与家族组织》（初刊《中国社会经济史研究》1989年第2期，第38—44页，后收入氏著《乡族与国家：多元视野中的闽台传统社会》，北京：生活·读书·新知三联书店，2009年，第117—131页）与《明清福建里社组织的演变》（《乡族与国家：多元视野中的闽台传统社（转下页）

理与社会经济史考察的基础上，主要运用地方志、档案与族谱资料，结合田野考察所得认识，初步梳理明清时期江汉平原诸州县（汉阳县、汉川县、沔阳州、潜江县、天门县［景陵县］、监利县等）里甲制的实施及其变革情形，以便为弄清里甲制度在各地区的实施与变革提供一个区域性的实证基础。

一、明初江汉平原聚落分布与里甲编排

在江汉平原围垸大兴之前，人们主要居住在平原边缘的低岗丘陵及平原腹地地势略高的冈阜、小丘或人工堆筑的墩、台上。在江汉平原诸州县中，天门（景陵）北境、汉阳东南境、汉川东南境及江陵西北境处平原边缘，低岗残丘较多，地势稍高。乾隆《天门县志》卷一《地理考》"风俗"称："村落惟依高阜而居，多星布棋错，族处者仍不相远。桑柘影处，庐舍出焉。村或百余家，或数十家，吉庆则醵饮相贺，疾丧则敛赀相恤，犹有古风。"①乾隆《汉阳县志》卷七《堤防》末总论汉阳县水利情形称："汉阳邑境约方百里，大都为山者十之二，为土田、为廛市村舍者十之三，而水居其半。当夏秋之际，重湖千顷，晶淼无垠，不独秧针麦浪尽委波臣，而室家飘摇，鸿雁之哀，无岁或免。"②天门、汉阳二县至乾隆前期尚且如此，处于平原腹地的沔阳、潜江、监利及江陵东南部、荆门东南部和天门、

（接上页）会》，第238—253页）以及Huang Ch'ing-lien, "The Li-chia System in Ming Times and its Operation in Ying-t'ien Prefecture"（黄清连：《明代的里甲制及其在应天府的实行》，《历史语言研究所集刊》，第54本第4分，1983年）。相关的研究还有：周玉英：《明中叶福建惠安县里甲状况探析》，《中国社会经济史研究》1992年第4期；周绍泉：《徽州文书所见明末清初的粮长、里长和老人》，《中国史研究》1998年第1期；权仁溶：《从祁门县"谢氏纷争"看明末徽州的土地丈量与里甲制》，《历史研究》2000年第1期；权仁溶：《明代徽州里的编制与增减》，《上海师范大学学报》2005年第4期；权仁溶：《清初徽州的里编制和增图》，《上海师范大学学报》2007年第3期；贺喜：《编户齐民与身份认同：明前期海南里甲制度的推行与地方社会之转变》，《中国社会科学》2006年第6期；刘永华、郑榕：《清初中国东南地区的粮户归宗改革——来自闽南的例证》，《中国经济史研究》2008年第4期；等等。

① 乾隆《天门县志》卷一《地理考》，"风俗"栏，乾隆三十年刻本；《中国地方志集成·湖北府县志辑》（据民国十一年石印本影印），南京：江苏古籍出版社，2001年，第44册，第383页。

② 乾隆《汉阳县志》卷七《堤防》，《稀见中国地方志汇刊》（据乾隆十三年刻本影印），北京：中国书店，1992年，第36册，第93页。

汉川二县大部分地区，地势更为低洼，其明初之情形自可想见。①嘉靖三年（1524），沔阳知州储洵上疏论沔阳堤防利害云："（沔阳）南临大江，北枕襄汉……地势卑洼，湖泊相连，正系江汉下流，原无冈阜障蔽，诸水奔赴，若就大壑，民田惟土筑圩院，防卫耕种。"②嘉庆二十一年至二十三年间（1816—1818）任汉川知县的樊钟英在《通禀汉川地方情形民间疾苦》中说：

> 汉川地处襄江下游，形势低洼……素称泽国，除梅城、长城两乡地处高阜，其余尽属垸畈。每年泛涨，不破堤，仅厂畈被淹，若破堤，则垸内亦淹。……民庐多居墩、台。墩者，乃民间锄土造筑而成。若水淹久，则墩、台亦多坍卸，故居民多造茅屋竹篱，略加墙垣。夏秋水至，则拆屋移居，撑船远逃；春冬水退，则［刈］（于）茅索陶，亟其乘屋。③

显然，在人们普遍围垦垸田、堆筑墩台以定居止之前，江汉平原腹地的低洼湖泽之区实无以稳定地居住，更无以持续垦殖田地。

当洪武间江汉平原诸州县推行里甲制时，垸田的大规模开发才刚刚起步，④人们仍然主要居住在此前已经开发的低岗丘陵及部分地势较高的围垸地区，所以，里甲的编排大抵也主要是在这些地区开展。景陵县（天门县）

---

① 鲁西奇：《区域历史地理研究：对象与方法——汉水流域的个案考察》，第512—515页；鲁西奇：《汉宋间长江中游地区的乡村聚落形态及其演变》，《历史地理》第23辑，上海：上海人民出版社，2008年，第128—151页；鲁西奇、韩轲轲：《散村的形成及其演变——以江汉平原腹地的乡村聚落形态及其演变为中心》，《中国历史地理论丛》2011年第4期。

② 嘉靖《沔阳志》卷八《河防》，《天一阁藏明代方志选刊》本，上海：上海古籍书店，1962年，第5页。

③ 同治《汉川县志》卷十《民赋志》，《中国地方志集成·湖北府县志辑》（据同治十年刻本影印），南京：江苏古籍出版社，2001年，第9册，第240页。

④ 关于江汉平原垸田开发的研究，请参阅石泉、张国雄：《江汉平原的垸田兴起于何时》，《中国历史地理论丛》1988年第1期；彭雨新、张建民：《明清长江流域农业水利研究》，武汉：武汉大学出版社，1993年，第184—268页；梅莉、张国雄、晏昌贵：《两湖平原开发探源》，南昌：江西教育出版社，1995年，第87—102页；鲁西奇：《区域历史地理研究：对象与方法——汉水流域的个案考察》，第438—445页。

大抵以义河（今天门河）为界，其北地势较高，有五华山、青山、天门山、巾戍山等连绵蜿蜒的低山丘陵；其南则地势低洼，汉水及其分支牛蹄河、狮子河、马肠河、清水汀河、陶溪潭河流经其间，东南境更是沼泽湖区，有澶马潭、白云三汊、葫芦三湾、下帐湖、上帐湖、蒿台湖等湖泊。①嘉靖《沔阳志》卷六《提封》下记景陵县坊厢村里，谓有坊厢二（坊一，县城内；厢一，县城外），村六，里二十有三（据其下文所记统计，实为二十四里）。②嘉靖《湖广图经志书》卷十一《沔阳州》"坊乡"所记与此同。③万历《承天府志》卷六《民数》谓景陵县"原额二十四里"。④则此二十四里之制，当即洪武中所编排的里数。其中，上白湖村在县西北境，领马溪、巾港、青山、洲上四里；下白湖村在县西南境，领永和、永丰、泰宁、安和四里；云潭村在县东北境，领东林、诸流、萧城、仁和四里；官城村，在县东境，领兴仁、仁和、三才、白云、仁平五里。此四村十七里，除下白湖村处义河上游、兼跨义河两岸地外，其余皆处于义河之北。然则，洪武间在义河北岸至少有十五个"里"。方乐村所领永平、安平、泰平、和平四里，大抵在义河与汉水分流牛蹄河之间，靠近县城；南黄村所领泗江、狮子、崇进三里，则当在牛蹄河以南，包括了汉水以南地区。则在义河中下游南岸地区，当有七个里（若加上上游南岸、属于下白湖村的二里，则为九个里）。⑤明清时期景陵（天门）县的南境包括今仙桃市北境的汉水以南、通顺河以北地区，地域面积远大于义河北岸的北境，而洪武间编排的里数则少于北境，说明其时湖泽地区尚未得到开发，可能并未编排里甲。

---

① 嘉靖《沔阳志》卷五《提封》上，"山"，第4、12—13页；卷六《提封》下，"川"，第1—3页。

② 嘉靖《沔阳志》卷六《提封》下，第8页。

③ 嘉靖《湖广图经志书》卷一一《沔阳州》，"坊乡"栏，《日本藏中国罕见地方志丛刊》（据日本尊经阁文库藏嘉靖元年刻本影印），北京：书目文献出版社，1991年，第966页。

④ 万历《承天府志》卷六《民数》，《日本藏中国罕见地方志丛刊》（据日本尊经阁文库藏万历三十年刻本影印），北京：书目文献出版社，1991年，第102页。

⑤ 嘉靖《沔阳志》卷六《提封》下，第8—9页。明代景陵县六村二十四里之制的考定复原，根据康熙《景陵县志》卷三《舆地》，"坊村"，乾隆《天门县志》卷一《地理考》及湖北省天门县地名领导小组办公室编《湖北省天门县地名志》（湖北天门，1982年）及实地调查。

汉阳县洪武年间的二十八里，到嘉靖中朱衣编纂《汉阳府志》时，只剩下十九里，所以很难据以讨论洪武年间各里的分布。然嘉庆《汉阳县志》卷八《堤防志》详记"汉阳十九里地形高下"，卷十二《户口保甲》复记有各里所属村落，我们尝据以复原清中后期汉阳县各里之今地范围及所包括的村落。如玉一里（当即嘉靖《汉阳府志》所记之玉山乡一图）所属有南湖嘴、张大渡、季余家垸、宝家嘴、洪山庙、黄沙庙、尉武山、补锅岭、鸭港桥等九个村落，"唯尉武山、补锅岭、鸭港桥三村皆系尉武山为屏障，形势较高，余村并无冈陵，均畏官湖、南湖水涨"。可以相信，在官湖、南湖堤垸兴修之前，玉一里居民主要居住在尉武山周围地势较高的三个村子里，明初的玉山乡一里很可能就是以尉武山、补锅岭、鸭港桥三个自然村落为基础编排的。又如山三里（当即明代的山阳乡三图），位于汉阳县西南境（今汉阳区蒲潭一带），其南滨大江，西临太白湖，北依蒲潭山。在嘉庆年间有上蒲潭、香炉山等十三个村落。其中，位于山麓的上蒲潭、周家河、水南（分为上下）三村建村较早，而地势低洼的滩头、东庄、南庄等村建村最晚。据此，我们揣测洪武中编排山阳乡三图时，所能控制的村落大抵就是位于山麓的上蒲潭、周家河、水南等村。①

沔阳州全境均介于江汉之间，是江汉平原的腹心地带，除东南境与汉阳交界处有黄蓬山外，境内只有长江、汉水及其支流卢洑河、长夏河等河流，两侧的自然堤地势稍高。因此，自古以来，人们主要居住在这些河流两岸的自然堤上。南宋乾道六年（1170），陆游溯江入蜀，于九月一日在汉阳通济口离开大江，转入沌中，溯沌水（即明清时期的长夏河、大马长川）而上，沿途所经之村落，即多位于地势高爽之处。如其时属玉沙县沧浪乡的毕家池，"地势爽垲，居民颇众。有一二家，虽茅荻结庐，而窗户整洁，藩篱坚壮，舍旁有果园甚盛，盖亦一聚之雄也"。其地又有广福永固寺、东场，"并水皆茂竹高林，堤净如扫，鸡犬闲暇，凫鸭浮没，人往来林樾间"。②可以想见，二百余年后，当明朝官府在沔阳州编排里甲时，人民居住分布之

---

① 嘉庆《汉阳县志》卷八《堤防志》，"汉阳十九里地形高下"，嘉庆二十三年刻本，第7—8页；卷十二《户口保甲》，第10—14页。此处之认识，主要根据2002年11月2—4日在当地的调查。

② 陆游：《入蜀记》卷五，《知不足斋丛书》本，北京：中华书局，1999年，影印本，第4—5页。

情形当与陆游所见大致相同。嘉靖《沔阳志》卷六《提封下》记沔阳州有坊厢五、村三十八，并列举三十八村之目及其相对于州城之方位、距离，其中除"新增"一村外，其余五坊厢、三十七村（当即三十七里）可信洪武间已置。① 其中，五坊厢在州城内外；三十七村（里）中，漕河（州北三里）、石板（州西五里）、汉广（州东五里）、江北（州东北三里）四村可以断定即在流经沔阳州城的漕河两岸，茅埠（州西南一百五十里，当即在同书卷五《提封上》"川"所记大江北岸的茅埠口，其地后来兴起了茅镇）、林湾（州西南一百五十里，当即长江北岸的竹林湾）二村当在长江北岸江堤上，南池（州西北七十里）、渣潭（州东北三十五里）、直步（州东南五十里，或即陆游昔年所见之"纲步"，位于芦洑河与长夏河汇合处）三村当位于汉水分流河道芦洑河两岸，深江（州北九十里）、剅河（州北六十里）、西范（州东北七十里，当即范溉关，其地后来兴起了范溉市）、黄荆（州东北八十里，当即排沙河进入下帐湖的黄荆口）等四村当位于芦洑河北面支流排沙河两岸，长夏（州南四十里）、沧浪（州东五十里，当即在昔年陆游所见之毕家池附近）二村当位于长夏河两岸，黄蓬（州西南一百五十里，其地后来兴起了黄蓬市）、上平放（州南四十里）、下平放（州南一百三十里）三村当位于长江分流复车河两岸。沔阳州境内湖泊密布，然在三十七村中，

---

① 嘉靖《沔阳志》卷六《提封》下，第8页。此处所记各"村"之性质，仍可基本断定当即"里"，盖万历《承天府志》卷六《民数》称沔阳州编户为"三十六里"（第102页），下载万历二十年"原军民杂役人户"数，则三十六里之制当为万历中的编制。而嘉靖《沔阳志》所记之五坊厢、三十八村当为嘉靖中的编制。二者相距非远，三十六里之制应当是在五坊厢、三十八村之制基础上演化而来。嘉靖《沔阳志》卷八《河防》录嘉靖三年知州储洵之言，谓若川江水发，监利车木堤水口冲塌，"沔阳后泽、茅埠凡一十六村，熊家、沔潭凡四十余垸税粮八千余石高低漙没，尺土不堪耕种"；若襄汉水发，潜江排沙头诸处水口冲塌，"沔阳深江、西范凡二十七村，莲河、柘树凡七十余垸税粮一万五千余石亦无尺土耕种"。（第6页）显然，后泽、茅埠、深江、西范等四十三村（当是五坊厢三十八村之和）应即四十三里。最为重要的是，在雍正年间沔阳知州禹殿鳌主持编排的乡图中，仍多存有嘉靖《沔阳志》所记的诸村之目，而名之为"里"，如东安悦安乡所领四图二十里中有汉广里、渣潭里、马宗里、沧浪里、泗江里、接阳里，西方宝成乡四图十七里中有石板里、石湖里、云潭里、漕河里、铁柜里、剅河里、西范里、深江里、南池里等。其下按语称："沔地自明迄今，区分方域，编载田赋，粮田四十三里。"（乾隆《沔阳州志》卷三《提封》，"乡图"，乾隆初年刻本，北京图书馆藏胶卷）其所说之"四十三里"，当即五坊厢三十八村。

大致可以断定濒湖者只有西湖（州西南一百五十里）、石湖（州北四十五里，当近百石湖，至明中期，百石湖边已筑有长堤）二村，境内大湖如太白湖（在沔阳州东南境，周二百余里）、沙湖（与太白湖相连）、阳名湖、白鹭湖、黄蓬湖（在沔阳州南境，即洪湖之前身）等湖泊周围均未见置有村里。①因此，虽然无法逐一考定上述三十七村之所在，但可以想见：当洪武间编排沔阳州里甲时，大抵仅可在居于诸多河流自然堤、已初步围垦的较高地带的居民中推行，所以编成的里甲当主要沿河流自然堤分布，而在远离河流自然堤的区域或河流下游入湖地带，其间虽散居众多渔户，则因湖泊密布，并未编排里甲（见下文）。

二、河泊所"甲册"的攒造与渔户"业甲"的编排

如上所论，当明初推行里甲制时，江汉平原诸州县，大抵皆仅可在已辟为土田、营筑廛市村舍之区攒造黄册、编排里甲。但平原腹地的低洼湖区并非无人居住。嘉靖《湖广图经志书》卷三《汉阳府》"风俗"引《汉川志》云："民朴略，春夏力农，秋冬业渔。盖其地云梦之薮，当春水泛涨，农民迁居原隰耕垦；秋冬涸时，还移居就下，近湖泊网罗以自给。"②康熙《汉阳府志》卷一《舆地志》"风俗"亦称：

> 汉川四周皆水，湖居小民，以水为家，多结茭为簰，覆以茅茨，人口悉居其中，谓之茭簰。随波上下，虽洪水稽天，不没。凡种苴牲畜、子女婚嫁，靡不于斯，至有延师教子弟者。其同冢一带，土瘠民贫，西成之余，即携妻子乘渔艇，转徙于沔之南、江之东，采茭拾蛤，至东作时仍归事南亩。逐岁习以为常。③

这些渔户漂泊河湖水域，居处不定，亦耕亦渔，早期则以渔为主。明初于南

---

① 此处关于沔阳州三十七村（里）所在位置的考定复原，主要根据嘉靖《沔阳志》卷五《提封》上的相关记载及作者此前关于汉水下游平原河流变迁与堤防建设的研究，每一地名之考定均甚为烦琐，故此处无法一一注出。请参阅鲁西奇、潘晟：《汉水中下游河道变迁与堤防》，武汉：武汉大学出版社，2004年，第123—147、339—368页。
② 嘉靖《湖广图经志书》卷三《汉阳府》，"风俗"栏，第291页。
③ 康熙《汉阳府志》卷一《舆地志》，"风俗"，国家图书馆藏缩微胶卷。

直隶、湖广、浙、闽诸省河湖集中之区分置河泊所,以负责征收鱼课、管理渔户。①据嘉靖《汉阳府志》记载,汉阳县领有长江局、三沦湖、平塘河、桑台湖、马影湖、蒲潭湖、新潭湖等七处河泊所,每所皆领管数处至数十处河湖水域。如马影湖河泊所即领管贵子潭、贵子湖、天清湖、协山湖、丰门、龙船陂、高作陂、夫人港等六十六处河湖水域。②除汉阳县七所外,沔阳州与景陵县共有三十一所,江陵县有五所,汉川、监利、钟祥三县各有三所,孝感县有二所,应城、安陆二县各有一所,故明初江汉平原诸州县境内,共有五十六个河泊所。③

凡此五十六个河泊所,可能大部分均置于朱元璋控制湖广地区的甲辰岁(1364)至洪武初年间。④河泊所设置后,即可能对所辖水域、渔户展开清

---

① 参阅中村治兵卫:《中国渔业史の研究》,东京:刀水书房,1995年,第112—113页;张建民:《明代湖北的鱼贡鱼课与渔业》,《江汉论坛》1998年第5期;尹玲玲:《明代的渔政制度及其变迁——以机构设置沿革为例》,《上海师范大学学报(哲学社会科学版)》2003年第1期;徐斌:《明代河泊所的变迁与渔户管理——以湖广地区为中心》,《江汉论坛》2008年第12期;徐斌:《明清河泊所赤历册研究——以湖北地区为中心》,《中国农史》2011年第2期。

② 嘉靖《汉阳府志》卷三《创置志》,《天一阁藏明代方志选刊》本,上海:上海古籍书店,1963年,据嘉靖二十五年(1546)刻本影印,第24页;卷二《方域志》,第29—35页。

③ 据嘉靖《湖广图经志书》卷三《汉阳府》(第294—295页)、卷五《德安府》(第426—427页)、卷六《荆州府》(第510—511页)、卷十《安陆州》(第935页)、卷十一《沔阳州》(第967—968页),嘉靖《沔阳志》卷七《创设志》(第7页),嘉靖《汉阳府志》卷三《创置志》(第43页)。潜江县未见置有河泊所的记载,其境内河湖鱼课分属江陵县倚北湖河泊所、监利县分盐河泊所、沔阳州剅河河泊所、景陵县葫芦三湾河泊所征收,见康熙《潜江县志》(《中国地方志集成·湖北府县志辑》[据光绪五年增刻本影印],南京:江苏古籍出版社,2001年,第46册)卷三《舆地志》,"乡区"下所录万历五年(1577)潜江知县朱熙洽《又请清渔粮详文》,第48页。

④ 嘉靖《汉阳府志》卷三《创置志》并未载明汉阳县七河泊所与汉川县三河泊所的设置时间。嘉靖《沔阳志》卷七《创设志》亦未载明沔阳州及景陵县各河泊所的始置时间,仅在按语中称:"国初河泊所有下河、官港湖、螺子渎、西港湖、乌流湖、千金湖、剅口百石湖、青山湖、黄蓬湖、赛港湖,统三十有一。"(第7页)其所说之"国初",至少可理解为洪武间。嘉靖《湖广图经志书》卷六《荆州府》"公署"栏记监利县领大马长河、家绿湖、分盐河三河泊所,"俱洪武初建"。(第511页)同书卷十《安陆州》"公署"栏记钟祥县所领河泊所,谓城北湖河泊所"洪武乙巳年开设"(按:当为吴王乙巳年,即元至正二十五年,1365),赤马野猪河河泊所"洪武五年开设",芦洑湖河泊所"洪武初所官陈子晦创置"。(第935页)同书卷二《武昌府》"公署"栏记武昌县领六河(转下页)

理工作，丈量水域面积，编排渔户户帖，核定鱼课课额。洪武间婺州诗人童冀《渔荡行》句云：

> 永州江清稀见鱼，永民岁岁输鱼租。当年差官闸湖荡，尺水从兹起波浪。江滨湖岸多沙洲，一望不见天尽头。常时风色黄尘起，一夜雨声潢潦流。丈量绳引计顷亩，半抑编氓强分受。黄绫大册书入官，岁岁催粮烦甲首。……君不闻道州鱼课年年足，当年闸课官不酷。①

据同书卷四《丁巳晦日立春》"去岁三湘送雁行"句，②知童冀永州之行当在洪武九年（丙辰）。然则，永州"差官闸湖荡"之事必在洪武九年之前。据童冀诗句所述，知其时差官"闸"湖荡，引绳丈量，计算顷亩，强迫"编氓分受"，并书入"黄绫大册"（当即下文所见之"水鱼鳞册"或"甲册"）。永州河湖水域非多，其湖荡尚且需要如此大费周章地引绳丈量、造册征租，河湖纵横的江汉平原诸州县自更可想见。然其时承纳鱼课的编氓或属于州县里甲系统。黄冈《梅氏宗谱》中录有一份梅氏在洪武三年立户的"户帖"抄件：

> 户名图式
> 一户梅琅，系黄州府黄冈县伍重乡一图户。
> 男子四口。成丁一口，不成丁三口。本身，年三十七岁。男寄看，年四岁；虎儿，年三岁；石马儿，年二岁。
> 妇女［二］（一）口。妻阿任，年三十二岁。姐梅，年四十八岁。
> 事产　茅屋三间。黄溪湖濠网业户。

（接上页）泊所，其中长港江套、西淫湖、炭门湖三河泊所俱"本朝甲辰年开设"，磺矶湖河泊所"丙午年开设"，马饮浆湖河泊所"洪武元年开设"，乌翎湖河泊所"吴元年开设"。嘉鱼县所属四河泊所，"俱洪武元年创"。（第136页）咸宁县所属咸宁湖河泊所"洪武十四年开设"。大冶县所属华家湖等三所，均开设于甲辰年（第137—138页）。同书卷四《黄州府》"公署"栏记黄冈县所领九河泊所、黄梅县所领六所"俱洪武初建"；蕲水县所领圻湖河泊所建于洪武初，阳历湖河泊所建于洪武中。（第334—336页）因此，我们认为江汉平原诸州县所领诸河泊所，大部当创设于甲辰岁至洪武初。

① 童冀：《尚絅斋集》卷三《渔荡行》，《景印文渊阁四库全书》本，台北：商务印书馆，1986年，第1229册，第620页。

② 童冀：《尚絅斋集》卷四《丁巳晦日立春》，《景印文渊阁四库全书》本，第636页。

> 右户帖付梅琅收执。准此。
> 洪武三年　月　日。
> 肆字七百号。①

伍重乡在黄冈县北境（上乡在县北一百里，下乡在县北一百二十里），境内有黄汉湖（又名武湖），②则上引梅氏户帖中的"黄溪湖"或当为"黄汉湖"之讹误。户帖未记梅氏拥有田产，但称其为"黄［汉］（溪）湖网业户"，则其当为渔户。黄汉湖河泊所是黄冈县九河泊所之一，为"洪武初建"。③然则，其时虽已设有河泊所，其所辖渔户仍当编入州县里甲系统。

河泊所管领渔户的编排与纳课应役，十分复杂。万历间，汉阳府人王光裕在《七所鱼课说》中，追述明初本地编派鱼课之况云：

> 本朝自则壤成赋之外，泽梁虽有禁，未尝不酌鱼利之多寡，因年岁之丰歉，小民之便否，分制七所，各随地之所近，以便催征。自洪、永以来，以及宣德，先议钞，后议课米。开国之初，法禁甚严，小民畏威，尚未怀德，每有湖业，辄不敢领。故布为功令，凡大小湖池有名可查、有地可稽者，责军户闸办，各领为业，取鱼办课。其湖水泛阔长且渺者，责令所官某、所吏某，同经纪某、商客某，招集大网户、浅网户、扒网户、岸罾户、手罾户、花罾户等，鱼利以月计钞，课以利计，各分浪业，众轻易举。行之三朝而均平长久之法定矣。汇造赤历，永为遵守。④

洪武、永乐间，"闸办"湖池、领以为业、承办鱼课的"军户"当然属于州县编户，但却未必就是实际以网鱼为业的"渔户"，其性质或即后来所谓之"湖头"。作为鱼课征收机构的河泊所，直接掌握的就是这些承办鱼课的

---

① 黄冈《梅氏宗谱》卷首《户名起立》，光绪五年，乐道堂刊本，武汉大学图书馆藏。
② 弘治《黄州府志》卷一《坊乡社镇》，《天一阁藏明代方志选刊》本（据明弘治刻本影印），上海：上海古籍书店，1965年，第20页；卷二《山川》，第34页。
③ 嘉靖《湖广图经志书》卷四《黄州府》，"公署"栏，第334页。
④ 万历《汉阳府志》卷五《食货》，附王光裕《七所鱼课说》，武汉：武汉出版社，2007年，第109页。

"湖头"。后来又以河泊所所官、胥吏、经纪、客商召集各色渔户，"各分浪业"（"浪业"当即"湖业"），所行也当是包税之法，具体承办鱼课者，是那些"经纪""客商"；河泊所通过这些经纪、客商，掌握"各分浪业"的诸色渔户。再后来，很可能在宣德间（1426—1435），方攒造赤历，"永为遵守"。所谓"赤历"，当即河泊所为征收鱼课、管理渔户而编制的册籍，一般包括本河泊所应承担的鱼课总额、隶属于本所的渔户编排分甲以及每户应承担的具体课额、渔户各甲具体办课的水域、办理课程的具体数额等内容。[1]

湖北省档案馆藏《顺治四年黄冈零残湖赤历甲册》，反映了《洪武赤历甲册》的部分内容。[2]它在"洪武赤历甲册编定"下首列"本府"（当即零残湖河泊所）四季课钞数及总数（钞柒千柒百柒拾叁贯贰百文，有闰月加钞伍拾贯）、子池业户管解干鱼数（捌百伍拾叁斤，有闰月加柒拾斤）、子池折解黄白麻桐油熟铁等数（肆千陆百伍拾叁斤壹拾肆两肆钱）；然后录"洪武年间赤历编定甲册轮流征收麻铁干鱼花名"，分为六甲，下列各甲所领渔户花名，计六十户（一甲十三户，二甲九户，三甲七户，四甲七户，五甲十二户，六甲十二户），每甲下将"干鱼"解户单独列出；再其次是"长江业户陆拾肆名"之花名及其各自的课米数（以上三部分当属于河泊所"赤历"的一般内容，是官府登记应征与交纳诸色物品钞课的会计簿）；最后则是各业甲所领湖池水域、各户承办的具体课额（应即附编于"赤历"之后的"甲册"）。显然，"甲册"乃是所谓"赤历甲册"的核心内容。如：

> 一甲叶茂春。
> 一、子池：杨子下墩、芳墩、胡咸原港、香水汊、高家波、出水沟、方家墩等处，地名坐落赶花畈，（原）课米捌拾贰石，业户拾伍名。（见存陆名，逃绝玖名。业户许再成、涂均保、余元五、桂政办纳

---

[1] 参阅徐斌《明清河泊所赤历册研究——以湖北地区为中心》，《中国农史》2011年第2期。

[2] 湖北省档案馆藏《最高法院、湖北省高等法院黄冈分院对张祖荫、陈受二等渔业所有权纠纷案的判决，1948》，附录，《顺治四年黄冈零残湖赤历甲册》，LS7—2—534。这份文书将所抄录的洪武赤历甲册的内容与清初顺治年间的"见存"情况混在一起，但我们仍可以大致窥见洪武赤历甲册的基本结构与内容。本节以下所引即经过我们"还原"处理的洪武赤历甲册。

课米叁拾伍石，逃绝户黄兴、蔡胜三、姚文吉、桂政清、许文斌、许十一、许再成、董兴□九户课米肆拾柒石。①）

一户叶茂春，课米伍石。

一户李文吉，课米伍石。

（以下从略，共十三户。）

又"一甲干鱼解户"（失名，据同件文书上列之六甲花户册，当为何兴等六户）下，记"子池：何家湖、董家垱、严家汊、马践湖、泥河、天井湖，地名坐落杨儿港东北边，约有十里，（原）闸课米贰拾捌石贰斗贰升，舒胜一、余成、黄二共闸课米拾柒石伍斗四升，何兴（下残）课米壹拾柒石伍斗肆升。内有剩食湖"。则一甲共有两处"子池"，至少有二十一名业户，共同课米一百一十石二斗二升。又如，在"二甲麻铁解户刘朝一"条下，载有"子池：沙河、土墚、梓潭港，地名坐落中和乡"，下录明受四等十八户户名及其各自课米若干；然后又记另三处"子池"，各有二、四、四名业户，分别课米若干。则二甲当共有三处"子池"、二十六户。在《顺治四年黄冈零残湖赤历甲册》之后，有一份"黄州府黄冈县广安乡零残湖河泊所业甲"李遵（五十岁）的供状。②李遵称：

洪武年间，曾祖李宗杰，与在官刘皋即刘重三、张继祖、黄荣、汪朝俊（未到）、胡兴六、叶茂春、刘朝一、陈兴、汪聪、胡胜三、陈四、汪伏、二船张七、刘兴、陈受（并逃移）、戚子旻、卢佑、郑旺共贰百贰拾壹户，俱闸充本所业甲各一名。本所额办干鱼捌百伍拾叁斤，额定未到业甲马兴隆等壹拾捌户管办；又闸熟铁叁千柒百贰拾伍斤陆两肆钱，每斤额征银一分五厘，共银伍拾伍两八钱八分二厘；线缪八十八斤，每斤额征银七分，共银六两一钱六分；黄麻叁百六十柒斤，每斤额

---

① 本件文书中所说之"原"当是指洪武时情形，"见存"当是指顺治四年重定赤历甲册时的情形。

② 此项供状颇多舛误，不能通解，幸档案中有两份同一供状的抄件，我们据之校补，得大致可读。本文所引，即为校补后的文字。"李遵"，另一份抄件作"李尊"。本件文书残缺不全，末尾已佚，故没有明确纪年。然内中提及嘉靖十年（1531）"前项麻铁料银轮该遵户收解" "嘉靖十三年奉文" "嘉靖十六年前项麻铁钱粮又轮"及"本年十月内赴巡按老爷杨处告"等，故推测当系于嘉靖二十年前后。

征银二分二厘,共银一十四两零二分五厘;白麻二百斤,每斤额征价银三分,共银六两。通共征银八十二两七钱六分七厘,额定遵与吴兴六等二十六户名管办。又闸子池课米轮流征解。又闸府钞银二十七两二钱六分,额定刘皋兴、胡胜三等七户额于长江百业办解。遵祖闸子池驼坑、尹家圫、杨家涝等处,议课米一十五石;张继祖闸长港、红莲坑等处,议课米三石柒斗;黄荣闸莲湖港、沙湖等处,课米二十四石;刘重三闸新生洲、江套,课米三石五斗;吴兴六闸万子湖等处,议课米六十四石八斗;陈兴闸小长河腹内圫等处湖,议课米一百五十四石六斗;叶茂春闸扬子圫、香子汊等处湖,议课米叁拾伍石;刘朝一闸走长沙河七里、泙东流湖、黄家汊等处,议课米一百一十三石。(下略)

李遵列举的洪武间闸充零残湖河泊所业甲的户名中,有"叶茂春",亦见于上引洪武甲册所列花户名单,为一甲中的第一户;一甲中又有"李原吉",或即李遵所称的曾祖"李宗杰"。然则,其时曾充零残湖河泊所业户者共有二百二十一户,而承办干鱼、熟铁、府钞者合计为五十一户,则此五十一户,以李遵之例推之,皆当为"业甲"。

湖北省档案馆另藏有一份《万历十七年金东西水鱼鳞册》(抄件),[①]原系武昌府江夏县金口垱河泊所"为改编湖课以征干鱼□□鱼鲊钞银事"上报而编制的,内称:

> 切照本所西水总先年十八总业甲,□□应□□户陆续逃亡,湖业荒芜,钱粮累及当在业甲,[今](无)凭大小业户公同议论,逃亡豁除,活存实派,湖池柞场罾□就分管。现征实在稞米五百四十六石贰斗五升,每石派银一钱七分五厘四毫。量户分载,照米铺银。编立四总,共计一十贰名。四名承应一年,各依册定银米数目,各收各解,永为定规。自今十七年为始,已后轮流征解,毋致混乱。理合造册,顶立册者。

其下先录"西水总实征"稞米(五百四十六石贰斗五升)、干鱼(银九两

---

① 湖北省档案馆藏《湖北省高等法院对蒲圻县民王明新、余新祥等湖地共有权纠纷案的判决,1948》,附录,《万历十七年金东西水鱼鳞册》,LS7—2—302。

五钱八分七厘四毫五丝七微五尘）、鲊鱼（银九两八钱九分七厘）、钞银（十一两八钱一分七厘）、麻铁（银六十四两五钱七分二厘三毫九丝）之数；然后录四总十二业甲、业户之名及应承稞米数目，其格式是先载明湖池水域之所在及其四至，后录在此湖池范围内取鱼为业的业甲、业户及其稞米之数。如：

一、额办稞湖董塘池（外白石赛作官湖），东至八（下残）鹅公矶为界，西至岳家边为界，北至□山（下残）。

业甲一名：邓李毕。

一户邓朴，顶桂文兴，稞米五石七斗。

一户李春乔，稞米十石。

一户邓兴效，顶尹金予，稞米十贰石。

一户毕尚学，稞米一石九斗。

（下略，共十二户）

以上各户入董塘池取鱼，共办稞米五十九石八斗，该麻铁银十两五钱九分五厘。

"业甲邓李毕"之名，显系邓、李、毕三氏之合称（十二业甲之目，多以此种方式命名）；而"邓朴顶桂文兴""邓兴效顶尹金予"，说明户名已有改变，桂文兴、尹金予既为编改前之户名，则可推知此业甲在编改前并不称为"邓李毕"，它不过是此十二业户（编改前未必为此数）共同拥有"入董塘池取鱼"之业的名头。据上引黄冈县零残湖之例推测，它可能最初是某一实在的渔户。每一业甲名目之下，皆有业户两户至十四户不等（"业甲邓李毕"十二户，"业甲杨李王"九户，"业甲王清谷"五户，"业甲张陈何"二户，"业甲汤曾徐"八户，"业甲姚李王"六户，"业甲吴任毛"十四户，"业甲王钦宋"四户，"业甲何汤甫"五户，"业甲聂鲁朱"五户，"业甲何李龙"五户，"业甲龙吴高"五户）；每三个业甲又编为一总，"轮流应役"。

同卷宗另附有一份《万历二十七年八月初九日给金东西水稞全册》，其格式是先于各业甲名下载明"额办"湖池水面及稞米数额，然后录各业户名目及其稞米数，与《万历十七年金东西水鱼鳞册》的格式不同，而与上引黄冈县零残湖河泊所的《洪武赤历甲册》格式大致相同。其卷首称：

> 湖北武昌府蒲圻县民公议合同约人杨俊卿、邓李毕、聂何龙、吴任毛、张陈何、姚王李、汤曾徐、王钦宋、何汤甫等祖，充江夏县金口垱业甲，额总稞米壹千三百石有零。[嘉]（加）靖四年，编立壹拾捌总。至万历十七年，人户陆续逃绝，钱粮拖累，官民比并，任官黄河泊票拘通总业民到所公议合约，开除绝亡，实在稞米五百四十石有零，比例改编一十二总，至今无异。内有杨俊卿项下朋户李祥甫近时逃亡，累及俊卿，于廿七年八月内有卿具告本县王太爷，蒙准行拘各业甲中证到官审理，断令仍将原米五百四十石有零赏押外，议写分关，造册一本，请印存图，以后一十二总永远遵守，每年四名轮流，照旧应役。

则知杨俊卿等之祖本为蒲圻县民，"闸充"江夏县金口垱河泊所所属"业甲"；嘉靖四年（1525）编立为十八总及万历十七年（1589）编改为十二总，仅为轮流应役之制，而"业甲"之编排则当在此前就已存在。此件《金东西水稞全册》及上引《金东西水鱼鳞册》均攒造于万历年间，然其中关于"业甲"之记载当反映出明前中期制度的部分真相。而据此两件文书，知若干"业甲"（在万历十七年编改后的制度中，是三个业甲）又编为一"总"。此种合若干业甲为一总的编制，不见于黄冈县零残湖河泊所的赤历甲册。然上引王光裕《七所鱼课说》提及"逐年业总，不过一二人"；万历间潜江知县朱熙洽在《又请清渔粮详文》中说："据各业总开造旧额、新买人户姓名、粮石数目及坐落地名册籍。"① 其所谓"业总"，当即"业甲之总"，亦即金口垱河泊所西水业甲所编之"总"。若所说不误，则河泊所渔户之编排在"业甲"之上，又有"总"的编制，形成"总-甲"二级。然上引《金东西水稞全册》又将西水十二业甲称为"十二总"（据此推测，所谓嘉靖年间的十八总，也当是指十八个业甲），似乎"甲"即同于"总"，盖"甲"仍为渔户编排之基本单元，而"总"只在轮役方面发挥作用。

综合上述材料，大致可以认知：明前期，湖广地区诸河泊所对所辖河湖水域与渔户曾攒造《水鱼鳞册》与《甲册》，并将渔户编排为"业甲"。

---

① 康熙《潜江县志》卷三《舆地志》，"乡区"，《又请清渔粮详文》，第49页。

"业甲"各领业户若干（一甲初编时有十五户），以全"甲"为单元或以"业户"身份闸领湖池水域、承办诸色鱼课；然后再由各甲所属之"业户"共同使用所领湖池水域，分担课米。黄冈《刘氏宗谱》卷首《业甲序》云："业甲者，业渔以供国赋也。甲有八，我居其一。八家同业，是业私以营生，公以裕国。"① 然则，"业甲"的首要含义在于"同业"，即若干户共同拥有同一份"产业"（湖池水域），是以"业"（"湖业"）为基础编成的"甲"；被称为"业甲"的户不过是同业诸户的代表，同时也是承办诸种鱼课的"户名"（当然，由于实行轮役，代表本甲应役的业户都可能称为"业甲"，所以，每个业户都可能轮作"业甲"）。因此，黄冈县零残湖河泊所所谓"洪武年间赤历编定甲册"的"甲册"，实为"业甲之册"，即记载以"业"为基础编成的"甲"的簿册。它应当是河泊所"赤历"的核心部分，或许王光裕所说的"赤历"就是这种"甲册"。它与万历二十七年《金东西水稞全册》均以"业甲"领湖业，以"业户"系于"业甲"与湖业之下，与黄册里甲编排之原则大致相同。万历十七年《金东西水鱼鳞册》则以湖业为纲，各系以业甲、业户若干，与田土鱼鳞册的编制原则大致相同。由于今见文书实为后世抄本，已无以窥知其本来面目，然借此仍可得知：河泊所控制河湖水域与渔户的基本方式，当是以业甲闸办湖业、承纳课役，并由业户轮流应役，而将业户组织编排起来的基础，乃是同一"甲"的渔户拥有"共业"。盖河湖水域不便如田地那样分割成小块、各归田户，只能由若干渔户共同拥有一片水域，从事渔业生产，遂成为同甲业户之"同业"；②而官府既侧重于征科诸色鱼课（包括解送之役），故"同业"各户合立为一"甲"，轮流承办鱼课。

河泊所攒造的"甲册"既然以业甲领办湖业为基础，则与以人户为基础的黄册里甲，在编排原则上并无根本性差别。然则，这些编入赤历册、由河

---

① 黄冈《刘氏宗谱》卷首《业甲序》，民国三十五年，藜照堂刊本，武汉大学图书馆藏。

② 当然，在后来的演变过程中，业甲所属的湖业（特别是湖池已淤为洲滩，甚至围垦为田地后）逐步析为若干块，分由各业户占有，而同甲业户仍共有一块湖业。如据黄冈《刘氏宗谱》卷首《业甲序》记载，刘氏所属之"业甲"由八个业户组成，共有济泥湖、输车河两处湖业，"八家轮流管绍"，为"八甲之公所也"；而三店上之圩渠挡、赤土坡之铁杆称等处，则是"我甲之私管绍业"，亦即刘氏一户所管之湖业。显然，同甲共业，到后来演化为各户分占湖业、但仍保留一片共业的形态。

泊所领管的业甲、业户是否同时也会编入州县黄册里甲系统？如上所述，洪武初年，黄冈县的渔户梅琅是编入里甲系统的，洪武、永乐、宣德年间汉阳县闸办湖业的军户也当属于里甲系统。然上引李遵供状称李遵为"黄州府黄冈县广安乡零残湖河泊所业甲"，而未言明其所属里甲。这固然可理解为意在强调李遵在本案中的身份乃是"业甲"，也可理解为河泊所业甲（及业户）并未纳入州县里甲系统。在此件供状之前，有节单列的文字（并非供状之组成部分，可能来自河泊所的榜文），称："大小业户有奸顽霸占，许赴所呈告，以凭申究。"说明涉及业户领管水域、承办鱼课等纠纷问题，当由河泊所负责处理。嘉靖四年（1525），封国在常德府的荣王奏讨沅江河泊所鱼课作为王府"管业"，嘉靖帝允准，并"敕谕沅江河泊地方军民人等"，令沅江河泊所"其团坪等场村湖二十七处及腹内所载子湖并西南二江潭长河口岸缯网湖头、业甲人等，俱着本府自行征收"。①则在归属荣王府管业之前，凡此村湖及江河口岸的"缯网湖头、业甲"均归沅江河泊所管辖。嘉靖《汉阳府志》卷五《食货志》记永乐十年府、县黄册户，列为"军民匠等"；嘉靖十一年、二十一年黄册户，除军、民外，详列"杂役力士校厨鼓手水夫马站匠铺僧道文等"，并未及于渔户。在赋税类中，亦将"鱼课"（"湖课"）单独列出，独立于黄册里甲户所纳税、丝、粮、额办及税课局"额办商税"之外。②嘉靖《沔阳志》卷九《食货志》记洪武二十四年沔阳州、景陵县合计杂役户共有八百五十七户，③其时二州县共有三十一处河泊所，这些"杂役户"当不会包括河泊所领管之渔户。直到清初顺治年间，沔阳州编审人丁，曾将"渔田人户"编入"加增人丁"，"附载粮里"，而府、司批为不合，令将"渔丁各归各所"。④凡此，似都指向明代沔阳州渔户的籍属纳课应役，与黄册里甲户的籍属田粮应役一直分属不同的系统。黄冈《松湖陈氏宗谱》首卷《夏部·凡例》载："本族里长名陈得。樟松湖大

---

① 《嘉靖事例》，《议驳荣府鱼课》，《北京图书馆古籍珍本丛刊》，影印本，北京：书目文献出版社，1988年，第51册，第183页。

② 嘉靖《汉阳府志》卷五《食货志》，第1—31页。

③ 嘉靖《沔阳志》卷九《食货志》，第1—2页。

④ 光绪《沔阳州志》卷四《食货志》，"户口"，《中国地方志集成·湖北府县志辑》（据光绪二十年刻本影印），南京：江苏古籍出版社，2001年，第47册，第130—131页。

业甲名陈什一、什二、什三，明万历中回粮里。湖课繁冗，通计户口，厘为一分、二分、三分均当，房分未免参错。今图依二世祖列为孟、仲、季三房，粮里湖课，悉遵旧例。"①陈什一、什二、什三本为樟松湖河泊所管领的业甲之名（户名），万历间"回"入"粮里"，说明他们本来属于"粮里"（黄册里甲），"闸入"河泊所之后即不再属于"粮里"。这也从侧面说明河泊所业户不属于黄册里甲系统。

上引嘉靖中李遵供状中提及洪武间零残湖河泊所共闸入业户二百二十一户。南直隶池州府明初设有八处河泊所，原额二千一百零三户，平均每所有二百六十三户；②江西九江府湖口县逆沙夹河泊所明初洪武间额定渔户一百八十四户。③若以每河泊所领有渔户二百户计，明初汉阳、汉川、沔阳、景陵四州县境内置有四十一处河泊所，当有渔户八千余户；而据嘉靖《汉阳府志》卷五《食货志》与《沔阳志》卷九《食货志》的记载，明前期四邑黄册户数在一万八千户上下，④则渔户约当黄册户数的二分之一弱。换言之，估计江汉平原诸州县河泊所管领、编入"甲册"的渔户，可能占全部著籍户（包括州县黄册户与河泊所"甲册"所载的业户）的三分之一左右。

需要说明的是：编入河泊所"甲册"或"水鱼鳞册"的业户，未必就是实际的渔户。在《万历十七年金东西水鱼鳞册》中，见有邓李毕、杨万乔、杨李王等业户之名，且有两个或三个人名共有一个户名者（如"一户：吴有望、张天信"；"一户：彭恩、汤万德、李禄"），说明这些"业户"也仅是户名，可能由若干渔户共有一个户名。这些编入河泊所"甲册"或"水鱼鳞册"的业户，也可能同时就是黄册里甲户。上引王光裕《七所鱼课说》述及明初曾命"军户"闸办湖业，这些军户当然是黄册里甲户，但当他闸办湖业、承办鱼课时，也可编入河泊所的"甲册"以纳课应役。这样，闸办湖业的军户即当具有双重身份。永州府被强迫"闸湖荡"的"编氓"，可能也是

---

① 黄冈《松湖陈氏宗谱》首卷《夏部·凡例》，民国十六年刻本，武汉大学图书馆藏。
② 《明英宗实录》卷七四，正统五年十二月甲午，台北：历史语言研究所，1964年，第1446页。
③ 嘉庆《湖口县志》卷五《食货志》，"渔课"条，嘉庆二十三年刻本，第7页。
④ 以永乐十年为例：本年汉阳府黄册户军民匠等共6340户（嘉靖《汉阳府志》卷五《食货志》，第1页），沔阳州为7475户，景陵县为3611户（嘉靖《沔阳志》卷九《食货志》，第1—2页），四邑合计为17426户。

如此。在这种情况下,河泊所"甲册"中的业户与黄册里甲户之间可能有诸多交叉模糊之处,从而为里甲户"变身"为渔户提供了可能(见下文)。当然,凡此被"闸"入河泊所的业户,并非皆以渔为业,此点为所周知,无须赘论。

三、明代江汉平原大部分新垦垸田及垸民未入或未完全纳入版籍

嘉靖《沔阳志》卷八《河防志》记沔阳州垸田开发之进程甚悉,谓明初"江汉既平,民稍垦田修堤",其"时法禁明白,人力齐壹,堤防坚厚,湖河深广。又院少地旷,水至即漫衍"。则知当时垦田修堤之"民"受"法禁"约束,是被编入黄册里甲的;而"院少地旷",说明编入里甲的垸民并不多。至成化以后,围垸不断增加。嘉靖《沔阳志·河防志》说:

> 其后,佃民估客日益萃聚,闲田隙土易于购致,稍稍垦辟,岁月浸久,因擅为业。又湖田未尝税亩,或田连数十里而租不数斛,客民利之,多濒河为堤以自固,家富力强则又增修之。民田税多徭重,丁口单寡,其堤坏者多不能复修,虽院必有长以统丁夫、主修葺,然法久弊滋,修或不以时,故土未坚实;丁夫或非其数,故工尚卤莽。夫院益多,水益迫;客堤益高,主堤益卑,故水至不得宽缓,湍怒迅激,势必冲啮,主堤先受其害。由是言之,客非惟侵利,且贻之害也。①

在这里,"客"所围垦的湖田与"主"所耕种的"民田"相对应:湖田不"税亩",即不纳田赋,"或田连数十里而租不数斛","民田"则"税多徭重";民垸(主堤)丁口单寡,堤工粗率卑下;客垸(客堤)则坚固高大,且为数众多。显然,"客"及其"湖田"未入图籍,即未被编入黄册和鱼鳞册,其所纳之"租",当即鱼课(湖课)。同书卷九《食货志》末童承叙论云:

> 沔地洼泽钟,故岁恒凶;频歉少穰,故民恒瘠。然湖多易淤,土旷易垦,食物旋给,他方之民萃焉,而江之右为甚。强者侵产,弱者就食,故客常浮于主。然客无定籍,而湖田又不税亩,故有强壮盈室而不

---

① 嘉靖《沔阳志》卷八《河防志》,第3页。

入版图、阡陌遍野而不出租粮者。民丁口单寡，田地污莱，则至于鬻妻子、死桎梏而不能免也。……或谓民无两籍，地无两赋，客之系，非不曰某郡县也；湖之租，非不曰某河泊也。不知既已树桑梓、开圳亩，尚可泥于乡土、同于湖泽乎？况彼籍易窜，此籍易匿，湖租常少，田租常多，变移生死，规避重轻，其弊岂一日之积哉？夫无籍游民也，无税闲田也，二者惟沔为多，而其增其杀、兴利湔弊，非良有司莫能调停矣。①

据此可知：（1）沔阳州的外来移民较多，其来源以江右（江西）为最。（2）客民多未入籍，或仍系以江右旧贯，或脱籍而成为游民；因未入籍，故亦无徭役。（3）客民围垦的湖田（垸田）多不税亩，即不纳田赋；偶有征科，亦止纳"湖租"，归入河泊所系统，而实际上这些进入湖区的客民"树桑梓、开圳亩"，即已围垦垸田，并非居于湖泽之上的渔户。

这种情形，在明中后期的江汉平原诸州县，均相当普遍。万历《承天府志》卷六《风俗》谓承天府各县"佃户多流徙，轻弃其业，桀黠好讼，欺凌主户；而豪贵之家，弱肉强食，法所不逮。……地多异省之民，而江右为最，商游工作者，赁田以耕，僦屋以居，岁久渐为土著。而土著小民恒以赋役烦重，为之称贷，倍息而偿之，质以田宅，久即为其所有，以故公逋日多，而民亦日贫"。其钟祥县"频年民困征输，习俗狡伪，避徭畏罪之徒，争投皇庄之佃，动梗约束；小民复产去粮存，土户凌于客户"；潜江县"田多者皆流寓豪恣之民，土著反为佃仆；奸民享淤田之利，而愚朴贫弱者有赋役不均之叹。盖王府之占田、军□屯地错处其中，民之受累极困矣"；沔阳州"顷年湖多淤为膏腴，而各藩奏请为业，士夫之有力者亦从而强占之，民无所得利，而黠者又以已业跳入其中，赋日逋而民亦日贫"。②那些拥有大量田产的豪恣之民乃是"流寓""奸民"，显然多未入籍；其所有之田，也大抵多未征科，故贫弱者才"有赋役不均之叹"；至于各藩占田及王庄上的佃户，更不可能纳入州县官府的征科范围。康熙《潜江县志》卷三《舆地志》"乡区"录万历五年（1577）知县朱熙洽《又请清渔粮详文》云：

---

① 嘉靖《沔阳志》卷九《食货志》，第17—18页。
② 万历《承天府志》卷六《风俗》，"潜江县"，第99—101页。

> 渔粮之设，各该州县湖池多者设河泊所，而邻境州县湖池少者以其稞就近附于各所。本县地界窄狭，湖池间杂，西南则递江陵县倚北湖河泊所，东南则递监利县分盐河泊所，正东则递沔阳州剅河河泊所，东[北]（南）则递景陵县葫芦三湾河泊所，岁有常稞，载在赤历。但稞虽属于各所，其地皆在本县腹里，强有力者据为己业，享利无穷。且自夜汉水浄之后，地名三湖一带淤成膏腴，一望漫弥，莫知顷亩，而粮不满数石，民心因已不平矣。且乘便置产，专务便宜，买者非轻粮不收，卖者非轻粮不售。贫民追呼救急，则以秋粮捏作渔粮者有之；豪强肆为巧诈，则以渔粮罩占民田者有之；甚至田在腹内、冒名渔田，而秋、渔二粮两无输纳者有之；借以业甲包占民田、而逋户粮差全然不办者有之。是以田连阡陌者无担石之粮，而贫无立锥者多倍赋之苦。①

则潜江县河湖渔户亦皆曾攒造"赤历"，"岁有常稞"，而至万历初年，原先交纳湖课的河湖水域实已多淤为平地，特别是三湖一带（在今潜江市南境），已围垦成膏腴垸田，却仍然按旧额交纳湖课，而居于其间的民众也仍被列入渔户，编为"业甲"。不仅如此，还有很多豪强以"业甲"为名，包占民田，或将民田冒称渔田（纳鱼课之田），从而将户籍改作渔户业甲，民田改作湖产。朱熙洽又述及潜江县白龙湾有何七老没官田一千八百余亩，"土民"徐京告领前田，出办鱼课一百二十石；又有潜江县民曾本洪等买有沔阳州剅河河泊所渔田，谢勤、张伏善等买有沔阳州剅河河泊所、监利县分盐河泊所湖池，其地都在潜江县腹内，仍照纳鱼课。这些材料都说明：很多湖泽被围垦成垸田后，仍照旧交纳鱼课，而未升科纳赋；原编为河泊所业甲的渔户也未转为军民籍，编入州县黄册里甲，更遑论渔户因其特殊的流动性，在编排渔户业甲时即多虚捏隐匿了。

如所周知，自明初以来，即有大量主要来自江西地区的移民进入江汉平原地区，成为垸田围垦的主力军；原居于河湖水域及其周边地区的大量渔户，也是围垦垸田的重要力量。但在江汉平原大规模围垦垸田的过程中，大部分新围垦的垸田并未升科纳赋，纳入田赋征科系统；垸田开发的两大主力军——客民与渔户，大部分也未随着垸田的开垦而被编入黄册里

---

① 康熙《潜江县志》卷三《舆地志》，"乡区"，《又请清渔粮详文》，第48页。

甲。①换言之，大规模围垦的垸田以及围垦垸田的客民、渔户，大部分均未入或未完全纳入版籍。虽然大量客民不断进入江汉平原各州县，渔户也相继上岸，但官府所掌握的民户数量却不升反降，官府控制的田地也只有很小幅度的增加（参见表6-2）。对此，论者多归因于里甲制度的破坏乃至崩溃，但很多州县的户口数在洪武二十四年大造黄册之后，到永乐元年（1403）第二次大造时，即有相当幅度的下降；至永乐十年第三次大造时，下降幅度更大。里甲制度的破坏何以如此容易而且迅速？我们认为，就江汉平原诸州县而言，问题的关键乃在于，黄册里甲在编排之初，即未能包括散处平原湖区的渔户、客民，也未全部包括他们围垦的垸田；随着垸田开发的不断深入，客民、渔户这些垸田开发的主力军固然大部分未被纳入或未完全纳入版籍，原已编入里甲的土著老户也纷纷进入湖区，加入围垦湖垸的行列，从而脱离了其原来的里甲，所以官府控制的户口遂越来越少。

表6-2 明前中期沔阳州、景陵县著籍户口田亩的变化

年代	沔阳州		景陵县	
	户数	田地（亩）	户数	田地（亩）
洪武二十四年，1391	7572	394106.2	4702	389554.4
永乐元年，1403	-97	+37212.5	-1091	+3113.9
永乐十年，1412	-217	+37662.5	-760	+13899.9
永乐二十年，1422	-324	+38716.5	-576	+2948.9
宣德七年，1432	-407	+38716.5	-500	+11896.1
正统七年，1442	-496	+45127.6	-1543	+35817.0
景泰三年，1452	-640	+47897.9	-1544	+14576.4
天顺六年，1462	-651	+48982.4	-1357	+33669.2

① 据正文所引嘉靖《沔阳志》卷六《提封下》及万历《承天府志》卷五《乡市》所记，知明中期沔阳州、潜江县均有将附籍客民编为新增里之举，说明也有部分客民被编入里甲，但其数甚微。

（续表）

年代	沔阳州		景陵县	
	户数	田地（亩）	户数	田地（亩）
成化八年，1472	-587	+ 49754.73	-791	+ 11297.57
弘治十五年，1502	-1389	+ 51023.315	缺	缺
正德七年，1512	-829	+ 51118.815	-790	+ 11297.57
嘉靖元年，1522	-520	+ 51132.775	-496	+ 13268.1

资料来源：嘉靖《沔阳志》卷九《食货志》，第1—7页。说明：表中"永乐元年"以下各栏户数、田地数均是与洪武二十四年数的差额。

族谱材料为我们提供了客民移居江汉平原数代之后，仍未纳入版籍的实际例证。沔阳《刘氏宗谱》卷六四《恒产志》载：

> 昔我祖之始来此土也，当明季开创之初。汉沔间陈氏乱后，人民鲜少，沔阳之〔南〕（北）境有大湖，东南际江，北距汉阳，我祖自〔江西〕（西江）来泛此湖，爱其水清鱼美，领其地于官，标竿以为界，周回数十里，择其地势少高者而宅焉，今王家沟是也。天顺朝始附籍纳税，乃招集渔户而收其稞以自给。……万历末年，始建圩田之议。圩田者，围湖为田，与水争地。圩田成而吾宗日以贫，产日以鬻，以至于今，而子姓之贫无撮土者，十盖五六也。考初建圩田时，新胜院最先，芦白、芦花次之，常熟、硬堝次之，大有院次之，乐耕院最后。新胜院田约八千余亩，堤约千丈；芦白、芦花两院田约三千亩，堤约六百余丈；大有院田约千余亩，堤约五百余丈；乐耕院田约万亩，堤约三千余丈。①

沔阳刘氏于明初自江西迁居沔阳，居于湖侧王家沟，"标竿以为界，周回数十里"，显然是指湖泽，故族谱所称"领其地于官"，实际上当是包占湖泽。至天顺（1457—1464）间始"附籍纳税"，"招集渔户而收其稞"，

---

① 沔阳《刘氏宗谱》卷六四《恒产志》，民国三十七年续修本，湖北省仙桃市档案馆藏。

是刘氏以包收鱼课形式闸办湖业，其所附之"籍"当系河泊所领管之"业甲"。至万历以后，刘氏渐次筑起新胜、芦白、芦花、常熟、硬堨、大有、乐耕等垸（在今仙桃市东南境），拥有垸田二万余亩，然所纳大抵仍为鱼课，并未真正入籍纳赋。显然，刘氏利用了河泊所"业甲"闸办湖池、承纳鱼课的制度规定，以渔户"业甲"的身份占据大面积湖泽水域及其周边，然后加以围垦，逐步发展成为"阡陌遍野而不出租粮者"（刘氏盖仅出少量"湖租"）。

汉川县南湖林氏的"发家之路"与沔阳刘氏大致相同而稍为曲折。民国《汉川南湖林氏宗谱》卷一七《杂编》下载：

> 元末兵戈四起，川沔一带烟火寂然。明洪武间，土旷赋悬，听客户插草立界，孙曾世守，军民两差并征，是称"闸业"。名额不一，则或承充世职，或备具战守，或输挽漕粮，或调赴边塞应伍。……吾祖避家难，承管闸业居此，别以在官军人尹章在卫顶伍，置南湖膳田八石、柴山一段供应差务。万历年，军人应隆等自卫陆续回籍，索取军装，又照分重派，给军人在卫买田、制装，以省往返。崇祯五年，付军人外甥龚成代解。自后，中原多事，戍差除免，惟运军转漕如故，其民差则以里甲别之。吾族闸办湖河，坐落税务口，各处地界宽广，初当网课米税，隶沉下湖河［泊］（北）项下，朋附鸡鸣里六甲尹姓完粮。①

明初尝允许（"听"）客户"闸业"，"插草立界"之事，不见于官书记载，应属于民间的述说方式。林氏始迁祖所"闸"之业，本属湖河，隶沉下湖河泊所下交纳鱼粮（湖课），是河泊所管领的"业户"。但他又以"在官军人尹章"的名义"在卫顶伍，置南湖膳田八石、柴山一段供应差务"。尹章盖即下文所谓"鸡鸣里六甲尹姓"的户名，应属于军户。则其时林氏盖以"尹章"户名应承军差，复作为河泊所"业户"闸办湖业，而"地处宽广"的湖业方为其"发家"之基。林氏兼有两种身份，既以"尹章"户名纳赋当差，获取编户权利；又以河泊所闸办湖业名义，占据大量湖产，并围垦成垸

---

① 《汉川南湖林氏宗谱》卷一七《杂编》下，民国四年刊，七修本，汉川县田二河镇白果村林丑才先生家藏，第9—10页。

田。万历三十一年（1603），勘明南湖垸内田地有三万七千余亩，林氏据有其中的大部分。①可以想见，在此之前，相当部分已开垦的垸田仍以湖产的名义交纳鱼课，并未与民田一体纳赋。

沔阳刘氏与汉川南湖林氏巧妙地利用河泊所"业户"系统与州县里甲户籍纳赋应役系统相对分离的"制度性空隙"，最大程度地获取自己的权利与利益，"强壮盈室而不入版图"或仅有部分纳入"版图"、"阡陌遍野而不出租粮"或少出租粮，应是明代江汉平原诸州县司空见惯的普遍状况。更有甚者，豪势之家利用以"甲"为单位"闸办"湖业以致河湖水域所有权不明的机会，巧取豪夺，将大片河湖水域据为己有。上引王光裕《七所鱼课说》述汉阳县七河泊所"汇造赤历，永为遵守"之后，续云：

> 不期时异事殊，法久弊生。除各子湖缒埠约帖顶补、业有定主、课有定额者不敢混淆外，其余水面，虽载在赤历，而人无定主，其邻近土豪，奸刁可摄小民，机变可乱成法，小民一堕计中，惟言是听，由是数十里河水悉归兼并之家。又贿嘱吏书，将原载数百石课米捏作"无征"。②

显然，由于河湖水域的产权不属于单个渔户，而为一"甲"所共有，故易为豪势之家所兼并。而豪势之家据有这些河湖水域后，更得利用其雄厚财力人力，开展大规模围垦，而所垦之田，自不列入征科范畴。

在明中后期的江汉平原诸州县，强占河湖水域最"强有力"的奸豪乃是王府及其代理人。明中后期，兴王、荆王、岐王、景王等王府通过受赐、奏讨、纳献、夺买、侵占等途径，占据了大面积的田地，其中相当部分就是所谓"近湖淤地""湖陂柴洲"。③嘉靖《兴都志》卷八《典制·礼仪》"庄田"项下记载，嘉靖前期，兴王府（王府在安陆府）共有庄田八千四百余顷，其中原属赤马野猪湖河泊所的"收租田地"约九百五十七顷，原属芦洑

---

① 同治《汉川县志》卷九《堤防志》，"南湖垸"，第228—229页。
② 万历《汉阳府志》卷五《食货》，附王光裕，《七所鱼课说》，第109—110页。
③ 参阅殷崇浩：《方志所见鄂境明代王庄及其危害》，《中国经济史研究》1988年第3期，第39—48页；张建民：《湖北通史》，第78—92页。

湖河泊所的"收租田地"一千一百五十七顷余。①二河泊所管领河湖区域已垦为"收租田地"者即高达二千余顷，在未入兴王府庄田之前，均纳鱼课。汉川县沉湖、安汉二河泊所，原征鱼课五百金，嘉靖中为景藩（王府在德安府）指为"淤滩"割占，共有田地湖洲二千五百八十五顷三十三亩。万历《汉阳府志》卷六《艺文志》录邑人萧良有《汉川安邑侯惠政碑记》云："潞藩之国，奏请景藩故业，其中贵更藉倚淤洲，波及粮地，割邑之红粮田归诸藩府，名曰王田。有司莫能抗，而势不得不以所未归诸府者补偿税额正数。"②是王府所割占者，不仅是河泊所管领的河湖淤洲，还包括部分民赋田（红粮田），本来承纳"红粮"的编户自也被割为"庄客"。

原属河泊所管领的湖池淤洲割给或"投献"为王府"管业"之后，原有鱼课与承纳鱼课之"业户"遂脱离官府掌握。乾隆《汉阳府志》卷十二《地舆·形势》录嘉靖二十五年立石之《汉口北课旧碑记》（"北课"当为"泊课"之讹称）载：

　　汉口基地，先该抚按衙门会议，查系江夏县民萧廷机始祖萧二承佃汉阳县三沦河泊所十八垱、蚁子马场湖南侧地土，西至郭师口，东至大江。天顺年间，民人张添爵等父祖在彼筑基盖房，每年认萧〔二〕（一）课银三分。成化年间，被武昌护卫军孙广、刑琏投献江夏王府，每年上岸基地一间收鹅二只，下岸一间收鸡一只。比时民因〔微〕（征）租，不会告争。弘治十年，又要加征课银，各民不肯认纳，孙广、刑琏转投献楚府，每年上岸一间征银三钱六分，下岸一间征银一钱八分。各民惧府势力，不能抗违。嘉靖四年，该府差已处决承〔差〕张庆等丈量出上岸张添爵等六百三十户，共房基一千零三十五间，每间每季该银九分，共该银九十二两一钱五分；下岸徐文高等六百五十一户，共计地一千零九十一间，每间每季该银四分五厘，共该银四十九两零九分五厘；李勤等七十三户新筑基地二百八十一间，每间每季征银六分，共银一十六两八钱六分；丁泰等二十户偏僻地八十间，每间每年征银一钱，共银八两二钱；王彦、李仕英二十一户，开垦园地一十一段，每年

---

① 嘉靖《兴都志》卷八《典制·礼仪》，"庄田"，国家图书馆藏缩微胶卷。
② 万历《汉阳府志》卷六《艺文志》，萧良有《汉川安邑侯惠政碑记》，第285页。

收银三两五钱八分。通共每年该银六百四十七两。①

该志下录顺治十八年湖北巡抚与汉阳知府合署之榜文称："查汉口业甲萧廷机原系武昌府江夏县籍，先朝承本县三沦所湖课钱粮，管收基地湖业等项"；②上引《碑记》又谓："前项基地天顺年间民居始盖房屋，洪武年间无由拨给"，则萧廷机之祖当在洪武间既已闸办汉阳县三沦湖河泊所湖池，成为河泊所"业甲"。天顺年间汉口初兴，居民即向萧氏纳租。成化间汉口地方被"投献"给江夏王府后，即由王府征收地租。至嘉靖四年，据张庆等丈量清查，汉口地方已有民户一千三百九十五户，建有房屋近二千五百间，开垦园地十一段，而凡此土地户口均不属汉阳府汉阳县或武昌府江夏县掌握，径由楚王府派人丈量清查、征收租银。

然而，当承办湖业的"业户"兼具里甲户身份时，情况就要复杂得多。上引《汉川南湖林氏宗谱》卷一七《杂编》下续云：

> 嘉靖三十六年，由官派设户长，督理房长什役，通族丁粮派算均一。除戍差照旧外，什役加增，津贴本户，帮贴甲户，帮银酌给。开征期近，房长传知，上门三次；开完，指名呈送。若奉府县拘唤，什役引赴该户，勒令到官。其民壮、月夫、水夫、马船，通甲轮应，乾驿交卸。景府事件，亦系通甲分焉。旋复拨充潞膳，珰监需索更甚。③

所谓"通甲"，当指"鸡鸣里六甲"全体民户；"景府事件"与"潞膳"，皆当指祗应王府租课差役。盖鸡鸣里六甲本来"通甲轮应"里甲户应充之民壮、月夫、水夫、马船诸役，后因使用"尹章"户名的林氏同时承办湖课，故沉下湖河泊所割给景府管业之后，复由"通甲"分担"景府事件"与"潞膳"。而鸡鸣里六甲"通甲"民户之所以愿意分担本由林氏承办的湖课，盖其时六甲全体民户已随林氏一起，拨属景王府王庄（后又归潞王府）。换言

---

① 乾隆《汉阳府志》卷一二《地舆·形势》，"汉阳县城郭坊镇"，《汉镇形势说》，《中国地方志集成·湖北府县志辑》本，南京：江苏古籍出版社，2001年，第1册，第129—130页。

② 乾隆《汉阳府志》卷一二《地舆·形势》，"汉阳县城郭坊镇"，《汉镇形势说》，第131页。

③ 《汉川南湖林氏宗谱》卷十七《杂编》下，第10—11页。

之，本属里甲户的鸡鸣里六甲民户，在这一过程中"变身"为王庄的"庄客"，脱离了汉川县的里甲户籍系统。

当沉下、安汉二河泊所管领的河湖洲滩被割给景府管业之后，二河泊所即自行废置。按照规定，河泊所废置后，渔户当发回有司当差。①但由上引嘉靖四年谕令沅江河泊所所属"缯网湖头、业甲人等，俱着本府自行征收"及上述汉阳县三沦湖河泊所、汉川县沉下湖河泊所之例观之，其原管渔户"业甲"并未发回给有司，更未编入州县里甲系统，而是沦为王府的"私属""庄客"。研究表明，明中期以后，特别是正德、嘉靖间，江汉平原诸州县乃至湖广地区的河泊所渐次裁废，至万历年间几已裁革殆尽。②在这一过程中，原本属于河泊所管领、编组为"业甲"的渔户，可能有相当部分脱离了原有的河泊所"业甲"系统，或者沦为王府"庄客"，或者成为豪强佃户。当然，也有相当部分改由州县"带管"鱼课征纳事宜，其渔户则或被编入里甲册中（往往附于里甲册尾），③或仍保持其渔户身份，而未散入一般民户的里甲系统。④至于如上引黄冈《松湖陈氏宗谱》所见那样，"回"入

---

① 万历《明会典》卷三六《课程五·鱼课》，北京：中华书局，据1936年商务印书馆万有文库排印本影印，1989年，第258、265页。

② 尹玲玲：《明清长江中下游渔业经济研究》，济南：齐鲁书社，2004年，第303—306、389—400页；徐斌：《明代河泊所的变迁与渔户管理——以湖广地区为中心》，《江汉论坛》2008年第12期。

③ 同治《公安县志》卷三《民政志·田赋》（《中国地方志集成·湖北府县志辑》[据同治十三年刻本影印]，南京：江苏古籍出版社，2001年，第48册）录康熙三年荆州府颁《湖粮征正免杂榜示》称："本府确查湖粮名色，果有湖粮册籍，应附各里之后，征正免杂"，并规定"速将生员邹昂、毛翔云等湖粮一概编入各里九十甲之尾，征正免杂。仍严谕通县里书速行遵照"。其下录《旧志》按语称："公邑地处洼下，上田之外，则有湖河荡港，旧有河泊所官征纳鱼租，原无秋粮。今常、岳等府湖水止纳鱼税，盖犹仍旧制耳。独公邑以明末裁河泊所，附县征收，遂滥派秋粮，然犹附诸里甲之尾，名曰尾粮，止征条饷、南糟，不科经总徭役，仍与田粮有别也。国初仍然。迨顺治十四年，经承紊籍，将湖粮混入田粮册内，正供杂徭，概责均当。是以数年中，邑民凡有湖粮，无不破家者。"（第75页）然则，在河泊所废罢之后，鱼课湖粮即由州县代征，附于里甲之尾，而承纳湖粮的生员邹昂、毛翔云等显已具里甲户之身份。

④ 黄冈地区行政公署水产局编《黄冈地区水产志》（武汉：武汉大学出版社，1992年）录有民国十四年编成的《八十户注册》与《三修印册条例》二种，后者登载各渔户管理的水域范围及应纳鱼课数额等内容（第108页），与上文所述之明代河泊所"赤历甲册"格式大致相同，说明黄冈地区至少有部分渔户，直到民国时期，仍然保持其特殊身份，并未散入一般民户登记与纳赋应役系统。

"粮里"、成为正式里甲户者或并不多见，且必有其不得不然之故。

四、明后期的清田与垸田征科

大量已开发的垸田及居于其上的垸民溢出于官府的控制、以各种名目不纳或少纳赋役的现象，在明中期即已逐渐突显出来，上引嘉靖《沔阳志·食货志》末"史氏曰"即是明证。自成化至嘉靖间，沔阳州与景陵县均可能采取了一些措施，试图控制更多的户口、田地。表6-2中，沔阳、景陵二邑正德七年（1512）、嘉靖元年（1522）两个大造之年的册载户数、田亩数均较弘治十五年（1502）有程度不同的增加，很可能就是这种努力的结果。沔阳州的新增里或亦编于此时。潜江县在成化二年（1466）因流逋附籍增编五里，①均当是官府试图掌控新辟田地、户口的表现。至万历五年（1577），潜江知县朱熙洽更主持进行了一次大规模的清田。康熙《潜江县志》卷三《舆地志·乡区》录朱熙洽《清田记》云：

> 楚故多水患，而潜于楚，撮土也。襄汉会流，决口数四，已而浑沙渐积，湮没界址，民惟视强弱艺治，而田额紊矣。且渔湖徙入民田，渔稞轻，富者利粮之轻，非渔田不收；而鸷者亟于求收，则以粮田假渔田以售，即存粮不顾也。是以有田者无粮，粮多者尠田，而粮额又紊矣。又有王府太府官庄之田，显、承等卫籽粒之田，亘邑之中，十居三四。②

袁国臣《清田记》也说：

> 邑当汉下流，自嘉靖以来，汉水数涨，涨则田没而民徙，田没则经界淆，民徙则故业失，猾里豪右往往乘此蚕食之。渔田、屯田与民田犬牙错，而民田之税较渔、屯所输不啻十之七八。小民欲纾目前之急，率影射以售，以故阡陌其田者无升合之税，税至数十石者地鲜立锥，弊也久矣。③

---

① 万历《承天府志》卷五《乡市》，"潜江县"，第97页。
② 康熙《潜江县志》卷三《舆地志》，"乡区"，朱熙洽《清田记》，第47页。
③ 万历《承天府志》卷一四《艺文》，第270页。

所以，此次清田的重点乃是清理渔田，即将假冒"渔田"、交纳渔粮的田地重新归入"民田"，按民田科则纳粮；至于潜江境内的王府庄田、卫军屯田，则"因其旧勿籍制也"。其具体做法是"家各为丈，丈毕则受成于里；里各为丈，丈毕则受成于公正"。显然，此次清田仍然依靠基本已成具文的里甲体系，其目的也在恢复户口、田亩之旧额，使"里各为户，户各有籍"。① 同时，"照田均粮"，更粟地、渔田、民田三等为一则，"不分等则，一例起科"。② 这样，实际上是取消了"渔田"的特殊性，从而使新垦垸田不能再借"渔田"为借口不纳田赋。换言之，此前假"渔田"之名的部分垸田，可能通过这次清丈，被纳入官府直接控制之下，并在"不分等则，一例起科"的原则下，归入"民田"之列。在此后潜江县的田亩统计中，不再有"渔田"一目，就是证明。

潜江县的清田在万历八年十一月明政府下令全国清丈田亩之前，很可能是全国性清田运动的试验或先声。万历九年至十年间，江汉平原各州县都奉命开展了清丈田亩的行动。万历《承天府志》卷六《田赋》下载有承天府各州县"清丈过田地"与"今新开垦田地"数，其中新开垦田地数多迄于万历二十八年或二十九年，则其所记"清丈过田地"数必在此前。其中潜江县"清丈过田地"为205595.6税亩，与万历五年朱熙洽所清丈的1102270.3实亩按5.36148实亩折算1税亩后相差无几（差5税亩），应即指万历五年的清丈数；沔阳州"原清丈过田地山塘"约为20830顷，与光绪《沔阳州志》卷四《食货志·田赋》所记万历九年清丈所得"田地山塘水乡湖垱"数完全相同，说明万历《承天府志》所记沔阳州"原清丈过田地山塘"顷亩数即万历九年的清丈数。③ 康熙《景陵县志》卷八《田赋志》"田地"条下称："万历九年辛巳，奉例丈量，田地山塘上中下四则共计一万八千一百四十四顷二十五亩四分。万历十年壬午，拨出渔田上中下四则共四千六百一十一顷八十亩四分九厘，实存民田上中下四则共一万三千五百二十二顷四十四亩九

---

① 康熙《潜江县志》卷三《舆地志》，"乡区"，第46页。
② 康熙《潜江县志》卷三《舆地志》，"乡区"，刘垓《清田记》，第52—53页。
③ 万历《承天府志》卷六《田赋》，第102—107页；光绪《沔阳州志》卷四《食货志》，"田赋"，第131—132页。

分一厘。"①通过这些清田活动，官府控制的户口与田亩数均有所增加。万历《承天府志》卷六《民数》记潜江县"旧管军民杂役人户"为4103户，据康熙《潜江县志》卷九《赋役志·户口》所记，这一户数为朱熙洽清田后的万历七年数；"今届新人户"5547户（当是万历二十八或二十九年数），二十年间增加了1444户。沔阳州与景陵县的户口、田亩，较之嘉靖《沔阳志》所记嘉靖元年的户口、田亩，也都有所增加，特别是田亩数，增加了四倍余（见表6-3）。著籍户口数的稳步增加，与嘉靖以前的持续递减，形成鲜明对比；而田亩数的大幅增加，更说明官府对围垦垸田的控制大大加强了。

表6-3　嘉靖、万历间沔阳州、景陵县著籍户口、田亩数的增加

年代	沔阳州		景陵县	
	户数	田地（亩）	户数	田地（亩）
嘉靖元年	7052	445238.975	4206	402822.5
万历九、十年	8698	2083007.773	缺	1814425.4
万历二十年	8779	2083007.7	5696	1814425.4
万历二十八、二十九年	9333	2084307.7	5935	1815220.8
万历四十年	9729	缺	缺	缺

资料来源：嘉靖《沔阳志》卷九《食货志》；万历《承天府志》卷六《民数》《田赋》；康熙《景陵县志》卷八《田赋志》；光绪《沔阳州志》卷四《食货志·户口》。

因此，正是在自嘉靖至万历间官府不断通过清田、新编附籍里甲等手段，努力控制新垦垸田及在其上耕作的垸民的过程中，部分新垦垸田和垸民被纳入官府控制之下，成为征科田亩和编户齐民。上引民国《汉川南湖林氏宗谱》卷一七《杂编下》称："万历四十一年，从化公以朋当不便，愿以祖分丁粮仍留六甲公完，其余本身丁税、夏秋两税，另拨三甲，新立本姓户籍

---

① 康熙《景陵县志》卷八《田赋志》，第4—5页。

应差。"①盖林氏"祖分丁粮"本在六甲"尹章"户名下完纳,"本身"应承纳鱼课(随沉下湖河泊所割给景府、潞府后,承纳王府租课差役)。据万历三十一年林若企撰《范公南垸修堤碑记》,知大约在万历二十九年前后,南湖垸垸田(其地多为原沉下湖河泊所管领之湖泽)又归属汉川县,时任知县范士林对垸内里甲赋役征纳曾做过部分清理调整,"征粮则按季有单,每季清单具有成数","解粮则起运属官各行,扛解尽行蠲免"。②林氏在"祖分丁粮"之外另得有"本身丁税、夏秋两税",或即在此时。万历四十一年,林氏以"朋当不便",另于三甲(也当属鸡鸣里)下"新立本姓户籍应差"。林氏由河泊所"业户"兼具里甲户身份,到嘉靖三十六年加入六甲轮役,后以河泊所"业户"带同六甲人户割入景府,又于万历二十九年前后与六甲一起回归汉阳县里甲系统,再到万历四十一年新立本姓户籍,虽然有其家族自身发展的内在需求,但显然也与官府力图控制更多湖区已垦田地、户口的努力不无联系。嘉靖十一年(1532)汉川县著籍户数为1340户,万历三十九年(1611)大造,共有军户杂役户2546户。③显然,自嘉靖至万历,汉川县新入籍之民户较多。上引黄冈《松湖陈氏宗谱》所记樟松湖业甲在万历中"回粮里",即附入里甲户"陈得"户名之下,情形可能亦与汉川南湖林氏相似。但是,由于推行"一条鞭法"之后,赋役之征并为一条,随田均丁,计亩征银,"赋役一出于田",户籍在赋役征纳体系中的作用大为降低,④故万历以后的清田,并不同时伴随整顿里甲,更不包括检括户口,所以如汉川南湖林氏那样在万历后期新立户籍应差的事例相当鲜少;上引沔阳《刘氏族谱》所记之刘氏,虽已拥有二万余亩田产,却迄未入籍,就是明证。

五、"按田归垸"与里甲制的变质

如所周知,清初各州县编审人丁与税粮,仍是以里(图)甲为基本单位

---

① 《汉川南湖林氏宗谱》卷一七《杂编》下,第9—11页。
② 林若企:《范公南垸修堤碑记》,见同治《汉川县志》卷九《堤防志》,"南湖垸",第228页。
③ 万历《汉阳府志》卷五《食货志》,第113页。
④ 王毓铨:《明朝徭役审编与土地》,《历史研究》1988年第1期;又见《王毓铨史论集》,北京:中华书局,2005年,第708—738页。

的，催征钱粮、清丈田亩，亦仍多由里排、里书负责。就江汉平原诸州县来说，以久已破敝不堪的里甲体制为基础编审人丁、税粮，除通有之弊端与困难外，还有一个特殊的问题：前明王府庄田已尽改为民田（"更名田"），"一切税粮徭役率归划一"。然此前这些庄田上的"庄户"并未纳入里甲系统，其催租征科属于另一系统：在汉川县，原属楚藩、潞藩庄田的更名田，仍均由"区头"催租征役；①在潜江县，"明皇庄租亩荒多熟少，明时太府征收，租无一定，每亩或重至三四分，或轻则一二厘不等"。②至清初，既将庄田改为民田，势必调整差别巨大的赋役征科系统。故清初江汉平原诸州县清田均役的重心实际上在于将更名田（包括王府庄田和部分渔田）或升科，或改则，使之与民田一致，一体纳赋征役。

顺治十年（1653），潜江知县柯赓昌率先在潜江县进行"均平图赋"，以"（税粮）四十三石为一里，征输用官民细户单"，即按田粮编里甲；但其实对民田"有编审，无清丈，亩赋盈虚淆乱仍旧"。柯氏此次均平图赋的重心乃在"比照民粮例，将官、庄田地编派里甲，革除总小甲，为四十六总，每亩一则，摊租一分四厘"。③值得注意的是，柯氏所编的官、庄田地四十六总中，有九总位于潜江北境沔水北岸泗汊湖一带，称为"外九总"，原为皇庄庄田（在割入皇庄前属设在景陵县的葫芦三湾河泊所管领），包括九个垸（"外九垸"），九总恰好对应九垸，说明至少有一部分"总"是以"垸"为单位编制的。

柯氏的改革实际上将潜江县的赋役征科分为两个系统：原有的里甲系统与新立的四十六总系统。这种二元体制显然不能持久。顺治十六年（1659），知县叶臣遇遂更行"甲粮法"，"粮七石五斗编提甲首一名"，遂"增置甲首三千余人"，也是按田粮编里甲。然其法行之不善，"民大困，其为徭役害者，自豪赀势要，以至上下胥吏，皆避役之人，所寄坊厢册尾冒滥，免徭之粮尤甚。愚戆乡氓，子衿世胄，偏受毒累，一经里长，当年夫马解运无名外派，诛求靡宁日，必至卖产破家、死且徙而后已，流祸不可

---

① 康熙《汉阳府志》卷一《舆地志》，"里甲"，康熙八年刻本，国家图书馆藏胶卷。
② 康熙《潜江县志》卷九《赋役志》，"全书"，第167页。
③ 康熙《潜江县志》卷九《赋役志》，"全书"，第167页。

胜言"。①故至康熙四年（1665）即予革除。但问题并没有解决。至康熙八年，知县王又旦复主持清田平赋。康熙《潜江县志》卷三《舆地志·乡区》录黄里《清田记》记其事云：

> 区划疆理，检定户籍，土著者必核其人，逃亡者必详其地。原隰坟衍，川泽之污，体形惟肖，凡漏弓匿亩，改形灭等，析名诡户，摘发如响。乡以内，量度勾股之所及，有神明式之，如公之履亩而稽也。事既竣，择吏之能书计者若干人，扃置公廨，朝晡放衙，躬自编校：以乡规田，以田均亩，以亩定赋，里准于田，长准于赋。凡为乡者五，为里二十有三，而更坊厢之三为毕公里，以处荐绅之在城市者。②

重新编制的里甲，以四十石为一里，每里十甲，带辖尾二甲。显然，王又旦编制的里甲按田、赋编组，以田粮为中心，以人户从田粮。"里甲"之名称虽然仍旧，其性质却已发生了根本变化。

新编制的里甲既以田粮为中心，而潜江县的田亩绝大部分又在围垸之中，这样，垸遂成为新编里甲体系的基本单元。正因为此，至康熙二十三年（1684）禁革里排之后，"税粮按户随田，田归各垸，垸归各乡"，"乡图之名存而籍非旧矣"。③在康熙《潜江县志》卷三《舆地志·乡区》所记潜江县乡里体系中，则完全未记二十三里之详情，而径以"垸"系于诸乡之下。如其于"长乐乡垸田"目下即分记长堘一垸等共四十五处垸、洲，各垸、洲之下则详载其征科田亩，如长堘一垸有"民田三万一千三百二十亩五分九厘一毫，更名惠地一百四十五亩六分八厘三毫"。④显然，垸已成为赋役征科的基本地域单元。

这种按户随田、按田归垸、按垸归乡的赋役征科办法，在潜江县一直相沿使用。潜江市档案馆藏有清末至民国时期的太和乡实征底册两卷。第一卷封面左侧题为"太和乡实征底册，并毕"。中题"光绪拾柒年分"，旁有小字四行："实征。内凡做推收，或新立户柱，从中格起，转致下格，后至上

---

① 康熙《潜江县志》卷九《赋役志》，"全书"，第168页。
② 康熙《潜江县志》卷三《舆地志》，"乡区"，第55页。
③ 康熙《潜江县志》卷三《舆地志》，"乡区"，第37、47页。
④ 康熙《潜江县志》卷三《舆地志》，"乡区"，第37—46页，引文见第37页。

格。如三格均满，或挨同姓移前移后，另立户柱，不可粘搭纸条。特记。"右侧一行，作"垸湖流滩子垸，并毕芦、太平、福抵、黄中"。然则，第一卷所录为垸湖垸流滩子垸田赋征科的底册。每一户柱分为三格：首格列户名，旁注小字注明属绅户抑民户；第二格分列粮、艮（银）、米三项，其所添注之小字或有涉及民国年间者（最晚至民国三十六年），显系后来所添加；第三格多为添注。卷末一页总书有"二百七十五户"字样。第二卷为"砖淌外垸"册，册封与册页书写格式与第一卷基本相同，左侧第一行亦直书"太和乡实征底册，并毕"，中题"光绪拾柒年分"，右侧直书"砖淌外垸"四字。这两卷底册于光绪十七年（1891）造册，后相沿使用至民国时期。仔细研究这两卷实征底册，可以断定：直到清末民国时期，潜江县的赋役征科（粮、银、米）仍是以垸为单位进行的。

  清代潜江县里甲赋役体制的演变，在江汉平原诸州县中具有代表性。当然，各州县的变化过程与具体方式不尽相同。在沔阳州，顺治九年（1652），"粮渔归并，清丈田亩"，盖亦只有编审，实未清田。至康熙间，将渔田人户附载粮里之事均未能实施（见上文），更遑论更名田并入民田、一例征科了。乾隆《沔阳州志》卷三《提封·乡图》谓："沔地自明迄今，区分方域，编载田赋，粮田四十三里，渔田四十一所析为四十六总，又益以澧马所、潞楚福惠四藩租，足以尽沔之疆域。无何，区图紊乱，税图漏湆。"①则沔阳州在明末清初乃按粮田、渔田分别征科，其所分粮田四十三里、渔田四十一所（分为四十六总"业甲"，其时沔阳州境内大部分河泊所已废罢，"渔田"当即原由河泊所管领、交纳鱼课但实已开垦的垸田），也当是按照田粮编组的；仅存的澧马潭河泊所领辖湖泽和潞、楚、福、惠诸王府庄田则另有租课系统。至雍正十二年（1734），知州禹殿鳌始主持全面清丈平赋，于乾隆元年（1736）告竣，"丈出上、中、下、水乡菱塌、白水等项共田四万一千一百六十八顷九十一亩七分一厘四毫，内除神坛庙基、堤脚、义冢、官路、官地、学田、公沟等项五百一十五顷一十八亩四分五厘四毫不派饷米，实在五则田共四万六百五十三顷七十三亩二分六厘，较原额增出田一万一千五百五十一顷五十四亩三分一厘八毫三丝二忽七

---

① 乾隆《沔阳州志》卷三《提封》，"乡图"，乾隆八年刻本，湖北省图书馆藏。

微。豁除粮渔及更名诸目，分为五乡统之"。①禹殿鳌《清丈致同事各委官书》，述及清田之程序，谓："每临一院，五日前先谕六役，传集业户，发给册式，公同覆丈。号次不清者，令挨序编顺之；等则不确者，令速行改正之。……凡附近之院，度其大小，或十日以前，或一月以前，先为晓谕，亦无不可。……一临该院，按册查号，按号查则，使号无错乱，则无混淆，民情相安，众口如一，则此院之田无庸过疑，即令造明提户大总，核算无讹，以成信册。"②则知当时清丈田亩，是按垸进行的，每垸各造"提户大总"一册（即按户分立的总册）。不过，可能因为沔阳州疆域广阔，并未按垸归乡，而是以垸归里，复以里归图，以图归乡，即所谓"地有乡，册有里，田有垸，赋有则，合粮、渔一例均摊"。刘国佐《清丈录》详记此次清田始末云：

  吾沔本称泽国，淤沉不一，沧桑屡更，有昔本上粮而今为湖野，有向称荒塌而近成膏腴，完无田之差者所在多有，享无粮之土者不一而足。田之赖于丈、民之欲其清也，急急矣。……[雍正]壬子，汜水禹公简莅兹土……甲寅秋，遍察舆情，绘图请命，得邀俞允。于是分方设官，彻底澄清，公以一身总理。未及两载，旋告成功，版图一新。仍以沔五万一千五百五十六两有奇之额饷，均之通州四万六百五十三顷七十三亩有奇之地亩。昔之分为粮、渔者，今止作上、中、下、水乡、白水五则。……昔之粮、渔、藩租种种名色，经百年未改者，今悉削除，盖盛世之制度又为不可无因革损益之义也。昔粮饷之在甲者，不转瞬而移于乙，时增时减，惟凭里书业民之意。今田坐某院，饷即随之，初布晓单，亩数粮额并载，作间阎传家之宝。岁给催单，定限轮滚，示小民完纳之便，杜飞诡、免冤栽、省追呼也。③

"田坐某院，饷即随之"，即以赋随田、按田归垸。这样，沔阳州到乾隆初年，遂最终完成向按田、垸编里甲的转变，较之潜江县，晚了六七十年。在

---

① 光绪《沔阳州志》卷四《食货志》，"赋役"，第135页。
② 光绪《沔阳州志》卷四《食货志》，"赋役"，第146页。
③ 光绪《沔阳州志》卷四《食货志》，"赋役"，第148页。

禹殿鳌所编制的五乡二十图一百里中，乡、图、里实际上只用以表示地域单元，特别是因为百姓纳赋实行"岁给催单，自行投柜"的办法，"里"亦失去了催征赋役的功能，于是"垸"遂成为赋役征科的基本单元，举凡清丈田亩、晓单催单之派发、红簿（实征册）之编制、堤防之维修，均是按"垸"进行的。而在光绪《沔阳州志·食货》"赋役"所列各里管领垸目中，见有"浃字号一册""浃字号二册"（悦安乡第三图东三里）、"百石上院子果院五册合总""百石院渔、湖二册合总"（宝成乡第二图石板里）等记载，①说明红簿底册（实征底册）正是按垸、洲造册的。

汉川县的情形与沔阳州大致相仿。康熙《汉阳府志》卷一《舆地志》记清初汉川县赋役征科办法云：

> 汉邑每里旧设十甲，甲各有什役，即别邑所云排年是也。什役催各纳户应完钱粮，亲封投柜，而每里各有当年一人，以督什役。自兵燹后，户口流亡，向来什役大半消乏，于是每里佥纳户粮多者为什役，里各五人，不计各花户细数，而总其甲之成数于什役，每月限比，照数交官，入库起解。此亦变通旧制而得其平者也。或大兵经临，其夫草照粮均派。……至包收之多，穷民实受什役之剥削，然法立弊生，亦有无可如何者矣。若楚屯田督催各役，谓之把头，其法亦与民粮同，但旧征青银，今俱足色。至汉川县民粮，谓之红粮，催役或云里长，亦云什役。楚屯芦洲，谓之芦稞；潞藩湖课，谓之渔粮。相传楚藩望青占田，潞藩望白占田，其催役俱谓之区头。②

则至康熙初，汉川县仍沿用什役（里长）催征之旧例（虽略有变革），屯田、庄田、渔粮仍各自纳课，未能整齐划一。然乾隆十一年（1746）成书的《汉阳府志》卷十三《地舆志·形势》汉川县"五乡八里堤垸里至田亩数目"中，已详载汉川县各垸田亩数。如其"谢家垸"条载："自史家山岭起，从汪家河包圆至石滚滩下转湾，南至椰头岭，东至汉阳白湖横堤底，共堤一千二十五丈，该垸建有石闸一座。垸内上田五顷六亩，中田三顷七亩，

---

① 光绪《沔阳州志》卷四《食货志》，"赋役"，第135—144页。
② 康熙《汉阳府志》卷一《舆地志》，"里甲"。

下田二顷九亩。上地一顷八十亩，中地五顷六十亩，下地一顷四十九亩三分。滨临大河，坐落长城乡。"①则至迟到乾隆十一年，汉川县已全面清丈全县各官垸所有田亩，并划分田亩等第。据此，结合汉阳县的情况，我们推测汉川县清丈诸垸田亩、按垸征粮，应是在乾隆初年完成的。

监利县实施田亩归垸的办法相对较晚。同治《监利县志》卷四《田赋志》云：

> 监利田亩，自明万历时两次清丈，田粮具有成数。崇祯末，邑经兵燹，版图毁失。国初起科，多凭报亩。康熙四十六年，邑侯王公奉文清丈，民噪而止。监利分三十三里，粮附各里，每岁堤工，随粮摊派。窑圻、利厅二汛居上乡，堤短；朱河、白螺二汛，居下乡，堤长，故有上下粮之分：上粮土较轻，下粮土较重。北乡又有缓征灾垸，于是飞洒诡寄，粮无定里，亩无定粮，弊端百出。至道光时，漕额浸亏，莫可究诘。②

则直到道光时期，监利县仍沿用"粮附各里"的征科办法，田亩数、赋额则仍据万历九年（1581）清丈之数。直到咸丰八年（1858），监利县知县吉云樵方奉湖北巡抚胡林翼札饬，着手清丈境内田亩。同治《监利县志·田赋志》《序》称："咸丰时，中丞胡文忠公下令减漕，民困乃纾。然赋额所亏犹多。嗣是，乃遍行清丈，造为定册。"③其后录邑人游克钦《清丈本末》云：

> 咸丰八年春，奉中丞札饬清丈，吉公乃于城内设立总局办理……随于五汛分设公局十七所，凭公局举报督丈，定弃里归垸之议，合邑通行丈量。……九月中，局乃设齐，渐渐开丈。值是年冬干，低洼尽涸，至

---

① 乾隆《汉阳府志》卷十三《地舆志·形势》，"汉川县五乡八里堤垸里至田亩数目"，《中国地方志集成·湖北府县志辑》（据钞本影印），南京：江苏古籍出版社，2001年，第1册，第139—145页。

② 同治《监利县志》卷四《田赋志》，《中国地方志集志·湖北府县志辑》（据同治十一年刻本影印），南京：江苏古籍出版社，2001年，第44册，第78页。

③ 同治《监利县志》卷四《田赋志》，"序"，第76页。

冬尽，合邑已丈十之六七，乃定各垸鱼鳞、归户二册式。鱼鳞册者，花名为经，田为纬，具载土名四至弓广，相地势高下分为上、中、下三则；归户册者，总花名田调以便科秋征收者也。……于是田分三则，赋错九等，又有荒沙、湖田、湖水、滩田等项，亩有定粮，粮有定垸，钱漕堤工，俱可按册以征，而飞洒诡寄之端无自而起。①

然则，此次清田的基本原则，乃是"弃里归垸"，即放弃实际上已不能发挥作用的里甲系统，以田归垸，将垸作为赋役征科的基本地域单元。此次清丈后，监利县的里甲体系完全废弃，故同治《监利县志》卷一《方舆志》于"里名、垸名、洲名"下不再记载乡里名目，而是详录咸丰清丈时的垸分：中汛一百七十三垸，朱河汛一百三十八垸，窑圻汛八十九垸，分盐汛八十六垸，白螺汛四十一垸，共计四百九十一垸。②

总之，从清初开始，江汉平原部分州县渐次推行按田粮编排里甲的做法，并分别在康熙前期（潜江）、乾隆前期（沔阳、汉川）及咸丰间（监利）相继完成里甲编排和赋役征收办法的改革。编排里甲既以田地赋税为核心，江汉平原地区的大部分田地又都在围垸之中，故在编排过程中乃实行按田归垸、按垸归乡的办法，"垸"乃成为赋役征科的基本地域单元。在这一过程中，里甲制不仅未"与实际地域范围相脱离"，恰恰是落实到了拥有明确地域范围的"围垸"上；而由于按户随田，人户亦系于垸，户籍编查实有赖于对围垸田粮的掌握，故户籍乃与里甲体制相脱离，反而附着于围垸之上。这样，里甲户籍制度遂渐次崩解。③到清后期，至少在江汉平原腹心地

---

① 同治《监利县志》卷四《田赋志》，第78—79页。

② 同治《监利县志》卷一《方舆志》，"里名、垸名、洲名"目所记"咸丰九年清丈垸分"，第44—48页。按：统计中汛、朱河汛、窑圻汛、分盐汛、白螺汛五汛所管垸分，共有527垸；而同治《监利县志》所记全县垸的总数为491垸，与五汛合计数不符。盖因部分垸分属两汛，在各汛分属垸目中均有统计之故，故此处之总数仍取《监利县志》所记之总数。

③ 在康熙《潜江县志》卷三《舆地志·乡区》、卷九《赋役志·户口》及光绪《潜江县志续》卷三《舆地志·乡区》等相关部分，均未记载里（图）的情况，说明早在康熙中期，潜江县即已不再以里甲编排户籍。沔阳州虽然在乾隆初年由知州禹殿鳌主持将全州划分为五乡二十图一百里，然如上文所述，其图、里仅仅是地域单元的赋役征科单元，绝非户籍登记系统。在光绪《沔阳州志》之相关部分，亦未述及图、里与户籍登记之间存有联系。所以，虽然断其为"无"非常困难，但我们仍然（转下页）

带的潜江县，基本上不再以"里、甲"指称士民籍属居里，而径称为"某某垸人"。①

六、制度实行与变革过程中的"共性"与"个性"

综上所考，可以认知：（1）洪武中江汉平原诸州县编排黄册里甲，大抵仅可在已辟为土田、营筑廛市村舍之区开展，故所编里甲主要集中在已经开发的平原边缘低岗丘陵和平原腹地地势较高的围垸地区（主要沿河流自然堤分布）；散布于平原腹地低洼湖区的众多渔户，则并未被编入黄册里甲系统，而是由河泊所攒造"赤历甲册"，编排渔户"业甲"（以若干户共同拥有同一份"湖业"为基础编成的"甲"），由业甲、业户闸办湖业、承纳鱼课。由河泊所管领、编排为"业甲"的渔户，在籍属、纳课、应役方面，当与黄册里甲户分属不同的系统。（2）自明初以迄明中后期，大量客民进入江汉平原，渔户也纷纷上岸，成为明代江汉平原垸田开发的两大主力军，但其大部分均未被纳入版籍，或仅以"业户"身份编入河泊所管领的"业甲"，其所垦垸田也多未征科，或仅承纳鱼课（湖课、渔粮）；原已编入里甲的土著老户也纷纷进入湖区，加入围垦湖垸的行列，从而脱离了其原来的里甲；这些主要由客民和渔户组成的垸民及其新垦垸田游离于官府直接控制之外，或者被割给、投献给"王庄"（或"皇庄"）

（接上页）倾向于认为：至少在清中后期，江汉平原诸州县很可能已不存在里甲户籍制度。而根据嘉庆《汉阳县志》卷一二《户口保甲》、同治《续修东湖县志》卷四《疆域志上》、同治《桂阳直隶州志》卷五《赋役》等记载，至少在清中期以后，包括江汉平原诸州县在内的很多两湖州县，是以保甲作为户籍登记之基础的，即所谓"清理户册，劝行保甲""申行保甲之法，稽户口者即以保甲册为据"。惟此点涉及清代保甲法在两湖地区之推行及其具体情况，容俟另文详考。

① 光绪《潜江县志续》卷十七《人物志》述及本县人物籍属居地，即多不载人物所属之乡里，而直接称述其居于某垸，即称为某垸人。如《孝友传》下记文曰明，谓其为乡西垸人，荆州卫籍；谢光廷，荷湖垸人；何东义，乡南垸人；庄鸿铎，乡西垸人；刘冕杰，荷湖垸人（第535—538页）。同书卷十五《兵防志》记嘉庆元年潜江县团练乡勇，其为首者有"长湖垸庠生吴树炳"、朱诚（"世居潜邑之长四垸"，第529页）；咸丰年间长堉镇十五垸绅首组织"西乡六团"，其为首者唐廷鉴为"漳湖垸庠生"（第476—477页）。其卷十五、卷十六按垸详录了咸丰三年蚌湖之役中潜江西乡六团阵亡团首、团勇的姓名，如阵亡团勇中，长老垸有442名，长一垸632名，长二垸439名，长三垸366名，长四垸312名（第481—514页）。凡此，似都说明至少在潜江县，应不再以里甲作为户籍登记的基本方式。

成为"庄户"和"庄田",或凭借势力成为"豪强""奸民",田连阡陌而无升合之税。(3)自嘉靖至万历间,地方官府不断通过清田、新编附籍里甲等手段,努力控制新垦垸田及在其上耕作的垸民,其中,万历五年潜江县的清田取消了"渔田"的特殊性,将此前称为"渔田"、交纳鱼课(湖米)的部分垸田,纳入官府直接控制之下,归入"民田"之列,一例起科。在这一过程中,有部分新垦垸田起科纳赋,也有部分垸民入籍或由渔户转变为里甲编户,但数量并不多。(4)从清初开始,江汉平原诸州县渐次推行按田粮编排里甲的做法,按田归垸、按垸归乡,"垸"乃成为赋役征科的基本单元。在这一过程中,里甲制不仅未脱离实际地域范围,恰恰是落实到了具有明确地域范围的"围垸"上,"户"籍却与里甲体制相脱离。这样,原本以户口和土地占有相结合为基础的里甲体制,乃变质为以田粮为基础、以垸为具体地域范围的赋役征科单元,里甲户籍制度渐次崩解。

　　明清时期里甲制度(以及与之相配合的赋役制度)在江汉平原各州县的实行及其变革,很大程度上表现出里甲制度在各地区实行与变革轨迹的"共性",如:(1)明初推行黄册里甲制,并不意味着将地方上的各种人户全部或绝大部分纳入到黄册里甲体制中(虽然官府采取了各种严厉手段,检括漏口脱户),而是程度不同地存在某些逸出于黄册里甲体制的户口和田地;这些脱漏也并非全出于控制力不强或措施不严密,有的乃是出于制度本身的原因(如渔户被纳入由河泊所掌握的"业甲"系统)。(2)由于推行里甲制的根本目标乃在于通过控制户口以征科赋役,"入籍"就要"当差",要逃避当差纳赋,就必须想方设法"脱籍"、不入籍或不完全入籍。因此,里甲制之松动与破坏,乃是出于这一制度本身的必然,越来越多的户口与田地脱离以里甲制为主体的官府控制系统,应是普遍的趋势;只有少数人户,出于提升自身社会经济地位等目的,才会主动或被动地"入籍"。(3)人户可以逃离、隐匿,田地却相对固定,所以,里甲制及与之相应的赋役制度,由以人丁和田地相结合为基础,逐渐转向主要乃至完全以田地或田粮为凭依,也是势所必然。"随着里甲户籍越来越不能实际地掌握具体的个人,赋役制度逐渐以田地为单一的征派对象,政府编造户籍的重点,也越来越注重田地和税额,户籍的内容也着重于土地和税粮的登记和核查,人口登记的意义逐渐丧失，图甲的编制变成以田地和税粮为中心。"①这种转变也是普遍的趋势，不过各地区转变的进程和形式各异而已。

当然，明清时期里甲制度在江汉平原各州县的实行及其变革，也有其自身的特点，这主要表现在两个方面：一是明代江汉平原地区逸出于黄册里甲及赋役体制之外的民户与田亩为数十分巨大。无法估算明代进入江汉平原的移民人口数，但"江西填湖广"之谣已足以见出这一数字之巨及其所占比重之大。②虽然洪武前期进入江汉平原各州县的移民可能大都已被编入黄册里甲，但永乐以后方进入的移民，大部分可能均未编入里甲。江汉平原河湖纵横、湖群密布，生活于河湖水域以渔户为主的各色人群更无以计算。移民与渔户两类人群，如果大部分皆未被纳入或未被完全纳入州县黄册里甲系统的话，则其数量之众，甚至可能超过里甲户。二是垸最终演变成为赋役征科的基本地域单元，并在地方社会经济生活中发挥了重要作用。垸本来是江汉平原民众修筑的防洪设施，主要是通过民众协作的方式修筑起来的，规模较大，"大者轮广数十里，小者十余里"，③"每垸周围二三十里、十余里、三四里不等"，④"各垸之田，少者数百亩、千余亩，亦有多至万余亩者"；⑤一个垸往往包括数个乃至数十个居于台、墩或堤岸之上的自然村落。因此，江汉平原地区的垸本是以水利与生产活动为基础的村落之间的联合，它将位于堤岸与垸内的大小散居村落，通过围垸、排水、垸堤修防过程中的协作，联系在一起，进而形成自然村落的联盟（或"水利共同体"）。⑥这个系统本来与官府的里甲体制和赋役征科系统之间并无直接关

---

① 刘志伟：《在国家与社会之间——明清广东地区里甲赋役制度与乡村社会》（增订本），第10页。

② 张国雄：《明清时期的两湖移民》，西安：陕西人民教育出版社，1995年，第36—41页。

③ 嘉靖《沔阳志》卷八《河防志》，第2页。

④ 俞昌烈：《楚北水利堤防纪要》卷首，汪志伊《湖北水利篇》，武汉：湖北人民出版社，1999年，第14页。

⑤ 王柈：《湖北安襄郧道水利集案》卷下《禀抚宪晏各属水利岁修事例》，乾隆十一年刻本，第2页。

⑥ 鲁西奇：《明清时期江汉平原的围垸：从"水利工程"到"水利共同体"》，张建民等编《历史时期长江中游地区人类活动与环境变迁专题研究》，武汉：武汉大学出版社，2011年，第348—439页。

联，然在清代里甲赋役制度的变革过程中，江汉平原部分州县相继通过以田归垸、按垸征赋的改革，将里甲体制与赋役征科落实到具有明确地域范围的围垸上，从而使垸实际上成为官府进行赋役征发的基本地域单元，并在地方行政管理系统中发挥着越来越重要的作用。

萧公权先生在其名著《中国乡村——论19世纪的帝国控制》的附录《里甲结构的变异》中，曾从宏观区域的角度，分析19世纪里甲编排情况的区域差异，特别是南北方之间的不同，并将里甲制在实际运行过程中的"变异"（variations）按其对制度性规定的偏离区分为"添加型"（additive）、"削减型"（substractive）与"替代型"（substitutional）三种类型；据此，萧氏认为，"清朝统治者并未能在中国乡村成功地建立起整齐划一的赋税征收体系"。[1]在《明代的里甲制及其在应天府的施行》一文中，黄清连先生通过对应天府属八县里甲制施行及其变化的考察，揭示了八县里甲制实施与运行的多样性，指出："明代里甲制在城市与乡村地区的施行，并未完全遵照法令规定的模式；不同的府、县在施行这一制度时，并没有一致的方式；法令本身也显示出某些变异。"他进而以"极性"（polarity）和"地方色彩"（localism）来解释应天府各县里甲编排与制度规定的差距以及各县间的差别："极性"意味着在将"普遍性的"规章制度推行到各府级政区的过程中，全国各地都表现出分歧或对立，换言之，每个府在实施里甲制时，都表现出偏离甚至对立于中央政府所定规章的趋势，全国没有一个府或县里甲制的实施完全符合制度的规定；"地方色彩"则是指里甲制在各地方的运行，均各不相同，从而表现出程度不同的地方特点，没有一个县里甲制的运行与其他县雷同。[2]刘志伟先生关于明清时期广东地区里甲赋役制度与乡村社会变迁的研究，则充分揭示了里甲制在广东各府县实施过程中表现出来的地域特点与多样性，特别是里甲制在基层社会中的实际职能与理想化的制度设计之间的差异，认为"制度规定与立法意图已经有相当的差别，而制度上的规定与实际施行的效果更有相当的

---

[1] Kuang-ch'üan Hsiao, *Rural China: Imperial Control in the Nineteenth Century* (Seattle: University of Washington Press, 1960), AppendixⅠ "Variations in the Li—Chia Structure", pp.521—548. 引文见p.548。

[2] Huang Ch'ing-lien, "The Li-chia System in Ming Times and its Operation in Ying-t'ien Prefecture",《历史语言研究所集刊》第54册第4分，1983年，第103—156页。引文见第120页。

距离"。①

上述研究及其认识是本项研究的出发点,本节在很大程度上乃是为上述认识提供进一步的个案例证。同时,本节通过对江汉平原诸州县里甲制运行及其变革过程的细致考察,在已有认识的基础上,试图进一步明晰如下几点:(1)明初里甲制的制度设计与规定,应当包含非常广泛复杂的内容,除州县黄册里甲系统外,还可能包括针对河湖水域及居住于其间的渔户而设计、制定的河泊所"业甲"系统。至少在包括江汉平原诸州县在内的湖广地区,河泊所"业甲"所管领的渔户的籍属、纳课与应役方面,与黄册里甲户的籍属、纳课与应役,当皆属于不同的系统(虽然二者互有交叉重叠)。这种做法应当有其制度设计与规定上的基础,并非仅是里甲制在实施过程中发生的"变异"或"因地制宜的举措"。换言之,很可能在里甲制设计与创立之初,就为各种特殊区域与人户"预留"或"设计"了较大的"制度性空间",渔户"业甲"制或者就是在这种"制度性空间"中创立与形成的。(2)江汉平原诸州县在实施里甲制的过程中,主要是在已辟为土田、营造廛市村舍之区编排里甲,未得到开垦的湖泽及居于其间的渔户则未编排黄册里甲,而另编为"业甲"。然则,里甲制在实施过程中,不仅各府、县之间各有不同,即便是在同一县之内,也很不平衡:在靠近县城的区域,里甲的编排可能较为严格,也比较接近制度的规定;而在远离县城的湖区,则可能未编排黄册里甲,渔户"业甲"的编排可能也不太严密。换言之,由于地方官府对所辖范围内不同地方的控制程度与控制目标并不相同,里甲制的实施程度与方式也各不相同。在这个意义上,里甲制实施的"多样性"乃是绝对的、必然的、普遍的,其"一致性"则是相对的、或然的、个案的。(3)如果说里甲制在实施之初,仍然程度不同地表现出某种"一致性",或者说里甲制的制度性规定在其实施之初,仍然发挥了某种"规范性作用"的话,那么,在其后来的变革过程中,"地方色彩"(localism,借用黄清连先生的表达)则发挥了主导性作用。明清时期,垸田开发乃是江汉平原社会经济发展变迁的核心线索,诸多社会变迁均因之而发生,并受其制约与影

---

① 刘志伟:《在国家与社会之间——明清广东地区里甲赋役制度与乡村社会》(增订本),第48页。

响，江汉平原诸州县里甲制的变化也不例外。在明代，围垦垸田的客民与渔户借助黄册里甲户与渔户"业甲"间的"制度性空隙"，以渔户身份闸办河湖，占有大面积的河湖水域，然后围垦成为垸田；在"阡陌遍野""膏腴万亩"之后，仍然缴纳鱼课（湖米、渔粮），从而最大程度地获取自己的利益。明中后期江汉平原诸州县相继推行的"清田"，即重在控制此种新垦垸田及居于其上的垸民。到清代，江汉平原诸州县在渐次推行以按田粮编排里甲为中心的赋役改革过程中，实行按田归垸、按垸归乡的办法，"垸"乃成为赋役征科的基本地域单元。凡此，都说明围垸与江汉平原诸州县里甲制的变革之间实有密切关联，甚至是"引导"了后者。可以说，垸田开发与围垸这一具有鲜明特点的"地方色彩"，在这一地区里甲制的变革过程中，发挥了至关重要的作用。可以相信，在其他地区，也当有与围垸类似的"地方色彩"，在里甲制的变革过程中发挥着同样或类似的作用，并"引导"里甲制沿着"适应"其"地方社会内在需求"的方向演变，从而使里甲制在全国范围内表现出更多的"多样性"，各地区间的差别或歧异也越来越大。

第三节　湖北省潜江市档案馆藏《太和乡实征底册》的初步研究

潜江市档案馆藏有清末民国时期的太和乡实征底册两卷。①第一卷封面左侧题为"太和乡实征底册，并毕"。中题"光绪拾柒年分"，旁有小字四行："实征。内凡做推收，或新立户柱，从中格起，转致下格，后至上格。如三格均满，或挨同姓移前移后，另立户柱，不可粘搭纸条。特记。"右侧一行，作"垸湖流滩子垸，并毕芦、太平、福抵、黄中"。（见图6-1）

---

① 2004年8月24日，周荣、徐斌在潜江市档案馆拍摄了这卷档案后（我当天去博物馆，未在档案馆），我们曾在不同场合下研讨过这件文书，可惜未能深入展开。2007年夏、秋，当时在美国卡耐基梅隆大学历史系攻读博士学位的高燕在江汉平原地区开展田野调查，重点即为潜江，又为我重新拍摄了这份档案（2007年9月18日）。2010年夏，我请当时在武汉大学历史系读本科的吴鹏飞试着将两卷实征底册录文。直到2012年春，我才校读吴鹏飞的录文，做了些初步思考，并在此基础上撰写了本节。

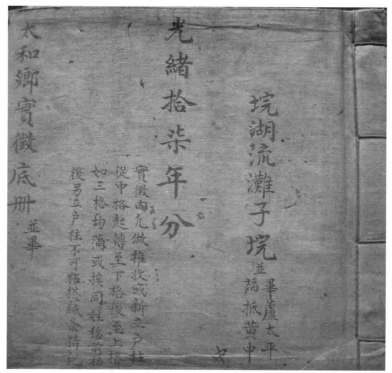

图6-1 《太和乡实征底册》封面

第一卷所录为垸湖垸流滩子垸田赋征科的底册。每一户柱分为三格：首格列户名，旁注小字注明属绅户抑民户；第二格分列粮、艮（银）、米三项，其所添注之小字或有涉及民国年间者（最晚至民国三十六年），显系后来所添加；第三格多为添注（见图6-2）。卷末一页总书有"二百七十五户"字样。第二卷为"砖淌外垸"册，册封与册页书写格式与第一卷基本相同，左侧第一行亦直书"太和乡实征底册，并毕"，中题"光绪拾柒年分"，右侧直书"砖淌外垸"四字。内中或夹有纸条，上书"三十年，此户移后""胡道反户，不造册"之类。仔细研究这两卷底册，可以断定，它们于光绪十七年造册，后相沿使用至民国时期。然在第一册封面下，夹有残纸一页，亦为赭黄色，质地与封面相同，中书文字一行，虽首尾皆残，然仍可识为"光绪十二年实征底册"字样。据此，则知现存之光绪十七年实征底册，应当是在光绪十二年实征底册基础上重新编定的。

第六章　明清时期乡里制度及其实行的区域考察　697

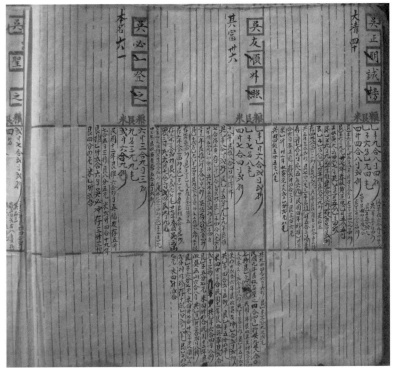

图6-2　《太和乡实征底册》内页

一、"实征册"与"实征底册"

此两件文书，封面皆注明为"实征底册"，当即其正式名称。所谓"底册"，是指原始的、最基层的册籍。《皇朝经世文编》卷三一《户政·赋役三》录康熙十五年蔡方炳《长洲清田纪事二》曰："长洲必需清丈者何？曰：旧册无存也。存县之册不可问，存图之册自在也。乃吴县有底册。长洲独无底册者何？吴县之里长论籍，未均田以前，里长皆世役，册亦世守，故存也。长洲之里长论田，一番编审，则一番更易，其册不知所归，故或存或不存也。"①其所说之"册"，当指鱼鳞图册；其"底册"，即"存图（里）之册"，即由里长所掌管的原始图册，与"存县之册""达部之册"

---

①　贺长龄辑：《皇朝经世文编》卷三一《户政六·赋役三》，蔡方炳：《长洲清田纪事二》，台北：文海出版社，1966年，排印本，第1147页。

相对而言。同书卷七四《兵政五·保甲上》录张惠言《论保甲事例书》规定："其董事直牌,受法于总理,填造烟户清册,编审十家门牌,即令总理交董事办造底册,保长誊写报县,不得假手吏书。其底册送县钤印发贮公局,以便核对,毋许遗失。"①其所说之"底册"是由保甲公局委派董事填造的烟户清册原件,送县钤印后仍存贮于公局,与经过保长誊写报县的"县册"相区别。刘坤一、张之洞于光绪二十六年所上《条陈变法》第二折"去书吏"中称:"兵燹以后,鱼鳞册多已无存,催征底册皆在书吏之手。"②其所说之"催征底册"亦即实征底册。因此,所谓"实征底册",当是指实征册的原初件,是各种实征册中最原始、也最为基层的版本。

实征册早在明代即已出现。据栾成显、赵冈等先生的研究,实征册亦称"实征文册",是地方官府每年实际编徭征税时所使用的一种赋役文册;在江南等地,明初就已出现了实征册,又称为"白册"或"实征白册",一年或五年一造,"总掌一岁银米出入之数",与黄册并行。栾先生所举徽州汪氏实征册,按万历至天启几次黄册大造时间为序,分五部分登载其各轮黄册实征内容,其所记各项田土的实征税额,均依据黄册所载而定,所以,实征册"并非是完全脱离黄册的另外一种册籍",而是以黄册为基础、为应对编徭征税的实际运作而编制的实用文册。③由于汪氏实征册并非当时实征册的原本,所以实际上迄未见有存世的明代实征册原件。

清代的实征册,大抵是在黄册与鱼鳞图册散佚不存或残缺不能使用的背景下,地方官府为实际征发赋役而编制的。④日本学者高岛航指出:实征册

---

① 《皇朝经世文编》卷七四《兵政五·保甲上》,张惠言:《论保甲事例书》,第2650页。

② 《皇朝经世文新编续集》卷一《通论上》,《江督刘、鄂督张会奏条陈变法》第二折,台北:文海出版社,1972年,影印本,第56页。

③ 栾成显:《明代黄册研究》,北京:中国社会科学出版社,1998年,第241—256页。另请参阅赵冈《鱼鳞图册研究》,合肥:黄山书社,2010年。

④ 关于清代实征册的编制及其使用,迄未见有系统的研究。今见有关清代至民国时期实征册的研究,主要有两篇专论:(1)高嶋航:《實徵册と徵税》,《東方學報》京都第七三册(2001年),第85—132页。(2)高陆:《民国苏州的地权分配——对1947年至1948年"吴县田赋实征册"的初探》,《苏州科技学院学报》2010年第6期。此外,何平在所著《清代赋税政策研究:1644—1840年》下篇《赋税政策的传导途径及其制约因素》中,对实征红簿与征税依据作了简略梳理(北京:中国社会科学出版社,1998年,第231—234页)。

是在黄册失去作为征税根据之价值的背景下,为了应对征税运作过程中产生的实际问题、由各州县衙门分别编制并使用的。因此,与根据统一的样式编制的黄册、鱼鳞册不同,实征册没有统一的样式,而是因应于各地征税的实际运作而各式各样。[1]其说大致可从。由于岩井茂树、高岛航及高陆等学者,主要是根据所见武进、吴县等地民国时期的实征册展开讨论,着眼于实征册的实际运用以及实征册所反映的地权分配情况,而对于实征册的制度变化及其具体形态,则缺乏深入系统的研究,故本文首先对此作一番粗略梳理。

《清史稿》卷一二一《食货二·赋役》记顺治十一年订正赋役全书,要求"先列地丁原额,次荒亡,次实征,次起运存留"。赋役全书中的"实征"之数,或即清代实征册编制的制度根源。盖赋役全书既需载明实征钱粮数,以与额征数相区别,就必须编制各都图里甲的实际征收数,方能汇总成为赋役全书中的实征数。当时的赋税册籍,据称有丈量册(即鱼鳞册)、黄册、赤历、截票、印簿、循环簿及粮册、奏销册,其中所谓"粮册",即"造各区纳户花名细数,与一甲总额相符",很可能就是实征册。[2]康熙初年,浙江巡抚赵廷臣上《请定催征之法疏》,主张"实征户籍,俱立实在户名,以杜诡计推卸之弊;流水红簿,俱送本府印发,以杜私换侵蚀之弊;易知由单,必遍散穷山深谷,以杜横索之弊"。[3]则知康熙初浙江州县即有编定实征册之举。康熙三十三年(1694)成书的《福惠全书》卷六《钱谷部》"催征"栏下第一目,即为"查实征",谓:"州县实征,里书遵照攒造。其攒造之法,本年一年银米某项某项若干,共该若干;都、图、里、甲共若干,该银米若干;各里甲花户银米若干,共该若干。要必各甲花户之银米,与甲总合;各甲之银米,与图总合;各图之银米,与县总合。所谓一县之总、撒相符。然后照此册征收,庶无增多减少之弊。"其"定催征法"云:

> 凡征钱粮,必须各里预造实征册,使排年里长知一里应征银米总数,并花户一岁应完银米撒数,而督催之。其册,遵照全书,会计田地

---

[1] 高嶋航:《實徵冊と徵税》,《東方學報》(京都)第七三册(2001年),第86页。
[2] 《清史稿》卷一二一《食货二·赋役》,北京:中华书局,1977年,第3528页。
[3] 《皇朝经世文编》卷二九《户政四·赋役一》,赵廷臣:《请定催征之法疏》,第1067页。

山荡人丁科则，某都某图某里田每亩额银若干，米若干，地每亩额银若干、米若干，山荡、人丁等亦如之。共该银若干、米若干。如本年奉文某项改折、某项加增，于各里丁产照则均派，即于某里后开列该改折加增银米若干，裁减银米若干，实应征银若干、米若干。……俟造成实征册，送宅，将上年实征与本年有无加减之数，逐图查清，然后将实征印发填单。①

其下附有按甲编制的实征册样式，并注明："都图里甲皆可造此式造。花户照式，字样收小，每页可写八户。"据此可知，实征册是在每年征税期之前、由州县官府主持编制的，其具体办法，即先确定当年本县（州）应征钱米总数，然后按照本县应税田亩数及科则，分配到各都、图、里、甲，最后落实到各甲应税花户身上，按花户登录到册籍上（每页可写八户）。每户名之下写明其应税丁产与应纳税额（银若干、米若干）。甲、图（里）、都各造其实征册，然后汇总为县（州）的实征册。

湖南辰州府麻阳县，早在康熙六年（1667），就由知县提出均粮方案，计划按里甲均粮之后，"每里给花册一本，用印钤盖，嗣后田地虽有买卖，而丁粮照册当差"。只是当时并未实行。至康熙二十年至二十六年间（1681—1687），知县黄志璋主持均平里甲赋役，推行按粮当差，并编制里甲花名细册，册内于各甲下分载花户姓名、额丁若干、额粮若干。②对照《福惠全书》所录都图里甲实征册图式，可知其时麻阳县所编制的"里甲花名细册"，当即由县府主持编制的实征册。

康熙二十五年至二十七年间，孝感知县梁凤翔主持全县田亩清丈，除编纂鱼鳞册、归户册之外，还编纂了一种"块册"：

归户之后，田有交易，人有迁移，恐相沿日久，户册既有纷更，鳞册必致弁髦，若不永定规式，为善后之策，安知不有猾胥豪右，如曩时之飞诡并兼，而为无畴者耶？查孝邑五乡、二十三里、一百七十八会，

---

① 黄六鸿：《福惠全书》卷六《定催征法》，《四库未收书辑刊》第三辑，第19册，据光绪十九年文昌会馆本影印，北京：北京出版社，2000年，第76—77、80—81页。
② 康熙《麻阳县志》卷一《方舆志》，"都甲"，《日本藏罕见中国地方志丛刊》本，北京：书目文献出版社，1992年，第15—44页。

> 以里统会，大者五六会为一里，小者十数会为一里。以一会为一块，造册各二本：胪编花户的名、田粮确数，总散分合，务期相符。存县一本，每里选德行一人为耆约，给一本，使收掌之，俾编民周知，自某年始定立章程，如树之根柢，不可动摇。后有交易者，但缴知单，更换姓名田坐处所，不许那移。总使此会之田，不得跳入彼会；此块之米，不得飞入彼块。以人从田，不以田从人。即有豪强，凭何兼占？即有奸宄，从何欺隐？每年终，将受授开收之户，另造更名析户册各二本，收掌如前例。俾内外画一，历年不替。虽百世以后，溯流穷源，可按籍而考也。节岁开征，各会发单一张，给里约。使里约传催会甲，会甲传催烟民，如身之使臂，臂之使指。不烦差比，人乐输将。此《周礼》均土之法、同井之意，故曰"块册"。所以维鳞册、户册之变，而善始善终者也。①

孝感县所立之"块册"，每年都可更改，随时反映田土的变动情况，以便实际征收赋税，应即属实征册。由于孝感县在清田过程中即造定了鱼鳞册和归户册，所以"块册"（实征册）是在鱼鳞册、归户册的基础编制的，以"会"为编制单元。显然，以"会"为单元编制的实征册，是县实征册的基础。

湖南各县，大抵于康熙五十三年前后编定实征册，当地称为"蓝花册"。1934年李之屏著《湖南田赋之研究》第五章第四节《征收册籍》记载：

> 各县田赋征收处，原用之征收册籍，大抵为前清康熙五十三年编纂之蓝花册籍。印刷之格式用蓝色，详载花户姓名，故曰蓝花册籍。每本共有二百五十页，每页载一户，地名、按亩科银、旧管、新收、开除、实在等条目。但因兵灾迭经，蓝花册籍散佚殆尽，偶有收藏至今者，亦受虫蚁之剥蚀，毁坏不全，遂致征收田赋，无所凭藉。各县有以旧时粮书所藏之秘本为根据者，有参考历年券票存根办理者。在当时固属权宜

---

① 梁凤翔：《块册序》，《皇朝经世文编》卷三一《户政三·赋役三》，第1139—1140页；另见康熙《孝感县志》卷六《田赋志》，《故宫珍本丛刊》本，海口：海南出版社，2001年，第124—125页。

之计,厥后历年编造征册,皆以此为根据。此项征册只载花户姓名,正银若干两,小数至厘位为止。及花户、地名,其用堂名别号者甚多,而用真实姓名者,究属寥寥之无几也。①

湖南省各县在康熙五十三年(1714)编纂的这种"蓝花册籍",也是实征册,存于各县衙门(入民国后归各县田赋征收处)。还有一种册,由粮书所藏,应当就是实征底册。作者抄录了这种蓝花册的样式:

一户	地名
上田弓口	上粮
下田弓口	下粮
山水田弓口	山水粮
地弓口	地粮
塘弓口	条银
各科则	科粮
五十三年垦田	
按亩科银	
实在连前年共科粮	
人丁	丁银
实在连前年共科丁饷银	
旧管原额粮	
开除	新收
开除	新收
开除	新收
大贤都七甲八区	

这种蓝花册登记有户名及田地类型、亩数、科则、应科钱粮数,并详载各年开除、新收情形,与《福惠全书》所载实征册样式显然不同。

曾于雍正初年任河南许州知州的王士俊述及催科之法说:"余前官河南

---

① 李之屏:《湖南田赋之研究》,载萧铮主编:《民国二十年代中国大陆土地问题资料》第11辑,台北:成文出版社,1977年,第5588页。

时，其行滚单也，行鳞次挨滚之法，先按明业户住址，或城或乡，即于所住处备造村册，村内有粮业户，其姓名住址及粮数，分析注明，依次远近，汇册一本，酌量或十户或五户，共列一单。于封篆时照册详填单内，粮多者领单。俟开征日，按村封发，分领滚催，交单既便，催完亦易。……至欲造村册，即于析编保甲时，先列条款式单，量村多寡，发村保散给业户，自填粮数、姓名、住址，仍交村保汇缴，官自核对实征册，数目相符，捐费造册，则绝无烦扰。"①这里的"村册"，与官府掌管的"实征册"互为表里，也属于实征册的范畴。

清朝前期，州县官府主持编制实征册，应是普遍的。乾隆四年（1739），诏免两江地丁钱粮，江南总督那苏图奏言："向例蠲免不分贫富，但富户遇歉，未伤元气；贫民素乏盖藏，多免一分，即受一分之惠。请以各州县实征册为据，额银五钱以下者全蠲，五钱以上者酌量蠲免，五两以上者无庸议蠲。"②则知至乾隆时，两江各州县大抵皆编有实征册，故那苏图方得建议以实征册为根据实行蠲免。乾隆七年，江苏巡抚陈大受在《请行版图顺庄之法疏》中说："州县每年俱令造实征册及滚单册，以为征粮张本。实征册内田额银数俱与奏册相符，应以现年实征册为根底，照册载各户，每户散给一单，令其自将该田坐落土名圩段号数四至邻田及本户的名、住址，一一开填明白，缴县注入实征册内。俟填注完日，督令经承检查抽聚，挨顺坐落圩段，归并图甲，仍照原额田数均装。次年即照此另造为版图实征册。嗣后田地售卖，只须改写户名，不得将田窜入别甲。"③乾隆九年，甘肃巡抚黄廷桂奏称："甘省向缘版籍脱讹，户口混淆，州县卫所，多无实征底册，花户并无易知由单，以致里甲包收代纳，随意作奸。今将渭源、金县二处，查造实征花名红簿，挨里甲核对，于征收前，照底簿开

---

① 徐栋原辑，丁日昌选评：《牧令书辑要》卷三《赋役》，王士俊：《催科》，《续修四库全书》本，第755册，上海：上海古籍出版社，2002年，第468页。
② 《清史稿》卷三〇八《那苏图传》，第10566页。
③ 《皇清奏议》卷三八，陈大受：《请行版图顺庄之法疏》，《续修四库全书》本，第473册，史部奏议类，上海：上海古籍出版社，2002年，第317—319页。

单发给花户，按额催征。各属俱循照查造，以便征收。"①黄廷桂特别强调甘肃省州县卫所"多无实征底册"，则知当时其他省份州县当"多有实征底册"。而他在渭源、金县二处，先造实征册，然后根据实征册发放易知由单，其所造实册征，显然并没有鱼鳞图册和归户册作依据。实征册"每纸一页，前开花户的实姓名，后载地亩确数、科则若干，上钤印信，留存官署，新旧接管，名曰红簿"。其所谓"红簿"，亦即实征册。乾隆十年，署理湖广总督鄂弥达称："统计南北两省中，其州县之无鱼鳞册者大约十居八九。各属征收钱粮，总以见在实征粮册为凭。官征官解，民封民投，井里相安于无事者，厥有历年。"②则知至乾隆前期，湖北、湖南各州县大都不存鱼鳞图册，在钱粮征收的具体运作中，实际发挥作用的，主要是实征粮册。《福建省例·征收例》"禁经征钱粮浮征重耗"条录乾隆二十四年福建巡抚吴某宪牌谕令府州县官吏，"将实征钱粮底册，按户细加稽查"。③则知乾隆前期，福建省亦已普遍编制实征册。《皇朝文献通考》卷二四《职役考》记乾隆二十七年浙江学政李因培上言禁止生监充当杂役，述及"浙省士子窜身经商里役者"，其中一途即为充任庄书，谓"庄书管田粮底册、推收过户等事"。④其所说之钱粮底册，也就是实征底册。

直到清后期，各地仍然强调编制实征册。《福建省例·钱粮例》"各属应完钱粮议立定章例册"记同治七年（1868）九月巡抚卞宝第札称：

> 州县清查粮额，宜先查造实征户册，再行抽查，以收实效也。查州县粮赋，原有鱼鳞、柳条、八筐等册，与实征册相为表里，故能穷其源

---

① 《清高宗实录》卷二一一，乾隆九年二月，北京：中华书局，1985年，影印本，第11册，第714页。

② 第一历史档案馆藏档案，"朱批奏折财政类"，《署理湖广总督事务鄂弥达等奏请免造鱼鳞册籍兼陈征粮划一事宜折》，乾隆十年二月二十一日，转引自何平《清代赋税政策研究，1644—1840年》，第232页。

③ 《福建省例·征收例》，"禁经征钱粮浮征重耗"，《台湾文献史料丛刊》第7辑，台北：台湾大通书局，1987年，第1152—1153页。

④ 《皇朝文献通考》卷二四《职役考》，《影印文渊阁四库全书》本，第632册，台北：台湾商务印书馆，1986年，第480页。

而杜其弊。无如日久废弛，追惜何及。且有从前失守地方，被匪焚毁，册无一存。遂至粮额虚悬，漫无可考。佥曰丈量可法，舍此难清，一劳永逸，诚为万世之利。然丈量大事，须动大众，又需筹大经费，经年累月，民力殚瘁，曷能轻举易办？不得已而思其次，惟有查造实征户册之一法也。

则福建省各州县在太平天国起事前即已普遍编制实征册，并与鱼鳞、柳条、八筐等册相为表里。至动乱之后，诸册皆残毁，既无力清丈田亩，也不能再编制鱼鳞等册，故只得查造实征册。卞宝第进而谈到实征册的编制办法，谓：

> 此册本为地方官应办首要事件，自应专由现任实心经理，筹款酌给纸张工伙，责成经管图分粮书，会同各图承，勒限赴造各图实征民户应完钱粮确册。缘该粮书、图承等各有实征草册私藏，推收过割，无不悉备。其匿不据实查造者，原为营私侵蚀地步，一任高下，莫可追究。总须由现任官设法勒令和盘托出，并着粮书、图承等出具不敢欺隐诡造连环切结存案。散册告成，即以图总合之县总，额粮纤毫无舛，再行随时抽查，无弊重赏，错则严惩。惟各州县情形不同，要在地方官随事因地制宜，斟酌妥办，方收实效。嗣后必须按年于开征以前，查造实征户册，庶重正本清源之道。①

是由地方官委派粮书、图承具体负责编制实征册，而粮书、图承自身则往往私藏有实征草册（当即下文所述之底册），其受命编制实征册后，即据其所藏之草册，出具"不敢欺隐诡造"的"连环切结"，即造成各图的实征册，然后将各图实征册汇总至县，编成全县实征总册，即成为存于县衙的实征册。

实征册乃是由县衙的粮书、户书等胥吏会同图承、庄书、册书等各种职役负责编制，亦见于台湾文献中。《淡新档案选录行政编初集》录有光绪二十年四月廿七日《户粮税总书朱琛议废庄书、改由户书办理催收》禀，谓新竹县在清理田赋过程中，设有庄书一职，会同户书（归户粮书）办理民间土地买卖、过割户名等事，并"着令设立实征户册，如本年有过户，来年即

---

① 《福建省例·钱粮例》，"各属应完钱粮议立定章例册"，第133页。

将实征册,换抄所过之名,即可知业已卖过何人,而向催收,免被推诿,庶征粮不致舛错,过户亦为有着,足令周妥"。朱琛建议废除庄书,将相关事务"归于户粮书专办,并各保柜书兼办",亦即由户粮书会同各保柜书共同办理。"着令凡有业户,赍契前来过户,该柜书即问明甲数、粮额相符,并分别已未税契,逐一登载。至十月底,将本年所过几户,汇造柳条清册,送候次年抄征,即就所过之名,换入征册。"后来,仍保留庄书,按保设置,如朱呈玉即充任竹北一、二保与竹南一保共三个保的庄书。"凡遇各保内,各业户有典卖田园、房屋、山场,即令赍契报明挂号,按照契载户粮、甲数,立时推收过户,于契内盖戳为据。一面填列印簿,每季造册送核;一面知会户粮税总书,在于征粮户[册内]注明,先行催纳契税。"①

在实征册的编制过程中,既需依赖各种名目的胥吏、职役,由他们负责编制基层的实征底册(以甲、图、会或村为单元),年岁既久,实征底册遂由里书、册书等职役所掌握,成为他们的"私册"。②在湖南蓝山县,编制、掌管各里甲实征钱粮册的职役,称为"册书"。民国《蓝山县图志》卷十八《财赋》,"民屯徭庄转业拨粮法及粮册之责任"云:

> 凡征赋田地分民、屯、徭、庄四种,取赋轻重不同,因之转业拨粮亦异,要其事例,载在粮册,历由各里甲册书掌之。其收除方法,诸管册人往往视为秘宝。……凡承充粮册,分掌各甲粮户,谓之册书。稍有不符,册书是问。遂以开征之前一月,县官令行各册书,送新造粮册入署,谓之总粮册,按册稽征。若总粮册所载,尚不足额征总数,仍以问之册书。③

《皇朝经世文续编》卷二五《吏政八·守令中》录同治二年(1863)方宗诚所撰《鄂吏约》,述及湖北州县户粮书把持实征册之情云:

---

① 《淡新档案选录行政编初集》,《台湾文献史料丛刊》第3辑,台北:台湾大通书局,1984年,第95—98页。
② 参阅杨国安:《册书与明清以来两湖乡村基层赋税征收》,《中国经济史研究》2005年第3期。
③ 民国《蓝山县图志》卷一八《财赋》,"民屯徭庄转业拨粮法及粮册之责任",《中国方志丛书》本,台北:成文出版社,1970年,第1203—1204页。

大抵鄂省大小衙门，皆有底缺，世守其业，换官不换吏，州县户粮书一项为尤甚。初则勤苦自立，版册亲操，执以追索，尚能年清年款。一二传后，骄惰日形，沉溺烟酒，一切征收等事，委之各乡各里各图之黠者为之催纳，坐享其肥，而总吏绝不过问。久之而债累日深，生计日绌，并其世传之底册，展转售卖，而册书、户书、里书、里差之名所由起，权益浸大。房科之籍，仅拥虚名，乡团之册，转成实户。甚至以册为遣嫁之资，问册为相攸之具。①

粮书所掌管的"底册"，得"世传""售卖"甚至"遣嫁"，并渐由册书、户书、里书、里差等实际掌握，称为"乡团之册"，是实际用于征收赋粮的册籍；而县衙房科所存之"籍"，仅拥虚名，两者遂相脱节。

江苏扬州府江都、甘泉二县的钱粮征收，在光绪二年前，"概由局书包征包解，（钱）粮底册概归各图里书保管，故每届起征之期，地丁漕米芦课等款，悉由局书粮差擎串领催。花户纳于书差，书差上于县官"。钱粮底册又称"征收底册"，"为历年编造征册之基础。江都征收田赋，向有鱼鳞细册详载田地坐落，复有花户，详载业户之姓名，按［户］科征，按图稽考，本极明瞭。自咸丰兵燹后，县中案卷毁烬，田亩□以各局书旧存底册为经，以各业户报垦清单为纬，勉强厘定征册，造册启征，异常简陋"。其下所列"实征柜册"样式，分载户名、银数、米数三大项，而未载明亩分科则、田亩丈尺四至区段、管业凭证以及田亩价格、业户住址等，并说明"该项底册向归柜书保管，以致粮户推收任意，或捏造堂［名］，隐去真名，或产已移□数户，而册中粮因之"。②据此，则知江都县在"太平天国"起义引发的社会动乱之后，曾重新编制实征册；重编之实征册主要以柜书所掌握的实征底册为基础，也适当参照业户的报垦清单；重新编制工作仍由柜书负责，故新编实征底册也仍由柜书掌管。

高岛航公布的民国时期旧太湖厅漕粮实征册，应当是由官府掌握的实征

---

① 盛康辑：《皇朝经世文续编》卷二五《吏政八·守令中》，方宗诚：《鄂吏约》，台北：文海出版社，1966年，据光绪二十三年排印本影印，第2627—2628页。
② 汤一南：《江都田赋及最近清赋风潮》，见萧铮主编《民国二十年代中国大陆土地问题资料》第10辑，台北：成文出版社，1977年，第4729—4735页。

册。而潜江市档案馆所藏两卷《太和乡实征底册》，则应是由册书之类职役掌握甚至世传的"乡团之册"。自光绪十八年起，历年均有过割、推收的记载，亦颇有新立户柱，可知此两卷实征底册，在此数十年时间里，实际上一直程度不同地发挥着征税根据的作用。结合上引江都县的情形，我们揣测在同治末年至光绪前期，潜江县也可能如江都县那样，以原有的实征底册为基础，重新编制了实征底册。今见两册太和乡实征底册，首列光绪十七年的征科数，每户下也只载征收银米粮数，显然就是汤一南所说较简单的实征底册。在此之前、较为正式的实征底册，可能应当详载田亩类别、科则分类及田亩丈尺四至区段、管业凭证、田亩价格、业户住址内容，就像上引李之屏《湖南田赋之研究》所录的湖南"蓝花册"那样。

二、潜江县征粮"按田归垸"与实征册之使用

《太和乡实征底册》两卷封面上均注明其所载业户属于太和乡，而第一卷所载二百七十五户花户属于垸湖流滩子垸，第二卷所载属于砖淌外垸。显然，这两卷实征底册是按垸编制的，然后归于太和乡之下。在今见各地实征册中，金匮县的实征册是按甲编册的，吴县的实征册是按图编册的，而潜江县实征册却按垸编册，显示出其独特性。

太和乡是潜江县五乡之一，所领地域在县东境，今通顺河以南、东荆河以东地区。据康熙《潜江县志》卷三《舆地志》"乡区"记载，康熙中期太和乡领有仁和垸、新兴垸、荷湖垸、董家滩、葛柘垸、葛通顺、皇庄府垸、杨家嘴、戴家垸、黄汉上耳垸、何家套、黄汉垸、洛江河、黄汉中耳垸、黄汉中垸、黄汉下耳垸、道仁垸、团湖垸、平滟垸、虱祖垸、长沟垸、夹洲垸、中府垸、牛角垸、牛埠垸、罗杨垸、东滗垸、河汊垸、苏湖垸、张家湖、涂泥湖、砂矶长河、獐鸡西湾垸、白汉西湾垸、江陵荷湖、江陵龙湖、江陵长湖马湖、院湾并东耳西耳北耳垸、后湾垸、上江汉垸、下江汉垸、柴林垸、梁泗白水垸、双丰垸、邋遢垸、外又荷湖垸等四十六垸，[①]其中并无垸湖流滩子垸与砖淌外垸。光绪《潜江县志续》卷十《堤防志》见有砖淌垸，属于黄汉区；砖淌外垸当是砖淌垸的外垸。黄汉区所属各垸均在潜江县

---

① 康熙《潜江县志》卷三《舆地志》，"乡区"，《中国地方志集成·湖北府县志辑》本，南京：江苏古籍出版社等，2001年，第46册，第40—42页。

河以东、洛江河以南、通顺河以北地区，今属潜江杨市镇东境勤俭、黄垸、护城、洪庙、葛柘等村及竹根滩镇。由于黄汉区所属黄汉、黄中、中耳、上耳、下耳诸垸及葛柘垸在今黄汉、洪庙、葛柘等村，偏东南，砖淌垸当在其西北，砖淌外垸与垸湖流滩子垸更当其西北，我们揣测当在竹根滩镇南境的万滩村（万滩，很可能就"垸湖流滩"的改称）、三江口村、彭洲村（很可能就是砖淌垸之所在，特别是周家台自然村），或者杨市镇所属的勤俭村一带。①

潜江县征粮按垸归乡，始于清朝初年。顺治十年（1653），潜江知县柯赓昌在潜江县进行"均平图赋"，以税粮"四十三石为一里，征输用官民细户单"，即按田粮编里甲；但其实对民田"有编审，无清丈，亩赋盈虚淆乱仍旧"。柯氏此次均平图赋的重心乃在"比照民粮例，将官庄田地编派里甲，革除总小甲，为四十六总，每亩一则，摊租一分四厘"。②值得注意的是，柯氏所编的四十六总中，有九总位于潜江北境沔水北岸泗汊湖一带，称为"外九总"，原为皇庄庄田（在割入皇庄前属设在景陵县的葫芦三湾河泊所管领），包括九个垸（"外九垸"），九总恰好对应九垸，说明至少有一部分"总"是以"垸"为单位编制的。其时所用之官民细户单"前开载某乡某里甲户某人，若干丁，若干税米；次开载本户有无免丁免米，并加饷额数；又次开载某年分丁条饷共该派银若干。一年均作四季，一季该完银若干；一季均作四限，一限该完银在若干。于后开载春季一限二限三限四限完数。夏、秋、冬例如之。其末注云：以上定宜照限完纳，以免差拘"。此

---

① 我们还未能为此而开展田野调查，希望还会有机会按照这个线索开展田野调查。在1982年编纂的《湖北省潜江县地名志》中，关于万滩大队只记载说：1958年因驻地位于万家滩而得名，有1个自然村，666人，耕地719亩。又彭洲大队，有彭家洲、周家台（又作周家榨）、黄家巷子、李家台、关家湾、张家台等6个自然村，2405人，耕地2330亩。三江大队，以自然镇三江而得名，有三江口自然镇和杨家嘴、欧阳台两个自然村，人口2451口，耕地2300亩（第106—107页）。另外，勤俭大队有张家湾、余家台、易家台、王家垴、邓家台、冯家台、王家滩、钟彭湾等八个自然村，1070人，耕地1350亩。如果扩大田野调查的范围，可考虑到护城村的吴家巷、吴家岭一带看看。这一带的中心集市是三江口。我揣测在三江口村与万滩村应当能找到一些族谱。但根据往年在葛柘、洪庙、黄垸一带的调查经验，此一地区杂姓较多，宗族的发展不是很突出。另外，在三江口村，原有一个自然村孟公碑村，1968年迁入杨家嘴；万滩村所属斗河堤，1977年迁入万家滩。

② 康熙《潜江县志》卷九《赋役志》，"全书"，第167页。

种细户单当是开给花户、由花户收执的,而官府所执者则为"册",所谓"官执册比,民执单照",官府所执之"册",虽不能详,但既可与民所执之"单"相比照,其格式内容亦当大致相类。这种"册",据本卷下录顺治十四年邑人朱绂上安陆府呈文,又称为"底额册",大抵亦相当于实征册性质。

柯氏的改革实际上将潜江县的赋役征科分为两个系统:原有的里甲系统与新立的四十六总系统。这种二元体制显然不能持久。顺治十六年(1659),知县叶臣遇遂更行"甲粮法","粮七石五斗编提甲首一名",遂"增置甲首三千余人",也是按田粮编里甲。然其法行之不善,"民大困,其为徭役害者,自豪贵势要,以至上下胥吏,皆避役之人,所寄坊厢册尾冒滥,免徭之粮尤甚。愚懋乡氓,子衿世胄,偏受毒累,一经里长,当年夫马解运无名外派,诛求靡宁日,必至卖产破家、死且徙而后已,流祸不可胜言"。①故至康熙四年(1665)即予革除。但问题并没有解决。至康熙八年,知县王又旦复主持清田平赋。康熙《潜江县志》卷三《舆地志·乡区》录黄里《清田记》记其事云:

> 区划疆理,检定户籍,土著者必核其人,逃亡者必详其地。原隰坟衍,川泽之污,体形惟肖,凡漏弓匿亩,改形灭等,析名诡户,摘发如响。乡以内,量度勾股之所及,有神明式之,如公之履亩而稽也。事既竣,择吏之能书计者若干人,扃置公廨,朝晡放衙,躬自编校:以乡规田,以田均亩,以亩定赋,里准于田,长准于赋。凡为乡者五,为里二十有三,而更坊厢之三为毕公里,以处荐绅之在城市者。②

重新编制的里甲,以四十石为一里,每里十甲,带辖尾二甲。显然,王又旦编制的里甲按田、赋编组,以田粮为中心,以人户从田粮。"里甲"之名称虽然仍旧,其性质却已发生了根本变化。

新编制的里甲既以田粮为中心,而潜江县的田亩绝大部分又在围垸之中,这样,垸遂成为新编里甲体系的基本单元。康熙《潜江县志》卷三

---

① 康熙《潜江县志》卷九《赋役志》,"全书",第168页。
② 康熙《潜江县志》卷三《舆地志》,"乡区",第55页。

《舆地志》"乡区"云:"康熙二十三年禁革里排,征粮按垸归乡,以五乡垸内之沙水老荒田亩尽编入毕公一乡,名曰尾粮。乡、图之名存,而籍非旧矣。"其下于长乐、太平、道隆、长安、太和五乡垸田下分记各垸民田、更名地,另于"毕公乡尾田"目下分记各垸尾田。如其于"长乐乡垸田"目下记:"长堉一垸民田三万一千三百二十亩五分九厘一毫,更名惠地一百四十五亩六分八厘三毫。"①康熙《潜江县志》的编纂者朱载震在"论"中说:

> 今之乡区,非昔矣。潜濒汉江下流,地势洼潴,土田崩淤不常,故民无百年恒产,而家无屡世素封,每水涨堤溃,陵谷倏更,所谓我疆我理者已不可考。按《荆州府旧志》:潜江湖多于田,民夹堤以居。成化以前,旧设五乡一坊,垸止四十有八。嘉隆间,沙洋、夜汉继决,陂泽渐成高陇,沿河为堤垸几半于旧。厥后疆畛尽易,粮渔冒乱,赋逋民愈。又粟地、渔田、民田三等起科,头绪繁错,黠民猾吏,互倚为奸。万历五年,昆山朱侯熙洽请清丈,更三等为一则,改桑丝于税粮代派,通计实在科粮田一百一十万二千二百七十亩三分,以五小亩三分六厘一毫四丝八忽折为一大亩,按升定亩,粮一升为一亩,不分等则,一例起科,田有定形,赋有定额,田若画一焉。……相沿既久,弊积害生。康熙八年,邠阳王侯又旦痛切民艰,复详请允丈,为文告于城隍,量地亩,清隐占,编户〔籍〕,平里〔赋〕,其征收分六乡,民困以纾。康熙二十三年,邑人彭峻龄等力请于上,禁革里排,税粮按户随田,田归各垸,垸归各乡,民无催征代收之扰。②

则潜江改行按垸征科,原因有二:一是地势低洼,一遇洪水,田畴陵谷,疆界混淆,而田业易手频繁,科则繁复,不易理清;二是自明代相沿而来之设立里排轮值催督之法,弊端丛生。后者乃各州县之普遍现象,故康熙中各地均有禁革里排之命,问题在于禁革里排之后,采用怎样的方法征科?各州县多因地制宜,创造出很多办法。潜江县根据"垸"相对稳定这一特征,规定

---

① 康熙《潜江县志》卷三《舆地志》,"乡区",第37—46页,引文见第37页。
② 康熙《潜江县志》卷三《舆地志》,"乡区",第46—47页。

"粮分绅、衿、民三户，按田归垸、按垸归乡征收，不设称书，令花户自封投柜，截给印票"①，确是适应平原湖区具体情况的一个创举。光绪《潜江县志续》卷九《赋役志》云：

> 潜邑征收钱漕，自康熙年间修志后，编户五乡一坊，曰长安、长乐、太平、太和、通政五乡，谓之实粮；一坊更名曰毕公乡，谓之尾粮，共计六乡。每田一亩，摊派毛粮壹升，春秋缮写红簿，某户原粮几升几合几勺几抄，即田几亩几分几厘几毫，所谓升合摊粮者是也。每升派完大饷银一分四厘七毫，派完漕、南二米四合零八抄零五圭。此外又有福、惠、光、圻、潞五王租饷，即前明各藩邸之稞租也。……又有老志所未载、现今红簿所列之福抵、惠抵、光抵、蕲抵、潞抵、官抵各名色，臆度抵即邸也。每亩派完壹分柒厘捌毫伍丝，仍系更名地亩之下则田也。因经管实征底册各粮书，希图简便，且恐户有遗漏，凡系抵租皆以每亩壹分捌厘科派。②

其所说的"红簿"，当即今见的实征底册（据此似可知，所谓红簿，并非因为官府钤印而得称，而是由格、行均由红线印制，粮、艮（银）、米三字，亦以红字印制之故），则在康熙中期，潜江县即已编制实征红簿（即实征底册）。而此种实征底册，即由粮书经管。

这种按田归垸、按垸归乡的田赋办法，在潜江县一直相沿使用；各垸征科田亩，亦一直沿用康熙中亩定数。光绪《潜江县志续》卷九《田赋志》在详述田赋征收办法之后，称："因潜地环绕河滨，不无沧桑变迁之处，各垸彼坍此淤者有之，坍于邻邑者有之，破垸为河者亦有之，且有屯坐各卫、军田与民田犬牙相错，军民田地溷淆者亦在在有之，其以实粮作尾粮、希头免派夫土者，则指不胜屈矣。未经清丈田亩，自宜仍照老《志》所载田赋，一字不易。"③自康熙中定额各垸征科田亩，至光绪五年（1879）纂修《潜江县志续》，近二百年间，既"不无沧桑变迁"，赋役征科完全不

---

① 康熙《潜江县志》卷九《赋役志》，第171页。
② 光绪《潜江县志续》卷九《田赋志》，《中国地方志集成·湖北府县志辑》本（据光绪五年刻本影印），南京：江苏古籍出版社等，2001年，第46册，第422—423页。
③ 光绪《潜江县志续》卷九《田赋志》，第423—424页。

加调整实际上是不可能的。如同书卷十《堤防志》载："荬芭垸，实粮役夫田二千一百三十亩六分，尾粮不役夫田五百四十一亩七分，共计实尾田二千六百七十二亩三分。道光十四年筑曾晓湾月堤，同治十年筑曾晓湾新月堤，共压挖五十三亩二分。除压挖之田归尾，应存实役夫田二千七十七亩四分。"①盖荬芭垸科赋田亩未变，而役夫田亩则不得不作调整。

三、关于是否严格开展"推收"的问题

潜江县太平乡实征底册每页载录花户一户至四户不等，分为三格：上格第一行直书户名，上注花户身份（绅或民），第二行为编号，应与版串和易知由单的号数相同。中格顶格（或在上格底部）为印制的粮、艮（银）、米三个红字，分为三行，其下分别记录该户名下应纳粮、银、米数。其左侧用下格所记，则主要是推收及税收变动情形，篇幅大小不一。

所谓"推收"，即官府在田产所有权或使用权发生转移时，办理产权和赋税的过户手续。《元典章·户部五·典卖》"田宅不得私下成交"规定："典卖田地，须要经诣所属司县给据，方许成交。随时标附，明白推收。各司县置簿附写，专委主簿掌管提调。每岁计拨税粮，查照推收，所据文簿，候肃政廉访司依例照刷。如此，免致诡名，迷失官粮，亦免产去税存之弊。"其"买卖田宅告官推收"条则明确规定："今后典卖田宅，先行经官给据，然后立契，依例投税，随时推收。……若委因贫困，必合典卖田宅，依上经官给据出卖，买主卖主一月随即具状赴官府，合该税石推收与见买地主，依上送纳。"②盖元时推收由县主簿掌管。明前期部分地区，于黄册之外，另置有白册，即实征册，记录推收情形。何良俊《四友斋丛说》卷十四述所谓经纬二册，经册即户册，亦即黄册，"凡征粮编役用之。每年推收过割，各图逐一开注，送县会计其数，查箅明白，攒造一册。据此征收，庶无脱漏。若一户而各区纳粮，则吏书得以出入隐弊，而其弊不可胜言矣，是即旧规所谓白册。至十年后大造黄册之时，亦有依据。将第九年之册为主，再加查审，不甚费力。二册俱要各圩里长编造，盖一圩之田亦不甚多，其业户

---

① 光绪《潜江县志续》卷一〇《堤防志》，第435页。
② 《大元圣政国朝典章》卷一九《户部五》，"典卖"，北京：中国广播电视出版社，1998年，影印本，第753—754页。

佃户里长必自知之，若佃户还此人之租，而田在别人名下，即系诡寄，极易稽查；若里长造册，通同容隐，严为禁约，处以重罪。亦可以革诡寄影射之弊矣"。①则白册（实征册）即主要载录田产过割、赋税推收情形，至十年大造黄册时，则以前一年所造白册为依据，审查编定。

因此，严格按规定开展推收，乃是实征底册作为赋税征纳依据的基础。如果实征册不能及时、切实地反映田产过割、赋税推行的真实情况，就势必成为掌握实征册的县府粮书、户书及乡里里书、册书等胥吏、职役"飞洒诡寄"、弄权肥己的工具，而不能发挥其征税依据的作用。正因为此故，朝廷官府频频强调要及时、切实推收。乾隆十三年，署理两江总督策楞、江苏巡抚觉罗雅尔哈善等奏定清查江苏积欠钱粮章程规定："州县实征粮册，必豫造齐，较对上届原册，如有买卖推收分并户粮，务吊契券分书验实，以杜花分、诡寄、飞洒、隐漏等弊，即将征册存署。"②其所说之实征粮册，是指州县房科户书与粮书所掌握的实征册。《清高宗实录》卷七四五乾隆三十年九月，广西布政使淑宝奏称："粤西征册，皆归里书收藏，任意飞洒，且每年秋季私纂征册后，即停止推收。无赖原业，勾串重售，情弊百出。请饬州县将里书家藏底册缴官，编号钤印，置局大堂，业户税契，当堂对册，过户推收，择诚实里书轮直，每晚覆核，每季汇缴藩司查察，庶私税白契之陋习可杜。"③乾隆三十四年九月，福建布政司牌示称："民间买卖田产，原应随时推收过户，以清粮额。先据永春州禀：以该州地方愚民不肯推收，竟有买产十数年，向未收粮者。设立四柱印册，并推收印单，编号存房，出示晓谕，无论是否契载绝卖，定限成交十日内赴局，三面推收入册，填单截给分执，于封印期内查造实征，呈送核对；所需纸张，官为捐给。"④凡此，均是试图将里书掌握的实征底册及推收过户收归州县官府控制，并将其规范化。

各级官府一再强调推收的重要性，要求及时、切实地实行推收，正说明

---

① 何良俊：《四友斋丛说》卷一四，北京：中华书局，1959年，第118—119页。
② 《清高宗实录》卷三二九，乾隆十三年十一月，第5册，第473页。
③ 《清高宗实录》卷七四五，乾隆三十年九月，第10册，第205—206页。
④ 《福建省例·征收例》，"推收粮额因地、因时酌量妥办"，第1157页。

实征册对于推收的载录往往并不及时，也不准确，很多地方甚至完全不进行推收，从而使实征册完全起不到税收依据的作用。那么，晚清民国时期潜江县的推收情形如何呢？我们先来看看垸湖流滩子垸实征底册所记录的光绪十八年至民国三十五年间推收情况。

表6-4 垸湖流滩子垸实征底册所见推收记录

年份	收	推	推收平均数
光绪十八年	30	26	28
光绪十九年	30	28	29
光绪二十年	40	33	36.5
光绪二十一年	30	32	31
光绪二十二年	54	34	44
光绪二十三年	15	16	15.5
光绪二十四年	40	40	40
光绪二十五年	32	32	32
光绪二十六年	18	22	20
光绪二十七年	35	31	33
光绪二十八年	15	23	19
光绪二十九年	15	12	13.5
光绪三十年	16	19	17.5
光绪三十一年	19	15	17
光绪三十二年	30	38	34
光绪三十三年	34	43	38.5
光绪三十四年	29	30	29.5
宣统元年	33	32	32.5

（续表）

年份	收	推	推收平均数
宣统二年	12	13	12.5
宣统三年	18	15	16.5
民国元年	39	39	39
民国二年	27	27	27
民国三年	33	33	33
民国四年	22	21	21.5
民国五年	22	22	22
民国六年	9	13	11
民国七年	5	6	5.5
民国八年	12	12	12
民国九年	30	29	29.5
民国十年	16	16	16
民国十一年	19	19	19
民国十二年	38	42	40
民国十三年	18	15	16.5
民国十四年	11	19	15
民国十五年	21	27	24
民国十六年	14	26	20
民国十七年	4	5	4.5
民国十八年	10	11	10.5
民国十九年	2	6	4
民国二十年	0	0	0

（续表）

年份	收	推	推收平均数
民国二十一年	0	1	0.5
民国二十二年	0	7	3.5
民国二十三年	16	18	17
民国二十四年	2	4	3
民国二十五年	12	10	11
民国二十六年	17	20	18.5
民国二十七年	7	7	7
民国二十八年	0	0	0
民国二十九年	5	8	6.5
民国三十年	6	5	5.5
民国三十一年	9	9	9
民国三十二年	10	15	12.5
民国三十三年	1	3	2
民国三十四年	0	0	0
民国三十五年	17	22	19.5
民国三十六年	3	7	5

在表6-4中，各年度下推、收的次数并不一致，这是由于：

（1）田产的买卖与赋税承担者的变动，并不全部限定在流滩子垸范围内，有相当部分的交易是与外垸特别是砖淌外垸之间进行的。如"吴怀一"户名下于光绪二十八年"艮（粮）推七合九勺五抄专外陈俊三"，"专外"当即砖淌外垸。又如"吴正全"户名下，民国二十五年，"艮（粮）收外垸陈明士八分"，其所说的"外垸"，也当是指砖淌外垸。

（2）有部分"全推"的记录，其下注明"流滩赔"，而没有与之相对应的"收"。如吴殿英户名下,光绪十七年实征粮一升六勺七抄、艮(银)一分五厘七毫、米四合三勺五抄。至光绪三十三年,"全推,流滩赔,无存"。"吴奉高"户名下,光绪十七年实征粮五升八合九勺四抄、艮(银)八分六厘六毫、米二升四合五抄;至民国十二年,"艮(粮)全推,流滩赔"。在其户名上则注明为"空"。在本卷实征册第123页,专门列出了一个叫做"流滩赔"的户名,其下称:

粮:三斗六合。艮:四钱五分。米:一斗二升四合八勺八抄。

卅三年,艮收关朋万一升五合九勺一抄,又收关云臣七合八勺一抄,又收邓道辉一合二勺五抄,又收吴殿英一升六勺七抄,又收吴天升六合一勺,又收李士咸二升二勺五抄,又收黄见伯四合一勺五抄,又收黄玉甸一升九勺一抄,又收曾松三三合七勺一抄,又收曾国香七勺一抄,又收曾孔修五勺五抄,又陈安邦四合四勺三抄,又收王玉先二合五勺,又收张祥盛七合,又收邓远辉五合二勺四抄,又收郑公占二升八勺三抄,又收徐元吉九勺五抄,又收蒋文长七合七勺。共四斗三升六合六勺七抄,艮六钱四分二厘。

民国六年,艮全收曾休升四升五合一抄。共四斗八升一合六勺八抄,艮七钱八厘,米一斗九升六合。

民国七年,艮黄辰休一升七合八勺六抄。共四斗九升九合五勺四抄,艮七钱三分五厘,米二斗四合。

民国九年,艮收黄升斯位二升八合七勺。共五斗二升八合二勺四抄,艮七钱七分七厘,米二斗一升五合。

民国十二年,艮全收黄孪科九合四勺,又全收吴云三四升四合一勺。共五斗八升一合七勺四抄,艮八钱五分六厘,米二斗三升八合。又全收吴云三升七合八勺三抄。共六斗一升九合五勺七抄,艮九钱一分一厘,米二斗五升三合。

十四年,艮收吴大仁七合五勺五抄。共七斗一升四合八勺,艮一两五分,米二斗九升二合。

民国十五年秋,收陈士法七升三合九勺三抄,又收陈光□五升二合八抄,又收陈明炎一勺九抄,又杨俊甫一升五合六勺六抄,又黄君辅二升三合三勺七抄,又杨玉之八合四勺八抄,又收张仁惠八合九勺八抄。

共八斗九升七合四勺九抄，艮一两三钱二分，米三斗六升六合二勺。

看来，早在光绪三十三年，流滩子垸就已设立了一个赋税户名，"流滩赔"，专门收纳"全推"的赋税。推测这种情况下的"全推"，是由于田产受到洪水灾害或因围垸修防之故，完全丧失耕种可能，也就不再能承担赋税，所以由流滩子垸以垸为单位承担其所遗留下来的赋税额。在光绪三十三年之前，此种情况已有数起，但以光绪三十三年为最多。很可能是此年流滩子垸受到洪水灾害的影响较大，废弃的田产较多之故。虽然在"流滩赔"户名下记录了光绪三十三年至民国十五年间所"收"的赋税额及其户名，但光绪三十三年之前和民国十五年之后"全推"的情形，则并未"收"入此户名下。这也是造成"推""收"不一致的原因之一。

（3）在表6-4中，收、推一致的年份有光绪二十四、二十五年与民国元、二、三、五、八、十、十一、三十一年等10个年份，"收"高于"推"的年份有光绪十八、十九、二十、二十二、二十七、二十九、三十一年，宣统元、三年，民国四、九、十三、二十五、三十年等14年，"推"高于"收"的年份有光绪二十一、二十三、二十六、二十八、三十、三十二、三十三、三十四年，宣统二年，民国六、七、十二、十四、十五、十六、十七、十八、十九、二十一、二十二、二十三、二十四、二十六、二十九、三十二、三十三、三十五、三十六年等28年，虽然"推"高于"收"的年份远比"收"高于"推"的年份多，但似乎并不能得出实征底册更重视"推"的结论。出现误差的原因很可能是随机的，也就是说，记录者没有准确地记录与每一笔"推"相对应的"收"，与未能记录与每一笔"收"相对应的"推"，几率可能是一样的。

弄清楚造成推、收不一致的可能性原因之后，我们才可以讨论在光绪十八年到民国三十六年（1892—1947）56年间，流滩子垸实征底册所记录的推收情况的变化。既然实征底册各年份下关于推与收的记录可能存在着同样的误差，那么，在分析推收记录的变化时，就可先不考虑此种误差是出于推、收的哪一个方面，而只考虑其平均数。所以，我们将各年份推、收合计之后除以2，看作是该年份可能发生的地产变动数（在理论上，有"推"必有"收"，所以可以把一次推与收看作一次地产变动的两次记录）。由表6-4第四栏中可以见出：从光绪十八年至民国十六年，虽然推收记录也颇有起伏，但总的趋势是基本一致的，即平均每年有约25次推收记录（推、收分别记录，合计为50次左右）。但至民国十七年，推收记录遽然减少，该年只有4宗"收"、5宗"推"的记录（平均为4.5宗地产变动记录），而民国二十年、二十八年、三十四年三个年份，则全然没有推、收记录。从民国十七年到三十六年20年间，平均每年只有不足7次（推、收分别记录，合计为14次左右）。显然，不能据此得出此20年间流滩子垸的地产变动频率，较之此前37年间远少的结论。如果假定自光绪十八年至民国三十六年57年间，各年份中流滩子垸田产变动的频率大致相同，那么，表6-4所反映了推收记录，就不是田产交易频率的变化，而主要是推收是否切实、严格的问题。换言之，据表6-4可以得出这样的认识，即从民国十七年起，流滩子垸对田产变动与赋税推收的登记，远比此前37年间要松弛得多。民国九年、十二年的推收记录比较多，但总的说来，民国六年以后，推收记录就呈现出不断减少的趋势。据此，似可认为：流滩子垸实征底册中有关推收的记录，在光绪十八年至民国五年这一段时间里，比较严格；民国六年以后，渐趋松弛，至民国十六年以后，更是不断松弛，距离田产变动的实际情况越来越远。

部分"户名"下所记的推收情形，也反映出民国初年以后推收记录渐趋松弛的实况。流滩子垸实征底册内册第一页上，只有一个户柱，其内容如下：

  和流绅，吴光彦∕
  光伙，七贰∕‖
  粮：一斗三升三合五勺六抄。∕
  艮：一钱九分六厘三毫。∕
  米：五升四合四勺九抄。∕
   十八年收曾国进七合三勺。又收邓东海三合三勺。∕
   共一斗四升四合一勺六抄。艮二钱一分二厘。∕
   又推一升一合二勺，黄士玉。∕
   共一斗三升二合九勺六抄，艮一钱九分六厘。十九年，艮推∕
   一升二合三勺，黄士玉。又收张人会一升九合六勺四抄。∕
   存一斗四升三勺，艮二钱六厘二毫。∕
   二十二年，艮收吴正福七合三勺六抄，又毛主彪一升零

三勺。/
　　共一斗五升七合九勺六抄，艮二钱三分二厘二毫。/
　　二十三年，艮推四合一勺，吴怀。存一斗五升三合八勺
六抄，/
　　艮二钱二分六厘一毫。廿六年，艮收张仁惠三合三勺。/
　　共一斗五升七合一勺六抄，艮二钱三分一厘。/
　　卅一年，收邓明全一升贰合。存一斗六升九合一勺六抄，艮贰
钱四分九厘。/‖
　　卅二年，收郑格廷六合四勺五抄，又收张仁惠五合六勺一抄。
存一斗八升一合二勺二抄，/
　　艮二钱六分七厘。/
　　元年艮推六合一抄，吴大山。存一斗七升五合二勺一抄，/
　　艮二钱五分八厘。民国二年春，推五升二合，吴家同。/
　　存一斗二升三合二勺一抄，艮一钱八分二厘。三年，/
　　艮推一斗零一合三勺四抄，吴明扬。存二升一合八勺七抄，/
　　艮三分二厘，米九合。/‖

吴光彦三字写在红方框内，与"光伙，七贰"字迹不同。我们结合全部格式，认为"吴光彦"应是原户名，"吴光伙"应是后来实际使用此一户名的户主，"七二"应当是吴光伙在登录此一户名之年的岁数。换言之，这一户名初为"吴光彦"，是绅户（"和流"二字尚不能解），后为吴光伙承用。其赋税承担与推收情况，经过整理后，可列如表6-5。

表6-5　光绪十七年至民国三年间吴光彦户的田产赋税变动

年代	当年实征			买（典）进田产、收进赋税				卖（典）出田产、推出赋税			
	粮（升）	银（钱）	米（升）	卖方	粮（升）	银（钱）	米（升）	买方	粮（升）	银（钱）	米（升）
光绪十八年	13.296	1.960	5.449	曾国进	0.730	0.156		黄士玉	1.220	0.160	
				邓东海	0.330						
光绪十九年	14.300	2.062	5.449	张人会	1.964	0.280		黄士玉	1.230	0.160	

（续表）

年代	当年实征			买（典）进田产、收进赋税				卖（典）出田产、推出赋税			
	粮（升）	银（钱）	米（升）	卖方	粮（升）	银（钱）	米（升）	买方	粮（升）	银（钱）	米（升）
光绪二十二年	15.796	2.322	5.449	吴正福	0.736	0.260					
				毛主彪	1.030						
光绪二十三年	15.385	2.261	5.449					吴富怀	0.410	0.061	
光绪二十六年	15.716	2.310	5.449	张仁惠	0.330	0.049					
光绪三十一年	16.916	2.490	5.449	邓明全	1.200	0.180					
光绪三十二年	18.122	2.670	5.449	郑格廷	0.645	0.180					
				张仁惠	0.561						
宣统元年	17.521	2.580	5.449					吴大山	0.610	0.090	
民国二年	12.321	1.820	5.449					吴家同	5.200	0.760	
民国三年	2.187	0.320	0.900					吴明扬	10.134	1.500	4.549

显然，从光绪十八年到民国三年，吴光彦户下田产的交易，大抵都在实征册中进行了推收，应当是比较切实的。而在民国三年以后，此一户名之下未再记载推收情形，虽然其田产大部分已出卖，但仍然很难相信此一户名之下在此后三十余年时间里未再发生田产交易，而只能理解为其相关田产交易未再进行推收，所以未见记录。

再以吴明榜户为例。吴明榜户名，后改为吴正诚，复改为吴大清（大清在登记之时为四十岁）。在实征册所记录的田产交易中，未见有他户顶替的踪迹，所以，我们揣测这可能是一户祖孙三代的姓名。在这个户名下，从光绪十七年到民国四年15年间,共有10宗推、收记录(各五宗),平均每三年两宗。但从民国五年到三十二年27年中,只有收进的记录。很难理解这个户名下在清末民初的15年间田产频繁变动,而民国五年之后却极少变动,只能理解为负责的册书没有严格地进行推、收。

表6-6　光绪十七年至民国三十二年间吴明榜户(吴正诚-吴大清)的田产赋税变动

年代	当年实征			买(典)进田产、收进赋税		卖(典)出田产、推出赋税	
	粮(升)	银(钱)	米(升)	卖方	粮(升)	买方	粮(升)
光绪十七年	10.984	1.614	4.482				
光绪二十年	10.334	1.520				邓楚心	0.650
光绪二十四年	11.134	1.640		邓振周	0.800		
光绪二十五年	11.494	1.690		吴良才	0.360		
光绪二十七年	13.514	1.990		黄运思	1.550		
				黄大云	0.470		
光绪三十年	8.032	1.181				不详	5.482
光绪三十一年	4.843	0.720				吴正玉	3.189
宣统元年	5.320	0.780		肖玉官	0.459		
宣统三年	3.790	0.560				邓孝华	1.530
民国四年	2.430	0.360	1.000			吴正彪	1.360
民国卅二年	4.558			黄光炎	2.128		

但是，也有些案例，似乎说明民国时期的推收记录也有一些是相对完整的。在流滩子塆实征册第24页上，在"吴大云"户名旁，注云："本名，五七，光友。"根据登录格式，知"吴大云"为本户名，后改为"吴光友"。在左侧上方注"空"，下注"移前一页，不用"。其下所记推收情形十分复杂：

> 光绪廿五年，柝吴槐二斗四合六勺三抄，又收黄南廷一升三合三勺九抄，又收黄君甫五合一勺一抄，又收邓廷福四合八勺二抄，又收邓瑞林九合八勺二抄，收邓道中一升二勺二抄，收吴正烈八合九勺六抄，收黄玉光八合九勺四抄，收黄恒玉四合九勺九抄，又收吴相一升八合五勺。存三斗四升六合一勺五抄，艮〔五〕（无）钱九厘。共二斗八升九合三勺八抄，艮四钱二分五厘三毫。廿五年，查出吴槐麦朋粮四合九勺五抄，以收在大云户内。艮后，查出。只共二斗八升四合四勺三抄，艮四钱一分八厘一毫。
>
> 二十六年，艮收陈光美二升七合七勺二抄，又收邓子伦五合八抄。共三斗一升七合二勺三抄，艮四钱六分六厘四毫。
>
> 廿七年，艮收黄加光五合六勺七抄。共三斗二升二合九勺，艮四钱七分五厘。
>
> 二十八年，艮收黄天东七合五勺三抄，又收曾心圣七合一勺三抄，又收邓瑞林九合六勺一抄。共三斗四升七合一勺七抄，艮五钱一分三毫。
>
> 廿九年，艮收夏明孚二升五合七勺五抄。共三斗七升二合九勺二抄，艮五钱四分八厘二毫。又收邓瑞林一升四合七勺，又收吴标一升二勺。存三斗九升七合八勺二抄，米一斗六升三合。卅二年，收邓子能一升三合一勺六抄，又收黄玉□五合五勺六抄。存四斗一升九勺八抄，艮六千五厘。
>
> 卅三年，艮收郑春表一升四合二勺四抄。共四斗二升五合二勺二抄，艮六钱二分五厘。
>
> 卅四年，收陈光美四升七合七勺三抄。存四斗七升二合九勺五抄，艮六钱九分六厘。

民国九年，艮推二升八合二勺一抄关光炎，又推二升三合二勺三抄曾心盛，又推二升曾心中，又推一升五合二勺一抄曾凡才，又推九合一勺六抄吴友容。存三斗七升七合一勺四抄，艮五钱五分五厘，米一斗五升四合。

民国十年，艮推八合五勺吴友常。存三斗六升八合六勺四抄，艮五钱四分二厘，米一斗五升一合。

十四年，艮推五合六勺七抄黄光炎。存三斗六升二合九勺七抄，艮五钱三分四厘，米一斗四升九合。

民国十五年，艮推一升二合六勺五抄黄孝洲，又推一升四合三勺黄光元。存三斗三升六合三抄，艮四钱九分四厘，米一升三升七合（案：应为一斗三升七合，原文有误）。

十五年秋，收吴光耀一升二合六勺一抄。

民国十五年秋，推二升一合五勺一抄黄孝茂，又推三合八勺黄大壮。存三斗二升三合三勺三抄，艮四钱七分六厘，米一斗三升二合。

十六年，艮推二升七合七勺一抄许大相。存二斗九升五合六勺二抄，艮四钱三分五厘，米一斗二升一合。又推一升六勺四抄邓孝华。存二斗八升四合九勺八抄，艮四钱一分九厘，米一斗四升六合。又推一升三合一抄黄光法。存二斗七升一合九勺七抄，艮四钱正，米一斗一升一合。

廿三年，艮推九亩二分四厘八毫吴云丰。存十七亩九分四厘九毫，艮二钱六分四厘，米七升三合。

廿九年春，推一亩一分七厘邓明文。存十六亩七分七厘九毫。

其末称："移上前九名。"据其所示，移前第九名，在第2页"吴光福"户名下注称："二十二年，全推吴光彦。存无。民国廿八年，此户退后第九名，移上前来。存田十六亩七分七厘九毫。"则知吴光福户名下产业赋税于民国二十二年全推给"吴光彦"户名之后，吴光福户名即不再使用。吴光友户户柱在本户柱填满后前移九名于原吴光福户户柱之下，以便继续填写。这即为册面所谓"推收或新立户柱，从中格起，转至下格，后至上格。如三格均满，或挨同姓移前移后"。故吴光福-吴光友户名下的田产赋税变动，是

接续吴大云、吴光友户名下的:

> 廿九年,推田一亩七分五厘邓道休。存田十五亩二厘九毫。
>
> 卅二年,推一亩七分二厘九毫邓道中,又推三亩四分五厘二毫邓明文,又推三亩一分六厘黄光法。共田六亩六分八厘八毫。
>
> 民国卅五年春,推田二亩二分八厘吴云峰。存田四亩二分八厘。

我们将这两处记载合在一起,整理出表6-7。从表中可以清楚地见出,直到民国二十八年、二十九年间,吴光友户名下田产的变动与赋税推收,还是得到严格记录的。

表6-7 吴大云-吴光友户光绪二十五年至民国三十五年间的田产赋税变动

年代	当年实征			买(典)进田产、收进赋税		卖(典)出田产、推出赋税	
	粮(升)	银(钱)	米(升)	卖方	粮(升)	买方	粮(升)
光绪二十五年	28.443	4.181		吴槐	20.463	查出吴槐麦朋粮0.495,以收在大云户内。艮后,查出。	0.495
				黄南廷	1.339		
				黄君甫	0.511		
				邓廷福	0.482		
				邓瑞林	0.982		
				邓道中	1.022		
				吴正烈	0.896		
				黄玉光	0.894		
				黄恒玉	0.499		
				吴相	1.850		
光绪二十六年	31.723	4.664		陈光美	2.772		
				邓子伦	0.508		

（续表）

年代	当年实征			买（典）进田产、收进赋税		卖（典）出田产、推出赋税	
	粮（升）	银（钱）	米（升）	卖方	粮（升）	买方	粮（升）
光绪二十七年	32.290	4.750		黄加光	0.567		
光绪二十八年	34.717	5.103		黄天东	0.753		
				曾心圣	0.713		
				邓瑞林	0.961		
光绪二十九年	39.782		16.300	夏明孚	2.575		
				邓瑞林	1.470		
				吴标	1.020		
光绪三十二年	41.098	6.050		邓子能	1.316		
				黄玉□	0.556		
光绪三十三年	42.522	6.250		郑春表	1.424		
光绪三十四年	47.295	6.960		陈光美	4.773		
民国九年	37.714	5.550	15.400			关光炎	2.821
						曾心盛	2.323
						曾心中	2.000
						曾凡才	1.521
						吴友容	0.916

（续表）

年代	当年实征			买（典）进田产、收进赋税		卖（典）出田产、推出赋税	
	粮（升）	银（钱）	米（升）	卖方	粮（升）	买方	粮（升）
民国十年	36.864	5.420	15.100			吴友常	0.850
民国十四年	36.297	5.340	14.900			黄光炎	0.567
民国十五年	32.333	4.760	13.200	秋收吴光耀	1.261	黄孛洲	1.265
						黄光元	1.430
						秋推黄孛茂	2.151
						黄大壮	0.380
民国十六年	27.197	4.000	11.100			许大相	2.771
						邓孝华	1.064
						黄光法	1.301
民国二十三年	17.949	2.640	7.300			吴云丰	9.248
民国二十九年	15.029					春推邓明文	1.170
						邓道休	1.750
民国三十二年	6.688					邓道中	1.729
						邓明文	3.452
						黄光法	3.160
民国三十五年	4.208					春推吴云峰	2.480

实征底册中有关"补推"或"补收"的记录，也说明推收得到较为切实的实行。如"陈大福"户名下于光绪廿六年载："当年粮后查出，补推七合六勺一抄，吴心华。""吴克俊"（吴正生）户名下民国十年载："又补推九年一升八合一勺八抄，黄大云。"黄光焕户名下民国十二年载："补民国十年艮收陈光松二升三合一勺。"黄光发户名下民国十三年载："补收黄孝茂三合五勺。"吴富怀-吴光富-吴明早户名下民国三十三年载："补收卅二年邓道中八合二抄。"补收、补推的情况，说明至少有一部分户名下的推收是得到较严格记录的。

因此，虽然从清末到民国，特别是民国六年以后，又尤其是民国十七年以后，流滩子垸田产赋税的推收在总体上呈现出逐步松弛的趋势，但是，种种迹象表明，推收一直是开展的，虽然其严格程度在不断降低。相比较而言，清末至民国初年推收的开展可能较为严格，其所反映的田产交易与赋税的变动可能更切近实际情况；民国六年特别是民国十七年之后，由于推收执行得越来越松懈，其所反映的田产交易与赋税的变动可能与实际情形之间的差距越来越大。

砖淌外垸推收记录的变化轨迹，与流滩子垸大致相同。从表6-8中可以见出，从光绪十八年到民国五年，除光绪三十二年推收平均超过100宗之外，大多数年份的推收平均数在30—60宗之间；而民国六年之后，除民国十四年推收记录较多之外，大多数年份的推收平均数在10—30宗之间，民国二十年、二十一年，推收记录达到了最低点。因此，大致说来，大约从民国六年起，潜江县的推收记录较之清末民初更趋松弛，然推收并未完全停止，只是可能离实际发生的田产与赋税变动越来越远，应当是没有太大疑问的。

表6-8　砖淌外垸实征底册所见的推收记录

年份	收	推	推收平均数
光绪十八年	29	32	30.5
光绪十九年	61	58	59.5
光绪二十年	45	63	54
光绪二十一年	52	58	55

（续表）

年份	收	推	推收平均数
光绪二十二年	43	37	40
光绪二十三年	30	34	32
光绪二十四年	44	50	47
光绪二十五年	34	41	37.5
光绪二十六年	45	45	45
光绪二十七年	59	66	62.5
光绪二十八年	30	32	31
光绪二十九年	32	31	31.5
光绪三十年	50	52	51
光绪三十一年	49	54	51.5
光绪三十二年	106	108	107
光绪三十三年	31	34	32.5
光绪三十四年	26	29	27.5
宣统元年	41	38	39.5
宣统二年	27	24	25.5
宣统三年	39	44	41.5
民国元年	64	67	65.5
民国二年	51	52	51.5
民国三年	26	32	29
民国四年	24	25	24.5
民国五年	50	49	49.5
民国六年	24	21	22.5

（续表）

年份	收	推	推收平均数
民国七年	20	20	20
民国八年	33	31	32
民国九年	22	23	22.5
民国十年	18	16	17
民国十一年	17	16	16.5
民国十二年	37	32	34.5
民国十三年	20	16	18
民国十四年	50	48	49
民国十五年	12	11	11.5
民国十六年	7	6	6.5
民国十七年	14	15	14.5
民国十八年	27	30	28.5
民国十九年	12	10	11
民国二十年	1		0.5
民国二十一年	1	2	1.5
民国二十三年	35	34	34.5
民国二十四年	31	28	29.5
民国二十五年	5	7	6
民国二十六年	27	26	26.5
民国二十七年	9	10	9.5
民国二十九年	23	20	21.5
民国三十年	24	30	27

（续表）

年份	收	推	推收平均数
民国三十一年	26	30	28
民国三十二年	27	31	29
民国三十五年	13	14	13.5
民国三十六年	11	9	10

四、新立户柱与无产户名之剔除

流滩子塃实征底册的末页（第144页）末栏，直书"二百七十五户"一行，当是指本卷实征底册的户名数。而实际上，统计各户柱下的户名数，共有365户，高出卷末所记户名数90户。卷末所书户名数（275户），应当是光绪十七年造册时的户名数，多出的90户，主要是新立户柱。我们首先来分析一下这些新立户名的情形。

表6-9 流滩子塃实征底册的新立户柱

户名	时间	立户原因	实征粮数（升）
黄孝俊－黄光于	光绪十九年	析黄克仁立户	4.914
陈光旭－陈士兆	光绪十九年	析陈大珍立户	4.100
黄子臣－黄义明	光绪二十年	析专外周九皋立户	2.870
邓道华－邓孝广－邓道□	光绪二十一年	析邓之珒立户	3.600
黄攸叙－黄大伦－黄孝元	光绪二十一年	析黄良才立户	7.959
黄孝生－黄光浩	光绪二十一年	析黄大邦立户	1.363
陈光福	光绪二十一年	析邓之现立户	1.050
曾心义	光绪二十一年	析曾光明立户	0.204
黄盛修－黄仁德	光绪二十二年	析专外周心宣立户	2.615
夏德孚	光绪二十二年	析吴友聪立户	1.500

（续表）

户名	时间	立户原因	实征粮数（升）
郑中心	光绪二十四年	析曾国俊立户	1.700
郑格培	光绪二十四年	析曾国进立户	0.750
吴大云	光绪二十五年	析吴槐立户	20.463
郑格廷	光绪二十六年	析郑辉全立户	3.740
杨甲科－杨奈子	光绪二十七年	析郑在朝立户	3.301
吴正玉	光绪三十一年	析吴用□立户	3.189
陈光宇	光绪三十一年	析陈大珍立户	4.059
周世银	光绪三十一年	析周文定立户	5.984
周炳垣－周士金	光绪三十一年	析周文定立户	6.514
古德春－古传艮	光绪三十一年	析古立福立户	1.723
黄孛奎	光绪三十二年	析黄良才	6.000
黄光先	光绪三十二年	析黄志光	5.712
黄孛周－黄孛珍	光绪三十二年	析黄天来立户	2.448
郑继传－郑志道	光绪三十二年	析郑致堂立户	1.564
尹同友	光绪三十二年	析黄孔殷立户	1.500
孙德全－闵德才	光绪三十二年	析黄培高立户	7.900
吴大仁－吴光盛	光绪三十三年	析吴正升立户	6.445
邓孛银－邓道休	光绪三十四年	析邓孛思立户	4.556
黄光炎－黄光友	光绪三十四年	析黄孛勋立户	1.000
黄光贵	宣统元年	析黄孛道立户	4.725
黄孛乾	宣统元年	析黄式玉立户	10.103
陈国均	宣统元年	收陈明注立户	6.854

（续表）

户名	时间	立户原因	实征粮数（升）
陈明仁	宣统二年	析关克臣立户	0.811
黄义质	宣统三年	收黄仁达、吴寿友、吴必冲立户	5.536
吴大林	民国元年	析吴大东立户	5.600
吴大科－吴光云	民国元年	析吴光祖立户	0.400
王才美	民国元年	析吴心舟立户	1.400
何道位－何孝友	民国元年	析周良才立户	1.700
吴家铜	民国二年	析吴光彦立户	5.200
陈均安	民国二年	析黄孝西立户	0.607
陈洪兰	民国二年	析吴光祖立户	0.850
赵楚万	民国二年	析周良才立户	0.990
吴明杨－吴明作	民国三年	收吴光彦立户	10.134
黄义尚－黄礼加	民国三年	析黄仁达立户	1.470
郑致尧－郑明榜	民国三年	收郑致裳立户	1.156
吴正彪－吴大信	民国四年秋	析吴正德立户	2.210
邓孝书	民国四年	析邓孝表立户	0.714
黄忠伦	民国四年	析黄光道	1.800
黄光焕	民国四年	析吴明杨立户	1.996
陈世义	民国五年	收陈士宝、吴福友立户	10.925
许成忠	民国五年	析关真顺立户	0.609
杨明山	民国五年	析黄义尚立户	3.000
吴春友	民国六年	析吴寿友立户	2.200

（续表）

户名	时间	立户原因	实征粮数（升）
刘业汉	民国八年	收吴心舟立户	1.103
陈光彦	民国九年	析陈光宝	2.500
黄中正	民国十年	析陈光宝立户	4.100
刘臣训－刘德培	民国十年	析周良贵立户	1.405
郑志纯	民国十一年	析郑志堂立户	0.782
吴家炳－吴大公	民国十二年	析吴云立户（民国十五年户名除，至民国三十年复立户）	2.000
吴富友	民国十二年	析吴必冲立户	4.780
邓道银	民国十二年	全收邓前辉、邓明义立户	4.659
黄光发	民国十二年	析黄大云立户	8.623
周世宝	民国十二年	收周炳恒八亩一分三毫立户	8.103
黄孪能－黄孪元	民国十二年	收吴大林、黄孪连立户	1.800
陈世代	民国十三年	收陈士宝立户	10.169
吴必恺	民国十四年	收吴必冲、砖外陈明泗立户	3.357
吴光珍	民国十五年秋	析吴光耀立户	1.045
许亨义－许歹生	民国十六年	析许大相立户	6.010
黄光照	民国二十三年	析黄孪邦立户	4.882
夏承先	民国二十四年	收黄仁达立户	2.979
赵世金	民国二十五年春	收周良元田二亩九分六厘一毫立户	2.961
邓道中	民国二十六年	析黄孪□立户	1.340

（续表）

户名	时间	立户原因	实征粮数（升）
陈世刚	民国二十六年	析陈明柱十八亩四分九厘六毫立户	18.496
杨厚清-夏首先	民国二十六年	析姜昌栁田四亩七分	4.700
陈执高（住专外岭上）	民国二十九年	析曾正还田一亩四厘一毫立户	1.041
吴大公	民国三十年	析吴明扬田三亩六分立户	3.600
陈世传（住砖外土地沟后台）	民国三十年	析周心近田四亩二分五厘立户	4.250
陈宏早	民国三十一年	析曾心柱田一亩七分	1.700
曾凡美	民国三十一年	析吴友良田一亩三分八厘立户	1.380
吴云峰	民国三十三年	收吴光友立户	9.248
戴道铜	民国三十五年春	收关光炎田二亩二分立户	2.200
黄天善	民国三十五年春	收黄士玉田五亩八厘立户	5.800
陈士年	民国三十五年春	收周士保田二亩立户	2.000
曾凡周	民国三十五年春	收关光口田一亩八分	1.800
赵世金	民国三十五年	收专外赵秀场田九亩立户	9.000
王官孝	民国三十五年	收王顺云田三亩三分一厘	3.310
陈大栋	民国三十六年	收黄仁山、黄义明田七亩五分三厘	7.530

据表6-9统计，自光绪十九年到民国三十六年，流滩子垸共有88个新立户名。其中，新立户名多集中在光绪末年至民国初年，以及民国二十五年至民国三十六年间，民国十六年至民国二十三年7年间没有新立户名。同样，在表6-9中，民国十六年至二十三年间剔除无产户名的情形也较少，凡此，都说明这几年间实征底册的编制最为松弛。但是，无论是新立户名，还是剔除无产户名，在民国二十三年至民国三十六年间，都有较为密集的记录，应当在一定程度上反映了田地所有权及赋税的变动情况。

"析"（册籍中有的户名下写作"枂"）当是指从原户名下另分出一个户名。虽然有些户名的析出似可揣测为由一个家庭分出，但是，由光绪二十年黄子臣"析专外周九皋"立户，光绪二十二年黄盛修"析专外周心宣"立户、夏德孚析吴友聪立户，光绪二十四年郑中心析曾国俊立户、郑格培析曾国进立户，光绪二十七年杨甲科析郑在朝立户，光绪三十二年尹同友析黄孔殷立户、孔德全（后改户名为"闵德才"）析黄培高立户等案例，可知实征底册所记的析户主要是指赋税户的"析分"，而不是家庭的析分，所以才会出现如此众多的由异姓析出的户名。这也反过来说明，实征册上的户名并不一定指实在的家庭户，甚至也不是由一个同姓家庭或家族组成，而可能包括两个或两个以上的家庭（既可能是同姓的，也可能是异姓的）。所以，试图根据实征册（以及其他赋税册）所记户名及其承担赋税额，来推测当地农户土地占有情况，还需要更审慎的思考。

如此众多通过"析"而建立起的新户名，似乎反映出地方官府及具体负责赋税催收的胥吏、册书，试图切实掌握赋税的实际负担人。在第24页吴大云户名下，记录说：

> 光绪廿五年，枂吴槐二斗四合六勺三抄。又收黄南廷一升三合三勺九抄，又收黄君甫五合一勺一抄，又收邓廷福四合八勺二抄，又收邓瑞林九合八勺二抄，收邓道中一升二勺二抄，收吴正烈八合九勺六抄，收黄玉光八合九勺四抄，收黄恒玉四合九勺九抄，又收吴相一升八合五勺。存三斗四升六合一勺五抄，艮〔五〕（无）钱九厘。〔案：这个数字有误。原文将其圈出。〕共二斗八升九合三勺八抄，艮四钱二分五厘三毫。廿五年，查出吴槐麦朋粮四合九勺五抄，以收在大云户内。艮

后,查出。只共二斗八升四合四勺三抄,艮四钱一分八厘一毫。

吴大云在析出、建立新户之前,朋附在吴槐户下;析出后的吴大云户承担的赋税高达二斗四合六勺三抄(按当地赋税负担推算,当有田地100亩以上,见下文)。本卷实征册及砖淌外垸实征底册中均未见有吴槐的户名,推测吴槐是其他地方的大户,故可"朋粮"如此之多。但据上引册文,在光绪二十五年纳粮之后,又查出吴槐户名下的朋粮四合九勺五抄,补收在吴大云户名下,反映出主持赋税征收的人力图查清朋粮的意图。据此,我们推测"析"出的新户名,可能程度不同地带有某些强制性质。

"收"当是指立户人买进了某户名下的田地,连同田地所带的赋税一起收进,故新立户名。在流滩子垸实征底册中,民国十二年之前,多写作"收某户粮几何";民国十二年之后,则多写作"收某户田几何"。由于潜江县的税亩是按税粮一升计算的,所以,二者表述虽略有不同,实际上是一致的。这些收田立户的户主,大概在此前并无户名,其身份可能是佃户或外来移民,或者是在本地没有户名。但是,这些新立户所收田亩一般较多,如宣统元年陈国均收陈明注赋粮六升八合五勺四抄,所买田地折合实亩当有近37亩(税亩1亩约合实亩5.36亩余);民国十三年,陈世代收陈士宝赋粮一斗一合六勺九抄,所买田地折合实亩当有约55亩。如此大宗的土地交易,很难想象是由单个佃户家庭进行的。所以,这种"收"田新立的户名,可能也不都是实际的家庭户名。

我们再来看看剔除无产户名的情形。表6-10列举了光绪十八年至民国三十五年间流滩子垸实征底册所记无产户名剔除的情形,共计99宗。其中,"全推,流滩赔"共有31宗(又以光绪三十三年与民国十五年最为集中,各有16宗、7宗)。如上所述,这种情形可能是户名下的田地受到洪水灾害、不能耕种,而其赋税又不能减免,故由流滩子垸全垸负担其所应承担的赋税额。其余68宗,大抵都是原户名下的田产"全推",即全部卖出,遂成为无产户,从而得以削除赋税户名。所有剔除户名的无产户,几乎占流滩子垸全部户名的三分之一,比重相当大。

表6-10 流滩子垸实征底册的无产户名之剔除

户名	剔除时间	剔除原因	实征粮数（升）
曾宏山	光绪十八年	全推曾国进	1.335
黄大珍	光绪二十年	全推黄永兆	1.016
周文长	光绪二十年	全推黎大用	1.024
王廷杨	光绪二十年	全推黄孝成	0.880
邓之现	光绪二十一年	推陈光福、邓明全	2.110
曾思文	光绪二十一年	全推曾心义	5.906
杨元臣	光绪二十一年	全推郑光云	0.182
吴正福	光绪二十二年	全推吴光彦	0.736
曾心义	光绪二十二年	全推曾思义	10.218
曾青曲	光绪二十二年	全推陈正贵	0.007
曾万朝	光绪二十二年	全推曾思文	0.500
曾心义	光绪二十二年	全推曾思文	10.218
毛主彪	光绪二十二年	全推吴光彦	1.030
吴仲林	光绪二十四年	全推吴正全	5.078
吴人昭	光绪二十四年	全推吴正义	4.287
吴顺祖	光绪二十四年	推吴正全	3.113
周云侯	光绪二十四年	全推黄占如	1.570
夏中烈	光绪二十五年	全推黄仁达	1.050
许宏德	光绪二十六年	全推郑公林	1.450
郑全周	光绪二十九年	全推吴正山	0.547
夏德孚	光绪二十九年	全推吴大云	2.650
黄金章	光绪三十年	全推吴恒	0.980

（续表）

户名	剔除时间	剔除原因	实征粮数（升）
郑中心	光绪三十年	全推郑孝珠	1.700
曾大选－曾心柱－曾吴氏	光绪三十一年	全推曾公议	4.113
胡承兆	光绪三十一年	全推曾心圣	0.472
吴康侯	光绪三十二年	全推曾吕端	1.708
曾文卿	光绪三十二年	全推曾云青	0.179
吴殿英	光绪三十三年	全推，流滩赔	1.067
邓远辉	光绪三十三年	全推，流滩赔	0.524
邓道辉	光绪三十三年	全推，流滩赔	0.125
黄见柏	光绪三十三年	全推，流滩赔	0.415
陈安邦	光绪三十三年	全推，流滩赔	0.443
陈光福	光绪三十三年	全推邓道宝	1.076
黄玉甸	光绪三十三年	全推，流滩赔	1.091
曾国香	光绪三十三年	全推，流滩赔	0.071
曾松山	光绪三十三年	全推，流滩赔	0.371
关云臣	光绪三十三年	全推，流滩赔	0.783
关朋万	光绪三十三年	全推，流滩赔	1.591
郑公占	光绪三十三年	全推，流滩赔	2.083
王玉先	光绪三十三年	全推，流滩赔	0.250
徐元吉	光绪三十三年	全推，流滩赔	0.095
李士咸	光绪三十三年	全推，流滩赔	2.025
蒋文长	光绪三十三年	全推，流滩赔	0.770
吴天升	光绪三十三年	全推，流滩赔	0.610

（续表）

户名	剔除时间	剔除原因	实征粮数（升）
邓振周	宣统元年	全推邓明文	0.184
夏言声	宣统元年	全推	2.160
郑光鳌	民国三年	全推郑致尧	0.781
吴大缄－吴大良	民国四年	全推吴光远	1.526
王才美	民国五年	全推吴友灿	1.400
萧心元－萧玉升	民国五年	全推肖玉官	4.464
萧康侯－萧玉升	民国五年	全推肖玉官	1.506
曾时中－曾修身	民国六年	全推，流滩赔	4.501
黄良修	民国七年	全推，流滩赔	1.786
邓光虎－邓学柏	民国九年	全推邓孝松	3.065
黄升位	民国九年	全推，流滩赔	2.870
闵克臣	民国十年	全推赵楚万	1.231
关真顺	民国十一年	全推许成中	0.522
吴贞子－吴大敏	民国十二年	全推吴大金	3.458
吴云三	民国十二年	全推，流滩赔	4.410
吴奉高	民国十二年	全推，流滩赔	5.894
吴云	民国十二年	全推，流滩赔	2.783
方俊	民国十二年	全推，流滩赔	3.415
邓作元	民国十二年	全推邓休文	5.422
邓前辉	民国十二年	全推邓道艮	4.119
邓修德－邓明义	民国十二年	全推邓道艮	0.940

（续表）

户名	剔除时间	剔除原因	实征粮数（升）
郑格廷	民国十二年	全推郑志云	1.600
黄盛修－黄仁德	民国十三年	全推专外陈士宝	1.216
陈光彦	民国十三年	全推陈光俊	2.500
黎大朋－黎树番	民国十三年	全推邓明文	3.521
吴俊三－吴必林	民国十四年秋	全推	4.768
吴必谦	民国十五年	全推吴友容	11.408
吴家炳－吴大公	民国十五年	全推郑格焕	2.000
黄君辅	民国十五年秋	全推，流滩赔	2.337
陈廷光－陈明爽	民国十五年秋	全推，流滩赔	0.019
陈大福－陈士法	民国十五年	全推，流滩赔	7.393
陈大康－陈光坤	民国十五年秋	全推，流滩赔	5.208
夏黄氏	民国十五年秋	全推王顺云	0.745
杨俊甫	民国十五年秋	全推，流滩赔	1.566
杨玉之	民国十五年秋	全推，流滩赔	0.848
张仁惠	民国十五年秋	全推，流滩赔	0.898
郑文选－郑格寅	民国十六年	全推郑格焕	2.492
郑云表－郑格选	民国十八年	全推郑格焕	0.617
吴正烈－吴光祖	民国二十年春	推陈洪兰	0.850
黄恒玉－黄孛道－黄光桂	民国二十三年	全推黄光桂	6.095
黄孛能－黄孛元	民国二十三年	全推黄大能	2.920
陈国举－陈光德－陈余氏	民国二十三年	全推陈明仁	2.557

（续表）

户名	剔除时间	剔除原因	实征粮数（升）
邓楚心-邓道茂-邓孝茂	民国二十五年	全推邓道发	3.101
黄玉光-黄孝春-黄光寿	民国二十六年	全推黄孝士	0.755
刘业汉	民国二十六年	全推外垸曾正良	1.103
邓文思-邓道高-邓道法	民国二十六年	全推邓希山	1.730
邓元吉-邓道五-邓道法	民国二十六年	全推邓希山	4.047
吴秦高-吴必冲-吴必恺	民国二十七年	全推吴必恺	4.482
吴富友	民国二十七年	全推吴必恺	6.080
郑孝珠-郑致堂	民国三十年	全推郑志尧	1.318
许成忠	民国三十一年	全推关光前	0.615
黄克仁-黄孝义	民国三十一年	全推黄孝俊	4.433
杨明山	民国三十一年	全推黄义尚	3.000
吴相-吴明仁	民国三十五年	全推，流滩赔	0.959
邓瑞林	民国三十五年	全推邓孝玉	0.749

实征底册上无产户名之剔除，并不能简单地全部理解为此户名下的农户已经破产，有的情况可能非常复杂。流滩子垸实征底册第78页曾思文户名上注"复"字，其左侧"曾令浩"名下注"正"字。据其下文字记载：曾思文户名下原有粮五升九合六抄、银八分七厘、米二升四合九抄，光绪二十一年，"全推曾心义"，户名取消。但一年后，就又"复收曾心义粮一斗零二合一勺八抄，艮一钱五分一厘"，又重新立了户名。在第80页"曾心义"户名下，则记称曾心义于光绪二十一年"析曾光明二合四抄"立户，同时，"又收曾万朝四升一合八抄，又收曾思文五升九合六抄。存一斗二合一勺八抄，艮一钱五分一厘。二十二年，艮全推曾思文"。户名除。曾思文、曾心义在短短的两年时间里，除户、立户，显然绝非因为田产变动，而是另有缘

由，只是我们已无法揣测其真正原因。

五、进一步研究工作的理路

如上所述，实征底册所记的户名，只是赋税征收单位，是"赋税户"，并非实际的农户家庭，新立户名与无产户名之剔除，主要具有赋税征收的意义，并不能反映出农户家庭实际占有的田地及其所负担的赋税情况。但是，实征底册对新立户名与无产户名之剔除的详细记录（虽然渐趋松弛），仍使我们倾向于认为，这两卷实征底册，在晚清民国时期的赋税征收过程中，应当是实际发挥作用的，它至少在一定程度上，可以反映出"赋税户"的田产占有与赋税负担。由于已往章有义、赵冈、秦晖等学者关于关中、江南地区土地占有、地权分配等问题的探讨，实际上也都是以赋税意义上的"户"为单位展开讨论的，因此，我们设想，在明晰所讨论的"户"实指赋税户、并非实际农户家庭的前提下，分析实征底册所记录的"户"的土地占有与地权分配，应当是允许的，也是可能的。

实征底册中在各户名之下，详记其所负担之粮、银、米若干及其变动，其所记推收，在民国十二年之前，均只载明其粮若干，不言推、收地亩若干。盖早在明万历年间，潜江知县朱熙洽主持清田，即规定以五小亩三分六厘一毫四丝八忽折为一大亩，按升定亩，粮一升为一亩，不分等则。①至康熙中期，定制粮一升，派银一分四厘九毫，米四合零八抄零五圭，银、米从粮派，故实征底册在涉及田粮推收时，只载明粮数，而不及银、米。吴光彦户光绪十七年应征赋税为粮一斗三升三合五勺六抄、艮（银）一钱九分六厘三毫、米五升四合四勺九抄，平均粮一升征银约一分四厘七毫、米约四合零七抄零九圭余，与上述规定大致相符。而如果按照征科田亩一亩约相当于实亩五亩三分六厘计算，吴光彦户光绪十七年拥有田地数约为71.59亩，其田地最多的光绪三十二年拥有田亩数约为97.13亩，尚不足百亩。虽然征科田亩（赋税亩）折合成实亩需要考虑到田地种类等级等复杂问题，但在标准相对一致的前提下，在潜江县，以税亩一亩折合实亩五亩三分六厘，还是大致可取的。

在确立上述前提的基础上，我们设想根据实征底册的记录，分别统计出

---

① 康熙《潜江县志》卷三《舆地志》，"乡区"，第46页。

光绪十七年、民国元年、民国十六年、民国二十六年、民国三十五年等五个年份流滩子垸、砖淌外垸各赋税户的户均田亩数,考察这一地区在此五十余年时间里户均田地的变动情况,进而分析其地权分配情况。由于需要做大量的统计、计算工作,这两个表格还未能做出。我们希望所得出的认识,或许可以对前辈学者提出的地权分配的"关中模式""太湖模式"做出一些回应和反思。

由于一直未能针对这两卷实征底册,展开田野调查,我们对其所可能蕴含的社会意义还没有充分了解。虽然从实征底册中也可以窥见某些社会变动,但对流滩子垸与砖淌外垸社会变动的讨论,必然有赖于进一步的田野考察。

结 语

掌邦之野：中国古代的乡里制度

通过以上各章的考证分析，我们对中国历代王朝乡里制度的形成、演变及其实行过程，不同时期乡里制度背后的政治经济与社会文化背景、乡里制度的设计与制定者对于其所处社会经济环境与区域差异的认识、统治者对于乡里制度及其实行的预期与目标，不同时期乡里制度在实行过程中与演变过程中所表现出来的区域差异等，形成了一些较为清晰的认识。在此基础上，我们可以进一步概括中国古代乡里制度的基本结构，描述乡里制度演变的基本轨迹，分析乡里制度及其实行的统一性与地方差异性，并进而思考乡里制度在历代王朝的乡村控制体系乃至政治经济与社会文化控制体系中的地位与作用。

一、乡里制度的基本结构

历代王朝乡里制度所规定的乡村管理与区划的各层级，名称、功能乃至性质各有不同，更历有变化，从而展现出复杂多变的历史面相，可是，就县级政权以下行政管理（包括赋役征发和治安监控）与区域分划的层次而言，历代乡里制度的结构却是基本一致的，即主要表现为邻、里、乡三个层级。其中，邻以五家互保连坐为原则，是最基本的乡村治安单元；里以村落和居住地域为基础，是基本的赋役征纳单元；乡包括若干村落，是县以下、里以上的地域性行政管理单元，或籍帐编制单位，或区域性人文地理单元。邻、里、乡构成了历代王朝乡里制度的基本结构。

（一）五家为邻

在《绪论》中，我们就曾指出：以五家（或十家）民户为基本编组单位的邻、比（伍、什、保、甲）等，乃是王朝国家控制乡村的最基层的单位。

《史记·秦始皇本纪》记秦献公十年（前375），"为户籍相伍"。①所谓"相伍"，就是以五家为"伍"的办法编排户口，"伍"是户籍编制的基本单位。《史记·商君列传》叙述秦孝公三年（前359）商鞅主持第一次变法，"令民为什伍，而相牧司连坐。不告奸者腰斩，告奸者与斩敌首同赏，匿奸者与降敌同罚"。②此即所谓"什伍互保连坐制"。

以什伍之法编排乡村民户，使之互相担保、相互纠察，且共赏罚乃至同生死，乃来源于军法。③《尉缭子·伍制令》谓："军中之制，五人为伍，伍相保也。十人为什，什相保也。五十为属，属相保也。百人为闾，闾相保也。伍有干令犯禁者，揭之免于罪，知而弗揭，全伍有诛……吏自什长以上，至左右将，上下皆相保也。有干令犯禁者，揭之免于罪，知而弗揭之，皆与同罪。"什伍相结，互保连坐，使"上下相联，无有不得之奸，无有不揭之罪，父不得以私其子，兄不得以私其弟"。④这是军队的编组之法与相察互保规定。将军队的组织管理方法应用于民户编排和乡村控制，就控制的有效性而言，当然是理想的。正因为此故，历朝统治者均以什、伍编制为起点编排乡村民户，并以"什伍相保""什伍连坐"为基本组织原则。

汉代沿用秦制，编排什伍。张家山汉简《二年律令·户律》规定："自五大夫以下，比地为伍，以辨券为信，居处相察，出入相司。"⑤比地为伍，就是根据其居地所在编排为伍。《续汉书·百官志》司马彪本注："里有里魁，民有什伍，善恶以告。本注曰：里魁掌一里百家。什主十家，伍主

---

① 《史记》卷六《秦始皇本纪》，北京：中华书局，1959年，第289页。
② 《史记》卷六八《商君列传》，第2230页。
③ 杜正胜：《编户齐民：传统社会政治结构之形成》，台北：联经出版事业有限公司，2014年，第二版，第126—140页。
④ 刘仲平注译：《尉缭子今注今译》，台北：台湾商务印书馆，1975年，第186页。
⑤ 张家山二四七号汉墓竹简整理小组：《张家山汉墓竹简（二四七号墓）》（释文修订本），北京：文物出版社，2006年，第51页。

五家，以相检察。民有善事恶事，以告监官。"①《释名·释州国》："五家为伍，以五为名也，又谓之邻。邻，连也，相接连也。又曰比，相亲比也。"②则邻比而居的伍乃是汉代居民编排最基本的组织。张家山汉简《二年律令·钱律》："盗铸钱及佐者，弃市。同居不告，赎耐。正典、田典、伍人不告，罚金四两。或颇告，皆相除。"③伍人亦与正典、田典相并列，同伍之人亦有相互担保连坐之责。汉制虽以什、伍并列，然文献中却甚少见到"什长"，故我们认为《侍廷里父老僤买田约束石券》等文献中所见的"里父老"，或者就是十户之长（见本书第二章第三节）。

北魏立三长之制，以五家为邻（保），五邻为里（闾），五里为党（族），各有长，"取乡人强谨者"任之。④东魏孝静帝时，临淮王孝友上言称："令制：百家为党族，二十家为闾，五家为比邻。百家之内，有帅二十五，征发皆免，苦乐不均。羊少狼多，复有蚕食。此之为弊久矣。"⑤则知比邻、里闾与党族之长，确实发挥重要作用，而比邻之帅实为三长制之核心。

唐制在乡、里之下有邻、保。《唐六典》卷三《户部尚书》谓："百户为里，五里为乡……四家为邻，五家为保。保有长，以相禁约。"⑥是以四家为邻，加上保长一家，合五家为一保。学界一般认为：唐代的邻保组织乃以五家为单位编组而成，是最基层的居民组织。其功能以警政治安为主（包括查核户口、纠告逐捕盗贼等），以分摊税赋等为辅（包括分摊逃户租课、纠告私铸、私贩等行为），且不断延伸向财经、司法中与之相关的事务。⑦

---

① 《后汉书》志第二十八，《百官志》五，北京：中华书局，1965年，第3625页。
② 刘熙著，毕沅疏、王先谦补：《释名疏证补》卷二《释州国》，北京：中华书局，2008年，第59页。
③ 张家山二四七号汉墓竹简整理小组：《张家山汉墓竹简（二四七号墓）》（释文修订本），第35页。
④ 《魏书》卷一一〇《食货志》，北京：中华书局，1974年，第2855页。
⑤ 《魏书》卷一八《太武五王列传》，临淮王谭传附弟孝友传，第422—423页。
⑥ 《唐六典》卷三《户部尚书》下"户部郎中员外郎"条下，北京：中华书局，1992年，第73页。
⑦ 罗彤华：《唐代的伍保制》，原刊《新史学》第8卷第3期，1997年，后收入梁庚尧、刘淑芬主编《台湾学者中国史研究论丛·城市与乡村》，北京：中国大百科全书出版社，2005年，第88—117页。

因此，仁井田陞、松本善海等均强调邻保组织在唐代乡村行政与管理系统中的重要性，甚至认为它是唐代乡村行政的中心①。

北宋前期定制按村置耆、以耆长主乡村治安、词讼，而各村耆之下或许亦编排保伍。欧阳修在《五保牒》中引《户令》曰："诸户皆以邻聚相保，以相检察，勿造非违。如有远客来过止宿，及保内之人有所行诣，并语同保知。"则按照法令规定，诸户皆当编入邻保。然欧阳修指出："虽然有此令文，州县多不举行。"②则知北宋前期虽有保伍之法，但并未普遍实行。③熙宁、元丰改革，推行保甲法，最初规定以十家为一保，后来定制以五家为一保（小保）。即使是在规定以十家为一保的熙宁三年司农寺所颁《畿县保甲条制》中，也规定："如同保不及五户，听并入别保。……本保内户数足，且令附保，候及十户，即别为一保。"④则知五家仍然是保甲编制的基本单位。保甲法盖以伍保为基础，故亦称为"保伍之法"。

明朝自洪武十四年（1381）起，推行里甲黄册之法。在里甲制下，"甲"是一个应役单位，由十一家民户组成（包括一个里长户）。这样的甲，一般由毗邻而居者构成，便于征收赋税与治安管理，只是到了明中后期，由于人口流动和户籍变迁等原因，才较为普遍地出现同一甲的户口分散在不同村落的现象。⑤实际上，在一些分散居住的地区，村落规模较小，故

---

① 仁井田陞：《唐代の鄰保制度—吐魯番発見の唐代官粟貸付（五保）文書》，见氏著《中国法制史研究——奴隷農奴法·家族村落法》，东京：东京大学出版会，1981年，第663—684页；松本善海：《鄰保組織を中心としたる唐代の村政》，《吐魯番文書より見たる唐代の鄰保制》，见氏著《中国村落制度の史的研究》，东京：岩波书店，1977年，第357—440页。

② 欧阳修：《欧阳修全集》卷一一八《河北奉使奏草》卷下《五保牒》，李逸安点校，北京：中华书局，2001年，第1830页。

③ 吴泰：《宋代"保甲法"探微》，中国社会科学院历史研究所宋辽金元史研究室编：《宋辽金史论丛》第二辑，北京：中华书局，1991年，第178—200页；谭景玉：《宋代乡村组织研究》，济南：山东大学出版社，2010年，第96—98页。

④ 《续资治通鉴长编》卷二一八，熙宁三年十二月乙丑，北京：中华书局，2004年，第5297—5298页。

⑤ 奥崎裕司：《中国郷紳地主の研究》，东京：汲古书院，1978年，第517—524页；栗林宣夫：《里甲制の研究》，东京：文理书院，1971年，第26—49页；川勝守：《中国封建国家の支配構造——明清賦役制度史の研究》，东京：东京大学出版会，1980年，第105—125页。

往往把一个较小村落编排为一个甲。因此，至少在明前期，"甲"实际上是最基层的赋役征纳与治安管理单元。

明代中后期在部分地区推行的保甲制，实际上是在里甲制的基础上实行的。万历年间，吕坤制定的山西乡约保甲之法规定："十家内选九家所推者一人为甲长，每一家又以前后左右所居者为四邻，一人有过，四邻劝化不从，则告于甲长，书之纪恶簿。……如恶有显迹，四邻知而不报者，甲长举之，罪坐四邻。四邻举之，而甲长不报者，罪坐甲长。"①乡约（保）之"甲"显然即以里甲之"甲"为基础。稍不相同的是，保甲制强化了"四邻"的作用，使"甲"与"邻"结合起来，从而强化了"甲"内民户互相监督的功能。

明中后期在部分地区实行的保甲制及其原则，入清以后，渐次得到全面推行。顺治元年（1644），清政府刚刚控制直隶、山西、山东等北方地区，即决定推行"总甲制"，"各府州县卫所属乡村十家置一甲长，百家置一总甲。凡遇盗贼逃人奸宄窃发事件，邻佑即报知甲长，甲长报知总甲，总甲报知府州县卫，核实申解兵部。若一家隐匿，其邻佑九家、甲长、总甲不行首告，俱治以罪"。②十家编为一甲（后来多称为"牌"），互相担保，有连坐之责，正是实施什伍互保连坐原则的表现。虽然后来有关保甲的相关规定颇有变化，各省府州县的具体实行办法更颇多差异，但总的说来，以十户为保甲组织最基本的单元（牌、甲），所谓"立甲长以稽查十户"，并没有根本性变化。③

总之，建立在五家为邻基本原则之上的什伍互保连坐之法，乃是中国古代王朝国家乡里制度的起点，也是王朝国家编排乡里组织、构建乡里控制体系的基本原则。伍保制度的核心功能乃是加强对乡村民户的人身控制，强化治安，建立并维护乡村的社会与经济秩序。因此，历代王朝均不遗余力地推行伍保制度，建立邻保组织。但乡村民户毕竟不是军兵，以军法编组乡民成

---

① 吕坤：《吕坤全集》下册，《实政录》卷五《乡甲约》，北京：中华书局，2008年，第1062页。
② 《皇朝文献通考》卷二一《职役考》一，上海：商务印书馆，1935年，第5页下。
③ 闻钧天：《中国保甲制度》，汉口：直学轩，1933年，第243—450页；萧公权：《中国乡村——论19世纪的帝国控制》，张皓、张升译，台北：联经出版事业股份有限公司，2014年，第55—102页。

本既高，在事实上亦难以实行；而什伍连坐之法若切实执行，势必造成重大纷扰，甚至引发动乱，故什伍编排的邻保组织虽然在原则上乃是历代王朝乡里控制的基础，但互保连坐之法在事实上却难以严格执行。

（二）百家为里

在《周礼》设计的乡村控制体系中，邻、比之上是里、闾，均由二十五家组成。以五个比（邻）组成包括二十五家的一个闾、里，虽然可能亦与军队编组中的五伍为两（军队编制单位，由二十五人组成）有关，[①]但闾、里之制，却更可能来源于古代有规划地建设的、形状规整（主要为方形或长方形）的聚落。因此，所谓二十五家组织的闾、里，都应当是在居住单位的基础上编排的。二十五家，盖只能取其约数，一个闾、里包括多少户数，主要取决于其聚落的大小和密集程度。据《管子》《国语·齐语》、临沂银雀山汉墓竹简《田法》及《王度记》（据说为战国时齐人淳于髡所撰）所记，齐国之里，有三十家、五十家、百家之别，正折射出其时乡村聚落规模大小不等的历史事实（详见第一章第二节）。

秦制每里三十户，大约正相当于一个自然聚落的规模。但我们在里耶秦简中，已见有一邑二里的情形（简8-1236+8-1791），[②]应当是一个聚落编排成两个里（详见第二章第一节）。汉代定制以百户为里，然在编组过程中，亦必然以聚落的自然状况为根据，所以，实际上各里的户数差别比较大。一般说来，在汉代，关中与西北屯垦区的里较为规整，即民户多集中居住在四周围以土垣的聚落中，聚落的规模较大；里的编排，亦大抵较为严格地遵守百家为里的规定，而每一个较大村落可能即编为一个里。在南方分散居住为主的地区，由于自然聚落大多不满一百家，南方的地理环境也不许可围筑土垣，故在"一里百家"的规定之下，大部分南方地区的"里"均包括若干相邻的自然聚落，即一里由若干自然聚落组成（第二章第四节）。

唐代里的设置，虽然以百户为原则，然在实际的编排过程中，必须考虑到民户居住村落的大小，以适应不同的聚落形态，从而表现为三种情形：一

[①] 李零：《中国古代居民组织的两大类型及其不同来源——春秋战国时期齐国居民组织试析》，初刊《文史》第二十八辑，北京：中华书局，1987年，第59—75页；后收入氏著《待兔轩文存·读史卷》，桂林：广西师范大学出版社，2011年，第143—165页，所引论点见第157页。

[②] 陈伟主编：《里耶秦简牍校释》，第一卷，武汉：武汉大学出版社，2012年，第297页。

是规模较大（百户上下或更多）的集村，置一个里正（或村正），也可能分设若干的里正（城邑的户数一般较多，当然会设置若干坊）；二是户数大致在数十户、不足百户的村落，设置一个村正（可能也代管本村附近不满十家的小村）；三是由若干分散居住的小村，合起来，编组成一个里，也可能以这些村中规模较大的村为中心，命名为某村。无论是哪一种情形，里都是以村落为基础编组的（第四章第二节）。中唐以后，"里"渐趋崩解，以地域（居住地域与生产生活地域）为核心的村，以及作为两税法基础的田亩，遂成为征发赋税的基本单位（第四章第二节）。

五代后周时初设、北宋初沿用的"耆"，亦以村落为基础，所以在宋代文献中，耆长往往得称为"村耆"。熙宁、元丰年间行保甲法，定制以二十五家（五小保）为一大保。其时编排保甲，虽然按户数为原则，但在实际的编排过程中，仍不得不以村落为基础，特别是大保基本上是按村落编排的，所以在北方地区普遍出现户数超过二十五家的大保，而在南方地区则或合数个自然村落为一大保（第五章第一节）。

金朝控制北方地区之后，以女真固有的村寨制度与唐宋以来华北汉地的乡里制度相结合，形成村社制，以五十户为基本单位，设一主首；一个主首所领，大抵即为一个村（第五章第三节）。元代的村社制正是沿用金代五十户（村寨）置一主首的制度变化而来。社是以自然村落为基础设置的：五十家左右的村，自立为一社；不满五十家者，合二村、三村乃至四五村并为一社；超过一百家的村落，可能分设两个乃至更多的社（第五章第四节）。

明代里甲制以一百一十户为一里（包括十个里长户和十甲一百户）。其最初严格按照户口编排，故一里往往与自然形态颇有参差，或包括来自不同村落的人户，或包括多个与甲相当的小村落。[①]实际上，里甲的编排虽以户口为依据，但各地在编排里甲时并不能整齐划一，而必然要考虑到各地区的历史地理背景。《明史·食货志》云："太祖仍元里社制，河北诸州县土著者以社分里甲，迁民分屯之地以屯分里甲。社民先占亩广，屯民新占亩狭，

---

① 刘志伟：《在国家与社会之间——明清广东里甲赋役制度与乡村社会》（增订本），北京：中国人民大学出版社，2010年，第37—48页；崔瑞德、牟复礼编：《剑桥中国明代史（1368—1644年）》下卷，杨品泉等译，北京：中国社会科学出版社，2006年，第449页。

故屯地谓之小亩，社地谓之广亩。"①据此，河北各州县在明初编排里甲，原有的土著民户是以金元以来的"村社"为基础的；新迁入的移民，是按照屯地编排的（第六章第一节）。

明代中后期在部分地区推行的保甲制，各地实行情况不一，但总的说来，各保亦以村落为基础编排。在吕坤定立的山西保甲制度中，"本县及寄庄人民，在城在镇，以百家为率，孤庄村落，以一里为率，各立约正一人，约副一人，选公道正直者充之，以统一约之人。约讲一人，约史一人，选善书能劝者充之，以办一约之事"。城镇乡约，以百家为编排原则；乡村则据原有的"里"编排乡约（即保）。而在具体的编排过程中，又"各随地方街巷村落远近编派，难以拘泥"。更为重要的是，根据吕坤所定规章，"凡一约之人，或寺庙，或公馆，或大家厅房可容百人处所，上面立圣谕木牌一面，傍设约正、约副、约讲、约史四座，将约众分左右二班，如所在宽敞，作板凳数条，约众论齿序坐，亦可每月初二、十六日一竿时候取齐"。②也就是说，乡约（保）有了固定的议事办事场所，从而进一步强化了乡约（保）的地域实体性质。

清代沿用明代制度，里甲制与保甲制并行，即以里甲主赋役，以保甲主治安，而以保甲制为主。保甲制得到强化，成为控制乡村的实际制度。在实际执行中，保甲与里甲相互渗透，呈现出合流的趋势。③虽然清代保甲制的实行差异甚大，但总的说来，由十个以十户组成的基本单元（甲、牌）组成一个百户单元（称为甲、总甲，亦有称为保者），是较为普遍的设置。《皇朝文献通考》卷二二《职役考》云："（康熙）四十七年申行保甲之法……一州一县城关各若干户，四乡村落各若干户，户给印信纸牌一张，书写姓名丁男口数于上，出则注明所往，入则稽其所来，面生可疑之人非盘诘的确，不许容留。十户立一牌头，十牌立一甲头，十甲立一保长。若村庄人少，户

---

① 《明史》卷七七《食货志》一《田制》，北京：中华书局，1974年，第1882页。
② 吕坤：《吕坤全集》下册，《实政录》卷五《乡甲约》《乡甲会规》《乡甲事宜》，第1062—1064页。
③ 闻钧天：《中国保甲制度》，汉口：直学轩，1933年，第243—450页；萧公权：《中国乡村——论19世纪的帝国控制》，第55—170页；赵秀玲：《中国乡里制度》，第51—58页；从翰香主编：《近代冀鲁豫乡村》，北京：中国社会科学出版社，1995年，第7—10页。

不及数，即就其少数编之。"①各村庄大抵皆超过十户，而甚少有村庄可达千户，故所谓"若村庄人少，户不及数，即就其少数编之"，主要是指由十牌、百户构成的"甲"而言的。显然，清代保甲法中的"百户之甲"，也是以村落为基础编排的。

总之，无论制度规定以二十五家、五十家，还是以百家、百一十家为里（闾），在实际的编排中，里（闾、耆、大保、村寨、社、约、保、甲）必然以村落为基础，或以一村为一里，或合数村为一里，或将一大村（包括城邑）编排为若干里。里编定之后，则当相对保持稳定，不必因户口增加而频繁地重新编排。质言之，里（闾、耆、大保、村寨、社、约、保、甲）是以村落为基础编排的。里（闾、耆、大保、村寨、社、约、保、甲）虽然也有治安功能，但其最重要的功能，却是控制户口与田地，以征发赋役。在这个意义上，无论其包含多少户数、用何名目，"里"的实质都是以村落为基础的赋役征收单元。

不仅如此，里还被赋予了某些"村落自治"的功能。明朝初年，令各里置里社，春秋二社之时，集众祭祀五土五谷之神。祭祀之后，会饮之前，先令一人向众宣读抑强扶弱之誓。誓词曰："凡我同里之人，各遵守礼法，毋恃力凌弱，违者先共制之，然后经官。或贫无可赡，周给其家。三年不立，不使与会。其婚姻丧葬有乏，随力相助。如不从众，及犯奸盗诈伪，一切非为之人，并不许入会。"②这当然是理想的设计，与《汉书·食货志》所描述的"出入相友，守望相助，疾病相救"的美好蓝图相互呼应。然而，在这幅美好图景的背后，却是"每里置经催一名，以督赋课"。所谓"村落自治"，不过是便于统治者用尽可能小的统治成本，以获取最大可能的赋役征发罢了。

（三）十里一乡

在《周礼》《管子》《国语》等早期文献中，在里、闾之上的管理组织或居民编组单位，可称为族、酂、连、卒、州、乡等，其包括的户数则从百

---

① 《皇朝文献通考》卷二二《职役考》二，第9页。
② 申时行等修，赵用贤等纂：《大明会典》卷九四《礼部》五二《群祀》四，"里社"，《续修四库全书》本，上海：上海古籍出版社，1996年，第790册，第637页。

户到千户不等，而以二三百家至五百家为常。族、鄻、连、卒、州、乡等，虽然包括的户数不等，但皆当指将若干村落的民户聚合起来，连属在一起，是包括若干村落的乡村区域（第一章第一节）。

秦汉定制以乡统里。应劭《风俗通》谓："国家制度，大率十里一乡。"①里有百家，则汉代每乡大抵以千户为原则。汉代各乡置啬夫或有秩，主持乡政，其所治称为"乡廷"。有的乡廷（乡官）所在的聚落，甚或有土垣围绕，形成"乡郭"。所以，汉代的乡，是县级政权以下的一级行政管理区划与机构（第二章第三节）。

魏晋南北朝时期，官府掌握的著籍户口不断衰减，乡的户口规模较之汉代，乃大幅度缩小。晋制各乡置有治书史、史，应当是在县衙中掌管对应各乡户口赋役籍帐的小吏，并不在"乡廷"执事（啬夫或许仍在乡廷）；而由于不再置立乡三老、部游徼，乡的教化、治安职能严重削弱，其在乡村行政管理系统中的作用乃大幅度降低（第三章第一节）。

隋于开皇三年（583）置五百家乡正，理民间辞讼，即以五百家置为一乡，各置乡正。②至开皇九年，定制以五百家为乡，正一人；百家为里，长一人。③唐初亦以百户为一里，五里为一乡，乡置耆老（亦曰父老）一人，后改置长一人、佐一人。④隋时的乡正与唐初的乡耆老、乡正大抵皆主辞讼、赋役，与汉时的乡有秩、啬夫职掌相近，亦当驻于乡中，乡司有相对固定的驻地。贞观十五年（641）省罢乡长之后，乡级行政管理遂由乡所属的各里里正共管，而诸乡里正轮流到县衙里去处理本乡籍帐、赋役征纳等事务。在县衙里执役的诸乡当值里正被称为"乡头""乡板头"，亦或得称为"乡长"。而诸乡之中却不再有乡司驻地。正因为此故，中唐以后，乡遂逐渐向以赋役征纳为核心的户口籍帐编制单位和地域单元演变（第四章第一、二节）。

宋初诸乡以乡书手主赋役籍帐，里正（与唐制不同，北宋初一般一乡只有一个里正）亦在县衙当值。开宝七年（974）"废乡，分为管，置户长主

---

① 《后汉书》志第二十八，《百官志》五，注引《风俗通》，第3624页。
② 《隋书》卷四二《李德林传》，北京：中华书局，1973年，第1200页。
③ 《隋书》卷二《高祖纪》下，第32页。
④ 《通典》卷三三《职官》十五《州郡》下，第924页。

纳赋，耆长主盗贼、辞讼"。①管由原来的乡分置，其所管户口、规模应比乡小。每管所领户数，大约不低于五百户，而可多至千余户。设管置户长主征科、以耆长主盗贼词讼之后，遂形成乡书手、里正与户长、耆长并存的体制：乡书手按乡设置，里正亦按乡差充（至和二年之后、不再按乡差里正），均在县衙执役，掌管各乡赋役籍帐；而户长（按管设置）与耆长则在乡户中差充，属于乡役，在赋役征科中实际发挥着作用。至和二年（1055）罢里正衙前之后，诸乡只在县衙里设有乡书手，乡实际上已演变成为户口赋役籍帐的编制单位和人文地理单元（用于指称包括若干村落的地域），在户籍编排、赋役征纳过程中实际发挥作用的是管（户长）和耆（耆长）。熙宁、元丰年间行保甲法，初以五百家为一都保，后来定制以二百五十家为一都保。大多数的都保应当包括若干村落，是一个乡村区域（第五章第一节）。

金沿用唐及北宋前期制度，仍按乡置里正，掌催督赋役、劝课农桑。金代华北地区的乡里正大抵更近于唐代的诸乡里正，仍然直接参与当乡诸村社（由主首负责）的户籍编排与赋役征发，而非如北宋中后期那样，仅在县衙置有乡书手，只负责相关籍帐事务。元代文献中，常以里正与主首并举，北方地区盖沿用金制，乡置里正；南方地区则初于乡置里正，各都分设主首，渐变为按都设置里正，各都又分设主首（第五章第三、四节）。

明初编排里甲，规定"务不出本都"，也就是以都为地域范围编排里甲，但"都"却并无行政管理职能，所以明代的"都"并非一级行政管理建制。宋元以来"乡"的名目也大都得以沿用，但同样没有实际的行政职能。总的说来，明代里甲制和明中后期部分地区实行的保甲制，在以大约百家为基本编组原则的"里""保"（乡约）之上，并没有稳定的"乡"级建制。但南方地区部分州县的乡、都仍然具有区分赋役标准的作用（第六章第一节）。

清代里甲制基本沿袭此种格局。但在清代地方文献中仍可以见出，有些州县，仍然按乡、都分设"书手"（有的乡分设四五个里，各有一个书手），是在县衙里执役的书吏。在这种情况下，乡、都仍然是一种用于统

---

① 《宋会要辑稿》职官四八之二五，"县官"，北京：中华书局，1957年，影印本，第3468页。

计、分配、核算赋役的籍帐编制单元。所以，概括言之，明清时期，乡、都之目虽然仍得沿用，但大抵皆为户口赋役籍帐编制单位与人文地理单元，而非行政管理单位。当然，乡、都并非全然没有行政管理的意义，在很多时候，它们被作为县级政权划分县境不同地域、区分其赋役等第，或由知县、县丞、县尉分区负责水利、治安等事务的区划根据；在社会变乱或遇有较大政治经济与文化事件时，县境内不同地域的士绅以"乡""都"为单位，展开活动，如组织"乡兵""团练"等。尽管如此，在制度层面上，明清时期，乡、都均不再是一级行政管理层级。

正是在这种背景下，"保"逐渐成为大致以百家为原则、以村落为基础编排的"甲"（百家）或"里"之上的地域性管理单元。如上所述，至迟确定于康熙中后期的保甲制规定，十个由百户组成的甲编成一个保，置保长（或保正，亦有称为里长、乡长者）。千家之保，当然包括了若干村落。王福明的研究表明：乾隆年间，顺天府宝坻县分设46个保，共辖910个村庄，平均每保辖约20个村庄。在直隶定州，保级组织被称为"约"，全州分置43个约，领村庄423个，平均每约近10个村庄。王先生指出："约是按地理区域划分的，由相邻数村结合而成，并以约中较大村庄命名的乡级组织。"[①]保（或者其他名目）也应当是如此。而在王凤生所订立的《公举约正条规》中，保长被称为"乡集长"，并规定"甲长须在百家之内遴选，乡集长须在一乡一集之内选举，以期近便，易于照料亲切，不致偏私"。[②]显然，"保"就是在"乡集"的基础上设置的，或者说二者是重合的。正由于此，保又多被称为"乡保"（其所谓"乡"，是指"保"所辖的区域，与作为户口赋役籍帐编制单位的"乡"不同，地域范围一般较后者小得多），且多驻于所辖乡村范围内较大的聚落（又多为市集所在）中。清末推行新政，乡村巡警的设置与"乡镇自治"亦大多以旧有的"乡保"为基础，遂渐次形成近代以来的"乡镇体系"。

总之，"乡"（无论其称为乡，还是管、都、保等）乃是县以下的、由

---

① 从翰香主编：《近代冀鲁豫乡村》，第一部分，"乡与村的社会结构"，第7—10、12—40页，引文见第21页。

② 徐栋编：《保甲书辑要》卷二《成规》下，王凤生：《公举约正条规》，南京：江苏书局，同治七年（1868），第1页下。

若干村落组成的行政管理单元或户口赋役籍帐编制单位和人文地理单元。王福明在肯定清代县政权"没有一统到底（指直到自然村和民户）的组织和机制"的同时，进一步指出："以一个知县辖下的县衙门终究无法直接统治数百个村庄、上万户人家、数十万口人众，它必须依赖其他中介组织"，即"乡级组织"，"它处于州县政权之下、村庄之上，是协助官府治理乡村的组织和工具"。①这种说法，不仅适用于清代，也适用于中国历史上的大部分时期。

清人陆世仪在《论治邑》中谈到所谓"治乡三约"，谓："先按地方，分邑为数乡，然后什伍其民，条分缕析，令皆归于乡约长。凡讼狱、师徒、户口、田数、徭役，一皆缘此而起。"②其所说的"乡约"，是指以村落为基础组织的"保"，乡约长亦即保长。按照陆世仪的说法，乡约（保、里）汇集了"讼狱、师徒、户口、田数、徭役"等诸种乡村事务，乃是其所谓"乡治三约"（乡、约、伍）的核心。入村里方得排什伍，联村里才能合为乡，故以村落为基础的"里"乃是乡里控制体系的关键。换言之，立足于村落，编排户口，征发赋役，乃是中国古代王朝国家乡里制度的实质。

二、乡里制度的演变轨迹

如《绪论》所述，历代王朝建立并实行乡里制度的目标主要有二：一是征发赋役，二是治安监控；而乡里制度的核心，则在于如何将王朝国家控制的乡村民户，编排进乡里控制体系中，以使其"安土重迁"，纳赋服役，"忠君报国"。因此，乡里制度的演变，就主要表现在三个方面：一是乡里组织的编排原则、方式，即如何把乡村民户编排进乡里体系之中；二是乡里组织在赋役征发方面所发挥的作用，即官府如何通过乡里制度体系征发赋役；三是乡里组织在建立并维护社会秩序特别是治安监控方面所发挥的作用，亦即官府如何通过乡里制度体系维持乡村的治安。其中，根据怎样的原则、怎样把乡村民户编排进乡里系统，乃是乡里制度变化的关键。

总的说来，历代王朝的乡里制度，在原则上，都是以户口编排为起点

---

① 从翰香主编：《近代冀鲁豫乡村》，第一部分，"乡和村的社会结构"，第16页。
② 徐栋编：《保甲书辑要》卷三《广存》，陆世仪：《论治邑》，南京：江苏书局，同治七年（1868），刻本，第1页上。

的，亦即规定以五户为邻、比、伍或十户、十一户为什、甲，二十五户、三十户、五十户、百户、百一十户为一里、大保、社，二百五十户、五百户、千户为乡、都等。这种编排原则及其实行，需以严密的户籍控制为前提——只有掌握了较为准确的户口籍帐，才能根据著籍户口编排乡里（当然，户籍制度与乡里制度是相辅相成的，也可以说，只有健全完善的乡里制度，才能较为准确地掌握户口），并通过乡里控制体系征发赋役，维护治安。可是，受到民户逃亡、豪强荫蔽强占以及隐冒户口等各种因素的影响，王朝国家对于乡村民户的控制，往往随着国家控制力的衰退而逐渐松弛——在一个王朝周期里，国家能够有效掌控的著籍户口在全部户口中所占的比例是逐步下降的，建基于户口籍帐之上的乡里编排遂越来越不能发挥征发赋役的功能。同时，虽然在按户口编排乡里时，是以著籍户口的居地为基础的，亦即根据村落编排乡里的，但在乡里编排确定之后，由于社会动乱、人口迁移等原因，越来越多的民户脱离其原先的乡里，也使官府无法再依靠固有的乡里控制系统征发赋役。凡此，均引发乡里编排的基本原则由户口原则向居地或田亩原则转变，即不再以户口、而主要以居住地（村落）或耕种的田亩，作为征发赋役的根据。乡里制度的基本原则由户口原则向村落、田地原则的演变，乃是古代乡里制度演变的根本性变化。根据这种变化线索，我们可以将古代乡里制度及其演变，大致分为秦汉魏晋南北朝、隋唐宋元、明清三个时期。在每一个时期里，王朝国家的乡里制度均首先建基于户口原则之上，然后渐次变化为村落或田亩原则；至下一个时期，又重新确立户口原则，复渐次过渡到村落或田亩原则。所以，这三个时期，也可以看作为中国古代王朝国家乡里制度演变的三个周期性循环。

（一）从秦汉的乡、里到魏晋南北朝的村、丘、屯、坞

论者述中国古代乡里制度的起源，往往将之追溯至《周礼》所记乡里制，乃至黄帝时代所谓"井一为邻，邻三为朋，朋三为里，里五为邑，邑十为都，都十为师，师十为州"之制。据本书第一章所考，国、野二元体制与以聚落或居住区为基础编排城乡居民，乃是《周礼》乡里制的核心，也是西周时期乡里控制制度的根本。换言之，包括商、周在内的中国早期国家，主要通过控制大大小小的聚落和地域单元，而不是直接控制户口，以实现对其统治区域的控制。春秋战国时期，国、野之别渐次泯灭，无论国人或野人，

都成为编户齐民。为了"富国强兵",列国均不断强化对人口资源的控制和争夺,采用军事化方式管理编户齐民。根据户口编排乡、里,并将之纳入新型的国家体制之中,遂成为春秋战国时期各国相对一致的趋势(第一章)。

秦代乡里制度的根基,在于把军队的组织管理方法应用于民户编排和乡村控制,因而核心在于户口控制,乡里编排的基本依据乃是著籍户口。汉代沿用并强化了这一原则,规定以五家为伍、十家为什、百家为里、十里(千家)一乡。如此严整的五、十进制的户口编排当然只是基于统治理念的制度性规定,在其实行之初,就受制于各地自然环境、经济社会与历史文化背景特别是居住状态的差异,而表现出强烈的地域性差异——每里领有的户数既相差较大,每乡所领里数、户数更有较大差异,而伍、什之编排甚至在很多地区并未实行。尽管如此,户口原则仍然是秦与汉代乡里编排的基本原则(第二章第四节)。

可是,至迟到东汉中期,就已出现了籍属乡里与居住地不相符以及脱籍的情况。在长沙五一广场简中,即颇见有某乡某里之人并不居住在其籍属乡里范围的亭、丘,而居住在别的乡里范围内的亭、丘,以及脱离户籍的情形(见第二章第三节),说明乡里编排的户口原则已经松动。至汉末乱离,以迄于魏晋,户口流散,或逃亡他乡,或托庇于大族,国家掌握的著籍户口大幅度衰减。在制度规定和运作方面,汉代以来由乡廷负责的八月案比渐不再如期进行,故西晋制度乃在县廷中按乡分设治书史或史,负责编制各乡户口赋役籍帐,从而使乡的事务重心转移到县廷中来,乡正、啬夫之地位遂逐渐降低,甚至可能普遍不再设置,或即使设置也发挥很少作用。至东晋南朝,侨郡县、蛮左郡县一般不再分划各乡,南方土著县原有的乡在县域行政管理中所发挥的作用也越来越小,终至于基本没有作用(东晋南朝文献中,已不见此一时期乡正或啬夫、有秩、乡佐之类乡吏的记载,乡里籍帐当有赖于在县衙中值勤的乡史负责登记、整理并保存,故各乡民户赋役籍帐实际上均由县署掌握)。同时,以户口编排为基础的"里"也逐渐松弛,丘、村等自然聚落逐步演变成为实际的乡村行政管理单位,与"里"并存,甚至慢慢地取代了"里"。在这一过程中,乡村社会的实际控制权遂渐次落入所谓"郡邑岩穴之长,村屯坞壁之豪"的手中,而这些土豪宗帅据有村屯坞壁,以武力、财力控制其所团聚的民户。魏晋十六国以至北朝前期北方地区普遍存在的坞壁，也发挥了实际控制北方乡村地区的作用。由土豪宗帅主导的村、丘、屯、坞在北南方地区乡村社会控制体系中发挥着核心性的作用，说明秦汉以来由王朝国家主导的、以户口原则编排乡里体系的控制方式，已基本丧失其作用；而作为乡村社会组织与管理单位的村、丘、屯、坞等，无论其规模大小、具体形态如何，均是以居住地为原则的。所以，概括地说，自春秋战国以后逐步萌蘖、至秦汉时代形成的以户口原则编排的乡里控制体系，至东汉中后期渐次崩解，逐步被以居住地原则组织起来的村、丘、屯、坞所取代。这是中国古代乡里制度演变的第一个循环。

（二）从隋唐的乡-里到宋元的都-图与村社

十六国北朝时期，匈奴、羯、氐、羌、鲜卑等胡族固有的部族统治方式，本质上是以对部落民众的人身控制为核心的。诸胡族政权对其俘掠而来的汉户，也采取部族制或军事化编排方式进行控制，如匈奴汉国对被征服、俘掠而来的汉户，由左右司隶统领，分置四十三个内史，各领一万户；北魏灭亡后燕、据有河北后，曾迁移六州民入平城周围，按四方四维分置八部帅，每部各统四万五千口、约一万户。至北魏孝文帝时实行三长制，重建以户口原则为核心的乡里控制体系，从而为隋唐乡里制奠定了基础（第三章第三节）。

隋唐乡里制的制度根源，来自于北魏三长制，其乡里编排的基本原则是户口——无论隋开皇三年令"五家为保，保五为闾（里），闾四为族（党）"，"五百家置乡正"，开皇九年"制"五百家为乡、百家为里，还是唐制"百户为里，五里为乡，四家为邻，五家为保"，均以户口作为编排乡里的根据。虽然在其编排之初，就不得不考虑到村落的规模大小而对"里"的编排做出调整，并在制度上确立了"村"的地位，"乡"更有其明确的地域范围，但乡里编排的基本原则乃是户口，则是没有疑问的。所以，自北魏以迄于隋至唐初，在长时期的乱离之后，户口控制的基本原则又逐步确立下来（第四章第一、二节）。

然至唐后期实行两税法，"户无主客，以见居为簿；人无丁中，以贫富为差"，居地与田亩乃成为"居人之税"和"田亩之税"的主要根据。[①] 赋

---

① 《旧唐书》卷一一八《杨炎传》，北京：中华书局，1975年，第3421页。

役既以居地和田亩为主要根据，户口的意义乃大为降低，户口籍帐之荒废乃成为不可避免之趋势。户口籍帐既渐趋荒废，以籍帐为基础、并以籍帐编排和租庸调之征纳为主要职能的乡里制度也就不可避免地走向崩解。而同时，以地域（居住地域与生产生活地域）为核心的村，以及作为两税法基础的田亩，遂成为征发赋税的基本单位。这一变化的实质，乃是居地与地域控制的原则逐步取代了户口控制原则（第四章第二节）。

变化的结果，是当五代、北宋整顿乡里控制体系时，即不再试图以户口原则编排乡里。后唐明宗长兴二年（931）六月敕书规定由村长实际负责各村的赋役征纳，后周显德五年（958）"团并乡村，大率以百户为一团"，户口只是团并乡村的参考指标。北宋前期，无论是乡里（置有乡书手、里正），还是耆（置耆长）、管（置户长），都不再按户口原则编排，而基本上按地域和村落分划。熙宁、元丰年间实行保甲法，试图重建户口控制体系，然在实行过程中既颇有曲折，复渐次发生变化——保甲法的户口控制原则，不得不逐步适应两税法按田亩征发赋役的原则，从而使都保、大保逐渐由户口控制单元，演变为地域控制单元，特别是南宋时在部分州县推行经界法，按乡均定两税、按都保丈量土地、按大保编制田亩图帐，都-保制遂在部分地区演变成为都-图制，都、图（大保）的地域单元的性质乃更为突显（第五章第一节）。元代南方地区的乡里控制体系，虽然根据元制差充里正、主首、社长，但里正、主首按都设置，社则多据图（大保）或村设置，实际上仍是沿用南宋以来的都、图、村格局，在本质上仍然是地域控制，而非户口控制（第五章第四节）。

自晚唐以来，村实际上已逐步取代里，成为北方地区的乡村基层管理单位与社会组织。金代的村社制融合女真固有的蒲辇（村寨）制（五十户为一蒲辇）与唐中后期以来北方地区的"村"制，确立了以村社为乡村基本控制单位与社会管理组织的制度。在金元时期的北方地区，虽然也间有一社包括两个或以上村的情况，但一村一社的情形比较普遍。

总的说来，由北魏三长制发端的、以户口控制原则为基础的隋唐乡里制，以中唐实行两税法为契机，渐次向以村落、田亩控制为基础的乡村控制制度变化，五代时的团、耆，宋代的管、耆、都、图，都是以地域或村落控制为基础的。这是中国古代乡里制度演变的第二个循环，这个循环也是从户口控制渐变为村落与田亩控制。

（三）从明代里甲制到清代"顺庄法"

金代编制女真人的猛安-谋克-蒲辇制，是以户口编排为原则的；在汉地推行的村社制，结合了女真的村寨制与唐后期、辽代华北汉地的村制，以户口编排为原则（每村社以五十户为标准），又落实到具体的村落中，从而将户口控制与居地控制结合在一起。元代的村社主首-社长制沿用了这种制度，又与在北方地区实行的户丁税制相结合，故元代在北方地区的乡村控制，实际上以户口控制为主（第五章第三、四节）。

明初建立的黄册里甲制，以人户控制为基本原则，"赋役皆以丁而定"，实际上来源于元代北方地区实行的村社制和户丁税制，并非沿自南宋以来南方地区实行的、以居地和田亩控制为原则的都-图制（第六章第一节）。当然，黄册里甲制在南方地区的实行过程中，事实上是与此前已普遍编造的鱼鳞图册制度相结合的，又规定编里"务不出本都"，故里甲编排实际上尽可能将户口编排落实到固有的居地-田亩系统之中。而在北方地区，由于大规模地"迁民"，按屯编排迁民，户口原则遂得到较为全面彻底的实行。尽管各地在实行里甲制的过程中存在较大差别，但总的说来，明初黄册里甲制在性质上属于户口控制。

明中期以后，随着人口迁徙与田亩地土的变动，以户籍编排为核心的里甲制渐至崩解，系于某里之下的户口未必再集中居住于其原来的村落或地域之中，各村落所属田地则未必再系于本里户口之下。吕坤说："一里之地，满县分飞；满县之田，皆无定处。……是以一里催科，四境寻人，多里老之奔驰，成输纳之逋负。"① 户籍遂与特定的村落、田亩相脱离。正因为此故，隆庆、万历年间，各地遂不得不推行赋役改革，清丈田亩，"以地为主，不以人为主。人系名于地，不许地系亩于人"。② 即以田地为基础，赋役随地亩征派，而不再以户籍为纲目、赋役系于户籍之上。这样，建基于户籍控制之上的"里"乃渐次被不同类型的地域单元（如村、庄、垸等）所取代。

---

① 吕坤：《吕坤全集》下册，《实政录》卷四《民务》，第1024页。
② 吕坤：《吕坤全集》下册，《实政录》卷四《民务》，第1026页。

清代，各地虽然仍然编排里甲，但里甲之"里"（亦称为"社"）实际上已成为单纯的户口赋役籍帐编制单位，逐步脱离实际的地域范围——按里设置的"里书""社书""册书"或"书手"等，不再下乡到所管的里催征赋役，而是在州县衙门里负责编制有关户籍赋役帐册，并办理田产交易、粮户过割等事宜，乃是县衙的胥吏。清初推行"均田均役"，"照田编甲"，从而在制度上确立了按照田亩编排图（里）、甲的原则，"按田轮役"逐步过渡到"落甲催征"，而"甲"复"顺庄"编排（即以人户现居村庄为编查依据，散落各地的田地，一概归户主名下，登册纳粮，所谓"挨庄定甲，地归本庄，轮流应役"），从而将原有的里甲户名与田土最终落实到人户居住的村庄，最终完成了户口控制向村落、田亩控制的转变。

从明初严格地按户口编排的黄册里甲制，到明后期各地区渐次实行的赋役按田亩派征、系人户于地，再到清前期"照田编甲""地归本庄"，中国古代乡里制度的变化完成了其第三个由户口原则向村落-田亩原则演变的循环。

总之，户口控制与居地-田地控制乃是中国古代王朝国家乡里控制的两种基本方式。秦汉、隋唐与明朝在其建立制度之初，均立足于户口控制原则，试图尽可能掌握较多的著籍户口，并根据其所掌握的著籍户口，编排乡里控制体系。而在东汉中后期以至于魏晋十六国南朝时期、唐中后期以迄于南宋、明中后期以至于清代，因为各种原因，建立在户口原则之上的乡里控制体系逐步松弛甚至趋于崩解，乃不得不因应实际情况的变化，而发生改变，逐步根据人户居住的村落、耕种的田亩，来征发赋役，并通过不同方式，以村庄、地域为基础，维护乡村的社会秩序。

三、乡里制度的差异性与统一性

制度设计及其实行的前提与目标都是统一性，也就是说，至少在原则上，设计、制定的制度是适用于所有或大部分实行对象的，而在实行的过程中，也要尽可能全面、彻底地予以实行，从而建立起整齐划一的制度性体系。可是，制度的设计与制定，往往是以对制度产生的社会经济与文化背景的不完全认识或某种典型、"理想"状态的假设为基础的，一般不会也不可能具备全面、彻底的"整体性"基础。所以，当立基于"局部"或"典型""理想"个案的制度"蓝图"推行到"整体""全局"时,就必然需要"因地制宜",即适应于各地不同的经济社会与历史文化背景做出适度的调整,从而使制度在实行过程中,表现出程度不同的差异。换言之,统一的制度在实行的过程中,或多或少地会表现出差异来。在这个意义上,制度的统一性是相对的,而差异性则是绝对的。

中国古代乡里制度及其实行的差异性,主要表现在四个方面:

一是乡里制度在制定、形成过程中,所表现出来的差异性。在第四章第一节中,我们曾讨论隋代乡里制度在形成过程中,曾根据关陇巴蜀西魏北周故地、山东北齐故地、江南陈国故地三大地域不同的社会经济背景与制度传统,先后分别实行二长制、三长制与汉晋以来的乡里制三种不同的乡里制度,直到大业三年官制改革之后,以乡长、里长为核心的乡里系统方逐步演变为集民政、司法为一体的控制体系,北南方的乡里制度在实行层面上才渐趋一致。在第六章第一节中,我们曾指出:在洪武十四年实行黄册里甲制之前,南方地区实际上主要沿用宋元以来、以居地-田亩控制为核心的都-图制而略加变革,并形成"小黄册"之法;北方地区则主要沿用金元以来、以户丁税制为核心的村社制而加以变革;洪武十四年实行的黄册里甲之法,主要是以北方地区的户口控制原则为基础,结合南方地区的居地-田亩控制原则而形成的制度。凡此,均说明乡里制度在形成过程中,就不得不因循不同地区固有的乡里控制方式,并加以变革,方得逐步形成统一的乡里制度体系,而并非简单地将朝廷设计的统一性制度推行到全国各地去。

二是乡里制度本身蕴含的差异性。唐代乡里制度特别做出了"若山谷阻险,地远人稀之处,听随便量置"以及"在田野者为村,别置村正一人,其村满百家,增置一人,掌同坊正。其村居如[不]满十家者,隶入大村,不须别置村正"的规定,说明制度设计本身即预留了在不同地域、"因地制宜"进行调整的制度性安排(第四章第二节)。同样,明代里甲制虽然务求整齐划一,但关于编排里甲"务不出本都"的规定实际上是针对南方地区的(因为北方州县较少置"都"),而关于"旧民"置里、"迁民"设屯的规定,则主要是针对北方地区的(第六章第一节)。

三是乡里制度在实行过程中表现出来的差异性。关于此点,本书各章节皆予以较多关注。在第二章第二节中,我们曾讨论秦的乡里制度在楚国故地及五国故地的实行情况，初步的结论虽然指向秦制在各地推行的高度一致性，但秦制在岭南诸郡等新拓疆域内并未及实行，却暗示秦制的实行是存在地域差异的，只是由于材料的限制，难以究明。汉代乡里制度实行过程中的地域差异表现得较为明显：汉代关中地区（秦国故地）及西北垦区，当实行比较严格的里制，以四周围以土垣的聚落为里，民众大抵亦多集中居住，里的编排，亦大抵较为严格地遵守百家为里的规定。大部分南方地区的"里"均包括若干相邻的自然聚落，即一里由若干自然聚落组成，形成一个"基层行政区域"，而不是一个行政管理的村落。在新开拓疆域里建置的郡县（初郡、初县），则在较长时间里并未编排乡里，真正控制其地方民众的，仍然是当地的渠帅；直到西汉后期以迄东汉时代，地方官府方渐次在这些地区实行乡里制度，编排户口，建立乡里控制体系（第二章第四节）。唐代在部分有版籍縻州县编排了乡里，但也可能只分划各乡，未实际编排里；在"内地的边缘"地区，或者由县直接统辖里，而未再分划诸乡。凡此，都是乡里制度在实行过程中发生的"变异"（第四章第三节）。至于明前期，在南北方地区实行里甲制度的过程中，南方诸州县基本沿袭南宋、元以来乡-都-图的基本格局，乡、都仍然程度不同地发挥着分划"科则"、核算赋役的地域单元的作用，而北方各州县的乡（大都没有"都"）则主要是表示州县范围内地域分划的人文地理单元，在行政管理和赋役征发层面上均不再具有意义（第六章第一节）。

四是乡里制度在演变过程中也表现出差异性。六朝时期，南方地区的乡里制度，基本上是杂用汉晋制度：其乡里区划基本沿用两汉之旧，每县一般仍置有若干乡，乡领有若干里；然其置吏，则用晋制，大抵在县署中按乡置有史（治书史）之类小吏，具体负责各乡籍帐的登记、造册，而由县之令长检正上报郡、州；乡实际上只是籍帐编制单位，在实际的登籍造册、赋役征纳过程中，并不发挥作用；里吏（里正）则仍在发挥作用。侨郡县与蛮左郡县则多未编排乡里（第三章第二节）。而北方地区十六国北朝时期的乡里控制制度，则走过了完全不同的、地域差异更大的道路。总的说来，十六国北朝时期，北方地区各政权对于不同人群的控制，均普遍存在方式各异、程度不同的军事化进程，此种军事化进程虽然不断被政权更替所打乱，但无论何种政权，都不得不采用具体方式有所不同、但本质上均为军事管制和军事编制的军事化措施。十六国北朝时期北方地区乡里控制的军事化倾向，与同一时期南方地区基本沿用汉晋乡里制度而略加变革，形成鲜明对照（第三章第四节）。中唐以后，以迄于五代十国，南北方地区乡里制度演变的轨迹也各有不同：在北方地区，村在乡里控制体系中的地位与作用较为突显，乡-村制逐步取代乡-里制；而在南方地区，里的地域性比较明显（很多里包括若干村），而且较好地与两税法下的田亩控制结合起来，故乡-里制相对稳定地保持下来，甚至在吴越、马楚、王氏闽等政权下，与伍保制相结合，形成乡-里-保制（第四章第四节）。北宋时期，虽然朝廷多次努力，试图统一各地的乡里制度，但由于诸种措施往往在局部地区实行，故事实上加大了各地乡里制度的差异。至于宋金对峙时，南北方处于不同的政权控制之下，虽然南宋与金的乡里制度的源头都可以上溯至唐制，但其差异已越来越大，故元朝虽然统一中国，其在北南方实行的乡里控制制度却有很大的不同。

需要说明的是，虽然乡里制度在设计的源头上、制度规定本身、制度的实行过程中以及制度变化过程中，都显示出程度不同的地域差异性，但在专制主义中央集权的体制下，乡里制度的统一性仍然占据着主导地位，特别是在乡里制度的实行过程中，因为行政管理与运作的需要，又必然会由各种各样的地域差异性逐步"趋同"，从而在制度实行层面达致基本统一，并不断调整为统一的制度。历代王朝乡里制度的统一性，主要表现在三个方面：一是制定与实行乡里制度的目标是一致的，即保障治安与征发赋役。二是乡里制度的基本结构是相对一致的，即主要表现为由乡、里、邻（比）三个层级的基本结构。三是乡里制度的运行原则是一致的：在汉唐时期，使用乡官制，任用乡望、上等人户充任乡里正长，虽然各地乡里正长的任用显示出较大差别，但依靠乡村有力人户控制乡村，这一原则是一致的；在宋元明清时期，使用职役制，征发、招募不同等级的乡村民户应役，虽然各地征役的具体方法、形式存在较大差别，但以役法使人，这个原则也是一致的。目标、基本结构与运行原则的一致性，在很大程度上保证了乡里制度的统一性。

四、乡里制度："下县的皇权"

在《绪论》中，我们曾试图给乡里制度下一个定义：乡里制度是王朝国家为主导建立的、自上而下地控制乡村资源、社会与文化的制度，其目标在于控制民众的人身与物质财富、建立并保持王朝国家的统治秩序。在这个意义上,乡里制度乃是王朝国家诸种统治制度的组成部分,是王朝国家权力体系在"县"级政权以下的表现形式,是"下县的皇权"。

在专制主义中央集权的王朝国家体制下,所谓"皇权"或"国权",大致就相当于王朝国家的权力。王朝国家权力体系的核心,在于自上而下的控制;其实质,则在于掌握权力的统治集团,通过诸种制度性安排,以各种方式,控制尽可能广大的区域和尽可能多的民众,占有、掌握并使用全部社会的各种资源。从权力使用的方式及其作用的领域而言,王朝国家权力可区分为政治权力与社会权力两个层面:前者主要是指权力集团通过诸种政治手段,以包括暴力在内的诸种强制性手段,控制不同层级的权力集团,并通过他们,控制幅员辽阔的疆土和各种各样的人群,其目标在于建立并维护王朝国家对于疆域与人民的控制,实现统治秩序的相对稳定;后者主要是权力集团主要通过委托、制衡、协商、征发等方式,调动或役使不同的人群,利用或通过他们,控制社会运行的各个环节,以获取人力与物力资源,其目标在于建立并维护相对稳定的社会秩序,以实现对社会经济资源的有效控制与使用。东汉人徐幹在论及"民数"乃是国家治平的根本时说:

> 民数者,庶事之所自出也,莫不取正焉。以分田里,以令贡赋,以造器用,以制禄食,以起田役,以作军旅,国以之建典,家以之立度,五礼用修,九刑用措者,其惟审民数乎?[①]

分配耕地与居宅("分田里"),征发贡赋("令贡赋"),制造礼器与兵器("造器用"),规定、颁发官吏兵士的俸禄廪食("制禄食"),征发兵役力役("起田役"),建立军队并防守、征战("作军旅"),制定国家典章制度("建国典"),确定家庭之伦理("立家度"),规范社会行为守则("修五礼"),通过刑法惩戒违法犯罪行为("措九刑"),这十个方面,乃是王朝国家权力的基本职能和主要运行方式。其中,制器用、制禄食、作军旅、建国典、修五礼、措九刑,基本上属于政治控制的范畴;而

[①] 徐幹撰,孙启治解诂:《中论解诂》,《民数》第二十,北京:中华书局,2014年,第370—371页。

分田里、令贡赋、起田役、立家度，则大致属于社会控制的范畴。显然，社会控制乃是政治控制的基础，而乡里制度又是社会控制的核心。正是在这个意义上，我们认为，乡里制度乃是王朝国家的基本统治制度，没有乡里制度的中国古代王朝国家是难以想象的。

乡里制度首先是王朝国家实现其社会控制的主要制度性安排，是其社会控制权力得以运行的主要制度性保障。历代王朝均通过不同形式的乡里控制制度，实现对乡村民户不同程度的人身控制，以掠夺其劳动力与劳动成果。控制的方式是多种多样的，未必属于现代国家政权体制下的"行政管理"方式，而只要能达到维护统治秩序与统治集团的既得利益、控制被统治者的人身、掠夺其人力与物力资源的目标即可。而无论是宗族，还是乡绅、土豪，都不会将其所掌握的人力、物力资源"主动"奉献给王朝国家；诸种强行委派或征发的职役，更不属于乡村"自治"的范畴。所谓"皇帝无为而天下治"的乡村治理模式，很可能从未存在过。事实上，在中国历史的大部分时间里，王朝国家权力都在努力"有为"，即采取各种各样的制度、政策、策略或办法，以"治理天下"，以掌握并占有天下的各种资源与财富，维护社会的稳定，却并不能有效地维持对天下的治理。

其次，乡里制度是王朝国家政治控制权力在县级政权以下的延伸。王朝国家的政治控制体系，虽然以科层制的官僚体系为核心，但绝不仅限于官僚体系；同时，官僚体系也并不限于县级政权及其以上各层级。秦汉乡里制度中的诸乡有秩、啬夫、部游徼、诸亭亭长以及里正（典）、里父老等，隋唐乡里制度中的乡正（长）、诸里里正等，实际上都属于王朝国家权力系统的组成部分；宋元时期的户长、耆长、都保正长，明清时期的里正（长）、甲首，保甲长，无论其任职的途径与方式如何，也都是王朝国家权力运作过程中的不同环节——虽然他们本身可能并不属于权力集团，但他们在行使王朝国家所赋予的权力时，却无疑是权力的拥有者。因此，不仅汉唐时期的"乡官"是"官"，宋元明清时期的"职役"也是"职"。乡官与职役，都是王朝国家权力体系的组成部分。

总之，中国古代的乡里制度及其实行与运作，就是王朝国家权力向县级政权之下的乡村社会的延伸，是"下县的皇权"。自秦汉以来，虽然乡里制度历有变革，但作为王朝国家的一种基层统治制度，却是一脉相承的，从未断绝，所以，所谓"皇权不下县"的观点，是与中国古代乡里制度的全面实行这一历史事实不相符合的。①

论者或着意于区分历代王朝乡里控制体系中的受委任的乡里正长或受征募充当的乡里职役是否属于官僚系统，并在给出否定的回答之后，强调国家正式委派的职官和设置的行政机构并未及于县级政权以下，汉唐时期的"乡官"与宋元明清时期的诸种乡里"职役"都只是受国家委托的"间接统治"。且不论秦汉隋唐的乡里正长一般要得到县廷的"任命"，即便是宋元明清时期的诸种乡里职役，也至少需要得到县衙的认可。所谓"国家直接任命"和"国家间接委托"实难以区分。更为重要的是，无论乡官、职役的任用方式与资格如何，其所行使的权力来源与内涵，均主要来自王朝国家权力；其行使权力的目的，也是服务于国家。在这个意义上，乡官与职役是否属于官僚系统并不重要，重要的是他们"听命"于官僚系统，贯彻执行王朝国家的指令与要求，是王朝国家权力在乡村事务领域的执行者。所以，他们构成了王朝国家的"乡村基层政权"。

"溥天之下，莫非王土；率土之滨，莫非王臣。"虽然主要是一种政治理念的表达，但并非没有具体的制度性安排与之相对应。事实上，中国历代王朝国家对于其统治疆域内的土地均拥有"终极性的"控制权（很难使用"所有权"之类概念予以表达），而对于其统治下的几乎所有人均具有"生杀予夺"的最终处置权，就是上述政治理念的具体体现。虽然国家权力或有所不逮，其所依靠行使权力的集团或个人会有自身的利益考量，但在总体方向与发展趋势上，中华帝国的历代王朝均不遗余力地致力于强化对乡村民众与乡村社会的控制，努力将其权力伸展到中国乡村的每一个角落，不断制定并落实相关的制度性安排，应当是没有疑问的。

---

① 关于"皇权（国权）不下县"论点的提出、内涵及相关论争，请参阅秦晖：《传统中华帝国的乡村基层控制——汉唐间的乡村组织》《"大共同体本位"与中国传统社会》，见氏著《传统十论——本土社会的制度、文化及其变革》，上海：复旦大学出版社，2004年，第1—44、61—126页；张静：《国家政权建设与乡村自治单位——问题与回顾》，《开放时代》2001年第9期；胡恒：《皇权不下县？——清代县辖政区与基层社会治理》，北京：北京师范大学出版社，2015年，第301—307页。

主要征引文献

一、基本资料（以书名首字音序为序）

《安阳县金石录》，武虚谷辑，《石刻史料新编》第一辑第18册，台北：新文丰出版公司，1982年，第二版。

《八家后汉书辑注》，周天游辑注，上海：上海古籍出版社，1986年。

《八琼室金石补正》，陆增祥著，《石刻史料新编》第一辑第8册，台北：新文丰出版公司，1982年，第二版。

（嘉靖）《霸州志》，《天一阁藏明代方志选刊》本，上海：上海古籍书店，1963年。

《白虎通疏证》，陈立撰，吴则虞点校，北京：中华书局，1994年。

《白居易诗集校注》，谢思炜校注，北京：中华书局，2006年。

《包山楚简》，湖北省荆沙铁路考古队编，北京：文物出版社，1991年。

《保甲书辑要》，徐栋编，南京：江苏书局，同治七年（1868），刻本。

《抱朴子内篇校释》，王明著，北京：中华书局，1986年。

《北京图书馆藏中国历代石刻拓本汇编》，北京图书馆金石组编，郑州：中州古籍出版社，1989年。

《北齐书》，北京：中华书局，1972年。

《北史》，北京：中华书局，1974年。

《补三国疆域志补注》，洪亮吉撰，谢钟英补注，《二十五史补编》第三册，北京：中华书局，1955年。

《册府元龟》，王钦若等编纂，北京：中华书局，1960年，影印本；南京：凤凰出版社，2006年，校订本（周勋初等校订）。

（大德）《昌国州志》，《宋元方志丛刊》本，第6册，北京：中华书局，1990年。

（民国）《昌乐县续志》，《中国方志丛书》本（华北地区第66号），台湾：成文出版社，1968年，据民国二十三年铅印本影印。

《长沙东牌楼东汉简牍》，长沙市文物考古研究所、中国文物研究所编，北京：文物出版社，2006年。

《长沙五一广场东汉简牍选释》，长沙市文物考古研究所、清华大学出土文献研究与保护中心、中国文化遗产研究院、湖南大学岳麓书院编，上海：中西书局，2015年。

（嘉靖）《长垣县志》，《天一阁藏明代方志选刊》本，上海：上海古籍书店，1964年。

《常山贞石志》，《石刻史料新编》第一辑第18册，台北：新文丰出版公司，1982年，第二版。

《陈书》，北京：中华书局，1972年。

（万历）《承天府志》，《日本藏中国罕见地方志丛刊》本，北京：书目文献出版社，1991年，据日本尊经阁文库藏万历三十年（1602）刻本影印。

（嘉定）《赤城志》，《宋元方志丛刊》本，第7册，北京：中华书局，1990年，第7册。

《楚北水利堤防纪要》，俞昌烈著，武汉：湖北人民出版社，1999年。

《楚辞补注》，洪兴祖著，北京：中华书局，1983年。

《楚地出土战国简册（十四种）》，陈伟主编，北京：经济科学出版社，2009年。

《春秋公羊传注疏》，《十三经注疏》本，北京：中华书局，1980年。

《春秋左传集解》，上海：上海人民出版社，1977年。

（嘉靖）《淳安县志》，《天一阁藏明代方志选刊》本，上海：上海古籍书店，1965年。

（万历）《慈利县志》，《天一阁藏明代方志选刊》本，上海：上海古籍书店，1964年。

《大金国志校证》，宇文懋昭撰，崔文印校证，北京：中华书局，1986年。

《大明会典》，申时行等修，赵用贤等纂，《续修四库全书》第790册，上海：上海古籍出版社，1996年，影印本。

《大元圣政国朝典章》，北京：中国广播电视出版社，1998年，影印本。

《淡新档案选录行政编初集》，《台湾文献史料丛刊》第三辑，台北：台湾大通书局，1984年。

（嘉靖）《邓州志》，《天一阁藏明代方志选刊》本，上海：上海古籍书店，1963年，据明嘉靖刻本影印。

《典故纪闻》，余纪登著，北京：中华书局，1981年。

（嘉靖）《东乡县志》，《天一阁藏明代方志选刊》本，上海：上海古籍书店，1963年。

《读史方舆纪要》，顾祖禹撰，贺次君、施和金点校，北京：中华书局，2005年。

《法国国家图书馆藏敦煌西域文献》，上海古籍出版社、法国国家图书馆编，上海：上海古籍出版社，2002年。

《法苑珠林》，道世著，周叔迦、苏晋仁校注，北京：中华书局，2003年。

《房山石经题记汇编》，北京图书馆金石组、中国佛教图书文物馆金石组编，北京：书目文献出版社，1987年。

《风俗通义校注》，应劭撰，王利器校注，北京：中华书局，1981年。

《福惠全书》，黄六鸿纂，《四库未收书辑刊》第三辑，第19册，据光绪十九年文昌会馆影印，北京：北京出版社，2000年。

《福建省例·征收例》，《台湾文献史料丛刊》第7辑，台北：台湾大通书局，1987年。

（同治）《公安县志》，《中国地方志集成·湖北府县志辑》（据同治十三年刻本影印），南京：江苏古籍出版社，2001年，第48册。

《古玺汇编》，罗福颐主编，北京：文物出版社，1981年。

《古陶文汇编》，高明编，北京：中华书局，1990年。

（嘉靖）《固始县志》，《天一阁藏明代方志选刊》本，上海：上海古籍书店，1963年。

《关中石刻文字新编》，《石刻史料新编》第一辑第22册，台北：新文丰出版公司，1982年。

《管子校注》，黎翔凤撰，梁运华整理，北京：中华书局，2004年。

《管子轻重篇新诠》，马非百著，北京：中华书局，1979年。

（正德）《光化县志》，《天一阁藏明代方志选刊》本，上海：上海古籍书店，1964年。

《广异记》，戴孚撰，方诗铭辑校，北京：中华书局，1992年。

《国语集解》，徐元诰撰，王树民、沈长云点校，北京：中华书局，2002年。

（天启）《海盐县图经》，《中国方志丛书》本（华中地方第589号），台北：成文出版社有限公司，1983年，据天启四年刊本影印。

（隆庆）《海州志》，《天一阁藏明代方志选刊》本，上海：上海古籍书店，1962年。

《韩昌黎文集校注》，马其昶校注，上海：上海古籍出版社，1986年。

《汉碑集释》，高文著，开封：河南大学出版社，1997年。

《汉川南湖林氏宗谱》，民国四年刊，七修本，汉川县田二河镇白果村林丑才先生家藏。

（同治）《汉川县志》，《中国地方志集成·湖北府县志辑》（据同治十年刻本影印），南京：江苏古籍出版社，2001年。

《汉书》，北京：中华书局，1962年。

《汉魏六朝碑刻校注》，毛远明校注，北京：线装书局，2008年。

《汉魏南北朝墓志汇编》，赵超编，天津：天津古籍出版社，1992年。

《汉魏南北朝墓志集释》，赵万里著，桂林：广西师范大学出版社，2008年，影印本。

（嘉靖）《汉阳府志》，《天一阁藏明代方志选刊》本，上海：上海古籍书店，1963年，据嘉靖二十五年（1546）刻本影印。

（万历）《汉阳府志》，武汉：武汉出版社，2007年。

（康熙）《汉阳府志》，国家图书馆藏缩微胶卷。

（乾隆）《汉阳府志》，《中国地方志集成·湖北府县志辑》（据钞本影印），南京：江苏古籍出版社，2001年，第1册。

（乾隆）《汉阳县志》，《稀见中国地方志汇刊》（据乾隆十三年刻本影印），北京：中国书店，1992年。

（嘉庆）《汉阳县志》，嘉庆二十三年（1818）刻本，武汉大学图书馆藏。

（嘉靖）《河间府志》，《天一阁藏明代方志选刊》本，上海：上海古籍书店，1962年。

（道光）《河内县志》，道光五年（1825）刻本，武汉大学图书馆藏。

《鹖冠子》，鹖冠子撰，陆佃解，北京：国家图书馆出版社，据中华书局聚珍本影印，2016年。

《黑鞑事略校注》，彭大雅著、许全胜校注，兰州：兰州大学出版社，2014年。

《后汉书》，北京：中华书局，1965年。

（乾隆）《湖北安襄郧道水利集案》，王棨纂修，乾隆十一年（1746）刻本。

《湖北金石志》，刘先枚整理，见谢承仁主编《杨守敬集》第五册，武汉：湖北人民出版社，1995年。
（嘉靖）《湖广图经志书》，《日本藏罕见中国地方志丛书》本，据日本尊经阁文库藏嘉靖元年（1522）刻本影印，北京：书目文献出版社，1991年；湖北省图书馆藏残本。
（嘉庆）《湖口县志》，嘉庆二十三年刻本，武汉大学图书馆藏。
《湖南出土简牍选编》，郑曙斌、张春龙、宋少华、黄朴华编，长沙：岳麓书社，2013年。
《华阳国志校补图注》，任乃强校注，上海：上海古籍出版社，1987年。
《华阳国志校注》，常璩撰，刘琳校注，成都：巴蜀书社，1984年。
《皇朝经世文编》，贺长龄辑，台北：文海出版社，1966年。
《皇朝经世文新编续集》，甘韩辑，台北：文海出版社，1966年。
《皇朝经世文续编》，盛康辑，台北：文海出版社，1966年。
《皇清奏议》，《续修四库全书》本，第473册，史部奏议类，上海：上海古籍出版社，2002年。
（万历）《黄岩县志》，《天一阁藏明代方志选刊》本，上海：上海古籍书店，1963年。
（弘治）《黄州府志》，《天一阁藏明代方志选刊》本，上海：上海古籍书店，1965年。
（嘉靖）《惠安县志》，《天一阁藏明代方志选刊》本，上海：上海古籍书店，1963年。
《嘉靖事例》，《北京图书馆古籍珍本丛刊》，影印本，北京：书目文献出版社，1988年，第51册。
《嘉庆重修一统志》，北京：中华书局，1986年，影印本。
（同治）《监利县志》，《中国地方志集志·湖北府县志辑》（据同治十一年刻本影印），南京：江苏古籍出版社，2001年，第44册。
《肩水金关汉简（肆）》，甘肃简牍博物馆、甘肃省文物考古研究所、甘肃省博物馆、中国文化遗产研究院古文献研究室、中国社会科学院简帛研究中心编，上海：中西书局，2015年。
《建炎以来系年要录》，李心传撰，上海：上海古籍出版社，1992年。
（嘉靖）《建阳县志》，《天一阁藏明代方志选刊》本，上海：上海古籍书店，

1964年。

（嘉靖）《江阴县志》，《天一阁藏明代方志选刊》本，上海：上海古籍书店，1963年。

《金石萃编》，王昶编，西安：陕西人民美术出版社，据民国十年石印本影印，1990年；上海：上海宝善石印，光绪癸巳年（1893）；《石刻史料新编》第一辑第3册，台北：新文丰出版公司，1982年，第二版。

《金石续编》，陆耀遹纂，《石刻史料新编》第一辑第4册，台北：新文丰出版公司，1982年，第二版。

《晋书》，北京：中华书局，1974年。

《旧唐书》，北京：中华书局，1975年。

《旧五代史》，北京：中华书局，1976年；点校本二十四史修订本，北京：中华书局，2015年。

《居延汉简释文合校》，谢桂华、李均明、朱国炤编，北京：文物出版社，1987年。

《居延新简：甲渠候官与第四燧》，甘肃省文物考古研究所等编，北京：文物出版社，1990年。

《栝苍金石志补遗》，《石刻史料新编》第二辑第10册，台北：新文丰出版公司，1979年，初版。

（民国）《蓝山县图志》，《中国方志丛书》本，台北：成文出版社，1970年。

《里耶发掘报告》，湖南省文物考古研究所编著，长沙：岳麓书社，2007年。

《里耶秦简牍校释》，第一卷，陈伟主编，武汉：武汉大学出版社，2012年。

《里耶秦简牍校释》，第二卷，陈伟主编，武汉：武汉大学出版社，2018年。

《隶释》，北京：中华书局，1986年，影印本。

《吏学指南（外三种）》，胡祗遹著，杭州：浙江古籍出版社，1988年。

《梁书》，北京：中华书局，1973年。

《两浙金石志》，阮元编，《石刻史料新编》第一辑第14册，台北：新文丰出版公司，1982年，第二版。

《辽代石刻文编》，向南编，石家庄：河北教育出版社，1995年。

《辽代石刻文续编》，向南、张国庆、李宇峰辑注，沈阳：辽宁人民出版社，2010年。

《辽史》，点校本二十四史修订本，北京：中华书局，2016年。

（黄冈）《刘氏宗谱》，民国三十五年，藜照堂刊本，武汉大学图书馆藏。

（沔阳）《刘氏宗谱》，民国三十七年续修本，湖北省仙桃市档案馆藏。

《六臣注文选》，萧统编，李善、吕延济、刘良、张铣、吕向、李周翰注，北京：中华书局，1987年，影印宋刊本。

（嘉靖）《隆庆志》，《天一阁藏明代方志选刊》本，上海：上海古籍书店，1962年。

（嘉靖）《鲁山县志》，《天一阁藏明代方志选刊》本，上海：上海古籍书店，1963年。

《罗州城与汉墓》，黄冈市博物馆、湖北省文物考古研究所、湖北省京九铁路考古队编，北京：科学出版社，2000年。

《吕坤全集》，吕坤著，北京：中华书局，2008年。

《吕氏春秋校释》，陈奇猷校释，上海：学林出版社，1984年。

（康熙）《麻阳县志》，《日本藏罕见中国地方志丛刊》本，北京：书目文献出版社，1991年。

《马王堆帛书古地图》，马王堆汉墓帛书整理小组编，北京：文物出版社，1977年。

（黄冈）《梅氏宗谱》，光绪五年，乐道堂刊本，武汉大学图书馆藏。

（嘉靖）《沔阳志》，《天一阁藏明代方志选刊》本，上海：上海古籍书店，1962年，据天一阁藏明嘉靖刻本影印。

（乾隆）《沔阳州志》，乾隆初年刻本，北京图书馆藏胶卷。

（光绪）《沔阳州志》，《中国地方志集成·湖北府县志辑》（据光绪二十年刻本影印），南京：江苏古籍出版社，2001年，第47册。

《民国二十年代中国大陆土地问题资料》，萧铮主编，台北：成文出版社，1977年。

《明史》，北京：中华书局，1974年。

《明太祖实录》，台北：历史语言研究所据明钞本影印，1966年。

《明英宗实录》，台北：历史语言研究所，1964年。

《墨子城守各篇简注》，岑仲勉著，北京：中华书局，1985年。

《墨子校注》，吴毓江撰，北京：中华书局，1993年。

《牧令书辑要》，徐栋原辑，丁日昌选评，《续修四库全书》，第755册，上海：上海古籍出版社，2002年。

《南齐书》，北京：中华书局，1972年；点校本二十四史修订本，北京：中华书局，2017年。

《南史》，北京：中华书局，1975年。

（嘉靖）《内黄县志》，《天一阁藏明代方志选刊》本，上海：上海古籍书店，1963年。

《宁夏历代碑刻集》，银川美术馆编，银川：宁夏人民出版社，2007年。

《欧阳修全集》，李逸安点校，北京：中华书局，2001年。

（嘉靖）《浦江志略》，《天一阁藏明代方志选刊》本，上海：上海古籍书店，1963年。

（嘉靖）《蕲州志》，《天一阁藏明代方志选刊》本，上海：上海古籍书店，1963年。

《潜夫论笺校正》，王符著，汪继培笺，北京：中华书局，1985年。

（康熙）《潜江县志》，《中国地方志集成·湖北府县志辑》（据光绪五年增刻本影印），南京：江苏古籍出版社，2001年，第46册。

（光绪）《潜江县志续》，《中国地方志集成·湖北府县志辑》本（据光绪五年刻本影印），南京：江苏古籍出版社等，2001年，第46册。

《秦封泥集》，周晓陆、路东之编著，西安：三秦出版社，2000年。

《秦陶文新编》，袁仲一、刘钰编著，北京：文物出版社，2009年。

（宝祐）《琴川志》，《宋元方志丛刊》本，北京：中华书局，1990年，第2册。

《清高宗实录》，北京：中华书局，1985年，影印本。

《清史稿》，北京：中华书局，1977年。

《全金石刻文辑校》，王新英辑校，长春：吉林文史出版社，2012年。

《全辽文》，陈述辑校，北京：中华书局，1982年。

《全隋文补遗》，韩理洲辑校，西安：三秦出版社，2004年。

《全唐诗》，北京：中华书局，1960年。

《全唐文》，北京：中华书局，1983年，影印本。

（嘉靖）《仁化县志》，《天一阁藏明代方志选刊》本，上海：上海古籍书店，1963年。

《日知录集释》，顾炎武著，黄汝成集释，上海：上海古籍出版社，2006年。

（正德）《汝州志》，《天一阁藏明代方志选刊》本，上海：上海古籍书店，1963年。

《入蜀记》，陆游著，《知不足斋丛书》本，北京：中华书局，1999年。

（隆庆）《瑞昌县志》，《天一阁藏明代方志选刊》本，上海：上海古籍书店，1963年。

《三朝北盟会编》，徐梦莘撰，上海：上海古籍出版社，1987年，影印本。

《三辅黄图校证》，陈直著，西安：陕西人民出版社，1980年。

《三国志》，北京：中华书局，1959年。

（淳熙）《三山志》，《宋元方志丛刊》本，北京：中华书局，1990年，第8册。

《三天内经解》，《道藏》第28册，北京：文物出版社，1988年，影印本。

《山西碑碣》，山西省考古研究所编，太原：山西人民出版社，1997年。

《山右石刻丛编》，胡聘之辑，《石刻史料新编》第20册，台北：新文丰出版公司，1982年，第二版。

《商君书注译》，高亨注译，北京：中华书局，1974年。

《商君书锥指》，蒋礼鸿著，北京：中华书局，1986年。

《尚絅斋集》，童冀著，《景印文渊阁四库全书》本，台北：商务印书馆，1986年，第1229册。

《尚书今古文注疏》，孙星衍撰，陈抗、盛冬铃点校，北京：中华书局，1986年。

（嘉靖）《邵武府志》，《天一阁藏明代方志选刊》本，上海：上海古籍书店，1964年。

《诗三家义集疏》，王先谦撰，北京：中华书局，1987年。

《十六国疆域志》，洪亮吉著，《二十五史补编》第三册，北京：中华书局，1956年。

《释名疏证补》，刘熙著，毕沅疏，王先谦补，北京：中华书局，2008年。

《水经注》，郦道元著，王先谦校，成都：巴蜀书社，1985年，据光绪二十三年新化三味书室刊本影印。

《水经注疏》，杨守敬、熊会贞疏，南京：江苏古籍出版社，1989年。

《睡虎地秦墓竹简》，睡虎地秦墓竹简整理小组编，北京：文物出版社，1990年。

《说郛》，陶宗仪纂，北京：中国书店，1986年，据涵芬楼1927年版影印。

《司马光奏议》，司马光著，太原：山西人民出版社，1986年。

（宝庆）《四明志》，《宋元方志丛刊》本，北京：中华书局，1990年，第5册。

（延祐）《四明志》，《宋元方志丛刊》本，北京：中华书局，1990年，第6册。

（至正）《四明续志》，《宋元方志丛刊》本，北京：中华书局，1990年，第7册。

《四友斋丛说》，何良俊著，北京：中华书局，1959年。

（黄冈）《松湖陈氏宗谱》，民国十六年刻本，武汉大学图书馆藏。

《宋朝诸臣奏议》，赵汝愚编，北京大学中国中古史研究中心校点整理，上海：上海古籍出版社，1999年。

《宋会要辑稿》，北京：中华书局，1957年，影印本；刘琳等校点，上海：上海古籍出版社，2014年。

《宋书》，北京：中华书局，1974年。

《宋文鉴》，吕祖谦编，齐治平点校，北京：中华书局，1992年。

《宋学士全集》，宋濂著，《丛书集成初编》本，北京：中华书局，1985年。

《涑水记闻》，司马光著，北京：中华书局，1989年。

（嘉靖）《宿州志》，《天一阁藏明代方志选刊》本，上海：上海古籍书店，1963年。

《隋书》，北京：中华书局，1973年。

《台州金石录》，《石刻史料新编》第一辑第15册，台北：新文丰出版公司，1982年。

《太公六韬今注今译》，徐培根注译，台北：台湾商务印书馆，1976年。

《太平寰宇记》，北京：中华书局，2007年。

（嘉靖）《太平县志》，《天一阁藏明代方志选刊》本，上海：上海古籍出版社，1963年。

《太平御览》，北京：中华书局，1985年，影印本。

《唐代墓志汇编》，周绍良主编，上海：上海古籍出版社，1992年。

《唐代墓志汇编续集》，周绍良、赵超主编，上海：上海古籍出版社，2001年。

《唐会要》，北京：中华书局，1955年。

《唐令拾遗》，仁井田陞著，栗劲、霍存福等编译，长春：长春出版社，1989年。

《唐六典》，北京：中华书局，1992年，校点本。

《唐律疏议笺解》，刘俊文笺解，北京：中华书局，1996年。

《陶文图录》，王恩田编著，济南：齐鲁书社，2006年。

《陶渊明集》，陶渊明著，逯钦立校注，北京：中华书局，1979年。

（乾隆）《天门县志》，乾隆三十年刻本，《中国地方志集成·湖北府县志辑》（据民国十一年石印本影印），南京：江苏古籍出版社，2001年，第44册。

《天下郡国利病书》，《四部丛刊三编》本，上海：上海书店出版社，2015年。

《通典》，北京：中华书局，1988年。

《通制条格校注》，方龄贵著，北京：中华书局，2001年。

《吐鲁番出土文书》，国家文物局古文献研究室、新疆维吾尔自治区博物馆、武汉大学历史系编，第七册，北京：文物出版社，1986年。

《王梵志诗校注》，项楚校注，上海：上海古籍出版社，1991年；增订本，上海：上海古籍出版社，2010年。

《危太仆文续集》，危素著，《元人文集珍本丛刊》本，第七册，据刘氏嘉业堂刊本影印，台北：新文丰出版公司，1985年。

《尉缭子今注今译》，刘仲平注译，台北：台湾商务印书馆，1975年。

《魏书》，北京：中华书局，1974年。

《文献通考》，北京：中华书局，1986年，影印本；校点本，北京：中华书局，2011年。

《无锡志》，《宋元方志丛刊》本，北京：中华书局，1991年，第3册。

《五代会要》，上海：上海古籍出版社，2006年。

《五代宋金元人边疆行记十三种疏证稿》，贾敬颜著，北京：中华书局，2004年。

（嘉靖）《武城县志》，《天一阁藏明代方志选刊》本，上海：上海古籍书店，1963年。

《西安历史地图集》，史念海主编，西安：西安地图出版社，1996年。

《西山先生真文忠公文集》，真德秀撰，《宋集珍本丛刊》第76册，北京：线装书局，2004年，据明正德刻本影印。

（嘉靖）《夏津县志》，《天一阁藏明代方志选刊》本，上海：上海古籍书店，1962年。

（乾隆）《象山县志》，《中国方志丛书》华中地方第476号，台北：成文出版社，1983年，据乾隆二十三年刊本影印。

（康熙）《孝感县志》，《故宫珍本丛刊》本，海口：海南出版社，2001年。

《孝肃包公奏议》，《丛书集成初编》本，北京：中华书局，1985年。

《新编五代史平话》，上海：商务印书馆，1925年。

《新蔡葛陵楚墓》，河南省文物考古研究所编著，郑州：大象出版社，2003年。

《新出齐陶文图录》，徐在国编著，北京：学苑出版社，2015年。

《新出魏晋南北朝墓志疏证》（修订本），罗新、叶炜著，北京：中华书局，2016年。

《新校正梦溪笔谈》，沈括撰，胡道静校注，北京：中华书局，1957年。

《新获吐鲁番出土文献》，荣新江、李肖、孟宪实主编，北京：中华书局，2008年。

《新唐书》，北京：中华书局，1975年。

《新五代史》，北京：中华书局，1974年。

（正德）《新乡县志》，《天一阁藏明代方志选刊》本，上海：上海古籍书店，

1963年。

《新中国出土墓志·北京（壹）》，中国文物研究所、北京石刻艺术博物馆编，北京：文物出版社，2003年。

（嘉靖）《兴都志》，国家图书馆藏，缩微胶卷。

（嘉靖）《许州志》，《天一阁藏明代方志选刊》本，上海：上海古籍书店，1961年。

《续高僧传》，道宣撰，北京：中华书局，2014年。

《续资治通鉴长编》，北京：中华书局，1992年，第一版；北京：中华书局，2004年，第二版。

（嘉靖）《宣府镇志》，《中国方志丛书》本（塞北地方第19号），台北：成文出版社有限公司，1970年，据嘉靖四十年刊本影印。

（嘉靖）《鄢陵志》，《天一阁藏明代方志选刊》本，上海：上海古籍书店，1963年。

（嘉靖）《延平府志》，《天一阁藏明代方志选刊》本，上海：上海古籍书店，1961年。

《盐铁论校注》，王利器校注，北京：中华书局，1992年。

《颜氏家训集解》（增补本），王利器撰，北京：中华书局，1993年。

《晏子春秋集释》，吴则虞撰，北京：中华书局，1982年。

《艺文类聚》，欧阳询纂，上海：上海古籍出版社，1965年。

（弘治）《易州志》，《天一阁藏明代方志选刊》本，上海：上海古籍书店，1962年。

《逸周书汇校集注》，黄怀信著、张懋镕、田旭东著，上海：上海古籍出版社，1995年。

《逸周书校补注译》，黄怀信著，西安：西北大学出版社，1995年。

《殷契粹编（附考释）》，郭沫若著，北京：科学出版社，1965年。

《殷墟文字甲编》，董作宾著，北平：中央研究院历史语言研究所，1948年。

《殷周金文集成》，中国社会科学院考古研究所编，北京：中华书局，2007年。

《尹湾汉墓竹简》，连云港市博物馆、中国社会科学院简帛研究中心等编，北京：中华书局，1997年。

《英藏敦煌文献（汉文佛经以外部分）》，中国社会科学院历史研究所等合编，成都：四川人民出版社，1992年。

《永乐大典》，北京：中华书局，1986年，影印本。

《舆地纪胜》，扬州：江苏广陵古籍刻印社，1991年，影印本；北京：中华书局，1992年，影印本。

《语石 语石异同评》，叶昌炽撰，柯昌泗评，北京：中华书局，1994年。

《元典章》，陈高华、张帆等点校，北京：中华书局，2011年。

《元丰九域志》，北京：中华书局，1984年。

《元和郡县图志》，北京：中华书局，1983年。

《元史》，北京：中华书局，1976年。

（永乐）《乐清县志》，《天一阁藏明代方志选刊》本，上海：上海古籍书店，1964年。

《越绝书校释》，李步嘉著，北京：中华书局，2013年。

《越中金石记》，杜春生编，《石刻史料新编》第二辑第十册，

《岳麓书院藏秦简（壹）》，朱汉民、陈松长主编，上海：上海辞书出版社，2010年。

《岳麓书院藏秦简（叁）》，朱汉民、陈松长主编，上海：上海辞书出版社，2013年。

《岳麓书院藏秦简（肆）》，陈松长主编，上海：上海辞书出版社，2015年。

《云峰胡先生文集》，胡炳文撰，《北京图书馆古籍珍本丛刊》本，北京：书目文献出版社，1988年。

（绍熙）《云间志》，《宋元方志丛刊》本，北京：中华书局，1990年，第1册。

《云麓漫钞》，赵彦卫著，北京：中华书局，1996年。

《云梦睡虎地秦墓》，《云梦睡虎地秦墓》编写组编，北京：文物出版社，1981年。

《战国策笺证》，范祥雍笺证，上海：上海古籍出版社，2006年。

《战国策新校注》，缪文远校注，成都：巴蜀书社，1987年。

《湛然居士文集》，耶律楚材著，《丛书集成初编》本，北京：中华书局，1985年。

《张家山汉墓竹简（二四七号）》，张家山二四七号墓竹简整理小组编著，北京：文物出版社，2001年。

《张家山汉墓竹简［二四七号墓］》（释文修订本），张家山二四七号汉墓竹简整理小组编，北京：文物出版社，2006年。

《张耒集》，李逸安等点校，北京：中华书局，1990年。

《张氏吉金贞石录》，张埙纂，见国家图书馆善本金石组编：《历代石刻史料汇编》第13册，北京：北京图书馆出版社，2000年。

（至顺）《镇江志》，《宋元方志丛刊》本，北京：中华书局，1990年，第3册。

《中国古代地图集（战国—元）》，曹婉如等编，北京：文物出版社，1990年。

《中国历史地图集》，谭其骧主编，北京：地图出版社，1982年。

《中国文物地图集·陕西分册》，国家文物局主编，西安：西安地图出版社，1998年。

《中论解诂》，徐幹撰，孙启治解诂，北京：中华书局，2014年。

《州县提纲》，陈襄著，《丛书集成初编》本，第932册，北京：中华书局，1985年。

《周礼正义》，孙诒让著，北京：中华书局，1987年。

《周书》，北京：中华书局，1971年。

《周易正义》，《十三经注疏》本，北京：中华书局，1980年。

《庄子集释》，郭庆藩集释，北京：中华书局，1961年。

《资治通鉴》，北京：中华书局，1956年，第一版；2012年，第二版。

《作邑自箴》，李元弼著，《四部丛刊续编》本，上海：商务印书馆，1934年。

二、研究文献（以作者姓氏音序为序）

爱宕元：《唐代地域社會史研究》，京都：同朋舍，1997年。

奥崎裕司：《中国乡绅地主の研究》，东京：汲古书院，1978年。

白钢：《制度物议》，北京：中国社会科学出版社，2013年。

卜宪群：《秦汉官僚制度》，北京：社会科学文献出版社，2002年。

陈梦家：《西周铜器断代》，北京：中华书局，2004年。

陈伟：《包山楚简初探》，武汉：武汉大学出版社，1996年。

陈寅恪：《隋唐制度渊源略论稿》，上海：上海古籍出版社，1979年。

陈寅恪：《金明馆丛稿初编》，上海：上海古籍出版社，1980年。

陈勇：《汉赵史论稿——匈奴屠各建国的政治史考察》，北京：商务印书馆，2009年。

陈玉屏：《魏晋南北朝兵户制度研究》，成都：巴蜀书社，1988年。

陈直：《文史考古论丛》，天津：天津古籍出版社，1988年。

池田温：《中国古代籍帐研究》，龚泽铣译，北京：中华书局，2007年。

池田雄一：《中国古代の聚落と地方行政》，东京：汲古书院，2002年；《中国古代的聚落与地方行政》，郑威译，上海：复旦大学出版社，2017年。

川本芳昭：《魏晋南北朝时代の民族问题》，东京：汲古书院，1998年。

川勝守：《中國封建國家の支配構造：明清赋役制度史の研究》，东京：东京大学出版会，1980年。

从翰香主编：《近代冀鲁豫乡村》，北京：中国社会科学出版社，1995年。

崔瑞德、牟复礼编：《剑桥中国明代史（1368—1644年）》，杨品泉等译，北京：中国社会科学出版社，2006年。
戴炎辉：《清代台湾之乡治》，台北：联经出版事业公司，1979年。
杜赞奇：《文化、权力与国家：1900—1942年的华北农村》，南京：江苏人民出版社，2010年。
杜正胜：《周代城邦》，台北：联经出版公司，1979年。
杜正胜主编：《中国文化新论——吾土与吾民》，台北：联经出版事业公司，1982年。
杜正胜：《古代国家与社会》，台北：允晨文化公司，1992年。
杜正胜：《编户齐民：传统政治社会结构之形成》，台北：联经出版事业股份有限公司，2014年。
费孝通：《江村经济——中国农民的生活》，北京：商务印书馆，2002年。
富谷至：《文书行政的汉帝国》，刘恒武、孔李波译，南京：江苏人民出版社，2013年。
傅克辉：《魏晋南北朝籍帐研究》，济南：齐鲁书社，2001年。
甘肃省文物考古研究所编：《秦汉简牍论文集》，兰州：甘肃人民出版社，1989年。
高敏：《魏晋南北朝兵制研究》，郑州：大象出版社，1998年。
高贤栋：《南北朝乡村社会组织研究》，济南：山东大学出版社，2008年。
宫崎市定：《アジア史论考》，东京：朝日新闻社，1976年。
宫崎市定：《宫崎市定论文选集》，北京：商务印书馆，1963年。
宫崎市定：《九品官人法研究：科举前史》，韩昇、刘建英译，北京：中华书局，2008年。
谷川道雄：《隋唐帝国形成史论》，李济沧译，上海：上海古籍出版社，2004年。
谷更有：《唐宋国家与乡村社会》，北京：中国社会科学出版社，2006年。
郭克煜、梁方健、陈东、杨朝明：《鲁国史》，北京：人民出版社，1994年。
郭声波：《中国行政区划通史·唐代卷》，上海：复旦大学出版社，2012年。
Hansen, Valerie. *Negotiating Daily Life in Traditional China: How Ordinary People Used Contracts, 600—1400*, New Haven: Yale University Press, 1996.
何平：《清代赋税政策研究：1644—1840年》，北京：中国社会科学出版社，1998年。
和田清：《"支那"地方自治发达史》，东京：汲古书院，1975年。
侯旭东：《北朝村民的生活世界——朝廷、州县与村里》，北京：商务印书馆，2005年。
侯旭东：《近观中古史：侯旭东自选集》，上海：中西书局，2015年。

Hsiao, Kuang-ch'üan. *Rural China: Imperial Control in the Nineteeth Century*, Seattle: University of Washington Press, 1960.

胡恒：《皇权不下县？——清代县辖政区与基层社会治理》，北京：北京师范大学出版社，2015年。

黄宽重、刘增贵主编：《家族与社会》，北京：中国大百科全书出版社，2005年。

黄烈：《中国古代民族史研究》，北京：人民出版社，1987年。

吉田虎雄：《唐代租税の研究》，东京：汲古书院，1973年。

兼田信一郎：《中国古代の国家と民眾》，东京：汲古书院，1995年。

江士杰：《里甲制度考略》，重庆：商务印书馆，1942年。

具圣姬：《两汉魏晋南北朝的坞壁》，北京：民族出版社，2004年。

劳榦：《古代中国的历史与文化》，北京：中华书局，2006年。

李零：《待兔轩文存·读史卷》，桂林：广西师范大学出版社，2011年。

李先登：《夏商周青铜文明探研》，北京：科学出版社，2001年。

栗林宣夫：《里甲制の研究》，东京：文理书院，1971年。

梁方仲编著：《中国历代户口、田地、田赋统计》，上海：上海人民出版社，1980年。

梁方仲：《梁方仲经济史论文集》，北京：中华书局，1989年。

梁庚尧：《南宋的农村经济》，北京：新星出版社，2006年。

凌文超：《走马楼吴简采集簿书整理与研究》，桂林：广西师范大学出版社，2015年。

刘俊文主编：《日本学者研究中国史论著选译》第三卷，北京：中华书局，1993年。

刘俊文主编：《日本学者研究中国史论著选译》第四卷，北京：中华书局，1993年。

刘敏：《秦汉编户民问题研究——以与吏民、爵制、皇权关系为重点》，北京：中华书局，2014年。

刘浦江：《辽金史论》，沈阳：辽宁大学出版社，1995年。

刘起釪：《古史续辨》，北京：中国社会科学出版社，1991年。

刘统：《唐代羁縻府州研究》，西安：西北大学出版社，1998年。

刘屹：《敬天与崇道——中古经教道教形成的思想史背景》，北京：中华书局，2005年。

刘志伟：《在国家与社会之间——明清广东里甲赋役制度研究》，广州：中山大学出版社，1997年；《在国家与社会之间——明清广东里甲赋役制度与乡村社会》（增订本），北京：中国人民大学出版社，2010年。

柳田節子：《宋元乡村制の研究》，东京：創文社，1985年。

鲁西奇：《城墙内外：古代汉水流域城市的形态与空间结构》，北京：中华书局，2011年。

鲁西奇：《区域历史地理研究：对象与方法——汉水流域的个案考察》，南宁：广西人民出版社，2000年。

鲁西奇：《人群·聚落·地域社会：中古南方史地初探》，厦门：厦门大学出版社，2012年。

鲁西奇：《中国古代买地券研究》，厦门：厦门大学出版社，2014年。

鲁西奇、潘晟：《汉水中下游河道变迁与堤防》，武汉：武汉大学出版社，2004年。

栾成显：《明代黄册研究》，北京：中国社会科学出版社，1998年。

罗新：《中古北族名号研究》，北京：北京大学出版社，2009年。

马长寿：《碑铭所见前秦至隋初的关中部族》，北京：中华书局，1985年。

马长寿：《乌桓与鲜卑》，上海：上海人民出版社，1962年。

马新：《两汉乡村社会史》，济南：齐鲁书社，1997年。

McKinght, Brian E. *Village and Bureaucracy in Southern Sung China*, Chicago & London: The University of Chicago Press, 1971.

梅莉、张国雄、晏昌贵：《两湖平原开发探源》，南昌：江西教育出版社，1995年。

蒙文通，《蒙文通文集》第3卷，《经史抉原》，成都：巴蜀书社，1995年。

南京大学历史系元史研究室编：《元史论集》，北京：人民出版社，1984年。

内田吟風：《北アジア史研究：匈奴篇》，京都：同朋舍，1975年。

宁可：《宁可史学论集》，北京：中国社会科学出版社，1999年。

彭林：《〈周礼〉主体思想与成书年代研究》，北京：中国社会科学出版社，1991年。

彭雨新、张建民：《明清长江流域农业水利研究》，武汉：武汉大学出版社，1993年。

齐涛：《魏晋隋唐乡村社会研究》，济南：山东人民出版社，1994年。

旗田巍：《中国村落と共同体理論》，东京：岩波书店，1973年。

钱穆：《两汉经学今古文平议》，北京：商务印书馆，2001年。

秦晖：《传统十论——本土社会的制度、文化及其变革》，上海：复旦大学出版社，2004年。

清水盛光：《"支那"社會の研究——社會學的考察》，东京：岩波书店，1939年。

清水盛光：《中國鄉村社會論》，东京：岩波书店，1951年。

日比野丈夫：《中國歷史地理研究》，京都：同朋舍，1977年。

三上次男:《金代女真研究》,金启琮译,哈尔滨:黑龙江人民出版社,1984年。

山根幸夫:《明代徭役制度の展開》,东京:东京女子大学学会,1966年。

山田勝芳:《秦漢財政收入の研究》,东京:汲古書院,1993年。

石泉:《古代荆楚地理新探》,武汉:武汉大学出版社,1988年。

松本善海:《中国村落制度の史的研究》,东京:岩波書店,1977年。

孙继民:《唐代行军制度研究》,台北:文津出版社,1995年。

谭景玉:《宋代乡村组织研究》,济南:山东大学出版社,2010年。

谭其骧:《长水集》,北京:人民出版社,1987年。

唐长孺:《魏晋南北朝史论丛》,北京:中华书局,2011年。

唐长孺:《魏晋南北朝史论丛续编》,北京:生活·读书·新知三联书店,1959年。

唐长孺:《魏晋南北朝隋唐史三论》,武汉:武汉大学出版社,1992年。

唐长孺:《山居存稿三编》,北京:中华书局,2011年。

唐嘉弘主编:《先秦史研究》,昆明:云南民族出版社,1987年。

唐兰:《唐兰先生金文论集》,北京:紫禁城出版社,1995年。

田余庆:《秦汉魏晋史探微》,北京:中华书局,1993年。

仝晰纲:《中国古代乡里制度研究》,济南:山东人民出版社,1999年。

王爱清:《秦汉乡里控制研究》,济南:山东大学出版社,2010年。

王国维:《古史新证——王国维最后的讲义》,北京:清华大学出版社,1994年。

王小甫:《唐、吐蕃、大食政治关系史》,北京:北京大学出版社,1992年。

王毓铨:《王毓铨史论集》,北京:中华书局,2005年。

王曾瑜:《涓埃集》,保定:河北大学出版社,2008年。

王仲荦:《北周地理志》,北京:中华书局,1980年。

闻钧天:《中国保甲制度》,汉口:直学轩,1933年。

武伯纶:《古城集》,西安:三秦出版社,1987年。

萧公权:《中国乡村——论19世纪的帝国控制》,张皓、张升译,台北:联经出版事业股份有限公司,2014年。

小野勝年:《入唐求法巡禮行記の研究》第二卷,东京:法藏館,昭和三十九年(1964)初版,平成元年(1989)再印。

谢重光:《陈元光与漳州早期开发史研究》,台北:文史哲出版社,1994年。

辛德勇:《石室賸言》,北京:中华书局,2014年。

邢义田：《地不爱宝：汉代的简牍》，北京：中华书局，2011年。
邢义田：《天下一家：皇帝、官僚与社会》，北京：中华书局，2011年。
邢义田：《治国安邦：法制、行政与军事》，北京：中华书局，2011年。
徐复观：《两汉思想史·周秦汉政治社会结构之研究》，上海：华东师范大学出版社，2001年。
严耕望：《唐代交通图考》第四卷，上海：上海古籍出版社，2007年。
严耕望：《中国地方行政制度史·秦汉地方行政制度》，上海：上海古籍出版社，2007年。
严耕望：《中国地方行政制度史·魏晋南北朝地方行政制度》，上海：上海古籍出版社，2007年。
杨国安：《明清两湖地区基层组织与乡村社会研究》，武汉：武汉大学出版社，2004年。
杨剑虹：《秦汉简牍研究存稿》，厦门：厦门大学出版社，2013年。
杨若薇：《契丹王朝政治军事制度研究》，北京：中国社会科学出版社，1991年。
伊藤正彦：《宋元郷村社會史論》，东京：汲古书院，2010年。
尹玲玲：《明清长江中下游渔业经济研究》，济南：齐鲁书社，2004年。
俞伟超：《先秦两汉考古学论集》，北京：文物出版社，1985年。
俞伟超：《中国古代公社组织的考察——论先秦两汉的"单—僤—弹"》，北京：文物出版社，1988年。
曾我部静雄：《宋代政經史の研究》，东京：吉川弘文馆，1974年。
曾我部静雄：《中国及び日本における郷村形態の變遷》，东京：吉川弘文馆，1964年。
张春树：《汉代边疆史论集》，台北：食货出版社有限公司，1977年。
张广达：《西域史地丛稿初编》，上海：上海古籍出版社，1995年。
张金光：《秦制研究》，上海：上海古籍出版社，2004年。
张金龙：《北魏政治与制度论稿》，兰州：甘肃教育出版社，2003年。
张修桂：《中国历史地貌与古地图研究》，北京：社会科学文献出版社，2006年。
张玉兴：《唐代县官与地方社会研究》，天津：天津古籍出版社，2009年。
张泽咸：《唐五代赋役史草》，北京：中华书局，1986年。
张泽咸：《唐代工商业》，北京：中国社会科学出版社，1995年。
张政烺：《张政烺文集》第一卷《甲骨金文与商周史研究》，北京：中华书局，

2012年。

赵光贤:《周代社会辨析》,北京:人民出版社,1982年。

赵世超:《周代国野制度研究》,西安:陕西人民出版社,1991年。

赵秀玲:《中国乡里制度》,北京:社会科学文献出版社,1998年。

赵振华、何汉儒:《唐代洛阳乡里村方位初探》,见赵振华主编《洛阳出土墓志研究文集》。郑振满:《乡族与国家:多元视野中的闽台传统社会》,北京:三联书店,2009年。

中村治兵卫:《中国渔业史の研究》,东京:刀水书房,1995年。

中村治兵卫:《中国聚落史の研究》,东京:刀水书房,2008年。

中华书局编辑部编:《云梦秦简研究》,北京:中华书局,1981年。

中国社会科学院科研局编:《杨希枚集》,北京:中国社会科学出版社,2006年。

周伟洲:《汉赵国史》,桂林:广西师范大学出版社,2006年。

周藤吉之:《宋代經濟史研究》,东京:东京大学出版会,1962年。

周藤吉之:《唐宋社會經濟史研究》,东京:东京大学出版会,1965年。

周一良:《魏晋南北朝论集续编》,北京:北京大学出版社,1991年。

周一良:《魏晋南北朝史论集》,北京:北京大学出版社,1997年。

朱雷主编:《唐代的历史与社会》,武汉:武汉大学出版社,1997年。

佐竹靖彦:《唐宋變革の地域的研究》,京都:同朋舍,1990年。

图书在版编目（CIP）数据

中国古代乡里制度研究 / 鲁西奇著 . —北京：北京大学出版社，2021.4
（国家哲学社会科学成果文库）
ISBN 978-7-301-32073-0

Ⅰ. ①中⋯　Ⅱ. ①鲁⋯　Ⅲ. ①农村—行政管理—政治制度—研究—中国—古代　Ⅳ. ①D691.2

中国版本图书馆 CIP 数据核字 (2021) 第 047744 号

书　　　名	中国古代乡里制度研究 ZHONGGUO GUDAI XIANGLI ZHIDU YANJIU
著作责任者	鲁西奇　著
责任编辑	张　晗
标准书号	ISBN 978-7-301-32073-0
出版发行	北京大学出版社
地　　　址	北京市海淀区成府路 205 号　100871
网　　　址	http://www.pup.cn　新浪微博：@ 北京大学出版社
电子信箱	zpup@pup.cn
电　　　话	邮购部 010-62752015　发行部 010-62750672 编辑部 010-62767315
印　刷　者	北京中科印刷有限公司
经　销　者	新华书店
	650 毫米 ×980 毫米　16 开本　50.5 印张　820 千字 2021 年 4 月第 1 版　2021 年 11 月第 2 次印刷
定　　　价	188.00 元

未经许可，不得以任何方式复制或抄袭本书之部分或全部内容。
版权所有，侵权必究
举报电话：010-62752024　电子信箱：fd@pup.pku.edu.cn
图书如有印装质量问题，请与出版部联系，电话：010-62756370